D1687079

SACHVERSTÄNDIGENRAT
zur Begutachtung der
gesamtwirtschaftlichen Entwicklung

DIE CHANCE NUTZEN –
REFORMEN MUTIG VORANBRINGEN

Jahresgutachten 2005/06

Sachverständigenrat zur Begutachtung
der gesamtwirtschaftlichen Entwicklung
Statistisches Bundesamt
65180 Wiesbaden
Tel.: 0611 / 75 23 90
Fax: 0611 / 75 25 38
E-Mail: SRW@destatis.de
Internet: http://www.sachverstaendigenrat.org

Erschienen im Dezember 2005
Preis: € 29,- mit CD-ROM [D]
Best.-Nr.: 7700000-06700-1
ISBN: 3-8246-0767-0
© Sachverständigenrat
Gesamtherstellung: H. Heenemann GmbH & Co., Buch- und Offsetdruckerei, Berlin

Vorwort

1. Gemäß § 6 Absatz 1 des Gesetzes über die Bildung eines Sachverständigenrates zur Begutachtung der gesamtwirtschaftlichen Entwicklung vom 14. August 1963 in der Fassung vom 8. November 1966 und vom 8. Juni 1967[1]) legt der Sachverständigenrat sein 42. Jahresgutachten vor.[2])

2. Im laufenden Jahr entwickelte sich die deutsche Konjunktur mit einem Zuwachs des Bruttoinlandsprodukts in Höhe von 0,8 vH weiterhin verhalten. Das außenwirtschaftliche Umfeld blieb zwar günstig, aber die Impulse aus der Exportwirtschaft sprangen nicht auf die Binnenkonjunktur über. Die registrierte Arbeitslosigkeit stieg, selbst bereinigt um die Sondereffekte der Hartz IV-Reform, erneut an, und die Situation der öffentlichen Haushalte blieb prekär. Dieses Bild wird sich auch im Jahr 2006 angesichts eines Zuwachses des Bruttoinlandsprodukts um 1,0 vH noch nicht grundlegend ändern. Das niedrige Potentialwachstum, die hohe und verfestigte Arbeitslosigkeit sowie die desolate Lage der öffentlichen Haushalte bleiben die großen wirtschaftspolitischen Herausforderungen für die neue Legislaturperiode.

3. Der Sachverständigenrat hat seinem Jahresgutachten 2005/06 den Titel gegeben:

DIE CHANCE NUTZEN – REFORMEN MUTIG VORANBRINGEN

Damit soll zum Ausdruck gebracht werden, dass die neue Legislaturperiode der Regierung die Möglichkeiten bietet, an den bereits eingeleiteten grundlegenden Reformen auf dem Arbeitsmarkt, in den Systemen der Sozialen Sicherung und im Steuersystem anzuknüpfen und sie entschlossen fortzuführen. Denn die Bewältigung der genannten Herausforderungen kann nicht mit einfachen und rasch umsetzbaren Rezepten gelingen – Patentlösungen werden der Schwere der zudem miteinander verschränkten Probleme nicht gerecht.

Deshalb hat der Sachverständigenrat ein Maßnahmenpaket entwickelt, in dessen Zentrum ein beschäftigungs- und wachstumsfreundlicher Umbau des Regelwerks auf dem Arbeitsmarkt und des staatlichen Abgabensystems steht. Die Instrumente auf den einzelnen Handlungsfeldern sind aufeinander abgestimmt, sie ergänzen sich und berücksichtigen die Wirkungen auf die Gesamtnachfrage und die Angebotsbedingungen. Diese Paketlösung umfasst:

---

[1]) Das Gesetz mit den Änderungen durch das Änderungsgesetz vom 8. November 1966 sind als Anhang I und die den Sachverständigenrat betreffenden Bestimmungen des „Gesetzes zur Förderung der Stabilität und des Wachstums der Wirtschaft" vom 8. Juni 1967 (§§ 1 bis 3) als Anhang II angefügt. Wichtige Bestimmungen des Sachverständigenratsgesetzes sind im jeweiligen Vorwort der Jahresgutachten 1964/65 bis 1967/68 erläutert.

[2]) Eine Liste der bisher erschienenen Jahresgutachten und Sondergutachten ist als Anhang III abgedruckt.

– Vorschläge zur Reform der **föderalen Struktur**, welche die Befugnisse, die Finanzbeziehungen und die Aufgaben von Bund und Ländern entflechten, um wieder Spielräume für einen Gestaltungsföderalismus zu eröffnen und Blockaden im Entscheidungsprozess vorzubeugen;

– für den **Arbeitsmarkt** Maßnahmen bei Lohnersatzleistungen, aktiver Arbeitsmarktpolitik, Lohnfindung und Kündigungsschutz, mit denen die Verfestigung der Arbeitslosigkeit aufgebrochen und insbesondere die Beschäftigungschancen der Langzeitarbeitslosen sowie der Geringqualifizierten verbessert werden können;

– in den **Sozialversicherungen** Vorschläge für neue Finanzierungsformen, die die Beitragszahler von der Finanzierung versicherungsfremder Elemente entlasten und so den beschäftigungsfeindlichen Abgabenkeil reduzieren;

– im Steuersystem mit der **Dualen Einkommensteuer** einen Vorschlag zu einer Unternehmenssteuerreform, welche die beträchtlichen investitionshemmenden Verwerfungen des Status quo beseitigt, die Standortattraktivität erhöht und damit einer Erosion der Steuerbasis entgegenwirkt;

– Anregungen zur Modernisierung der **Finanzmärkte**, um deren wachstumsfördernde Effizienz zu erhöhen;

– und nicht zuletzt konkrete Schritte zur kurz-, mittel- und langfristigen **Haushaltskonsolidierung** vor allem auf der Ausgabenseite und bei Steuervergünstigungen, sowohl um den Anforderungen des Stabilitäts- und Wachstumspakts gerecht werden zu können, als auch um den absehbaren Anstieg der Belastungen in den kommenden Jahren und Jahrzehnten zu begrenzen.

4.   Die Amtsperiode von Professor Dr. Dr. h.c. Bert Rürup, Darmstadt, war am 28. Februar 2005 abgelaufen. Der Bundespräsident berief ihn für eine weitere Amtsperiode zum Mitglied des Sachverständigenrates.

5.   Der Sachverständigenrat wählte Professor Dr. Dr. h.c. Bert Rürup, Darmstadt, gemäß § 8 Absatz 2 des Sachverständigenratsgesetzes für die Dauer von drei Jahren zu seinem Vorsitzenden.

6.   Der Sachverständigenrat hatte Gelegenheit, mit dem Bundeskanzler, dem Bundesminister der Finanzen, dem Bundesminister für Wirtschaft und Arbeit sowie der Bundesministerin für Gesundheit und Soziale Sicherung aktuelle wirtschafts- und sozialpolitische Fragen zu erörtern.

7.   Der Präsident, der Vizepräsident und weitere Mitglieder des Vorstandes der Deutschen Bundesbank standen wie in den vergangenen Jahren dem Sachverständigenrat für ein Gespräch über die wirtschaftliche Lage und deren absehbare Entwicklung sowie über konzeptionelle und aktuelle Fragen der Geld- und Währungspolitik zur Verfügung.

8.   Ausführliche Gespräche über aktuelle arbeitsmarktpolitische Themen führte der Sachverständigenrat mit leitenden Mitarbeitern der Bundesagentur für Arbeit, Nürnberg, sowie mit dem

Vizedirektor des Instituts für Arbeitsmarkt- und Berufsforschung der Bundesagentur für Arbeit (IAB), Nürnberg.

Die Bundesagentur für Arbeit und das Institut für Arbeitsmarkt- und Berufsforschung der Bundesagentur für Arbeit, Nürnberg, haben dem Sachverständigenrat umfassendes Datenmaterial aus der Arbeitsmarktstatistik zur Verfügung gestellt.

9. Mit Dr. Klaus Regling, Generaldirektor bei der Europäischen Kommission, diskutierte der Sachverständigenrat die konjunkturelle Lage und die wirtschaftlichen Aussichten für das Jahr 2006 in den Ländern der Europäischen Union sowie Fragen im Zusammenhang mit dem reformierten Europäischen Stabilitäts- und Wachstumspakt.

10. Ein ausführliches Gespräch über Probleme der Mittelstandsfinanzierung führte der Sachverständigenrat mit dem Vorstandsvorsitzenden und leitenden Mitarbeitern der KfW Bankengruppe, Frankfurt am Main.

11. Der Präsident der Bundesanstalt für Finanzdienstleistungsaufsicht, Bonn, diskutierte mit dem Sachverständigenrat Chancen und Risiken von Hedge-Fonds.

12. Wie in jedem Jahr hat der Sachverständigenrat auch in diesem Jahr die Präsidenten und leitende Mitarbeiter der Bundesvereinigung der Deutschen Arbeitgeberverbände, des Bundesverbandes der Deutschen Industrie und des Zentralverbandes des Deutschen Handwerks sowie führende Vertreter des Deutschen Gewerkschaftsbundes und des Deutschen Industrie- und Handelskammertages zu aktuellen wirtschafts- und beschäftigungspolitischen Fragestellungen angehört. Sie haben dem Sachverständigenrat zudem umfangreiches Daten- und Informationsmaterial zur Verfügung gestellt.

13. Mit den Konjunkturexperten der sechs großen wirtschaftswissenschaftlichen Forschungsinstitute erörterte der Sachverständigenrat die Lage der deutschen Wirtschaft sowie nationale und weltwirtschaftliche Perspektiven.

14. Wertvolle Anregungen erhielt der Rat von Dr. Christian Schumacher, Frankfurt am Main, für die Analyse unterschiedlicher Konjunkturindikatoren.

15. Dr. Christhart Bork, Berlin, hat für den Sachverständigenrat Berechnungen zur Entwicklung der Versorgungsausgaben von Bund, Ländern und Gemeinden und zu Verteilungswirkungen von Umfinanzierungsmaßnahmen im Bereich der Sozialen Sicherung durchgeführt.

16. Die Deutsche Bundesbank hat mit Hilfe ihres makroökonometrischen Modells für den Sachverständigenrat die konjunkturellen Effekte verschiedener Umfinanzierungsoptionen in den Sozialversicherungen ermittelt. Der Sachverständigenrat dankt stellvertretend Dr. Karl-Heinz Tödter und Dr. Claudia Kurz für die sehr gute Zusammenarbeit. Wertvolle Unterstützung erhielt der Rat

durch Dr. Thilo Liebig bei der Analyse der Auswirkungen der Bankenkonsolidierung in Deutschland.

17. Professor Dr. Diether Döring, Frankfurt am Main, hat für den Sachverständigenrat eine Expertise zur Sozialstaatsfinanzierung und Beschäftigung im europäischen Vergleich erstellt.

18. Eine Untersuchung mit umfassenden Berechnungen zu den Verteilungswirkungen der geplanten Anpassung in der Beamtenversorgung hat Diplom-Volkswirt Johannes Clemens, Frankfurt am Main, für den Sachverständigenrat erstellt.

19. Professor Dr. Christoph Spengel, Gießen, hat für den Sachverständigenrat Berechnungen zur effektiven Steuerbelastung von Kapitalgesellschaften in den Mitgliedstaaten der Europäischen Union durchgeführt und die Ergebnisse in einer Expertise zusammengefasst.

20. Das Rheinisch-Westfälische Institut für Wirtschaftsforschung, Essen, führte für den Sachverständigenrat Verteilungsanalysen von Maßnahmen zur Umfinanzierung versicherungsfremder Leistungen im System der Sozialen Sicherung durch. Der Sachverständigenrat dankt stellvertretend Dr. Rainer Kambeck für die sehr gute Zusammenarbeit.

21. Für die Bereitstellung von Daten zur Berechnung des Gravitationsmodells für Handelseffekte danken wir Professor Dr. Helge Berger und Professor Dr. Volker Nitsch von der Freien Universität in Berlin.

22. Maßgebliche Unterstützung bei der Weiterentwicklung des Konzeptes einer Dualen Einkommensteuer erhielt der Sachverständigenrat von den Professoren Dr. Wolfgang Schön, München, Dr. Ulrich Schreiber, Mannheim, und Dr. Christoph Spengel, Gießen. Ihnen gilt der besondere Dank des Rates.

23. Dr. Daniel Gros, Brüssel, diskutierte mit dem Sachverständigenrat die ökonomischen Implikationen eines Beitritts der Türkei zur Europäischen Union.

24. Wichtige Anregungen für die Diskussion des Modells einer quasi-gleichgewichtigen Arbeitslosigkeit erhielt der Rat von Dr. Erik de Regt, Maastricht.

25. Der Deutsche Industrie- und Handelskammertag hat auch in diesem Jahr wieder die Ergebnisse der mit dem Sachverständigenrat erarbeiteten Herbstumfrage, die die Kammern durchgeführt haben, erörtert und dadurch die Urteilsbildung des Sachverständigenrates über die wirtschaftliche Lage der Unternehmen und die Perspektiven für das kommende Jahr sehr erleichtert. Der Sachverständigenrat weiß es sehr zu schätzen, dass die Kammern und ihre Mitglieder die nicht unerheblichen zeitlichen und finanziellen Belastungen auf sich nehmen, die mit dieser regelmäßigen Umfrage verbunden sind.

26. Umfangreiches Datenmaterial für die Analysen über wichtige Industrieländer und für die geld- und währungspolitischen Ausführungen stellten die Organisation für wirtschaftliche Zusammenarbeit und Entwicklung, der Internationale Währungsfonds, die Europäische Zentralbank, die Deutsche Bundesbank und die Europäische Kommission zur Verfügung.

Botschaften, Ministerien und Zentralbanken des Auslands haben den Rat in vielfältiger Weise unterstützt.

27. Bei den Abschlussarbeiten am vorliegenden Jahresgutachten fanden wir wertvolle Unterstützung durch Dr. Axel Siedenberg, Idstein. Für sein großes Engagement gilt ihm der besondere Dank des Rates.

28. Diplom-Volkswirtin Anabell Kohlmeier, Heidelberg, hat den Sachverständigenrat mit Vorarbeiten im Zusammenhang mit der Abgrenzung und Umfinanzierung von versicherungsfremden Leistungen der Sozialversicherungen unterstützt.

29. Eza Höstmark, Diplom-Kauffrau Eva-Katharina Marsch, Sebastian Metz, Diplom-Volkswirtin Kristina Röhrbein und Johannes Schmieder, BA, haben den Sachverständigenrat im Rahmen ihrer Praktika mit Ausarbeitungen zu unterschiedlichen wirtschaftspolitischen Fragestellungen unterstützt.

30. Die Zusammenarbeit mit dem Statistischen Bundesamt war auch in diesem Jahr ausgezeichnet. Wie in den vergangenen Jahren haben sich viele Mitarbeiterinnen und Mitarbeiter des Amtes in weit über das Normale hinausgehendem Maß für die Aufgaben des Rates eingesetzt und zusätzlich in diesem Jahr den reibungslosen Ablauf eines Umzugs des Rates in neue Räumlichkeiten gewährleistet. Dies gilt besonders für die Angehörigen der Verbindungsstelle zwischen dem Statistischen Bundesamt und dem Sachverständigenrat. Der Geschäftsführer, Leitender Regierungsdirektor Wolfgang Glöckler, und sein Stellvertreter, Oberregierungsrat Bernd Schmidt, sowie die Mitarbeiterinnen und Mitarbeiter, Anita Demir, Caroline Essig, Monika Scheib, Beate Zanni, Heinz Bauer, Klaus-Peter Klein, Uwe Krüger, Volker Schmitt und Hans-Jürgen Schwab, haben den Rat mit Anregungen und mit enormem Engagement unterstützt. Allen Beteiligten zu danken, ist uns ein ganz besonderes Anliegen.

31. Auch dieses Jahresgutachten hätte der Sachverständigenrat ohne die unermüdliche Arbeit seiner wissenschaftlichen Mitarbeiterinnen und Mitarbeiter nicht erstellen können. Dem Stab des Rates gehörten während der Arbeiten an diesem Gutachten an:

Dr. Oliver Bode, Dr. Michael Böhmer, Dr. Katrin Forster, Dr. Annette Fröhling, Dr. Martin Gasche, Dr. Rafael Gerke, Diplom-Volkswirt Bodo Herzog, Alexander Herzog-Stein, MSc Economics, Dr. Jörg Rahn, Dr. Hannes Schellhorn.

32. Ein besonderes Maß an Verantwortung für die wissenschaftliche Arbeit des Stabes hatte der Generalsekretär des Sachverständigenrates, Dr. Stephan Kohns, zu tragen.

Diplom-Volkswirt Jens Ulbrich, Frankfurt am Main, hat bis zu seinem Ausscheiden als Generalsekretär des Rates im Frühjahr 2005 wertvolle Anregungen für dieses Jahresgutachten gegeben.

Fehler und Mängel, die das Gutachten enthält, gehen allein zu Lasten der Unterzeichner.

Wiesbaden, 3. November 2005

Peter Bofinger   Wolfgang Franz

Bert Rürup   Beatrice Weder di Mauro   Wolfgang Wiegard

Inhalt

Seite

Erstes Kapitel

Die Chance nutzen - Reformen mutig voranbringen 1

I. Komplexe Probleme - differenzierte Antworten 1
II. Die wirtschaftliche Entwicklung in den Jahren 2005 und 2006 10
    1. Die Lage im Jahr 2005 10
    2. Der Ausblick für das Jahr 2006 16
III. Ein wirtschaftspolitischer Programmvorschlag 18
    1. Neuer Anlauf zu einer Reform des Föderalismus 18
    2. Arbeitsmarkt: Den Reformkurs fortsetzen 20
    3. Sozialversicherung: Umfinanzierung versicherungsfremder Leistungen 24
    4. Steuerpolitik: Das Richtige tun - das Falsche unterlassen 30
    5. Effizienz der Finanz- und Kreditmärkte stärken 34
    6. Haushaltskonsolidierung: langfristig planen, kurzfristig handeln 36

Zweites Kapitel

Die wirtschaftliche Lage in der Welt und in Deutschland 42

I. Weltwirtschaft: Robuste Entwicklung bei erhöhten Risiken 44
    1. Ölpreis, weltwirtschaftliche Ungleichgewichte und hohe Immobilienpreise
       bereiten Sorgen 45
    2. Starke binnenwirtschaftliche Dynamik in den Vereinigten Staaten 50
    3. Lebhafter Konsum und erfolgreiche Konsolidierung der Unternehmen
       in Japan 53
    4. China und andere Schwellenländer entwickeln sich weiter dynamisch 54
    5. Euro-Raum mit verhaltener Konjunktur 58
    6. Weiterhin günstige geldpolitische Rahmenbedingungen, aber gestiegene
       Preisrisiken 59
          Preisniveaustabilität trotz steigender Ölpreise 60
          Beschleunigter Zuwachs der Geldmenge M3 61
          Schwankende Zinserwartungen am Geldmarkt und anhaltend niedrige
          Langfristzinsen 63
          Außenwert des Euro von zunehmendem Zinsgefälle geprägt 64
    7. Abflachende konjunkturelle Entwicklung in den übrigen Staaten der
       Europäischen Union 65
II. Konjunktur in Deutschland bleibt labil 66
    1. Potentialwachstum weiterhin gering 68

			2.	Anhaltende Konsumflaute	72
				Exkurs: Konjunkturrelevante Ausrichtung der Fiskalpolitik in den Jahren 1997 bis 2004	77
			3.	Rückgang der Investitionen bei heterogener Entwicklung der Teilkomponenten	84
				Moderater Zuwachs der Ausrüstungsinvestitionen	84
				Bauinvestitionen belasten weiterhin	87
			4.	Außenwirtschaft: Einmal mehr das Zugpferd der konjunkturellen Entwicklung	88
			5.	Entstehungsseite	91
				Preisentwicklung: Im Zeichen steigender Ölpreise	91
	III.	Die voraussichtliche Entwicklung im Jahr 2006			94
			1.	Leicht abflachende aber robuste Weltkonjunktur	94
			2.	Deutschland: Immer noch keine durchgreifende Erholung der Binnennachfrage	98
				Export bleibt wesentliche Stütze für die deutsche Konjunktur	101
				Öffentliche Finanzen: Geringeres Defizit, aber Konsolidierung bleibt unumgänglich	109
	Literatur				112

Drittes Kapitel

Arbeitsmarkt: Den Reformkurs fortsetzen 114

I.	Die Lage im Jahr 2005: Umfassende Belebung steht weiterhin aus	116
	1. Beschäftigungsbelebung nur an den Rändern	116
	2. Berufsausbildungsstellenmarkt: Lage unverändert prekär	120
	3. Arbeitslosigkeit und Arbeitsmarktpolitik im Zeichen von Hartz IV	120
	Aktuelle Entwicklung der Arbeitslosigkeit: Ist der Höhepunkt erreicht?	120
	Bundesagentur für Arbeit und arbeitsmarktpolitisches Instrumentarium im Umbruch	124
	Rückgang der verdeckten Arbeitslosigkeit setzt sich fort	127
	4. Tarifpolitik und Lohnentwicklung: Fortsetzung eines moderaten Kurses	129
	Ausgewählte Aspekte der Tarifrunde 2005	131
II.	Charakteristika der Arbeitslosigkeit in Deutschland	132
	1. Stufenweiser Anstieg der Arbeitslosigkeit	132
	2. Struktur und Dynamik	134
	Exkurs: Beschäftigungsschwellen in Deutschland	141

	3.	Arbeitslosigkeit im OECD-Raum: War früher alles viel besser?	145
		Drei Phasen der Arbeitslosigkeit	145
		Die goldenen sechziger Jahre auf dem Arbeitsmarkt	145
		Das Zeitalter der zunehmenden Arbeitslosigkeit	146
		Die Phase der divergierenden Entwicklung	147
III.	Ursachen der Arbeitslosigkeit		149
	1.	Kernproblem: Verfestigte Arbeitslosigkeit	149
	2.	Ansatzpunkte für die Wirtschaftspolitik	157
		Arbeitsnachfrage	158
		Lohnsetzungsverhalten	161
		Arbeitsangebot	166
	3.	Bedeutung der Arbeitsmarktinstitutionen: Empirie	167
		Interaktion von makroökonomischen Schocks und Arbeitsmarktinstitutionen	167
		Veränderungen von Arbeitsmarktinstitutionen	169
		Ergebnisse internationaler Panelstudien der Arbeitslosigkeit	171
		Exkurs: Von Schlusslichtern zu Beschäftigungswundern - die Niederlande und das Vereinigte Königreich	173
IV.	Wege zu mehr Beschäftigung		178
	1.	Zentrale Herausforderungen	178
		Den Arbeitsmarkt für Geringqualifizierte weiter öffnen	179
		Sperrklinken beseitigen und Langzeitarbeitslosigkeit vorbeugen	180
		Reformen am Arbeitsmarkt: Beharrliches Bohren dicker Bretter	182
	2.	Lohnersatzleistungen und aktive Arbeitsmarktpolitik	183
		Arbeitslosengeld	183
		Was getan wurde	183
		Was getan werden muss	183
		Arbeitslosengeld II	184
		Was bisher getan wurde	184
		Was zu tun ist	186
		Arbeitsmarktpolitik	188
		Berufliche Weiterbildung und Arbeitsbeschaffungsmaßnahmen	188
		Was bisher getan wurde	188
		Was noch zu tun ist	188
		Förderung regulärer Beschäftigung	189
		Was getan wurde	189
		Was zu tun ist	189

		Geringfügige Beschäftigung	190
		Was getan wurde	190
		Was zu tun ist	191
		Leiharbeit	191
		Was getan wurde	191
		Was zu tun ist	192
	3.	Lohnfindung und Arbeitsrecht	192
		Lohnfindung	193
		Rolle des Flächentarifvertrags	193
		Beurteilung der Lohnentwicklung	194
		Was getan wurde	196
		Was zu tun ist	197
		Was nicht getan werden sollte: Lohnsubventionen und gesetzliche Mindestlöhne	198
		Arbeitsrecht	202
		Was getan wurde	202
		Was zu tun ist	203
	4.	Kündigungsschutz	204
		Was bisher getan wurde	204
		Was zu tun ist	204
	5.	Steuern und Abgaben	207
V.	Was zu tun ist - ein beschäftigungspolitisches Pflichtenheft		207
VI.	Eine andere Meinung		209
	1.	Ein Reformparadox	210
	2.	Alternative Strategien für mehr Wachstum und Beschäftigung	219
Literatur			230

Viertes Kapitel

Finanzpolitik in schwierigen Zeiten 234

I.	Öffentliche Haushalte in der Krise		236
	1.	Gesamtstaatliches Defizit im Jahr 2005 fast unverändert	236
		Entwicklung der staatlichen Einnahmen	237
		Entwicklung der staatlichen Ausgaben	239
	2.	Strukturelle Haushaltsschwierigkeiten unverändert gravierend	243
	3.	Haushalte der Gebietskörperschaften und der Sozialversicherung: Haushaltsprobleme auf allen Ebenen	244
		Exkurs: Hartz IV - Ein „Milliardengrab"?	245

		Einnahmen und Ausgaben des Bundes	250
		Einnahmen und Ausgaben der Länder, der Gemeinden und der Sozialversicherung	252
		Kassenmäßiges Steueraufkommen: Trotz Tarifsenkung wieder leichter Anstieg	253
		Exkurs: Kennziffern der Einkommensteuertarife 2000 und 2005	258
II.	Steuerpolitik: Das Richtige tun, das Falsche unterlassen		262
	1.	Noch einmal: Es kommt auf die Unternehmensbesteuerung an!	263
		Ziele und Nebenbedingungen einer Reform der Unternehmensbesteuerung	263
		Vorschläge zur Reform der Einkommens- und Unternehmensbesteuerung	269
		Das Konzept einer flat tax	270
		Das Konzept der Stiftung Marktwirtschaft	274
		Die Duale Einkommensteuer des Sachverständigenrates	275
		Ein Vergleich der Steuerreformkonzepte des Sachverständigenrates und der Stiftung Marktwirtschaft	283
	2.	Gesetzentwürfe zur Reform der Erbschaftsteuer verfehlt	288
		Erbschaftsteuerliche Begünstigung des Betriebsvermögens im geltenden Recht	289
		Begünstigung von produktivem Betriebsvermögen in den Gesetzentwürfen	290
	3.	Fazit	296
III.	Haushaltskonsolidierung: langfristig planen, kurzfristig handeln		296
	1.	Tragfähigkeit der öffentlichen Finanzen sichern	296
	2.	Langfristige Haushaltskonsolidierung: Versorgungsnachhaltigkeitsgesetz verabschieden	299
	3.	Mittelfristige Haushaltskonsolidierung: Umsatzsteuerbetrug bekämpfen	305
	4.	Kurzfristige Haushaltskonsolidierung: Steuervergünstigungen abbauen, Finanzhilfen zurückführen	310
		Anhebung des ermäßigten Umsatzsteuersatzes	312
		Haushaltskonsolidierung durch Subventionsabbau	314
		Fazit	319
IV.	Artikel 115 Grundgesetz einhalten		320
	1.	Das Teilziel eines stetigen Wirtschaftswachstums	324
	2.	Das Teilziel eines hohen Beschäftigungsstands	325
	3.	Vorziehen der Steuerreform	327

    4. Fazit 328
Literatur 329

Fünftes Kapitel
Umfinanzierungsoptionen in der Sozialversicherung 330
I. Die finanzielle Lage in den Systemen der sozialen Sicherung im Jahr 2005 333
    1. Gesetzliche Rentenversicherung: Rückgang des Beitragsaufkommens 333
    2. Gesetzliche Krankenversicherung: Ende der Atempause 338
    3. Soziale Pflegeversicherung: Grundlegende Probleme bestehen fort 342
II. Versicherungsfremde Elemente in den Sozialversicherungen 342
    1. Reduktion des Steuercharakters der Sozialversicherungsbeiträge durch Umfinanzierung versicherungsfremder Leistungen 342
    2. Identifizierung und Quantifizierung von versicherungsfremden Elementen in den Sozialversicherungen 346
        Versicherungsfremde Elemente in der Gesetzlichen Krankenversicherung 346
            Umverteilungsströme in der Gesetzlichen Krankversicherung 347
            Versicherungsfremde Umverteilung in der Gesetzlichen Krankenversicherung 354
            Versicherungsfremde Leistungen in der Gesetzlichen Krankenversicherung 362
        Versicherungsfremde Elemente in der Sozialen Pflegeversicherung 363
        Versicherungsfremde Elemente in der Arbeitslosenversicherung 365
        Versicherungsfremde Elemente in der Gesetzlichen Rentenversicherung 370
        Gesamtvolumen der versicherungsfremden Elemente 376
III. Stärkung des Äquivalenzprinzips: Beseitigung oder Umfinanzierung der versicherungsfremden Elemente 376
    1. Bürgerpauschale in der Krankenversicherung 377
    2. Systemwechsel in der Pflegeversicherung 382
    3. Umfinanzierung in der Gesetzlichen Rentenversicherung und der Arbeitslosenversicherung 386
        Erst evaluieren, dann umfinanzieren 386
        Symmetrische oder asymmetrische Beitragssatzsenkung? 387
        Beschäftigungsfreundliche Gegenfinanzierung 387
            Allokative und distributive Effekte einer Umfinanzierung durch eine Umsatzsteuererhöhung 388

         Allokative und distributive Effekte einer Umfinanzierung durch eine
         Einkommensteuererhöhung 397
         Allokative und distributive Effekte einer Umfinanzierung durch
         Ausgabensenkungen 401
      Fazit 402
   Literatur 403

Sechstes Kapitel
Europa: Erfolge und Herausforderungen 404
Zur Ausgangslage: Aktuelle Herausforderungen Europas 406
I.   Deutschland in der Währungsunion 407
     1.   Offensichtlicher Erfolg: Euro als stabile Währung 410
     2.   Wachstums- und Inflationsdifferenzen als Problem? 413
          Wachstumsunterschiede im Euro-Raum insgesamt nicht angestiegen 414
          Persistente Inflationsdifferenzen im Euro-Raum 417
          Realzins- versus Wettbewerbskanal: Destabilisierende und
          stabilisierende Effekte 420
     3.   Positive Handelseffekte der Euro-Einführung 425
          Der Euro fördert den Handel innerhalb der Europäischen
          Währungsunion 426
          Euro-Einführung stützt deutsche Exporte in den Euro-Raum 427
     4.   Finanzpolitik in Europa: Unter Anpassungsdruck 431
          Fiskalpolitische Entwicklung und Verhaltensmuster 432
          Zur Reform des Stabilitäts- und Wachstumspakts (SWP) 438
          Bewertung des Europäischen Stabilitäts- und Wachstumspakts 441
II. Institutionelle Herausforderungen 442
     1.   Ratifikation eines Vertrags über eine Verfassung für Europa 442
     2.   Keine Einigung über die Finanzielle Vorausschau 2007 bis 2013 445
     3.   Ökonomische Aspekte eines möglichen EU-Beitritts der Türkei 449
Literatur 452

Siebtes Kapitel
Kapitalmarkt und Finanzintermediäre: Unternehmensfinanzierung im Wandel 454
I.   Marktbasierte Finanzierung gewinnt an Bedeutung 457
II. Die Rolle von Private Equity-Gesellschaften und Hedge-Fonds 463
III. Veränderte Rahmenbedingungen der Unternehmensfinanzierung:
     Anpassungsbedarf insbesondere im „kleinen" Mittelstand 473

	1.	Angespannte Finanzierungssituation im Mittelstand	474
	2.	Schwache Eigenkapitalausstattung wird zum Problem...	476
	3.	Wege zu mehr Eigenkapital	482
	4.	Bankenkonsolidierung: Gefahr für den Mittelstand?	484
		Erste Ergebnisse für Deutschland	488
IV.	Fazit		492
Literatur			493

Analyse
Zur Prognosegüte alternativer Konjunkturindikatoren 495

	1.	Motivation	495
	2.	Konstruktion eine Konjunkturindikators auf Grundlage eines Faktormodells	497
	3.	Datengrundlage	501
	4.	Spezifikation der Prognosemodelle	502
	5.	Evaluierung der Prognosen	504
	6.	Ergebnisse der Prognoseevaluierung bei konstanter Modellspezifikation	505
	7.	Fazit	510
Literatur			510

Anhang

I.	Gesetz über die Bildung eines Sachverständigenrates zur Begutachtung der gesamtwirtschaftlichen Entwicklung	513
II.	Gesetz zur Förderung der Stabilität und des Wachstums der Wirtschaft	515
III.	Verzeichnis der Gutachten des Sachverständigenrates...	516
IV.	Methodische Erläuterungen	519
V.	Statistischer Anhang	543
	Erläuterung von Begriffen aus den Volkswirtschaftlichen Gesamtrechnungen für Deutschland	544
	Verzeichnis der Tabellen im Statistischen Anhang	550
	A. Internationale Tabellen	553
	B. Tabellen für Deutschland	571
	I. Makroökonomische Grunddaten	571
	II. Ausgewählte Daten zum System der Sozialen Sicherung	624

Verzeichnis der Schaubilder im Text

Seite

1	Voraussichtliche Wirtschaftsentwicklung	1
2	Entwicklung der Weltproduktion und des Welthandelsvolumens	44
3	Realer Weltmarktpreis für Rohöl in US-Dollar und in Euro	46
4	Entwicklung des Bruttoinlandsprodukts in ausgewählten Ländern	47
5	Leistungsbilanzsalden in ausgewählten Ländern	49
6	Entwicklung der Verbraucherpreise und der Kerninflation sowie der Erzeugerpreise im Euro-Raum	60
7	Monetäre Entwicklung im Euro-Raum	62
8	Entwicklung des Bruttoinlandsprodukts	67
9	Wachstumsraten und relative Output-Lücken des Produktionspotentials nach ausgewählten Schätzverfahren	70
10	Aufschwungs- und Stagnationsphasen in den Jahren 1992 bis 2005	71
11	Entwicklung konjunkturell wichtiger Komponenten des Bruttoinlandsprodukts	72
12	Geldvermögensbildung und Nettoinvestitionen der privaten Haushalte	76
13	Tatsächliches Defizit, konjunkturbedingter Finanzierungssaldo und konjunkturbereinigtes Defizit	79
14	Fiskalimpuls und Änderung der relativen Output-Lücke	81
15	Fiskalimpuls auf der Einnahme- und Ausgabenseite	82
16	Exporte, Importe und Außenbeitrag	89

Seite

17	Entwicklung der Verbraucherpreise in Deutschland	92
18	Entwicklung der Außenhandelspreise, Rohstoffpreise und Erzeugerpreise	93
19	Konjunkturklima	95
20	Geschäftserwartungen in Deutschland	99
21	Berechnung des statistischen Überhangs	106
22	Beschäftigung in Deutschland: Personen und Arbeitsstunden	117
23	Entwicklung der registrierten Arbeitslosigkeit	122
24	Anrechnung von Erwerbseinkommen beim Bezug von Arbeitslosengeld II (ALG II)	128
25	Arbeitslosigkeit in Deutschland: Registrierte Arbeitslose und Arbeitslosenquoten	133
26	Qualifikationsspezifische Arbeitslosigkeit im früheren Bundesgebiet und Berlin-West	134
27	Qualifikationsspezifische Arbeitslosigkeit in den neuen Bundesländern und Berlin-Ost	135
28	Beschäftigungsschwellen nach verschiedenen Verfahren	144
29	Phänomen der verfestigten Arbeitslosigkeit in ausgewählten Ländern	148
30	Langfristige quasi-gleichgewichtige Arbeitslosenquote	153
31	Kurzfristige Anpassungspfade der Arbeitslosigkeit	155
32	Arbeitslosenquoten in Deutschland	157
33	Arbeitslosenquote und Quote der offenen Stellen	166
34	Kündigungsschutzgesetzgebung (EPL) und Veränderung der Arbeitslosenquote 2000 bis 2005	212

Verzeichnis der Schaubilder im Text

		Seite
35	Vereinigtes Königreich und Deutschland im Vergleich	213
36	Entwicklung der Binnennachfrage in Deutschland	215
37	Entwicklung des Arbeitsvolumens und der sozialversicherungspflichtig Beschäftigten	216
38	Grenzbelastung des Arbeitseinkommens eines Alleinstehenden im internationalen Vergleich im Jahr 2003	218
39	Arbeitslosenzahl und Anteil der Befragten, die eine „große Angst" vor Arbeitslosigkeit haben	224
40	Grenzbelastung eines Ledigen unter Status quo-Bedingungen bei Einführung eines Stufentarifs in der Arbeitslosenversicherung	226
41	Steuerquoten	242
42	Entwicklung der Ausgaben und ausgewählter Einnahmearten bei der Sozialversicherung	254
43	Grenzbelastung und Durchschnittsbelastung der Einkommensteuertarife 2000 und 2005	259
44	Residualeinkommenselastizität der Einkommensteuertarife 2000 und 2005	260
45	Nominale und reale Steuerentlastung durch den Einkommensteuertarif 2005 im Vergleich zum Tarif 2000	261
46	Leistungseinschränkungen durch die Reform der Beamtenbezüge	303
47	Zukünftige Belastung der öffentlichen Haushalte mit Versorgungsausgaben	304
48	Illustration umsatzsteuerlicher Karussellgeschäfte	308
49	Relative Output-Lücke für unterschiedliche statistische Filterverfahren: Prognose des Sachverständigenrates vom November 2003 für das Jahr 2004	325
50	Arbeitslosigkeit mit ihrer konjunkturellen und nicht konjunkturellen Komponente: Prognose des Sachverständigenrates vom November 2003 für das Jahr 2004	326
51	Entwicklung der Ausgaben und Beitragseinnahmen der Gesetzlichen Krankenversicherung	341
52	Beitragssatzerhöhungsdruck und Beitragssatzänderungen in der Gesetzlichen Krankenversicherung	343
53	Altersgruppenspezifische Beiträge und Ausgaben je Versicherten in der Gesetzlichen Krankenversicherung im Jahr 2003	350
54	Umverteilung zwischen den Altersklassen in der Gesetzlichen Krankenversicherung	351
55	Altersgruppenspezifischer impliziter Steuersatz in der Gesetzlichen Krankenversicherung	352
56	Belastung der privaten Haushalte mit Umsatzsteuer und Beiträgen zur Arbeitslosenversicherung	395
57	Verteilungswirkungen einer Beitragssatzsenkung in der Arbeitslosenversicherung und einer Umsatzsteuererhöhung	396
58	Verteilungswirkungen einer gegenfinanzierten Beitragssatzsenkung in der Arbeitslosenversicherung um zwei Prozentpunkte	397
59	Kurzfristige und langfristige Realzinsen in Deutschland	409

Verzeichnis der Schaubilder im Text

		Seite
60	Verbrauchpreisentwicklung im Euro-Raum und Zieldefinition der Europäischen Zentralbank	411
61	Gefühlte und tatsächliche Inflation im Euro-Raum und in Deutschland	412
62	Entwicklung des Verbraucherpreisindex und des Index der wahrgenommenen Inflation	413
63	Streuung der Entwicklung des Bruttoinlandsprodukts in den Ländern des Euro-Raums	414
64	Regionale Wachstumsunterschiede in verschiedenen Währungsräumen	415
65	Streuungsmaße für standardisierte Arbeitslosenquoten in den Ländern des Euro-Raums	416
66	Streuung regionaler Inflationsraten	417
67	Länderspezifische Differenzen bei der Entwicklung der Verbraucherpreise	418
68	Streuung der Realzinsen in den Ländern des Euro-Raums	421
69	Entwicklung der preislichen Wettbewerbsfähigkeit der Länder des Euro-Raums	423
70	Bedeutung der Binnennachfrage und des Außenbeitrags in den Ländern des Euro-Raums in den Jahren 1999 bis 2004	424
71	Euro-Raum: Entwicklung des Außenhandels mit verschiedenen Regionen	426
72	Deutschland: Entwicklung des Außenhandels mit verschiedenen Regionen	428
73	Finanzierungssalden des Staates für den Euro-Raum	433
74	Konjunkturbereinigtes Defizit und Niveau der relativen Output-Lücke im Euro-Raum	435
75	Verhalten der Fiskalpolitik: Euro-Raum, Vereinigtes Königreich, Vereinigte Staaten	436
76	Neuemissionen von Aktien und Unternehmensanleihen inländischer Emittenten	458
77	Finanzierungsstruktur nichtfinanzieller Kapitalgesellschaften in ausgewählten Ländern	459
78	Aktienbestand nach Erwerbern	460
79	Global Hedge-Fonds nach der Struktur ihrer Kapitalgeber	465
80	Außenfinanzierung der nichtfinanziellen Kapitalgesellschaften	474
81	Eigenkapitalquoten und Bedeutung der Bankverbindlichkeiten bei Unternehmen nach Umsatzgrößenklassen	477
82	Kreditbeziehungen von mittelständischen Unternehmen nach den Größenklassen der Kreditinstitute	489
83	Kreditbeziehungen von Unternehmen nach Größenklassen und nach Bankengruppen	490

Verzeichnis der Tabellen im Text

Nr.	Titel	Seite
1	Ein Programm für die nächste Legislaturperiode	8
2	Gesamtwirtschaftliche Entwicklung in ausgewählten Ländergruppen und Ländern	11
3	Wirtschaftliche Eckdaten für Deutschland	17
4	Beispiele für kurzfristige Konsolidierungsmaßnahmen: Mehreinnahmen im Jahr 2006	40
5	Wirtschaftsdaten für die Vereinigten Staaten	50
6	Wirtschaftsdaten für Japan	53
7	Wirtschaftsdaten für den Euro-Raum	58
8	Wirtschaftsdaten für die Länder der Europäischen Union	66
9	Entwicklung des deutschen Außenhandels nach Ländern und Ländergruppen	90
10	Die voraussichtliche Entwicklung in ausgewählten Ländern und Ländergruppen	97
11	Die wichtigsten Daten der Volkswirtschaftlichen Gesamtrechnungen für Deutschland	103
12	Der Arbeitsmarkt in Deutschland	108
13	Einnahmen und Ausgaben des Staates	110
14	Der Arbeitsmarkt in Deutschland	119
15	Berufsausbildungsstellenmarkt in Deutschland	121
16	Offene und verdeckte Arbeitslosigkeit in Deutschland	130
17	Lohn und Produktivität	131
18	Beschäftigungsentwicklung von unausgebildeten und ausgebildeten Arbeitskräften in ausgewählten Wirtschaftszweigen	138
19	Kennziffern zur Entwicklung der Beschäftigung in ausgewählten Sektoren	140
20	Standardisierte Arbeitslosenquoten in ausgewählten Ländern	146
21	Internationale Studien zur Arbeitslosigkeit	172
22	Einnahmen und Ausgaben des Staates in der Abgrenzung der Volkswirtschaftlichen Gesamtrechnungen	238
23	Finanzpolitische Kennziffern	241
24	Finanzierungssalden und Finanzierungsquoten des Staates	245
25	Kassenmäßiges Aufkommen wichtiger Steuerarten	255
26	Steuer- und Abgabenquoten sowie Steuersätze in der Europäischen Union	264
27	Duale Einkommensteuer: Besteuerung bei Sofortausschüttung	279
28	Duale Einkommensteuer: Besteuerung bei Gewinneinbehalt im Jahr 1 und Liquidation im Jahr 2	280
29	Langfristige Effekte eines Übergangs zu einer dualen Einkommensteuer	282
30	Erbschaftsteuerliche Belastung bei Übertragung von Betriebsvermögen	292
31	Umsatzsteuer: Aufkommen und Hinterziehungsquote	306

Verzeichnis der Tabellen im Text

		Seite
32	Beispiele für kurzfristige Konsolidierungsmaßnahmen: Mehreinnahmen im Jahr 2006	318
33	Vergleich Nettokreditaufnahme und Investitionsausgaben des Bundes: Soll-Ist	321
34	Umverteilungsströme und sozialversicherungsfremde Umverteilung in der Gesetzlichen Krankenversicherung	353
35	Versicherungsfremde Leistungen in der Gesetzlichen Krankenversicherung	363
36	Umverteilungsströme und sozialversicherungsfremde Umverteilung in der Sozialen Pflegeversicherung	364
37	Versicherungsfremde Leistungen der Arbeitslosenversicherung	371
38	Versicherungsfremde Leistungen der Arbeiterrenten- und Angestelltenversicherung sowie Bundeszuschüsse	375
39	Gesamtvolumen der versicherungsfremden Elemente in den Sozialversicherungszweigen	377
40	Umverteilungsströme vor und nach Zahlung eines Bundeszuschusses in der Gesetzlichen Krankenversicherung	379
41	Übergang zu einem kapitalgedeckten Pflegeversicherungssystem	384
42	Monatlicher Gesamtbeitrag zur Pflegeversicherung nach Geburtsjahrgängen	385
43	Schätzergebnisse zum Handels- und Exporteffekt der Europäischen Währungsunion für Deutschland	430
44	Finanzierungssaldo und Schuldenstand in den Ländern des Euro-Raums	434
45	Fiskalpolitik in den Ländern des Euro-Raums	437
46	Finanzielle Vorausschau 2007 - 2013 für den Haushalt der Europäischen Union	447
47	Wirtschaftsdaten für die Türkei	450
48	Stilisierter Vergleich der Finanzsysteme	463
49	Alternative Formen der Außenfinanzierung	479
50	Prognose der Zuwachsrate der Nettoproduktion gegenüber dem Vorjahresmonat Benchmark: naive Prognose, Schwarz-Informationskriterium	506
51	Prognose der Zuwachsrate der Nettoproduktion gegenüber dem Vorjahresmonat Benchmark: Konjunkturindikator-Faktormodell, Schwarz-Informationskriterium	507
52	Prognose der Zuwachsrate der Nettoproduktion gegenüber dem Vormonat, Benchmark: naive Prognose, Akaike-Informationskriterium	508
53	Prognose der Zuwachsrate der Nettoproduktion gegenüber dem Vormonat, Benchmark: Konjunkturindikator-Faktormodell, Akaike-Informationskriterium	509

Verzeichnis der Kästen im Text

		Seite			Seite
1	Die Aufwertung des Yuan und ihre Folgen für die Weltwirtschaft	55	10	Die steuerpolitischen Vorschläge der Parteien	272
2	Zum Einfluss der Divergenz von amtlicher und gefühlter Inflationsrate auf die Konsumausgaben der privaten Haushalte	73	11	Internationale Apsekte der Erbschaftsteuer	294
3	Hat sich das Investitionsverhalten der Unternehmen verändert?	86	12	Reformmodelle zur Umsatzbesteuerung	309
4	Annahmen für die Prognose	100	13	Messung der Umverteilungsströme, versicherungsfremde Umverteilung und Bundeszuschüsse in der Gesetzlichen Krankenversicherung	354
5	Der Einfluss des statistischen Überhangs auf die jahresdurchschnittliche Zuwachsrate des Bruttoinlandsprodukts	106	14	Gravitationsmodell: Positive Handelseffekte der Euro-Einführung	429
6	Zur Heterogenität der Arbeitslosigkeit in Deutschland	135	15	Optionen für einen europäischen Verfassungsvertrag	444
7	Modell einer quasi-gleichgewichtigen Arbeitslosigkeit	150	16	Überblick über alternative Finanzierungsmöglichkeiten	479
8	Das britische Beschäftigungswunder	212	17	Die Auswirkungen der Bankenkonsolidierung – Internationale Erfahrungen	486
9	Wachstumsrate des Produktionspotentials und gesamtwirtschaftliche Nachfrage	220			

Verzeichnis der Tabellen im Statistischen Anhang

		Seite			Seite
A.	**Internationale Tabellen**		3*	Beschäftigte Arbeitnehmer in der Europäischen Union und in ausgewählten Ländern	555
1*	Bevölkerung in der Europäischen Union und in ausgewählten Ländern	553	4*	Standardisierte Arbeitslosenquoten in der Europäischen Union und in ausgewählten Ländern	556
2*	Erwerbstätige in der Europäischen Union und in ausgewählten Ländern	554			

Verzeichnis der Tabellen im Statistischen Anhang

		Seite
5*	Reales Bruttoinlandsprodukt in der Europäischen Union und in ausgewählten Ländern	557
6*	Reale Private Konsumausgaben in der Europäischen Union und in ausgewählten Ländern	558
7*	Reale Konsumausgaben des Staates in der Europäischen Union und in ausgewählten Ländern	559
8*	Reale Bruttoanlageinvestitionen in der Europäischen Union und in ausgewählten Ländern	560
9*	Reale Exporte/Importe von Waren und Dienstleistungen in der Europäischen Union und in ausgewählten Ländern	561
10*	Nationale Verbraucherpreisindizes in der Europäischen Union und in ausgewählten Ländern	563
11*	Harmonisierter Verbraucherpreisindex in den Ländern der Europäischen Union	564
12*	DM-Wechselkurse und Euro-Kurse für ausgewählte Währungen	565
13*	Salden der Handelsbilanz und der Leistungsbilanz in ausgewählten Ländern	566
14*	Kurzfristige Zinssätze in der Europäischen Union und in ausgewählten Ländern	567
15*	Langfristige Zinssätze in der Europäischen Union und in ausgewählten Ländern	568
16*	Geldmengenaggregate in der Europäischen Währungsunion	569
17*	Indikatoren für die Welt und für ausgewählte Ländergruppen	570

B. Tabellen für Deutschland

I. Makroökonomische Grunddaten

		Seite
18*	Bevölkerungsstand und Bevölkerungsvorausberechnung für Deutschland	571
19*	Ausländer in Deutschland nach der Staatsangehörigkeit	572
20*	Erwerbstätigkeit und Arbeitslosigkeit	574
21*	Struktur der Arbeitslosigkeit	574
22*	Erwerbstätige nach Wirtschaftsbereichen	575
23*	Bruttowertschöpfung, Bruttoinlandsprodukt, Volkseinkommen, Nationaleinkommen	576
24*	Bruttowertschöpfung nach Wirtschaftsbereichen	577
25*	Verwendung des Volkseinkommens	578
26*	Unternehmens- und Vermögenseinkommen der Gesamtwirtschaft	578
27*	Arbeitnehmerentgelte und geleistete Arbeitsstunden nach Wirtschaftsbereichen	579
28*	Verwendung des Bruttoinlandsprodukts	580
29*	Konsumausgaben der privaten Haushalte nach Verwendungszwecken	581
30*	Primäreinkommen, Verfügbares Einkommen und Sparen der privaten Haushalte	582
31*	Bruttoinvestitionen	583
32*	Anlageinvestitionen nach Wirtschaftsbereichen	584
33*	Deflatoren aus den Volkswirtschaftlichen Gesamtrechnungen	586

Verzeichnis der Tabellen im Statistischen Anhang

Nr.	Titel	Seite
34*	Arbeitsproduktivität, Lohnkosten, Verdienst und Lohnstückkosten im Inland	587
35*	Lohnstückkosten nach Wirtschaftsbereichen	588
36*	Einnahmen und Ausgaben des Staates	590
37*	Einnahmen und Ausgaben von Bund, Ländern und Gemeinden	592
38*	Vermögensbildung und ihre Finanzierung	593
39*	Ausgaben und Einnahmen der staatlichen und kommunalen Haushalte nach Ländern	594
40*	Kassenmäßige Steuereinnahmen	596
41*	Verschuldung der öffentlichen Haushalte	597
42*	Zahlungsbilanz	598
43*	Kapitalverkehr mit dem Ausland	599
44*	Ausgewählte Zinsen und Renditen	600
45*	Zinssätze für Neugeschäfte der Banken (MFIs)	601
46*	Auftragseingang im Verarbeitenden Gewerbe	602
47*	Umsatz im Bergbau und im Verarbeitenden Gewerbe	605
48*	Index der Nettoproduktion im Produzierenden Gewerbe	606
49*	Beschäftigte und geleistete Arbeitsstunden im Bergbau und im Verarbeitenden Gewerbe	607
50*	Kapazitätsauslastung im Verarbeitenden Gewerbe	608
51*	Baugenehmigungen	609
52*	Auftragseingang im Bauhauptgewerbe nach Bauarten	610
53*	Auftragsbestand im Bauhauptgewerbe	612
54*	Umsatz, Beschäftigte, geleistete Arbeitsstunden und Produktion im Bauhauptgewerbe	613
55*	Außenhandel (Spezialhandel)	614
56*	Außenhandel nach ausgewählten Gütergruppen der Produktionsstatistik	615
57*	Außenhandel nach Warengruppen	616
58*	Außenhandel nach Ländergruppen	617
59*	Einzelhandelsumsatz	618
60*	Index der Erzeugerpreise gewerblicher Produkte	619
61*	Index der Außenhandelspreise	620
62*	Preisindizes für Neubau und Instandhaltung, Baulandpreise	621
63*	Verbraucherpreisindex für Deutschland	622
64*	Löhne und Gehälter	623

II. Ausgewählte Daten zum System der Sozialen Sicherung

Nr.	Titel	Seite
65*	Sozialbudget: Leistungen nach Institutionen und Funktionen	624
66*	Sozialbudget: Finanzierung nach Arten und Quellen	625
67*	Kenngrößen für die Beitragsbemessung und die Leistungen in der Gesetzlichen Rentenversicherung (Arbeiter und Angestellte)	626
68*	Struktur der Leistungsempfänger in der Rentenversicherung (Arbeiter und Angestellte)	627
69*	Finanzielle Entwicklung in der Gesetzlichen Rentenversicherung (Arbeiter und Angestellte)	628

Verzeichnis der Tabellen im Statistischen Anhang

	Seite
70* Gesundheitsausgaben in Deutschland	629
71* Versicherte in der Gesetzlichen Krankenversicherung	630
72* Struktur der Einnahmen und Ausgaben in der Gesetzlichen Krankenversicherung	631
73* Leistungsausgaben für die Mitglieder der Gesetzlichen Krankenversicherung	632
74* Beitragssätze und Einnahmen in der Gesetzlichen Krankenversicherung	633
75* Finanzentwicklung und Versicherte in der Sozialen Pflegeversicherung	634
76* Leistungsempfänger in der Sozialen Pflegeversicherung	635
77* Einnahmen und Ausgaben in der Arbeitslosenversicherung	636
78* Leistungsempfänger in der Arbeitslosenversicherung	637
79* Sozialhilfe: Empfänger, Ausgaben und Einnahmen	638

Statistische Materialquellen - Abkürzungen

Angaben aus der amtlichen Statistik für die Bundesrepublik stammen, soweit nicht anders vermerkt, vom Statistischen Bundesamt. Diese Angaben beziehen sich auf Deutschland; andere Gebietsstände sind ausdrücklich angemerkt.

Material über das Ausland wurde in der Regel internationalen Veröffentlichungen entnommen. Darüber hinaus sind in einzelnen Fällen auch nationale Veröffentlichungen herangezogen worden.

AAÜG	=	Anspruchs- und Anwartschaftsüberführungsgesetz
ABM	=	Arbeitsbeschaffungsmaßnahmen
AFG	=	Arbeitsförderungsgesetz
AKV	=	Allgemeine Krankenversicherung
ALG	=	Arbeitslosengeld
AnV	=	Angestelltenversicherung
ARIMA	=	Autoregressive Integrated Moving Average
ArV	=	Arbeiterrentenversicherung
AÜG	=	Arbeitnehmerüberlassungsgesetz
BA	=	Bundesagentur für Arbeit
BAFin	=	Bundesanstalt für Finanzdienstleistungsaufsicht
BAföG	=	Bundesausbildungsförderungsgesetz
BEA	=	Bureau of Economic Analysis
BetrVG	=	Betriebsverfassungsgesetz
BIP	=	Bruttoinlandsprodukt
BLS	=	Bureau of Labor Statistics
BMF	=	Bundesministerium der Finanzen
BMGS	=	Bundesministerium für Gesundheit und Soziale Sicherung
BMWA	=	Bundesministerium für Wirtschaft und Arbeit
BSHG	=	Bundessozialhilfegesetz
BSP	=	Bruttosozialprodukt
BVerfG	=	Bundesverfassungsgericht
CDS	=	Credit Default Swap
CEPS	=	Centre for European Policy Studies
CFNAI	=	Chicago Fed National Index
CO_2	=	Kohlendioxid
DAX	=	Deutscher Aktienindex
DBA	=	Doppelbesteuerungsabkommen
DGB	=	Deutscher Gewerkschaftsbund
DIHK	=	Deutscher Industrie- und Handelskammertag
DIW	=	Deutsches Institut für Wirtschaftsforschung, Berlin

DMP	=	Disease-Management-Programm
DSGV	=	Deutscher Sparkassen- und Giroverband
ECOFIN	=	Rat der Wirtschafts- und Finanzminister der Mitgliedsländer der EU
EFTA	=	Europäische Freihandelsassoziation
EG	=	Europäische Gemeinschaft
EGV	=	Vertrag zur Gründung der Europäischen Gemeinschaft (EG) vom 7. Februar 1992 in der Fassung vom 2. Oktober 1997
EONIA	=	Euro OverNight Index Average
EPL	=	Employment Protection Legislation
ERP	=	Europäisches Wiederaufbauprogramm (Marshallplan)
EStG	=	Einkommensteuergesetz
ESVG	=	Europäisches System Volkswirtschaftlicher Gesamtrechnungen
et al.	=	und andere
EU	=	Europäische Union
EuGH	=	Europäischer Gerichtshof
EURIBOR	=	Euro Interbank Offered Rate
EURO/ECU	=	Europäische Währungseinheit
Eurostat	=	Statistisches Amt der Europäischen Gemeinschaften
EVS	=	Einkommens- und Verbrauchsstichprobe
EWU	=	Europäische Währungsunion
EWS	=	Europäisches Währungssystem
EZB	=	Europäische Zentralbank
FAZ	=	Frankfurter Allgemeine Zeitung
FISIM	=	Financial Intermediation Services, Indirectly Measured
F & E	=	Forschung und Entwicklung
GG	=	Grundgesetz
GKV	=	Gesetzliche Krankenversicherung
GP	=	Güterverzeichnis für Produktionsstatistiken
GRV	=	Gesetzliche Rentenversicherung
HP	=	Hodrick-Prescott
HVB	=	HypoVereinsbank
HVPI	=	Harmonisierter Verbraucherpreisindex
HWWA	=	Hamburgisches Welt-Wirtschafts-Archiv
IAB	=	Institut für Arbeitsmarkt- und Berufsforschung
IFD	=	Initiative Finanzstandort Deutschland
IfM	=	Institut für Mittelstandsforschung, Bonn
Ifo	=	Ifo-Institut für Wirtschaftsforschung, München
IfW	=	Institut für Weltwirtschaft, Kiel
IG Metall	=	Industriegewerkschaft Metall
ikf	=	Institut für Kredit- und Finanzwirtschaft an der Ruhr-Universität Bochum

IAO/ILO	=	Internationale Arbeitsorganisation, Genf
ISCED	=	International Standard Classifikation of Education
ISM	=	Institute for Supply Management
IuK	=	Informations- und Kommunikationstechnologien
IWF/IMF	=	Internationaler Währungsfonds, Washington
IWG	=	Institut für Wirtschaft und Gesellschaft, Bonn
IWH	=	Institut für Wirtschaftsforschung Halle
IWI	=	Indikator für die wahrgenommene Inflation
IZA	=	Institut zur Zukunft der Arbeit, Bonn
JG	=	Jahresgutachten des Sachverständigenrates zur Begutachtung der gesamtwirtschaftlichen Entwicklung
Jump	=	Sofortprogramm der Bundesregierung zum Abbau der Jugendarbeitslosigkeit
KfW	=	Kreditanstalt für Wiederaufbau
KiFa	=	Konjunkturindikator-Faktormodell
KMU	=	Kleine und Mittlere Unternehmen
KKS	=	Kaufkraftstandards
KSchG	=	Kündigungsschutzgesetz
KStG	=	Körperschaftsteuergesetz
KV	=	Kassenärztliche Vereinigung
KVdR	=	Krankenversicherung der Rentner
LTCM	=	Long Term Capital Management
MFI	=	Monetäre Finanzinstitute
MPI	=	Max-Planck-Institut
NAIRU	=	Non-Accelerating Inflation Rate of Unemployment
NAWRU	=	Non-Accelerating Wage Rate of Unemployment
NBER	=	National Bureau of Economic Research
OECD	=	Organisation für wirtschaftliche Zusammenarbeit und Entwicklung, Paris
OPEC	=	Organisation erdölexportierender Länder, Wien
o.V.	=	ohne Verfasser
PKV	=	Private Krankenversicherung
PSA	=	Personal-Service-Agenturen
PVdR	=	Pflegeversicherung der Rentner
QERU	=	Quasi-Equilibrium Rate of Unemployment
REITs	=	Real Estate Investment Trusts
RMSE	=	Root Mean Square Error
RSA	=	Risikostrukturausgleich
RV	=	Rentenversicherung
RWI	=	Rheinisch-Westfälisches Institut für Wirtschaftsforschung, Essen
SAM	=	Strukturanpassungsmaßnahmen

SG	=	Sondergutachten des Sachverständigenrates zur Begutachtung der gesamtwirtschaftlichen Entwicklung
SGB	=	Sozialgesetzbuch
SOEP	=	Sozio-oekonomisches Panel des DIW
SWP	=	Stabilität- und Wachstumspakt
TVG	=	Tarifvertragsgesetz
UMTS	=	Universal Mobile Telecommunications System
UStG	=	Umsatzsteuergesetz
VDR	=	Verband Deutscher Rentenversicherungsträger
VGR	=	Volkswirtschaftliche Gesamtrechnungen
VorstOG	=	Vorstandsvergütungs-Offenlegungsgesetz
WpÜG	=	Wertpapiererwerbs- und Übernahmegesetz
WWU	=	Wirtschafts- und Währungsunion
WZ	=	Klassifikation der Wirtschaftszweige
ZEW	=	Zentrum für Europäische Wirtschaftsforschung, Mannheim

Zeichenerklärung

—	=	nichts vorhanden
0	=	weniger als die Hälfte der kleinsten dargestellten Einheit
.	=	kein Nachweis
...	=	Angaben fallen später an
— oder |	=	der Vergleich ist durch grundsätzliche Änderungen beeinträchtigt
X	=	Nachweis ist nicht sinnvoll beziehungsweise Fragestellung trifft nicht zu
( )	=	Aussagewert eingeschränkt, da der Zahlenwert statistisch relativ unsicher ist

Textabschnitte im Engdruck enthalten Erläuterungen zur Statistik oder methodische Erläuterungen zu den Konzeptionen des Rates.

In Textkästen gedruckte Textabschnitte enthalten analytische oder theoretische Ausführungen oder bieten detaillierte Information zu Einzelfragen, häufig im längerfristigen Zusammenhang.

Erstes Kapitel

Die Chance nutzen – Reformen mutig voranbringen

I. Komplexe Probleme – differenzierte Antworten

II. Die wirtschaftliche Entwicklung in den Jahren 2005 und 2006

III. Ein wirtschaftspolitischer Programmvorschlag

I. Komplexe Probleme – differenzierte Antworten

1. Die deutsche Volkswirtschaft zeigt sich weiterhin in keiner guten Verfassung. Die Arbeitslosigkeit befindet sich mit 4,89 Millionen registrierten Arbeitslosen auf einem bedrückend hohen Niveau. Das Wirtschaftswachstum ist, auch im Vergleich zu den meisten EU-Mitgliedsländern, schwach. Bei einer Wachstumsrate des Produktionspotentials in der Größenordnung von wenig mehr als einem Prozent und einer prognostizierten Zuwachsrate des Bruttoinlandsprodukts von 1,0 vH wird sich auch im Jahr 2006 daran nichts ändern (Schaubild 1). Die Sozialversicherungen leiden unter einer permanenten Einnahmeschwäche, nicht zuletzt als Folge des immer noch anhaltenden Rückgangs der Zahl der sozialversicherungspflichtig Beschäftigten. Die Haushalte des Bundes und vieler Länder sind in einem desolaten Zustand, und es bedarf eines Kraftakts, um die Vorgaben des Europäischen Stabilitäts- und Wachstumspakts zu erfüllen sowie die vom Grundgesetz und den Landesverfassungen gezogenen Verschuldungsgrenzen einzuhalten. In Ostdeutschland schließlich ist eine selbsttragende wirtschaftliche Entwicklung nicht zu erkennen, und die Finanzierung der hohen Transferzahlungen stellt weiterhin eine enorme Belastung für die deutsche Volkswirtschaft dar.

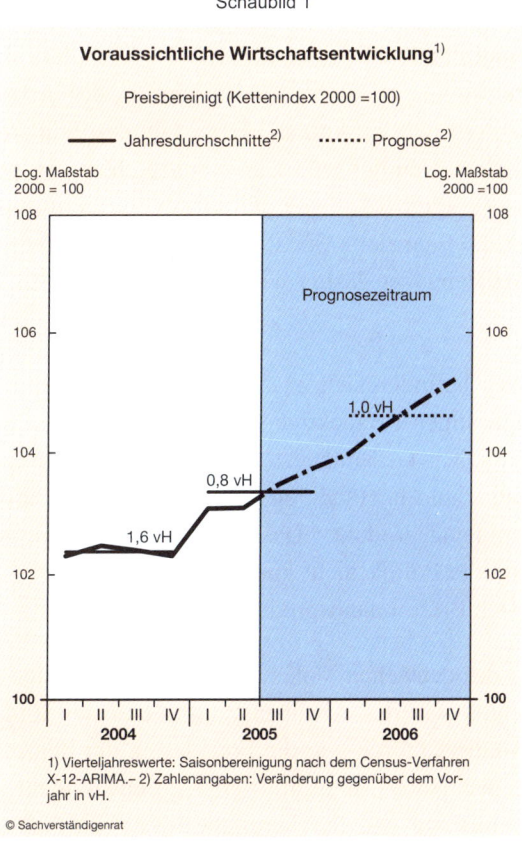

Schaubild 1

Voraussichtliche Wirtschaftsentwicklung[1]

Preisbereinigt (Kettenindex 2000 =100)

— Jahresdurchschnitte[2]   ······· Prognose[2]

1) Vierteljahreswerte: Saisonbereinigung nach dem Census-Verfahren X-12-ARIMA.– 2) Zahlenangaben: Veränderung gegenüber dem Vorjahr in vH.

© Sachverständigenrat

Angesichts dieser Probleme hat die Politik gegen viele Widerstände in den letzten Jahren eine ganze Reihe wichtiger und weit reichender Reformen auf den Weg gebracht. Mit den Hartz-Gesetzen, dem GKV-Modernisierungsgesetz, dem RV-Nachhaltigkeitsgesetz, dem Alterseinkünftegesetz oder den einzelnen Stufen der Einkommensteuerreform wurde bereits eine beachtliche Strecke des Reformweges zurückgelegt. Viele deutsche Unternehmen behaupten sich in preislicher wie in technologischer Sicht erfolgreich auf den Weltmärkten. Die zunehmende internationale Verflechtung ist keine Bedrohung, sondern eine Stütze der Wirtschaft. Klagen über eine Reformunfähigkeit oder Schwarzmalerei hinsichtlich der Folgen der Globalisierung für die deutsche Volkswirtschaft sind überzogen.

2. Gleichwohl springt der Impuls der anhaltenden Exporterfolge nicht auf die Binnenwirtschaft über, und die genannten Schwierigkeiten auf dem Arbeitsmarkt, in den Systemen der sozialen Sicherung und in den Öffentlichen Haushalten bestehen fort. Dies verdeutlicht, dass es nicht damit getan ist, lediglich auf eine von selbst eintretende wirtschaftliche Belebung zu hoffen.

Aus der Erfahrung der vergangenen Jahre und Jahrzehnte schälen sich vielmehr vier Problembereiche heraus, denen sich die Politik in der neuen Legislaturperiode stellen muss, soll es zu einer deutlichen Besserung der wirtschaftlichen Lage kommen:

− Bereits im früheren Bundesgebiet waren ein stufenweiser Anstieg und eine Verfestigung der Arbeitslosigkeit zu beobachten, die mit steigender Langzeitarbeitslosigkeit und einer besonders ungünstigen Arbeitsmarktlage gerade für Geringqualifizierte einhergingen. Diese Arbeitsmarktprobleme haben sich mit der deutschen Vereinigung und der massiven Freisetzung von Arbeitskräften in den neuen Bundesländern noch verschärft. Der vor allem statistisch bedingte Anstieg der registrierten Arbeitslosigkeit im Zuge der Einführung des Arbeitslosengelds II auf kurzfristig über 5 Millionen Personen zu Anfang dieses Jahres offenbarte das wahre Ausmaß der Unterbeschäftigung in aller Deutlichkeit. Ein Kennzeichen der schlechten Lage auf dem Arbeitsmarkt ist ein ausgeprägter Rückgang der sozialversicherungspflichtigen Beschäftigung. Nicht zuletzt deshalb ist die finanzielle Situation der Sozialversicherungen seit Jahren sehr angespannt, die hohen Sozialabgaben lasten wie Mühlsteine auf den Beschäftigten und Unternehmen.

− Die öffentlichen Finanzen befinden sich in einer äußerst prekären Verfassung. Dies gilt gleichermaßen in einer langfristigen Perspektive wie mit Blick auf das aktuelle Defizit. Die Tragfähigkeitslücke des staatlichen Gesamthaushalts beläuft sich auf ein Mehrfaches der gegenwärtigen expliziten Staatsschuld in Höhe von rund 1,5 Billionen Euro oder 67,7 vH in Relation zum nominalen Bruttoinlandsprodukt. Das prognostizierte gesamtstaatliche Defizit des Jahres 2006 wird − wenn die Politik nicht kurzfristig gegensteuert − 74 Mrd Euro oder 3,3 vH in Relation zum nominalen Bruttoinlandsprodukt betragen.

− Das Potentialwachstum der deutschen Volkswirtschaft, in dem sich die Wirkungen institutioneller Rahmenbedingungen wie des Abgabensystems und des Regelwerks am Arbeitsmarkt aber auch anhaltende Sonderfaktoren wie die Folgelasten der deutschen Vereinigung verdichten, ist in den vergangenen Jahren stetig auf nur noch etwas mehr als ein Prozent gesunken. Dies behindert eine nachhaltige und durchgreifende wirtschaftliche Erholung und macht die deutsche Volkswirtschaft schon bei kleinen Schocks anfällig für einen Rückfall in die Stagnation.

− Ein diesen Herausforderungen vorgelagertes Problem ist die föderale Entscheidungsverflechtung. Die konkrete Ausgestaltung des „Kooperativen Föderalismus" stellt ein hohes Hindernis für eine zügige politische Willensbildung dar. Selbst im Ergebnis erfolgreiche und begrüßenswerte Reformen wie die Hartz-Gesetze zeigen, dass die Entscheidungsprozesse häufig quälend langsam, undurchsichtig und unberechenbar sind. Allzu oft enden sie in fragwürdigen Kompromissen.

3. Diese Schwierigkeiten bedingen und verschärfen sich wechselseitig. So geht die anhaltend hohe und verfestigte Arbeitslosigkeit nicht nur mit einer Vergeudung von Arbeitskraft und Humankapital und damit einer Beeinträchtigung der Wachstumschancen einher, sondern auch mit massiven fiskalischen Verlusten. Eine schwache, maßgeblich vom Export getriebene Konjunktur schlägt sich in einem geringen Steueraufkommen nieder, und wenn dann zum Budgetausgleich nicht Subventionen, sondern die öffentlichen Investitionen gekürzt werden, beeinträchtigt auch dies das Potentialwachstum. Zudem muss selbst ein höheres Wirtschaftswachstum bei einer Unterbeschäftigung, die ihre Ursachen in Mobilitätshemmnissen, einem qualifikatorischen Mismatch, hohen Anspruchslöhnen sowie überhöhten gesetzlichen oder tariflichen Mindestlöhnen hat, nicht mit einem spürbaren Rückgang der Arbeitslosigkeit einhergehen. Die prekäre Arbeitsmarktsituation verunsichert viele Arbeitnehmer, mit der Folge einer Schwäche der Privaten Konsumausgaben, der wichtigsten gesamtwirtschaftlichen Nachfragekomponente; der Funke der Exporterfolge kann nicht auf die Binnenkonjunktur überspringen. Mit Blick auf die dringliche Sanierung der öffentlichen Finanzen ist die baldige Einhaltung des Stabilitäts- und Wachstumspakts geboten, doch fehlt ein bindender nationaler Stabilitätspakt, der die Konsolidierungslasten auf die einzelnen Gebietskörperschaften verteilt: Stattdessen lähmen das bündische Prinzip und ein kaum durchschaubarer Finanzausgleich die Eigeninitiative der Länder bei der Sanierung ihrer Haushalte. Potenziert werden alle diese Schwierigkeiten durch die immer noch wirkmächtigen ökonomischen Folgen der deutschen Vereinigung, die sich, verstärkt durch eine verfehlte Politik in den Anfangsjahren, in einer außerordentlich hohen und persistenten Arbeitslosigkeit sowie der Aufbringung eines anhaltend hohen Transferbedarfs niederschlagen.

Für derart komplexe, miteinander verschränkte Probleme gibt es keine Patentlösungen, und die verbreitete Sehnsucht nach einfachen und rasch umsetzbaren Rezepten, mit denen die Beschäftigung schnell erhöht und die Volkswirtschaft auf einen höheren Wachstumspfad katapultiert werden könnte, wird unerfüllt bleiben. Erforderlich ist vielmehr ein abgestimmtes und kohärentes Paket an Maßnahmen auf verschiedenen Handlungsfeldern.

4. Diesen Herausforderungen sieht sich nach der Bundestagswahl vom 18. September jede neue Regierung gegenüber. Zum gegenwärtigen Stand zeichnet sich die Bildung einer Regierung ab, die von einer großen Koalition aus CDU/CSU und SPD getragen wird. Vielfach wird befürchtet, eine solche Konstellation werde von politischem Stillstand und der Suche nach dem kleinsten gemeinsamen Nenner bestimmt sein. Dass dem nicht so sein muss, zeigen die Erfahrungen mit der großen Koalition der Jahre 1966 bis 1969, von der bedeutende Reformvorhaben wie die Neuordnung der Finanzverfassung mit den Gemeinschaftsaufgaben und den Gemeinschaftssteuern, das Stabilitäts- und Wachstumsgesetz oder die Einführung von Stipendien und Studienkrediten nach dem Berufsausbildungs- und Förderungsgesetz (BAföG) umgesetzt wurden. Auch wenn man viele der damals getroffenen Entscheidungen heute, fast 40 Jahre später, kritisch beurteilen muss, kann somit eine große Koalition durchaus eine gute Basis für mutige und umfassende Politikmaßnahmen und die

Fortsetzung des eingeschlagenen Reformkurses sein. Aus diesem Grund gibt der Sachverständigenrat seinem diesjährigen Gutachten den Titel

Die Chance nutzen – Reformen mutig voranbringen

5. Der Sachverständigenrat hat ein Maßnahmenpaket entwickelt, in dessen Zentrum ein beschäftigungs- und wachstumsfreundlicher Umbau des Regelwerks auf dem Arbeitsmarkt und des staatlichen Abgabensystems steht. Die Instrumente auf den einzelnen Handlungsfeldern sind aufeinander abgestimmt, sie ergänzen sich und berücksichtigen die Wirkungen auf die Gesamtnachfrage und die Angebotsbedingungen. Diese Paketlösung beinhaltet (Tabelle 1, Seiten 8 f.):

− Vorschläge zur Reform der **föderalen Struktur**, welche die Befugnisse, die Finanzbeziehungen und die Aufgaben von Bund und Ländern entflechten, um Spielräume für einen Gestaltungsföderalismus zu eröffnen und Blockaden im Entscheidungsprozess vorzubeugen;

− für den **Arbeitsmarkt** Maßnahmen bei Lohnersatzleistungen, aktiver Arbeitsmarktpolitik, Lohnfindung und Kündigungsschutz, mit denen die Verfestigung der Arbeitslosigkeit aufgebrochen und insbesondere die Beschäftigungschancen der Langzeitarbeitslosen sowie der Geringqualifizierten verbessert werden können;

− in den **Sozialversicherungen** Vorschläge für neue Finanzierungsformen, die die Beitragszahler von der Finanzierung versicherungsfremder Elemente entlasten und so den beschäftigungsfeindlichen Abgabenkeil reduzieren;

− im Steuersystem mit der **Dualen Einkommensteuer** einen Vorschlag zu einer Unternehmenssteuerreform, die die beträchtlichen investitionshemmenden Verwerfungen des Status quo beseitigt, die Standortattraktivität erhöht und damit einer Erosion der Steuerbasis entgegenwirkt;

− Anregungen zur Modernisierung der **Finanzmärkte**, um deren wachstumsfördernde Effizienz zu erhöhen;

− und nicht zuletzt konkrete Schritte zur kurz-, mittel- und langfristigen **Haushaltskonsolidierung** vor allem auf der Ausgabenseite und bei Steuervergünstigungen, sowohl um den Anforderungen des Stabilitäts- und Wachstumspakts gerecht werden zu können, als auch um den absehbaren Anstieg der Belastungen in den kommenden Jahren und Jahrzehnten zu begrenzen.

6. Wenn es ein Problem gibt, für dessen Lösung eine große Koalition prädestiniert wäre, dann ist es eine Neuordnung der **Bund-Länder-Beziehungen**. Die Notwendigkeit dazu ist unbestritten und wird schon durch die im Oktober 2003 vom Deutschen Bundestag und vom Bundesrat eingerichtete „Bundesstaatskommission" belegt, die Vorschläge zur Modernisierung der bundesstaatlichen Ordnung in der Bundesrepublik Deutschland erarbeiten sollte. Rückblickend ist die Arbeit dieser im Dezember 2004 gescheiterten Kommission eher kritisch zu bewerten: Zentrale Fragestellungen, vor allem im Bereich einer stärkeren Steuerautonomie der Länder, blieben von vornherein ausgeblendet. Der Komplex der Mischfinanzierungen war mit Ausnahme der – bis zuletzt strittigen – Gemeinschaftsaufgabe „Ausbau und Neubau von Hochschulen" nicht Gegenstand der Verhandlungen. Auch eine Weiterentwicklung des von Fehlanreizen gekennzeichneten Finanzaus-

gleichs stand nicht zur Diskussion, und ebenso blieb die Verantwortung der einzelnen staatlichen Ebenen bei der Erfüllung der Vorgaben des Europäischen Stabilitäts- und Wachstumspakts im Unklaren.

Ein Neubeginn ist unbedingt erforderlich, er sollte sich aber nicht in einer Revitalisierung der Bundesstaatskommission erschöpfen. Denn in diesem Fall besteht die Gefahr, dass man sich bei neuen Verhandlungen auf diejenigen Punkte beschränkt, bei denen schon ein Konsens erreicht werden konnte. Dann wäre eine wichtige Chance ein weiteres Mal vertan. Worauf es ankommt, sind sowohl eine Entflechtung der Einnahmen und Ausgaben von Bund und Ländern als auch ein Länderfinanzausgleich, der stärkere Anreize zu einer Förderung der regionalen Wirtschaftskraft setzt.

7. Mit den Hartz-Gesetzen wurden im Bereich der Lohnersatzleistungen und der aktiven Arbeitsmarktpolitik richtige und auch weitreichende Maßnahmen für eine Belebung des **Arbeitsmarkts** eingeleitet, die aber Zeit benötigen, um ihre Wirkungen zu entfalten. Allerdings war die Politik in den vergangenen Jahren auch dadurch geprägt, den Arbeitsmarkt an den Rändern, das heißt durch die Schaffung oder Neuordnung atypischer Beschäftigungsformen wie befristete Beschäftigungsverhältnisse, Leiharbeit oder Mini-Jobs zu flexibilisieren. Dadurch wurde aber eine Art Zwei-Klassen-Gesellschaft auf dem Arbeitsmarkt etabliert. Besser wäre es, und darauf zielen die Vorschläge des Sachverständigenrates, den erkennbaren Anpassungsdruck gleichmäßiger auf alle Beschäftigten zu verteilen und den Arbeitsmarkt in der Breite zu flexibilisieren. Über die vorgeschlagenen Anpassungen bei der Lohnsetzung, im Tarifrecht oder beim Kündigungsschutz kann Ausweichreaktionen in die Scheinselbständigkeit oder einer Substitution von Normalarbeitsverhältnissen mit der Folge einer Erosion der Beitragsbasis der Sozialversicherungen wirksamer begegnet werden. Eine damit verbundene Stimulierung der Arbeitsnachfrage wie des Arbeitsangebots würde über eine Steigerung des Arbeitsvolumens zu einer Erhöhung der Lohnsumme führen und damit eine wichtige Voraussetzung für eine Belebung des privaten Konsums schaffen.

8. Die Sozialversicherungsbeiträge sind relevante Teile des Abgabenkeils, der sich zwischen die Produzentenlöhne, kurz die Arbeitskosten, und die Konsumentenlöhne, die verfügbaren Arbeitnehmereinkommen, schiebt. Eine **Finanzierungsreform in den Sozialversicherungen**, die – im Interesse niedriger Arbeitskosten und einer damit steigenden Arbeitsnachfrage sowie höherer verfügbarer Arbeitnehmereinkommen – auf die Reduzierung des beschäftigungs- und wachstumsfeindlichen Abgabenkeils abstellt, erhöht gleichermaßen kurzfristig die gesamtwirtschaftliche Nachfrage und langfristig das Produktionspotential. Das aus den lohnbezogenen und damit arbeitskostenrelevanten Beiträgen finanzierte Volumen an versicherungsfremden Leistungen beläuft sich derzeit auf über 65 Mrd Euro. Eine schrittweise Umfinanzierung aus Steuern ist ordnungspolitisch geboten und geeignet, der Erosion der sozialversicherungspflichtigen Beschäftigung entgegenzuwirken. Der Grad der Äquivalenz zwischen Beitragshöhe und Leistungsanspruch bestimmt dabei die angemessene Art der Umfinanzierung: Bei der Gesetzlichen Krankenversicherung und der Sozialen Pflegeversicherung sind Pauschalbeiträge und eine Verlagerung des sozialen Ausgleichs in das dafür geeignetere Steuersystem die vom Sachverständigenrat befürworteten Optionen. Bei der Gesetzlichen Rentenversicherung und der Arbeitslosenversicherung ist eine schrittweise Erhöhung der steuerfinanzierten Bundeszuschüsse der richtige Weg. Versicherungsfremde Leistungen sind gesellschaftliche Aufgaben und daher aus dem Steueraufkommen zu finanzieren. Wenn zur Umfinanzierung solcher Ausgaben der Sozialversicherungen die Steuern erhöht und dafür die Bei-

tragssätze gesenkt werden, bleibt die gesamtwirtschaftliche Abgabenbelastung gleich, sie wird aber anders – den Faktor Arbeit entlastend – verteilt.

9. Internationale Vergleiche zeigen, dass Deutschland bei den tariflichen wie den effektiven Steuersätzen auf die Gewinne von Kapitalgesellschaften eine Spitzenposition in Europa einnimmt. Eine **Unternehmenssteuerreform**, welche die steuerliche Standortattraktivität erhöht, stärkt die gesamtwirtschaftliche Nachfrage über steigende Investitionsausgaben und damit verbunden die Arbeitsnachfrage. Gleichzeitig wächst das Produktionspotential, für das die Investitionen über die Realkapitalbildung ein wichtiges Bindeglied zur konjunkturellen Entwicklung bilden. Niedrige Steuersätze auf Unternehmensgewinne – dies zeigen ausländische Beispiele – können zudem das Gewinnsteuersubstrat eines Landes und damit den finanzpolitischen Spielraum erweitern. Eine Reform der Unternehmensbesteuerung muss daher rasch angegangen werden, und der Sachverständigenrat stellt hierfür ein weiterentwickeltes Konzept der Dualen Einkommensteuer vor. Über eine niedrigere Besteuerung von Kapitaleinkommen in Höhe von 25 vH verbessert dieses Konzept die steuerliche Standortattraktivität Deutschlands und stellt zugleich die aus gesamtwirtschaftlichen Effizienzgründen wichtige Neutralität der Besteuerung in Bezug auf Finanzierungsentscheidungen her. Auf eine Umsetzung der steuerpolitischen Beschlüsse des Job-Gipfels vom 17. März hinsichtlich einer Senkung des Körperschaftsteuersatzes und einer Reform der Erbschaftsteuer sollte indes verzichtet werden.

10. Neben dem Steuersystem kommt dem Umfeld der Unternehmensfinanzierung und damit den **Finanzmärkten** eine wichtige Rolle bei der Sicherstellung einer effizienten Allokation des Faktors Kapital zu. Ein gut entwickelter, wettbewerbsfähiger Finanzsektor trägt zur wirtschaftlichen Dynamik bei, indem er die Finanzierungsbedingungen der Unternehmen verbessert, Möglichkeiten zur Risikodiversifikation schafft und Kapital für neue, produktive Verwendungszwecke mobilisiert. Gegenwärtig befindet sich das deutsche Finanzsystem in einer Phase des Umbruchs. Für die Politik kommt es darauf an, diesen Prozess, der sich beispielsweise im Auftreten neuer Instrumente und Akteure oder in einem Konsolidierungsprozess innerhalb des Bankensektors äußert, nicht zu blockieren, sondern konstruktiv regulatorisch zu begleiten.

11. Bei der **Haushaltskonsolidierung** geht es nicht in erster Linie um die Einhaltung europarechtlicher oder verfassungsrechtlicher Vorschriften. Wichtigere Gründe sind die negativen Wirkungen bestehender hoher Tragfähigkeitslücken im öffentlichen Gesamthaushalt. Eine Tragfähigkeitslücke – und dies ist ein robuster finanzwissenschaftlicher Befund – beeinträchtigt die langfristigen Wachstumschancen einer Volkswirtschaft und führt zu Belastungen der zukünftigen Generationen.

Eine glaubwürdige, langfristig angelegte Konsolidierungspolitik, die auch konjunkturelle Gegebenheiten berücksichtigt, wirkt dem entgegen und stabilisiert die Erwartungen von Investoren und Konsumenten. Um bereits im Jahr 2006 die Vorgaben des Europäischen Stabilitäts- und Wachstumspakts zu erfüllen, legt der Sachverständigenrat ein kurzfristig umsetzbares Konsolidierungsprogramm mit einem Volumen von über 6 Mrd Euro vor. Diese Summe kann allein durch den Abbau von Steuervergünstigungen und ohne eine Erhöhung des regulären Mehrwertsteuersatzes erzielt werden.

12. Das im Folgenden detailliert beschriebene Programm für mehr Beschäftigung und Wachstum ist kein Sofortprogramm, sondern erfordert zu seiner Umsetzung die gesamte Legislaturperiode. Allerdings, je eher die einzelnen Programmelemente umgesetzt werden, desto eher wird sich der Erfolg einstellen.

Eine ganze Reihe von Maßnahmen, namentlich diejenigen, die – wie die Vorschläge zum Arbeitsmarkt, zu den Finanzmärkten oder zur Föderalismusreform – keinen Einsatz von Steuermitteln erfordern, kann und sollte kurzfristig angegangen werden. Für andere ist es erforderlich, finanzielle Ressourcen zu mobilisieren. Dies betrifft insbesondere die Reform der Unternehmensbesteuerung und die Umfinanzierung von versicherungsfremden Leistungen. Beide Maßnahmen sind mittel- und langfristig von zentraler Bedeutung und sollten schnellstmöglich in Angriff genommen werden. Angesichts der erforderlichen Vorlaufzeit sollte eine Realisierung dieser Projekte im Jahr 2007, spätestens jedoch im Jahr 2008 erfolgen. Einer Umsetzung der Unternehmenssteuerreform in einem Schritt sollte dabei Priorität eingeräumt werden, eine Umfinanzierung der Systeme der sozialen Sicherung ist demgegenüber auch sukzessiv möglich.

Den gesamten beachtlichen Mittelbedarf, der zur Haushaltskonsolidierung, zur Senkung der Unternehmenssteuerbelastung und zur Umfinanzierung der Systeme der sozialen Sicherung benötigt wird, nur durch Ausgabenkürzungen und ein Streichen von Steuervergünstigungen aufbringen zu wollen, ist unrealistisch und auch ökonomisch verfehlt, da die Beibehaltung bestimmter Subventionen unter Effizienzgesichtspunkten sogar geboten sein kann (Ziffern 468 ff.). Im Zuge der Einführung der Dualen Einkommensteuer oder einer beschäftigungs- und wachstumsfördernden Umfinanzierung der Sozialversicherungen ist daher eine Erhöhung der Umsatzsteuer erforderlich und auch zu vertreten. Dies gilt umso mehr, als es in beiden Vorhaben im Wesentlichen um eine Umschichtung bestehender Abgabenlasten geht, die Gesamtbelastung dadurch anders – beschäftigungs- und wachstumsfreundlicher – verteilt wird, aber in der Summe nicht zunimmt.

Der Sachverständigenrat rät aber dringend davon ab, zu Zwecken der Haushaltskonsolidierung eine Erhöhung des Normalsatzes der Umsatzsteuer im nächsten Jahr vorzunehmen. Eine Konsolidierung der Haushalte durch einen Abbau von Finanzhilfen und Steuervergünstigungen, zu denen auch die Umsatzsteuerbefreiung und die ermäßigte Besteuerung einiger Leistungen zu zählen sind, ist möglich. Wenn die Politik – selbst angesichts der Notlage der öffentlichen Haushalte – zu diesem Abbau nicht die Kraft aufbringt, wird ihr dies erst recht nicht zur Gegenfinanzierung einer Unternehmenssteuerreform oder einer Umfinanzierung in den Sozialversicherungen gelingen. Mit der vermeintlich bequemen Anhebung des regulären Umsatzsteuersatzes zur Haushaltskonsolidierung wäre daher die Umsetzung dieser dringend gebotenen Reformen dauerhaft blockiert. Verglichen mit einer glaubwürdigen ausgabenseitigen Konsolidierung wäre eine solche Steuererhöhung auch mit Blick auf die schwache wirtschaftliche Entwicklung kritischer zu bewerten.

13. Ein Mitglied des Rates, Peter Bofinger, kann sich einer Reihe von Punkten des hier präsentierten Programms nicht anschließen. Eine ausführliche Diskussion wird im Dritten Kapitel, Ziffern 322 ff. vorgenommen.

Tabelle 1

Ein Programm für die nächste Legislaturperiode

Föderalismusreform
- Abschaffen der Gemeinschaftsaufgaben nach Artikel 91a und 91b Grundgesetz – Finanzierung der Aufgaben vollständig auf die Länder übertragen
- Streichen der Geldleistungsgesetze nach Artikel 104a Absatz 3 Grundgesetz und der Finanzhilfen nach Artikel 104a Absatz 4 Grundgesetz
- Höhere Autonomie von Bund und Ländern bei der Einnahmeerzielung
- Neuordnung des Finanzausgleichs, mit einem an der Wirtschaftskraft anstatt der Steuerkraft orientierten Ausgleichsmechanismus
- Etablierung eines wirksamen, sanktionsbewehrten Nationalen Stabilitätspakts zur Flankierung des Europäischen Stabilitäts- und Wachstumspakts

Arbeitsmarktpolitische Vorschläge

Arbeitslosengeld
- Degressive Ausgestaltung prüfen
- Erhöhte Lohnersatzquote von 67 vH für Arbeitslose mit Kindern streichen und durch ein steuerfinanziertes Kindergeld ersetzen
- Bezugsdauer auf 12 Monate beschränken, unabhängig von der Einzahlungsdauer und dem Lebensalter ausgestalten

Arbeitslosengeld II
- Abschaffen der Zuschläge beim Übergang vom Arbeitslosengeld
- Arbeitsgelegenheiten zeitlich enger befristen, Höhe der anrechnungsfreien Mehraufwandsentschädigung und der Pauschale an die Träger reduzieren
- Prüfung der Anreizwirkung zur Arbeitsaufnahme

Arbeitsmarktpolitik
- Rückführen der aktiven Arbeitsmarktpolitik nach Evaluation konsequent fortsetzen
- Überbrückungsgeld und Existenzgründungszuschuss (Ich-AG) zusammenführen
- Mini-Jobs im Nebenerwerb abschaffen
- Verpflichtung zur Einrichtung von Personal-Service-Agenturen (PSA) aufheben, Einstiegstarif senken
- Von flächendeckenden zusätzlichen Lohnsubventionen absehen

Kündigungsschutz
- Kündigungsschutz flexibilisieren, zwei Varianten:
  - Optionsmodell: Individueller Verzicht auf Kündigungsschutz mit Optionen für Abfindung oder höheren Lohn
  - Kündigungsschutz für betriebsbedingte Kündigungen generell aufheben, gleichzeitig zuvor verbindliche Abfindungsregelungen einführen

Lohnfindung
- Klarstellung des Günstigkeitsprinzips unter Berücksichtigung der Arbeitsplatzsicherheit
- Wirksame Öffnungsklauseln in Tarifverträgen sicherstellen
- Tarifbindung nach Verbandsaustritt auf sechs Monate begrenzen
- Prüfen, inwieweit Betriebsvereinbarungen mit nicht tarifgebundenen Unternehmen von § 77 Absatz 3 BetrVG freigestellt werden können
- Von gesetzlichen oder branchenspezifischen Mindestlöhnen absehen
- Keine Allgemeinverbindlicherklärungen

Steuerpolitik
- Erhöhung der steuerlichen Standortattraktivität und Gewährleistung der Finanzierungsneutralität durch Einführung der Dualen Einkommensteuer mit einem Steuersatz von 25 vH auf alle Kapitaleinkommen
  Konkret gilt:
  - Besteuerung von Kapitalgesellschaften und ihrer Gesellschafter: einbehaltene Gewinne mit 25 vH, einschließlich Solidaritätszuschlag und Kommunalsteuer. Ausschüttungen und Gewinne aus der Veräußerung von Kapitalgesellschaftsanteilen: steuerfrei, sofern sie auf Normalgewinnen beruhen; zusätzliche Steuerbelastung von 25 vH, sofern sie aus Übergewinnen kommen. Normalgewinne bestimmen sich über die Normalverzinsung von 6 % auf das bilanzielle Eigenkapital; Übergewinne sind die darüber hinaus gehenden Gewinne

- Besteuerung von Fremdkapitalzinsen: 25 vH
- Abgeltungssteuer von 25 vH auf Fremdkapitalentgelte, Ausschüttungen und Veräußerungsgewinne (sofern Übergewinne)
- Besteuerung von Personenunternehmen: 25 vH auf Normalgewinne, ansonsten Anwendung des geltenden Einkommensteuertarifs; (Erweiterung des Einkommensteuertarifs um Proportionalzone mit 25 vH)
- Auf geplante Reform der Erbschaftsteuer verzichten

Haushaltskonsolidierung

Kurzfristige Maßnahmen

6 Mrd Euro erwirtschaften, um im Jahr 2006 eine staatliche Defizitquote von 3 vH zu erreichen
Abschaffung oder Reduzierung unter anderem von: Eigenheimzulage, Steuerfreiheit für Sonn-, Feiertags- und Nachtzuschläge, Sparerfreibetrag, Steuerbegünstigung von Medienfonds, Übungsleiterpauschale, ermäßigtem Umsatzsteuersatz für ausgewählte Leistungen, Entfernungspauschale
Keine Erhöhung des regulären Umsatzsteuersatzes zur Haushaltskonsolidierung

Mittelfristige Maßnahmen
- Verschärfte Bekämpfung des Umsatzsteuerbetrugs; Übergang zum Reverse-Charge-Modell anstreben

Langfristige Maßnahmen
- Versorgungsnachhaltigkeitsgesetz umsetzen: Wirkungsgleiche Übertragung der Leistungsrücknahmen aufgrund der jüngsten Rentenreform auf die Beamtenversorgung

Sozialpolitik

Gesetzliche Rentenversicherung
- Rentenanpassungsformel um einen Nachholfaktor ergänzen
- Gesetzliches Renteneintrittsalter ab dem Jahr 2011 gleitend auf 67 Jahre erhöhen
- Schrittweise Steuerfinanzierung aus Beitragsaufkommen finanzierter versicherungsfremder Leistungen, die bisher noch nicht über den Bundeszuschuss abgedeckt werden

Krankenversicherung
- Wechsel zum System der Bürgerpauschale mit pauschalen, einkommensunabhängigen Beiträgen und einheitlichem Versicherungsmarkt, gegebenenfalls mit ergänzender Kapitaldeckung zur Beitragsglättung, sozialer Ausgleich über Steuern
- Wettbewerb auf der Leistungsseite stärken

Pflegeversicherung
- Systemwechsel zum kapitalgedeckten Kohortenmodell mit pauschalen, einkommensunabhängigen, kohortenspezifischen Beiträgen, sozialer Ausgleich über Steuern
- Alternativ: Wechsel zu einer Bürgerpauschale gegebenenfalls mit ergänzender Kapitaldeckung zur Beitragsglättung, sozialer Ausgleich über Steuern
- Dynamisierung der Leistungspauschalen, Verbesserung der Leistungen für Demenzkranke, Abbau der Fehlanreize zugunsten der stationären Pflege

Arbeitslosenversicherung
- Evaluation und gegebenenfalls Reduktion der Maßnahmen zur Arbeitsmarktförderung
- Einstieg in die schrittweise Umfinanzierung der beitragsfinanzierten versicherungsfremden Leistungen durch Streichen des Aussteuerungsbetrags

Finanzmärkte

Mittelstandsfinanzierung
- Förderung auf die Entwicklung der Märkte für Beteiligungskapital beschränken

Finanzplatz – Finanzinvestoren
- Von weitergehender Regulierung von Hedge-Fonds und Private Equity auf nationaler Ebene absehen, keine zusätzliche Beschränkung von zum Beispiel Stimmrechten
- Internationale Ansätze zur Erhöhung der Transparenz von Hedge-Fonds unterstützen

II. Die wirtschaftliche Entwicklung in den Jahren 2005 und 2006
1. Die Lage im Jahr 2005

14. Die **Weltkonjunktur** zeigte sich im Jahr 2005 robust, erreichte aber mit einem Zuwachs des globalen Bruttoinlandsprodukts in Höhe von 4,3 vH nicht mehr die hohe Dynamik des Jahres 2004 (5,1 vH). Positive Impulse gingen von der weiterhin expansiv ausgerichteten Geldpolitik in den wichtigsten Regionen (Vereinigte Staaten, Euro-Raum, Japan) und damit verbunden den anhaltend günstigen Finanzierungsbedingungen aus. Vor diesem Hintergrund waren in mehreren Ländern, unter anderem in den Vereinigten Staaten, starke Anstiege der Vermögenspreise zu beobachten. Dadurch erhöhte sich das Vermögen der Privaten Haushalte und stärkte so zusätzlich die Konsumbereitschaft und die Binnenkonjunktur. Negativ auf die konjunkturelle Entwicklung wirkte in erster Linie der Ölpreis, der nominale Rekordstände erreichte und zu einem markanten Kaufkraftentzug in den Importländern führte. Die Auswirkungen fielen aus einer Reihe von Gründen aber noch sehr gedämpft aus: Der Preisanstieg war in weiten Zügen nachfrageseitig induziert, die Ölintensität der Produktion hatte sich gegenüber früheren Ölkrisen verringert, die Rückflussgeschwindigkeit der Ölfördereinnahmen aus den Förderländern war höher, und es kam noch zu keinerlei Zweitrundeneffekten in Form inflationstreibender Lohnsteigerungen, die ein Gegensteuern der Geldpolitik nach sich gezogen hätten.

15. Nach wie vor prägend für das aktuelle Erscheinungsbild der Weltwirtschaft ist die Heterogenität der wirtschaftlichen Dynamik, denn die Expansion wird in erster Linie von der sehr robusten Konjunktur in China und den Vereinigten Staaten getragen, während die konjunkturelle Entwicklung in Europa schwächer verlief. Die Vereinigten Staaten setzten trotz einer schrittweisen Straffung der Geldpolitik, die damit auf offenkundig vorhandene Inflationsrisiken in einem konjunkturell nach wie vor günstigen Umfeld reagierte, ihre dynamische wirtschaftliche Entwicklung fort. Gestützt von einer kräftigen Ausweitung sowohl der Privaten Konsumausgaben als auch der privaten Bruttoanlageinvestitionen stieg das Bruttoinlandsprodukt um 3,6 vH. Das Bruttoinlandsprodukt Japans legte nach dem Tief im zweiten Halbjahr des Vorjahres im Jahr 2005 um 2,2 vH zu, getragen von einer einsetzenden Konsumbelebung und einer wieder gestärkten Investitionsbereitschaft der Unternehmen. Das bemerkenswerte Expansionstempo der chinesischen Volkswirtschaft hielt mit einem Zuwachs des Bruttoinlandsprodukts in Höhe von 9,2 vH im Jahr 2005 unvermindert an; eine Überhitzung erscheint vor dem Hintergrund einer rückläufigen Inflationsrate unwahrscheinlich. Die wirtschaftliche Entwicklung im Euro-Raum verlief in diesem Jahr sehr verhalten, das Bruttoinlandsprodukt nahm lediglich um 1,3 vH gegenüber dem Vorjahr zu. Gründe hierfür waren der sehr hohe Ölpreis, eine – angesichts nur verhalten steigender verfügbarer Einkommen – schwach ausgeprägte Konsumneigung der privaten Haushalte und eine geringe Investitionsbereitschaft, die nicht zuletzt auf eine trübe Stimmungslage der Unternehmen insbesondere im ersten Halbjahr zurückzuführen war. Die Lage der öffentlichen Finanzen der Länder des Euro-Raums blieb angespannt. Mit Deutschland, Frankreich, Italien, Portugal und Griechenland brach fast die Hälfte aller Staaten die im Stabilitäts- und Wachstumspakt vereinbarte Defizitobergrenze von 3 vH in Relation zum nominalen Bruttoinlandsprodukt. Gleichzeitig wurde das neue Regelwerk des Pakts durch zusätzliche Interpretationsspielräume und Rückkopplungsschleifen erheblich geschwächt. Für die Glaubwürdigkeit und die disziplinierende Wirkung des reformierten Pakts wird daher die Richtung, die das Defizitverfahren gegen Deutschland nehmen wird, entscheidend sein.

Tabelle 2

Gesamtwirtschaftliche Entwicklung in ausgewählten Ländergruppen und Ländern
Veränderung gegenüber dem Vorjahr in vH[1)]

Ländergruppe/Land	Bruttoinlandsprodukt[2)]	
	2005	2006
Europäische Union[3)]	+ 1,6	+ 2,0
Neue EU-Mitgliedstaaten[4)]	+ 4,2	+ 4,5
EU-15[3)]	+ 1,4	+ 1,9
Euro-Raum[3)]	+ 1,3	+ 1,7
darunter:		
Deutschland	+ 0,8	+ 1,0
Frankreich	+ 1,3	+ 1,8
Italien	+ 0,4	+ 1,1
Niederlande	+ 0,6	+ 2,0
Vereinigtes Königreich	+ 1,7	+ 2,4
Vereinigte Staaten	+ 3,6	+ 3,0
Japan	+ 2,2	+ 2,0
Lateinamerika[5)]	+ 4,0	+ 3,8
Südostasiatische Schwellenländer[6)]	+ 4,1	+ 4,4
China	+ 9,2	+ 8,7

1) Die Veränderungen gegenüber dem Vorjahr für die Ländergruppen sind gewichtet mit ihren Anteilen am nominalen Bruttoinlandsprodukt der Welt in jeweiligen Preisen und Kaufkraftparitäten im Jahr 2004. - 2) Eigene Schätzung auf Basis von Angaben internationaler und nationaler Institutionen. - 3) Die Veränderungen gegenüber dem Vorjahr sind gewichtet mit den Anteilen am realen Bruttoinlandsprodukt (in Euro) der Europäischen Union im Jahr 2004. - 4) Estland, Lettland, Litauen, Malta, Polen, Slowakei, Slowenien, Tschechische Republik, Ungarn, Zypern. - 5) Argentinien, Brasilien, Chile, Kolumbien, Mexiko, Peru, Venezuela. - 6) Hongkong (China), Malaysia, Singapur, Südkorea, Taiwan, Thailand.

16. Die Geldpolitik der Europäischen Zentralbank entfaltete bei unveränderten Leitzinsen sowie Zinssätzen im Euro-Raum, die sich über das gesamte Laufzeitenspektrum hinweg auf im historischen Vergleich sehr niedrigem Niveau bewegten, eine anhaltend expansive Wirkung. Damit einhergehend beschleunigte sich das Geldmengenwachstum nach der Abschwächung im Jahr 2004 im Verlauf dieses Jahres wieder deutlich, und im Zusammenwirken mit einer Abflachung der Zinsstrukturkurve zog die Nachfrage nach Darlehen über den gesamten privaten Sektor hinweg an. Im

Gegensatz zu den monetären Indikatoren deuten die gemessenen Inflationserwartungen noch nicht auf gestiegene mittelfristige Preisrisiken hin. Trotz anhaltend hoher Ölpreise blieb die Inflation im Euro-Raum weitgehend stabil – in den ersten neun Monaten stieg der Harmonisierte Verbraucherpreisindex (HVPI) durchschnittlich um 2,1 vH gegenüber dem entsprechenden Vorjahreszeitraum. Diese lediglich geringe Überschreitung des Zielwerts der Europäischen Zentralbank ist darauf zurückzuführen, dass der starke Anstieg des Teilindex für Energie, der sich zuletzt im Jahresvergleich um rund 12 vH erhöhte, zum Teil durch eine schwächere Preisentwicklung bei verarbeiteten Nahrungsmitteln und Dienstleistungen sowie auslaufende Effekte aufgrund im letzten Jahr erfolgter Anhebungen administrierter Preise ausgeglichen wurde. Trotz bisher nur schwacher Anzeichen für einen sich im Euro-Raum aufbauenden binnenwirtschaftlichen Inflationsdruck verlangen sowohl die reichliche Liquiditätsausstattung als auch die anhaltend hohen Ölpreise eine erhöhte Aufmerksamkeit seitens der Notenbank.

17. Ein zentrales Thema der wirtschaftspolitischen Diskussion in Europa war die tatsächliche oder vermeintliche **Krise der Europäischen Union**. Heftig debattiert wurden neben der Reform des Stabilitäts- und Wachstumspakts insbesondere die konjunkturellen Folgen der Währungsunion, das Scheitern des Ratifizierungsprozesses für den Verfassungsvertrag, der künftige Finanzrahmen für den Haushalt der Europäischen Union und die Aufnahme von Beitrittsverhandlungen mit der Türkei. Im Rückblick zeigt sich, daß die Problematik und Brisanz dieser Themen häufig überzogen dargestellt wurden. So fordert die einheitliche Geldpolitik den Mitgliedsländern der Währungsunion unzweifelhaft einen größeren Anpassungsbedarf bei asymmetrischen Schocks und asynchronen Konjunkturverläufen ab. Nicht zu verkennen sind jedoch die Erfolge der Währungsunion, die den Mitgliedsländern trotz teilweise widriger weltwirtschaftlicher Umstände ein im historischen Vergleich außergewöhnliches Maß an Preisniveaustabilität, eine Intensivierung des Handels und eine Währung mit stabilem Außenwert bescherten. Die in der öffentlichen Diskussion besonders betonten persistenten Inflationsdifferenzen und die damit verbundenen Realzinsunterschiede stellen durchaus eine besondere Herausforderung für die gemeinsame Geldpolitik dar, die sich immer nur an der Entwicklung des gesamten Währungsraums orientieren kann. Dabei darf jedoch nicht übersehen werden, dass Länder wie Deutschland, die sich aufgrund der einheitlichen Leitzinsen einem höheren Realzins gegenübersehen, als er möglicherweise bei einer autonomen Geldpolitik vorläge, gleichzeitig eine Verbesserung ihrer preislichen Wettbewerbsfähigkeit erfahren. Da sich dieser Effekt über die Zeit kumuliert, wird der dämpfende Effekt höherer Realzinsen zunehmend kompensiert, zumal selbst in Deutschland bei den Realzinsen historische Tiefstände zu verzeichnen sind.

Der europäische Integrationsprozess hat mit der Ablehnung des Europäischen Verfassungsvertrags in Frankreich und in den Niederlanden einen erheblichen Rückschlag erlitten, zumal die nun bis auf Weiteres geltenden Entscheidungs- und Abstimmungsprozesse auf Grundlage des Vertrags von Nizza verbesserungsbedürftig sind. Aus ökonomischer Sicht ist diese Entwicklung allerdings weniger dramatisch, als auch mit den geltenden Regelungen ein stabiler Rahmen für die gemeinsame Geldpolitik und die nationalen Fiskalpolitiken gegeben ist. In ähnlicher Weise zu relativieren sind die Befürchtungen, die nach dem Scheitern der Verhandlungen über die Finanzielle Vorausschau für die Jahre 2007 bis 2013 erhoben wurden. Die Unterbrechung bietet unter Umständen sogar die Möglichkeit zur Reform der Beitragsermäßigung für das Vereinigte Königreich oder von

Höhe und Zusammensetzung der Agrarausgaben. Mit dem Beginn der Beitrittsverhandlungen mit der Türkei muss dieses Land sich in den nächsten Jahren für eine Mitgliedschaft in der Union qualifizieren. Dieser Prozess wird mindestens zehn Jahre erfordern, und eine uneingeschränkte Freizügigkeit für Arbeitskräfte ist nicht vor dem Jahr 2022 zu erwarten. Infolge der Beitrittsperspektive dürfte der Konvergenzprozess weiter voranschreiten. Dies würde den noch erheblichen Einkommensabstand zu den bisherigen Mitgliedsländern in der Übergangsphase reduzieren und damit die Belastungen, die von einem potenziellen Beitritt auf die Europäische Union ausgehen, begrenzen.

18. In **Deutschland** ließ sich auch in diesem Jahr keine selbsttragende und breit angelegte wirtschaftliche Erholung beobachten. Im Jahresdurchschnitt erhöhte sich das Bruttoinlandsprodukt um lediglich 0,8 vH, verglichen mit einem Zuwachs von 1,6 vH im Vorjahr. Als besondere Belastung der gesamtwirtschaftlichen Entwicklung erwies sich dabei der enorme Anstieg der Ölpreise, nicht zuletzt, da die dämpfenden Effekte einer Aufwertung des Euro-Wechselkurses in diesem Jahr ausblieben. Die Zunahme des Bruttoinlandsprodukts im Jahr 2005 basierte maßgeblich auf der kräftigen Ausweitung der Exporte, während die Binnennachfrage ihre Schwäche nicht überwand: Angesichts einer anhaltend prekären Arbeitsmarktlage waren die Privaten Konsumausgaben rückläufig, und auch bei den Ausrüstungsinvestitionen entfaltete sich keine nennenswerte Dynamik. Die Bauinvestitionen, schon in den letzten Jahren ein Hemmschuh der wirtschaftlichen Entwicklung, blieben weiterhin rückläufig. Ölpreisbedingt kam es in der zweiten Jahreshälfte zu einer Beschleunigung des Preisanstiegs, doch im Vorjahresvergleich erhöhte sich der Harmonisierte Verbraucherpreisindex nur geringfügig von 1,8 vH auf 2,0 vH.

19. Der im Vergleich zur Mitte der neunziger Jahre unabhängig vom verwendeten Messverfahren zu beobachtende Rückgang des **Potentialwachstums** hat zu einem Wachstumsrückstand gegenüber anderen Ländern des Euro-Raums geführt. Dies belastet die langfristigen Perspektiven einer Volkswirtschaft und führt dazu, dass die gesamtwirtschaftliche Produktion immer wieder Gefahr läuft, bereits bei vergleichsweise geringen negativen konjunkturellen Impulsen in die Stagnation zurückzufallen. Für das Jahr 2005 weisen die Schätzungen auf ein gegenüber dem Vorjahr nahezu unverändertes Potentialwachstum in einem Bereich von 1,0 vH bis 1,2 vH hin. Diese Werte übersetzen sich in eine relative Output-Lücke, definiert als relative Abweichung des Bruttoinlandsprodukts vom Produktionspotential, im Bereich von -0,6 vH bis -0,8 vH.

20. Die seit dem Jahr 2002 andauernde Konsumschwäche setzte sich auch in diesem Jahr fort, die **Privaten Konsumausgaben** gingen um 0,3 vH zurück. Wesentlich für die ausgeprägte Kaufzurückhaltung waren die weiterhin schwache Beschäftigungs- und Einkommensentwicklung – die verfügbaren Einkommen der privaten Haushalte nahmen lediglich um 1,3 vH zu –, die damit einhergehende gedämpfte Verbraucherstimmung sowie Kaufkrafteinbußen aufgrund höherer Energiepreise. Die für die Entwicklung des verfügbaren Einkommens wichtigen Bruttolöhne und -gehälter gingen infolge der ausbleibenden Verbesserung am Arbeitsmarkt bei weiter zunehmendem Anteil an geringfügigen Beschäftigungsverhältnissen, moderatem Zuwachs der Tariflöhne und einem fortgesetzten Abbau außertariflicher Lohnbestandteile nominal um 0,3 vH zurück. Das In-Kraft-Treten der dritten und letzten Entlastungsstufe der Einkommensteuerreform 2000 sowie der beginnende Übergang zur nachgelagerten Besteuerung (Alterseinkünftegesetz) entlasteten zwar die privaten Haushalte, doch standen dem Mehrbelastungen bei den Sozialabgaben gegenüber: Zum einen trat zum 1. Januar 2005 in der Sozialen Pflegeversicherung eine Beitragssatzerhöhung um 0,25 Prozentpunkte für Kinderlose in Kraft. Zum anderen wurde zur Jahresmitte zwar der paritätisch von Arbeitgebern und Arbeitnehmern finanzierte allgemeine Beitragssatz um 0,9 Prozentpunkte reduziert, gleichzeitig aber ein allein von den Mitgliedern der Gesetzlichen Krankenversicherung zu zahlender zusätzlicher Beitragssatz in Höhe von 0,9 vH des beitragspflichtigen Einkommens eingeführt.

21. Die seit dem Jahr 2001 zu beobachtende hartnäckige Investitionszurückhaltung lief Ende des Jahres 2003 aus, ohne dass seitdem eine echte Belebung eingesetzt hätte. Trotz zeitweilig kräftiger Exportzuwächse blieb der **Investitionsaufschwung** vor dem Hintergrund einer unsteten konjunkturellen Entwicklung und immer noch verhaltener Absatzperspektiven im Inland bislang moderat. Da die Absatzbedingungen im Ausland bei einer robusten weltwirtschaftlichen Entwicklung günstig blieben, dürften insbesondere große, exportorientierte Unternehmen ihre Investitionsnachfrage stärker ausgeweitet haben als kleine, eher binnenwirtschaftlich ausgerichtete Unternehmen. Bei unterschiedlicher Ertragslage der Unternehmen wurden die Ausrüstungsinvestitionen nur verhalten ausgeweitet (4,2 vH), zumal die kraftlos bleibende Entwicklung des Konsums sowie die Ölpreisentwicklung das Investitionsklima belasteten. Über alle Branchen hinweg standen Rationalisierungen, vor allem aber der Ersatzbedarf, im Vordergrund. Die anhaltenden und weiter zu erwartenden Konsolidierungsbemühungen der Unternehmen, die einen Teil ihrer Gewinne zur Schuldentilgung und nicht zur Finanzierung neuer Investitionen verwendet haben dürften, wirkten ebenfalls dämpfend auf die Investitionsausgaben.

Nachdem zum Ende des vorausgegangenen Jahres Vorzieheffekte im Zusammenhang mit den Diskussionen um den Abbau der Eigenheimzulage, aber auch einzelne Großprojekte im Wirtschaftsbau für eine vorübergehende Zunahme der **Bauinvestitionen** gesorgt hatten, kam es zu Beginn des Jahres zu einem ausgeprägten, zu einem guten Teil jedoch witterungsbedingten Rückgang. Im weiteren Jahresverlauf wurden die Ausfälle weitgehend ausgeglichen. Der nun seit einem Jahrzehnt zu beobachtende abwärtsgerichtete Trend (mit Ausnahme des Jahres 1999) der Bauinvestitionen setzte sich fort. Die Talsohle und damit eine Trendwende wurden in der Bauwirtschaft abermals nicht erreicht. Insgesamt gingen die Bauinvestitionen um 4,6 vH zurück.

22. Der schwachen inländischen Verwendung stand erneut ein kräftiger Zuwachs der **Exporte** von Waren und Dienstleistungen gegenüber. Der Zuwachs der Exporte, der im letzten Jahr wesentlich zur Steigerung der gesamtwirtschaftlichen Produktion beigetragen hatte, betrug 5,5 vH, allerdings blieb das Expansionstempo aufgrund der im Vergleich zum Vorjahr etwas langsameren Gangart der weltwirtschaftlichen Entwicklung merklich hinter dem des Vorjahres zurück. Die **Importe** von Waren und Dienstleistungen nahmen ebenfalls spürbar zu, so dass sich der Zuwachs der nominalen Importquote fortsetzte. Maßgeblich hierfür war bei einer nur verhaltenen Zunahme der Binnennachfrage die erhöhte Einfuhr von Vorleistungsgütern, die ihrerseits auf die Zunahme der Exporttätigkeit zurückging. Bremsende Impulse gingen hingegen von einer Erhöhung der Importpreise aus, die zum einen auf eine stetige Verteuerung der Energieträger zurückzuführen war und der zum anderen – anders als im Vorjahr – keine Entlastung von Seiten des Wechselkurses gegenüberstand. Nach einem Rückgang zu Jahresbeginn gewannen die Importe wieder merklich an Fahrt und nahmen im Jahresdurchschnitt um 4,1 vH zu.

23. Die Lage auf dem deutschen **Arbeitsmarkt** blieb in diesem Jahr weiterhin prekär. Die Beschäftigung nahm vor allem wegen der größeren Zahl an geringfügig Beschäftigten, der arbeitsmarktpolitischen Förderung der Selbständigkeit und der Schaffung von Arbeitsgelegenheiten zwar geringfügig um 0,1 vH zu. Der anhaltende Rückgang der Zahl der sozialversicherungspflichtig Beschäftigten um nahezu 400 000 Personen ist aber Besorgnis erregend. Die Entwicklung der registrierten Arbeitslosigkeit stand ganz im Zeichen der Einführung des Arbeitslosengelds II. Sie stieg gegenüber dem Vorjahr um rund 510 000 Personen auf 4,89 Millionen registrierte Arbeitslose. Dieser Anstieg ist indes zu einem erheblichen Teil auf die erstmalige Erfassung vorher nicht als arbeitslos registrierter erwerbsfähiger Sozialhilfeempfänger zurückzuführen und zeigt insofern vor allem, dass das Ausmaß der Unterbeschäftigung bisher nur unvollständig erfasst wurde. Die Zahl der verdeckt Arbeitslosen hingegen nahm weiter ab, da die aktive Arbeitsmarktpolitik zurückgeführt wurde.

24. Die Besorgnis erregende Entwicklung der **öffentlichen Haushalte** setzte sich im Jahr 2005 fort. Mit einem gesamtstaatlichen Finanzierungsdefizit in Höhe von 3,5 vH in Relation zum nominalen Bruttoinlandsprodukt wurde der Referenzwert des Europäischen Stabilitäts- und Wachstumspakts zum vierten Mal in Folge deutlich überschritten. Wird, wie von Eurostat angekündigt, die Veräußerung staatlicher Ansprüche gegenüber den Postnachfolgeunternehmen nicht als defizitmindernd anerkannt, fiele das Defizit um ¼ Prozentpunkte höher aus. Sowohl die Einnahmen als auch die Ausgaben des Staates wiesen in diesem Jahr einen nur moderaten Anstieg auf. Im Vergleich zum Vorjahr änderten sich weder die schwache Dynamik der staatlichen Einnahmen, noch die Begründung für diese Entwicklung. Diese besteht – neben einer weiteren Senkung des Einkommensteuertarifs – in der Stagnation der Bemessungsgrundlagen wichtiger Steuern sowie der Sozialabgaben und einem auch weiterhin überwiegend von außenwirtschaftlichen Impulsen getragenen und deshalb fiskalisch unergiebigen Konjunkturmuster. Vor allem wegen der erneut gesunkenen Arbeitnehmerentgelte und Bruttoinvestitionen des Staates, aber auch infolge von Einsparungen bei den geleisteten Subventionen und Transfers ging die Staatsquote im Vergleich zum Jahr 2004 leicht zurück. Dass die derzeitigen Haushaltsschwierigkeiten durch eine ausgeprägte Steigerung der staatlichen Ausgaben bewirkt wurden, lässt sich vor diesem Hintergrund nicht sagen. Angesichts der schwachen Einnahmeentwicklung reichten die Sparbemühungen der Finanzpolitik aber nicht aus, um eine substanzielle Linderung der strukturellen Haushaltsprobleme zu erreichen. Stattdessen wurde allenfalls ein weiterer Anstieg des staatlichen Finanzierungsdefizits vermieden.

25. Der finanzielle Status aller **Zweige der Sozialversicherung** wurde auch in diesem Jahr durch eine schwache Einnahmeentwicklung geprägt. In der Gesetzlichen Rentenversicherung kam es zu Liquiditätsschwierigkeiten. Erstmalig musste beim Bund ein Kredit zur Finanzierung der Leistungen aufgenommen werden. Um einen Beitragssatzanstieg auf 20,2 vH im Jahr 2006 zu verhindern, wurde der Fälligkeitstermin für Beitragszahlungen von der Mitte des Folgemonats auf das Monatsende vorgezogen. Dadurch ergeben sich in der Gesetzlichen Rentenversicherung im Jahr 2006 einmalig zusätzliche Einnahmen von rund 9,6 Mrd Euro, und der Beitragssatz für das

Jahr 2006 kann auf 19,5 vH konstant gehalten werden. Auch die anderen Sozialversicherungszweige werden durch das Vorziehen der Beitragszahlungen entlastet, die Arbeitslosenversicherung um 3,1 Mrd Euro, die Soziale Pflegeversicherung um 0,6 Mrd Euro und die Gesetzliche Krankenversicherung (GKV) um 6,7 Mrd Euro.

In der Gesetzlichen Krankenversicherung stiegen die Ausgaben in diesem Jahr nach einem Rückgang aufgrund des GKV-Modernisierungsgesetzes im Jahr 2004 wieder kräftig an. Hauptverantwortlich waren die Arzneimittelausgaben, die im ersten Halbjahr um fast 20 vH zunahmen. Dennoch konnte die GKV einen Überschuss erzielen, der aber im Wesentlichen nur deshalb zustande kam, weil in diesem Jahr der Bundeszuschuss um 1,5 Mrd Euro erhöht wurde. Mit diesem Überschuss dürften die Nettoschulden der GKV weitgehend abgebaut sein. Die kräftige Ausgabenentwicklung und die nach wie vor schwache Entwicklung der Beitragseinnahmen lassen nicht darauf schließen, dass sich eine bedeutende Senkung der Beitragssätze realisieren lässt. Es scheint vielmehr so zu sein, dass das GKV-Modernisierungsgesetz nur eine kurze Atempause verschafft hat und in naher Zukunft wieder Beitragssatzerhöhungen notwendig werden.

2. Der Ausblick für das Jahr 2006

26. Die dämpfenden Wirkungen der Energieverteuerung werden sich im kommenden Jahr verstärkt in der **weltwirtschaftlichen Entwicklung** niederschlagen. Die sich abzeichnenden Preisanstiege werden geldpolitische Reaktionen in Form leichter Zinsanhebungen nach sich ziehen. Solange aber Zweitrundeneffekte über inflationstreibende Lohnsteigerungen ausbleiben, wird die geldpolitische Ausrichtung noch expansiv sein und so die Weltkonjunktur weiterhin stützen. Auch wird die voranschreitende Integration der Schwellen- und Transformationsländer dem Welthandel und dem Produktivitätswachstum Auftrieb verleihen. Obgleich in den Vereinigten Staaten und in China die Zuwachsraten des Bruttoinlandsprodukts etwas niedriger ausfallen werden, wird sich die Weltproduktion in der Summe im Jahr 2006 nur leicht abschwächen. Die wirtschaftliche Entwicklung in Europa wird sich, getragen von einer anziehenden Investitionstätigkeit, etwas beschleunigen (Tabelle 3). Angesichts einer jahresdurchschnittlichen Zuwachsrate des Harmonisierten Verbraucherpreisindex im Euro-Raum von 2,1 vH wird der geldpolitische Kurs der Europäischen Zentralbank dem nicht entgegenstehen.

Risiken für einen stärkeren Rückgang der Weltkonjunktur und damit auch für die Entwicklung in Deutschland ergeben sich abgesehen vom Ölpreis nach wie vor aus einer Korrektur des US-amerikanischen Leistungsbilanzdefizits und einem Preisrutsch auf den Immobilienmärkten, die sich in den vergangenen Jahren in mehreren Ländern sehr dynamisch entwickelt haben. Ein Anstieg der langfristigen Zinsen könnte dort einen Preisverfall mit entsprechend nachteiligen Wirkungen auf den privaten Konsum auslösen.

27. In **Deutschland** steigt nach unseren Berechnungen das Bruttoinlandsprodukt im Jahr 2006 um 1,0 vH. Wegen eines statistischen Überhangs von 0,4 Prozentpunkten wird die konjunkturelle Entwicklung im nächsten Jahr somit bestenfalls das Tempo des laufenden Jahres erreichen. Entscheidende Triebfeder ist nach wie vor der Außenhandel: Die Exporte von Waren und Dienstleistungen nehmen weiterhin stark um 6,3 vH zu, und in Verbindung mit einem ebenfalls kräftigen Importanstieg beläuft sich der Wachstumsbeitrag des Außenbeitrags auf 0,8 Prozentpunkte. Hinge-

Tabelle 3

Wirtschaftliche Eckdaten für Deutschland

	Einheit	2002	2003	2004	2005[1]	2006[1]
Bruttoinlandsprodukt	vH[2]	0,1	-0,2	1,6	0,8	1,0
Inlandsnachfrage[3]	vH[2]	-1,9	0,6	0,6	0,0	0,3
Ausrüstungsinvestitionen	vH[2]	-7,5	-0,2	2,6	4,2	4,3
Bauinvestitionen	vH[2]	-5,8	-1,6	-2,3	-4,6	-1,5
Sonstige Anlagen	vH[2]	1,3	3,3	1,8	2,4	4,0
Konsumausgaben, zusammen	vH[2]	-0,1	0,1	0,0	-0,4	-0,1
Private Konsumausgaben[4]	vH[2]	-0,5	0,1	0,6	-0,3	-0,2
Staatliche Konsumausgaben	vH[2]	1,4	0,1	-1,6	-0,6	0,1
Exporte von Waren und Dienstleistungen	vH[2]	4,2	2,4	9,3	5,5	6,3
Importe von Waren und Dienstleistungen	vH[2]	-1,4	5,1	7,0	4,1	5,0
Erwerbstätige (Inland)	Tausend	39 096	38 722	38 868	38 917	39 091
Registrierte Arbeitslose	Tausend	4 061	4 377	4 382	4 890	4 803
Sozialversicherungspflichtig Beschäftigte[5]	Tausend	27 629	27 007	26 561	26 166	26 008
Arbeitslosenquote[6]	vH	9,8	10,5	10,5	11,8	11,6
Verbraucherpreise[7]	vH	1,4	1,1	1,6	2,0	2,0
Finanzierungssaldo des Staates[8]	vH	-3,7	-4,0	-3,7	-3,5	-3,3

1) Jahr 2005: eigene Schätzung, Jahr 2006: Prognose (Ziffern 156 ff.). - 2) Preisbereinigt (Vorjahrespreisbasis); Veränderung gegenüber dem Vorjahr. - 3) Inländische Verwendung. - 4) Einschließlich private Organisationen ohne Erwerbszweck. - 5) Zum 1. April 2003 wurde die Obergrenze des Arbeitsentgeltes für geringfügig entlohnte Beschäftigungsverhältnisse (Mini-Jobs) von 325 Euro auf 400 Euro angehoben. Ein Vorjahresvergleich der sozialversicherungspflichtigen Beschäftigten ist in diesem Jahr daher nur bedingt möglich. - 6) Anteil der registrierten Arbeitslosen an allen zivilen Erwerbspersonen (abhängig zivile Erwerbspersonen, Selbständige, mithelfende Familienangehörige). Von 2002 bis 2004 Quelle: BA. - 7) Verbraucherpreisindex (2000 = 100); Veränderung gegenüber dem Vorjahr. - 8) Finanzierungssaldo der Gebietskörperschaften und Sozialversicherung in der Abgrenzung der Volkswirtschaftlichen Gesamtrechnungen in Relation zum nominalen Bruttoinlandsprodukt.

gen ist im Prognosezeitraum weiterhin nicht mit einer durchgreifenden Erholung der inländischen Verwendung zu rechnen. Die Perspektiven auf dem Arbeitsmarkt werden sich nur schrittweise aufhellen, und die allmähliche Verbesserung wird noch nicht kräftig genug ausfallen, um den Privaten Konsumausgaben im nächsten Jahr Auftrieb zu verleihen. Die dämpfenden Effekte hoher Energiepreise und die damit verbundenen Preissteigerungen entziehen den privaten Haushalten spürbar Kaufkraft, zumal anders als in den Vorjahren bei der Einkommensteuer keine Entlastungen mehr anstehen. Die Realeinkommen werden daher auch im nächsten Jahr fallen, und die Privaten Konsumausgaben gehen um 0,2 vH zurück. Günstiger stellt sich die Lage bei den Ausrüstungsinvestitionen dar. Neben den prinzipiell guten Aussichten im Exportgeschäft ist hierfür die verbesserte Finanzierungsstruktur der Unternehmen verantwortlich, und so ist mit einer weiterhin moderaten Ausdehnung der Ausrüstungsinvestitionen um 4,3 vH zu rechnen. Bei den Bauinvestitionen ist der langjährige Anpassungsprozess noch nicht abgeschlossen. Erste Anzeichen einer Stabilisierung zeichnen sich immerhin im gewerblichen Bau ab, so dass der Rückgang im Jahr 2006 nur noch 1,5 vH betragen wird.

28. Der **Anstieg der Erwerbstätigkeit** wird sich mit einer Zuwachsrate von rund 0,4 vH im Jahr 2006 etwas stärker fortsetzen als im laufenden Jahr. Die Zahl der Selbständigen wird aufgrund des Auslaufens des Existenzgründungszuschusses (Ich-AG), der damit einhergehenden verringerten Förderung der Selbständigkeit und der Zunahme an Geschäftsaufgaben von Ich-AGs deutlich schwächer zunehmen. Der Rückgang der sozialversicherungspflichtigen Beschäftigung wird sich im Laufe des Jahres 2006 weiter auf -0,6 vH oder rund 160 000 Personen verlangsamen, so dass im Jahresmittel von rund 26,01 Millionen sozialversicherungspflichtig Beschäftigten auszugehen ist. Im zweiten Jahr nach der Einführung des Arbeitslosengelds II wird die Zahl der Arbeitslosen im Jahresmittel bei 4,80 Millionen liegen und damit gegenüber dem Vorjahr um rund 90 000 Personen zurückgehen. Trotz eines weiteren Anstiegs der Arbeitsgelegenheiten geht die verdeckte Arbeitslosigkeit im Jahr 2006 erneut zurück und liegt bei 1,16 Millionen Personen.

29. Für das Jahr 2006 zeichnet sich eine leichte Besserung der Lage der öffentlichen Haushalte vor allem deswegen ab, weil keine neuerlichen Einnahmeverluste durch eine Senkung des Einkommensteuertarifs entstehen. Das Finanzierungsdefizit von Bund, Ländern, Gemeinden und Sozialversicherung wird sich verringern, mit einem Wert von 3,3 vH in Relation zum nominalen Bruttoinlandsprodukt die Regelgrenze des Stabilitäts- und Wachstumspakts aber erneut überschreiten. Um die Defizitquote im Jahr 2006 wieder auf einen Wert von 3,0 vH zu begrenzen, bedürfte es aus heutiger Sicht Einsparungen im staatlichen Gesamthaushalt von rund 6 Mrd Euro. In mittelfristiger Sicht besteht besonderer Handlungsbedarf mit Blick auf die Finanzen des Bundes. Der Umfang der strukturellen Lücke zwischen den Ausgaben (ohne Investitionsausgaben) und den laufenden Einnahmen des Bundes wird von der Bundesregierung für die Jahre ab 2007 auf etwa 25 Mrd Euro veranschlagt. Um die Verfassungsmäßigkeit der Bundeshaushalte dauerhaft sicherzustellen, ist eine Konsolidierung der Bundesfinanzen in dieser Höhe unumgänglich.

III. Ein wirtschaftspolitischer Programmvorschlag
1. Neuer Anlauf zu einer Reform des Föderalismus

30. Die konkrete Ausgestaltung des „Kooperativen Föderalismus" stellt ein hohes Hindernis für eine zügige politische Willensbildung dar und führt bei unterschiedlichen Mehrheiten im Deutschen Bundestag und Bundesrat nicht nur zu Verzögerungen, sondern auch zum Teil zu zweifelhaften Kompromissen – erinnert sei nur an die Vermittlungsverfahren zum Dritten und Vierten Gesetz für Moderne Dienstleistungen am Arbeitsmarkt sowie zum Kommunalen Optionsgesetz. Daher sollte es bei der dringend erforderlichen Revitalisierung der Föderalismusreform vorrangig darum gehen, die Entscheidungsautonomie der einzelnen Ebenen zu erhöhen.

Der Sachverständigenrat hat dazu in seinem letzten Gutachten ausführliche Vorschläge (JG 2004 Ziffern 787 ff.) vorgelegt, die darauf abzielen, den derzeitigen kooperativen Föderalismus in Richtung eines **Gestaltungsföderalismus** zu modifizieren. Die in der im Dezember 2004 gescheiterten Bundesstaatskommission angesprochenen Änderungen des Grundgesetzes bei

- Artikel 84 Grundgesetz, der die Zustimmung des Bundesrates regelt, wenn der Bund Einfluss auf Verfahrensrechtsfragen nimmt,
- bei Artikel 72 Grundgesetz, der die konkurrierende Gesetzgebung betrifft, sowie
- bei Artikel 23 Grundgesetz, der die Mitwirkung der Bundesländer in Angelegenheiten der Europäischen Union regelt,

wären, wenn es zu einer Einigung gekommen wäre, ein sinnvoller Einstieg in eine Föderalismusreform gewesen, aber eben nicht mehr.

31. Ziel muss eine sehr viel deutlichere **Entflechtung des politischen Willensbildungsprozesses** in Deutschland sein. Dazu ist es erforderlich, die seit der Finanzverfassungsreform von 1969 etablierten Gemeinschaftsaufgaben (Artikel 91a und 91b Grundgesetz) wieder zu Länderaufgaben zu machen. Als weitere Verflechtungsbereiche, die dringend auf den Prüfstand gestellt werden müssen, sind insbesondere die Bundesauftragsverwaltung (Artikel 104a Absatz 2 Grundgesetz) und die in Artikel 104a Absatz 3 Grundgesetz geregelten Geldleistungsgesetze zu nennen. Eine Entflechtung der Ausgaben ist zu flankieren mit einer größeren Einnahmeautonomie der einzelnen Gebietskörperschaften. Da man sich bei den großen Steuern nicht vom Verbundprinzip wird lösen können und dies auch aufgrund des Diversifikationsvorteils eines Steuerverbundes nicht tun sollte, bietet es sich an, die derzeitige Finanzverfassung auf der Einnahmeseite transparenter und flexibler zu gestalten. Möglich wäre dies zum Beispiel dadurch, dass bei einer bundeseinheitlich festgelegten Bemessungsgrundlage bei der Einkommensteuer und der Körperschaftsteuer den Ländern das Recht eingeräumt wird, im Rahmen einer Bandbreite Zuschläge oder Abschläge auf den „Bundestarif" zu erheben. Beim Länderfinanzausgleich schließlich wäre es denkbar, sich nicht länger an der Steuerkraft je Einwohner zu orientieren, sondern am Bruttoinlandsprodukt je Einwohner. Dies würde ein einfaches und anreizfreundliches Finanzierungssystem gewährleisten (JG 2004 Ziffern 799 ff.).

32. Über eine Föderalismusreform mit den beschriebenen Inhalten hinaus sollte alsbald ein **nationaler Stabilitätspakt** zur Flankierung und Ergänzung des Europäischen Stabilitäts- und Wachstumspakts implementiert werden. Nach den Verfahrensregelungen dieses Pakts haben die Mitgliedstaaten, die durch die Zentralregierungen vertreten werden, zu gewährleisten, dass die festgelegten Verschuldungsgrenzen eingehalten werden. Eine solche Verantwortung der Bundesregierung für die gesamtstaatliche Verschuldung steht im Kontrast zu der im Grundgesetz garantierten haushaltswirtschaftlichen Autonomie der Länder. Diese Autonomie kann zu Verschuldungsanreizen führen, die aus dem vom Bundesverfassungsgericht präzisierten bündischen Prinzip erwachsen. Dieses Prinzip verpflichtet Bund und Länder – unter bestimmten Voraussetzungen – zu Hilfeleistungen an in „extreme Haushaltsnotlagen" geratene Länder. Daraus können insbesondere für Länder mit einem hohen Defizit oder einer hohen Schuldenstandsquote Anreize erwachsen, die Verschuldung noch weiter auszudehnen und auf den Beistand der bundesstaatlichen Solidargemeinschaft zu setzen.

Bislang haben sich die Länder einer konsequenten Umsetzung des Europäischen Stabilitäts- und Wachstumspakts in einen sanktionsbewehrten innerstaatlichen föderativen Stabilitätspakt ebenso verweigert wie einer transparenten Stabilitätsberichterstattung. Das Regelwerk, das als „nationaler

Stabilitätspakt" im März 2002 vereinbart wurde, erschöpft sich in relativ allgemein gehaltenen Regelungen des neuen § 51a des Haushaltsgrundsätzegesetzes. Deshalb ist es erforderlich, einen sanktionsbewehrten nationalen Stabilitätspakt auszuarbeiten (JG 2004 Ziffern 803 ff.).

2. Arbeitsmarkt: Den Reformkurs fortsetzen

33. Zwei Problembereiche kennzeichnen die prekäre Lage auf dem Arbeitsmarkt: die besonders hohe Arbeitslosigkeit unter den geringqualifizierten Arbeitnehmern und die Verfestigung der Arbeitslosigkeit, die sich vor allem in einem hohen Anteil an Langzeitarbeitslosen niederschlägt. Jedes Reformprogramm für mehr Beschäftigung muss für diese beiden Problemfelder Lösungsansätze bereitstellen und sich daran messen lassen.

34. Ein Abbau der Arbeitslosigkeit **Geringqualifizierter** setzt sowohl eine höhere Arbeitsnachfrage voraus als auch die Bereitschaft der Arbeitslosen, derartige Arbeitsplätze zu marktgerechten Löhnen anzunehmen. Im Hinblick auf die Arbeitsnachfrage gilt aus der Sicht der Unternehmen das gleiche wie für jeden anderen Beschäftigten auch, dass nämlich die Arbeitskosten durch die entsprechende Produktivität des Arbeitnehmers gedeckt sein müssen. Mit Blick auf den Niedriglohnbereich kommt es daher auf eine hinreichende Auffächerung der qualifikatorischen Lohnstruktur an. Gefordert sind hier in erster Linie die Tarifvertragsparteien, allerdings auch der Gesetzgeber, indem er im Tarifvertragsrecht die Rahmenbedingungen setzt, die eine Spreizung der qualifikatorischen Lohnstruktur unterstützen, etwa durch eine Erweiterung des Günstigkeitsprinzips. Die Einführung tariflicher oder gesetzlicher Mindestlöhne läuft diesen Intentionen jedoch entgegen. Neben wettbewerbsfähigen Löhnen muss für einen funktionierenden Bereich gering qualifizierter Arbeit eine Nachfrage nach einfachen Tätigkeiten vorhanden sein. Die Bedeutung der Schattenwirtschaft insbesondere im Dienstleistungssektor belegt indes eindrücklich ein erhebliches Marktpotential. Hinsichtlich der Bereitschaft der Arbeitslosen, angebotene Arbeitsplätze im Niedriglohnbereich zu akzeptieren, kommt es darauf an, die sozialstaatlich gebotene Mindestsicherung – das Arbeitslosengeld II – gleichermaßen mit hinreichend attraktiven Arbeitsanreizen wie auch mit wirkungsvollen Sanktionsmechanismen zu kombinieren.

Eine Politik zur Verringerung der **Langzeitarbeitslosigkeit**, der zweiten zentralen Aufgabe, muss daran ansetzen, die Dynamik am Arbeitsmarkt so zu erhöhen, dass die Verweildauer in der Arbeitslosigkeit abnimmt und so eine De-facto-Ausgrenzung der Arbeitslosen vom Arbeitsmarkt verhindert wird. Wirtschaftspolitisch beeinflussbar sind hier zum einen die Effizienz der Arbeitsvermittlung wie auch der gesetzliche Kündigungsschutz. Dieser schützt die Beschäftigten recht wirksam, erschwert aber den Arbeitslosen den Wiedereintritt in ein Beschäftigungsverhältnis. Statt einer durchgreifenden Lockerung des Kündigungsschutzes hat die Politik den Arbeitsmarkt an den Rändern liberalisiert, indem sie spezielle, atypische Beschäftigungsverhältnisse, wie beispielsweise Mini-Jobs, fördert. Damit wurde dem Anpassungsdruck Rechnung getragen, jedoch wäre anstelle einer solchen Zwei-Klassen-Gesellschaft auf dem Arbeitsmarkt die gleichmäßigere Verteilung der Anpassungslasten auf alle Beschäftigten durch eine Flexibilisierung des Arbeitsmarkts in der Breite ein vorzuziehender Weg gewesen. Schließlich muss auch die Lohnpolitik die Wiedereintrittschancen von Langzeitarbeitslosen erhöhen, etwa mit Hilfe individuell oder kollektiv vereinbarter Einstiegslöhne.

35. Es dürfen keine Illusionen darüber bestehen, wie schwierig es sein wird, diese Probleme zumindest deutlich zu verringern, geschweige denn zu lösen. Die Erfahrungen anderer Länder, die erfolgreich bei der Bekämpfung der Arbeitslosigkeit waren, lehren, dass es eines langen Atems bedarf, bis sich die positiven Effekte von Reformmaßnahmen auf dem Arbeitsmarkt zeigen. Viel Geduld wie auch wirtschaftspolitische Standfestigkeit sind vonnöten, beides fällt angesichts einer drängenden Öffentlichkeit bestimmt nicht leicht. Insoweit geht die Kritik an den jüngsten Reformen am hiesigen Arbeitsmarkt – ungeachtet berechtigter Kritik am Detail – weitgehend ins Leere.

Wichtig ist zudem, deutlich zu betonen, dass es nicht ausreicht, an einigen Stellschrauben zu drehen und sich davon durchschlagende Beschäftigungserfolge zu versprechen. Vielmehr muss die Politik einem kohärenten **Gesamtkonzept** folgen und ein Paket von Maßnahmen schnüren, welches sich die positiven Wechselwirkungen der einzelnen Maßnahmen, von denen jede für sich genommen vielleicht gar nicht so eindrucksvoll anmuten mag, zunütze macht. Zu einem solchen Gesamtpaket müssen alle Politikbereiche beitragen, die staatliche Wirtschaftspolitik durch Setzung beschäftigungsfreundlicher Rahmenbedingungen und die Tariflohnpolitik mit Hilfe eines beschäftigungsfreundlichen Kurses, bei dem der Verteilungsspielraum nicht ausgeschöpft und die qualifikatorische Lohnstruktur weiter aufgefächert werden. In beiden Politikbereichen wurde in den vergangenen Jahren unter Beweis gestellt, dass die Akteure willens und in der Lage sind, sich der Herausforderungen auf dem Arbeitsmarkt anzunehmen, die staatliche Wirtschaftspolitik beispielsweise in Form der Hartz-Gesetze und die Tarifvertragsparteien durch eine moderate beschäftigungsfreundliche Lohnpolitik. Auf diesen Wegen sollten diese Akteure der Wirtschaftspolitik beherzt voranschreiten. Die Lohnpolitik nimmt eine wichtige Rolle ein, wenn es um den Erhalt und die Schaffung wettbewerbsfähiger Arbeitsplätze geht. Der Gesetzgeber kann durch eine Flexibilisierung der Rahmenbedingungen und das Setzen richtiger Anreize zur Arbeitsaufnahme dafür Sorge tragen, dass diese Arbeitsplätze auch besetzt werden, nicht zuletzt von Geringqualifizierten und Langzeitarbeitslosen.

36. Der Sachverständigenrat stellt ein Strategiebündel zur Diskussion, welches insgesamt **fünf zentrale Handlungsfelder** umfasst. Das erste Handlungsfeld betrifft den Bereich der **Lohnersatzleistungen**, also das Arbeitslosengeld und das Arbeitslosengeld II. Im System der Lohnersatzleistungen wurden durch die Hartz-Gesetze bereits weitreichende und richtige Änderungen in Gang gebracht. Das schließt nachträgliche Korrekturen nicht aus. Bei der Höhe des Arbeitslosengelds beziehen sich die Vorschläge zum einen auf eine degressive Ausgestaltung und zum anderen auf die Familienkomponente. Um die Anreize zur Aufnahme einer Arbeit zu verstärken, könnte die Lohnersatzquote mit zunehmender Dauer der Arbeitslosigkeit stufenweise verringert werden, und zwar dergestalt, dass die Leistungen zu Beginn der Arbeitslosigkeit durchaus höher angesetzt werden, um die mit dem Verlust des Arbeitseinkommens verbundenen Härten abzumildern. Danach sinkt die Lohnersatzquote sukzessiv und liegt ab einer bestimmten Bezugsdauer unter ihrem derzeit gültigen Wert. Unterbleiben sollte eine Verlängerung des Arbeitslosengelds über 12 Monate hinaus. Die vorruhestandsähnlichen Regelungen für ältere Arbeitslose im Alter über 58 Jahre sollten nicht verlängert und die Zuschläge beim Übergang zum Arbeitslosengeld II abgeschafft werden. Ebenso ist dringend davor zu warnen, Vorschlägen zu folgen, die Dauer des Bezugs von Arbeitslosengeld von der bisherigen Versicherungszeit abhängig zu machen. Des Weiteren sollten die Leistungen des Arbeitslosengeldes nicht länger danach differenziert werden, ob Kinder zu ver-

sorgen sind. Die Berücksichtigung einer solchen Familienkomponente stellt ein wichtiges, aber gesamtgesellschaftliches Anliegen dar, zu dessen Finanzierung alle Steuerpflichtigen heranzuziehen sind.

Im Hinblick auf das Arbeitslosengeld II kann es nicht darum gehen, die Höhe des garantierten Existenzminimums in Frage zu stellen, wohl aber kommt es darauf an, die sozialstaatlich gebotene Mindestsicherung – insbesondere das Arbeitslosengeld II – mit hinreichend attraktiven Anreizmechanismen für Hinzuverdienste und ergänzende Sanktionsmechanismen bei zu niedriger Suchintensität so zu kombinieren, dass sich für Geringqualifizierte die Arbeitsaufnahme zu den ihrer Produktivität entsprechenden niedrigen Löhnen rentiert. Trotz der bisher erfolgten Senkungen der Transferentzugsraten – zuletzt am 1. Oktober 2005 – bleiben die Grenzbelastungen weiterhin hoch, und im Ergebnis wurde vor allem die beschäftigungspolitisch nicht unproblematische Aufnahme von geringfügigen Beschäftigungsverhältnissen attraktiver. Wenn es sich erweisen sollte, dass die auch derzeit gültigen Hinzuverdienstregeln noch zu geringe Anreize für die Aufnahme einer niedrig bezahlten Beschäftigung bieten, dann sollte der Gesetzgeber Nachbesserungen beim Arbeitslosengeld II ins Auge fassen. Dazu liegen Vorschläge unter anderem des Sachverständigenrates vor. Die Konzeption des Sachverständigenrates besteht im Wesentlichen aus drei Bausteinen. Die Hinzuverdienstmöglichkeiten beim Arbeitslosengeld II werden erweitert, bei gleichzeitiger Senkung des Regelsatzes für arbeitsfähige Bezieher von Unterstützungszahlungen. Finden die Betroffenen trotz erkennbarer Anstrengungen keinen Arbeitsplatz, können sie ihre Arbeitskraft kommunalen Beschäftigungsagenturen zur Verfügung stellen, um so zumindest das Leistungsniveau der Mindestsicherung vor der Absenkung der Unterstützungszahlungen wieder zu erreichen. Die bereits eingerichteten Arbeitsgelegenheiten („Ein Euro-Jobs") stehen im Einklang mit der hier vorgeschlagenen Konzeption, wobei jedoch stärker als bisher darauf geachtet werden muss, dass sich Arbeitslosengeld II und die Mehraufwandsentschädigung nicht zu einem Betrag summieren, der eine Arbeitsaufnahme auf dem ersten Arbeitsmarkt als wenig lohnend erscheinen lässt. Des Weiteren sollte zumindest die Höhe der an die Träger gezahlten Pauschalen überprüft werden.

37. Das zweite Handlungsfeld bezieht sich auf die **aktive Arbeitsmarktpolitik**. Schon jetzt zeichnet sich klar ab, dass die Bundesagentur für Arbeit auf dem richtigen Weg ist, wenn sie die Ausgaben für die Arbeitsbeschaffungsmaßnahmen deutlich zurückfährt; dies sollte sie, gestützt auf eine fundierte Evaluation, konsequent fortführen. Zudem stellt der Sachverständigenrat zur Diskussion, das Überbrückungsgeld und den Ende des Jahres auslaufenden Existenzgründungszuschuss („Ich-AG") zu einer einheitlichen befristeten Förderung zusammenzufassen. Die Einrichtung von Personal-Service-Agenturen sollte nicht länger verpflichtend sein, sondern in das Ermessen der zuständigen Arbeitsagenturen gestellt werden. Die Mini-Jobs im Unternehmensbereich müssen im Hinblick auf mögliche Verdrängungseffekte sorgfältig evaluiert werden. Mini-Jobs sollte es zukünftig nur im Haupterwerb geben, ihre Förderung im Nebenerwerb sollte abgeschafft werden. Die bisherigen Erfahrungen mit Kombilöhnen stimmen skeptisch, der Sachverständigenrat rät nach Lage der Dinge nicht dazu, sie über die ohnehin bereits verfügbaren Lohnzuschüsse hinaus flächendeckend einzuführen. Die Einführung von gesetzlichen Mindestlöhnen ist gerade mit Blick auf die notwendige Stärkung des Niedriglohnbereichs kontraproduktiv und sollte daher definitiv unterbleiben.

38. Der Bereich des **Tarifvertragsrechts** stellt das dritte Handlungsfeld dar. Der Gesetzgeber sollte beschäftigungsfreundlichere Rahmenbedingungen in dem Sinn schaffen, dass der zu erhaltende Flächentarifvertrag flexibler gestaltet wird. Dazu gehört eine Klarstellung beim Günstigkeitsprinzip dahingehend, dass bei der Beurteilung, ob sich ein Arbeitnehmer bei vom Tarifvertrag abweichenden Regelungen „günstiger" stellt, die Beschäftigungssicherheit neben den Arbeitsentgelten und der Arbeitszeit zu den abwägenden Aspekten gehören kann. Des Weiteren sollten Möglichkeiten geprüft werden, die Tarifbindung zu lockern. Allgemeinverbindlicherklärungen sollten unterbleiben. Erst recht nicht darf eine Allgemeinverbindlicherklärung zur Einführung eines (branchenspezifischen) Mindestlohns instrumentalisiert werden, weil damit protektionistischen Bestrebungen Vorschub geleistet würde. Wirksame Öffnungsklauseln für Tarifverträge sollten es erlauben, auf betrieblicher Ebene von den Regelungen des Tarifvertrags abweichende Abmachungen zu treffen. Kommen die Tarifvertragsparteien diesem Erfordernis nicht nach, sollten gesetzliche Regelungen im Tarifvertragsgesetz – wie in der Agenda 2010 angekündigt – geprüft werden. Zudem ist zu prüfen, inwieweit Betriebsvereinbarungen mit nicht tarifgebundenen Unternehmen von § 77 Absatz 3 Betriebsverfassungsgesetz freigestellt werden können.

Insgesamt gesehen stärken diese Vorschläge zur Flexibilisierung des Tarifvertragsrechts die Möglichkeiten der Arbeitslosen, mit denjenigen, die einen Arbeitsplatz besitzen, um Beschäftigungschancen zu konkurrieren. Diese Vorschläge sind kein Allheilmittel zur Lösung der Arbeitsmarktprobleme, aber ihr Beitrag im Rahmen einer Paketlösung sollte nicht gering eingeschätzt werden.

39. Der **Kündigungsschutz** als das vierte Handlungsfeld wurde zwar mit Wirkung zum Jahresbeginn 2004 teilweise gelockert; jedoch ist eine weitere, umfassende Liberalisierung erforderlich. Dafür bietet der Sachverständigenrat mehrere Optionen an. Eine Option könnte darin bestehen, dass ein neu eingestellter Arbeitnehmer nach Beendigung der Probezeit für den Fall einer späteren betriebsbedingten Kündigung freiwillig auf den Kündigungsschutz verzichtet und im Gegenzug einen Anspruch auf eine vorher ausgehandelte Abfindung erhält. Eine zweite Option sieht vor, dass der Arbeitnehmer im Einvernehmen mit dem Arbeitgeber zum Zeitpunkt der festen Einstellung gänzlich auf den Kündigungsschutz verzichtet und stattdessen eine höhere Entlohnung vereinbart. Kommt bei diesen beiden Optionen keine Einigung zwischen Arbeitgeber und Arbeitnehmer zustande, gilt eine gesetzliche Regelung, bei der im Vergleich zu bestehenden gesetzlichen Regelungen die vom Arbeitgeber zu belegenden Beweistatbestände bei einem Arbeitsgerichtsverfahren eingeschränkt werden. Damit wird eine bestehende Rechtsunsicherheit jedoch nicht beseitigt. Daher bietet sich eine dritte Option an, die nicht nur in der Durchführung einfacher ist, sondern zugleich das Arbeitsrecht entschlackt und übersichtlicher macht: Der Schutz vor betriebsbedingten Kündigungen wird generell aus dem Kündigungsschutzgesetz gestrichen, und stattdessen wird eine von der Dauer der Betriebszugehörigkeit abhängige Abfindung gewährt, für deren Höhe Mindeststandards im vorhinein festgesetzt werden müssen, die nur tarifvertraglich oder im Rahmen eines Sozialplans unterschritten werden können. Eine als betriebsbedingt ausgesprochene Kündigung ist somit generell zulässig und unterliegt einer gerichtlichen Überprüfung nur insofern, als diese wegen Verletzung eines Diskriminierungsverbots oder Ähnlichem gegen die guten Sitten verstößt. Das neue Kündigungsrecht gilt für alle Unternehmen unabhängig von ihrer Beschäftigtenzahl, aber zur Wahrnehmung des Bestandsschutzes nur für nach dem In-Kraft-Treten des Gesetzes neu abgeschlossene Arbeitsverträge.

40. Das fünfte Handlungsfeld spricht nicht den Gesetzgeber, sondern die **Tarifvertragsparteien** an. Ihr Beitrag zur Schaffung neuer Arbeitsplätze ist unverzichtbar und besteht aus zwei Komponenten. Im Hinblick auf die Lohnhöhe sollten die Tariflohnabschlüsse zum einen den Verteilungsspielraum nicht ausschöpfen. Dieser setzt sich zusammen aus der um Beschäftigungsschwankungen bereinigten Fortschrittsrate der Arbeitsproduktivität, genauer: Grenzproduktivität der Arbeit, und den erwarteten Preissteigerungen, allerdings ohne Preiseffekte, die aus der Erhöhung indirekter Steuern oder von Rohstoffpreisen, wie etwa Erdöl, resultieren. Zum anderen muss die qualifikatorische Lohnstruktur weiter gespreizt werden, vor allem im Niedriglohnbereich. Die Reformen im Rahmen des Arbeitslosengelds II laufen ins Leere, wenn aufgrund zu hoher Lohnkosten im Bereich gering qualifizierter Arbeit dort keine Arbeitsplätze entstehen. Eine hinreichend flexible qualifikatorische Lohnstruktur muss die Lohnkosten mit den Produktivitäten in Einklang bringen.

3. Sozialversicherung: Umfinanzierung versicherungsfremder Leistungen

41. Ein wichtiger Grund für den Rückgang der sozialversicherungspflichtigen Beschäftigung und damit für die Erosion der Beitragsgrundlagen der Sozialversicherungen ist die Breite des zwischen den Produzentenlöhnen, kurz den Arbeitskosten, und den Konsumentenlöhnen, kurz den verfügbaren Arbeitnehmereinkommen, liegenden **Abgabenkeils**. Dieser Keil wird im entscheidenden Maße von den lohnabhängigen, von Arbeitgebern und Arbeitnehmern finanzierten Beiträgen bestimmt. Ein breiter Abgabenkeil beeinträchtigt die Nachfrage nach Arbeit durch die Unternehmen und führt auch zu beschäftigungspolitisch unerwünschten Ausweichreaktionen der Arbeitnehmer (zum Beispiel einem Abtauchen in die Schwarzarbeit).

Die Gründe für den breiten Abgabenkeil und die hohen Beitragssätze sind vielfältig. So sorgt die in den letzten Jahren beobachtbare Einnahmeschwäche tendenziell für Beitragssatzsteigerungen oder verhindert – wie in der Gesetzlichen Krankenversicherung – Beitragssatzsenkungen. Ein weiterer Grund für hohe Beitragssätze kann darin bestehen, dass zu großzügige oder unnötige Versicherungsleistungen gewährt werden. Reformmaßnahmen müssen dann auf Leistungsrücknahmen abzielen und dadurch Beitragssatzsenkungen erzeugen. Sicherlich ist auch die Deutsche Einheit und die damit einhergehende Ausweitung der Sozialversicherungssysteme auf die von hoher transformationsbedingter Arbeitslosigkeit geprägten neuen Bundesländer für hohe Beitragssätze verantwortlich. Diese Beitragssätze können aber auch deshalb hoch sein, weil in ihnen ein nicht versicherungstypischer **Steueranteil** enthalten ist. Grundsätzlich sollen Sozialversicherungsbeiträge den Preis für die jeweilige Versicherungsleistung darstellen. Es soll demnach eine Beziehung zwischen Beiträgen und Leistungen bestehen. Je mehr diese Äquivalenzbeziehung verloren geht, desto mehr erhalten die Sozialversicherungsbeiträge Steuercharakter. Dem Beitrag steht dann keine direkte Gegenleistung mehr gegenüber, und es kommt zu den üblichen Steuervermeidungsreaktionen. Da die Höhe der Beiträge und damit auch die Höhe der Steuer von dem sozialversicherungspflichtigen Lohneinkommen abhängen, bestehen diese Ausweichreaktionen in einer Beeinträchtigung der sozialversicherungspflichtigen Beschäftigung. Daher sind Maßnahmen zu ergreifen, die den Steuercharakter der Beiträge reduzieren. Je nach Sozialversicherungszweig ist dazu aber ein unterschiedliches Vorgehen angezeigt. Denn der Steuercharakter der Beiträge kann seinen Ursprung in der falschen Art der Beitragsbemessung haben oder darin bestehen, dass die Beiträge falsch verwendet werden, namentlich zur Finanzierung versicherungsfremder Leistungen, die eigentlich aus Steuermitteln finanziert werden sollten. In der Gesetzlichen Krankenversicherung und der Sozialen Pflegeversicherung kommt es aufgrund der einkommensbezogenen Beitragsbemessung, bei einkommensunabhängigen Leistungen zu einer versicherungsfremden Einkommensumverteilung die den Steuercharakter der Beiträge begründet. In der Arbeitslosenversicherung und der Gesetzlichen Rentenversicherung sind dagegen sowohl die Beiträge als auch die Leistungen einkommensabhängig, der Steuercharakter resultiert deshalb in diesen beiden Sozialversicherungszweigen aus den mit Beiträgen finanzierten versicherungsfremden Leistungen.

42. Versicherungsfremd sind alle Leistungen und Umverteilungsströme, die nicht dem Ausgleich zwischen niedrigen und hohen Risiken dienen und nicht dem Versicherungszweck entsprechen. In der Krankenversicherung findet ein solcher Ausgleich zwischen niedrigen und hohen Gesundheitsrisiken statt, in der Pflegeversicherung zwischen niedrigen und hohen Pflegerisiken, in der Arbeitslosenversicherung zwischen Personen mit niedrigem und solchen mit hohem Arbeitslosigkeitsrisiko, und in der Rentenversicherung wird ein Ausgleich zwischen Personen mit niedriger und hoher Lebenserwartung geschaffen. In diesem Ausgleich drückt sich das sozialversicherungstypische Solidarprinzip aus. Die interpersonelle Einkommensumverteilung ist kein genuiner Bestandteil des sozialversicherungstypischen Solidarprinzips, sondern – genauso wie die Kinder- und Familienförderung – eine gesamtgesellschaftliche Aufgabe und damit sozialversicherungsfremd. Auf der Basis dieses Prüfrasters können in den untersuchten Zweigen des Sozialversicherungssystems versicherungsfremde Elemente in einem Volumen von rund 130 Mrd Euro identifiziert werden, denen Bundeszuschüsse in Höhe von über 60 Mrd Euro gegenüberstehen. Damit ergibt sich in den betrachteten vier Sozialversicherungszweigen eine Fehlfinanzierung von über 65 Mrd Euro.

43. In der Gesetzlichen Krankenversicherung beträgt die versicherungsfremde Einkommensumverteilung über 40 Mrd Euro und in der Sozialen Pflegeversicherung über 5 Mrd Euro. Der damit verbundene, aus der Art der Beitragsbemessung herrührende versicherungsfremde Steuercharakter der Beiträge kann beseitigt werden, indem man die Bemessung der Beiträge ändert, also zu einkommensunabhängigen **Pauschalbeiträgen** übergeht. In der Arbeitslosenversicherung und Gesetzlichen Rentenversicherung ist dagegen die einkommensabhängige Beitragsbemessung adäquat, da hier grundsätzlich auch die Leistungen einkommensabhängig sind und deshalb weitgehend das Äquivalenzprinzip gilt. Hier ist es daher erforderlich, die versicherungsfremden Leistungen – sofern sie als notwendig erachtet werden – über Steuern zu finanzieren, indem an die beiden Sozialversicherungszweige ein steuerfinanzierter Zuschuss gezahlt wird.

44. Wird zur Aufbringung dieses Zuschusses eine Steuer erhöht, bedeutet dies keine Erhöhung der gesamtwirtschaftlichen Abgabenbelastung. Denn der Steuererhöhung stünde mit der Beitragssenkung eine Reduktion der impliziten Steuer in den Beiträgen in genau gleichem Ausmaß gegenüber. Gerade weil aber die Gesamtabgabenbelastung nicht sinkt, wenn die das Arbeitsangebot und die Arbeitsnachfrage verzerrenden steuerähnlichen Beiträge reduziert werden, dafür aber ebenfalls verzerrende Steuern erhöht werden, liegt es in der Natur der Sache, dass die zu erwartenden Nettoeffekte, auch hinsichtlich der Beschäftigungswirkungen, nicht hoch ausfallen. Große Beschäftigungseffekte dürfen von der bloßen Umfinanzierung versicherungsfremder Leistungen und von einer stärkeren Steuerfinanzierung der Sozialversicherungen – wie sie zum Beispiel in der jüngs-

ten Vergangenheit von CDU/CSU in Form einer Beitragssatzsenkung in der Arbeitslosenversicherung um zwei Prozentpunkte, gegenfinanziert durch eine Mehrwertsteuererhöhung um zwei Prozentpunkte, vorgeschlagen wurde – mithin nicht erwartet werden. Da die Bemessungsgrundlage der Mehrwertsteuer aber umfassender ist als die der Beitragsfinanzierung – mit einer Mehrwertsteuererhöhung also nicht nur die Arbeitseinkommen aus sozialversicherungspflichtiger Beschäftigung belastet werden, sondern sämtliche Arbeitseinkommen sowie Transfer- und Gewinneinkommen, aus denen der Konsum finanziert wird –, wird die Steuerbelastung breiter verteilt, und damit werden die sozialversicherungspflichtigen Arbeitseinkommen entlastet.

Nicht nur bei einer umsatzsteuerfinanzierten Beitragssatzsenkung, sondern für alle Gegenfinanzierungsvarianten (zum Beispiel Erhöhung der Einkommensteuer oder Reduktion des Staatskonsums) sind positive Beschäftigungseffekte zu erwarten. Einen schnellen Weg aus der Beschäftigungsmisere können derartige Umfinanzierungsoperationen aber nicht darstellen, wohl aber kann mit einer Reduktion des Steueranteils in den Beiträgen und damit niedrigeren Beitragssätzen und einer höheren expliziten Besteuerung die Attraktivität der sozialversicherungspflichtigen Beschäftigung verbessert und der Erosion dieses „Normalarbeitsverhältnisses" entgegengewirkt werden. Legt man die bislang vorliegenden Simulationsstudien zugrunde, sind allokativ und distributiv die besten Ergebnisse zu erwarten, wenn man als Gegenfinanzierung eine Kombination aus Mehrwertsteuer und Einkommensteuer wählt.

45. Die Aufgabe für die Politik besteht darin, Maßnahmen zu ergreifen, die zu Beitragssatzsenkungen führen und den Steuercharakter der Beiträge reduzieren. Dabei gilt es, sowohl auf der Leistungsseite als auch auf der Finanzierungsseite der einzelnen Sozialversicherungszweige anzusetzen. Der Sachverständigenrat legt für die einzelnen Sozialversicherungszweige konkrete finanzierungsseitige und leistungsseitige Reformmaßnahmen vor.

Bürgerpauschale in der Krankenversicherung

46. Auf der **Finanzierungsseite** der Krankenversicherung kann durch den Übergang zu dem vom Sachverständigenrat vorgeschlagenen System der Bürgerpauschale der Steuercharakter der Beiträge nahezu vollständig beseitigt werden. Das Konzept der Bürgerpauschale zeichnet sich durch einkommensunabhängige Pauschalbeiträge aus, die den Durchschnittsausgaben der Krankenversicherung je Mitglied entsprechen (JG 2004 Ziffern 485 ff.). Dadurch wird das Äquivalenzprinzip gestärkt, und die versicherungsfremde Einkommensumverteilung, die sich im derzeitigen System aus der Einkommensabhängigkeit der Beiträge ergibt, wird weitgehend eliminiert. Das Konzept des Sachverständigenrates sieht zudem vor, die gesamte Wohnbevölkerung in die Versicherungspflicht einzubeziehen. Durch die Abschaffung der Versicherungspflichtgrenze wird die ineffiziente – durch Risikoentmischungstendenzen geprägte – Segmentierung des Krankenversicherungsmarkts überwunden. Auf einem so geschaffenen einheitlichen Markt können alle Anbieter von Krankenversicherungsleistungen, also sowohl gesetzliche Krankenkassen als auch private Krankenversicherungen – die freilich auch die Bürgerpauschale anbieten und ihre derzeitige Prämienbemessung im Geschäftsmodell der Vollversicherung aufgeben müssen – in einen fairen und effizienten Wettbewerb treten. In der öffentlichen Diskussion um eine Reform der Finanzierungsseite der Krankenversicherung findet dieser wichtige Aspekt bislang zu wenig Beachtung.

47. Das Modell der Bürgerpauschale stellt ein überzeugendes Reformkonzept für die Finanzierungsseite der Krankenversicherung dar. Die Gesundheitskosten werden von den Arbeitskosten abgekoppelt. Beitragssteigerungen führen nicht wie im derzeitigen System oder in einer Bürgerversicherung automatisch zu höheren Lohnnebenkosten und zu einer beschäftigungsschädigenden Vergrößerung des Abgabenkeils. Der Abgabenkeil selbst wird durch die Pauschalbeiträge – und auch nach Etablierung eines sozialen Ausgleichs – reduziert. Da die Beiträge aus dem gesamten Einkommen eines Versicherten entrichtet werden müssen und unabhängig vom Einkommen bemessen werden, kann eine Einnahmeschwäche, wie sie derzeit aufgrund der schwachen Entwicklung der Lohnsumme zu beobachten ist, nicht mehr auftreten. Einnahmeseitige Gründe für Beitragserhöhungen fallen mithin weg. Da der Beitrag den durchschnittlichen Gesundheitsausgaben je Kassenmitglied entspricht, werden die Transparenz erhöht und die Preisfunktion der Beiträge gestärkt. Die im derzeitigen System vorhandene und höchst intransparente reine Einkommensumverteilung wird aus dem System eliminiert, aber nicht abgeschafft, sondern – durch die Etablierung eines Zuschusssystems für Bedürftige – weitgehend in das Steuersystem verlagert, wo sie transparenter und zielgenauer vorgenommen werden kann.

48. Unabhängig von einer Reform der Beitragsbemessung muss der durch das GKV-Modernisierungsgesetz eingeschlagene Weg **ausgabenseitiger Reformen** weiter beschritten werden. Wenn hohe Beitragssätze auf Ineffizienzen bei der Leistungserstellung und mangelnden Wettbewerb im System zurückzuführen sind, sind diese durch eine Finanzierungsreform kaum zu beseitigen. Entscheidend für die Wirtschaftlichkeit oder die Kostenträchtigkeit eines Gesundheitssystems sind vielmehr die Anreizstrukturen für das Nachfrageverhalten der Versicherten und insbesondere die Intensität des Wettbewerbs zwischen den Leistungsanbietern einerseits und zwischen den Krankenkassen andererseits. Unabhängig davon, welche Reformen auf der Finanzierungsseite umgesetzt werden, sollten weitere Maßnahmen ergriffen werden, die Ineffizienzen beseitigen und den Wettbewerb stärken, beispielsweise sind die Möglichkeiten des selektiven Kontrahierens zwischen den Kassen und einzelnen Leistungsanbietern auszuweiten, und die integrierten Versorgungssysteme voranzubringen. Die Krankenhäuser werden weiter für die ambulante Versorgung zu öffnen sein. Auch das Fremdbesitzverbot und das bereits gelockerte Mehrbesitzverbot für Apotheken sollten fallen. Zudem sollten der morbiditätsorientierte Risikostrukturausgleich und die elektronische Gesundheitskarte zügig eingeführt sowie kassenartenüberschreitende Kassenfusionen zugelassen werden.

Pflegeversicherung: Höchster Reformbedarf

49. Die Soziale Pflegeversicherung ist der Sozialversicherungszweig mit dem dringendsten Reformbedarf sowohl auf der Leistungsseite wie auf der Finanzierungsseite. Auch hier ist ein Systemwechsel in der Finanzierung geboten. Mit der **Bürgerpauschale** in der Pflegeversicherung und dem Kohortenmodell hat der Sachverständigenrat im Jahresgutachten 2004/05 (Ziffer 545 ff.) zwei Konzepte zur Diskussion gestellt, mit denen die versicherungsfremden Umverteilungselemente im Pflegeversicherungssystem und damit der Steuercharakter deutlich reduziert sowie der Abgabenkeil verkleinert werden können. In beiden Modellen wird die Einkommensabhängigkeit der Beiträge aufgehoben und die Trennung zwischen Sozialer Pflegeversicherung und privaten Pflegeversicherungen überwunden. Das Konzept der Bürgerpauschale in der Pflegeversicherung hält am kohortenübergreifenden Umlagesystem fest. Diese Pauschale würde sich auf rund 25 Euro monat-

lich belaufen. Der Zuschussbedarf für den ins Steuersystem verlagerten sozialen Ausgleich beläuft sich auf 1 bis 2 Mrd Euro. Da die demographischen Probleme der Pflegeversicherung besonders groß sind, ist es zweckmäßig, eine ergänzende Kapitaldeckungskomponente auf individueller Ebene zu etablieren.

50. Das vom Sachverständigenrat bevorzugte **Kohortenmodell** zielt auf einen Übergang zu einem kohortenspezifischen kapitalgedeckten System. Denn die Pflegeversicherung ist als das am stärksten demographieabhängige System prädestiniert für eine Finanzierung nach dem Kapitaldeckungsverfahren. Dieses Modell beruht auf alterskohortenspezifischen Prämien, die sich ergeben, wenn man die erwarteten Pflege-Leistungsausgaben der jeweiligen Kohorte auf die Mitglieder der Kohorte verteilt. Damit die Prämien im Alter nicht überproportional steigen, wird für die Kohorte ein Kapitalstock zur Prämienglättung gebildet. Die Prämie setzt sich somit aus einem Umlagebetrag für die Kohorte und aus einem Sparbetrag zusammen, wobei der Sparbetrag zu Beginn positiv ist und, wenn die Kohorte altert, negativ wird. Der Übergang zur Kapitaldeckung wird gleitend vorgenommen; für Jüngere wird ein kapitalgedecktes System aufgebaut, und gleichzeitig bleibt für Ältere das umlagefinanzierte System bei allerdings veränderter Finanzierung erhalten. Diese umlagefinanzierte Pflegeversicherung schrumpft als Folge der im Zeitverlauf sinkenden Versichertenzahl. Der Übergang von einem Umlagesystem zu einem kapitalgedeckten System hat die typischen, unvermeidlichen Umstiegskosten zur Folge: Einerseits muss das auslaufende Umlagesystem ausfinanziert werden, andererseits muss Kapital aufgebaut werden. Die Beiträge zur Pflegeversicherung werden deshalb zunächst für fast alle Versicherten steigen, und der Staat muss Beitragszuschüsse für Bedürftige in Höhe von netto 5 bis 8 Mrd Euro leisten. Allerdings ist das Umlagesystem nach 40 bis 45 Jahren – dann, wenn die demographischen Probleme am größten sind – ausgelaufen, und die Beitragslast ist geringer als im gegenwärtigen System oder auch im Vergleich zum Modell der Bürgerpauschale. Die Politik muss also langfristig denken, aber kurzfristig handeln, da der Umstieg zu einem kapitalgedeckten System vor dem Hintergrund der älter werdenden Gesellschaft immer teurer wird, je länger man wartet.

51. Mit beiden Konzepten kann der Einnahmeschwäche und den daraus erwachsenden finanziellen Schwierigkeiten der Sozialen Pflegeversicherung begegnet werden. Dies macht es leichter möglich, die auf der **Leistungsseite** erforderlichen Reformmaßnahmen wie die Dynamisierung der Leistungspauschalen oder die bessere Berücksichtigung der Bedürfnisse von Demenzkranken durchzuführen.

Gesetzliche Rentenversicherung: Die eingeleiteten Reformen vollenden

52. Auf der **Leistungsseite** war das RV-Nachhaltigkeitsgesetz aus dem Jahre 2004 das bislang letzte Glied einer Kette von Reformen, die über ausgabenbremsende Maßnahmen, sprich Leistungsrücknahmen, auf eine Dämpfung des beschäftigungsfeindlichen Anstiegs der Beitragssätze abzielten. Geht man von den der Rentenreform 2004 zugrunde gelegten Annahmen aus, so werden die Renten aus der Gesetzlichen Rentenversicherung bis zum Jahr 2030 verglichen mit einer Fortschreibung des rentenrechtlichen Status ex ante um gut ein Sechstel reduziert. Das Nettorentenniveau vor Steuern von derzeit gut 52 vH soll über 46 vH bis zum Jahre 2020 gegebenenfalls bis auf das Mindestrentenniveau von 43 vH bis zum Jahre 2030 sinken. Mit den beschlossenen Reformen ist nun eine Begrenzung des Beitragssatzes auf 22 vH im Jahr 2030 möglich, trotz der Tatsache, dass mit der Deutschen Einheit eine zusätzliche Belastung der Gesetzlichen Rentenversicherung hinzugekommen ist. Die Bedeutung der durchgeführten Reformen wird deutlich, wenn man berücksichtigt, dass noch Mitte der achtziger Jahre allein für die damalige Bundesrepublik Deutschland für das Jahr 2030 Beitragssätze bis über 40 vH prognostiziert wurden.

53. Um diese Begrenzung des Beitragssatzanstiegs auf maximal 22 vH zu erreichen, sind noch weitere Reformschritte auf der Leistungsseite erforderlich, bei denen es aber nicht mehr darum gehen darf, das Rentenniveau noch weiter, unter die Niveauziele von 46 vH beziehungsweise 43 vH zu senken, da dann die Legitimation der Gesetzlichen Rentenversicherung in Frage gestellt würde. Wohl aber sollte das **gesetzliche Renteneintrittsalter** gleitend ab dem Jahr 2011 jährlich um einen Monat bis auf 67 Jahre im Jahr 2034 angehoben werden. Die Rentenversicherung könnte dadurch in der Größenordnung von 0,6 Beitragssatzpunkten allein bis zum Jahr 2030 entlastet werden. Gegebenfalls kann die Anhebung schneller vorgenommen werden. Die Entscheidung zur Anhebung des gesetzlichen Renteneintrittsalters, von der im Übrigen nicht die heute älteren Arbeitnehmer betroffen wären, sollte alsbald gefällt werden, damit sich Arbeitgeber und Arbeitnehmer auf diese Änderungen einstellen können (JG 2001 Ziffer 260; JG 2003 Ziffer 338).

54. Zur Erreichung der Beitragssatzziele ist es zudem unabdingbar, die Rentenanpassungsformel durch einen **Nachholfaktor** zu ergänzen. Dieser muss gewährleisten, dass die aufgrund einer Sicherungsklausel verhinderten Kürzungen des Rentenzahlbetrags und damit ausgefallenen Absenkungen des Rentenniveaus regelgebunden in Perioden höherer Lohnzuwachsraten und damit möglicher höherer Rentenanpassungen in Form geringerer Rentensteigerungen nachgeholt werden. Ein solcher Mechanismus zielt darauf ab, die im RV-Nachhaltigkeitsgesetz vorgesehene Senkung des Rentenniveaus auch tatsächlich zu erreichen.

55. Der Rentenversicherungsbeitrag enthält nach wie vor einen Steueranteil, der darauf zurückzuführen ist, dass die Rentenversicherung versicherungsfremde Leistungen finanziert, die eigentlich aus dem allgemeinen Steueraufkommen zu zahlen wären, aber noch nicht durch Bundeszuschüsse gedeckt sind. **Finanzierungsseitig** gilt es, diese Steuerelemente zu beseitigen. Dies kann in der Gesetzlichen Rentenversicherung aber nicht durch eine Änderung der Beitragsbemessung geschehen, da die Gesetzliche Rentenversicherung auf dem Prinzip der (Teilhabe-)Äquivalenz beruht und sich die Rentenansprüche und Rentenzahlungen an den mit Beiträgen belegten Einkommen orientieren. In dieser Versicherung kann der implizite Steueranteil in den Beiträgen – bedingt durch die aus dem Beitragsaufkommen finanzierten versicherungsfremden Leistungen – daher nur durch einen höheren Bundeszuschuss verringert werden. Das gegenwärtige nicht durch die Bundeszuschüsse finanzierte Volumen an versicherungsfremden Leistungen liegt derzeit bei mindestens 6 Mrd Euro. Die entsprechende Erhöhung der Bundeszuschüsse ist ordnungspolitisch vertretbar, ja angezeigt, und würde einer Reduzierung des Beitragssatzes um etwa 0,7 Prozentpunkte entsprechen.

Arbeitslosenversicherung: erst evaluieren, dann umfinanzieren

56. In der Arbeitslosenversicherung sollte ebenfalls die Doppelstrategie verfolgt werden, sowohl auf der **Leistungsseite** als auch auf der Finanzierungsseite nach Möglichkeiten zu suchen, die Beitragssätze zu senken. Das Volumen der aus Beitragsmitteln finanzierten versicherungsfremden

Leistungen in der Arbeitslosenversicherung beläuft sich auf etwa 19 Mrd Euro. Durch eine Umfinanzierung dieser Leistungen über einen höheren Bundeszuschuss könnte der Beitragssatz um über 2 Prozentpunkte reduziert werden. Gerade in der Arbeitslosenversicherung sollte aber jeder beitragssatzsenkenden Umfinanzierung eine kritische Überprüfung der Ausgestaltung und Notwendigkeit der identifizierten versicherungsfremden Leistungen vorausgehen.

57. Erst wenn die Möglichkeiten einer Beitragssenkung durch ein Zurückführen als nicht notwendig erachteter Versicherungsleistungen und Fremdleistungen sowie deren zielgenauere Ausgestaltung erschöpft sind, sollte auf der **Finanzierungsseite** mit Umfinanzierungsoperationen zur Beitragssatzsenkung begonnen werden. Überhaupt wäre es sinnvoll, die Umfinanzierung von versicherungsfremden Leistungen zunächst bei der Arbeitslosenversicherung durchzuführen, da dort bei einem gegebenen Umfinanzierungsvolumen die größte Beitragssatzsenkung realisiert werden kann. Denn eine Senkung des Beitragssatzes um einen Prozentpunkt erfordert in der Arbeitslosenversicherung 7,3 Mrd Euro, in der Gesetzlichen Rentenversicherung 8,7 Mrd Euro und in der Gesetzlichen Krankenversicherung 10,0 Mrd Euro. Als Einstieg zur Umfinanzierung in der Arbeitslosenversicherung bietet sich die Streichung des Aussteuerungsbetrags an, der derzeit mit etwa 0,7 Beitragspunkten zu Buche schlägt.

4. Steuerpolitik: Das Richtige tun – das Falsche unterlassen

58. Die wichtigste steuerpolitische Aufgabe in der gerade begonnenen Legislaturperiode besteht in einer Reform der Unternehmensbesteuerung. Ein internationaler Vergleich zeigt, dass Deutschland bei den tariflichen wie den effektiven Steuersätzen auf die Gewinne von Kapitalgesellschaften nach wie vor eine Spitzenposition in Europa einnimmt. Dagegen liegen der Normalsatz der Umsatzsteuer am unteren Rand des EG-rechtlich fixierten Bereichs, der Eingangssteuersatz der Einkommensteuer im unteren Drittel und der Spitzensteuersatz im Mittelfeld aller EU-Mitgliedstaaten.

59. Vorrangiges Ziel einer Reform der Unternehmensbesteuerung ist die Verbesserung der steuerlichen Standortattraktivität, zudem muss eine möglichst weitgehende Entscheidungsneutralität – hier insbesondere Finanzierungsneutralität – der Besteuerung gewährleistet sein. Da eine Umsetzung der Beschlüsse des Job-Gipfels vom 17. März 2005 – eine Senkung des Körperschaftsteuersatzes von 25 vH auf 19 vH und eine pauschale Anrechnung der Gewerbesteuer auf die Einkommensteuer in Höhe des 2,0-fachen statt des 1,8-fachen des Gewerbesteuermessbetrags – allenfalls ein erster richtiger, aber nur unzureichender Schritt gewesen wäre, sollte von einer kurzfristigen Umsetzung dieser Beschlüsse abgesehen werden. Denn würden diese Beschlüsse umgesetzt, bestünde die Gefahr, dass in dieser Legislaturperiode die erforderliche "große", den eben genannten Zielen verpflichtete Reform nicht mehr angegangen würde.

60. Wenn man am Prinzip der **synthetischen Einkommensteuer** – der unterschiedslosen steuerlichen Behandlung der verschiedenen Einkunftsarten – festhält, dann ist eine **flat tax**, die einen niedrigen einheitlichen Grenzsteuersatz (zum Beispiel 25 vH) auf alle steuerbaren Einkommen mit einer Integration der Körperschaftsteuer in die Einkommensteuer kombiniert, eine attraktive Reformoption. Den unbestreitbaren Vorteilen dieses im Wahlkampf diskutierten Konzepts stehen allerdings sowohl problematische Verteilungswirkungen wie auch nicht zu verkraftende Steu-

erausfälle gegenüber. Aus diesen Gründen ist auf absehbare Zeit nicht mit einer Umsetzung zu rechnen. Da aber im Bereich der Unternehmensbesteuerung schnell gehandelt werden muss, wird man sich von der Idee der synthetischen Einkommensteuer verabschieden und zu einer **Schedulenbesteuerung** übergehen müssen. Schedulenbesteuerung besagt, dass die zu versteuernden Einkünfte nach Art der Einkunftsquellen unterschiedlichen Tarifen unterworfen werden. Eine solche Schedualisierung ist immer ein pragmatischer Kompromiss, der sich allerdings nach Lage der Dinge nicht vermeiden lässt.

Der Sachverständigenrat hat im Jahresgutachten 2003/04 (JG 2003 Ziffern 567 ff.) eine **Duale Einkommensteuer** vorgeschlagen, die auf die Realisierung der Ziele Standortattraktivität und Entscheidungsneutralität gerichtet ist. In diesem Gutachten wird ein modifiziertes Konzept vorgelegt. Es ist unter der Nebenbedingung formuliert, dass die Abweichungen zum geltenden Steuerrecht möglichst gering gehalten werden, da insbesondere am Dualismus von Körperschaftsteuer für Kapitalgesellschaften und Einkommensteuer für Personengesellschaften und Einzelunternehmen festgehalten werden soll. Eine weitere Nebenbedingung ist, dass sich Personenunternehmen unter der Dualen Einkommensteuer gegenüber der geltenden Einkommensbesteuerung nicht verschlechtern. Schließlich sollen die mit der Steuerreform einhergehenden Mindereinnahmen begrenzt werden.

61. Bei Beibehaltung der geltenden **Gewerbesteuer** lassen sich die Ziele einer Unternehmenssteuerreform nicht erreichen. Die Gewerbesteuer sollte abgeschafft werden. Als Ersatz bietet sich das von der Stiftung Marktwirtschaft vorgelegte Konzept für die Kommunalfinanzen an. Die vom Sachverständigenrat vorgeschlagene Duale Einkommensteuer lässt sich allerdings auch bei Beibehaltung der Gewerbesteuer erreichen, wenngleich mit Abstrichen beim Ausmaß der Zielerreichung, insbesondere beim Ziel der Finanzierungsneutralität.

Im Konzept des Sachverständigenrates werden alle als Kapitaleinkünfte eingestuften Einkommen mit einem einheitlichen Steuersatz von 25 vH belastet. Der Körperschaftsteuersatz beträgt ebenfalls 25 vH. Kapitaleinkommen und Gewinne von Kapitalgesellschaften werden also einheitlich mit 25 vH besteuert. Der Solidaritätszuschlag von 5,5 vH ist in diesem Steuersatz ebenso enthalten wie die Belastungen aus einer Kommunalsteuer.

Konkret gilt für die Besteuerung von **Kapitalgesellschaften** und ihrer **Gesellschafter**: Einbehaltene Gewinne unterliegen einer tariflichen Steuerbelastung von 25 vH. Bei der Besteuerung von Ausschüttungen wird zwischen „Normalgewinnen" und „Übergewinnen" unterschieden. Normalgewinne werden über eine „Normalverzinsung" des eingesetzten Kapitals ermittelt, die sich am risikolosen Zins orientieren sollte, mit einem Zuschlag für die eingeschränkten Verlustverrechnungsmöglichkeiten. In Anlehnung an den steuerlichen Rechnungszins kann diese Normalrendite auf einen Wert von 6 % fixiert werden. Die darüber hinaus gehenden Gewinne zählen zu den Übergewinnen. Diese beruhen auf nicht anderweitig entgoltenen Arbeitsleistungen der Unternehmer oder auf ökonomischen Renten. Als Normalgewinne klassifizierte Ausschüttungen sind beim Anteilseigner steuerfrei; es bleibt also bei der steuerlichen Vorbelastung mit 25 vH. Übergewinne unterliegen bei Ausschüttung hingegen einer zusätzlichen Besteuerung von 25 vH. Sie werden damit insgesamt mit 43,75 vH besteuert $[0{,}25 + 0{,}25\,(1 - 0{,}25) = 0{,}4375]$. Dies entspricht in etwa dem geltenden Spitzensatz der Einkommensteuer, der einschließlich Solidaritätszuschlag 44,31 vH beträgt [0,4431 = 0,42 (1 + 0,055)]. Die annähernde Übereinstimmung des Spitzensatzes der Einkommensteuer und der Belastung von ausgeschütteten Übergewinnen begrenzt die Anreize, Arbeitseinkommen der Gesellschafter durch Vereinbarung niedriger Geschäftsführervergütungen auf die Gesellschaft zu übertragen. Veräußerungsgewinne unterliegen grundsätzlich der Besteuerung und werden analog zu Ausschüttungen behandelt. Die geltende Freistellung der Gewinne aus der Veräußerung von Beteiligungen an Kapitalgesellschaften, die unter 1 vH liegen und nicht als Spekulationsgewinne einzustufen sind, wird aufgehoben.

Fremdkapitalzinsen werden ebenfalls mit 25 vH besteuert. Die Besteuerung der Übergewinne bei Ausschüttungen und Veräußerungsgewinnen mit 25 vH kann wie die von Fremdkapitalzinsen in Form einer Abgeltungssteuer erfolgen, gegebenenfalls gekoppelt mit einem Veranlagungswahlrecht.

Im Hinblick auf die Besteuerung von **Personenunternehmen** wird im Modell des Sachverständigenrates am Grundsatz einer transparenten Besteuerung festgehalten. Allerdings wird auch in Personenunternehmen Kapital eingesetzt, dessen Erträge dem Niedrigsteuersatz unterworfen werden sollen. Deshalb ist aus dem Gesamteinkommen eines Einzel- oder Mitunternehmers der Normalgewinn herauszurechnen und innerhalb der Tarifstruktur der Einkommensteuer mit dem pauschalen Kapitaleinkommensteuersatz von 25 vH zu belasten. Dies kann durch eine einfache Erweiterung des geltenden Einkommensteuertarifs um einen Proportionalbereich erreicht werden. In Bezug auf die Besteuerung des Normalgewinns wird also Rechtsformneutralität der Besteuerung hergestellt.

62. Das am 22. September 2005 von der Kommission „Steuergesetzbuch" der Stiftung Marktwirtschaft vorgestellte Modell einer **Allgemeinen Unternehmenssteuer** ist ebenfalls ein Schedulensteuerkonzept und damit auch eine duale Einkommensteuer. Konzeptionell wird dabei zwischen einer Besteuerung der Unternehmen und einer Besteuerung der Unternehmer unterschieden, während das Modell des Sachverständigenrates eine unterschiedliche Besteuerung von in bestimmter Weise definierten Kapitaleinkünften und den übrigen Einkünften vorsieht.

Aus ökonomischer Sicht ist die Duale Einkommensteuer dem Konzept der Stiftung Marktwirtschaft in einer Reihe von Punkten überlegen:

− Die Duale Einkommensteuer des Sachverständigenrates kommt mit deutlich weniger Eingriffen in das geltende Steuerrecht aus als das Modell der Stiftung Marktwirtschaft, die mit der Allgemeinen Unternehmenssteuer eine neue Steuerart einführt.

− Bei Kapitalgesellschaften kommt das Modell der Stiftung Marktwirtschaft zu einer einheitlichen Begünstigung des gesamten Unternehmensgewinns, während das Modell des Sachverständigenrates „nur" zu einer gezielten Begünstigung von Gewinnen in Höhe der Eigenkapitalverzinsung führt.

– Die Duale Einkommensteuer schafft weitgehende Finanzierungsneutralität und wirkt damit der Steuergestaltung entgegen. Über die Begünstigung von Gewinnen in Höhe der Eigenkapitalverzinsung hinaus wird auf Rechtsformneutralität verzichtet; für Personenunternehmen kann es bei den bewährten Rahmenbedingungen bleiben. Das Modell der Stiftung Marktwirtschaft schafft eine weitergehende Rechtsformneutralität, muss aber dafür die Besteuerung der Personenunternehmen komplett neu regeln. Zudem wird keine Finanzierungsneutralität gewährleistet; sämtliche daraus resultierenden Verwerfungen sowie Abgrenzungs- und Erhebungsschwierigkeiten der derzeitigen Besteuerung werden damit weiterhin in Kauf genommen.

– Eine Abgeltungssteuer auf Zinsen, Dividenden und Veräußerungsgewinne (Aktienkursgewinne) lässt sich mit dem Modell des Sachverständigenrates leichter vereinbaren als mit dem der Stiftung Marktwirtschaft.

– Die Gewerbesteuer sollte abgeschafft werden; eine Reform der Unternehmenssteuern darf aber an diesem Punkt nicht scheitern. Mit dem Modell des Sachverständigenrates ist eine Beibehaltung der Gewerbesteuer eher vereinbar als mit dem Vorschlag der Stiftung Marktwirtschaft.

63. Im Januar 2006 wird der Sachverständigenrat zusammen mit Steuerexperten des Max-Planck-Instituts für Geistiges Eigentum, Wettbewerbs- und Steuerrecht, München, und dem Zentrum für Europäische Wirtschaftsforschung (ZEW), Mannheim, eine im Auftrag der Bundesminister Clement und Eichel erarbeitete **Studie zur Dualen Einkommensteuer** vorlegen. Sie wird ausführliche Berechnungen zu den investitionsrelevanten Kapitalkosten sowie ausformulierte Vorschläge für die zu ändernden Paragraphen des Einkommensteuergesetzes beinhalten.

Erbschaftsteuer

64. Auf dem Job-Gipfel im März 2005 haben die Bundesregierung und die CDU/CSU auch eine Neuregelung der Besteuerung von Erbschaften und Schenkungen bei der Übertragung von unternehmerischen Vermögen beschlossen. Dazu haben die Bundesregierung und die CDU/CSU-Bundestagsfraktion jeweils einen „Entwurf eines Gesetzes zur Sicherung der Unternehmensnachfolge" vorgelegt. Wegen der vorgezogenen Bundestagswahlen wurden die Gesetzesvorhaben nicht abgeschlossen. Es ist davon auszugehen, dass die sich abzeichnende große Koalition das Gesetzgebungsverfahren zur Reform der Erbschaftsteuer in dieser Legislaturperiode einleiten wird.

Der Sachverständigenrat hält die vorgeschlagene Reform der Erbschaftsteuer für nicht zielführend. Sie trägt nicht oder nur sehr begrenzt zur Sicherung und Erhaltung von Arbeitsplätzen bei; auch unter Standortaspekten ist die Reform der Erbschaftsbesteuerung nicht vordringlich; eine weitere Begünstigung des Betriebsvermögens gegenüber anderen Vermögensanlagen ist nicht zu rechtfertigen; kleinere und mittlere Unternehmen würden sich entgegen der Intention der Gesetzentwürfe in vielen Fällen gegenüber den geltenden erbschaftsteuerlichen Regelungen verschlechtern; die in den Entwürfen vorgesehene Abgrenzung zwischen produktivem und nicht produktivem Vermögen ist ökonomisch wenig sinnvoll und lädt zu Gestaltungen ein; die wertmäßige Begrenzung für begünstigtes Betriebsvermögen ist willkürlich und weist keinerlei Bezug zum Mittelstand auf; die geplante unterschiedliche erbschaftsteuerliche Behandlung von Kapitalgesellschaftsanteilen je nach Beteiligungsgrad ist ebenfalls willkürlich und kaum mit dem verfassungsrechtlichen Gleichheitssatz des Artikel 3 Absatz 1 Grundgesetz vereinbar; die Reform steht in krassem Widerspruch zum Ziel einer Steuervereinfachung. Für unnötige Steuersenkungen ist angesichts der desolaten Lage der öffentlichen Haushalte kein Platz.

Die Reform der Erbschaftsbesteuerung sollte zurückgestellt und in eine vordringlich vorzunehmende Neuordnung der Kapitaleinkommensbesteuerung eingebunden werden. Dann könnte auch die noch ausstehende Entscheidung des Bundesverfassungsgerichtes über einen möglichen Verstoß des Erbschaft- und Schenkungsteuergesetzes gegen den Gleichheitssatz nach Artikel 3 Absatz 1 Grundgesetz berücksichtigt werden.

5. Effizienz der Finanz- und Kreditmärkte stärken

65. Effiziente Kapital- und Kreditmärkte sind wichtige **Wachstumstreiber**: Sie mobilisieren Risikokapital, verbessern die Finanzierungsbedingungen der Unternehmen, sorgen für die Verbreitung neuer Technologien und tragen dadurch zur wirtschaftlichen Dynamik bei; insofern sind sie eine Voraussetzung für und nicht etwa nur eine Folge von Wirtschaftswachstum. Aus diesem Grund sind die Förderung und Modernisierung der Finanzmärkte sowohl auf nationaler wie auch auf europäischer Ebene eine zentrale wirtschaftspolitische Aufgabe. Hinzu kommt, dass die Finanzmärkte eine sehr dynamische Entwicklung durchlaufen, die durch eine weltweite Integration, zunehmenden Wettbewerb sowie neue Instrumente und Akteure gekennzeichnet ist und die die Konkurrenz unter Finanzplätzen deutlich verschärft.

66. Das deutsche Finanzsystem befindet sich in einem grundlegenden und irreversiblen Wandel hin zu einer **stärkeren Marktorientierung**. Diese zeigt sich in der zunehmenden Nutzung kapitalmarktbasierter Finanzierungsinstrumente, dem Wachstum des Markts für Beteiligungskapital, in der zunehmenden Bedeutung institutioneller Investoren und in dem steigenden Gewicht, das die „gute Kontrolle, Führung und Transparenz eines Unternehmens" erhält (Corporate Governance). Diese Entwicklungen sind auch für Unternehmen ohne direkten Zugang zum Kapitalmarkt relevant. In den vergangen Jahren haben Banken begonnen, das Ausfallrisiko verstärkt über Kreditderivate oder -verbriefungen am Kapitalmarkt zu platzieren, so dass auch aus diesem Grund zu erwarten ist, dass die Kreditkonditionen vermehrt durch Marktentwicklungen beeinflusst werden.

Insgesamt eröffnet diese Entwicklung Chancen für eine Effizienzsteigerung des deutschen Finanzsystems. Bankbasierte oder präziser beziehungsbasierte Systeme haben zwar den Vorteil, dass sie über die ihnen eigenen langfristigen Beziehungen zwischen Kreditgeber und Kreditnehmer Informations- und Kontrollprobleme überwinden und so unternehmensspezifische Schocks gut versichern können. Die Konzentration der Information auf die Finanzintermediäre verringert indes die Liquidität der Finanzmärkte, den Informationsgehalt der Marktpreise und den Wettbewerb zwischen Kreditgebern. Zudem sind marktbasierte Systeme besser in der Lage, neue Unternehmen und Technologien zu finanzieren, während die Anpassungsfähigkeit in bankbasierten Systemen oftmals durch die engen Verflechtungen der Unternehmen untereinander oder mit der Politik eingeschränkt wird.

67. Die in diesem Jahr geführten Debatten haben gezeigt, dass die mit dem Wandel einhergehenden Herausforderungen auch als Bedrohung empfunden werden. Die Befürchtungen richten sich zum einen auf die steigende Bedeutung von Finanzinvestoren und den Einfluss, den diese auf die Unternehmen ausüben, an denen sie sich beteiligen. Zum anderen gibt es anhaltende Klagen mittelständischer Unternehmen, dass sich vor dem Hintergrund der geänderten Geschäftspolitik der Banken und dem Bedeutungsverlust der Hausbankbeziehung der Zugang zu Finanzierungsmitteln in den letzten Jahren deutlich verschlechtert habe.

68. In der Diskussion um **Finanzinvestoren und Hedge-Fonds** fällt auf, dass viele der genannten Argumente deutlich zu kurz greifen oder immer wieder verschiedene Risiken vermischt werden. Zunächst ist festzuhalten, dass Hedge-Fonds und Private Equity-Gesellschaften zur Effizienz der Finanzmärkte beitragen: Sie unterstützen den Preisbildungsprozess, erhöhen die Diversifikationsmöglichkeiten der Anleger, sind in der Lage, höhere Risiken von anderen Marktteilnehmern zu übernehmen, und sie eröffnen, im Falle von Private Equity, neue Finanzierungsmöglichkeiten für Unternehmen. Mit Blick auf die Risiken können drei Arten unterschieden werden: Risiken für Anleger in Hedge-Fonds, Risiken für Unternehmen, in die Hedge-Fonds und Private Equity-Gesellschaften investieren, sowie Risiken für das internationale Finanzsystem (Kreditrisiko und Liquiditätsrisiko). Im Vordergrund der Debatte in diesem Jahr standen die Risiken für Unternehmen, über die kurzfristig orientierte Finanzinvestoren – Heuschrecken gleich – herfielen, sie abgrasten und dann weiterzögen. Diese einfache Argumentationslinie ist ökonomisch nicht begründet, da sie unterstellt, dass Investoren systematisch den Wert des Unternehmens zerstören, ihre Beteiligung dann aber gleichwohl mit Gewinn veräußern können. Aus dem gleichen Grund ist auch die Kritik an dem Einfluss, den Finanzinvestoren auf die Unternehmensleitung ausüben, weitgehend verfehlt. Denn der Investor wird vor allem dann eine aktivere Rolle im Unternehmen einnehmen, wenn sie der Wertsteigerung der Beteiligung dient. Ferner wird oftmals befürchtet, dass Finanzinvestoren den Gewinn auf Kosten von Arbeitsplätzen steigern würden. Ein Zielkonflikt zwischen der Erwirtschaftung einer hohen Rendite und einem hohen Beschäftigungsstand kann zwar kurzfristig bestehen; langfristig sind aber nur profitable Unternehmen in der Lage, einen hohen Beschäftigungsstand zu halten oder diesen sogar auszubauen. Insgesamt gehen von den Aktivitäten sowohl der Hedge-Fonds als auch der Private Equity-Gesellschaften keine wesentlichen Risiken für Unternehmen und Anleger aus. Auf der nationalen Ebene besteht somit weder im Hinblick auf einen stärkeren Anlegerschutz noch einen Schutz der Unternehmen ein bedeutender Handlungsbedarf. Vorschläge wie die Beschränkung von Stimmrechten kurzfristig orientierter Anleger, von Leerverkäufen und der Wertpapierleihe sind abzulehnen.

69. Erhöhte Aufmerksamkeit erfordert hingegen die mit den Aktivitäten von Hedge-Fonds verbundene mögliche **Gefährdung der internationalen Finanzmarktstabilität**. Sie ergibt sich daraus, dass aufgrund der großen, in erheblichem Umfang kreditfinanzierten Transaktionsvolumina von Hedge-Fonds im Falle eines Ausfalls, wie er beispielsweise beim Zusammenbruch des Hedge-Fonds LTCM im Jahr 1998 auftrat, andere Marktteilnehmer in erheblichem Umfang in Mitleidenschaft gezogen werden können. International abgestimmte Regulierungsmaßnahmen, die auf eine Erhöhung der Transparenz über die Positionen von Hedge-Fonds und damit auf eine Verbesserung der Risikoeinschätzung der Gegenparteien abzielen, könnten zu einer Minderung dieses Risikos beitragen. Sinnvoll und umsetzbar erscheinen die Vorschläge, die eine Intensivierung des Informationsaustauschs zwischen den Marktteilnehmern auf freiwilliger Basis vorsehen. Von nationalen Alleingängen sollte allerdings bei der Regulierung von Hedge-Fonds abgesehen werden. Diese

wären bestenfalls wirkungslos und bergen die Gefahr einer Schwächung des Finanzplatzes als Folge einer Abwanderung dieser Finanzmarktakteure an andere Finanzplätze.

70. Für die **mittelständischen Unternehmen** haben das sich wandelnde Finanzierungsumfeld und die damit verbundene geänderte Geschäftspolitik der Banken gerade im Hinblick auf die traditionell bedeutsame Bankkreditfinanzierung tatsächlich zu einer Verschlechterung der Finanzierungsbedingungen geführt. Vor dem Hintergrund steigender Anforderungen an die durch die Unternehmen bereitzustellenden Sicherheiten hat sich die traditionell schwache Eigenkapitalausstattung zunehmend zur Achillesferse vieler Mittelständler entwickelt. Dies gilt insbesondere für kleinere mittelständische Unternehmen. Die Politik kann zur Überwindung dieses Problems allerdings nur einen begrenzten Beitrag leisten. Neben der Verbesserung der allgemeinen Rahmenbedingungen zur Erhöhung des Wachstums und damit der Gewinnthesaurierungsmöglichkeiten dieser Unternehmen sollte sich eine gezielte, marktkonforme Förderung vor allem auf eine Verbesserung der Zugangsmöglichkeiten zu Beteiligungskapital konzentrieren. Darüber hinaus bestand die Sorge, dass im Zuge der zu erwartenden fortschreitenden Bankenkonsolidierung eine weitere Verschärfung der Finanzierungsprobleme mittelständischer Unternehmen drohen könnte. Diese ist jedoch insofern zu relativieren, als weder internationale Erfahrungen noch erste empirische Ergebnisse für Deutschland belegen, dass sich die Finanzierungsbedingungen kleinerer Unternehmen zwangsläufig mit zunehmender Größe der kreditgebenden Banken verschlechtern müssen. Vielmehr deuten die Ergebnisse für Deutschland darauf hin, dass die Kreditinstitute unabhängig von ihrer Größe und Säulenzugehörigkeit ähnliche quantitative Kriterien bei der Kreditvergabe anwenden.

71. Grundsätzlich ist der **Förderung des Finanzplatzes** weiterhin eine hohe Bedeutung beizumessen. Angesichts der immer rascher voranschreitenden Entwicklung und zunehmenden internationalen Verzahnung dieser Märkte muss die Politik weiterhin die Marktentwicklungen einer ständigen Beobachtung unterziehen, um angemessen und flexibel reagieren zu können und neue Chancen zu nutzen. Die Einführung von Real Estate Investment Trusts (REITs), einer den bisher in Deutschland vorherrschenden Immobilienfonds überlegenen Form der Beteiligung an Immobilienvermögen, wäre hierfür ein gutes Beispiel, wenn es gelänge, die derzeit noch offenen steuerrechtlichen Probleme zufriedenstellend zu lösen.

6. Haushaltskonsolidierung: langfristig planen, kurzfristig handeln

72. Vorrangige Aufgabe einer Haushaltskonsolidierung ist es, die Tragfähigkeit der öffentlichen Finanzen sicherzustellen, das heißt, eine bestehende Tragfähigkeitslücke zu beseitigen. Denn diese beeinträchtigt die langfristigen Wachstumschancen einer Volkswirtschaft und bedingt eine Belastung zukünftiger Generationen. Ermitteln lässt sich diese Lücke über eine Projektion der zukünftigen staatlichen Einnahme- und Ausgabenentwicklungen, die sich bei Fortschreibung der in einem bestimmten Basisjahr geltenden Rechtslage unter Berücksichtigung bereits beschlossener finanz- und sozialpolitischer Maßnahmen ergeben würden. Die Finanzpolitik ist dann tragfähig, wenn der Gegenwartswert der zukünftigen Primärsalden in den öffentlichen Haushalten dem aktuellen Schuldenstand entspricht. Der Primärsaldo eines Haushalts ist die Differenz zwischen den laufenden Einnahmen abzüglich der Ausgaben ohne den auf die Staatsschuld zu leistenden Zinsendienst. Derzeit sind die öffentlichen Haushalte nicht tragfähig. Es existiert eine **Tragfähig-**

keitslücke, die – bedingt durch die impliziten Staatsschulden in der Beamtenversorgung und den umlagefinanzierten Systemen der Sozialen Sicherung – erheblich höher ist als der explizite staatliche Schuldenstand. Die sich bei Fortschreibung der geltenden Rechtslage und unter Berücksichtigung bereits beschlossener finanz- und sozialpolitischer Maßnahmen ergebenden zukünftigen Primärsalden reichen bei Weitem nicht aus, um die Verbindlichkeiten aus der staatlichen Gesamtverschuldung zu decken. Um die Tragfähigkeitslücke zu schließen, wäre bei gleichmäßiger Verteilung über die Zeit Jahr für Jahr ein Konsolidierungsvolumen in Höhe von mindestens 1,2 vH in Relation zum nominalen Bruttoinlandsprodukt erforderlich. Allein im Jahr 2006 wären dies über 25 Mrd Euro. Dies ist eine Schätzung, der optimistische Annahmen zugrunde liegen.

Eine positive Tragfähigkeitslücke zeigt einen unabweisbaren finanz- und sozialpolitischen Handlungsbedarf an. Die Politik kann sich also nicht aussuchen, ob sie eine Tragfähigkeitslücke über eine Konsolidierung der öffentlichen Haushalte beseitigt. Sie muss es tun, da die intertemporale staatliche Budgetgleichung einzuhalten ist. Sie kann allerdings wählen, mit welchen Maßnahmen – Ausgabenkürzungen oder Einnahmeerhöhungen – sie die Tragfähigkeitslücke schließt und wie sie die Konsolidierungsmaßnahmen über die Zeit verteilt.

73. Die zeitliche Verteilung der erforderlichen Konsolidierungsmaßnahmen hängt von intergenerativen aber auch interpersonellen Gerechtigkeitsurteilen ab, über die letztlich politisch entschieden werden muss. Je weiter die Konsolidierung der öffentlichen Haushalte in die Zukunft verschoben wird, desto größer ist der zukünftige Anpassungsbedarf. Maßnahmen zum Abbau der Tragfähigkeitslücke sollten auch die konjunkturelle Lage berücksichtigen. In konjunkturellen Schwächephasen ist eine gewisse Zurückhaltung bei der Konsolidierung der öffentlichen Finanzen ratsam. Zu beachten sind schließlich gesetzliche und vertragliche Verschuldungsbegrenzungen, die sich einmal aus Artikel 115 Grundgesetz, zum anderen aus dem Europäischen Stabilitäts- und Wachstumspakt ergeben.

Für den Abbau und die Schließung der Tragfähigkeitslücke kommen grundsätzlich Ausgabenkürzungen, Abgabenerhöhungen oder eine Kombination beider Maßnahmen in Frage. Wachstums- und Beschäftigungsaspekte sprechen dafür, vorzugsweise die staatlichen Ausgaben zu reduzieren. Zudem sollte der Abbau von Steuervergünstigungen vorrangig zur Haushaltskonsolidierung eingesetzt werden. Von einer Erhöhung des regulären Umsatzsteuersatzes zu Zwecken der Haushaltskonsolidierung ist dringend abzuraten. Diese Maßnahme sollte nur im Zusammenhang mit einer grundlegenden Reform der Unternehmensbesteuerung oder einem Systemwechsel und einer Umfinanzierung der Systeme der Sozialen Sicherung in Erwägung gezogen werden.

74. Die Bundesregierung hat in der letzten Legislaturperiode durchaus Schritte unternommen, um die Tragfähigkeitslücke zu reduzieren. Zu nennen sind insbesondere das RV-Nachhaltigkeitsgesetz (JG 2004 Ziffern 314 ff.), das GKV-Modernisierungsgesetz (JG 2004 Ziffern 330 ff.) sowie ein begrenzter Abbau von Steuervergünstigungen (JG 2004 Kasten 17). Weitergehende Vorschläge der Bundesregierung zur Verringerung von Steuervergünstigungen und Subventionen wurden regelmäßig von der Mehrheit des Bundesrats blockiert. So richtig und wichtig diese Maßnahmen auch waren, sie reichen nicht aus, um die langfristigen Ziele einer Haushaltskonsolidierung – die Schließung der Tragfähigkeitslücke – zu erreichen und die Verschuldungsgrenzen des Europäischen Stabilitäts- und Wachstumspakts einzuhalten.

75. Der Sachverständigenrat hat wiederholt auf **langfristig** wirksame Maßnahmen zur Schließung der Tragfähigkeitslücke hingewiesen. Dazu gehören vor allem

− die Heraufsetzung der gesetzlichen Regelaltersgrenze bei der Gesetzlichen Rentenversicherung von derzeit 65 Jahren auf 67 Jahre, beginnend ab dem Jahr 2011 um jährlich einen Monat bis zum Jahr 2035 (JG 2001 Ziffer 260; JG 2002 Ziffer 371; JG 2003 Ziffer 453);

− ein Ausstieg aus dem Umlageverfahren und der Übergang zu einem kapitalgedeckten Kohortenmodell im Bereich der Pflegeversicherung (JG 2004 Ziffern 546 ff.).

In Ergänzung dazu wird in diesem Jahresgutachten auf die Notwendigkeit einer wirkungsgleichen Übertragung der im Bereich der gesetzlichen Rente beschlossenen Leistungseinschränkungen auf die Beamtenversorgung hingewiesen, wie sie im **Versorgungsnachhaltigkeitsgesetz** vorgesehen war. Mit diesem Gesetz sollten der Höchstruhegehaltssatz von aktuell 73,8 vH in den nächsten 25 Jahren bis auf 66½ vH abgesenkt und parallel dazu eine Versorgungsrücklage aufgebaut werden. Es wurde vor der Bundestagswahl zurückgezogen, nachdem der Bundesrat eine Ablehnung signalisiert hatte. Die neue Bundesregierung sollte das Gesetzgebungsverfahren für das Versorgungsnachhaltigkeitsgesetz möglichst bald einleiten. Dies ist nicht nur im Hinblick auf eine Gleichbehandlung von Rentnern und Versorgungsempfängern geboten, dieses Gesetz stellt auch einen wichtigen Schritt auf dem Weg zur langfristigen Sicherstellung tragfähiger öffentlicher Haushalte dar.

76. Einen **mittelfristig** wirksamen Beitrag zur Konsolidierung der öffentlichen Haushalte könnte eine entschlossene **Bekämpfung der Steuerhinterziehung im Bereich der Umsatzbesteuerung** leisten. Die Aufkommensausfälle aus Umsatzsteuerbetrug werden allein in Deutschland auf jährlich zwischen 15 Mrd Euro und 20 Mrd Euro geschätzt. Der Hinterziehungsbetrag resultiert aus Betrugsformen wie Vorsteuer-, Ketten- oder Karussellbetrug; hinzu kommen Steuerausfälle, die infolge der Zahlungsunfähigkeit von Unternehmen entstehen oder auf Hinterziehung durch Schwarzarbeit und unversteuerten Letztverbrauch zurückzuführen sind.

Die systembedingten Betrügereien und Steuerausfälle durch das Vorsteuerabzugsverfahren bei Leistungsbeziehungen zwischen Unternehmen können am zuverlässigsten durch steuertechnische Änderungen bei der Umsatzbesteuerung verhindert werden. In diesem Zusammenhang sind zwei Modelle zur Bekämpfung des Umsatzsteuerbetrugs entwickelt und zwischenzeitlich durch Planspiele geprüft worden: die partielle Umstellung des Umsatzsteuersystems durch Verlagerung der Steuerschuld auf den Leistungsempfänger (Reverse-Charge-Modell) und die Einführung eines „Cross-check" genannten umfangreichen Kontrollsystems bei gleichzeitigem Übergang zu einer Besteuerung nach vereinnahmten Entgelten sowohl auf der Leistungseingangs- als auch auf der Leistungsausgangsseite (generelle Ist-Versteuerung mit Cross-Check).

Das Reverse-Charge-Modell ist der generellen Ist-Versteuerung mit Cross-Check vorzuziehen. Es würde sowohl die derzeit bestehenden Betrugsmöglichkeiten beim Vorsteuerabzug als auch die Steuerausfälle bei Insolvenzen deutlich reduzieren und damit zu einer signifikanten Steigerung des kassenwirksamen Umsatzsteueraufkommens führen. Schon im ersten Jahr der Umstellung kann mit mehr als 4 Mrd Euro zusätzlichem Umsatzsteueraufkommen gerechnet werden.

Die Einführung des Reverse-Charge-Modells ist nicht im nationalen Alleingang möglich. Sie bedarf entweder einer Änderung der 6. EG-Richtlinie oder zumindest einer Ausnahmeermächtigung durch den Ecofin-Rat auf Vorschlag der Europäischen-Kommission. Die Bundesregierung sollte alles daran setzen, möglichst bald einen Systemwechsel bei der Umsatzbesteuerung herbeizuführen. Eine Bekämpfung des Umsatzsteuerbetrugs ist für sich genommen, insbesondere aber auch als Beitrag zur Haushaltskonsolidierung, dringend erforderlich.

77. Neben den lang- und mittelfristigen Maßnahmen zur Beseitigung der Tragfähigkeitslücke sind auch **kurzfristige** Konsolidierungsbemühungen erforderlich. Nach der Prognose des Sachverständigenrates wird die Defizitquote im Jahr 2006 bei 3,3 vH liegen. Um schon im kommenden Jahr den Stabilitäts- und Wachstumspakt einzuhalten, reichen Einsparungen von rund 6 Mrd Euro aus. Dieses Einsparziel sollte erreichbar sein. Die konjunkturelle Situation spricht jedenfalls nicht gegen ein solches, eher bescheidenes Konsolidierungsprogramm. Die Zuwachsrate des Bruttoinlandsprodukts wird mit 1,0 vH im kommenden Jahr in etwa mit der Potentialwachstumsrate übereinstimmen. Zwar bleibt die Output-Lücke leicht negativ, so dass schärfere Konsolidierungsmaßnahmen tendenziell prozyklisch wirken würden. Bei einem Konsolidierungsvolumen von etwa 6 Mrd Euro kann davon aber noch keine Rede sein. Eher könnte die Bundesregierung verloren gegangenes Vertrauen bei Verbrauchern und Investoren zurück gewinnen, wenn sie ein klares und glaubwürdiges Signal in Richtung Haushaltskonsolidierung setzen würde.

78. Die Politik sollte schon im Jahr 2006 den Beweis ihres Konsolidierungswillens erbringen und signalisieren, dass sie auch den reformierten Stabilitäts- und Wachstumspakt ernst nimmt. Der dazu erforderliche Betrag von 6 Mrd Euro ließe sich im Kassenjahr 2006 allein durch einen kriteriengeleiteten Abbau von Steuervergünstigungen im Bereich der Umsatzsteuer und der Einkommensteuer sowie durch die Abschaffung der Eigenheimzulage für Neufälle erzielen (Tabelle 4). Dazu wären allerdings rasche **Kabinettsbeschlüsse** und eine Änderung der betreffenden Gesetze erforderlich, damit die Mehreinnahmen schon im Jahr 2006 anfallen. Bei einigen Kürzungen, etwa der Steuerfreiheit der Zuschläge für Sonntags-, Feiertags- oder Nachtarbeit oder dem Sparerfreibetrag, ist schrittweise vorzugehen, damit sich die Betroffenen darauf einstellen können. Der Abbau der Steuervergünstigungen im Bereich der Einkommensteuer wurde zum überwiegenden Teil im Jahresgutachten 2003/04 begründet. Zusätzlich angeführt sind Maßnahmen zur Einschließung von Verlusten durch einen neuen § 15b EStG, die im Zusammenhang mit Steuerstundungsmodellen (Medien- oder Filmfonds) entstehen.

Statt oder zusätzlich zum Abbau von Steuervergünstigungen im Bereich der Umsatz- und Einkommensteuer könnten Kürzungen der Finanzhilfen bei Bund, Ländern und Gemeinden in Betracht gezogen werden. Da die ostdeutschen Länder bis auf den Freistaat Sachsen auch im letzten Jahr wieder massiv Solidarpaktmittel entgegen ihres eigentlichen Verwendungszwecks eingesetzt haben, kann auch an eine Kürzung der Korb-II-Mittel gedacht werden, wie dies der Sachverständigenrat vorgeschlagen hatte (JG 2004 Ziffern 646 ff.). Ansatzpunkte auch für eine kurzfristige Haushaltskonsolidierung gibt es genügend.

79. Oft wird mit dem Hinweis auf eine leichtere politische Durchsetzbarkeit gefordert, alle Subventionen, das heißt alle Finanzhilfen und Steuervergünstigungen, um den gleichen Prozentsatz

nach der „**Rasenmäher-Methode**" zu kürzen. Aus ökonomischer Sicht ist ein solches Vorgehen mehr als unbefriedigend. Subventionen sind nicht von vornherein „schlecht" und deshalb abzulehnen. Sofern Subventionen etwa eine Internalisierung positiver externer Effekte bewirken – wie etwa die Förderung der Grundlagenforschung –, sind sie tendenziell wohlfahrtserhöhend und beizubehalten. Ökonomisch richtig ist deshalb eine selektive, das heißt zielgerichtete und kriteriengeleitete Überprüfung aller Subventionstatbestände.

Tabelle 4

Beispiele für kurzfristige Konsolidierungsmaßnahmen: Mehreinnahmen im Jahr 2006

Mio Euro

Maßnahmen	Bezug	Mehreinnahmen 2006
Umsatzsteuer		
Besteuerung mit dem Regelsatz von 16 vH ab 01.01.2006:		
(1) Gartenbauliche Erzeugnisse	§ 12 Abs. 2 Nr. 1 und 2 UStG; Anlage 2 Nr. 6 bis 9	315
(2) Druckerzeugnisse	§ 12 Abs. 2 Nr. 1 und 2 UStG; Anlage 2 Nr. 49	2 000
(3) Tieraufzucht und -haltung	§ 12 Abs. 2 Nr. 3 UStG	.
(4) Leistungen der Zahntechniker	§ 12 Abs. 2 Nr. 6 UStG	320
(5) Personenbeförderung im Nahverkehr	§ 12 Abs. 2 Nr. 10b UStG	650
Aufhebung der Steuerbefreiung; Besteuerung mit dem Regelsatz von 16 vH ab 01.01.2006:		
(6) Grenzüberschreitende Personenbeförderung im Luftverkehr	§ 26 Abs. 3 UStG	100
Eigenheimzulage:		
(7) Abschaffung für Neuanträge ab 01.01.2006	Eigenheimzulagengesetz	223
Mineralölsteuer:		
(8) Abschaffung der Agrardieselverbilligung ab 01.01.2006	§ 25b MinöStG	135
Einkommensteuer:		
(9) Einschließung der Verluste, die im Zusammenhang mit Steuerstundungsmodellen entstehen	neuer § 15b EStG	2 500
(10) Abschaffung der Steuerbefreiung der Übungsleiterpauschale	§ 3 Nr. 26 EStG	600
(11) Abschmelzung der Steuerfreiheit der Zuschläge für Sonntags-, Feiertags- oder Nachtarbeit (Mehreinnahmen bei vollständiger Abschaffung: 1,8 Mrd Euro)	§ 3b EStG	400
(12) Begrenzung der Abzugsfähigkeit von Bewirtungsaufwand auf 50 vH	§ 4 Abs. 5 Nr. 2 EStG	25
(13) Tonnagebesteuerung	§ 5a EStG	8
(14) Reduzierung der Entfernungspauschale auf 0,25 Euro je Entfernungskilometer und Kürzung des Arbeitnehmerpauschbetrags auf 750 Euro	§ 9 Abs. 1 Nr. 4 EStG § 9a Nr. 1 EStG	820
(15) Reduzierung des Sparer-Freibetrags auf 1 000 Euro	§ 20 Abs. 4 EStG	360
Summe der Mehreinnahmen		**8 456**

Quelle: Eigene Schätzung auf Grundlage von Angaben des BMF

Der damit verbundene diskretionäre Entscheidungsspielraum eröffnet aber auch die Möglichkeit, dass es zu unsachgemäßen und wahltaktischen Entscheidungen kommt, die einzelne Wählergruppen begünstigen. Die Tabuisierung der Steuerfreiheit von Zuschlägen für Sonntags-, Feiertags- oder Nachtarbeit in den laufenden Verhandlungen zur Bildung einer großen Koalition belegt dies mehr als deutlich. So gesehen gewinnt die Rasenmäher-Methode dann doch wieder eine gewisse Attraktivität. Zwar kann sie in einzelnen Bereichen zu ökonomisch bedenklichen Effekten führen, aber sie eröffnet zumindest die Chance, dass es überhaupt zu einem umfassenden Subventionsabbau und einer Haushaltskonsolidierung kommt. Wenn also eine an ökonomischen Kriterien ausgerichtete Haushaltskonsolidierung nicht gelingt, sollte dann doch die eigentlich schlechtere Rasenmäher-Methode angewendet werden. Die Ministerpräsidenten Koch und Steinbrück haben dazu einen Vorschlag vorgelegt. Als Verfasser der Studie „Subventionsabbau im Konsens" haben sie nun im Rahmen einer sich abzeichnenden großen Koalition als Bundesfinanzminister einerseits, Ministerpräsident andererseits die besten Voraussetzungen, ihre eigenen Vorschläge umzusetzen.

Zweites Kapitel

Die wirtschaftliche Lage in der Welt und in Deutschland

I. Weltwirtschaft: Robuste Entwicklung bei erhöhten Risiken
II. Konjunktur in Deutschland bleibt labil
III. Die voraussichtliche Entwicklung im Jahr 2006

Das Wichtigste in Kürze

- Die Weltwirtschaft zeigte sich im Jahr 2005 trotz eines massiven Anstiegs der Ölpreise sehr robust, büßte aber einen Teil der Dynamik des Vorjahres ein. Getragen wurde die Entwicklung in erster Linie von der guten Konjunktur in den Vereinigten Staaten und in China, während der Euro-Raum erneut durch einen geringen Anstieg des Bruttoinlandsprodukts gekennzeichnet war.

- Für die zukünftige Entwicklung der Weltwirtschaft zeichnen sich ernst zu nehmende Risiken ab. Hierzu gehören die negativen Auswirkungen des kräftig gestiegenen Ölpreises, die Gefahr einer starken Dollar-Abwertung als Folge des US-amerikanischen Leistungsbilanzungleichgewichts und das Risiko eines Anstiegs der langfristigen Zinsen, der zu spürbaren Korrekturen auf den überhitzten Immobilienmärkten führen könnte.

- In Deutschland betrug im Jahr 2005 der Zuwachs des Bruttoinlandsprodukts 0,8 vH. Einmal mehr wurde die konjunkturelle Entwicklung von einer kräftigen Expansion der Exporte getragen, während die Binnennachfrage ihre Schwäche nicht überwand. Bei weiterhin geringem Potentialwachstum bleibt die konjunkturelle Entwicklung fragil.

Die voraussichtliche Entwicklung im Jahr 2006

- Die Weltwirtschaft wird im Jahr 2006 trotz hoher Ölpreise robust bleiben. Der Zuwachs der Weltproduktion wird sich nur leicht abschwächen. Die wirtschaftliche Dynamik in den Vereinigten Staaten verliert etwas an Kraft, während die Konjunktur im Euro-Raum wieder an Fahrt gewinnt.

- Nach unserer Prognose wird das Bruttoinlandsprodukt in Deutschland im nächsten Jahr um 1,0 vH zunehmen. Die Gesamtwirtschaft bleibt auf Impulse aus dem Ausland angewiesen. Mit einer durchgreifenden Erholung der Inlandsnachfrage ist im Prognosezeitraum nicht zu rechnen.

- Der Anstieg der Erwerbstätigkeit wird mit einer Zuwachsrate von rund 0,4 vH weiter anhalten. Der langjährige Abwärtstrend bei der sozialversicherungspflichtigen Beschäftigung wird sich – wenngleich verlangsamt – fortsetzen. Die Arbeitslosigkeit bleibt auf hohem Niveau.

- Das gesamtstaatliche Defizit wird im nächsten Jahr 3,3 vH in Bezug auf das nominale Bruttoinlandsprodukt betragen. Um die Defizitgrenze des Stabilitäts- und Wachstumspakts einzuhalten, sind Einsparungen in Höhe von etwa 6 Mrd Euro erforderlich.

- Der Anstieg der Verbraucherpreise wird im Jahr 2006 in Deutschland bei 2,0 vH liegen.

I. Weltwirtschaft: Robuste Entwicklung bei erhöhten Risiken

80. Die **weltwirtschaftliche Aktivität** büßte im Jahr 2005 etwas an Dynamik ein. Der Zuwachs des globalen Bruttoinlandsprodukts betrug 4,3 vH und erreichte damit nicht das ausgesprochen hohe Niveau des Jahres 2004 (5,1 vH). Der Welthandel erwies sich erneut als wichtige Stütze der Weltkonjunktur. Mit einer Ausweitung um 7,0 vH fiel der Anstieg jedoch niedriger aus als im Vorjahr und lag damit in etwa auf der Höhe des Durchschnitts der letzten 15 Jahre (Schaubild 2). Ursächlich für die schwächere wirtschaftliche Entwicklung waren in erster Linie die drastisch angestiegenen Preise für Rohöl auf dem Weltmarkt, was zu einem markanten Kaufkraftentzug in den

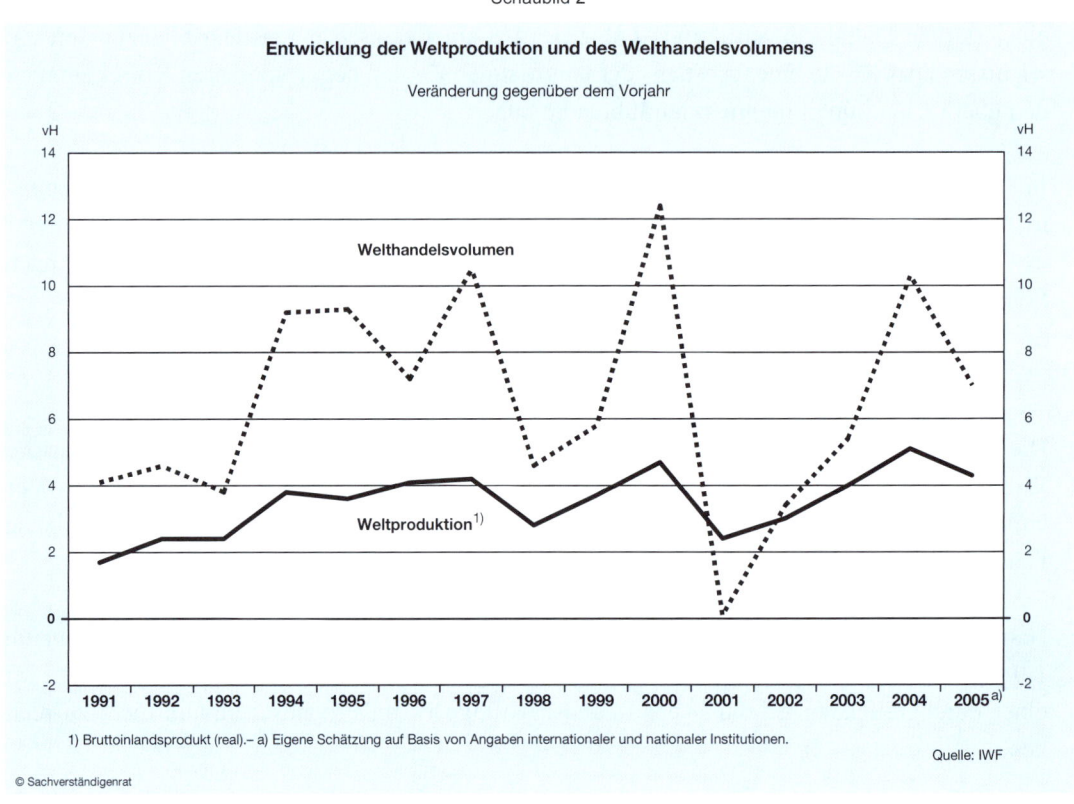

Schaubild 2

Entwicklung der Weltproduktion und des Welthandelsvolumens

Veränderung gegenüber dem Vorjahr

1) Bruttoinlandsprodukt (real).– a) Eigene Schätzung auf Basis von Angaben internationaler und nationaler Institutionen.

Quelle: IWF

© Sachverständigenrat

Importländern führte. Dennoch fielen die negativen Auswirkungen weniger dramatisch aus, als die Rekordstände bei den Preisnotierungen erwarten ließen. Zur Abmilderung trug insbesondere ein beschleunigter Rückfluss der Erdöleinnahmen in die Industrieländer bei. Positive Impulse für die Konjunktur gingen von den anhaltend günstigen Finanzierungsbedingungen aus. Trotz einer schrittweisen Anhebung der Leitzinsen in den Vereinigten Staaten verharrten die langfristigen Zinsen auf einem auch historisch betrachtet sehr niedrigen Niveau. Die unveränderte geldpolitische Ausrichtung in Japan und im Euro-Raum sorgte weiterhin für eine insgesamt reichliche Liquiditätsversorgung. Vor dem Hintergrund dieses günstigen Finanzierungsumfelds waren in mehreren Ländern – unter anderem in den Vereinigten Staaten – starke Preisanstiege auf den Immobilienmärkten zu beobachten. Die Konsumbereitschaft und damit die Binnenkonjunktur wurden in den betroffenen Volkswirtschaften durch den sich daraus ergebenden Vermögenseffekt zusätzlich gestärkt. Die wirtschaftlichen Ungleichgewichte haben sich unterdessen weiter verfestigt. So wird die Expansion der Weltwirtschaft in erster Linie von der sehr robusten Konjunktur in China und in den Vereinigten Staaten getragen, während sich insbesondere Europa und Japan schwächer entwickelten. Gleichzeitig verstärkten sich die Divergenzen in den Leistungsbilanzsalden. Das US-amerikanische Defizit stieg erneut an. Dies birgt Gefahren für die Weltwirtschaft, weil eine eventuelle Umkehr der Kapitalflüsse zu einer starken Abwertung des US-Dollar führen könnte. Für die zukünftige Entwicklung der Weltwirtschaft zeichnen sich daher nicht zu vernachlässigende Risiken ab.

1. Ölpreis, weltwirtschaftliche Ungleichgewichte und hohe Immobilienpreise bereiten Sorgen

81. Stark negative Impulse für die gesamte Weltwirtschaft gehen vom **Ölpreis** aus. Er stellt heute das größte Risiko für die weitere globale Entwicklung dar. Der Preisauftrieb des Vorjahres setzte sich im Laufe des Jahres 2005 fort. Lag der Marktpreis für ein Barrel Rohöl der Sorte Brent Anfang des Jahres noch unterhalb der 40 US-Dollar-Marke, so erreichte er bereits Mitte März mit über 55 US-Dollar ein neues Rekordhoch. In den Folgemonaten wurden immer wieder neue Höchststände beim Rohölpreis notiert. Ausschlaggebend für die Entwicklung war nicht zuletzt die rasant anwachsende Nachfrage in China, Indien und anderen Schwellenländern als Folge der zunehmenden Industrialisierung und Motorisierung. Bereits für das Jahr 2004 ließ sich über die Hälfte des Nachfrageanstiegs der zehn größten Ölverbraucher auf den Wirtschaftsboom in China zurückführen. Gleichzeitig konnte das Angebot angesichts von Restriktionen bei den Fördermengen und den Raffineriekapazitäten nicht entsprechend ausgeweitet werden. Hinzu kamen kurzzeitige Förder- und Raffinerieausfälle infolge der Hurrikane „Katrina" und „Rita" in den Vereinigten Staaten. Auch Spekulationen über dauerhaft zu niedrige Förderquoten trieben die Preise nach oben. Selbst gegenüber dem Vorjahr ausgeweitete Rohöllagerbestände in den Vereinigten Staaten, die als Indikator für eine langfristig gesicherte Verfügbarkeit von Ölvorräten angesehen werden, vermochten nicht, den Markt zu beruhigen und den Ölpreisanstieg aufzuhalten.

82. Trotz der nominalen Rekordstände bei den Ölpreisen stellt sich die aktuelle Entwicklung verglichen mit den früheren Ölkrisen nicht ganz so dramatisch dar (Schaubild 3, Seite 46). So übertraf der um den US-Erzeugerpreis bereinigte Ölpreis während der zweiten Ölkrise 1979/80 den aktuellen Höchststand leicht. Außerdem waren die Preisanstiege während der ersten beiden Ölkrisen relativ gesehen wesentlich schärfer. Zum Jahreswechsel 1973/74 verdreifachte sich der Preis innerhalb kürzester Zeit, und im Jahr 1979 erhöhte sich der Ölpreis binnen weniger Monate um mehr als das Doppelte. Der aktuelle Preisauftrieb entspricht dagegen in etwa einer Verdoppelung innerhalb von anderthalb Jahren.

Abgesehen vom reinen Preisvergleich gibt es weitere gewichtige Gründe, weshalb die Auswirkungen des aktuellen Ölpreishochs für die Industrieländer bisher weniger gravierend ausgefallen sind als die beiden früheren Ölpreisschocks. Zum einen kommt in diesen wichtigen Nachfrageländern der ölabhängigen Industrieproduktion im Vergleich zum deutlich weniger energieintensiven Dienstleistungssektor mittlerweile eine viel geringere Bedeutung zu. Demgemäß hat sich in den Industrieländern die Ölintensität, das heißt der Ölverbrauch je Einheit des Bruttoinlandsprodukts, innerhalb der letzten 30 Jahre halbiert. Zum anderen hat sich die Rückflussgeschwindigkeit der Ölfördereinnahmen in jüngster Zeit erhöht, das heißt ein größerer Anteil der zusätzlichen Erlöse der

Ölexportländer wird sogleich für den Import von Gütern aus den Industrieländern statt zunächst zum Vermögensaufbau verwendet (Deutsche Bundesbank, 2005; Europäische Zentralbank, 2005). Da die Öl exportierenden Staaten insbesondere des Nahen Ostens und der ehemaligen Sowjetrepubliken einen hohen Anteil ihrer Warenimporte aus Europa beziehen, sind die negativen Auswirkungen des Ölpreisanstiegs hierzulande weniger stark spürbar als beispielsweise in den Vereinigten Staaten. Zu beachten ist gleichwohl, dass es hierbei aufgrund einer veränderten Güternachfragestruktur der Ölförderländer zu sektoralen Verschiebungen der Produktionsstruktur kommt, die Anpassungsprobleme hervorrufen können.

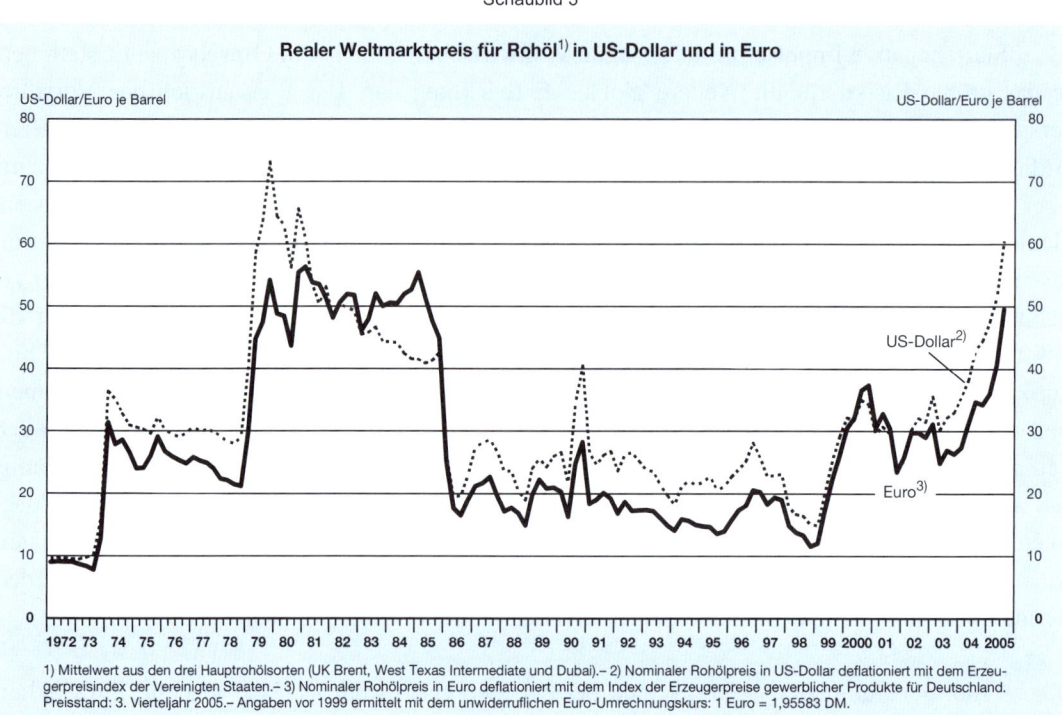

Schaubild 3

Realer Weltmarktpreis für Rohöl[1] in US-Dollar und in Euro

1) Mittelwert aus den drei Hauptrohölsorten (UK Brent, West Texas Intermediate und Dubai).– 2) Nominaler Rohölpreis in US-Dollar deflationiert mit dem Erzeugerpreisindex der Vereinigten Staaten.– 3) Nominaler Rohölpreis in Euro deflationiert mit dem Index der Erzeugerpreise gewerblicher Produkte für Deutschland. Preisstand: 3. Vierteljahr 2005.– Angaben vor 1999 ermittelt mit dem unwiderruflichen Euro-Umrechnungskurs: 1 Euro = 1,95583 DM.

Quellen für Grundzahlen: Deutsche Bundesbank, EZB, IWF

© Sachverständigenrat

83. Mildernd wirkt darüber hinaus, dass sich die aktuelle Ölpreisentwicklung bisher kaum in einer beschleunigten Inflation niederschlägt. Die **weltweiten Inflationsraten** verharrten trotz dieser Preis treibenden Entwicklung auf einem historisch ausgesprochen niedrigen Niveau. Studien von Brook et al. (2004) und dem Internationalen Währungsfonds (2005) sowie der Bank für Internationalen Zahlungsausgleich (2005) bestätigen, dass der inflationäre Effekt steigender Rohstoffpreise gegenüber früheren Perioden insgesamt abgenommen hat. Zweitrundeneffekte in Form inflationstreibender Lohnsteigerungen traten bisher angesichts einer erhöhten weltweiten Wettbewerbsintensität auf den Faktormärkten und dem sich daraus ergebenden geringeren Verteilungsspielraum sowie einer der prekären Situation auf den Arbeitsmärkten geschuldeten Verhandlungsschwäche der Gewerkschaften nicht auf. Dies erlaubt es den Zentralbanken, heutzutage einen weniger restriktiven Kurs in der Geldpolitik einzuschlagen, und es somit zu vermeiden, die Konjunktur zusätzlich zu belasten.

Weltwirtschaft: Robuste Entwicklung bei erhöhten Risiken | 47

84. Trotz der mildernden Effekte hat der markante Ölpreisanstieg für die gesamte Weltproduktion unzweifelhaft eine hemmende Wirkung. Die Tatsache, dass die Auswirkungen bisher moderat ausgefallen sind, ist keine Garantie dafür, dass dies auch im nächsten Jahr so bleibt. Vielmehr steht zu befürchten, dass die Effekte des Ölpreisanstiegs erst mit Zeitverzug zur vollen Geltung kommen (JG 2004 Ziffern 229 ff.). Außerdem könnten die Rückflüsse aus den Ölförderländern wieder schwächer werden, sobald der dortige Investitions- und Konsumnachholbedarf aus den Zeiten niedriger Rohölpreise gedeckt ist. Schließlich ist ungewiss, ob es nicht doch zu Zweitrundeneffekten kommt, und die Zentralbanken infolgedessen zu Zinserhöhungen gezwungen werden.

85. Für die nähere Zukunft ist nicht mit einer deutlichen Entspannung auf dem Ölmarkt zu rechnen. Mangels freier Kapazitäten sowohl im Förderbereich als auch bei den Raffinerien lässt sich kurzfristig keine Ausweitung des Angebots erreichen. Selbst wenn angesichts des Ölpreisbooms neue Fördergebiete rentabel werden, so ist doch frühestens ab dem Jahr 2007 mit einer signifikanten Angebotserhöhung zu rechnen. Da die Nachfrage bei der erwarteten Wirtschaftsentwicklung weiterhin leicht ansteigen dürfte, kann für das kommende Jahr nicht von einem nachhaltigen Rückgang des Ölpreises ausgegangen werden.

86. Prägend für das aktuelle Erscheinungsbild der Weltwirtschaft ist die **Heterogenität der wirtschaftlichen Dynamik**. Die Diskrepanzen zwischen China und den Vereinigten Staaten auf der einen Seite und dem Euro-Raum und Japan auf der anderen Seite haben sich verfestigt (Schaubild 4). Zwar bestanden bereits Unterschiede im Potentialwachstum zwischen den Staaten, den-

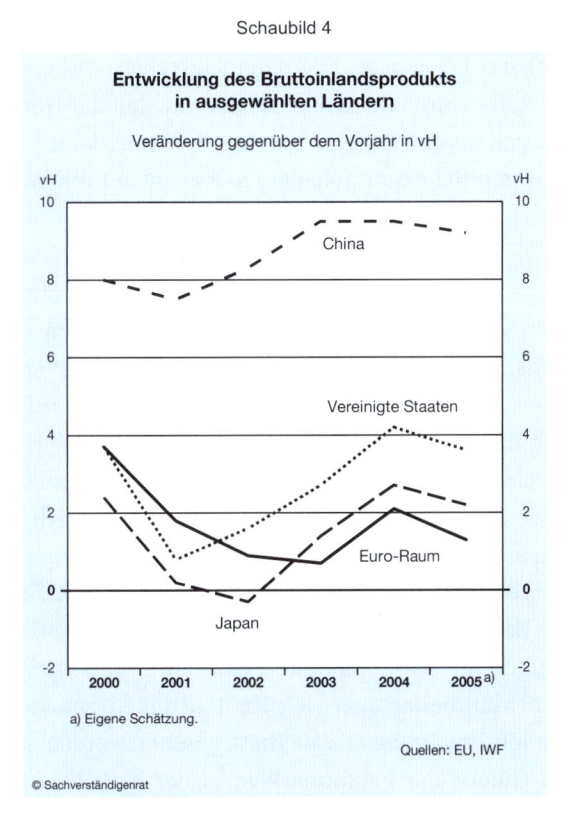

Schaubild 4

Entwicklung des Bruttoinlandsprodukts in ausgewählten Ländern

Veränderung gegenüber dem Vorjahr in vH

a) Eigene Schätzung.

Quellen: EU, IWF
© Sachverständigenrat

noch gehen die aktuellen Divergenzen in den Zuwachsraten des Bruttoinlandsprodukts weit über die im Potentialwachstum begründeten Differenzen hinaus. Diese Entwicklung gibt aus zweierlei Gründen Anlass zur Besorgnis. Zum einen können Rückschläge in den weniger dynamisch wachsenden Regionen nicht von einer guten wirtschaftlichen Entwicklung in anderen Staaten aufgefangen werden. Volkswirtschaften, deren Konjunktur stark vom Export gestützt wird, drohen in einem solchen Fall in die Rezession abzugleiten. Zum anderen kann die Konzentration auf wenige sich dynamisch entwickelnde Volkswirtschaften zu übermäßigem Kapitalimport in diese Länder und so dort leicht zu einer Überhitzung führen, woraus sich eigene Risiken für einen Umschwung ergeben.

87. Noch problematischer stellen sich die weltweiten **Ungleichgewichte in den Leistungsbilanzsalden** dar (Schaubild 5). Auf der einen Seite stehen mit den Vereinigten Staaten und dem Vereinigten Königreich die Staaten, deren Leistungsbilanzsalden seit Jahren negativ sind. Auf der anderen Seite befindet sich eine große Anzahl von Ländern, die diese Nachfrageüberhänge über ihre Leistungsbilanzüberschüsse finanzieren. Dazu gehören Japan, China und die anderen asiatischen Schwellenländer, aber auch Deutschland, die Schweiz, Russland und der Nahe Osten.

Für die Weltwirtschaft stellt vor allem das US-amerikanische Leistungsbilanzdefizit einen Risikofaktor dar. Hier ist es nicht nur die chronisch anwachsende Relation von Defizit und Bruttoinlandsprodukt, sondern noch viel mehr die absolute Höhe von rund 760 Mrd US-Dollar, die Sorge bereitet. In den vergangenen Jahren waren speziell die asiatischen Zentralbanken bereit, diese Finanzierung über den Aufbau von US-Dollar Reserven zu gewährleisten. Sollte es demnächst zu einer Diversifizierung dieser Devisenreserven kommen, entstünde hierdurch ein erheblicher Anpassungsdruck auf den Wechselkurs des US-Dollar. Die darauf folgende starke, möglicherweise sogar abrupte Abwertung des US-Dollar würde die Konjunkturaussichten der Handelspartner der Vereinigten Staaten verdüstern, da sich deren Produkte auf dem US-amerikanischen Markt verteuern würden. Besonders betroffen wären die exportabhängigen Regionen mit einem flexiblen Wechselkurs zum US-Dollar wie Japan oder Europa.

88. Aber für die Vereinigten Staaten selbst könnten sich trotz der verbesserten Exportaussichten ebenfalls wirtschaftliche Probleme einstellen, da im Falle einer starken Abwertung mit einem **Anstieg der langfristigen Zinsen** zu rechnen ist. Dieser Zinsanstieg lässt sich theoretisch sowohl mit einem Risikoaufschlag als Folge der Abwertung und einer höheren Inflation durch die Verteuerung der Importe als auch mit Leitzinserhöhungen der US-Notenbank zur Bekämpfung höherer Preissteigerungsraten begründen. Die langfristigen Zinsen in den Vereinigten Staaten liegen derzeit trotz stetig erhöhter Geldmarktzinsen auf historisch niedrigem Niveau. Gleiches gilt für die langfristigen Zinsen in Japan und im Euro-Raum. Insbesondere die geringe Differenz zwischen kurz- und langfristigen Zinsen ist für die gegenwärtige konjunkturelle Situation außergewöhnlich. Neben einer Verringerung der langfristigen Wachstumsaussichten werden als mögliche Ursachen für diese Entwicklung strukturelle und temporäre Faktoren diskutiert. Einerseits käme als Erklärung in Betracht, dass die Marktteilnehmer den Zentralbanken zunehmend größeres Vertrauen schenken und so die Inflationserwartungen dauerhaft gesenkt worden sind. Die verstärkte Wettbewerbsintensität auf den Güter- und Faktormärkten in der globalisierten Welt kann ebenso zu einer Senkung der Inflationserwartungen beigetragen haben. Darüber hinaus könnten strukturelle

Veränderungen des Anlageverhaltens von Pensionsfonds oder Versicherungsgesellschaften im Zuge zunehmender Rücklagen für die Altersvorsorge zu einer verstärkten Nachfrage nach Staatsanleihen und somit zu einer Schmälerung der Risikoprämien geführt haben. Andererseits ist es durchaus möglich, dass die rückläufigen Risikoprämien ein temporäres Phänomen darstellen und mit der starken Ausweitung der Liquidität zusammenhängen, die sich im globalen Finanzsystem im Zuge der in den letzten Jahren weltweit expansiven Geldpolitik aufgebaut hat. Viele Zentralbanken investierten in den vergangenen Jahren hauptsächlich am US-Kapitalmarkt und trugen so zum Nachfrageschub bei US-amerikanischen Staatsanleihen bei. Insgesamt bleibt derzeit noch unklar, in welchem Ausmaß der beobachtete Rückgang der Risikoprämie dauerhafter oder nur temporärer Natur ist.

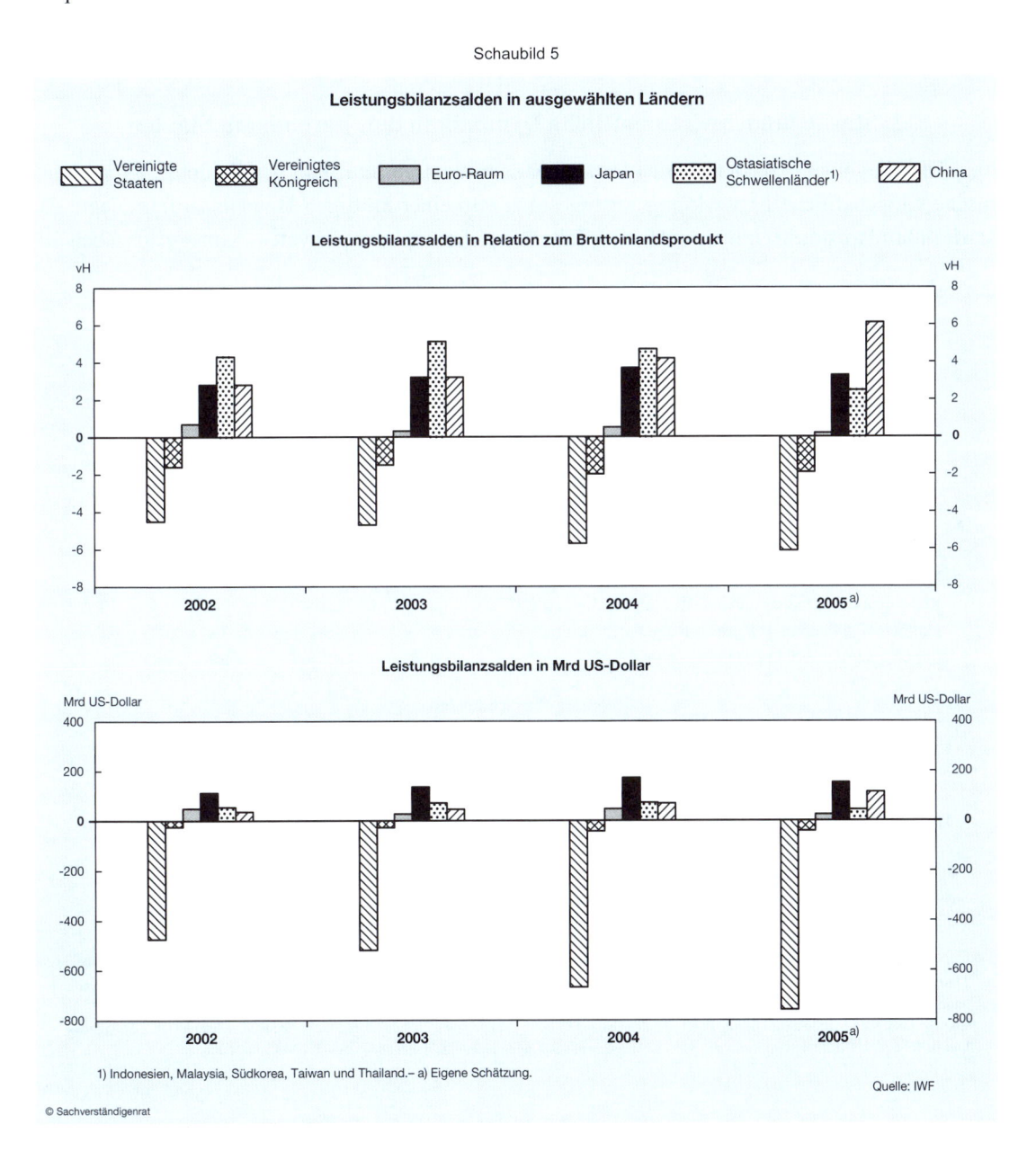

Schaubild 5

Leistungsbilanzsalden in ausgewählten Ländern

Vereinigte Staaten — Vereinigtes Königreich — Euro-Raum — Japan — Ostasiatische Schwellenländer[1] — China

Leistungsbilanzsalden in Relation zum Bruttoinlandsprodukt

Leistungsbilanzsalden in Mrd US-Dollar

1) Indonesien, Malaysia, Südkorea, Taiwan und Thailand.– a) Eigene Schätzung.

Quelle: IWF

© Sachverständigenrat

Ein Wiederanstieg der Risikoprämie könnte zu einem **Preisverfall auf den Immobilienmärkten** führen. In mehreren Ländern – speziell in den Vereinigten Staaten, Großbritannien und Spanien, aber auch in Frankreich und Südkorea – waren seit einigen Jahren außergewöhnlich hohe Preissteigerungen bei Immobilien zu verzeichnen. Der daraus resultierende positive Vermögenseffekt und die Möglichkeit, die Kreditlinien auszuweiten, stärkten den Konsum in diesen Staaten (JG 2003 Kasten 1). Ein deutlicher Zinsanstieg würde die Nachfrage nach Immobilien stark zurückgehen lassen. Ein anschließender Preisverfall wiederum führte dazu, dass die Hypothekenkredite der Verbraucher nicht mehr ausreichend gedeckt wären. Ein markanter Rückgang beim privaten Konsum könnte die Folge sein.

89. Die hier angesprochenen Risiken für die weltwirtschaftliche Entwicklung haben sich im Verlauf des Jahres weiter verschärft und stellen für die Zukunft eine Belastung dar.

2. Starke binnenwirtschaftliche Dynamik in den Vereinigten Staaten

90. Die Vereinigten Staaten setzten trotz einer schrittweisen Straffung der Geldpolitik ihre dynamische wirtschaftliche Entwicklung fort. Gestützt von einer kräftigen Binnennachfrage legte das **Bruttoinlandsprodukt** um 3,6 vH zu (Tabelle 5). Sowohl die Privaten Konsumausgaben als

Tabelle 5

Wirtschaftsdaten für die Vereinigten Staaten
vH[1]

	2002	2003	2004	2005[2]
Gesamtwirtschaftliche Entwicklung[3]				
Bruttoinlandsprodukt	1,6	2,7	4,2	3,6
Private Konsumausgaben	2,7	2,9	3,9	3,6
Private Bruttoanlageinvestitionen	-5,2	3,6	9,7	8,0
Konsum und Bruttoinvestitionen[4] des Staates	4,4	2,8	2,2	2,1
Exporte von Waren und Dienstleistungen	-2,3	1,8	8,4	6,8
Importe von Waren und Dienstleistungen	3,4	4,6	10,7	5,8
Weitere Wirtschaftsdaten				
Verbraucherpreise	1,6	2,3	2,7	3,4
Kurzfristiger Zinssatz (%)[5]	1,8	1,2	1,6	3,1
Langfristiger Zinssatz (%)[6]	5,3	4,8	4,9	4,3
Arbeitslosenquote[7]	5,8	6,0	5,5	5,1
Leistungsbilanzsaldo[8]	-4,5	-4,7	-5,7	-6,1
Finanzierungssaldo des Staates[8]	-3,8	-5,0	-4,7	-3,7
Budgetsaldo des Bundes[8][9]	-1,5	-3,5	-3,6	-2,6
Schuldenstand des Staates[8]	60,2	62,6	63,4	65,5

1) Soweit nicht anders definiert: Veränderung gegenüber dem Vorjahr. - 2) Eigene Schätzung auf Basis von Angaben internationaler und nationaler Institutionen. - 3) In Preisen von 2000. - 4) Bruttoanlageinvestitionen zuzüglich Vorratsveränderungen. - 5) Für Dreimonatswechsel (Jahresdurchschnitte). - 6) Für Staatsschuldpapiere mit einer Laufzeit von 10 Jahren und mehr (Jahresdurchschnitte). - 7) Arbeitslose in vH der zivilen Erwerbspersonen. - 8) In Relation zum nominalen Bruttoinlandsprodukt in vH. - 9) Fiskaljahr.

Quellen: BEA, OECD

auch die privaten Bruttoanlageinvestitionen bildeten die Haupttriebkräfte der Dynamik. Der Außenbeitrag fiel erneut negativ aus und führte zu einem weiteren Anstieg des Leistungsbilanzdefizits.

91. Die Golfregion der Vereinigten Staaten wurde im zweiten Halbjahr von einer Serie von Wirbelstürmen getroffen. Die **Schäden der Hurrikane** nahmen mit geschätzten 140 Mrd US-Dollar ein gewaltiges Ausmaß an, wirkten sich jedoch nicht direkt auf die gesamtwirtschaftliche Produktion aus, da es sich zum Großteil um Vermögenswerte handelte. Negative Effekte auf die Zuwachsrate des Bruttoinlandsprodukts hatten dagegen der Produktionsausfall durch die Zerstörung von Produktionsanlagen, der dadurch bedingte Verlust von Arbeitsplätzen, die zeitweilige Beeinträchtigung des Handels über den bedeutenden Hafen New Orleans sowie der Anstieg der Energiepreise. Letzterer ist darauf zurückzuführen, dass rund ein Viertel der US-Rohölförderung und ein bedeutender Anteil der Raffineriekapazitäten ausfielen. Die direkten wirtschaftlichen Auswirkungen hielten sich gleichwohl insgesamt in Grenzen, die Zuwachsrate des Bruttoinlandsprodukts lag im dritten Quartal weiterhin auf hohem Niveau. Als indirekte Nachwirkung verringerte sich jedoch das Konsumentenvertrauen im ganzen Land erheblich. Als Folge eines milliardenschweren staatlichen Wiederaufbauprogramms − vorläufige Schätzungen gehen von bis zu 200 Mrd US-Dollar Finanzhilfen aus − ist für das kommende Jahr mit einem positiven Impuls auf die Investitionsnachfrage und den Konsum zu rechnen.

92. Der konjunkturelle Aufschwung wurde maßgeblich von einem kräftigen Zuwachs der **Privaten Konsumausgaben** getragen, die in diesem Jahr mit 3,6 vH nur wenig schwächer als im Vorjahr zulegten. Grundlegend hierfür war vor allem eine positive Stimmung hinsichtlich der Entwicklung auf dem **Arbeitsmarkt**. Die Arbeitslosenquote sank im Jahresvergleich um 0,4 Prozentpunkte auf 5,1 vH und die Arbeitseinkommen − zusätzlich gestützt durch kräftige Bonuszahlungen und von den Beschäftigten ausgeübte Aktienoptionen − verzeichneten einen robusten Zuwachs. Die Beschäftigung erhöhte sich um 1,8 vH gegenüber dem Vorjahr. Mitte des Jahres sorgten überdies zeitweilig hohe Rabattaktionen in der Automobilbranche für eine zusätzliche Konsumbereitschaft. Eine weitere Stütze des Konsums bildeten nach wie vor die gestiegenen Immobilienpreise. Der Auftrieb bei den Hauspreisen hatte in den vergangenen Jahren zu einem positiven Vermögenseffekt geführt und es vielen Konsumenten erlaubt, ihre Hypothekenkredite aufzustocken und das Geld für zusätzliche Konsumausgaben zu verwenden. Dämpfend auf die Nachfrage wirkten dagegen die hohen Energiepreise.

Die insgesamt große Zuversicht der privaten Haushalte drückte sich in einer abermals **gesunkenen Sparquote der privaten Haushalte** aus, die Mitte des Jahres sogar negativ wurde. Diese Entwicklung birgt ein Risiko für die zukünftige Konjunktur. Ein Rückgang auf der Einkommensseite könnte kaum mehr durch ein Abschmelzen der Sparquote ausgeglichen werden, so dass er sich direkt in einer Abnahme des privaten Konsums niederschlagen würde.

Ein weiteres Standbein der Konjunktur stellten die **privaten Bruttoanlageinvestitionen** mit einem Anstieg um 8,0 vH dar. Sowohl die Ausrüstungsinvestitionen als auch die Wohnungsbauinvestitionen entwickelten sich vor dem Hintergrund einer stabilen Kapazitätsauslastung und weiterhin günstiger Hypothekenzinsen dynamisch. Optimistisch für die Investitionsentwicklung in der Zukunft stimmt, dass sich die Steigerung der Löhne und der Lohnstückkosten im Verlauf des Jahres deutlich moderater entwickelte als noch in der zweiten Hälfte des Vorjahres.

93. Der **Außenbeitrag** wirkte erneut dämpfend auf die Konjunktur, allerdings in geringerem Ausmaß als im Vorjahr. Während sich die Exporte um 6,8 vH ausweiteten, stiegen die Importe um 5,8 vH. Das Leistungsbilanzdefizit erhöhte sich auf rund 760 Mrd US-Dollar, oder 6,1 vH in Relation zum nominalen Bruttoinlandsprodukt. Dadurch verschlechterte sich die **Nettoauslandsposition** der Vereinigten Staaten in diesem Jahr weiter. Mitverantwortlich dafür war die Aufwertung des US-Dollar seit Beginn des Jahres. Entlastend wirkte, dass die Preise der von US-Amerikanern im Ausland gehaltenen Aktiva im Mittel etwas stärker stiegen als die von Ausländern in den Vereinigten Staaten gehaltenen Vermögenswerte.

94. Die **Geldpolitik** der US-amerikanischen Notenbank war auf eine allmähliche Straffung ausgerichtet. Der Leitzins wurde in regelmäßigen kleinen Schritten um jeweils 25 Basispunkte von 2,25 % Anfang des Jahres auf zuletzt 4,00 % im November 2005 angehoben. Nachdem die Federal Reserve über mehrere Jahre einen sehr expansiven Kurs verfolgt hatte, nähert sie sich damit einer konjunkturneutralen Ausrichtung an. Die zinspolitische Entscheidung lag in den weiterhin vorhandenen Inflationsrisiken bei gleichzeitig robuster konjunktureller Entwicklung begründet. Hauptpreistreiber wie kalkulatorische Eigenmieten und Restaurantpreise wurden seitens der US-amerikanischen Notenbank mit Sorge betrachtet. Der **Anstieg der Konsumentenpreise** hatte sich zu Beginn des Jahres beschleunigt und erreichte im Jahresdurchschnitt die Marke von 3,4 vH. Die von der US-amerikanischen Zentralbank in erster Linie beachtete Kerninflationsrate, die Entwicklung der Verbraucherpreise ohne Nahrungsmittel und Energie, lag jedoch mit 2,1 vH deutlich unterhalb dieses Werts. Die Anhebung der Federal Funds Rate hatte bislang wenig Auswirkungen auf das langfristige Zinsniveau, das von einer regen Nachfrage nach risikoarmen Wertpapieren aus dem In- und Ausland gedrückt wird. Inzwischen steigt die Wahrscheinlichkeit, dass es demnächst zu einer flachen oder sogar inversen Zinsstrukturkurve kommt.

95. Dank hoher Steuereinnahmen infolge der positiven Konjunkturlage sank das **Haushaltsdefizit** des Bundes im Fiskaljahr 2005, das im September endete, auf 319 Mrd US-Dollar. Zwar blieb die Haushaltslücke damit in absoluten Werten die dritthöchste der Geschichte, relativ zum Bruttoinlandsprodukt fiel sie mit 2,6 vH jedoch niedriger aus als 15 Budgetdefizite der letzten 25 Jahre. Eine noch bessere Entwicklung wurde durch die Hurrikane „Katrina" und „Rita" verhindert, deren gewaltige Zerstörungen die Regierung dazu veranlassten, ein milliardenschweres staatliches Hilfspaket zum Wiederaufbau aufzulegen. Konjunkturbereinigt ergibt sich gegenüber dem Vorjahr ein restriktiver Impuls der Fiskalpolitik auf die gesamtwirtschaftliche Entwicklung. Für das Fiskaljahr 2006 rechnete die US-amerikanische Regierung im August 2005 mit einem Haushaltsdefizit von 341 Mrd US-Dollar. Angesichts sehr niedrig kalkulierter Verteidigungsausgaben sowie zusätzlich notwendiger Aufwendungen zum Wiederaufbau in den Katastrophengebieten im Süden des Landes dürfte das Budgetdefizit deutlich höher als geplant ausfallen, so dass die Defizitquote im kommenden Jahr wieder ansteigen dürfte.

Weltwirtschaft: Robuste Entwicklung bei erhöhten Risiken

3. Lebhafterer Konsum und erfolgreiche Konsolidierung der Unternehmen in Japan

96. Die japanische Wirtschaft hat aus dem konjunkturellen Abschwung der zweiten Hälfte des Jahres 2004 herausgefunden. Das **Bruttoinlandsprodukt** legte – gleichzeitig getragen von einer einsetzenden Konsumbelebung und einer wieder gestärkten Investitionsbereitschaft der Unternehmen – im Jahr 2005 um 2,2 vH zu (Tabelle 6). Stimulierend für die Konjunktur wirkte sich aus, dass die verfügbaren Einkommen der privaten Haushalte zunahmen. Zum einen waren hierfür die halbjährlichen Bonuszahlungen verantwortlich, die aufgrund verbesserter Gewinnaussichten der Unternehmen wieder stiegen und die in Japan nicht selten mehrere Monatsgehälter ausmachen können. Zum anderen besserte sich die Beschäftigungslage: Die Arbeitslosenquote sank im Jahresmittel auf 4,3 vH und, noch wichtiger für die Entwicklung des Konsums, die Unternehmen gingen wieder dazu über, offene Stellen mit Vollzeitkräften statt wie in letzter Zeit überwiegend mit Teilzeitkräften zu besetzen. Einen wesentlichen Beitrag zur Stabilisierung des Konsums in Japan leistete zudem die stetig anwachsende Bevölkerungsgruppe der Rentner, deren Neigung, ihre Ersparnisse aufzulösen, inzwischen stärker ausgeprägt ist. Überstiegen die Ausgaben dieser Bevölkerungsgruppe ihre Einnahmen im Jahr 2000 um 15 vH, so gab sie im Jahr 2005 bereits fast 30 vH mehr aus, als sie einnahm. Dies hat wesentlich dazu beigetragen, dass sich die Sparquote in Japan seit 1991 auf 7,7 vH halbiert hat.

Tabelle 6

Wirtschaftsdaten für Japan
vH[1)]

	2002	2003	2004	2005[2)]
Gesamtwirtschaftliche Entwicklung[3)]				
Bruttoinlandsprodukt	-0,3	1,4	2,7	2,2
Private Konsumausgaben	0,5	0,2	1,5	1,7
Private Bruttoanlageinvestitionen	-6,2	4,8	5,3	5,9
Konsum und Bruttoinvestitionen[4)] des Staates	0,7	-1,9	-0,5	-0,6
Exporte von Waren und Dienstleistungen	7,3	9,1	14,4	5,3
Importe von Waren und Dienstleistungen	1,3	3,8	8,9	6,2
Weitere Wirtschaftsdaten				
Verbraucherpreise	-0,9	-0,3	0,0	-0,2
Kurzfristiger Zinssatz (%)[5)]	0,1	0,0	0,0	0,0
Langfristiger Zinssatz (%)[6)]	1,3	1,0	1,5	1,4
Arbeitslosenquote[7)]	5,4	5,3	4,7	4,3
Leistungsbilanzsaldo[8)]	2,8	3,1	3,6	3,7
Finanzierungssaldo des Staates[8)]	-7,9	-7,7	-6,1	-6,1
Schuldenstand des Staates[8)]	149,4	154,6	157,6	161,0

1) Soweit nicht anders definiert: Veränderung gegenüber dem Vorjahr. - 2) Eigene Schätzung auf Basis von Angaben internationaler und nationaler Institutionen. - 3) In Preisen von 2000. - 4) Bruttoanlageinvestitionen zuzüglich Vorratsveränderungen. - 5) Für Dreimonatswechsel (Jahresdurchschnitte). - 6) Für Staatsschuldpapiere mit einer Laufzeit von 10 Jahren und mehr (Jahresdurchschnitte). - 7) Arbeitslose in vH der zivilen Erwerbspersonen. - 8) In Relation zum nominalen Bruttoinlandsprodukt in vH.

Quellen: ESRI, OECD

97. Insgesamt befindet sich die japanische Wirtschaft auf dem Weg der Gesundung. Die Gefahr einer Bankenkrise scheint gebannt, nachdem die Großbanken den Umfang ihrer Not leidenden Kredite gegenüber dem Höchststand im Jahr 2002 um fast 60 vH reduzieren konnten. Gleichzeitig nutzten auch die in der Vergangenheit häufig noch hoch verschuldeten Unternehmen die Gewinne der letzten Jahre, um ihre Bilanzen zu bereinigen. So erhöhte sich die geringe Nettoersparnis der Unternehmen Anfang der neunziger Jahre auf außerordentlich hohe 6 vH in Relation zum nominalen Bruttoinlandsprodukt im Jahr 2004. Inzwischen werden die Ersparnisse wieder verstärkt für Investitionen im Inland verwendet und stützen dementsprechend die aufkeimende Konjunktur in Japan. Ein fortwährendes Hindernis für eine nachhaltige Erholung stellt die immer noch anhaltende Deflation dar. So fiel die Inflationsrate mit -0,2 vH in diesem Jahr erneut negativ aus. Die **Geldpolitik** der japanischen Zentralbank bleibt dementsprechend unverändert expansiv ausgerichtet. Allerdings deuten erste Anzeichen auf eine Abkehr von der Bereitstellung von Überschussliquidität hin. So ließ die Notenbank im Mai 2005 erstmals nach vier Jahren zu, dass ihr Liquiditätsziel unterschritten wurde. Dennoch ist erst bei nachhaltigem Auftreten signifikant positiver Inflationszahlen mit dem Ende der Nullzinspolitik zu rechnen, so dass dieser Schritt kaum vor Anfang des Jahres 2007 realistisch erscheint.

98. Vordringliche Aufgabe auch der neuen japanischen Regierung bleibt die **Konsolidierung des Staatshaushalts**. Vor dem Hintergrund eines Haushaltsdefizits von 6,1 vH und eines Anstiegs der Staatsverschuldung auf rund 161 vH jeweils in Relation zum nominalen Bruttoinlandsprodukt im Jahr 2005 ist für das kommende Jahr eine Reduktion der im Jahr 1999 zur Stimulierung der Wirtschaft eingeführten Steuervergünstigungen für private Haushalte geplant. Mittelfristig ebenfalls vorgesehen ist eine Erhöhung der Umsatzsteuer von derzeit 5 vH um ein bis zwei Prozentpunkte. Diese Maßnahme ist jedoch nicht unumstritten, da sie – wie nach der letzten Umsatzsteuererhöhung im Jahr 1997 geschehen – die wiederbelebte Konsumbereitschaft erneut dämpfen könnten.

4. China und andere Schwellenländer entwickeln sich weiter dynamisch

99. Das bemerkenswerte **Expansionstempo der chinesischen Volkswirtschaft** setzte sich mit einem Zuwachs des Bruttoinlandsprodukts in Höhe von 9,2 vH auch im Jahr 2005 ungebremst fort. Eine wesentliche Stütze der Entwicklung bildete erneut der hohe Anstieg der Exporte um 25,0 vH gegenüber dem Vorjahr. Speziell die Freigabe des Textilhandels nach dem Auslaufen des Multifaserabkommens, das weltweit gültige Quoten für Textilausfuhren festgelegt hatte, schürte den Exportaufschwung Anfang des Jahres, ehe die Wiedereinführung von Einfuhrbeschränkungen in die Europäische Union und die Vereinigten Staaten das Expansionstempo in diesem Segment etwas abschwächte. Der Leistungsbilanzüberschuss erhöhte sich weiter und lag im Jahr 2005 bei 6,1 vH in Relation zum nominalen Bruttoinlandsprodukt. Die leichte Aufwertung des Yuan hat bislang keine Auswirkungen gezeigt (Kasten 1).

Kasten 1

Die Aufwertung des Yuan und ihre Folgen für die Weltwirtschaft

Am 21. Juli 2005 überraschte die chinesische Zentralbank mit der Ankündigung, die feste Bindung des Yuan an den US-Dollar nach elf Jahren aufzugeben und zu einem etwas flexibleren System zu wechseln. Seitdem lässt die Notenbank leichte Schwankungen des Wechselkurses mit einer Spanne von ± 0,3 vH um einen Referenzkurs zum US-Dollar zu. Der täglich neu festgelegte Referenzwert wird nach Angaben der Zentralbank anhand eines breit angelegten Währungskorbs bestimmt, dessen genaue Zusammensetzung nicht bekannt gemacht wurde. China beugte sich mit dieser Entscheidung dem zunehmenden Druck insbesondere aus den Vereinigten Staaten, die in der festen Bindung eine verdeckte Exportsubvention gesehen hatten. Die im Rahmen dieses Schritts vorgenommene Aufwertung um 2,1 vH gegenüber dem US-Dollar wurde von offizieller Seite der Vereinigten Staaten jedoch zunächst als unzureichend und allenfalls als erster Schritt angesehen. Einige Untersuchungen hatten eine Unterbewertung von annähernd 40 vH gegenüber dem US-Dollar ausgemacht (Preeg, 2003; Coudert und Couharde, 2005). Andere Schätzungen bezifferten die Unterbewertung als wesentlich geringer, das heißt im Bereich von bis zu 12 vH (Funke und Rahn, 2005); wieder andere konnten keine Fehlbewertung feststellen (Bosworth, 2004; Wang, 2004).

Der Entscheidung Chinas folgte unmittelbar auch Malaysia, dessen Währung fortan kontrolliert um einen Referenzwert schwanken darf. Die Regierung Malaysias hatte diesen Schritt stets an die Bedingung der Flexibilisierung des Yuan geknüpft. Dieses Beispiel verdeutlicht die Bedeutung der chinesischen Währung für die gesamte Region und die Welt, denn mittlerweile hat der Yuan für die anderen asiatischen Schwellenländer zunehmend die Rolle einer Leitwährung übernommen. So werden Aufwertungen der eigenen Währungen erst dann zugelassen, wenn China aufwertet, damit sich die eigene Wettbewerbsposition nicht gegenüber dem direkten Konkurrenten auf dem Weltmarkt verschlechtert.

Die nur marginale Aufwertung des Yuan hatte keine spürbaren Auswirkungen auf die Weltkonjunktur. Sollte sich die chinesische Regierung jedoch zu größeren Aufwertungsschritten entschließen oder sollte sie die tägliche Schwankungsbreite ausnutzen, um den Wechselkurs kontinuierlich graduell aufwerten zu lassen, würden sich nicht nur für China Konsequenzen ergeben. Im Vordergrund stünde zunächst der positive Effekt, dass sich das Handelsbilanzdefizit der Vereinigten Staaten gegenüber China und den anderen asiatischen Schwellenländern mittelfristig verringern könnte. Daraus würde Europa ebenfalls einen Nutzen ziehen, da dann der Abwertungsdruck des US-Dollar gegenüber dem Euro schwächer ausfallen dürfte. Darüber hinaus könnten sich durch einen wechselkursinduzierten Anstieg der Exporte nach Asien Konjunkturimpulse für den Rest der Welt ergeben. Trotz dieser positiven Effekte sind Risiken, die aus der Aufwertung des Yuan resultieren, nicht zu vernachlässigen. So könnten – falls nicht durch weitere Aufwertungserwartungen das Gegenteil bewirkt wird – die Kapitalzuflüsse nach China abnehmen und den Druck auf die asiatischen Notenbanken vermindern, US-Dollar-Devisen zu kaufen, um den Wechselkurs der eigenen Währung aufrecht zu erhalten. Die dadurch verringerte Nachfrage nach langfristigen US-Dollar-Anleihen könnte zu einem Anstieg der langfristigen Zinsen in den Vereinigten Staaten führen. Die Zinserhöhung wiederum würde den Konsum, die Investitionen und den Immobilienmarkt in den Vereinigten Staaten belasten. Abgesehen von den Einflüssen über den Zinskanal spielen bestimmte asiatische Produkte für den US-amerikanischen und europäischen Konsum eine zentrale

Rolle. Die Wechselkursanpassung würde die importierten Güter verteuern, somit die real verfügbaren Einkommen senken und wiederum den Konsum dämpfen. Zusätzlich verstärken könnte sich dieser Effekt, falls die importierten Preissteigerungen zu Zinserhöhungen der Notenbanken führen sollten.

In China selbst könnte insbesondere der fragile Bankensektor die Konsequenzen der Aufwertung spüren. Problematisch wären speziell die indirekten Auswirkungen auf die Bankbilanzen. Die Kreditwürdigkeit der Unternehmen und deren internationale Wettbewerbsposition könnten sich im Zuge der Aufwertung verschlechtern. Eine Bankenkrise oder zumindest eine starke Abschwächung der sechstgrößten Volkswirtschaft und drittgrößten Exportnation hätte wiederum spürbare Rückwirkungen auf die Weltwirtschaft zur Folge.

Die bisher geringe Anpassung des Wechselkurses hat zwar keinen spürbaren Einfluss auf die Weltwirtschaft und die globalen Ungleichgewichte. Sollte es jedoch zu einer massiven Aufwertung kommen, könnten die negativen Effekte die entlastende Wirkung für die gesamte Weltwirtschaft aufwiegen. Aus den genannten Gründen dürfte eine kräftige Aufwertung des Yuan derzeit wenig wahrscheinlich sein.

100. Vor dem Hintergrund der sehr hohen Wachstumsraten wird vielfach eine **Überhitzung** der chinesischen Volkswirtschaft befürchtet, deren Folge unter Umständen eine harte Landung werden kann. Auf das Risiko einer Überhitzung deuten die äußerst hohen Zuwachsraten bei den Investitionen hin. So kam es bei den Ausrüstungsinvestitionen im ersten Halbjahr 2005 zu einem rapiden Anstieg um 25 vH gegenüber dem gleichen Zeitraum des Vorjahres. Die Investitionen nahmen dadurch abermals stärker als das Bruttoinlandsprodukt zu. Die Investitionsquote bewegte sich zuletzt oberhalb des außerordentlich hohen Niveaus von 40 vH und schürt Befürchtungen, dass es zu Überkapazitäten in der Industrie und auf dem Immobilienmarkt kommt. Aufgrund eines ineffizienten Bankensystems droht damit ein hoher Bestand an Not leidenden Krediten und letztlich eine Bankenkrise. Immerhin hat die chinesische Regierung bereits Maßnahmen eingeleitet, um der expansiven Kreditvergabe entgegenzusteuern und die Investitionstätigkeit zu bremsen. Hierzu gehörten die Erhöhung des Mindestreservesatzes für Finanzinstitutionen, die Zinsanhebung um 25 Basispunkte, die Einführung einer Steuer auf Immobilienverkäufe sowie verstärkte Kontrollen von Investitionsprogrammen und Kreditvergaben. Auf dem Immobilienmarkt zeigten sich infolgedessen zur Mitte des Jahres bereits erste Rückgänge bei der Anzahl der Transaktionen und bei den Preisen. Gegen eine mögliche Überhitzung spricht zudem, dass es derzeit keine Anzeichen für eine Überschussnachfrage gibt. Läge ein Kapazitätsengpass vor, würde er sich rasch in Preissteigerungen niederschlagen. Stattdessen sank jedoch die Inflationsrate auf moderate 2,0 vH nach 4,0 vH im Vorjahr. Insgesamt scheint es der Regierung zu gelingen, den Risiken einer Überhitzung und den damit verbundenen negativen Folgen zu begegnen und stattdessen zu einer weichen Landung zu gelangen. Für das Jahr 2006 ist daher von einem nur etwas geringeren Zuwachs des Bruttoinlandsprodukts auszugehen als im laufenden Jahr.

101. Die **übrigen Schwellenländer Südostasiens** konnten nicht ganz an die gute Entwicklung aus dem vergangenen Jahr anknüpfen. Speziell die Öl importierenden Länder wie Südkorea und

Thailand litten unter den hohen Rohölpreisen. Außerdem beginnt sich die starke Konkurrenz aus China drosselnd auf den Export der übrigen Länder Ost- und Südostasiens auszuwirken. Die Erdöl exportierenden Staaten Indonesien und Malaysia behaupteten sich hingegen etwas besser und setzten ihre dynamische Entwicklung fort. Mit Ausnahme Thailands und Indonesiens erwirtschafteten alle großen Volkswirtschaften hohe Leistungsbilanzüberschüsse und trugen durch den Kapitalexport wesentlich zur Finanzierung des US-amerikanischen Leistungsbilanzdefizits bei.

Mit **Indien** schickt sich ein weiterer ehemals „schlafender Riese" an, eine bedeutende Rolle in der Weltwirtschaft zu spielen. Mit 1,08 Milliarden Einwohnern fast genauso bevölkerungsreich wie China besitzt das Land mit einer gemessen am Lebensstandard überdurchschnittlich gut ausgebildeten Bevölkerung einen gewaltigen Bestand an Humankapital. Vierzehn Jahre nach dem Ende der Planwirtschaft sind es insbesondere die wissensbasierten Industrien, wie zum Beispiel die Informationstechnologie und die Pharmaindustrie, die den Aufschwung stützen. Im Unterschied zu China spielt der Dienstleistungssektor in Indien eine herausragende Rolle; er trägt über 50 vH zum Bruttoinlandsprodukt bei, während Dienstleistungen in China gerade einmal gut 30 vH ausmachen und dort die Industrieproduktion mit über 50 vH dominiert. Das größte Hemmnis für die zukünftige Entwicklung Indiens ist die mangelhafte Infrastruktur und hierbei speziell die unzuverlässige Energieversorgung. Im Zeitraum von 1994 bis 2004 konnte Indien dessen ungeachtet jahresdurchschnittliche Zuwachsraten beim Bruttoinlandsprodukt von über 6,3 vH verbuchen. Mit dem Anstieg von 7,1 vH im Jahr 2005 und einem erwarteten Zuwachs in einer ähnlichen Größenordnung für das Jahr 2006 erweist sich Indien weiterhin als eines der großen Wachstumszentren der Welt. Die wachsende wirtschaftliche Bedeutung Indiens für Deutschland dokumentiert der kräftige Anstieg des Handelsvolumens mit Indien um 23 vH im Jahr 2004. Diese dynamische Entwicklung hielt im laufenden Jahr an.

Russland setzte seinen Wachstumskurs fort und erzielte einen Jahreszuwachs beim Bruttoinlandsprodukt von 5,8 vH. Verantwortlich hierfür war in erster Linie die Hochkonjunktur in der Öl- und Gasindustrie, die einen Anteil von rund 25 vH am Bruttoinlandsprodukt hat. Die Schattenseite der sprudelnden Einnahmen aus dem Rohstoffsektor war, dass die Realisierung der Pläne zum Aufbau einer diversifizierten Ökonomie erschwert wurde, da die Öleinnahmen mit Preissteigerungen und einer realen Aufwertung des Rubel einhergingen, die die preisliche Wettbewerbsfähigkeit der Nicht-Energiesektoren verschlechterte. Dies hat die Abhängigkeit der russischen Volkswirtschaft von der Entwicklung der Energiemärkte noch verstärkt. Auch im kommenden Jahr wird die russische Wirtschaft von den sehr vorteilhaften Terms of Trade gestützt werden.

Die Staaten **Lateinamerikas** profitierten als Nettorohstoffexporteure von einem Anstieg der Rohstoffpreise zu Beginn des Jahres. Das Exportwachstum stellte folglich in der ersten Jahreshälfte die Haupttriebfeder der Wirtschaftsleistung dar. In der zweiten Jahreshälfte zog die Inlandsnachfrage teilweise nach. In Brasilien und Mexiko wurde eine stärkere Nachfragedynamik jedoch durch eine geldpolitische Straffung gedrosselt, die der anziehenden Inflation entgegen wirken sollte. In Argentinien waren dagegen sowohl die Fiskal- als auch die Geldpolitik sehr expansiv ausgerichtet. Der Zuwachs des Bruttoinlandsprodukts für Lateinamerika insgesamt fiel mit 4,0 vH ansehnlich, jedoch schwächer als im Vorjahr (5,9 vH) aus. Derweil haben die Inflationsgefahren in Brasilien und Mexiko wieder abgenommen, so dass sich der Spielraum der Geldpolitik erweitert hat. Eine

Reduzierung der vergleichsweise hohen Realzinsen sollte die Investitionen und den Konsum im nächsten Jahr stärken. Die Aussichten für die Region bleiben damit weiterhin positiv.

5. Euro-Raum mit verhaltener Konjunktur

102. Die wirtschaftliche Entwicklung im Euro-Raum verlief in diesem Jahr aufgrund des sehr hohen Ölpreises, einer schwach ausgeprägten Konsumneigung der privaten Haushalte und einer geringen Investitionsbereitschaft der Unternehmen sehr verhalten (Tabelle 7). Das **Bruttoinlandsprodukt** nahm lediglich um 1,3 vH gegenüber dem Vorjahr zu, womit der Anstieg deutlich unterhalb des Potentialwachstums von knapp 2 vH lag, wie es von der Europäischen Zentralbank, dem Internationalen Währungsfonds und der OECD ermittelt wird. Die Zuwachsraten in den einzelnen Mitgliedstaaten differierten allerdings merklich; Irland, Spanien und Luxemburg wiesen die höchsten Veränderungen beim Bruttoinlandsprodukt auf, während Italien, die Niederlande, Portugal und Deutschland am unteren Ende der Skala rangierten.

Tabelle 7

Wirtschaftsdaten für den Euro-Raum
vH[1)]

	2002	2003	2004	2005[2)]
Gesamtwirtschaftliche Entwicklung[3)]				
Bruttoinlandsprodukt	0,9	0,7	2,1	1,3
Private Konsumausgaben	0,9	1,0	1,5	1,3
Konsumausgaben des Staates	2,6	1,5	1,1	1,3
Bruttoanlageinvestitionen	-2,4	0,8	1,9	1,6
Exporte von Waren und Dienstleistungen	1,9	0,7	6,5	3,5
Importe von Waren und Dienstleistungen	0,3	2,7	6,5	4,0
Weitere Wirtschaftsdaten				
Verbraucherpreise[4)]	2,3	2,1	2,1	2,2
Kurzfristiger Zinssatz (%)[5)]	3,3	2,3	2,1	2,1
Langfristiger Zinssatz (%)[6)]	4,9	4,1	4,1	3,4
Arbeitslosenquote[7)]	8,3	8,7	8,9	8,7
Leistungsbilanzsaldo[8)]	0,9	0,3	0,6	0,1
Finanzierungssaldo des Staates[8)]	-2,5	-3,0	-2,7	-2,8
Schuldenstand des Staates[8)]	69,2	70,4	70,8	71,3

1) Soweit nicht anders definiert: Veränderung gegenüber dem Vorjahr. - 2) Eigene Schätzung auf Basis von Angaben internationaler und nationaler Institutionen. - 3) In Preisen von 1995. - 4) Harmonisierter Verbraucherpreisindex (HVPI). - 5) Für Dreimonatswechsel (Jahresdurchschnitte). - 6) Für Staatsschuldpapiere mit einer Laufzeit von 10 Jahren (Jahresdurchschnitte). - 7) Von der EU standardisierte Arbeitslosenquote gemäß Richtlinien der Internationalen Arbeitsorganisation (ILO-Konzept). Arbeitslose in vH der zivilen Erwerbspersonen. - 8) In Relation zum nominalen Bruttoinlandsprodukt in vH.

Quelle: EU

103. Der **private Konsum** expandierte mit 1,3 vH in einem moderaten Tempo. Zurückzuführen ist dies in erster Linie auf eine weiterhin ungünstige Lage auf dem Arbeitsmarkt. Die Beschäftigungsentwicklung zog im Jahr 2005 leicht an und die harmonisierte Arbeitslosenquote ging nur geringfügig von 8,9 vH auf 8,7 vH zurück. Die angespannte Situation auf dem Arbeitsmarkt dämpfte die Entwicklung der realen verfügbaren Einkommen, die ebenso wie die reale Entlohnung je Beschäftigten verringerte Zuwachsraten aufwiesen. Die mäßige Konsumneigung der privaten Haushalte spiegelte sich in dem von der Europäischen Kommission ermittelten Indikator für das Verbrauchervertrauen in Europa wider, der bis zur Jahresmitte sank und sich in der zweiten Jahreshälfte nicht merklich verbesserte. Einem freundlicheren Konsumklima wirkten nicht zuletzt die Diskussionen über die Finanzierungsprobleme der Renten- und Gesundheitssysteme in mehreren Ländern entgegen. Sie trugen dort zu einer Verunsicherung der Konsumenten hinsichtlich ihres künftigen verfügbaren Haushaltseinkommens bei. Die jüngsten Verbraucherumfragen zum aktuellen Sparverhalten sowie zur Sparneigung in den nächsten zwölf Monaten zeigten dementsprechend deutliche Aufwärtstendenzen.

104. Die **Bruttoanlageinvestitionen** stiegen im Jahresdurchschnitt nur um 1,6 vH. Die Stimmungslage in der Industrie war insbesondere im ersten Halbjahr trübe und erholte sich erst zur Mitte des Jahres. Der stark beachtete Einkaufsmanagerindex für das Verarbeitende Gewerbe bewegte sich von April bis Juni unterhalb von 50 Punkten und signalisierte damit eine Kontraktion im Verarbeitenden Gewerbe. Erst ab Juli lag er wieder im Expansionsbereich und signalisierte ab September eine wieder deutlich zunehmende Investitionsbereitschaft. Die Kapazitätsauslastung in der Industrie nahm von 81,6 vH im Vorjahr auf 81,3 vH in diesem Jahr leicht ab.

105. Die wirtschaftliche Dynamik im Euro-Raum wurde durch den gestiegenen Ölpreis insgesamt deutlich gehemmt. Die erhöhten Importaufwendungen für Energieträger führten zudem dazu, dass sich der **Außenbeitrag** gegenüber dem Vorjahr verringerte und mit -0,1 Prozentpunkten einen negativen Beitrag zur Veränderung des Bruttoinlandsprodukts leistete. Die Dynamik der Exporte blieb eher gering. Hier wirkte zunächst noch die reale Aufwertung des Euro am Ende des Vorjahres nach, die sich erst zur Mitte des Jahres umkehrte.

106. Die Lage der **öffentlichen Finanzen** der Länder des Euro-Raums blieb angespannt. Mit Deutschland, Frankreich, Italien, Portugal und Griechenland verstieß fast die Hälfte aller Staaten gegen die im Stabilitäts- und Wachstumspakt vereinbarte Defizitobergrenze von 3 vH in Relation zum nominalen Bruttoinlandsprodukt. Der aggregierte Finanzierungssaldo in Relation zum nominalen Bruttoinlandsprodukt verschlechterte sich geringfügig um 0,1 Prozentpunkte auf -2,8 vH. Für das kommende Jahr sind nur geringe Verbesserungen zu erwarten; die Fiskalpolitik dürfte in der Gesamtbetrachtung weiterhin – wie bereits im laufenden Jahr – annähernd konjunkturneutral ausgerichtet sein.

6. Weiterhin günstige geldpolitische Rahmenbedingungen, aber gestiegene Preisrisiken

107. In den ersten zehn Monaten dieses Jahres ließ der EZB-Rat die Leitzinsen unverändert. Der Mindestbietungssatz für Hauptrefinanzierungsgeschäfte lag weiterhin bei 2,0 %, und auch die Zinssätze für die Spitzenrefinanzierungs- und die Einlagefazilität blieben unverändert bei 3,0 % beziehungsweise 1,0 %. Die realen und die nominalen Zinssätze im Euro-Raum bewegten sich über das gesamte Laufzeitenspektrum hinweg weiter auf einem im historischen Vergleich sehr niedrigen Niveau, wodurch die Geldpolitik eine anhaltend expansive Wirkung entfaltete. Dies spiegelte sich in der Dynamik des Geldmengenwachstums wider, das sich nach der Abschwächung im Jahr 2004 im Verlauf dieses Jahres wieder deutlich beschleunigt hat. Die anhaltend niedrigen

Zinsen sowie die weitere Abflachung der Zinsstrukturkurve gingen mit einer deutlichen Aufstockung der liquiden Anlagen – der Bargeldbestände und der täglich fälligen Einlagen – einher und beschleunigten die Nachfrage nach Darlehen, die über den gesamten privaten Sektor hinweg anzog. Insgesamt ist die Liquiditätsversorgung nach wie vor reichlich, so dass von der Finanzierungsseite her gesehen einer stärkeren Belebung des wirtschaftlichen Wachstums nichts im Weg steht.

Allerdings verlangen sowohl die reichliche Liquiditätsausstattung als auch die anhaltend hohen Ölpreise eine erhöhte Aufmerksamkeit seitens der Notenbank. Derzeit gibt es zwar keine deutlichen Anzeichen, dass sich im Euro-Raum ein binnenwirtschaftlicher Inflationsdruck aufbaut. Die Inflationsrisiken haben jedoch zuletzt mit dem starken Anstieg des Ölpreises in den Sommermonaten bei der gleichzeitigen Abwertung des Euro eher zugenommen.

Preisniveaustabilität trotz steigender Ölpreise

108. Trotz anhaltend hoher Ölpreise blieb der Preisanstieg im Euro-Raum weitgehend stabil. In den ersten neun Monaten stieg der Harmonisierte Verbraucherpreisindex (HVPI) durchschnittlich um 2,1 vH gegenüber dem entsprechenden Vorjahreszeitraum und lag damit nur geringfügig oberhalb des von der Europäischen Zentralbank definierten Zielwerts (Schaubild 6). Hiernach ist

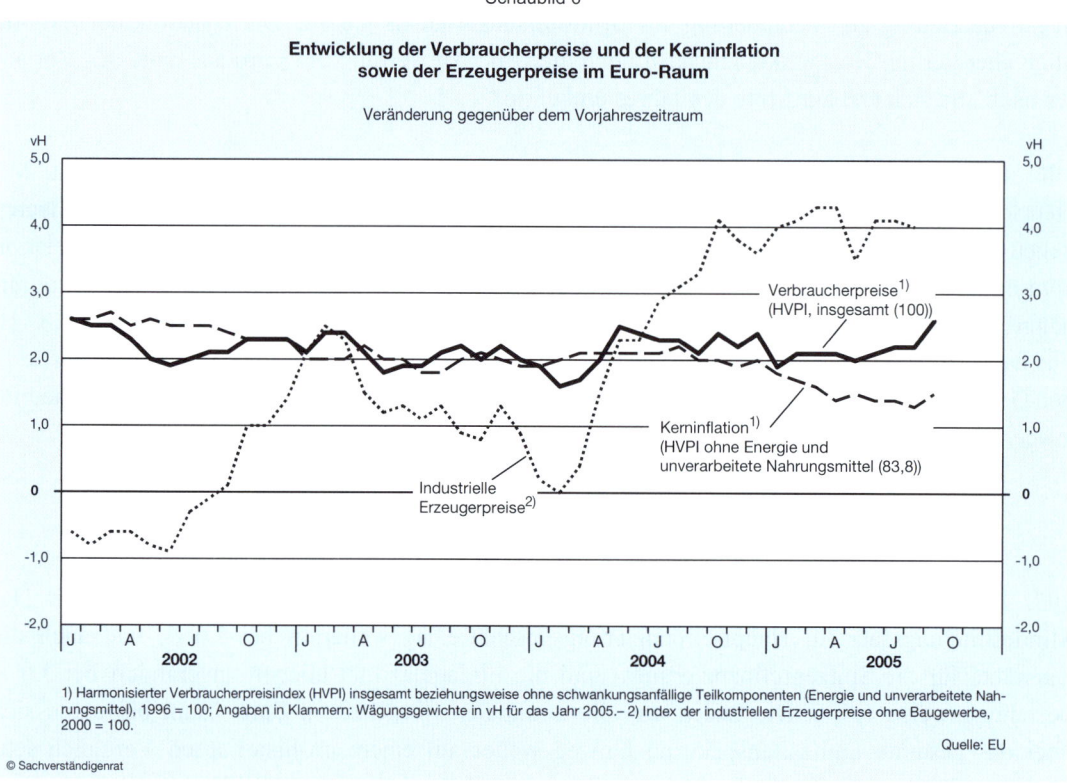

Schaubild 6

Entwicklung der Verbraucherpreise und der Kerninflation sowie der Erzeugerpreise im Euro-Raum

Veränderung gegenüber dem Vorjahreszeitraum

1) Harmonisierter Verbraucherpreisindex (HVPI) insgesamt beziehungsweise ohne schwankungsanfällige Teilkomponenten (Energie und unverarbeitete Nahrungsmittel), 1996 = 100; Angaben in Klammern: Wägungsgewichte in vH für das Jahr 2005.– 2) Index der industriellen Erzeugerpreise ohne Baugewerbe, 2000 = 100.

Quelle: EU

© Sachverständigenrat

das Ziel der Preisniveaustabilität erreicht, wenn die jährliche Steigerungsrate des HVPI „unter", aber „nahe 2,0 vH" liegt. Der von den Energiepreisen ausgehende Inflationsdruck – in den ersten acht Monaten nahm der HVPI-Teilindex für Energie durchschnittlich um rund 9 vH zu – wurde dabei durch eine schwächere Preisentwicklung bei verarbeiteten Nahrungsmitteln und Dienstleistungen ausgeglichen. Nachdem die zu Beginn des Jahres 2004 vorgenommenen Anhebungen administrierter Preise im letzten Jahr maßgeblich zur allgemeinen Preissteigerung beigetragen hatten (JG 2004 Ziffer 121), wirkten zudem vor allem im ersten Quartal des laufenden Jahres nachlassende Basiseffekte dämpfend auf die Gesamtinflation. In Folge des beschleunigten Preisanstiegs von Energie sind die Verbraucherpreise allerdings zuletzt deutlich schneller als in der ersten Jahreshälfte gestiegen.

Diese gegenläufigen Effekte schlugen sich zudem in der Differenz der Gesamtinflationsrate und der **Kerninflationsrate** – der Jahresveränderungsrate des HVPI ohne unverarbeitete Nahrungsmittel und Energie – nieder. Im Gegensatz zum HVPI sank die Kerninflationsrate, die seit Juni letzten Jahres unterhalb der Rate des HVPI lag, deutlich. Während die Kerninflationsrate im Jahr 2004 im Durchschnitt noch bei 2,0 vH gelegen hatte, betrug sie im Durchschnitt der ersten neun Monate dieses Jahres lediglich 1,5 vH.

109. Der nach wie vor begrenzte Inflationsdruck im Euro-Raum lässt sich ferner darauf zurückführen, dass indirekte Effekte und Zweitrundeneffekte des Ölpreisanstiegs bislang nahezu ausgeblieben sind. Neben den direkten Effekten auf die ölpreisbezogenen Komponenten des Verbraucherpreisindex kann sich ein Ölpreisanstieg über erhöhte Energieeinsatzkosten indirekt auf die Erzeugerpreise anderer Waren und Dienstleistungen auswirken. Bislang zeichnet sich aber allenfalls bei den Vorleistungsgütern eine gewisse Überwälzung der höheren Energiepreise auf die Erzeugerpreise ab. Jüngste Indikatoren deuten zudem darauf hin, dass sich dies nur in geringerem Maße in den Preisen der Endprodukte niederschlagen wird, da die Unternehmen ihre gestiegenen Kosten zum Teil durch eine Verringerung ihrer Gewinnspannen absorbieren. Ebenso wenig gibt es derzeit Anzeichen für das Auftreten von Zweitrundeneffekten in Gestalt einer ölpreisbedingten Lohn-Preis-Spirale. Insgesamt deuten Arbeitskostenindikatoren bis zuletzt nicht auf einen vom Arbeitsmarkt ausgehenden Inflationsdruck hin.

Beschleunigter Zuwachs der Geldmenge M3

110. Nachdem sich die Geldmengenexpansion bis Mitte letzten Jahres deutlich abgeschwächt hatte, setzte sich der danach wieder stärkere Anstieg in diesem Jahr ungebremst fort (Schaubild 7, Seite 62). In den ersten neun Monaten stieg die Geldmenge M3 mit einer durchschnittlichen Jahreswachstumsrate von 7,3 vH und lag damit erneut deutlich über dem Referenzwert in Höhe von 4,5 vH. Wie bereits im letzten Jahr wurde die Entwicklung der Geldmenge M3 weiterhin von zwei gegenläufigen Faktoren bestimmt. Die anhaltende Normalisierung des Anlageverhaltens, die sich insbesondere im verhaltenen und rückläufigen Wachstum der Geldmarktfondsanteile zeigte, wirkte sich zwar weiterhin dämpfend auf die Expansion der Geldmenge M3 aus. Dies wurde jedoch durch den im Vergleich zum Vorjahr weitaus stärkeren Anstieg der Geldmenge M1 überkompensiert. Bei den Gegenposten zur Geldmenge spiegelten sich diese gegenläufigen Entwicklungen in einer kräftigen Zunahme der Kreditvergabe an den privaten Sektor sowie in einer sehr hohen Geldkapitalbildung wider.

Schaubild 7

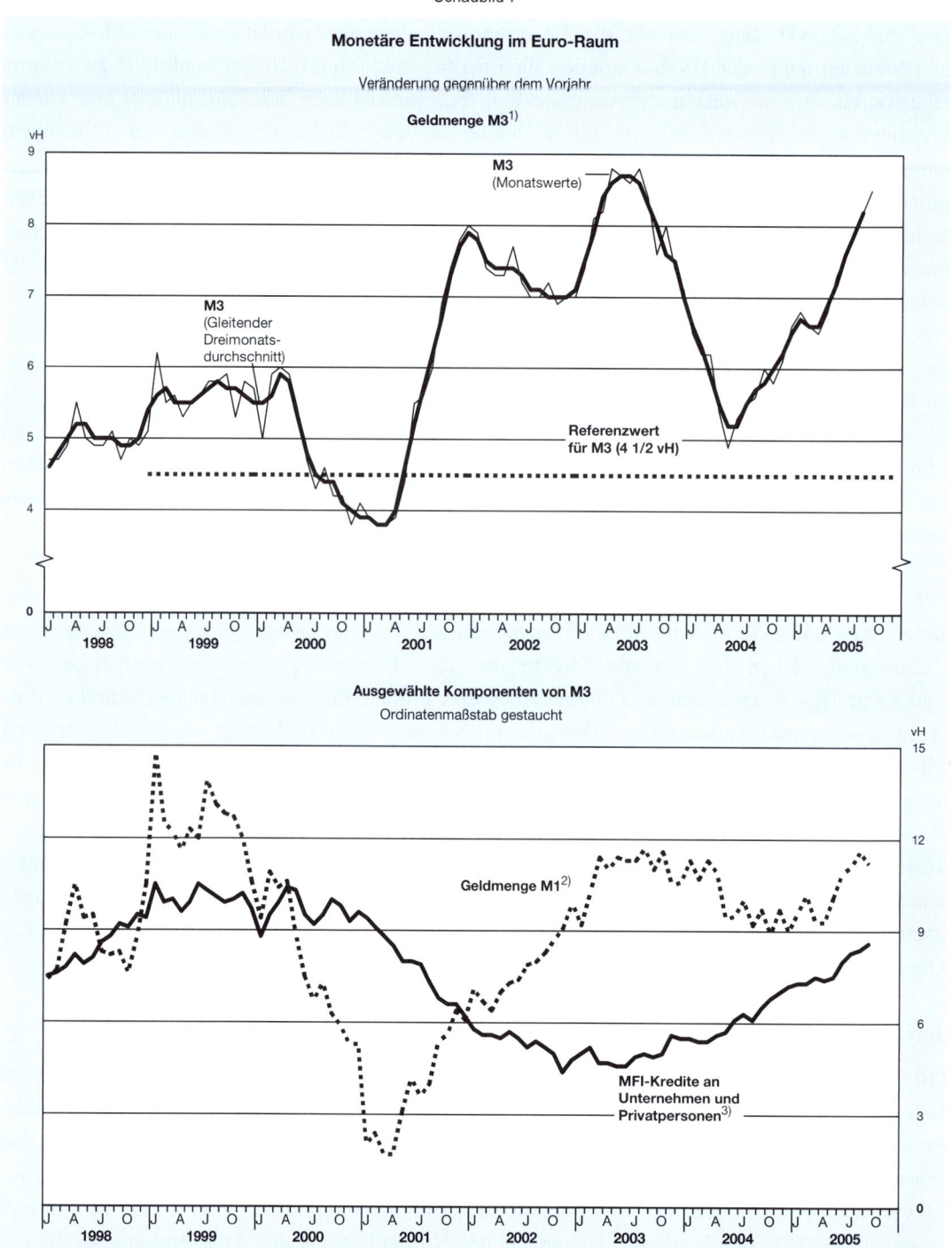

Monetäre Entwicklung im Euro-Raum

Veränderung gegenüber dem Vorjahr

Geldmenge M3[1]

M3 (Monatswerte)

M3 (Gleitender Dreimonatsdurchschnitt)

Referenzwert für M3 (4 1/2 vH)

Ausgewählte Komponenten von M3

Ordinatenmaßstab gestaucht

Geldmenge M1[2]

MFI-Kredite an Unternehmen und Privatpersonen[3]

1) Geldmenge M1 zuzüglich Einlagen mit vereinbarter Laufzeit und vereinbarter Kündigungsfrist bis zu drei Monaten (ohne Einlagen der Zentralstaaten) zuzüglich Repogeschäfte, Geldmarktpapiere sowie Schuldverschreibungen bis zu zwei Jahren.– 2) Bargeldumlauf, täglich fällige Einlagen (ohne Einlagen von Zentralstaaten) und monetäre Verbindlichkeiten der Zentralstaaten.– 3) Kredite von monetären Finanzinstituten.

Quelle: EZB

© Sachverständigenrat

111. Ebenso wie die Geldmengenentwicklung lassen die Indikatoren der Überschussliquidität auf das Vorhandensein von reichlich Liquidität im Euro-Raum schließen. Sowohl die Werte der nominalen als auch der realen Geldlücke – auf der Basis des offiziellen M3-Bestands und auf der Grundlage des um den geschätzten Effekt früherer Portfolioumschichtungen bereinigten M3-Bestands – überstiegen im zweiten Quartal die Ende des Jahres 2004 erzielten Höchststände (JG 2004 Ziffer 139).

Zwar sind diese Indikatoren mit erheblichen Messproblemen behaftet und deshalb mit besonderer Vorsicht zu interpretieren. In Verbindung mit der überwiegend auf die starke Zunahme der liquideren Komponenten zurückzuführenden monetären Expansion sowie dem kräftigen Kreditwachstum sprechen sie aber dafür, dass die mittelfristigen Risiken für die Preisniveaustabilität seit Beginn des Jahres gestiegen sind. Anders als im Jahr 2003, als die starke Expansion der Geldmenge M3 überwiegend auf Portfolioumschichtungen zurückzuführen war, ist es inzwischen mittelfristig nicht auszuschließen, dass der Liquiditätsüberhang bei einer wirtschaftlichen Belebung nachfragewirksam wird und sich in einem weiteren spürbaren Anstieg der Vermögenspreise, insbesondere auf den Immobilienmärkten, niederschlägt. Allerdings muss – wie auch bei der Beurteilung der Preisentwicklungen – berücksichtigt werden, dass die monetären Aggregate in den einzelnen Ländern der Währungsunion stark divergieren. Risiken aufgrund möglicher Fehlentwicklungen bei den Vermögenspreisen bestehen in erster Linie in den Ländern, die sich durch ein sehr starkes Geldmengen- und Kreditwachstum auszeichnen. Im Gegensatz zu diesen monetären Indikatoren deuten sowohl die Ergebnisse der Umfragen unter Prognostikern (*Survey of Economic Forecasters*) als auch die Break-Even-Inflationsraten trotz eines leichten Anstiegs seit September auf weiterhin stabile langfristige Inflationserwartungen hin. Break-Even-Inflationsraten errechnen sich aus der Renditedifferenz zwischen vergleichbaren konventionellen und inflationsindexierten Anleihen und liefern eine Schätzung des Niveaus der erwarteten Inflation, bei dem ein Anleger indifferent zwischen beiden Anleihearten wäre.

Schwankende Zinserwartungen am Geldmarkt und anhaltend niedrige Langfristzinsen

112. Die Sätze am kurzen Ende des Geldmarkts blieben im Jahresverlauf wegen der unveränderten Leitzinsen nahezu konstant. Der Tagesgeldsatz EONIA lag bis auf wenige Ausnahmen stabil am Mindestbietungssatz für Hauptrefinanzierungsgeschäfte. Die Entwicklung der Dreimonats-Euribor-Terminkontrakte sowie der Zinsstrukturkurve am Geldmarkt zeigten an, dass die Marktteilnehmer im Verlauf des Jahres ihre Erwartungen hinsichtlich der Entwicklung der Kurzfristzinsen erheblich korrigierten. Während zunächst im Euro-Raum eine Leitzinserhöhung erwartet worden war, gingen die Marktteilnehmer im zweiten Quartal vermehrt von einer Zinssenkung aus. Im Juli drehte die Markteinschätzung hinsichtlich der zukünftigen Zinspolitik des EZB-Rats erneut, woraufhin sich die Steigung der Zinsstrukturkurve am Geldmarkt, die im Juni leicht negativ gewesen war, wieder ins Positive kehrte.

113. Die **Renditen langfristiger Staatsanleihen** setzten in diesem Jahr – mit Ausnahme eines kurzen Wiederanziehens im März und Juli – ihren seit Mitte 2004 verzeichneten allgemeinen Abwärtstrend fort, wobei die nominalen Anleiherenditen im Jahresverlauf mehrfach neue historische Tiefstände erreichten. Haupttriebfeder der Entwicklung an den internationalen Anleihemärkten war erneut der Markt für amerikanische Staatsanleihen, der zu Jahresbeginn zunächst von

schlechteren Wachstumsaussichten und niedrigen Inflationserwartungen dominiert wurde. Während die wirtschaftlichen Perspektiven in den Vereinigten Staaten im Verlauf des Jahres etwas günstiger eingeschätzt wurden, zeichnete sich Ende der ersten Jahreshälfte für den Euro-Raum eine weitere Verschlechterung der kurz- und mittelfristigen Wachstumsaussichten ab, was sich wiederum in einer Ausweitung der internationalen Zinsdifferenz niederschlug. Nachdem die Differenz zwischen den Renditen zehnjähriger Staatsanleihen des Euro-Raums und jener der Vereinigten Staaten im ersten Quartal im Durchschnitt 65 Basispunkte betragen hatte, stieg sie bis zum August auf bis zu 100 Basispunkte an. Nach den Tiefständen Anfang September, die insbesondere auf die Befürchtungen der Marktteilnehmer hinsichtlich der wirtschaftlichen Folgen der durch den Hurrikan „Katrina" verursachten Schäden zurückzuführen waren, legten die langfristigen Zinsen in den Vereinigten Staaten zuletzt wieder deutlich zu. Insgesamt nahm sowohl in den Vereinigten Staaten als auch im Euro-Raum, in dem im Oktober lediglich ein leichter Anstieg der langfristigen Renditen zu verzeichnen war, die Besorgnis der Marktteilnehmer über die Auswirkungen der hohen Ölpreise zu. Deutlicher als im Euro-Raum schlug sich dies zuletzt in den Vereinigten Staaten auch in einem Anstieg der an den Breakeven-Inflationsraten gemessenen Inflationserwartungen nieder.

Außenwert des Euro von zunehmendem Zinsgefälle geprägt

114. Während die Preisniveauentwicklung im Euro-Raum durch den Anstieg der Energiepreise belastet wurde, ging vom Wechselkurs insbesondere zu Beginn des Jahres weiterhin ein inflationsdämpfender Effekt aus. Nach der starken Aufwertung des Euro gegenüber dem US-Dollar im vierten Quartal des Jahres 2004 blieb der Wechselkurs zunächst auf einem relativ hohen Niveau und pendelte bis Mai um einen Wert von 1,30 US-Dollar je Euro. Danach wertete der Euro allerdings deutlich ab und schwankte – nachdem er zwischenzeitlich unter das Niveau von 1,20 US-Dollar je Euro gefallen war – zuletzt um Werte zwischen 1,20 und 1,25 US-Dollar je Euro. Insgesamt belief sich der Außenwert des Euro im Mittel der ersten neun Monate auf 1,26 US-Dollar je Euro und lag damit um 1,5 vH oberhalb des durchschnittlichen Vorjahresniveaus.

115. Maßgeblich für die Wechselkursentwicklung des Euro gegenüber dem US-Dollar zu Beginn des Jahres waren Sorgen um die Finanzierbarkeit des amerikanischen Leistungsbilanzdefizits sowie eine befürchtete Abschwächung der Dynamik in den Vereinigten Staaten. Vor dem Hintergrund der weiterhin starken konjunkturellen Entwicklung und steigender Zinsen in den Vereinigten Staaten verlagerte sich die Aufmerksamkeit der Marktteilnehmer an den Devisenmärkten im weiteren Verlauf jedoch zu den relativen Renditen, die bis zuletzt die Wechselkursentwicklung bestimmten. Maßgeblich für die stärkere Abwertung des Euro zur Mitte des Jahres war neben zeitweise ungünstigeren Wirtschaftsaussichten für den Euro-Raum insbesondere die negative Stimmung gegenüber dem Euro, zu der es nach der Ablehnung des EU-Verfassungsvertrags bei den Referenden in Frankreich und den Niederlanden sowie dem Scheitern der Verhandlungen über die Finanzielle Vorschau der Europäischen Union für die Jahre 2007 bis 2013 gekommen war.

116. Der nominale **effektive Wechselkurs**, der sich als gewogener Durchschnitt der Euro-Wechselkurse gegenüber den Währungen von 23 Haupthandelspartnern ergibt, entwickelte sich weitgehend parallel zum Euro-Kurs des US-Dollar und lag in den ersten fünf Monaten des Jahres durchweg oberhalb seines Durchschnitts des Jahres 2004. Im Zuge der starken Abwertung gegenüber

dem US-Dollar, verstärkt durch die Abschwächung des Euro gegenüber einigen an die US-Währung gekoppelten asiatischen Währungen, fiel der nominale effektive Wechselkurs jedoch im weiteren Verlauf deutlich und lag zuletzt rund 2 vH unterhalb des durchschnittlichen Niveaus des Vorjahres. Analoges gilt für den realen effektiven Wechselkurs auf Verbraucherpreisbasis.

7. Abflachende konjunkturelle Entwicklung in den übrigen Staaten der Europäischen Union

117. Die konjunkturelle Lage in den Staaten der Europäischen Union, die nicht dem Euro-Raum angehören, stellte sich auch im Jahr 2005 besser dar als bei den Mitgliedern der Währungsunion (Tabelle 8, Seite 66). Dennoch gingen die Zuwachsraten im Vergleich zum Vorjahr teilweise deutlich zurück. So legte das Bruttoinlandsprodukt des Vereinigten Königreichs in diesem Jahr um 1,7 vH zu, nach 3,2 vH im Jahr 2004; die Wirtschaftsleistung in Schweden und Dänemark erhöhte sich im Jahr 2005 um 2,5 vH (2004: 3,6 vH) beziehungsweise 2,5 vH (2004: 2,1 vH). Die Mitgliedstaaten aus Zentral- und Osteuropa verloren einen Teil des konjunkturellen Schwungs des Beitrittsjahres 2004. Gleichwohl blieb die aggregierte Zuwachsrate mit 4,2 vH weiterhin merklich oberhalb des Durchschnitts in der Europäischen Union.

118. Im **Vereinigten Königreich** waren es vor allem die privaten Investitionen und die Staatsausgaben, die die Konjunktur stützten. Die Privaten Konsumausgaben entwickelten sich zwar weiterhin positiv, aber etwas zurückhaltender, nachdem sich der Preisauftrieb bei den Immobilien im Verlauf des Jahres spürbar abgeschwächt hatte. Nach der expansiven Fiskalpolitik der vergangenen Jahre verschlechterte sich die Defizitquote des Staates weiter auf 3,3 vH nach 3,0 vH im Vorjahr. In Anbetracht der zurückhaltenden Konjunkturentwicklung senkte die Bank of England im August 2005 erstmals wieder den Leitzins um 0,25 Prozentpunkte, nachdem er zwölf Monate lang konstant geblieben und zuvor schrittweise von 3,5 % auf 4,75 % erhöht worden war. Möglich wurde dieser Schritt trotz Preisniveausteigerungen oberhalb des Inflationsziels von 2,0 vH, da der nachlassende Nachfragedruck mittelfristig eine Reduktion der Inflation erwarten ließ. Unter Berücksichtigung der Zinssenkung ist von einer Wiederbelebung der Konjunktur für das Jahr 2006 auszugehen.

119. Die wirtschaftliche Dynamik der neuen mittel- und osteuropäischen **EU-Mitgliedsländer** schwächte sich im Vergleich zum Vorjahr merklich ab. Insbesondere Polen, Ungarn und Slowenien verzeichneten einen Rückgang des konjunkturellen Schwungs, während sich das Expansionstempo in Tschechien, der Slowakei und den drei baltischen Staaten nur wenig veränderte. Die konjunkturelle Verlangsamung ging auf einen massiven Rückgang des Zuwachses der Investitionen und der Industrieproduktion zurück. Neben dem für die Länder der Region sehr ungünstigen Auftrieb der Rohölpreise trug auch die reale Aufwertung der lokalen Währungen zu dieser negativen Entwicklung bei. Der Ausblick für die Zukunft stellt sich indes positiver dar, weil die abgeschwächte Konjunktur zu einem geringeren Preisdruck führt, so dass die Geldpolitik einen größeren Spielraum erhält. Bereits in diesem Jahr wurde dieser zu Zinssenkungen genutzt, und für das nächste Jahr ist ebenfalls mit weiteren geldpolitischen Schritten in diese Richtung zu rechnen. Sorgen bereiten nach wie vor die Finanzierungssalden der öffentlichen Haushalte, die in Polen, Tschechien, Ungarn und der Slowakei die Defizitmarke von 3 vH in Bezug auf das nominale Bruttoinlandsprodukt überschritten.

Tabelle 8

Wirtschaftsdaten für die Länder der Europäischen Union

Land/Ländergruppe	Bruttoinlandsprodukt[1)2)3)]				Verbraucherpreise[3)4)]				Arbeitslosenquote[5)]			
	2002	2003	2004	2005[6)]	2002	2003	2004	2005[6)]	2002	2003	2004	2005[6)]
Belgien	+ 0,9	+ 1,3	+ 2,9	+ 1,4	+ 1,6	+ 1,5	+ 1,9	+ 2,7	7,3	8,0	7,9	7,7
Deutschland	+ 0,1	- 0,2	+ 1,6	+ 0,8	+ 1,4	+ 1,1	+ 1,6	+ 2,0	7,6	8,7	9,2	9,3
Finnland	+ 2,2	+ 2,4	+ 3,6	+ 1,7	+ 2,0	+ 1,3	+ 0,1	+ 1,0	9,1	9,0	8,8	8,4
Frankreich	+ 1,2	+ 0,8	+ 2,3	+ 1,3	+ 1,9	+ 2,2	+ 2,3	+ 1,9	8,9	9,5	9,7	9,7
Griechenland	+ 3,8	+ 4,6	+ 4,7	+ 3,0	+ 3,9	+ 3,4	+ 3,0	+ 3,5	10,3	9,7	10,5	10,4
Irland	+ 6,1	+ 4,4	+ 4,5	+ 5,2	+ 4,7	+ 4,0	+ 2,3	+ 2,2	4,3	4,6	4,5	4,3
Italien	+ 0,4	+ 0,3	+ 1,2	+ 0,4	+ 2,6	+ 2,8	+ 2,3	+ 2,2	8,6	8,4	8,0	7,7
Luxemburg	+ 2,5	+ 2,9	+ 4,5	+ 3,7	+ 2,1	+ 2,5	+ 3,2	+ 3,6	2,8	3,7	4,8	4,9
Niederlande	+ 0,1	- 0,1	+ 1,7	+ 0,6	+ 3,9	+ 2,2	+ 1,4	+ 1,7	2,8	3,7	4,6	5,1
Österreich	+ 1,0	+ 1,4	+ 2,4	+ 1,8	+ 1,7	+ 1,3	+ 2,0	+ 2,3	4,2	4,3	4,8	4,9
Portugal	+ 0,5	- 1,2	+ 1,2	+ 0,5	+ 3,7	+ 3,3	+ 2,5	+ 2,2	5,0	6,3	6,7	7,4
Spanien	+ 2,7	+ 2,9	+ 3,1	+ 3,2	+ 3,6	+ 3,1	+ 3,1	+ 3,4	11,5	11,5	11,0	9,9
Euro-Raum	+ 0,9	+ 0,7	+ 2,1	+ 1,3	+ 2,3	+ 2,1	+ 2,1	+ 2,2	8,3	8,7	8,9	8,7
Dänemark	+ 0,5	+ 0,6	+ 2,1	+ 2,5	+ 2,4	+ 2,0	+ 0,9	+ 1,7	4,6	5,6	5,4	4,8
Schweden	+ 2,0	+ 1,5	+ 3,6	+ 2,5	+ 2,0	+ 2,3	+ 1,0	+ 0,7	4,9	5,6	6,3	6,6
Vereinigtes Königreich	+ 2,0	+ 2,5	+ 3,2	+ 1,7	+ 1,3	+ 1,4	+ 1,3	+ 2,4	5,1	4,9	4,7	4,7
EU-15	+ 1,0	+ 1,0	+ 2,3	+ 1,4	+ 2,1	+ 2,0	+ 2,0	+ 2,2	7,6	8,0	8,1	8,0
Estland	+ 7,2	+ 6,7	+ 7,8	+ 8,4	+ 3,6	+ 1,4	+ 3,0	+ 4,1	9,5	10,2	9,2	7,6
Lettland	+ 6,4	+ 7,2	+ 8,3	+ 8,3	+ 2,0	+ 2,9	+ 6,2	+ 6,2	12,6	10,4	9,8	9,6
Litauen	+ 6,7	+10,4	+ 7,0	+ 7,0	+ 0,4	- 1,1	+ 1,1	+ 1,1	13,5	12,7	10,9	10,4
Malta	+ 0,8	- 1,9	+ 0,4	+ 0,4	+ 2,6	+ 1,9	+ 2,7	+ 2,7	7,7	8,0	7,6	6,9
Polen	+ 1,4	+ 3,8	+ 5,3	+ 5,3	+ 1,9	+ 0,7	+ 3,6	+ 3,6	19,8	19,2	18,8	18,1
Slowakei	+ 4,6	+ 4,5	+ 5,5	+ 5,5	+ 3,5	+ 8,4	+ 7,5	+ 7,5	18,7	17,5	18,2	17,0
Slowenien	+ 3,5	+ 2,7	+ 4,2	+ 4,2	+ 7,5	+ 5,7	+ 3,6	+ 3,6	6,1	6,5	6,0	5,6
Tschechische Republik	+ 1,5	+ 3,2	+ 4,4	+ 4,4	+ 1,4	- 0,1	+ 2,6	+ 2,6	7,3	7,8	8,3	7,8
Ungarn	+ 5,1	+ 3,4	+ 4,6	+ 4,6	+ 5,2	+ 4,7	+ 6,8	+ 6,8	5,6	5,8	6,0	6,9
Zypern	+ 2,1	+ 1,9	+ 3,8	+ 3,8	+ 2,8	+ 4,0	+ 1,9	+ 1,9	3,9	4,5	5,2	4,8
Neue Mitgliedsländer	+ 2,6	+ 3,8	+ 5,1	+ 4,2	+ 2,7	+ 2,1	+ 4,1	+ 2,6	14,8	14,3	14,1	13,7
Europäische Union	+ 1,1	+ 1,1	+ 2,4	+ 1,6	+ 2,1	+ 1,9	+ 2,1	+ 2,2	8,7	9,0	9,0	8,8

1) Preisbereinigt. - 2) Deutschland: Bruttoinlandsprodukt, preisbereinigt; Kettenindex (2000 = 100). - 3) Veränderung gegenüber dem Vorjahr in vH. - 4) Harmonisierter Verbraucherpreisindex (HVPI). - 5) Von der EU standardisierte Arbeitslosenquoten gemäß Richtlinien der Internationalen Arbeitsorganisation (ILO-Konzept). Arbeitslose in vH der Erwerbspersonen. - 6) Eigene Schätzung.

Quelle: EU

II. Konjunktur in Deutschland bleibt labil

120. Die in der zweiten Jahreshälfte des Jahres 2003 einsetzende wirtschaftliche Belebung kam bereits zur Jahresmitte 2004 zum Erliegen. Seitdem war die konjunkturelle Entwicklung labil, im Jahr 2005 geriet die deutsche Volkswirtschaft wiederum zeitweilig ins Stocken. Eine sich selbst tragende und breit angelegte wirtschaftliche Erholung ließ sich weiterhin nicht beobachten. In den Dekaden zuvor war eine ähnlich kraftlose und wechselhafte Aufwärtsbewegung nicht verzeichnet worden.

Die Zunahme des Bruttoinlandsprodukts im Jahr 2005 basierte in bedeutendem Ausmaß auf der kräftigen Ausweitung der Exporte, während die Binnennachfrage ihre Schwäche nicht überwand. Bei anhaltendem Abbau der sozialversicherungspflichtigen Beschäftigung waren die Privaten Konsumausgaben rückläufig. Die moderate Zunahme der Ausrüstungsinvestitionen hielt an, wenngleich sich eine nennenswerte Dynamik nicht entfaltete. Die Bauinvestitionen, ein Hemmschuh der wirtschaftlichen Entwicklung in den letzten Jahren, blieben weiterhin rückläufig, einmal mehr wurde dort die Trendwende nicht erreicht. Im Jahresdurchschnitt erhöhte sich das **Bruttoinlandsprodukt** um lediglich 0,8 vH, verglichen mit einem Zuwachs von 1,6 vH im Vorjahr (Schaubild 8).

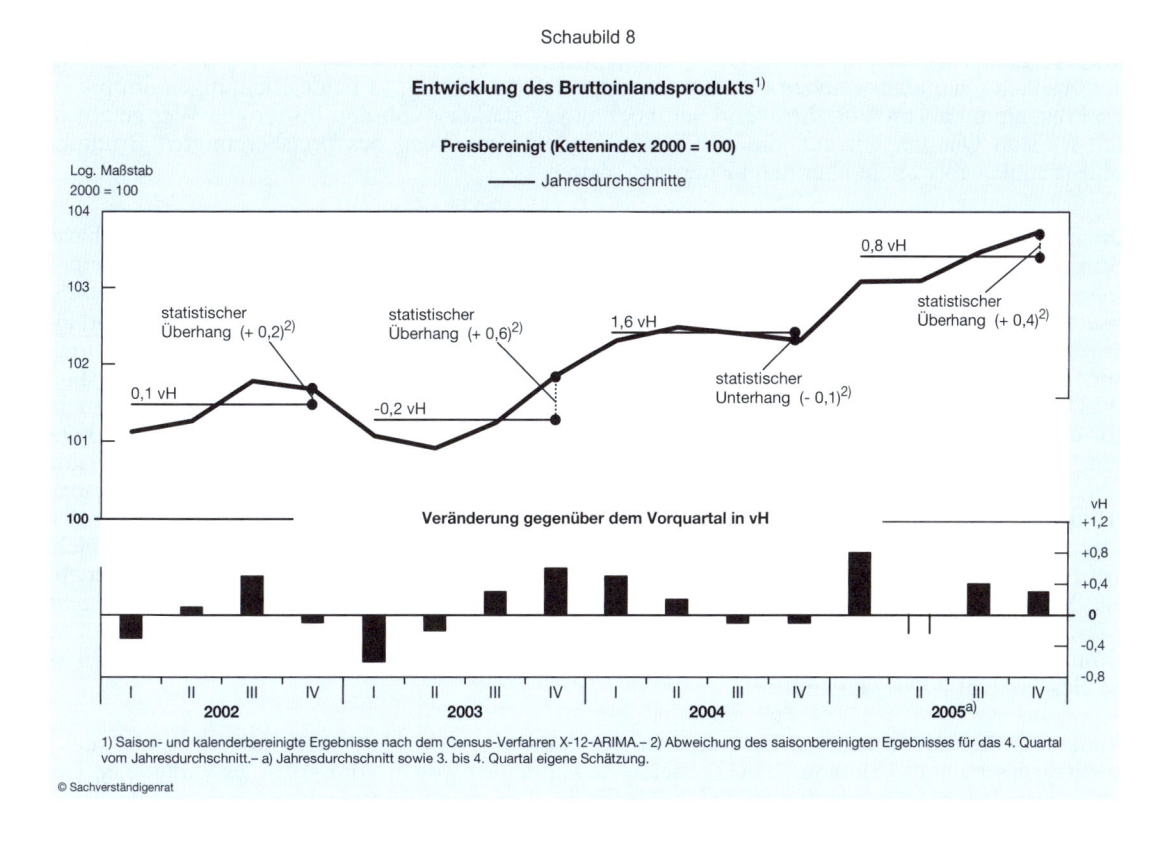

Schaubild 8

Entwicklung des Bruttoinlandsprodukts[1]

121. Am 28. April 2005 veröffentlichte das Statistische Bundesamt erste Ergebnisse der **Revision der Volkswirtschaftlichen Gesamtrechnungen 2005** für den Zeitraum der Jahre 1991 bis 2004. Dabei wurden neben der Einbeziehung neu zur Verfügung stehender statistischer Ausgangsdaten insbesondere zwei methodische Änderungen vorgenommen, mit denen die amtliche Statistik Richtlinien der Europäischen Kommission umsetzt. Zum einen betrifft dies den Übergang von der Festpreisbasis auf die **Vorjahrespreisbasis** zur Ermittlung realer volkswirtschaftlicher Größen und zum anderen wurde die Berechnung und Verteilung der **unterstellten Bankgebühr** (**FISIM**) neu geregelt (Anhang IV. E.).

Im Ergebnis ist das Niveau des Bruttoinlandsprodukts nach der Revision 2005 in jeweiligen Preisen in den Jahren 1991 bis 2004 um Werte von rund 30 Mrd Euro bis 47 Mrd Euro beziehungsweise bis zu 2,6 vH höher als bisher. Die Abweichungen der revidierten Ergebnisse von den bisher veröffentlichten gehen sowohl auf konzept- als auch auf datenbedingte Änderungen zurück, wobei letztere per saldo vergleichsweise geringe Auswirkungen auf die Höhe des nominalen Bruttoinlandsprodukts zeigen. Allein die konzeptionelle Neuregelung der „FISIM" führt im Revisionszeitraum zu einem um 1,2 vH bis 2,2 vH höheren Niveau des nominalen Bruttoinlandsprodukts. Im Zeitablauf weichen die Veränderungsraten des nominalen Bruttoinlandsprodukts in einzelnen Jahren um bis zu einem halben Prozentpunkt in beide Richtungen von den bisherigen Veränderungsraten ab. Im Durchschnitt der Jahre 1991 bis 2004 bleibt der jährliche Zuwachs des nominalen Bruttoinlandsprodukts mit 2,8 vH jedoch nahezu unverändert (bisher: 2,9 vH).

Das konjunkturelle Bild in Deutschland seit 1991 ändert sich durch die Revision nicht. Gleichwohl weichen die neu ausgewiesenen Veränderungsraten für das Bruttoinlandsprodukt für einzelne Jahre um bis zu 0,4 Prozentpunkte von den bisherigen Angaben ab. Betrachtet man die Zeitspanne von 1991 bis 2004, so ergibt sich im Jahresdurchschnitt ein leicht stärkerer Anstieg des Bruttoinlandsprodukts (1,5 vH gegenüber 1,3 vH bisher). Dies lässt sich durch den verstärkten Einsatz hedonischer Verfahren bei der Preismessung und Qualitätsbestimmung von Gütern erklären.

Entsprechend den Jahresdaten wurde auch der vierteljährliche Verlauf des preisbereinigten Bruttoinlandsprodukts größtenteils leicht nach oben revidiert. Das gilt sowohl für die Angaben im Vorjahresvergleich als auch für die saison- und kalenderbereinigten Angaben im Vorquartalsvergleich. In einzelnen Quartalen weichen die Zuwachsraten saisonbereinigt in beide Richtungen um bis zu 0,5 Prozentpunkte (im Vorjahresvergleich noch etwas stärker), von den bisherigen Werten ab; in den meisten Quartalen liegen die revidierten Veränderungsraten des preisbereinigten Bruttoinlandsprodukts aber leicht über den bisherigen Werten.

Die Volumenmessung erfolgt nunmehr auf der Grundlage einer jährlich wechselnden Preisbasis (Vorjahrespreisbasis) und ersetzt somit die bisherige Berechnung in konstanten Preisen eines festen Basisjahres. Durch die Verwendung eines möglichst zeitnahen Referenzjahres soll eine präzisere Berechnung der realen Zuwachsraten erfolgen. Die Berechnung auf Grundlage der Vorjahrespreisbasis basiert hierbei auf folgenden Schritten: Die nominalen Angaben eines Jahres werden mit Preisindizes deflationiert, die immer auf den Jahresdurchschnitt des Vorjahres normiert sind. Durch die Berechnung in Vorjahrespreisen erhält man eine Sequenz von Jahresergebnissen in konstanten Preisen des Vorjahres, für die Messzahlen oder Zuwachsraten abgeleitet werden können. Durch Verkettung (Multiplikation) dieser Messzahlen kann für jede deflationierte Variable eine Zeitreihe ermittelt werden. Im Ergebnis liegen **Kettenindizes** sowohl für Volumenangaben als auch für Preisindizes vor, die im neuen Referenzjahr 2000 auf 100 normiert sind. Verkettete Volumina lassen sich nicht mehr als Angaben in konstanten Preisen interpretieren, da sie nicht mehr allein durch reine Mengenänderungen bestimmt werden. Als Indextyp wird wie bisher für die Volumenmessung ein Laspeyres-Index und (damit) für die implizite Preismessung eine Paasche-Index verwendet. Um wie bisher vergleichbare Absolutwerte für die Volumenangaben zu ermitteln, werden die Kettenindizes mit den Werten des Referenzjahres (in der amtlichen Statistik ist dies das Jahr 2000) verknüpft.

Anders als bei der bisherigen Festpreismethode sind die verketteten Absolutwerte **nicht mehr additiv**, das heißt die Summe der verketteten Teilaggregate weicht vom Wert des verketteten Gesamtaggregats ab. So unterscheidet sich nunmehr die Summe der Verwendungsaggregate des Bruttoinlandsprodukts vom verketteten Bruttoinlandsprodukt selbst. Diese Abweichungen treten bei allen Angaben auf, in denen Zusammenfassungen von Einzelposten oder Salden berechnet werden. Die Nichtadditivität tritt auch in räumlicher Abgrenzung auf, so etwa zwischen der Ebene der Europäischen Union und ihren Mitgliedstaaten. Die Nichtadditivität kommt umso stärker zum Tragen, je weiter die Berichtsperiode von der Referenzperiode entfernt ist. Im Allgemeinen entsteht so ein **Residuum** (Anhang IV. E.).

1. Potentialwachstum weiterhin gering

122. Das im Vergleich zur Mitte der neunziger Jahre gesunkene **Potentialwachstum** hat zu einem Wachstumsrückstand gegenüber anderen Ländern des Euro-Raums geführt. Die Ursachen hierfür sind vielfältiger Natur und wurden vom Sachverständigenrat ausführlich diskutiert (JG 2002 Ziffern 333 ff.). Ein schwaches Potentialwachstum belastet die langfristigen Perspektiven einer Volkswirtschaft und führt im Zusammenspiel mit negativen konjunkturellen Impulsen dazu, dass die gesamtwirtschaftliche Produktion immer wieder Gefahr läuft, in die Stagnation zurückzufallen. Wirtschaftliche Belebungstendenzen bleiben insofern anfällig und sind vom konjunkturellen Verlauf in anderen Wirtschaftsräumen abhängig. Es kann daher nicht sonderlich verwundern, wenn die konjunkturelle Entwicklung in der jüngeren Vergangenheit wie auch in diesem Jahr in hohem Maß durch den Außenbeitrag geprägt war. Als besondere Belastung erwies sich der enorme Anstieg der Ölpreise, nicht zuletzt, da die dämpfenden Effekte einer Aufwertung des Euro-Wechselkurses in diesem Jahr ausblieben.

Unter Potentialwachstum versteht man die langfristige Entwicklung des Bruttoinlandsprodukts bei normaler Auslastung der vorhandenen Kapazitäten. In der Regel weicht die Entwicklung des Bruttoinlandsprodukts vom Potentialwachstum aufgrund konjunktureller Schwankungen ab, die sich in den Variationen des Auslastungsgrades des Produktionspotentials niederschlagen. Der Zuwachs des Bruttoinlandsprodukts wird, dieser konzeptionellen Vorstellung folgend, sowohl vom Wachstum des Potentials als auch von der Entwicklung der Output-Lücke, als Maß für konjunkturelle Schwankungen, beeinflusst. Das Potential ist nicht beobachtbar und muss daher geschätzt werden (JG 2003 Ziffern 734 ff.).

Die mit Hilfe statistischer Filterverfahren durchgeführten Schätzungen des Produktionspotentials zeigen für das Jahr 2004 ein Potentialwachstum in einem Bereich von 0,9 vH bis 1,2 vH, mit einem Median von 1,0 vH (Schaubild 9, Seite 70). Der Schätzwert für die relative Output-Lücke, definiert als relative Abweichung des Bruttoinlandsprodukts vom Produktionspotential, lag im Jahr 2004 in einem Bereich von -0,6 vH bis -0,7 vH, mit einem Median von -0,6 vH (Schaubild 9). Für das Jahr 2005 weisen die statistischen Filterverfahren auf ein nahezu unverändertes Potentialwachstum in einem Bereich von 1,0 vH bis 1,2 vH (mit einem Median von 1,1 vH) hin. Für die in etwa konstante Output-Lücke ergab sich ein Bereich von -0,6 vH bis -0,8 vH (mit einem Median von -0,7 vH). Im Einklang mit früheren Schätzungen des Sachverständigenrates liegt das Potentialwachstum damit unverändert auf niedrigem Niveau. Die im Zusammenhang mit der jüngsten Revision der Volkswirtschaftlichen Gesamtrechnungen vorgenommene Korrektur des zeitlichen Profils des Bruttoinlandsprodukts hat die Potentialschätzungen nur unwesentlich beeinflusst.

123. Für die Konjunkturdiagnose und -prognose ist es wichtig zu erkennen, in welcher Phase eines Konjunkturzyklus sich die Volkswirtschaft befindet. Hinsichtlich der **Einteilung des Konjunkturzyklus** in einzelne Phasen wird in der Praxis häufig auf eine einfache Daumenregel zurückgegriffen, wonach zwei aufeinander folgende negative Zuwachsraten des Bruttoinlandsprodukts im Quartalsvergleich eine Rezession anzeigen. Eine allgemein akzeptierte Definition des Konjunkturzyklus oder der Abgrenzung unterschiedlicher Phasen existiert jedoch nicht. In der wirtschaftswissenschaftlichen Literatur liegt vielmehr eine Reihe unterschiedlicher Verfahren vor (Harding und Pagan, 2004).

Ein vergleichsweise modernes Verfahren zur Bestimmung einzelner konjunktureller Phasen basiert auf der Formulierung eines regimeabhängigen Modells (Hamilton, 1994). Die theoretische Grundlage dieses Modelltyps beruht auf der Vorstellung, dass exogene Schocks – abhängig vom jeweils vorliegenden Zustand oder Regime – zu verschiedenen Reaktionen in der Ökonomie führen können. Dieser Auffassung wird bei der ökonometrischen Spezifikation Rechnung getragen, indem nicht für den gesamten Beobachtungszeitraum das gleiche lineare (autoregressive) Zeitreihenmodell unterstellt wird, sondern man von unterschiedlichen linearen Modellen für die verschiedenen Regime (Konjunkturphasen) des ökonomischen Systems ausgeht. Als Schwierigkeit erweist sich, dass a priori nicht bekannt ist, welchem Regime des ökonomischen Systems eine gegebene Periode zuzuordnen ist. Eine Möglichkeit, diese Unsicherheit hinsichtlich der Festlegung der Regime zu berücksichtigen, besteht darin, Regime-Wahrscheinlichkeiten zu berechnen, die angeben, welches lineare Zeitreihenmodell beziehungsweise welche konjunkturelle Phase in einer gegebenen Periode Gültigkeit besitzt (Schaubild 10). Gehört beispielsweise eine Periode t mit großer Sicherheit einer stagnativen Phase an, so wäre mit Wahrscheinlichkeit nahe Eins dasjenige Zeitreihenmodell gültig, das für eine stagnative Phase den datengenerierenden Prozess beschreibt. Besteht große Unsicherheit darüber, in welcher Phase des Zyklus sich eine gegebene Periode befindet, wird beiden Zeitreihenmodellen eine Wahrscheinlichkeit nahe 0,5 zugewiesen.

Die wirtschaftliche Lage in der Welt und in Deutschland

Schaubild 9

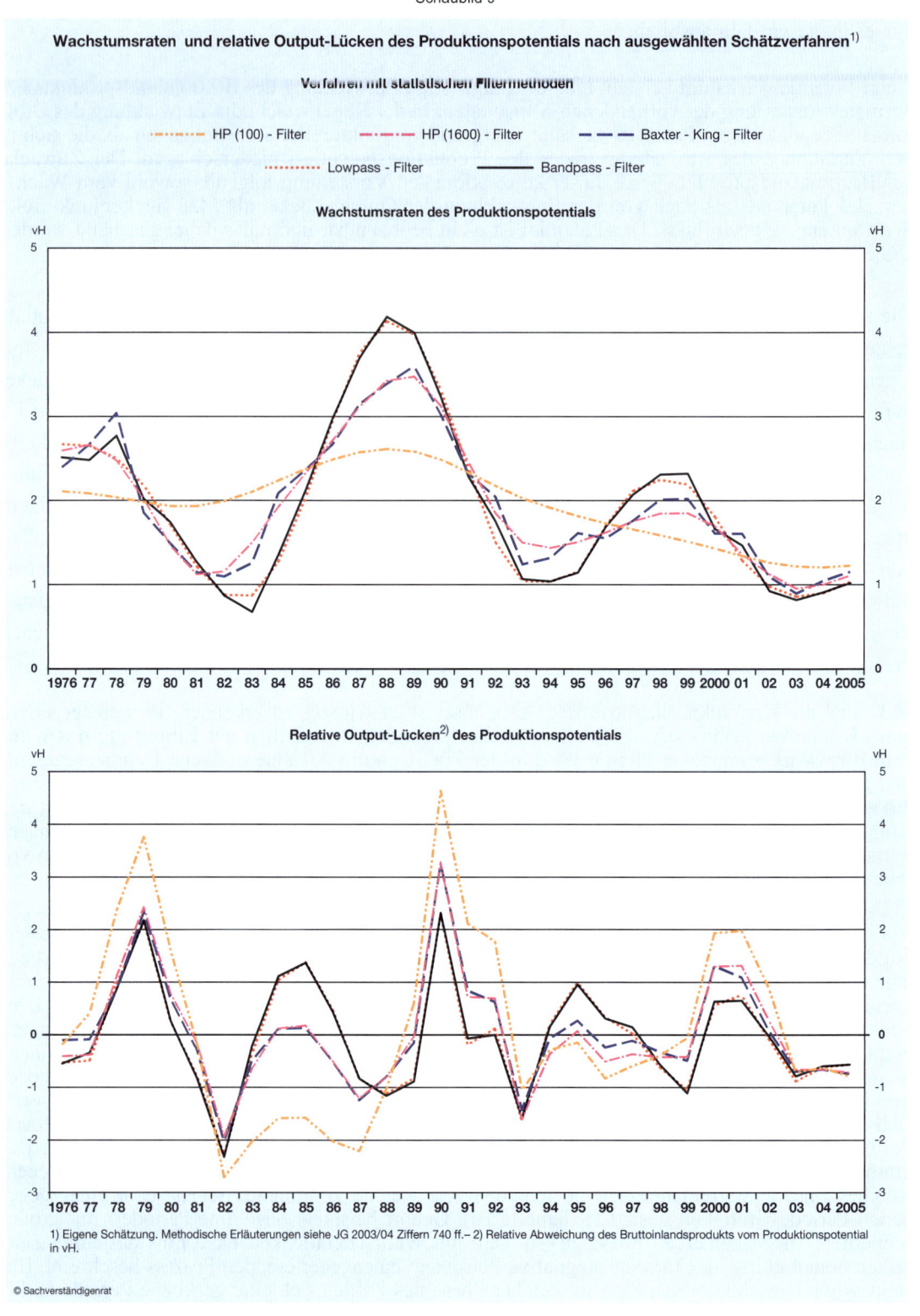

Wachstumsraten und relative Output-Lücken des Produktionspotentials nach ausgewählten Schätzverfahren[1]

Verfahren mit statistischen Filtermethoden

- HP (100) - Filter
- HP (1600) - Filter
- Baxter - King - Filter
- Lowpass - Filter
- Bandpass - Filter

Wachstumsraten des Produktionspotentials

Relative Output-Lücken[2] des Produktionspotentials

1) Eigene Schätzung. Methodische Erläuterungen siehe JG 2003/04 Ziffern 740 ff.– 2) Relative Abweichung des Bruttoinlandsprodukts vom Produktionspotential in vH.

© Sachverständigenrat

Schaubild 10

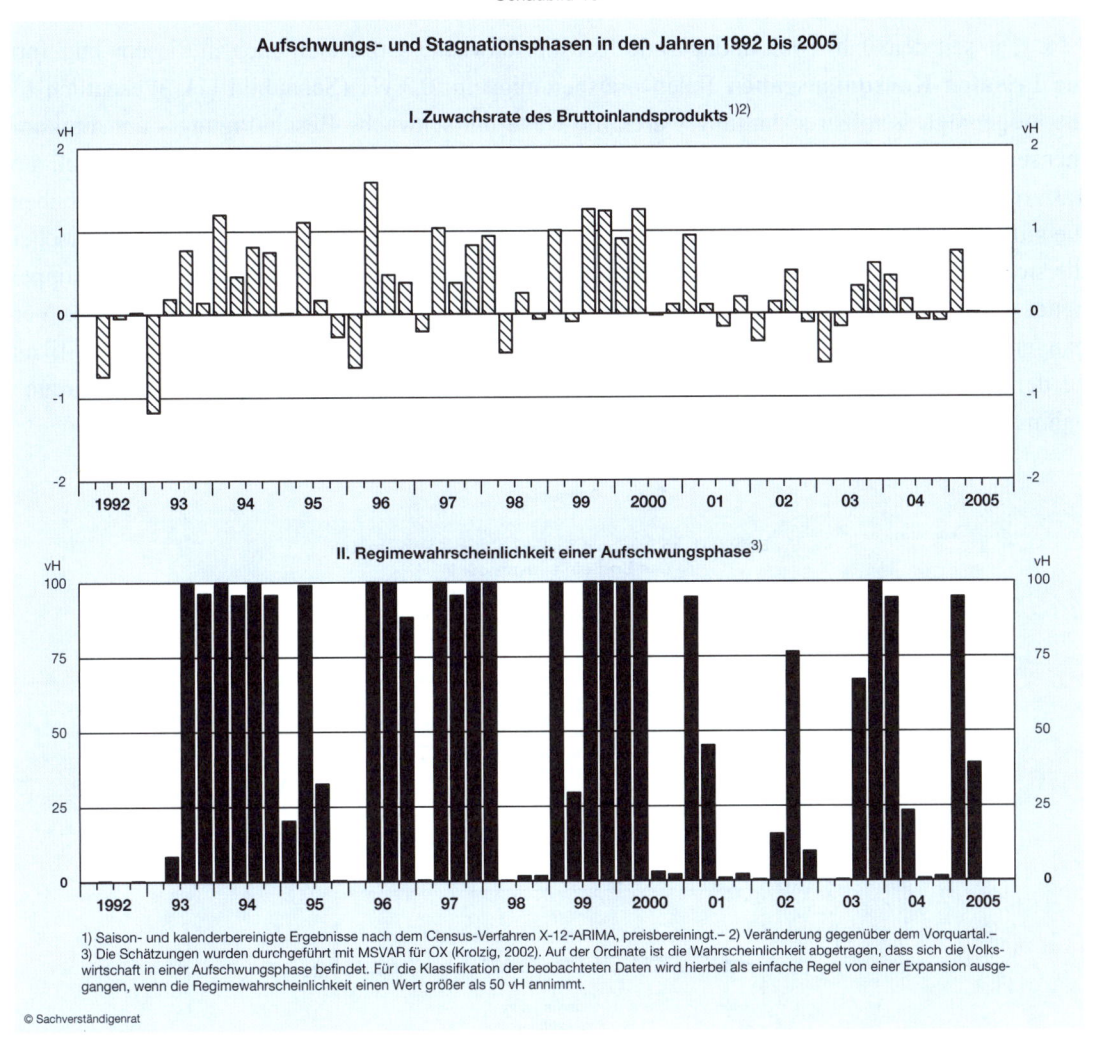

Aufschwungs- und Stagnationsphasen in den Jahren 1992 bis 2005

I. Zuwachsrate des Bruttoinlandsprodukts[1)2)]

II. Regimewahrscheinlichkeit einer Aufschwungsphase[3)]

1) Saison- und kalenderbereinigte Ergebnisse nach dem Census-Verfahren X-12-ARIMA, preisbereinigt.– 2) Veränderung gegenüber dem Vorquartal.– 3) Die Schätzungen wurden durchgeführt mit MSVAR für OX (Krolzig, 2002). Auf der Ordinate ist die Wahrscheinlichkeit abgetragen, dass sich die Volkswirtschaft in einer Aufschwungsphase befindet. Für die Klassifikation der beobachteten Daten wird hierbei als einfache Regel von einer Expansion ausgegangen, wenn die Regimewahrscheinlichkeit einen Wert größer als 50 vH annimmt.

© Sachverständigenrat

Vor dem Hintergrund der unsteten wirtschaftlichen Entwicklung in den zurückliegenden Quartalen ist von besonderem Interesse, inwieweit sich das „Auf und Ab" der Konjunktur in einer entsprechend häufigen Abfolge von Expansions- und Stagnationsphasen niederschlägt. Mit Blick auf die wirtschaftliche Entwicklung in den zurückliegenden Jahren illustriert die Regimeeinteilung des Regime-Wechsel-Modells, dass sich die konjunkturelle Entwicklung seit Überwinden der Stagnation im zweiten Halbjahr 2003 wechselhaft und wenig robust vollzog: Bereits für das zweite Quartal 2004 betrug die Wahrscheinlichkeit einer Aufschwungsphase weniger als 50 vH, im nachfolgenden Halbjahr verharrte die gesamtwirtschaftliche Produktion abermals in einer kurzen Stagnation. Dem folgten eine kräftige, wenngleich durch die Kalenderbereinigung wohl überzeichnete Zunahme der Wirtschaftsleistung im ersten Quartal 2005 und eine neuerliche Stagnation. Im Grunde ist diese rasche Abfolge einzelner konjunktureller Phasen Ausdruck einer bis zuletzt lahmenden Binnennachfrage, die temporär durch kräftige Impulse aus dem Ausland überlagert wurde. So lag das Niveau der inländischen Verwendung Mitte des Jahres 2005 lediglich auf dem Niveau des Jahres 2001. Der deutschen Volkswirtschaft gelang es offensichtlich nur zeitweilig, sich aus der zähen Stagnation zu lösen. Eine ähnlich rasche Abfolge von Expansions- und Stagnationsphasen ließ sich für den Zeitraum der Jahre 1960 bis 1992 nicht beobachten (Lütkepohl und Krolzig, 1996).

2. Anhaltende Konsumflaute

124. Die seit dem Jahr 2002 andauernde Konsumschwäche setzte sich auch in diesem Jahr fort, die **Privaten Konsumausgaben** fielen preisbereinigt um 0,3 vH (Schaubild 11). Wesentlich für die ausgeprägte Kaufzurückhaltung waren die weiterhin schwache Beschäftigungs- und Einkommensentwicklung – die verfügbaren Einkommen der privaten Haushalte nahmen lediglich um 1,3 vH zu – die damit einhergehende gedämpfte Verbraucherstimmung sowie Kaufkrafteinbußen, die auf höhere Energiepreise zurückzuführen waren. Die Inflationswahrnehmung der Verbraucher, die sich in der jüngeren Vergangenheit von der amtlich ausgewiesenen Teuerungsrate abgekoppelt hatte, passte sich der tatsächlichen Preisniveauentwicklung weiter an; die vor allem in der Vergangenheit zu beobachtende Lücke zwischen diesen Inflationsmaßen trug jedoch nicht signifikant zu der schleppenden Entwicklung der Privaten Konsumausgaben bei (Kasten 2). Die Sparquote nahm abermals geringfügig zu.

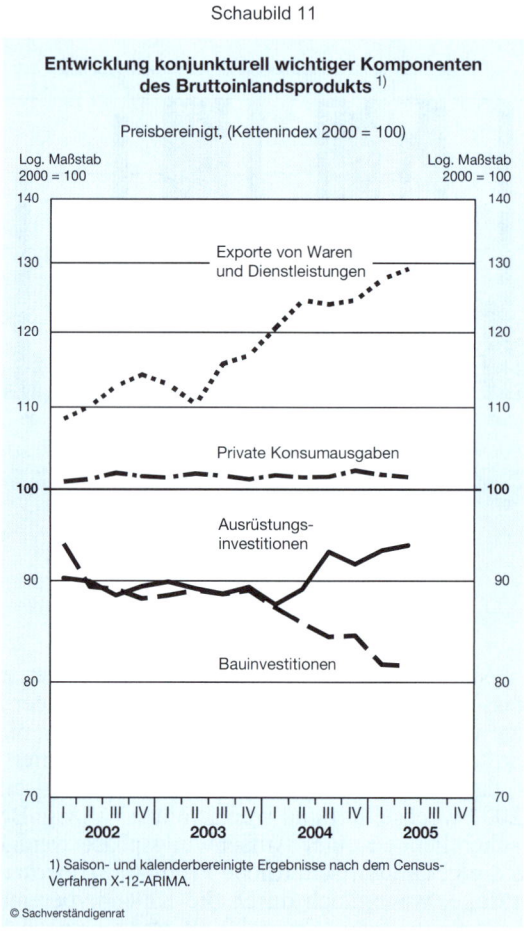

Schaubild 11

Entwicklung konjunkturell wichtiger Komponenten des Bruttoinlandsprodukts[1]

Preisbereinigt, (Kettenindex 2000 = 100)

(Kurven: Exporte von Waren und Dienstleistungen; Private Konsumausgaben; Ausrüstungsinvestitionen; Bauinvestitionen; Quartale I–IV für 2002, 2003, 2004, 2005)

1) Saison- und kalenderbereinigte Ergebnisse nach dem Census-Verfahren X-12-ARIMA.

© Sachverständigenrat

Die Bruttolöhne und -gehälter gingen infolge der nur schleppend voranschreitenden Verbesserung am Arbeitsmarkt bei weiter zunehmendem Anteil an geringfügigen Beschäftigungsverhältnissen und moderatem Zuwachs der Tariflöhne sowie einem fortgesetzten Abbau außertariflicher Lohnbestandteile nominal um 0,3 vH zurück. Das In-Kraft-Treten der dritten und letzten Entlastungsstufe der Steuerreform 2000 – der Eingangssteuersatz der Einkommensteuer sank um einen Prozentpunkt, der Spitzensteuersatz um drei Prozentpunkte – sowie der beginnende Übergang zur nachgelagerten Besteuerung (Alterseinkünftegesetz) führten zu einer Entlastung der privaten Haushalte. Dem standen Mehrbelastungen bei den Sozialabgaben gegenüber: Zum einen trat zum 1. Januar 2005 in der Sozialen Pflegeversicherung eine Beitragssatzerhöhung um 0,25 Prozentpunkte für Kinderlose in Kraft. Dieser Personenkreis wurde in Höhe von 700 Mio Euro belastet. Zum anderen wurde zur Jahresmitte ein allein von den Mitgliedern der Gesetzlichen Krankenversicherung zu zahlender zusätzlicher Beitragssatz in Höhe von 0,9 vH des beitragspflichtigen Einkommens eingeführt und gleichzeitig der paritätisch von Arbeitgebern und Arbeitnehmern finanzierte allgemeine Beitragssatz um 0,9 Prozentpunkte reduziert. Damit ergab sich insgesamt eine Verschiebung der bisherigen paritätischen Finanzierung zugunsten der Arbeitgeber und Rentenversicherungsträger um 0,45 Prozentpunkte, die im Jahr 2005 mit rund 2,25 Mrd Euro entlastet wurden. Arbeitnehmer und Rentner wurden dagegen in gleicher Höhe mehr belastet.

Die moderate Entwicklung der monetären Sozialleistungen wurde durch Leistungseinschränkungen und Abgabenerhöhungen für die Versicherten erkauft. Die Renten wurden auch in diesem Jahr nicht erhöht, so dass es unter Berücksichtigung des zusätzlichen Beitrags zur Krankenversicherung der Rentner insgesamt zu Nettorentenkürzungen kam (Ziffer 490). Im Kontext der Zusammenlegung von Arbeitslosenhilfe und Sozialhilfe kam es insgesamt zu steigenden Transfers an die privaten Haushalte, wobei sich die Struktur der einzelnen Leistungen veränderte. Das neu eingeführte Arbeitslosengeld II ging für ehemalige Arbeitslosenhilfeempfänger im Durchschnitt mit einer Leistungskürzung einher, während sich erwerbsfähige Sozialhilfeempfänger mit dem Arbeitslosengeld II etwas besser stellten.

Kasten 2

Zum Einfluss der Divergenz von amtlicher und gefühlter Inflationsrate auf die Konsumausgaben der privaten Haushalte

Seit nunmehr vier Jahren treten die Privaten Konsumausgaben auf der Stelle. Die hartnäckige Kaufflaute ging mit einem deutlichen Abbau der sozialversicherungspflichtigen Beschäftigung einher, die ihrerseits ihren Niederschlag in geringen Zuwächsen der Bruttolöhne und -gehälter sowie des verfügbaren Einkommens der privaten Haushalte fand. Belastend wirkte dabei, dass sich die Zuversicht der privaten Haushalte seit dem Jahr 2001 merklich eintrübte: Der Index des Verbrauchervertrauens spiegelte seit Jahresmitte 2001 eine gestiegene Unsicherheit wider. Schließlich signalisierte der Anstieg der Sparquote ebenfalls eine nur gedämpfte Ausgabenfreude der Verbraucher, die in Teilen der zunehmenden Einsicht geschuldet sein dürfte, vermehrt privat für die Altersvorsorge sparen zu müssen.

Mitunter wurde mit Blick auf die Inflationswahrnehmung der privaten Haushalte behauptet, die Einführung des Euro-Bargelds im Jahr 2002 habe zusätzlich zu den genannten Faktoren die Privaten Konsumausgaben spürbar belastet. Tatsächlich löste sich nach Einführung des Euro-Bargelds und damit fast zeitgleich mit dem Einsetzen der Stagnation der Privaten Konsumausgaben der recht enge Zusammenhang zwischen der Inflationswahrnehmung der Verbraucher einerseits und der ausgewiesenen Entwicklung des Verbraucherpreisindex andererseits (Ziffern 617 ff.). Untermauert wurde diese Vermutung durch Umfrageergebnisse der Europäischen Kommission, wonach die deutschen Konsumenten angaben, im Anschluss an die Bargeldeinführung des Euro-Banknoten eher weniger zu kaufen, weil befürchtet wurde, zu viel auszugeben. Für einzelne Bereiche ließ sich tatsächlich im Jahr 2002 eine Kaufzurückhaltung feststellen, zum Beispiel in der Gastronomie sowie im Bereich der Unterhaltung.

Ob und inwieweit es durch die Abkoppelung der gefühlten von der amtlichen Inflation insgesamt zu einer signifikanten Belastung der Konsumausgaben kam, lässt sich jedoch nur bedingt mittels Verbraucherbefragungen beantworten. Demgegenüber erlauben ökonometrisch geschätzte Konsumfunktionen präziser anzugeben, ob und inwieweit die Differenz zwischen gemessener und gefühlter Inflation tatsächlich einen eigenständigen Erklärungsgehalt für die Entwicklung der Privaten Konsumausgaben besitzt. Diese lassen sich dabei im Rahmen eines Einzelgleichungsansatzes sowie eines vektorautoregressiven (VAR-)Ansatzes modellieren. Der Einzelgleichungsansatz wird herangezogen um zu prüfen, ob die genannte Differenz signifikanter Bestandteil der langfristigen Beziehung zwischen Privaten Konsumausgaben einerseits und verfügbarem Einkommen und Nettogeldvermögen andererseits ist. Die aus dem VAR-Modell abgeleiteten Impuls-Antwort-Funktionen illustrieren, wie die Privaten Konsumausgaben kurz- und mittelfristig auf eine Vergrößerung dieser Lücke reagieren.

Die empirischen Modelle enthalten neben den Konsumausgaben der privaten Haushalte das verfügbare Einkommen (preisbereinigt mit dem Deflator der Privaten Konsumausgaben) sowie eine Vermögensvariable, wobei als Vermögen näherungsweise das Netto-Geldvermögen der Haushalte gewählt wurde. Um den Einfluss der Unsicherheit auf die Konsumausgaben zu berücksichtigen, wird in Anlehnung an Muellbauer und Lattimore (1995) die Veränderung der Arbeitslosenquote in das Modell einbezogen (JG 2003 Kasten 4). Schließlich enthält das Modell die Differenz der oben genannten (standardisierten) Inflationsraten. Den Gleichungen liegen saisonbereinigte vierteljährliche verkettete Größen der Jahre 1991 bis 2004 zugrunde (das Netto-Geldvermögen der privaten Haushalte aus der Finanzierungsrechnung liegt nur bis einschließlich des Jahres 2004 vor). Die jährlich verfügbaren Angaben zum Netto-Geldvermögen wurden entsprechend interpoliert. Die Zeitreihe des Konsums der privaten Haushalte, des Arbeitseinkommens und des Vermögens gehen in logarithmierter Form in die Schätzung ein; Lettau und Ludvigson (2001, 2004) haben gezeigt, dass unter bestimmten Annahmen eine Kointegrationsbeziehung (Gleichgewichtsbeziehung) zwischen diesen Variablen hergeleitet werden kann.

Auf Grundlage dynamischer Regressionsgleichungen ist es möglich, die Langfristbeziehung zwischen den Privaten Konsumausgaben und den übrigen Variablen abzuleiten. Ökonomische Theorie, aber auch ökonomische Intuition lassen erwarten, dass ein höheres Einkommen und Vermögen die Privaten Konsumausgaben beleben, während steigende Unsicherheit und eine zunehmende „Inflationslücke" dämpfend wirken. Für eine Reihe unterschiedlicher Spezifikationen lassen die ökonometrischen Schätzungen Folgendes erkennen: Während das verfügbare Einkommen, das Nettogeldvermögen und – wenngleich weniger robust – auch das Maß für Unsicherheit signifikant die langfristige Entwicklung der Privaten Konsumausgaben determinieren, ist ein solcher Einfluss der Differenz zwischen tatsächlicher und gefühlter Inflation nur in Ausnahmefällen zu erkennen. Demnach besitzt die „Inflationslücke" keinen eigenständigen statistisch signifikanten Erklärungsgehalt hinsichtlich der langfristigen Entwicklung der Privaten Konsumausgaben.

Einen anderen Blickwinkel auf die obige Hypothese ermöglichen Impuls-Antwort-Funktionen, die im Rahmen einer simultanen Modellierung aller Variablen beschreiben, wie die Privaten Konsumausgaben kurz- und mittelfristig auf eine Erhöhung der Lücke reagieren. Auf Grundlage eines VAR-Modells weisen Impuls-Antwort-Funktionen einen plausiblen Verlauf insoweit auf, als eine Erhöhung dieser Lücke zu einer leichten Verringerung der Konsumausgaben führt. Allerdings lassen die zugehörigen Konfidenzintervalle erkennen, dass dieser Effekt statistisch nicht signifikant ausfällt. Ergänzende Schätzungen auf Grundlage von Vektor-Fehlerkorrekturmodellen untermauern dieses Ergebnis, wobei sich die Schätzergebnisse als robust hinsichtlich der Anzahl der zugrunde gelegten Langfristbeziehungen erweisen. Auf Grundlage dieser Schätzungen ist demnach ebenfalls zu schließen, dass die Entwicklung der Privaten Konsumausgaben nicht durch eine verzerrte Preiswahrnehmung gedämpft wurde.

125. Der Konsumrückgang im Jahr 2005 wurde von einer geringen Zunahme der **Sparquote** begleitet, sie betrug 10,7 vH. Bemerkenswert war hierbei, dass sie trotz schwacher Einkommensentwicklung weiter leicht stieg und sich damit die seit dem Jahr 2001 zu beobachtende Aufwärtsbewegung fortsetzte. In früheren, vergleichbaren Konjunkturphasen hatten die privaten Haushalte ihre Ersparnisbildung zumeist reduziert, um ihr Ausgabenprofil über die Zeit zu glätten. Lediglich zur Zeit der ersten Ölkrise in den siebziger Jahren war ebenfalls ein Anstieg zu verzeichnen gewesen (Deutsche Bundesbank, Juni 2005). Für die jüngste Entwicklung der Sparquote dürfte die verstärkte Bereitschaft zur privaten Altersvorsorge maßgeblich gewesen sein. Eine gewachsene Bedeutung des Vorsichtsmotivs bei anhaltend schwieriger Lage am Arbeitsmarkt könnte die Sparquote ebenso gestützt haben.

Die Ersparnisbildung der privaten Haushalte nahm im vergangenen Jahr abermals zu und erreichte mit rund 155 Mrd Euro einen historischen Höchststand. Der höheren Ersparnis stand gemäß der Finanzierungsrechnung der Deutschen Bundesbank eine bemerkenswerte Reduktion der Kreditaufnahme gegenüber: Im Jahr 2004, zeitnähere Daten der Finanzierungsrechnung stehen nicht zur Verfügung, übertrafen die Tilgungen erstmals die Nachfrage nach externen Mitteln, so dass per saldo rund 1 Mrd Euro an Banken und Versicherungen zurückflossen. Das Mittelaufkommen insgesamt sank um 7,5 vH.

Wie das gesamte Mittelaufkommen blieben sowohl die Sachinvestitionen als auch die Geldvermögensbildung unterhalb ihres Vorjahresniveaus. Die Sachvermögensbildung, die traditionell zu einem großen Teil über Fremdmittel finanziert wird, ging – trotz des merklichen Rückgangs der Kreditnachfrage – jedoch nur geringfügig zurück (Schaubild 12, Seite 76). Ursächlich für den Rückgang war hierbei der anhaltend schwache Eigenheimbau. Im Rahmen der reduzierten Geldvermögensbildung wurde das Mittelaufkommen vorrangig in sichere und kurzfristige Anlagen investiert, wobei der Großteil auf Bankeneinlagen (Sichtguthaben, Termingelder, Spareinlagen, Sparbriefe) entfiel. Insgesamt lag das Anlagevolumen gleichwohl um 6 Mrd Euro unter dem Niveau des Vorjahres. Weniger ausgeprägt war die Zurückhaltung beim Erwerb verbriefter Titel, hier wurden insbesondere Rentenwerte verstärkt nachgefragt, während Aktien per saldo abgestoßen wurden. Die Geldvermögensbildung bei Versicherungen und betrieblichen Pensionsrückstellungen verlief, wie in den Jahren zuvor, vergleichsweise stabil. Trotz geringerer Geldvermögensbildung insgesamt stieg die Nettogeldvermögensbildung aufgrund der geringeren Kreditaufnahme weiter an, so dass die Quote der Nettogeldvermögensbildung – die Nettogeldvermögensbildung in Relation zum verfügbaren Einkommen – auf 9 vH stieg.

Die Verschuldung der privaten Haushalte blieb im vergangenen Jahr nahezu konstant. Während der Bestand an Wohnungsbaukrediten sich noch leicht erhöhte, gingen die konsumtiven und gewerblichen Verbindlichkeiten etwas zurück. Die Zurückhaltung bei der Fremdfinanzierung führte dazu, dass der Verschuldungsgrad im Jahr 2004 erneut sank, er betrug 107 vH des verfügbaren Einkommens. Demgegenüber stieg das Geldvermögen auf annähernd 280 vH des verfügbaren Einkommens und übertraf damit den bisherigen Höchststand des Jahres 1999 um 3 Prozentpunkte. Aufgrund des nahezu konstanten Schuldenstands stieg das **Nettogeldvermögen** der privaten Haushalte auf 171 vH des verfügbaren Einkommens. Seit der deutschen Vereinigung entspricht dies einer Verdopplung, gleichwohl bleibt die finanzielle Nettoposition im internationalen Vergleich verhältnismäßig niedrig. Berücksichtigt man darüber hinaus das Immobilien- und Betriebsvermögen der privaten Haushalte, ergibt sich nach Angaben der Deutschen Bundesbank eine Vermögens-Einkommens-Relation in einer Größenordnung von rund 500 vH.

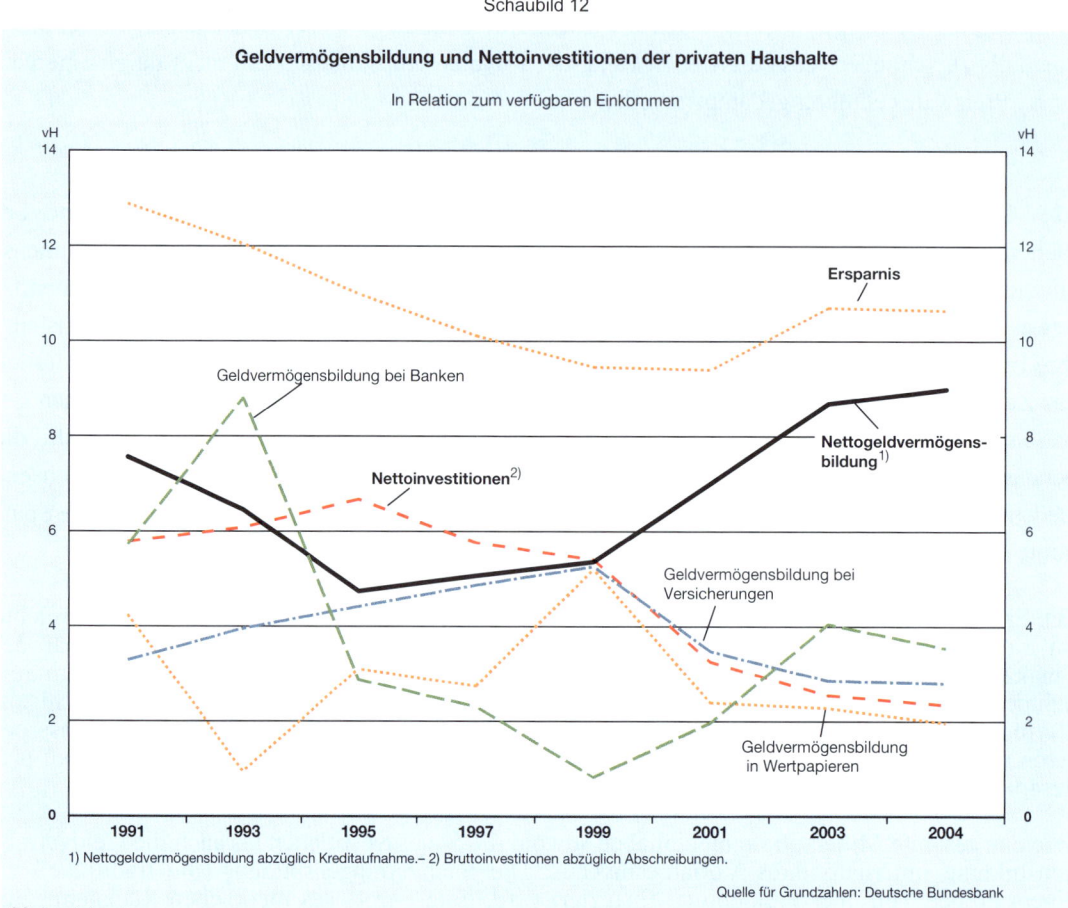

Schaubild 12

Geldvermögensbildung und Nettoinvestitionen der privaten Haushalte

In Relation zum verfügbaren Einkommen

1) Nettogeldvermögensbildung abzüglich Kreditaufnahme.– 2) Bruttoinvestitionen abzüglich Abschreibungen.

Quelle für Grundzahlen: Deutsche Bundesbank

© Sachverständigenrat

126. Die **Konsumausgaben des Staates** waren im Jahr 2004 infolge von Einsparungen bei den sozialen Sachleistungen der Gesetzlichen Krankenkassen im Rahmen der jüngsten Gesundheitsreform deutlich zurückgegangen. Die Gesundheitsausgaben stiegen im laufenden Jahr zwar wieder spürbar an. Dem standen jedoch ein geringeres Niveau der vom Bund und von den Ländern gezahlten Arbeitnehmerentgelte und insbesondere die seit Beginn des Jahres erzielten Einnahmen aus der Lkw-Maut gegenüber, die in der Systematik der Volkswirtschaftlichen Gesamtrechnungen als Verkauf einer Dienstleistung verbucht werden und deshalb – nach Abzug der als Vorleistungen klassifizierten Erhebungskosten – den nachgewiesenen Konsum des Staates mindern. In der Gesamtbetrachtung überwogen die beiden letztgenannten Effekte, und der Staatskonsum nahm im Jahr 2005 um 0,6 vH gegenüber dem Vorjahr ab.

127. Der alleinige Blick auf den Wachstumsbeitrag des Staatskonsums ist nicht ausreichend, um die Effekte finanzpolitischer Entscheidungen auf die gesamtwirtschaftliche Entwicklung eines bestimmten Jahres zu bemessen. Quantitativ bedeutsame Ausgabenkategorien (etwa die geleisteten Sozialtransfers oder Investitionsausgaben des Staates) sowie einnahmewirksame finanzpolitische Maßnahmen (etwa eine Änderung der Belastung privater Haushalte durch Steuern und Sozialversicherungsbeiträge) werden von diesem Verwendungsaggregat nicht erfasst. Die konjunkturrelevante Ausrichtung der Fiskalpolitik insgesamt (**Fiskalimpuls**) wird deshalb häufig anhand der Änderung des konjunkturbereinigten Primärsaldos des Staates im Vergleich zum Vorjahr quantifiziert. Bezogen auf den aktuellen Trendwert des nominalen Bruttoinlandsprodukts nahm der konjunkturbereinigte Primärsaldo – das heißt der konjunkturbereinigte Finanzierungssaldo der öffentlichen Haushalte unter Vernachlässigung der geleisteten und empfangenen Vermögenseinkommen des Staates – im laufenden Jahr um etwas weniger als 0,3 Prozentpunkte ab, was für sich genommen auf einen leicht restriktiven Impuls der Fiskalpolitik auf die gesamtwirtschaftliche Entwicklung schließen ließe. Bei einer gegenüber dem Vorjahr rückläufigen Steuer- und Abgabenquote war dies maßgeblich auf die erneut gesunkenen Arbeitnehmerentgelte sowie Bruttoinvestitionen des Staates zurückzuführen (Ziffern 357 f.). Zu berücksichtigen ist, dass die gesamtstaatliche Defizitquote im Jahr 2005 infolge der Rückzahlung von Beihilfen durch einzelne Landesbanken sowie durch den Verkauf von Forderungen gegenüber den Postnachfolgeunternehmen, der einen Bundeszuschuss zur Versorgung der ehemaligen Postbeamten überflüssig machte, um zusammen mehr als 0,3 Prozentpunkte abnahm (Ziffern 356, 359). Spricht man diesen Transaktionen eine dämpfende Wirkung auf die konjunkturelle Entwicklung ab, dürfte stattdessen eher von einer neutralen Ausrichtung der Fiskalpolitik in diesem Jahr auszugehen sein.

Den Zahlungen der Landesbanken standen von Seiten der betroffenen Länder vorgenommene Kapitalerhöhungen in nahezu identischem Umfang gegenüber. Restriktive Effekte des vorgenommenen Forderungsverkaufs, der in seinen ökonomischen Wirkungen einer Kreditaufnahme gleichkommt, sind ebenfalls schwer zu erkennen.

Exkurs: Konjunkturrelevante Ausrichtung der Fiskalpolitik in den Jahren 1997 bis 2004

128. Die Frage nach dem Umfang, der Ausgestaltung und letztlich nach der Angemessenheit konjunkturrelevanter Entscheidungen der Finanzpolitik spielt in der wirtschaftspolitischen Auseinandersetzung eine bedeutende Rolle. Von wissenschaftlicher Seite gibt es verschiedene Ansätze, sich dieser Problematik zu nähern. Eine häufig gewählte – aufgrund ihrer Einfachheit attraktive – Vorgehensweise besteht darin, Umfang und Richtung des in einer bestimmten Periode wirksamen Fiskalimpulses an der jeweiligen Änderung der Quote des um konjunkturelle Einflüsse auf die öffentlichen Haushalte bereinigten Finanzierungssaldos des Staates in Relation zum nominalen Bruttoinlandsprodukt zu bemessen. An diesem Konzept orientieren sich die im Folgenden vorgestellten Berechnungen zur Höhe des Fiskalimpulses für den Zeitraum der Jahre 1997 bis 2004. Anders als in einer Reihe verwandter Untersuchungen werden allerdings auch Änderungen der geleisteten und empfangenen Vermögenseinkommen des Staates vernachlässigt und der Fiskalimpuls an der Änderung des konjunkturbereinigten Primärsaldos im Zeitablauf bemessen. Zu berücksichtigen ist, dass sich die nachfolgend vorgeschlagene Interpretation der konjunkturellen Ausrichtung fiskalpolitischer Entscheidungen mit dem gewählten Vorgehen auf einen notwendigerweise groben

Indikator beschränkt. Weitergehende Fragen, die für die Beurteilung dieser Entscheidungen grundlegend sind – Wie wirksam sind die automatischen Stabilisatoren? Unter welchen Umständen und mit welchen Mitteln hat eine diskretionäre Einflussnahme der Finanzpolitik auf die konjunkturelle Entwicklung Aussicht auf Erfolg? In welchem Verhältnis stehen die Kosten und die möglichen Erträge einer solchen Einflussnahme? – bleiben ausgeklammert. Insofern wird durch die Ergebnisse nicht mehr als eine notwendige Grundlage zur Beantwortung der eingangs genannten Fragen gelegt.

Methodisches Vorgehen

129. Das Ausmaß des in einem bestimmten Jahr wirksamen Fiskalimpulses wird im Folgenden anhand der Änderung des konjunkturbereinigten Primärsaldos im Vergleich zum Vorjahr quantifiziert. Die prinzipielle Idee besteht zunächst darin, dass die Veränderung des gesamtstaatlichen Finanzierungssaldos – der Saldo sämtlicher Änderungen von staatlichen Einnahmen und Ausgaben – spiegelbildlich einer identischen Änderung der dem privaten Sektor zur Verfügung stehenden Ressourcen entspricht, die sich über die dadurch induzierten Effekte auf die gesamtwirtschaftliche Nachfrage in der wirtschaftlichen Aktivität der laufenden Periode niederschlägt. Eine Konjunkturbereinigung wird vorgenommen, um die allein konjunkturbedingte Änderung der staatlichen Einnahmen und Ausgaben (automatische Stabilisatoren) außer Betracht zu lassen und lediglich im Sinne des Konzepts aktive Entscheidungen der Finanzpolitik auf die Höhe der staatlichen Einnahmen und Ausgaben zu erfassen.

Der Konjunkturbereinigung liegt ein disaggregiertes Verfahren zugrunde, das die zyklische Entwicklung der makroökonomischen Bezugsgrößen konjunkturreagibler Einnahmen und Ausgaben des Staates einer jeweils separaten Betrachtung unterzieht (Anhang IV. C.). Die Schätzung des Trends der einzelnen makroökonomischen Aggregate erfolgt unter Verwendung des HP-Filters mit einem bei Verwendung von Jahresdaten gängigen Glättungsparameter von $\lambda = 100$. Den Berechnungen liegen Daten der Volkswirtschaftlichen Gesamtrechnungen zugrunde. Die staatlichen Ausgaben des Jahres 2000 wurden um den dort als Nettozugang an nicht-produzierten Vermögensgütern beziehungsweise als negative Ausgabe verbuchten Erlös aus der Versteigerung von UMTS-Lizenzen in Höhe von rund 51 Mrd Euro (2,5 vH in Bezug auf das nominale Bruttoinlandsprodukt) korrigiert.

Der Finanzierungssaldo wird darüber hinaus um den Saldo aus empfangenen und geleisteten Vermögenseinkommen des Staates bereinigt (konjunkturbereinigter Primärsaldo). Der Grund besteht darin, dass Veränderungen in der Summe der von staatlicher Seite gezahlten und empfangenen Zinsen sowie eine im Zeitablauf variierende Höhe des Bundesbankgewinns für sich genommen nur begrenzte Effekte auf die gesamtwirtschwirtschaftliche Nachfrage im Inland ausüben dürften.

Dies lässt sich damit begründen, dass der Umfang der dem privaten Sektor zur Verfügung stehenden Ressourcen im Inland durch vom öffentlichen Sektor empfangene Zinszahlungen nicht beeinflusst wird. Setzt man perfekte Kapitalmärkte voraus und abstrahiert von den Wirkungen der staatlichen Kreditnachfrage auf den Marktzins, wären den Kapitalanlegern ohne staatliche Kreditnachfrage Zinszahlungen in identischer Höhe zugeflossen. Zudem stellen die staatlichen Zinsausgaben als Folge haushaltspolitischer Entscheidungen der Vergangenheit keinen Handlungsparameter der Fiskalpolitik der laufenden Periode dar. Die ebenfalls von der Politik nicht beeinflussbare Höhe des Bundesbankgewinns als Teil der empfangenen Vermögenseinkommen des Staates unterliegt im Zeitverlauf starken Schwankungen. Der in der jüngeren Vergangenheit vergleichsweise geringe Überschuss war zu einem erheblichen Teil auf wechselkursbedingte Wertberichtigungen der Devisenbestände zurückzuführen, und ein direkter Einfluss der entsprechend niedrigeren Staatseinnahmen auf die konjunkturelle Entwicklung dürfte in dieser Hinsicht auszuschließen sein.

Schließlich wird der konjunkturbereinigte Primärsaldo auf den Trendwert des nominalen Bruttoinlandsprodukts im jeweiligen Jahr bezogen und die Änderung der resultierenden Quote im Vergleich zum Vorjahr als expansiver (Rückgang der Quote) oder als kontraktiver (Anstieg der Quote) Fiskalimpuls interpretiert. Im Grundsatz stimmt dieses Vorgehen mit dem von einer Reihe nationaler und internationaler Institutionen sowie in neueren theoretischen und empirischen Arbeiten bevorzugten Messkonzept überein (van den Noord, 2000; Chalk, 2002; Europäische Kommission, 2002; Marinheiro, 2005).

Ergebnisse

130. Erwartungsgemäß weist der Verlauf des konjunkturbedingten Finanzierungssaldos – das heißt der Differenz aus konjunkturbedingten Mehr- und Mindereinnahmen einerseits sowie konjunkturbedingten Mehr- und Minderausgaben des Staates andererseits (automatische Stabilisatoren) – in den Jahren seit 1997 ein zyklenhaftes Muster auf (Schaubild 13). Die gesamtwirtschaftliche Entwicklung scheint sich dabei auf die öffentlichen Haushalte mit einer Verzögerung von etwa einem Jahr auszuwirken. Mit Blick auf die Situation in einzelnen Jahren wird die starke Erhöhung des konjunkturbereinigten Defizits im Jahr 2001 erkennbar, in dem ein konjunkturbedingter Überschuss von 0,6 vH in Bezug auf das nominale Bruttoinlandsprodukt mit einem starken Anstieg der laufenden Defizitquote um 1,7 Prozentpunkte zusammentraf. In den Jahren 2003 und 2004 zogen eine anhaltende Konsumschwäche sowie die ungünstige Arbeitsmarktentwicklung konjunkturbedingte Defizite in Höhe von jeweils rund 0,3 vH in Bezug auf das nominale Brutto-

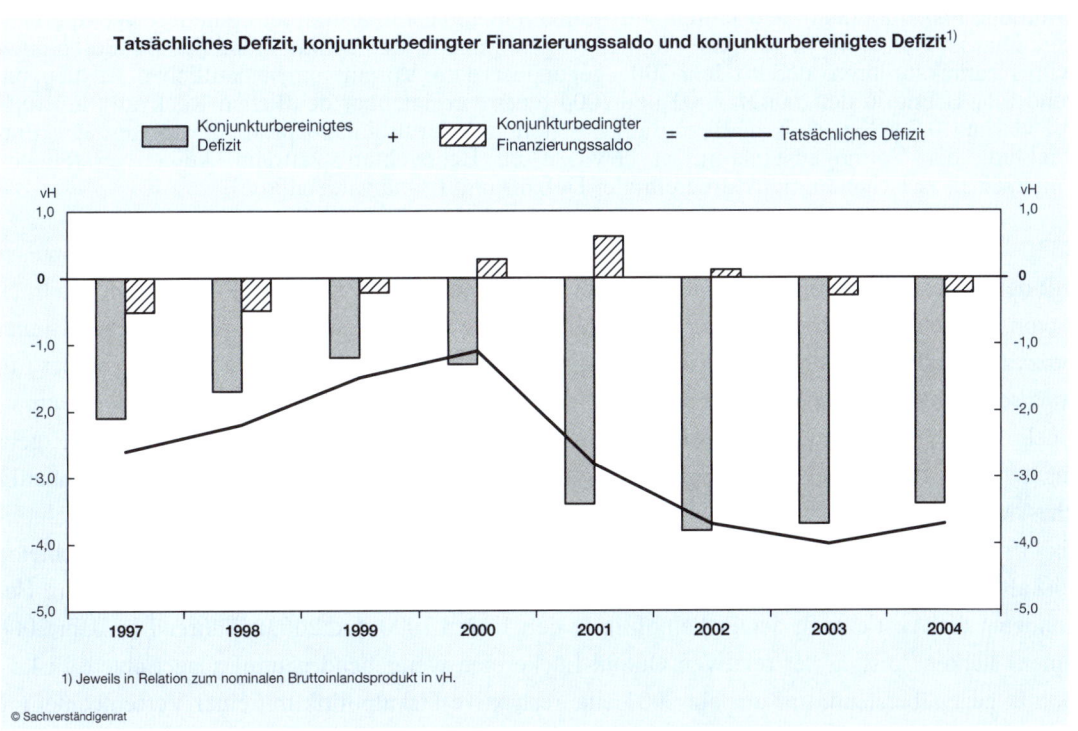

Schaubild 13

Tatsächliches Defizit, konjunkturbedingter Finanzierungssaldo und konjunkturbereinigtes Defizit[1)]

1) Jeweils in Relation zum nominalen Bruttoinlandsprodukt in vH.

© Sachverständigenrat

inlandsprodukt nach sich. Vor dem Hintergrund weitgehend konstanter laufender Defizitquoten nahm die konjunkturbereinigte Defizitquote in diesem Zeitraum jeweils geringfügig – auf zuletzt etwas weniger als 3,5 vH in Bezug auf das nominale Bruttoinlandsprodukt – ab.

131. Die konjunkturellen Einflüsse auf die öffentlichen Haushalte vollziehen sich im Regelfall symmetrisch, das heißt, konjunkturbedingte Ausfälle auf der Einnahmeseite treten gemeinsam mit Mehrbelastungen auf der Ausgabenseite auf und umgekehrt. In dieser Beobachtung spiegelt sich insbesondere die enge Korrelation zwischen der Beschäftigungslage (arbeitsmarktbezogene Ausgaben) und der Entwicklung der Bruttolöhne und -gehälter (Einnahmen aus Lohnsteuer und Sozialversicherungsbeiträgen) wider. In der Mehrzahl der Jahre seit 1997 waren die automatischen Stabilisatoren auf der Einnahmeseite der öffentlichen Haushalte jedoch deutlich stärker ausgeprägt. Einerseits verfestigte sich im Beobachtungszeitraum die Entwicklung vor allem der Zahl der Arbeitslosenhilfeempfänger, weshalb nur ein vergleichsweise geringer Teil der entsprechenden Ausgaben als konjunkturell verursacht zu charakterisieren ist. Andererseits unterliegen die Bemessungsgrundlagen von Lohn- und veranlagter Einkommensteuer einem progressiven Tarif, so dass sich eine zyklische Änderung der jeweiligen Bemessungsgrundlage überproportional in der Höhe der erzielten Einnahmen niederschlägt. Untersuchungen auf Grundlage makroökonometrischer Modelle kommen ebenfalls zu dem Ergebnis, dass in Deutschland wie auch in den übrigen OECD-Ländern automatischen Stabilisatoren auf der Einnahmeseite des öffentlichen Haushalts die bedeutsamere Rolle zukommt (van den Noord, 2000; Girouard und Andre, 2005).

132. Gemessen an der resultierenden Änderung des konjunkturbereinigten und auf den jeweiligen Trendwert des Bruttoinlandsprodukts bezogenen Primärsaldos lässt sich die Fiskalpolitik der Jahre seit 1997 in drei Phasen einteilen (Schaubild 14): Nach einer kontraktiv ausgerichteten Fiskalpolitik in den Jahren 1997 bis 1999 folgte eine dreijährige Phase, die durch eine – im Jahr 2001 stark ausgeprägte – expansive Ausrichtung gekennzeichnet war. In den Jahren 2003 und 2004 war die Fiskalpolitik in der Retrospektive dann neuerlich als restriktiv zu bezeichnen.

Im Vergleich zur Änderung der Quote des konjunkturbereinigten Defizits, die ebenfalls häufig als Indikator für die konjunkturrelevante Ausrichtung der Fiskalpolitik herangezogen wird, lässt der ermittelte Fiskalimpuls in den Jahren 2001, 2003 und 2004 im Absolutbetrag höhere Werte erkennen. Dies ist ganz überwiegend auf die hier vorgenommene Vernachlässigung des Bundesbankgewinns zurückzuführen, der im Jahr 2001 gegenüber dem Vorjahr einen deutlichen Anstieg um rund 0,1 vH und in den Jahren 2003 und 2004 einen vergleichbar deutlichen Rückgang um rund 0,1 vH und 0,2 vH, jeweils in Bezug auf das nominale Bruttoinlandsprodukt, aufwies. Die Entwicklung der Vermögenseinkommen bewirkte im Beobachtungszeitraum keinen erheblichen Unterschied zwischen konjunkturbereinigter Defizit- und Primärsaldenquote.

133. Vergleicht man das Vorzeichen des für ein bestimmtes Jahr identifizierten Fiskalimpulses mit der Änderung der relativen Output-Lücke im entsprechenden Jahr, erhält man einen Eindruck davon, ob sich die Ausrichtung der Fiskalpolitik im Beobachtungszeitraum rückblickend als eher prozyklisch oder als eher antizyklisch erwiesen hat. In der Gegenüberstellung mit den von der Europäischen Kommission (2005) vorgenommenen Berechnungen zur Entwicklung der Output-Lücke – das resultierende Bild des Konjunkturverlaufs seit dem Jahr 1997 stimmt mit dem Ergebnis der Analyse des Sachverständigenrates weitgehend überein – lässt sich insofern kein einheitliches Muster erkennen, als sowohl Jahre mit einer eher antizyklisch ausgerichteten Fiskalpolitik (1998, 1999, 2001, 2002 und 2004) als auch Jahre mit einer eher prozyklisch ausgerichteten Fiskalpolitik (vor allem 2003) zu beobachten sind. Ins Auge fällt bei dieser Betrachtung im Besonderen die Ausrichtung der Fiskalpolitik in den Jahren 2000 und 2003: Während im Jahr 2000 einem starken Anstieg der relativen Output-Lücke eine weitgehend neutral ausgerichtete Fiskalpolitik gegenüberstand, traf im Jahr 2003 eine restriktive Fiskalpolitik mit einer Verschlechterung

der Konjunktur zusammen. Das beschriebene Bild bleibt qualitativ erhalten, wenn man statt der Änderung das Niveau der relativen Output-Lücke im entsprechenden Jahr als Indikator für das Konjunkturbild zugrundelegt. In den Jahren 2000 und 2001 war die Output-Lücke erkennbar positiv (rund 1 vH); in den Jahren 2003 und 2004 befand sich die negative Output-Lücke auf einem – absolut betrachtet – geringeren Niveau von etwas mehr als -0,5 vH.

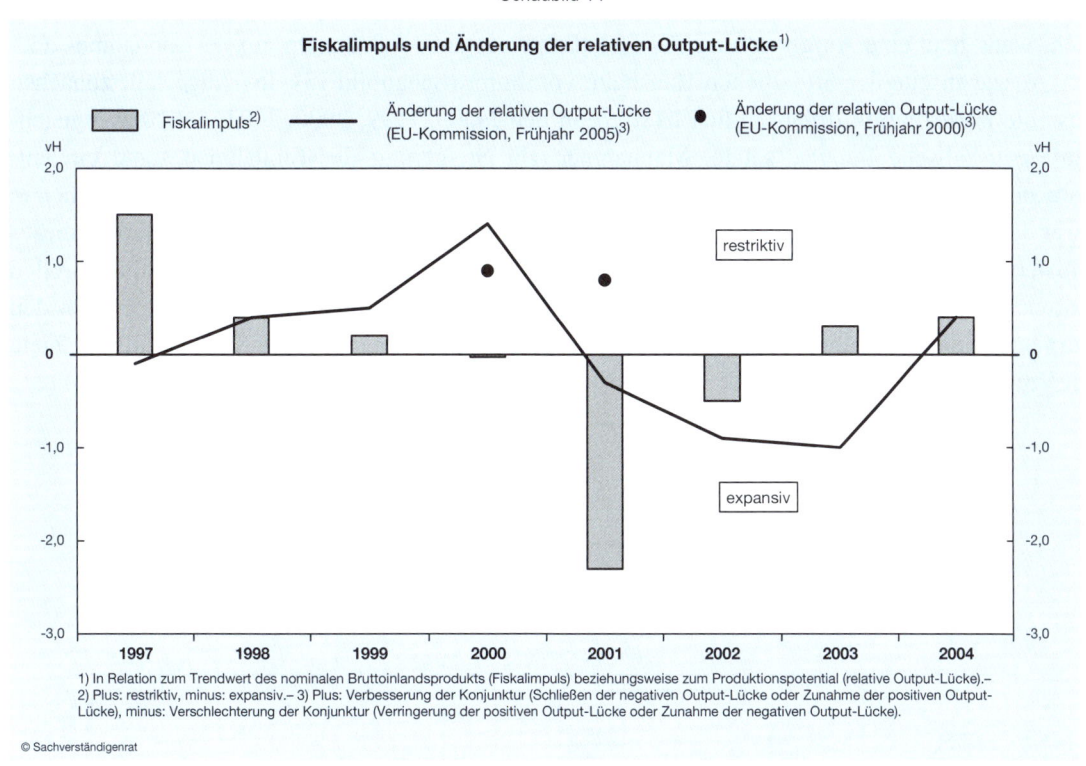

Schaubild 14

Fiskalimpuls und Änderung der relativen Output-Lücke[1]

Fiskalimpuls[2] — Änderung der relativen Output-Lücke (EU-Kommission, Frühjahr 2005)[3] • Änderung der relativen Output-Lücke (EU-Kommission, Frühjahr 2000)[3]

1) In Relation zum Trendwert des nominalen Bruttoinlandsprodukts (Fiskalimpuls) beziehungsweise zum Produktionspotential (relative Output-Lücke).– 2) Plus: restriktiv, minus: expansiv.– 3) Plus: Verbesserung der Konjunktur (Schließen der negativen Output-Lücke oder Zunahme der positiven Output-Lücke), minus: Verschlechterung der Konjunktur (Verringerung der positiven Output-Lücke oder Zunahme der negativen Output-Lücke).

© Sachverständigenrat

134. Zu berücksichtigen ist, dass für die finanzpolitischen Entscheidungen der letzten Jahre – wenn überhaupt – die zum jeweiligen Zeitpunkt vorliegenden Informationen über das vergangene Konjunkturbild und, damit zusammenhängend, die Einschätzung der zukünftigen konjunkturellen Entwicklung im Vordergrund standen. In der Rückschau ist der Beurteilung fiskalischer Impulse deshalb streng genommen der zum jeweiligen Zeitraum verfügbare Informationsstand zugrundezulegen. Tatsächlich wurde, gemessen an den Erwartungen im Frühjahr 2000, insbesondere die Dynamik der konjunkturellen Entwicklung in den Jahren 2000 und 2001 allgemein falsch eingeschätzt: Während die Verbesserung der Konjunktur im Jahr 2000 aus heutiger Sicht zu pessimistisch beurteilt wurde, sahen die damaligen Schätzungen insbesondere die verschlechterte Konjunktur im Jahr 2001 (einen Rückgang der relativen Output-Lücke um 0,3 Prozentpunkte) nicht voraus und gingen stattdessen von einem sich verstärkenden Aufschwung (in Form eines Anstiegs der relativen Output-Lücke um 0,8 Prozentpunkte) aus. Gemessen an den zur „Echtzeit" vorgenommenen Prognosen wurde der bevorstehenden Entwicklung der öffentlichen Haushalte in den Jahren 2000 und 2001 zudem eine expansive Ausrichtung attestiert. So wies die Europäische Kommission im Frühjahr 2000 darauf hin, dass sich im laufenden Jahr ein expansiver Charakter der Fiskalpolitik in Deutschland abzeichne (Europäische Kommission, 2000). Auch für das Jahr 2001 wurde im Frühjahr 2001 eine sich abzeichnende deutlich expansive Ausrichtung der Fiskalpolitik konstatiert, in diesem Zusammenhang allerdings auf das Risiko einer bevorstehenden Eintrübung der konjunkturellen Entwicklung verwiesen (Europäische Kommission, 2001). Legt man der Analyse Echtzeitdaten zugrunde, lässt sich insbesondere der stark expansive Fiskalimpuls im Jahr 2001 demzufolge eher als prozyklisch bezeichnen.

135. Zusätzliche Einsichten in die konjunkturrelevante Ausrichtung der Fiskalpolitik eröffnen sich, wenn man eine Aufgliederung des Fiskalimpulses auf Maßnahmen auf der Einnahme- oder der Ausgabenseite der öffentlichen Haushalte vornimmt (Schaubild 15). Ins Auge fällt zunächst, dass die Finanzpolitik offensichtlich häufig – in den Jahren 1999, 2000, 2003 und 2004 – gegenläufige fiskalische Impulse setzte. Maßnahmen zur Steigerung der Einnahmen stand ein entsprechender Ausgabenanstieg gegenüber und umgekehrt, so dass sich die einzelnen Maßnahmen in ihrer konjunkturellen Wirkung teilweise aufgehoben haben dürften. Eine Interpretation dieses Musters besteht darin, dass der Finanzpolitik als Instrument zur Beeinflussung der konjunkturellen Entwicklung im Beobachtungszeitraum zumindest keine dominierende Rolle zukam und bei den vorgenommenen einnahme- oder ausgabenwirksamen Maßnahmen andere finanzpolitische Ziele im Vordergrund standen.

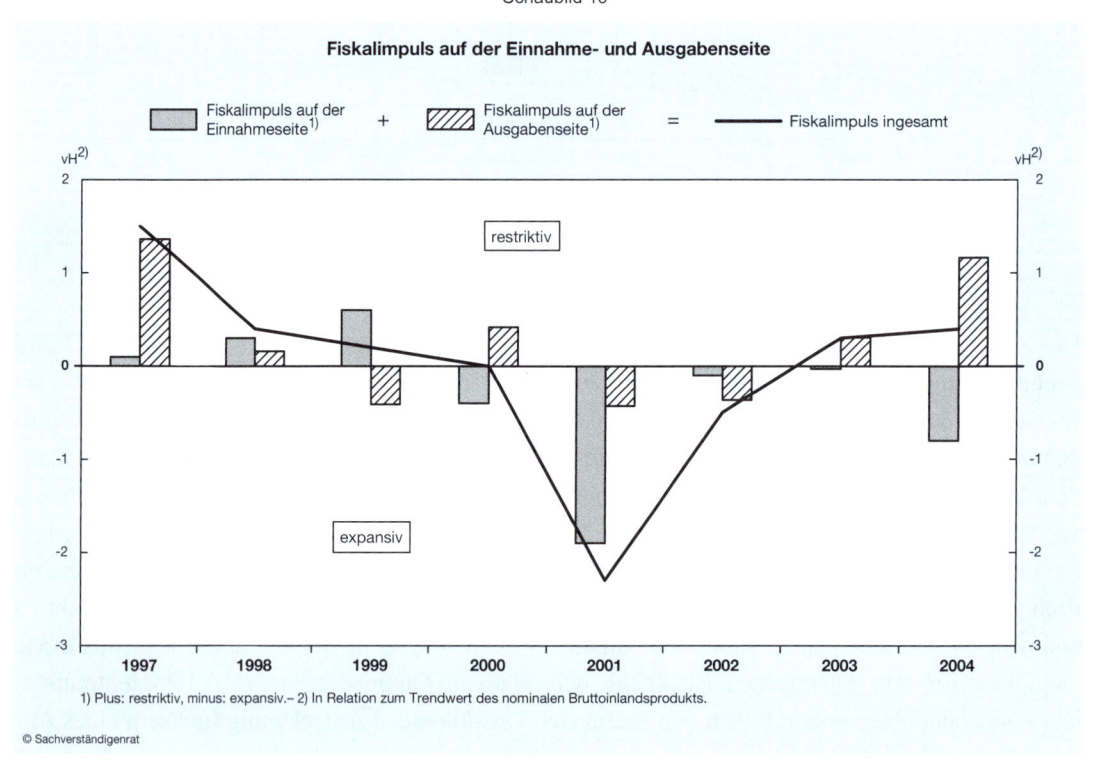

Schaubild 15

Fiskalimpuls auf der Einnahme- und Ausgabenseite

1) Plus: restriktiv, minus: expansiv.– 2) In Relation zum Trendwert des nominalen Bruttoinlandsprodukts.

© Sachverständigenrat

136. Dies gilt im Besonderen für das Jahr 2004, in dem einer deutlichen Senkung der direkten Steuern durch das In-Kraft-Treten der zweiten und das teilweise Vorziehen der dritten Stufe der

Steuerreform spürbare Einsparungen bei den Gesundheitsausgaben sowie bei den Investitionen und den Personalausgaben des Staates gegenüberstanden. In einer vorsichtigen Interpretation ließe sich vor diesem Hintergrund argumentieren, dass die für sich genommen restriktiv wirkenden Maßnahmen auf der Ausgabenseite der öffentlichen Haushalte durch die im vergangenen Jahr vorgenommenen Steuersenkungen gewissermaßen „abgefedert" wurden; oder dass sich umgekehrt wegen der ohnehin geplanten Steuerentlastung das Jahr 2004 für Einschnitte im Rahmen der Gesundheitsreform unter konjunkturellen Gesichtspunkten geradezu anbot.

137. Im Jahr 2000 stand einem Ausgabenrückgang eine expansive Verminderung der Einnahmen des Staates in vergleichbarem Umfang gegenüber, so dass die Ausrichtung der damaligen Fiskalpolitik in der Rückschau insgesamt als nahezu neutral zu bezeichnen ist. Demgegenüber erstreckte sich der expansive Charakter der Fiskalpolitik im Jahr 2001 sowohl auf die Ausgabenseite (Mehrausgaben von 0,4 vH) als auch und vor allem auf die Einnahmeseite der öffentlichen Haushalte (Mindereinnahmen von 1,9 vH in Bezug auf den Trendwert des nominalen Bruttoinlandsprodukts). Der Grund für die Einnahmeausfälle im Jahr 2001 bestand einerseits in einer Verminderung der Steuereinnahmen als Folge der ersten Stufe der Senkung des Einkommensteuertarifs sowie der in Kraft getretenen Unternehmenssteuerreform; andererseits war das Aufkommen aus den ertragsabhängigen Steuern im Jahr 2000 durch Sondereffekte nach oben verzerrt gewesen.

Die Einnahmen aus den ertragsabhängigen Steuern gingen im Jahr 2001 gegenüber dem Vorjahr stark zurück. Dieser Rückgang, der sich bereinigt um konjunkturelle Einflüsse auf etwa 0,9 vH in Bezug auf das nominale Bruttoinlandsprodukt belief, hat eine Reihe unterschiedlicher Ursachen: Die Einnahmen aus der veranlagten Einkommensteuer nahmen wegen der Senkung des Einkommensteuertarifs ab, und der Körperschaftsteuersatz auf einbehaltene und ausgeschüttete Gewinne wurde im Rahmen der Unternehmenssteuerreform auf einheitlich 25 vH gesenkt. Darüber hinaus kam es bei der Gewinnausschüttung von Kapitalgesellschaften zu umfangreichen Erstattungen vor dem Jahr 2001 entstandener Körperschaftsteuerguthaben. Schließlich war das Jahr 2000 durch ein im mittelfristigen Vergleich außerordentlich hohes Niveau der Einnahmen aus den ertragsabhängigen Steuern gekennzeichnet gewesen, das aus heutiger Sicht den mittelfristigen Trend sowohl dieser Einnahmen als auch der Unternehmens- und Vermögenseinkommen als näherungsweise Bemessungsgrundlage in erheblichem Umfang überschritt.

Im Jahr 2000 entschied sich die Finanzpolitik dafür, trotz gesamtwirtschaftlich günstiger Bedingungen auf die Option einer Verringerung der konjunkturbereinigten Defizite zu verzichten. Im Jahr 2001 nahm wegen der nicht ausreichend gegenfinanzierten Entlastungen bei den direkten Steuern das konjunkturbereinigte Defizit des Staates stark zu. Hierfür war vermutlich die Erwartung eines sich selbst verstärkenden konjunkturellen Aufschwungs verantwortlich sowie die Fehlinterpretation eines hohen Niveaus der Einnahmen aus ertragsabhängigen Steuern als Anzeichen eines längerfristigen Trendumschwungs, der die reformbedingten Steuerausfälle zu kompensieren in der Lage sein würde. Beide Entscheidungen sind ein wichtiger Teil der Begründung für die seitdem stark angespannte Lage der öffentlichen Haushalte und für den seit dem Jahr 2002 andauernden Verstoß gegen die Defizitobergrenze des Europäischen Stabilitäts- und Wachstumspakts.

3. Rückgang der Investitionen bei heterogener Entwicklung der Teilkomponenten

138. Zum fünften Mal in Folge blieben die **Bruttoanlageinvestitionen** unter dem Niveau des Vorjahres. Unverändert belastend waren die Bauinvestitionen, die immer noch einen abwärts geneigten Trend aufwiesen, während die Ausrüstungsinvestitionen ihre moderate Aufwärtsbewegung fortsetzten. Die Investitionen in Sonstige Anlagen nahmen verhalten zu.

Moderater Zuwachs der Ausrüstungsinvestitionen

139. Die seit dem Jahr 2001 zu beobachtende hartnäckige Investitionszurückhaltung lief Ende des Jahres 2003 aus, eine lebhafte Entwicklung setzte seitdem gleichwohl nicht ein (Kasten 3). Die nach der Revision der Volkswirtschaftlichen Gesamtrechnungen nunmehr merklich höher ausgewiesenen jahresdurchschnittlichen Veränderungsraten der Ausrüstungsinvestitionen in den letzten Jahren sind dabei auf die Neuberechnung der Preisindizes zurückzuführen (Anhang IV. E.).

Trotz zeitweilig kräftiger Exportzuwächse blieb der Investitionsaufschwung bislang moderat, nicht zuletzt, da sich die konjunkturelle Entwicklung nach Verlassen des Stagnationskorridors unstet vollzog und sich die Absatzperspektiven im Inland nur zögerlich verbesserten. Die Absatzbedingungen im Ausland blieben demgegenüber bei robuster weltwirtschaftlicher Entwicklung günstig. So dürften insbesondere große, exportorientierte Unternehmen aufgrund verbesserter Absatz- und Renditeerwartungen ihre Investitionsnachfrage stärker ausgeweitet haben als kleine, eher binnenwirtschaftlich ausgerichtete Unternehmen. Bei heterogener Ertragslage der Unternehmen wurden die **Ausrüstungsinvestitionen** nur verhalten ausgeweitet (4,2 vH), zumal der kraftlose private Konsum sowie die hohen Ölpreise das Investitionsklima belasteten. Nach Angaben des Deutschen Industrie- und Handelskammertags (DIHK) standen über alle Branchen hinweg Rationalisierungen, vor allem aber der Ersatzbedarf im Vordergrund. Die **Sonstigen Anlagen** setzten bei bleibendem Aktualisierungs- und Modernisierungsbedarf im Softwarebereich ihre aufwärts gerichtete Entwicklung fort.

140. Die anhaltenden und weiter zu erwartenden Konsolidierungsbemühungen der Unternehmen, die einen Teil ihrer Gewinne zur Schuldentilgung und nicht zur Finanzierung neuer Investitionen verwendet haben dürften, dämpften die Investitionsausgaben. Die **Kapazitätsauslastung** im Verarbeitenden Gewerbe in den ersten drei Quartalen lag bei lediglich 82,6 vH und damit unter dem langfristigen Durchschnitt der Jahre 1993 bis 2004 von 83,4 vH. Von Seiten der Kapazitätsauslastung ging mithin kein nennenswerter Impuls auf die Erweiterung bestehender Kapazitäten aus, zumal anzunehmen ist, dass die Auslastung in den übrigen Wirtschaftsbereichen aufgrund einer geringeren Exportorientierung unterhalb der des Verarbeitenden Gewerbes lag.

141. Die wechselhafte konjunkturelle Belebung – dem überraschenden Rückgang der gesamtwirtschaftlichen Produktion zum Ende des vorangegangenen Jahres folgten im ersten Halbjahr ein (durch die Kalenderbereinigung überzeichneter) starker Zuwachs und ein erneutes Stagnieren der Wirtschaftsleistung – spiegelte sich in der Entwicklung der Geschäftserwartungen wider. Der **ifo-Geschäftsklimaindex** lag bis zur Jahresmitte lediglich auf seinem langfristigen Durchschnitt und reflektierte so die schwache Grundtendenz der wirtschaftlichen Entwicklung. Die merkliche Ab-

kühlung zum Jahreswechsel fußte hierbei sowohl auf sich eintrübenden Geschäftserwartungen als auch auf einer verschlechterten Einschätzung der aktuellen Lage. Die sich im weiteren Jahresverlauf verbessernde Stimmung passte sich nur schrittweise den Kursanstiegen an den Aktienmärkten an. Einmal mehr belastete die schwache inländische Nachfrage die Geschäftsentwicklung und damit die Stimmung einer Vielzahl kleinerer und mittlerer Unternehmen. Bemerkenswert robust hingegen zeigten sich die Exporterwartungen: Diese blieben bei nicht nachlassenden Belastungen durch die Ölpreisentwicklung bis zum Oktober dieses Jahres per saldo positiv und lagen nur wenig unter dem Niveau des Vorjahres.

142. Von Seiten der Finanzierung waren die Bedingungen für eine weitere Ausdehnung der Investitionen der nichtfinanziellen Kapitalgesellschaften gegeben, zumal sich die Ertragslage im Bankensektor weiter verbesserte und die Kreditvergabebedingungen weiter gelockert wurden: Erstmals seit Beginn der Umfragen wiesen die Ergebnisse des Bank Lending Survey auf eine Lockerung der Kreditstandards auch für Unternehmenskredite hin. Die Finanzierungssituation kleinerer und mittlerer Unternehmen blieb demgegenüber weiterhin angespannt (Ziffern 715 ff.).

Die klassische Form der **Außenfinanzierung** der Unternehmensinvestitionen über Banken gewann – nach Rückgängen im Jahr 2004 – wieder an Bedeutung; die Kredite an inländische Unternehmen stiegen im ersten Halbjahr im Vergleich zum Jahresende um 0,6 vH. Die noch schwache Zunahme an neu aufgenommenen Bankkrediten der Unternehmen dürfte hierbei, vergleichbar zu den vorausgegangenen Jahren, wesentlich auf eine verhaltene Nachfrage nach Fremdkapital zurückzuführen sein.

Die Außenfinanzierung der Unternehmen am Kapitalmarkt wurde durch die seit dem Jahr 2003 anhaltende aufwärtsgerichtete Entwicklung an den deutschen und europäischen Aktienmärkten flankiert. Die Finanzierungsbedingungen am Anleihemarkt waren günstig; durch die niedrigen Umlaufsrenditen sowie geringen Renditeaufschläge für Unternehmensanleihen wurde die Mittelbeschaffung sowohl für Unternehmen mit sehr gutem wie auch mit mittlerem Rating erleichtert. Die Finanzierung über Anleihen bleibt bislang jedoch, trotz eines Anstiegs der entsprechenden Emissionen, für den Unternehmenssektor insgesamt noch von nachrangiger Bedeutung (Ziffern 685 ff.).

Die **Innenfinanzierung** wurde durch die weitere Zunahme der Unternehmens- und Vermögenseinkommen erleichtert. Die Innenfinanzierungsquote, der Anteil der Innenfinanzierung an der gesamten Vermögensbildung, dürfte sich nach den Zunahmen in den vergangenen Jahren – im Jahr 2004 betrug die Innenfinanzierungsquote gemäß der Finanzierungsrechung der Deutschen Bundesbank außergewöhnliche 120 vH – abermals auf hohem Niveau bewegt haben. Positiv auf die Ertragslage wirkten die Steuersenkungen für Personenunternehmen sowie die Verschiebung der bisher paritätischen Finanzierung der Krankenversicherungsbeiträge.

Kasten 3

Hat sich das Investitionsverhalten der Unternehmen verändert?

Trotz zeitweilig merklicher Ausweitung der gesamtwirtschaftlichen Produktion, niedriger Kreditzinsen sowie zum Teil kräftiger Gewinnzuwächse blieb die Expansionsrate der Ausrüstungsinvestitionen seit Überwindung der Stagnation moderat. Daher wurde vereinzelt gemutmaßt, dass der lang anhaltende Rückgang und die anschließenden, im Vergleich zu früheren Zyklen nur verhaltenen Zuwächse auf einen Strukturbruch im Investitionsverhalten hindeuteten. Gestützt wird diese Vermutung durch den empirischen Befund, dass die nichtfinanziellen Kapitalgesellschaften im vergangenen Jahr einen positiven Finanzierungssaldo aufwiesen, der aber im internationalen Vergleich keinen Einzelfall darstellt.

Eine Ursache des vermeintlich atypischen Investitionsmusters könnte – neben noch nicht abgeschlossenen Konsolidierungsbemühungen (JG 2004 Kasten 10) – darin liegen, dass Unternehmen zunehmend weniger bereit sind, im Inland zu investieren und stattdessen ihr Auslandsengagement verstärken. Für die jüngere Vergangenheit lässt sich indes beobachten, dass die ausgeprägte Investitionszurückhaltung der Unternehmen in der vorausgegangenen Stagnation sowohl die inländischen Investitionen als auch die Direktinvestitionen im Ausland erfasste. Für das vergangene und das laufende Jahr liegen noch keine Angaben aus der Direktinvestitionsstatistik vor, die den aktuellen Daten aus den Volkswirtschaftlichen Gesamtrechnungen gegenüber gestellt werden könnten. Gemäß einer aktuellen Umfrage des DIHK nahm allerdings die Bereitschaft der Unternehmen, Produktionsstätten im Ausland aufzubauen und zu erweitern, wieder verstärkt zu (DIHK, 2005).

A priori erscheint es wenig sinnvoll, deutsche Direktinvestitionen im Ausland eins zu eins mit entsprechenden Rückgängen der inländischen Investitionen gleichzusetzen, zumal damit implizit unterstellt wird, dass die dem investierenden Unternehmen zur Verfügung stehenden Ressourcen (exogen) vorgegeben seien. Eine parallele Zunahme der Investitionen im In- und Ausland kann ebenso realistisch sein, nicht zuletzt da sich international tätige Unternehmen an den internationalen Kapitalmärkten und ausländische Töchter vielfach „vor Ort" finanzieren. Eine einfache Beantwortung der Frage, ob in- und ausländische Investitionen einander ergänzen oder verdrängen, scheidet nicht zuletzt deswegen aus, da Direktinvestitionen je nach Motiv mit unterschiedlichen Auswirkungen auf den Produktionsstandort einhergehen können: Einerseits kann die Entscheidung, im Ausland zu investieren, aus Markterschließungsmotiven erfolgen, andererseits kann sie ihre Gründe in der Realisierung von Kostenvorteilen haben. Es ist einsichtig, dass je nach dem, welches Motiv vorherrscht, sich die Auswirkungen auf die Höhe der inländischen Investitionen unterscheiden (JG 2004 Ziffer 473).

Grundsätzlich genügt es nicht, lediglich zu prüfen, ob diejenigen Unternehmen, die eine Investition im Ausland tätigen, ihre inländischen Investitionen erhöhen oder verringern (von bestehenden Datenproblemen einmal abgesehen). Selbst für ausschließlich vertikal motivierte Direktinvestitionen dürfte es eine zu grobe Vereinfachung darstellen, inländische und ausländische Investitionen einfach gegeneinander aufzurechnen. Vielmehr wäre zu quantifizieren, wie sich die inländischen Investitionen entwickelt hätten, wären die Direktinvestitionen im Ausland nicht durchgeführt worden. Mit anderen Worten, die hypothetische Situation desselben Unternehmens müsste unter gleichen Bedingungen und für denselben Zeitraum analysiert werden, mit dem Unterschied, dass es keine ausländischen Direktinvestitionen vorgenommen hat. Diese hypothetische Situation ist freilich unbekannt und aus logischen Gründen nicht beobachtbar. Folglich muss man sie konstruieren: Gesucht ist demnach eine Gruppe von Unternehmen, die nicht im Ausland investiert, deren Kennzeichen und wirtschaftliche Situation aber denjenigen Unternehmen ähneln, welche grenzüberschreitende Investitionen durchgeführt haben. Eine solche Vorgehensweise stellt ein schwieriges Unterfangen dar, nicht zuletzt da es an geeigneten Datensätzen mangelt, die die erforderlichen detaillierten Informationen über die betreffenden Unternehmen enthalten. Für Deutschland liegt bislang keine ökonometrische Studie vor, die – unter Verwendung der erforderlichen Mikrodaten und durch Anwendung der oben beschriebenen Evaluationstechnik – zu klären versucht, ob und inwieweit ausländische Direktinvestitionen inländische Investitionen verdrängen.

Eine direkte Überprüfung obiger Hypothese ist demnach noch nicht möglich. Näherungsweise kann im Rahmen makroökonometrischer Schätzungen jedoch geprüft werden, inwieweit Anhaltspunkte vorliegen, die auf ein verändertes Investitionsverhalten in der jüngeren Vergangenheit deuten, indem man aggregierte Investitionsfunktionen auf ihre Stabilität hin überprüft. Wenn sich in der längerfristigen Betrachtung kein Strukturbruch in den geschätzten Investitionsfunktionen zeigt, liegt offenbar kein grundsätzlich abweichendes Investitionsverhalten vor. Empirische Studien, die sich insbesondere der Stabilität der Investitionsnachfrage widmen (Deutsche Bundesbank, 2004; Arbeitsgemeinschaft, 2005), sehen keine Anzeichen für einen statistischen Bruch: Im Vergleich zu den drei vorausgegangenen Rezessionsphasen war der Rückgang der Investitionen (Ausrüstungen und Sonstige Anlagen) zwischen den Jahren 2001 und 2004 weder ungewöhnlich stark noch ungewöhnlich lang, noch lockerte sich der Zusammenhang zwischen Produktions- und Investitionszuwächsen. Von Seiten der Finanzierungsbedingungen gibt es ebenfalls keine Hinweise darauf, dass die Investitionen zu schwach waren: Gemessen an der Entwicklung der langfristigen Realzinsen und der Gewinne weichen die aktuellen finanziellen Rahmenbedingungen von denen in vergleichbaren konjunkturellen Phasen nicht grundlegend ab.

Bauinvestitionen belasten weiterhin

143. Nachdem zum Ende des vorausgegangenen Jahres Vorzieheffekte im Zusammenhang mit den Diskussionen um den Abbau der Eigenheimzulage, aber auch einzelne Großprojekte im Wirtschaftsbau für eine vorübergehende Stabilisierung der **Bauinvestitionen** gesorgt hatten, kam es zu Beginn des Jahres zu einem ausgeprägten Rückgang, der jedoch zu einem guten Teil witterungsbedingt verursacht war. Im weiteren Jahresverlauf wurden die Ausfälle wohl weitgehend ausgeglichen. Der nun seit einem Jahrzehnt (mit Ausnahme des Jahres 1999) zu beobachtende abwärtsgerichtete Trend der Bauinvestitionen setzte sich fort. Die Talsohle und damit eine Trendwende wurden in der Bauwirtschaft abermals nicht erreicht. Insgesamt gingen die Bauinvestitionen um 4,6 vH zurück.

Der vorübergehend starke Zuwachs an Baugenehmigungen für den Eigenheimbau zur Jahreswende 2003/2004 blieb ohne nachhaltige Wirkung auf die Aktivitäten im Wohnungsbau, zumal die zeitweilige Ausdehnung der Neubauaktivität von einer ungünstigen Entwicklung bei der

Modernisierung und Sanierung der Wohnungen im Bestand begleitet wurde. Weiterhin belastend wirkte das vielerorts bestehende Überangebot an Wohnungen. Die Bauaktivitäten der privaten Haushalte schwächten sich wieder merklich ab, da wesentliche Determinanten – eine anhaltend hohe Arbeitsplatzunsicherheit und die nur schwache Entwicklung der Einkommen – nach Abklingen der genannten Vorzieheffekte wieder stärker zum Tragen kamen und sich belastend auf die Investitionsentscheidungen auswirkten.

Die wirtschaftliche Dynamik war zu gering, um dem Wirtschaftsbau spürbare Impulse zu geben. Bei den Bürogebäuden belasteten weiterhin hohe Leerstandsquoten. Die Angebotsüberhänge standen einer nachhaltigen Stabilisierung der Baunachfrage entgegen.

Die öffentlichen Bauinvestitionen wurden trotz verbesserter Haushaltslage der Kommunen weiter zurückgeführt, wenngleich in geringerem Umfang als im Jahr zuvor. Auch der Bund schränkte die Bauinvestitionen abermals ein, obwohl sich durch die Einführung der LKW-Maut – deren Einnahmen vornehmlich in die Verkehrsinfrastruktur fließen sollen – die Finanzierungsspielräume verbesserten.

4. Außenwirtschaft: Einmal mehr das Zugpferd der konjunkturellen Entwicklung

144. Das außenwirtschaftliche Umfeld, das trotz der Ölpreisentwicklung von einer robusten Wirtschaftsaktivität in den globalen Wachstumszentren geprägt war, stützte abermals maßgeblich die konjunkturelle Entwicklung. Die nachlassende Notierung des Euro gegenüber dem US-Dollar verbesserte die preisliche Wettbewerbsfähigkeit Deutschlands; gegenüber den Partnerländern im Euro-Raum wurde diese aufgrund einer günstigen Preis- und Kostenentwicklung abermals gestärkt (Ziffern 630 ff.). Der schwachen inländischen Verwendung stand erneut ein kräftiger Zuwachs der **Exporte** von Waren und Dienstleistungen gegenüber (Schaubild 16). Der Anstieg der Ausfuhr, der im letzten Jahr wesentlich zur Steigerung der gesamtwirtschaftlichen Produktion beigetragen hatte, betrug 5,5 vH. Allerdings blieb das Expansionstempo aufgrund der im Vergleich zum Vorjahr etwas geringeren Gangart der weltwirtschaftlichen Entwicklung merklich hinter dem Vorjahresergebnis zurück.

Die **Importe** von Waren und Dienstleistungen nahmen ebenfalls merklich zu, so dass sich der Anstieg der nominalen Importquote fortsetzte. Maßgeblich hierfür war bei einer nur verhaltenen Entwicklung der Binnennachfrage die erhöhte Einfuhr von Vorleistungsgütern, die ihrerseits auf die Zunahme der Exporttätigkeit zurückging (JG 2004 Ziffern 465 ff.). Bremsende Impulse gingen hingegen von einer Erhöhung der Importpreise aus, die sowohl auf eine stetige Verteuerung der Energieträger zurückzuführen war als auch – anders als im Vorjahr – auf eine fehlende Entlastung von Seiten des Wechselkurses hindeutete. Nach einem Rückgang zu Jahresbeginn gewannen die Importe wieder merklich an Fahrt und nahmen im Jahresdurchschnitt um 4,1 vH zu.

145. Eine Unterteilung der **Warenausfuhr nach Regionen** lässt dabei erkennen, dass die Ausdehnung der Exporttätigkeit von einer Zunahme der Nachfrage innerhalb und außerhalb des Währungsraums getragen wurde, wenngleich in unterschiedlichem Maße (Tabelle 9, Seite 90). Während die Ausfuhr in den Euro-Raum – dem mit einem Anteil von rund 44 vH wichtigsten deut-

Konjunktur in Deutschland bleibt labil

schen Handelspartner – und in die Erdöl exportierenden Länder kräftig stieg, entwickelten sich die Umsätze mit einer Reihe wichtiger Handelspartner außerhalb des Euro-Raums heterogen. Die Ausfuhr in einzelne neue Mitgliedsländer der Europäischen Union nahm kräftig zu. Sie ist, trotz vergleichsweise geringer Wirtschaftsleistung dieser Region, mit einem Anteil von über 8 vH von ähnlicher Bedeutung wie die Warenausfuhr in die Vereinigten Staaten. Die Exporte in außereuropäische Länder hingegen, insbesondere in die Wachstumszentren Asien und die Vereinigten Staaten, stieg nur verhalten. Offenbar verhinderten hier die zeitlich verzögert wirkenden Effekte der Euro-Aufwertung des letzten Jahres eine zügigere Expansion (JG 2004 Ziffern 824 ff.).

Schaubild 16

Exporte, Importe und Außenbeitrag[1]

Preisbereinigt, (Kettenindex 2000 = 100)[2]

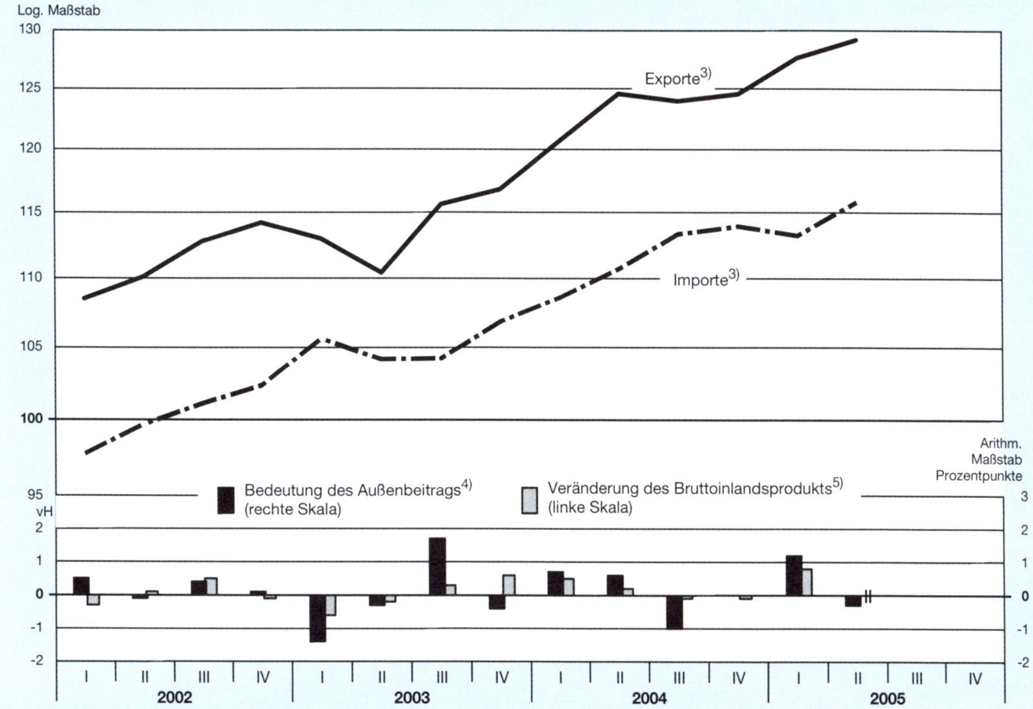

1) In der Abgrenzung der Volkswirtschaftlichen Gesamtrechnungen.– 2) Saison- und kalenderbereinigte Ergebnisse nach dem Verfahren Census X-12-ARIMA.– 3) Waren und Dienstleistungen.– 4) Exporte abzüglich Importe. Wachstumsbeitrag für die Veränderung des Bruttoinlandsprodukts gegenüber dem Vorquartal in Prozentpunkten.– 5) Gegenüber dem Vorquartal.

© Sachverständigenrat

Tabelle 9

Entwicklung des deutschen Außenhandels nach Ländern und Ländergruppen[1]

Veränderung gegenüber dem Vorjahreszeitraum in vH

Länder und Ländergruppen	Ausfuhr					Einfuhr				
	Anteil 2004 in vH[2)3)]	2002	2003	2004[3)]	2005 Jan/Aug[3)]	Anteil 2004 in vH[2)3)]	2002	2003	2004[3)]	2005 Jan/Aug[3)]
Insgesamt[4)]	100	2,0	2,0	10,4	5,1	100	-4,5	3,1	8,0	7,2
Belgien und Luxemburg	6,1	-3,1	12,6	16,3	8,5	5,3	-7,1	-1,4	17,5	12,0
Finnland	1,0	-0,9	1,0	11,3	12,4	1,0	-5,1	3,7	-5,1	11,1
Frankreich[5)]	10,3	-1,3	0,4	9,1	6,7	9,0	-3,1	0,7	7,5	1,9
Griechenland	0,9	-2,7	11,6	13,1	-1,2	0,3	-6,8	-0,3	-7,0	5,2
Irland	0,6	0,3	-4,9	15,5	15,6	2,6	-14,2	1,0	10,6	-2,0
Italien	7,1	0,5	2,3	8,3	1,9	6,1	-5,1	2,3	2,1	2,4
Niederlande	6,2	1,1	4,3	7,8	5,9	8,3	-5,7	3,8	13,2	12,4
Österreich	5,4	1,1	5,9	10,0	6,4	4,2	1,9	1,9	13,0	2,0
Portugal	0,9	6,2	-6,2	7,3	10,4	0,8	-4,3	0,4	-5,8	-14,0
Spanien	5,0	5,7	9,9	13,7	9,7	3,0	2,0	6,3	4,8	5,3
Euro-Raum	43,5	0,3	4,5	10,5	6,5	40,6	-4,5	1,9	8,7	5,3
Dänemark	1,5	7,7	-0,1	0,1	7,3	1,6	1,8	2,4	-1,5	2,9
Schweden	2,2	4,0	5,5	11,4	8,7	1,8	-1,5	7,1	7,1	8,8
Vereinigtes Königreich	8,3	1,9	3,4	9,8	0,9	5,9	-11,2	-4,1	8,2	14,1
EU-15	55,5	0,9	4,2	10,1	5,8	49,9	-5,1	1,4	8,2	6,4
Estland	0,1	17,7	14,6	8,7	15,2	0,1	25,9	30,0	-13,6	-22,8
Lettland	0,1	7,6	1,7	-6,4	-11,6	0,1	-5,7	2,1	-11,0	-12,0
Litauen	0,2	22,1	5,1	-7,3	-11,2	0,1	-2,1	6,3	-4,2	-19,4
Malta	0,1	-18,7	11,6	35,2	-24,7	0,0	-26,2	-1,0	-18,2	-11,0
Polen	2,6	5,9	1,6	15,0	8,1	2,8	5,2	11,9	0,3	-3,8
Slowakei	0,8	3,9	27,0	8,0	0,0	1,3	19,2	44,4	4,0	-15,8
Slowenien	0,4	-0,9	2,6	9,7	4,7	0,4	0,6	-5,6	-4,7	4,2
Tschechische Republik	2,4	7,2	4,8	6,1	0,7	2,9	11,6	8,0	-3,0	0,8
Ungarn	1,7	6,3	6,0	5,4	6,0	2,3	1,0	1,2	8,7	7,5
Zypern	0,1	16,1	1,6	14,2	-2,0	0,0	-61,6	162,2	-26,2	-18,3
Europäische Union (EU-25)	63,9	1,6	4,4	9,9	5,5	60,0	-3,4	2,9	6,9	5,0
Bulgarien	0,2	12,4	9,8	21,9	16,9	0,2	5,1	12,4	16,5	10,7
Rumänien	0,6	5,3	7,4	24,8	20,5	0,5	3,9	8,6	16,4	11,7
Türkei	1,6	26,1	17,9	33,6	3,5	1,4	5,4	4,6	9,5	6,0
Übrige Industrieländer[6)]	19,8	1,0	-4,5	9,3	4,4	20,0	-7,3	-0,4	5,6	3,6
darunter:										
Schweiz	3,8	-2,9	-2,6	7,5	4,2	3,7	-1,5	-1,9	12,2	13,6
Vereinigte Staaten	8,8	0,6	-9,7	5,1	1,9	7,0	-12,2	-2,8	2,6	1,9
Japan	1,7	-4,0	-5,5	6,8	5,0	3,7	-13,2	-1,1	7,2	-1,8
Mittel- und osteuropäische Länder[7)]	3,4	12,1	6,8	19,4	8,6	3,7	-8,4	7,0	16,5	39,7
Ostasiatische Schwellenländer[8)]	3,3	3,4	-2,9	7,9	-1,6	4,5	-7,1	2,8	12,6	0,2
Volksrepublik China	2,9	20,2	25,4	15,0	-10,1	5,6	7,0	20,4	26,4	26,2
Lateinamerika[9)]	2,0	-9,4	-12,3	12,4	13,5	1,9	-5,4	6,4	10,9	12,9
OPEC-Länder[10)]	2,3	7,5	-4,6	19,3	15,2	1,4	-15,1	5,1	14,0	34,0
Übrige[11)]	2,6	2,7	-3,4	9,1	8,6	2,8	-5,3	1,6	-3,4	0,7
Nachrichtlich: Insgesamt, Mrd Euro	.	651,32	664,45	733,46	446,77	.	518,53	534,53	577,38	399,28

1) Spezialhandel nach Bestimmungs-/Ursprungsländern. - 2) Anteil an der Gesamtausfuhr/-einfuhr. - 3) Vorläufige Ergebnisse. - 4) Einschließlich des nicht zuordenbaren Intrahandels, der nicht ermittelten Bestimmungs-/Ursprungsländer, des Schiffs- und Luftfahrzeugbedarfs sowie der Zuschätzungen für Meldebefreiungen. - 5) Einschließlich Réunion, Guadeloupe, Martinique, Französisch-Guyana. - 6) Australien, Japan, Kanada, Neuseeland, Republik Südafrika, Vereinigte Staaten sowie Europa ohne die Länder der Europäischen Union. - 7) Albanien, Kroatien, Bosnien-Herzegowina, Bundesrepublik Jugoslawien, Mazedonien und die GUS-Staaten. - 8) Hongkong (China), Malaysia, Südkorea, Singapur, Taiwan, Thailand. - 9) Mittel- und Südamerika (ohne Venezuela). - 10) Algerien, Indonesien, Irak, Iran, Katar, Kuwait, Libyen, Nigeria, Saudi-Arabien, Venezuela, Vereinigte Arabische Emirate. - 11) Entwicklungsländer: Afrika (ohne Republik Südafrika), Asien (ohne Japan, Ostasiatische Schwellenländer und Volksrepublik China), Ozeanien; ohne OPEC- Länder. Nicht ermittelte Länder und Gebiete, Schiffs- und Luftfahrzeugbedarf, Grönland, St. Pierre und Miquelon.

5. Entstehungsseite

146. Im Unterschied zur lediglich verhaltenen Zunahme der gesamtwirtschaftlichen Leistung stieg die **Industrieproduktion** in den ersten acht Monaten gegenüber den vorausgegangenen acht Monaten um 2,0 vH. Bemerkenswert hierbei war die Entwicklung der einzelnen Hauptgruppen. Im Kontrast zur ungünstiger Nachfrage der privaten Haushalte nahm die Nettoproduktion von Konsumgütern trotz schwacher Entwicklung der Einzelhandelsumsätze in den ersten acht Monaten gegenüber den vorausgegangenen acht Monaten um 1,9 vH zu. Ursächlich hierfür war allerdings weniger eine lebhafte Entwicklung während des Jahres als vielmehr ein kräftiger Zuwachs zur Jahreswende 2004/2005. Die Produzenten von Vorleistungs- und Investitionsgütern, die im Vergleich zu den Konsumgüterproduzenten eine höhere Exportorientierung aufweisen und die in den zurückliegenden Jahren einen immer größer werdenden Anteil ihrer Umsätze im Ausland erzielten, dehnten ihre Produktion um 1,4 vH beziehungsweise 2,7 vH aus. Im Großen und Ganzen vollzog sich die Produktionsausweitung dabei vergleichsweise stetig.

Die in den Volkswirtschaftlichen Gesamtrechnungen ermittelte **Wertschöpfung**, ein weiteres und umfassenderes Maß für die gesamtwirtschaftliche Aktivität, stieg im Jahresdurchschnitt um 1,0 vH. Das Verarbeitende Gewerbe, auf das der Großteil der Wirtschaftsleistung im Produzierenden Gewerbe entfällt, und das erneut von der weltwirtschaftlichen Konjunktur gestützt wurde, erhöhte seinen Ausstoß um 2,7 vH. Abermals bremsend wirkte hingegen die Entwicklung im Baugewerbe (-5,6 vH).

Der Zuwachs der Wertschöpfung im Dienstleistungsbereich betrug lediglich 0,9 vH. Der im Vergleich zum Verarbeitenden Gewerbe moderate Anstieg spiegelte sich dabei in den meisten Bereichen wider. Der mit einem Anteil von rund 29 vH an der gesamten Wertschöpfung bedeutendste Dienstleistungsbereich Finanzierung, Vermietung und Unternehmensdienstleistungen verzeichnete einen Zuwachs von 1,5 vH. Die Wertschöpfung der privaten und öffentlichen Anbieter von Dienstleistungen, die 22 vH zur Wirtschaftsleistung beitrugen, ging um 0,1 vH zurück und war damit abermals wesentlich dafür verantwortlich, dass die Entwicklung im Dienstleistungsbereich weniger schwungvoll ausfiel als im Produzierenden Gewerbe.

Preisentwicklung: Im Zeichen steigender Ölpreise

147. In den ersten Monaten des Jahres 2005 lag die Inflationsrate – gemessen am Harmonisierten Verbraucherpreisindex – durchschnittlich bei 1,8 vH und erreichte damit denselben Wert wie im Durchschnitt des Vorjahres (Schaubild 17, Seite 92). Allerdings stiegen die Raten ab der Jahresmitte deutlich an. Im September lag die **jährliche Inflationsrate** bei 2,6 vH – ein Niveau, das zuletzt im Juni 2001 erreicht worden war. Verantwortlich hierfür war insbesondere der ölpreisbedingte Anstieg der Energiepreise, der sich zunächst vor allem auf die Einfuhr- und die Erzeugerpreise auswirkte und ab der Mitte des Jahres durch die Euro-Abwertung verstärkt wurde. Zuletzt stiegen sowohl die Einfuhrpreise als auch die Erzeugerpreise gewerblicher Produkte mit jährlichen Zuwachsraten von deutlich über 4 vH, verglichen mit den Vorjahresdurchschnitten von 1,0 vH beziehungsweise 1,6 vH (Schaubild 18, Seite 93). Allerdings gab es auch in Deutschland bis zuletzt kaum Hinweise auf ölpreisbedingte indirekte Effekte oder Zweitrundeneffekte. Eine verstärkte

Überwälzung höherer Kraftstoffpreise war lediglich bei den Preisen für Verkehrsdienstleistungen zu beobachten.

148. Im Vergleich zum Vorjahr spielten administrierte Preiserhöhungen eine etwas geringere Rolle. Der Effekt auf die Jahresinflationsrate betrug in diesem Jahr rund 0,6 Prozentpunkte, gegenüber 0,9 Prozentpunkten im Jahr 2004. Preistreibend wirkten in diesem Zusammenhang die zweite und dritte Erhöhungsstufe der Tabaksteuer im Dezember 2004 und im September 2005 sowie der Wegfall von Vergünstigungen bei der Kraftfahrzeugsteuer im Januar dieses Jahres. Die Preise für Nahrungsmittel und gewerbliche Waren blieben im Jahresverlauf weitgehend konstant. Die **deutsche Kerninflationsrate** – HVPI ohne Energie und unverarbeitete Nahrungsmittel – lag im Durchschnitt der ersten neun Monate bei 1,0 vH.

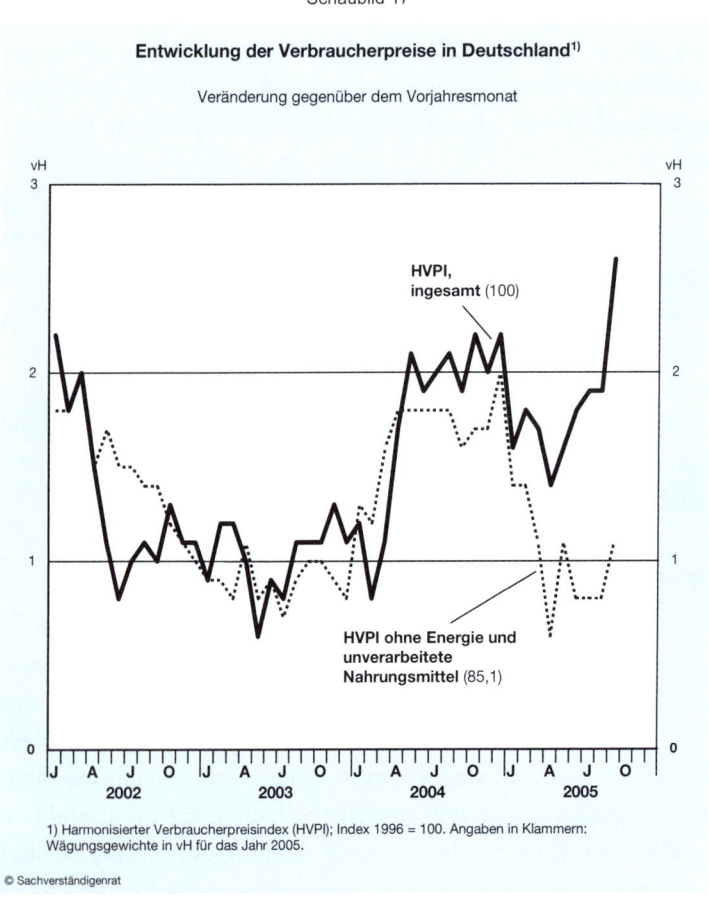

Schaubild 17

Entwicklung der Verbraucherpreise in Deutschland[1]

Veränderung gegenüber dem Vorjahresmonat

1) Harmonisierter Verbraucherpreisindex (HVPI); Index 1996 = 100. Angaben in Klammern: Wägungsgewichte in vH für das Jahr 2005.

© Sachverständigenrat

Schaubild 18

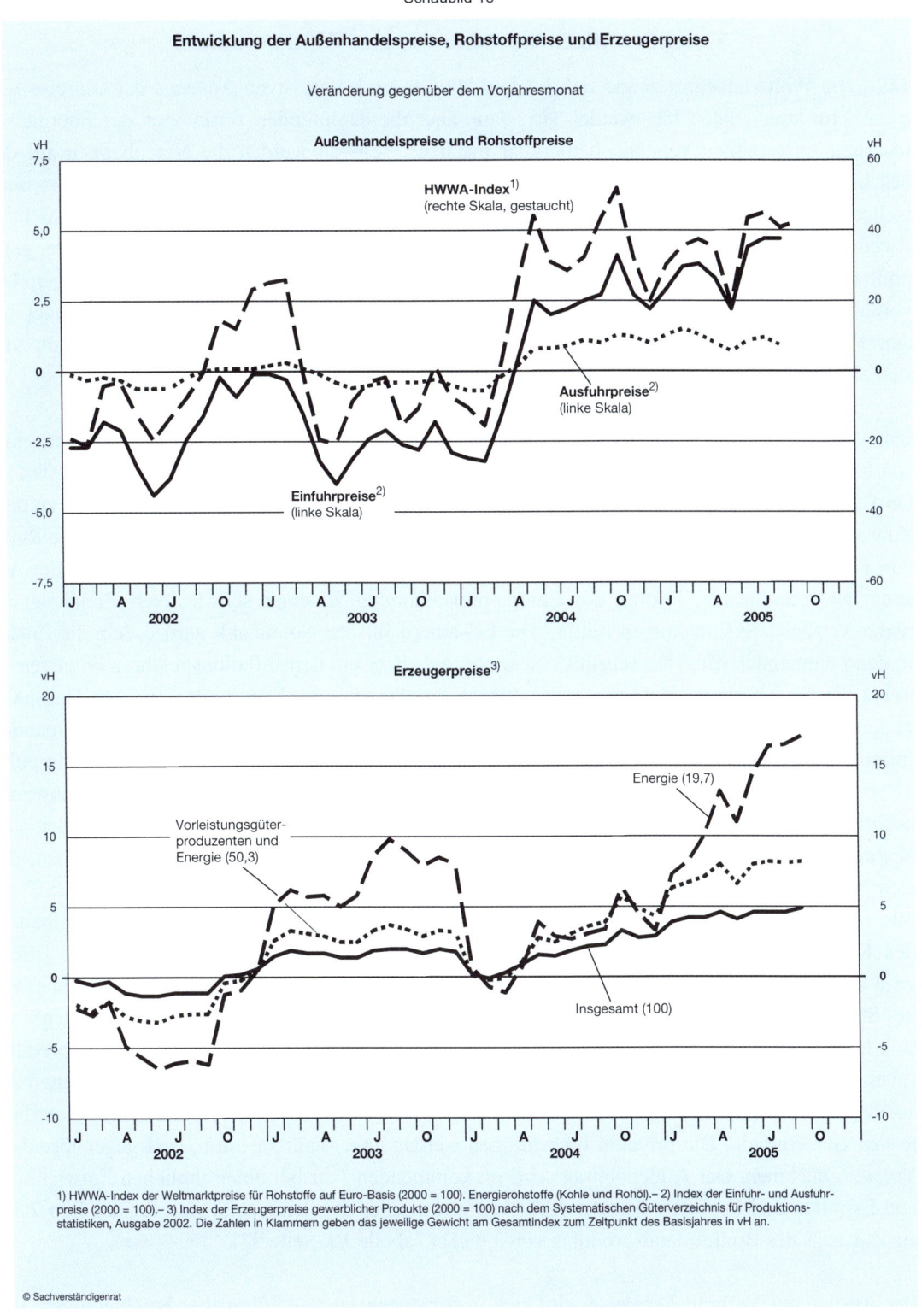

Entwicklung der Außenhandelspreise, Rohstoffpreise und Erzeugerpreise

Veränderung gegenüber dem Vorjahresmonat

Außenhandelspreise und Rohstoffpreise

HWWA-Index[1] (rechte Skala, gestaucht)

Ausfuhrpreise[2] (linke Skala)

Einfuhrpreise[2] (linke Skala)

Erzeugerpreise[3]

Energie (19,7)

Vorleistungsgüterproduzenten und Energie (50,3)

Insgesamt (100)

1) HWWA-Index der Weltmarktpreise für Rohstoffe auf Euro-Basis (2000 = 100). Energierohstoffe (Kohle und Rohöl).– 2) Index der Einfuhr- und Ausfuhrpreise (2000 = 100).– 3) Index der Erzeugerpreise gewerblicher Produkte (2000 = 100) nach dem Systematischen Güterverzeichnis für Produktionsstatistiken, Ausgabe 2002. Die Zahlen in Klammern geben das jeweilige Gewicht am Gesamtindex zum Zeitpunkt des Basisjahres in vH an.

© Sachverständigenrat

III. Die voraussichtliche Entwicklung im Jahr 2006
1. Leicht abflachende aber robuste Weltkonjunktur

149. Die **Weltwirtschaft** zeigte sich im Jahr 2005 trotz des massiven Anstiegs der Ölpreise sehr robust. Im kommenden Jahr werden sich dann aber die dämpfenden Wirkungen der Energieverteuerung zeitverzögert verstärkt bemerkbar machen. Weltweit werden die Notenbanken auf den beschleunigten Preisanstieg in vielen Ländern mit leichten Zinsanhebungen reagieren, um einer weiteren Erhöhung der mittelfristigen Inflationserwartungen entgegen zu wirken. Wenn es nicht zu Zweitrundeneffekten in Form inflationstreibender Lohnsteigerungen kommt, werden die geldpolitischen Rahmenbedingungen günstig bleiben und so die Weltkonjunktur weiterhin stützen. Die voranschreitende Integration der Schwellen- und Transformationsländer wird dem Welthandel und dem Produktivitätswachstum weiterhin Auftrieb verleihen. Der Zuwachs der Weltproduktion wird sich alles in allem im Jahr 2006 nur leicht abschwächen.

150. Die wirtschaftliche Entwicklung der **Vereinigten Staaten** verlor im Jahr 2005 trotz einer spürbaren Straffung der Geldpolitik, des starken Ölpreisanstiegs und der Wirbelsturmschäden im Golf von Mexiko nur wenig an Schwung; insbesondere die kräftige Binnennachfrage trug zu dem Zuwachs des Bruttoinlandsprodukts von 3,6 vH bei. Im kommenden Jahr treten jedoch eine Reihe von Faktoren auf, die insbesondere auf den privaten Konsum dämpfend wirken. So wird der Anstieg der Inflationsrate infolge der Energiepreiserhöhung zu einer schwächeren Zunahme der realen verfügbaren Einkommen führen. Die US-amerikanische Notenbank wird zudem die Zinsen in den kommenden Monaten schrittweise weiter anheben, um den Inflationsgefahren entgegen zu treten. Einhergehend mit den steigenden Zinsen werden sich die Kredite der privaten Haushalte verteuern. Der positive Vermögenseffekt des vergangenen Jahres, der sich aus den zunehmenden Immobilienpreisen ergab, dürfte daher im nächsten Jahr entfallen und keine Nachfrageimpulse mehr generieren. In diesem Zusammenhang ist mit einer gewissen Korrektur der gegenwärtig negativen Sparquote zu rechnen. Für das kommende Jahr ist aus den genannten Gründen von einem merklich geringeren Zuwachs der Privaten Konsumausgaben von 2,7 vH auszugehen, der sich bereits in dem zuletzt deutlich rückgängigen Konsumentenvertrauen widerspiegelt (Schaubild 19). Demgegenüber werden die angekündigten massiven Staatshilfen zum Wiederaufbau in den Katastrophengebieten die konjunkturelle Entwicklung stützen. Dieser stimulierende Effekt wird allerdings im Verlauf des Jahres an Gewicht verlieren, da Maßnahmen zur Konsolidierung des Staatshaushalts dem entgegen wirken werden. Das Budgetdefizit der Vereinigten Staaten wird sich im Jahr 2006 gleichwohl wieder ausweiten. Neben den staatlichen werden auch die privaten Investitionen kräftig von den Aufträgen infolge des Wiederaufbaus angetrieben. Darauf deuten die zuletzt deutlichen Zuwächse der Auftragseingänge und des Unternehmervertrauens im Verarbeitenden Gewerbe hin. Die privaten Investitionen werden daher spürbar um 6,0 vH gegenüber dem Vorjahr zunehmen. Der Außenbeitrag wird im kommenden Jahr bei einer ähnlichen Entwicklung von Exporten und Importen erneut negativ ausfallen. Alles in allem ergibt sich für das Jahr 2006 ein Zuwachs des Bruttoinlandsprodukts von 3,0 vH (Tabelle 10, Seite 97).

Der Anstieg der Verbraucherpreise wird sich in der ersten Jahreshälfte weiter beschleunigen; danach dürften sie sich jedoch etwas moderater entwickeln, sobald – bei annahmegemäß konstantem Ölpreisniveau – der belastende Energiepreiseffekt nachlässt und die Zinserhöhungsschritte der

Notenbank ihre Wirkung entfalten. Für das Gesamtjahr wird die Inflationsrate bei 3,3 vH liegen. Das Leistungsbilanzdefizit wird 6,1 vH in Relation zum nominalen Bruttoinlandsprodukt betragen und damit unverändert hoch bleiben.

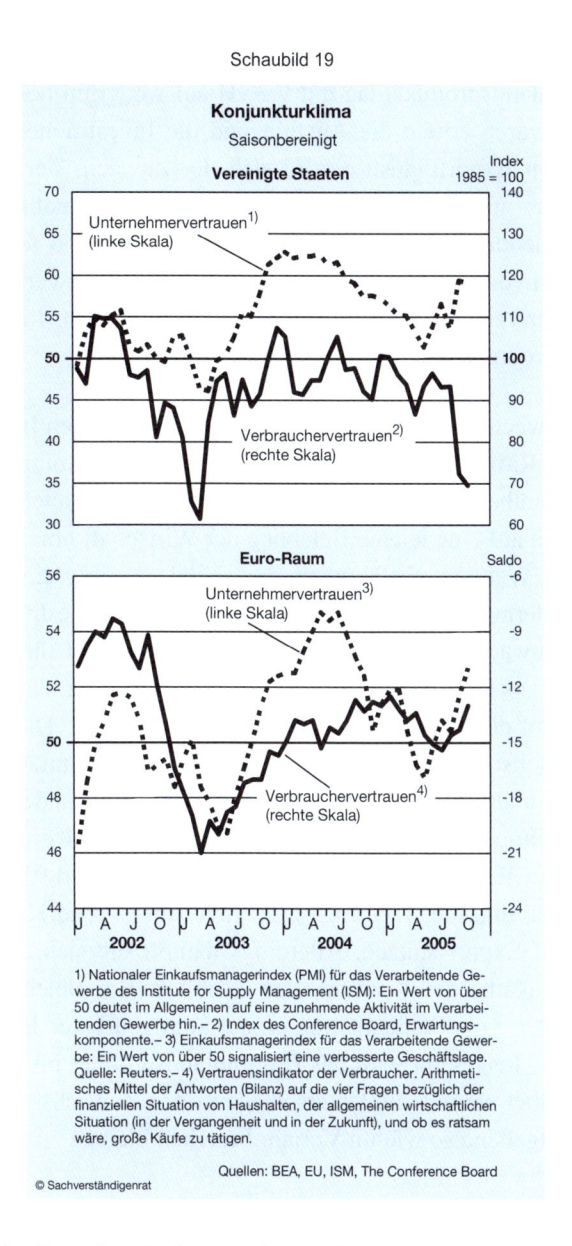

Schaubild 19

Konjunkturklima
Saisonbereinigt

Vereinigte Staaten

Euro-Raum

1) Nationaler Einkaufsmanagerindex (PMI) für das Verarbeitende Gewerbe des Institute for Supply Management (ISM): Ein Wert von über 50 deutet im Allgemeinen auf eine zunehmende Aktivität im Verarbeitenden Gewerbe hin.– 2) Index des Conference Board, Erwartungskomponente.– 3) Einkaufsmanagerindex für das Verarbeitende Gewerbe: Ein Wert von über 50 signalisiert eine verbesserte Geschäftslage. Quelle: Reuters.– 4) Vertrauensindikator der Verbraucher. Arithmetisches Mittel der Antworten (Bilanz) auf die vier Fragen bezüglich der finanziellen Situation von Haushalten, der allgemeinen wirtschaftlichen Situation (in der Vergangenheit und in der Zukunft), und ob es ratsam wäre, große Käufe zu tätigen.

Quellen: BEA, EU, ISM, The Conference Board

© Sachverständigenrat

151. In **Japan** hat sich die Wirtschaft von der konjunkturellen Schwächephase in der zweiten Hälfte des Jahres 2004 erholt; das Bruttoinlandsprodukt legte, getragen von einer verstärkten Binnennachfrage im Jahr 2005, um 2,2 vH zu. Die Ergebnisse der jüngsten Tankan-Umfrage und der Konjunkturbericht der japanischen Notenbank weisen auf eine Fortsetzung dieser Entwicklung hin; allerdings lassen die aktuellen Daten zur Industrieproduktion keine weitere Verstärkung der Dynamik erkennen. Leicht hemmend wird sich im kommenden Jahr die anstehende Rücknahme von Steuervergünstigungen zur Konsolidierung des Staatshaushalts bemerkbar machen. Im Jahr 2006 wird der Zuwachs des Bruttoinlandsprodukts 2,0 vH betragen. Die deflationären

Tendenzen scheinen langsam auszulaufen; eine Abkehr von der Nullzinspolitik ist allerdings im kommenden Jahr noch nicht, sondern erst bei nachhaltig positiven Preissteigerungsraten zu erwarten.

152. Die **Volkswirtschaft Chinas** hat den Ölpreisanstieg im Jahr 2005 sehr gut verkraftet. Die Zuwachsrate des Bruttoinlandsprodukts lag mit 9,2 vH auf weiterhin hohem Niveau. Wesentliche Stützen der Konjunktur waren erneut die Ausfuhr und die Investitionen. Dank der sehr wettbewerbsfähigen chinesischen Exportindustrie wird sich der Zuwachs der Ausfuhr trotz einer Abschwächung des Konsums in den Vereinigten Staaten – dem Hauptabsatzmarkt für chinesische Konsumgüter – im kommenden Jahr mit kaum vermindertem Tempo fortsetzen. Währenddessen wird sich die sehr hohe Investitionsdynamik des Jahres 2005 etwas verringern, aber durch einen verstärkten Anstieg des privaten Konsums weitgehend ausgeglichen. Im Jahr 2006 wird der Zuwachs des Bruttoinlandsprodukts 8,7 vH betragen.

153. Aufgrund eines schwachen privaten Konsums und einer geringen Investitionstätigkeit verlief die Konjunktur im **Euro-Raum** in diesem Jahr verhalten; das Bruttoinlandsprodukt erhöhte sich lediglich um 1,3 vH gegenüber dem Vorjahr. Am aktuellen Rand deuten Umfragewerte zum Unternehmervertrauen jedoch auf eine leichte Belebung der Wirtschaft hin. Steigende Unternehmensgewinne, eine verbesserte Wettbewerbsfähigkeit, anziehende Auftragseingänge und ein aufgestauter Investitions- und Modernisierungsbedarf werden die private Investitionsneigung anregen und im Jahr 2006 zu einem Zuwachs der Investitionstätigkeit von 3,0 vH führen. Die monetären Rahmenbedingungen bleiben aus konjunktureller Sicht ebenfalls günstig, da die Europäische Zentralbank die Zinsen im Verlauf des Jahres allenfalls leicht anheben wird. Die Privaten Konsumausgaben werden dagegen zunächst noch von der Energieverteuerung beeinträchtigt. Bei einer sehr moderaten Lohnentwicklung und einer allenfalls geringfügig zurückgehenden Arbeitslosenquote wird das real verfügbare Einkommen nur leicht ansteigen. Der private Konsum wird sich daher mit einer unverändert mäßigen Rate von 1,3 vH erhöhen. Die verbesserte Wettbewerbsfähigkeit der europäischen Unternehmen und die Nachfrage nach Investitions- und Konsumgütern aus den Ölförderländern werden den Export stützen. Allerdings dämpft die sich abzeichnende leichte Abschwächung des US-amerikanischen Konsums den Ausblick. Bei gleichzeitig leicht anziehenden Importen geht im Jahr 2006 vom Außenbeitrag erneut kein spürbarer Beitrag zum Zuwachs des Bruttoinlandsprodukts aus. Insgesamt wird das Bruttoinlandsprodukt im Euro-Raum im Jahr 2006 um 1,7 vH zunehmen. Dabei werden die Unterschiede in den Zuwachsraten zwischen den einzelnen Mitgliedsländern weitgehend so wie im Vorjahr bestehen bleiben.

154. Die **Inflationsrate** (gemessen am Harmonisierten Verbraucherpreisindex) im Euro-Raum wird im Jahr 2006 durchschnittlich bei 2,1 vH und damit leicht unterhalb des im Jahr 2005 erreichten Wertes (2,2 vH) liegen. Für den geringen Rückgang sind allerdings vor allem die statistischen Effekte der zu Beginn des Jahres 2006 in den Niederlanden geplanten Gesundheitsreform verantwortlich, deren Beitrag zum HVPI im Euro-Raum auf -0,2 Prozentpunkte geschätzt wird. Der zuletzt in Folge der hohen Energiepreise deutlich verstärkte Preisanstieg wird sich in den ersten Monaten des Jahres 2006 zunächst weiter fortsetzen, im weiteren Verlauf des Jahres jedoch, unter der Annahme eines konstanten Ölpreises, nachlassen. Im Prognosezeitraum wird nicht mit dem Auftreten von Zweitrundeneffekten gerechnet, und auch von der konjunkturellen Entwicklung dürfte kein besonderer inflationärer Effekt ausgehen.

Tabelle 10

Die voraussichtliche Entwicklung in ausgewählten Ländern und Ländergruppen

Land/Ländergruppe	Bruttoinlandsprodukt (real)[1]		Verbraucherpreise[1)2)]		Anteil an der Ausfuhr[3] Deutschlands
	2005	2006	2005	2006	2004
	Veränderung gegenüber dem Vorjahr in vH				vH
Deutschland	+ 0,8	+ 1,0	+ 2,0	+ 2,0	X
Frankreich	+ 1,3	+ 1,8	+ 1,9	+ 2,2	10,3
Italien	+ 0,4	+ 1,1	+ 2,2	+ 2,2	7,1
Niederlande	+ 0,6	+ 2,0	+ 1,7	− 1,3	6,2
Österreich	+ 1,8	+ 1,8	+ 2,3	+ 2,1	5,4
Belgien	+ 1,4	+ 2,0	+ 2,7	+ 2,6	5,6
Spanien	+ 3,2	+ 3,1	+ 3,4	+ 3,1	5,0
Finnland	+ 1,7	+ 4,1	+ 1,0	+ 1,4	1,0
Portugal	+ 0,5	+ 1,1	+ 2,2	+ 2,7	0,9
Griechenland	+ 3,0	+ 3,1	+ 3,5	+ 3,1	0,9
Irland	+ 5,2	+ 5,0	+ 2,2	+ 2,5	0,6
Luxemburg	+ 3,7	+ 4,0	+ 3,6	+ 2,8	0,5
Euro-Raum[4]	+ 1,3	+ 1,7	+ 2,2	+ 2,1	43,5
Vereinigtes Königreich	+ 1,7	+ 2,4	+ 2,4	+ 2,2	8,3
Schweden	+ 2,5	+ 3,0	+ 0,7	+ 1,4	2,2
Dänemark	+ 2,5	+ 2,3	+ 1,7	+ 2,0	1,5
EU-15[4]	+ 1,4	+ 1,9	+ 2,2	+ 2,1	55,5
Neue EU-Mitgliedstaaten[4)5)]	+ 4,2	+ 4,5	+ 2,6	+ 2,5	8,4
Europäische Union[4]	+ 1,6	+ 2,0	+ 2,2	+ 2,1	63,9
Schweiz	+ 1,5	+ 1,5	+ 1,3	+ 1,4	3,8
Norwegen	+ 3,1	+ 3,3	+ 1,4	+ 2,1	0,7
Vereinigte Staaten	+ 3,6	+ 3,0	+ 3,4	+ 3,3	8,8
Japan	+ 2,2	+ 2,0	− 0,2	+ 0,0	1,7
Kanada	+ 3,0	+ 3,0	+ 2,2	+ 2,4	0,7
Lateinamerika[6]	+ 4,0	+ 3,8	+ 6,2	+ 5,5	1,7
Südostasiatische Schwellenländer[7]	+ 4,1	+ 4,4	+ 2,6	+ 2,4	3,3
China	+ 9,2	+ 8,7	+ 2,0	+ 2,4	2,9
Russische Föderation	+ 5,8	+ 5,3	+ 12,8	+ 10,7	2,0
Südafrika	+ 4,2	+ 4,3	+ 3,9	+ 5,3	0,8
Türkei	+ 5,0	+ 5,0	+ 8,4	+ 6,9	1,6
Länder, zusammen[8]	+ 4,1	+ 3,9	.	.	92,0

1) Eigene Schätzung auf Basis von Angaben internationaler und nationaler Institutionen. - 2) Harmonisierter Verbraucherpreisindex für die Länder der Europäischen Union und Norwegen. Für die anderen Industrieländer: nationale Verbraucherpreisindizes. - 3) Spezialhandel. Vorläufige Ergebnisse. - 4) Die Veränderungen gegenüber dem Vorjahr sind gewichtet mit den Anteilen am realen Bruttoinlandsprodukt (in Euro) der Europäischen Union im Jahr 2004. Summe der genannten Länder. - 5) Estland, Lettland, Litauen, Malta, Polen, Slowakei, Slowenien, Tschechische Republik, Ungarn, Zypern. - 6) Argentinien, Brasilien, Chile, Kolumbien, Mexiko, Peru, Venezuela. - 7) Hongkong (China), Malaysia, Singapur, Südkorea, Taiwan, Thailand. - 8) Die Veränderungen gegenüber dem Vorjahr sind gewichtet mit den Anteilen am nominalen Bruttoinlandsprodukt (in KKS) der Welt im Jahr 2004. Summe der genannten Länder.

155. Die übrigen Mitgliedstaaten der Europäischen Union werden auch im Jahr 2006 Zuwachsraten des Bruttoinlandsprodukts oberhalb des Durchschnitts der Europäischen Währungsunion erzielen. So wird das Vereinigte Königreich wieder aus der leichten Konjunkturdelle des aktuellen Jahres herausfinden; darauf deutet unter anderem der Wiederanstieg des Verbrauchervertrauens hin. Der private Konsum wird dabei von steigenden Realeinkommen und einem robusten Arbeitsmarkt getragen. Die etwas verbesserten Konjunkturaussichten im Euro-Raum sollten dem Export der neuen Mitgliedstaaten der Europäischen Union Auftrieb verleihen. Die geldpolitische Lockerung in einigen Ländern wird die Binnennachfrage zusätzlich stützen und insgesamt für eine leicht erhöhte Dynamik sorgen.

2. Deutschland: Immer noch keine durchgreifende Erholung der Binnennachfrage

156. Die **gesamtwirtschaftliche Produktion** in Deutschland stieg in diesem Jahr lediglich um 0,8 vH. Die wirtschaftliche Entwicklung ist unverändert gespalten, noch immer lässt sich kein breit angelegter wirtschaftlicher Aufschwung erkennen. Die Gesamtwirtschaft bleibt auf Impulse aus dem Ausland angewiesen. Bemerkenswert war die Widerstandskraft des außenwirtschaftlichen Umfelds: Trotz starker Belastungen der Weltwirtschaft durch den Anstieg des Ölpreises blieb die Nachfrage aus dem Ausland die maßgebliche Stütze der deutschen Konjunktur. Der Außenbeitrag allein trug mit einem Anteil von über 90 vH zum Zuwachs des Bruttoinlandsprodukts bei.

Die inländische Verwendung blieb abermals kraftlos. Die Privaten Konsumausgaben sanken unter das Niveau des Vorjahres. Bei unterdurchschnittlicher Kapazitätsauslastung fiel der Zuwachs der Ausrüstungsinvestitionen moderat aus und wurde durch einen deutlichen Rückgang der Bauinvestitionen überkompensiert. Vor dem Hintergrund einer schleppenden Konjunktur war eine durchgreifende Belebung auf dem Arbeitsmarkt nicht zu beobachten. Die Zunahme der Erwerbstätigen in diesem Jahr war im Wesentlichen Folge arbeitsmarktpolitischer Instrumente wie Existenzgründungszuschuss, Arbeitsgelegenheiten und Mini-Jobs. Der Rückgang der sozialversicherungspflichtigen Beschäftigungsverhältnisse hielt an, während die Zahl der Arbeitslosen abermals stieg. Die Inflationsrate nahm insbesondere aufgrund der kräftigen Verteuerung von Energie merklich zu, administrierte Preiserhöhungen spielten im Vergleich zum Vorjahr eine etwas geringere Rolle. Bis zuletzt gab es keine Anhaltspunkte für ölpreisbedingte Zweitrundeneffekte.

157. Die Geschäftserwartungen der Unternehmen im Herbst 2005 signalisieren – nach der kurzen Verschnaufpause im zweiten Quartal – das Einschwenken in eine moderate Aufwärtsbewegung (Schaubild 20). Die gesamtwirtschaftliche Produktion wird erneut leicht zunehmen, eine fühlbare Beschleunigung wird sich derweil nicht einstellen.

Die **Erwartungen** für das Jahr 2006 ruhen auf der Fortsetzung einer robusten weltwirtschaftlichen Konjunktur. Die Bedingungen für eine weitere – wenngleich moderate – Zunahme des Bruttoinlandsprodukts sind grundsätzlich gegeben, auch wenn Risiken bestehen (Ziffern 81 ff.). Die weltwirtschaftliche Produktion nimmt weiterhin mit beachtlichen Zuwachsraten zu und wird, trotz der im Prognosezeitraum hoch bleibenden Ölpreisnotierungen, diese Entwicklung weitgehend fortsetzen. Allerdings werden die außenwirtschaftlichen Impulse im Verlauf des kommenden Jahres etwas an Kraft verlieren.

Mit einer durchgreifenden Erholung der Inlandsnachfrage ist im Prognosezeitraum nicht zu rechnen. Die Perspektiven auf dem Arbeitsmarkt sind immer noch eingetrübt und werden sich nur schrittweise aufhellen. Die allmähliche Verbesserung wird indes noch nicht kräftig genug ausfallen, um den Privaten Konsumausgaben im nächsten Jahr Auftrieb zu verleihen. Die dämpfenden Effekte hoher Energiepreise und die damit verbundenen Preissteigerungen entziehen den privaten Haushalten spürbar Kaufkraft: Die Realeinkommen werden auch im nächsten Jahr zurückgehen. Die Ausrüstungsinvestitionen werden weiterhin mit moderatem Tempo expandieren. Neben den prinzipiell guten Aussichten im Exportgeschäft ist hierfür die verbesserte Finanzierungsstruktur der Unternehmen verantwortlich. Bei den Bauinvestitionen ist der langjährige Anpassungsprozess noch nicht abgeschlossen, erste Anzeichen einer Stabilisierung zeichnen sich immerhin im gewerblichen Bau ab. Das **Bruttoinlandsprodukt** steigt im Jahr 2006 um 1,0 vH.

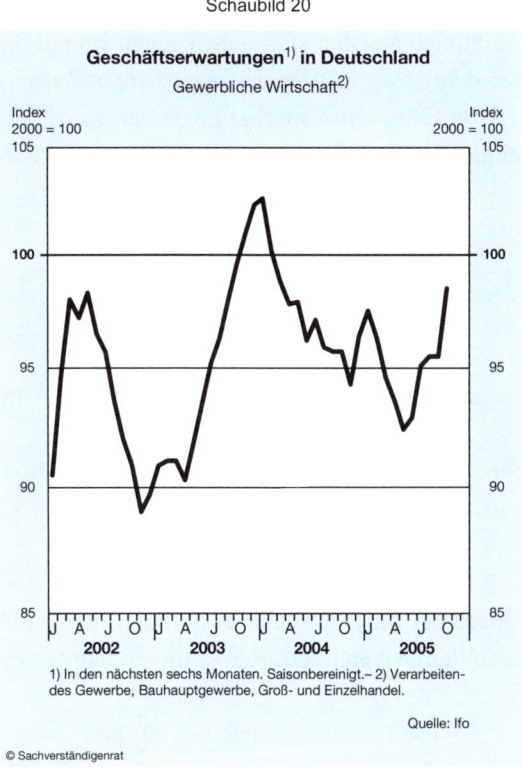

Schaubild 20

Geschäftserwartungen[1) in Deutschland
Gewerbliche Wirtschaft[2)

1) In den nächsten sechs Monaten. Saisonbereinigt.– 2) Verarbeitendes Gewerbe, Bauhauptgewerbe, Groß- und Einzelhandel.

Quelle: Ifo

© Sachverständigenrat

Die monetären Rahmenbedingungen bleiben aus konjunktureller Sicht günstig. In der Gesamtbetrachtung dürften die fiskalpolitischen Entscheidungen des Jahres 2005 die gesamtwirtschaftliche Entwicklung weder positiv noch negativ beeinflusst haben. Im kommenden Jahr steht einer erneut nur moderaten Steigerung der staatlichen Ausgaben zum ersten Mal seit dem Jahr 2003 keine Senkung des Einkommensteuertarifs mehr gegenüber. Vornehmlich aus diesem Grund wird sich – auf Basis der **derzeitigen Gesetzeslage** – nicht nur das tatsächliche, sondern auch das strukturelle Defizit des Staates verringern, so dass im kommenden Jahr von einer leicht restriktiven Ausrichtung der Fiskalpolitik auszugehen ist.

158. Die Prognose beruht auf Daten zur Lage der Weltwirtschaft und der inländischen Wirtschaft sowie auf Indikatoren über die Erwartungen und Pläne der Wirtschaftssubjekte, die bis Ende Oktober 2005 vorlagen und die im vorangegangenen Kapitel dargestellt wurden. Die prognostizierte

Entwicklung wird von uns als die wahrscheinlichste betrachtet, sie ist, wie jede Aussage über die Zukunft, mit Unsicherheit verbunden. Ihr liegen Annahmen über den Kurs der Wirtschaftspolitik sowie über die Entwicklung an den Rohöl- und Devisenmärkten zugrunde (Kasten 4).

159. Für die Entwicklung im kommenden Jahr haben sich ernst zu nehmende weltwirtschaftliche **Risiken** aufgebaut (Ziffern 81 ff.). Eine wesentliche Gefährdung für die Konjunktur in der gesamten Welt und speziell in Deutschland stellt ein weiterer Anstieg des Ölpreises dar. Ein signifikanter Rückgang wiederum würde entlastend wirken. Eine Gefahr für die Weltwirtschaft ist zudem das sehr hohe US-amerikanische Leistungsbilanzdefizit. Eine Umkehr der Kapitalflüsse könnte zu einer kräftigen Abwertung des US-Dollar führen und insbesondere die exportabhängigen Wirtschaftsräume mit einem flexiblen Wechselkurs zum US-Dollar wie Japan oder Europa schwer treffen. Ein weiteres Risiko ergibt sich aus den stark gestiegenen Immobilienpreisen, insbesondere in den Vereinigten Staaten. Ein deutlicher Anstieg der langfristigen Zinsen könnte zu einem Preisverfall auf den Immobilienmärkten führen, mit spürbar negativen Konsequenzen für die private Konsumnachfrage in den Vereinigten Staaten und mit entsprechenden Auswirkungen auf die gesamte Weltwirtschaft.

Kasten 4

Annahmen für die Prognose

Mit Blick auf die Weltwirtschaft basiert die Prognose auf folgenden Annahmen:

− Der Preis für Rohöl liegt im Jahresdurchschnitt in der Größenordnung von etwas über 60 US-Dollar pro Barrel (Mittelwert der Hauptrohölsorten U.K. Brent, West Texas Intermediate und Dubai).

− Der reale effektive Wechselkurs für Deutschland (Indikator der preislichen Wettbewerbsfähigkeit) wird im Jahr 2006 auf dem Niveau vom Herbst dieses Jahres liegen.

Darüber hinaus enthält die Prognose folgende Annahmen für den Euro-Raum beziehungsweise für die deutsche Volkswirtschaft:

− Die Inflationsrisiken erhöhen sich im Prognosezeitraum nicht weiter. Die geldpolitischen Rahmenbedingungen bleiben günstig.

− Die Anhebung der Tariflöhne im nächsten Jahr entspricht in etwa der Tariflohnsteigerung dieses Jahres.

− Grundlage der Prognose ist die derzeitige Gesetzeslage, das heißt, in ihr werden nur die Maßnahmen berücksichtigt, die bis Ende Oktober endgültig beschlossen wurden.

Die voraussichtliche Entwicklung im Jahr 2006

Export bleibt wesentliche Stütze für die deutsche Konjunktur

160. Unverändert ist die Konjunktur gespalten. Weiterhin belastet die hohe Arbeitslosigkeit die gesamtwirtschaftliche Entwicklung. Die wirtschaftliche Erholung im Inland kommt nur mühsam voran, bis auf Weiteres bleibt die deutsche Volkswirtschaft auf außenwirtschaftliche Impulse angewiesen. Bei schwachem Wachstumspotential bedarf es keiner außerordentlichen Schocks, um die deutsche Wirtschaft in die Stagnation zurückfallen zu lassen. Ein kräftiger, breit angelegter und selbst tragender Aufschwung wird sich auch im nächsten Jahr nicht einstellen.

161. Eine Reihe von Konjunkturindikatoren zeigt, dass die Konjunkturdelle im zweiten Quartal nur von kurzer Dauer war. Sowohl die Nettoproduktion der Industrie als auch die Auftragseingänge signalisieren für die zweite Jahreshälfte einen moderaten Zuwachs. Auch die Konjunkturindikatoren, die auf Befragungen von Unternehmen und Finanzmarktanalysten beruhen, legen den Schluss nahe, dass die gesamtwirtschaftliche Entwicklung die Schwächephase im Frühjahr überwunden hat.

Zur Unterstützung der Konjunkturanalyse und -prognose werden regelmäßig Konjunkturindikatoren herangezogen, um mit ihrer Hilfe die zukünftige wirtschaftliche Entwicklung – auf Monatsebene abgebildet durch die Nettoproduktion der Industrie – besser abschätzen zu können. Diese sollten in der Lage sein, den Verlauf der zu prognostizierenden Variablen mit einem möglichst weiten und stabilen Vorlauf vorwegzunehmen und frühzeitig auf Besonderheiten im Konjunkturverlauf hinzuweisen. In einer aktuellen Analyse des Sachverständigenrates werden einige ausgewählte Konjunkturindikatoren, die speziell zum Zweck der Konjunkturprognose konstruiert wurden und die in der breiten Öffentlichkeit große Aufmerksamkeit genießen, auf ihre (kurzfristige) Prognosegüte hin untersucht. Dies sind die vom Münchner ifo-Institut publizierten Geschäftserwartungen, der vom Zentrum für Europäische Wirtschaftsforschung (ZEW), Mannheim, ermittelte Index der Konjunkturerwartungen, der Konjunkturindikator der Frankfurter Allgemeinen Zeitung sowie der Handelsblatt-Frühindikator. Darüber hinaus werden die Auftragseingänge der Industrie sowie ein auf Grundlage einer breiten Datenbasis berechneter Konjunkturindikator in die vergleichende Analyse einbezogen.

Die Ergebnisse der Evaluierung zeigen, dass einzelne Konjunkturindikatoren zur Verbesserung der Prognosegüte beitragen können. Darüber hinaus erweist es sich als prinzipiell von Vorteil, Informationen aus verschiedenen Zeitreihen systematisch zu kombinieren. Gleichwohl illustrieren die Ergebnisse, dass die bislang vorliegenden gebündelten Konjunkturindikatoren für Deutschland nicht generell besser abschneiden als einzelne Zeitreihen wie etwa die Auftragseingänge. Dies deutet darauf hin, dass insbesondere die Kriterien einer geeigneten Auswahl von ökonomischen Zeitreihen, die einem synthetischen Konjunkturindikator zugrunde gelegt werden sollten, noch nicht hinreichend bestimmt sind (Ziffern 744 ff.).

162. Die Exportkonjunktur blieb in diesem Jahr – mit Ausnahme einer kleinen Atempause im Frühsommer – bemerkenswert stabil. Trotz anhaltend hoher Ölpreise sind die Voraussetzungen für eine abermals deutliche Ausweitung der Ausfuhr aufgrund der weiterhin kräftigen Zuwachsraten der weltwirtschaftlichen Produktion gegeben: Zum einen besteht zwischen der deutschen Volkswirtschaft und den Öl exportierenden Ländern ein reger Austausch von Vor- und Endprodukten, der die belastenden Effekte der hohen Ölpreise abfedert. Zum anderen unterstützt die gegenüber anderen Industriestaaten fortgesetzte Verbesserung der preislichen Wettbewerbsfähigkeit die deutsche Ausfuhr von Waren und Dienstleistungen innerhalb und außerhalb des Euro-Raums. Im Prognosezeitraum verleiht der seit Frühjahr rückläufige und zuletzt vergleichsweise stabile Außenwert des Euro den Exporten weiteren Auftrieb.

Der **Export von Waren und Dienstleistungen** wird auch im kommenden Jahr merklich zunehmen, wenngleich sich das Expansionstempo graduell verringern wird. Etwas stärkere Impulse sind dabei von der im kommenden Jahr anziehenden Konjunktur im Euro-Raum zu erwarten, der für den deutschen Export von besonderer Bedeutung ist. Insgesamt beträgt der Exportzuwachs im nächsten Jahr 6,3 vH, nachdem er sich in diesem Jahr auf 5,5 vH belief (Tabelle 11).

Ein expansiver Impuls wird von der im nächsten Jahr in Deutschland ausgetragenen Fußballweltmeisterschaft ausgehen, denn ein beachtlicher Anteil der zu erwartenden Zuschauer kommt aus dem Ausland. Deren Ausgaben, insbesondere für Übernachtungen, werden zum Export von Dienstleistungen gezählt. Schätzungen zufolge ist mit einem Betrag von 0,75 bis 1 Mrd Euro zu rechnen (Boss et al., 2005).

Auch die **Importe von Waren und Dienstleistungen** werden mit 5,0 vH deutlich zunehmen. Maßgeblich hierfür sind zum einen die kräftig bleibende Exportaktivität und zum anderen die – wenngleich unverändert moderate – Ausweitung der Investitionstätigkeit der Unternehmen. Die Nachfrage nach ausländischen Konsumgütern wird bei andauernder Schwäche des privaten Verbrauchs nur leicht anziehen. Der Anteil der Importe an der gesamtwirtschaftlichen Produktion, das heißt die Importquote, wird weiter ansteigen. Der Beitrag des Außenhandels zum Anstieg der gesamtwirtschaftlichen Produktion im Inland wird in der Größenordnung von 0,8 Prozentpunkten liegen und damit abermals kräftig zum Anstieg des Bruttoinlandsprodukts beitragen.

163. Die seit dem Jahr 2001 rückläufige Entwicklung der Ausrüstungsinvestitionen lief Ende des Jahres 2003 aus, eine lebhafte Entwicklung lässt sich seitdem gleichwohl nicht beobachten. Eine robuste Weltwirtschaft bleibt eine wesentliche Voraussetzung für eine merkliche Ausdehnung der gesamtwirtschaftlichen Produktion und für eine weitere Ausweitung der Investitionstätigkeit, da die Absatzperspektiven im Inland weiterhin gedämpft bleiben.

Die Ergebnisse der **Unternehmensbefragung** des Deutschen Industrie- und Handelskammertages (DIHK) im Herbst 2005 bekräftigen die Erwartung weiter zunehmender Investitionen, auch wenn eine Beschleunigung nicht zu beobachten sein wird. Eine überdurchschnittliche Ausweitung der Investitionen im Vergleich zum Vorjahr zeichnet sich dabei bei den Industrieunternehmen ab. Exportorientierte Industriezweige, wie beispielsweise der Kraftfahrzeugbau und die Chemische Industrie, beabsichtigen eine Vergrößerung des Investitionsbudgets. Nach Angaben des DIHK kommen hoffnungsvolle Investitionssignale auch aus Teilen des Mittelstands. Maßgeblich für die Investitionspläne bleiben unverändert das Ersatz- und Rationalisierungsmotiv, wobei ersteres weiterhin über alle Branchen hinweg die größte Bedeutung besitzt.

Von Seiten der Finanzierung sind die Bedingungen für eine Belebung der Investitionstätigkeit gegeben, zumal sich die Ertragslage im Bankensektor besserte und die Verschärfung der Kreditvergabebedingungen zu einem Ende kam. Förderlich auf die Investitionstätigkeit im Unternehmenssektor wirken zudem das niedrige Niveau der Kreditzinsen sowie die abermalige deutliche Zunahme der Unternehmens- und Vermögenseinkommen. Weitere Konsolidierungsbemühungen der Unternehmen, die in der jüngeren Vergangenheit einen Teil ihrer erzielten Gewinne zur Schulden-

Tabelle 11

Die wichtigsten Daten der Volkswirtschaftlichen Gesamtrechnungen für Deutschland[1]
Schätzung für das Jahr 2005 und Vorausschau auf das Jahr 2006

	2004 Mrd Euro	2003	2004	2005	2006
		Veränderung gegenüber dem Vorjahr in vH			
Verwendung des Inlandsprodukts					
Preisbereinigt (Vorjahrespreisbasis)					
Konsumausgaben, zusammen		+ 0,1	+ 0,0	- 0,4	- 0,1
Private Konsumausgaben[2]		+ 0,1	+ 0,6	- 0,3	- 0,2
Staatliche Konsumausgaben		+ 0,1	- 1,6	- 0,6	+ 0,1
Bruttoanlageinvestitionen		- 0,8	- 0,2	- 0,8	+ 1,2
Ausrüstungsinvestitionen		- 0,2	+ 2,6	+ 4,2	+ 4,3
Bauinvestitionen		- 1,6	- 2,3	- 4,6	- 1,5
Sonstige Anlagen		+ 3,3	+ 1,8	+ 2,4	+ 4,0
Vorratsveränderungen[3)4)]		+ 0,5	+ 0,5	+ 0,5	+ 0,1
Inländische Verwendung		+ 0,6	+ 0,6	+ 0,0	+ 0,3
Außenbeitrag[3]		- 0,7	+ 1,1	+ 0,7	+ 0,8
Exporte von Waren und Dienstleistungen		+ 2,4	+ 9,3	+ 5,5	+ 6,3
Importe von Waren und Dienstleistungen		+ 5,1	+ 7,0	+ 4,1	+ 5,0
Bruttoinlandsprodukt		**- 0,2**	**+ 1,6**	**+ 0,8**	**+ 1,0**
Verwendung des Inlandsprodukts					
In jeweiligen Preisen					
Konsumausgaben, zusammen	1 725,29	+ 1,4	+ 1,3	+ 0,9	+ 1,2
Private Konsumausgaben[2]	1 312,53	+ 1,7	+ 1,9	+ 1,1	+ 1,4
Staatliche Konsumausgaben	412,76	+ 0,8	- 0,6	+ 0,2	+ 0,7
Bruttoanlageinvestitionen	384,94	- 2,2	+ 0,1	- 0,6	+ 1,1
Ausrüstungsinvestitionen	149,37	- 3,2	+ 1,7	+ 3,4	+ 3,8
Bauinvestitionen	210,70	- 1,6	- 1,1	- 3,7	- 1,3
Sonstige Anlagen	24,87	- 0,2	+ 1,6	+ 1,9	+ 3,7
Vorratsveränderungen[4]	- 4,04	.	.	.	.
Inländische Verwendung	2 106,19	+ 1,4	+ 1,5	+ 1,1	+ 1,5
Außenbeitrag	+ 109,46	.	.	.	.
Exporte von Waren und Dienstleistungen	842,84	+ 0,9	+ 9,1	+ 6,1	+ 7,2
Importe von Waren und Dienstleistungen	733,38	+ 2,5	+ 7,0	+ 6,3	+ 7,2
Bruttoinlandsprodukt	**2 215,65**	**+ 0,9**	**+ 2,4**	**+ 1,3**	**+ 1,8**
Preisentwicklung (Deflatoren)					
Konsumausgaben, zusammen		+ 1,3	+ 1,3	+ 1,3	+ 1,4
Private Konsumausgaben[2]		+ 1,5	+ 1,4	+ 1,5	+ 1,6
Staatliche Konsumausgaben		+ 0,7	+ 0,9	+ 0,8	+ 0,6
Bruttoinlandsprodukt		+ 1,0	+ 0,8	+ 0,5	+ 0,7
Inländische Verwendung		+ 0,8	+ 0,9	+ 1,0	+ 1,2
Entstehung des Inlandsprodukts					
Erwerbstätige (Inland)		- 1,0	+ 0,4	+ 0,1	+ 0,4
Arbeitsvolumen		- 1,4	+ 0,8	- 0,6	- 0,2
Produktivität/Stunde		+ 1,2	+ 0,9	+ 1,4	+ 1,3
Verteilung des Volkseinkommens					
Volkseinkommen	1 658,32	+ 1,2	+ 3,6	+ 1,6	+ 1,8
Arbeitnehmerentgelte	1 134,49	+ 0,2	+ 0,3	- 0,5	+ 0,5
darunter: Nettoarbeitnehmerentgelte[5]	600,28	- 0,7	+ 2,2	- 0,1	+ 0,5
Unternehmens- und Vermögenseinkommen	523,83	+ 3,6	+11,7	+ 6,0	+ 4,5
Verfügbares Einkommen der privaten Haushalte[2]	1 447,39	+ 2,1	+ 2,1	+ 1,3	+ 1,2
Sparen der privaten Haushalte[2)6)] (Sparquote)	153,84	10,3	10,5	10,7	10,6
Nachrichtlich:					
Lohnstückkosten[7] (Inlandskonzept)		+ 0,7	- 0,9	- 0,8	- 0,4
Verbraucherpreise (Verbraucherpreisindex 2000 = 100)		+ 1,1	+ 1,6	+ 2,0	+ 2,0

1) Abweichungen in den Summen durch Runden der Zahlen. - 2) Einschließlich private Organisationen ohne Erwerbszweck. - 3) Wachstumsbeiträge in Prozentpunkten. - 4) Einschließlich Nettozugang an Wertsachen. - 5) Nettolöhne und -gehälter. - 6) Verfügbares Einkommen abzüglich Private Konsumausgaben zuzüglich Zunahme betrieblicher Versorgungsansprüche und Ansprüche aus der „Riester-Rente". - 7) Arbeitnehmerentgelte je Arbeitnehmer in Relation zum Bruttoinlandsprodukt (preisbereinigt) je Erwerbstätigen.

tilgung und nicht zur Finanzierung von Investitionen verwendet haben, werden wohl auch im nächsten Jahr dämpfend auf die Investitionsausgaben wirken.

Insgesamt wird die kräftige Nachfrage aus dem Ausland bei nur zögerlichem Erstarken der binnenwirtschaftlichen Auftriebskräfte eine weitere Zunahme der Investitionstätigkeit induzieren, ohne dass die **Ausrüstungsinvestitionen** merklich an Fahrt gewinnen werden. Ihre Ausweitung bleibt, im Vergleich zu früheren Investitionszyklen, verhalten. Im Jahresdurchschnitt resultiert im nächsten Jahr ein Zuwachs von 4,3 vH. Die Investitionen in Sonstige Anlagen werden um 4,0 vH ausgeweitet.

164. Nachdem Vorzieheffekte im Zusammenhang mit den früheren Diskussionen um den Abbau der Eigenheimzulage für eine temporäre Stabilisierung der **Bauinvestitionen** gesorgt hatten, kam es in diesem Jahr zu einem starken Rückgang. Ein Ende des Schrumpfungsprozesses wurde in der Bauwirtschaft abermals nicht erreicht.

Die vorübergehend stärkere Nachfrage im Wohnungsbau blieb ohne nachhaltige Wirkung. Die Bauaktivitäten der privaten Haushalte schwächten sich wieder merklich ab, da wesentliche Determinanten nach Abklingen der Vorzieheffekte wieder stärker zum Tragen kamen. Weiterhin belastend wirkt das mancherorts bestehende Überangebot an Wohnungen. Bei der Neubaunachfrage sind keine wesentlichen Impulse zu erwarten. Modernisierungs- und Instandsetzungsleistungen, auf die in der jüngeren Vergangenheit der überwiegende Anteil aller Bauleistungen entfiel, könnten aufgrund der anhaltenden Verteuerung von Energieträgern verstärkte Maßnahmen zur Verbesserung der Heizungsanlagen und Wärmedämmung nach sich ziehen. Da sich jedoch die wesentlichen Determinanten des Wohnungsbaus nicht nachhaltig bessern, wird es im nächsten Jahr lediglich zu einer Abflachung des nach unten gerichteten Trends kommen.

Die nur mäßige Dynamik der wirtschaftlichen Expansion war bislang zu gering, um dem Wirtschaftsbau spürbare Impulse zu geben, nicht zuletzt da der Ersatz- und Rationalisierungsbedarf im Unternehmenssektor bislang im Vordergrund stand. Weiterhin belasten bestehende Kapazitätsüberhänge bei Bürobauten. Obschon sich erste Anzeichen eines zu Ende gehenden Anpassungsprozesses im Wirtschaftsbau herausbilden, wird vor dem Hintergrund lediglich moderater Zuwachsraten des Bruttoinlandsprodukts im nächsten Jahr allenfalls die Talsohle erreicht.

Die öffentlichen Bauinvestitionen wurden trotz verbesserter Haushaltslage der Kommunen weiter zurückgeführt. Im Gefolge kräftig gestiegener Gewerbesteuereinnahmen haben sich die finanziellen Spielräume der Kommunen inzwischen verbessert. Auch der Bund erhält durch die Einführung der LKW-Maut zusätzliche Mittel für Bauinvestitionen, denn die Mauteinnahmen sollen vornehmlich in die Verkehrsinfrastruktur fließen. Angesichts eines hohen Konsolidierungsbedarfs werden diese aber wohl nicht zur Gänze zu zusätzlichen Investitionen führen. Gleichwohl ist für das nächste Jahr davon auszugehen, dass die öffentlichen Bauinvestitionen lediglich das Niveau dieses Jahres erreichen. Da jedoch die bedeutenden Bereiche des Bausektors auch im nächsten Jahr noch schrumpfen, gehen die Bauinvestitionen insgesamt um 1,5 vH zurück.

165. Die seit dem Jahr 2002 andauernde Konsumschwäche setzte sich auch in diesem Jahr fort, die **Privaten Konsumausgaben** gingen um 0,3 vH zurück. Mit einer baldigen Erholung ist nicht zu rechnen. Dies signalisiert am aktuellen Rand auch der von der Europäischen Kommission für Deutschland ermittelte Indikator für das Verbrauchervertrauen: Die ausgeprägte Seitwärtstendenz der Verbraucherstimmung, die seit Jahresbeginn zu beobachten gewesen war, blieb bis Herbst dieses Jahres unverändert. Verantwortlich für die schlechte Stimmung ist die verhaltene Einschätzung der allgemeinen Wirtschaftsentwicklung. Ebenso bleiben bei anhaltend niedrigem Beschäftigungsstand die Erwartungen der privaten Haushalte hinsichtlich ihres eigenen Einkommens pessimistisch. Insgesamt bewegt sich das Konsumklima auf niedrigem Niveau.

Die Bruttolöhne und -gehälter werden bei moderaten Tariflohnabschlüssen aufgrund der sich nur langsam vollziehenden Erholung am Arbeitsmarkt und einem zunächst fortdauernden Abbau der sozialversicherungspflichtigen Beschäftigung mit einer Rate von 0,5 vH nominal nur sehr gedämpft ansteigen. Der Abbau außertariflicher Lohnbestandteile wird dabei auch im nächsten Jahr fortgesetzt. Dem geringen Zuwachs der Bruttolöhne und -gehälter stehen abermals Mehrbelastungen bei den Sozialabgaben gegenüber: Die Verschiebung der Finanzierung der Gesetzlichen Krankenversicherung zugunsten der Arbeitgeber und Rentenversicherungsträger seit dem 1. Juli 2005 durch die Einführung des zusätzlichen Beitragssatzes in der Gesetzlichen Krankenversicherung belastet Arbeitnehmer und Rentner im Vorjahresvergleich nochmals mit 2,25 Mrd Euro. Anders als im Jahr 2005 steht dem keine Entlastung durch eine Senkung des Einkommensteuertarifs mehr gegenüber, weshalb die geleisteten Einkommen- und Vermögensteuern im Vergleich zum Vorjahr eine positive Zuwachsrate aufweisen werden.

Die monetären Sozialleistungen werden im nächsten Jahr stagnieren. Die Renten werden zum dritten Mal in Folge nicht angehoben, so dass es unter Berücksichtigung des seit dem Jahr 2005 auch von Rentnern zu leistenden zusätzlichen Beitrags zur Krankenversicherung der Rentner abermals zu Nettorentenkürzungen kommen wird. Einzig die übrigen Primäreinkommen der privaten Haushalte, hierzu zählen der Betriebsüberschuss von Personenunternehmen, die Selbständigeneinkommen und die empfangenen Vermögenseinkommen der privaten Haushalte, werden erneut kräftig zulegen. Alles zusammen genommen werden die **verfügbaren Einkommen** der privaten Haushalte lediglich um 1,2 vH steigen. Unter Berücksichtigung der voraussichtlichen Teuerungsrate wird es wiederum zu einem realen Einkommensverlust der privaten Haushalte kommen. Die Sparquote bleibt in etwa auf dem Niveau dieses Jahres. Unverändert dürfte die verstärkte Bereitschaft, Rücklagen für die Altersvorsorge zu bilden, das Sparverhalten der privaten Haushalte beeinflussen. Der private Konsum wird nach dem Rückgang in diesem Jahr nochmals sinken (-0,2 vH).

166. Alles in allem wird die konjunkturelle Entwicklung im nächsten Jahr bestenfalls das Tempo erreichen, das im Jahr 2005 zu beobachten war. Der Zuwachs des kalenderbereinigten Bruttoinlandsprodukts wird mit 1,2 vH um 0,2 Prozentpunkte über dem des diesjährigen kalenderbereinigten Ergebnisses liegen. Die für das nächste Jahr höher ausgewiesene Zuwachsrate ist in erster Linie einem statistischen Überhang geschuldet und nicht Reflex einer vermeintlichen Beschleunigung der konjunkturellen Gangart (Kasten 5 Seite 106).

Kasten 5

Der Einfluss des statistischen Überhangs auf die jahresdurchschnittliche Zuwachsrate des Bruttoinlandsprodukts

Die Prognosen des Bruttoinlandsprodukts oder anderer volkswirtschaftlicher Aggregate werden häufig in Form von jahresdurchschnittlichen Zuwachsraten ausgewiesen. Bei der Interpretation dieser Angaben muss jedoch berücksichtigt werden, dass die Zuwachsrate eines bestimmten Jahres nicht nur das Ergebnis der Entwicklung in den einzelnen Quartalen ist, sondern von der Dynamik des Vorjahres beeinflusst wird. Dieser Einfluss des Vorjahres wird als statistischer Überhang bezeichnet.

Der statistische Überhang ist die jahresdurchschnittliche Zuwachsrate des saison- und kalenderbereinigten Bruttoinlandsprodukts, die sich bereits ergibt, wenn die Höhe des Bruttoinlandsprodukts im vierten Quartal eines bestimmten Jahres t auch im gesamten darauf folgenden Jahr $t + 1$ unverändert bleibt (Schaubild 21).

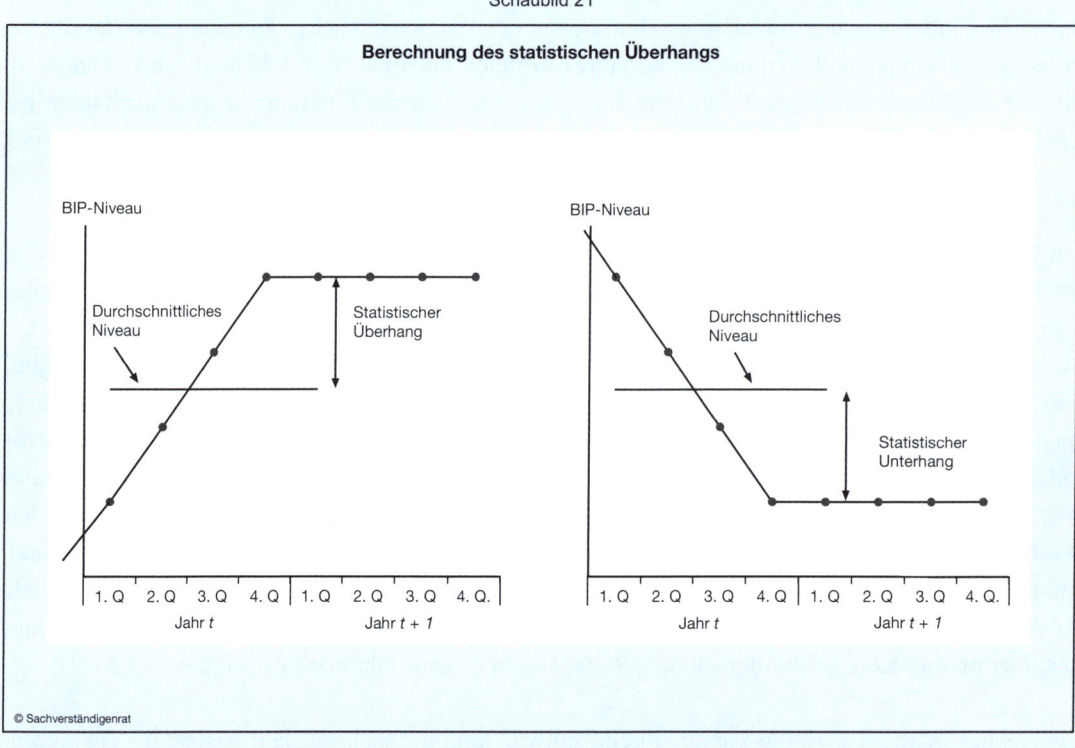

Schaubild 21

Berechnung des statistischen Überhangs

Der Überhang entspricht der prozentualen Differenz zwischen dem absoluten Niveau des Bruttoinlandsprodukts im letzten Quartal des Jahres t und dem durchschnittlichen Niveau der Quartale im Jahr t. Für die Berechnung des statistischen Überhangs ist daher ausschließlich die Entwicklung des Bruttoinlandsprodukts im Jahr t maßgeblich. Wenn die Höhe des Bruttoinlandsprodukts im vierten Quartal des Jahres t über dem Durchschnitt des Jahres t liegt, wirkt sich der statistische Überhang auf die jahresdurchschnittliche Zuwachsrate des Bruttoinlandsprodukts im Jahr $t + 1$

positiv aus. Entgegengesetzt hierzu ist der Einfluss des statistischen Überhangs negativ, wenn das Niveau des Bruttoinlandsprodukts am Ende des Jahres *t* unter dem Durchschnitt dieses Jahres liegt. Je höher die laufenden Quartalsraten des Bruttoinlandsprodukts am Ende des Jahres *t*, desto größer ist der statistische Überhang und damit – unter sonst gleichen Umständen – auch die jahresdurchschnittliche Zuwachsrate im darauf folgenden Jahr.

Ein einfacher Vergleich der vom Sachverständigenrat prognostizierten Zuwachsraten für die Jahre 2005 und 2006 erweckt daher einen falschen Eindruck. So wäre hier zunächst zu vermuten, dass die wirtschaftliche Entwicklung im nächsten Jahr einen höheren Gang einlegt. Unter Berücksichtigung des Einflusses des statistischen Überhangs fällt der Zuwachs des Bruttoinlandsprodukts im Verlauf des nächsten Jahres jedoch ähnlich verhalten wie in diesem Jahr aus. Lediglich aufgrund des Einflusses des statistischen Überhangs, der im Jahr 2005 rund 0,4 vH beträgt, liegt der jährliche Zuwachs im nächsten Jahr über dem des Jahres 2005.

167. Die Inflationsrate, gemessen am nationalen **Verbraucherpreisindex**, wird im Jahresdurchschnitt 2,0 vH betragen und damit genauso hoch ausfallen wie im Jahr 2005. Jedoch wird sie mit 2,2 vH im ersten Halbjahr deutlich über derjenigen des zweiten Halbjahres (1,7 vH) liegen. Neben den hohen Energiepreisen, die sich vor allem in der ersten Jahreshälfte weiterhin in starken Anstiegen der Teilindizes für Haushaltsenergie und Verkehr niederschlagen werden, wird in den ersten acht Monaten des Jahres 2006 die im September 2005 erfolgte Erhöhung der Tabaksteuer im Vorjahresvergleich preistreibend wirken. Der Beitrag des ölpreisbedingten Preisanstiegs zur Inflationsrate wird im Jahresdurchschnitt in einer Größenordnung von 1,0 Prozentpunkten liegen; der Einfluss der Erhöhung der Tabaksteuer auf die jeweiligen monatlichen Jahresinflationsraten beträgt rund 0,1 Prozentpunkte. Ebenso wie im Euro-Raum wird in Deutschland im Prognosezeitraum nicht mit dem Auftreten von Zweitrundeneffekten gerechnet. Von der konjunkturellen Entwicklung wird kein inflationärer Druck ausgehen.

168. Der **Anstieg der Erwerbstätigkeit** wird sich im Jahr 2006 fortsetzen, allerdings wird er mit einer Zuwachsrate von rund 0,4 vH, das heißt einem Zuwachs um etwa 170 000 Personen etwas stärker als im Vorjahr ausfallen (Tabelle 12, Seite 108). Die Zahl der Selbständigen wird aufgrund des Wegfalls des Existenzgründungszuschusses und der damit einhergehenden Reduzierung der Förderung der Selbständigkeit, die in den letzten Jahren maßgeblich zum Anstieg der Selbständigkeit beigetragen hat, und der Zunahme der Geschäftsaufgaben von Ich-AGs nur noch leicht um rund 1,0 vH zunehmen. Der Rückgang der sozialversicherungspflichtigen Beschäftigung wird sich im Laufe des Jahres 2006 weiter deutlich verlangsamen und im Jahresmittel wird es rund 26,01 Millionen sozialversicherungspflichtig Beschäftigte in Deutschland geben. Dies entspricht einem Rückgang um 0,6 vH oder rund 160 000 Personen. Die Zahl der sozialversicherungspflichtig Beschäftigten in den früheren Bundesländern (ohne Berlin) sollte in der zweiten Jahreshälfte die Talsohle erreichen und gegen Ende des Jahres 2006 wieder leicht zunehmen. In Ostdeutschland wird sich der Rückgang der sozialversicherungspflichtigen Beschäftigung verlangsamen – nachdem er im Jahr 2005 wieder zugenommen hatte – allerdings setzt sich auch im Jahr 2006 der langjährige Abwärtstrend bei der sozialversicherungspflichtigen Beschäftigung fort. Die geringfügige Beschäftigung nimmt auch im Jahr 2006 zu, bei allerdings deutlich schwächerer Zuwachsrate. Die Zahl der Arbeitnehmer in Deutschland wird im kommenden Jahr wieder steigen, nachdem sie im Jahr 2005 zurückgegangen war.

Tabelle 12

Der Arbeitsmarkt in Deutschland[1]

	2004	2005[2]	2006[2]
	Tausend Personen		
Erwerbspersonen[3)4]	42 713	42 798	42 812
Erwerbslose[5]	3 931	3 992	3 851
Pendlersaldo[6]	86	111	130
Erwerbstätige[7]	38 868	38 917	39 091
Registrierte Arbeitslose[8)9)10]	4 382	4 890	4 803
davon:			
im früheren Bundesgebiet ohne Berlin	2 783	3 269	3 257
in den neuen Bundesländern und Berlin	1 599	1 621	1 546
Verdeckt Arbeitslose[11]	1 405	1 236	1 156
davon:			
im früheren Bundesgebiet ohne Berlin	912	800	706
in den neuen Bundesländern und Berlin	493	436	450
Nachrichtlich:			
Sozialversicherungspflichtig Beschäftigte[10]	26 561	26 166	26 008
	Quoten (vH)		
Arbeitslosenquote[9)12]	*10,5*	*11,8*	*11,6*
Quote der offenen und verdeckten Arbeitslosigkeit[13]	*13,2*	*14,0*	*13,7*
ILO-Erwerbslosenquote[14]	*9,2*	*9,3*	*9,0*

1) Jahresdurchschnitte. - 2) Eigene Schätzung. - 3) Personen im erwerbsfähigen Alter, die ihren Wohnort in Deutschland haben (Inländerkonzept). - 4) In der Abgrenzung der Volkswirtschaftlichen Gesamtrechnungen. - 5) Abgrenzung nach der Definition der Internationalen Arbeitsorganisation (ILO). - 6) Saldo der erwerbstätigen Einpendler aus dem Ausland / Auspendler in das Ausland. - 7) Erwerbstätige Personen, die einen Arbeitsplatz in Deutschland haben, unabhängig von ihrem Wohnort (Inlandskonzept). - 8) Ab 2004: Ohne Teilnehmer an Eignungsfeststellungs- und Trainingsmaßnahmen. Ein Vorjahresvergleich ist damit nur eingeschränkt möglich. Erläuterungen siehe Tabelle 16, offene und verdeckte Arbeitslosigkeit, Seite 130, Fußnote 6. - 9) Die von der Bundesagentur für Arbeit im Hinblick auf die Optionskommunen veröffentlichten Korrekturwerte der Arbeitslosenzahlen für die Monate Januar bis August 2005 wurden bei der Prognose entsprechend berücksichtigt. - 10) Quelle: BA. - 11) Erläuterungen siehe Tabelle 16, offene und verdeckte Arbeitslosigkeit, Seite 130. - 12) Anteil der registrierten Arbeitslosen an allen zivilen Erwerbspersonen (abhängige zivile Erwerbspersonen, Selbständige, mithelfende Familienangehörige). - 13) Registrierte (offene) und verdeckt Arbeitslose in vH der Erwerbstätigen (Inländerkonzept) abzüglich der Differenz zwischen den registrierten Arbeitslosen und den Erwerbslosen (ILO-Definition) plus offen und verdeckt Arbeitslose abzüglich subventioniert Beschäftigte (Inländerkonzept). - 14) Erwerbslose in vH der Erwerbspersonen; Abgrenzung der Erwerbslosen gemäß Definition der Internationalen Arbeitsorganisationen (ILO). Durch die Neueinführung der monatlichen Telefonbefragung „Arbeitsmarkt in Deutschland" (ab Januar 2005) ist ein Vergleich mit den Vorjahren nur bedingt möglich.

Im zweiten Jahr nach der Einführung des Arbeitslosengelds II wird die Zahl der **registrierten Arbeitslosen** – einschließlich aller Arbeitslosen in den optierenden Kommunen – im Jahresmittel bei 4,80 Millionen liegen und damit gegenüber dem Vorjahr um rund 90 000 Personen abnehmen. Die Arbeitslosenquote wird im Jahresmittel 11,6 vH betragen. Trotz eines weiteren Anstiegs der Arbeitsgelegenheiten geht die verdeckte Arbeitslosigkeit im Jahr 2006 erneut zurück und liegt bei 1,16 Millionen Personen.

Öffentliche Finanzen: Geringeres Defizit, aber Konsolidierung bleibt unumgänglich

169. Der Frage nach der Ausrichtung der Finanzpolitik in der kommenden Legislaturperiode kam im Bundestagswahlkampf und in den Koalitionsverhandlungen eine bedeutende Rolle zu. Dies betrifft Pläne zur Reform der Einkommensteuer sowie einer Neuordnung der Unternehmensbesteuerung, die Überlegung, mit zusätzlichen Einnahmen aus einer erhöhten Umsatzsteuer die Sozialversicherungsbeiträge zu senken, sowie die Frage, wann und mit welchen Mitteln Deutschland die Maastricht-Kriterien wieder zu erfüllen in der Lage sein werde. Konkrete finanzpolitische Maßnahmen der neuen Regierung sind zum jetzigen Zeitpunkt noch nicht bekannt; unklar ist insbesondere, inwieweit die im Sommer vorgelegten Eckwerte für den Bundeshaushalt 2006 übernommen und haushaltswirksame Beschlüsse der neuen Regierung Berücksichtigung finden werden. Die folgende Prognose beruht aus diesem Grund auf dem Rechtsstand von Anfang November 2005 und beschreibt insofern den **wirtschaftspolitischen Status quo**.

170. Aus heutiger Sicht zeichnet sich für das Jahr 2006 vor allem deswegen eine Besserung der Lage der öffentlichen Haushalte ab, weil – anders als in den beiden Vorjahren – keine Mindereinnahmen aufgrund der Senkung des Einkommensteuertarifs mehr entstehen. Das Finanzierungsdefizit von Bund, Ländern, Gemeinden und Sozialversicherung wird sich im Vergleich zu diesem Jahr verringern, mit einem Wert von 3,3 vH in Relation zum nominalen Bruttoinlandsprodukt die Regelgrenze des Stabilitäts- und Wachstumspakts aber noch immer überschreiten. Um die Defizitquote auf einen Wert von 3,0 vH zu begrenzen, bedarf es **Einsparungen** im staatlichen Gesamthaushalt von etwa 6 Mrd Euro; die in der politischen Diskussion mitunter vertretene Ansicht, die zum Erreichen der 3-vH-Defizitmarke im kommenden Jahr notwendigen Einsparungen beliefen sich auf bis zu 20 Mrd Euro, wird durch die hier vorgelegte Schätzung nicht bestätigt.

Die Notwendigkeit zu einer kurzfristigen Konsolidierung im genannten, an den europäischen Vorgaben orientierten Umfang bezieht sämtliche staatlichen Ebenen ein. Handlungsbedarf besteht aber besonders mit Blick auf die Finanzen des Bundes. Die im Sommer vorgelegten Eckpunkte für den Haushalt des Jahres 2006 sahen vor, Einnahmen aus der Veräußerung von Forderungen und von Beteiligungsvermögen in Höhe von etwa 23 Mrd Euro zu realisieren und auf diese Weise der verfassungsmäßigen Grenze der Nettokreditaufnahme – wenn auch nicht der Intention von Artikel 115 Grundgesetz – zu entsprechen. In den Folgejahren, wenn die Möglichkeiten zur Erzielung solcher Einnahmen ausgeschöpft sein werden, ist der Umfang der strukturellen Lücke zwischen den Ausgaben (ohne Investitionsausgaben) und den laufenden Einnahmen des Bundes auf etwa 25 Mrd Euro zu veranschlagen. Um die Verfassungsmäßigkeit der Bundeshaushalte ab dem Jahr 2007 sicherzustellen, ist eine Konsolidierung der Bundesfinanzen in dieser Höhe unumgänglich.

171. In der Gesamtbetrachtung werden sowohl die Einnahmen als auch die Ausgaben des Staates im Jahr 2006, wie bereits im laufenden Jahr, einen nur geringen Anstieg aufweisen (Tabelle 13, Seite 110). In der Zunahme der **staatlichen Einnahmen** um 1,0 vH spiegeln sich unterschiedliche Entwicklungen bei den Steuern und den Sozialversicherungsbeiträgen wider – den mit einem Anteil von zusammen mehr als 90 vH wichtigsten Einnahmequellen des Staates. Die schrittweise Senkung des Einkommensteuertarifs wurde im Jahr 2005 abgeschlossen, und auch vor dem Hintergrund einer weiterhin günstigen Entwicklung der ertragsabhängigen Steuern werden die Einnahmen aus den direkten Steuern insgesamt im kommenden Jahr erkennbar höher ausfallen als im Jahr 2005. Dem steht zwar eine weiterhin von einer schwachen Konsumnachfrage der privaten Haushalte gedämpfte Entwicklung der Einnahmen aus indirekten Steuern gegenüber; mit Blick auf

die gesamtwirtschaftliche Steuerquote wird aus heutiger Sicht aber wieder ein leichter Anstieg auf dann 22,1 vH in Relation zum nominalen Bruttoinlandsprodukt zu verzeichnen sein. Unverändert kritisch stellt sich auf der anderen Seite die Entwicklung der Sozialbeiträge dar, bei denen wegen der Kombination aus einem anhaltenden Rückgang der sozialversicherungspflichtigen Beschäftigung und einem gedämpften Zuwachs der Effektivverdienste mit einem sehr geringen Anstieg gegenüber dem laufenden Jahr zu rechnen ist.

Tabelle 13

Einnahmen und Ausgaben des Staates[1]
Schätzung für das Jahr 2005 und Prognose für das Jahr 2006

Art der Einnahmen und Ausgaben[2]	2004	2005	2006	2005	2006
	Mrd Euro			Veränderung gegenüber dem Vorjahr in vH	
Einnahmen	956,8	961,4	970,5	+ 0,5	+ 0,9
darunter:					
Steuern	481,2	483,6	493,3	+ 0,5	+ 2,0
Sozialbeiträge	395,3	394,8	396,0	- 0,1	+ 0,3
Ausgaben	1 038,0	1 040,6	1 044,9	+ 0,2	+ 0,4
davon:					
Vorleistungen	89,5	90,3	90,6	+ 0,9	+ 0,4
Arbeitnehmerentgelte	168,7	167,8	166,6	- 0,5	- 0,7
Geleistete Vermögenseinkommen	62,9	63,8	65,5	+ 1,5	+ 2,6
Geleistete Transfers	653,8	655,6	662,6	+ 0,3	+ 1,1
Bruttoinvestitionen	30,8	30,1	30,2	- 2,0	+ 0,1
Sonstiges[3]	32,5	33,0	29,5	X	X
Finanzierungssaldo	- 81,2	- 79,2	- 74,4	X	X
Nachrichtlich:					
Staatsquote[4]	46,9	46,4	45,8	X	X
Abgabenquote[4]	39,0	38,6	38,5	X	X
Defizitquote[4]	- 3,7	- 3,5	- 3,3	X	X

1) Gebietskörperschaften und Sozialversicherung in der Abgrenzung der Volkswirtschaftlichen Gesamtrechnungen. Gebietskörperschaften: Bund, Länder und Gemeinden, EU-Anteile, ERP-Sondervermögen, Lastenausgleichsfonds, Fonds "Deutsche Einheit", Vermögensentschädigungsfonds, Teile des Bundeseisenbahnvermögens, Erblastentilgungsfonds. - 2) Abweichungen in den Summen durch Runden der Zahlen. - 3) Vermögenstransfers, geleistete sonstige Produktionsabgaben sowie Nettozugang an nichtproduzierten Vermögensgütern. - 4) Ausgaben/Steuern und Erbschaftsteuer, Steuern an die EU sowie tatsächliche Sozialbeiträge/Finanzierungssaldo jeweils in Relation zum Bruttoinlandsprodukt in jeweiligen Preisen.

Das im Frühsommer beschlossene **Vorziehen der Fälligkeit der Sozialversicherungsbeiträge** – bisher waren die Beiträge für Entgelte, die nach dem 15. eines Monats bezahlt werden, zum 15. des Folgemonats fällig, ab dem Januar 2006 bereits am Ende des jeweiligen Monats – führt zwar zu einer Verbesserung der Liquidität der einzelnen Sozialversicherungszweige, weil im kommenden Jahr von den meisten Unternehmen für 13 Monate Beitragszahlungen abzuführen sind. Im Staatskonto der Volkswirtschaftlichen Gesamtrechnungen (VGR), die sich bei der Verbuchung ohnehin am Zeitpunkt der Entstehung staatlicher Forderungen orientieren, schlägt sich diese Maßnahme hingegen nicht in einem entsprechenden Einnahmeanstieg nieder. Weil die an sich notwendige Erhöhung des Beitragssatzes zur Gesetzlichen Rentenversicherung unterbleibt, nimmt stattdessen das in den VGR ausgewiesene Defizit der Sozialversicherung zu. Auch kommt es indirekt zu einer Verschiebung zwischen den Finanzierungssalden der einzelnen staatlichen Ebenen. Aufgrund der temporär verbesserten Finanzlage der Bundesagentur für Arbeit wird der Bund im kommenden Jahr keinen Zuschuss leisten, so dass das Defizit des Bundes für sich genommen zurückgehen und das der Sozialversicherung um den entsprechenden Betrag steigen wird. Der Grund für diesen auf den ersten Blick widersprüchlichen Sachverhalt wird einsichtig, wenn man sich gedanklich in das Jahr versetzt, in dem die verzögerte Fälligkeit der Beiträge zum ersten Mal praktiziert wurde. Unter sonst gleichen Bedingungen wurde in diesem Jahr nämlich ein Bundeszuschuss geleistet, dessen es mit Blick auf das Staatskonto der VGR nicht bedurft hätte. Der entsprechende Finanzierungsüberschuss entspricht spiegelbildlich gerade dem im kommenden Jahr ausgewiesenen Defizit oder dem zinslosen Kredit, den der Staat den Unternehmen gewährt hat und der im Jahr 2006 zurückgezahlt werden wird.

172. Die staatlichen Ausgaben werden im Jahr 2006 mit einer Rate von 0,4 vH ähnlich maßvoll zunehmen wie in diesem Jahr. Die monetären Sozialleistungen, mit einem Anteil von mehr als 40 vH der wichtigste Ausgabenblock, werden stagnieren, weil die gesetzlichen Renten im dritten Jahr in Folge nicht angehoben werden und es zu keinem weiteren Anstieg der Ausgaben im Rahmen des Arbeitslosengelds II kommen wird. Wegen der vereinbarten Nullrunde im öffentlichen Dienst – eine geringe Steigerung resultiert lediglich daraus, dass die Löhne und Gehälter der Beschäftigten in Ostdeutschland dem westdeutschen Niveau weiter angenähert werden – werden die von staatlicher Seite gezahlten Arbeitnehmerentgelte auch im kommenden Jahr zurückgehen. Bei den Brutto-Investitionen wird aufgrund der seit dem Jahr 2004 deutlich verbesserten Lage vieler Gemeindehaushalte sowie der für investive Zwecke vorgesehenen Einnahmen aus der LKW-Maut zum ersten Mal seit dem Jahr 2001 kein Rückgang mehr zu verzeichnen sein. Die Staatsquote wird dennoch erneut um mehr als ½ Prozentpunkt auf dann 45,8 vH zurückgehen.

Literatur

Arbeitsgemeinschaft deutscher wirtschaftswissenschaftlicher Forschungsinstitute e. V. (2005) *Die Lage der Weltwirtschaft und der deutschen Wirtschaft im Frühjahr 2005*, Kiel.

Bank für Internationalen Zahlungsausgleich (2005) *75. Jahresbericht*, Juni.

Boss, A., N. Jannsen, C.-P. Meier, F. Oskamp, B. Sander und J. Scheide (2005) *Exportlastige Konjunkturerholung in Deutschland*, Die Weltwirtschaft, 3, 1 - 34.

Bosworth, B. (2004) *Valuing the Renminbi*, Artikel präsentiert auf dem Tokyo Club Research Meeting, 9./10. Februar.

Brook, A. M., R. Price, D. Sutherland, N. Westerlund und C. André (2004) *Oil Price Developments: Drivers, Economic Consequences And Policy Responses*, OECD Economic Department Working Paper, 36.

Chalk, N. A. (2002) *Structural Balances and All That: Which Indicators to Use in Assessing Fiscal Policy*, International Monetary Fund Working Paper, 02/101.

Coudert, V. und C. Couharde (2005) *Real Equilibrium Exchange Rate in China: Is the Renminbi Undervalued?*, CEPII Working Paper, 2005/1.

Deutsche Bundesbank (2004) *Investitionsverhalten der Unternehmen im gegenwärtigen Zyklus – Hinweise auf einen Strukturbruch?*, Monatsbericht November, 38 - 39.

Deutsche Bundesbank (2005) *Hat sich der Rückfluss der Öleinnahmen in die Verbraucherländer beschleunigt?*, Monatsbericht Mai, 12 - 13.

Deutscher Industrie und Handelskammertag (2005) *Investitionen im Ausland*, Berlin.

Europäische Kommission (2002) *Public Finances in EMU*, Brüssel.

Europäische Zentralbank (2005) *Das „Recycling" von Öleinnahmen und seine Auswirkungen*, Monatsbericht Juli, 14 - 18.

Funke, M. und J. Rahn (2005) *Just How Undervalued is the Chinese Renminbi?*, The World Economy, 28 (4), 465 - 489.

Girouard N. und C. André (2005) *Measuring Cyclically-adjusted Budget Balances for OECD Countries*, OECD Economics Department Working Paper, 434.

Hamilton, J. D. (1994) *Time Series Analysis*, Princeton University Press, Princeton.

Harding, D. und A. Pagan (2004) *A Suggested Framework for Classifying the Modes of Cycle Research*, CAMA Working Papers, 5/2004.

Internationaler Währungsfonds (2005) *Oil Market Developments and Issues*, Paper prepared by the Policy Development and Review Department.

Krolzig, H.-M. (2002) *Regime-Switching-Models*, Lecture Notes, University of Oxford.

Lettau, M. und S. C. Ludvigson (2001) *Consumption, Aggregate Wealth, and Expected Stock Returns*, Journal of Finance, 56 (3), 815 - 849.

Lettau, M. und S. C. Ludvigson (2004) *Understanding Trend and Cycle in Asset Values: Reevaluating the Wealth Effect on Consumption*, American Economic Review, 94, 276 - 299.

Lütkepohl, H. und H.-M. Krolzig (1996) *Konjunkturanalysen mit Markov-Regimewechselmodellen*, in: Oppenländer, K. H. (Hrsg.), Konjunkturindikatoren, 2. Auflage, R. Oldenbourg Verlag, München, 177 - 196.

Marinheiro, C. J. F. (2005) *Has the Stability and Growth Pact Stabilised? Evidence from a Panel of 12 European Countries and Some Implications for the Reform of the Pact*, CESifo Working Paper, 1411, München.

Muellbauer, J. und R. Lattimore (1995) *The Consumption Function: A Theoretical and Empirical Overview*, in: Pesaran, M. H. und M. R. Wickens (Hrsg.), Handbook of Applied Econometrics, Oxford University Press, Oxford, 221 - 311.

Preeg, E. H. (2003) *Exchange Rate Manipulation to Gain an Unfair Competitive Advantage: The Case Against Japan and China*, in: Bergsten, C. F. and J. Williamson (Hrsg.), Dollar Overvaluation and the World Economy, Institute for International Economics, Washington D.C., 267 - 284.

van den Noord, P. (2000) *The Size and Role of Automatic Fiscal Stabilizers in the 1990s and Beyond*, OECD Economic Department Working Paper, 230.

Wang, T. (2004) *Exchange Rate Dynamics,* in: Eswar Prasad (Hrsg.): China's Growth and Integration into the World Economy, International Monetary Fund Occasional Paper, 232, 21 - 28.

Zhang, Z. (2001) *Real Exchange Rate Misalignment in China: An Empirical Investigation*, Journal of Comparative Economics, 29, 80 - 94.

Drittes Kapitel

Arbeitsmarkt: Den Reformkurs fortsetzen

I. Die Lage im Jahr 2005: Umfassende Belebung steht weiterhin aus
II. Charakteristika der Arbeitslosigkeit in Deutschland
III. Ursachen der Arbeitslosigkeit
IV. Wege zu mehr Beschäftigung
V. Was zu tun ist – ein beschäftigungspolitisches Pflichtenheft
VI. Eine andere Meinung

Das Wichtigste in Kürze

Die Lage auf dem deutschen Arbeitsmarkt blieb in diesem Jahr weiterhin prekär. Die Beschäftigung nahm vor allem wegen der größeren Zahl an geringfügig Beschäftigten, der arbeitsmarktpolitischen Förderung der Selbständigkeit und der Schaffung von Arbeitsgelegenheiten geringfügig um 0,1 vH zu. Der anhaltende Rückgang der Zahl der sozialversicherungspflichtig Beschäftigten ist besonders Besorgnis erregend.

Die Entwicklung der registrierten Arbeitslosigkeit stand ganz im Zeichen der Einführung des Arbeitslosengelds II. Sie stieg gegenüber dem Vorjahr um rund 508 000 Personen auf 4,89 Millionen registrierte Arbeitslose. Dieser Anstieg ist jedoch zu einem erheblichen Teil auf die erstmalige Erfassung vorher nicht als arbeitslos registrierter erwerbsfähiger Sozialhilfeempfänger zurückzuführen und zeigt insofern vor allem, dass das Ausmaß der Unterbeschäftigung bisher nur unvollständig erfasst wurde.

Die aktive Arbeitsmarktpolitik wurde zurückgeführt, so dass die Zahl der verdeckt Arbeitslosen weiter abnahm. Die Bundesagentur für Arbeit befindet sich in einem schwierigen Umstrukturierungsprozess, bis zur vollständigen Implementierung der Hartz-Reformen wird noch einige Zeit vergehen. Diese Anlaufschwierigkeiten sind angesichts des Umfangs der zuletzt angestoßenen Reformen wenig überraschend. Vor übereilten Reformen der Reform muss daher gewarnt werden.

Die für den deutschen Arbeitsmarkt charakteristische Verfestigung der Arbeitslosigkeit hat viele Ursachen. Eine zentrale Rolle kommt jedoch dem institutionellen Regelwerk zu: Fehlanreize im System der Lohnersatzleistungen, ein System der Lohnfindung, das die Belange der Arbeitslosen nicht ausreichend beachtet, die hohe Belastung mit Steuern und Abgaben, ein zu rigides Arbeitsrecht – diese Faktoren trugen dazu bei, dass sich die Arbeitslosigkeit in der Vergangenheit verfestigte anstatt sich in wirtschaftlich guten Zeiten markant zurückzubilden. Die Langzeitarbeitslosigkeit ist hierzulande erschreckend hoch.

Mit Reformen, welche dieses institutionelle Regelwerk unangetastet lassen, kuriert man letztlich nur die Symptome der Probleme am Arbeitsmarkt, nicht aber die entscheidenden Ursachen. Dies zeigen die Erfahrungen anderer Länder, denen der Abbau einer persistent hohen Arbeitslosigkeit bereits gelungen ist: Erforderlich ist ein Paket von Maßnahmen, das die zentralen institutionellen Stellschrauben des Arbeitsmarktes mit einbezieht.

Die Politik hat eine Reihe richtiger und wichtiger Reformen auf den Weg gebracht. Diesen Kurs gilt es zu halten. Der Sachverständigenrat stellt für die neue Legislaturperiode das folgende Pflichtenheft für den Arbeitsmarkt zur Diskussion:

- Weiterentwicklung des Systems der Lohnersatzleistungen: Schaffung stärkerer Anreize für eine rasche Wiedereingliederung in den ersten Arbeitsmarkt mit Hilfe eines mit zunehmender Dauer der Arbeitslosigkeit abgesenkten Niveaus des Arbeitslosengelds sowie durch eine Ausgestaltung der Arbeitsgelegenheiten, welche eine Arbeitsaufnahme auf dem ersten Arbeitsmarkt fördert; Hinzuverdienstmöglichkeiten beim Arbeitslosengeld II bei gleichzeitiger Absenkung der

Leistungen für nicht arbeitende, aber arbeitsfähige Arbeitnehmer, falls sich die bisherigen Bestimmungen als unzureichend erweisen.

– Reform des Lohnfindungsprozesses: Fortführung des beschäftigungsfreundlichen Kurses der Tariflohnpolitik der letzten Jahre, Flexibilisierung des Arbeitsrechts mit Hilfe einer Neufassung des Günstigkeitsprinzips, Verkürzung der Nachwirkung von Tarifverträgen, wirksame Öffnungsklauseln für Tarifverträge sowie eine weitere Lockerung des Kündigungsschutzes.

– Begrenzung der Arbeitsmarktpolitik: unverzügliche Einstellung von untauglichen Maßnahmen, beschleunigte Durchführung wissenschaftlicher Evaluationen der aktiven Arbeitsmarktpolitik, Reform der Regelungen bezüglich der Förderung der Selbstständigkeit, der Personal-Service-Agenturen und der Mini-Jobs, keine Mindestlöhne oder flächendeckende Kombilöhne.

– Reform des Steuer- und Abgabensystems: Senkung der Unternehmenssteuerbelastung, Verringerung des Abgabenkeils durch eine Entlastung der Beitragszahler von der Finanzierung versicherungsfremder Aufgaben.

I. Die Lage im Jahr 2005: Umfassende Belebung steht weiterhin aus

1. Beschäftigungsbelebung nur an den Rändern

173. Eine spürbare und umfassende Belebung auf dem Arbeitsmarkt fand auch in diesem Jahr, das ganz im Zeichen der Hartz IV-Reformen und damit der Einführung des Arbeitslosengelds II stand, nicht statt. Nach einem Anstieg um 0,4 vH im Jahr 2004 nahm die Zahl der **Erwerbstätigen** im laufenden Jahr um 0,1 vH auf 38,92 Millionen Personen zu (Schaubild 22, Tabelle 14, Seite 119). Der Anstieg blieb jedoch insgesamt zu verhalten und hing zudem wesentlich von Maßnahmen der aktiven Arbeitsmarktpolitik ab, als dass daraus bereits das Eintreten einer Trendwende abzulesen wäre.

Die einzelnen **Komponenten der Erwerbstätigkeit** entwickelten sich im Jahr 2005 sehr unterschiedlich: Die Zahl der Selbständigen nahm, wie in den Jahren zuvor, stark um rund 159 000 Personen oder 3,8 vH nach 3,6 vH im Jahr 2004 zu. Bereits seit der deutschen Vereinigung entwickelte sich die Zahl der Selbständigen dynamischer als die gesamte Erwerbstätigkeit – zwischen den Jahren 1993 und 2005 betrug die durchschnittliche jährliche Zuwachsrate der Selbständigen 1,6 vH gegenüber 0,2 vH bei den Erwerbstätigen. Doch die besonders ausgeprägten Zuwächse seit dem Jahr 2003 sind auf die intensivierte arbeitsmarktpolitische Förderung der Selbständigkeit in der Form von Überbrückungsgeld und Existenzgründungszuschüssen („Ich-AGs") zurückzuführen (Ziffer 185). Im Gegensatz zum Vorjahr kam es im laufenden Jahr zu einem Rückgang der Zahl der beschäftigten Arbeitnehmer um 0,4 vH. Erneut signifikant war die Abnahme der Zahl der **sozialversicherungspflichtig Beschäftigten** um 395 000 Personen oder 1,5 vH auf etwa 26,17 Millionen Personen. Gegenüber dem Vorjahr zeigte sich insgesamt eine leichte Verlangsamung dieser Entwicklung, allerdings war sie in Ostdeutschland und Westdeutschland sehr unterschiedlich ausgeprägt. In Ostdeutschland fiel die prozentuale Verringerung deutlich höher aus als in Westdeutschland und war zudem höher als im Vorjahr, während es in Westdeutschland zu einer Ver-

Die Lage im Jahr 2005: Umfassende Belebung steht weiterhin aus

langsamung des Rückgangs kam. Im Gegensatz hierzu nahm die Zahl der **ausschließlich geringfügig entlohnten Beschäftigten** um rund 42 000 Personen oder um etwa 0,9 vH auf 4,78 Millionen Personen zu. Im Vergleich zu der kräftigen Zunahme der Zahl der ausschließlich geringfügig entlohnten Beschäftigten um 9,8 vH im Jahr 2004 hat sich hier allerdings der starke Zuwachs verlangsamt. Dies dürfte nicht zuletzt auf die Einführung des Arbeitslosengelds II zurückzuführen sein, durch die sich die Anrechnungsbestimmungen bei Hinzuverdiensten für die früheren Bezieher von Arbeitslosenhilfe gerade im Bereich geringfügiger Beschäftigungsverhältnisse verschlechtert haben. Zusätzlich wurde im Laufe des Jahres die Zahl der Arbeitsgelegenheiten stark ausgeweitet und belief sich im Jahresmittel auf rund 200 000 geförderte Tätigkeiten (Ziffer 187).

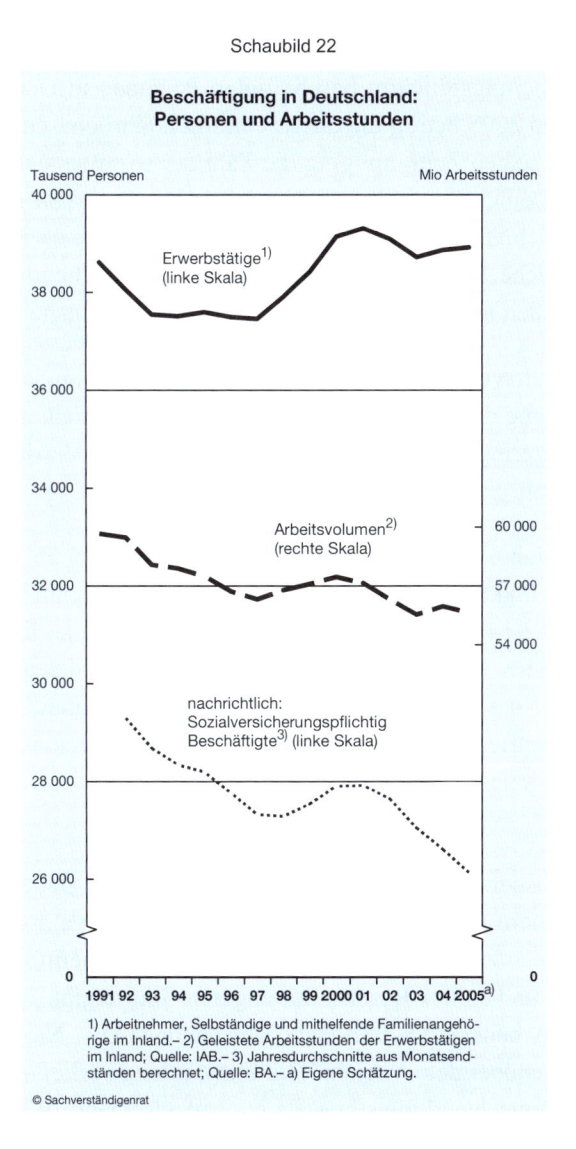

Schaubild 22

Beschäftigung in Deutschland: Personen und Arbeitsstunden

1) Arbeitnehmer, Selbständige und mithelfende Familienangehörige im Inland.– 2) Geleistete Arbeitsstunden der Erwerbstätigen im Inland; Quelle: IAB.– 3) Jahresdurchschnitte aus Monatsendständen berechnet; Quelle: BA.– a) Eigene Schätzung.

© Sachverständigenrat

174. Die Zunahme der geringfügigen Beschäftigung ist Teil eines Wandels der Beschäftigungsformen, der seit Jahren auf dem deutschen Arbeitsmarkt stattfindet; zu beobachten ist eine Erosion der Normalarbeitsverhältnisse zugunsten atypischer Beschäftigungsformen wie beispielsweise geringfügige, befristete oder in Leiharbeit angesiedelte Beschäftigungsverhältnisse (JG 2004 Kasten 12 und 13; JG 2003 Kasten 6). Neben den Chancen und Risiken, die sich für den Einzelnen aus diesem Wandel der Beschäftigungsformen ergeben, ist aus gesamtwirtschaftlicher Perspektive vor allem die Schmälerung der Einnahmebasis der Systeme der Sozialen Sicherung, die sich aus diesem Wandel ergeben kann, ein besonderes Problem. Allerdings muss hierbei berücksichtigt werden, dass die für die Einnahmebasis der Systeme der Sozialen Sicherung entscheidende Größe zwar die Zahl der sozialversicherungspflichtig Beschäftigten in Deutschland ist, aber einige der atypischen Beschäftigungsformen sozialversicherungspflichtig sind und damit zu den sozialversicherungspflichtig Beschäftigten gehören. Obwohl die Zeitreihe der sozialversicherungspflichtig Beschäftigten mehrere Brüche aufweist und die genauere Betrachtung eines längeren Zeitraums zwar wünschenswert, aber aufgrund von Veränderungen, wie der Zuordnung Berlins zu den neuen Bundesländern seit dem Jahr 1996, nicht möglich ist, kann man eine problematische Entwicklung der Zahl der sozialversicherungspflichtig beschäftigten Personen in Deutschland erkennen. Zwischen den Jahren 1997 und 2005 betrug die durchschnittlich jährliche Zuwachsrate der Anzahl der Arbeitnehmer 0,1 vH. Im selben Zeitraum ging die Zahl der sozialversicherungspflichtig Beschäftigten in Deutschland mit einer durchschnittlichen jährlichen Rate von rund 0,6 vH zurück. Eine Betrachtung der beiden Gebietsstände zeigt zudem, dass in Westdeutschland im selben Zeitraum der durchschnittlich jährliche Rückgang der sozialversicherungspflichtig Beschäftigten bei unter 0,2 vH lag, während er in den neuen Bundesländern (mit Berlin) beinahe 2,4 vH betrug.

175. Das geleistete **Arbeitsvolumen der Erwerbstätigen** ging im laufenden Jahr um 0,6 vH zurück. Die leichte Zunahme der Zahl der Erwerbstätigen reichte nicht aus, um den negativen Effekt der kalenderbedingt geringeren Zahl an Arbeitstagen und der Verringerung bei der täglichen Arbeitszeit zu neutralisieren.

Das bisher über mehrere Jahre hinweg deutlich rückläufige Angebot an gemeldeten **offenen Stellen** stieg dagegen auf 405 000 Stellen und lag damit im Jahresmittel um rund 119 000 Stellen über dem des Vorjahres (Tabelle 14). Zum Teil beruhte dieser Anstieg allerdings auf neuen Angeboten für Arbeitsgelegenheiten. Im Jahresmittel waren rund ein Drittel der gemeldeten Stellen so genannte geförderte Stellen, das heißt Stellen für Arbeitsgelegenheiten, Arbeitsbeschaffungsmaßnahmen, Beschäftigungschaffende Infrastrukturmaßnahmen und Personal-Service-Agenturen. Die Angebote ungeförderter Stellen haben im Jahresmittel gegenüber dem Jahr 2004 ebenfalls zugenommen.

176. Die Zahl der Erwerbspersonen nahm um 85 000 Personen zu. Dabei war der Zuwachs zu gut einem Viertel auf eine höhere Anzahl an Erwerbstätigen und zu etwa drei Viertel auf den Anstieg der Anzahl der Erwerbslosen zurückzuführen. Das **Erwerbspersonenpotential**, das sich als Summe aus Erwerbspersonen und Stiller Reserve im engeren Sinn ergibt, erhöhte sich nach Berechnungen des Instituts für Arbeitsmarkt- und Berufsforschung (IAB), Nürnberg, im laufenden Jahr um 117 000 Personen gegenüber dem Vorjahr. Die Entwicklung verlief – wie schon seit einer Reihe von Jahren – in Westdeutschland günstiger als in Ostdeutschland: Während im Westen die zunehmende Erwerbsneigung und ein positiver Wanderungs- und Pendlersaldo den demographiebedingten Rückgang des Erwerbspersonenpotentials mehr als ausgleichen konnten, wirkten in Ostdeutschland beide Faktoren potentialmindernd.

Tabelle 14

Der Arbeitsmarkt in Deutschland[1]

	2002	2003	2004	2005[2]	2002	2003	2004	2005[2]
	Personen							
	Tausend				Veränderung gegenüber dem Vorjahr in Tausend			
Erwerbspersonen[3][4]	42 223	42 335	42 713	42 798	114	112	376	85
Erwerbslose[5]	3 229	3 703	3 931	3 992	329	474	228	61
Pendlersaldo[6]	102	90	86	111	-5	-12	-4	25
Erwerbstätige[7]	39 096	38 722	38 868	38 917	-220	-374	146	49
Selbständige	4 003	4 072	4 218	4 377	20	69	146	159
Arbeitnehmer	35 093	34 650	34 650	34 540	-240	-443	0	-110
Erwerbspersonenpotential[8]	44 318	44 378	44 440	44 557	44	60	62	117
Sozialversicherungspflichtig Beschäftigte[9]	27 629	27 007	26 561	26 166	-272	-622	-446	-395
Geringfügig entlohnte Beschäftigte insgesamt[9]	.	.	6 391	6 573	.	.	.	182
davon:								
Ausschließlich geringfügig entlohnte Beschäftigte	4 152	4 319	4 742	4 784	27	167	423	42
Im Nebenjob geringfügig entlohnte Beschäftigte	.	.	1 649	1 789	.	.	.	140
Registrierte Arbeitslose[9][10][11]	4 061	4 377	4 382	4 890	208	316	5	508
davon:								
im früheren Bundesgebiet ohne Berlin	2 498	2 753	2 783	3 269	177	255	30	486
in den neuen Bundesländern und Berlin	1 563	1 624	1 599	1 621	31	61	-25	22
Verdeckt Arbeitslose[12]	1 773	1 524	1 405	1 236	-14	-249	-119	-169
davon:								
im früheren Bundesgebiet ohne Berlin	1 067	968	912	800	43	-99	-56	-112
in den neuen Bundesländern und Berlin	706	555	493	436	-57	-151	-62	-57
Gemeldete offene Stellen[9][13]	452	355	286	405	-55	-97	-69	119
Arbeitslosenquote[9][14]	9,8	10,5	10,5	11,8				
Quote der offenen und verdeckten Arbeitslosigkeit[15]	13,4	13,5	13,2	14,0				
ILO-Erwerbslosenquote[16]	7,6	8,7	9,2	9,3				

1) Jahresdurchschnitte. - 2) Eigene Schätzung. - 3) Personen im erwerbsfähigen Alter, die ihren Wohnort in Deutschland haben (Inländerkonzept). - 4) In der Abgrenzung der Volkswirtschaftlichen Gesamtrechnungen. - 5) Abgrenzung nach der Definition der Internationalen Arbeitsorganisation (ILO). - 6) Saldo der erwerbstätigen Einpendler aus dem Ausland / Auspendler in das Ausland. - 7) Erwerbstätige Personen, die einen Arbeitsplatz in Deutschland haben, unabhängig von ihrem Wohnort (Inlandskonzept). - 8) Quelle: IAB. - 9) Quelle: BA. - 10) Ab 2004: Ohne Teilnehmer an Eignungsfeststellungs- und Trainingsmaßnahmen. Ein Vorjahresvergleich ist damit nur eingeschränkt möglich. Erläuterungen siehe Tabelle 16, offene und verdeckte Arbeitslosigkeit, Seite 130, Fußnote 6. - 11) Die von der Bundesagentur für Arbeit im Hinblick auf die Optionskommunen veröffentlichten Korrekturwerte der Arbeitslosenzahlen für die Monate Januar bis August 2005 wurden bei der Prognose entsprechend berücksichtigt. - 12) Erläuterungen siehe Tabelle 16, offene und verdeckte Arbeitslosigkeit, Seite 130. - 13) Für eine Beschäftigung von voraussichtlich mehr als sieben Kalendertagen. - 14) Anteil der registrierten Arbeitslosen an allen zivilen Erwerbspersonen (abhängige zivile Erwerbspersonen, Selbständige, mithelfende Familienangehörige). - 15) Registrierte (offene) und verdeckt Arbeitslose in vH der Erwerbstätigen (Inländerkonzept) abzüglich der Differenz zwischen den registrierten Arbeitslosen und den Erwerbslosen (ILO-Definition) plus offen und verdeckt Arbeitslose abzüglich subventioniert Beschäftigte (Inländerkonzept). - 16) Erwerbslose in vH der Erwerbspersonen; Abgrenzung der Erwerbslosen gemäß Definition der Internationalen Arbeitsorganisation (ILO). Durch die Neueinführung der monatlichen Telefonbefragung „Arbeitsmarkt in Deutschland" (ab Januar 2005), ist ein Vergleich mit den Vorjahren nur bedingt möglich.

2. Berufsausbildungsstellenmarkt: Lage unverändert prekär

177. Die Lage auf dem Berufsausbildungsstellenmarkt, soweit er bei der Bundesagentur erfasst wird, war wie im Vorjahr angespannt. Zwar nahm die Anzahl der Ausbildungsplatzsuchenden nur leicht um 0,6 vH zu, dem stand jedoch ein starker Rückgang von 9,3 vH bei den verfügbaren Ausbildungsstellen gegenüber (Tabelle 15). Am 30. September 2005, dem Ende des Berufsberatungsjahres 2004/2005, standen rund 40 900 noch nicht vermittelten Bewerbern 12 600 noch unbesetzte Ausbildungsstellen gegenüber. Damit betrug am Ende des Berufsberatungsjahres der **Bewerberüberhang** 28 300 Personen. Gegenüber dem Berufsberatungsjahr 2003/2004 bedeutet dies einen Rückgang um 2 400 Personen und entsprach damit bezogen auf die Zahl aller registrierten Bewerber einer Quote von 3,8 vH. Die genannten Zahlen sind vorläufig. Ein Bewerberüberhang war wie in den Vorjahren in beiden Teilen Deutschlands zu beobachten. Allerdings kam es gegenüber dem Vorjahr zu einem Anstieg des Bewerberüberhangs in Westdeutschland, während in Ostdeutschland ein Rückgang zu verzeichnen war.

178. Angesichts der bereits damals schon angespannten Lage auf dem Berufsausbildungsstellenmarkt und eines sich abzeichnenden Bewerberüberhangs schlossen im Juni 2004 die Bundesregierung und die Spitzenverbände der deutschen Wirtschaft einen auf drei Jahre befristeten **Nationalen Pakt für Ausbildung und Fachkräftenachwuchs**, wodurch eine im Gesetzgebungsverfahren befindliche Ausbildungsplatzabgabe abgewendet wurde (JG 2004 Ziffer 249). Dieser Pakt trug dazu bei, dass es im vergangenen Jahr gelang, den Bewerberüberhang, der am Ende des Berufsberatungsjahres 2003/2004 vorhanden war, nachträglich – das heißt im vierten Quartal 2004 – noch deutlich zu reduzieren. Im gerade abgelaufenen Berufsberatungsjahr kam es trotz dieses Pakts nur zu einer leichten Reduktion des Bewerberüberhangs gegenüber dem Vorjahr; allerdings waren die wirtschaftlichen Rahmenbedingungen im Berufsberatungsjahr 2004/2005 noch schwieriger. Basierend auf den Erfahrungen aus dem Jahr 2004 mag es gleichwohl im vierten Quartal 2005 noch gelingen, den Bewerberüberhang nachträglich weiter zu reduzieren.

3. Arbeitslosigkeit und Arbeitsmarktpolitik im Zeichen von Hartz IV

Aktuelle Entwicklung der Arbeitslosigkeit: Ist der Höhepunkt erreicht?

179. Das Jahr 2005 begann mit einem neuen Negativrekord bei den Arbeitslosenzahlen. Durch die Zusammenlegung von Arbeitslosenhilfe und Sozialhilfe im Rahmen des „Vierten Gesetzes für moderne Dienstleistungen am Arbeitsmarkt" („Hartz IV") und die damit einhergehende Neuerfassung vieler erwerbsfähiger Sozialhilfeempfänger als registrierte Arbeitslose stieg bereits im Januar die registrierte Arbeitslosigkeit erstmals in der Nachkriegsgeschichte über die Marke von 5 Millionen Personen. Trotz eines spürbaren Rückgangs im weiteren Jahresverlauf waren im Mittel des laufenden Jahres 4,89 Millionen Personen als arbeitslos registriert, dies bedeutet einen Anstieg um rund 508 000 Personen gegenüber dem Vorjahr (Schaubild 23, Seite 122). Berücksichtigt man indes, dass sich der auf Hartz IV zurückzuführende Effekt im Jahresmittel auf bis zu 300 000 Personen belief, so wird offensichtlich, dass das Überschreiten der sicherlich alarmierenden Grenze von 5 Millionen registrierten Arbeitslosen vor allem die bisherige systematische Untererfassung des Umfangs der Arbeitslosigkeit korrigiert hat, nicht aber eine erneute gravierende Verschärfung einer ohnehin schon desolaten Arbeitsmarktlage markiert.

Tabelle 15

Berufsausbildungsstellenmarkt in Deutschland

		1992/93	1994/95	1996/97	1998/99	2000/01	2001/02	2002/03	2003/04[1]	2004/05[1)2]
					Früheres Bundesgebiet					
					Im Berichtszeitraum (Oktober bis September)					
Bei der Bundesagentur für Arbeit gemeldete Berufsausbildungsstellen ..	Personen	667 238	512 811	476 379	480 482	497 275	465 051	427 287	407 351	371 122
	vH[3]	-7,6	-8,7	-2,8	3,6	1,9	-6,5	-8,1	-4,7	-8,9
Bewerber	Personen	424 142	478 383	546 390	552 602	509 012	491 237	501 956	522 608	537 805
	vH[3]	5,1	5,1	7,5	0,0	-4,2	-3,5	2,2	4,1	2,9
					Am Ende des Berichtszeitraums (September)					
Unbesetzte Berufsausbildungsstellen	Personen	83 655	43 231	25 217	22 657	23 618	17 123	13 994	12 533	11 786
Noch nicht vermittelte Bewerber	Personen	14 841	19 396	32 190	18 517	11 962	13 180	22 267	29 319	29 746
Stellenüberhang	Personen	68 814	23 835	-	4 140	11 656	3 943	-	-	-
Bewerberüberhang	Personen	-	-	6 973	-	-	-	8 273	16 786	17 960
					Neue Bundesländer[4]					
					Im Berichtszeitraum (Oktober bis September)					
Bei der Bundesagentur für Arbeit gemeldete Berufsausbildungsstellen ..	Personen	105 479	120 129	131 036	148 769	133 773	121 093	119 373	112 548	100 355
	vH[3]	-3,3	-1,6	10,1	6,0	-2,8	-9,5	-1,4	-5,7	-10,8
davon: betrieblich besetzbar[5]	Personen	92 279	99 072	98 162	93 886	87 342	76 619	72 416	69 002	64 167
	vH[3]	4,3	4,4	3,9	1,5	-7,5	-12,3	-5,5	-4,7	-7,0
in über-/außerbetrieblichen Einrichtungen[6]	Personen	13 200	21 057	32 874	54 883	46 431	44 474	46 957	43 546	36 188
Bewerber	Personen	145 580	191 692	226 028	250 046	228 785	220 156	217 615	212 874	202 472
	vH[3]	5,2	12,0	8,3	2,6	-4,3	-3,8	-1,2	-2,2	-4,9
					Am Ende des Berichtszeitraums (September)					
Unbesetzte Berufsausbildungsstellen	Personen	2 082	983	647	782	917	882	846	845	850
Noch nicht vermittelte Bewerber	Personen	2 918	5 566	15 231	10 848	8 500	10 203	12 748	14 742	11 154
Stellenüberhang	Personen	-	-	-	-	-	-	-	-	-
Bewerberüberhang	Personen	836	4 583	14 584	10 066	7 583	9 321	11 902	13 897	10 304

1) Bedingt durch ein verändertes Auswertungsverfahren ab Berufsberatungsjahr 2003/2004 sind geringfügige Abweichungen gegenüber den bisherigen Veröffentlichungen möglich. - 2) Vorläufige Daten: Revision wegen technischer Probleme in der Arbeitsagentur Wiesbaden notwendig. - 3) Veränderung gegenüber dem Vorjahreszeitraum. - 4) Bis 1996/97 einschließlich Berlin-Ost; ab 1997/98 einschließlich Berlin insgesamt. - 5) Durch die unterschiedliche Behandlung der außerbetrieblichen Ausbildungsstellen für Rehabilitanden ist der Vergleich des Berichtszeitraums 2000/2001 mit dem Vorjahr eingeschränkt. - 6) Gemäß § 241 (2) SGB III (vorher § 40c AFG) einschließlich Berufsausbildungsstellen für Rehabilitanden ab 2001/2002, Gemeinschaftsinitiativen Ost (1993 bis 1995), Lehrstelleninitiativen (1996 bis 1998), Sofortprogramm zum Abbau der Jugendarbeitslosigkeit (1999 bis 2003) und Ausbildungsplatzprogramm (ab 1999).

Quelle: BA

Das In-Kraft-Treten der Hartz IV-Gesetze bedeutet, dass im Hinblick auf die Zahl der registrierten Arbeitslosen sowohl erhöhende als auch mindernde Faktoren vorhanden sind (JG 2004 Ziffer 247). Zu den die Arbeitslosigkeit erhöhenden Faktoren zählt, dass arbeitsfähige Sozialhilfeempfänger, die nun Arbeitslosengeld II beziehen, in größerem Maße als arbeitslos erfasst werden. Laut Schätzungen des Instituts für Arbeitsmarkt- und Berufsforschung (IAB), Nürnberg, handelt es sich hier-

Arbeitsmarkt: Den Reformkurs fortsetzen

Schaubild 23

Entwicklung der registrierten Arbeitslosigkeit[1]

—— Jahresdurchschnitte[2]

Deutschland

Früheres Bundesgebiet ohne Berlin

Neue Bundesländer und Berlin

1) Bis 2004 Monatsendstände. Dünne Linien: Grundzahlen; dicke Linien: Saisonbereinigte Werte; Bereinigung nach dem Census-Verfahren X-12-ARIMA, Version 0.2.8.– 2) 2005: Eigene Schätzung.

Quelle: BA

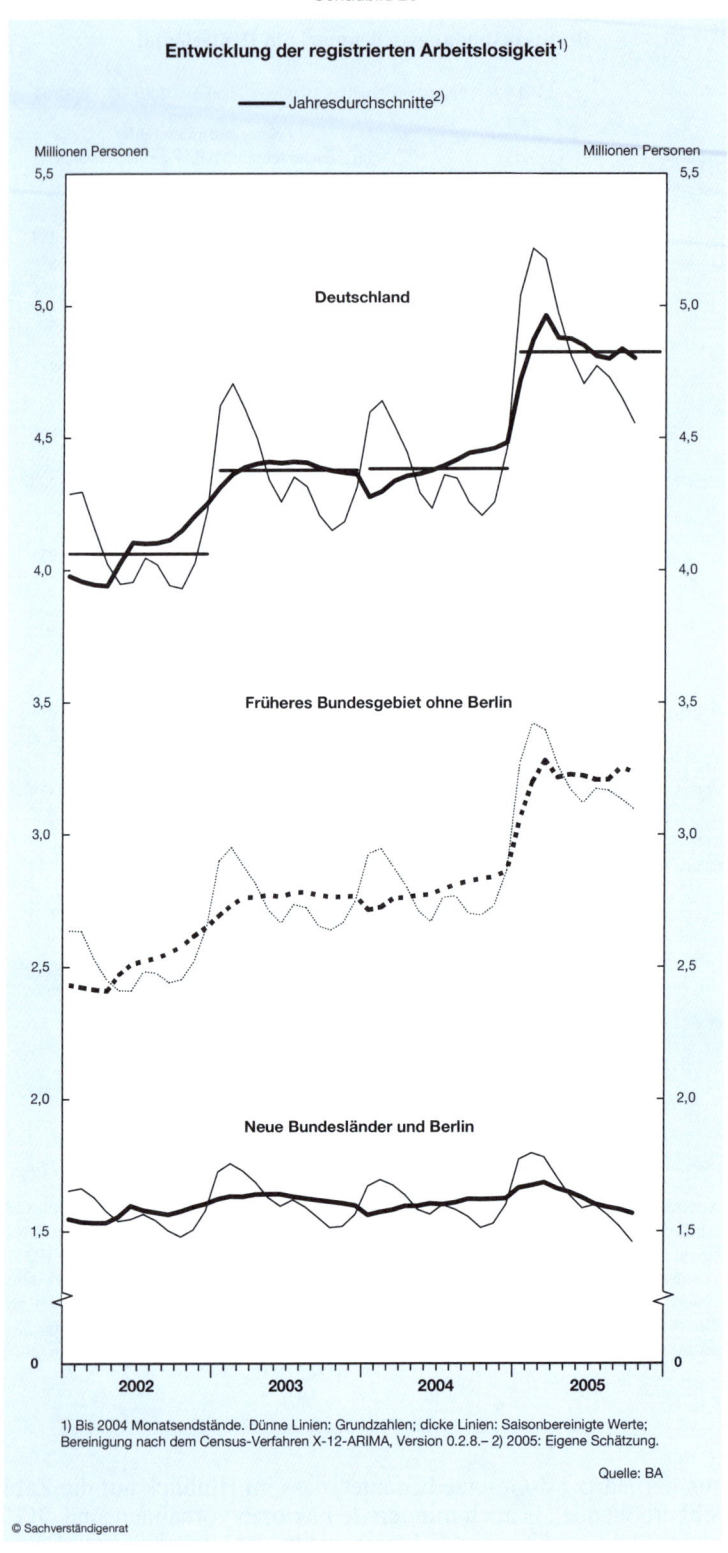

© Sachverständigenrat

bei um rund 400 000 Personen. Des Weiteren müssen ab diesem Jahr erwerbsfähige Angehörige von vormaligen Arbeitslosenhilfebeziehern mit dazu beitragen, die Hilfsbedürftigkeit der Bedarfsgemeinschaft zu mindern oder zu beenden, weshalb diese als Arbeitslose registriert werden, wenn ihnen Arbeit zugemutet werden kann. Entlastend wirkt hingegen, dass vormalige Arbeitslosenhilfebezieher ohne Anspruch auf Arbeitslosengeld II, die ihre Arbeitslosmeldung nicht mehr erneuern, nicht mehr als arbeitslos registriert werden. Das IAB schätzt, dass es sich hierbei im Jahresmittel um 80 000 Personen handelt. Darüber hinaus sollten die bessere Betreuung von Arbeitslosen und der Einsatz von arbeitsmarktpolitischen Maßnahmen, wie zum Beispiel die Arbeitsgelegenheiten, zu einer Reduktion der registrierten Arbeitslosen führen. Diese verschiedenen Faktoren unterscheiden sich nicht nur in ihrer Wirkung auf die registrierte Arbeitslosigkeit, sondern auch in der Größenordnung und dem Zeitpunkt ihres Einflusses. Vor allem die die Arbeitslosigkeit mindernden Faktoren machten sich erst im Laufe dieses Jahres bemerkbar. Bei Berücksichtigung dieser Aspekte ergibt sich dann zusammen genommen im Jahresdurchschnitt der genannte Effekt von bis zu 300 000 Personen.

Verglichen mit den Prognosen über die Auswirkungen der Einführung des Arbeitslosengelds II überwogen im Ergebnis die belastenden Faktoren. Insbesondere ins Gewicht fällt dabei, dass die Zahl der Anspruchsberechtigten deutlich unterschätzt wurde: Ging man im Herbst des Jahres 2004 noch von 2,86 Millionen Bedarfsgemeinschaften mit 5,97 Millionen Haushaltsmitgliedern, darunter 3,44 Millionen erwerbsfähigen Personen, aus, so belief sich stattdessen im Januar 2005 die Zahl der Bedarfsgemeinschaften auf 3,33 Millionen, in denen 6,12 Millionen Haushaltsmitglieder lebten, von denen 4,50 Millionen als erwerbsfähig eingestuft wurden. Eine der Ursachen für die höhere Anzahl an Bedarfsgemeinschaften war die gezielte Bildung eigener Bedarfsgemeinschaften durch erwachsene hilfsbedürftige Mitglieder eines Haushalts insbesondere erwachsene hilfsbedürftige Kinder. Diese deutliche Unterschätzung ging mit erheblichen Mehrbelastungen insbesondere des Bundeshaushaltes einher (Ziffern 366 ff.).

Die **Arbeitslosenquote** erhöhte sich gegenüber dem Jahr 2004 deutlich um 1,3 Prozentpunkte auf 11,8 vH. Dass der Anstieg in Westdeutschland mit einer Zunahme von 8,5 vH im Jahr 2004 auf 9,8 vH im laufenden Jahr stärker ausfiel als in Ostdeutschland (von 18,4 vH auf 18,8 vH), dürfte seine Ursache insbesondere in dem größeren Anteil an erwerbsfähigen Sozialhilfebeziehern im früheren Bundesgebiet haben.

180. Seit Jahresbeginn erhebt das Statistische Bundesamt im Rahmen seiner Telefonerhebung „Arbeitsmarkt in Deutschland" monatlich die Zahl der Erwerbslosen und der Erwerbstätigen nach dem Labour-Force-Konzept der International Labour Organization (ILO). Das Erwerbslosenkonzept erfasst die Personen als erwerbslos, die nicht beschäftigt sind, aber aktiv nach Arbeit suchen und dem Arbeitsmarkt kurzfristig zur Verfügung stehen, und ist unabhängig von Änderungen in den Abgrenzungen der nationalen Arbeitsmarktstatistiken. Gerade angesichts der skizzierten Brüche in der Arbeitslosenstatistik stellt es eine wertvolle Ergänzung zur Beschreibung der Lage auf dem Arbeitsmarkt dar (JG 2004 Kasten 15). Im laufenden Jahr lag die Zahl der Erwerbslosen bei rund 3,99 Millionen Personen und damit um rund 900 000 Personen niedriger als die registrierte Arbeitslosigkeit. Dies entspricht einer Erwerbslosenquote – gemessen als Anteil der Erwerbslosen an allen Erwerbspersonen – von 9,3 vH.

Obwohl die ILO-Erwerbslosenstatistik und ebenso die Statistik der registrierten Arbeitslosen den Anspruch haben, die Unterbeschäftigung in Deutschland problemadäquat abzubilden, gibt es doch erhebliche Unterschiede zwischen den beiden Konzepten (JG 2004 Kasten 15). Generell ist nur eine Teilgruppe sowohl erwerbslos als auch registriert arbeitslos. Aus den Erhebungen der ILO-Erwerbslosenstatistik wird ersichtlich, dass rund die Hälfte der gemeldeten Arbeitslosen zugleich erwerbslos sind. Die ILO-Erwerbslosenstatistik folgt einem extensiven Erwerbskonzept, nach dem jeder als erwerbstätig gilt, der einer vergüteten Erwerbstätigkeit von mindestens einer Wochenstunde nachgeht. Des Weiteren trägt die Erwerbslosenstatistik den aktuellen Suchverhalten Rechnung, denn nach dieser Statistik zählt eine nicht erwerbstätige Person nur dann als erwerbslos, wenn sie in den letzten vier Wochen tatsächlich Suchaktivitäten unternommen hat. Dagegen erfasst die registrierte Arbeitslosigkeit nur die Verpflichtung zur aktiven Suche, und damit auch Personen, die einer vergüteten Erwerbstätigkeit von weniger als 15 Wochenstunden nachgehen und nach einer vergüteten Erwerbstätigkeit von mindestens 15 Wochenstunden suchen, sofern sie einer Agentur für Arbeit für Vermittlungsbemühungen zur Verfügung stehen und sich dort persönlich als arbeitslos gemeldet haben.

Bundesagentur für Arbeit und arbeitsmarktpolitisches Instrumentarium im Umbruch

181. Das Jahr 2005 war für die Bundesagentur für Arbeit geprägt von Schwierigkeiten und neuen Herausforderungen. Obwohl der institutionelle Umbau noch nicht abgeschlossen war, stand die Bundesagentur vor der großen Herausforderung, die Zusammenlegung von Arbeitslosenhilfe und Sozialhilfe zum Arbeitslosengeld II sowie die damit verbundenen Änderungen der organisatorischen Struktur und der arbeitsmarktpolitischen Instrumente umzusetzen. Trotz zahlreicher pessimistischer Stimmen konnte die Bundesagentur für Arbeit das Arbeitslosengeld II fristgerecht zum 1. Januar dieses Jahres einführen. Gleichwohl wurde deutlich, dass die vollständige Umsetzung der in den Hartz-Gesetzen angelegten Reformen mindestens noch weit bis ins nächste Jahr reichen wird und zudem an verschiedenen Stellen Modifikationen der ursprünglichen Regelungen erforderlich sind. Beispielsweise war es erst in der zweiten Jahreshälfte möglich, die Arbeitslosenzahlen der Optionskommunen in die bundesweite Arbeitsmarktstatistik einzubinden. Ferner zeigten sich in einer Reihe von Arbeitsgemeinschaften Abstimmungsprobleme zwischen Arbeitsagentur und Kommune als den beiden die Arbeitsgemeinschaft grundsätzlich gleichberechtigt führenden Trägern, so dass den Kommunen die Option eingeräumt wurde, auf Wunsch die Federführung in der Arbeitsgemeinschaft zu übernehmen.

182. Im vergangenen Jahr hatte der zum Defizitausgleich bestimmte **Bundeszuschuss** mit 4,2 Mrd Euro den Haushaltsansatz von 5,2 Mrd Euro deutlich unterschritten, da es der Bundesagentur für Arbeit gelungen war, die beträchtlichen Beitragsausfälle in Höhe von 1,5 Mrd Euro durch Einsparungen bei den Ausgaben und dort insbesondere bei der aktiven Arbeitsmarktpolitik mehr als auszugleichen. Diese Entwicklung setzte sich im laufenden Jahr, obschon in abgeschwächter Form, fort, so dass der im Haushaltsplan eingestellte Bundeszuschuss von 4 Mrd Euro um rund 1 Mrd Euro unterschritten wurde. Der erstmals an den Bundeshaushalt abzuführende **Aussteuerungsbetrag** unterschritt ebenfalls den Haushaltsansatz von 6,7 Mrd Euro. Dieser zusätzliche Ausgabenposten schlug sich jedoch nicht in einem entsprechenden Anstieg der Gesamtausgaben der Bundesagentur für Arbeit nieder, da in einer ähnlichen Größenordnung Ausgaben für Maßnahmen der aktiven Arbeitsmarktpolitik wegfielen, die vor der Zusammenlegung von Arbeitslosenhilfe und Sozialhilfe an Arbeitslosenhilfeempfänger vergeben und aus Beitragsmitteln finanziert worden waren. Die gemäß dem SGB II gewährten Maßnahmen der aktiven Arbeitsmarktpolitik hingegen werden, obwohl häufig von den Agenturen für Arbeit über die lokalen Arbeitsgemeinschaften administriert, ebenso wie das Arbeitslosengeld II aus dem Bundeshaushalt finanziert.

183. Grundsätzlich zu begrüßen ist das Setzen von Anreizen zur Minimierung der Übergänge in dem Bereich des Arbeitslosengelds II, wie es mit der Einrichtung des Aussteuerungsbetrags beabsichtigt war. Allerdings ist sehr zweifelhaft, ob der Aussteuerungsbetrag hierfür das geeignete Mittel darstellt. Vielmehr trägt er in nicht unerheblichem Maße zur Verschleierung der Finanzbeziehungen zwischen der Bundesagentur für Arbeit und dem Bund bei. Sinnvoller wäre eine Streichung des Aussteuerungsbetrags bei gleichzeitiger Rückführung des Bundeszuschusses – gegebenenfalls ergänzt um eine Senkung der Beiträge zur Arbeitslosenversicherung – in Verbindung mit einer Weiterentwicklung des bereits vorhandenen Controllings im System der Bundesagentur für Arbeit. Durch eine Streichung des Aussteuerungsbetrags würde auch der Tatsache Rechnung getragen, dass die Bewältigung der Langzeitarbeitslosigkeit eine gesamtgesellschaftliche Aufgabe darstellt, die nicht nur von den Beitragszahlern, sondern allen Steuerpflichtigen zu finanzieren ist (Ziffer 547).

184. Der in den Vorjahren bereits zu beobachtende rückläufige Trend bei vielen Maßnahmen der aktiven Arbeitsmarktpolitik wurde noch verstärkt. Die Zahl der Teilnehmer an **Qualifizierungsmaßnahmen** (ohne Maßnahmen zur Qualifizierung behinderter Menschen) ging deutlich um 121 000 Personen oder 40,4 vH auf 176 000 Personen im laufenden Jahr zurück, darunter der Teilnehmerbestand an Maßnahmen der beruflichen Weiterbildung um 41,5 vH und die Anzahl der Teilnehmer in Eignungsfeststellungs- und Trainingsmaßnahmen um 34,3 vH. Die Zahl der Teilnehmer in **„Beschäftigung schaffenden Maßnahmen"** wurde ebenfalls gegenüber dem Vorjahr drastisch um über 50 vH reduziert und belief sich auf 58 000 Personen. Mit dem Auslaufen der Strukturanpassungsmaßnahmen beinhaltet diese Kategorie fast ausschließlich Arbeitsbeschaffungsmaßnahmen.

185. Wie bereits im Vorjahr spielten die Maßnahmen, mit denen der Eintritt in die Selbständigkeit gefördert wird, eine wichtige Rolle. Rund 85 000 Personen erhielten im laufenden Jahr das **Überbrückungsgeld,** mithin eine Zunahme von etwas mehr als 1 200 Personen gegenüber dem Vorjahr. Der Teilnehmerbestand des **Existenzgründungszuschusses** („Ich-AG") nahm im laufenden Jahr gegenüber dem Jahr 2004 um rund 85 500 Personen auf etwas mehr als 239 000 Personen zu, gleichwohl hat sich insgesamt die Zunahme dieser beiden Maßnahmen, mit denen der Eintritt von Arbeitslosen in die Selbständigkeit gefördert wird, deutlich gegenüber dem Vorjahr verlangsamt. Dies dürfte wiederum vor allem an der Verringerung des anspruchsberechtigten Personenkreises liegen, weil Arbeitslosengeld II-Empfänger keinen Anspruch auf diese Leistungen haben. Hinzu kommt, dass die Anspruchsvoraussetzungen zur Erlangung eines Existenzgründungszuschusses erschwert wurden, indem nun die Stellungnahme einer fachkundigen Stelle über die Tragfähigkeit der Existenzgründung („Tragfähigkeitsbescheinigung") auf der Grundlage eines Geschäftsplans erforderlich sind.

In den letzten Jahren hat die Förderung der Existenzgründung aus der Arbeitslosigkeit durch die Agenturen für Arbeit deutlich an Bedeutung gewonnen. Im Jahr 2004 betrug ihr Anteil an allen Existenzgründungen 65,2 vH, gegenüber rund 27,3 vH im Jahr 2002 (KfW, 2005). Bei näherer Betrachtung der durch das Überbrückungsgeld geförderten Existenzgründungen zeigt sich, dass deren Überlebenswahrscheinlichkeit nach mehr als einem Jahr der von nicht geförderten Gründungen entspricht. Die Effekte im Hinblick auf die Schaffung zusätzlicher Arbeitsplätze sind in diesem Fall, wie allgemein bei Existenzgründungen, als gering einzuschätzen, da es sich überwiegend um Kleinstgründungen mit geringem Wachstumspotential handelt. Allerdings wird das Ziel der eigenen Dauerbeschäftigung als Selbständiger bei so geförderten Existenzgründungen weitgehend erreicht. Da das Instrument des Existenzgründungszuschusses erst seit Januar 2003 existiert, liegen, im Gegensatz zum Überbrückungsgeld, Ergebnisse empirischer Studien, die eine wirklich belastbare Beurteilung dieses arbeitsmarktpolitischen Instruments erlauben, noch nicht vor. Erste Auswertungen des IAB für Deutschland und des Instituts für Mittelstandsforschung Bonn (IfM), für Nordrhein-Westfalen geben allerdings derzeit keine Hinweise darauf, dass dieses Instrument – wie zuweilen behauptet – als Fehlschlag bezeichnet werden könnte. Auch die Gefahr, dass der Existenzgründungszuschuss das Überbrückungsgeld verdrängen könnte, bestätigt sich bisher nicht. Vielmehr gibt es Anzeichen dafür, dass die beiden Instrumente unterschiedliche Personengruppen unter den Arbeitslosen ansprechen (JG 2004 Ziffer 261). Besonders bemerkenswert hierbei ist – mit einem Wert von über 40 vH im Jahr 2004 – der hohe Anteil von Frauen unter den Beziehern eines Existenzgründungszuschusses, der deutlich über dem Frauenanteil unter den Empfängern von Überbrückungsgeld und unter den Selbständigen allgemein liegt.

Die Fortführung des Existenzgründungszuschusses über das Jahr 2005 hinaus ist, wie bei einer Reihe weiterer arbeitsmarktpolitischer Instrumente, gegenwärtig nicht sichergestellt, da über ein im Deutschen Bundestag bereits beschlossenes Gesetz, das die Befristung dieses Instruments bis zum Ende des Jahres 2007 verlängert hätte, vor der Wahl zum Deutschen Bundestag im Vermittlungsausschuss keine Einigung mehr erzielt werden konnte.

186. Unsicher ist daher ebenso die Beibehaltung der **Vermittlungsgutscheine**, die Arbeitslosen eine über eine Provision vergütete Einschaltung eines privaten Arbeitsvermittlers erlaubt. Die Zahl der eingelösten Gutscheine ging bis einschließlich Oktober 2005 gegenüber dem entsprechenden Vorjahreszeitraum stark um 72,3 vH auf etwa 12 300 zurück.

Mit Beginn des laufenden Jahres traten Veränderungen bei den Regelungen bezüglich der Vermittlungsgutscheine in Kraft, die den Auszahlungsmodus und den Kreis der Arbeitsvermittler betreffen – die erste Rate der Vermittlungsprämie wird zukünftig erst nach einer sechswöchigen Dauer der Beschäftigung ausbezahlt –, um die Gefahr von Missbrauch und Mitnahmeeffekten zu verringern. Darüber hinaus wurde die Erprobungsphase um zwei Jahre bis zum 31.12.2006 verlängert (JG 2004 Ziffer 262). In diesem Jahr wurde ein erster Zwischenbericht zu den Vermittlungsgutscheinen im Rahmen des Projekts „Begleitforschung zur Vermittlung" veröffentlicht. Darin wurde festgestellt, dass die Vermittlungsgutscheine insgesamt von geringer Bedeutung sind. Für den Betrachtungszeitraum von April 2002 bis Juni 2004 lag der Anteil von Personen, die über einen Vermittlungsgutschein eine Beschäftigung fanden, bei 1,1 vH aller Abgänge in Beschäftigung, wobei diese Prozentangabe in Ostdeutschland mehr als doppelt so hoch war wie in Westdeutschland. Vergleiche mit einer Kontrollgruppe zeigen, dass das arbeitsmarktpolitische Instrument der Vermittlungsgutscheine insgesamt eine direkt positive – wenn auch quantitativ geringe – Beschäftigungswirkung zu haben scheint. Die Kosten für eine durchschnittliche Vermittlung – Vermittlungshonorare und interne Verwaltungskosten der Agenturen für Arbeit – lagen in Westdeutschland bei rund 1 700 Euro und in Ostdeutschland bei etwas mehr als 1 500 Euro. Insgesamt kommt dieser Zwischenbericht zu dem vorläufigen Ergebnis, dass die Vermittlungsgutscheine aus ökonomischer Sicht keinen Fehlschlag darstellen. Ob sich dieses Instrument allerdings auf Dauer im Rahmen von Kosten-Nutzen-Analysen rechnet, konnte noch nicht geklärt werden.

187. Die Zahl der **Arbeitsgelegenheiten nach § 16 Absatz 3 SGB II** („Zusatzjobs") stieg im Jahresverlauf rasant an; trotzdem wurde bis zum Jahresende der von der Bundesregierung veranschlagte Bestand von 600 000 Arbeitsgelegenheiten nicht erreicht. Im Jahresmittel betrug die Teilnehmerzahl 202 000 Personen. Generell wird zwischen Arbeitsgelegenheiten der Mehraufwandsvariante und Arbeitsgelegenheiten der Entgeltvariante unterschieden. Nahezu alle existierenden Arbeitsgelegenheiten sind Arbeitsgelegenheiten der Mehraufwandsvariante.

Bei den Arbeitsgelegenheiten der Mehraufwandsvariante handelt es sich um gemeinnützige Beschäftigungen, bei denen die Teilnehmer neben der Fortzahlung des Arbeitslosengelds II unter Einschluss der Beiträge zur Renten-, Kranken- und Pflegeversicherung eine Mehraufwandsentschädigung in Höhe von ein bis zwei Euro je geleisteter Arbeitsstunde erhalten. Arbeitsgelegenheiten der Entgeltvariante sind hingegen sozialversicherungspflichtige Beschäftigungsverhältnisse bei Unternehmen oder sonstigen Arbeitgebern, die vom Träger geschaffen, vermittelt oder akquiriert werden, und bei denen die Teilnehmer das übliche Arbeitsentgelt an Stelle des Arbeitslosengelds II erhalten.

Immer wieder wird die Frage aufgeworfen, ob die Einrichtung von Arbeitsgelegenheiten zur Verdrängung von regulärer Beschäftigung führt. Sie lässt sich zum jetzigen Zeitpunkt noch nicht fundiert beantworten. Unabhängig davon ist bei der Beurteilung der Arbeitsgelegenheiten zu beachten, dass diese eine der wenigen Möglichkeiten sind, die Beschäftigungswilligkeit und -fähigkeit von Langzeitarbeitslosen zu testen. Allerdings waren diese Arbeitsgelegenheiten mit einem Geburtsfehler behaftet, auf den der Sachverständigenrat schon in seinem vorangegangenen Gutachten hinwies (JG 2004 Ziffer 252). Da die Mehraufwandsentschädigung – im Gegensatz zu Einkommen, welches auf dem ersten Arbeitsmarkt erzielt wird – nicht auf das Arbeitslosengeld II angerechnet wird, kann es zu einer Verminderung der Anreize zur Arbeitsaufnahme auf dem ersten Arbeitsmarkt kommen. In Verbindung mit den anfänglichen Hinzuverdienstregeln stellte eine Arbeitsgelegenheit insbesondere für Langzeitarbeitslose mit Familie und/oder geringer Qualifikation bisher die finanziell attraktivere Alternative gegenüber einer Beschäftigung auf dem ersten Arbeitsmarkt dar.

188. Dieses Problem hat die Bundesregierung durch die Modifikation der Hinzuverdienstregeln, die für alle ab dem 1. Oktober 2005 neu bewilligten oder verlängerten Ansprüche auf Arbeitslosengeld II Anwendung findet, etwas entschärft, indem der Schwellenwert, ab dem eine Tätigkeit auf dem ersten Arbeitsmarkt die Bezieher von Arbeitslosengeld II mindestens ebenso gut stellt wie eine Arbeitsgelegenheit, spürbar gesenkt wurde (Schaubild 24, Seite 128).

Die Berechnung der vom monatlichen Einkommen abzusetzenden Beträge gemäß §§ 11, 30 SGB II wurde dahingehend vereinfacht, dass zum einen statt separater Absetzbeträge für Versicherungen, Altersvorsorgebeiträge oder Werbungskosten, die sich in der Summe auf etwa 50 Euro beliefen, ein einheitlicher pauschalierter Absetzbetrag von 100 Euro eingeführt wurde. Zum anderen beziehen sich die einkommensabhängigen Freibeträge und damit die Transferentzugsrate nun nicht mehr auf das Nettoentgelt im Sinne des SGB II, sondern auf das Bruttoentgelt. Bisher galt, dass bis zu einem Einkommen von 400 Euro 15 vH des Nettoentgelts nicht auf das Arbeitslosengeld II angerechnet wurden; für darüber hinausgehendes Einkommen bis 900 Euro stieg dieser Prozentsatz auf 30 vH und sank dann für Einkommen zwischen 900 Euro und 1 500 Euro wieder auf 15 vH. Ab einem Bruttoeinkommen über 1 500 Euro betrug die Transferentzugsrate 100 vH. Die Ermittlung des konkreten Freibetrags für ein bestimmtes Bruttoeinkommen war recht aufwendig und für den Leistungsbezieher in der Regel wohl nicht selbst zu bewerkstelligen. Mit der Neuregelung gibt es nur noch zwei Einkommensklassen: Für Bruttoeinkommen bis 800 Euro werden 20 vH des den Absetzbetrag von 100 Euro übersteigenden Bruttoeinkommens nicht auf das Nettoeinkommen angerechnet. Bei Bruttoeinkommen zwischen 800 Euro und 1 200 Euro – befindet sich in der Bedarfsgemeinschaft ein minderjähriges Kind, so steigt die Grenze auf 1 500 Euro – werden zusätzlich 10 vH des 800 Euro übersteigenden Bruttoeinkommens als Freibetrag vom Nettoeinkommen abgezogen. Darüber hinausgehendes Einkommen wird voll, das heißt mit einer Transferentzugsrate von 100 vH, auf das Arbeitslosengeld II angerechnet.

Dargestellt sind, wie in den vergangenen Jahresgutachten, die Grenzbelastung und das Haushaltsnettoeinkommen für einen allein stehenden Leistungsbezieher sowie für eine Bedarfsgemeinschaft, die aus einem Ehepaar mit einem Alleinverdiener und einem Kind im Alter von unter fünfzehn Jahren besteht. Die erratischen Grenzbelastungen im Auslaufbereich des Arbeitslosengelds II sind insbesondere auf den Kinderzuschlag zurückzuführen.

Rückgang der verdeckten Arbeitslosigkeit setzt sich fort

189. Zu den verdeckt Arbeitslosen zählt der Sachverständigenrat zum einen subventioniert Beschäftigte, soweit sich ihre Zahl hinreichend quantifizieren lässt, und zum anderen Teilnehmer an sonstigen arbeitsmarktpolitischen Maßnahmen, wenn die betreffenden Personen durch die Teilnah-

Schaubild 24

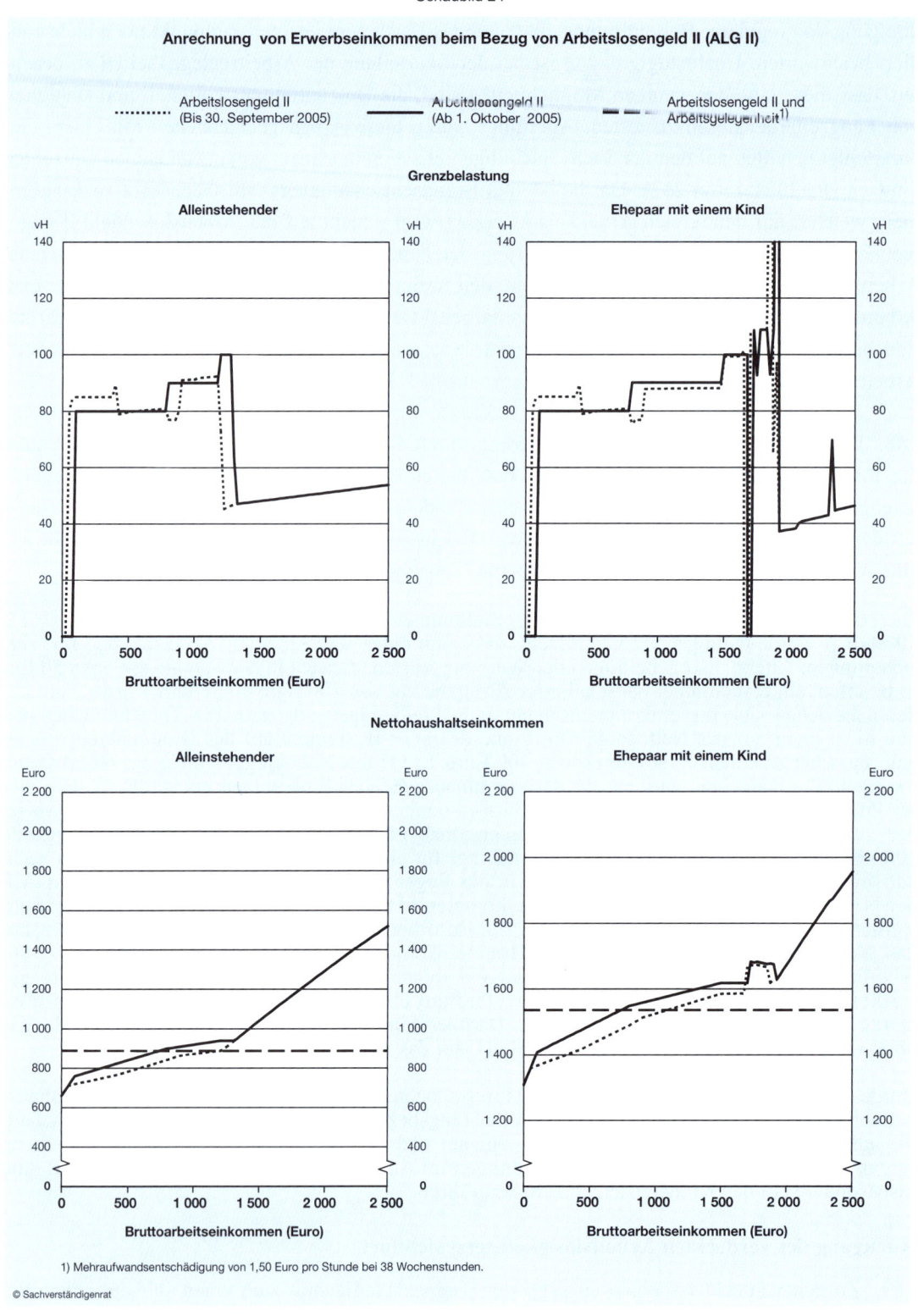

Anrechnung von Erwerbseinkommen beim Bezug von Arbeitslosengeld II (ALG II)

- .... Arbeitslosengeld II (Bis 30. September 2005)
- ──── Arbeitslosengeld II (Ab 1. Oktober 2005)
- ─ ─ ─ Arbeitslosengeld II und Arbeitsgelegenheit[1]

Grenzbelastung

Alleinstehender | Ehepaar mit einem Kind

Nettohaushaltseinkommen

Alleinstehender | Ehepaar mit einem Kind

1) Mehraufwandsentschädigung von 1,50 Euro pro Stunde bei 38 Wochenstunden.

© Sachverständigenrat

me nicht mehr als arbeitslos registriert werden (Anhang IV. B.). Im Rahmen des SGB II durchgeführte Maßnahmen der aktiven Arbeitsmarktpolitik, von denen die Arbeitsgelegenheiten die zahlenmäßig bedeutsamsten sind, müssen folglich ebenfalls hinzugezählt werden. Die anhaltende und in diesem Jahr besonders ausgeprägte Rückführung vieler Instrumente der aktiven Arbeitsmarktpolitik überwog jedoch die Ausweitung des zweiten Arbeitsmarktes in Form von Arbeitsgelegenheiten, so dass in der Summe die **verdeckte Arbeitslosigkeit** wie schon in den Vorjahren deutlich zurückging und sich im Jahresmittel auf 1,24 Millionen Personen belief (Tabelle 16, Seite 130). Der deutliche Anstieg der gesamten offenen und verdeckten Arbeitslosigkeit um 340 000 Personen auf 6,13 Millionen Personen ist somit ausschließlich auf die deutliche Zunahme der registrierten Arbeitslosigkeit insbesondere im Zusammenhang mit der Einführung des Arbeitslosengelds II zurückzuführen.

Die vor dem 1. Januar 2005 von den Kommunen an die Bezieher von Sozialhilfe gewährten arbeitsmarktpolitischen Maßnahmen wurden statistisch nicht zentral erfasst und waren daher nicht in der verdeckten Arbeitslosigkeit enthalten. Insoweit diese arbeitsmarktpolitischen Maßnahmen mit dem Übergang der erwerbsfähigen Sozialhilfebezieher in das Arbeitslosengeld II nun durch ähnlich geartete und in der verdeckten Arbeitslosigkeit enthaltene arbeitsmarktpolitische Maßnahmen des SGB II ersetzt wurden, führt dies zu einem rein statistisch bedingten Anstieg der Zahl der verdeckt Arbeitslosen. Daher ist der ausgewiesene Rückgang der Zahl der verdeckt Arbeitslosen sogar noch unterzeichnet. Ferner ist zu beachten, dass aufgrund von Datenrevisionen der Umfang der verdeckten Arbeitslosigkeit im Jahr 2004 deutlich nach unten korrigiert wurde.

190. Das IAB berechnet ein alternatives Konzept zur Erfassung der Unterbeschäftigung in Deutschland, die **Stille Reserve**, das umfassender als die verdeckte Arbeitslosigkeit ist. Die Stille Reserve wird untergliedert in zwei Gruppen: Die „Stille Reserve in Maßnahmen" und die „Stille Reserve im engeren Sinne". Die letzte Gruppe umfasst alle Personen, die entweder nach Arbeit suchen, ohne als Arbeit suchend gemeldet zu sein, oder die bei der derzeitigen Situation auf dem Arbeitsmarkt die Suche aufgegeben haben, aber bei einer Verbesserung der Lage wieder auf den Arbeitsmarkt zurückkehren würden. Für die Stille Reserve führte das IAB Neuschätzungen der Zeitreihe durch, die zu einer deutlichen Korrektur des Niveaus der Stillen Reserve nach unten führten. Als einer der Hauptgründe für diese Korrektur wird die bessere Erfassung der geringfügigen Beschäftigung genannt. Nach diesen neuen Schätzungen beläuft sich die Stille Reserve im laufenden Jahr auf rund 1,28 Millionen Personen, somit einen Rückgang um etwa 510 000 Personen. Auf die „Stille Reserve in Maßnahmen" entfallen rund 690 000 Personen und auf die „Stille Reserve im engeren Sinne" etwa 590 000 Personen.

4. Tarifpolitik und Lohnentwicklung: Fortsetzung eines moderaten Kurses

191. Die Tarifrunde des Jahres 2005 war wiederum durch moderate Lohnzuwächse, bei allerdings geringem Verteilungsspielraum, gekennzeichnet, wobei in den einzelnen Branchen die wirtschaftlichen Rahmenbedingungen für die Tarifverhandlungen sehr unterschiedlich waren. Wie im vergangenen Jahr spielte die Verlängerung der tariflichen Arbeitszeit – als Instrument zur Senkung der Arbeitskosten ohne Reduktion der Monatseinkommen – eine Rolle bei den Tarifverhandlungen. Im laufenden Jahr stiegen die Tarifverdienste auf Stundenbasis um knapp 1,2 vH (Tabelle 17, Seite 131). Darin enthalten sind neben neu abgeschlossenen Tarifverträgen die Tariflohnerhöhungen, die sich aus der Fortwirkung vor dem Jahr 2005 abgeschlossener Tarifabschlüsse ergeben, sowie Änderungen bei der Besoldung und der Arbeitszeit der Beamten. Angesichts der moderaten Entwicklung der Tariflöhne und einer Lohndrift von -0,3 Prozentpunkte stiegen die Effektivverdienste je Stunde nur um gerundet 0,8 vH.

Tabelle 16

Offene und verdeckte Arbeitslosigkeit in Deutschland[1]

Tausend Personen

Zeitraum[2]	Offen und verdeckt Arbeitslose (2)+(3)	Registrierte Arbeitslose[3]	Verdeckt Arbeitslose zusammen (4),(7) bis (13)	Subventioniert Beschäftigte[3)4] insgesamt	darunter Arbeitsbeschaffungsmaßnahmen	Arbeitsgelegenheiten (1-Euro-Jobs)[5]	Teilnehmer an Eignungsfeststellungs- und Trainingsmaßnahmen[3)6]	beruflicher Weiterbildung in Vollzeit[3)7]	Personen in vorzeitigem Ruhestand: Personen nach § 428 SGB III[8]	Freistellungsphase Altersteilzeit[3)9]	Altersrente wegen Arbeitslosigkeit[10]	Leistungsempfänger nach § 126 SGB III[11]	Kurzarbeiter: Arbeitslosenäquivalent[12]
(1)	(2)	(3)	(4)	(5)	(6)	(7)	(8)	(9)	(10)	(11)	(12)	(13)	

Deutschland

	(1)	(2)	(3)	(4)	(5)	(6)	(7)	(8)	(9)	(10)	(11)	(12)	(13)
1996	5 885	3 965	1 920	354	354	.	51	505	169	0	663	67	112
1997	6 251	4 384	1 867	302	302	.	43	400	211	2	752	78	80
1998	6 156	4 281	1 875	385	385	.	28	322	203	8	807	70	53
1999	6 031	4 100	1 930	430	430	.	27	333	200	16	810	65	50
2000	5 721	3 890	1 831	337	337	.	28	324	192	32	797	75	46
2001	5 640	3 853	1 787	263	263	.	(84)	322	228	49	765	76	59
2002	5 834	4 061	1 773	208	207	.	(98)	307	294	61	707	85	88
2003	5 900	4 377	1 524	148	146	.	(115)	232	294	69	632	41	86
2004	5 787	4 382	1 405	175	117	.	112	164	230	79	536	35	74
2005	6 126	4 890	1 236	266	58	202	68	98	234	88	387	31	64

Früheres Bundesgebiet ohne Berlin

	(1)	(2)	(3)	(4)	(5)	(6)	(7)	(8)	(9)	(10)	(11)	(12)	(13)
1998	3 682	2 752	930	60	60	.	22	166	107	6	495	41	34
1999	3 578	2 605	973	67	67	.	20	182	107	12	511	38	36
2000	3 363	2 381	982	63	63	.	21	177	104	25	517	43	32
2001	3 345	2 321	1 024	57	57	.	(53)	174	134	39	514	45	43
2002	3 565	2 498	1 067	45	45	.	(64)	167	183	48	490	51	64
2003	3 721	2 753	968	32	31	.	(79)	135	189	55	445	27	69
2004	3 695	2 783	912	48	24	.	77	102	157	63	380	25	60
2005	4 069	3 269	800	107	12	93	48	62	161	72	277	22	51

Neue Bundesländer und Berlin

	(1)	(2)	(3)	(4)	(5)	(6)	(7)	(8)	(9)	(10)	(11)	(12)	(13)
1998	2 474	1 529	945	325	325	.	6	156	98	2	313	29	18
1999	2 453	1 496	957	363	363	.	6	151	93	5	299	27	14
2000	2 358	1 509	849	274	274	.	6	148	88	7	280	32	14
2001	2 295	1 532	763	206	206	.	(31)	148	94	10	252	32	16
2002	2 269	1 563	706	162	162	.	(34)	140	112	13	217	34	23
2003	2 179	1 624	555	116	115	.	(36)	97	105	15	187	14	17
2004	2 092	1 599	493	127	93	.	35	62	73	16	156	10	14
2005	2 057	1 621	436	159	45	109	20	36	72	16	111	9	13

1) Zu den Einzelheiten siehe Anhang IV. B. - 2) Abweichungen in den Summen durch Runden der Zahlen. Jahreswerte aus gerundeten Quartalswerten berechnet. Jahr 2005: eigene Schätzung. - 3) Jahr 2005: registrierte Arbeitslose und Arbeitsbeschaffungsmaßnahmen: Jahresdurchschnitt aus Monatsdurchschnittswerten. - 4) Einschließlich Teilnehmer an: Beschäftigung schaffenden Infrastrukturmaßnahmen (§ 279a SGB III), Strukturanpassungsmaßnahmen (Restabwicklung der bis 31.12.2003 geltenden §§ 272 bis 279, 415 SGB III) sowie den bis 31.12.2004 befristeten Sonderprogrammen für Jüngere (Jump plus) und „Arbeit für Langzeitarbeitslose". - 5) Ab Januar 2005 nach § 16 Abs. 3 SGB II, einschließlich der Personen in der bis 31.12.2004 befristeten Initiative „Arbeitsmarkt im Aufbruch". - 6) Bis Ende 2003 registrierte Arbeitslose; ab Januar 2004 aufgrund der Neuregelung des § 16 SGB III (Hartz III) verdeckt Arbeitslose. Einschließlich Teilnehmer an Deutsch-Sprach-Lehrgängen. - 7) Wohnortprinzip (ohne Einarbeitung). - 8) 58-jährige und ältere Leistungsempfänger, die der Arbeitsvermittlung nicht mehr zur Verfügung stehen müssen und nicht als registrierte Arbeitslose gezählt werden. - 9) Personen in vorzeitigem Ruhestand, die sich in der Freistellungsphase Altersteilzeit befinden (nur von der Bundesagentur für Arbeit geförderte Fälle). - 10) 60- bis unter 65-jährige; eigene Schätzung. Quellen für Grundzahlen: BMWA, VDR und Bundesknappschaft. - 11) Vorübergehend arbeitsunfähige Personen, die Leistungen empfangen, aber nicht als registrierte Arbeitslose gezählt werden. - 12) Anzahl der Kurzarbeiter multipliziert mit ihrem durchschnittlichen Arbeitsausfall.

Quelle für Grundzahlen: BA

Tabelle 17

Lohn und Produktivität
Veränderung gegenüber dem Vorjahr in vH

	2002	2003	2004	2005[1]
Tarifverdienste je Stunde[2)3)]	+ 2,7	+ 2,0	+ 1,2	+ 1,2
Effektivverdienste je Stunde[2)4)]	+ 2,1	+ 1,6	+ 0,9	+ 0,8
Stundenproduktivität[5)]	+ 1,5	+ 1,2	+ 0,9	+ 1,4
Erwerbstätigenproduktivität[6)]	+ 0,6	+ 0,8	+ 1,2	+ 0,6
Reale Arbeitskosten[7)]	+ 0,8	+ 0,9	- 0,9	+ 0,0
Reale Nettoverdienste[8)]	+ 0,4	- 0,0	+ 0,1	- 1,1
Nachrichtlich: Deflator des Bruttoinlandsprodukts[9)]	+ 1,5	+ 1,0	+ 0,8	+ 0,5

1) Eigene Schätzung. - 2) Quelle: Deutsche Bundesbank. - 3) Tarifverdienste je geleistete Arbeitsstunde (einschließlich Nebenvereinbarungen, Urlaubs- und Weihnachtsgeld, Vermögenswirksame Leistungen sowie Altersvorsorgeleistungen). - 4) Bruttolöhne und -gehälter je geleistete Arbeitnehmerstunde. - 5) Bruttoinlandsprodukt, preisbereinigt (verkettete Volumenangaben) je geleistete Erwerbstätigenstunde. - 6) Bruttoinlandsprodukt, preisbereinigt (verkettete Volumenangaben) je Erwerbstätigen. - 7) Arbeitsentgelt plus kalkulatorischer Unternehmerlohn (dabei wird unterstellt, dass jeder Selbständige/mithelfende Familienangehörige das durchschnittliche Arbeitsentgelt eines Arbeitnehmers erhält) je geleistete Erwerbstätigenstunde, preisbereinigt mit dem Deflator des Bruttoinlandsprodukts. - 8) Nettoarbeitsentgelt plus kalkulatorischer Unternehmerlohn (zur Berechnung siehe Fußnote 7) je geleistete Erwerbstätigenstunde, preisbereinigt mit dem Verbraucherpreisindex (Basis 2000 = 100). - 9) Implizite Preisindizes (Deflatoren): Division der Ergebnisse in jeweiligen Preisen durch die entsprechenden preisbereinigten Größen.

Ausgewählte Aspekte der Tarifrunde 2005

192. Nach zweijährigen Verhandlungen einigten sich die Tarifvertragsparteien im **öffentlichen Dienst** auf eine Neugestaltung des mehr als vierzig Jahre alten Tarifrechts, die zum 1. Oktober 2005 in Kraft trat. Allerdings gilt sie nur für die Beschäftigten des Bundes und der Kommunen, nachdem es im Jahr 2004 zu einem Abbruch der Verhandlungen zwischen den Gewerkschaften und der Tarifgemeinschaft der Länder, aus deren Sicht die Kostenbelastung durch den Abschluss zu hoch gewesen wäre, gekommen war; trotz Wiederaufnahme der Verhandlungen ist dort eine Einigung noch nicht in Sicht.

Die Kernpunkte des neuen Tarifrechts sind: Die bisherige Unterscheidung zwischen Arbeitern und Angestellten wird aufgegeben, und die bisher getrennten Vergütungssysteme werden zu einem einheitlichen System zusammengeführt; jüngere Beschäftigte werden zukünftig finanziell besser gestellt; das Senioritätsprinzip sowie die familienstands- und kinderzahlbezogene Höhe der Vergütung werden abgeschafft; ab dem Jahr 2007 wird für eine variable leistungsbezogene Bezahlung ein Umfang von zunächst 1,0 vH des gesamten Entgeltvolumens bereitgestellt. Weiterhin wird eine neue unterste Lohngruppe eingerichtet, deren Vergütung signifikant unter dem bisher niedrigsten Vergütungsniveau liegt.

Zusätzlich können aufgrund einer neu geschaffenen Öffnungsklausel in von Ausgliederungen bedrohten Bereichen weitere sparten- und unternehmensspezifische Kostenentlastungen vereinbart werden. Die wöchentliche Arbeitszeit für die Beschäftigten des Bundes beträgt nun einheitlich 39 Wochenstunden. Dies bedeutet zwar eine Arbeitszeitverkürzung um eine Wochenstunde für die Beschäftigten des Bundes in Ostdeutschland, aber eine halbstündige Arbeitszeitverlängerung im Westen. Bei den Kommunen wurden die bisherigen Arbeitszeiten – 38,5 Wochenstunden für die Beschäftigten in Westdeutschland und vierzig Wochenstunden für die Beschäftigten in Ostdeutschland – beibehalten. Allerdings wurde eine Öffnungsklausel eingeführt, die auf kommunaler Ebene eine Arbeitszeitverlängerung auf bis zu vierzig Wochenstunden ermöglicht, wenn es zu einer entsprechenden landesbezirklichen Vereinbarung kommt. Darüber hinaus wurde eine weit reichende Arbeitszeitflexibilisierung eingeführt. An den Regelungen zur Unkündbarkeit in Westdeutschland – in der Regel wird nach 15 Jahren der Zugehörigkeit zum öffentlichen Dienst die Unkündbarkeit erreicht – wurde festgehalten. Zusätzlich wurde eine Meistbegünstigungsklausel beschlossen, die vorsieht, dass, falls die Gewerkschaften auf Länderebene Tarifverträge abschließen sollten, die in den Bereichen Arbeitszeit und Sonderzahlungen sowie beim Entgelt andere Regelungen vorsehen, diese zugleich als nicht widerrufbares Angebot an Bund und Kommunen gelten.

Im **Bauhauptgewerbe** einigten sich die Tarifvertragsparteien nach einer Verhandlungsdauer von 15 Monaten auf einen Abschluss. Vereinbart wurde unter anderem eine Verlängerung der Arbeitszeit ab dem Jahr 2006 von 39 auf 40 Wochenstunden ohne Lohnausgleich. Nach 17 Nullmonaten wurden für den Zeitraum von September 2005 bis März 2006 für Westdeutschland monatliche Einmalzahlungen in Höhe von 30 Euro vereinbart (Berlin: 15 Euro). Ab April 2006 werden dann die Löhne und Gehälter bundesweit um 1,0 vH – mit einer Laufzeit von 12 Monaten – angehoben. Darüber hinaus wurden die Mindestlöhne in diesem Wirtschaftsbereich in Ostdeutschland und Westdeutschland ab September 2005 zwischen 1,4 vH und 2,1 vH abgesenkt. Für die Jahre 2006 und 2007 wurden Erhöhungen der Mindestlöhne um 0,10 Euro je Stunde zum 1. September des jeweiligen Jahres vereinbart.

II. Charakteristika der Arbeitslosigkeit in Deutschland

1. Stufenweiser Anstieg der Arbeitslosigkeit

193. In Deutschland ist die Arbeitslosigkeit in jeder der vergangenen Rezessionen deutlich angestiegen, jedoch kam es in Zeiten einer guten Konjunkturlage nur in einem unzureichenden Ausmaß zu einem Abbau dieser neu entstandenen Arbeitslosigkeit; dies führte dann mit jedem Konjunkturzyklus zu einem immer höheren Sockel an Arbeitslosigkeit (JG 2002 Ziffer 423). Die Konsequenz ist ein markanter stufenweiser Anstieg der Arbeitslosigkeit (Schaubild 25). Dieses Phänomen kann vor allem im früheren Bundesgebiet beobachtet werden. Die ostdeutsche Beschäftigungsproblematik seit der Wiedervereinigung brachte zwar einen generellen und signifikanten Anstieg der Zahl der Arbeitslosen in Deutschland, aber das Phänomen des stufenweisen Anstiegs der Arbeitslosigkeit war schon vor der Wiedervereinigung beachtlich.

In den neunziger Jahren war der stufenweise Anstieg der Arbeitslosenquote im früheren Bundesgebiet nicht mehr so ausgeprägt wie noch in den achtziger Jahren. Allerdings muss berücksichtigt werden, dass die Arbeitslosenquote für das frühere Bundesgebiet ab dem Jahr 1991 nicht mehr das Gebiet von Berlin-West beinhaltet, was für die Folgejahre eine leicht dämpfende Wirkung auf den Verlauf der Arbeitslosenquote gehabt haben dürfte. Des Weiteren werden seit dem Jahr 2004 die Teilnehmer an Trainings- und Eignungsfeststellungsmaßnahmen nicht mehr als registriert arbeitslos gezählt.

Der Arbeitsmarkt in Deutschland ist mithin nicht nur durch eine sehr hohe Unterbeschäftigung gekennzeichnet (Ziffern 189 und 190). Zusätzlich hat sich das Niveau der Arbeitslosigkeit seit Anfang der siebziger Jahre schubweise und dauerhaft erhöht, das heißt, es ist zu einer Verfestigung der Arbeitslosigkeit gekommen.

194. Die beschriebene Verfestigung schlägt sich in der Entwicklung der Langzeitarbeitslosigkeit nieder, die Gruppe der Arbeitslosen, die seit mindestens einem Jahr arbeitslos sind. Strukturdaten

Charakteristika der Arbeitslosigkeit in Deutschland

Schaubild 25

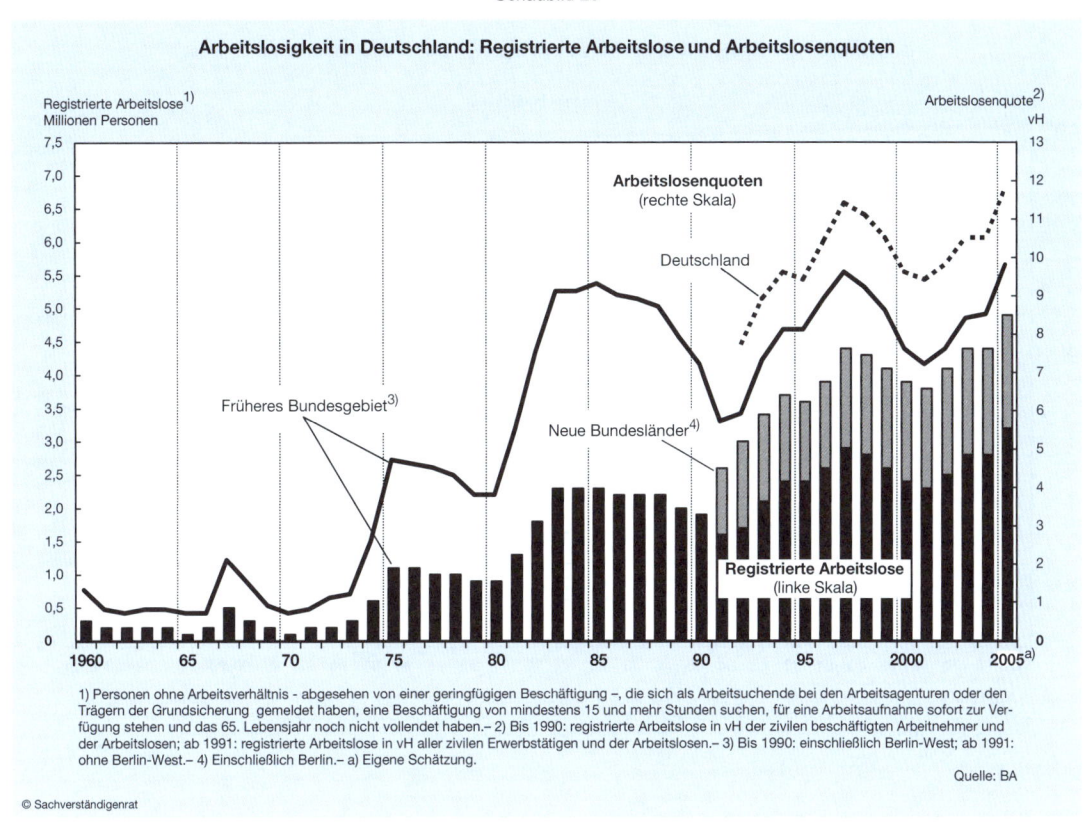

Arbeitslosigkeit in Deutschland: Registrierte Arbeitslose und Arbeitslosenquoten

1) Personen ohne Arbeitsverhältnis - abgesehen von einer geringfügigen Beschäftigung –, die sich als Arbeitsuchende bei den Arbeitsagenturen oder den Trägern der Grundsicherung gemeldet haben, eine Beschäftigung von mindestens 15 und mehr Stunden suchen, für eine Arbeitsaufnahme sofort zur Verfügung stehen und das 65. Lebensjahr noch nicht vollendet haben.– 2) Bis 1990: registrierte Arbeitslose in vH der zivilen beschäftigten Arbeitnehmer und der Arbeitslosen; ab 1991: registrierte Arbeitslose in vH aller zivilen Erwerbstätigen und der Arbeitslosen.– 3) Bis 1990: einschließlich Berlin-West; ab 1991: ohne Berlin-West.– 4) Einschließlich Berlin.– a) Eigene Schätzung.

Quelle: BA
© Sachverständigenrat

der Bundesagentur für Arbeit zufolge ist in Westdeutschland (ohne Berlin) der Anteil der Langzeitarbeitslosen an allen Arbeitslosen von 8,5 vH im Jahr 1973 auf zuletzt 36,8 vH im Jahr 2004 gestiegen. Der Anteil der Arbeitslosen mit einer Dauer von bis zu sechs Monaten ging im gleichen Zeitraum zurück, während der Anteil der Arbeitslosen mit einer mittleren Arbeitslosigkeitsdauer von sechs bis zu zwölf Monaten sich kaum veränderte. Auch in Ostdeutschland, wo Zahlen ab dem Jahr 1996 vorliegen, kam es zu einem Anstieg des Anteils der Langzeitarbeitslosen von 27,9 vH im Jahr 1996 auf 39,0 vH im Jahr 2004. Ältere Arbeitnehmer sind in beiden Gebietsständen, verglichen mit der Gesamtheit der Arbeitslosen, unter den Langzeitarbeitslosen überrepräsentiert. Auffällig ist allerdings, dass sich die Langzeitarbeitslosen in ihrer formalen Qualifikation nur wenig von der aller Arbeitslosen unterscheiden (JG 2004 Ziffer 241).

195. Zusätzliche Erkenntnisse über die Verfestigung der Arbeitslosigkeit liefert die Betrachtung **qualifikationsspezifischer Arbeitslosenquoten**, die sich ergeben, indem man für jede einzelne Qualifikationsebene die Zahl der Arbeitslosen auf die Gesamtzahl der Erwerbspersonen dieser Qualifikation bezieht: Die Spreizung der Arbeitslosigkeit zwischen Personen ohne Berufsausbildung und denen mit Ausbildung vergrößert sich sowohl in den neuen als auch in den alten Bundesländern stark. Im früheren Bundesgebiet (mit Berlin-West) kam es zwischen den Jahren 1991 und 2004 zu einem Anstieg der Arbeitslosenquote von Personen ohne berufliche Qualifikation von 12,8 vH auf 21,7 vH (Schaubild 26, Seite 134). In Ostdeutschland nahm die entsprechende Quote

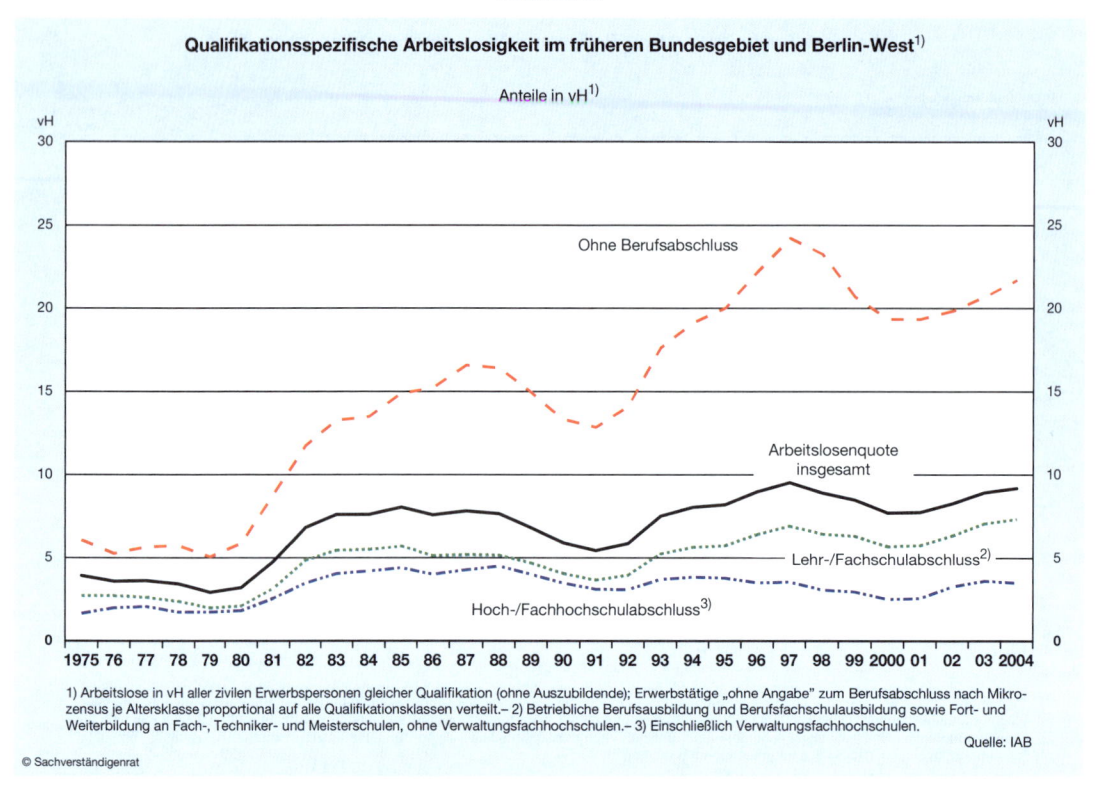

Schaubild 26

Qualifikationsspezifische Arbeitslosigkeit im früheren Bundesgebiet und Berlin-West[1]

Anteile in vH[1]

1) Arbeitslose in vH aller zivilen Erwerbspersonen gleicher Qualifikation (ohne Auszubildende); Erwerbstätige „ohne Angabe" zum Berufsabschluss nach Mikrozensus je Altersklasse proportional auf alle Qualifikationsklassen verteilt.– 2) Betriebliche Berufsausbildung und Berufsfachschulausbildung sowie Fort- und Weiterbildung an Fach-, Techniker- und Meisterschulen, ohne Verwaltungsfachhochschulen.– 3) Einschließlich Verwaltungsfachhochschulen.

Quelle: IAB

© Sachverständigenrat

sogar von 31,1 vH auf 51,1 vH (Schaubild 27) zu. Die Arbeitslosenquote für das mittlere Qualifikationsniveau hingegen stieg vergleichsweise geringer. Vor allem bei den Arbeitslosen ohne berufliche Qualifikation ist der im Aggregat zu beobachtende stufenweise Anstieg der Arbeitslosigkeit zu erkennen. Die Arbeitslosenquote der Hochqualifizierten hingegen sank in den neuen Bundesländern sogar um 1,2 Prozentpunkte, während sie im Westen mit einer leichten Erhöhung um 0,4 Prozentpunkte im Wesentlichen unverändert blieb, und dies, obwohl der Anteil der Erwerbspersonen mit Fachhochschul- oder Hochschulabschluss an den gesamten Erwerbspersonen um 5,0 Prozentpunkte stieg. Offenbar hat sich die Aufnahmefähigkeit des Arbeitsmarktes an eine steigende Zahl hochqualifizierter Berufseinsteiger angepasst. Neben diesen Niveauunterschieden fällt auf, dass die Zyklizität mit höherem Qualifikationsniveau abzunehmen scheint.

2. Struktur und Dynamik

196. Mit Hilfe von Daten des Sozio-oekonomischen Panels (SOEP) für den Zeitraum der Jahre 1992 bis 2003 können präzisere Aussagen zur Struktur der Arbeitslosigkeit in Deutschland und zu Veränderungen dieser Struktur im Zeitverlauf getroffen und insbesondere die Probleme der Gruppe der Geringqualifizierten auf dem deutschen Arbeitsmarkt näher beleuchtet werden (Kasten 6). Die empirische Analyse lässt dabei für die Gruppe der Geringqualifizierten erkennen, dass sich deren Situation auf dem Arbeitsmarkt – im Gegensatz zu der Gruppe der nicht gering qualifizierten Personen – im Zeitverlauf signifikant verschlechtert hat. Dies gilt vor allem für den jüngsten Zeitraum der Jahre 2001 bis 2003. Gegenüber den Jahren 1992 bis 1994 weisen gering qualifizierte Arbeitnehmer hier eine signifikant höhere durchschnittliche Arbeitslosenquote auf, was sowohl darauf zurückzuführen ist, dass sie überdurchschnittlich häufig arbeitslos wurden, als auch darauf, dass sie für eine Rückkehr in die Beschäftigung im Zeitraum der Jahre 2001 bis 2003 einen längeren Zeitraum benötigten als im Referenzzeitraum 1992 bis 1994.

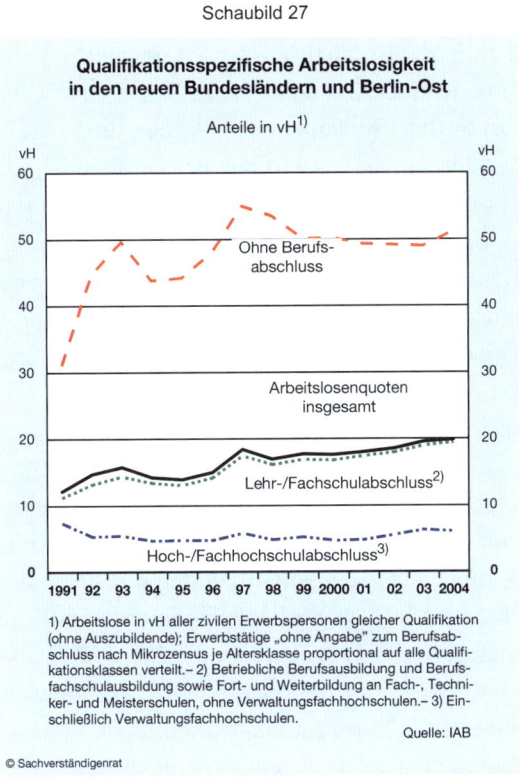

Schaubild 27

Qualifikationsspezifische Arbeitslosigkeit in den neuen Bundesländern und Berlin-Ost

Anteile in vH[1]

1) Arbeitslose in vH aller zivilen Erwerbspersonen gleicher Qualifikation (ohne Auszubildende); Erwerbstätige „ohne Angabe" zum Berufsabschluss nach Mikrozensus je Altersklasse proportional auf alle Qualifikationsklassen verteilt.– 2) Betriebliche Berufsausbildung und Berufsfachschulausbildung sowie Fort- und Weiterbildung an Fach-, Techniker- und Meisterschulen, ohne Verwaltungsfachhochschulen.– 3) Einschließlich Verwaltungsfachhochschulen.

Quelle: IAB

© Sachverständigenrat

Kasten 6

Zur Heterogenität der Arbeitslosigkeit in Deutschland

Die Verfestigung der Arbeitslosigkeit in Deutschland wird häufig mit der überdurchschnittlich hohen Rigidität des deutschen Arbeitsmarktes begründet. Diese könnte gleichgesetzt werden mit zu geringen Übergängen aus der Arbeitslosigkeit in die Beschäftigung (und umgekehrt) für die betrachtete Gruppe der Arbeitnehmer, so dass in diesem Sinn eine fehlende Dynamik des deutschen Arbeitsmarktes zu konstatieren wäre. In der vorliegenden Analyse werden diese dynamischen Aspekte der Arbeitslosigkeit in Deutschland insbesondere für die Personengruppe der Geringqualifizierten näher beleuchtet. Dabei werden jedoch nicht die aggregierten Stromgrößen „Zugänge in Arbeitslosigkeit aus Beschäftigung" und „Abgänge aus Arbeitslosigkeit in Beschäftigung" untersucht, sondern es wird eine mikroökonometrische Analyse der Determinanten der Arbeitslosigkeit und der Übergänge aus der Arbeitslosigkeit in die Beschäftigung (und umgekehrt) für bestimmte demographische Gruppen auf dem deutschen Arbeitsmarkt durchgeführt, um präzisere Aussagen zur Struktur der Arbeitslosigkeit und zu Veränderungen dieser Struktur im Zeitverlauf ermöglichen.

Anhand von retrospektiv erhobenen Monatsdaten des Sozio-oekonomischen Panels (SOEP) für den Zeitraum der Jahre 1992 bis 2003 werden dazu für 24 demographische Gruppen von Arbeitnehmern, die nach Bildungsniveau, Alter und Geschlecht differenziert werden, durchschnittliche Arbeitslosenquoten und durchschnittliche Übergangsraten aus der Arbeitslosigkeit in die Beschäftigung sowie Übergangsraten aus der Beschäftigung in die Arbeitslosigkeit für jeden Monat eines jeden Jahres erzeugt (Schmidt, 1999). Die empirische Analyse der durchschnittlichen Übergangsraten aus der Arbeitslosigkeit in die Beschäftigung (und umgekehrt) ermöglicht es dann, genauere Aussagen über die Hintergründe einer überdurchschnittlichen Arbeitslosenquote einer bestimmten demographischen Gruppe zu treffen. So kann beispielsweise die Frage beantwortet werden, ob die überdurchschnittliche Arbeitslosenquote der Gruppe der Geringqualifizierten aus der Tatsache resultiert, dass die Personen dieser Gruppe häufiger ihre Stelle verlieren als der durchschnittliche Arbeitnehmer, oder daraus, dass sie längere Zeit benötigen, wieder eine Beschäftigung zu finden, oder aus beidem. Um Veränderungen in der Struktur der Arbeitslosigkeit im Zeitverlauf aufzudecken, wird der Beobachtungszeitraum in vier Drei-Jahres-Perioden unterteilt. Den Schätzungen liegen zudem zwei unterschiedliche Datensätze zugrunde; einerseits ein Datensatz für Deutschland unter Berücksichtigung von Ausländern, andererseits ein Datensatz für Westdeutschland, in dem Ausländer nicht enthalten sind.

Die Ergebnisse der gewichteten Kleinste-Quadrate-Schätzung der **durchschnittlichen monatlichen Arbeitslosenquote** für den Zeitraum der Jahre 1992 bis 2003 für Deutschland (inklusive Ausländer) lassen für die Gruppe der Geringqualifizierten erkennen, dass sich deren Arbeitslosigkeit im Zeitverlauf signifikant erhöht hat. So liegt die durchschnittliche Arbeitslosenquote dieser Personengruppe im Vergleich zum Referenzzeitraum der Jahre 1992 bis 1994 in den beiden Folgeperioden um 1,7 beziehungsweise 1,5 Prozentpunkte höher. Im jüngsten Zeitraum der Jahre 2001 bis 2003 zeigt sich sogar eine um 2,7 Prozentpunkte signifikant höhere durchschnittliche Arbeitslosenquote für diese Personengruppe. Gleichzeitig ist die Arbeitslosenquote für die Gruppe der Höherqualifizierten im Zeitraum der Jahre 2001 bis 2003 sogar signifikant um 0,3 Prozentpunkte geringer als im Referenzzeitraum. Betrachtet man alternativ nur westdeutsche Arbeitnehmer und schließt zusätzlich Ausländer aus, so bleibt dieses Ergebnis im Grundsatz erhalten: Im Vergleich zum Referenzzeitraum erhöht sich die durchschnittliche Arbeitslosenquote für gering qualifizierte Arbeitnehmer in den beiden Folgeperioden signifikant um 1,3 beziehungsweise 1,2 Prozentpunkte; im Zeitraum der Jahre 2001 bis 2003 sogar signifikant um 2,4 Prozentpunkte.

Die empirische Analyse der durchschnittlichen Übergangsraten aus der Arbeitslosigkeit in die Beschäftigung (und umgekehrt) ermöglicht es, genauere Aussagen über die Hintergründe der erhöhten Arbeitslosigkeit einer demographischen Gruppe zu treffen. Die Schätzergebnisse für die durchschnittlichen monatlichen **Übergangsraten aus der Arbeitslosigkeit in die Beschäftigung** zeigen Folgendes: Für die beiden Zeiträume von 1995 bis 1997 und von 1998 bis 2000 ist für Gesamtdeutschland kein signifikanter Unterschied in den Übergangsraten in die Beschäftigung gegenüber dem Referenzzeitraum der Jahre 1992 bis 1994 nachweisbar. Im Zeitraum der Jahre von 2001 bis 2003 schaffen dagegen signifikant weniger Personen den Übergang aus der Arbeitslosigkeit in die Beschäftigung; die Übergangsrate ist dabei sowohl für die Gruppe der Geringqualifizierten als auch für die Personengruppe mit mindestens mittlerem Bildungsniveau gegenüber dem Referenzzeitraum 1992 bis 1994 um etwa einen Prozentpunkt gesunken. Bei Verwendung des Datensatzes für Westdeutschland (ohne Ausländer) ist im Gegensatz dazu im Zeitverlauf keine signifikante Veränderung der Übergangsraten aus der Arbeitslosigkeit in die Beschäftigung zu erkennen.

Die Schätzergebnisse für die durchschnittlichen monatlichen **Übergangsraten aus der Beschäftigung in die Arbeitslosigkeit** für Gesamtdeutschland zeigen, dass diese Übergangsraten für die Gruppe der Arbeitnehmer mit mindestens mittlerem Bildungsniveau im Zeitverlauf signifikant gesunken sind; so fallen die Übergangsraten in den beiden Zeiträumen von 1998 bis 2003 um rund 0,1 Prozentpunkte geringer aus als im Zeitraum der Jahre 1992 bis 1994. Im Gegensatz zu dieser Gruppe sinkt die entsprechende Übergangsrate für gering qualifizierte Arbeitnehmer im Zeitverlauf nicht. Im jüngsten Zeitraum 2001 bis 2003 steigt sie sogar gegenüber dem Referenzzeitraum signifikant um 0,24 Prozentpunkte an. Betrachtet man alternativ nur westdeutsche Arbeitnehmer (ohne Ausländer), so zeigt sich für gering qualifizierte Arbeitnehmer im Zeitraum der Jahre 2001 bis 2003 eine gegenüber dem Referenzzeitraum um 0,18 Prozentpunkte signifikant erhöhte Übergangsrate aus der Beschäftigung in die Arbeitslosigkeit. Für die anderen Gruppen lässt sich für den Zeitraum der Jahre 1998 bis 2003 eine gegenüber dem Referenzzeitraum geringere Übergangsrate in die Arbeitslosigkeit beobachten, wobei der Unterschied nur für den Zeitraum der Jahre 1998 bis 2000 signifikant ausfällt.

197. Die im Zeitverlauf zunehmenden Probleme der Geringqualifizierten auf dem deutschen Arbeitsmarkt spiegeln sich in der Entwicklung der abhängigen Erwerbstätigkeit für diese Gruppe wider. Auf der Grundlage des Mikrozensus für die Jahre 1996 und 2004 können Aussagen zur Entwicklung der abhängigen Erwerbstätigkeit in ausgewählten Wirtschaftszweigen und differenziert nach Gebietsstand sowie nach Qualifikation und Arbeitszeit der Erwerbstätigen getroffen werden (Tabelle 18, Seite 138). Die Zahl der abhängig Erwerbstätigen blieb im früheren Bundesgebiet (ohne Berlin) im Zeitraum der Jahre 1996 bis 2004 nahezu konstant. Eine Differenzierung nach der Qualifikation lässt jedoch erkennen, dass die Zahl der unausgebildeten Erwerbstätigen um etwa 10 vH sank, während die Zahl der ausgebildeten Erwerbstätigen um rund 3 vH stieg. Dies hatte zur Folge, dass sich der Anteil der unausgebildeten Erwerbstätigen an allen Erwerbstätigen um mehr als 2 Prozentpunkte auf 20,9 vH verringerte; in allen betrachteten Wirtschaftszweigen war dieser Anteil ebenfalls rückläufig. Ein Blick auf die einzelnen Wirtschaftszweige verdeutlicht zudem die Probleme im Baugewerbe, hier war ein deutlicher Rückgang der abhängigen Erwerbstätigkeit im Zeitverlauf um rund ein Viertel feststellbar. Sehr positiv entwickelte sich dagegen der (eher kleine) Wirtschaftsbereich Grundstückswesen und Vermietung. In allen Wirtschaftszweigen war zudem die zunehmende Bedeutung der Teilzeitarbeit erkennbar, deren Anteil um 6 Prozentpunkte auf 25,0 vH stieg.

Für die neuen Bundesländer mit Berlin sank die Zahl der abhängig Beschäftigten um rund ein Neuntel, wobei kein Unterschied zwischen ausgebildeten und unausgebildeten Erwerbstätigen zu erkennen war, so dass der Anteil der unausgebildeten Erwerbstätigen an allen Erwerbstätigen nahezu unverändert bei rund 13,5 vH und damit deutlich niedriger als im früheren Bundesgebiet (ohne Berlin) blieb (JG 2004 Ziffer 402). Die Probleme im Baugewerbe waren in Ostdeutschland noch gravierender als in Westdeutschland; so hatte sich die Zahl der Erwerbstätigen im Zeitraum der Jahre 1996 bis 2004 hier in etwa halbiert. Ein starker Beschäftigungsabbau war zudem im Bereich der öffentlichen Verwaltung feststellbar. Die steigende Bedeutung der Teilzeitarbeit war wie im früheren Bundesgebiet in allen Wirtschaftsbereichen spürbar, deren Anteil stieg in Ostdeutschland um rund 7 Prozentpunkte auf 18,3 vH, blieb jedoch deutlich niedriger als in Westdeutschland.

Tabelle 10

Beschäftigungsentwicklung von unausgebildeten und ausgebildeten Arbeitskräften[1) in ausgewählten Wirtschaftszweigen[2)

Wirtschaftszweige	Struktur		Teilzeit-beschäftigte[3)		Qualifikation[4) unausgebildete Beschäftigte		Entwicklung		
	Anteil in vH		Anteil am jeweiligen Wirtschaftszweig in vH				Veränderung in vH		
	1996	2004	1996	2004	1996	2004	insgesamt	unausgebildet	ausgebildet
Früheres Bundesgebiet									
Land- und Forstwirtschaft, Fischerei	1,2	1,0	16,5	21,1	34,2	31,8	-22,6	-28,0	-20,0
Bergbau und Verarbeitendes Gewerbe	28,8	26,9	9,9	12,5	26,0	23,1	-6,5	-17,0	-2,8
Energie- und Wasserversorgung	1,0	0,9	5,5	7,6	13,6	11,1	-5,5	-22,8	-2,7
Baugewerbe	7,7	5,7	6,7	9,5	26,7	24,2	-25,7	-32,7	-23,2
Handel und Gastgewerbe	16,5	16,6	28,4	35,9	26,7	26,0	0,8	-1,7	1,8
Verkehr- und Nachrichtenübermittlung	5,5	5,6	13,6	17,6	22,7	21,0	3,1	-4,4	5,3
Kredit- und Versicherungswesen	4,0	4,0	15,5	19,8	13,1	10,1	0,2	-22,5	3,6
Grundstückswesen, Vermietung	5,6	7,9	28,1	32,1	21,8	20,6	42,1	34,5	44,3
Öffentliche Verwaltung und ähnliches	9,8	8,8	13,9	18,5	16,4	14,0	-9,9	-23,2	-7,3
Öffentliche und private Dienstleister	20,0	22,5	32,1	39,7	21,1	18,5	12,6	-1,2	16,3
Insgesamt	100	100	19,0	25,0	23,3	20,9	0,0	-10,1	3,1
Neue Bundesländer und Berlin									
Land- und Forstwirtschaft, Fischerei	3,5	2,6	6,7	9,9	15,5	16,2	-32,5	-29,3	-32,9
Bergbau und Verarbeitendes Gewerbe	15,7	17,1	5,3	7,4	13,5	13,9	-3,2	-0,7	-3,6
Energie- und Wasserversorgung	1,3	1,0	2,6	3,5	9,5	8,8	-28,3	-33,7	-27,5
Baugewerbe	16,6	9,3	2,4	6,2	16,1	14,1	-50,1	-56,3	-48,9
Handel und Gastgewerbe	15,2	16,3	20,7	30,3	16,5	18,7	-4,8	8,2	-7,4
Verkehr- und Nachrichtenübermittlung	6,1	6,5	6,8	11,2	12,5	10,5	-5,5	-20,8	-3,4
Kredit- und Versicherungswesen	2,1	2,2	8,6	14,7	8,1	6,3	-9,2	-29,2	-7,4
Grundstückswesen, Vermietung	5,4	8,4	18,5	26,3	14,5	14,2	38,4	35,2	38,8
Öffentliche Verwaltung und ähnliches	12,8	11,2	7,4	8,4	9,4	8,6	-22,2	-28,2	-21,5
Öffentliche und private Dienstleister	21,3	25,2	20,4	27,8	12,5	13,1	5,1	10,0	4,4
Insgesamt	100	100	11,5	18,3	13,5	13,6	-11,2	-11,2	-11,3

1) Abhängige Erwerbstätige. - 2) Nach der Klassifikation der Wirtschaftszweige, für 1996: Stand 1993 (WZ 1993), für 2004: Stand 2003 (WZ 2003). - 3) Normalerweise geleistete Arbeitszeit bis 31 Stunden. - 4) Qualifiktionsniveau nach ISCED 97.

198. Im Rahmen des wirtschaftlichen Entwicklungsprozesses kommt es regelmäßig zur Schaffung neuer rentabler Arbeitsplätze und zum Wegfall alter unrentabler. Diese Prozesse vollziehen sich nicht notwendig im selben Unternehmen oder in der selben Branche; während das einzelne Unternehmen oder ganze Branchen Arbeitsplätze abbauen oder ihre Tätigkeit ganz einstellen, können Arbeitsplätze in anderen, gegebenenfalls neuen Unternehmen und neuen Wirtschaftsbranchen entstehen. Die Entstehung und Vernichtung von Arbeitsplätzen in den einzelnen Wirtschaftssektoren kann durch eine Analyse des „Umschlagsprozesses" von sozialversicherungspflichtigen Beschäftigungsverhältnissen untersucht werden (Tabelle 19, Seite 140). Dazu werden verschiedene

Kennzahlen in den unterschiedlichen Sektoren erhoben und verglichen, wobei die folgenden Zahlen die genannte Fluktuation als Prozentsatz aller sozialversicherungspflichtig Beschäftigten im jährlichen Durchschnitt des Zeitraums von 1993 bis 2000 wiedergeben:

− Die Gründungsrate für Westdeutschland von 1,7 vH und von 3,3 vH für Ostdeutschland mit Berlin gibt an, um wie viel Prozent die Beschäftigung in den jeweiligen Regionen aufgrund neu gegründeter Betriebe gestiegen ist.

− Die Expansionsrate misst für Westdeutschland einen Beschäftigungsgewinn aufgrund einer Ausweitung der Beschäftigung in bestehenden Unternehmen von 7,7 vH und von 11,1 vH für Ostdeutschland.

− Im Vergleich dazu ergab die Schließungsrate − welche die Beschäftigungsverluste infolge von Betriebsschließungen misst − für das frühere Bundesgebiet eine Abnahme von 2,6 vH und für die neuen Bundesländer von 5,2 vH.

− Eine abnehmende Beschäftigung aufgrund eines Beschäftigungsabbaus in bestehenden Betrieben wird durch die Schrumpfungsrate ermittelt. Diese belief sich für Westdeutschland auf 7,1 vH und für Ostdeutschland auf 10,3 vH.

Fasst man nun jeweils Gründungs- und Expansionsrate zusammen, ergaben sich im betrachteten Zeitraum Brutto-Beschäftigungsgewinne in Westdeutschland von 9,4 vH und in Ostdeutschland von 14,4 vH. Dem standen Brutto-Beschäftigungsverluste in Form der Summe aus Schließungs- und Schrumpfungsraten im früheren Bundesgebiet von 9,7 vH und in den neuen Bundesländern von 15,5 vH gegenüber. Sowohl für Westdeutschland als auch für Ostdeutschland ergaben sich demnach im Zeitraum von 1993 bis 2000 Netto-Beschäftigungsverluste von 0,3 vH beziehungsweise von 1,1 vH. Die Umschlagsrate für Beschäftigungsverhältnisse (JG 1994 Ziffern 436 f.), berechnet als die Hälfte der Summe beider Bruttoveränderungen, belief sich in Westdeutschland auf 9,5 vH und in Ostdeutschland auf 15,0 vH. Diese Werte drücken aus, dass sich die Beschäftigungsverhältnisse im Durchschnitt in Westdeutschland im Verlauf von 10½ Jahren und in Ostdeutschland im Verlauf von 6²/₃ Jahren einmal erneuern.

Im Zeitablauf hat sich die durchschnittliche Umschlagsrate − im Vergleich der Zeiträume 1993 bis 1996 und 1997 bis 2000 − in Westdeutschland um 1,1 Prozentpunkte erhöht, wohingegen sie in den neuen Bundesländern um 1,5 Prozentpunkte sank. Vergleicht man die Zeitreihen des früheren Bundesgebiets mit denen der neuen Bundesländer, wird deutlich, dass die Fluktuationsraten in Ostdeutschland im Zeitraum von 1993 bis 2000 sehr viel volatiler und deutlich höher waren als in Westdeutschland; so waren die Gründungsraten und Schließungsraten durchweg in etwa doppelt so hoch. In allen Wirtschaftssektoren und beiden Gebietsständen dominierten bei den Beschäftigungszuwächsen die Beschäftigungsgewinne durch die Expansion bestehender Unternehmen, während bei den Beschäftigungsverlusten der Beschäftigungsabbau durch Betriebsschließungen bestimmend war. Allerdings fällt auf, dass in Ostdeutschland Ein- und Austritte von Unternehmen eine größere Rolle bei der Änderung der Beschäftigung spielten als in Westdeutschland.

Tabelle 19

Kennziffern zur Entwicklung der Beschäftigung in ausgewählten Sektoren

Anteil an der Entwicklung der Gesamtbeschäftigung[1] in Prozentpunkten

Sektor	Gründungs-rate[2]	Expansions-rate[3]	Schließungs-rate[4]	Schrump-fungsrate[5]	Umschlags-rate[6]
Früheres Bundesgebiet					
1993-1996[7]					
Energie, Grundstoffindustrie	0,4	5,1	1,4	7,6	7,3
Investitionsgüterindustrie	0,5	5,2	1,5	7,2	7,2
Konsumgüterindustrie	0,8	5,2	2,3	7,6	8,0
Bau	2,4	7,5	3,8	8,9	11,3
Handel	2,3	7,4	3,3	7,7	10,4
Verkehr	2,2	8,9	3,2	7,9	11,1
Kreditwirtschaft, Versicherungen, Makler	1,3	5,2	1,7	5,1	6,7
Private Dienstleistungen	2,2	6,6	2,3	6,2	8,6
Unternehmensbezogene Dienstleistungen	2,7	11,4	3,1	8,2	12,7
Insgesamt	**1,6**	**6,7**	**2,4**	**7,3**	**9,0**
1997-2000[7]					
Energie, Grundstoffindustrie	0,6	6,9	2,1	7,4	8,5
Investitionsgüterindustrie	0,6	7,6	1,5	6,0	7,8
Konsumgüterindustrie	0,9	6,4	2,7	6,7	16,7
Bau	2,8	8,0	4,6	9,4	12,4
Handel	2,6	9,3	3,9	7,1	11,4
Verkehr	2,5	11,2	3,8	7,2	12,3
Kreditwirtschaft, Versicherungen, Makler	1,7	7,9	2,4	5,7	8,8
Private Dienstleistungen	2,2	7,7	2,5	5,8	9,1
Unternehmensbezogene Dienstleistungen	3,2	15,4	3,4	7,9	14,9
Insgesamt	**1,8**	**8,7**	**2,8**	**6,8**	**10,1**
Neue Bundesländer und Berlin					
1993-1996[7]					
Energie, Grundstoffindustrie	1,5	11,5	3,6	15,1	15,9
Investitionsgüterindustrie	1,7	10,3	4,3	13,3	14,8
Konsumgüterindustrie	1,9	10,7	5,3	10,1	14,0
Bau	4,4	14,4	7,5	11,1	18,7
Handel	5,3	11,9	6,4	10,5	17,0
Verkehr	3,5	11,3	5,4	9,9	15,1
Kreditwirtschaft, Versicherungen, Makler	3,4	9,5	3,5	10,6	13,5
Private Dienstleistungen	3,1	10,7	3,2	9,0	13,0
Unternehmensbezogene Dienstleistungen	4,6	15,5	5,4	10,1	17,7
Insgesamt	**3,4**	**12,0**	**5,0**	**10,9**	**15,7**
1997-2000[7]					
Energie, Grundstoffindustrie	1,3	8,4	3,6	10,3	11,8
Investitionsgüterindustrie	1,5	10,7	3,8	7,9	11,9
Konsumgüterindustrie	1,9	8,7	4,9	8,0	0,0
Bau	4,4	9,4	9,9	15,9	19,8
Handel	4,5	9,8	6,3	9,0	14,8
Verkehr	3,1	10,6	4,9	8,7	13,6
Kreditwirtschaft, Versicherungen, Makler	4,2	8,8	4,6	8,6	13,1
Private Dienstleistungen	2,6	10,0	3,3	7,8	11,8
Unternehmensbezogene Dienstleistungen	4,4	14,2	5,6	10,3	17,3
Insgesamt	**3,2**	**10,2**	**5,3**	**9,8**	**14,2**

1) Sozialversicherungspflichtig Beschäftigte. - 2) Anstieg der Beschäftigtenzahl durch Neugründung von Unternehmen. - 3) Anstieg der Beschäftigtenzahl in bestehenden Unternehmen. - 4) Rückgang der Beschäftigtenzahl durch Unternehmensschließungen. - 5) Rückgang der Beschäftigtenzahl in bestehenden Unternehmen. - 6) Turnover: Summe der einzelnen „Raten" dividiert durch zwei. - 7) Arithmetisches Mittel aus Jahresdaten.

Quelle für Grundzahlen: BA

199. Vor allem unter konjunkturellen Aspekten ist hinsichtlich der Dynamik auf dem Arbeitsmarkt die Frage von hoher Relevanz, ab welcher Veränderung des Bruttoinlandsprodukts es zu einem Beschäftigungsaufbau kommt, also nach dem quantitativen Zusammenhang zwischen der Zuwachsrate des Bruttoinlandsprodukts und der Entwicklung der Beschäftigung. Grundsätzlich ist diese Beziehung interdependent, doch im Mittelpunkt des Interesses steht die Stärke des Effekts, den eine gegebene Änderung des Bruttoinlandsprodukts auf die Beschäftigung hat. So ist insbesondere der Schwellenwert, oberhalb dessen es zu einem Wiederanstieg der Beschäftigung kommt, von Bedeutung, also die „Beschäftigungsschwelle". Dieses Konzept erfreut sich gerade in der wirtschaftspolitischen Praxis als Daumenregel zur Abschätzung der Arbeitsmarkteffekte einer bestimmten Entwicklung des Bruttoinlandsprodukts großer Beliebtheit, weist aber konzeptionelle Schwächen und eine hohe Variabilität in den empirisch ermittelten Schätzwerten auf, die seine Anwendbarkeit deutlich einschränken (Exkurs).

Die Arbeitslosigkeitsschwelle als die Zuwachsrate des Bruttoinlandsprodukts, oberhalb der es zu einem Rückgang der Arbeitslosigkeit kommt, liegt typischerweise über der Beschäftigungsschwelle, da die Arbeitsnachfrage der Unternehmen nicht nur aus dem Bestand der Arbeitslosen, sondern auch aus der Stillen Reserve bedient wird. In dem Ausmaß, in dem der Stillen Reserve auch Personen angehören, die eine große Arbeitsmarktnähe aufweisen, wegen fehlender Lohnersatzansprüche aber auf eine Registrierung als Arbeitslose verzichten, reagiert die Zahl der Arbeitslosen schwächer und später auf eine steigende Arbeitsnachfrage.

Exkurs: Beschäftigungsschwellen in Deutschland

200. Zur Ermittlung des Schwellenwerts, oberhalb dessen es zu einem Wiederanstieg der Beschäftigung kommt, wird häufig eine lineare Beziehung der Art

$$\Delta l = \alpha + \beta \Delta y \tag{1}$$

verwendet. Hierbei bezeichnet Δ den Lag-Operator, y den Logarithmus des realen Bruttoinlandsprodukts und l den Logarithmus der Beschäftigung. Daraus ergibt sich die Schwelle $-\alpha/\beta$, indem man die Änderung der Beschäftigung gleich null setzt und nach dem Zuwachs des Bruttoinlandsprodukts auflöst. Der Zusammenhang in Gleichung (1), auch bekannt als Verdoorn-Beziehung, wurde als empirische Regelmäßigkeit formuliert. Er lässt sich jedoch unter anderem aus einer kurzfristigen Phillipskurvenbeziehung und einer kurzfristigen Angebotsfunktion theoretisch herleiten. Die unbekannten Parameter können über eine einfache lineare Regression aus den Zeitreihen für Beschäftigung und Output geschätzt werden.

201. Trotz oder vielleicht gerade wegen ihrer Einfachheit in der Herleitung und der empirischen Implementierung weist die so berechnete Beschäftigungsschwelle eine Reihe von sowohl konzeptionellen als auch datentechnischen Schwächen auf, die die Anwendbarkeit in der Form von Gleichung (1) erheblich einschränken. Auch wenn es möglich ist, die Gleichung aus mehreren Modellen herzuleiten, bleibt sie doch unter mehrerlei Gesichtspunkten angreifbar, etwa wegen der Vernachlässigung sonstiger Produktionsfaktoren oder der zugehörigen Faktorpreise sowie des produktionstheoretischen Zusammenhangs dieser Größen (Prachowny, 1993, für die Arbeitslosigkeitsschwelle). Zudem wird die Transmission von Gütermarktimpulsen auf den Arbeitsmarkt durch institutionelle Faktoren wie etwa den Kündigungsschutz, das Lohnsetzungsregime oder die

räumliche und sektorale Mobilität der Arbeitskräfte beeinflusst. Die Position im Konjunkturzyklus und Erwartungen über dessen künftigen Verlauf dürften ebenfalls einen Einfluss auf die Beschäftigungsschwelle ausüben, denn es ist davon auszugehen, dass mit zunehmender Dauer des Aufschwungs Arbeitskräfte immer knapper und Einstellungen für ein gegebenes Niveau des Zuwachses des Bruttoinlandsprodukts immer seltener werden. Da alle diese Variablen nicht in Gleichung (1) auftauchen und die Parameter α und β als zeitinvariant angenommen werden, liegt letztlich eine Fehlspezifikation vor. Dies gilt umso mehr in Zeiten größerer institutioneller Änderungen, wie sie der deutsche Arbeitsmarkt gerade erfährt. Die mit Hilfe historischer Daten ermittelte Beschäftigungsschwelle vermag die Auswirkungen dieser geänderten Rahmenbedingungen bestenfalls unvollständig zu berücksichtigen.

Aus diesem Dilemma bieten sich für die empirische Analyse verschiedene Auswege an. Einer besteht darin, möglichst viele der fehlenden Variablen explizit mit in die Gleichung (1) aufzunehmen und zwar auf der Grundlage eines produktionstheoretisch fundierten Ansatzes (Flaig und Rottmann, 2001; Prachowny, 1993). Während dies bei weiteren Einsatzfaktoren wie Vorprodukten und dem Kapitalbestand oder den Faktorpreisen grundsätzlich möglich ist, hilft ein solcher Ansatz bei institutionellen Änderungen nur bedingt weiter, da diese nicht nur schwer adäquat messbar sind, sondern – zumal innerhalb eines Landes – in der Vergangenheit häufig zu wenig Variation aufweisen, um ihren Einfluss verlässlich zu quantifizieren. Ein alternatives Verfahren subsumiert die verschiedenen Einflussfaktoren auf die Beschäftigungsschwelle und die Beschäftigungsintensität unter nicht näher spezifizierten Änderungen der Parameter und berücksichtigt die zeitliche Variation der Parameter dann im Rahmen des Schätzverfahrens. Die Ausgangsbeziehung zur Bestimmung der Beschäftigungsschwelle lautet dann

$$\Delta l_t = \alpha_t + \beta_t \Delta y_t + v_t, \tag{2}$$

wobei v_t einen normalverteilten Störterm bezeichnet. Dieser Ansatz ist ebenfalls deskriptiv, und die Bestimmungsfaktoren der Beschäftigungsschwelle bleiben weiterhin unspezifiziert. Gerade aufgrund der offenen Spezifizierung mag es aber gleichwohl möglich sein, zumindest die zeitliche Entwicklung der Beschäftigungsschwelle nachzuzeichnen. Der Variation der Koeffizienten in Gleichung (2) kann bei der Schätzung mit unterschiedlichen Verfahren Rechnung getragen werden, beispielsweise indem eine Kleinste-Quadrate-Schätzung nur für Teilzeiträume, rollierend oder rekursiv vorgenommen wird, indem in einer rekursiven gewichteten Kleinste-Quadrate-Schätzung die jeweils aktuellen Beobachtungen ein größeres Gewicht erhalten (rekursive diskontierte Kleinste Quadrate) oder indem zeitabhängige Parameter mit Hilfe des Kalmanfilters geschätzt werden (Neumann, 2003).

202. Zur Verdeutlichung wird im Folgenden eine Analyse mit Quartalsdaten der Jahre 1970 bis 2004 für die Zahl der Erwerbstätigen und die geleisteten Arbeitsstunden der Erwerbstätigen durchgeführt. Angesichts der erheblichen statistischen Verzerrungen infolge der Einführung des Arbeitslosengelds II, die sich auch auf die Daten der Erwerbstätigkeit auswirken, ist eine Hinzunahme der verfügbaren Quartale des laufenden Jahres nicht sinnvoll. Um vor der Wiedervereinigung liegende Zeitreihen zu erhalten, werden die im Jahr 1991 beginnenden Größen für Deutschland mit Hilfe der Wachstumsraten für Westdeutschland rückverkettet.

Die Verwendung der Zahl der Beschäftigten und des Arbeitsvolumens erlaubt es, die Auswirkungen von Verschiebungen in der Arbeitszeit pro Beschäftigten zu berücksichtigen. Da das Arbeitsvolumen aufgrund von Verkürzungen der tariflichen Arbeitszeit und einer zunehmenden Bedeutung der Teilzeitarbeit unter den Arbeitnehmern, die das Gros der Erwerbstätigen ausmachen, im Trend niedrigere Zuwächse als die Beschäftigtenzahl aufweist, sollte die auf das Arbeitsvolumen bezogene Schwelle höher liegen als die für die Zahl der Beschäftigten.

Als Maß für die Änderung des Outputs dient das reale Bruttoinlandsprodukt. In Ermangelung rückgerechneter Werte für das frühere Bundesgebiet wurde der gesamtdeutsche Kettenindex mit den Wachstumsraten des auf Festpreisbasis ermittelten realen westdeutschen Bruttoinlandsprodukts rückverkettet. Alle Quartalszahlen sind saisonbereinigt und mit Ausnahme der Arbeitslosenquote, für die die absolute Änderung zum Vorjahresquartal herangezogen wird, in Veränderungsraten gegenüber dem Vorjahresquartal transformiert.

Um der seriellen Korrelation im Störterm v_t zu begegnen, wurde für die Schätzungen Gleichung (2) um verzögerte Werte des Regressanden ergänzt. Für die gewöhnliche Kleinste-Quadrate-Schätzung in Teilzeiträumen wurde der Beobachtungszeitraum in die Intervalle 1970:1–1979:4, 1980:1–1990:4 und 1991:1–2001:4 unterteilt. Bei der rollierenden Kleinste-Quadrate-Regression dienen zehn Jahre als Beobachtungsfenster, so dass dort die Beschäftigungsschwelle erst ab Anfang der achtziger Jahre ausgewiesen werden kann. Der für die rekursive diskontierte Kleinste-Quadrate-Schätzung benötigte Gewichtungsfaktor δ bestimmt sich endogen im Intervall von 0,9 bis 1,0.

203. Die einzelnen Verfahren liefern für die Beschäftigungsschwelle zwar ähnliche Verläufe, weisen gleichwohl aber eine nicht unerhebliche Streuung untereinander und eine erhöhte Volatilität zu Beginn des Schätzzeitraums und nach der deutschen Vereinigung auf (Schaubild 28, Seite 144). Damit illustrieren sie die häufig kritisierte Fragilität des Konzepts und mahnen insbesondere bei der Interpretation einzelner Niveauwerte zur Vorsicht.

Die höchste Volatilität weisen die rekursiv diskontierte und, wenn auch weniger ausgeprägt, die rollierende Kleinste-Quadrate-Schätzung auf; hierin kommt zum Ausdruck, dass bei diesen Verfahren die Vergangenheit ab einem gewissen Zeitpunkt keinen oder zumindest einen immer weiter abnehmenden Einfluss auf die Schätzung hat, während bei den anderen Ansätzen die vergangenen Beobachtungen den jeweils aktuellen Schätzwert noch wesentlich stärker beeinflussen.

Die Schätzungen bestätigen die Vermutung, dass die Beschäftigungsschwelle für die geleisteten Stunden aufgrund von Verkürzungen der vereinbarten Arbeitszeit und der zunehmenden Bedeutung der Teilzeitbeschäftigung unter den abhängig Beschäftigten höher ist als für die entsprechende Beschäftigtenzahl. Hinsichtlich des zeitlichen Verlaufs ist auffällig, dass, so weit entsprechende Schätzwerte vorliegen, die Beschäftigungsschwelle in den siebziger Jahren merklich rückläufig war und ihr Minimum in den achtziger Jahren erreichte. Seit der deutschen Vereinigung ist ein Wiederanstieg zu beobachten, der sich erst in den vergangenen Jahren abermals umkehrte oder zumindest zum Stillstand kam. Zurückzuführen sein dürfte der Anstieg sowohl auf die vereinigungsbedingte Sonderkonjunktur als auch auf den starken transformationsbedingten Beschäftigungsabbau.

204. Die Beschäftigungsschwelle in der gebräuchlichen Form der Gleichung (1) ist letztlich ein heuristisches Konzept. Die mit den einzelnen Verfahren ermittelten Schätzwerte weisen eine nicht

144 Arbeitsmarkt: Den Reformkurs fortsetzen

Schaubild 28

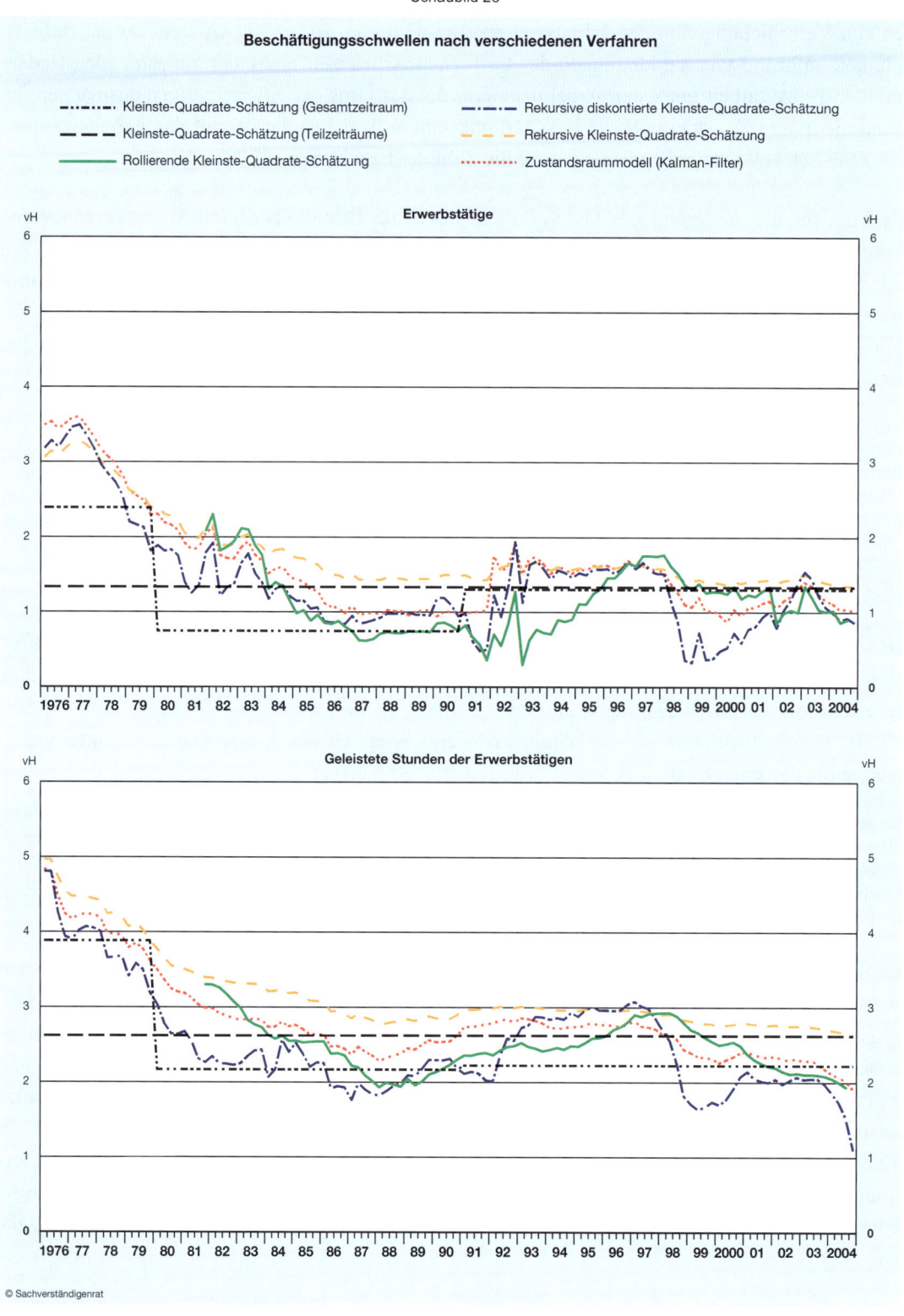

Beschäftigungsschwellen nach verschiedenen Verfahren

- — · · · — Kleinste-Quadrate-Schätzung (Gesamtzeitraum)
- — — — Kleinste-Quadrate-Schätzung (Teilzeiträume)
- ——— Rollierende Kleinste-Quadrate-Schätzung
- — · — · — Rekursive diskontierte Kleinste-Quadrate-Schätzung
- — — — Rekursive Kleinste-Quadrate-Schätzung
- · · · · · Zustandsraummodell (Kalman-Filter)

Erwerbstätige

Geleistete Stunden der Erwerbstätigen

© Sachverständigenrat

unerhebliche Spannbreite auf, so dass Erwartungen, mit der Beschäftigungsschwelle ein verlässliches Instrument für die kurzfristige Prognose des Arbeitsmarktes in der Hand zu haben, den Ansatz überfordern. Immerhin lassen die Schätzungen aber eine Reihe von Mustern und Gemeinsamkeiten erkennen und eignen sich insofern durchaus für eine retrospektive und stärker qualitative Analyse des Arbeitsmarktes. Für sich genommen erfreulich ist der in den letzten Jahren zu beobachtende Rückgang der Schwellenwerte, zumal aufgrund des verwendeten Beobachtungszeitraums, der Kürze der Zeit und der Art der Schätzverfahren die mutmaßlich schwellensenkenden Auswirkungen der gegenwärtigen Arbeitsmarktreformen noch nicht berücksichtigt sind.

3. Arbeitslosigkeit im OECD-Raum: War früher alles viel besser?

205. Der Verlauf der Arbeitslosigkeit ist das Ergebnis des Zusammenwirkens vieler, nicht zuletzt auch länderspezifischer Faktoren. Neben der konjunkturellen Entwicklung, der Lohnpolitik, dem institutionellen Regelwerk auf dem Arbeitsmarkt sowie nationalen und supranationalen wirtschaftspolitischen Maßnahmen spielen globale Faktoren wie der Welthandel, Wechselkurse, Zinsen, der internationale Standortwettbewerb und die Rohstoffpreise oder singuläre Ereignisse wie die deutsche Vereinigung eine Rolle. Betrachtet man den zeitlichen Verlauf der – um eine internationale Vergleichbarkeit zu gewährleisten – standardisierten Arbeitslosenquoten für 17 Mitgliedsländer der OECD seit den sechziger Jahren des vergangenen Jahrhunderts, fallen gleichwohl einige Muster und Gemeinsamkeiten auf (Tabelle 20, Seite 146). So ist in den einzelnen Ländern – ausgehend von einem zu Beginn der sechziger Jahre sehr niedrigen Niveau – in den folgenden Jahren ein markanter Anstieg der Arbeitslosigkeit zu verzeichnen. Darüber hinaus findet sich anfangs bei nahezu allen betrachteten europäischen Ländern derselbe stufenartige Anstieg der Arbeitslosenquote, der auf eine Verfestigung der Arbeitslosigkeit hindeutet. In den neunziger Jahren allerdings wurde in einigen europäischen Ländern dieses Anstiegsmuster durchbrochen. Im Fall Deutschlands ist zusätzlich zu beachten, dass sich die ausgewiesenen Werte ab dem Jahr 1992 auf Gesamtdeutschland beziehen und die Reihe insofern ab diesem Zeitpunkt eine zusätzliche, vereinigungsbedingte Niveauverschiebung erfährt. Darüber hinaus zeigt sich ein unterschiedliches Zeitmuster des Verlaufs der standardisierten Arbeitslosenquoten, aus dem sich drei verschiedene Zeiträume ablesen lassen.

Drei Phasen der Arbeitslosigkeit

Die goldenen sechziger Jahre auf dem Arbeitsmarkt

206. Die sechziger Jahre des 20. Jahrhunderts waren in allen betrachteten Ländern aus heutiger Sicht durch außerordentlich niedrige Arbeitslosenquoten gekennzeichnet. Ein Arbeitslosigkeitsproblem ist – mit Ausnahme Irlands, Kanadas und der Vereinigten Staaten – eigentlich nicht erkennbar, es herrschte Vollbeschäftigung. Standardisierte Arbeitslosenquoten von unter 3 vH waren für diesen Zeitraum durchaus die Regel. Das ungewichtete Mittel der Arbeitslosenquoten der betrachteten Länder lag für den Zeitraum 1960 bis 1969 bei 2,4 vH, wobei die niedrigste gemittelte länderspezifische Arbeitslosenquote für die Jahre 1960 bis 1969 bei 0,2 vH und die höchste bei 5,0 vH lag.

Tabelle 20

Standardisierte Arbeitslosenquoten in ausgewählten Ländern[1]

Land	1960 bis 1964	1965 bis 1969	1970 bis 1974	1975 bis 1979	1980 bis 1984	1985 bis 1989	1990 bis 1994	1995 bis 1999	2000 bis 2004
Deutschland[2]	0,6	0,8	1,0	3,3	5,3	6,4	6,3	8,5	8,3
Belgien	2,3	2,4	2,5	7,0	10,2	9,2	7,7	9,3	7,3
Finnland	1,4	2,5	2,1	5,0	5,2	5,0	10,9	12,8	9,2
Frankreich	1,5	2,0	2,7	4,9	7,6	9,5	10,0	11,2	9,1
Irland	5,1	4,9	5,7	8,1	11,6	16,2	14,7	9,4	4,3
Italien	3,5	4,2	4,1	4,7	6,6	9,2	9,3	11,2	8,8
Niederlande	0,9	1,5	2,1	5,9	7,2	7,4	5,9	4,9	3,2
Österreich	1,6	1,6	1,0	1,6	2,8	3,5	3,7	4,2	4,1
Spanien	2,4	2,5	2,7	5,8	13,7	16,3	15,9	16,4	11,2
Dänemark	2,2	1,7	1,6	6,1	8,1	5,8	8,2	5,6	4,9
Schweden	1,2	1,5	1,8	1,5	3,0	2,2	5,8	8,6	5,5
Vereinigtes Königreich	2,6	2,7	3,4	5,4	9,6	9,7	9,0	7,1	5,0
Australien	2,5	1,7	2,2	5,6	7,6	7,4	9,3	7,9	6,2
Japan	1,4	1,2	1,3	2,0	2,4	2,6	2,4	3,7	5,0
Kanada	6,0	4,0	5,8	7,6	9,9	8,9	10,3	8,9	7,3
Neuseeland	0,1	0,3	0,2	0,9	4,1	5,0	9,2	6,6	5,0
Vereinigte Staaten	5,7	3,8	5,4	7,0	8,3	6,2	6,6	4,9	5,2
Ungewichtete Mittel									
(Fünf Jahre)	2,4	2,3	2,7	4,8	7,2	7,7	8,5	8,3	6,5
(Zehn Jahre)	2,4		3,8		7,5		8,4		

1) Soweit vorhanden handelt es sich bei den verwendeten Zeitreihen um die von der OECD veröffentlichten standardisierten Arbeitslosenquoten. Da die Zeitreihen der OECD nicht für alle Länder bis 1960 vorliegen, wurden sie durch die Schätzungen von Layard et al. (1991) ergänzt. Einzelheiten zur Methodik siehe OECD, Quarterly Labour Force, Technical Notes (www.oecd.org/germany). Arbeitslose in vH der Erwerbspersonen. – 2) Bis 1991 früheres Bundesgebiet.

Quellen: Layard et al. (1991), OECD

Das Zeitalter der zunehmenden Arbeitslosigkeit

207. In den siebziger und vor allem den achtziger Jahren hingegen stiegen in allen diesen Ländern die Arbeitslosenzahlen deutlich an. Während es in den siebziger Jahren zu einem ersten signifikanten Anstieg des ungewichteten Mittels der Arbeitslosenquoten auf 3,8 vH kam, führten die achtziger Jahre zu einer weiteren und deutlichen Verschärfung des Arbeitslosigkeitsproblems. Ein gemeinsames internationales Arbeitslosigkeitsproblem hatte sich herausgebildet. Im Zeitraum der Jahre 1980 bis 1989 lag die Arbeitslosenquote im Mittel über alle Länder bei 7,5 vH, dies bedeutet gegenüber der vorherigen Dekade ungefähr eine Verdoppelung. Der Gleichklang der Entwicklung ist bemerkenswert, obwohl die Unterschiede in den Niveaus der Arbeitslosigkeit in den verschiedenen Ländern beachtlich waren. So reichen für den Zeitraum der Jahre 1970 bis 1989 die durchschnittlichen Arbeitslosenquoten in den betrachteten europäischen Ländern von rund 2,0 vH in Österreich bis zu rund 10,5 vH in Irland. Hinzu kommt noch ein entscheidender Unterschied zwischen den beobachteten europäischen Ländern und den Vereinigten Staaten: Während sich in

Europa das Muster des stufenweisen, sich verfestigenden Aufbaus der Arbeitslosigkeit heraus zu kristallisieren begann, sank die standardisierte Arbeitslosenquote in den Vereinigten Staaten gegen Ende der achtziger Jahre auf ein Niveau, welches unter dem des Jahres 1979 von 5,8 vH lag. Am Ende dieser zweiten Periode hatte sich damit ein spezifisches europäisches Arbeitslosigkeitsproblem herausgebildet.

Die Phase der divergierenden Entwicklung

208. Während die achtziger Jahre durch eine beachtliche Synchronität in der Zunahme der Arbeitslosigkeit in allen betrachteten europäischen Ländern gekennzeichnet waren, liefen in der dritten und letzten Periode, die mit dem Jahr 1990 begann, die Arbeitslosenquoten in den verschiedenen Ländern zunehmend auseinander. Obwohl die durchschnittliche Arbeitslosenquote der Jahre 1990 bis 2004 mit rund 7,8 vH noch einmal leicht anstieg, gelang es einer Gruppe von Ländern – in Europa vor allem Dänemark, dem Vereinigten Königreich, Irland und den Niederlanden – seit den neunziger Jahren ihr Arbeitslosigkeitsproblem erfolgreich zu bekämpfen und ihre Arbeitslosenzahlen beachtlich zu reduzieren, während die übrigen Länder mit weiter steigenden oder auf hohem Niveau verharrenden Arbeitslosenzahlen konfrontiert waren. Vor dem Hintergrund einer standardisierten Arbeitslosenquote des EU-15-Raums von 7,7 vH im Mittel der Jahre 2000 bis 2004 (Euro-Raum 8,4 vH) kann von einem gemeinsamen europäischen oder kontinentaleuropäischen Arbeitslosigkeitsproblem nicht mehr die Rede sein. Das europäische Arbeitslosigkeitsproblem ist vielmehr zu einem Problem der großen kontinentaleuropäischen Volkswirtschaften, Deutschland, Frankreich, Italien und Spanien, geworden, und selbst zwischen diesen zeigt sich ein gravierender Unterschied. Während sich in Deutschland, Frankreich und Italien der Prozess der ansteigenden und sich verfestigenden Arbeitslosigkeit weiter fortsetzte, ging in Spanien seit dem Jahr 1994, in dem die standardisierte Arbeitslosenquote das Rekordniveau von 19,8 vH erreicht hatte, die Arbeitslosigkeit um rund neun Prozentpunkte zurück, wobei das Land im Jahr 2004 mit einer standardisierten Arbeitslosenquote von 10,9 vH noch immer die höchste Arbeitslosenquote aller hier betrachteten europäischen Länder aufwies. Damit ist das Vereinigte Königreich die einzige große europäische Volkswirtschaft, der es gelang, das Problem der verfestigten Arbeitslosigkeit zu überwinden: Die Arbeitslosenquote, die im Mittel der achtziger Jahre noch 9,6 vH betragen hatte, ging bis zum Jahr 2004 auf 4,7 vH zurück (Schaubild 29, Seite 148).

209. Mit Ausnahme Irlands gelang es allerdings in keiner der betrachteten europäischen Volkswirtschaften – auch nicht im Vereinigten Königreich oder in den Niederlanden –, die Arbeitslosigkeit auf die jeweiligen Niveaus der sechziger Jahre zurückzuführen, welche deutlich unter dem der Vereinigten Staaten lagen. Während sich in den Vereinigten Staaten kein langfristiger Aufwärtstrend der Arbeitslosigkeit, sondern ein vorübergehender – überwiegend konjunkturell bedingter – Anstieg in den siebziger bis Anfang der achtziger Jahre feststellen lässt, kam es in Europa zu einer signifikanten Niveauverschiebung der Arbeitslosenquoten nach oben. Dies gilt auch für beschäftigungspolitisch erfolgreiche Länder wie zum Beispiel das Vereinigte Königreich oder die Niederlande. Was diese Länder stattdessen auszeichnet, ist, dass es ihnen gelang, ein verglichen mit der Situation in Deutschland teilweise noch viel höheres Niveau an verfestigter Arbeitslosigkeit – so wies das Vereinigte Königreich auf dem Höhepunkt in den achtziger Jahren eine standardisierte Arbeitslosenquote von über 11 vH auf – erfolgreich wieder abzubauen.

Arbeitsmarkt: Den Reformkurs fortsetzen

Schaubild 29

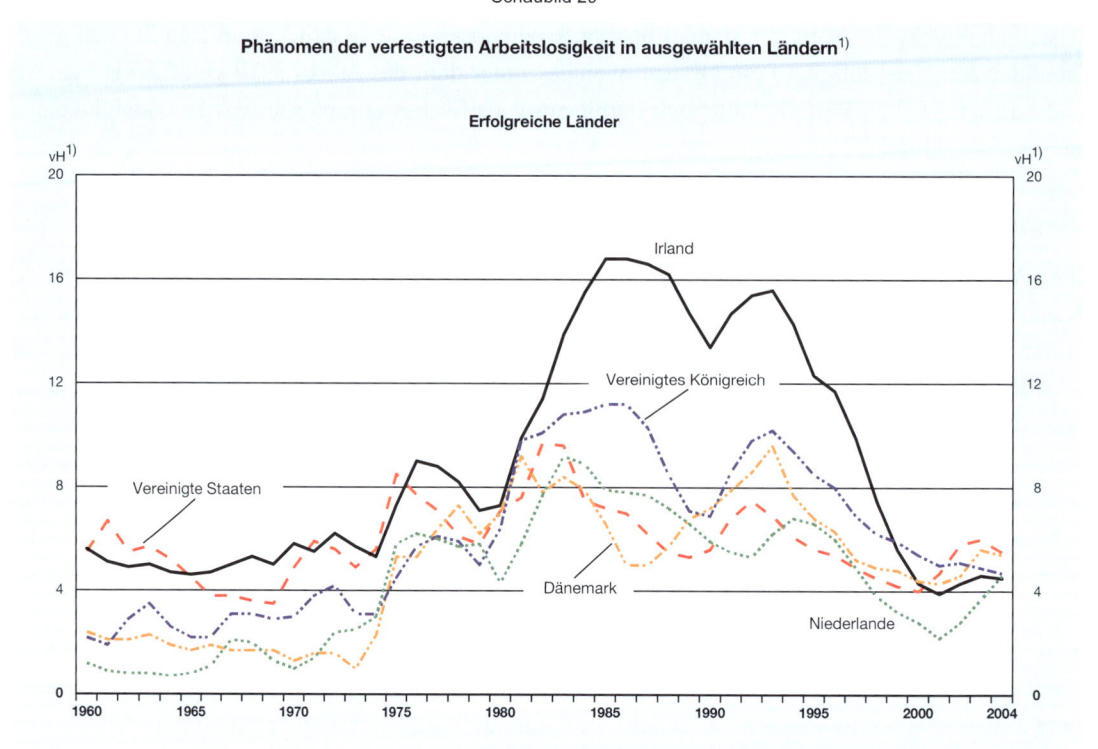

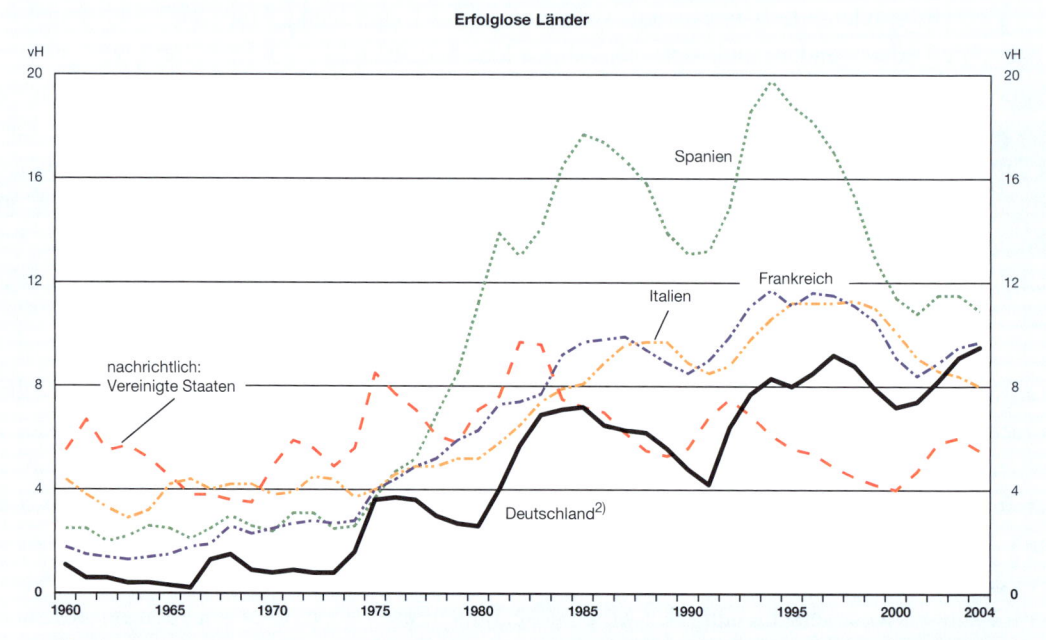

Phänomen der verfestigten Arbeitslosigkeit in ausgewählten Ländern[1]

Erfolgreiche Länder

Erfolglose Länder

1) Soweit vorhanden handelt es sich bei den verwendeten Zeitreihen um die von der OECD veröffentlichten standardisierten Arbeitslosenquoten (Arbeitslose in vH der Erwerbspersonen). Da die Zeitreihen der OECD nicht für alle Länder bis 1960 vorliegen, wurden sie durch die Schätzungen von Layard et al. (1991) ergänzt. Einzelheiten zur Methodik siehe OECD, Quarterly Labour Force, Technical Notes (www.oecd.org/germany).– 2) Bis 1991 früheres Bundesgebiet.

Quellen: Layard et al. (1991), OECD

© Sachverständigenrat

210. Die Verfestigung der Arbeitslosigkeit schlägt sich vor allem in der Entwicklung der Langzeitarbeitslosigkeit nieder. So nahm in den beschäftigungspolitisch erfolgreichen Ländern mit dem Rückgang der Arbeitslosigkeit der Anteil der Langzeitarbeitslosen an allen Arbeitslosen ab. Vergleicht man die Zeiträume der Jahre 1985 bis 1989 mit den Jahren 2000 bis 2004, so kam es zwar fast überall zu einem Rückgang des Anteils der Langzeitarbeitslosen, lediglich in Deutschland stieg die durchschnittliche Quote von 47,9 vH auf 50,3 vH und wies mit 51,8 vH im Jahr 2004 unter den 15 bisherigen Mitgliedern der Europäischen Union nach Griechenland den höchsten Wert auf, wohingegen beispielsweise im Vereinigten Königreich und in den Niederlanden der Rückgang des Anteils der Langzeitarbeitslosen rund 21 Prozentpunkte betrug.

In Dänemark war der Anteil der Langzeitarbeitslosen seit Mitte der achtziger Jahre ohnehin schon regelmäßig niedriger als in allen anderen betrachteten Ländern, während es in Spanien erst innerhalb der letzten Jahre gelang, die Langzeitarbeitslosigkeit deutlich zurückzudrängen – im Mittel der Jahre von 1995 bis 1999 hatte der entsprechende Anteil noch um rund 13 Prozentpunkte höher gelegen als im Zeitraum von 2000 bis 2004.

211. Die bereits thematisierte besonders prekäre Situation der Geringqualifizierten in Deutschland sticht auch im Vergleich mit anderen Ländern hervor. Geringqualifizierte sind hierbei definiert als Personen im Alter von 25 bis 64 Jahren ohne Abschluss des Sekundarbereichs II, also beispielsweise lediglich mit Haupt- oder Realschulabschluss, aber ohne abgeschlossene Berufsausbildung. In einem Vergleich qualifikationsspezifischer Arbeitslosenquoten auf der Basis der Berechnungen seitens der OECD weist Deutschland im Jahr 2003 mit einem Wert von 18,0 vH die höchste Arbeitslosenquote der Geringqualifizierten unter 13 Mitgliedern der Europäischen Union auf (für Italien und die Niederlande liegen keine Zahlen vor). Zehn Jahre zuvor, im Jahr 1994, lag der entsprechende Anteil mit einem Wert von 13,9 vH innerhalb der Europäischen Union noch im oberen Mittelfeld. Die Arbeitsmarktlage Geringqualifizierter hat sich in Deutschland damit nicht nur für sich genommen verschlechtert, sondern tendenziell gegenläufig zu anderen Ländern entwickelt.

III. Ursachen der Arbeitslosigkeit

1. Kernproblem: Verfestigte Arbeitslosigkeit

212. Die beschriebene Verfestigung der Arbeitslosigkeit in Deutschland hat zur Folge, dass, welche Faktoren auch immer einen Anstieg der Arbeitslosigkeit verursacht haben mögen – konjunkturelle Schwächephasen oder angebotsseitige Störungen –, die Arbeitslosigkeit selbst nach einer deutlichen Konjunkturerholung nie wieder auf ihr ursprüngliches Niveau zurückkehrte. Noch nicht einmal der durch die Wiedervereinigung ausgelöste Nachfrageschub nach Gütern und Dienstleistungen in Westdeutschland vermochte dort die Arbeitslosigkeit auf das Niveau zu Beginn der achtziger Jahre zurückzuführen. Ähnliches galt nach Angebotsschocks, wie etwa der exorbitanten Erhöhung des Erdölpreises in den siebziger Jahren: In den achtziger Jahren war der Ölpreis zwar in realer Betrachtung wieder deutlich rückläufig, aber dies ließ die westdeutsche Arbeitslosigkeit nicht annähernd wieder auf das Niveau vor der Rohölpreiserhöhung sinken. Mit anderen Worten, hierzulande existieren offenbar besonders ausgeprägte Sperrklinkeneffekte, die einen (stärkeren) Rückgang der Arbeitslosigkeit selbst in wirtschaftlich guten Zeiten verhindern.

213. Mitunter wird die Relevanz von Rigiditäten auf dem Arbeitsmarkt – etwa in Form eines inflexiblen institutionellen Regelwerks – zur Erklärung der Arbeitslosigkeit bestritten, weil es sie

mehr oder weniger schon immer gegeben habe. In der Tat mögen die noch näher zu spezifizierenden Inflexibilitäten bereits eine geraume Zeit vorhanden gewesen sein und können demnach für einen späteren *Anstieg* der Arbeitslosigkeit kaum verantwortlich gemacht werden, ganz abgesehen davon, dass ihre Bedeutung kaum ausreichen dürfte, den sprunghaften Anstieg der Arbeitslosigkeit zu erklären. Es geht aber in diesem Zusammenhang nicht um den Anstieg der Arbeitslosigkeit, sondern um deren unzureichende Rückführung auf das Niveau zuvor, um die Verfestigung also. Konkret: Ein inflexibles Arbeitsrecht oder ein durch die Sozialhilfe faktisch gesetzter Mindestlohn mögen in Zeiten einer Hochkonjunktur kein gravierendes Hemmnis für einen hohen Beschäftigungsstand darstellen. Wenn es aber im Zuge einer Konjunkturschwäche oder eines zunehmenden internationalen Standortwettbewerbs um notwendige Anpassungsprozesse auf dem Arbeitsmarkt zur Erhaltung der Wettbewerbsfähigkeit geht, dann erweisen sich beispielsweise ein rigider Kündigungsschutz oder eine faktische Lohnuntergrenze als Hindernis. Insoweit ist das genannte Argument unzutreffend, Inflexibilitäten trügen keine Schuld an der Höhe der Arbeitslosigkeit, weil sie sich in ihrem Ausmaß kaum verändert hätten. Verwechselt wird die Erhöhung mit der verfestigten Höhe der Arbeitslosigkeit.

214. Im Ergebnis befindet sich die Volkswirtschaft trotz ansteigender Arbeitslosigkeit in einer Art Gleichgewichtszustand, das heißt, es gibt keine oder nur schwach ausgeprägte und langsam wirkende Prozesse, die aus sich heraus wieder zu einem Abbau der Arbeitslosigkeit führen. Da sowohl das langfristige Gleichgewichtsniveau der Arbeitslosigkeit wie auch dessen Veränderung entscheidend von institutionellen Größen bestimmt werden, muss eine Erfolg versprechende Politik zum Abbau der Arbeitslosigkeit bei diesen Faktoren ansetzen. (Kasten 7).

Kasten 7

Modell einer quasi-gleichgewichtigen Arbeitslosigkeit

In den letzten zwanzig Jahren hat sich unter Arbeitsmarktökonomen ein Konsensmodell herauskristallisiert, um das Phänomen einer hohen und verfestigten Arbeitslosigkeit zu beschreiben und zu erklären. Demzufolge ist eine persistent hohe Arbeitslosenquote ein Gleichgewichtsphänomen und nicht nur das Resultat temporärer, konjunktureller Schwankungen. Dieses Konzept verwendet der Sachverständigenrat bei seiner Analyse (JG 2004 Kasten 37). Im Folgenden wird eine vereinfachte, prototypische Version dieses Modells dargestellt.

Die zentralen Bausteine dieses Modells sind eine aggregierte Arbeitsnachfragebeziehung und eine aggregierte Lohnsetzungsfunktion. Bei vollkommenem Wettbewerb auf den Gütermärkten ist die Arbeitsnachfragebeziehung eine herkömmliche Arbeitsnachfragefunktion. Bei unvollkommenen Gütermärkten werden Preis und Aktivitätsniveau simultan bestimmt, und die Arbeitsnachfragebeziehung beschreibt eine Beziehung zwischen Güterpreis und Aktivitätsniveau, ausgedrückt durch das Beschäftigungsniveau oder alternativ die Arbeitslosenquote, und stellt das Preissetzungsverhalten der Unternehmen bei unvollkommenem Wettbewerb dar. Die **Arbeitsnachfragebeziehung** beschreibt dann also einen positiven Zusammenhang zwischen Reallohn und Arbeitslosenquote. Vereinfacht kann die Arbeitsnachfragebeziehung folgendermaßen dargestellt werden:

$$p - w = \beta_0 - \beta_1 u - \beta_{11} \Delta u - \beta_2 (p - p^e) \quad , \tag{1}$$

wobei p und w das Preis- und Lohnniveau in Logarithmen darstellen, p^e das erwartete Preisniveau ist und u die Arbeitslosenquote sowie Δu deren Veränderung repräsentieren. Der Preisüberraschungsterm *(p-p^e)* stellt die nominalen Trägheiten im Preissetzungsverhalten der Unternehmen dar, und je kleiner der Parameter $\beta_2 > 0$ ist, desto schneller passen sich die Unternehmen in ihrer Preissetzung an überraschende Abweichungen von ihren ursprünglichen Planungen an. Hinter dem Koeffizienten $\beta_0 > 0$ verbergen sich alle ökonomischen Einflussfaktoren, die einen Preisdruck verursachen können, wie der Wettbewerbsgrad auf den Gütermärkten, Unternehmenssteuern, Faktorpreise und Realzinssätze. Der Parameter β_0 ist demnach nicht konstant, ändert sich typischerweise aber wesentlich langsamer als die übrigen Größen im Modell. Neben der Möglichkeit der permanenten Veränderung eines dieser Preisdruckfaktoren, die eine dauerhafte Verschiebung der Arbeitsnachfragebeziehung zur Folge hat, können einige dieser Preisdruckfaktoren über lange Zeiträume von ihrem langfristigen (steady-state) Erwartungswert abweichen, mit der Konsequenz einer zeitweiligen, aber lang anhaltenden Positionsverschiebung der Arbeitsnachfragekurve. Des Weiteren bestimmt der Preisflexibilitätsfaktor $\beta_1 > 0$ die Sensitivität der Preissetzung der Unternehmen im Hinblick auf die wirtschaftliche Aktivität der Volkswirtschaft, das heißt, je höher der Auslastungsgrad und damit je niedriger die Arbeitslosigkeit ist, desto eher können die Unternehmen auf dem Gütermarkt Preiserhöhungen durchsetzen. Der Hysteresekoeffizient $\beta_{11} > 0$ bestimmt die Größenordnung der Persistenz in der Preissetzungsfunktion – je größer β_{11} desto stärker wird das Preissetzungsverhalten der Unternehmen von der Arbeitslosigkeit in der Vergangenheit beeinflusst – und ist abhängig von Faktoren wie der Höhe der Anpassungskosten der Beschäftigung.

Die **Lohnsetzungsfunktion** beschreibt den Lohnfindungsprozess der Volkswirtschaft als eine negative Beziehung zwischen Reallohn und Arbeitslosenquote. Inzwischen gibt es zahlreiche ökonomische Theorien – zu nennen wären hier Insider-Outsider-, Effizienzlohn-, Search-Matching- und Union-Bargaining-Theorien – die als Erklärung für einen derartigen Zusammenhang herangezogen werden können. Auch empirisch ist der Nachweis der Existenz einer Lohnsetzungskurve erfolgreich geführt worden. Vereinfacht kann die Lohnsetzungsfunktion folgendermaßen dargestellt werden:

$$w - p = \gamma_0 - \gamma_1 u - \gamma_{11}\Delta u - \gamma_2\left(w - w^e\right), \tag{2}$$

wobei w^e das erwartete nominale Lohnniveau in Logarithmen ist und der Lohnüberraschungsterm *(w-w^e)* die nominalen Trägheiten im Lohnsetzungsverhalten darstellt. Diese können zum Beispiel durch zeitlich versetzte Lohnverhandlungen verursacht sein. Hinter dem Koeffizienten γ_0 verbergen sich alle ökonomischen Einflussfaktoren, die einen Lohndruck verursachen können, wie die Ausgestaltung des Systems der Lohnersatzleistungen, Insidermacht und die Verhandlungsstärke der Gewerkschaften im Lohnverhandlungssystem. Ebenso wie schon bei der Arbeitsnachfragekurve können neben der Möglichkeit der permanenten Veränderung einer dieser Lohndruckfaktoren, welche eine dauerhafte Verschiebung der Lohnsetzungsfunktion zur Folge hat, einige Einflussgrößen über lange Zeiträume von ihrem langfristigen (steady-state) Erwartungswert abweichen, mit der Konsequenz einer zeitweiligen, aber lang anhaltenden Positionsverschiebung der Lohnsetzungskurve. Des Weiteren bestimmt der Lohnflexibilitätsfaktor $\gamma_1 > 0$ die Sensitivität der

Lohnsetzung im Hinblick auf die wirtschaftliche Aktivität der Volkswirtschaft. Für den Lohnflexibilitätsfaktor ist die institutionelle Ausgestaltung des Lohnverhandlungssystems von entscheidender Bedeutung, da diese bestimmt, ob die Tarifvertragsparteien die Belange der arbeitslosen Outsider in ausreichendem Maße bei ihren Lohnverhandlungen berücksichtigen. Je größer der Lohnflexibilitätsfaktor ist, desto stärker werden die Belange der arbeitslosen Outsider bei den Lohnverhandlungen berücksichtigt und desto stärker ist der dämpfende Effekt der Arbeitslosigkeit auf den Lohn. Der Hysteresekoeffizient $\gamma_{11} > 0$ bestimmt die Größenordnung der Persistenz in der Lohnsetzungsfunktion und ist abhängig von Faktoren wie der Beschäftigungsfähigkeit von Langzeitarbeitslosen und der Sucheffektivität der Arbeitslosen. Ist beispielsweise die Beschäftigungsfähigkeit der Langzeitarbeitslosen niedrig und entsprechend trotz nominell hoher Arbeitslosigkeit die Zahl der effektiv verfügbaren Arbeitslosen klein, so führt bereits ein geringfügiger Rückgang der Arbeitslosigkeit zu einer merklichen Verknappung der frei verfügbaren Arbeitskräfte und damit zu Lohndruck. Die Arbeitslosigkeit passt sich folglich nur langsam an, sie reagiert persistent.

Im **langfristigen Quasi-Gleichgewicht,** wenn alle Anpassungsprozesse abgelaufen sind, spielen die nominalen Rigiditäten keine Rolle mehr, das heißt $p^e = p$ und $w^e = w$, und die Arbeitslosenquote ist konstant, $\Delta u = 0$. Bei exogen gegebenem Arbeitsangebot wird das langfristige Quasi-Gleichgewicht dann durch den Schnittpunkt der Arbeitsnachfrage- und Lohnsetzungskurve bestimmt (Schaubild 30).

Die langfristige quasi-gleichgewichtige Arbeitslosenquote (QERU) ergibt sich dann aus den Gleichungen (1) und (2):

$$u^* = \frac{\beta_0 + \gamma_0}{\beta_1 + \gamma_1}. \tag{3}$$

Die langfristige quasi-gleichgewichtige Arbeitslosenquote fällt also umso höher aus, je größer die Preis- und Lohndruckfaktoren und je kleiner die Preis- und Lohnflexibilitätsfaktoren in der Volkswirtschaft sind, da diese einen dämpfenden Einfluss auf die Entwicklung von Preisen und Löhnen ausüben. Der langfristige quasi-gleichgewichtige Reallohn ist:

$$(w-p)^* = \frac{\beta_1 \gamma_0 - \beta_0 \gamma_1}{\beta_1 + \gamma_1}. \tag{4}$$

Das Modell einer quasi-gleichgewichtigen Arbeitslosigkeit ist ein allgemeines Gleichgewichtsmodell und natürlich kann in der kurzen Frist – verursacht durch temporäre Schocks und über das Zusammenspiel von gesamtwirtschaftlicher Nachfrage und gesamtwirtschaftlichem Angebot auf dem Gütermarkt – die tatsächliche Situation auf dem Arbeitsmarkt vom quasi-gleichgewichtigen Zustand abweichen. Liegt ausgehend von einem negativen Nachfrageschock die tatsächliche Arbeitslosigkeit über dem quasi-gleichgewichtigen Niveau, dann beschreibt die Differenz zwischen tatsächlicher und quasi-gleichgewichtiger Arbeitslosigkeit das Ausmaß der konjunkturell bedingten Arbeitslosigkeit.

Ursachen der Arbeitslosigkeit

Unter der Annahme, dass die Inflationsrate durch einen Random-walk-Prozess beschrieben werden kann, folgt $(p-p^e)=\Delta^2 p$, wobei $\Delta^2 p$ die Veränderung der Inflationsrate bezeichnet. Damit ergibt sich die Möglichkeit eines weiteren quasi-gleichgewichtigen Zustands, in welchem zwar die Inflationsrate stabil, $\Delta^2 p=0$, aber die Arbeitslosenquote zeitvariant ist, $\Delta u \neq 0$, nämlich das **inflationsstabile oder zeitvariante Quasi-Gleichgewicht**. Aus dem Zusammenspiel von Arbeitsnachfrage und Lohnsetzung ergibt sich die inflationsstabile quasi-gleichgewichtige Arbeitslosenquote (NAIRU):

$$u^S = \left[\frac{\beta_1+\gamma_1}{\beta_1+\gamma_1+\beta_{11}+\gamma_{11}}\right]u^* + \left[\frac{\beta_{11}+\gamma_{11}}{\beta_1+\gamma_1+\beta_{11}+\gamma_{11}}\right]u_{-1}. \tag{5}$$

Schaubild 30

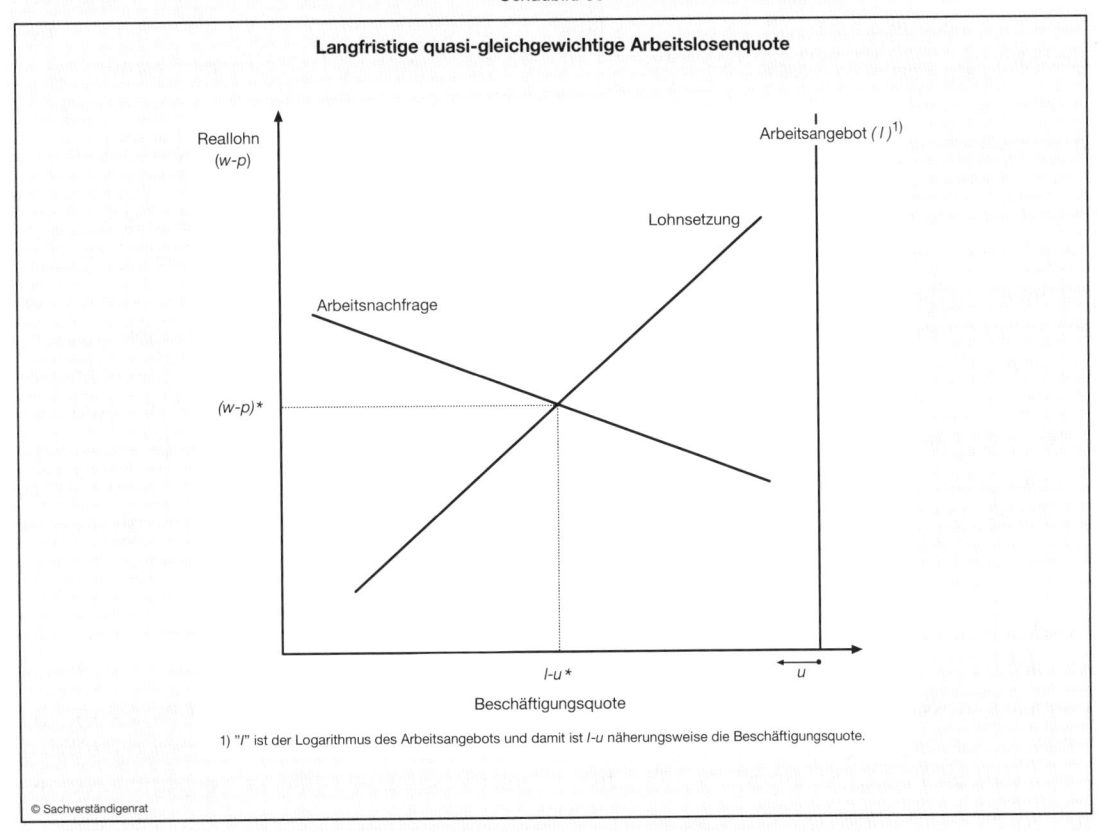

Langfristige quasi-gleichgewichtige Arbeitslosenquote

1) "l" ist der Logarithmus des Arbeitsangebots und damit ist $l-u$ näherungsweise die Beschäftigungsquote.

© Sachverständigenrat

Diese Arbeitslosenquote, eine Konvexkombination der langfristigen quasi-gleichgewichtigen Arbeitslosenquote u^*, und der Arbeitslosenquote der Vorperiode, u_{-1}, besitzt die Eigenschaft der Persistenz, das heißt, die Höhe der NAIRU hängt von der Arbeitslosenquote in der vergangenen Periode ab und ist damit zeitvariant. Die Größenordnung der Persistenz bestimmt sich über die Hysteresekoeffizienten in der Preis- und der Lohnsetzung, β_{11} und γ_{11}. Wenn die Hysteresekoeffizienten die Flexibilitätskoeffizienten dominieren, dann ist die NAIRU nahe der Arbeitslosenquote der vorherigen Periode. Als Konsequenz verhält sich die Ökonomie ähnlich, als wäre sie in der Umgebung des langfristigen Quasi-Gleichgewichts, und umso schwieriger wird es, die Ökonomie nach einem temporär wirkenden Nachfrageschock wieder in das Quasi-Gleichgewicht zurückzuführen. Es existieren Sperrklinken, symbolisiert durch die Existenz und die Größe der Hysteresekoeffizienten (β_{11} und γ_{11}), die die Rückkehr der Volkswirtschaft in das Quasi-Gleichgewicht erschweren und die Wirksamkeit der Geld- und Fiskalpolitik einschränken.

Für den Reallohn des inflationsstabilen Quasi-Gleichgewichts gilt die folgende Beziehung relativ zum langfristigen quasi-gleichgewichtigen Reallohn:

$$(w-p)^s - (w-p)^* = \frac{\beta_1 \gamma_{11} - \beta_{11} \gamma_1}{\beta_1 + \gamma_1 + \beta_{11} + \gamma_{11}} (u^* - u_{-1}). \qquad (6)$$

Aus der obigen Gleichung wird sofort ersichtlich, dass die Höhe des Reallohns im inflationsstabilen Quasi-Gleichgewicht relativ zum langfristigen quasi-gleichgewichtigen Reallohn nicht eindeutig ist. Entscheidend ist die Größe der Flexibilitäts- und der Hysteresekoeffizienten ($\beta_1 \gamma_{11}$ versus $\beta_{11}\gamma_1$). Es ist durchaus vorstellbar, dass der Reallohn, der mit dem zeitvarianten Quasi-Gleichgewicht korrespondiert, kleiner ist als der langfristige quasi-gleichgewichtige Reallohn.

Dies illustriert, dass es im Rahmen dieses Modells wenig Sinn ergibt, einfach einen zu hohen Reallohn für die Arbeitslosigkeit verantwortlich zu machen. Vielmehr werden beide Größen endogen bestimmt, stellen also das Ergebnis des Optimierungsverhaltens der ökonomischen Akteure und der institutionellen Gegebenheiten dar. Reallohn und Beschäftigung können folglich auch bei hoher Arbeitslosigkeit im Gleichgewicht sein. Es sind somit die institutionellen Gegebenheiten, die für ein ungünstiges langfristiges Quasi-Gleichgewicht, das im Hinblick auf die Höhe der Arbeitslosigkeit unbefriedigend ist, verantwortlich sind. Ein beschäftigungsfreundlicheres langfristiges Quasi-Gleichgewicht – zum Beispiel durch institutionelle Reformen, die eine Rechtsverschiebung der Lohnsetzungskurve zur Folge haben – geht bei gegebener Arbeitsnachfragekurve allerdings mit einem niedrigeren langfristigen quasi-gleichgewichtigen Reallohn einher.

Abschließend soll noch auf das kurzfristige Verhalten von Arbeitslosenquote und Reallohn im Rahmen des Modells einer gleichgewichtigen Arbeitslosigkeit am Beispiel der Hartz IV-Reformen eingegangen werden. Die institutionellen Veränderungen, die mit den Hartz IV-Reformen vorgenommen wurden, können hier modellhaft als eine dauerhafte Reduktion des Lohndruckkoeffizienten γ_0 dargestellt werden. Graphisch führt dies zu einer Positionsverschiebung der Lohnsetzungskurve nach rechts unten. Die Konsequenz ist ein neues langfristiges Quasi-Gleichgewicht mit niedrigerer Arbeitslosenquote und niedrigerem Reallohn (Schaubild 31).

Unter der Annahme, dass sich die Volkswirtschaft ursprünglich im langfristigen Quasi-Gleichgewicht befand, stellt sich die Frage, wie sich Arbeitslosigkeit und Reallohn während des Anpassungsprozesses vom alten zum neuen Quasi-Gleichgewicht verhalten. Hier sind zwei mögliche Anpassungspfade skizziert: Anpassungspfad *1* von Punkt *A* nach Punkt *B* beschreibt einen Anpassungsprozess der Volkswirtschaft, bei dem Arbeitslosigkeit und Reallohn kontinuierlich abnehmen. Anpassungspfad *2* zeichnet sich hingegen dadurch aus, dass der Reallohn zwar ebenfalls kontinuierlich abnimmt, die Arbeitslosigkeit kurzfristig aber ansteigt, bevor es ebenfalls zu einer kontinuierlichen Abnahme kommt. Im Rahmen des Modells einer quasi-gleichgewichtigen Arbeitslosigkeit sind beide Anpassungsprozesse denkbar. Entscheidend für die Beantwortung der Frage, welcher Anpassungsprozess letztendlich beobachtet werden kann, ist, ob die gesamtwirtschaftliche Nachfrage in der kurzen Frist vom negativen Reallohneffekt oder anderen, positiv wirkenden, realen Nachfrageeffekten dominiert wird. Überwiegt der negative Reallohneffekt, dann ist kurzfristig ein Anstieg der tatsächlichen Arbeitslosenquote zu beobachten, obwohl die langfristige quasi-gleichgewichtige Arbeitslosenquote zurückgeht. Im längeren Verlauf allerdings wird die tatsächliche Arbeitslosenquote sich ihrem langfristigen quasi-gleichgewichtigen Wert annähern.

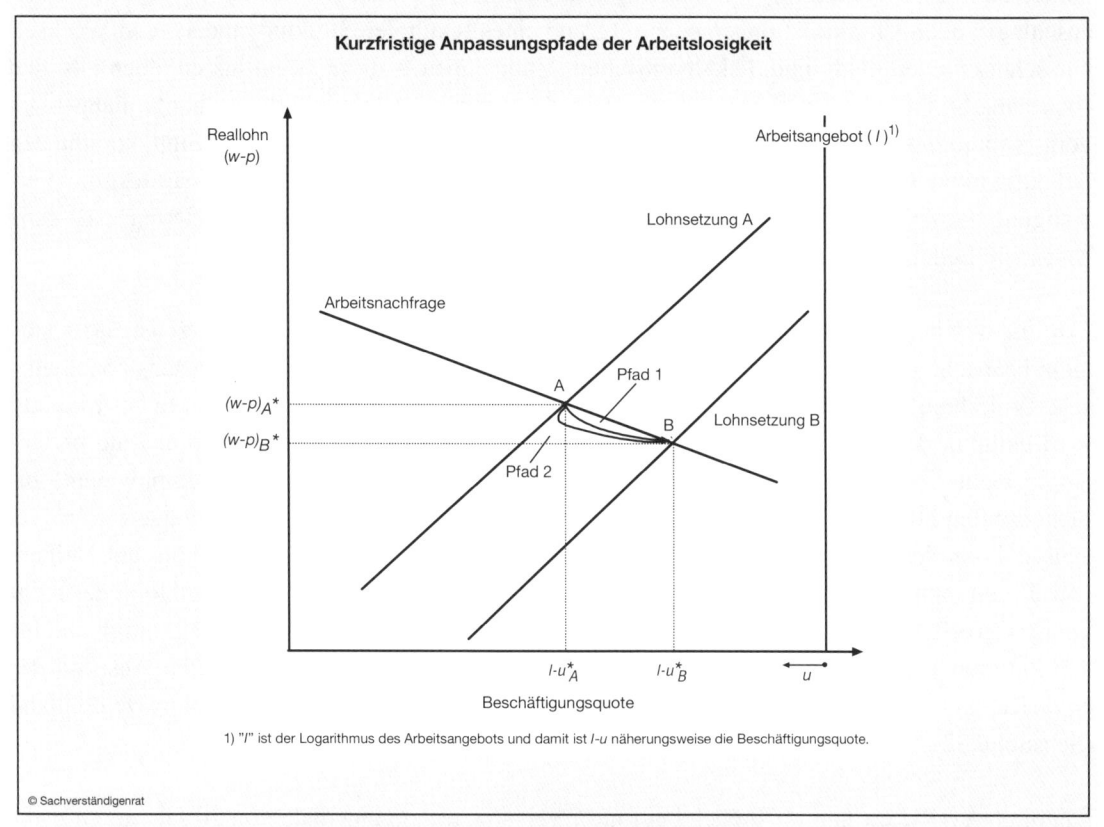

Schaubild 31

Kurzfristige Anpassungspfade der Arbeitslosigkeit

1) "l" ist der Logarithmus des Arbeitsangebots und damit ist $l-u$ näherungsweise die Beschäftigungsquote.

© Sachverständigenrat

Bisher wurde ein homogener Arbeitsmarkt unterstellt. Unterscheiden sich die Arbeitnehmer jedoch voneinander, beispielsweise in ihrem Qualifikationsniveau und damit ihrer Produktivität, so kann das Modell, wenn auch unter Vernachlässigung der gegenseitigen Wechselwirkungen, auf die jeweiligen Teilarbeitsmärkte bezogen werden. Betrachtet man beispielsweise den Markt für Geringqualifizierte, so dürften dort die Arbeitsnachfragekurve und insbesondere die Lohnsetzungskurve besonders flach verlaufen, das heißt, β_1 und γ_1 sind klein. Einerseits reagieren nämlich die Unternehmen aufgrund der geringen Produktivität der Arbeitnehmer und der Substituierbarkeit durch Kapital oder Produktionsstätten im Ausland empfindlicher auf Lohnänderungen als bei höher qualifizierten Arbeitnehmern, und andererseits werden in diesem Bereich die Marktlöhne durch explizite Mindestlöhne oder ein je nach Ausgestaltung ähnlich wie Mindestlöhne wirkendes System der Lohnersatzleistungen nach unten begrenzt. In diesem Fall ist das Ergebnis eine hohe gleichgewichtige qualifikationsspezifische Arbeitslosenquote.

215. Diese Betonung der Arbeitsmarktinstitutionen für die Höhe und Entwicklung der Arbeitslosigkeit ist dabei nicht so zu verstehen, dass sich das Arbeitslosigkeitsproblem in Deutschland ausschließlich institutionell erklären ließe. Denn andere wichtige Faktoren wirken ebenfalls auf den Umfang und die Dynamik der Arbeitslosigkeit ein, wie etwa die infolge der deutschen Vereinigung aufgetretenen massiven Umwälzungen auf dem ostdeutschen Arbeitsmarkt, die auch in einem flexibleren institutionellen Umfeld zu transformationsbedingter Arbeitslosigkeit geführt hätten. Ähnliches gilt für die Wirkungen globaler Nachfrageschocks etwa als Folge von Terroranschlägen oder Naturkatastrophen oder aufgrund eines sektoralen Strukturwandels, von Wechselkursschocks oder geld- und fiskalpolitischen Maßnahmen – diese beeinflussen ebenfalls den Arbeitsmarkt. Auf welche Weise und wie ausgeprägt dies allerdings geschieht, hängt maßgeblich vom institutionellen Rahmenwerk auf dem Arbeitsmarkt ab, und in diesem Sinn kommt den Arbeitsmarktinstitutionen für die zwei großen Probleme des deutschen Arbeitsmarktes, die Verfestigung der Arbeitslosigkeit und die hohe Arbeitslosigkeit unter Geringqualifizierten, eine ganz besondere Bedeutung zu.

216. In welchem Ausmaß die Arbeitslosigkeit verfestigt oder konjunkturbedingt ist, lässt sich nicht beobachten. Vielmehr muss eine derartige Unterscheidung mit Hilfe geeigneter ökonometrischer Verfahren auf der Grundlage adäquater theoretischer Überlegungen erfolgen. In der Literatur wird dafür in der Regel auf Schätzungen der NAIRU (Non-Accelerating Inflation Rate of Unemployment) oder alternativ der NAWRU (Non-Accelerating Wage Rate of Unemployment) zurückgegriffen (JG 2002 Ziffer 348). Beide Konzepte haben diejenige Arbeitslosenquote zum Gegenstand, bei der die Inflationsraten beziehungsweise die Lohnsteigerungsraten konstant bleiben, und dienen damit unter einigen Vorbehalten als grobe Orientierungshilfe für die Höhe der nicht konjunkturbedingten Arbeitslosigkeit. Die OECD-Schätzungen einer NAWRU für Deutschland für den Zeitraum der Jahre 1970 bis 2004 bestätigen die Vermutung eines markanten Anstiegs der NAWRU und damit des nicht konjunkturell bedingten Anteils der Arbeitslosigkeit in Deutschland (Schaubild 32).

Lag die NAWRU im Jahr 1970 noch bei rund 2 vH, so stieg sie innerhalb von 20 Jahren um mehr als 4,5 Prozentpunkte. Im Zeitraum 1991 bis 2004 fand eine weitere Zunahme der NAWRU um rund einen Prozentpunkt auf 7,7 vH im Jahr 2004 statt. Bei einer tatsächlichen Arbeitslosenquote von 9,3 vH – basierend auf den Angaben der OECD – bedeutet dies, dass der Anteil der konjunkturellen Arbeitslosigkeit an der tatsächlich beobachteten Arbeitslosigkeit im Jahr 2004 in Deutschland weniger als 20 vH oder 1,6 Prozentpunkte ausmachte. Allerdings können gegen diese Art von Schätzungen zahlreiche theoretische und praktische Bedenken vorgebracht werden und eine Interpretation sollte deshalb nur mit der notwendigen Zurückhaltung geschehen (Franz, 2003). Gleichwohl lässt sich aus diesen Schätzungen zumindest schlussfolgern, dass die Höhe der quasi-gleichgewichtigen und damit nicht konjunkturell bedingten Arbeitslosigkeit in Deutschland in den letzten 25 Jahren beachtlich zugenommen hat.

Schaubild 32

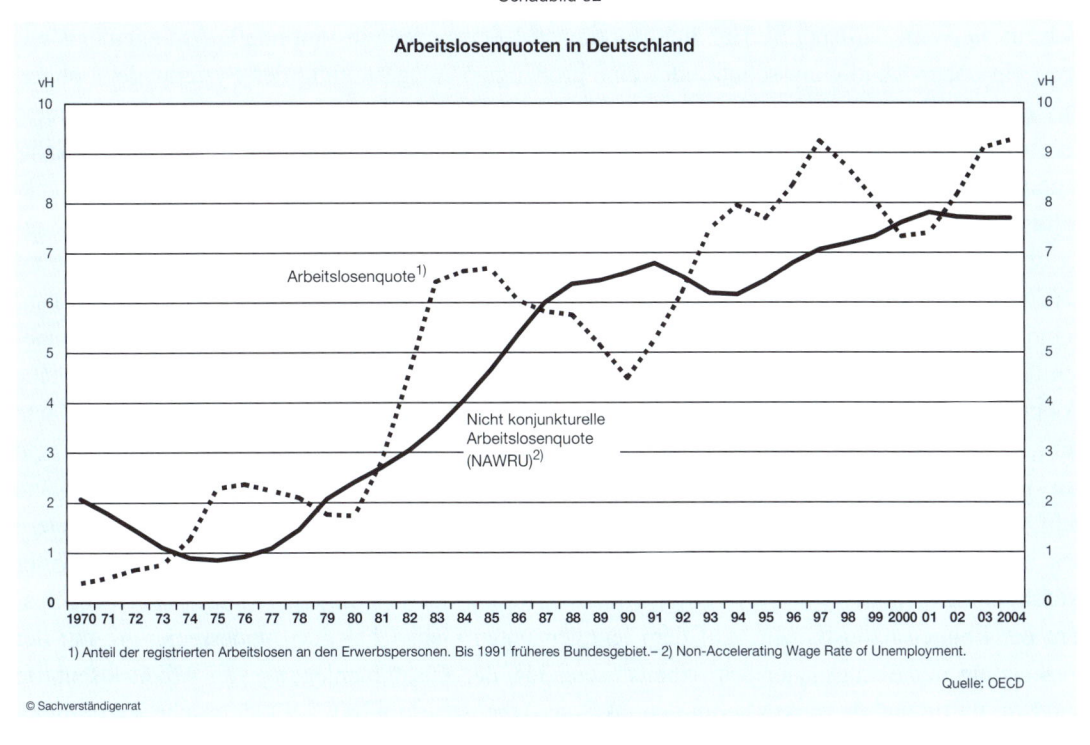

Arbeitslosenquoten in Deutschland

1) Anteil der registrierten Arbeitslosen an den Erwerbspersonen. Bis 1991 früheres Bundesgebiet.– 2) Non-Accelerating Wage Rate of Unemployment.

Quelle: OECD

© Sachverständigenrat

2. Ansatzpunkte für die Wirtschaftspolitik

217. Die Bestimmungsfaktoren dieser verfestigten Arbeitslosigkeit in Deutschland lassen sich einerseits an den Determinanten der Arbeitsnachfrage, andererseits an Lohnsetzung und Arbeitsangebot festmachen, wobei in beiden Fällen ein besonderes Augenmerk auf dem jeweiligen institutionellen Rahmen liegt.

Lohnhöhe und Lohnstruktur beeinflussen die Arbeitsnachfragebeziehung. Jedoch stellt sich vorab die Frage, wie exogen diese beiden Lohnvariabeln sind. Löhne sind für das einzelne Unternehmen bis zu einem gewissen Grad eine vorgegebene Größe, nicht aber für eine aggregierte sektorale oder gar gesamtwirtschaftliche Ebene. Ein tarifgebundes Unternehmen kann von den Regelungen des Flächentarifvertrags gemäß dem Günstigkeitsprinzip nur abweichen, falls sich der Arbeitnehmer „günstiger" stellt. Zwar kann es sich der Tarifbindung durch Austritt aus dem Arbeitgeberverband entledigen, wobei aber die Nachwirkung des Tarifvertrags zu beachten ist. Analoges gilt für den Arbeitnehmer, der aus der Gewerkschaft austritt, um mit dem Unternehmen eine ungünstigere Regelung im Vergleich zum Tarifvertrag zwecks Sicherung seines Arbeitsplatzes zu vereinbaren. Insoweit ist die Lohnhöhe für das Unternehmen zumindest kurzfristig und was ihre Anpassung nach unten anbelangt häufig eine feste Größe. Dies gilt indes nicht für die gesamtwirtschaftliche Ebene.

Lohnhöhe und Lohnstruktur sind in einer im Vergleich zu einer einzelwirtschaftlichen mehr übergeordneten Betrachtung keine exogen vorgegebenen Parameter, sondern Ergebnis eines Lohnbildungsprozesses entweder im Rahmen tarifvertraglicher Regelungen, eines mit der Gewerkschaft ausgehandelten Haustarifs oder anderer freier Vereinbarungen. Dieser Lohnbildungsprozess wird maßgeblich vom institutionellen Regelwerk auf dem Arbeitsmarkt beeinflusst, und hier eröffnen sich für die Wirtschaftspolitik Handlungsoptionen. Verschiedene institutionelle Arrangements wie etwa ein hoher Kündigungsschutz oder eine großzügige Ausgestaltung des Systems der Lohnersatzleistungen stärken die Macht der Beschäftigten. Diese „Insider", gegebenenfalls vertreten durch Gewerkschaften, zielen auf eine Lohnhöhe und Lohnstruktur ab, bei der sie höchstwahrscheinlich selbst beschäftigt bleiben, ohne den Arbeitslosen, den „Outsidern", durch Lohnzurückhaltung Beschäftigungschancen einzuräumen. Dabei handeln sie ökonomisch gesehen durchaus rational, nämlich in ihrem eigenen ökonomischen Interesse. Deshalb mögen allgemeine Forderungen nach einer beschäftigungsfreundlichen Lohnpolitik wirkungslos bleiben, wenn rational handelnde Beschäftigte in Verfolgung ihrer ökonomischen Interessen keine moderateren Lohnabschlüsse tätigen, um den Weg für neue Arbeitsplätze zu ebnen. Eine beschäftigungsfreundliche Lohnpolitik kann insoweit am ehesten wirtschaftspolitisch unterstützt werden, indem die Macht der „Insider" beschnitten wird, so dass sie sich eher auf Lohnmoderation einlassen. Wenn es also um die wirtschaftspolitische Beeinflussung des Lohnbildungsprozesses seitens des Gesetzgebers geht, muss an den die Verhandlungsstärke der Arbeitsplatzbesitzer beeinflussenden Parametern des institutionellen Regelwerks angesetzt werden, wie beispielsweise der Verbreitung und der Ausstrahlungswirkung von Tarifverträgen, dem Umfang des Kündigungsschutzes oder dem System der Lohnersatzleistungen. Auf dem letztgenannten Gebiet hat die Bundesregierung mit der Verkürzung der Bezugsdauer des Arbeitslosengelds, der Zusammenlegung von Arbeitslosenhilfe und Sozialhilfe und der Fokussierung der aktiven Arbeitsmarktpolitik auf eine rasche Vermittlung in den ersten Arbeitsmarkt bereits bedeutsame und weit reichende Schritte unternommen. Derartige Maßnahmen schließen selbstverständlich die Aufforderung an die Tarifvertragsparteien nicht aus, im Rahmen der Tariflohnpolitik einen die Schaffung neuer Arbeitsplätze begünstigenden Kurs einzuschlagen oder zu halten, so schwer das angesichts der Interessenlage der Beschäftigten auch sein mag. Die Tarifautonomie entlässt die Tarifvertragsparteien nicht aus ihrer beschäftigungspolitischen Verantwortung.

Arbeitsnachfrage

218. Wichtige Faktoren, die neben der Lohnhöhe einen Einfluss auf die Arbeitsnachfrage ausüben können, sind die Belastung der Unternehmen mit Steuern und Sozialversicherungsbeiträgen, die zunehmende Arbeitsteilung im Rahmen der Internationalisierung der Märkte, der arbeitssparende technische Fortschritt, exogene Preisschocks einschließlich der Aufwertung des Euro sowie autonome Nachfragerückgänge etwa im Gefolge der staatlichen Budgetpolitik, einer restriktiven Geldpolitik oder im Zuge einer abflauenden Weltkonjunktur. Einige dieser Faktoren werden im Folgenden näher betrachtet.

219. Im Hinblick auf die Unternehmenssteuerbelastung, welche das Niveau der quasi-gleichgewichtigen Arbeitslosigkeit beeinflusst, ist Deutschland selbst nach der Steuerreform der letzten Jahre nach wie vor ein Hochsteuerland. Dies belegen Berechnungen des Sachverständigenrates und des Zentrums für Europäische Wirtschaftsforschung (ZEW) Mannheim (JG 2004 Ziffern 759 ff.). Relevant sind in diesem Zusammenhang die erwartete effektive Durchschnittssteuerbelastung im Hinblick auf die Standortwahl des Unternehmens sowie die erwartete effektive Grenzsteuerbelastung, wenn es um das Investitionsvolumen geht. Über die Standortwahl und die Realkapitalbildung wird die Arbeitsnachfrage mittelbar beeinflusst. Beide Steuersätze signalisieren

jedoch, dass Deutschland in steuerlicher Hinsicht für inländische und ausländische Investoren unattraktiver ist als andere Standorte (Ziffer 392, Tabelle 26).

220. Lohnhöhe und Besteuerung werden immer wieder als maßgebliche Einflussfaktoren der umfangreichen deutschen Direktinvestitionen im Ausland genannt. Inwieweit die in der Öffentlichkeit häufig mit viel Aufmerksamkeit bedachten Direktinvestitionen mit Beschäftigungsverlusten im Inland einhergehen, ist jedoch nicht ohne Weiteres zu beantworten, da eine derartige Standortentscheidung ebenso lediglich Ausdruck der wünschenswerten internationalen Arbeitsteilung sein mag und vielleicht sogar zur Sicherung heimischer Arbeitsplätze beiträgt. Die bisherigen Ergebnisse der Forschung sind entsprechend uneinheitlich.

Im Verlauf des vergangenen Jahrzehnts schufen deutsche Unternehmen an ausländischen Standorten in beachtlichem Ausmaß neue Arbeitsplätze (JG 2004 Ziffer 476). Die Gesamtbeschäftigung in inländischen Unternehmen mit Engagement im Ausland stieg von 2,2 Mio im Jahr 1989 auf 4,5 Mio im Jahr 2001 (Becker, Jäckle und Mündler, 2005). Obschon die Höhe der ausländischen Beschäftigung im Vergleich zur gesamten deutschen Erwerbsbevölkerung noch verhältnismäßig gering ist, ergab sich ein relativer Anstieg zwischen 1989 und 2001 von 5 vH auf 10 vH, wobei diese Erhöhung – bei leichten Zuwächsen der gesamten deutschen Erwerbsbevölkerung – durch den Zuwachs der bei deutschen Unternehmen im Ausland tätigen Personen entstand. Die heimische Beschäftigung deutscher multinationaler Unternehmen stieg ebenfalls im genannten Zeitraum, was für sich genommen gegen die These spricht, dass durch die zunehmende Internationalisierung der Unternehmen Arbeitsplätze in Deutschland verloren gingen.

Die von Becker, Ekholm, Jäckle und Mündler (2005) berechneten Beschäftigungsreaktionen auf internationale Lohnunterschiede vermitteln demgegenüber ein anderes Bild: Unter Verwendung von Daten der Direktinvestitionsstatistik und der Unternehmensbilanzstatistik ergeben ihre Schätzungen, dass die Beschäftigten deutscher Unternehmen des Verarbeitenden Gewerbes in den mittel- und osteuropäischen Ländern, den westeuropäischen Ländern und den sonstigen (transatlantischen) Ländern in einem substitutiven Verhältnis zu den Arbeitnehmern dieser Unternehmen in Deutschland stehen, wobei – ähnlich wie in international vergleichbaren Studien (Konings und Murphy, 2001) – die Inlands- und Auslandsbeschäftigung deutscher Konzerne stärker auf Lohndifferenzen zwischen Deutschland und Westeuropa reagiert als auf entsprechende Unterschiede zwischen Deutschland und Mittel- und Osteuropa. Der empirische Befund von Marin (2004) weist hinsichtlich der quantitativen Beschäftigungseffekte von relativen Lohnänderungen in eine andere Richtung: Ihre Schätzungen einer Arbeitsnachfragefunktion für das Mutterunternehmen deuten darauf hin, dass eine Verringerung der Lohnkosten im Zielland auch zu einer steigenden Arbeitsnachfrage im Inland führt. Dies kann als Indiz gedeutet werden, dass die Verlagerung von Arbeitsplätzen und die damit einhergehende Reduktion der Arbeitskosten die Schaffung neuer Arbeitsplätze begünstigt, doch auch hier fallen die quantitativen Effekte eher gering aus.

Bislang liegt kein qualitativ robuster Befund zu den vielfach thematisierten Beschäftigungseffekten von ausländischen Direktinvestitionen für den deutschen Arbeitsmarkt vor. Vor dem Hintergrund der wenigen verfügbaren Studien ist indes nicht davon auszugehen, dass es in den vergangenen Jahren aus diesem Grund zu dramatischen Beschäftigungsverlusten in Deutschland gekommen ist.

221. Die Arbeitslosenquote gering qualifizierter Erwerbspersonen also für Personen, die keine abgeschlossene Schul- und Berufsausbildung aufweisen, beläuft sich in Deutschland inzwischen auf mehr als das Dreifache im Vergleich zu Personen mit abgeschlossener Ausbildung. Auslösende Faktoren sind dafür zum einen die Zunahme eines technischen Fortschritts, der vor allem gering qualifizierte Arbeit freisetzt, sowie – vermutlich in weit geringerem Umfang – der Tatbestand, dass die weltweite Arbeitsteilung verstärkt zum Tragen kommt, weil sich Entwicklungsländer und Schwellenländer zunehmend auf die Produktion der Güter konzentrieren, zu deren Herstellung

vornehmlich einfache Arbeit benötigt wird, die dort reichlich und zu vergleichsweise geringen Kosten vorhanden ist. Die Relevanz der genannten Ursachen wird für den hiesigen Arbeitsmarkt in der Literatur überzeugend dokumentiert (Fitzenberger, 1999). Verschärft werden die daraus resultierenden Beschäftigungsprobleme hauptsächlich im Bereich gering qualifizierter Arbeit durch eine Kompression der qualifikatorischen Lohnstruktur aufgrund einer überproportionalen Anhebung der Löhne in den unteren Lohngruppen oder deren Wegfall (Fitzenberger und Franz, 2001). Eine neuere Studie kommt im Hinblick auf einige Aspekte der komprimierten qualifikatorischen Lohnstruktur jedoch zu abweichenden Resultaten (Möller, 2005). Allerdings befasst sich diese Analyse nur mit der Lohndispersion innerhalb zweier Qualifikationsgruppen – „Geringqualifizierte" und „Qualifizierte" –, nicht aber mit den hier zur Diskussion stehenden Lohnrelationen zwischen den Qualifikationsgruppen. Abgesehen von der vereinfachenden Einteilung in lediglich zwei Qualifikationsgruppen lässt die Studie die in dem vorliegenden Zusammenhang besonders wichtige Frage unbeantwortet, ob der in der Studie festgestellte Anstieg der Lohndifferentiale – so er denn tatsächlich existiert – innerhalb der beiden Qualifikationsgruppen ausreicht, die in der Vergangenheit verursachte erhebliche Lohnkompression auch nur annähernd abzubauen.

222. Exogene Preisschocks und Aufwertungen des Euro können ebenfalls die Arbeitsnachfrage negativ beeinflussen, sofern nicht an anderer Stelle eine Kostenentlastung vorgenommen wird, etwa durch eine moderate Lohnpolitik. Selbst wenn es den Unternehmen gelingt, einen Teil des Kostenschubs auf die Nachfrager nach ihren Produkten zu überwälzen – was angesichts der momentanen Konjunkturschwäche und des scharfen Wettbewerbs auf den Weltmärkten unsicher ist –, erfolgt auf kurze Frist eine Beeinträchtigung der Arbeitsnachfrage aufgrund des mit der Überwälzung einhergehenden Kaufkraftentzugs, der durch die Zusatznachfrage der erdölproduzierenden Länder zum Teil ausgeglichen werden mag, dann aber – aufgrund einer im Vergleich zur inländischen Nachfrage anderen sektoralen Verwendungsstruktur – andere Wirtschaftsbereiche betreffen dürfte.

Ähnlich kann eine exogene Erhöhung der Lohnzusatzkosten wirken, beispielsweise eine Anhebung der Sozialversicherungsbeiträge. Die von den Unternehmen zu zahlenden Abgaben bilden den bedeutsamsten Bestandteil des Keils, der in der Vergangenheit zwischen die Arbeitskosten der Unternehmen („Produzentenlohn"), welche die Arbeitsnachfrage maßgeblich bestimmen, und die Nettoentgelte der Arbeitnehmer („Konsumentenlohn") geschoben wurde. Im Zeitraum der letzten zehn Jahre 1995 bis 2004 stiegen die realen Arbeitskosten um insgesamt 11,8 vH, die realen Nettoverdienste indes nur um 4,1 vH, die Differenz in Höhe von 7,7 Prozentpunkten stellt die Verbreiterung des Keils dar. Inwieweit eine Verschiebung der Traglast auf die Arbeitnehmer erfolgt, lässt sich nur schwer abschätzen (JG 2004 Kasten 18). Die Lohnzusatzkosten dämpfen im Übrigen nicht nur die Arbeitsnachfrage, sondern können auch zu einer Verfestigung der Arbeitslosigkeit beitragen, wenn etwa infolge eines kontraktiven Schocks, der zu einem Rückgang der sozialversicherungspflichtigen Beschäftigung und einem Anstieg der Arbeitslosigkeit führt, die Beitragssätze angehoben werden müssen und diese dadurch, wenn sie nicht sogar zu weiteren Entlassungen führen, eine Erholung der Beschäftigung auf das ursprüngliche Niveau verhindern oder doch zumindest deutlich verlangsamen.

223. Schließlich können Rückgänge autonomer Komponenten der gesamtwirtschaftlichen Nachfrage – wie etwa Staatsausgaben oder die Auslandsnachfrage – ungünstige Beschäftigungseffekte hervorrufen. Die Budgetpolitik betrifft schwerpunktmäßig die Bauwirtschaft, wenn der Staat die Ausgaben für Investitionen im Hoch- und Tiefbau zurückfährt – wie häufig in Zeiten prekärer Haushaltslagen – oder bestimmte Fördermaßnahmen für Wohnbauten auslaufen lässt – wie es in Ostdeutschland zu beobachten ist. Ein anderes Beispiel für solche weitgehend autonomen Nachfrageschwankungen sind die sächlichen Verteidigungsausgaben. Allerdings muss immer auch die Finanzierungsseite mit ins Blickfeld genommen werden, wenn die Variation der betreffenden Staatsausgaben mit einer entsprechenden Veränderung der Steuerlast einhergeht. Dann hält sich der Effekt auf die Arbeitsnachfrage in Grenzen, insoweit eine Substitution der Staatsausgaben etwa durch private Konsumausgaben, induziert durch eine Steuersenkung, stattfindet. Von der gesamtwirtschaftlichen Nachfrage können des Weiteren ungünstige Effekte auf die Arbeitsnachfrage ausgehen, wenn die allgemeine Unsicherheit über die zu erwartende wirtschaftliche Entwicklung steigt – etwa aufgrund politisch wichtiger Ereignisse, von Terroranschlägen oder (Natur-)Katastrophen – oder wenn im Zuge eines sektoralen Strukturwandels Arbeitskräfte freigesetzt werden, ohne dass es (gleich) zu einer entsprechenden Kompensation durch Neueinstellungen in expandierenden Sektoren kommt, beispielsweise weil deren Produktion kapitalintensiver ist. Insoweit solche Friktionen auf eine mangelnde Anpassungsflexibilität der Arbeitnehmer in Form von geringer regionaler und beruflicher Mobilität sowie von Lohnflexibilität zurückzuführen sind, betreffen sie indes das Lohnsetzungsverhalten.

Auch die Weltnachfrage nach heimischen Gütern stellt eine autonome Nachfragekomponente dar, die starken konjunkturellen Schwankungen unterliegt. Zu beachten bleibt allerdings, dass Unternehmen selbst bei einer schwachen Weltkonjunktur ihren Marktanteil durch eigene Anstrengungen im Hinblick auf eine verbesserte Wettbewerbsfähigkeit erhöhen können, dass die Nachfrage nach ihren Produkten insoweit also endogen ist.

Lohnsetzungsverhalten

224. Das Lohnsetzungsverhalten, das durch staatliche Rahmenbedingungen gravierend beeinflusst wird, liefert eine Reihe von Ursachen für eine verfestigte Arbeitslosigkeit. Zum einen zählen hierzu Regelungen, welche die Verhandlungsmacht der Beschäftigten stärken, so dass den Arbeitslosen als den Außenseitern auf dem Arbeitsmarkt durch die Lohnsetzung kaum Chancen auf einen Arbeitsplatz eingeräumt werden; zum anderen können institutionelle Rahmenbedingungen eine mangelhafte Anpassungsflexibilität vor dem Hintergrund des internationalen Standortwettbewerbs und des sektoralen Strukturwandels zur Folge haben. Aspekte in diesem Zusammenhang betreffen das Arbeitsrecht, die Ausgestaltung der Unterstützungszahlungen bei Arbeitslosigkeit sowie die berufliche und regionale Mobilität der Arbeitskräfte und die Effizienz des Vermittlungsprozesses. Dabei kann die Kausalität durchaus in beide Richtungen gehen. Das Lohnsetzungsverhalten führt zur Verfestigung der Arbeitslosigkeit, und diese beeinflusst wiederum das Lohnsetzungsverhalten, beispielsweise weil Arbeitslose und insbesondere Langzeitarbeitslose als „Außenseiter" im Machtgefüge der Verhandlungsparteien kaum eine Rolle spielen, wohl aber die Beschäftigten. Eine solche Stärkung der Insidermacht drückt sich im Modell einer quasi-gleichgewichtigen Arbeitslosigkeit in Form einer Linksverschiebung der Lohnsetzungskurve aus.

225. Auf **arbeitsrechtliche Regelungen**, welche zwar einen gut gemeinten Schutz der Arbeitnehmer intendieren mögen, letztlich indessen lediglich die Position der Beschäftigten stärken, hat der Sachverständigenrat seit geraumer Zeit Jahr für Jahr hingewiesen (zuletzt JG 2004 Ziffern 713 f.).

− Von allgemeinen Kündigungsschutzregeln gehen positive und nachteilige Effekte aus. Zum einen wünschen Arbeitnehmer und Unternehmen stabile Beschäftigungsverhältnisse, damit beiderseitige Investitionen in betriebsspezifisches Humankapital getätigt werden und sich rentieren, das heißt, die Produktivität der Beschäftigten erhöhen. Des Weiteren genießt die Sicherheit des Arbeitsplatzes bei den meisten Arbeitnehmern eine hohe Priorität, und sie sind umso eher bereit, sich mit den Belangen des Unternehmens zu identifizieren, wenn sie von einer längeren Betriebszugehörigkeit ausgehen können. Diesen positiven Aspekten allgemeiner Kündigungsschutzregeln stehen jedoch zum anderen gravierende Nachteile entgegen. Ein zu rigider Kündigungsschutz dämpft die Arbeitsmarktdynamik, weil Unternehmen Arbeitskräfte über Bedarf oder ungeeignete Personen länger beschäftigen müssen. Dies vorausschauend halten sich Unternehmen mit Neueinstellungen zurück, insbesondere bei Arbeitnehmern, die unter den besonderen Kündigungsschutz fallen. Damit geht eine Verfestigung der Arbeitslosigkeit einher, weil Arbeitslose geringere Chancen auf einen Arbeitsplatz besitzen und stattdessen mit höherer Wahrscheinlichkeit zu Langzeitarbeitslosen werden. So gesehen besitzt der Kündigungsschutz hierzulande den Charakter einer Sperrklinke. Auch bei einem rigiden Kündigungsschutz ist es Unternehmen selbstverständlich möglich, Arbeitnehmer zu entlassen, und sei es, dass sie sich − wie dies vielfach zu beobachten ist − vom Kündigungsschutz mit Hilfe von Abfindungen „freikaufen". Aber dies verursacht Kosten, deren Antizipation für den Beschäftigungsaufbau hinderlich ist. Zum anderen erhöht der Kündigungsschutz die Verhandlungsmacht der Insider in Lohnverhandlungen, mit der Folge entsprechend höherer Löhne. Auch dies lässt keine neuen Arbeitsplätze entstehen.

Schon vor dem Hintergrund sowohl vorteilhafter wie auch nachteiliger Wirkungen eines Kündigungsschutzes ist es nicht erstaunlich, dass empirische Studien über die Beschäftigungswirkungen des Kündigungsschutzes zu uneinheitlichen Schlussfolgerungen kommen, weil es von der besonderen Situation der betrachteten Länder und Zeiträume abhängen kann, wie bedeutsam die Vorteile und Nachteile jeweils sind (JG 2004 Ziffer 714). Des Weiteren existiert ein gravierendes methodisches Problem. Denn eigentlich wäre für eine Evaluation des kausalen Effekts einer bestimmten Ausgestaltung des Kündigungsschutzes auf die Beschäftigung die Kenntnis der kontrafaktischen Situation erforderlich, nämlich wenn es unter sonst exakt denselben Bedingungen andere Regelungen des Kündigungsschutzes gegeben hätte (JG 2003 Ziffer 679). Die Beobachtung der kontrafaktischen Situation ist natürlich logisch unmöglich. Mithin können in wissenschaftlich fundierten Analysen nur entweder die Effekte einer Änderung bestehender Kündigungsschutzgesetze oder der Spruchpraxis der Arbeitsgerichte abgeschätzt oder in einem internationalen Vergleich zwischen Ländern mit möglichst unterschiedlichen Kündigungsschutzregelungen Rückschlüsse auf den kausalen Effekt gezogen werden.

Deutlicher als im Hinblick auf das Beschäftigungsniveau sind die Belege für einen negativen Einfluss des Kündigungsschutzes auf die Arbeitsmarktchancen bestimmter Personengruppen, etwa Jüngerer oder Frauen, sowie ein sich verstärkender Einfluss auf den Umfang der Langzeitarbeitslosigkeit. Gerade das erschreckend hohe Ausmaß der Langzeitarbeitslosigkeit hat eine Ursache in zu rigiden Kündigungsschutzvorschriften, weil Unternehmen sich scheuen, (Langzeit-)Arbeitslose einzustellen, bezüglich deren Qualifikation sie nur sehr unvollständige Informationen besitzen, und überdies – zu Recht oder zu Unrecht – fürchten, sie später nicht entlassen zu können, falls ihre Produktivität nicht den Anforderungen des Arbeitsplatzes entspricht. Die Folge ist, dass sich die Dauer der Arbeitslosigkeit noch weiter erhöht, die Betroffenen sich – etwa aufgrund der Veralterung ihres Wissens – noch weiter vom Arbeitsmarkt entfernen und im Ergebnis ihre Beschäftigungschancen weiter abnehmen. Die Möglichkeit, befristete Arbeitsverträge abschließen zu können, mindert diese Einstellungszurückhaltung, falls die Befristung möglichst wenig Beschränkungen unterliegt und die diesbezüglichen gesetzlichen Vorschriften über einen genügend langen Zeitraum gültig bleiben, um für die Unternehmen Planungssicherheit zu gewährleisten.

- Eine Vielzahl von Rechtsnormen im Tarifvertragsgesetz sowie von Urteilen seitens der Arbeitsgerichtsbarkeit schreiben für die Arbeitsplatzerhaltung nachteilige betriebsspezifische Gegebenheiten fest und dies nicht nur bei tarifgebundenen Arbeitgebern. So verwehrt die Spruchpraxis der Arbeitsgerichte, dass im Rahmen des Günstigkeitsprinzips gemäß § 4 Absatz 3 Tarifvertragsgesetz (TVG) die Arbeitsplatzsicherheit ebenso zu den Aspekten gehört, die neben Entlohnung und Arbeitszeit ins Blickfeld zu nehmen sind, wenn es um die Frage geht, ob sich Arbeitnehmer bei Abweichungen von tarifvertraglichen Regelungen „günstiger" stellen. In der Praxis wird dem Zusammenhang zwischen Arbeitsplatzsicherheit und Lohnhöhe durchaus Rechnung getragen, dies entweder legal im Rahmen von Firmentarifverträgen, oder am Rande der arbeitsrechtlichen Legalität oder sogar contra legem. Des Weiteren darf gemäß § 77 Absatz 3 Betriebsverfassungsgesetz selbst ein tariflich nicht gebundenes Unternehmen keine Betriebsvereinbarung über Arbeitsentgelte und sonstige Arbeitsbedingungen abschließen, sofern diese üblicherweise durch Tarifvertrag geregelt sind, es sei denn, der Tarifvertrag lässt den Abschluss ergänzender Betriebsvereinbarungen ausdrücklich zu, was häufig nicht der Fall ist oder auf den Widerstand der Tarifvertragsparteien stößt. Schließlich können Entgelttarifverträge gemäß § 5 TVG für allgemeinverbindlich erklärt werden, das heißt, die entsprechenden tariflich vereinbarten Lohngruppen gelten auch für tarifungebundene Unternehmen und Arbeitnehmer. Nicht selten stehen dahinter protektionistische Überlegungen, nämlich der vermeintliche Schutz inländischer Arbeitnehmer vor ausländischer Konkurrenz.

226. Ein hohes Alternativeinkommen im Fall einer Arbeitslosigkeit – also beispielsweise eine im Vergleich zu den Arbeitsentgelten großzügige Höhe der Arbeitslosenunterstützung verbunden mit einer langen Zeitperiode der Anspruchsberechtigung darauf – führt zum einen zu einer geringeren Konzessionsbereitschaft der Arbeitnehmerseite in den Lohnverhandlungen. Denn in einem solchen Umfeld fällt die Einkommenseinbuße bei Verlust des Arbeitsplatzes entsprechend geringer aus und mag gegebenenfalls noch durch einen Freizeitgewinn (bei einer kurzfristigen Arbeitslosigkeitsperiode) zum Teil kompensiert werden. Zum anderen verlängert sich bei den Arbeitslosen die Dauer der Suche nach einem Arbeitsplatz, weil die Opportunitätskosten der Arbeitslosigkeit umso geringer ausfallen, je höher die Arbeitslosenunterstützung ist und je länger diese gezahlt wird, oder – anders formuliert – weil der „Anspruchslohn" (Reservationslohn) steigt, also das Arbeitsentgelt, welches der Arbeitslose mindestens zu erzielen wünscht, um ein Arbeitsplatzangebot zu akzeptie-

ren. Dieser Effekt wird noch verstärkt, wenn die von der Arbeitslosenversicherung angewandten Zumutbarkeitskriterien für die Aufnahme einer neuen Beschäftigung – beispielsweise der hinzunehmende Einkommensverlust bei einer schlechter bezahlten Tätigkeit, die zumutbare Entfernung zwischen Wohnort und Arbeitsstätte oder die Notwendigkeit eines Umzugs – eher eng gefasst sind oder nur unzureichend durchgesetzt werden. Auf diese Weise können Lohnersatzleistungen zu einer Verlängerung der individuellen und einer Verfestigung der aggregierten Arbeitslosigkeit beitragen. Sie wirken wie Sperrklinken.

Im Gegensatz zu möglichen Effekten der Arbeitslosenunterstützung auf das Lohnsetzungsverhalten existiert eine umfangreiche empirische Literatur zu deren Wirkung auf die Dauer der Arbeitslosigkeit. In der Regel handelt es sich dabei um ökonometrische Analysen auf der Basis von Verweildauermodellen. Ohne auf die zahlreichen Facetten dieser Literatur einzugehen, lautet das zentrale Ergebnis, dass die Austrittswahrscheinlichkeit aus Arbeitslosigkeit in erster Linie als Folge einer längeren Bezugsdauer der Arbeitslosenunterstützung verringert wird und weniger aufgrund einer höheren Lohnersatzleistung. Dabei ergeben sich Unterschiede nach Alter und Geschlecht der Arbeitslosen sowie nach der Höhe dieser Zahlungen. Zudem hängen die Ergebnisse von dem der Untersuchung zugrunde liegenden Individualdatensatz ab. Dies zeigen neuere Studien des Zentrums für Europäische Wirtschaftsforschung (ZEW), Mannheim. Einige Beispiele: Das Alter der Arbeitslosen spielt insofern eine wichtige Rolle, als eine erweiterte Bezugsdauer des früheren Arbeitslosengelds bei der Gruppe der über 50-Jährigen sehr häufig den Weg in eine vorgezogene Frühverrentung eröffnet (Fitzenberger und Wilke, 2004). Geschlechtsspezifische Unterschiede ergeben sich bei der Dauer der Arbeitslosigkeit unter anderem dadurch, dass der verlängernde Einfluss einer höheren Bezugsdauer vor allem für Männer statistisch signifikant ist (Biewen und Wilke, 2005). Die absolute Höhe des Arbeitslosengelds wirkt sich besonders im oberen Einkommensbereich aus. Personen mit sehr hohen Entgeltersatzleistungen weisen zwar vergleichsweise kurze Arbeitslosigkeitsperioden auf, gleichwohl ist gerade in dieser Gruppe ein signifikanter positiver Zusammenhang zwischen der Arbeitslosenunterstützung und der Dauer der Arbeitslosigkeit festzustellen (Lee und Wilke, 2005). Allerdings differieren einige quantitative Resultate, wenn anstelle des bisher meist verwendeten Sozio-oekonomischen Panels Daten der Agenturen für Arbeit den Schätzungen zugrunde liegen (Biewen und Wilke, 2005).

Zu qualitativ ähnlichen Ergebnissen kommt ein anderer Literaturstrang auf der Basis bei den Arbeitslosen erfragter Anspruchslöhne (Christensen, 2005). Die Bedeutung eines die Dauer der Arbeitslosigkeit verlängernden höheren Anspruchslohns bei Beginn der Arbeitslosigkeit ist nach dieser Studie mit einem Elastizitätswert von etwa zwei erheblich, das heißt, bei einem Anstieg des Reservationslohns um 1 vH steigt die mittlere Verweildauer in der Arbeitslosigkeit um 2 vH. Des Weiteren sinkt der Anspruchslohn mit zunehmender Dauer der Arbeitslosigkeit kaum, womit erneut der Sperrklinkencharakter deutlich wird.

227. Ein besonders gravierendes Problem stellt sich im Bereich gering qualifizierter Arbeit und damit im **Niedriglohnbereich**. Bei der Gewährung von Unterstützungszahlungen entsteht hier regelmäßig ein Zielkonflikt. Zum einen sollen existentielle Armut vermieden, zum anderen hinreichend hohe Anreize zur Arbeitsaufnahme gewährleistet werden. So erhöhten die frühere Arbeitslosenhilfe und die Sozialhilfe den Anspruchslohn und wirkten damit implizit wie ein Mindestlohn. Dieses Problem tritt ebenfalls – wenn auch in abgeschwächter Form – bei dem seit diesem Jahr eingeführten Arbeitslosengeld II auf, welches die beiden vorher genannten Unterstützungszahlungen zusammenfasst. Bei Arbeitsentgelten unterhalb dieser Mindesteinkommenssicherung wird kaum Arbeit angeboten, es sei denn, es bestehen aufgrund einer Arbeitsaufnahme Hinzuverdienstmöglichkeiten, die nicht oder nur zum Teil auf die Unterstützungszahlungen angerechnet werden. Arbeitslosenhilfe und Sozialhilfe zeichneten sich indes durch hohe Transferentzugsraten aus und diese gelten immer noch in bestimmten Einkommensbereichen des Arbeitslosengelds II (JG 2004 Ziffern 250 ff.).

Ein solcher impliziter Mindestlohn hat zur Folge, dass trotz einer Arbeitsnachfrage – wenn auch zu geringeren Löhnen, die aber im Einklang mit der durch gering qualifizierte Arbeit erzielbaren Produktivität stehen – Arbeitslosigkeit in diesem Segment des Arbeitsmarktes entsteht und zwar umso markanter, je mehr der implizite Mindestlohn oberhalb der niedrigen Arbeitsproduktivität liegt. Wie dargestellt bildet die Arbeitslosigkeit gering qualifizierter Arbeitnehmer eines der schwerwiegendsten Probleme auf dem Arbeitsmarkt (Ziffern 195 ff., 211).

228. Das Lohnsetzungsverhalten kann schließlich dadurch beeinflusst werden, dass die Profile von Arbeitsuchenden und Arbeitsplätzen nicht in Einklang stehen, etwa aufgrund regionaler oder beruflicher Diskrepanzen. Wenn die Arbeitsuchenden andere Qualifikationen oder Berufe aufweisen, als es die Anforderungen des Arbeitsplatzes erforderlich machen, oder die Arbeitssuchenden in anderen Regionen beheimatet sind als die Unternehmen, die Arbeitsplätze zu besetzen wünschen, und die regionale und berufliche Mobilität der Arbeitsuchenden unzureichend ist, dann entsteht „Mismatch"-Arbeitslosigkeit. Dies hat zur Folge, dass diese Arbeitsuchenden kaum eine ernsthafte Konkurrenz zu den Arbeitsplatzbesitzern darstellen und somit – wenn überhaupt – einen geringeren Lohndruck ausüben, um auf unbesetzte Arbeitsplätze zu wechseln, womit die Verhandlungsmacht der Beschäftigten tendenziell steigt. Auf das Modell übertragen heißt dies, dass sich die Lohnsetzungskurve bei höherem „Mismatch" nach links oben verschiebt (Kasten 7).

Inwieweit solche Profildiskrepanzen vorliegen, lässt sich mit einigen Vorbehalten an Hand der „Beveridge-Kurve" veranschaulichen (Schaubild 33, Seite 166). In jedem Jahr des Zeitraums 1970 bis 2004 steht einer bestimmten Anzahl von Arbeitslosen eine Anzahl von offenen Stellen gegenüber (beide Größen normiert mit der Anzahl der Erwerbspersonen). Dabei ist zu berücksichtigen, dass es sich bei den offenen Stellen nur um die bei den Agenturen für Arbeit gemeldeten unbesetzten Arbeitsplätze handelt, der Einschaltungsgrad der Agenturen für Arbeit bei der Besetzung aller Vakanzen indes im Zeitablauf nicht unbeträchtlich variiert. Die Verbindungslinie zwischen den Kombinationen von Arbeitslosen und offenen Stellen firmiert in der Literatur als „Beveridge-Kurve". Je weiter sie vom Ursprung entfernt liegt, umso höher ist die „Mismatch"-Arbeitslosigkeit. Bewegungen auf der Kurve deuten eher auf konjunkturelle Erscheinungsmuster hin, weil beispielsweise in Zeiten einer Hochkonjunktur und der damit einhergehenden Anspannung auf dem Arbeitsmarkt Unternehmen eher bereit sind, Bewerber mit qualifikatorischen Defiziten gleichwohl einzustellen und diese Mängel mit Hilfe von Weiterbildungsmaßnahmen auszugleichen zu versuchen. Verschiebungen der „Beveridge-Kurve" nach außen – wie sie für das frühere Bundesgebiet erkennbar sind – deuten dagegen auf eine höhere „Mismatch"-Arbeitslosigkeit hin, weil der Matchingprozess weniger effizient vonstatten geht. Für Ostdeutschland ist keine stabile Kurve erkennbar, was die Sonderentwicklung des ostdeutschen Arbeitsmarkts unterstreicht.

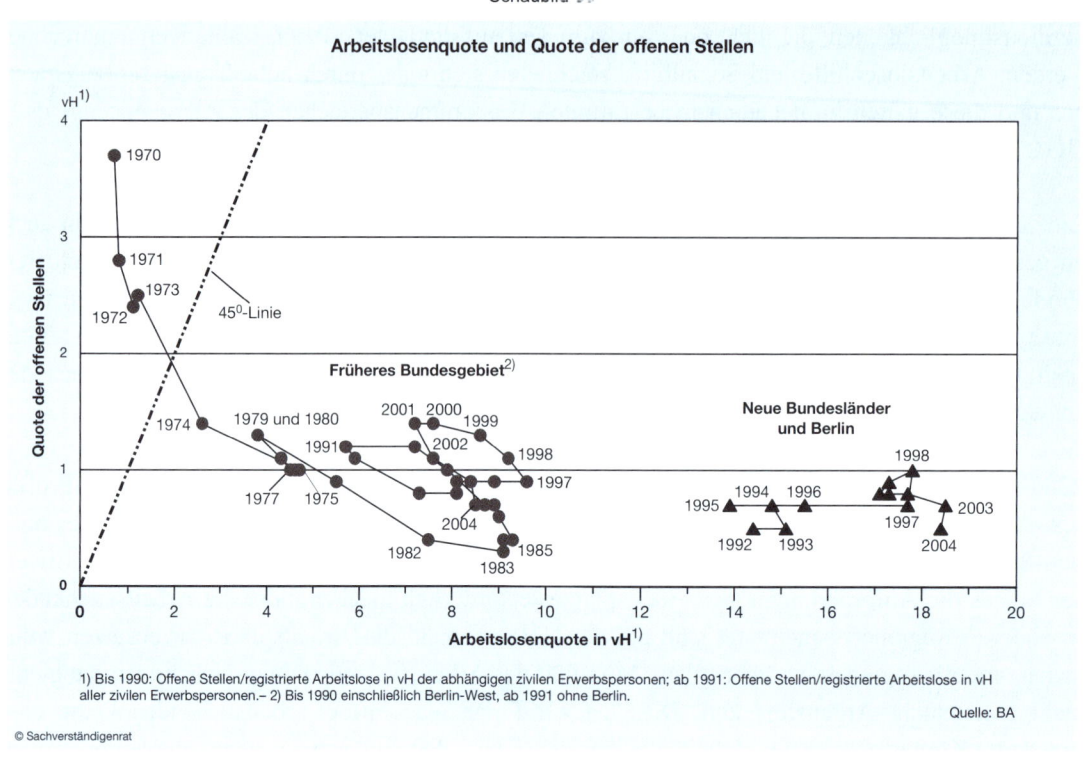

Schaubild 33

Arbeitslosenquote und Quote der offenen Stellen

1) Bis 1990: Offene Stellen/registrierte Arbeitslose in vH der abhängigen zivilen Erwerbspersonen; ab 1991: Offene Stellen/registrierte Arbeitslose in vH aller zivilen Erwerbspersonen.– 2) Bis 1990 einschließlich Berlin-West, ab 1991 ohne Berlin.

Quelle: BA

© Sachverständigenrat

Arbeitsangebot

229. Ein steigendes Angebot an Arbeitskräften wird ebenfalls als Ursache einer Arbeitslosigkeit genannt. Auf den ersten Blick scheint dies das beschriebene Modell einer quasi-gleichgewichtigen Arbeitslosigkeit nahe zu legen – die hier vertikal unterstellte Arbeitsangebotskurve verschiebt sich nach rechts und vergrößert dadurch, rein mechanistisch betrachtet, die Zahl der Nichtbeschäftigten. In der Tat hat sich die Anzahl der Erwerbspersonen seit Mitte der siebziger Jahre in Westdeutschland um knapp acht Millionen erhöht. Gleichwohl ist diese Sichtweise einer „demographieinduzierten Arbeitslosigkeit" letztlich nicht überzeugend, weil vordergründig (JG 1994 Ziffern 424 ff.). Die entscheidende Frage lautet vielmehr, warum für ein steigendes Arbeitsangebot kein ausreichendes Arbeitsplatzangebot zur Verfügung steht. Waren die Arbeitskosten zu hoch, mangelte es an gesamtwirtschaftlicher Nachfrage oder gab es qualifikatorische oder regionale Diskrepanzen zwischen Arbeitsangebot und Nachfrage? In diesen und anderen Bereichen liegt die eigentliche Ursache der Arbeitslosigkeit, weniger in einer Zunahme der Erwerbsbevölkerung. Mit anderen Worten und im Modell gesprochen, Änderungen der Variablen, welche die Lohnsetzungskurve nach rechts verschieben, mit der Folge eines geringeren gleichgewichtigen Reallohns, – wie etwa ein flexibleres institutionelles Regelwerk auf dem Arbeitsmarkt – können zur Integration des zusätzlichen Arbeitsangebots wirksam beitragen. In früheren Zeiten sind in Westdeutschland hohe Zuwanderungen von Gastarbeitern und Übersiedlern relativ schnell vom Arbeitsmarkt absorbiert worden. Andere Länder, wie beispielsweise die Vereinigten Staaten, verzeichneten ebenfalls und zum Teil in stärkerem Ausmaß ein steigendes Arbeitskräfteangebot und waren gleichwohl in der Lage, ihre Arbeitslosigkeit vergleichsweise gering zu halten.

3. Bedeutung der Arbeitsmarktinstitutionen: Empirie

230. Die Arbeitsmarktinstitutionen spielen eine maßgebliche Rolle bei der Erklärung der Arbeitslosigkeit. Dies spiegelt sich in den modernen modelltheoretischen Erklärungsansätzen wider. Diese unterscheiden – nicht zuletzt im Hinblick auf die empirische Überprüfung – im Allgemeinen vier Gruppen von Institutionen: das System der Arbeitslosenunterstützung einschließlich der aktiven Arbeitsmarktpolitik, das Lohnverhandlungssystem, den Kündigungsschutz und die auf dem Faktor Arbeit lastenden Abgaben (Nickell et al., 2005). Eine der großen Herausforderungen, mit der sich diese Ansätze konfrontiert sehen, ist nun, dass es einerseits in den siebziger und achtziger Jahren in nahezu allen Ländern der OECD zu teilweise drastischen Anstiegen der Arbeitslosigkeit kam, die Entwicklung ab den neunziger Jahren dann aber von Land zu Land deutlich divergierte. Zwei Literaturstränge lassen sich unterscheiden. Die erste Gruppe von Untersuchungen betont die Rolle von globalen makroökonomischen Schocks als Ursache für das Ansteigen der Arbeitslosigkeit und macht die Interaktion dieser Schocks mit den länderspezifischen Arbeitsmarktinstitutionen für die beobachtete Divergenz im zeitlichen Verlauf der Arbeitslosigkeit in den einzelnen Ländern verantwortlich. Der gleiche transitorische Schock kann demnach in der einen Volkswirtschaft zu einem vorübergehenden Anstieg der Arbeitslosigkeit führen, während in einer anderen Volkswirtschaft die dortigen Arbeitsmarktinstitutionen gleichsam als Sperrklinken wirken und verhindern, dass die Arbeitslosigkeit auf ihr früheres Niveau zurückfällt. Die zweite Gruppe von Studien führt die unterschiedliche Entwicklung der Arbeitslosigkeit in den einzelnen Ländern auf Veränderungen in den länderspezifischen Arbeitsmarktinstitutionen zurück. Persistenz der Arbeitslosigkeit ist hier die Folge von persistenten beschäftigungsfeindlichen Institutionen, die auch unabhängig von kontraktiven Schocks eine höhere Arbeitslosigkeit bedingen.

Interaktion von makroökonomischen Schocks und Arbeitsmarktinstitutionen

231. Der markante und ähnlich verlaufende Anstieg der Arbeitslosigkeit in allen betrachteten Ländern in den siebziger und achtziger Jahren des vergangenen Jahrhunderts bildet die Grundlage für den ersten Ansatz zur Erklärung der Arbeitslosigkeit. Ursprünglich wurden vor allem die beiden Ölpreisschocks in den siebziger Jahren für den Anstieg der Arbeitslosigkeit verantwortlich gemacht (Bruno und Sachs, 1985). Rückblickend wird aus heutiger Sicht von Vertretern dieses Ansatzes aber eher der deutliche Rückgang des Produktivitätswachstums, der etwa zeitgleich mit dem ersten Ölpreisschock stattfand, als die Hauptursache für den Anstieg in den siebziger Jahren identifiziert. Für die weiter steigende Arbeitslosigkeit in den achtziger Jahren stehen zwei Einflussfaktoren im Mittelpunkt der Analysen. Zum einen führte der Anstieg der Realzinsen in den achtziger Jahren zu höheren Kapitalnutzungskosten, mit der Folge einer Verlangsamung der Kapitalakkumulation und damit einhergehend einer Reduktion der Nachfrage nach Arbeit. Vor dem Hintergrund der besonders prekären Arbeitsmarktlage der Geringqualifizierten könnte zum anderen der Rückgang der relativen Nachfrage nach gering qualifizierten Arbeitskräften aufgrund eines technologischen Fortschritts, der insbesondere gering qualifizierte Arbeit freisetzt, für den fortgesetzten Anstieg der Arbeitslosigkeit in den achtziger Jahren verantwortlich sein. Beide Ursachen schließen einander nicht aus und kommen noch ohne den Rückgriff auf Arbeitsmarktinstitutionen aus.

232. Der Verweis auf globale Schocks erklärt zwar für sich genommen den signifikanten Anstieg in nahezu allen betrachteten Ländern, offen bleibt aber, warum dieser Anstieg in den einzelnen Ländern so unterschiedlich stark ausfiel. Es liegt nahe, die von Land zu Land unterschiedlichen Reaktionen auf die jeweiligen nationalen Gegebenheiten, darunter maßgeblich die jeweiligen Arbeitsmarktinstitutionen, und damit letztlich auf die Interaktion der Schocks mit diesen Institutionen zurückzuführen (Blanchard und Wolfers, 2000). Dieser Ansatz macht zwar nach wie vor (globale) makroökonomische Schocks für den weltweiten Anstieg der Arbeitslosigkeit verantwortlich, die beobachtbaren Divergenzen im Arbeitslosigkeitsniveau in den verschiedenen Ländern als Konsequenz der makroökonomischen Schocks wird aber mit Unterschieden in der Ausgestaltung der Arbeitsmarktinstitutionen begründet. Die von Blanchard und Wolfers (2000) thematisierten Schocks sind die Verlangsamung des Wachstums der totalen Faktorproduktivität, Trends in den langfristigen realen Zinssätzen und Veränderungen der Arbeitsnachfrage. Weitere Faktoren, die als mögliche Schocks im Rahmen dieses Erklärungsansatzes betrachtet werden, sind demographische Faktoren (Bertola et al., 2001) oder die Relation von Nichtarbeitseinkommen – wie etwa Einkommen aus privatem Vermögen und soziale Unterstützungsleistungen – zur länderspezifischen Arbeitsentlohnung sowie des Weiteren der reale Ölpreis (Fitoussi et al., 2000).

Bei Betrachtung der oben genannten Liste von Schocks wird deutlich, dass die Begrifflichkeit des Schocks sehr weit gefasst ist, während in der wirtschaftswissenschaftlichen Literatur unter einem Schock normalerweise Variablen verstanden werden, die grundsätzlich stationär sind und schnell wieder zu ihrem Mittelwert zurückkehren. Das schließt jedoch nicht aus, dass solche kurzzeitigen Abweichungen vom Mittelwert längerfristige ökonomische Konsequenzen mit sich bringen. Zur besseren Unterscheidung könnte man bei sehr persistenten Größen wie etwa der Demographie oder der Struktur der Sozialausgaben von Referenzgrößen („baseline variables") sprechen (Nickell et al., 2005).

Typische, in diesem Kontext relevante Arbeitsmarktinstitutionen sind der Umfang des Kündigungsschutzes, das System der Lohnersatzleistungen in Form der relativen Höhe und der Dauer der gewährten Leistungen, die aktive Arbeitsmarktpolitik, das Lohnverhandlungssystem (gemessen am Koordinierungsgrad der Lohnverhandlungen, dem gewerkschaftlichen Organisationsgrad und dem Umfang der Tarifbindung) sowie auf dem Faktor Arbeit lastende Steuern und Beiträge.

233. Eine Ergänzung zu diesen hauptsächlich empirisch ausgerichteten Studien sind die eher theoretischen Arbeiten, die mit Modellsimulationen arbeiten und so im Unterschied zu den meisten empirischen Untersuchungen auch die Art der Interaktion von Schocks und Institutionen aufzeigen können (Ljungqvist und Sargent, 1998, 2005). Sie widmen sich speziell der Frage, warum Kontinentaleuropa in den sechziger Jahren des vergangenen Jahrhunderts niedrigere Arbeitslosenquoten aufwies als die Vereinigten Staaten, während heute die Arbeitslosenquote in Kontinentaleuropa höher ist als in den Vereinigten Staaten. Ihre Erklärung macht das Zusammenspiel von großzügigen Lohnersatzleistungen und einem umfassendem Schutz von Beschäftigungsverhältnissen einerseits mit der Zunahme von so genannten „Turbulenzen" andererseits für die Verschlechterung der Beschäftigungslage verantwortlich. Mit Turbulenzen ist in diesem Zusammenhang die Entwertung arbeitsplatzspezifischen Wissens durch Strukturwandel oder technischen Fortschritt gemeint. Nimmt man an, dass derartige Turbulenzen in den letzten Jahrzehnten zugenommen haben, so kommt es zur verstärkten Freisetzung von Arbeitskräften. Die Entwertung des arbeitsplatzspezifischen Wissens hätte eigentlich eine deutliche Absenkung des Anspruchslohns der Arbeitslosen bedingt. Dem steht aber die Ausrichtung der Lohnersatzleistungen am früheren hohen Einkommen entgegen, so dass sich die Dauer der Arbeitslosigkeit verlängert und die Arbeitslosigkeit insgesamt steigt.

Veränderungen von Arbeitsmarktinstitutionen

234. Ein alternativer Ansatz konzentriert sich bei der Erklärung des Arbeitslosigkeitsproblems allein auf die Rolle veränderter Arbeitsmarktinstitutionen seit den sechziger Jahren in den verschiedenen Ländern als Ursache für den langfristigen Anstieg und den landestypischen Verlauf der Arbeitslosigkeit (Layard, Nickell und Jackman, 1991; OECD, 1994). Ein erster Eindruck der Bedeutung von Arbeitsmarktinstitutionen ergibt sich, indem man sich – basierend auf der Analyse von Nickell (2003) – auf die institutionellen Veränderungen in den Ländergruppen konzentriert, die sich als besonders erfolgreich beim Abbau der Arbeitslosigkeit ausgezeichnet haben – bestehend aus Dänemark, Irland, den Niederlanden und dem Vereinigten Königreich –, und auf jene Länder, deren Arbeitsmärkte aktuell durch hohe und verfestigte Arbeitslosigkeit gekennzeichnet sind – also Deutschland, Frankreich und Italien. Im Mittelpunkt stehen dabei die Höhe der Lohnersatzquoten, die Dauer der Lohnersatzleistungen, der tarifliche Bindungsgrad, der gewerkschaftliche Organisationsgrad, der Kündigungsschutz und die Steuern und Abgaben auf den Faktor Arbeit – die nach dem Modell einer quasi-gleichgewichtigen Arbeitslosigkeit zu einer höheren Arbeitslosigkeit führen – und die Strenge der Zumutbarkeitsregelungen, die aktive Arbeitsmarktpolitik und das Ausmaß der Koordination im Lohnfindungsprozess, denen in dieser Literatur ein eher die Arbeitslosigkeit verringernder Effekt zugeschrieben wird.

Betrachtet man die über fünf Jahre gemittelten Arbeitslosenquoten für die sieben Länder für den Zeitraum von 1980 bis 1984 und vergleicht sie mit denen für den Zeitraum der Jahre 2000 bis 2004, so hatten im ersten Zeitraum mit Ausnahme der Niederlande alle Länder der ersten Gruppe eine höhere Arbeitslosenquote, als die Länder in der zweiten Gruppe (die gemittelte Arbeitslosenquote der Niederlande für den Zeitraum der Jahre 1980 bis 1984 lag um 0,4 Prozentpunkte unter der Frankreichs, aber über denen Deutschlands und Italiens). Im Fünfjahreszeitraum von 2000 bis 2004 hatte sich dieses Bild ins Gegenteil verkehrt, denn mittlerweile waren in den Ländern der ersten Gruppe die gemittelten Arbeitslosenquoten um mehr als drei Prozentpunkte gesunken, während sie in den Ländern der zweiten Gruppe um mindestens 1,5 Prozentpunkte höher lagen. Prüft man in einem zweiten Schritt die von Nickell (2003) berichteten Veränderungen der Arbeitsmarktinstitutionen (repräsentiert durch die oben genannten Variablen), die in den einzelnen Ländern in den achtziger und neunziger Jahren stattgefunden haben, und klassifiziert sie – basierend auf dem Modell einer quasi-gleichgewichtigen Arbeitslosigkeit – entsprechend ihrer erwarteten Wirkung auf die Arbeitslosigkeit als beschäftigungspolitisch vorteilhafte oder nachteilige Veränderungen, dann kam es im betrachteten Zeitraum in den Ländern der ersten Gruppe zu deutlich mehr beschäftigungspolitisch vorteilhaften Veränderungen als in den Ländern der zweiten Gruppe.

Im Vereinigten Königreich wurden die Lohnersatzquote und die Steuern und Abgaben auf den Faktor Arbeit gesenkt, die Zumutbarkeitsregelungen strenger ausgestaltet, und der gewerkschaftliche Organisationsgrad und der tarifliche Bindungsgrad nahmen deutlich ab. In den Niederlanden wurden die Zumutbarkeitsregelungen verschärft, die Koordination im Lohnfindungsprozess erhöht, die aktive Arbeitsmarktpolitik verbessert und die Steuern und Abgaben auf den Faktor Arbeit verringert. In Irland wurden die Lohnersatzquote und die Steuern und Abgaben auf den Faktor Arbeit gesenkt, der tarifliche Bindungsgrad ging zurück und die Koordination im Lohnfindungsprozess nahm zu. In Dänemark wurde der Kündigungsschutz gelockert, die Zumutbarkeitsregelungen verschärft und die aktive Arbeitsmarktpolitik deutlich verbessert.

Bei anderen Veränderungen, die das Arbeitslosigkeitsproblem eher verschlimmern dürften, gab es hingegen zwischen den Ländern keine offensichtlichen Unterschiede, da alle betrachteten Länder mit Ausnahme Frankreichs, wo in vier Bereichen – genauer gesagt bei der Dauer der Lohnersatzleistungen, dem gewerkschaftlichen Organisationsgrad, der Koordination im Lohnfindungsprozess und dem Kündigungsschutz – beschäftigungspolitisch nachteilige Veränderungen stattfanden, im betrachteten Zeitraum ein oder zwei beschäftigungspolitisch nachteilige Veränderungen aufweisen. Die häufigste beschäftigungspolitisch nachteilige Veränderung, die in fünf der sieben Länder – außer den Niederlanden und Italien – festgestellt wurde, war die Verlängerung der Dauer der Lohnersatzleistungen.

Somit gab es in der Gruppe der Länder mit hoher Arbeitslosigkeit nicht in erster Linie zu viele beschäftigungspolitisch nachteilige als vielmehr zu wenig beschäftigungspolitisch vorteilhafte Veränderungen. Schaut man nach Gemeinsamkeiten der Veränderungen in den sieben Ländern, so fällt auf, dass jeweils in drei der vier Länder in der ersten Gruppe die Zumutbarkeitsregelungen verschärft und die Steuern und Abgaben auf den Faktor Arbeit reduziert wurden. Keines der Länder in der zweiten Gruppe nahm eine dieser positiven Veränderungen vor – Italien erhöhte in dem betrachteten Zeitraum sogar die Steuern und Abgaben auf den Faktor Arbeit.

Wie oben bereits ausgeführt nimmt Spanien, was den Verlauf der Arbeitslosigkeit betrifft, eine gewisse Sonderrolle ein. Im Hinblick auf die Betrachtung der Veränderung der Arbeitsmarktinstitutionen gelten aber die oben gemachten Aussagen weitgehend auch für Spanien. Im betrachteten Zeitraum kam es dort zwar nur zu einer beschäftigungspolitisch nachteiligen Regeländerung – der tarifliche Bindungsgrad nahm zu – allerdings stehen dem nur zwei beschäftigungspolitisch vorteilhafte Veränderungen gegenüber – die Lohnersatzquote wurde gesenkt und der Kündigungsschutz reduziert.

235. Dieser Vergleich liefert bereits einen ersten Eindruck der Relevanz von Arbeitsmarktreformen für die divergierende Beschäftigungsentwicklung in Europa. Um jedoch ein genaueres Bild, das auch die bisher ausgeblendeten übrigen Länder mit berücksichtigt, zu erhalten, ist man auf ökonometrische Untersuchungen, die die gleichzeitige Wirkung mehrerer Faktoren erfassen können, angewiesen. Mit Hilfe entsprechender Paneldatensätze kann empirisch untersucht werden, in welchem Ausmaß langfristige Veränderungen der Arbeitslosenquoten einzelner Länder durch institutionelle Veränderungen in den genannten vier Bereichen erklärt werden können. Ergänzend zum isolierten Einfluss einzelner Institutionen auf die Höhe der Arbeitslosigkeit kann deren Wechselwirkung, einschließlich möglicher Komplementaritäten, betrachtet werden (Elmeskov et al., 1998; Belot und van Ours, 2004; Nickell et al., 2003). Beispielsweise zeitigt eine Senkung des Abgabenkeils, die mit einer Verringerung der Bezugsdauer der Lohnersatzleistungen und einer intensiveren Vermittlung von Arbeitslosen kombiniert wird, in der Summe größere Beschäftigungswirkungen als die isolierte Durchführung der genannten Maßnahmen, da im Niedriglohnbereich bei unveränderten Anspruchslöhnen eine aufgrund der niedrigeren Abgabenbelastung höhere Arbeitsnachfrage kaum zu Beschäftigungszuwächsen führt.

Ergebnisse internationaler Panelstudien der Arbeitslosigkeit

236. Die Erklärungsansätze, die die Bedeutung von Arbeitsmarktinstitutionen explizit berücksichtigen, brachten in den letzten Jahrzehnten zahlreiche Untersuchungen hervor, die sich mit der Frage beschäftigten, welche Faktoren im Einzelnen für die beobachtete Entwicklung der Arbeitslosigkeit seit dem Jahr 1960 im OECD-Raum verantwortlich waren. Besonders hervorzuheben sind hier die seit Mitte der neunziger Jahre veröffentlichten, auf vielen Ländern und immer längeren Zeiträumen und Paneldatensätzen basierenden Studien. Sie erlauben eine ganze Reihe qualitativer Aussagen im Hinblick auf die Bedeutung und die Signifikanz einzelner Arbeitsmarktinstitutionen für die Erklärung der Arbeitslosigkeit im internationalen Vergleich (Tabelle 21, Seite 172).

Aufgrund von Unterschieden in den verwendeten Datensätzen, Variablen und Schätzverfahren sowie der Schwierigkeit, institutionelle Größen wie etwa die tatsächliche Stärke des Kündigungsschutzes, geeignet und über die Länder hinweg vergleichbar zu erfassen, ist eine exakte Quantifizierung des Einflusses, den einzelne Institutionen auf die Arbeitslosigkeit ausüben, schwierig wenn nicht sogar unmöglich (JG 2003 Ziffer 679). Zudem wäre es vermessen, mit derartigen statistisch letztlich relativ einfachen Ansätzen die noch von anderen, nichtinstitutionellen Faktoren abhängige Entwicklung der Arbeitslosigkeit in ihrer Gänze erklären zu wollen (Nickell et al., 2005). Die Zusammenschau einer Vielzahl von Studien erlaubt es aber gerade wegen der Unterschiede im Vorgehen dennoch, robuste qualitative Aussagen über die Relevanz der einzelnen Arbeitsmarktinstitutionen und Interaktionseffekte zu treffen.

237. Zur Diskussion stehen im Folgenden acht verschiedene Variablen – die Höhe der Lohnersatzquoten, die Dauer der Anspruchsberechtigung auf Lohnersatzleistungen, der Umfang der aktiven Arbeitsmarktpolitik, der gewerkschaftliche Organisationsgrad, das Ausmaß der Tarifbindung und die Koordination bei den Lohnverhandlungen, die Höhe der Steuern und Abgaben auf den Faktor Arbeit und der Kündigungsschutz. Als abhängige Variable wird in empirischen Studien meist der Durchschnitt der Arbeitslosigkeit für Mehrjahreszeiträume verwendet, da das langfristige Verhalten der Arbeitslosigkeit und nicht die kurzfristige Dynamik erklärt werden soll.

Der Vergleich der Panelstudien für Ländergruppen des OECD-Raumes liefert überzeugende empirische Hinweise auf einen signifikanten Einfluss der Höhe der Lohnersatzquote, der Dauer der Lohnersatzleistungen, der Steuern und Abgaben auf den Faktor Arbeit sowie des Ausmaßes der Koordination bei den Lohnverhandlungen auf die Arbeitslosigkeit. Die drei erstgenannten Faktoren gehen mit einer höheren Arbeitslosenquote einher. Der Koordinationsgrad bei den Lohnverhandlungen besitzt hingegen einen dämpfenden Einfluss auf die Höhe der Arbeitslosigkeit. Weniger robust lassen sich der Einfluss des gewerkschaftlichen Organisationsgrads und des Ausmaßes der Tarifbindung, die eher die Arbeitslosigkeit erhöhen, und der aktiven Arbeitsmarktpolitik, für die in einigen Untersuchungen ein die Arbeitslosigkeit dämpfender Einfluss festgestellt wurde, quantifizieren. Hinsichtlich der Möglichkeiten der aktiven Arbeitsmarktpolitik ist zudem aus mikroökonometrischen Untersuchungen bekannt, dass deren Erfolg ganz entscheidend von der Art der eingesetzten Maßnahmen abhängt, so dass die Aussagekraft einer aggregierten Variable begrenzt ist. Für den Kündigungsschutz schließlich lässt sich kein robuster Effekt auf die Höhe der Arbeitslosigkeit belegen (JG 2003 Ziffer 679). Andere Untersuchungen zeigen, dass er sich stärker auf die Struktur der Arbeitslosigkeit, etwa den Anteil der Langzeitarbeitslosen oder den Umfang der Jugendarbeitslosigkeit, auswirkt (OECD, 2004).

Tabelle 21

Internationale Studien zur Arbeitslosigkeit[1]
Einfluss von Arbeitsmarktinstitutionen und makroökonomischen Schocks auf die Arbeitslosigkeit

Studie:	Nickell (1997)	Elmeskov et al. (1998)	Nickell & Layard (1999)	Blanchard & Wolfers (2000)	Bertola et al. (2001)	Nickell et al. (2003)	Berlot & Van Ours (2004)	Nickell et al. (2005)
Institutionen								
Ersatzquoten	+	+	+	+	o	+	(+)*	+
Arbeitslosenunter-stützung-Dauer	+	n.v.	+	+	+	+	n.v.	o
Organisationsgrad	+	o	+	+	o	o	+	o
Tarifbindungsgrad	+	n.v.	+	o	o	n.v.	n.v.	n.v.
Steuern	+	+	+	+	+	+	(+)*	o
Koordination	−	−	−	−	−	−	o	−
Kündigungsschutz	o	+	o	+	+	+	o	o
Aktive Arbeitsmarktpolitik	−	−	−	o	o	n.v.	n.v.	n.v.
Schocks								
Δπ: Veränderung der Inflationsrate	−	n.v.	−	n.v.	−	n.v.	−	n.v.
BIP-Lücke	n.v.	−	n.v.	n.v.	n.v.	n.v.	n.v.	n.v.
Produktivitätswachstum	n.v.	n.v.	n.v.	−	o	−	n.v.	−
Realzinsen	n.v.	n.v.	n.v.	+	+	n.v.	n.v.	+
Arbeitsnachfrage	n.v.	n.v.	n.v.	−	−	−	n.v.	−
Geldangebot	n.v.	n.v.	n.v.	n.v.	n.v.	o	n.v.	o
Reale Import-/Ölpreise	n.v.	n.v.	n.v.	n.v.	n.v.	+	n.v.	+
Erwerbsquote Jugendlicher	n.v.	n.v.	n.v.	n.v.	o	n.v.	n.v.	n.v.
Interaktionen								
Institutionen + Institutionen	Nein	Ja	Nein	Nein	Nein	Ja	Ja	Ja
Institutionen + Schocks	Nein	Nein	Nein	Ja	Ja	Nein	Nein	Ja
Fixe Effekte								
Länder	Nein	Ja	Nein	Ja	Ja	Ja	Ja	Ja
Zeit	Ja	Nein	Ja	Nein	Nein	Ja	Ja	Ja
Länderspezifischer Trend	Nein	Nein	Nein	Nein	Nein	Ja	Nein	Ja
Datensatz								
Zeitraum	1983–1994	1983–1995	1983–1994	1960–1995	1970–1996	1961–1992	1960–1995	1961–1995
Periodizität	6 Jahre	Jährlich	6 Jahre	5 Jahre	5 Jahre	Jährlich	5 Jahre	Jährlich
Anzahl Länder	20	19	20	20	20	20	17	20

1) Die Tabelle ist eine erweiterte und aktualisierte Fassung von Beissinger (2004), Tabelle 3, und Baker et al. (2002), Tabelle 5. Die Ergebnisse beziehen sich auf die von den jeweiligen Autoren präferierten Schätzungen. Die Ausnahme ist Nickell et al. (2005): Ergebnisse beziehen sich auf die darin veröffentlichte Tabelle 8, Spalte 3. Hierbei wurden erstmals beide Erklärungsansätze zusammengefaßt. Die abhängige Variable ist immer die Arbeitslosenquote. +/−: Eine Zunahme dieser Variable führt zu einem Anstieg (Rückgang) der Arbeitslosigkeit; o: insignifikant; n.v.: Die entsprechende Variable wurde in der Untersuchung nicht verwendet. *: Der interaktive Effekt von Steuern und Ersatzquoten ist positiv.

Betrachtet man die Wechselwirkungen der Arbeitsmarktinstitutionen, so scheint eine stärkere Koordination der Lohnverhandlungen die die Arbeitslosigkeit erhöhenden Effekte der Steuern und Abgaben und insbesondere des gewerkschaftlichen Organisationsgrads zu reduzieren. Andererseits werden die beschäftigungspolitisch nachteiligen Effekte einer höheren Abgabenbelastung oder einer längeren Bezugsdauer der Unterstützungszahlungen durch hohe Lohnersatzquoten noch verstärkt (Nickell et al., 2003; Belot und van Ours, 2004; Nickell et al., 2005).

238. Die Reformmaßnahmen, die in denjenigen Ländern, die bei der Bekämpfung der Arbeitslosigkeit erfolgreich waren, ergriffen wurden, bestanden meistens aus Maßnahmenpaketen. Die beispielhaften Betrachtungen der Niederlande und des Vereinigten Königreichs zeigen, dass erfolgreiche Länder teilweise sehr unterschiedliche Maßnahmen ergriffen haben, aber Gemeinsamkeiten sind trotz institutionell bedingter Unterschiede deutlich erkennbar. Hinzu kommt, dass beide Länder bei der Bekämpfung der Arbeitslosigkeit einen langen Atem – von 15 Jahren und mehr – bewiesen haben.

Exkurs: Von Schlusslichtern zu Beschäftigungswundern – die Niederlande und das Vereinigte Königreich

Niederlande

239. In den siebziger Jahren kam es in den Niederlanden zu einem rasanten, stufenweise verlaufenden Anstieg der Arbeitslosigkeit, der im Jahr 1983 seinen Höhepunkt erreichte. Die standardisierte Arbeitslosenquote lag bei 9,2 vH und war damit mehr als acht Prozentpunkte höher als im Jahr 1970 (Schaubild 29). Mit ausgelöst und verstärkt wurde diese, allgemein auch als „Holländische Krankheit" bekannte schwierige wirtschaftliche Situation durch die Aufwertung des niederländischen Guldens, zu der es in Folge einer verstärkten Nachfrage nach niederländischem Erdgas gekommen war; andere Exporte wurden hierdurch verdrängt, und dies ging mit einem Beschäftigungsabbau in diesen Wirtschaftssektoren einher. Gleichzeitig wurde das System der staatlichen Transferzahlungen weiter ausgebaut – finanziert einerseits über die hohen Erdgaseinnahmen, andererseits musste die Steuer- und Abgabenbelastung erhöht werden.

240. Gegen Ende des Jahres 1982 kam es zwischen den Sozialpartnern zur Vereinbarung von Wassenaar, die rückblickend als Auslöser eines mehr als zwanzig Jahre dauernden erfolgreichen Reformprogramms angesehen werden kann. Im Wesentlichen sah die Vereinbarung eine gegenseitige Verpflichtung zur Lohnzurückhaltung und Arbeitszeitverkürzung vor, wodurch über eine Verbesserung der Gewinnsituation der Unternehmen das Beschäftigungswachstum gefördert werden sollte. Gleichzeitig gab es eine Neuausrichtung in der Regierungspolitik hin zu einer Konsolidierung der Staatsfinanzen und einer Reform der Sozialen Sicherungssysteme. Maßgeblich für diesen Wandel war zum einen ein gestiegenes gesellschaftliches Bewusstsein für die Dringlichkeit politischer Maßnahmen, zum anderen spielte hierfür die Unzufriedenheit der Sozialpartner eine besondere Rolle. Diese befürchteten nach wiederholten Eingriffen der Regierung in den Lohnfindungsprozess in den siebziger Jahren weitere Interventionen. Erleichtert wurde diese Vereinbarung dadurch, dass die institutionellen Voraussetzungen für eine korporatistische Lösung, die der niederländischen Tradition der sozialpartnerschaftlichen Beziehungen entsprach, weiterhin gegeben waren.

Die niederländischen Arbeitsmarktinstitutionen sind traditionell durch eine stark korporatistische Struktur geprägt. Die vorherrschende Form der Lohnsetzung ist die industrieweite Tarifvereinbarung. Obwohl Lohnvereinbarungen auf anderen Ebenen durchaus möglich sind und existieren, hat deren Bedeutung in den neunziger Jahren weiter zugenommen. Wichtige institutionelle Einrichtungen sind die Stiftung der Arbeit („Stichting van de Arbeid") – eine private Organisation der Tarifvertragsparteien, die gemeinsame Empfehlungen für die Ausgestaltung der Arbeitswelt einschließlich der Lohnentwicklung vereinbaren und ihr Lohngremium. Die Empfehlungen der Stiftung der Arbeit stellen in erster Linie eine Orientierungshilfe dar. In der Vergangenheit wurden aber zudem zentrale Tarifvereinbarungen im Rahmen der Stiftung der Arbeit geschlossen.

Rückblickend betrachtet bestand das Reformprogramm im Wesentlichen aus drei Komponenten: erstens, Lohnzurückhaltung und mehr Flexibilität auf dem Arbeitsmarkt im Austausch für Arbeitszeitverkürzung, zweitens, Rückführung des Staates und Reduktion der Steuer- und Abgabenlast, und drittens, Reform der Sozialsysteme im Zusammenspiel von Regierung und Sozialpartnern zur Erhöhung der Arbeitsanreize und damit der Erwerbsbeteiligung (Hartog, 2000).

241. Die Lohnzurückhaltung hatte dabei nicht erst im Jahr 1982, sondern bereits im Zuge des starken Anstiegs der Arbeitslosigkeit begonnen. Nach dem Abkommen von Wassenaar beliefen sich allerdings die jährlichen Lohnsteigerungen bis in die neunziger Jahre hinein meist unter 2 vH. Während die realen Lohnstückkosten in der Europäischen Union vom Beginn der achtziger Jahre bis Mitte der neunziger Jahre deutlich anstiegen, lagen sie in den Niederlanden im Jahr 1996 auf demselben Niveau wie im Jahr 1981. Der gesetzliche reale Mindestlohn für Erwachsene fiel in weniger als 20 Jahren um mehr als 20 vH (Hartog, 2000).

242. Die Verkürzung der Arbeitszeit wurde durch Reduktionen der Normalarbeitszeit und eine Ausweitung der Teilzeitarbeit vorangetrieben und seitens der Regierung durch großzügige finanzielle Unterstützung begleitet. Die tatsächlich geleisteten Arbeitsstunden pro Kopf verringerten sich hierdurch stark. Noch heute weisen die Niederlande innerhalb der Europäischen Union das niedrigste Niveau auf. Hauptursache hierfür sind der im Vergleich zu anderen EU-Ländern relativ große Anteil der niederländischen Teilzeitbeschäftigten an den gesamten Beschäftigten und ihre kürzeren Arbeitszeiten. Gleichzeitig nahm in den achtziger und neunziger Jahren die Partizipationsrate der Frauen deutlich zu, die einen hohen Anteil der Teilzeitbeschäftigten darstellen. Flankiert wurden diese Initiativen zur Förderung der Arbeitszeitverkürzung und Teilzeitarbeit durch Maßnahmen zur Gleichstellung von Teilzeit- und Vollzeitbeschäftigung im Hinblick auf die soziale Absicherung, das Arbeitsrecht und die Tarifvereinbarungen. Neben der Teilzeitarbeit entstanden neue flexible Arbeitsverhältnisse wie Beschäftigung auf Abruf, befristete Arbeitsverhältnisse und Zeitarbeit, die allerdings nicht dieselbe soziale Absicherung wie die Teilzeitbeschäftigung besitzen. Insgesamt waren Ende der neunziger Jahre mehr als ein Drittel aller niederländischen Arbeiter Teilzeitbeschäftigte; der Anteil der Beschäftigten in anderen neuen Arbeitsverhältnissen betrug rund 9 vH (van Oorschot, 2004; Eichhorst und Konle-Seidl, 2005).

243. Neben den oben beschriebenen Reformen im Zuge der Vereinbarung von Wassenaar kam es in den neunziger Jahren zu einer Neuausrichtung in der Arbeitsmarktpolitik hin zu einer Fokussierung auf die Reaktivierung von arbeitsfähigen Nichterwerbstätigen. Zielgerichtete Programme zur Reintegration von Langzeitarbeitslosen wurden ausgeweitet, im unteren Bereich der Lohnskala die Arbeitgeberbeiträge zu den Sozialversicherungen gesenkt und in den Jahren 2001/2002 Kombilöhne eingeführt. Arbeitsmarktpolitische Maßnahmen und Vermittlungstätigkeiten wurden seit dem Jahr 2001 vermehrt an private Anbieter vergeben, deren Vergütung je nach Einzelfall variiert und erfolgsabhängig ist (Eichhorst und Konle-Seidl, 2005).

244. Ausgeprägte Lohnzurückhaltung im öffentlichen Dienst und eine deutliche Reduktion des Anteils der Beschäftigung im öffentlichen Sektor trugen in den achtziger und neunziger Jahren maßgeblich zu einer starken Reduktion des staatlichen Defizits bei, auch andere finanzpolitische Kennziffern verbesserten sich merklich. Die Beschäftigung im öffentlichen Sektor fiel im Zeitraum der Jahre 1983 bis 1996 um 7 vH; im Jahr 1996 waren die Reallöhne im öffentlichen Dienst rund 25 vH niedriger als im Jahr 1979. Der Anteil der Staatsausgaben im Bezug auf das Bruttoinlandsprodukt sank im Zeitraum der Jahre 1983 bis 1996 um 11 Prozentpunkte auf 47 vH (Hartog, 2000).

245. Weitreichende Veränderungen gab es seit dem Jahr 1982 zudem in der Sozialversicherung. Bei der Arbeitslosenversicherung wurden Mitte der achtziger Jahre die Lohnersatzquoten reduziert und die Berechtigungskriterien mehrmals verschärft. Die Lohnersatzleistungen wurden an den Nettomindestlohn angekoppelt. Da der Abstand zwischen Durchschnittslohn und Nettomindestlohn im zeitlichen Verlauf zunahm, verstärkte dies zwar einerseits den generellen Anreiz zur Arbeitsaufnahme, reduzierte aber andererseits die „Arbeitslosigkeitsfalle" für Personen aus dem Niedriglohnbereich kaum (de Koning et al., 2004). Dies sollte ab Mitte der neunziger Jahre durch verschärfte Zumutbarkeitsregelungen begrenzt werden. Zudem wurden im Jahr 2004 lohnabhängige Unterstützungsleistungen gestrichen, die nach Ablauf der eigentlichen Lohnersatzleistungen unter bestimmten Voraussetzungen für bis zu weitere fünf Jahre gewährt worden waren.

Mehrere Veränderungen gab es bei der Lohnfortzahlung im Krankheitsfall und den entsprechenden Berechtigungskriterien, die allerdings bis zum Jahr 1994 durch Vereinbarungen der Tarifpartner konterkariert wurden. Im Jahr 1996 wurde die Verantwortung für die Lohnfortzahlung im Krankheitsfall den Arbeitgebern übertragen und vollständig privatisiert (Hartog, 2000). Problematisch blieb weiterhin die Erwerbsunfähigkeitsversicherung. Im Jahr 1987 wurde zwar die gesetzliche Höhe der Unterstützungsleistungen abgesenkt; allerdings gewährten die Tarifverträge vielfach zusätzliche Unterstützungen. Zudem war bis zum Jahr 1993 die finanzielle Ausgestaltung der Erwerbsunfähigkeitsversicherung wesentlich attraktiver als die der Arbeitslosenversicherung. Trotz weiterer Maßnahmen – unter anderem wurde ein „experience rating" in Bezug auf die Arbeitgeberbeiträge erfolgreich eingeführt – konnten die Probleme der Erwerbsunfähigkeitsversicherung in der Folge nicht abschließend gelöst werden.

246. Zusammenfassend zeigt die Entwicklung der Niederlande, dass das dortige Arbeitslosigkeitsproblem durch einen langen Atem bei den wirtschaftlichen Reformen überwunden werden konnte. Durch die gemeinsam getragenen Reformanstrengungen gelang es, die Arbeitslosigkeit über einen Zeitraum von 20 Jahren drastisch zu reduzieren, die Erwerbsquote zu erhöhen und die niederländische Volkswirtschaft nicht nur von ihrer „Krankheit" zu kurieren, sondern in eine der europäischen Erfolgsgeschichten zu verwandeln.

Vereinigtes Königreich

247. Das Vereinigte Königreich hatte in den sechziger und siebziger Jahren zwar vergleichsweise niedrige Arbeitslosenzahlen, doch schon lange vor der Regierungsübernahme der Konservativen Partei unter Margret Thatcher im Jahr 1979 verstärkten sich das Bewusstsein dafür und die Hinweise darauf, dass der britische Arbeitsmarkt weniger effizient funktionierte als in anderen Län-

dern. Im Einzelnen wies die so genannte „Britische Krankheit" die folgenden Merkmale auf. Für ein nicht-korporatistisches Land besaß das Vereinigte Königreich einen hohen gewerkschaftlichen Organisationsgrad. Die schlechte Streikbilanz des Landes zeigte, dass die britischen Gewerkschaften häufig ein geringes gesellschaftliches Verantwortungsbewusstsein an den Tag legten. Trotz der im Durchschnitt um 10 vH höheren Löhne gewerkschaftlich organisierter Arbeitnehmer waren im Gegensatz zu den Vereinigten Staaten keine Produktivitätsunterschiede zwischen gewerkschaftlich organisierten und nicht organisierten Arbeitern festzustellen. Die Arbeitsproduktivität und das Bruttoinlandsprodukt wuchsen schwächer als in anderen OECD-Ländern, und die Qualität und Ausbildung britischer Arbeitnehmer war niedriger. Trotz zunehmender Arbeitslosigkeit kam es in den siebziger Jahren zu hohen Lohnabschlüssen. Dies führte in Kombination mit einem niedrigen Produktivitätswachstum zu wachsenden Lohnstückkosten und höherer Inflation als in anderen Ländern der Europäischen Union (Blanchflower und Freeman, 1994).

248. Entscheidende Bedeutung für das Verständnis der nachfolgenden politischen Entwicklung hatte der Winter 1978/79, der – in Anlehnung an den einleitenden Satz in William Shakespeares „Richard III" – unter der Bezeichnung „Winter of Discontent" Einzug in die britischen Geschichtsbücher hielt. Verursacht durch eine Serie von unzähligen, häufig nicht offiziellen Streiks, die zu schweren Störungen des Wirtschaftslebens und des Alltags führten, sanken die Chancen der damaligen Labourregierung auf eine Wiederwahl drastisch, und die Konservative Partei unter Margret Thatcher kam an die Regierung, basierend auf einem Wahlprogramm, welches explizit gegen die britischen Gewerkschaften gerichtet war.

Zusammenfassend basierte das Reformprogramm – welches auch die Politik der Regierungen des späteren Premierministers John Major mit einschloss – auf drei Säulen: Reduktion des staatlichen Einflusses auf das Wirtschaftsgeschehen, Vertrauen in die und Stärkung der Funktionsfähigkeit der Märkte, Schwächung der gewerkschaftlichen Macht durch die Gesetzgebung und Besserstellung von Erwerbseinkünften relativ zu sozialen – nicht zur Erwerbstätigkeit in Beziehung stehenden – Unterstützungszahlungen.

249. Im Bereich der ersten Säule kam es zu einer umfassenden Privatisierung verstaatlichter Industrien und Betriebe, niedrigeren Steuersätzen und der Förderung der Selbständigkeit. Während im Jahr 1979 noch 12 vH des Bruttoinlandprodukts des Vereinigten Königreichs in öffentlichen Unternehmen produziert wurden, waren es im Jahre 1997 nur noch 2 vH. Die Beschäftigung im öffentlichen Sektor fiel gemessen an allen Erwerbstätigen im selben Zeitraum um fast neun Prozentpunkte auf rund 21 vH; im Zeitraum der Jahre 1980 bis 1999 nahm dagegen der Anteil der Selbständigen um mehr als vier Prozentpunkte auf 12,7 vH zu (Card und Freeman, 2002).

250. Der gewerkschaftliche Einfluss wurde über einen Zeitraum von zehn Jahren schrittweise durch eine antigewerkschaftliche Gesetzgebung zurückgedrängt, wobei das gesetzliche Verbot des „Closed Shop" – der Regelung, nach der alle Beschäftigten eines Unternehmens Mitglied derselben Gewerkschaft sein mussten – Anfang der neunziger Jahre den symbolischen Schlusspunkt markierte.

Traditionell basierten die Gewerkschaftsbewegung und das Lohnverhandlungssystem im Vereinigten Königreich auf dem Prinzip der Freiwilligkeit. So gab es weder ein Gesetz, welches einen privaten Arbeitgeber dazu verpflichtet hätte, mit einer Gewerkschaft zu verhandeln, noch bestand die Möglichkeit, eine kollektiv abgeschlossene Vereinbarung gerichtlich einzuklagen. Gleichzeitig gab es kein gesetzliches Streikrecht (Pencavel, 2003). Allerdings existierten zahlreiche indirekte Kanäle, durch welche die Regierung Einfluss auf die Gewerkschaften und das kollektive Lohnfindungssystem ausüben konnte, wie das Setzen von Mindestlöhnen in bestimmten Wirtschaftsbereichen durch die „Wage Councils" oder die Verpflichtung, dass Vertragspartner der Regierung gewerkschaftlich ausgehandelte Löhne zu zahlen hatten („Fair Wages Resolution").

Die Schwerpunkte der antigewerkschaftlichen Gesetzgebung betrafen Streiks, die Abschaffung von „Closed Shops" sowie Regelungen der Gewerkschaftsführung. Durch zahlreiche Gesetze sollten die impliziten Kosten eines Streiks aus gewerkschaftlicher Sicht massiv erhöht werden. So konnte künftig eine Gewerkschaft unter bestimmten Gründen für die wirtschaftlichen Schäden eines Streiks finanziell haftbar gemacht werden. Zudem wurde das Recht der Arbeitgeber, streikende Beschäftigte zu entlassen, erweitert. Die Einrichtung eines „Closed shop" wurde faktisch Anfang der neunziger Jahre verboten. Die Rechte der einzelnen Gewerkschaftsmitglieder gegenüber ihrer Führung wurden gesetzlich ausgeweitet, und es wurde über die genannten indirekten Kanäle versucht, die Macht der Gewerkschaften zurückzudrängen (Abschaffung der „Wage Councils" und der „Fair Wages Resolution"). Im Zuge dieser Maßnahmen sank die Bedeutung der Gewerkschaften im Vereinigten Königreich drastisch. Während der gewerkschaftliche Organisationsgrad im Jahr 1980 noch bei 50 vH gelegen hatte, betrug er im Jahr 1999 weniger als 30 vH. Ebenso deutlich reduzierte sich der tarifliche Bindungsgrad, der auf seinem Höhepunkt im Jahr 1980 noch 70 vH betragen hatte; im Jahr 1999 lag er lediglich bei 36 vH. Die Zahl der Streiktage nahm innerhalb dieser zwei Jahrzehnte erheblich ab. Es wäre jedoch zu kurz gegriffen, nur die gewerkschaftsfeindliche Gesetzgebung der Jahre 1980 bis 1990 für diese Entwicklungen verantwortlich zu machen. Ebenso wichtig war hierbei sicherlich, dass über den betrachteten Zeitraum hinweg die Sektoren an Bedeutung verloren, in denen die Gewerkschaften eine gewichtige Rolle innehatten, wie zum Beispiel in der industriellen Produktion. Hier kam es weniger zu einer Zurückdrängung der Gewerkschaften; vielmehr gelang es ihnen nicht, in neu entstehenden Unternehmen Fuß zu fassen (Machin, 2000).

251. Eine neuere Studie betont die Bedeutung der Schwächung der Macht der Gewerkschaften im Zusammenspiel mit den Veränderungen im geldpolitischen Rahmenwerk des Vereinigten Königreichs für die bemerkenswerte Reduktion der Arbeitslosigkeit seit Mitte der neunziger Jahre. Nach dem Ausscheiden aus dem Europäischen Wechselkursmechanismus (EWS) ging die „Bank of England" zu einer Inflationssteuerung über. Seit dem Jahr 1997 ist die Zentralbank im Vereinigten Königreich zudem unabhängig. In Verbindung mit der Schwächung der Gewerkschaften wirkten diese Maßnahmen tendenziell inflationsmindernd und eröffneten Spielräume für eine nachhaltige Erhöhung der gesamtwirtschaftlichen Nachfrage (Pissarides, 2003).

252. Der britische Wohlfahrtstaat wurde umgebaut mit der Absicht, die Arbeitsanreize zu erhöhen. Die Lohnersatzquoten wurden mehrmals signifikant reduziert und zusätzlich die Zumutbarkeitsregelungen im zeitlichen Verlauf verschärft, wobei speziell für junge Menschen die Voraussetzungen für den Bezug von Sozialleistungen strenger gefasst wurden. Im Jahre 1988 wurde der „Family Credit", ein Kombilohn für Familien mit geringem Arbeitseinkommen, der abhängig von der Zahl der Kinder und der geleisteten Arbeitsstunden war, eingeführt.

Mit dem Regierungswechsel im Jahre 1997 kam es dann zu einer gewissen Neuausrichtung in der Arbeitsmarktpolitik. Zwar machte die neue Labour-Regierung die gewerkschaftsfeindliche Gesetzgebung der vorherigen konservativen Regierungen nicht rückgängig. Allerdings kam es zu einer Betonung der aktiven Arbeitsmarktpolitik. Durch eine Stärkung der individuellen Arbeitsanreize sollten die Arbeitsmarktpartizipation sowie die Arbeitsfähigkeiten erhöht werden. Kernstück dieser Politik stellten die „New Deal"-Programme dar, die Personen aus speziellen Problemgruppen wieder in Arbeit bringen oder an den Arbeitsmarkt heranführen sollten. Ergänzt wurde dies durch den großzügigen Ausbau des britischen Kombilohnsystems zum „Working Tax Credit", der jetzt auch allein stehende Personen mit niedrigem Einkommen umfasst. In diesem Zusammenhang ist die Einführung eines gesetzlichen Mindestlohns im Jahr 1999 zu sehen, der als Ergänzung zu den obigen zwei Maßnahmen zu sehen ist und bezahlte Arbeit attraktiver machen soll.

253. Auch das Beispiel des Vereinigten Königreichs verdeutlicht den langen Atem, der notwendig war, bis sich Erfolge auf dem Arbeitsmarkt einstellten. Noch Anfang der neunziger Jahre äußerten sich Ökonomen skeptisch über die Möglichkeit, dass die unter der Regierung Margret Thatcher eingeleiteten und durchgeführten Reformen die Vorraussetzungen für ein britisches Wirtschaftswunder schufen (Blanchflower and Freeman, 1994). Spätestens aber seit der zweiten Hälfte der neunziger Jahre entwickelte sich das Vereinigte Königreich immer mehr zu einer der europäischen Erfolgsgeschichten: Seit Mitte der neunziger Jahre weist die Arbeitslosenquote einen markanten Abwärtstrend auf, und der Anteil der Langzeitarbeitslosigkeit ist seither deutlich zurückgegangen.

---

254. Das hier gewonnene Bild von den Reformanstrengungen in den beschäftigungspolitisch erfolgreichen europäischen Ländern wird durch neuere Ergebnisse der OECD im Rahmen des Evaluationsprozesses der „OECD Jobs Strategy" unterstützt. Im Hinblick auf Umfang und Intensität der länderspezifischen Arbeitsmarktreformen seit Mitte der neunziger Jahre liegen nun Dänemark und die Niederlande an der Spitze aller Länder, was die Bandbreite und die Intensität der durchgeführten Reformen im Arbeitsmarkt betrifft. Deutschland belegte hierbei ebenfalls einen der vorderen Plätze, allerdings ist diese positive Bewertung auf die Arbeitsmarktreformen der jüngeren Vergangenheit zurückzuführen. Das Vereinigte Königreich und Irland hingegen wurden als federführend im Hinblick auf wenige zielgerichtete Arbeitsmarktreformen mit großer Intensität angesehen. Dies lag teilweise darin begründet, dass diese beiden Länder ihre Reformmaßnahmen in anderen Bereichen schon vor dem betrachteten Zeitraum durchgeführt hatten (Brandt et al., 2005).

IV. Wege zu mehr Beschäftigung
1. Zentrale Herausforderungen

255. Die vorangehende Analyse lässt zwei zentrale Problembereiche auf dem deutschen Arbeitsmarkt erkennen: die hohe Arbeitslosigkeit unter den Geringqualifizierten und die Verfestigung der Arbeitslosigkeit, die sich insbesondere in einem hohen Anteil an Langzeitarbeitslosen niederschlägt. Jedes Reformprogramm für den Arbeitsmarkt muss sich daran messen lassen, ob es für diese Handlungsfelder Lösungen bereithält.

Den Arbeitsmarkt für Geringqualifizierte weiter öffnen

256. Die in Deutschland zu beobachtende hohe Arbeitslosigkeit unter den **Geringqualifizierten** ist im internationalen Vergleich auffällig (Ziffern 195 ff. und 211). Ihre Produktivität und damit ihr am Markt erzielbares Einkommen liegt häufig nur wenig über dem durch die Systeme der Sozialen Sicherung definierten sozialen Existenzminimum, und gerade bei Familien ist das Existenzminimum häufig sogar höher. Der vermeintliche Königsweg aus diesem Dilemma ist zwar eine höhere Qualifikation, doch zu einer ehrlichen Bestandsaufnahme auf dem Arbeitsmarkt gehört das Eingeständnis, dass ein erheblicher Teil der Geringqualifizierten kurzfristig nur sehr begrenzt qualifizierbar sein dürfte. Die bisherige Bilanz der Qualifizierungs- und Weiterbildungsmaßnahmen legt davon ein beredtes Zeugnis ab, und Erfolg versprechende Reformen im Bildungssystem benötigen selbst bei gelungener Umsetzung eine längere Vorlaufzeit, bis sie auf den Arbeitsmarkt durchwirken. Kurz- bis mittelfristig muss daher für Reformen das Qualifikationsniveau der Betroffenen als gegeben angenommen werden, so dass eine produktive Beschäftigung auf dem ersten Arbeitsmarkt nur im Niedriglohnbereich möglich ist. Entsprechende Tätigkeiten sind vor allem im Dienstleistungsbereich zu finden, denn im Produzierenden Gewerbe stehen Geringqualifizierte aufgrund des hohen Anteils an handelbaren Gütern in direkter Konkurrenz mit Arbeitnehmern aus Niedriglohnländern. Damit sich derartige Beschäftigungschancen in ausreichendem Umfang eröffnen, müssen die Voraussetzungen sowohl auf der Arbeitsnachfrageseite als auch beim Arbeitsangebot und der Lohnsetzung geschaffen werden.

257. Für die Beschäftigung Geringqualifizierter gilt aus Sicht der Unternehmen das gleiche wie für alle Arbeitnehmer: Die Arbeitskosten, das heißt der Produzentenlohn, müssen durch eine entsprechende Produktivität des Arbeitnehmers gedeckt sein. Erleichtert wird dies, wenn gerade für niedrig entlohnte Arbeiten die Belastung mit Abgaben gesenkt werden kann, zumal gerade in diesem Arbeitsmarktsegment die Arbeitsnachfrage besonders stark auf Lohnänderungen reagiert. Mit Blick auf den Niedriglohnbereich kommt es daher auf eine entsprechende Auffächerung der Lohnstruktur, einschließlich der Ausbildungsvergütungen, an. Gefordert sind hier nicht nur die Tarifvertragsparteien, sondern auch der Gesetzgeber, indem er im Tarifvertragsrecht beispielsweise durch die Präzisierung des Günstigkeitsprinzips die Rahmenbedingungen für eine stärkere Ausdifferenzierung der Löhne setzt; die Einführung tariflicher oder gesetzlicher Mindestlöhne wäre demgegenüber völlig verfehlt und liefe den mit den Hartz-Gesetzen bereits unternommenen Reformschritten diametral entgegen. Die große Verbreitung atypischer Beschäftigungsformen wie Mini-Jobs oder Leiharbeit belegt zudem, dass insbesondere für einfache Tätigkeiten in regulären Beschäftigungsverhältnissen implizite Lohnkosten wie der Schattenpreis der Entlassung eine wichtige Rolle spielen. Eine Lockerung des Kündigungsschutzes kann auf diesem Feld demnach durchaus einen Beitrag zur Erhöhung der Arbeitsmarktchancen leisten.

Neben wettbewerbsfähigen Löhnen muss für einen funktionierenden Niedriglohnbereich eine Nachfrage nach einfachen Tätigkeiten vorliegen. Es mag sein, dass in Deutschland Präferenzunterschiede der Konsumenten manchen, in anderen Ländern üblichen Dienstleistungen entgegenstehen, genannt sei nur der fast schon sprichwörtliche Tütenpacker im Supermarkt. Die Bedeutung der Schattenwirtschaft belegt jedoch eindrücklich ein erhebliches Marktpotential. Da gerade für einfache Tätigkeiten Transaktionskosten ein hohes relatives Gewicht haben, kommt nicht nur der Verringerung des Abgabenkeils, sondern auch der Beseitigung administrativer Hindernisse eine wichtige Bedeutung zu. Die Reform der Handwerksordnung und die Erleichterung von Kleingewerben waren hier richtige Schritte, möglicherweise ebenso die Einführung der Ich-AG, doch sollten alle staatlichen Ebenen bei ihren Bemühungen um einen Bürokratieabbau dort nicht stehen bleiben. Dies illustriert im Übrigen, dass eine Deregulierung auf den Gütermärkten merkliche Rückwirkungen auf den Arbeitsmarkt haben kann, zumal sie sich moderierend auf die Lohnsetzung auswirkt – wo nach dem Fall von Wettbewerbshindernissen weniger ökonomische Renten wie etwa Monopolgewinne anfallen, entfällt auch der Streit über deren Aufteilung.

258. Ein Abbau der Arbeitslosigkeit unter den Geringqualifizierten setzt nicht nur eine höhere Arbeitsnachfrage, sondern auch ein entsprechendes Arbeitsangebot voraus, und damit die Bereitschaft der Arbeitslosen, derartige Stellen zu wettbewerbsfähigen Löhnen anzunehmen – andernfalls laufen die Maßnahmen zur Stimulierung der Nachfrage nach Geringqualifizierten weitgehend ins Leere. Folglich darf der Anspruchslohn, der neben Größen wie der Beschäftigungswahrscheinlichkeit oder dem erwarteten Lohn entscheidend vom System der Lohnersatzleistungen abhängt, einer Arbeitsaufnahme nicht im Wege stehen. Es kommt somit darauf an, die sozialstaatlich gebotene Mindestsicherung insbesondere des Arbeitslosengelds II mit hinreichend attraktiven Anreizmechanismen für Hinzuverdienste und ergänzenden Sanktionsmechanismen bei zu niedriger Suchintensität so zu kombinieren, dass sich für Geringqualifizierte die Arbeitsaufnahme auch zu den ihrer Produktivität entsprechenden niedrigen Löhnen rentiert. Das Arbeitslosengeld II demgemäß auszutarieren und die Grenzbelastung hinreichend zu senken, ist, gegeben die prekäre Haushaltslage und den beträchtlichen Abgabenkeil, nicht einfach. Als Ausweg werden daher immer wieder allgemeine oder zielgruppenspezifische Lohnsubventionen gesehen, die aber eigene Probleme wie mögliche Verzerrungen zu Lasten regulär Beschäftigter oder Mitnahmeeffekte aufwerfen und insofern sorgsam abgewogen werden müssen. Dies gilt umso mehr, als es bereits eine Reihe von arbeitsmarktpolitischen Instrumenten mit Lohnzuschusscharakter gibt, wie etwa das Einstiegsgeld im Rahmen des SGB II.

Sperrklinken beseitigen und Langzeitarbeitslosigkeit vorbeugen

259. Die **Verfestigung der Arbeitslosigkeit**, die sich neben dem Niveau der Arbeitslosenzahlen insbesondere im hohen Anteil der **Langzeitarbeitslosen** manifestiert, ist das zweite große Problemfeld auf dem deutschen Arbeitsmarkt. Arbeitsmarktpolitisch muss es darum gehen, die Dynamik am Arbeitsmarkt so zu erhöhen, dass die Verweildauer in der Arbeitslosigkeit abnimmt und so eine De-facto-Ausgrenzung der Arbeitslosen vom Arbeitsmarkt verhindert wird. Diesbezügliche Reformmaßnahmen müssen ebenso wie bei den Geringqualifizierten an der Arbeitsnachfrage sowie am Arbeitsangebot und an der Lohnfindung ansetzen, gehen aber über den Niedriglohnbereich und gering qualifizierte Tätigkeiten hinaus. Denn sieht man einmal davon ab, dass Langzeitarbeitslosigkeit bereits für sich genommen zu einem schleichenden Qualifikationsverlust der Betroffenen führt, so sind entgegen der landläufigen Meinung die Langzeitarbeitslosen nicht identisch mit den Geringqualifizierten: Gemessen an der formalen Qualifikation – in Form der höchsten abgeschlossenen Berufsausbildung – ist deren Anteil an den Langzeitarbeitslosen nicht wesentlich verschieden von dem an allen Arbeitslosen.

260. Im Hinblick auf die „Umschlagshäufigkeit" auf dem Arbeitsmarkt, das heißt die Rate, mit der Arbeitnehmer arbeitslos werden und die Arbeitslosigkeit wieder verlassen, spielen die Kosten, die den Unternehmen bei einer Änderung der Beschäftigung entstehen, eine maßgebliche Rolle. Wirtschaftspolitisch beeinflussbar ist hier neben der Effizienz der Arbeitsvermittlung vor allem der Kündigungsschutz, der die Arbeitsplatzbesitzer zwar recht wirksam schützt, den Arbeitslosen aber den Wiedereintritt in ein Beschäftigungsverhältnis erschwert. Er sollte daher auch im Hinblick auf das Problem der Langzeitarbeitslosigkeit über die bereits im Jahr 2003 unternommenen zaghaften Schritte hinaus weiter gelockert werden. Dem legitimen Interesse der Arbeitnehmer und der Gesellschaft an einer hinreichenden Stabilität von Beschäftigungsverhältnissen, das ohnehin nicht im Gegensatz zu den Interessen der Arbeitgeber stehen muss, kann beispielsweise durch Abfindungsregeln besser Rechnung getragen werden. Die Politik ist stattdessen in den vergangenen Jahren verstärkt darauf verfallen, den Arbeitsmarkt an den Rändern, das heißt durch die Schaffung oder Neuordnung spezieller, atypischer Beschäftigungsformen – befristete Beschäftigungsverhältnisse, Leiharbeit, Mini-Jobs – zu liberalisieren. Anstatt so letztlich eine Zwei-Klassen-Gesellschaft auf dem Arbeitsmarkt zu fördern, wäre sie gut beraten, den erkannten Anpassungsdruck gleichmäßiger auf alle Beschäftigten zu verteilen und den Arbeitsmarkt in der Breite zu flexibilisieren. Auf diese Weise kann im Übrigen auch Ausweichreaktionen wie Scheinselbständigkeit oder der Substitution von Normalarbeitsverhältnissen und damit der allseits beklagten Erosion der Beitragsbasis der Sozialversicherungen wesentlich wirksamer begegnet werden. Komplementär dazu sollten die Beitragszahler nicht zur Finanzierung von versicherungsfremden Leistungen herangezogen werden, um so den Teufelskreis aus Beschäftigungsverlusten, sinkenden Einnahmen, steigenden Ausgaben, Beitragserhöhungen und damit weiter steigenden Arbeitskosten zu durchbrechen.

261. Die Lohnsetzung muss ihren Beitrag dazu leisten, dass eine aus welchen Gründen auch immer gestiegene Arbeitslosigkeit sich nicht weiter verfestigt. Über eine Differenzierung der Lohnstruktur, beispielsweise mittels individuell oder kollektiv vereinbarter Einstiegslöhne, können die Wiedereintrittschancen von Langzeitarbeitslosen zusätzlich erhöht werden. Dies würde zugleich das Insider-Verhalten dämpfen; lediglich an der Sicherung des Beschäftigungsniveaus orientierte Lohnabschlüsse würden also weniger wahrscheinlich und einmal eingetretene Beschäftigungsverluste würden nicht einfach als gegeben hingenommen werden. Im Hinblick auf das Problem der Verfestigung der Arbeitslosigkeit kommt man daher, ebenso wie im Niedriglohnbereich, um eine Reform des Tarifvertragsrechts, die eine derartige Beschäftigungsorientierung stärker als bisher gewährleistet, nicht herum. Eine besondere Rolle spielt ferner das System der Lohnersatzleistungen. Dieses muss die Absicherung der Beschäftigten vor dem Risiko der Arbeitslosigkeit noch besser mit Anreizen zu einer raschen Arbeitssuche vereinbaren, um auch auf individueller Ebene die Arbeitslosigkeit nicht zum Dauerzustand werden zu lassen. Erreicht werden kann das beispielsweise über einen degressiven Verlauf der Arbeitslosengeldzahlungen. Kurz anhaltende Perioden der Arbeitslosigkeit wären dadurch mit geringeren Einbußen verbunden, doch aufgrund der mit der Zeit absinkenden Lohnersatzleistungen sänke der Anspruchslohn, und folglich stiege der Anreiz zur frühzeitigen Suche nach einer neuen Arbeitsstelle. Für das Arbeitslosengeld II muss ebenfalls eine rasche Vermittlung möglichst auf den ersten Arbeitsmarkt absoluten Vorrang haben. Das Ziel der Bundesregierung und der Bundesagentur für Arbeit, jedem Arbeitslosen mit einem Alter unter 25 Jahren binnen drei Monaten ein Stellenangebot zu unterbreiten oder wenigstens eine Maßnahmenteilnahme anzubieten, ist daher ausdrücklich zu begrüßen und sollte baldmöglichst auf Arbeitslose jeden Alters ausgedehnt werden, anstatt über vorruhestandsähnliche Regelungen ältere Arbeitslose ganz aus dem Arbeitsmarkt zu drängen.

Reformen am Arbeitsmarkt: Beharrliches Bohren dicker Bretter

262. Die drückenden Probleme auf dem Arbeitsmarkt signalisieren unzweifelhaft Handlungsbedarf. Dabei sind die Einflussmöglichkeiten der Politik auf den Arbeitsmarkt allerdings begrenzt, so dass vor Illusionen über kurzfristig erreichbare Erfolge nur gewarnt werden kann. Die Machbarkeit des Wirtschaftsprozesses in einer Marktwirtschaft hält sich angesichts anderer Akteure wie der Tarifvertragsparteien, der engen Verflechtung mit der Weltwirtschaft und der zunehmenden Bedeutung supranationaler Entscheidungen in Grenzen; die Politik kann vor allem die Rahmenbedingungen und Institutionen prägen, in denen sich wirtschaftliches Handeln auch und gerade auf dem Arbeitsmarkt abspielt. Angesichts der Schwere der Probleme sollte daher klar geworden sein, dass es nicht ausreicht, lediglich an einigen wenigen Stellschrauben zu drehen, um dann im Anschluss womöglich sogar über die fehlende Wirkung zu lamentieren. Vielmehr muss die Politik einem kohärenten Gesamtkonzept folgen und ein Paket von Maßnahmen schnüren, das sich die positiven Wechselwirkungen – und den unterschiedlichen politischen Rückhalt – der Einzelnen, für sich genommen vielleicht gar nicht so eindrucksvollen Teile zunutze macht. Wie die Erfahrungen anderer Länder lehren und in der Literatur überzeugend dargelegt wird, verspricht ein solcher „package deal" am ehesten Erfolg, und die mutigen, gegen viele Widerstände und Diffamierungen durchgesetzten Hartz-Gesetze zeigen, dass derart umfassende Reformen in Deutschland möglich sind. Was die eben lediglich skizzierten Maßnahmen im Einzelnen beinhalten, wird im folgenden Abschnitt näher ausgeführt.

Die Politik ist dabei gut beraten, sich erst gar nicht auf quantitative Zielvorgaben beim Kampf gegen die Arbeitslosigkeit einzulassen, so sehr die Medien oder die Öffentlichkeit auch darauf drängen mögen. Sie hat die Zielerreichung nicht allein in der Hand, und so birgt die Festlegung auf zahlenmäßig fixierte Absichten bei den Bemühungen um eine Verringerung der Arbeitslosigkeit ein hohes Risiko des Scheiterns. Mehr noch, die genannten Erfahrungen anderer Länder – wie etwa in den Niederlanden oder im Vereinigten Königreich – zeigen neben der Notwendigkeit von Paketlösungen, dass die positiven Effekte auf das Arbeitsmarktgeschehen eines langen Atems bedürfen, mithin sehr viel Geduld und wirtschaftspolitische Standfestigkeit vonnöten ist, so schwer das angesichts einer drängenden Öffentlichkeit fallen mag. Insoweit geht die Kritik an den jüngsten Reformen am hiesigen Arbeitsmarkt ins Leere, zumal einige der Maßnahmen – wie etwa die Verkürzung der maximalen Bezugsdauer des Arbeitslosengelds – erst mit Beginn des Jahres 2006 in Kraft treten und dann zunächst mit abschwächenden Übergangsregelungen. Gerade im Hinblick auf den Niedriglohnsektor erscheint besondere Geduld angeraten, denn er wurde in den letzten Jahrzehnten systematisch beschädigt oder gar eliminiert, sei es durch eine falsche Lohnstrukturpolitik, sei es dadurch, dass die bisherigen Systeme einer Mindesteinkommenssicherung zu geringe Anreize zur Arbeitsaufnahme boten. Vermutlich ist in Teilen der Politik und der Öffentlichkeit ein Bewusstseinswandel erforderlich, denn allzu oft werden Unterstützungszahlungen, wie etwa das Arbeitslosengeld II, fälschlicherweise als Versicherungsleistungen angesehen, statt als eine Mindesteinkommenssicherung, die es eigentlich ist.

2. Lohnersatzleistungen und aktive Arbeitsmarktpolitik

Arbeitslosengeld

Was getan wurde

263. Eine wichtige Determinante des Anspruchslohns der Arbeitslosen stellt das Arbeitslosengeld dar. Vor dem Hintergrund, dass die Arbeitslosigkeitsdauer mit zunehmender Dauer der Lohnersatzleistungen steigt, hat die Bundesregierung mit der im „Gesetz zu Reformen am Arbeitsmarkt" vorgesehenen Verkürzung der Anspruchsberechtigung auf Arbeitslosengeld auf 12 Monate und ab dem 55. Lebensjahr auf 18 Monate einen konsequenten Reformschritt unternommen, der allerdings erst ab dem Jahr 2006 und dann mit einer längeren Übergangsregelung versehen in Kraft tritt (JG 2003 Ziffer 229). Des Weiteren ergaben sich aus den Ende des Jahres 2002 verabschiedeten „Gesetzen für moderne Dienstleistungen am Arbeitsmarkt" Änderungen beim Arbeitslosengeld wie die Abschaffung der Dynamisierung, das heißt der Anpassung an die Entwicklung der Löhne und Gehälter, die Notwendigkeit einer Meldung als Arbeit suchend bereits bei Kenntnis der Beendigung des Arbeitsverhältnisses sowie eine höhere Flexibilität der Arbeitsagenturen bei der Verhängung von Sperrzeiten.

Was getan werden muss

264. Der Sachverständigenrat hält beim Arbeitslosengeld eine Ergänzung der bereits angestoßenen Reformen durch weitere Maßnahmen, die sowohl die Leistungsseite als auch die Finanzierung betreffen, für notwendig. Sie beziehen sich zum einen auf eine degressive Ausgestaltung und zum anderen auf die Familienkomponente (JG 2003 Ziffer 711).

Erstens: Um die Anreize zur Aufnahme einer Arbeit zu verstärken, könnte die Lohnersatzquote mit zunehmender Dauer der Arbeitslosigkeit stufenweise verringert werden. Konkret könnten die Leistungen zu Beginn der Arbeitslosigkeit höher angesetzt werden. Damit würden die mit dem Verlust des Arbeitseinkommens verbundenen Härten anfangs etwas abgemildert. Danach sinkt die Lohnersatzquote sukzessiv und liegt ab einer bestimmten Bezugsdauer unter ihrem derzeit gültigen Wert. Bei einer für die Arbeitslosenversicherung kostenneutralen Ausgestaltung käme es im Vergleich zum Status quo zu einer Umverteilung zu Gunsten der Kurzzeitarbeitslosen, da diese von der anfänglichen Anhebung der Lohnersatzquote profitieren, ohne von der im weiteren Verlauf eintretenden Absenkung betroffen zu sein. Der konkrete Verlauf hängt somit davon ab, welche Mehrbelastung der längere Zeit Arbeitslosen als zumutbar erscheint, doch bereits ein nur moderat degressiver Verlauf dürfte eine nicht zu unterschätzende Signalwirkung auf das Verhalten der Arbeitslosen haben. Des Weiteren sollten der Berechnung sämtliche früheren individuellen Arbeitslosigkeitsperioden innerhalb eines Zweijahreszeitraums zugrunde liegen, um eventuellen Fehlanreizen in Form wiederholter kurzzeitiger Arbeitslosigkeitsperioden vorzubeugen. Der Arbeitslose kann bei Bedürftigkeit zusätzlich Arbeitslosengeld II beziehen, wobei dann eine großzügigere Ausgestaltung bei der Vermögensprüfung im Rahmen des Arbeitslosengelds II erforderlich sein kann (JG 2003 Ziffer 711).

Zweitens: Die Leistungen des Arbeitslosengelds werden derzeit danach differenziert, ob unterhaltspflichtige Kinder vorhanden sind oder nicht, jedoch nicht nach ihrer Anzahl. Die Berücksichtigung einer solchen, über das Kindergeld hinausgehenden zusätzlichen Familienkomponente stellt jedoch ein gesamtgesellschaftliches Anliegen dar, zu dessen Finanzierung alle Steuerpflichtigen herangezogen werden sollten und nicht nur die Beitragszahler zur Arbeitslosenversicherung, Arbeitnehmer und Arbeitgeber. Ein aus Steuermitteln finanziertes Kindergeld ist demzufolge die adäquate Subvention, zumal dann der Anzahl der Kinder angemessen Rechnung getragen werden kann. Die pauschal erhöhte Lohnersatzquote von 67 vH für Arbeitslose mit Kindern hingegen sollte abgeschafft werden.

265. Gewarnt werden muss vor der Verlängerung der Übergangsfristen bei der Verkürzung der Bezugsdauer des Arbeitslosengelds. Ein Beschluss des Deutschen Bundestages vom 17. Juni 2005 sieht vor, dass bis zum 31. Januar 2008 ältere Arbeitnehmer, die bis zu diesem Zeitpunkt arbeitslos werden, weiterhin bis zu 32 Monate Arbeitslosengeld beziehen können. Insofern ist es zu begrüßen, dass dieses vom Bundesrat an den Vermittlungsausschuss verwiesene, dort aber nicht mehr abschließend beratene Gesetz aufgrund des vorzeitigen Endes der Legislaturperiode nicht in Kraft treten wird. Entschieden abzulehnen sind zweitens auch die diskutierte Verlängerung vorruhestandsähnlicher Regelungen für Arbeitslose ab dem 58. Lebensjahr (gemäß § 428 SGB III) und drittens Überlegungen, die Dauer der Anspruchsberechtigung weiterhin am Lebensalter oder daran anknüpfen zu lassen, wie lange ein Arbeitsloser Beiträge zur Arbeitslosenversicherung entrichtet hat. Gerade die zuletzt genannten Pläne verkennen den Charakter einer Arbeitslosenversicherung. Diese ist eine Risikoversicherung, ähnlich wie eine Unfallversicherung oder Hausratsversicherung, bei denen die Höhe der Leistungen ebenfalls nicht danach bemessen werden, wie lange der Versicherungsschutz bereits bestanden hat (Ziffer 537). Hinzu kommt, dass durch alle drei in Aussicht genommenen Änderungen die zu erwartenden positiven Effekte einer verkürzten Arbeitslosigkeitsperiode konterkariert werden. Davon abgesehen haben die Vorruhestandsregelungen die Systeme der Sozialen Sicherung und den Bundeshaushalt finanziell erheblich belastet und aufgrund der niedrigeren Erwerbsquote zu einer Verringerung des Potentialwachstums beigetragen (JG 2004 Ziffern 681 ff.). Die neue Bundesregierung ist daher gut beraten, solche Vorhaben nicht wieder aufzunehmen.

Arbeitslosengeld II

Was bisher getan wurde

266. Mit der Einführung des Arbeitslosengelds II zum 1. Januar 2005 wurden die beiden steuerfinanzierten und bedürftigkeitsorientierten getrennten Systeme der Arbeitslosenhilfe und Sozialhilfe für erwerbsfähige Personen zu einer einheitlichen Unterstützungsleistung zusammengefasst. Ein zentraler Leitgedanke dieser Reform war, dem in Frage kommenden Personenkreis genügend wirksame Anreize zu bieten, eine Arbeit in Form eines regulären Beschäftigungsverhältnisses aufzunehmen. Dies soll dadurch bewirkt werden, dass sich der arbeitende Bezieher von Arbeitslosengeld II immer besser stellt als der Nicht-Arbeitende. Hierzu sollten die Betreuung der Arbeitslosen intensiviert, die Hinzuverdienstmöglichkeiten verbessert und durch die Einrichtung von Arbeitsgelegenheiten zusätzliche Beschäftigungsmöglichkeiten auf dem zweiten Arbeitsmarkt geschaffen werden. Darüber hinaus wurden, insbesondere gemessen an der früheren Arbeitslosenhilfe, die Zumutbarkeitskriterien für eine Arbeitsaufnahme verschärft. Im Kontext der vorangestellten Überlegungen zur quasi-gleichgewichtigen Arbeitslosigkeit formuliert, läuft diese Reform darauf hinaus, den Anspruchslohn der Arbeitslosen zu senken. Dies gilt allgemein für alle Arbeitslosen, jedoch steht der Niedriglohnsektor im Mittelpunkt, weil die früheren Regelungen der Arbeitslosenhilfe und Sozialhilfe in vielen Fällen eine Arbeitsaufnahme nicht lohnend machten oder aufgrund hoher Transferentzugsraten bei einem eventuellen Hinzuverdienst sogar bestraften. Insoweit stellt die Einführung des Arbeitslosengelds II einen sehr wichtigen und zielführenden Reformbaustein dar.

267. Die in der Öffentlichkeit von verschiedenen Gruppierungen geübte Kritik am Arbeitslosengeld II hat ihren Grund häufig in der falschen Interpretation dieser Unterstützungszahlungen als Versicherungsleistung. Dem wurde Vorschub geleistet, indem mit der Namensgebung eine Verbindung zum Arbeitslosengeld suggeriert wird, welches in der Tat eine Versicherungsleistung ist. Eine solche ist das Arbeitslosengeld II aber nicht, sondern es stellt eine steuerfinanzierte Fürsorgeleistung der Gesellschaft an diejenigen Personen dar, die einer finanziellen Hilfe wirklich bedürfen. Folglich besitzt die Gesellschaft, vertreten durch den Gesetzgeber, das Recht festzulegen, wann und in welchem Ausmaß tatsächlich Hilfsbedürftigkeit vorliegt, so lästig und unwillkommen dies für die Betroffenen mitunter vielleicht sein mag.

268. Ein weiterhin umstrittenes Element im Rahmen des Arbeitslosengelds II sind die bisweilen auch als „Ein-Euro-Jobs" oder „Zusatzjobs" bezeichneten Arbeitsgelegenheiten (JG 2004 Ziffer 252), die eine Beschäftigung auf dem zweiten Arbeitsmarkt erlauben. Sie erfüllen im Idealfall, das heißt bei entsprechender Ausgestaltung und Umsetzung, eine doppelte Funktion. Zum einen ermöglichen sie es Personen, die trotz ernsthaften Bemühens auf dem ersten Arbeitsmarkt keine Stelle gefunden haben, durch eine regelmäßige Tätigkeit ihre Beschäftigungsfähigkeit zu erhalten oder sogar erst wiederzugewinnen. Zum anderen dienen die Arbeitsangebote, die den Beziehern von Arbeitslosengeld II in Form der Arbeitsgelegenheiten gemacht werden, als ein Test auf Arbeitswilligkeit dieser Personen, der anders so effektiv nicht ohne Weiteres zur Verfügung steht. Wie die früheren Erfahrungen mit tatsächlich oder vermeintlich arbeitsunwilligen Arbeitslosen zeigen, bieten konkrete Arbeitsplatzangebote immer noch die beste Gewähr bei der Prüfung auf Arbeitswilligkeit, da andere Testmöglichkeiten von den in Frage kommenden Arbeitslosen häufig umgangen oder manipuliert wurden.

269. Ein weiterer Problemkreis beim Arbeitslosengeld II ergibt sich schließlich aus der Gemengelage bei den „Arbeitsgemeinschaften" aus Arbeitsagenturen und Kommunen. Die bereits Mitte des Jahres vorgenommenen Korrekturen, die eine bessere Trennung der Verantwortungsbereiche von Kommunen und Arbeitsagenturen in den Arbeitsgemeinschaften erlauben, sind daher ausdrücklich zu begrüßen (Ziffer 181).

270. Zwecks Stärkung der Arbeitsanreize wurde die Transferentzugsrate im Bereich von Bruttoeinkommen zwischen 400 Euro und 900 Euro unter Fortfall des früheren Basisfreibetrages bei der Sozialhilfe gesenkt, jedoch waren die Grenzbelastungen außerhalb dieses Einkommensbereichs mit rund 85 vH noch sehr hoch und dürften kaum die nötigen Arbeitsanreize geschaffen haben. Aus einer Studie des Instituts für Weltwirtschaft (IfW), Kiel, geht hervor, dass gerade die Problemgruppen unter den Arbeitslosen kaum Anreize zur Aufnahme einer regulären Beschäftigung haben; das betrifft insbesondere Bezieher von Arbeitslosengeld II, die eine geringe Qualifikation aufweisen, Kinder haben und deren Partner nicht erwerbstätig sind, wohingegen es für Hochqualifizierte und Haushalte mit einem berufstätigen Partner starke Anreize gibt, ein Arbeitsplatzangebot

anzunehmen (Boss, Christensen und Schrader, 2005). Die auf dem „Job-Gipfel" im März dieses Jahres vereinbarten Änderungen haben hier durch einen Freibetrag von 100 Euro und eine teilweise Verringerung der Grenzbelastung zu spürbaren Verbesserungen bei den Haushaltseinkommen geführt. Die Attraktivität einer Beschäftigung auf dem ersten Arbeitsmarkt hat sich sowohl für sich genommen als auch gegenüber einer Arbeitsgelegenheit erhöht (Ziffer 188).

Was zu tun ist

271. Trotz der bisher erfolgten Senkung der Transferentzugsrate beim Arbeitslosengeld II bleiben die Grenzbelastungen bei der Aufnahme einer Tätigkeit auf dem ersten Arbeitsmarkt weiterhin hoch, und im Ergebnis wurde vor allem die beschäftigungspolitisch nicht unproblematische Aufnahme von geringfügigen Beschäftigungsverhältnissen attraktiver. Kontraproduktiv wirken auch die in den ersten beiden Jahren nach dem Übergang aus dem Arbeitslosengeld gewährten Zuschläge, die die Unterschiede in der Leistungshöhe von Arbeitslosengeld und Arbeitslosengeld II teilweise abfedern. Sie sollten gestrichen werden.

Sollte es sich erweisen, dass die nun reformierten Hinzuverdienstregeln, gegebenenfalls in Verbindung mit dem Einstiegsgeld nach § 29 SGB II, die Aufnahme einer niedrig bezahlten Beschäftigung weiterhin wenig attraktiv erscheinen lassen, so sind Nachbesserungen beim Arbeitslosengeld II hinsichtlich höherer Arbeitsanreize erforderlich. Dazu liegen eine Reihe von Vorschlägen vor, wie etwa der des Sachverständigenrates, des Wissenschaftlichen Beirats beim Bundesministerium für Wirtschaft und Arbeit sowie des Ifo-Instituts. Sie alle beinhalten teilweise wesentlich geringere Transferentzugsraten und eignen sich für den Gesetzgeber als Orientierungshilfe für diesbezügliche Nachbesserungen des Arbeitslosengelds II. Damit muss dann allerdings eine Absenkung der Regelleistung einhergehen, denn nur so lässt sich bei vertretbaren Kosten der Spielraum für eine Verbesserung der Hinzuverdienstmöglichkeiten gewinnen. Indem den Betroffenen über Arbeitsangebote auf dem ersten oder zweiten Arbeitsmarkt eine Wahrung des bisherigen Einkommensniveaus ermöglicht wird, kann aber Bedenken über eine Vereinbarkeit einer derartigen Absenkung mit dem Sozialstaatsgebot Rechnung getragen werden.

272. Die Konzeption des Sachverständigenrates besteht im Wesentlichen aus drei Bausteinen. Erstens: Der Regelsatz für arbeitsfähige Bezieher von Unterstützungszahlungen wird abgesenkt. Im Gegenzug können zweitens in höherem Umfang Arbeitseinkommen bezogen werden, ohne dass dieses ganz auf die Leistungen der Mindestsicherung angerechnet werden. Finden die Betreffenden trotz erkennbarer Anstrengungen keinen Arbeitsplatz, stellen sie drittens ihre Arbeitskraft kommunalen Beschäftigungsagenturen zur Verfügung, so dass sie auf jeden Fall das Leistungsniveau der Mindestsicherung vor der Absenkung der Unterstützungszahlungen wieder erreichen können. Denn diesen Personen trotz erkennbaren Arbeitswillens nur ein deutlich abgesenktes Arbeitslosengeld II zu gewähren, dafür wird man schwerlich plädieren können. Allerdings muss auf eine Problematik dieser Konzeption deutlich hingewiesen werden. Sie besteht darin, dass die Anzahl kommunaler Arbeitsgelegenheiten gegebenenfalls merklich erhöht werden muss. Umso wichtiger und dringlicher sind erfolgreiche Vermittlungsbemühungen der Arbeitsagenturen, um dieses Problem nicht allzu virulent werden zu lassen. Des Weiteren muss dem Erfordernis des „Forderns" des grundsätzlich richtigen Prinzips „Fördern und Fordern" nachdrücklich Rechnung

getragen werden, indem die vorgesehenen Sanktionen bei erkennbarer Arbeitsunwilligkeit konsequent angewandt werden.

273. Obwohl das Arbeitslosengeld II in seinen Grundzügen der Konzeption des Sachverständigenrates entspricht, besteht ein wesentlicher Unterschied in der Höhe der Grenzbelastung. So beläuft sich die Transferentzugsrate für einen Alleinstehenden im relevanten Einkommensbereich, also einer Teilzeitstelle im Niedriglohnbereich, auf etwa 68 vH und steigt nicht über 82 vH. Zwar wäre eine noch stärkere Senkung der Grenzbelastung im Hinblick auf die Stärkung der Arbeitsanreize durchaus diskussionswürdig. Allerdings würde dies damit erkauft, dass sich der Abschmelzpunkt des Einkommens nach oben verschöbe, ab welchem der Anspruch auf Arbeitslosengeld II erlischt, mit der Folge, dass ein noch größerer Personenkreis die Berechtigung auf diese Unterstützungszahlungen erlangte. Dies erhöhte die Kosten beträchtlich (JG 2002 Ziffer 448).

274. Die Einrichtung von Arbeitsgelegenheiten bildet einen integralen Bestandteil der Konzeption des Sachverständigenrates wie auch des Arbeitslosengelds II und anderer, in die gleiche Richtung gehender Vorschläge. Dabei muss jedoch darauf geachtet werden, dass sich Arbeitslosengeld II und Mehraufwandsentschädigung nicht zu einem Betrag summieren, der eine Arbeitsaufnahme auf dem ersten Arbeitsmarkt als wenig lohnend erscheinen lässt, auch wenn die Änderung der Hinzuverdienstmöglichkeiten hier zu einer gewissen Entspannung geführt hat (Ziffer 188). Dem Verharren in einer Arbeitsgelegenheit kann man zwar mit Hilfe einer konsequenten Befristung der einzelnen Arbeitsgelegenheiten begegnen, aber dies hat zur Folge, dass eine Heranführung an den ersten Arbeitsmarkt umso weniger gelingt, je kürzer die Befristung angesetzt wird. Denn dann lohnen sich für die Träger der Arbeitsgelegenheiten keine zeitaufwendigen Einarbeitungsmaßnahmen, so dass nur sehr einfache Tätigkeiten ausgeübt werden, für die auf dem ersten Arbeitsmarkt womöglich wenig Bedarf vorhanden ist.

Zu beachten ist ferner, dass sich trotz einschlägiger Bemühungen – wie etwa die Überwachung der Einrichtung von Arbeitsgelegenheiten seitens regionaler Beiräte unter Beteiligung der örtlichen Wirtschaft bei den Arbeitsagenturen – Verdrängungseffekte regulärer Arbeitsverhältnisse ergeben können. Diese Verdrängungseffekte müssen jedoch nicht in jedem Fall in voller Höhe eintreten. Denn selbst wenn eine Arbeitsgelegenheit einen regulären Arbeitsplatz etwa bei einer Kommune verdrängt, ergibt sich für diese Kommune eine Ersparnis in Höhe knapp der Arbeitskosten eines regulär Beschäftigten, die möglicherweise zur Einstellung eines Arbeitslosen führen mag, aber womöglich auf einem anderen Arbeitsplatz.

Die Arbeitsgelegenheiten erfüllen nützliche Funktionen. Für eine solide Evaluation ihrer Vorzüge und Nachteile ist es noch zu früh, aber eine solche Überprüfung muss sobald als möglich angegangen werden. Gleichwohl sollte schon jetzt sichergestellt werden, dass die Arbeitsaufnahme auf dem ersten Arbeitsmarkt von den erzielbaren Einkommen her gesehen immer lohnender ist als die Tätigkeit in einer Arbeitsgelegenheit, gegebenenfalls muss die Mehraufwandsentschädigung reduziert werden. Des Weiteren sollte zumindest die Höhe der an die Träger gezahlten Pauschale überprüft werden. Ein noch weitergehender Schritt könnte darin bestehen, dass die Träger der Arbeitsgelegenheiten vollständig für die Mehraufwandsentschädigungen aufkommen, anstatt – wie bisher – obendrein noch einen Zuschuss für die Einrichtung von Arbeitsplätzen im Rahmen von Arbeitsgelegenheiten zu erhalten.

275. Welche Organisationsform und Zuständigkeitsregelung bei der Betreuung der Empfänger von Arbeitslosengeld II – Optionsmodell, Arbeitsgemeinschaften oder alleinige Zuständigkeit der Arbeitsagenturen – die höchste Effizienz aufweist, ist angesichts fehlender aussagekräftiger Evaluationen derzeit noch kaum zu beurteilen. Daher sollte beobachtet werden, inwieweit die genannte Neuregelung der Zuständigkeiten bei den Arbeitsgemeinschaften Remedur schafft. Überdies muss das Resultat laufender Evaluationsstudien abgewartet werden. Insoweit bei den Optionskommunen die Finanzierung durch den Bund erfolgt, muss sichergestellt werden, dass die Kommunen streng auf Effizienz und Sparsamkeit bei der Durchführung der Maßnahmen achten. Eine Regelung mit Hilfe von Fallpauschalen dürfte hier am ehesten die richtigen Anreize setzen.

Arbeitsmarktpolitik

Berufliche Weiterbildung und Arbeitsbeschaffungsmaßnahmen

Was bisher getan wurde

276. Für arbeitsmarktpolitische Maßnahmen gab die Bundesagentur für Arbeit im Jahr 2004 rund 20 Mrd Euro aus. Der Erfolg der aktiven Arbeitsmarktpolitik im engeren Sinne – dazu gehören unter anderem die berufliche Weiterbildung und die „Beschäftigung schaffenden Maßnahmen" (also Arbeitsbeschaffungsmaßnahmen (ABM) und Strukturanpassungsmaßnahmen (SAM)) – wird im Rahmen von ökonometrischen Evaluationsstudien indes außerordentlich skeptisch beurteilt. Allerdings basieren frühere Studien wegen des seinerzeit fehlenden Zugangs der Wissenschaft zu adäquateren Datensätzen auf einer unzureichenden Datengrundlage. Diese Situation hat sich mittlerweile verbessert.

Neuere Untersuchungen auf der Basis „administrativer Daten" der Bundesagentur für Arbeit zum Erfolg der aktiven Arbeitsmarktpolitik kommen hinsichtlich der beruflichen Weiterbildung zu leicht positiveren Einschätzungen, wenn die Beschäftigungssituation der Teilnehmer an diesen Maßnahmen im Vergleich zu einer Kontrollgruppe nicht nur wie bisher in einer kurzen Frist, sondern über einen längeren Zeitraum nach Beendigung der Maßnahme evaluiert wird (Fitzenberger und Speckesser (2005), Lechner et al. (2005)). Der Erfolg der „Beschäftigung schaffenden Maßnahmen" – so die Bezeichnung seitens der Bundesagentur für Arbeit – wird für die meisten Personengruppen sehr skeptisch beurteilt (Caliendo et al. (2004)).

277. Die Bundesagentur für Arbeit hat die Maßnahmen der aktiven Arbeitsmarktpolitik in den letzten Jahren deutlich zurückgefahren. So verringerte sich in den Jahren 2000 bis 2004 der Bestand an Teilnehmern der Maßnahmen der beruflichen Weiterbildung von rund 343 000 auf 184 000, während sich die entsprechenden Ziffern für die Beschäftigung schaffenden Maßnahmen im weiteren Sinne auf 266 000 beziehungsweise 163 000 beliefen. Im laufenden Jahr ging in beiden Kategorien die Zahl der Teilnehmer nochmals deutlich zurück.

Was noch zu tun ist

278. Vor dem Hintergrund der überwiegend kritischen Bewertung der aktiven Arbeitsmarktpolitik auf der Basis bisheriger, allerdings vorläufiger Evaluationsstudien hat die Bundesagentur für Arbeit mit der Rückführung der aktiven Arbeitsmarktpolitik den richtigen Weg eingeschlagen, den

sie konsequent fortführen sollte. Dabei sollten die verbleibenden Maßnahmen gezielt auf bestimmte, Erfolg versprechende Problemgruppen der Arbeitslosen konzentriert werden. Unabhängig davon sollte der verbleibende Maßnahmenkatalog weiter anhand aussagekräftiger Individualdaten evaluiert werden.

Förderung regulärer Beschäftigung

Was getan wurde

279. Zur Förderung der Selbstständigkeit wurde neben dem bisherigen Überbrückungsgeld im Jahr 2003 der Existenzgründungszuschuss („Ich-AG") eingeführt, welcher indes Ende des Jahres 2005 auslaufen soll (Ziffer 185). Obschon sich beide Instrumente in ihrer Höhe, Dauer und Voraussetzungen der Förderung unterscheiden (JG 2003 Ziffern 245 f.), haben beide das gemeinsame Ziel, den Übergang aus der Arbeitslosigkeit in die Selbstständigkeit zu fördern. Bezieher von Arbeitslosengeld II sind, im Unterschied zu den früheren Arbeitslosenhilfebeziehern, von der Inanspruchnahme der beiden Instrumente ausgeschlossen.

Von der Anzahl der Teilnehmer her betrachtet kann der Existenzgründungszuschuss durchaus Erfolge vorweisen. Bereits im Einführungsjahr 2003 gab es bei den „Ich-AGs" rund 97 000 Zugänge, im darauf folgenden Jahr, waren es bereits etwa 171 000 Zugänge. Allerdings hat sich die Zunahme verlangsamt. Dies dürfte zum einen auf das nunmehrige Erfordernis der Stellungnahme einer fachkundigen Stelle über die Tragfähigkeit der beabsichtigten Existenzgründung, zum anderen auf den Ausschluss der Bezieher von Arbeitslosengeld II von der Förderung zurückzuführen sein.

Im Gegensatz zum Überbrückungsgeld liegen für den Existenzgründungszuschuss noch keine fundierten Evaluationsstudien vor. Das Überbrückungsgeld wurde in solchen Analysen meist positiv bewertet. Wie eine Studie des Zentrums für Europäische Wirtschaftsforschung (ZEW), Mannheim, ergab, resultierten aus den mit dem Überbrückungsgeld geförderten neuen Unternehmen durchaus neue und stabile Arbeitsplätze, die wesentlich über Mitnahmeeffekte hinausgehen (Reize, 2004). Dieses Ergebnis mag sich nicht unmittelbar auf den Existenzgründungszuschuss übertragen lassen, gibt aber zu einer vorläufig positiven Einschätzung Anlass. Darauf deuten zudem erste Untersuchungen des Instituts für Arbeitsmarkt- und Berufsforschung (IAB), Nürnberg, hin (Wießner, 2005). Von den bis Ende des Jahres 2004 geförderten 268 000 „Ich-AGs" wurden nach Angaben dieser Studie 48 000 nicht mehr gefördert. Diese seien indes keinesfalls mit gescheiterten Gründungen gleichzusetzen, denn immerhin zwei Fünftel der geförderten Personen seien wieder erwerbstätig. Gleichwohl: Über die Hälfte der „Ich-AG"-Abbrecher ist wieder arbeitslos, das heißt, zu euphorischen Erwartungen besteht kein Anlass.

Was zu tun ist

280. Alles in allem rät der Sachverständigenrat zu prüfen, ob Existenzgründungszuschuss und Überbrückungsgeld nicht zu einer einheitlichen Förderung zusammengefasst werden sollten, zumal der Existenzgründungszuschuss nicht über das Jahresende hinaus verlängert wird und eine Neuorganisation des Instrumentariums insofern ohnehin ansteht. Welche Variante dieser Förderung dann zum Zuge kommen sollte, hängt entscheidend von der Evaluation der Beschäftigungschancen und Mitnahmeeffekte der beiden Maßnahmen ab. Insbesondere ist zu prüfen, ob die Leistungen nicht degressiv ausgestaltet und mit einer Befristung von maximal einem Jahr versehen werden. Zu erwägen ist ferner, die Gewährung der Leistungen unter einen Ermessensvorbehalt der zuständigen Arbeitsagentur zu stellen, vor allem wenn sich herausstellen sollte, dass die Tragfähigkeitsbescheinigungen leichtfertig ausgestellt werden. Eine andere Option besteht darin, das

Instrument des Existenzgründungszuschusses vorerst beizubehalten, aber streng auf die Förderungswürdigkeit zu achten, beispielsweise in Form von Zwischenberichten über den Verlauf der Geschäftstätigkeit nach einem halben Jahr, gegebenenfalls auch mit Hilfe von stichprobenweisen Kontrollen.

Geringfügige Beschäftigung

Was getan wurde

281. Die Regelungen der geringfügig entlohnten Beschäftigungsverhältnisse, der geringfügigen Beschäftigung in Privathaushalten und der kurzfristigen Beschäftigung wurden zum 1. April 2003 entscheidend geändert. Alle drei Arten dieser geringfügigen Beschäftigungsverhältnisse firmieren auch als „Mini-Jobs", wobei für die ersten beiden Formen eine Entgeltgrenze bis zu 400 Euro vorgeschrieben ist. Über diese Entgeltgrenze hinaus wurde eine Gleitzone zwischen 400 Euro und 800 Euro geschaffen, in der die Beitragsbelastung nahtlos an die Pauschalabgabe von 25 vH bei geringfügig entlohnten Beschäftigungsverhältnissen anschließt, die so genannten „Midi-Jobs" (JG 2004 Kasten 12).

282. Ein wichtiger Punkt der Diskussion waren die ausschließlich geringfügig entlohnten Beschäftigten, deren Anzahl sich im Jahr 2005 in der Größenordnung von 4,78 Millionen bewegte. Bei diesen Personen handelt es sich zu einem erheblichen Teil um Hausfrauen, Rentner, Schüler und Studierende, also nicht um eine Gruppe, auf die sich Maßnahmen zur Bekämpfung von Arbeitslosigkeit prioritär richten. Nur rund die Hälfte der geringfügig Beschäftigten ist im Niedriglohnsektor tätig.

Eine ernstzunehmende Befürchtung besteht dahingehend, dass die geringfügig entlohnte Beschäftigung, die im Unternehmensbereich ausgeübt wird, dort andere sozialversicherungspflichtige Beschäftigungsverhältnisse verdrängt. Das könnte zum einen in der Weise geschehen, dass Unternehmen bestehende Vollzeitarbeitsplätze in Mini-Jobs zerlegen, zum anderen aber dadurch, dass reguläre Arbeitsplätze erst gar nicht entstehen. Ein weiterer Kritikpunkt bezieht sich darauf, dass aus dem genannten Personenkreis der in einem Mini-Job Beschäftigten eine ernsthafte Konkurrenz für gering qualifizierte Empfänger von Arbeitslosengeld II erwachsen kann. Eine Hausfrau, die einen Mini-Job ausübt, erhält 400 Euro ohne Abzüge, während der Arbeitslose inzwischen zunächst 100 Euro ohne Abzüge und darüber hinaus 20 vH als Hinzuverdienst behalten darf. Schließlich wird die Eignung der Mini-Jobs als Steuersparmodell für Freiberufler moniert, indem diese für Familienangehörige fiktive Arbeitsplätze angeben, ohne dass tatsächlich Arbeitsentgelte entrichtet werden.

283. Auf den ersten Blick mag der Rückgang der Anzahl sozialversicherungspflichtiger Arbeitnehmer auch im Jahr 2005 die Befürchtung einer Verdrängung regulärer Arbeitsplätze durch Mini-Jobs bestätigen. Diesem Rückgang können aber andere, beispielsweise konjunkturelle Ursachen zugrunde liegen, so dass eine Schuldzuweisung an die Mini-Jobs nicht zwangsläufig gerechtfertigt ist. Auch eine Untersuchung der Bundesagentur für Arbeit (Bundesagentur für Arbeit, 2004) findet keine eindeutigen Belege für eine Verdrängung regulärer Beschäftigung. Zwar gibt es Branchen und Unternehmen, in denen sich die Anzahl sozialversicherungspflichtiger und die geringfügiger

Beschäftigter gegenläufig entwickeln, doch in vielen anderen Fällen ist ein paralleler Verlauf zu beobachten.

284. Mögliche Verdrängungseffekte könnten noch am ehesten hingenommen werden, wenn die Mini-Jobs eine verlässliche Brückenfunktion zum ersten Arbeitsmarkt ausübten. Nach den Ergebnissen einer neuen Studie kann davon kaum die Rede sein (Fertig, Kluve und Scheuer, 2005). Die dort vorgenommene ausführliche und detaillierte Analyse der Mini-Jobs – die bisher einzige dieser Art – basiert auf einer schriftlichen Befragung von 10 000 der rund 7,7 Millionen im Frühjahr 2004 bei der Bundesknappschaft registrierten geringfügig Beschäftigten. Repräsentativität der Stichprobe einmal unterstellt, bieten Mini-Jobs für die Mehrheit der Befragten in erster Linie Hinzuverdienstmöglichkeiten – wie bei dem genannten Personenkreis auch nicht anders zu erwarten –, sie stellen aber keine Durchgangsstation auf dem Weg in den ersten Arbeitsmarkt dar. Ohnehin haben viele der in Mini-Jobs Tätigen davor bereits eine reguläre Beschäftigung ausgeübt.

Was zu tun ist

285. Vor diesem Hintergrund macht sich zu Recht eine gewisse Skepsis gegenüber den geringfügigen Beschäftigungsverhältnissen im Unternehmensbereich breit, wobei allerdings weitere Evaluationen notwendig sind, um ein abschließendes Urteil fällen zu können. Daher sollte der Gesetzgeber die Entwicklung der Mini-Jobs im Unternehmensbereich im Hinblick auf mögliche Verdrängungseffekte sorgfältig beobachten und evaluieren lassen. Anders verhält es sich mit der unsystematischen Förderung von Mini-Jobs im Nebenerwerb. Künftig sollte es Mini-Jobs nur im Haupterwerb geben, ihre Förderung als Nebenerwerb erscheint ungerechtfertigt. Hingegen mag die Förderung von Mini-Jobs im Bereich des privaten Haushaltssektors noch angehen, weil nach aller Erfahrung diese Arbeitsplätze ansonsten (wieder) in der Schattenwirtschaft verschwinden würden und der Staat dann mehr oder weniger völlig auf Einnahmen aus diesen Tätigkeiten verzichten müsste.

Leiharbeit

Was getan wurde

286. Die im Jahr 2003 flächendeckend eingeführten Personal-Service-Agenturen (PSA) sollen Arbeitslose an Unternehmen ausleihen und gleichzeitig noch nicht vermittelte Arbeitslose weiterqualifizieren. Die Dauer des Arbeitsvertrags beläuft sich auf mindestens neun und in der Regel auf höchstens zwölf Monate. Jeder Arbeitsagenturbezirk hat eine Personal-Service-Agentur einzurichten. Des Weiteren wurde im Arbeitnehmerüberlassungsgesetz mit Wirkung vom beginnenden Jahr 2004 der Grundsatz gleicher Entlohnung und Arbeitsbedingungen für Leiharbeitnehmer wie für die Stammbelegschaft festgeschrieben; es sei denn, der Entleihbetrieb hat einen eigenen Tarifvertrag abgeschlossen.

Nach Bekunden der Hartz-Kommission bildeten die Personal-Service-Agenturen das „Herzstück" ihrer Vorschläge und nach Vorstellungen der Kommission sollte sich die Anzahl der dort Beschäftigten in der Größenordnung zwischen 150 000 und 250 000 Personen belaufen. Der Gesetzentwurf der Bundesregierung vom 5. November 2002 rechnete allerdings für das erste Jahr schon mit nur rund 50 000 Personen.

287. Gemessen an solchen Erwartungen stellt die bisherige Entwicklung der Personal-Service-Agenturen ein höchst enttäuschendes Ergebnis dar. Im Durchschnitt des Jahres 2004 waren dort 27 800 Personen beschäftigt. Das sind rund 7 vH aller Leiharbeitnehmer, deren Anzahl sich im Jahr 2004 auf etwa 385 000 Personen belief und gegenüber dem Vorjahr um rund 55 000 Personen gestiegen war. Das Schwergewicht der Anzahl der in Personal-Service-Agenturen beschäftigten Arbeitnehmer lag im Jahr 2004 mit 18 400 Personen in Westdeutschland, hier war auch die Zunahme der Eintritte stärker als in Ostdeutschland.

Was zu tun ist

288. Trotz einer sehr positiven Entwicklung bei der Gesamtzahl aller Leiharbeitnehmer konnten die Personal-Service-Agenturen daran nicht im erhofften Ausmaß partizipieren. Vorbehaltlich einer fundierten Evaluation lassen sich dafür folgende Gründe vermuten. Neben bürokratischen Hemmnissen und einem hohen Verwaltungsaufwand mag die weitgehende Tarifbindung ein Hindernis sein. Eine Absenkung der Arbeitsentgelte für Arbeitnehmer in Personal-Service-Agenturen hätte praktisch den Charakter eines Einstiegslohns für Arbeitslose und könnte zu höheren Einstellungsziffern und dem erwünschten „Klebeeffekt" führen. Außerdem scheint es wenig Sinn zu machen, jeden Arbeitsagenturbezirk gesetzlich zur Einrichtung einer Personal-Service-Agentur zu zwingen, selbst wenn sich dieser mit einer desolaten Arbeitsmarktsituation konfrontiert sieht oder ihm kein geeignetes Leiharbeitsunternehmen zur Verfügung steht. Wenn der Gesetzgeber überhaupt an dem Instrument einer Personal-Service-Agentur festhalten möchte, dann sollte ihre Einrichtung auf einer Entscheidung der einzelnen Arbeitsagentur beruhen und es ihr weitgehend überlassen bleiben, welche spezifische Kooperationsform sie mit (ortsansässigen) Leiharbeitsunternehmen eingehen möchte.

289. Insgesamt betrachtet sind Arbeitsverhältnisse in Leiharbeitsunternehmen positiv zu beurteilen. Zwar ist ihre quantitative Bedeutung mit einem Gesamtanteil von etwa 1,5 vH an der Anzahl aller sozialversicherungspflichtig Beschäftigten noch gering, jedoch erfüllen sie wichtige Funktionen und ihre Bedeutung hat in den vergangenen Jahren deutlich zugenommen. Für Unternehmen bieten sie die Möglichkeit, Auftragsspitzen oder Arbeitsausfälle temporärer Art in der Regel schneller auffangen zu können als das bei einer befristeten Einstellung eines Arbeitnehmers der Fall wäre. Arbeitnehmer, die nur ein zeitlich begrenztes Beschäftigungsverhältnis präferieren und flexibel sind, können dem als Leiharbeitnehmer Rechnung tragen. Oft wird zudem die Chance, unterschiedliche Arbeitsplätze kennen zu lernen, als Vorzug gesehen. Für Arbeitslose eröffnen sich Chancen auf Arbeitsplätze. Etwa einem Drittel der Leiharbeitnehmer gelingt ein anschließender Übergang in Beschäftigungsverhältnisse außerhalb des Entleihbetriebs, obwohl sie sich in hohem Maße vorher in Arbeitslosigkeit oder Nicht-Erwerbstätigkeit befanden.

3. Lohnfindung und Arbeitsrecht

290. Um einen nachhaltigen Beschäftigungsaufbau in Gang zu bringen, bietet sich als weiterer wichtiger Ansatzpunkt für die staatliche Wirtschaftspolitik die Beeinflussung der Lohnbildung mit Hilfe geeigneter Parameter des institutionellen Regelwerks auf dem Arbeitsmarkt an. Letztlich dreht sich alles um eine beschäftigungsfreundliche Lohnhöhe und Lohnstruktur, jedoch stellt sich nicht nur die Frage, wer bei zunehmend dezentralisierter Lohnbildung als Ansprechpartner für diesbezügliche Ratschläge in Frage kommt, sondern zudem, wie die Akteure im Lohnbildungsprozess dazu gebracht werden sollen, nicht nur ihre eigene Arbeitsplatzsicherheit im Auge zu behalten, sondern – möglicherweise ohne eigenes Interesse – mit Hilfe moderater Lohnzuwächse den Arbeitslosen Chancen auf neue Arbeitsplätze zu eröffnen. Die staatliche Wirtschaftspolitik kann bei Autonomie des Lohnbildungsprozesses, für die es gute Gründe gibt, nur versuchen, die Rahmenbedingungen so zu setzen, dass der Einfluss der Beschäftigten zugunsten der Arbeitslosen verschoben wird. Gleichwohl: Diese Aufgaben für den Gesetzgeber entbinden die Tarifvertragsparteien nicht von ihrer Verantwortung für die Schaffung neuer wettbewerbsfähiger Arbeitsplätze mit Hilfe einer beschäftigungsfreundlichen Tariflohnpolitik. Tarifautonomie verleiht den Tarifvertragsparteien weitgehende Rechte, die jedoch einhergehen müssen mit der Einsicht, dass es nicht allein Aufgabe des Staates sein kann, den Beschäftigungsaufbau zu fördern, sondern dass der Tariflohnpolitik hier die Führungsrolle zukommt.

Lohnfindung

Rolle des Flächentarifvertrags

291. Der Sachverständigenrat rät nicht dazu, den Flächentarifvertrag aufzugeben und ausschließlich auf eine Lohnfindung auf der betrieblichen Ebene zu setzen, sondern dazu, sich seiner Vorteile zu bedienen und gleichzeitig für genügend Flexibilität zu sorgen, um betriebsspezifischen Erfordernissen angemessen Rechnung tragen zu können.

Die Vorteile eines Flächentarifvertrags bestehen zunächst in der Verlagerung der mit dem Prozess der Lohnfindung einhergehenden Kosten auf die Verbandsebene, einschließlich der das Betriebsklima möglicherweise belastenden Konflikte. Nicht immer wird die Unternehmensleitung bei einer Lohnbildung auf der betrieblichen Ebene Verständnis für betriebsspezifische Erfordernisse vorfinden, zumindest werden die Beschäftigten oder ihre Vertretung die wirtschaftliche Situation des Betriebs genau ausloten wollen, mit der Folge eines „Tarifs der gläsernen Taschen", der konkurrierenden Unternehmen, Kunden und Lieferanten möglicherweise unwillkommene Einsichten in die momentane und künftige wirtschaftliche Lage des Unternehmens gewährt. Bei unveränderter Verhandlungsstärke der Insider liegt es zudem nicht auf der Hand, dass Lohnabschlüsse auf betrieblicher Ebene per saldo niedriger ausfallen als auf der Verbandsebene. Eventuelle Lohnzugeständnisse in wirtschaftlich schwierigen Phasen werden möglicherweise bei einer positiveren Geschäftsentwicklung schneller und nachhaltiger wettgemacht oder überkompensiert. Schließlich schlägt zu Buche, dass auf der Verbandsebene eher, wenn beileibe auch nicht durchgängig, die Einsicht vorhanden sein mag, mit Hilfe eines moderaten lohnpolitischen Kurses Chancen für neue Arbeitsplätze für die Arbeitslosen zu eröffnen, weil diese Bereitschaft auf der betrieblichen Ebene angesichts des damit verbundenen vergleichsweise bescheidenen Beitrags zum Beschäftigungsaufbau kaum vorhanden sein dürfte. Dort werden die Beschäftigten vielmehr Löhne auszuhandeln versuchen, bei denen sie selbst mit hoher Wahrscheinlichkeit selbst beschäftigt bleiben, ohne durch Lohnzurückhaltung den Arbeitslosen Beschäftigungschancen zu eröffnen. Das belegen zahlreiche Firmentarifverträge und „Standortsicherungsverträge", bei denen Vereinbarungen dergestalt getroffen werden, dass das Unternehmen von betriebsbedingten Entlassungen (im Gegenzug zu Konzessionen auf der Arbeitnehmerseite) absehen wird, wohingegen von einem Beschäftigungsaufbau in aller Regel keine Rede ist.

292. Bei einer Flexibilisierung des Lohnbildungsprozesses mit Hilfe tarifvertraglicher Öffnungsklauseln innerhalb des Flächentarifvertrags stellt sich die Frage nach dem Adressaten, an den sich die Einschätzung des Sachverständigenrates hinsichtlich des lohnpolitischen Kurses richtet. Zunächst muss nachdrücklich darauf hingewiesen werden, dass der Sachverständigenrat keine lohnpolitischen Empfehlungen etwa in Form von „Lohnleitlinien" gibt, sondern er beurteilt vielmehr auf der gesamtwirtschaftlichen Ebene, inwieweit die Lohnentwicklung das Prädikat „beschäftigungsfreundlich" verdient. So gesehen handelt es sich um eine Ex-post-Betrachtung, unabhängig davon, auf welcher Ebene der Lohnbildungsprozess vonstatten geht.

Dem Urteil des Sachverständigenrates über die Angemessenheit der Lohnentwicklung liegt gleichwohl ein auf gesamtwirtschaftlichen Kennziffern beruhendes Prüfkonzept zugrunde. Es bleibt den Tarifvertragsparteien anheim gestellt, sich dieser Orientierungshilfen – spezifiziert für die Ebene, auf der die Tarifverhandlungen stattfinden – zu bedienen, um beschäftigungsfreundliche Lohnabschlüsse zu tätigen. Den Tarifvertragsparteien steht es selbstverständlich frei, eine andere lohnpolitische Konzeption zu wählen, maßgeblich sind die Beschäftigungswirkungen. Keineswegs bedeutet die gesamtwirtschaftliche Ausrichtung der Beurteilungsmaßstäbe des Sachverständigenrates, dass sich die dezentral auf Branchenebene oder Betriebsebene zu führenden Lohnverhandlungen an gesamtwirtschaftlichen Gegebenheiten zu orientieren hätten, im Gegenteil. Relevant sind Kennziffern wie beispielsweise die bereinigte Arbeitsproduktivität, die Absatzpreise oder die internationale Wettbewerbssituation für eben die Branchen oder Unternehmen, für die Tariflohnverhandlungen geführt werden.

Im Unterschied zur Finanzpolitik oder zur Geldpolitik, bei denen die Adressaten der Einschätzung des Sachverständigenrates klar benannt werden können, verlieren die Tarifvertragsparteien als Ansprechinstitution umso mehr an Bedeutung, je dezentraler der Lohnbildungsprozess auf der betrieblichen Ebene abläuft. Gleichwohl besitzen Tariflöhne eine nicht zu unterschätzende Bedeutung, nicht zuletzt aufgrund der von ihnen ausgehenden Signalwirkung. Insoweit gibt es eine Lohnpolitik und bleiben die Tarifvertragsparteien Adressaten, wenn es um das Plädoyer für beschäftigungsfreundliche Tariflohnabschlüsse geht.

Beurteilung der Lohnentwicklung

293. Ob die Lohnentwicklung in einem bestimmten Zeitraum als beschäftigungsfreundlich einzustufen ist, beurteilt der Sachverständigenrat daran, ob und wie weit der vereinbarte Lohnanstieg angesichts der hohen Arbeitslosigkeit hinter dem lohnpolitischen Verteilungsspielraum zurückgeblieben ist. Diese Konzeption hat der Rat in seinem Jahresgutachten 2003/04 ausführlich dargelegt und ist in diesem Zusammenhang auf Einwände eingegangen (JG 2003 Ziffern 634 ff.), so dass eine geraffte Zusammenfassung genügt.

Der Verteilungsspielraum besteht in realer Betrachtung aus der Fortschrittsrate der Grenzproduktivität der Arbeit, bereinigt um Schwankungen des Arbeitseinsatzes. Die Grenzproduktivität ist das zusätzliche Produktionsergebnis bei einer marginalen Erhöhung des Arbeitsvolumens, also des Produkts aus der Anzahl der Arbeitskräfte und den geleisteten Arbeitsstunden. Die Grenzproduktivität kann nicht beobachtet, sondern muss berechnet werden, weshalb man sich häufig mit der statistisch erfassten Durchschnittsproduktivität behilft. Solange die Produktionstechnik unverändert bleibt, entsprechen sich die Veränderungsraten beider Produktivitäten, so dass für die kurze Frist die Unterschiede bei einer Analyse der zeitlichen Lohnentwicklung nicht allzu gravierend ausfallen dürften. Welche Definition der Arbeitsproduktivität indes auch gewählt wird, stets muss zur Bestimmung des Verteilungsspielraums die „Entlassungsproduktivität" herausgerechnet werden, also der Anteil an der Produktivitätsentwicklung, welcher lediglich aufgrund einer Freisetzung von Arbeit zustande kommt. Ohne eine solche Korrektur ergäben sich verfehlte Schlussfolgerungen: Eine noch so überzogene Lohnpolitik rechtfertigte sich im Nachhinein quasi von selbst, weil sie zu einem geringeren Arbeitseinsatz, einer höheren Arbeitsproduktivität und damit zu einem vermeintlich größeren Verteilungsspielraum führte.

In nominaler Sichtweise stellt sich bei der Bemessung des Verteilungsspielraums die Frage nach einem Ausgleich für erwartete Preissteigerungen. Hierbei ist zu berücksichtigen, dass exogen von Staat und Ausland verursachte Preissteigerungen außer Ansatz bleiben müssen. Dies betrifft beispielsweise die Anhebung indirekter Steuern und höhere Kosten für importierte Rohstoffe, beispielsweise Rohöl. Außerdem muss bedacht werden, inwieweit im Bereich handelbarer Güter Preisüberwälzungsspielräume auf den Weltmärkten bestehen, ohne die internationale Wettbewerbsfähigkeit der heimischen Beschäftigung zu beschädigen. Somit ist der BIP-Deflator und nicht der Verbraucherpreisindex das adäquate Maß für einen Anstieg des Preisniveaus.

Dieser so berechnete Verteilungsspielraum stellt die Orientierungshilfe zur Beurteilung der gesamtwirtschaftlichen Entwicklung der Arbeitskosten dar. Nur wenn diese den Verteilungsspielraum nicht ausschöpft, kann Beschäftigungsfreundlichkeit attestiert werden.

294. Gegen das Konzept des Sachverständigenrates werden immer wieder Einwände erhoben. Zum einen wird vorgetragen, der bisherige moderate Kurs der Lohnpolitik habe außer einer Nachfrageschwäche nichts gebracht, erst recht keine neuen Arbeitsplätze. Zum anderen wird die mangelnde Aufmerksamkeit des Rates hinsichtlich der Nachfrageseite beklagt. Beide Kritikpunkte halten einer Überprüfung nicht stand, und das hat der Sachverständigenrat bereits mehrfach dargelegt.

Zum einen: Dass die Arbeitnehmer mitunter den falschen Eindruck haben, eine moderate Lohnentwicklung brächte offenkundig keine Beschäftigungsgewinne, kann damit erklärt werden, dass sie verständlicherweise in erster Linie die Veränderung ihrer realen Nettoentgelte im Blickfeld haben. Dieser „Konsumentenlohn" ist im Zeitraum der Jahre 1991 bis 2004 um insgesamt 4,9 vH gestiegen, jahresdurchschnittlich also nur um etwa 0,4 vH. Der Rückschluss von der Entwicklung der „Konsumentenlöhne" auf die Beschäftigung ist jedoch irreführend. Für die Erhaltung und Schaffung von Arbeitsplätzen ist nämlich der „Produzentenlohn" die maßgebliche Größe, also die realen Bruttoarbeitskosten. Sie stiegen im selben Zeitraum um 21,8 vH, also jahresdurchschnittlich um 1,5 vH. Nimmt man die jüngere Entwicklung der Jahre 2000 bis 2004 ins Blickfeld, so stiegen die „Produzentenlöhne" in diesem Zeitraum um insgesamt 2,2 vH und die „Konsumentenlöhne" um 2,8 vH, also etwa im gleichen Ausmaß. Grundlage für die Berechnung der „Produzentenlöhne" (und auch der „Konsumentenlöhne") sind die Effektivverdienste, während die Tarifvertragsparteien die Höhe der Tariflöhne aushandeln. Mit Hilfe einer positiven oder negativen Lohndrift kann dann auf der Unternehmensebene die Veränderung der Effektivlöhne stärker beziehungsweise schwächer als die der Tariflöhne ausfallen.

Zum anderen: Entgegen der Behauptungen der Kritik hat sich der Sachverständigenrat sehr wohl und ausführlich mit der Bedeutung der gesamtwirtschaftlichen Nachfrage im Rahmen seiner Analysen der Lohnpolitik beschäftigt (JG 2003 Ziffern 645 ff.). Er bestreitet allerdings, dass mit Hilfe einer Lohnpolitik, die keinen Abschlag vom Verteilungsspielraum vornimmt, die für den Beschäftigungsaufbau notwendigen Nachfrageimpulse wirksam in Gang gesetzt werden können. Anders herum wird ein Schuh daraus: Eine zurückhaltende Lohnpolitik verbilligt den Faktor Arbeit sowohl absolut als auch relativ zum Faktor Kapital, erhöht die internationale Wettbewerbsfähigkeit der hiesigen Unternehmen und macht gerade auch arbeitsintensive, einfachere Tätigkeiten etwa im Dienstleistungsbereich rentierlich. Sie stellt damit die Voraussetzung dar, dass neue Arbeitsplätze geschaffen werden, auf welche die Arbeitslosen wechseln können, und erzeugt damit eine höhere gesamtwirtschaftliche Nachfrage. Diese Sichtweise ist deutlich abzugrenzen gegenüber einer aktiven „Nachfragepolitik". Forderungen nach höheren Löhnen, die den Verteilungsspielraum voll ausschöpfen oder gar überziehen, zwecks Steigerung der kaufkräftigen Nachfrage oder der Steuereinnahmen oder der Beitragszahlungen für die Systeme der Sozialen Sicherung, gehen somit in die Irre.

Was getan wurde

295. Auf der Basis der Entwicklung der Tariflöhne kann beurteilt werden, ob der Verteilungsspielraum ausgeschöpft oder gar überzogen wurde. Im Vergleich zur Fortschrittsrate der bereinigten Grenzproduktivität der Arbeit zeigt sich, dass in den Jahren 2000 bis 2004 der Verteilungsspielraum mit Ausnahme des Jahres 2002 nicht ausgeschöpft wurde, von einem nennenswerten Abschlag kann meistens aber keine Rede sein. Mit anderen Worten, die Lohnpolitik hat in den vergangenen Jahren einen moderat beschäftigungsfreundlichen Kurs gefahren.

Im Jahr 2005 stiegen die nominalen tariflichen Stundenlöhne aufgrund neu abgeschlossener Tarifverträge und der in früheren Tarifverträgen für das Jahr 2005 vereinbarten Tariflohnerhöhungen gesamtwirtschaftlich betrachtet um 1,2 vH. Diese Tariflohnanhebungen sind dem Verteilungsspielraum gegenüber zu stellen, um die Tariflohnpolitik auf ihre Beschäftigungsfreundlichkeit hin beurteilen zu können.

Die unbereinigte Fortschrittsrate der Durchschnittsproduktivität der Arbeit betrug gesamtwirtschaftlich gesehen für das Jahr 2005 rund 1,4 vH. Dabei ist jedoch zu beachten, dass die Genauigkeit dieser Zahlenangabe unter einigen Datenmängeln insbesondere hinsichtlich des Arbeitsvolumens leidet und daher vorsichtig interpretiert werden sollte. Die um die Abnahme des Arbeitsvolumens bereinigte Grenzproduktivität der Arbeit – der obere Rand des realen Verteilungsspielraums – nahm in diesem Jahr um etwa 1,2 vH zu. Der Deflator des Bruttoinlandsprodukts – die hier adäquate Messung des Preisniveaus – erhöhte sich um rund 0,5 vH. Damit belief sich der Verteilungsspielraum in einer Ex-post-Betrachtung für das Jahr 2005 aufgerundet auf 1,8 vH. In einer Ex-ante-Sichtweise, also bei Abschluss der Tarifverträge, dürften sich in etwa gleiche Veränderungsraten ergeben haben.

Damit haben die Tarifvertragsparteien auch in diesem Jahr den Verteilungsspielraum nicht ausgeschöpft und somit den beschäftigungsfreundlichen Kurs der Tariflohnpolitik fortgesetzt.

Was zu tun ist

296. Die Tariflohnpolitik sollte den beschäftigungsfreundlichen Kurs der vergangenen Jahre weiterführen, um damit ihren Beitrag zur Schaffung neuer wettbewerbsfähiger Arbeitsplätze zu leisten. Für die meisten Arbeitnehmer kommt der Arbeitsplatzsicherheit oberste Priorität zu, und Millionen von Arbeitslosen sind auf neue Arbeitsplatzangebote dringlich angewiesen. Beiden Zielsetzungen kann mit einer Tariflohnpolitik Rechnung getragen werden, die den Verteilungsspielraum nicht ausschöpft. Damit gewinnt der Faktor Arbeit an Wettbewerbsfähigkeit, im Vergleich zum Realkapital, aber zudem im internationalen Standortwettbewerb.

In diesem Zusammenhang muss ebenfalls die Höhe der Ausbildungsvergütungen ins Blickfeld genommen werden. Eine Absenkung oder zumindest ein Einfrieren der Ausbildungsvergütungen brächte ein höheres Ausbildungsplatzangebot mit sich, welches angesichts der prekären Lage auf dem Berufsausbildungsstellenmarkt unbedingt erforderlich ist.

297. Kann der Tariflohnpolitik für die jüngste Vergangenheit alles in allem ein beschäftigungsfreundlicher Kurs bescheinigt werden (Ziffer 295), so trifft diese Einschätzung keineswegs auf die dringend erforderliche Spreizung der qualifikatorischen Lohnstruktur zu. Diesbezügliche Versäumnisse wiegen umso schwerer, als die Bekämpfung der Arbeitslosigkeit im Bereich gering qualifizierter Arbeit die zentrale Herausforderung darstellt. Bemühungen, die Anreize zur Arbeitsaufnahme im Niedriglohnbereich zu stärken, laufen ins Leere, wenn die Lohnkosten nicht den dort erwirtschaftbaren Produktivitäten entsprechen und deshalb die dringend erforderlichen Arbeitsplätze erst gar nicht entstehen. Den Tarifvertragsparteien kommt eine hohe Verantwortung zu, den Beschäftigungsaufbau in diesem Segment des Arbeitsmarktes mit Hilfe einer Auffächerung der qualifikatorischen Lohnstruktur nachdrücklich zu unterstützen. Die Politik sollte von den Tarifvertragsparteien wesentlich nachdrücklicher ihren Beitrag zur Lösung der Beschäftigungsprobleme einfordern, das stellt keinen Eingriff in die Tarifautonomie dar. Der Vorwurf, eine Spreizung der Lohnstruktur sei lediglich eine verkappte Senkung des allgemeinen Lohnniveaus, verfängt zudem deshalb nicht, weil es ebenso gute Gründe gibt, die Lohnstruktur am oberen Ende, das heißt für hochproduktive und gut bezahlte Tätigkeiten weiter aufzufächern. Gerade im Hinblick auf die immer wieder betonte wissensbasierte Gesellschaft und die Notwendigkeit, im internationalen Wettbewerb einen Innovations- und Produktivitätsvorsprung zu wahren, kommt es darauf an, durch eine leistungs- und produktivitätsgerechte Entlohnung hochqualifizierter Arbeitnehmer Anreize für inner- und überbetriebliche Qualifizierungsbemühungen zu setzen sowie die Attraktivität und Verbreitung entsprechender Bildungsabschlüsse zu stärken.

298. Schließlich sollte die Tariflohnpolitik prüfen, inwieweit sich die Erfolgsbeteiligungsmodelle mehr als bisher als ein Element der Tariflohnvereinbarungen eignen. Der Sachverständigenrat hat seit geraumer Zeit für eine stärkere Berücksichtigung von Erfolgsbeteiligungsmodellen geworben (JG 2003 Ziffer 654; JG 1995 Ziffer 388; JG 1989 Ziffern 352 ff.). Gerade die diesjährige Tarifrunde in der Stahlindustrie hätte es nahe gelegt, sich des Instruments der Erfolgsbeteiligung der Arbeitnehmer stärker zu bedienen. Damit wäre eine höhere Flexibilität in der Entlohnung erreicht worden, anstatt – wie geschehen – die zum Zeitpunkt des Tariflohnabschlusses außerordentlich gute Stahlkonjunktur in Tariflohnerhöhungen umzusetzen, welche bei einer nachlassenden Entwicklung in der Stahlindustrie dann als Kostenblock Arbeitsplätze gefährden.

Was nicht getan werden sollte: Lohnsubventionen und gesetzliche Mindestlöhne

299. Zur Linderung der Arbeitsmarktprobleme vor allem im Bereich gering qualifizierter Arbeit sind in jüngster Zeit erneut **Lohnsubventionen** vorgeschlagen worden, sei es in Form von Zahlungen an Arbeitgeber, um die Lohnkosten mit dem Niveau der auf diesen Arbeitsplätzen erzielbaren Produktivität in ungefähren Einklang zu bringen, sei es als Leistungen an die Arbeitnehmer, um Anreize zur Arbeitsaufnahme zu schaffen, indem die Kluft zwischen Anspruchslohn und Marktlohn merklich verringert wird. Der Sachverständigenrat hat sich in seinem vorjährigen Jahresgutachten mit dieser Thematik beschäftigt und ist insgesamt gesehen zu einer eher skeptischen Einschätzung von Lohnsubventionen gelangt (JG 2004 Ziffern 665 ff.).

300. Zunächst stimmen die bisherigen Erfahrungen und die Ergebnisse empirischer Studien bedenklich. Varianten eines Kombilohns wurden bereits vor einigen Jahren als Modellversuche in einer Erprobungsphase getestet, wobei Unternehmen oder Arbeitnehmer in der einen oder anderen Form von einem Teil ihrer Sozialversicherungsbeiträge entlastet wurden. Dazu gehörten das Modell der Saar-Gemeinschaftsinitiative, das wegen Erfolglosigkeit bald wieder aufgegeben wurde, und das Mainzer Modell, an dem sich nur wenige Personen beteiligten, nicht zuletzt aufgrund von gravierenden Konstruktionsfehlern in Gestalt hoher Grenzbelastungen (JG 2004 Ziffer 666).

Empirische Studien des Zentrums für Europäische Wirtschaftsforschung (ZEW), Mannheim, und des Instituts Zukunft der Arbeit (IZA), Bonn, kommen ebenfalls zu ziemlich ernüchternden Resultaten, gerade für den Niedriglohnbereich (Buslei und Steiner, 1999; Schneider et al., 2002). Je nach Ausgestaltung mögen sich zwar Beschäftigungsgewinne in einer Größenordnung von über 100 000 Personen ergeben, jedoch werden diese mit einem Subventionsaufwand von mehreren Milliarden Euro erkauft. So beziffert die ZEW-Studie die fiskalischen Nettokosten je subventioniertem Arbeitnehmer auf rund 35 000 Euro, das IZA errechnet sogar doppelt so hohe Beträge. Wenn man überhaupt das Instrument von Kombilöhnen ins Blickfeld nehmen will, ist vor dem Hintergrund solch hoher Subventionsbeträge eine strikte Zielgruppenbegrenzung unerlässlich. Dann aber hält sich der zu erwartende Beschäftigungseffekt in engen Grenzen. So gesehen besteht bei Kombilöhnen ein Zielkonflikt. Kommen sie flächendeckend zum Einsatz, um einen möglichst hohen Beitrag zum Abbau der Arbeitslosigkeit zu leisten, werden sie außerordentlich kostspielig. Beschränkt man sie deshalb auf wenige Problemgruppen, sind ihre gesamtwirtschaftlichen Beschäftigungseffekte entsprechend gering.

301. Ungeachtet dieser zurückhaltenden Bewertung von Kombilöhnen wurden in jüngerer Zeit neue diesbezügliche Vorschläge gemacht, deren prominentester die „Magdeburger Alternative" ist (Schöb und Weimann, 2005). Weitere Modelle stammen vom Rheinisch-Westfälischen Institut für Wirtschaftsforschung (RWI), Essen, und vom Deutschen Gewerkschaftsbund (DGB).

Die „Magdeburger Alternative" verspricht eine „doppelte Dividende", nämlich die Schaffung von Arbeitsplätzen im Niedriglohnbereich bei gleichzeitigen fiskalischen Entlastungen. Erreicht werden soll dies dadurch, dass für Empfänger von Arbeitslosengeld II, die gemäß den tariflichen Regelungen der untersten Lohngruppe zugeordnet werden, die gesamten Sozialbeiträge vom Bund übernommen werden. Die Förderung beschränkt sich auf zusätzliche Einstellungen und wird nur so lange gewährt, wie der Beschäftigungsstand des Unternehmens über dem zu einem bestimmten

Stichtag liegt, um Mitnahmeeffekte zu vermeiden. Außerdem erhalten bestehende Unternehmen für jeden zusätzlich geschaffenen Arbeitsplatz die Sozialversicherungsbeiträge für einen bereits zuvor in dieser Lohngruppe Beschäftigten erstattet. Bei Ablehnung eines Arbeitsplatzes verwirken diese Personen ihren Anspruch auf Sozialleistungen. Die Nettoentlastung der gesamtstaatlichen Haushalte in Höhe von 5,19 Mrd Euro kommt in der „Magdeburger Alternative" durch die Schaffung von rund 1,8 Mio Arbeitsplätzen und die Einsparung der Sozialleistungen der geförderten Personen zustande.

Kritisch zum Konzept der „Magdeburger Alternative" ist zunächst anzumerken, dass die angestrebte Dauerhaftigkeit der Subventionen problematisch ist, denn jede, selbst zu irgendeinem späteren Zeitpunkt geschaffene Stelle in den unteren Lohngruppen erfährt eine unbefristete Unterstützung. Schließlich bedarf es eines hohen und lange währenden Kontrollaufwands hinsichtlich des Beschäftigungsstands der geförderten Unternehmen, um sicherzustellen, dass es sich in der Tat um zusätzliche Arbeitsplätze handelt. Jedoch muss es sich selbst bei einer später dann doch vorgenommenen Verminderung der Anzahl der Arbeitsplätze nicht unbedingt um Mitnahmeeffekte der Förderung handeln. Ein solcher Beschäftigungsrückgang kann nämlich unvermeidlichen Anpassungsprozessen im Rahmen eines Strukturwandels geschuldet sein. Schließlich mögen die erwarteten Beschäftigungseffekte des „Magdeburger Modells" deshalb als zu optimistisch eingestuft werden, weil eine zusätzliche Arbeitsnachfrage auf ein ebenso großes (zusätzliches) Arbeitsangebot treffen muss, und die qualifikatorischen und regionalen Strukturen bezüglich der Arbeitsnachfrage und des Arbeitsangebots dann übereinstimmen müssen. Mit anderen Worten, die Beeinträchtigung der erwarteten Beschäftigungseffekte aufgrund eines qualifikatorischen und regionalen Mismatch sollte nicht verkannt werden.

302. Die zuvor genannte Studie des RWI zu den Merkmalen der geringfügigen Beschäftigung enthält einen Reformvorschlag für die Regelungen bezüglich der Mini-Jobs mit dem Ziel, es sowohl für Arbeitgeber attraktiver zu machen, Arbeitslosen Mini-Jobs anzubieten, als auch die Anreize zur Aufnahme einer solchen Tätigkeit für die Empfänger von Arbeitslosengeld und Arbeitslosengeld II zu erhöhen (Fertig et al., 2005). Für Arbeitslose soll die Verdienstobergrenze von 400 Euro auf 800 Euro angehoben und gleichzeitig die Transferentzugsrate dadurch gesenkt werden, dass ein Freibetrag von 200 Euro gewährt und für das darüber hinausgehende Entgelt die Transferentzugsrate abgesenkt wird. Um Mitnahmeeffekte niedrig zu halten, muss eine Dauer der Arbeitslosigkeit von mindestens einem halben Jahr vorliegen, und die Subvention soll für jeden Arbeitslosen auf zwei Jahre begrenzt werden. Dadurch werden im Unterschied zur Magdeburger Alternative die fiskalischen Kosten beschränkt, doch auch hier ergibt sich eine sehr hohe Grenzbelastung beim Wechsel aus dem reformierten Mini-Job in eine sozialversicherungspflichtige Beschäftigung, so dass dieser aufgrund eines nunmehr höheren Anspruchslohns unterbleibt oder zeitlich hinausgezögert wird.

303. Das Modell des Deutschen Gewerkschaftsbundes sieht für alle sozialversicherungspflichtigen Beschäftigten einen Freibetrag von monatlich 250 Euro (Basisvariante) auf die Sozialversicherungsbeiträge vor. Nach einer Studie des Instituts für Arbeitsmarkt- und Berufsforschung (IAB) belaufen sich die Beitragsausfälle auf jährlich 36,3 Mrd Euro und je nach Art der steuerlichen Gegenfinanzierung und je nach lohnpolitischer Reaktion auf die höheren Steuern ergibt sich

ein Abbau von bis zu 100 000 oder ein Zuwachs von bis zu 150 000 Beschäftigungsverhältnissen (Kaltenborn, Koch, Kress, Walwei und Zika, 2003). Welche Variante auch immer als die realistische angesehen werden mag, bestenfalls ist der erhoffte Beschäftigungsgewinn als gering einzustufen.

Alternativ wird ein Stufentarif, beschränkt nur auf den Bereich der Arbeitslosenversicherung, vorgeschlagen. Auf diese Weise ließe sich sowohl der besonders hohen Elastizität der Arbeitsnachfrage bei einfachen Tätigkeiten als auch dem Problem, wie angesichts eines durch das Arbeitslosengeld II definierten sozialen Existenzminimums das Lohnabstandsgebot und damit der Anreiz zur Aufnahme auch niedrig entlohnter Tätigkeiten gewahrt bleiben können, Rechnung tragen. Im Unterschied zu den diskutierten zielgruppenspezifischen Lohnsubventionen (Magdeburger Alternative, erweiterter Mini-Job) entstehen keine Verzerrungen beim Auslaufen des Förderbereichs. Dies gilt zwar auch für das Freibetragsmodell des DGB, doch dort sind die Kosten erheblich höher, und es besteht ein Anreiz, Beschäftigungsverhältnisse aufzuspalten, um mehrfach in den Genuss des Freibetrags zu kommen. Zu berücksichtigen ist ferner, dass die im Bereich bis 1 000 Euro erworbenen Arbeitslosengeldansprüche ohnehin so niedrig sind, dass die Betroffenen häufig ergänzend Arbeitslosengeld II beziehen dürften. Infolge der Anrechnungsvorschriften würde dann aber das Äquivalenzprinzip der Arbeitslosenversicherung ausgehebelt werden, und die Beiträge zur Arbeitslosenversicherung hätten einen hohen Steueranteil, so dass für Niedrigeinkommensbezieher eine stärkere Entlastung gerechtfertigt wäre.

Eine Konzentration der Entlastung auf geringe Einkommen ist jedoch auch mit einer Reihe von Nachteilen verbunden. Bei Stufentarifmodellen ist zur Verhinderung einer missbräuchlichen Ausnutzung bei Personen mit mehreren Beschäftigungsverhältnissen eine Sozialversicherungsveranlagung durchzuführen. Ferner wird durch den Stufentarif ein neues Umverteilungselement in der Arbeitslosenversicherung etabliert, nämlich von Beschäftigten mit Einkommen oberhalb von 1 000 Euro zu denjenigen mit Einkommen unterhalb dieser Schwelle. Für Arbeitseinkommen oberhalb von 1 000 Euro ändern sich die Grenzbelastung und die davon ausgehenden Verzerrungen insbesondere bezüglich der Intensität von Arbeitsangebot und Arbeitsnachfrage nicht. Folglich fällt für das Gros der Beschäftigungsverhältnisse die Entlastung von Abgaben und damit auch der Beschäftigungseffekt niedriger aus als bei einer generellen Beitragssatzsenkung. Die Etablierung neuer Umverteilungsströme in der Arbeitslosenversicherung tritt zwar etwas in den Hintergrund, wenn man den Stufentarif eher als Lohnsubvention interpretiert, die im Unterschied zu anderen Vorschlägen Sprungstellen mit Grenzbelastungen über 100 vH beim Auslaufen der Förderung vermeidet, doch bei einer solchen Sichtweise treten beträchtliche Mitnahmeeffekte unter den nicht im Niedriglohnbereich tätigen sozialversicherungspflichtig Beschäftigten auf.

Ein Stufentarif mag hinsichtlich der Beschäftigungseffekte einer allgemeinen Beitragssatzsenkung gleichen Umfinanzierungsvolumens überlegen sein, doch dürften sich mit dem gleichen Finanzvolumen durch eine zielgruppenspezifische Förderung noch deutlich größere Beschäftigungseffekte erzielen lassen. Noch schwerer wiegt allerdings der bereits erwähnte Nachteil, dass mit einem solchen Stufentarif gerade die versicherungsfremde Umverteilung wieder in das System der Sozialen Sicherung eingeführt wird, deren Verlagerung im Rahmen einer Umfinanzierung in das Steuersystem ein wichtiges Anliegen der Sozialpolitik darstellt (Ziffern 560 ff., 575).

304. Der Sachverständigenrat betrachtet es als wirtschaftspolitische Aufgabe ersten Ranges, Arbeitslose mit geringer Qualifikation in den Arbeitsmarkt zu integrieren. Ein geeignetes Instrument dafür stellt indes eine bedürftigkeitsbezogene Mindesteinkommenssicherung mit anreizkompatiblen Hinzuverdienstmöglichkeiten dar, so wie es das entsprechende Modell des Sachverständigenrates vorsieht, welches der Tendenz nach durch das Arbeitslosengeld II realisiert worden ist, dessen Arbeitsanreize jedoch verstärkt werden müssen. Dies erscheint eher ein Erfolg versprechender Weg zu sein als Lohnsubventionen einzuführen, deren Eignung zur Lösung der Beschäftigungsprobleme Geringqualifizierter zweifelhaft ist. Bei einer Mindesteinkommenssicherung bedarf es keiner subventionierten Löhne im Niedriglohnbereich und man vermeidet die damit einhergehenden Probleme, insbesondere die mit einer unspezifischen Subventionierung von Niedriglöhnen verbundenen möglichen Mitnahme- und Verdrängungseffekte. Stattdessen sollten zunächst einmal die Erfahrungen mit bestehenden Instrumenten mit Kombilohn-Charakter wie dem Einstiegsgeld nach § 29 SGB II oder den reformierten Zuverdienstmöglichkeiten im Rahmen des Arbeitslosengelds II abgewartet werden, bevor ähnlich gelagerte neue Maßnahmen eingeführt werden.

305. Den Beschäftigungsaufbau im Bereich gering qualifizierter Arbeit mit protektionistischen Maßnahmen zu fördern, dieser Weg führt in die Irre und bewirkt das Gegenteil dessen, was angestrebt wird. Hierzu gehört die von verschiedenen Seiten, vor allem von den Gewerkschaften, erhobene Forderung nach **Einführung eines gesetzlich vorgeschriebenen Mindestlohns**. Der Sachverständigenrat hat dieses Instrument bereits mehrfach als untaugliches, sogar kontraproduktives Mittel abgelehnt (zuletzt JG 2004 Ziffern 708 ff.). Man kann nicht mit Hilfe protektionistischer Maßnahmen eigenes lohnpolitisches Fehlverhalten, das zu einer komprimierten qualifikatorischen Lohnstruktur geführt hat, kurieren und kaschieren wollen.

306. Die Befürchtung beschäftigungsfeindlicher Wirkungen eines gesetzlichen Mindestlohns ist aus theoretischer Sicht und durch empirische Studien gut begründet. An dieser Bewertung ändern einige nicht sonderlich realistische, sondern eher Ausnahmefälle für spezielle Arbeitsmärkte mit hoher Nachfragemacht eines Unternehmens nichts. Des Weiteren überzeugt das Argument, dass andere Länder einen Mindestlohn besitzen und gleichwohl Beschäftigungsgewinne zu verzeichnen hätten, in keiner Weise. Erstens kann man für Frankreich zeigen, dass die dortige Einführung eines Mindestlohns mitverantwortlich für den Anstieg der Jugendarbeitslosigkeit war. Zweitens ist der Rückschluss, die Beschäftigungsgewinne dort seien trotz Mindestlohn zustande gekommen, aus methodischer Sicht unzulässig. Denn um die Wirkungen eines Mindestlohn fundiert beurteilen zu können, muss die kontrafaktische Situation analysiert werden, also welche Beschäftigungsentwicklung sich in einer hypothetischen Situation ohne Mindestlohns ergeben hätte. Drittens entfaltet in einigen Ländern der dortige Mindestlohn nur eine geringe Bindungswirkung, sei es, dass nur wenige Unternehmen davon betroffen oder die Sanktionen bei Verstößen gering sind, sei es, weil ein nominal fixierter Mindestlohn erst mit erheblichen zeitlichen Verzögerungen an Preissteigerungen angepasst wird. Viertens übernimmt ein Mindestlohn in einigen Ländern die Funktion einer – anders als in Deutschland – dort nicht oder nur unzulänglich vorhandenen Mindesteinkommenssicherung.

Selbst wenn man diese Vorbehalte zur Seite schiebt, müssten hiesige Erfahrungen mit einer komprimierten Lohnstruktur zu denken geben. Die überproportional angehobenen oder gar gänzlich gestrichenen unteren Tariflohngruppen haben in den vergangenen beiden Jahrzehnten nicht unwesentlich zu dem dramatischen Anstieg der Arbeitslosigkeit gering qualifizierter Arbeit beigetragen, wie empirische Studien des Zentrums für Europäische Wirtschaftsforschung (ZEW), Mannheim, belegen (Fitzenberger und Franz, 2001). Ein gesetzlicher Mindestlohn, so er denn eingeführt würde, wiese ähnliche Effekte auf. Ein Verlust von Arbeitsplätzen wäre die Folge.

307. Analoge Überlegungen gelten für branchenspezifische tarifliche Mindestlöhne, welche dann anschließend für allgemeinverbindlich erklärt werden, wie es in der Bauindustrie der Fall ist. Sie sollen vor allem Lohnunterbietung seitens ausländischer Arbeitskräfte unterbinden, wie neuerdings im Zusammenhang mit der Beschäftigung polnischer Fleischer in hiesigen Schlachthöfen. Von allen oben angeführten Einwänden abgesehen, diese protektionistische Maßnahme funktioniert noch nicht einmal. Um im Beispiel zu bleiben, wenn die polnischen Fleischer infolge eines Mindestlohns in ihrer Heimat bleiben, wird eben Fleisch von dort nach Deutschland exportiert. Wollte man das nun verhindern, wären Einfuhrzölle auf Fleischwaren – wohlgemerkt: innerhalb der Europäischen Union – erforderlich, eine abwegige Vorstellung, zumal dies andere Branchen veranlassen würde, analoge Schutzmaßnahmen zu fordern.

308. Es ist schon erstaunlich, mit welcher Beharrlichkeit gleichwohl gesetzliche oder branchenspezifische Mindestlöhne eingefordert werden, obwohl vom Staat gemeinhin stets Respekt vor der Tarifautonomie und der autonomen Lohnsetzung durch die Tarifvertragsparteien erwartet wird. Viel schwerer wiegt aber, dass derartige Maßnahmen den Reformen im System der Lohnersatzleistungen und der aktiven Arbeitsmarktpolitik, die mit Blick auf die Beschäftigungschancen der Geringqualifizierten und Langzeitarbeitslosen den Niedriglohnbereich zu fördern suchen, diametral zuwider laufen. Statt eines Pakets sich ergänzender Reformen würden sich die beiden Maßnahmen gegenseitig blockieren, was in der öffentlichen Wahrnehmung insbesondere die richtige und wichtige, aber umstrittene Hartz IV-Reform in Misskredit bringen dürfte. Die Bundesregierung ist mithin gut beraten, wenn sie diesbezüglichen Begehrlichkeiten eine klare Absage erteilt.

Arbeitsrecht

309. Angesichts der Tatsache, dass Lohnhöhe und Lohnstruktur durch die Präferenzen und Verhaltensweisen der am Lohnbildungsprozess beteiligten Akteure zustande kommen, kann der Gesetzgeber vor dem Hintergrund der Tarifautonomie die Rahmenbedingungen durch Veränderungen des Tarifvertragsrechts und des Arbeitsrechts so zu beeinflussen versuchen, dass eine beschäftigungsfreundliche Entwicklung der Arbeitsentgelte gefördert wird. Dazu hat der Sachverständigenrat in seinen Jahresgutachten eine Reihe von Wegen aufgezeigt.

Was getan wurde

310. Im Mittelpunkt der Reformüberlegungen für ein beschäftigungsfreundlicheres Arbeitsrecht stehen das Günstigkeitsprinzip, Öffnungsklauseln für Tarifverträge und der gesetzliche Kündigungsschutz.

Zu einer Flexibilisierung des Günstigkeitsprinzips hat sich der Gesetzgeber bisher nicht entschließen können. Die Tarifvertragsparteien haben in den letzten Jahren in zunehmendem Maße Öffnungsklauseln vereinbart, die jedoch in der Regel ein Einspruchsrecht der Tarifvertragsparteien vorsehen. So enthalten beispielsweise die Flächentarifverträge in der Chemischen Industrie unter anderem die Möglichkeit von Entgeltkorridoren, Absenkungen der tariflichen Einmalzahlungen, verringerten Einsteigertarifen und Arbeitszeitkorridoren, jeweils unter dem Zustimmungserfordernis der Tarifvertragsparteien. Daneben gibt es weitergehende Vorschläge, wirksame Öffnungsklauseln in Tarifverträgen gesetzlich vorzuschreiben.

Was zu tun ist

311. Das **Günstigkeitsprinzip** gemäß § 4 Absatz 3 Tarifvertragsgesetz harrt nach wie vor einer Klarstellung seitens des Gesetzgebers dahingehend, dass bei der Beurteilung, ob sich ein Arbeitnehmer bei vom Tarifvertrag abweichenden Regelungen „günstiger" stellt, die Beschäftigungssicherheit neben den Arbeitsentgelten und der Arbeitszeit zu den abzuwägenden Aspekten gehören kann (JG 2003 Ziffer 674). Eine solche Erweiterung des Günstigkeitsprinzips hilft, den Flächentarifvertrag betriebsnäher zu gestalten, ohne dass eine der Parteien zu dem Mittel eines Verbandsaustritts greifen muss. Da das Günstigkeitsprinzip beim individuellen Arbeitsvertrag ansetzt, muss mit jedem betroffenen Arbeitnehmer eine eigene Vereinbarung getroffen werden, doch kann diesem auf der Ebene des Betriebs leicht durch Regelungsabreden Rechnung getragen werden.

312. Falls ein Verbandsaustritt des Unternehmens vollzogen wird, sollte die **Tarifbindung** gemäß § 3 Absatz 3 und § 4 Absatz 5 Tarifvertragsgesetz auf eine Maximalfrist von einem halben Jahr für Entgeltverträge und Manteltarifverträge lauten. Des Weiteren sollten Allgemeinverbindlicherklärungen von Entgelttarifverträgen gemäß § 5 Tarifvertragsgesetz künftig unterbleiben, und erst recht nicht darf eine Allgemeinverbindlicherklärung zur Einführung eines (branchenspezifischen) Mindestlohns missbraucht werden, weil damit meistens protektionistischen Bestrebungen Vorschub geleistet wird.

313. In dieselbe Richtung gehen wirksame **Öffnungsklauseln für Tarifverträge**, welche es erlauben, auf betrieblicher Ebene von den Regelungen des Tarifvertrags abweichende Abmachungen zu treffen. Kommen die Tarifvertragsparteien diesem Erfordernis nicht nach, sollten gesetzliche Regelungen im Tarifvertragsgesetz – wie in der Agenda 2010 angekündigt – in Angriff genommen werden. Des Weiteren ist zu prüfen, inwieweit Betriebsvereinbarungen mit nicht tarifgebundenen Unternehmen von § 77 Absatz 3 Betriebsverfassungsgesetz freigestellt werden können. Es ist schwer einzusehen, wieso ein tariflich nicht gebundenes Unternehmen keine Betriebsvereinbarung über Arbeitsentgelte und sonstige Arbeitsbedingungen abschließen darf, selbst wenn diese üblicherweise durch einen Tarifvertrag geregelt sind und dieser den Abschluss ergänzender Betriebsvereinbarungen nicht ausdrücklich zulässt.

314. Zusammen genommen dienen diese Vorschläge der Flexibilisierung des institutionellen Regelwerkes dazu, beschäftigungsfreundlichere Rahmenbedingungen zu schaffen, indem sie die Möglichkeiten der Arbeitslosen stärken, mit den Arbeitsplatzbesitzern um Beschäftigungschancen zu konkurrieren. Ein solcher Wettbewerb begünstigt darüber hinaus die Schaffung neuer Arbeitsplätze, weil kostenträchtige Bestimmungen gelockert werden. Die Vorschläge sind kein Allheil-

mittel zur Lösung der Arbeitsmarktprobleme. Gerade im Hinblick auf den Abbau von Sperrklinkeneffekten, welche die Verfestigung der Arbeitslosigkeit begünstigen, sollte ihr Beitrag im Rahmen einer Paketlösung aber nicht gering eingeschätzt werden.

4. Kündigungsschutz

Was bisher getan wurde

315. Mit dem „Gesetz für Reformen am Arbeitsmarkt" wurden im Jahr 2003 einige Lockerungen beschlossen, die sich auf die Konkretisierung der Sozialauswahl, die Zahlung von Abfindungen, die zeitliche Befristung eines Arbeitsvertrags auch ohne sachlichen Grund bei neu gegründeten Unternehmen sowie auf eine Modifikation des Schwellenwertes der Anzahl der Beschäftigten, ab dessen Erreichen der gesetzliche Kündigungsschutz greift, auswirken (JG 2003 Ziffern 254, 692).

Was zu tun ist

316. Ein rigider **Kündigungsschutz** schützt die Arbeitsplatzbesitzer, hemmt den Wechsel aus der Arbeitslosigkeit in ein Beschäftigungsverhältnis und trägt auf diese Weise zur Verfestigung der Arbeitslosigkeit bei. Erforderlich ist daher eine weitere Liberalisierung, zu der der Sachverständigenrat detaillierte Vorschläge in Form einer Optionslösung unterbreitet hat (JG 2003 Ziffern 649 ff.); beide, durchaus gemeinsam umsetzbaren Optionen zielen darauf, für den Arbeitnehmer einen Ex-ante-Verzicht auf den gesetzlichen Kündigungsschutz lukrativ und für den Arbeitgeber die Entlassungskosten planbarer zu machen. Eine Option könnte darin bestehen, dass ein neu eingestellter Arbeitnehmer nach Beendigung der Probezeit für den Fall einer späteren betriebsbedingten Kündigung freiwillig auf den Kündigungsschutz verzichtet und im Gegenzug einen Anspruch auf eine vorher ausgehandelte Abfindung erhält. Die Beschränkung auf betriebsbedingte Kündigungen stellt sicher, dass bei personen- oder verhaltensbedingten und damit durch den Arbeitnehmer zu vertretenden Entlassungen keine Abfindung gezahlt werden muss. Umgekehrt verhindert der weiterhin bestehende Klageweg bei personen- oder verhaltensbedingten Kündigungen, dass der Arbeitgeber diesen Kündigungsgrund zur Umgehung der Abfindung nutzt. Die zweite Option sieht vor, dass der Arbeitnehmer im Einvernehmen mit dem Arbeitgeber zum Zeitpunkt der festen Einstellung gänzlich auf den Kündigungsschutz verzichtet und stattdessen eine höhere Entlohnung vereinbart. Eine Einschränkung auf bestimmte Kündigungskategorien ist hier nicht erforderlich, da im Unterschied zur Abfindungslösung die Kompensation zum Kündigungszeitpunkt schon gezahlt wurde und kein Anreiz zu strategischem Verhalten besteht. Spricht sich der Arbeitnehmer indes für keine der beiden Optionen aus oder kommt mit dem Arbeitgeber keine Einigung über Höhe und Art der Kompensation zustande, so gilt eine gesetzliche Auffanglösung, bei der im Vergleich zur bestehenden gesetzlichen Regelung die Beweistatbestände des Arbeitgebers bei einem Arbeitsgerichtsverfahren deutlich eingeschränkt werden.

Unabhängig davon, ob es zu einer derartigen Reform kommt, sollte in jedem Fall das Lebensalter aus den Kriterien zur Sozialauswahl herausgenommen werden: Lange im Betrieb beschäftigte Arbeitnehmer werden bereits über die Betriebszugehörigkeit geschützt, so dass die separate Berücksichtigung des Lebensalters nur die Arbeitsmarktchancen älterer Arbeitnehmer verschlechtert oder diese, sofern sie bereits das 52. Lebensjahr erreicht haben, bestenfalls in befristete Beschäftigungsverhältnisse drängt.

317. Sowohl die Option für eine Abfindung als auch die für einen Lohnzuschlag bewirken im Vergleich zum Status quo eine merkliche Flexibilisierung des Kündigungsschutzes sowie eine Verringerung der Zahl der Arbeitsgerichtsprozesse. Beseitigt wird eine bestehende Rechtsunsicherheit aber nicht, da sich der Arbeitnehmer gegen eine Abgeltung des gerichtlichen Schutzes vor betriebsbedingten Kündigungen in Form einer Abfindung oder eines Lohnzuschlags entscheiden kann. Daher bietet sich eine weitergehende Reformoption an, die nicht nur in der Durchführung noch einfacher ist, sondern zugleich das Arbeitsrecht entschlackt und übersichtlicher macht: Der Schutz vor betriebsbedingten Kündigungen wird generell aus dem Kündigungsschutzgesetz gestrichen, und stattdessen wird ein von der Dauer der Betriebszugehörigkeit abhängiger Abfindungsanspruch gewährt. Im Einzelnen bedeutet dies:

− Eine als betriebsbedingt ausgesprochene Kündigung ist generell zulässig und unterliegt einer gerichtlichen Überprüfung nur insofern, als diese wegen Verletzung eines Diskriminierungsverbots oder Ähnlichem gegen die guten Sitten verstößt.

− Zur Wahrung des Bestandsschutzes gilt die Änderung nur für nach dem In-Kraft-Treten des Gesetzes neu geschlossene Arbeitsverträge.

− Zum Schutz des Arbeitnehmers gelten nach der Dauer der Betriebszugehörigkeit gestaffelte Kündigungsfristen von maximal sechs Monaten. Indem bei geringer Dauer kurze Fristen festgesetzt werden, entfällt auch die Notwendigkeit einer eigenständigen Probezeit.

− Spricht der Arbeitgeber eine betriebsbedingte Kündigung aus, so hat der Arbeitnehmer Anspruch auf Zahlung einer Abfindung. Sie stellt einen Ausgleich für die dem Arbeitnehmer durch die Entlassung entstehenden Kosten dar. Diese entstehen durch eine Entwertung firmenspezifischen Humankapitals und in Form von sozialen Kosten als Folge des Verlustes des bisherigen Arbeitsumfeldes, so dass die Höhe der Abfindung sowohl von der Höhe des Verdienstes als auch von der Dauer der Betriebszugehörigkeit abhängen sollte. Um der asymmetrischen Verhandlungssituation bei Abschluss eines Arbeitsvertrages Rechnung zu tragen, muss ein Mindeststandard für die Höhe der Abfindung festgesetzt werden, der nur tarifvertraglich oder im Rahmen eines Sozialplans unterschritten werden kann. Denkbar ist, eine Abfindung ab dem zweiten Jahr der Betriebszugehörigkeit zu gewähren und diese in der Höhe jährlich um einen halben Monatsverdienst zu erhöhen, mit einer Deckelung von zwölf Monatsverdiensten. Der potenziellen Gefahr, dass der Erwerb von Abfindungsansprüchen umgangen wird, indem der Arbeitgeber den Arbeitnehmer wiederholt vorübergehend entlässt, kann begegnet werden, indem für die Entstehung und die Höhe von Abfindungsansprüchen kurzzeitige Unterbrechungen der Beschäftigung beim gleichen Arbeitgeber außer Acht bleiben.

− Ein gesonderter Kündigungsschutz, beispielsweise für Betriebsräte, bleibt von der Reform unberührt, ebenso der Rechtsweg bei personen- oder verhaltensbedingten Kündigungen. Der besondere Kündigungsschutz für Betriebsräte schützt diese vor einer Aushöhlung ihrer durch das Betriebsverfassungsgesetz gewährten Rechte, unbeschadet eines Reformbedarfs dieses Kanons an Befugnissen. Das Klagerecht bei personen- oder verhaltensbedingten Kündigungen schützt alle Arbeitnehmer vor der Umgehung des Abfindungsanspruchs durch das Unternehmen, indem betriebsbedingte Kündigungen als personen- oder verhaltensbedingte Kündigungen deklariert werden.

− Das neue Kündigungsrecht gilt für alle Unternehmen unabhängig von ihrer Beschäftigtenzahl.

− Im Gegenzug können befristete Beschäftigungsverhältnisse weitgehend abgeschafft werden, insbesondere die darin enthaltenen Sonderregelungen für ältere Arbeitnehmer: Mit der vorgestellten Liberalisierung des Kündigungsschutzes entfällt die Notwendigkeit eines Sonderrechts für befristete Arbeitsverträge.

Ein derart reformierter Kündigungsschutz macht die Kosten der Entlassung für das Unternehmen kalkulierbar und gerade für kleine und mittlere Unternehmen das Arbeitsrecht einfacher und überschaubarer. Zugleich bleibt der Arbeitnehmer nicht schutzlos vor den Entlassungsentscheidungen seines Arbeitgebers und erhält im Fall einer Kündigung einen Ausgleich für die damit verbundenen Einbußen, die der Unternehmer durch die Abfindungszahlung zumindest teilweise internalisieren wird.

318. In Ergänzung von Reformen des Kündigungsschutzes wird ein „experience rating" vorgeschlagen. Dieses Konzept knüpft die Höhe der Beitragssätze der Arbeitgeber an die durch das Entlassungsverhalten eines Unternehmens verursachten Kosten der Arbeitslosenversicherung (JG 2003 Ziffern 712 ff.). Diese Maßnahme würde ähnlich wie die vorgeschlagenen Abfindungslösungen dazu führen, eine unerwünscht hohe Instabilität von Beschäftigungsverhältnissen nicht pauschal durch gesetzliche Regeln zu beschränken, sondern mit einem verursachergerechten Preis zu belegen und entsprechend als Kostenfaktor in das Gewinnkalkül des Unternehmens zu integrieren. Zugleich ließen sich damit Einsparpotentiale bei den Beiträgen der Arbeitgeber und Arbeitnehmer mobilisieren.

Durch die Einführung differenzierter Arbeitgeberbeiträge zur Arbeitslosenversicherung kann eine Quersubventionierung zwischen verschiedenen Gruppen verringert und dem Verursacherprinzip bei den mit Entlassungen einhergehenden sozialen Kosten mehr Geltung verschafft werden. Bisher gilt für alle Unternehmen ein einheitlicher Beitragssatz zur Arbeitslosenversicherung, unabhängig davon, wie stark das individuelle Unternehmen aufgrund seines Entlassungsverhaltens die Arbeitslosenversicherung belastet. Damit ergibt sich eine verzerrte Preisstruktur, weil die einzelnen Unternehmen oder Branchen einen Teil ihrer Kosten externalisieren. Würden die aufgrund des individuellen Entlassungsverhaltens entstehenden Leistungen der Arbeitslosenversicherung jedem einzelnen Unternehmen zugerechnet und in den Preisen weitergegeben, dann ergäbe sich eine etwas andere Preisstruktur, welche die eigentlichen Kosten der Produktion adäquater widerspiegelte. Stattdessen subventioniert ein Sektor mit geringer Entlassungshäufigkeit Branchen mit hohen Fluktuationen, und Analoges gilt für Unternehmen innerhalb eines Wirtschaftszweigs. Daher liegt es nahe, diese effizienzmindernde Quersubventionierung einzudämmen.

Zur Internalisierung der Nettokosten bei der Arbeitslosenversicherung, welche die einzelnen Unternehmen durch ihr Entlassungsverhalten verursachen, mit Hilfe differenzierter Arbeitgeberbeiträge hat der Sachverständigenrat bereits detaillierte Überlegungen vorgestellt. Sie orientieren sich an den in den Vereinigten Staaten gemachten guten Erfahrungen eines „experience ratings" an, nicht zuletzt im Hinblick auf einen höheren Beschäftigungsstand.

Sinnvoll wäre eine partielle Risikoäquivalenz der Arbeitgeberbeiträge durch eine Differenzierung danach, inwieweit betriebsbedingt freigesetzte Arbeitnehmer des betreffenden Unternehmens Zahlungen von Arbeitslosengeld erhalten haben, und zwar im Vergleich zu den Zahlungen, die das Unternehmen in Form von Arbeitgeberbeiträgen geleistet hat. Nettobeitragszahler in die Arbeitslosenversicherung werden mit niedrigeren Arbeitgeberbeiträgen belohnt und vice versa. Dabei werden eine Reihe von Risikoklassen gebildet, wobei die niedrigste und höchste Risikoklasse nach unten beziehungsweise nach oben offen ist. Innerhalb jeder Risikoklasse gilt ein konstanter Arbeitgeberbeitragssatz. Beide Bestimmungen werden von der Arbeitslosenversicherung aufkommensneutral festgelegt. Je nach individuellem Entlassungsverhalten innerhalb des Zeitraums der vergangenen drei Jahre fällt jedes Unternehmen in eine Risikoklasse.

Das Verursacherprinzip kommt somit nur eingeschränkt zum Tragen, weil es bezüglich des Arbeitgeberbeitragssatzes eine Mindesthöhe und eine Obergrenze gibt. Außerdem bemisst sich die individuelle Risikoeinstufung nach dem Entlassungsverhalten in einem vergangenen Zeitraum. Diese nur partielle Risikoäquivalenz hat gute Gründe. Selbst bei betriebsbedingten Kündigungen – personenbedingte und verhaltensbedingte Kündigungen bleiben naheliegenderweise ohnehin außer Betracht – liegt es nicht allein in der Hand des Unternehmens, sein Entlassungsverhalten zu beeinflussen, wenn bedeutsame exogene Einflüsse – beispielsweise regionen- oder branchenspezifische Schocks oder eine erhöhte Abgabenbelastung – auftreten. Schließlich trägt die zeitlich verzögerte Risikoeinstufung dem Umstand Rechnung, dass ein Unternehmen mit hohen betriebsbedingten Entlassungen nicht gerade in einer solchen wirtschaftlich schwierigen Situation zusätzlich mit einem höheren Arbeitgeberbeitragssatz belastet werden sollte.

5. Steuern und Abgaben

319. Die Unternehmenssteuerbelastung beeinflusst über die Kapitalnutzungskosten die Investitionstätigkeit und damit das Wachstum einer Volkswirtschaft und die Beschäftigung. Vor dem Hintergrund einer im internationalen Vergleich nach wie vor hohen Unternehmenssteuerbelastung bei Kapitalgesellschaften besteht großer Handlungsbedarf, diese zu senken. Mindestens ebenso wichtig ist eine grundlegende Steuerreform, so dass es sich anbietet, beide Ziele miteinander zu verbinden. Dazu liegt eine Reihe von teilweise detaillierten Vorschlägen vor, unter anderem vom Sachverständigenrat in Form einer modifizierten dualen Einkommensteuer (Ziffern 408 ff.). Eine dadurch bewirkte Verringerung der Belastung würde die Attraktivität des heimischen Standorts für Investitionen stärken und der Verlagerung von Produktionsstätten ins Ausland entgegenwirken. Und selbst wenn aufgrund der betroffenen Branchen und Tätigkeitsfelder die unmittelbaren Gewinner eher qualifizierte oder hochqualifizierte Arbeitnehmer sein sollten, profitieren durch Komplementaritäten in der Arbeitsnachfrage und über Ausstrahleffekte beispielsweise auf Dienstleistungen mittelbar auch Geringqualifizierte von der Stärkung des Standortes.

320. Zu den Möglichkeiten und Grenzen einer stärkeren Steuerfinanzierung des Sozialversicherungssystems nimmt der Sachverständigenrat an anderer Stelle dieses Gutachtens ausführlich Stellung (Ziffern 507 ff.). Eine Umfinanzierung aus Steuermitteln ist demnach nur dann angezeigt, sofern die Leistungen und Ausgaben der Sozialversicherung eigentlich gesamtgesellschaftliche Anliegen darstellen und deshalb nicht über Beiträge eines abgegrenzten Versichertenkreises, sondern von allen Steuerzahlern zu finanzieren sind.

V. Was zu tun ist – ein beschäftigungspolitisches Pflichtenheft

321. Ein Reformprogramm zur Bekämpfung der Arbeitslosigkeit muss sich insbesondere zwei Problembereichen widmen, nämlich zum einen Hindernisse für die Beschäftigung gering qualifizierter Arbeitnehmer abzubauen und zum anderen der Verfestigung der Arbeitslosigkeit entgegenzuwirken, das heißt, die Langzeitarbeitslosigkeit zu verringern. Diese Ziele zu erreichen stellt eine Herausforderung ersten Ranges dar, über deren Schwierigkeit keine Illusionen bestehen dürfen. Aber illusionslos zu sein bedeutet nicht, Mutlosigkeit aufkommen zu lassen. Die Erfahrungen anderer Länder sollten vielmehr Ansporn sein, Erfolg versprechende Maßnahmen in Angriff zu nehmen oder weiterzuführen. Der Weg zu mehr Beschäftigung erfordert viel Geduld und er wird umso eher Früchte tragen, je umfangreicher das Maßnahmenbündel im Sinne einer Paketlösung ausgestaltet ist. Die staatliche Wirtschaftspolitik und die Tarifvertragsparteien bleiben aufgerufen, sich des Handlungsbedarfs anzunehmen.

Der Sachverständigenrat stellt ein Strategiebündel zur Diskussion, welches die folgenden fünf Felder umfasst.

(1) Lohnersatzleistungen

Der Gesetzgeber sollte Vorschläge unter anderem des Sachverständigenrates prüfen, die Hinzuverdienstmöglichkeiten beim Arbeitslosengeld II zu erweitern und gleichzeitig das Niveau des Arbeitslosengelds II für nicht arbeitende, aber arbeitsfähige Empfänger dieser Unterstützungszahlungen abzusenken. Die Arbeitsgelegenheiten sollten so ausgestaltet sein, dass eine Beschäftigung auf dem ersten Arbeitsmarkt stets attraktiver ist. Beim Arbeitslosengeld sollten eine Verlängerung über 12 Monate hinaus unterbleiben, die Vorruhestandsregelungen für ältere Arbeitslose im Alter über 58 Jahre und die Zuschläge beim Übergang zum Arbeitslosengeld II abgeschafft sowie das Arbeitslosengeld mit zunehmender Dauer der Arbeitslosigkeit degressiv ausgestaltet werden. Vorschläge, die Dauer des Bezugs von Arbeitslosengeld von der bisherigen Versicherungszeit abhängig zu machen, sollten nicht umgesetzt werden. Die Umverteilung in Form eines erhöhten Arbeitslosengelds, wenn Kinder vorhanden sind, sollte ins Steuer- und Transfersystem verlagert werden, etwa mit Hilfe eines erhöhten Kindergelds.

(2) Arbeitsmarktpolitik

Schon jetzt zeichnet sich ab, dass die Bundesagentur für Arbeit auf dem richtigen Weg ist, wenn sie die Ausgaben für Arbeitsbeschaffungsmaßnahmen deutlich zurückfährt; dies sollte sie, gestützt auf eine fundierte Evaluation, konsequent fortführen. Des Weiteren sollte geprüft werden, inwieweit das Überbrückungsgeld und der Existenzgründungszuschuss („Ich-AG") zu einer einheitlichen befristeten Förderung zusammengefasst werden können. Die Einrichtung von Personal-Service-Agenturen sollte in das Ermessen der zuständigen Arbeitsagenturen gestellt werden. Die Mini-Jobs im Unternehmensbereich müssen im Hinblick auf mögliche Verdrängungseffekte sorgfältig evaluiert werden. Mini-Jobs im Nebenerwerb sollten abgeschafft werden. Die bisherigen Erfahrungen mit Kombilöhnen stimmen außerordentlich skeptisch, der Sachverständigenrat rät nicht dazu, sie flächendeckend einzuführen. Die Allgemeinverbindlicherklärung sowie die Einführung von gesetzlichen Mindestlöhnen sind kontraproduktiv und sollten daher definitiv unterbleiben.

(3) Arbeitsrecht

Der Gesetzgeber sollte beschäftigungsfreundlichere Rahmenbedingungen in dem Sinn schaffen, dass der Flächentarifvertrag flexibler gestaltet wird. Dazu gehört eine Klarstellung beim Günstigkeitsprinzip dergestalt, dass die Arbeitsplatzsicherheit neben den Arbeitsentgelten und der Arbeitszeit Berücksichtigung finden kann. Die Tarifbindung sollte gelockert werden. Wirksame Öffnungsklauseln für Tarifverträge sollten es erlauben, auf betrieblicher Ebene von den Regelungen des Tarifvertrags abweichende Abmachungen zu treffen. Des Weiteren ist zu prüfen, inwieweit Betriebsvereinbarungen mit nicht tarifgebundenen Unternehmen von § 77 Absatz 3 Betriebsverfassungsgesetz freigestellt werden können. Der Kündigungsschutz sollte weiter flexibilisiert werden. Mögliche diesbezügliche Optionen bestehen in einem freiwilligen Ex-ante-Verzicht des

Arbeitnehmers auf den gesetzlichen Kündigungsschutz bei betriebsbedingten Kündigungen, wenn stattdessen im Kündigungsfall eine vorher vereinbarte Abfindung oder während der Gesamtdauer des Beschäftigungsverhältnisses ein höheres Arbeitsentgelt gezahlt wird. Eine noch weitergehende Option ist, betriebsbedingte Kündigungen ohne Einschränkung zuzulassen, wobei dann ex-ante festliegende Regelungen für Mindestabfindungen etabliert sein müssen. In jedem Fall sollte die Reform aus Gründen des Bestandsschutzes nur auf neu geschlossene Arbeitsverhältnisse Anwendung finden.

(4) Lohnpolitik
Die Tariflohnpolitik sollte weiterhin einen beschäftigungsfreundlichen Kurs verfolgen, indem sie zum einen den Verteilungsspielraum nicht ausschöpft und zum anderen die qualifikatorische Lohnstruktur im Niedriglohnbereich weiter auffächert.

(5) Steuern und Abgaben
Die Steuerbelastung der Unternehmen, insbesondere der Kapitalgesellschaften muss vermindert werden. Dies sollte einhergehen mit einer grundlegenden Steuerreform, wozu die vom Sachverständigenrat vorgeschlagene Duale Einkommensteuer eine geeignete Grundlage darstellt. Versicherungsfremde Leistungen der Systeme der Sozialen Sicherung sollten umfinanziert werden.

Noch einmal: Ein solches Reformpaket bildet die Aufgabe für einen längeren Zeitraum – einer Legislaturperiode. Nicht alles kann sogleich erledigt werden. Aber die Flexibilisierung des institutionellen Regelwerks auf dem Arbeitsmarkt ist mit vergleichsweise geringen Kosten verbunden, ähnliches gilt für eine Reform des Arbeitslosengelds II. Wie seinerzeit in den Niederlanden bietet sich ein „package deal" mit den Tarifvertragsparteien an, deren Beitrag in einer beschäftigungsfreundlichen Lohn(struktur)politik bestehen muss. Sich gemeinsam der Herausforderungen anzunehmen ist der Erfolg versprechende Weg zu mehr Beschäftigung.

VI. Eine andere Meinung

322. Ein Mitglied des Rates, Peter Bofinger, teilt nicht die in diesem Kapitel von der Mehrheit des Rates vorgenommene Analyse des deutschen Arbeitsmarktes, wonach für die Unterbeschäftigung vor allem das „institutionelle Regelwerk" verantwortlich sei, das heißt „Fehlanreize im System der Lohnersatzleistungen, ein System der Lohnfindung, das die Belange der Arbeitslosen nicht ausreichend beachtet, die hohe Belastung mit Steuern und Abgaben, ein zu rigides Arbeitsrecht." Aus diesem Grund wird auch die Therapie der Mehrheit, die in einer Reihe einseitig angebotsorientierter Maßnahmen besteht, als nicht Erfolg versprechend angesehen.

323. Die Forderung nach mehr Flexibilität am Arbeitsmarkt und nach besseren Investitionsbedingungen für Unternehmen durchzieht die Gutachten des Sachverständigenrates seit Jahrzehnten. Vieles davon ist in den beiden letzten Legislaturperioden umgesetzt worden und hat zu fundamentalen Veränderungen in zentralen Bereichen der Wirtschafts- und Sozialordnung Deutschlands geführt. So wurde in allen Systemen der sozialen Sicherung das Prinzip der Eigenverantwortung erheblich gestärkt. Der Einfluss des Staates ist heute deutlich geringer als im Jahr 1999: Die Staatsquote wurde von 48,1 vH auf 46,4 vH gesenkt, die Abgabenquote von 42,1 vH auf 38,7 vH. Die im historischen wie im internationalen Vergleich hohe Reformintensität wurde zudem von einer moderaten und zunehmend flexiblen Lohnpolitik unterstützt. Dadurch sind die Lohnstückkosten der Industrie allein in den beiden letzten Jahren um 10 vH gesunken, und der Anteil der Unternehmens- und Vermögenseinkommen am Volkseinkommen erreichte in diesem Jahr mit 32,8 vH den höchsten Wert seit Beginn der siebziger Jahre.

1. Ein Reformparadox

324. Die umfassenden angebotsseitigen Impulse haben bisher jedoch keine erkennbaren Erfolge gebracht. Es ist vielmehr geradezu ein „Reformparadox" zu konstatieren:

− Der Wachstumsrückstand der deutschen Wirtschaft gegenüber den übrigen Ländern des Euro-Raums, der in der Periode von 1995 bis 2000 noch 1,0 vH betragen hatte, erhöhte sich in der Zeit von 2000 bis 2005 auf 1,5 vH.

− Die Arbeitslosigkeit ist seit Anfang 2001 wieder im Steigen begriffen und hat − um statistische Effekte bereinigt − um rund eine Million zugenommen. Die Zahl der sozialversicherungspflichtig Beschäftigten, das heißt der Großteil jener Menschen, die über einen regulären Arbeitsplatz verfügen, ist in der gleichen Zeit um rund 2 Millionen Personen zurückgegangen.

− Der mittelfristige Wachstumstrend der deutschen Wirtschaft, der mit der Wachstumsrate des Produktionspotentials abgebildet wird, hat sich von rund 2 vH im Jahr 1999 auf rund 1 vH im Jahr 2005 halbiert.

− Alle aktuellen Prognosen stimmen darin überein, dass sich an dieser ungünstigen Gesamtkonstellation auch im kommenden Jahr nichts Grundlegendes ändern wird.

325. Woran liegt es, dass die mutigen Reformen der letzten Jahre nicht zu der erhofften Belebung am Arbeitsmarkt geführt haben?

− Kann es sein, dass sich die Erfolge erst mit einer größeren zeitlichen Verzögerung einstellen werden? Berücksichtigt man dabei, dass die Niederlande zwei Jahrzehnte benötigten, bis sich für sie eine „Reformdividende" einstellte (Ziffern 239 ff.), wäre dies für die deutsche Wirtschaft allerdings eine eher beunruhigende Perspektive.

− Ist es möglich, dass die bisherigen Reformen für sich genommen noch unzureichend sind, so dass es erst durch die Kombination mit weiteren angebotsseitigen Maßnahmen zu einem qualitativen Sprung kommen wird? Aber welches sind dann die „Schlüsselreformen", die geeignet sein könnten, einen solchen Durchbruch zu erreichen?

− Oder ist es nicht auch denkbar, dass die Wirtschaftspolitik der letzten Jahre zu einseitig auf die Verbesserung der Angebotsbedingungen fixiert war, so dass dabei die Balance zwischen angebots- und nachfrageseitigen Impulsen verloren gegangen ist?

Diagnose der Mehrheit

326. In ihrer Analyse des Arbeitsmarktes befasst sich die Mehrheit fast ausschließlich mit dem Problem der „Verfestigung der Arbeitslosigkeit". Diese wird erklärt mit „besonders ausgeprägten Sperrklinkeneffekten, die einen (stärkeren) Rückgang der Arbeitslosigkeit selbst in wirtschaftlich guten Zeiten verhindern." (Ziffer 212). Verantwortlich hierfür seien die spezifischen Arbeitsmarktinstitutionen.

An dieser Analyse ist ohne Zweifel zutreffend, dass die Arbeitslosigkeit in Deutschland schon seit langem ein großes Problem darstellt. Doch bei der Entwicklung der letzen Jahre geht es nicht in erster Linie um eine „Verfestigung" in guten Zeiten, sondern um eine deutliche Verschlechterung der Beschäftigungssituation trotz verbesserter Angebotsbedingungen. Problematisch ist dabei nicht zuletzt die Diagnose einer „de facto Ausgrenzung der Arbeitslosen vom Arbeitsmarkt" (Ziffer 259), die auf der Vorstellung beruht, dass der Arbeitsmarkt durch eine Trennung zwischen Beschäftigten („Insidern") und Arbeitslosen („Outsidern") geprägt sei (Ziffer 217). Anders als es die anhaltend hohen Arbeitslosenzahlen suggerieren, handelt es sich bei den Arbeitsuchenden nicht um eine unbewegliche Masse, sondern vielmehr um ein Aggregat, das sehr starken Zu- und Abgängen ausgesetzt ist (Kasten 6). Insgesamt belaufen sich die von der Bundesagentur für Arbeit erfassten jährlichen Zugänge in die Arbeitslosigkeit – ebenso wie die Abgänge – auf rund acht Millionen Menschen. Dieser Statistik zufolge verlieren jedes Jahr 4,2 Millionen Menschen ihren Arbeitsplatz, das entspricht 12 vH aller Arbeitnehmer und zeigt zugleich, dass es für Unternehmen durchaus möglich ist, Mitarbeiter zu entlassen; umgekehrt finden 3,1 Millionen Arbeitslose wieder einen neuen Job.

327. In dem von der Mehrheit beschriebenen Modellrahmen könnte man die seit dem Jahr 2001 am Arbeitsmarkt eingetretene Verschlechterung allenfalls in der Weise zu erklären versuchen, dass man sich auf den negativen Einfluss globaler makroökonomischer Schocks (Ölpreis-Anstieg, Kurseinbrüche an den Börsen) beruft. Die im Vergleich zu anderen Ländern besonders ungünstige Entwicklung am deutschen Arbeitsmarkt wäre dabei auf die spezifischen institutionellen Regelungen zurückzuführen (Ziffern 230 ff.). Die standardisierte Arbeitslosenquote in Deutschland ist von 7,2 vH im Jahr 2000 auf 9,5 vH im Jahr 2005 gestiegen, während sie sich in den meisten übrigen Ländern der Währungsunion deutlich günstiger entwickelte. Lässt sich die negative Reaktion am deutschen Arbeitsmarkt mit überdurchschnittlich hohen Schutzvorschriften für Arbeitnehmer erklären? Nach dem von der OECD berechneten Index für die „Employment Protection Legislation" (EPL) weist Deutschland zwar ein relativ hohes Schutzniveau auf, aber der Zusammenhang zwischen diesem Index und der Veränderung der Arbeitslosenquoten im Zeitraum von 2000 bis 2005 ist wenig eindeutig. Er könnte zudem nur einen sehr geringen Teil des Anstiegs der Unterbeschäftigung in Deutschland erklären, da dieser deutlich höher ausgefallen ist als in den meisten Ländern mit vergleichbaren oder sogar noch höheren Regulierungen (Schaubild 34, Seite 212). Bemerkenswert ist dabei die Entwicklung in Spanien, das eine sehr gute Arbeitsmarktdynamik bei ausgesprochen rigiden Regulierungen erzielen konnte.

328. Insgesamt kann man mit einer rein angebotsseitig angelegten Diagnose der Arbeitsmarktentwicklung nur wenig zur Erklärung der ausbleibenden Reformerfolge beitragen. Die Grenzen

Schaubild 34

**Kündigungsschutzgesetzgebung (EPL) und
Veränderung der Arbeitslosenquote 2000 bis 2005**[1)]

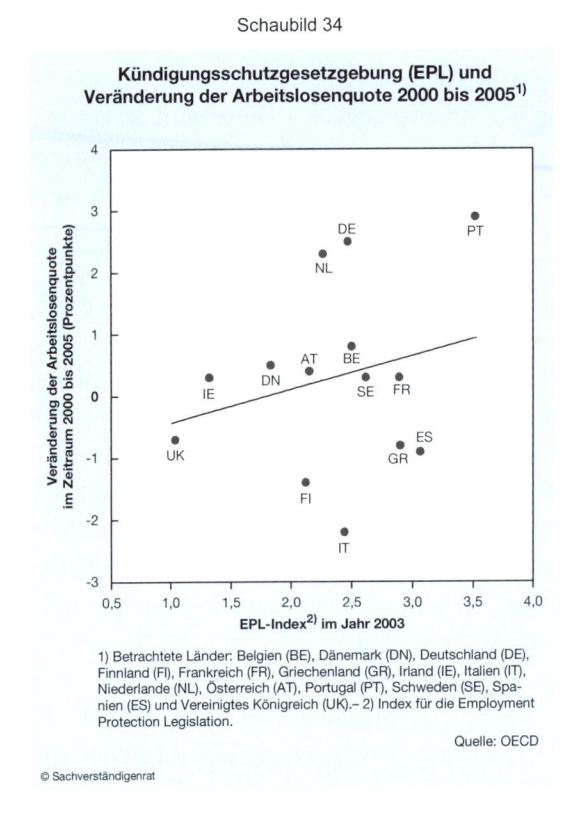

1) Betrachtete Länder: Belgien (BE), Dänemark (DN), Deutschland (DE), Finnland (FI), Frankreich (FR), Griechenland (GR), Irland (IE), Italien (IT), Niederlande (NL), Österreich (AT), Portugal (PT), Schweden (SE), Spanien (ES) und Vereinigtes Königreich (UK).– 2) Index für die Employment Protection Legislation.

Quelle: OECD

© Sachverständigenrat

eines solchen Ansatzes zeigen sich auch beim Versuch (Ziffern 239 ff.), das „Beschäftigungswunder" in einer großen Volkswirtschaft wie dem Vereinigten Königreich ohne Rekurs auf makroökonomische Gegebenheiten zu erklären (Kasten 8). Damit ist es nicht unproblematisch, wenn man sich von einer weiterhin einseitig auf die Verbesserung der Angebotsbedingungen ausgerichteten Wirtschaftspolitik einen wirklichen Durchbruch zu einem kräftigen und sich selbst tragenden Aufschwung erhofft, der allein eine nachhaltige Lösung der Probleme am Arbeitsmarkt wie auch bei den öffentlichen Haushalten bieten würde.

Kasten 8

Das britische Beschäftigungswunder

In Ziffer 248 wird die positive wirtschaftliche Entwicklung des Vereinigten Königreichs als ein Musterbeispiel einer angebotsorientierten Politik beschrieben. Dieser Erfolg wird auf vier Faktoren zurückgeführt: „Reduktion des staatlichen Einflusses auf das Wirtschaftsgeschehen, Vertrauen in die und Stärkung der Funktionsfähigkeit der Märkte, Schwächung der gewerkschaftlichen Macht durch die Gesetzgebung und Besserstellung von Erwerbseinkünften relativ zu sozialen – nicht zur Erwerbstätigkeit in Beziehung stehenden – Unterstützungszahlungen." Diese in der ersten Hälfte der achtziger Jahre eingeleiteten Reformen hatten jedoch zunächst keine nachhaltigen Erfolge. Die Arbeitslosenquote, die im Jahr 1979 bei 4,6 vH gelegen hatte, stieg im Zuge der Wirtschaftspolitik von Frau Thatcher zunächst einmal auf 11,2 vH im Jahr 1985 an (Schaubild 35). Sie ging dann auf 6,9 vH im Jahr 1990 zurück und lag im Jahr 1993 mit 10,0 vH nur wenig unter dem Höchststand. Eine durchgreifende Wende setzte erst im weiteren Verlauf der neunziger Jahre ein. Wenn man nur institutionelle Faktoren berücksichtigt, ist es schwierig, diese plötzliche Belebung zu erklären, und es ist daher nahe liegend, dass manche Ökonomen dabei an „Wunder" denken.

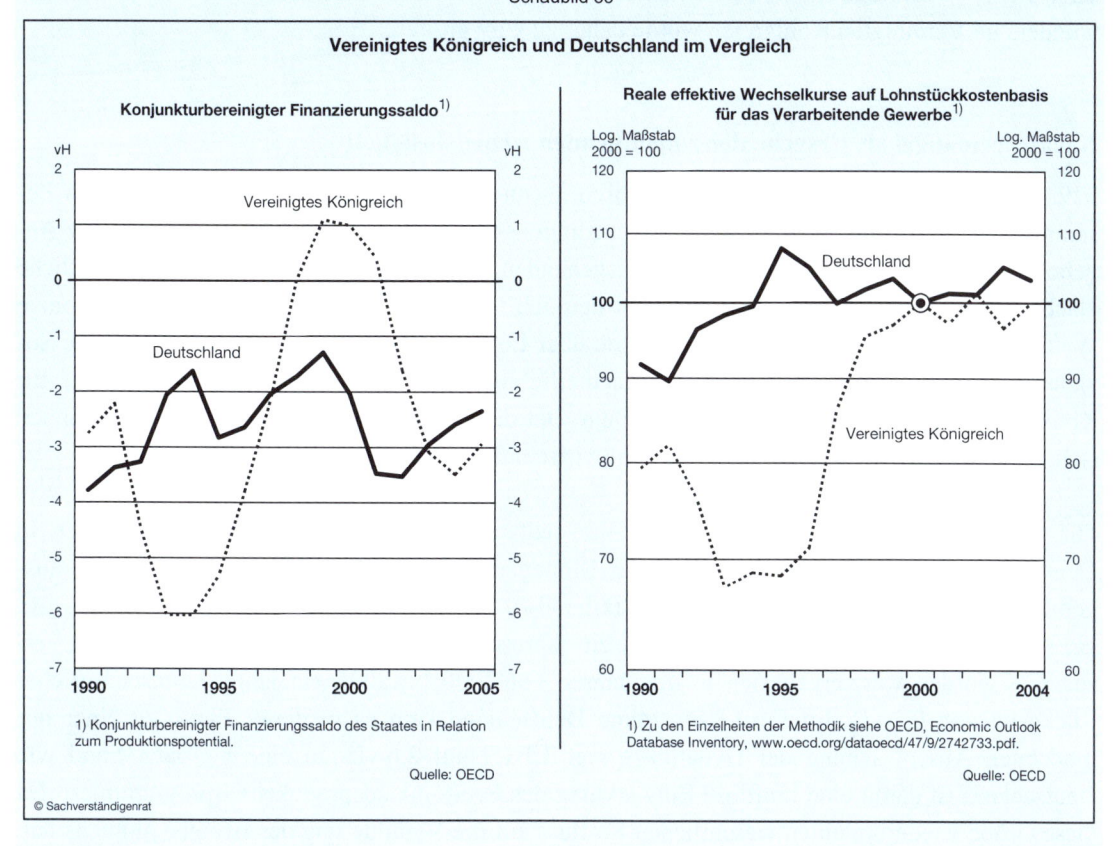

Schaubild 35

Vereinigtes Königreich und Deutschland im Vergleich

Konjunkturbereinigter Finanzierungssaldo[1]

Reale effektive Wechselkurse auf Lohnstückkostenbasis für das Verarbeitende Gewerbe[1]

1) Konjunkturbereinigter Finanzierungssaldo des Staates in Relation zum Produktionspotential.
Quelle: OECD

1) Zu den Einzelheiten der Methodik siehe OECD, Economic Outlook Database Inventory, www.oecd.org/dataoecd/47/9/2742733.pdf.
Quelle: OECD

© Sachverständigenrat

Bei einer makroökonomischen Sichtweise lässt sich das Rätsel relativ einfach auflösen. Anders als zum Beispiel die deutsche Finanzpolitik hat die britische Regierung in den Jahren 1992 bis 1994 einen ausgeprägt antizyklischen Kurs verfolgt, bei dem das strukturelle Defizit der öffentlichen Haushalte ein Niveau von bis zu 6 vH erreichte, die unbereinigte Neuverschuldung belief sich im Jahr 1993 sogar auf 7,9 vH jeweils in Relation zum nominalen Bruttoinlandsprodukt. Gleichzeitig kam es durch das Ausscheiden des Pfund Sterling aus dem Wechselkursmechanismus des Europäischen Währungssystems zu einer starken realen Abwertung, und die Bank of England konnte die Zinsen senken. Durch eine massive makroökonomische Stimulierung ist es der britischen Wirtschaftspolitik in dieser Phase somit gelungen, die Wachstumsschwäche der englischen Wirtschaft zu überwinden. Eine ausgeprägt keynesianische Ausrichtung der Fiskalpolitik war auch in der jüngeren Vergangenheit zu beobachten. Sie hat es dem Vereinigten Königreich erlaubt, in den Jahren 2000 bis 2005 ein um 1 Prozentpunkt höheres Wachstum zu realisieren als die Mitgliedsländer des Euro-Raums. Bemerkenswert ist dabei der Zuwachs der Reallöhne im Vereinigten Königreich, die seit Jahrzehnten wesentlich stärker ansteigen als im Euro-Raum und insbesondere stärker als in Deutschland.

Bei dieser Darstellung soll die Bedeutung angebotsseitiger Determinanten nicht in Frage gestellt werden. Eine Wirtschaft kann sich nur dann dynamisch entwickeln, wenn das Zusammenspiel eines effizient gestalteten ordnungspolitischen Rahmens mit einer stetig wachsenden gesamtwirtschaftlichen Nachfrage funktioniert. Eine rein angebotsseitige Erklärung des Beschäftigungswunders im Vereinigten Königreich würde daher zu kurz greifen.

Nachfragemangel als Ursache der zunehmenden Arbeitslosigkeit

329. Das „Reformparadox" lässt sich auflösen, wenn man wirtschaftliche Dynamik aus dem Zusammenspiel von Angebots- und Nachfragebedingungen erklärt. Den Verbesserungen auf der Angebotsseite muss man dann die davon ausgehenden Wirkungen auf die gesamtwirtschaftliche Nachfrage gegenüberstellen. Es wird dabei deutlich, dass sich das Bestreben, die internationale Wettbewerbsfähigkeit der deutschen Industrie über Lohnzurückhaltung und Einschnitte in die Sozialen Sicherungssysteme zu verbessern, nachteilig auf die Ausgaben der privaten Haushalte für Konsumgüter und Immobilien auswirken kann. Bei der ausgabenseitigen Konsolidierung können sich ebenfalls negative Effekte für die gesamtwirtschaftliche Nachfrage ergeben.

Für den Befund einer unausgewogenen Wirtschaftspolitik spricht die Tatsache, dass sich in Deutschland eine chronische Stagnation der Binnennachfrage (inländische Verwendung) herausgebildet hat, die so in keinem anderen OECD-Land zu beobachten ist. Während bei diesem Aggregat in den Jahren von 1995 bis 2000 noch ein jahresdurchschnittlicher Anstieg von 1,7 vH verzeichnet worden war, ergab sich in den Jahren von 2000 bis 2005 ein jahresdurchschnittlicher Rückgang von 0,2 vH. Im Euro-Raum ohne Deutschland kam es in dieser Phase zu einer nur moderaten Abschwächung der Dynamik – von 3,1 vH auf 2,6 vH. In einem großen Land wie Deutschland ist damit eine kraftlose Entwicklung des Bruttoinlandsprodukts vorprogrammiert. Da diese Größe wiederum einen wesentlichen Einfluss auf die Veränderung des Arbeitsvolumens hat, ist es – bei einem jährlichen Produktivitätsanstieg von rund 1,5 vH und einer durchschnittlichen Zuwachsrate des Bruttoinlandsprodukts von 0,7 vH im Zeitraum von 2000 bis 2005 – nicht überraschend, dass sich die Arbeitsmarktsituation in den letzten Jahren weiter verschlechtert hat.

Diese unbefriedigende Dynamik ist bei allen Komponenten der Binnennachfrage zu beobachten. Mit Ausnahme der privaten Konsumausgaben, die im Zeitraum von 2000 bis 2005 noch einen geringen durchschnittlichen Zuwachs von 0,3 vH pro Jahr erreichen konnte, waren alle anderen Aggregate rückläufig. Damit unterscheidet sich die Situation seit dem Jahr 2000 grundlegend von den Verhältnissen der Jahre von 1995 bis 2000 (Schaubild 36). Dass es im Zeitraum von 2000 bis 2005 überhaupt zu einem Anstieg des Bruttoinlandsprodukts gekommen ist, liegt allein an dem deutlich gestiegenen Außenbeitrag.

330. Die im historischen wie auch im internationalen Vergleich ungewöhnliche Schwäche der deutschen Binnennachfrage ist auf mehrere Faktoren zurückzuführen. Zum einen sind die **Reallöhne** in Deutschland im Zeitraum der Jahre 2001 bis 2005 um durchschnittlich 0,3 vH zurückgegangen, nachdem sie im Durchschnitt der Jahre 1996 bis 2000 zumindest noch konstant geblieben waren. Dies kontrastiert deutlich mit der Entwicklung des Euro-Raums (ohne Deutschland), in dem es in der ersten betrachteten Periode zu einem Zuwachs von 0,4 vH und in der zweiten Phase von 0,7 vH gekommen war.

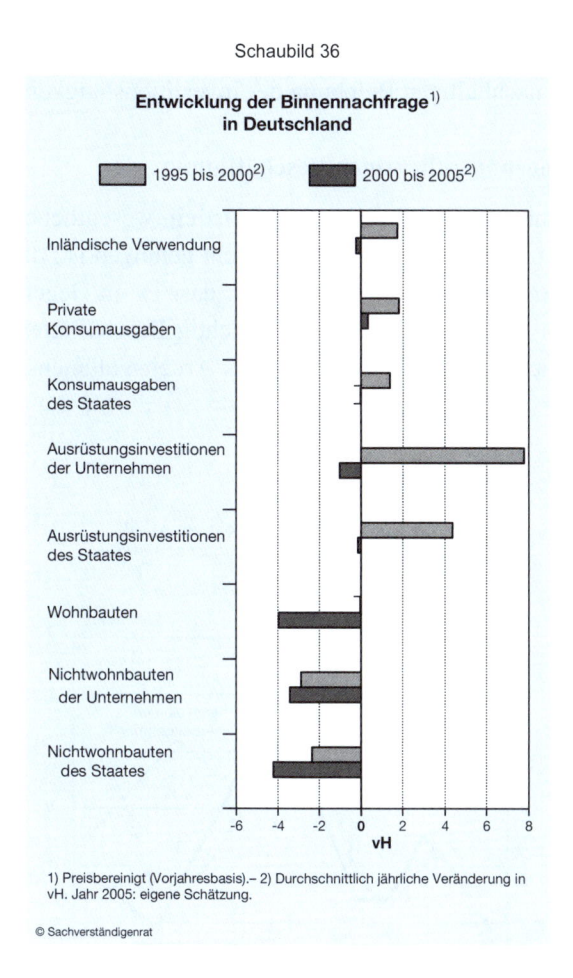

Schaubild 36

Entwicklung der Binnennachfrage[1)] in Deutschland

1995 bis 2000[2)]   2000 bis 2005[2)]

- Inländische Verwendung
- Private Konsumausgaben
- Konsumausgaben des Staates
- Ausrüstungsinvestitionen der Unternehmen
- Ausrüstungsinvestitionen des Staates
- Wohnbauten
- Nichtwohnbauten der Unternehmen
- Nichtwohnbauten des Staates

1) Preisbereinigt (Vorjahresbasis).– 2) Durchschnittlich jährliche Veränderung in vH. Jahr 2005: eigene Schätzung.

© Sachverständigenrat

Bei der ohnehin schwachen Einkommensentwicklung wurde der private Verbrauch zusätzlich durch eine steigende **Sparneigung** beeinträchtigt. Die Sparquote, die im Zeitraum von 1995 bis 1999 noch zurückgegangen war, erhöhte sich von 9,5 vH im Jahr 1999 auf 10,7 vH im Jahr 2005. Die zunehmende Verunsicherung der privaten Haushalte zeigt sich daran, dass ihr Sparen in der Form von Geldvermögen sehr stark zugenommen hat und dass dabei insbesondere Sichtguthaben aufgestockt wurden (Schaubild 12). Während die Netto-Geldvermögensbildung (das heißt die Geldvermögensbildung abzüglich der Kreditaufnahme) der deutschen privaten Haushalte in Relation zu ihrem verfügbaren Einkommen im Jahr 1999 mit 5,4 vH noch in etwa der des übrigen Euro-Raums entsprach, lag sie im Jahr 2004 mit 9,1 vH deutlich über dem Niveau dieser Ländergruppe. Die hohe Geldsparneigung der deutschen Haushalte wird besonders deutlich, wenn man sie einmal mit der Situation in den Vereinigten Staaten vergleicht. Im Jahr 2004 haben sich die amerikanischen Haushalte per saldo stark verschuldet, was einem Abbau der Netto-Geldvermögensbildung in Höhe von 3,7 vH ihres verfügbaren Einkommens entspricht.

Belastet wurde die gesamtwirtschaftliche Nachfrage zudem durch die ausgabenseitige **Konsolidierung der öffentlichen Haushalte**, die zu einem stagnierenden Staatsverbrauch und einem Rückgang der öffentlichen Investitionen geführt hat. In jeweiligen Preisen liegen die Bruttoinvestitionen des Staates heute um 17 vH unter dem Niveau des Jahres 2000. Da die Ausrüstungsinvestitionen der Unternehmen wesentlich von der erwarteten Zuwachsrate des Bruttoinlandsprodukts bestimmt werden (JG 2004 Kasten 10), ist es nahe liegend, dass es trotz der günstigen Exportentwicklung bisher zu keiner nachhaltigen Belebung der Investitionstätigkeit gekommen ist.

Erosion der sozialversicherungspflichtigen Beschäftigung

331. Die schwache gesamtwirtschaftliche Nachfrage ist ein wesentlicher Grund dafür, dass es in den letzten Jahren – trotz umfassender Reformen – nicht gelungen ist, die Situation am deutschen Arbeitsmarkt zu verbessern. Ungewöhnlich ist jedoch, dass es im Gegenteil noch zu einem deutlichen Rückgang der Zahl der sozialversicherungspflichtig Beschäftigten gekommen ist, die sich seit dem Jahr 2003 merklich von der Entwicklung des Arbeitsvolumens abgekoppelt hat (Schaubild 37).

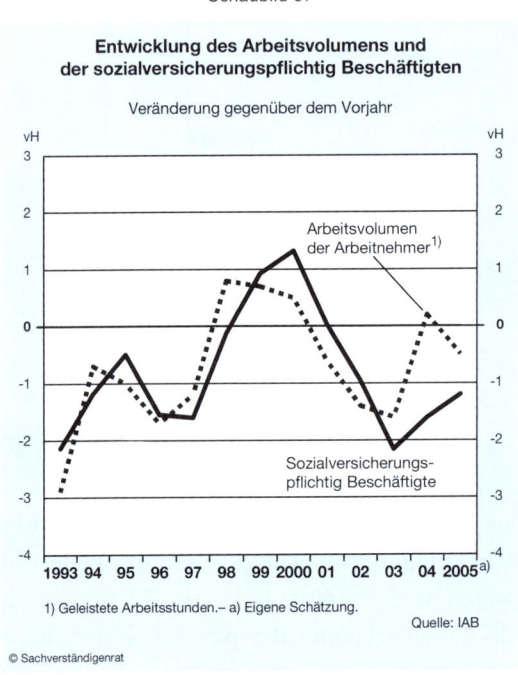

Schaubild 37

Entwicklung des Arbeitsvolumens und der sozialversicherungspflichtig Beschäftigten

Veränderung gegenüber dem Vorjahr

Arbeitsvolumen der Arbeitnehmer[1)]

Sozialversicherungspflichtig Beschäftigte

1) Geleistete Arbeitsstunden.– a) Eigene Schätzung.

Quelle: IAB

© Sachverständigenrat

332. Der seit Jahren zu beobachtende, nun aber noch verstärkte Rückgang der sozialversicherungspflichtig Beschäftigten ergibt sich aus einem gefährlichen Zusammenwirken zweier Faktoren: Zum einen werden die Versicherten in den Sozialen Sicherungssystemen zu einer verdeckten Besteuerung herangezogen. Gleichzeitig eröffnet der Staat mit hoch subventionierten Formen flexibler Beschäftigung ein stark nachgefragtes Substitut für reguläre Arbeitsplätze.

Die versicherungsfremden Leistungen und Umverteilungsmechanismen der Sozialen Sicherungssysteme werden in Kapitel 5 ausführlich dargestellt. Der Gesamtumfang dieser versicherungsfremden Elemente wird auf rund 130 Mrd Euro beziffert. Abzüglich der Bundeszuschüsse an diese Versicherungen verbleibt eine Fehlfinanzierung von etwa 65 Mrd Euro. Bei einer ordnungspolitisch gebotenen vollständigen Umfinanzierung dieser Zahlungen durch Steuern, könnten die Sozialabgaben um mehr als 7 Beitragspunkte gesenkt werden.

Würde man in der Krankenversicherung die (versicherungsfremden) Gesundheitsleistungen für die Kinder und die mitversicherten Ehegatten in Höhe von insgesamt 25 Mrd Euro und die versicherungsfremden Leistungen in der Arbeitslosenversicherung von etwa 19 Mrd Euro sowie die nicht durch Bundeszuschüsse gedeckten versicherungsfremden Leistungen in der Rentenversicherung von etwa 10 Mrd Euro durch Zuschüsse aus allgemeinen Steuermitteln finanzieren, könnten die Beitragssätze in der Gesetzlichen Krankenversicherung um 2,5 Prozentpunkte, in der Arbeitslosenversicherung um 2 Prozentpunkte und in der Gesetzlichen Rentenversicherung um gut 1 Prozentpunkt gesenkt werden.

Die verdeckte Besteuerung des Faktors Arbeit durch Sozialabgaben ist eine wichtige Ursache für die im internationalen Vergleich sehr hohe Grenz- und Durchschnitts-Abgabenbelastung von Arbeitnehmern in Deutschland. Berechnungen der OECD (2005) zeigen, dass die Belastung bei allen Haushaltstypen weit über dem OECD-Durchschnitt und fast durchweg in der Spitzengruppe der insgesamt 30 Mitgliedsländer liegt (Schaubild 38, Seite 218).

333. Es ist nahe liegend, dass die Wirtschaftssubjekte stets bemüht sind, steuerliche Belastungen zu vermeiden, indem sie auf Rechtsformen übergehen, die davon nicht betroffen sind. Ungewöhnlich ist, dass der Staat diesen Prozess noch fördert, indem er dafür begünstigte Substitute anbietet:

− Dazu gehören zum einen die **400-Euro-Jobs**, bei denen die Subvention in der Form gewährt wird, dass auf das Arbeitsentgelt eine pauschale Abgabe in Höhe von 25 vH durch den Arbeitgeber entrichtet werden muss. Für den Arbeitnehmer sind diese Einkommen steuer- und abgabenbefreit. Dies gilt auch für Nebentätigkeiten, die zusätzlich zu einer sozialversicherungspflichtigen Hauptbeschäftigung ausgeübt werden. Das Ausmaß dieser Subvention lässt sich an einem einfachen Beispiel verdeutlichen: Ein Arbeitgeber benötigt ein Arbeitsvolumen von 160 Stunden im Monat, dafür soll ein Netto-Lohn von 7,50 Euro pro Stunde gezahlt werden. In der Form eines Mini-Jobs, der auf drei Arbeitskräfte aufgeteilt wird, belaufen sich die Kosten für den Arbeitgeber auf 1 500 Euro, da er auf die 1 200 Euro Entgelt pauschale Abgaben in Höhe von 25 vH leisten muss. Wird dagegen eine Vollzeitkraft eingestellt, muss der Arbeitgeber für ein Nettoeinkommen von 1 200 Euro ein Bruttogehalt von 1 873 Euro bezahlen, was für ihn mit Lohnkosten von 2 272 Euro verbunden ist. Insgesamt ist der Vollzeit-Job um 51 vH teurer als die drei Mini-Jobs. Diese unsystematische Förderung ist eine wesentliche Ursache dafür, dass der relative Preis für die reguläre Beschäftigung eines Geringqualifizierten heute viel zu hoch ist.

− Die **Ich-AG** („Existenzgründungszuschuss") kann ebenfalls als Subvention einer nicht-sozialversicherungspflichtigen Beschäftigung betrachtet werden, da dabei de facto ein hoher Zuschuss des Staates − im ersten Jahr sind es 600 Euro monatlich − für eine selbständige Tätigkeit geleistet wird. Diese Form der Förderung wird Ende des Jahres auslaufen.

− Auch die Arbeitsgelegenheiten ("**1-Euro-Jobs**") tragen tendenziell zur Verdrängung von Vollzeitarbeitsplätzen bei − insbesondere beim Handwerk, das ohnehin unter der anhaltend schlech-

Schaubild 38

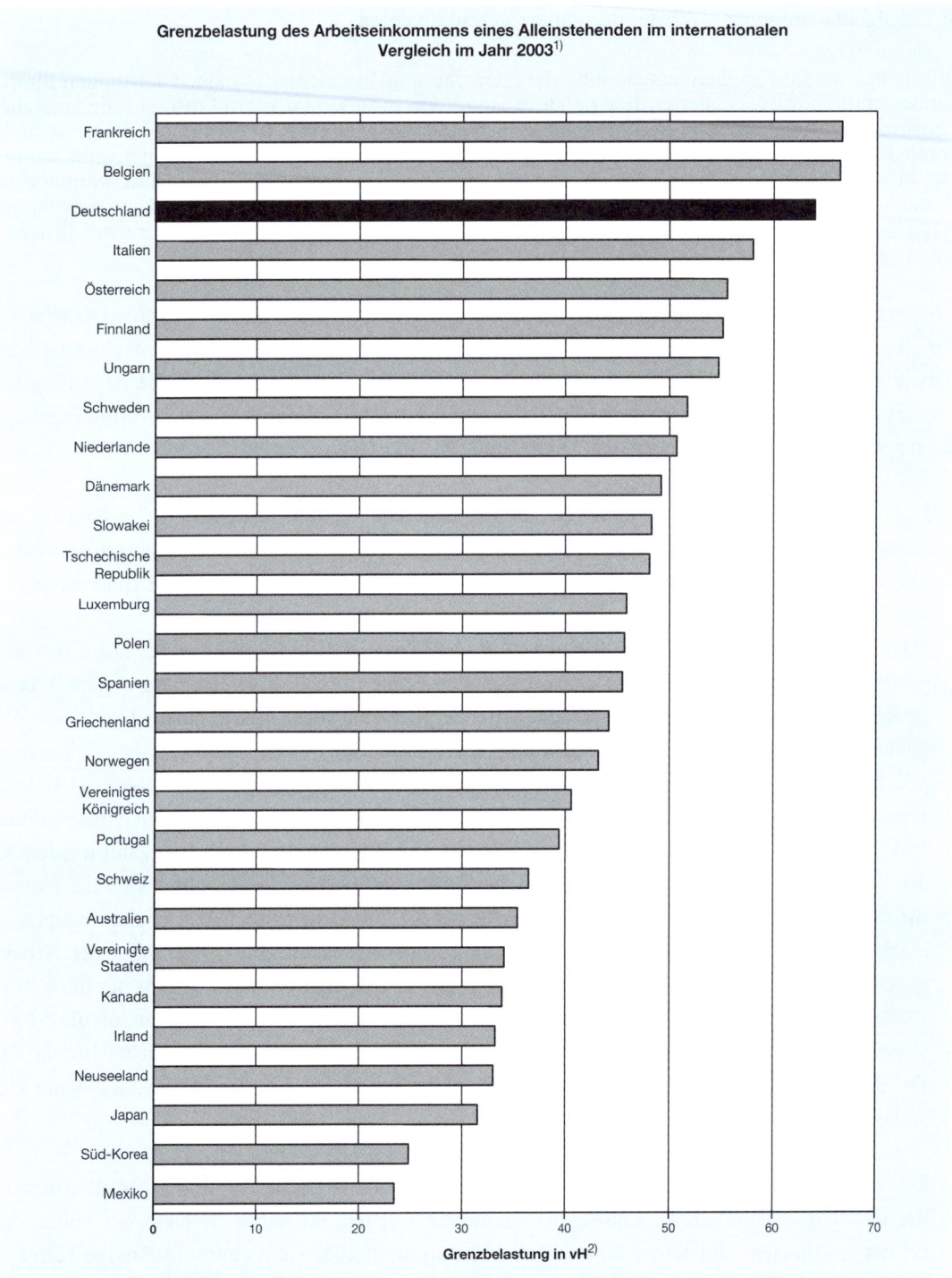

Grenzbelastung des Arbeitseinkommens eines Alleinstehenden im internationalen Vergleich im Jahr 2003[1]

Land	Grenzbelastung in vH[2]
Frankreich	~67
Belgien	~67
Deutschland	~64
Italien	~58
Österreich	~56
Finnland	~55
Ungarn	~55
Schweden	~52
Niederlande	~51
Dänemark	~49
Slowakei	~48
Tschechische Republik	~48
Luxemburg	~46
Polen	~46
Spanien	~46
Griechenland	~44
Norwegen	~43
Vereinigtes Königreich	~41
Portugal	~39
Schweiz	~37
Australien	~35
Vereinigte Staaten	~34
Kanada	~34
Irland	~33
Neuseeland	~33
Japan	~31
Süd-Korea	~25
Mexiko	~23

1) Durchschnittsverdienst.– 2) Zusätzliche Belastung mit Einkommensteuer und Sozialbeiträgen (Arbeitgeber- und Arbeitnehmeranteil) in vH des zusätzlichen Einkommens.

Quelle: OECD

© Sachverständigenrat

ten Baukonjunktur leidet. Diese Form der Beschäftigung wird in ungewöhnlich hohem Maße subventioniert, da an die Beschäftigungsträger eine monatliche Pauschale von bis zu 500 Euro pro Beschäftigten (einschließlich der Mehraufwandsentschädigung) gezahlt wird. In der Summe (Regelsatz Alleinstehender, Wohnkosten und Heizung, Sozialversicherungsbeiträge, Trägerpauschale 1-Euro-Job sowie Personal- und Verwaltungspauschale) kostet ein über eine Arbeitsgelegenheit beschäftigter Arbeitsloser den Staat bis zu 1 500 Euro im Monat und ist damit genauso teuer wie eine reguläre Beschäftigung im öffentlichen Dienst.

Obwohl sich die Mehrheit ausdrücklich gegen Lohnsubventionen ausspricht (Ziffern 299 ff.), will sie bis auf weiteres an der Subventionierung der Teilzeitarbeit in der Form der Mini-Jobs festhalten. Allerdings soll die Förderung der Mini-Jobs im Nebenerwerb entfallen. Hierbei handelt es sich jedoch nur um etwa ein Viertel der geringfügig Beschäftigten.

334. Bei der hier vorgenommenen Diagnose lassen sich somit zwei gravierende Probleme der deutschen Wirtschaft erkennen, die so in keinem anderen Land zu beobachten sind: Die Binnennachfrage tritt seit vielen Jahren auf der Stelle. Sie wird auch im Jahr 2006 nahezu stagnieren. Die sozialversicherungspflichtige Beschäftigung leidet nicht nur unter dem schwachen Wachstum, sie wird zusätzlich durch Substitutionsprozesse zugunsten von anderen Formen der Erwerbstätigkeit belastet.

2. Alternative Strategien für mehr Wachstum und Beschäftigung

335. Daraus lassen sich zwei zentrale Aufgaben für die Wirtschaftspolitik der neuen Regierung definieren: Primär muss es darum gehen, die Binnennachfrage wieder zu beleben. Nur so wird es möglich sein, in einer großen Volkswirtschaft wie Deutschland – mit einer inländischen Verwendung, die um das Zweieinhalbfache über den Exporten liegt – wieder einen nachhaltigen und für eine Ausweitung der Beschäftigung ausreichenden Wachstumsprozess zu generieren. Hierzu ist es erforderlich, dass es wieder zu Lohnsteigerungen kommt, die zu einem Anstieg der Reallöhne führen. Diese Aufgabe wird im nächsten Jahr umso schwieriger sein, als der ölpreisbedingte Kaufkraftentzug die für inländische Produkte verfügbare Kaufkraft zusätzlich mindert. Zugleich muss alles getan werden, um die Verunsicherung der Bevölkerung soweit zu reduzieren, dass das "Angstsparen" merklich zurückgeht.

Neben der Belebung der Binnennachfrage wird es darauf ankommen, möglichst bald den Verdrängungsprozess der sozialversicherungspflichtigen Beschäftigung durch alternative Arbeitsverhältnisse zu stoppen, indem die Wettbewerbsverzerrungen zu Lasten des Normalarbeitsverhältnisses beseitigt werden. Andernfalls werden alle noch so ehrgeizigen Versuche, die Lohnnebenkosten durch Einsparungen auf der Ausgabenseite zu reduzieren, weiterhin ins Leere laufen. Ein warnendes Beispiel hierfür ist die Gesundheitsreform 2003, die eine Beitragssatzsenkung von 14,3 vH im Jahr 2003 auf 12,9 vH im Jahr 2005 anstrebte. Trotz erheblicher Einschnitte für die Versicherten liegt der Beitragssatz nach wie vor auf dem Niveau des Jahres 2003.

336. Das Programm der Mehrheit zielt wie schon in den Vorjahren darauf ab, die Angebotsbedingungen noch weiter zu verbessern und es setzt darauf, dass es auf diese Weise gleichsam von selbst zu einer höheren Binnennachfrage kommen wird (Kasten 9). Eine zentrale Rolle spielen Veränderungen des institutionellen Rahmens am Arbeitsmarkt.

Kasten 9

Wachstumsrate des Produktionspotentials und gesamtwirtschaftliche Nachfrage

In ihrer Analyse der Arbeitsmarktentwicklung und in ihren Therapievorschlägen konzentriert sich die Mehrheit auf angebotsseitige Faktoren. Dahinter steht die Vorstellung, dass das Wirtschaftswachstum in einer Volkswirtschaft überwiegend von den Angebotsbedingungen bestimmt wird (JG 2002 Ziffern 337 ff., JG 2003 Ziffern 186 ff., JG 2004 Ziffer 199). Analytisch soll diese langfristige Dynamik mit dem Konstrukt des Produktionspotentials erfasst werden, das derzeit mit einer Rate von rund 1 vH pro Jahr wächst. Die gesamtwirtschaftliche Nachfrage ist keine zentrale Bestimmungsgröße des Produktionspotentials:

„Geringe Zuwachsraten des Bruttoinlandsprodukts sind weniger bedenklich, wenn sie konjunkturell bedingt und damit vorübergehender Natur sind, sich eine Volkswirtschaft also lediglich in einer ungünstigen Phase des Konjunkturzyklus befindet" (JG 2003 Ziffer 186).

Der Einfluss der gesamtwirtschaftlichen Nachfrage beschränkt sich darauf, Schwankungen um den angebotsseitig bestimmten, mittelfristigen Trend zu generieren, die sich in der Entwicklung der Output-Lücke niederschlagen:

„Die Dynamik des Produktionspotentials wird neben der Investitionsentwicklung wesentlich durch angebotsseitige Faktoren, beispielsweise eine veränderte Abgabenbelastung, bestimmt, während die Entwicklung der Output-Lücke, als Maß für konjunkturelle Schwankungen, oftmals – aber nicht ausschließlich – durch nachfrageseitige Faktoren bestimmt wird" (JG 2004 Ziffer 199).

Damit wird eine Dominanz des Angebots über die Nachfrage postuliert, die für fast alle wirtschaftspolitischen Vorstellungen der Mehrheit charakteristisch ist. Das zentrale Problem einer solchen Theorie des Wirtschaftsprozesses ist die Erklärung der Investitionstätigkeit, von der die Entwicklung des Produktionspotentials wesentlich geprägt wird. Bei einer konsequent angebotsorientierten Sicht müsste man unterstellen, dass von der gesamtwirtschaftlichen Nachfrage kein entscheidender Einfluss auf die Investitionen ausgeht. Diese müssten vielmehr allein von angebotsrelevanten Faktoren wie der Steuerbelastung, den Löhnen, staatlichen Regulierungen oder den Zinsen bestimmt werden. Empirische Studien zeigen jedoch übereinstimmend, dass die Investitionen sehr stark von den Nachfragebedingungen getrieben werden:

„Die Investitionen hängen positiv von der Umsatzentwicklung (oder analog der Veränderung der Güternachfrage) und negativ von der Veränderung der Kapitalnutzungskosten ab." Und: „Die Zuwachsrate des Bruttoinlandsprodukts ist eine bedeutsame Einflussgröße der Ausrüstungsinvestitionen" (JG 2004, Kasten 10).

Damit ergibt sich eine der angebotsseitigen Philosophie entgegen gesetzte Wirkungskette: Die gesamtwirtschaftliche Nachfrage ist maßgeblich für die Investitionstätigkeit und letztere bestimmt die Wachstumsrate des Produktionspotentials. Der starke Einfluss der Nachfrageentwicklung auf das Produktionspotential zeigt sich nicht zuletzt an den ausgeprägten Schwankungen seiner Wachstumsrate, die von 3,1 vH im Jahr 1990 auf knapp 1,5 vH im Jahr 1995 zurückging, sich dann wieder auf mehr als 2,0 vH im Jahr 1999 erhöhte und zuletzt auf 1,1 vH abfiel (Schaubild 9). Es ist kaum anzunehmen, dass sich die Angebotsbedingungen in Deutschland in den letzten 15 Jahren ähnlich volatil entwickelt haben.

Bei dem starken Einfluss der Nachfrageentwicklung auf das statistisch ausgewiesene Wachstum des Produktionspotentials ist es nicht überraschend, dass für Deutschland trotz der unbefriedigenden Entwicklung der letzten Jahre eine negative Output-Lücke von kaum mehr als einem halben Prozentpunkt ausgewiesen wird. Was eigentlich ein Nachfrageproblem war, wird durch Rechentechnik in eine Angebotsschwäche uminterpretiert. Problematisch ist dabei insbesondere, dass auf diese Weise sowohl die bestehende Arbeitslosigkeit als auch das Defizit in den öffentlichen Haushalten überwiegend als „strukturell" diagnostiziert werden. Dies birgt die Gefahr, dass eine temporäre Nachfrageschwäche perpetuiert wird, da die von ihr ausgelöste Störung als „strukturell" bezeichnet wird, womit eine Therapie durch eine Nachfragestimulierung grundsätzlich ausgeschlossen wird.

Insgesamt ist es wenig sinnvoll, in einer Marktwirtschaft eine Trennung zwischen Angebot und Nachfrage vorzunehmen, bei der dem Angebot eine Dominanz gegenüber der Nachfrage beigemessen wird. Wirtschaftliche Dynamik braucht gute institutionelle Rahmenbedingungen für unternehmerisches Handeln, sie erfordert aber zugleich eine kaufkräftige Nachfrage, die den Investoren die Möglichkeit bietet, für zusätzliche Produktionsanlagen und mehr Beschäftigte einen größeren Absatz zu finden. In den letzten Jahren ist die Bedeutung der gesamtwirtschaftlichen Nachfrage von deutschen Ökonomen und Politikern unterschätzt worden. Das Resultat dieser verkürzten Sichtweise ist mit den Händen zu greifen: Deutschland leidet unter einer anhaltenden Stagnation der Binnenwirtschaft, die so in keinem anderen Land zu beobachten ist. Eine weiterhin überwiegend angebotsseitig angelegte Wirtschaftspolitik läuft Gefahr, dass sich diese ungünstige Konstellation noch weiter verfestigt.

Aufweichung des Flächentarifvertrags?

337. Die Mehrheit sieht im derzeitigen Tarifvertragsrecht ein Hindernis für eine „beschäftigungsfreundliche Entwicklung der Arbeitsentgelte" (Ziffer 309) und sie stellt fest, dass das derzeitige System der Lohnfindung „die Belange der Arbeitslosen nicht ausreichend beachtet".

Unberücksichtigt bleibt dabei, dass es in den letzten Jahren zu einer erheblichen Flexibilisierung im Lohnfindungsprozess gekommen ist. Im Jahr 2005 nutzten drei von vier tarifgebundenen Unternehmen tarifliche Öffnungs- und Differenzierungsklauseln, das sind doppelt so viele wie drei Jahre zuvor. In jedem vierten Betrieb wurden zusätzlich „betriebliche Standort- und Beschäftigungssicherungsvereinbarungen" geschlossen, die ebenfalls häufig mit Einschnitten in tarifliche Regelungen und Leistungen verbunden sind. Die auf diese Weise erreichten Verbesserungen der Angebotsbedingungen für die Unternehmen lassen sich an deutlich sinkenden Lohnstückkosten und steigenden Unternehmensgewinnen ablesen.

Die Mehrheit fordert gleichwohl eine Ausweitung des Günstigkeitsprinzips dahingehend, dass ein Arbeitnehmer individuell auch dann vom Tarifvertrag abweichen kann, wenn er damit länger oder zu einem geringeren Entgelt arbeiten muss. Argumentiert wird, dass er sich „günstiger" stellen kann, wenn er seine Beschäftigungssicherheit erhöht (Ziffer 311). Dahinter steht die Vorstellung, dass es nur durch eine weiterhin hinter dem Verteilungsspielraum zurückbleibende Lohnpolitik möglich sei, die Beschäftigungsprobleme der deutschen Wirtschaft zu lösen:

„Eine zurückhaltende Lohnpolitik verbilligt den Faktor Arbeit sowohl absolut als auch relativ zum Faktor Kapital, erhöht die internationale Wettbewerbsfähigkeit der hiesigen Unternehmen und macht gerade auch arbeitsintensive, einfachere Tätigkeiten etwa im Dienstleistungsbereich rentierlich. Sie stellt damit die Voraussetzung dar, dass neue Arbeitsplätze geschaffen werden, auf welche die Arbeitslosen wechseln können, und erzeugt damit eine höhere gesamtwirtschaftliche Nachfrage" (Ziffer 294).

338. Die Erfahrung der letzten Jahre zeigt, dass sich durch eine zurückhaltende Lohnpolitik die internationale Wettbewerbsfähigkeit verbessert. Aber es ist nicht zu übersehen, dass es in einer relativ großen Volkswirtschaft wie Deutschland auf diese Weise nicht zu einem Anstieg der Beschäftigung kommt. Die einseitig auf die internationale Wettbewerbsfähigkeit der deutschen Industrie ausgerichtete Lohnentwicklung hat vielmehr zu einer Schwächung jener Unternehmen geführt, die primär auf den Binnenmarkt orientiert sind, und sie hat sich über diesen Kanal nachteilig auf die Beschäftigung wie auch auf die gesamtwirtschaftliche Nachfrage ausgewirkt. Dies verdeutlicht die Situation in den anderen Mitgliedsländern der Währungsunion, die in den letzen Jahren mit höheren Lohnsteigerungen und einer dynamischeren Binnennachfrage eine bessere Beschäftigungsentwicklung erzielen konnten. Es gibt kein Beispiel für eine große Volkswirtschaft, der es gelungen ist, über stagnierende oder sogar sinkende Nominallöhne die Beschäftigung nachhaltig zu erhöhen. Das Beispiel Japans zeigt vielmehr, dass man auf diese Weise in einen deflationären Prozess geraten kann, der sich auf Kosten einer exzessiven Staatsverschuldung stabilisieren lässt.

In meinem Minderheitsvotum im Jahresgutachten 2004/05 (Ziffern 717 ff.) wurde gezeigt, dass die mit einer zurückhaltenden Lohnpolitik einhergehenden Umverteilungseffekte die gesamtwirtschaftliche Nachfrage schwächen, da davon Akteure (Unternehmen, Arbeitgeber-Haushalte) begünstigt werden, die über eine vergleichsweise hohe Sparneigung verfügen. Benachteiligt werden Arbeitnehmer-Haushalte mit einer relativ niedrigen Sparneigung. Der Zusammenhang zwischen einer zurückhaltenden Lohnpolitik, einer hohen Netto-Geldvermögensbildung des privaten Sektors und einem geringen Wirtschaftswachstum zeigt sich auch im internationalen Vergleich. Deutschland, Japan und die Schweiz gehören gleichermaßen zu den OECD-Ländern mit dem geringsten Wachstum, dem niedrigsten Anstieg der Nominallöhne und der höchsten Netto-Geldersparnis des privaten Sektors.

339. Das Problem der deutschen Wirtschaft besteht deshalb nicht darin, dass die Löhne zu stark gestiegen sind, sondern vielmehr darin, dass sie in den letzten Jahren hinter dem zurückgeblieben sind, was bei einer kostenniveauneutralen Linie möglich gewesen wäre. Eine solche Norm würde neben dem Produktivitätsfortschritt einen Inflationsausgleich in Höhe des Stabilitätsziels der Europäischen Zentralbank in Höhe von knapp 2 vH vorsehen.

Es ist verständlich, wenn jedes einzelne Unternehmen bestrebt ist, Lohnerhöhungen soweit wie möglich zu vermeiden. Aus einer betriebswirtschaftlichen, das heißt einzelwirtschaftlichen Sichtweise ist ein solches Verhalten völlig rational. Wenn sich jedoch alle Unternehmen in dieser Weise verhalten, verhindern sie, dass sich die Kaufkraft der Arbeitnehmer in gleicher Weise erhöht wie ihre Angebotsmöglichkeiten. Bei diesem Auseinanderfallen von individueller und kollektiver Rationalität bietet der Flächentarifvertrag einen wichtigen gesamtwirtschaftlichen Koordinationsmechanismus. Er gibt einem Unternehmen, das die Löhne seiner Mitarbeiter erhöht, die Gewissheit, dass auch die Lohnkosten der inländischen Mitbewerber steigen und dass sich die Kaufkraft in der Volkswirtschaft insgesamt erhöht. Dieser vorteilhafte Effekt wird auch durch – in der Diagnose der Mehrheit präsentierte (Ziffer 237) – international vergleichende Studien zur Arbeitslosigkeit gestützt, die zu dem Ergebnis kommen, dass der Koordinationsgrad der Lohnverhandlungen einen dämpfenden Einfluss auf die Höhe der Arbeitslosigkeit hat (Nickell et al. 2005). Ein gutes Beispiel hierfür ist die „Sozialpartnerschaft" in Österreich, bei der zudem eine umfassende Allgemeinverbindlichkeit von Tarifvereinbarungen besteht. Die Tatsache, dass es diesem Land möglich gewesen ist, eine sehr niedrige Arbeitslosenquote zu erreichen, spricht nicht dafür, dass solche Regelungen nachteilig für die Beschäftigung sind.

340. Wer über die schon jetzt bestehende hohe Flexibilität bei den Lohnverhandlungen eine weitere Schwächung des Flächentarifvertrags fordert, gefährdet diesen zentralen und für die gesamtwirtschaftliche Beschäftigung durchaus vorteilhaften Koordinationsmechanismus. Es wäre für die deutsche Wirtschaft vielmehr anzustreben, dass es nach Jahren der Lohnzurückhaltung wieder zu Lohnerhöhungen kommt, die dem Produktivitätsanstieg zuzüglich dem Stabilitätsziel der Europäischen Zentralbank entsprechen.

341. Auf diese Weise würde zugleich ein wichtiger Beitrag zur Stabilisierung der Europäischen Währungsunion geleistet. Sollten in Deutschland die Nominallöhne auch in den nächsten Jahren effektiv um rund 1 vH steigen, wäre die in Ländern wie Italien, Spanien oder Portugal dringend erforderliche Angleichung der Lohnstückkosten nur über den sehr schwierigen Weg von Nominallohnsenkungen möglich. Eine anhaltende Lohnzurückhaltung in Deutschland kann daher die Stabilität der Europäischen Währungsunion gefährden. Sie trägt außerdem zu relativ hohen Realzinsen in Deutschland bei, wodurch die binnenwirtschaftlichen Sektoren zusätzlich geschwächt werden, ohne dass sie von der gleichzeitigen Verbesserung der Wettbewerbsfähigkeit, profitieren können, die sich aus der lohnkosteninduzierten realen Abwertung ergibt.

Reduktion des Kündigungsschutzes und der kollektiven Absicherung für Arbeitslose?

342. Zum Programm der Mehrheit gehört eine Flexibilisierung des Arbeitsrechts durch eine alle Beschäftigte gleichermaßen erfassende Lockerung des Kündigungsschutzes. Außerdem wird erwogen, den Regelsatz für arbeitsfähige Bezieher von Unterstützungsleistungen abzusenken, im Gegenzug die Zusatzverdienstmöglichkeiten auszuweiten und dazu in großem Stil kommunale Beschäftigungsagenturen zu etablieren. Zudem soll das Arbeitslosengeld über die Zeit hinweg degressiv ausgezahlt werden. Da über 40 vH der Arbeitslosen nach einem halben Jahr wieder eine neue Beschäftigung finden, würde eine degressive Auszahlung entweder zu erheblichen Mehrkosten führen, was von der Mehrheit nicht empfohlen wird, oder aber zu einer deutlichen Absenkung der Leistungen für jene Arbeitslose, die eine längere Suchdauer benötigen.

Der Ersatz der Arbeitslosenhilfe durch das Arbeitslosengeld II hat bereits zu einer erheblichen Verminderung der kollektiven Absicherung eines Arbeitnehmers im Fall der Arbeitslosigkeit geführt und die Angst vor Arbeitslosigkeit überproportional erhöht (Schaubild 39).

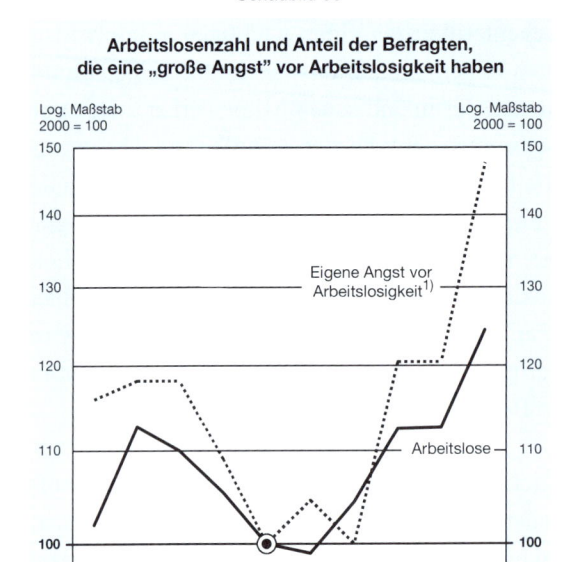

Schaubild 39

Arbeitslosenzahl und Anteil der Befragten, die eine „große Angst" vor Arbeitslosigkeit haben

1) Gemäß einer jährlichen Umfrage der R+V-Versicherung AG zu den „Ängsten der Deutschen".

© Sachverständigenrat

Die von der Mehrheit angestrebten oder erwogenen Schritte würden den einzelnen Haushalt mit noch größeren wirtschaftlichen Risiken konfrontieren: Während die Wahrscheinlichkeit, von Arbeitslosigkeit betroffen zu werden, durch den reduzierten Kündigungsschutz steigt, wird der kollektive Versicherungsschutz in der Form des Arbeitslosengelds I und Arbeitslosengelds II weiter reduziert. Ein Arbeitnehmer kann sich gegen eine solche Verschlechterung seiner individuellen Risikoposition dadurch absichern, dass er keine Kinder in die Welt setzt, seine Geldersparnis erhöht und alle Investitionen vermeidet, die ihn eine über längere Zeit hinweg zu festen laufenden Zahlungen verpflichten. Hiervon sind insbesondere Immobilien und langlebige Konsumgüter, speziell Automobile, betroffen. Das schon jetzt zu beobachtende Angstsparen und die – trotz historisch niedriger langfristiger Zinsen – geringe Bereitschaft, Immobilien zu erwerben, würden durch die von der Mehrheit geforderten Schritte noch verstärkt werden.

Dass es in diesem Bereich nicht auf ein allgemeines Zurückschneiden von Sicherungsmechanismen, sondern auf ein abgestimmtes Verhältnis von Anreizsystemen und kollektiver Absicherung ankommt, verdeutlicht das allgemein positiv bewertete dänische Modell der „Flexicurity". Hierbei wird ein sehr flexibler Kündigungsschutz mit vergleichsweise hohen Lohnersatzleistungen im Fall der Arbeitslosigkeit kombiniert.

In Anbetracht der Tatsache, dass die Beschäftigungswirkungen eines verminderten Kündigungsschutzes empirisch ohnehin alles andere als eindeutig sind, erscheint es deshalb sinnvoll, zunächst einmal die Effekte der unter „Hartz IV" festgelegten, sehr weit reichenden Reformen abzuwarten, bevor man die Verunsicherung der Bevölkerung weiter erhöht und damit die Binnennachfrage noch weiter schwächt.

Reguläre Arbeitsplätze für Geringqualifizierte fördern

343. Das größte angebotsseitige Problem am Arbeitsmarkt besteht in der Erosion der sozialversicherungspflichtigen Beschäftigung. Sie lässt sich nur stoppen, wenn eine "Rechtsformneutralität" unterschiedlicher Formen der Erwerbstätigkeit in Bezug auf ihre steuerliche und sozialversicherungsrechtliche Belastung geschaffen wird.

Dies erfordert eine Beseitigung der beiden grundlegenden Verzerrungen: Die versicherungsfremden Leistungen und die versicherungsfremde Umverteilung müssten vollständig durch Steuererhöhungen umfinanziert werden. Bei der Gesetzlichen Krankenversicherung würde dies den Übergang zum Modell der Bürgerpauschale erfordern. Gleichzeitig müsste die Förderung in Form der 400/800-Euro-Jobs weitgehend entfallen. Dies entspricht der Sichtweise der Mehrheit, die sich dezidiert gegen Subventionen am Arbeitsmarkt (Ziffern 299 ff.) ausspricht. Auch die Arbeitsgelegenheiten in ihrer bisherigen Form gehören auf den Prüfstand.

344. Eine solche umfassende Umfinanzierung ist jedoch – nicht zuletzt wegen der hohen Unsicherheit über die Traglasten einer höheren Mehrwertsteuer – nicht sofort zu verwirklichen. Unmittelbar zu realisieren wäre jedoch die Abschaffung der 400-Euro-Jobs und die gleichzeitige **Entlastung der Bezieher niedriger Einkommen** von der verdeckten Besteuerung durch das Abgabensystem. Hierfür müsste die Mehrwertsteuer um zwei Punkte erhöht werden.

Man könnte dies mit einem **Stufentarif bei der Arbeitslosenversicherung** erreichen, bei dem der Beitragssatz für Einkommen bis 1 000 Euro im Monat von 6,5 vH auf 1,5 vH gesenkt wird. Für Einkommensanteile, die darüber hinausgehen, würde der unveränderte Satz von 6,5 vH gelten. Ein derartiger Stufentarif würde im Vergleich zum Status quo zu Mindereinnahmen von rund 15 Mrd Euro führen. Er könnte teilweise dadurch finanziert werden, dass zusätzliche öffentliche Einnahmen entstehen, da die Subvention in Form der bisher weitgehend steuerfreien und nur partiell abgabenbelasteten Mini-Jobs entfällt.

Das Aufkommen aus der pauschalen Besteuerung der Mini-Jobs in Höhe von 2 vH belief sich im Jahr 2005 auf 285 Mio Euro. Das entspricht einer Lohnsumme von 14,3 Mrd Euro. Nach einer Studie von Fertig et al. (2004) sind 72,1 vH aller in diesem Bereich Tätigen verheiratet, so dass es bei einer vollen Steuerpflicht überwiegend zu einer Versteuerung nach dem Splitting-Verfahren käme. Unterstellt man dabei den Eingangssteuersatz von 15 vH, ergäben sich allein aus den Einkommen der verheirateten „Mini-Jobber" zusätzliche Einnahmen in Höhe von 1,3 Mrd Euro. Bei einer vollen Belastung mit Sozialabgaben und bei Unterstellung eines Stufentarifs erhielte der Staat zusätzliche Abgaben in Höhe von 2,6 Mrd Euro; dieser Betrag wird errechnet, indem man die gesamte Lohnsumme mit einem Abgabesatz von 18 vH multipliziert, der sich ergibt aus dem bisherigen Satz von 23 vH abzüglich der Entlastung durch den Stufentarif in Höhe von 5 vH.

Die Kombination aus einer Mehrwertsteuererhöhung um zwei Punkte mit einer Senkung der Lohnnebenkosten im Bereich bis 1 000 Euro und einer Abschaffung der Subvention für 400/800-Euro-

Jobs würde einen gezielten Beitrag zur Verminderung der Arbeitslosigkeit von Geringqualifizierten leisten, das heißt jener Gruppe, die in besonderem Maße von der Unterbeschäftigung betroffen ist. Diese Lösung ist daher einer allgemeinen Senkung der Arbeitslosenbeiträge um zwei Beitragspunkte eindeutig überlegen. Durch die geringere Abgabenbelastung für niedrige Einkommen würde ein teilweiser Ausgleich für den Wegfall der Subvention in der Form der 400/800-Euro-Jobs erreicht. Bei dieser Lösung ergäbe sich ein sehr viel gleichmäßigerer Verlauf der Grenzbelastung der Arbeitseinkommen als bei dem derzeitigen Nebeneinander der 400-Euro-Jobs (mit einer Gleitzone zwischen 400 Euro und 800 Euro) und einer vollen Abgabenbelastung ab 800 Euro (Schaubild 40).

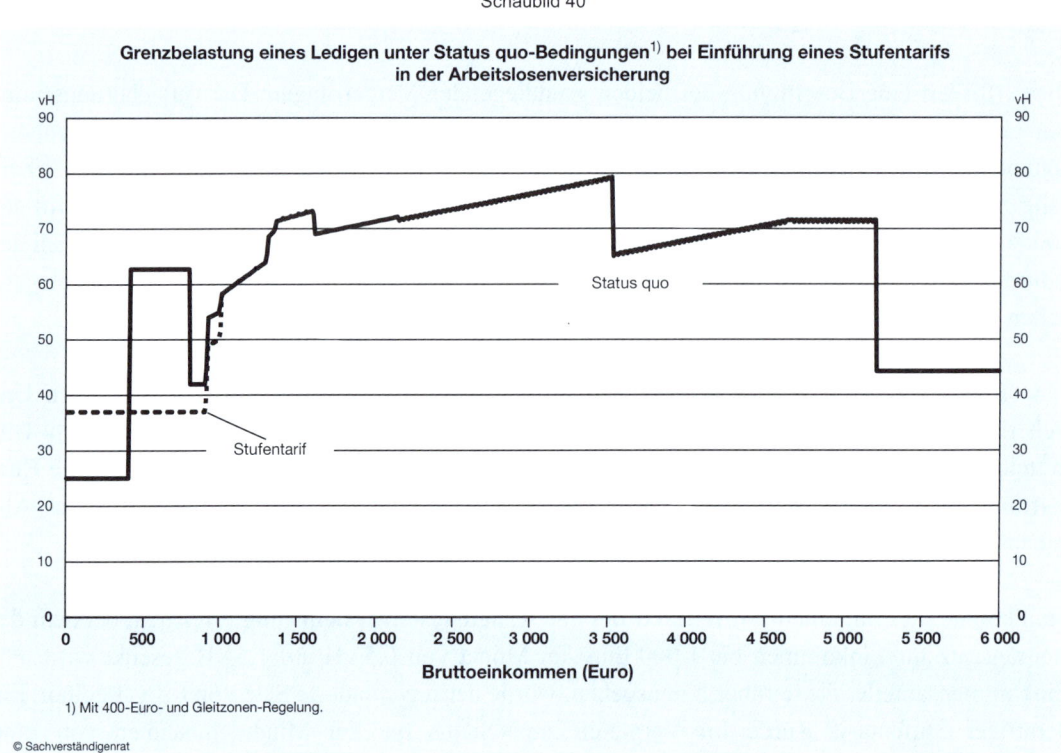

Schaubild 40

Grenzbelastung eines Ledigen unter Status quo-Bedingungen[1)] bei Einführung eines Stufentarifs in der Arbeitslosenversicherung

1) Mit 400-Euro- und Gleitzonen-Regelung.

© Sachverständigenrat

Senkung der Sozialabgaben hat Vorrang vor weiterer Steuerentlastung

345. Das wirtschaftspolitische Maßnahmen-Paket der Mehrheit enthält neben den arbeitsmarktpolitischen Vorschlägen insbesondere in der Finanzpolitik das Konzept einer **Dualen Einkommensteuer**. Eine Verwirklichung dieser Reform dürfte mit hohen Steuerausfällen verbunden sein. In Zeiten knapper öffentlicher Kassen steht es in direkter Konkurrenz zu der hier vorgeschlagenen Reduzierung der Abgabenbelastung im Niedriglohnbereich. Bei der Forderung nach weiteren Steuersenkungen ist zunächst zu berücksichtigen, dass die umfangreichen steuerlichen Entlastungen von Personengesellschaften und Kapitalgesellschaften in den letzten Jahren erhebliche Einnahmeausfälle für den Fiskus gebracht haben. Die davon erhoffte Belebung der Investitionstätigkeit ist bisher ausgeblieben, obwohl die steuerliche Verbesserung der Angebotsbedingungen auch noch durch niedrige Zinsen und sehr zurückhaltende Lohnabschlüsse begleitet worden ist.

Die von der Mehrheit genannten Vorteile der Dualen Einkommensteuer werden nicht von allen Experten geteilt. So stellt der Wissenschaftliche Beirat beim Bundesministerium der Finanzen in seinem Gutachten vom 27. Juli 2004 fest:

„Die (…) unumgängliche Gewinnaufspaltung in einen auf den Einsatz von Kapital und einen auf den Einsatz von Arbeit zurückzuführenden Teil schafft neue Komplikationen und dürfte erhebliche Möglichkeiten zur Steuergestaltung eröffnen. Außerdem ist nicht nur Kapital international umworben, sondern zunehmend auch hoch produktive Arbeit. Schließlich ist eine direkte Progression allein der Arbeitseinkommensteuer verteilungspolitisch nur schwer zu rechtfertigen."

Die Duale Einkommensteuer weist drei gravierende Schwachpunkte auf:

– Wie das Zitat verdeutlicht, ist es für ein zukunftsfähiges Steuersystem problematisch, wenn es nur den Faktor Kapital als mobil ansieht, nicht jedoch den Faktor Arbeit. Eine einseitige Belastung der Erwerbstätigkeit würde tendenziell dazu führen, dass qualifizierte Arbeitnehmer das Land verlassen, wodurch die progressive Steuerlast immer mehr von den unqualifizierten Beschäftigten getragen werden müsste. Der Wissenschaftliche Beirat stellt dazu fest: „Die Einkommensteuer, traditionell auf eine Lastverteilung nach der individuellen Belastbarkeit der Bürger verpflichtet, führte sich selbst ad absurdum". Nicht nachvollziehbar ist bei der Dualen Einkommensteuer, weshalb der verminderte Steuersatz auch auf die Besteuerung der Einkünfte aus Immobilien angewendet wird, die wohl kaum als „mobil" angesehen werden können.

– Die von der Dualen Einkommensteuer – mit großem administrativem Aufwand – angestrebte Finanzierungsneutralität erfordert, dass der zur Ermittlung des Normalgewinns festgelegte Referenzzinssatz gleichermaßen dem Satz für eine Kreditaufnahme wie auch für eine Geldvermögensanlage entspricht. Diese Bedingung ist jedoch nur in der Modellwelt eines vollständigen Kapitalmarktes erfüllt. In der Realität weichen die Zinssätze für Kredite und Vermögensanlagen voneinander ab und sie unterscheiden sich zudem nach der Fristigkeit und der Bonität der Schuldner. Der in Ziffer 409 willkürlich festgelegte Referenzzins von 6 % ist fast doppelt so hoch wie die aktuelle Kapitalmarktrendite und gut drei Mal so hoch wie die kurzfristigen Einlagezinsen. Es wird daher in vielen Fällen weiterhin Anreize geben, die Finanzierungsstruktur aus steuerlichen Gründen zu variieren.

– Schließlich privilegiert die Duale Einkommensteuer Personengesellschaften, die über Aktiva verfügen, die keine oder nur geringe laufende Erträge erbringen (Anleihen, Immobilien oder Grundstücke). Da sich dies in der Höhe des Eigenkapitals widerspiegelt, kommt es dazu, dass ein Teil des Arbeitseinkommens als „Normaleinkommen" deklariert wird und damit dem ermäßigten Steuersatz unterliegt. Benachteiligt würden dadurch insbesondere Unternehmensgründer sowie die kleinen und mittleren Unternehmen des „breiten Mittelstands", die wie in Kapitel 7 ausführlich dargestellt, unter einer sehr niedrigen Eigenkapitalquote leiden. Sie müssten den überwiegenden Teil ihrer Einkünfte als „Übergewinne" versteuern, wodurch sie gegenüber den kapitalkräftigeren Wettbewerbern zusätzlich ins Hintertreffen gerieten. So gesehen wirkt die Duale Einkommensteuer geradezu wie eine negative Vermögensteuer für Personengesellschaften.

346. Aus diesen Gründen erscheint es sinnvoller, durch eine Umsatzsteuererhöhung um zwei Prozentpunkte erzielte Steuermehreinnahmen vollständig zur Reduzierung der Sozialabgaben im Bereich der Geringqualifizierten einzusetzen. Dabei wäre auch die Gefahr eines durch die höhere Umsatzbesteuerung ausgelösten negativen Effekts für die gesamtwirtschaftliche Nachfrage vergleichsweise gering. Gleichzeitig würde damit vermieden, dass es durch die Umfinanzierung zu einer Benachteiligung der Bezieher niedriger Einkommen kommt.

Wenn es allein darum geht, die Steuerbelastung für Kapitalgesellschaften aus der Perspektive internationaler Investoren zu vermindern, und nur in diesem Punkt weist Deutschland noch einen überdurchschnittlich hohen Steuersatz für Unternehmen auf (JG 2004 Ziffern 820 ff.), würde eine Umsetzung der auf dem „Job-Gipfel" am 17. März 2005 vereinbarten Beschlüsse – das heißt eine weitgehend aufkommensneutrale Reduktion des Körperschaftsteuersatzes von 25 vH auf 19 vH – völlig ausreichen.

Die gesamtwirtschaftliche Nachfrage stärken

347. Die Stagnation der Binnennachfrage wird sich auch im Jahr 2006 fortsetzen und die Zahl der regulären Arbeitsplätze wird weiter zurückgehen. Diese seit dem Jahr 2002 bestehende Störung des gesamtwirtschaftlichen Gleichgewichts wird somit auch im nächsten Jahr nicht behoben sein. In dieser schwierigen Situation wird der Handlungsspielraum der Bundesregierung noch zusätzlich eingeengt, da sie den Anforderungen des Stabilitäts- und Wachstumspakts und des Grundgesetzes gerecht werden muss.

348. Das größte Problem der deutschen Wirtschaft liegt allerdings außerhalb des unmittelbaren Einflussbereichs der Politik. Deutschland muss es gelingen, den Teufelkreis stagnierender Reallöhne, einer auf der Stelle tretenden Binnennachfrage und einer rückläufigen Zahl regulärer Arbeitsplätze zu durchbrechen. Dazu müssten die Nominallöhne wieder – wie in fast allen anderen Ländern der Welt – im Einklang mit der Produktivität und der Inflationsentwicklung ansteigen. Bei einer weiterhin ungünstigen Arbeitsmarktentwicklung und einer immer stärker dezentralen Lohnfindung wird es sehr schwer sein, aus dieser Stagnationsfalle herauszukommen.

Die Politik sollte deshalb den Versuch unternehmen, auf dem Weg einer „konzertierten Aktion" – wie sie in § 3 des Gesetzes zur Förderung der Stabilität und des Wachstums der Wirtschaft vorgesehen ist – Gewerkschaften und Unternehmensverbände zusammenzuführen, um auf diese Weise einen koordinierten Ausweg aus dieser Störung des gesamtwirtschaftlichen Gleichgewichts zu finden.

349. In der Finanzpolitik stellt sich ein sehr schwieriger Balance-Akt zwischen den durch den Stabilitäts- und Wachstumspakt vorgegebenen Restriktionen und der Rücksichtnahme auf eine labile inländische Nachfrage. Die Tatsache, dass es der Bundesregierung durch eine konsequente Ausgabenkonsolidierung nicht gelungen ist, die Verschuldung zu reduzieren, zeigt, dass ein zu ehrgeiziger Konsolidierungskurs genau das Gegenteil dessen erreichen kann, was damit intendiert wird.

350. Auch ohne zusätzliche Konsolidierungsmaßnahmen wird die Fiskalpolitik des Jahres 2006 eine leicht restriktive Ausrichtung aufweisen (Ziffer 157). Wer darüber hinaus für den Abbau von Subventionen plädiert, muss sich der Tatsache bewusst sein, dass davon in der Regel direkte negative Effekte auf die gesamtwirtschaftliche Nachfrage ausgehen. Für einen privaten Haushalt, dessen Nacht-, Feiertags- oder Sonntagszuschläge steuerpflichtig werden, wirkt dies nicht anders als eine Steuererhöhung. Eine weitere Kürzung der Eigenheimzulage belastet mit der Bauwirtschaft den schwächsten Bereich der Wirtschaft, dessen Bedeutung für die Arbeitsmarktentwicklung in der Regel erheblich unterschätzt wird. Jeder zweite Arbeitsplatz, der in den Jahren 1996 bis 2004 in Branchen mit rückläufiger Beschäftigung verloren ging, befand sich in der Bauwirtschaft.

351. Wenn im nächsten Jahr um jeden Preis die 3 vH-Grenze des Stabilitäts- und Wachstumspakts erreicht werden soll, liegt es nahe, bei jenen Subventionen Abstriche zu machen, die negative Effekte auf die Beschäftigung oder die gesamtwirtschaftliche Nachfrage ausüben. Hierzu zählt insbesondere die bereits erwähnte Subvention der 400/800-Euro-Jobs, die auf eine Wettbewerbsverzerrung zu Lasten der Menschen hinausläuft, die einen regulären Arbeitsplatz suchen. Wenn eine vollständige Beseitigung dieser Subvention als zu weit reichend erscheint, wäre zumindest an eine Abschaffung der Steuerbefreiung zu denken, die zu Mehreinnahmen von rund 1 Mrd Euro führen würde. Auch bei den Ausgaben für die 1-Euro-Jobs dürfte ein erhebliches Einsparpotential bestehen, dessen Umsetzung sich positiv auf die Beschäftigungsentwicklung im Handwerk auswirken würde.

Negativ für die gesamtwirtschaftliche Nachfrage sind jene Subventionen, die darauf abzielen, die private Geldersparnis im Rahmen der privaten Altersvorsorge zu fördern. Problematisch sind vor allem Formen der Sparförderung, die für Bezieher höherer Einkommen eine steuerliche Abzugsfähigkeit von Vorsorgeaufwendungen ermöglichen. Hierbei ist völlig offen, ob tatsächlich eine bessere Absicherung für das Alter erreicht wird, da in vielen Fällen die Begünstigung allein schon durch eine Umschichtung der Ersparnis in die geförderten Kanäle erzielt werden kann. Zu den Mitnahmeeffekten tritt zusätzlich eine Verzerrung der Allokation auf den Finanzmärkten. In Anbetracht der ohnehin zu hohen Geldsparneigung der privaten Haushalte gehören deshalb alle hierauf gerichteten Subventionen auf den Prüfstand. Dazu zählen vor allem:

– Der Sparerfreibetrag, der im Jahr 2004 mit Steuerausfällen in Höhe von 3,1 Mrd Euro verbunden war,
– die steuerlichen Regelungen zur privaten Altersvorsorge durch die „Riester-Rente" und zur betrieblichen Altersversorgung, die im Jahr 2004 zu Vergünstigungen in Höhe von 3,3 Mrd Euro führten; bei der betrieblichen Altersvorsorge kommen zusätzliche Ausfälle für die Sozialen Sicherungssysteme hinzu;
– die Förderung des Sparens in Form der Arbeitnehmersparzulage in Höhe von 0,2 Mrd Euro.

Bei der „Riester-Rente" sollte selbstverständlich die in Form von Zulagen gewährte Förderung der Kapitalbildung für Haushalte mit niedrigen Einkommen beibehalten werden. Die Ausgaben hierfür beliefen sich im Jahr 2004 auf 0,1 Mrd Euro.

352. Die Wirtschaftspolitik hat in den nächsten Jahren kaum Spielräume für eine dringend notwendige Stimulierung der Binnenwirtschaft. Ein Bereich, in dem jedoch noch vergleichsweise große Handlungspotentiale zu sehen sind, ist die gesamte staatliche Förderung der privaten Altersvorsorge. Es ist unstrittig, dass die privaten Haushalte in den nächsten Jahrzehnten große Anstrengungen unternehmen müssen, um die Ausfälle auszugleichen, die sich durch die Rückführung des Rentenniveaus in der umlagefinanzierten Rente ergeben. Diese Sparleistungen können und müssen in eine wachstumsfördernde Richtung gelenkt werden.

Bei der zentralen Bedeutung dieser Form der Zukunftsvorsorge sollte daher das höchst intransparente und den Bedürfnissen der Bevölkerung offensichtlich wenig gerecht werdende Geflecht von unterschiedlichen Maßnahmen zur Förderung der privaten und betrieblichen Altersvorsorge grundlegend überdacht werden. Es wäre wünschenswert, dass das Nebeneinander der Förderungswege so weit wie möglich beseitigt wird und dass dabei eine einheitliche Obergrenze für die steuerliche Abzugsfähigkeit festgelegt wird, die Mitnahmeeffekte und Verzerrungen bei der Kapitalallokation vermeidet. Nicht nachvollziehbar ist zudem die Benachteiligung des Sparens in Immobilien gegenüber dem Sparen in Geldvermögen, die den Präferenzen der Bevölkerung nur wenig entspricht. Auf diese Weise könnte nicht zuletzt ein dringend benötigter Beitrag zur Stabilisierung der Baukonjunktur geleistet werden.

Zusammenfassung

353. Die neue Bundesregierung steht vor einer sehr schwierigen Aufgabe. Sie wird nur erfolgreicher sein als Vorgängerinnen, wenn es ihr gelingt, in Deutschland eine deutlich bessere Balance von Reformen auf der Angebotsseite und der Stärkung der gesamtwirtschaftlichen Nachfrage zu erreichen. Sie muss zugleich bei den Arbeitsmarktreformen darauf achten, dass eine größere Flexibilität nicht zu Lasten der sozialversicherungspflichtigen Beschäftigung und damit der Stabilität der sozialen Sicherungssysteme geht. Zu bedenken ist dabei auch, dass jeder weitere Abbau kollektiver Sicherungsmechanismen die Ausgabefreudigkeit der Haushalte vermindert. Bei der Haushaltskonsolidierung stellt sich eine schwierige Gratwanderung zwischen kurzfristigen Sparmaßnahmen und der Rücksichtnahme auf die wirtschaftliche Dynamik, ohne die eine echte Konsolidierung nicht möglich ist.

Soweit die Meinung dieses Ratsmitglieds.

Literatur

Baker, D., A. Glyn, D. Howell und J. Schmitt (2002) *Labor Market Institutions and Unemployment: A Critical Assessment of the Cross-Country Evidence*, CEPA Working Paper, 2002 - 17.

Becker, S. O., K. Ekholm, R. Jäckle und M.-A. Mündler (2005) *Location Choice and Employment Decisions: a Comparison of German and Swedish Multinationals*, CESifo Working Paper, 1374.

Becker, S. O., R. Jäckle und M.-A. Mündler (2005) *Kehren deutsche Firmen ihrer Heimat den Rücken? – Ausländische Direktinvestitionen deutscher Unternehmen*, ifo Schnelldienst, 1/2005, 23 - 33.

Beissinger, T. (2004) *Strukturelle Arbeitslosigkeit in Europa: Eine Bestandsaufnahme*, Universität Regensburg, Regensburger Diskussionsbeiträge zur Wirtschaftswissenschaft, 389.

Belot, M. und J. C. van Ours (2004) *Does the Recent Success of Some OECD Countries in Lowering their Unemployment Rates Lie in the Clever Design of their Labour Market Reforms?*, Oxford Economic Papers, 56, 621 - 642.

Bertola, G., F. D. Blau und L. M. Kahn (2001) *Comparative Analysis of Labor Market Outcomes: Lessons for the US from International Long-Run Evidence*, NBER Working Paper, 8526.

Biewen, M. und R. Wilke (2005) *Unemployment Duration and the Length of Entitlement Periods for Unemployment Benefits: Do the IAB Employment Subsample and the German Socio-Economic Panel Yield the Same Results?*, Allgemeines Statistisches Archiv, 85, 409 - 425.

Blanchard, O. und J. Wolfers (2000) *The Role of Shocks and Institutions in the Rise of European Unemployment: The Aggregate Evidence*, Economic Journal, 110, C1 - C33.

Blanchflower, D. und R. B. Freeman (1994) *Did the Thatcher Reforms Change British Labour Market Performance?*, in: R. Barrell (Hrsg.), The UK Labour Market: Comparative Aspects and Institutional Developments, Cambridge University Press, Cambridge, 51 - 92.

Booth, A. L. (1995) *The Economics of the Trade Union*, Cambridge University Press, Cambridge.

Boss, A., B., Christensen und K. Schrader (2005) *Anreizprobleme bei Hartz IV: Lieber ALG II statt Arbeit?*, Institut für Weltwirtschaft an der Universität Kiel, Kieler Diskussionsbeitrag, 421.

Brandt, N., J.-M. Burniaux und R. Duval (2005) *Assessing the OECD Jobs Strategy: Past Developments and Reforms*, OECD Economics Department Working Paper, 429.

Bruno, M. und J. D. Sachs (1985) *Economics of Worldwide Stagflation*, Harvard University Press, Cambridge (Massachusetts).

Buch, C. M. und J. Kleinert (2005) *Multinational Firms: Better Than their Reputation?*, IAW-Report, 1 - 32.

Bundesagentur für Arbeit (2004) *Sonderbericht Mini- und Midijobs in Deutschland,* Nürnberg.

Buslei, H., V. Steiner (1999) *Beschäftigungseffekte von Lohnsubventionen im Niedriglohnbereich*, ZEW Wirtschaftsanalysen, 42.

Caliendo, M., R. Hujer und S. Thomsen (2004) *Evaluation der Eingliederungseffekte von Arbeitsbeschaffungsmaßnahmen in reguläre Beschäftigung für Teilnehmer in Deutschland*, ZEW-Discussion Paper, 04 - 46.

Card, D. und R. B. Freeman (2002) *What have Two Decades of British Economic Reform Delivered?*, NBER Working Paper, 8801.

Christensen, B. (2005) *Reservationslöhne und Arbeitslosigkeitsdauer*, Jahrbücher für Nationalökonomie und Statistik, 225 (3), 303 - 324.

De Koning, J., R. Layard, S. Nickell und N. Westergaard-Nielsen (2004) *Policies for Full Employment*, Department for Work and Pensions, United Kingdom.

Eichhorst, W. und R. Konle-Seidl (2005) *The Interaction of Labor Market Regulation and Labor Market Policies in Welfare State Reform*, IAB Discussion Paper, 19/2005.

Elmeskov, J., J. P. Martin und S. Scarpetta (1998) *Key Lessons for Labour Market Reforms: Evidence from OECD Countries' Experiences*, Swedish Economic Policy Review, 5 (2), 205 - 252.

Fertig, M., J. Kluve und M. Scheuer (2005) *Was hat die Reform der Mini-Jobs bewirkt?*, Duncker und Humblot, Berlin.

Fitoussi, J.-P., D. Jestaz, E. S. Phelps und G. Zoega (2000) *Roots of the Recent Recoveries: Labor Reforms or Private Sector Forces?*, Brookings Papers of Economic Activity, 1, 237 - 291.

Fitzenberger, B. (1999) *Wages and Employment Across Skill Groups − An Analysis for West Germany*, ZEW Economic Studies, 6.

Fitzenberger, B. und W. Franz (2001) *Jobs. Jobs? Jobs! Orientierungshilfen für den Weg zu mehr Beschäftigung*, in: W. Franz, H. Hesse, H. J. Ramser und M. Stadler (Hrsg.), Wirtschaftspolitische Herausforderungen an der Jahrhundertwende, Verlag Mohr Siebeck, 3 - 41.

Fitzenberger, B. und R. Wilke (2004) *Unemployment Durations in West Germany Before and After the Reform of the Unemployment Compensation System During the 1980s*, ZEW-Discussion Paper, 04-24.

Fitzenberger, B. und S. Speckesser (2005) *Employment Effects of the Provision of Specific Professional Skills and Techniques in Germany*, ZEW-Discussion Paper (erscheint demnächst).

Flaig, G. und H. Rottmann (2001) *Input Demand and the Short- and Long-Run Employment Thresholds: An Empirical Analysis for the German Manufacturing Sector*, German Economic Review, 2(4), 367 - 384.

Franz, W. (2003) *Will the (German) NAIRU Please Stand up?*, ZEW-Discussion Paper, 03 - 35.

Hartog, J. (2000) *The Dutch Way: From Through to Top into Decades*, Vortrag auf "Wege zu mehr Beschäftigung", Internationale Arbeitsmarktkonferenz Hannover (Expo 2000), Institut für Arbeitsmarkt- und Berufsforschung (IAB), Nürnberg.

Kaltenborn, B., S. Koch, M. Kress, U. Walwei und G. Zika (2003) *Sozialabgaben und Beschäftigung*, Mitteilungen aus der Arbeitsmarkt- und Berufsforschung, 36 (4), 672 - 688.

Kaltenborn, B., S. Koch, M. Kress, U. Walwei und G. Zika, (2003) *Was wäre wenn? Ein Freibetrag bei den Sozialabgaben könnte mehr Beschäftigung schaffen*, IAB Kurzbericht, 15.

KfW Bankengruppe (2005) *Mittelstandsreport 2005*, Frankfurt am Main.

Konings, J. und A. Murphy (2001) *Do Multinational Enterprises Substitute Parent Jobs for Foreign Ones? Evidence from European Firm-Level Panel Data*, CEPR Discussion Paper, 2972.

Layard, R., S. Nickell und R. Jackman (1991) *Unemployment: Macroeconomic Performance and the Labour Market*, Oxford University Press, Oxford.

Lechner, M., R. Miquel und C. Wunsch (2005) *Long-Run Effects of Public Sector Sponsored Training in West Germany*, ZEW-Discussion Paper, 05 - 02.

Lee, S. und R. Wilke (2005) *Reform of Unemployment Compensation: A Nonparametric Bounds Analysis Using Register Data*, ZEW-Discussion Paper, 05 - 29.

Ljungqvist, L. und T. J. Sargent (1998) *The European Unemployment Dilemma*, Journal of Political Economy, 106, 514 - 550.

Ljungqvist, L. und T. J. Sargent (2005) *Jobs and Unemployment in Macroeconomic Theory: a Turbulence Laboratory*, Presidential Address to the World Congress of the Econometric Society, London.

Machin, S. (2000) *Union Decline in Britain*, CEP Discussion Paper, 455.

Marin, D. (2004) *A Nation of Poets and Thinkers – Less So With Eastern Enlargement? Austria and Germany*, CEPR Discussion Paper, 4358.

Möller, J. (2005) *Die Entwicklung der Lohnspreizung in West- und Ostdeutschland*, in: L. Bellmann, O. Hübler, W. Meyer und G. Stephan (Hrsg.), Institutionen, Löhne und Beschäftigung, Institut für Arbeitmarkt und Berufsforschung, Beiträge zur Arbeitsmarkt- und Berufsforschung, 294, 47 - 63.

Neumann, T. (2003) *Time-varying coefficient models: A comparison of alternative estimation strategies*, Allgemeines Statistisches Archiv, 87, 257 - 280.

Nickell, S. (1997) *Unemployment and Labor Market Rigidities: Europe Versus North America*, Journal of Economic Perspektives, 11 (3), 55 - 74.

Nickell, S. und R. Layard (1999) *Labor Market Institutions and Economic Performance*, in: O. Ashenfelter und D. Card (Hrsg.), Handbook of Labor Economics, 3, Elsevier, Amsterdam.

Nickell, S. (2001) *Fundamental Changes in the UK Labour Market*, Oxford Bulletin of Economics and Statistics, 63 (Special Issue), 715 - 736.

Nickell, S. (2003) *Labour Market Institutions and Unemployment in OECD Countries*, CESifo DICE Report, 1(2), 13 - 26.

Nickell, S., L. Nunziata, W. Ochel und G. Quintini (2003) *The Beveridge Curve, Unemployment, and Wages in the OECD from the 1960s to the 1990s*, in: P. Aghion, R. Frydman, J. Stiglitz und M. Woodford (Hrsg.), Knowledge, Information, and Expectations in Modern Macroeconomics: In Honor of Edmund S. Phelps, Princeton University Press, Princton, 394 - 431.

Nickell, S., L. Nunziata und W. Ochel (2005) *Unemployment in the OECD since the 1960s. What Do We Know?*, Economic Journal, 111, 1 - 27.

OECD (1994) *The OECD Jobs Study, Evidence and Explanations,* Volume 1 und 2, Paris.

OECD (2004) *Employment Outlook*, Paris.

Pencavel, J. (2003) *The Surprising Retreat of Union Britain*, NBER Working Paper, 9564.

Prachowny, M. (1993) *Okun's Law: Theoretical Foundations and Revised Estimates*, Review of Economics and Statistics, 75(2), 331 - 336.

Reize, F. (2004) *Leaving Unemployment for Self-Employment*, An Empirical Study, ZEW Economic Studies, 25.

Schmidt, C. (1999) *The Heterogeneity and Cyclical Sensitivity of Unemployment: An Exploration of German Labor Market Flows*, IZA Discussion Paper, 84.

Schöb, R. und J. Weimann (2005) *Arbeit ist machbar. Die Magdeburger Alternative: Eine sanfte Therapie für Deutschland*, 4. Auflage, Verlag Janos Stekovics, Dößel.

Schneider, H., K. Zimmermann, H. Bonin, K.Brenke, J. Haisken-DeNew und W. Kempe (2002) *Beschäftigungspotenziale einer dualen Förderstrategie im Niedrilohnbereich*, IZA Research Report, 5.

Van Oorschot, W. (2004) *Balancing Work and Welfare: Activation and Flexicurity Policies in The Netherlands, 1980 – 2000*, International Journal of Social Welfare, 13, 15 - 27.

Wießner, F. (2005) *Neues von der Ich-AG: Nicht jeder Abbruch ist eine Pleite*, IAB Kurzbericht, 2.

Viertes Kapitel

Finanzpolitik in schwierigen Zeiten

I. Öffentliche Haushalte in der Krise
II. Steuerpolitik: Das Richtige tun, das Falsche unterlassen
III. Haushaltskonsolidierung: langfristig planen, kurzfristig handeln
IV. Artikel 115 Grundgesetz einhalten

Das Wichtigste in Kürze

- Der Referenzwert des Europäischen Stabilitäts- und Wachstumspakts wurde im Jahr 2005 zum vierten Mal in Folge deutlich überschritten. Das **gesamtstaatliche Finanzierungsdefizit** belief sich auf 3,5 vH oder – wird die Veräußerung staatlicher Ansprüche gegenüber den Postnachfolgeunternehmen nicht als defizitmindernd anerkannt – auf 3,8 vH in Relation zum nominalen Bruttoinlandsprodukt. Sowohl Einnahmen als auch Ausgaben des Staates wiesen einen nur moderaten Anstieg auf. Die Einnahmen wurden durch die erneute Senkung des Einkommensteuertarifs sowie die Stagnation der Bemessungsgrundlagen wichtiger Steuern und der Sozialabgaben als Folge einer schwachen Wachstumsdynamik und eines auch weiterhin fiskalisch wenig ergiebigen Konjunkturmusters gedämpft. Vor allem wegen der erneut gesunkenen Arbeitnehmerentgelte und Bruttoinvestitionen des Staates ging die Staatsquote im Vergleich zum Vorjahr leicht zurück.

- Die wichtigste steuerpolitische Aufgabe der Bundesregierung in der neuen Legislaturperiode besteht in einer mutigen und in sich schlüssigen Reform der **Unternehmensbesteuerung**. Eine *flat tax* ist vor allem wegen der damit einher gehenden hohen Steuerausfälle keine realistische Reformoption. Der Sachverständigenrat bekräftigt seinen im Jahresgutachten 2003 ausgearbeiteten Vorschlag einer Dualen Einkommensteuer, modifiziert diesen allerdings in einigen Punkten, um die Abgrenzungsprobleme zwischen Kapitaleinkommen und Arbeitseinkommen zu entschärfen. Gemeinsam mit dem Max-Planck-Institut für Geistiges Eigentum, Wettbewerbs- und Steuerrecht, München, und dem Zentrum für Europäische Wirtschaftsforschung (ZEW), Mannheim, wird der Sachverständigenrat im Januar 2006 einen ausformulierten und durchgerechneten Steuerreformvorschlag präsentieren. Aus ökonomischer Sicht ist die Duale Einkommensteuer dem Steuermodell der Stiftung Marktwirtschaft überlegen.

- Bundesregierung und CDU/CSU-Bundestagsfraktion haben jeweils Gesetzentwürfe zur Reform der **Erbschaftsteuer** vorgelegt, in denen produktives Betriebsvermögen und Kapitalgesellschaftsanteile bei einer Beteiligungsquote von mehr als 25 vH erbschaftsteuerlich entlastet werden sollen. Der Sachverständigenrat hält die vorgeschlagenen Änderungen bei der Erbschaft- und Schenkungsteuer für nicht zielführend. Sie tragen nicht oder nur sehr begrenzt zur Sicherung und Erhaltung von Arbeitsplätzen bei und sind in vielerlei Hinsicht bedenklich. Die Reform der Erbschaftsbesteuerung sollte zurückgestellt und in eine vordringlich vorzunehmende Neuordnung der Kapitaleinkommensbesteuerung eingebunden werden.

- Die öffentlichen Finanzen sind nicht tragfähig. Zur Schließung der **Tragfähigkeitslücke** sind eine erhebliche Reduktion der staatlichen Primärausgaben oder eine Erhöhung der Einnahmen erforderlich. Dazu ist eine **Haushaltskonsolidierung** unabdingbar, die kurz-, mittel- und langfristig wirksame Maßnahmen kombiniert. Die Verabschiedung des Versorgungsnachhaltigkeitsgesetzes stellt einen langfristig wirksamen Beitrag zur Haushaltskonsolidierung dar; die Bekämpfung des Umsatzsteuerbetrugs wirkt mittelfristig; ein Abbau von Finanzhilfen und Steuervergünstigungen führt bereits kurzfristig zu einer Entlastung der öffentlichen Haushalte.

– Im Dezember 2004 haben die Bundestagsfraktionen von CDU/CSU und FDP ein Normenkontrollverfahren wegen eines möglichen Verstoßes gegen **Artikel 115 Grundgesetz** vor dem Bundesverfassungsgericht angestrengt, weil die im Bundeshaushalt vorgesehene Nettokreditaufnahme die veranschlagten Investitionsausgaben um 4,7 Mrd Euro überschritt. Der Sachverständigenrat nimmt dies zum Anlass, die Frage der Verfassungsmäßigkeit des Bundeshaushalts 2004 aus ökonomischer Sicht zu beleuchten. Aus Ex-ante-Sicht, das heißt aus Sicht der zweiten Hälfte des Jahres 2003, ist das Vorliegen einer im Jahr 2004 drohenden Störung des gesamtwirtschaftlichen Gleichgewichts zu bezweifeln. Aufgrund seiner damaligen Einschätzung der konjunkturellen Entwicklung des Jahres 2004 kommt der Sachverständigenrat zu der Schlussfolgerung, dass es zum Zeitpunkt der Aufstellung und Verabschiedung des Bundeshaushalts 2004 wenig überzeugende Gründe für ein Überschreiten der Investitionsausgaben durch die Nettokreditaufnahme gab.

I. Öffentliche Haushalte in der Krise
1. Gesamtstaatliches Defizit im Jahr 2005 fast unverändert

354. Das gesamtstaatliche Finanzierungsdefizit, in dem die Finanzierungssalden von Bund, Ländern, Gemeinden und der Sozialversicherung zusammengefasst werden, belief sich im Jahr 2005 auf rund 79,2 Mrd Euro und ging damit im Vergleich zum Vorjahr nur leicht zurück. Die Defizitquote verringerte sich ebenfalls geringfügig von 3,7 vH im Jahr 2004 auf nunmehr 3,5 vH, und der Referenzwert des Europäischen Stabilitäts- und Wachstumspakts in Höhe von 3,0 vH wurde wie in den drei vorangegangenen Jahren deutlich überschritten. Derzeit noch ungeklärt ist die Frage, welche Konsequenzen die im Jahr 2005 vorgenommene Veräußerung staatlicher Ansprüche gegenüber den Postnachfolgeunternehmen für die Höhe des Defizits haben wird (Ziffer 395). Eurostat kündigte an, die Transaktion – entgegen der Auffassung der Bundesregierung – als „Einmalmaßnahme" zu werten und damit nicht als defizitmindernd anzuerkennen. In diesem Fall fiele das Defizit im Jahr 2005 um etwas mehr als 5 Mrd Euro (rund ¼ Prozentpunkte in Relation zum nominalen Bruttoinlandsprodukt) höher aus als in dieser Schätzung unterstellt. Die resultierende Defizitquote beliefe sich auf 3,8 vH.

Die in diesem Abschnitt angeführten Werte der Defizit- und Schuldenstandsquoten früherer Jahre beziehen sich ebenso wie die Schätzung für das Jahr 2005 auf die vom Statistischen Bundesamt nach der Revision vom April 2005 publizierten Daten (Anhang IV. E.). Die Haushaltsüberwachung und die Defizitverfahren im Kontext des Europäischen Stabilitäts- und Wachstumspakts orientierten sich demgegenüber in diesem Jahr noch an denjenigen Werten, die sich auf Grundlage der alten Methode ergaben. Weil das Niveau des nominalen Bruttoinlandsprodukts im Zuge der Revision angehoben wurde, fallen insbesondere die ermittelten Defizitquoten seit dem Jahr 1991 um bis zu 0,2 Prozentpunkte geringer aus. Dies ändert jedoch weder für die Jahre seit 2002 noch mit Blick auf die Schätzung für das Jahr 2005 etwas an der Aussage, dass die gesamtstaatliche Defizitquote deutlich über dem Referenzwert von 3 vH lag.

Der Schuldenstand Deutschlands in der für den Vertrag von Maastricht relevanten Abgrenzung wurde für die Jahre ab 2001 aufgrund einer Entscheidung Eurostats angehoben, weil von der Kreditanstalt für Wiederaufbau bei der Privatisierung von Post und Telekom im Vorgriff auf die spätere Veräußerung der Aktien an den Bund geleistete Zahlungen (so genannte Platzhaltergeschäfte)

Öffentliche Haushalte in der Krise | 237

anders als zuvor als öffentliche Kreditaufnahme eingestuft werden. Bis Ende des Jahres 2005 dürfte der Schuldenstand des Staates um mehr als 2 Prozentpunkte auf 67,7 vH und damit erstmals auf mehr als zwei Drittel in Bezug auf das (revidierte) nominale Bruttoinlandsprodukt gestiegen sein.

Ursprünglich hatte das von der Bundesregierung im Dezember 2004 vorgelegte Stabilitätsprogramm für das Jahr 2005 eine Verringerung der gesamtstaatlichen Defizitquote auf 2,9 vH vorgesehen. Gleichzeitig verpflichtete sich die Bundesregierung, für den Fall einer absehbaren Verfehlung des Zielwerts mögliche Anpassungen in den öffentlichen Haushalten zu prüfen. Solche Maßnahmen unterblieben jedoch im laufenden Jahr. Zusammen mit der Vorlage der Eckwerte für den Bundeshaushalt 2006 kündigte der Bundesfinanzminister überdies an, dass es frühestens im Jahr 2007 gelingen werde, das für den Vertrag von Maastricht relevante Defizit des Gesamtstaats wieder auf einen Wert unter 3 vH in Relation zum nominalen Bruttoinlandsprodukt zurückzuführen. Eine – nicht zuletzt im Hinblick auf die Glaubwürdigkeit des reformierten Stabilitäts- und Wachstumspakts angemessene (Ziffern 660) – Wiederaufnahme des Defizitverfahrens gegen Deutschland durch die Europäische Kommission ist aus diesem Grund bereits in der nahen Zukunft sehr wahrscheinlich.

Entwicklung der staatlichen Einnahmen

355. In der Gesamtbetrachtung wiesen im Jahr 2005 sowohl die Einnahmen als auch die Ausgaben des Staates – in der Abgrenzung der Volkswirtschaftlichen Gesamtrechnungen, die den Regelungen des Europäischen Stabilitäts- und Wachstumspakts zugrunde liegt – gegenüber dem Vorjahr einen moderaten Anstieg auf (Tabelle 22, Seite 238). Der sehr verhaltene Zuwachs der staatlichen Einnahmen in Höhe von 0,5 vH war vornehmlich Folge einer schwachen Entwicklung der Einnahmen aus **Steuern** und **Sozialversicherungsbeiträgen**. Zusammen mit der weiterhin angespannten Lage auf dem Arbeitsmarkt schlug sich der verbleibende Teil der Senkung des Einkommensteuertarifs in einem starken Rückgang der Einnahmen aus der Lohnsteuer nieder. Dem standen wie im Vorjahr Zuwächse bei den ertragsabhängigen Steuern und insbesondere bei veranlagter Einkommensteuer und Körperschaftsteuer gegenüber, so dass sich die Einnahmen aus den direkten Steuern insgesamt leicht erhöhten. Vergleichbar ungünstig stellte sich aus Sicht der öffentlichen Haushalte die Entwicklung im Bereich der indirekten Steuern dar. Während die Umsatzsteuereinnahmen vor allem aufgrund der schwachen Entwicklung der privaten Konsumnachfrage erneut einen nur moderaten Anstieg von 1,5 vH aufwiesen, verringerten sich die Einnahmen aus der Mineralölsteuer – der im Hinblick auf ein Aufkommen von rund 40 Mrd Euro mit Abstand wichtigsten speziellen Verbrauchsteuer –, weil die Nachfrage nach Heizöl und Kraftstoffen vor dem Hintergrund anhaltend hoher Rohölpreise weiter zurückging. Weniger stark als im vergangenen Jahr, aber noch immer mit einer Rate von mehr als 7 vH nahmen die Einnahmen aus der Gewerbesteuer zu, die in der Systematik der Volkswirtschaftlichen Gesamtrechnungen zu den indirekten Steuern gezählt wird, so dass sich bei den Einnahmen aus indirekten Steuern insgesamt ein Anstieg von 0,8 vH ergab. Die Einnahmen aus Sozialversicherungsbeiträgen schließlich stagnierten nahezu auf Vorjahresniveau. Im Hinblick auf die Gesamtbelastung hielten sich die Effekte des erhöhten Beitragssatzes zur Sozialen Pflegeversicherung, dem sich die meisten kinderlosen Mitglieder seit Beginn des Jahres gegenübersehen, und ein geringfügig gesunkener durchschnittlicher Beitragssatz zur Gesetzlichen Krankenversicherung in etwa die Waage, und wegen der fortdauernd schwierigen Situation auf dem Arbeitsmarkt verharrten die beitragspflichtigen Einkommen ebenfalls praktisch auf dem Niveau des Jahres 2004.

Tabelle 22

Einnahmen und Ausgaben des Staates[1)]
in der Abgrenzung der Volkswirtschaftlichen Gesamtrechnungen

Art der Einnahmen und Ausgaben	2002	2003	2004	2005[2)]	2002	2003	2004	2005[2)]
	Mrd Euro[3)]				Veränderung gegenüber dem Vorjahr in vH			
Einnahmen, insgesamt	951,2	960,3	956,8	961,4	+ 0,6	+ 1,0	- 0,4	+ 0,5
davon:								
Steuern	477,4	481,7	481,2	483,6	- 0,1	+ 0,9	- 0,1	+ 0,5
davon:								
Direkte Steuern	227,2	225,9	221,1	221,5	- 1,2	- 0,5	- 2,1	+ 0,2
Indirekte Steuern	250,3	255,8	260,2	262,1	+ 1,0	+ 2,2	+ 1,7	+ 0,8
Sozialbeiträge	389,2	394,4	395,3	394,8	+ 1,4	+ 1,3	+ 0,2	- 0,1
Verkäufe, empfangene sonstige Subventionen, empfangene Vermögenseinkommen	60,8	59,4	53,8	54,5	- 2,0	- 2,3	- 9,4	+ 1,3
Sonstige laufende Transfers und Vermögenstransfers	23,7	24,8	26,6	28,6	+ 7,6	+ 4,5	+ 7,1	+ 7,6
Ausgaben, insgesamt	1 030,8	1 046,8	1 038,0	1 040,6	+ 2,6	+ 1,6	- 0,8	+ 0,2
davon:								
Vorleistungen	88,7	89,2	89,5	90,3	+ 4,1	+ 0,5	+ 0,3	+ 0,9
Arbeitnehmerentgelt	169,1	169,0	168,7	167,8	+ 1,7	- 0,1	- 0,2	- 0,5
Geleistete Vermögenseinkommen (Zinsen)	62,9	64,6	62,9	63,8	- 2,5	+ 2,7	- 2,6	+ 1,5
Subventionen	31,7	29,9	29,0	28,7	- 3,6	- 5,6	- 3,2	- 0,9
Monetäre Sozialleistungen	410,8	421,0	422,9	425,2	+ 4,6	+ 2,5	+ 0,5	+ 0,5
Soziale Sachleistungen	163,3	167,1	163,7	165,7	+ 3,1	+ 2,3	- 2,0	+ 1,2
Sonstige laufende Transfers	35,7	38,6	38,3	36,0	+ 2,9	+ 8,3	- 1,0	- 5,9
Vermögenstransfers	34,4	36,0	33,8	34,2	- 1,3	+ 4,6	- 6,0	+ 1,1
Bruttoinvestitionen	35,6	32,9	30,8	30,1	- 3,5	- 7,5	- 6,5	- 2,0
Sonstige[4)]	- 1,4	- 1,4	- 1,4	- 1,3	X	X	X	X
Finanzierungssaldo	- 79,6	- 86,6	- 81,2	- 79,2	X	X	X	X
Defizitquote[5)]	3,7	4,0	3,7	3,5	X	X	X	X

1) Bund, Länder und Gemeinden, EU-Anteile, ERP-Sondervermögen, Lastenausgleichsfonds, Fonds Deutsche Einheit, Vermögensentschädigungsfonds, Teile des Bundeseisenbahnvermögens, Erblastentilgungsfonds, Sozialversicherung. - 2) Eigene Schätzung. - 3) Abweichungen in den Summen durch Runden der Zahlen. - 4) Geleistete sonstige Produktionsabgaben und Nettozugang an nichtproduzierten Vermögensgütern. - 5) Finanzierungsdefizit in Relation zum nominalen Bruttoinlandsprodukt in vH.

356. Grundsätzlich änderte sich damit im Vergleich zum Jahr 2004 weder die Gesamtentwicklung der staatlichen Einnahmen, die – zusammen mit einer weiteren Senkung des Einkommensteuertarifs – im Wesentlichen auf der Stagnation der Bemessungsgrundlagen wichtiger Steuern und der Sozialabgaben beruht; noch änderte sich die Begründung für diese Entwicklung, die in der Kombination aus einer schwachen Wachstumsdynamik und einem auch weiterhin überwiegend von außenwirtschaftlichen Impulsen getragenen und deshalb fiskalisch wenig ergiebigen Konjunkturmuster besteht. Dass es vor diesem Hintergrund, anders als im Vorjahr, dennoch zu einem Anstieg der staatlichen Einnahmen kam, hatte vor allem zwei im Zusammenhang mit den nicht-steuerlichen Einnahmen der Haushalte des Bundes und der Länder stehende Gründe. Zum einen hatte sich der Bund im Rahmen der seit Jahresbeginn erhobenen **Maut** für schwere Lastkraftwagen eine zusätzliche Einnahmequelle erschlossen. Die Mautgebühren werden im Staatskonto der Volkswirtschaftlichen Gesamtrechnungen als Verkauf einer Dienstleistung verbucht, was den Anstieg dieser

Kategorie der staatlichen Einnahmen um 2,7 vH gegenüber dem Vorjahr erklärt. Zum anderen floss den Ländern von Seiten verschiedener **Landesbanken** in den ersten Monaten des Jahres ein Betrag von zusammen genommen rund 3,3 Mrd Euro als rückwirkende Verzinsung für in den neunziger Jahren eingebrachtes Wohnungsbauvermögen zu. Damit wurde ein EU-rechtliches Beihilfeverfahren beigelegt, das durch Beschwerde des Bundesverbands deutscher Banken mit Verweis auf – durch die nicht marktgerechte Verzinsung des Vermögens entstandene – Wettbewerbsvorteile der Landesbanken ausgelöst worden war. Die empfangenen Sonstigen laufenden Transfers, denen diese Zahlungen nach den Kriterien des Staatskontos zugeordnet werden, wiesen aus diesem Grund im laufenden Jahr einen außerordentlich starken Anstieg von mehr als 15 vH auf.

Die betroffenen Länder sorgten im Jahresverlauf durch eine Erhöhung des Kapitals der jeweiligen Landesbank für einen nahezu vollständigen Rücktransfer der empfangenen Zahlungen oder kündigten ein solches Vorgehen an. In der Regel wurde dabei auf einen ausreichenden zeitlichen Abstand zwischen Rückzahlung einerseits und Kapitalerhöhung andererseits geachtet, so dass das Vorgehen von der Europäischen Kommission nicht als erneute Beihilfe bewertet wurde. Entsprechend war die Kapitalerhöhung – der ein Anstieg des staatlichen Vermögens in identischer Höhe gegenübersteht – nach den Kriterien der Volkswirtschaftlichen Gesamtrechnungen auch als saldenneutrale finanzielle Transaktion zu interpretieren. Lediglich im Fall Berlins erfolgten beide Vorgänge nahezu zeitgleich, weshalb sich zusammen mit einem empfangenen Transfer in Höhe von 1,1 Mrd Euro ausgabenseitig auch die von den Ländern geleisteten Vermögenstransfers um eine von der Europäischen Kommission gebilligte Beihilfe gleichen Umfangs erhöhten. Insgesamt belief sich der Rückgang des staatlichen Defizits infolge der Zahlungen der Landesbanken im Jahr 2005 damit für sich genommen auf rund 0,1 Prozentpunkte.

Entwicklung der staatlichen Ausgaben

357. Die staatlichen Ausgaben erhöhten sich im Jahr 2005 um lediglich 0,2 vH; unter Einschluss des von Seiten des Bundes eingesparten Zuschusses zur Versorgung der ehemaligen Postbeamten hätte sich der Zuwachs auf 0,7 vH belaufen. Dass die derzeitigen Haushaltsschwierigkeiten durch eine ausgeprägte Steigerung der staatlichen Ausgaben bewirkt wurden, lässt sich insbesondere im Hinblick auf Einsparungen bei den geleisteten Subventionen und Transfers sowie bei den Entgelten im öffentlichen Dienst nicht sagen. Vor dem Hintergrund der schwachen Einnahmeentwicklung erwiesen sich die Sparbemühungen der Finanzpolitik aber als so begrenzt, dass sich allenfalls ein weiterer Anstieg des staatlichen Finanzierungsdefizits vermeiden ließ, und eine substantielle Linderung der strukturellen Haushaltsprobleme wurde nicht erreicht.

358. Die finanzpolitische Diskussion um die Entwicklung der staatlichen Ausgaben war im Jahr 2005 insbesondere durch die Umsetzung der Hartz-IV-Reform geprägt, mit der die bisherige Arbeitslosenhilfe und die Sozialhilfe für Erwerbsfähige in einer neu geschaffenen Grundsicherung für Arbeitsuchende zusammengefasst wurden (Ziffern 179 ff.). Die geringe Zunahme vor allem der **monetären Sozialleistungen** um 0,5 vH zeigt, dass Befürchtungen eines massiven Anstiegs der arbeitsmarktbezogenen Leistungen des Staates infolge der Einführung des Arbeitslosengelds II unbegründet waren. Erkennbar wird aber auch, dass sich die durch die reformbedingte Senkung der durchschnittlichen Unterstützungszahlung für Empfänger der bisherigen Arbeitslosenhilfe sowie durch eine verbesserte Vermittlung und Betreuung im Bereich der Langzeitarbeitslosigkeit erwarteten Einsparungen wegen der unerwartet hohen Empfängerzahlen des neuen Arbeitslosengelds II zumindest kurzfristig nicht realisieren ließen.

Im Hinblick auf die übrigen Ausgaben des Staates fällt mit einem Anstieg von 1,2 vH vor allem die Entwicklung der **sozialen Sachleistungen** ins Auge, die zum größten Teil auf deutlich gestiegene Aufwendungen der Gesetzlichen Krankenversicherung für Medikamente und Kosten der Krankenhausbehandlung zurückzuführen war. Offensichtlich verringerten die durch das GKV-Modernisierungsgesetz im Jahr 2004 erzielten Einsparungen lediglich einmalig das Niveau der Sachleistungen der Sozialversicherung und hatten auf die Dynamik dieser Ausgaben im Zeitablauf keinen Effekt. Nach einem Rückgang im vergangenen Jahr stiegen die **Zinsausgaben** auch im Jahr 2005 weniger stark an als aufgrund des erheblichen Umfangs in der jüngeren Vergangenheit neu aufgenommener Kredite zu erwarten gewesen wäre. Wie in den Vorjahren war hierfür das anhaltend niedrige Zinsniveau verantwortlich, das eine günstige Refinanzierung der auslaufenden Schuldpapiere ermöglichte und vor allem die Verzinsung der Schuldtitel des Bundes im Durchschnitt verringerte. Die **Arbeitnehmerentgelte** des Staates nahmen auch im Jahr 2005 vor dem Hintergrund eines wohl vor allem durch ausbleibende Ersatzeinstellungen ermöglichten Personalabbaus sowie eines moderaten Tarifabschlusses im öffentlichen Dienst ab; die bereits im Vorjahr erzielten Einsparungen, in dem außerdem eine Kürzung der jährlichen Sonderzahlungen vorgenommen worden war (JG 2004 Ziffer 277), setzten sich damit fort. Schließlich war auch in diesem Jahr eine Abnahme der staatlichen **Bruttoinvestitionen** zu verzeichnen, die infolge einer sich weiter aufhellenden Haushaltssituation der Gemeinden – auf welche mit einem Anteil von rund 55 vH mehr als die Hälfte der Investitionsausgaben des Staates entfällt – zwar erkennbar schwächer ausfiel als in den Jahren seit 2002. Mit einer Investitionsquote von etwas mehr als 1,3 vH wurde dennoch erneut ein neuer Tiefststand nach der deutschen Vereinigung erreicht.

359. Um den Bundeshaushalt zu entlasten, aber auch mit dem Ziel einer Verminderung der Maastricht-relevanten Defizitquote entledigte sich der Bund in diesem Jahr der Verpflichtung, einen Zuschuss zur Zahlung der Versorgungs- und Beihilfeleistungen an ehemalige Postbeamte und deren Hinterbliebene zu leisten. Zu diesem Zweck wurde ein Teil der Ansprüche, über welche der mit den Leistungen an die früheren Postbeamten betraute Bundespensions-Service für Post und Telekommunikation e. V. gegenüber den Postnachfolgeunternehmen verfügt, im Umfang von 8 Mrd Euro verbrieft und am Kapitalmarkt veräußert. Infolge der verbesserten Liquidität des Vereins entfiel in diesem Jahr der Bedarf eines Zuschusses von Seiten des Bundes, mit dem die Differenz zwischen den laufenden Verpflichtungen des Vereins und den Beiträgen der Postnachfolgeunternehmen ausgeglichen wird (JG 2004 Ziffer 451). Im Bundeshaushalt des Vorjahres hatte dieser Zuschuss noch rund 4,4 Mrd Euro betragen. Durch seinen Wegfall verringerten sich die geleisteten Sonstigen laufenden Transfers in diesem Jahr deutlich, und in der hier dokumentierten Schätzung ging die Defizitquote für sich genommen um rund 0,25 Prozentpunkte zurück.

Wie sich die Maßnahme im Maastricht-relevanten Defizit letztlich niederschlagen wird, ist zum gegenwärtigen Zeitpunkt strittig. Eurostat kündigte an, die Transaktion als „Einmalmaßnahme" nicht als defizitmindernd anzuerkennen. Begründen lässt sich diese Auffassung dadurch, dass die begebene Anleihe von Ratingagenturen deutlich günstiger eingestuft wurde als die Bonität der Postnachfolgegesellschaften, mit deren Zahlungen die Anleihe unterlegt ist. Dies spricht dafür, dass tatsächlich eine explizite oder implizite Übernahme des Ausfallrisikos durch den Bund existiert, was die Transaktion deutlich in die Nähe einer regulären und das Staatsdefizit erhöhenden Kreditaufnahme rückt. Ökonomisch ist eine solche Äquivalenz evident: Einer kurzfristigen Entlastung des Bundeshaushalts stehen höhere Zuschüsse von Seiten des Bundes in den Folgejahren gegenüber, weil die laufenden Zahlungen der Postnachfolgeunternehmen dann an die Besitzer der im Jahr 2005 emittierten Anleihen weiterzureichen sind.

Grundsätzlich unterstreicht der beschriebene Sachverhalt die Schwierigkeiten, denen sich die Bestimmung „des" staatlichen Defizits zumal nach für sämtliche Mitgliedstaaten der Europäischen Union vereinheitlichen Regeln gegenübersieht. Wegen der Vielgestaltigkeit und Komplexität unterschiedlicher institutioneller Gegebenheiten – und wegen der Neigung der finanzpolitischen

Öffentliche Haushalte in der Krise

Entscheidungsträger, vor dem Hintergrund angespannter Haushalte nach neuartigen und komplex ausgestalteten Finanzierungswegen zu suchen – sind diese Schwierigkeiten vermutlich unumgänglich. Auf jeden Fall lässt sich in den Regelungen des Stabilitäts- und Wachstumspakts und dem diesen zugrunde liegenden System der Volkswirtschaftlichen Gesamtrechnungen im Vergleich zu verschiedenen in nationalem Recht verankerten Verschuldungsgrenzen eine Reihe von Vorteilen erkennen. So werden im Unterschied zu der Kreditbegrenzung nach Artikel 115 Grundgesetz etwa Erlöse aus der Veräußerung staatlicher Beteiligungen und andere das staatliche Vermögen nicht verändernde Transaktionen im Regelfall nicht als Einnahme des Staates klassifiziert.

360. Weil sich die staatlichen Ausgaben im Jahr 2005 weniger stark erhöhten als das um 1,3 vH gestiegene nominale Bruttoinlandsprodukt, verringerte sich die **Staatsquote** auf einen Wert von nunmehr 46,4 vH (Tabelle 23). Der im Jahr 2004 vor allem infolge von Einsparungen im Gesundheitswesen beobachtete Rückgang setzte sich damit in deutlich vermindertem Tempo fort. Gleiches gilt wegen der annähernden Konstanz der Summe von geleisteten Steuern und Sozialversicherungsbeiträgen für die volkswirtschaftliche **Steuerquote** und die **Abgabenquote**, die sich mit 22,0 vH beziehungsweise 38,6 vH gegenüber dem Vorjahr ebenfalls leicht verringerten.

Tabelle 23

Finanzpolitische Kennziffern[1]
vH

	1991	1992	1993	1994	1995	1996	1997	1998	1999	2000	2001	2002	2003	2004	2005[2]
Staatsquote[3]	46,3	47,2	48,2	47,9	48,5 a)	49,3	48,4	48,0	48,1	47,6 b)	47,6	48,1	48,4	46,9	46,4
Ausgabenquote															
Gebietskörperschaften[3]	30,7	30,5	31,3	30,6	30,5 a)	30,8	30,0	30,1	30,4	30,0 b)	30,0	30,4	30,6	29,7	29,7
Sozialversicherung[3]	18,0	19,2	19,9	20,0	20,6	21,4	21,2	21,1	21,1	21,1	21,3	21,7	22,0	21,2	21,0
Abgabenquote[4]	38,9	39,7	40,1	40,4	40,2	41,2	41,1	41,3	42,1	42,3	40,4	39,9	40,0	39,0	38,6
Steuerquote[5]	23,0	23,4	23,4	23,3	22,9	23,3	23,0	23,5	24,5	25,0	23,3	22,8	22,8	22,2	22,0
Sozialbeitragsquote[5]	15,9	16,3	16,8	17,1	17,3	17,9	18,1	17,8	17,6	17,3	17,1	17,1	17,2	16,8	16,6
Zins-Steuer-Quote[6]	12,2	14,1	14,3	14,2	15,9	15,5	15,3	14,8	13,2	13,0	13,5	13,2	13,4	13,1	13,2
Zins-Steuer-Quote einschl. FISIM[7]	12,6	14,3	14,6	14,6	16,3	16,0	16,1	15,6	14,4	13,7	14,2	13,9	14,0	13,6	13,7

1) In der Abgrenzung der Volkswirtschaftlichen Gesamtrechnungen. – 2) Eigene Schätzung. – 3) Ausgaben des Staates/der Gebietskörperschaften/der Sozialversicherung jeweils in Relation zum nominalen Bruttoinlandsprodukt. – 4) Steuern einschließlich Erbschaftsteuer, Steuern an die EU und tatsächliche Sozialbeiträge in Relation zum nominalen Bruttoinlandsprodukt. – 5) Steuern einschließlich Erbschaftsteuer sowie Steuern an die EU/tatsächliche Sozialbeiträge jeweils in Relation zum nominalen Bruttoinlandsprodukt. – 6) Zinsausgaben in Relation zu den Steuern. – 7) Zinsausgaben und Bankdienstleistungen (FISIM) für aufgenommene Kredite in Relation zu den Steuern. – a) Ohne Schuldenübernahme von der Treuhandanstalt und von den ostdeutschen Wohnungswirtschaft; Nettobetrag der Schuldenübernahme im Jahr 1995: 116,3 Mrd Euro. – b) Ohne UMTS-Lizenzeinnahmen (50,8 Mrd Euro).

361. Seit dem Jahr 2000 nahm die Steuerquote nahezu kontinuierlich um insgesamt 3 Prozentpunkte ab (Schaubild 41, Seite 242). Wie der Blick auf die Zusammensetzung der Steuereinnahmen zeigt, spiegelt sich in dieser Entwicklung vor allem der Rückgang der Einnahmen aus direkten Steuern wider, der – neben anderen Faktoren wie einer schwächeren gesamtwirtschaftlichen Entwicklung und einem um die Jahrtausendwende ungewöhnlich hohen Aufkommen der ertragsabhängigen Steuern – insbesondere auf die seitdem in mehreren Schritten vollzogene Senkung des Einkommensteuertarifs zurückzuführen ist. Parallel zum Rückgang der direkten Steuern stagnierte die Quote der Einnahmen aus indirekten Steuern, so dass das relative Gewicht dieser Einnahmen zunahm und in diesem Sinn von einer stärkeren Konsumorientierung des Steuersystems gesprochen werden kann. Im Rückblick ist der zu einem großen Teil nicht von hinreichenden Einsparungen auf der Ausgabenseite der staatlichen Haushalte begleitete Rückgang der Einnahmen aus direkten Steuern aber auch ein wichtiger Teil der Begründung für den deutlichen Anstieg des gesamtstaatlichen Defizits. Gerade weil sich die moderate Entwicklung sowohl der Einnahmen als auch der Ausgaben des Staates seit drei Jahren nahezu im Gleichlauf vollzog, verblieb spiegelbildlich zum Rückgang von Steuerquote und Staatsquote auch das Finanzierungsdefizit des Staates auf unverändert hohem Niveau. Bei gegebener Einnahmeentwicklung hätte sich dieses Defizit nur durch umfangreiche Kürzungen auf der Ausgabenseite der öffentlichen Haushalte – mit der Konsequenz eines deutlicheren Rückgangs der Staatsquote – vermeiden lassen.

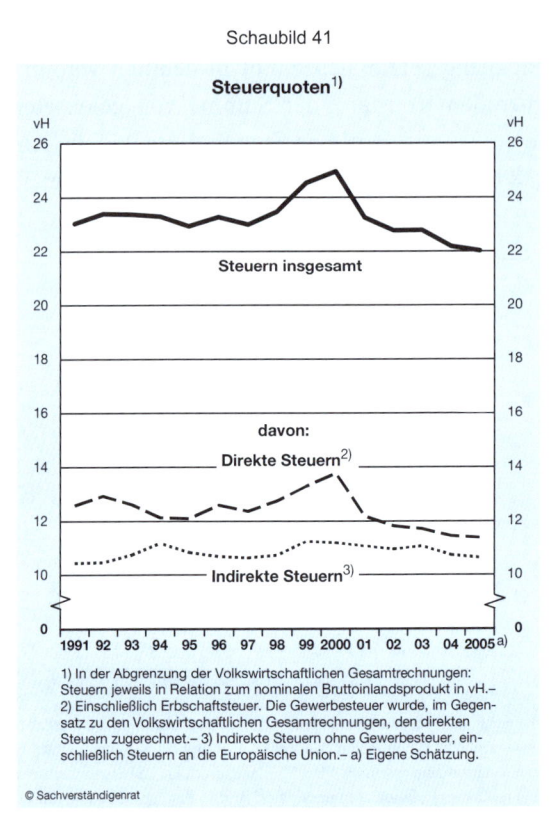

Schaubild 41

Steuerquoten[1]

Steuern insgesamt

davon:
Direkte Steuern[2]
Indirekte Steuern[3]

1991 92 93 94 95 96 97 98 99 2000 01 02 03 04 2005[a]

1) In der Abgrenzung der Volkswirtschaftlichen Gesamtrechnungen: Steuern jeweils in Relation zum nominalen Bruttoinlandsprodukt in vH.– 2) Einschließlich Erbschaftsteuer. Die Gewerbesteuer wurde, im Gegensatz zu den Volkswirtschaftlichen Gesamtrechnungen, den direkten Steuern zugerechnet.– 3) Indirekte Steuern ohne Gewerbesteuer, einschließlich Steuern an die Europäische Union.– a) Eigene Schätzung.

© Sachverständigenrat

362. Im Ergebnis der jüngsten Revision der Volkswirtschaftlichen Gesamtrechnungen wurden die Grundzahlen für das nominale Bruttoinlandsprodukt der Jahre 1991 bis 2004 deutlich angehoben (Anhang IV. E.). Das Niveau der auf diese Größe bezogenen finanzpolitischen Kennziffern nahm aus diesem Grund im Vergleich zu den vor der Revision – zum Beispiel im vorangegangenen Jahresgutachten (JG 2004 Tabelle 40) – ausgewiesenen Werten ab. Für die Darstellung des Sektors Staat bestand die wichtigste methodische Neuerung in der so genannten FISIM-Regelung, die sich auf die Berechnung und Verteilung der im Kredit- und Einlagengeschäft der Banken nicht explizit in Rechnung gestellten Dienstleistungen bezieht (FISIM = Finanzserviceleistung, indirekte Messung). Auf der Ausgabenseite des Staatskontos werden jetzt die Zinsen auf Kredite des Staates um die Kosten der mit diesen Krediten in Zusammenhang stehenden Bankdienstleistung vermindert und die Vorleistungen um den gleichen Betrag erhöht. Setzt man, wie in früheren Jahresgutachten, zur Ermittlung der Zins-Steuer-Quote die Zinsausgaben des Staates in Beziehung zu den Steuereinnahmen, verringert sich dadurch für sich genommen die Quote im Vergleich zu den bisher ausgewiesenen Werten. Konzeptionell liegt es jedoch näher, der Ermittlung der Zins-Steuer-Quote die gesamten Kosten zugrunde zu legen, die dem Staat durch die Kreditaufnahme entstehen. Tabelle 23 enthält deshalb auch diejenigen Zins-Steuer-Quoten, die sich auf die Zinsausgaben des Staates zuzüglich der FISIM für die aufgenommenen Kredite beziehen. Sie lassen sich mit den in der Vergangenheit publizierten Werten direkt vergleichen.

2. Strukturelle Haushaltsschwierigkeiten unverändert gravierend

363. Die Höhe und Entwicklung des tatsächlich beobachteten Finanzierungsdefizits ist ein nur unvollkommener Indikator, um Aufschluss über aktuelle Konsolidierungsfortschritte der Finanzpolitik und verbleibende Konsolidierungserfordernisse zu gewinnen. Erstens wird die Höhe der laufenden Einnahmen und Ausgaben durch das konjunkturelle Umfeld beeinflusst, und in mittelfristiger Betrachtung – das heißt über den Konjunkturzyklus hinweg – ist ein Ausgleich von konjunkturell verursachten Mindereinnahmen (im Abschwung) und Mehreinnahmen (im Aufschwung) sowie der entsprechenden Mehr- beziehungsweise Minderausgaben zu erwarten. Zweitens liegt es nahe, einmalige oder nur vorübergehende Einflüsse auf die staatlichen Einnahmen und Ausgaben im laufenden Jahr bei der Beurteilung der strukturellen Haushaltssituation außer Betracht zu lassen. Der Sachverständigenrat legt der Ermittlung des **strukturellen Defizits** aus diesem Grund um konjunkturelle Einflüsse bereinigte Einnahmen und Ausgaben zugrunde und nimmt zudem eine Korrektur um lediglich transitorische Effekte auf die aktuelle Haushaltsposition vor.

Argumentieren lässt sich, dass das solcherart ermittelte strukturelle Defizit die tatsächlichen Konsolidierungserfordernisse überzeichne, da einem Teil des Defizits Ausgaben des Staates mit investivem und damit zukunftsbegünstigendem Charakter gegenüberstehen. Aus diesem Grund hat der Sachverständigenrat in früheren Gutachten als strukturelles Defizit das um konjunkturelle Einflüsse und Sonderfaktoren bereinigte sowie um die Netto-Investitionen des Staates verminderte Defizit definiert. Tatsächlich fielen die staatlichen Bruttoinvestitionen in den Jahren 2003 bis 2005 jeweils geringer aus als die Abschreibungen auf das vorhandene Sachkapital des Staates, so dass in diesem Zeitraum ein schrumpfender Vermögensbestand an zukünftige Generationen weitergegeben wurde. Im Vergleich zum im Folgenden ausgewiesenen strukturellen Defizit weist das Konzept der investitionsorientierten Verschuldung somit auf einen noch höheren Konsolidierungsbedarf im Bereich der öffentlichen Haushalte hin.

Die Konjunkturbereinigung erfolgt mittels eines disaggregierten Verfahrens, das die spezifische Zyklik der Bemessungsgrundlagen konjunkturreagibler Einnahme- und Ausgabenkategorien separat in den Blick zu nehmen erlaubt (Anhang IV. C.).

Durch das Verfahren lässt sich berücksichtigen, dass sich die auch im Jahr 2005 maßgeblich vom Export getragene gesamtwirtschaftliche Entwicklung bislang nur unvollkommen in einer Belebung der Binnenwirtschaft niederschlug. Fiskalisch relevante makroökonomische Größen wie die Privaten Konsumausgaben und die Bruttolöhne und -gehälter unterschritten ihren mittelfristigen Trendwert noch immer in spürbarem Ausmaß, und das disaggregierte Vorgehen dürfte für sich genommen in einem höheren konjunkturbedingten Defizit resultieren als eine stärker aggregierte, sich an der Einordnung des Bruttoinlandsprodukts in den Konjunkturzyklus orientierende Herangehensweise.

Die Zahl der Empfänger von Arbeitslosengeld ist auch von der konjunkturellen Verfassung des Arbeitsmarkts abhängig und eine Konjunkturbereinigung der entsprechenden Ausgaben vorzunehmen. Hingegen sind die Erfahrungen mit dem Arbeitslosengeld II, das seit Beginn des Jahres die bisherigen Empfänger von Arbeitslosenhilfe sowie erwerbsfähige Sozialhilfeempfänger erhalten, bislang noch nicht ausreichend, um eine vergleichbare Aussage zu treffen. Einerseits bezieht sich die Grundsicherung auf die Gruppe überwiegend langzeitarbeitsloser Personen, die in besonders hohem Umfang durch die Funktionsstörungen am Arbeitsmarkt betroffen sein dürften. Andererseits ist einstweilen nicht zu beantworten, ob und inwieweit es der am Prinzip „Fördern und Fordern" ausgerichteten Betreuung und Vermittlung der Empfänger von Arbeitslosengeld II gelingt, diesen abhängig von der Lage auf dem Arbeitsmarkt die Aufnahme einer regulären Beschäftigung zu ermöglichen. In diesem Fall hätte sich die Konjunkturabhängigkeit der staatlichen Ausgaben durch die Grundsicherung für Arbeitsuchende wegen der im Vergleich zur bisherigen

Arbeitslosenhilfe höheren Empfängerzahlen verstärkt. Dies gilt in besonderem Maße für den Bund, der den überwiegenden Teil der neu geschaffenen Leistung finanziert.

364. Das konjunkturbereinigte Defizit des Gesamtstaats belief sich im Jahr 2005 auf etwas weniger als 3¼ vH in Bezug auf das nominale Bruttoinlandsprodukt. Typischerweise spiegeln sich konjunkturelle Schwankungen in Deutschland vor allem auf der Einnahmeseite der öffentlichen Haushalte wider. So summierten sich die auf eine schwache Binnennachfrage zurückzuführenden Mindereinnahmen bei Umsatzsteuer und speziellen Verbrauchsteuern und die Mindereinnahmen bei Lohnsteuer und Sozialversicherungsbeiträgen als Folge einer sehr gedämpften Entwicklung der Bruttolöhne und -gehälter auf insgesamt etwa 9 Mrd Euro. Da die Unternehmens- und Vermögenseinkommen in diesem und im vergangenen Jahr außerordentlich stark zunahmen, standen den genannten Ausfällen konjunkturbedingte Mehreinnahmen bei den ertragsabhängigen Steuern von rund 4 Mrd Euro gegenüber. Auf der Ausgabenseite wiederum ist mit rund 3,5 Mrd Euro lediglich ein vergleichsweise kleiner Teil der arbeitsmarktbezogenen Leistungen als konjunkturell verursacht und damit als vorübergehend zu bezeichnen.

Berücksichtigt man zudem für das Jahr 2005 den einmaligen Effekt der Rückzahlung von Beihilfen durch einzelne Landesbanken sowie die lediglich temporäre Entlastung des Bundes durch den entfallenen Zuschuss zu den Pensionen der früheren Postbeamten, ergibt sich in der Gesamtbetrachtung ein gegenüber dem Vorjahr nahezu unverändertes strukturelles Defizit von etwas weniger als 3½ vH in Bezug auf das nominale Bruttoinlandsprodukt. Die Erwartung, ein fiskalisch ergiebigerer Konjunkturverlauf alleine werde die Einhaltung des Maastricht-Kriteriums beim derzeitigen Potentialwachstum dauerhaft gewährleisten, ist vor diesem Hintergrund skeptisch zu beurteilen. Unterbleiben Maßnahmen zur Konsolidierung der öffentlichen Haushalte, ist vielmehr in naher Zukunft auch bei einer ausgewogeneren und auf die Binnenwirtschaft übergreifenden gesamtwirtschaftlichen Entwicklung mit einem gesamtstaatlichen Defizit in dieser Größenordnung zu rechnen.

3. Haushalte der Gebietskörperschaften und der Sozialversicherung: Haushaltsprobleme auf allen Ebenen

365. Der Anteil des Bundes am gesamtstaatlichen Defizit war im Jahr 2004 wegen eines Einbruchs der dem Bund zustehenden Einnahmen stark gestiegen, während sich das Finanzierungsdefizit von Ländern, Gemeinden und Sozialversicherung verringerte (JG 2004 Ziffern 274 ff.). Dieses Bild, das auf eine sprunghafte Zunahme der Haushaltsprobleme des Bundes in den vergangenen beiden Jahren hinweist, änderte sich im Jahr 2005 kaum, und mit Blick auf den Haushalt des Bundes kann von einer Entspannung nicht gesprochen werden (Tabelle 24). Die Entwicklung der jeweiligen Haushalte von Bund, Ländern, Gemeinden und Sozialversicherung war im Jahr 2005 wesentlich durch die Einführung der Grundsicherung für Arbeitsuchende bestimmt, die mit einer weit reichenden Neuordnung der Zuständigkeiten für arbeitsmarktbezogene Sozialleistungen sowie mit einer Reihe neuartiger Transfers zwischen den staatlichen Ebenen verbunden war.

Tabelle 24

Finanzierungssalden und Finanzierungsquoten des Staates[1]

	2002	2003	2004	2005[2]
Finanzierungssalden (Mrd Euro)[3]				
Staat	-79,6	-86,6	-81,2	-79,2
davon:				
Gebietskörperschaften	-72,7	-78,6	-79,9	-76,5
davon:				
Bund	-36,1	-39,6	-50,9	-51,1
Länder	-32,2	-30,7	-25,1	-23,8
Gemeinden	-4,4	-8,3	-3,9	-1,6
Sozialversicherung	-6,9	-8,0	-1,3	-2,7
Quoten der Finanzierungssalden (vH)[4]				
Staat	-3,7	-4,0	-3,7	-3,5
davon:				
Gebietskörperschaften	-3,4	-3,6	-3,6	-3,4
davon:				
Bund	-1,7	-1,8	-2,3	-2,3
Länder	-1,5	-1,4	-1,1	-1,1
Gemeinden	-0,2	-0,4	-0,2	-0,1
Sozialversicherung	-0,3	-0,4	-0,1	-0,1

1) In der Abgrenzung der Volkswirtschaftlichen Gesamtrechnungen. - 2) Eigene Schätzung. - 3) Abweichungen in den Summen durch Runden der Zahlen. - 4) Finanzierungssaldo in Relation zum nominalen Bruttoinlandsprodukt.

Exkurs: Hartz IV – Ein „Milliardengrab"?

366. Mit dem In-Kraft-Treten des Vierten Gesetzes für Moderne Dienstleistungen am Arbeitsmarkt (Hartz IV) wurden am 1. Januar 2005 die Systeme der Arbeitslosenhilfe und der Sozialhilfe für erwerbsfähige Hilfebedürftige zu einer einheitlichen Grundsicherung für Arbeitsuchende zusammengefasst und die Finanzierung der staatlichen Unterstützung langzeitarbeitsloser Menschen damit auf eine neue Grundlage gestellt. Insbesondere erwartete man sich durch die Reform eine zunächst auf 2 Mrd Euro geschätzte Entlastung der öffentlichen Haushalte, weil an die Stelle der Arbeitslosenhilfe als Lohnersatzleistung eine an der individuellen Bedürftigkeit orientierte Grundsicherung (das neue Arbeitslosengeld II) mit einem im Durchschnitt geringeren Niveau der staatlichen Unterstützung trat. Der Schwerpunkt der öffentlichen Diskussion um Hartz IV, die im Vorfeld der Einführung vor allem durch Kritik an dem dadurch betriebenen „Sozialabbau" bestimmt war, hat sich seit Beginn des Jahres auffallend verlagert: Im Zusammenhang mit erheblichen Mehrausgaben des Bundes für das Arbeitslosengeld II ist mittlerweile vom „Milliardengrab Hartz IV" und einem „ungewollten Konjunkturprogramm der öffentlichen Hand" die Rede.

367. Diese Diskussion ist zum Teil von Missverständnissen geprägt. Den Ansätzen des Bundeshaushalts lag noch die Annahme einer deutlich günstigeren Arbeitsmarktentwicklung zugrunde. Ein großer Teil der zusätzlichen Ausgaben des Bundes kann deshalb nicht der Hartz IV-Reform an sich angelastet werden, sondern wäre in Form der Arbeitslosenhilfe auch im alten System angefallen. In der öffentlichen Auseinandersetzung über die gesamtfiskalischen Wirkungen von Hartz IV wird zudem häufig übersehen, dass einer Mehrbelastung des Bundes zum Teil Einsparungen an anderer Stelle gegenüberstehen. Dies gilt vor allem für die Kommunen, weil ein Teil der jetzigen Empfänger von Arbeitslosengeld II bisher Anspruch auf Sozialhilfe hatte. Zu zusätzlichen Belastungen – auch im Saldo – kann es allerdings insbesondere dann kommen, wenn es durch die Hartz IV-Reform neue Ansprüche auf staatliche Leistungen gibt. Dies ist vor allem bei „neuen" Bedarfsgemeinschaften im Rahmen des Arbeitslosengelds II der Fall, die seit Beginn des Jahres offenbar in erheblichem Umfang entstanden sind. Bei der derzeitigen Auseinandersetzung zwischen Bund und Kommunen über die Höhe der Beteiligung des Bundes an den kommunalen Unterkunftskosten geht es im Wesentlichen darum, welche staatliche Ebene die Finanzierung der Kosten für diese „neuen" Bedarfsgemeinschaften übernimmt.

Neuordnung der Finanzierung der Langzeitarbeitslosigkeit durch Hartz IV

368. Die Schaffung der Grundsicherung für Arbeitsuchende war nicht nur mit einer grundlegenden Neuordnung der Finanzierung arbeitsmarktbezogener Sozialleistungen des Staates verbunden. Daneben trat eine Reihe neuartiger Transfers zwischen den einzelnen staatlichen Ebenen, um die angestrebte Verteilung der Finanzierungslasten sicherzustellen.

– Der **Bund** trägt seit diesem Jahr die Ausgaben für das neue Arbeitslosengeld II, die sich einschließlich der zu leistenden Sozialversicherungsbeiträge laut Bundeshaushalt im Jahr 2005 auf 14,6 Mrd Euro belaufen sollten. Zusammen mit den nun vom Bund getragenen Ausgaben für Eingliederungsleistungen zugunsten der Empfänger des Arbeitslosengelds II (geplant: 6,55 Mrd Euro) und der Erstattung vor allem bei der Bundesagentur für Arbeit anfallender Verwaltungskosten (geplant: 3,27 Mrd Euro) ergab sich damit nach den ursprünglichen Planungen eine Belastung des Bundeshaushalts in Höhe von rund 24,5 Mrd Euro. Dem steht der von der Bundesagentur für Arbeit an den Bund zu zahlende Aussteuerungsbetrag (geplant: 6,72 Mrd Euro) gegenüber, der sich einerseits an der Zahl der aus dem Arbeitslosengeld in die Grundsicherung übergehenden Fälle bemisst, dessen Höhe andererseits aber auch gerade so kalkuliert worden war, dass die Einsparungen der Bundesagentur im Rahmen der aktiven Arbeitsmarktpolitik für die Empfänger der bisherigen Arbeitslosenhilfe an den Bund weitergegeben werden. Die Eingliederungsleistungen im Arbeitslosengeld II werden damit im Ergebnis aus den Beitragseinnahmen der Arbeitslosenversicherung finanziert.

– Die Entlastung der **Kommunen** durch den Übergang erwerbsfähiger Sozialhilfeempfänger in das Arbeitslosengeld II wurde ursprünglich auf rund 9,5 Mrd Euro veranschlagt. Gleichzeitig ging durch die Reform aber die Zahlung der Unterkunftskosten für Empfänger des Arbeitslosengelds II (geplant: 11 Mrd Euro) auf die Kommunen über. Zusammen mit weiteren Ausgaben im Bereich der Betreuung und Verwaltung wurde davon ausgegangen, dass die dadurch bewirkte Belastung der Kommunen rund 12,5 Mrd Euro beträgt.

– Auf Seiten der **Länder** entfällt nunmehr ein großer Teil der Belastung durch das Wohngeld, das seit Beginn des Jahres überwiegend durch die von den Kommunen zu tragenden Unterkunftsleistungen ersetzt wurde. Teil der Planungen war, dass die auf 2,25 Mrd Euro geschätzten Einsparungen der Länder an die jeweiligen Kommunen weitergegeben werden.

Für die Kommunalhaushalte hätte sich nach dieser Planung eine Belastung in Höhe von rund 0,7 Mrd Euro ergeben. Dem stand entgegen, dass die Bundesregierung die Hartz IV-Reform mit der Zusage verknüpft hatte, die Kommunen im Saldo um einen Betrag von **2,5 Mrd Euro** zu entlasten. Der Bund beteiligt sich deshalb an den kommunal finanzierten Unterkunftskosten auf Basis der ursprünglichen Planungen mit einem Anteil von 29,1 vH oder 3,2 Mrd Euro (0,291 x 11,0 = 3,2 und 9,5 − 12,5 + 2,25 + 3,2 ≈ 2,5).

369. In Ostdeutschland gab es vor der Reform relativ mehr Empfänger von Arbeitslosenhilfe, weshalb die dortigen Kommunen durch den Wegfall der Sozialhilfe vergleichsweise wenig entlastet werden. Ein direkter Mitteltransfer von den westdeutschen an die ostdeutschen Kommunen ist im Rahmen der Finanzverfassung nicht möglich. Die Korrektur der regional ungleichmäßigen Entlastung geschieht deshalb durch folgenden Kunstgriff: Der Bund leistet den ostdeutschen Ländern (ohne Berlin) ab dem Jahr 2005 zusätzliche **Ergänzungszuweisungen** in Höhe von jährlich 1 Mrd Euro. Im Gegenzug erhöht sich dafür der Anteil des Bundes an den Umsatzsteuereinnahmen zu Lasten der Ländergesamtheit um gerade denselben Betrag. Die ostdeutschen Länder leiten – nach Abzug ihres nun verringerten Anteils an der Umsatzsteuer – Zuweisungen in Höhe von rund 850 Mio Euro an ihre Kommunen weiter, während die westdeutschen Länder ihre Zuweisungen an die jeweiligen Kommunalhaushalte um die ihnen entgangene Umsatzsteuer (ebenfalls rund 850 Mio Euro) verringern.

Mehr Empfänger des Arbeitslosengelds II als bei der Haushaltsplanung unterstellt

370. Der zuvor beschriebenen Planung der reformbedingten Be- und Entlastungen der einzelnen Haushaltsebenen lag eine Schätzung der voraussichtlichen Empfängerzahlen des Arbeitslosengelds II vom **Sommer 2004** zugrunde, die auf einer Fortschreibung älterer Datensätze – der Sozialhilfestatistik des Jahres 2002 sowie der Zahl der Empfänger von Arbeitslosenhilfe im Dezember 2003 – beruhte. Bei der Aufstellung des Bundeshaushalts 2005 wurde davon ausgegangen, dass im Durchschnitt des Jahres 2005 etwa 3,45 Millionen erwerbsfähige Hilfebedürftige in 2,52 Millionen Bedarfsgemeinschaften (die meist den jeweiligen Haushalten entsprechen) die neue Leistung in Anspruch nehmen würden. Diese Annahme erwies sich als deutlich zu optimistisch. Bezieht man Nachmeldungen mit ein, erhielten im **Januar 2005** mehr als 4,5 Millionen erwerbsfähige Hilfebedürftige in rund 3,3 Millionen Bedarfsgemeinschaften das Arbeitslosengeld II. Im **Jahresdurchschnitt 2005** dürfte nach aktuellen Schätzungen des Bundes mit etwa 3,7 Millionen Bedarfsgemeinschaften zu rechnen sein. Die Tatsache, dass die Zahl der Bedarfsgemeinschaften in den ursprünglichen Planungen um mehr als 40 vH unterschätzt wurde, hat mehrere Ursachen.

371. Ein wichtiger Grund für diese Unterschätzung besteht in der im Vergleich zu den Annahmen der Haushaltsplanung deutlich **ungünstigeren Arbeitsmarktentwicklung**. Alleine 2,1 Millionen der im Januar 2005 gezählten Bedarfsgemeinschaften entstammten nach Schätzungen des Instituts für Arbeitsmarkt und Berufsforschung (IAB), Nürnberg, aus der ehemaligen Arbeitslosenhilfe, während sich die Zahl der Haushalte mit mindestens einem erwerbsfähigen Empfänger von Sozialhilfe im Dezember 2004 (unter Zugrundelegung einer weiten Abgrenzung, die im Wesentlichen alle nicht dauerhaft voll erwerbsgeminderten Sozialhilfeempfänger zwischen 15 und 65 Jahren einbezieht) auf etwa 1,3 Millionen belief. Nimmt man beide Gruppen zusammen und zieht davon die Zahl derjenigen Haushalte ab, die bislang sowohl Arbeitslosen- als auch Sozialhilfe bezogen (0,21 Millionen), dann überstieg schon die Zahl der möglichen Bedarfsgemeinschaften (3,2 Millionen) die ursprünglichen Schätzungen für das Gesamtjahr (2,52 Millionen) um mindestens 0,7 Millionen Haushalte.

Damit zusammenhängend, hatte auch ein im Vergleich zu den ursprünglichen Schätzungen größerer Teil der Empfänger der bisherigen Arbeitslosenhilfe Anspruch auf die neue Unterstützungsleistung. Ursache dafür dürften die wegen der schlechten Arbeitsmarktlage geringeren durchschnittlichen Einkommen der übrigen Angehörigen der jeweiligen Bedarfsgemeinschaften sein, die zu einer Erhöhung der Zahl der anspruchsberechtigten Arbeitslosengeld II-Empfänger geführt haben. Der Schätzung des IAB zufolge erhielten zu Beginn des Jahres 2005 nur etwa 150 000 oder 7 vH der Arbeitslosenhilfeempfänger vom Dezember 2004 wegen der stärkeren Berücksichtigung des sonstigen Einkommens sowie Vermögens der Bedarfsgemeinschaft kein Arbeitslosengeld II.

372. Seit Beginn des Jahres 2005 nahm auch wegen der schlechten Arbeitsmarktlage die Zahl der Bedarfsgemeinschaften weiter stetig zu, und im Jahresdurchschnitt dürfte mit rund 2,3 Millionen Bedarfsgemeinschaften zu rechnen sein, die ohne die Reform Arbeitslosenhilfe erhalten hätten. Addiert man hierzu die Zahl an Bedarfsgemeinschaften, die bisher Sozialhilfe bezogen (ohne Doppelzählungen maximal rund 1,1 Millionen), erkennt man in der Gegenüberstellung mit den für das Gesamtjahr zu erwartenden Bedarfsgemeinschaften (3,7 Millionen Fälle), dass die Herkunft von mindestens 300 000 Bedarfsgemeinschaften auch dann nicht erklärt werden kann, wenn man die im Vergleich zur ursprünglichen Planung ungünstigere Entwicklung des Arbeitsmarkts in Rechnung stellt. Das Entstehen dieser **„neuen" Bedarfsgemeinschaften** kann unterschiedliche Ursachen haben, die mit den gegenwärtig zur Verfügung stehenden Daten jedoch nicht hinreichend genau zu quantifizieren sind. Unklar ist zum einen, ob nicht auch die Zahl der Sozialhilfeempfänger, wäre es nicht zu der Reform gekommen, im Jahr 2005 einen starken Anstieg aufgewiesen hätte. Zum anderen dürften aber auch Haushalte mit niedrigem Einkommen – dazu zählen Arbeitslosengeldempfänger, aber auch Haushalte mit geringem Einkommen aus einer nichtselbständigen Beschäftigung oder einer selbständigen Tätigkeit – das Arbeitslosengeld II erstmals aufstockend in Anspruch nehmen. Im Vergleich zur früheren Sozialhilfe wurden die Grenzen für das nicht anzurechnende Vermögen erhöht, so dass ein solcher Anspruch häufiger entsteht; überdies war die Inanspruchnahme von Sozialhilfe wohl mit größeren Hürden im Sinne einer sozialen Stigmatisierung verbunden als der nunmehr mögliche Antrag auf das Arbeitslosengeld II. Eine weitere Erklärung stellt auf die dem neuen System inhärenten Anreize ab, eine eigenständige Bedarfsgemeinschaft zu gründen; dies ist immer dann attraktiv, wenn die übrigen Haushaltsmitglieder (meist die Eltern oder der unverheiratete Partner) über anzurechnendes Einkommen oder Vermögen in relevantem Umfang verfügen. Ein Indiz für die Bedeutung dieser Erklärung besteht darin, dass die Zahl der Mitglieder einer Bedarfsgemeinschaft im Arbeitslosengeld II im Durchschnitt geringer ausfiel als ursprünglich gedacht.

Kosten der Hartz IV-Reform im Jahr 2005

373. Die Ausgaben des **Bundes** für das Arbeitslosengeld II selbst dürften sich im Jahr 2005 auf rund 25,8 Mrd Euro belaufen; gegenüber der ursprünglichen Haushaltsplanung entspricht dies einem Anstieg von rund 11 Mrd Euro. Überschlägig berechnet, sind davon etwa 5 Mrd Euro auf die zu optimistische Vorausschätzung der Arbeitsmarktlage zurückzuführen und mindestens 3 Mrd Euro auf die „neuen" Bedarfsgemeinschaften im Arbeitslosengeld II. Der Rest erklärt sich unter anderem dadurch, dass die durchschnittlichen Ausgaben je Bedarfsgemeinschaft mit mehr als 550 Euro im Monat höher ausfielen als zunächst gedacht.

Dem stehen einerseits geringere Ausgaben für Eingliederungsleistungen und Verwaltungskostenzuschüsse in Höhe von etwa 3 Mrd Euro gegenüber, andererseits aber geringere Einnahmen von etwa 1,7 Mrd Euro aus dem von der Bundesagentur für Arbeit an den Bund abzuführenden Aussteuerungsbetrag. Per Saldo dürfte sich folglich eine Mehrbelastung des Bundes von etwa 9,7 Mrd Euro ergeben haben.

Die von den **Kommunen** zu tragenden Kosten für Unterkunft und sonstige Leistungen dürften sich bis Ende des Jahres auf rund 13,5 Mrd Euro belaufen. Der Anstieg um rund 1 Mrd Euro fällt trotz der deutlich höheren Zahl an Bedarfsgemeinschaften hier geringer aus, weil die durchschnittlichen Unterkunftskosten von voraussichtlich rund 275 Euro im Monat erkennbar hinter den Schätzungen zurückgeblieben sind. Schließlich dürften die Einsparungen von Bund und Ländern infolge des entfallenden Anspruchs heutiger Arbeitslosengeld II-Empfänger auf das frühere Wohngeld um 1 Mrd Euro höher ausfallen als zunächst gedacht. Alles in allem ist damit zu rechnen, dass die auf die einzelnen Gebietskörperschaften entfallenden Kosten für die Hartz IV-Reform im Jahr 2005 insgesamt um etwa 8 Mrd Euro höher liegen als in den Planungen unterstellt.

374. In den bisherigen Ausführungen wurden die im Zusammenhang mit der Hartz IV-Reform bei den Gebietskörperschaften tatsächlich anfallenden Kosten mit den ursprünglich erwarteten Kosten verglichen. Von Interesse ist aber auch die in der Öffentlichkeit weniger diskutierte Frage, ob die Hartz IV-Reform verglichen mit dem bisherigen System staatlicher Leistungen für Langzeitarbeitslose mit Mehrausgaben verbunden ist. Häufig wird verkannt, dass wegen der zu optimistischen Beurteilung der Arbeitsmarktentwicklung nicht die gesamten gegenüber der ursprünglichen Planung entstandenen Mehrausgaben der Hartz IV-Reform angelastet werden können, weil es andernfalls auch zu höheren Ausgaben für Arbeitslosen- und Sozialhilfe gekommen wäre. Nimmt man die Zahl von mindestens 300 000 „neuen" Bedarfsgemeinschaften als Anhaltspunkt, dürften sich die mit diesen verbundenen Kosten für Arbeitslosengeld II und Unterkunft jedoch noch immer auf etwa 3,5 Mrd Euro belaufen. Dabei ist zu berücksichtigen, dass eine derzeit nicht bestimmbare Zahl dieser Haushalte schon bisher Anspruch auf (ergänzende) Sozialhilfe gehabt hätte, diesen aber nicht geltend gemacht hat.

375. Das Gesetz, in dem die Beteiligung des Bundes an den von den Kommunen zu tragenden Unterkunftskosten festgelegt wurde, sieht eine regelmäßige **Überprüfung** des Umfangs dieser Beteiligung auf Basis der reformbedingten kommunalen Belastungen und Entlastungen vor. Eine solche Berechnung ist aus den genannten Gründen schwer vorzunehmen, und die Ergebnisse sind naturgemäß zwischen Bund und Kommunen umstritten. Nicht verwunderlich ist auch, dass die anstehenden Verhandlungen im Wesentlichen die Aufteilung der Kosten für die im Rahmen der Reform „neu" entstandenen Bedarfsgemeinschaften zum Gegenstand haben. Die Argumentation des Bundes läuft – dem Wortlaut der im Gesetz detailliert aufgeführten „Überprüfungs- und Anpassungskriterien" entsprechend – darauf hinaus, dass sämtliche „neuen" Bedarfsgemeinschaften ohne Hartz IV Sozialhilfe erhalten hätten, weshalb sich die (nur fiktiv ermittelbare) Entlastung der Kommunen stark erhöht und die Notwendigkeit einer Beteiligung des Bundes an den Unterkunftskosten erübrigt habe. Die Kommunen rechnen anders und interpretieren nur die ihnen (tatsächlich) entstandenen Kosten für die erwerbsfähigen und nun ins Arbeitslosengeld II gewechselten Sozialhilfeempfänger im Dezember 2004 als Entlastung. Aus ihrer Sicht müsste sich die Beteiligung des Bundes vor allem wegen der in der Summe gestiegenen Unterkunftskosten noch auf letztlich 4 Mrd Euro erhöhen. Aufgrund der Schwierigkeiten, Aufschluss über die Gründe für die Entstehung „neuer" Bedarfsgemeinschaften zu erlangen, dürfte die Aufteilung dieser im Rahmen der Hartz IV-Reform neu entstandenen Kosten auf Bund und Kommunen nur politisch zu lösen sein.

Einnahmen und Ausgaben des Bundes

376. Das Finanzierungsdefizit des Bundes belief sich im Jahr 2005 − in der Abgrenzung der Volkswirtschaftlichen Gesamtrechnungen − auf 51,1 Mrd Euro. Sowohl die Einnahmen als auch die Ausgaben des Bundes nahmen mit 3,6 vH beziehungsweise 3,1 vH in vergleichsweise starkem Umfang zu. Mit Blick auf die **Einnahmen des Bundes** war dieser Anstieg vor allem eine Auswirkung des zu Beginn des Jahres 2005 vollzogenen Übergangs zur Grundsicherung für Arbeitsuchende, weil dem Bund erstmalig ein Aussteuerungsbetrag der Bundesagentur für Arbeit in Höhe von voraussichtlich etwas mehr als 5 Mrd Euro zufloss. Darüber hinaus erklärte sich die Verbesserung auf der Einnahmeseite in diesem Jahr dadurch, dass die Steuereinnahmen des Bundes mit einer Rate von 1,8 vH stärker anstiegen als im Fall der übrigen Gebietskörperschaften. Zurückzuführen war dies ausschließlich darauf, dass der Bund einen gegenüber dem Vorjahr höheren Anteil am Aufkommen der Umsatzsteuer für sich beanspruchen konnte.

Der Bund hatte den Ländern im Vorjahr einmalig einen Festbetrag von 2,65 Mrd Euro aus dem Aufkommen der Umsatzsteuer zugestanden, um sie für einen Teil der Steuerausfälle als Folge der Senkung des Einkommensteuertarifs im Jahr 2004 zu kompensieren (JG 2004 Kasten 17). Umgekehrt erhielt der Bund im Jahr 2005 erstmals − und andauernd bis zum Jahr 2019 − einen Festbetrag von jährlich 1,32 Mrd Euro aus dem Umsatzsteueraufkommen, weil er beginnend mit diesem Jahr die Annuitäten der westdeutschen Länder bei der Finanzierung des Fonds Deutsche Einheit übernimmt. Schließlich wird der Anteil des Bundes am Aufkommen der Umsatzsteuer in den Jahren 2005 bis 2009 ebenfalls in Form eines Festbetrags um jährlich eine weitere Mrd Euro erhöht. Dabei handelt es sich um eine Entschädigung für Sonderbedarfs-Bundesergänzungszuweisungen in demselben Umfang, die der Bund den ostdeutschen Ländern (ohne Berlin) „zum Ausgleich von Sonderlasten durch die strukturelle Arbeitslosigkeit und der daraus entstehenden überproportionalen Lasten bei der Zusammenführung der Arbeitslosenhilfe und Sozialhilfe für Erwerbsfähige" gewährt. Der Charakter der Umsatzsteuerverteilung als „variables Element" der Finanzverfassung wurde somit einmal mehr deutlich unter Beweis gestellt.

Schwächer entwickelten sich hingegen die übrigen Steuereinnahmen des Bundes. Der sich fortsetzende Rückgang der Einnahmen aus der Mineralölsteuer wurde von einer allmählichen Erholung der Einnahmen aus der Tabaksteuer nicht vollständig kompensiert, und in der Folge ging das Aufkommen aus den reinen Bundessteuern − zu dem Mineralöl- und Tabaksteuer mit zusammen knapp 55 Mrd Euro fast zwei Drittel beitragen − leicht zurück. Im Bereich der direkten Steuern war der Bund zwar von einem Rückgang der Einnahmen aus der Lohnsteuer und dem Solidaritätszuschlag infolge der erneuten Tarifsenkung betroffen. Dem stand allerdings ein Zuwachs bei den übrigen direkten Steuern und insbesondere an Körperschaftsteuer und veranlagter Einkommensteuer gegenüber, so dass es ebenso wie bei den übrigen Gebietskörperschaften beim Bund insgesamt zu einer Stagnation der Einnahmen aus direkten Steuern kam.

377. Schließlich wies im Jahr 2005 auch eine Reihe nicht-steuerlicher Einnahmen des Bundes eine gegenüber dem Vorjahr günstigere Entwicklung auf. So erbrachte die seit Jahresbeginn erhobene streckenbezogene Gebühr für schwere Lastkraftwagen (Lkw-Maut) erstmals die bei der Aufstellung des Bundeshaushalts nach Abzug der Erhebungskosten erwarteten Einnahmen in Höhe von rund 2,4 Mrd Euro. Die Vermögenseinkommen des Bundes wiederum erhöhten sich, weil die Ausschüttung des Gewinns der Deutschen Bundesbank mit 676 Mio Euro zwar noch immer niedriger ausfiel als im langjährigen Durchschnitt. Im Vorjahr war dem Bundeshaushalt allerdings ein noch geringerer Betrag von etwas weniger als 250 Mio Euro zugeflossen.

Auch im Jahr 2004 wurde das Jahresergebnis der Deutschen Bundesbank durch umfangreiche Abschreibungen auf gehaltene Fremdwährungen – vor allem auf die US-Dollar-Bestände – beeinflusst. Hinzu trat die anteilige Übernahme des Verlusts der Europäischen Zentralbank in Höhe von 400 Mio Euro. Dass vor diesem Hintergrund überhaupt ein Jahresüberschuss ausgewiesen werden konnte, war auf die erfolgswirksame Ausbuchung eines Teils der sich noch im Umlauf befindlichen DM-Banknoten im Umfang von etwas mehr als 1,2 Mrd Euro zurückzuführen.

378. Die Beobachtung einer gegenüber dem Vorjahr verbesserten Situation der Einnahmen wird zum Großteil durch die ebenfalls deutlich gestiegenen **Ausgaben des Bundes** im Jahr 2005 relativiert. Ebenso wie die Entwicklung der Einnahmeseite stand dieser Ausgabenanstieg im Zusammenhang mit der Einführung der Grundsicherung für Arbeitsuchende. Die im Rahmen des Arbeitslosengelds II an die langzeitarbeitslosen Empfänger der neuen Grundsicherung geleisteten Zahlungen (einschließlich der Sozialversicherungsbeiträge) überschritten aufgrund der hohen Empfängerzahlen die Ausgaben für die bisherige Arbeitslosenhilfe, und in der Folge nahmen die monetären Sozialleistungen des Bundes mit über 11 vH in erheblichem Umfang zu. Die vom Bund finanzierten Eingliederungsleistungen, die in der Form von Zuschüssen in den Volkswirtschaftlichen Gesamtrechnungen überwiegend den geleisteten Subventionen zugerechnet werden, fielen zwar geringer aus als im Bundeshaushalt veranschlagt; dennoch war auch bei dieser Ausgabenkategorie ein deutlicher Anstieg im Vergleich zum Vorjahr zu verzeichnen. Schließlich schlug sich die an die Bundesagentur für Arbeit geleistete Erstattung von Verwaltungskosten sowie die Beteiligung des Bundes an den von den Kommunen getragenen Kosten für Unterkunft und Heizung in einer Zunahme der an die übrigen staatlichen Ebenen geleisteten laufenden Transfers um mehr als 3 vH nieder.

379. Der im Staatskonto der Volkswirtschaftlichen Gesamtrechnungen zu erkennende Anstieg des Finanzierungsdefizits des Bundes steht in Kontrast zum ursprünglichen Vorhaben einer starken Rückführung der Nettokreditaufnahme, die im **Bundeshaushalt 2005** auf 22 Mrd Euro und damit um 17,5 Mrd Euro niedriger veranschlagt wurde als im Jahr zuvor. Dies hat vor allem zwei Gründe. Zum einen plante die Bundesregierung, im Haushaltsjahr 2005 Erlöse aus der Veräußerung von Beteiligungsvermögen im Umfang von mehr als 17 Mrd Euro (2004: rund 5 Mrd Euro) zu erzielen. Allein deshalb unterschritt die vorgesehene Nettokreditaufnahme die auf einen Betrag von 22,75 Mrd Euro veranschlagten Ausgaben für Investitionen, und der Verschuldungsgrenze gemäß Artikel 115 Grundgesetz wurde dem Wortlaut nach entsprochen. Demgegenüber werden Erlöse aus Beteiligungsveräußerungen, weil durch sie der staatliche Vermögensbestand unverändert bleibt, nach den Kriterien der Volkswirtschaftlichen Gesamtrechnungen lediglich im Finanzierungskonto des Staates verbucht. Neben anderen systematischen Bereinigungen schlug sich die Differenz zwischen den Ausgaben und den Einnahmen (ohne Nettokreditaufnahme und Privatisierungserlöse) in Höhe von mehr als 39 Mrd Euro aus diesem Grund vollständig im negativen Finanzierungssaldo des Bundes nieder. Zum anderen kam der Bund zwar in den ersten Monaten des Jahres 2005 zu unerwarteten Einnahmen, weil mit Polen und Russland eine vorzeitige Tilgung von Schulden in Höhe von zusammen rund 6,7 Mrd Euro vereinbart worden war. Vor allem wegen höherer Ausgaben für das Arbeitslosengeld II war dennoch bereits in der ersten Jahreshälfte davon auszugehen, dass die geplante Rückführung des Defizits nicht zu erreichen sei. Die Bundesregierung reagierte auf diese Entwicklung mit der Ankündigung, auf die Vorlage eines Nachtragshaushalts für das laufende Jahr zu verzichten und die im Haushaltsvollzug entstandenen zusätzlichen

Fehlbeträge von voraussichtlich rund 12 Mrd Euro durch in den Vorjahren nicht in Anspruch genommene Kreditermächtigungen zu schließen.

Einnahmen und Ausgaben der Länder, der Gemeinden und der Sozialversicherung

380. Im Vergleich zu den übrigen staatlichen Gebietskörperschaften waren die Haushalte der **Länder** von der Hartz IV-Reform weniger stark betroffen. So verringerten sich im Jahr 2005 zwar die Ausgaben für das Wohngeld, weil ein großer Teil der bisherigen Empfänger nun Arbeitslosengeld II erhielt und die Zahlung der Unterkunftskosten damit auf die Kommunen überging. Zu einem großen Teil dürfte die entsprechende Entlastung jedoch in Form höherer Zuweisungen an die Gemeinden weitergegeben worden sein. Auf der Einnahmeseite der Länderhaushalte standen hohe Rückzahlungen von Beihilfen durch einzelne Landesbanken einer spürbaren Verringerung der Einnahmen aus indirekten Steuern gegenüber, die – spiegelbildlich zur Situation im Bundeshaushalt – Folge einer im Vergleich zum Vorjahr stark zu Gunsten des Bundes veränderten Verteilung des Aufkommens der Umsatzsteuer war. Die Einnahmen aus den reinen Ländersteuern erhöhten sich um fast 3 vH, worin sich vor allem ein aufgrund auslaufender Vergünstigungen für schadstoffarme Fahrzeuge stark gestiegenes Aufkommen der Kraftfahrzeugsteuer niederschlug. Die übrigen Ländersteuern wiesen eine weniger günstige Entwicklung auf. Dies gilt vor allem für die Erbschaftsteuer, bei der eine kleine Zahl von Erbschaftsteuerfällen mit hohen Steuerbeträgen im Jahr 2004 für einen starken Anstieg des Aufkommens gesorgt hatte. In der Gesamtbetrachtung blieben die Einnahmen der Länder nahezu konstant, so dass sich vor dem Hintergrund eines leichten Rückgangs der Ausgaben eine Verminderung des Finanzierungsdefizits um 1,3 Mrd Euro auf nunmehr 23,8 Mrd Euro ergab.

381. Mit Blick auf die Haushalte der **Gemeinden** hinterließ die Neuordnung der Zuständigkeiten für arbeitsmarktbezogene Sozialleistungen im Rahmen der Hartz IV-Reform deutlichere Spuren. Ausgabenseitig verringerten sich die Aufwendungen im Rahmen der Sozialhilfe, weil einem erheblichen Teil der bisherigen Empfänger eine Erwerbsfähigkeit attestiert wurde und sie damit Anspruch auf das vom Bund finanzierte Arbeitslosengeld II erhielten. Andererseits übernehmen die Gemeinden seit Beginn des Jahres die Zahlung der Unterkunftskosten für sämtliche Empfänger des Arbeitslosengelds II. Die Summe der von kommunaler Seite aufgewendeten monetären Sozialleistungen auf der einen und der Sozialen Sachleistungen auf der anderen Seite dürfte damit im Jahr 2005 um rund 2 vH gestiegen sein. Die Zuweisungen der Länder wurden für sich genommen erhöht, weil Einsparungen im Bereich des Wohngelds zu einem Großteil an die jeweiligen Gemeinden weitergeleitet wurden; hinzu trat die Beteiligung des Bundes an den Kosten für die Unterkunft der Empfänger von Arbeitslosengeld II. Mit Blick auf die Haushalte der Gemeinden wurde die Entlastungswirkung der Hartz IV-Reform damit durch eine Verbesserung auf der Einnahmeseite realisiert. Der kommunale Anteil an den Einnahmen der Gewerbesteuer stieg um fast 8 vH, weil das Aufkommen den hohen Stand des Vorjahres noch übertraf und die an Bund und Länder abgeführte Umlage erneut – wenn auch im Vergleich zum Jahr 2004 in geringerem Ausmaß (JG 2004 Kasten 17) – gesenkt worden war. Insgesamt wurde damit von Seiten der Gemeinden im Jahr 2005 ein Finanzierungsdefizit von 1,6 Mrd Euro ausgewiesen, das den Wert des Vorjahres um 2,3 Mrd Euro unterschritt.

382. Das Finanzierungsdefizit der **Sozialversicherung** hatte sich im Jahr 2004 vor allem aufgrund von Einsparungen bei den Gesundheitsausgaben von fast 8 Mrd Euro im Jahr 2003 auf 1,3 Mrd Euro verringert. Der erneute Anstieg des Defizits auf 2,7 Mrd Euro im Jahr 2005 verdeutlicht, dass es sich hierbei um nicht mehr als eine Atempause handelte, und in der Gesamtbetrachtung bewegt sich die Sozialversicherung auch weiterhin auf einem schmalen Grat. Ausgabenseitig erhöhten sich im Jahr 2005 die sozialen Sachleistungen der Gesetzlichen Krankenversicherung, bei denen infolge des GKV-Modernisierungsgesetzes im Vorjahr ein deutlicher Rückgang zu verzeichnen gewesen war, wieder mit einer Rate von 2,4 vH und damit ähnlich stark wie in den Jahren vor der Gesundheitsreform. Dagegen nahmen die monetären Sozialleistungen um 0,9 vH ab; auch in diesem Jahr wurden die gesetzlichen Renten nicht erhöht, während sich die Ausgaben der Bundesagentur für Arbeit im Bereich der aktiven Arbeitsmarktpolitik weiter verringerten. Die Entwicklung der Einnahmeseite war mit einem Zuwachs von 0,4 vH vor allem von der erneut schwachen Entwicklung der Sozialversicherungsbeiträge geprägt. Dass diese vor dem Hintergrund der anhaltend schwierigen Lage auf dem Arbeitsmarkt und einer – trotz der jährlichen Anhebung der Beitragsbemessungsgrenze – Stagnation der beitragspflichtigen Einkommen überhaupt ihr Niveau des Vorjahres erreichten, dürfte allein auf die höheren Beitragszahlungen des Bundes für Empfänger des Arbeitslosengelds II im Vergleich zu den Beitragszahlungen für die Empfänger der bisherigen Arbeitslosenhilfe zurückzuführen sein.

Die vom Bund zu Gunsten der einzelnen Zweige der Sozialversicherung geleisteten Transfers erhöhten sich deswegen, weil die Beteiligung an den Aufwendungen der Gesetzlichen Krankenversicherung zur pauschalen Abgeltung von versicherungsfremden Leistungen von 1 Mrd Euro im Jahr 2004 auf 2,5 Mrd Euro angehoben worden war. Bei weitgehend konstanten Transfers an die Gesetzliche Rentenversicherung von rund 78,5 Mrd Euro sowie einer im Zusammenhang mit der Hartz IV-Reform leicht gestiegenen Zuweisung an die Bundesagentur für Arbeit erhöhte sich der Anteil der gesamten empfangenen Transfers an den Einnahmen der Sozialversicherung auf nunmehr 19,6 vH. Die Tendenz, die Finanzierung von Ausgaben der Sozialversicherung zunehmend – wenn auch mit Blick auf das Prinzip der Beitragsäquivalenz und den hohen Umfang versicherungsfremder Leistungen wohl noch nicht in ausreichendem Maß (Ziffern 513 ff.) – durch Transfers des Bundes sicherzustellen, setzte sich damit im Jahr 2005 fort (Schaubild 42, Seite 254).

Kassenmäßiges Steueraufkommen: Trotz Tarifsenkung wieder leichter Anstieg

383. Nach zwei Jahren der Stagnation wies das kassenmäßige Steueraufkommen im Jahr 2005 wieder eine leicht steigende Tendenz auf (Tabelle 25, Seite 255). Maßgeblich für den im längerfristigen Vergleich noch immer geringen Anstieg um 0,9 vH war die zu Beginn des Jahres in Kraft getretene Senkung des Einkommensteuertarifs, die für ein deutlich verringertes Aufkommen der Lohnsteuer sorgte und eine für sich genommen geringere Zunahme des Aufkommens der veranlagten Einkommensteuer nach sich zog. Im Hinblick auf die Entwicklung der Bemessungsgrundlagen anderer aufkommensstarker Steuern stand ein auch weiterhin nur gedämpfter Zuwachs vor allem des privaten Verbrauchs und ein entsprechend geringer Anstieg des Umsatzsteueraufkommens einer günstigen Entwicklung der Unternehmensgewinne mit der Folge merklicher Zuwächse bei Körperschaftsteuer und Gewerbesteuer gegenüber.

Schaubild 42

Entwicklung der Ausgaben und ausgewählter Einnahmearten bei der Sozialversicherung[1)]

Veränderung gegenüber dem Vorjahr

Log. Maßstab 1991 = 100

Transfers des Bundes[2)]

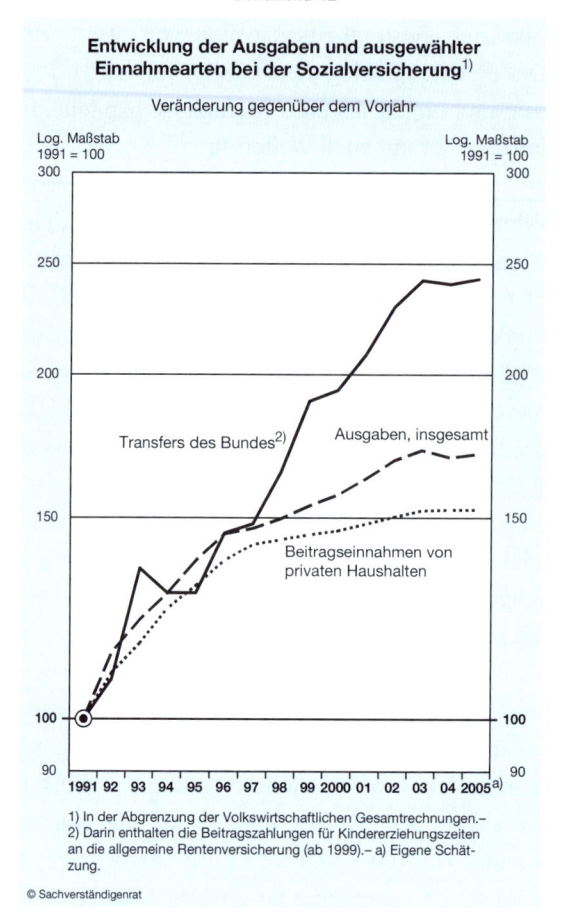

Ausgaben, insgesamt

Beitragseinnahmen von privaten Haushalten

1991 92 93 94 95 96 97 98 99 2000 01 02 03 04 2005[a)]

1) In der Abgrenzung der Volkswirtschaftlichen Gesamtrechnungen.–
2) Darin enthalten die Beitragszahlungen für Kindererziehungszeiten an die allgemeine Rentenversicherung (ab 1999).– a) Eigene Schätzung.

© Sachverständigenrat

Anders als im Vorjahr, als gemeinsam mit der Einigung über die teilweise auf das Jahr 2004 vorgezogene dritte Stufe der Senkung des Einkommensteuertarifs auch eine uniforme Kürzung bestimmter Steuervergünstigungen sowie etwa im Hinblick auf die intertemporale Verlustverrechnung sowie die Regelungen zur Gesellschafter-Fremdfinanzierung eine Reihe von Änderungen in Bezug auf die Bemessungsgrundlage der gewinnbezogenen Steuern vorgenommen worden waren (JG 2004 Kasten 17 und Ziffern 292 ff.), hielt sich der Umfang im Jahr 2005 beschlossener steuerpolitischer Reformmaßnahmen in Grenzen. Eine zwischen Regierung und Opposition anlässlich des so genannten **Job-Gipfels** im Frühjahr getroffene Vereinbarung, den Körperschaftsteuersatz ab dem Jahr 2006 zu senken, die pauschale Anrechnung der gezahlten Gewerbesteuer auf die Einkommensteuer zu erhöhen und im Rahmen der Erbschaftsteuer eine Begünstigung ausgesuchter Bestandteile betrieblicher Vermögenswerte vorzunehmen, erhielt wegen unterschiedlicher Ansichten zur erforderlichen Gegenfinanzierung letztlich nicht die Zustimmung des Bundesrats.

384. Mit dem geringen Zuwachs des kassenmäßigen Steueraufkommens im Jahr 2005 ging ein Rückgang der entsprechenden **Steuerquote** auf nunmehr 19,9 vH einher. Die öffentliche Diskussion über die Höhe der Steuerbelastung in Deutschland wird häufig unter Bezugnahme auf diese Kennziffer geführt und eine im europäischen Vergleich geringe Steuerquote als Beleg für die Attraktivität Deutschlands im internationalen Steuerwettbewerb angeführt. Diese Interpretation der

Öffentliche Haushalte in der Krise

Steuerquote ist aus mehreren Gründen irreführend. Zum einen wird die Höhe des kassenmäßigen Steueraufkommens durch eine Reihe quantitativ bedeutsamer Abzüge bestimmt, die mit der Höhe der steuerlichen Belastung nicht in Zusammenhang stehen. Hierzu zählen das aus dem Lohnsteueraufkommen gezahlte Kindergeld, die mit dem Aufkommen der veranlagten Einkommensteuer verrechnete Eigenheimzulage sowie die Investitionszulagen zur Einkommen- und zur Körperschaftsteuer. Schon für sich genommen kann deshalb ausschließlich die um die genannten Abzüge bereinigte Steuerquote zu einem internationalen Vergleich herangezogen werden. Diese Kennziffer kommt der Steuerquote in der Abgrenzung der Volkswirtschaftlichen Gesamtrechnungen (Ziffer 360) nahe, weil diese – systematisch korrekt – die abgezogenen und mit der Steuerschuld verrechneten Beträge als Ausgaben klassifiziert.

Tabelle 25

Kassenmäßiges Aufkommen wichtiger Steuerarten

Steuerart	2002	2003	2004	2005[1]	2002	2003	2004	2005[1]
	Mrd Euro				Veränderung gegenüber dem Vorjahr in vH			
Steuern vom Einkommen	175,5	172,8	169,2	169,0	- 3,5	- 1,5	- 2,1	- 0,1
Lohnsteuer, insgesamt[2]	132,2	133,1	123,9	119,1	- 0,3	+ 0,7	- 6,9	- 3,9
Veranlagte Einkommensteuer[3]	7,5	4,6	5,4	8,0	- 14,0	- 39,4	+ 18,1	+ 48,3
Nicht veranlagte Steuern vom Ertrag	14,0	9,0	9,9	9,4	- 32,9	- 35,8	+ 10,1	- 5,2
Zinsabschlag	8,5	7,6	6,8	6,9	- 5,4	- 10,0	- 11,3	+ 1,9
Körperschaftsteuer	2,9	8,3	13,1	15,6	X	X	X	X
Solidaritätszuschlag	10,4	10,3	10,1	10,0	- 6,0	- 1,2	- 1,8	- 1,0
Gewerbesteuer, insgesamt	23,5	24,1	28,4	30,4	- 4,3	+ 2,8	+ 17,5	+ 7,1
Umsatzsteuer[4]	138,2	137,0	137,4	139,4	- 0,5	- 0,9	+ 0,3	+ 1,5
Mineralölsteuer	42,2	43,2	41,8	40,0	+ 4,1	+ 2,4	- 3,3	- 4,3
Stromsteuer	5,1	6,5	6,6	6,5	+ 17,9	+ 28,1	+ 1,0	- 1,5
Tabaksteuer	13,8	14,1	13,6	14,5	+ 14,1	+ 2,3	- 3,3	+ 6,4
Versicherungsteuer	8,3	8,9	8,8	8,7	+ 12,1	+ 6,5	- 0,8	- 1,1
Kraftfahrzeugsteuer	7,6	7,3	7,7	8,5	- 9,3	- 3,4	+ 5,5	+ 9,8
Grunderwerbsteuer	4,8	4,8	4,6	4,6	- 1,9	+ 0,8	- 4,2	+ 0,0
Erbschaftsteuer	3,0	3,4	4,3	4,1	- 1,6	+ 11,7	+ 27,5	- 4,7
Gesamtsteueraufkommen	**441,7**	**442,2**	**442,8**	**446,8**	**- 1,0**	**+ 0,1**	**+ 0,1**	**+ 0,9**
Nachrichtlich:								
Steuerquote[5]	20,6	20,4	20,0	19,9	X	X	X	X
„Bereinigte" Steuerquote[6]	22,8	22,6	22,1	22,0	X	X	X	X

1) Eigene Schätzung. - 2) Seit dem Jahr 1996 wird das Kindergeld mit dem Lohnsteueraufkommen saldiert (JG 96 Ziffer 155). - 3) Bruttoaufkommen abzüglich der Erstattungen nach § 46 EStG (Veranlagung bei Bezug von Einkünften aus nichtselbständiger Arbeit), der Erstattungen des Bundesamtes der Finanzen, der Investitionszulage und der Eigenheimzulage. - 4) Einschließlich Einfuhrumsatzsteuer. - 5) Steuereinnahmen in Relation zum nominalen Bruttoinlandsprodukt in vH. - 6) „Bereinigte" Steuereinnahmen (Steuereinnahmen zuzüglich Investitionszulagen zur Körperschaftsteuer und Einkommensteuer, Eigenheimzulage, Bergmannsprämien, Kindergeld und Altersvorsorgezulage) in Relation zum nominalen Bruttoinlandsprodukt in vH.

Quelle: BMF

Richtig ist, dass die bereinigte Steuerquote in den vergangenen Jahren deutlich zurückging, was nicht zuletzt auf die starke Absenkung des Einkommensteuertarifs zurückzuführen war. Die Höhe der Unternehmenssteuerbelastung, auf die sich die öffentliche Auseinandersetzung über die Reform des deutschen Steuersystems oft bezieht, lässt eine solch globale und als Durchschnitt über sämtliche Steuerarten zu interpretierende Kennziffer nahe liegender Weise nicht erkennen. Zu beachten ist außerdem, dass auch eine geringe Steuerquote nicht automatisch auf ein günstiges steuerliches Umfeld hinweist. Dies zeigt das Beispiel des vergangenen Jahres, in dem sich die „Tabaksteuerquote" – und für sich genommen auch die gesamtwirtschaftliche Steuerquote – allein deswegen verringerte, weil die Tabaksteuersätze stark erhöht worden waren und das Aufkommen der Tabaksteuer infolge von Änderungen im Verbraucherverhalten zurückging. Aus dem gleichen Grund kann eine niedrige Quote der vereinnahmten Unternehmenssteuern durchaus Folge eines hohen Niveaus der steuerlichen Belastung sein. Ob und in welchem Umfang eine niedrige Steuerquote, neben anderen Faktoren, als Ausdruck einer moderaten Steuerbelastung oder im Gegenteil als Indiz für eine Zunahme steuerlich motivierter Unternehmensverlagerungen oder einer Verschiebung von Gewinnbestandteilen ins Ausland zu bewerten ist, lässt sich anhand dieser Größe alleine nicht erkennen. Schließlich erfolgt die Festsetzung der endgültigen Steuerschuld im Fall der ertragsbezogenen Steuern erst mit zeitlicher Verzögerung, die in der Regel zwei Jahre beträgt, oft aber auch weiter zurückliegende Veranlagungszeiträume erfasst. In der Konsequenz spiegeln sich im laufenden Aufkommen in erheblichem Umfang die Effekte steuerrechtlicher Regelungen vergangener Jahre wider, und die Anreizeffekte des existierenden Steuersystems lassen sich anhand der aktuellen Steuerquote schwer beurteilen. Im Hinblick auf den Einfluss der Besteuerung auf die Investitionsentscheidungen und die Standortwahl von Unternehmen betrachtet der Sachverständigenrat **effektive Grenz- und Durchschnittssteuersätze** auf die zukünftigen Erträge geplanter Investitionsprojekte. Die Effektivbelastung leitet sich aus den geltenden steuerrechtlichen Regelungen ab und bezieht neben der aktuellen tariflichen Belastung auch die abhängig von der Art der Investition differierenden Abschreibungsmodalitäten ein. Betrachtet man die Steuerbelastung von Kapitalgesellschaften auf Unternehmensebene, beläuft sich der effektive Grenzsteuersatz auf Investitionserträge auf 30 vH, der effektive Durchschnittssteuersatz auf 36 vH (Angaben für das Jahr 2004). Anders als es die Höhe der volkswirtschaftlichen Steuerquote nahe legt, ist Deutschland mit Blick auf die hohe effektive Belastung der von Kapitalgesellschaften im Inland versteuerten Gewinne noch immer ein vergleichsweise unattraktiver Investitionsstandort (Ziffer 394).

385. Zur Stagnation des kassenmäßigen Steueraufkommens im Jahr 2005 trug insbesondere das mit einer Rate von 3,9 vH im Vergleich zum Vorjahr stark verringerte Aufkommen der **Lohnsteuer** bei. Das Bruttoaufkommen ging zum einen aufgrund von Änderungen des Steuerrechts zurück, denn zu einer niedrigeren Tarifbelastung trat die stärkere steuerliche Berücksichtigung von Vorsorgeaufwendungen im Rahmen des beginnenden Übergangs zur nachgelagerten Besteuerung von Alterseinkünften (JG 2004 Ziffern 296 ff.). Zum anderen nahm die Zahl der sozialversicherungspflichtig Beschäftigten und der Beamten – diese Gruppen bilden den größten Teil derjenigen Steuerpflichtigen, deren Lohneinkünfte der regulären Besteuerung unterliegen – in diesem Jahr noch immer ab, und wegen moderater Tarifabschlüsse wiesen die durchschnittlichen Bruttolöhne und -gehälter dieser Beschäftigten einen vergleichsweise geringen Zuwachs gegenüber dem Vorjahr auf. Seit dem Jahr 2003 ist im Aufkommen der Lohnsteuer die Summe der Steuerbeträge enthalten, die in Höhe von 2 vH abgeltend auf das im Rahmen geringfügiger Beschäftigungsverhältnisse gezahlte Entgelt zu entrichten sind; im Jahr 2005 belief sich das Aufkommen aus der pauschalen Besteuerung dieser „Mini-Jobs" auf 285 Mio Euro. Kassenwirksam werden vom Bruttoaufkommen der Lohnsteuer das Kindergeld im Umfang von unverändert 34,5 Mrd Euro sowie die im Rahmen der „Riester-Rente" für das Vorjahr gezahlte Altersvorsorgezulage abgezogen. Letztere stieg wegen der Verdoppelung von Grund- und Kinderzulage, aber auch wegen einer deutlichen Zunahme der förderfähigen Verträge auf nunmehr rund 400 Mio Euro und damit gegenüber dem Vorjahr auf deutlich mehr als das Doppelte an.

386. Das Aufkommen der **veranlagten Einkommensteuer** belief sich im Jahr 2005 auf rund 8,0 Mrd Euro und erhöhte sich damit gegenüber dem Vorjahr um fast 50 vH. Diese Beobachtung an sich ist wenig aussagekräftig, weil vom Bruttoaufkommen der veranlagten Einkommensteuer quantitativ bedeutsame Abzüge in Form der Eigenheimzulage (10,2 Mrd Euro), der an Arbeitnehmer gezahlten Erstattungen (18,6 Mrd Euro) sowie der Investitionszulage (0,6 Mrd Euro) vorgenommen werden. Das Bruttoaufkommen, das sich aus den laufenden Vorauszahlungen der Steuerpflichtigen – auf diejenigen Einkünfte, bei denen der Steuerabzug nicht an der Quelle erfolgt, das heißt vor allem im Bereich der Gewinneinkünfte – sowie dem Saldo aus Nachzahlungen und Erstattungen für frühere Veranlagungszeiträume zusammensetzt, stieg demgegenüber mit einer Rate von 1,3 vH vergleichsweise leicht an. Dabei ist zu berücksichtigen, dass sämtliche der im Rahmen der Amnestieregelung bis zum 31. März 2005 abgeführten Beträge unabhängig von der Art der zu einem früheren Zeitpunkt hinterzogenen Steuer dem Aufkommen der veranlagten Einkommensteuer zugerechnet wurden. Gegenüber dem Vorjahr erbrachte die Amnestie im Jahr 2005 geringere Einnahmen, so dass das „reguläre" Bruttoaufkommen der veranlagten Einkommensteuer tatsächlich einen Anstieg um 2,4 vH aufwies. Der deutliche Anstieg der in den Vorauszahlungsmonaten März, Juni und September für das laufende Jahr geleisteten Steuern lässt erkennen, dass dieser Zuwachs zum einen auf eine verbesserte wirtschaftliche Situation etwa von Selbständigen und Gewerbetreibenden zurückzuführen war, die die Effekte der Tarifsenkung überkompensierte. Zum anderen dürfte es den Steuerpflichtigen gelungen sein, zeitlich disponible Teile der Bemessungsgrundlage in Erwartung sinkender Steuersätze aus dem Vorjahr in das Jahr 2005 zu verlagern und steuerlich relevante Abzüge vorzuziehen.

Das Volumen der Eigenheimzulage ging gegenüber dem Vorjahr um 5,5 vH zurück. Für Neufälle waren die – nunmehr strenger definierte – Einkunftsgrenze im Vorjahr verringert und der Förderbetrag selbst gesenkt worden (JG 2004 Ziffer 288). Zusammen mit dem Rückgang des durchschnittlichen Förderbetrags im Bereich der Neufälle wird das Auslaufen der Zulage für höher geförderte Jahrgänge in den nächsten Jahren für eine spürbare Verminderung der Eigenheimzulage sorgen und nach gegenwärtigem Rechtsstand im Jahr 2009 noch mit einem Umfang von weniger als 8 Mrd Euro zu rechnen sein.

Im Rahmen des bis zum 31. März 2005 andauernden Angebots einer Steueramnestie wurden, bei etwas mehr als 56 000 abgegebenen steuerbefreienden Erklärungen, Einnahmen in Höhe von insgesamt rund 1,4 Mrd Euro erzielt. Ein Drittel davon entfiel auf die ersten vier Monate des Jahres 2005, was insofern überraschte, als der nominale Satz der bei Inanspruchnahme der Amnestie auf die zuvor nicht versteuerten Einkünfte pauschal zu entrichtenden Abgabe in diesem Zeitraum um zehn Prozentpunkte angehoben worden war (JG 2004 Ziffer 289). Mit Blick auf die Einnahmen im Januar (rund 200 Mio Euro) war der hohe Betrag offenbar darauf zurückzuführen, dass eine Vielzahl strafbefreiender Erklärungen erst in der letzten Dezemberwoche des Jahres 2004 bei den Finanzämtern abgegeben und die entsprechenden – tatsächlich nach dem geringeren alten Satz errechneten – Beträge erst im Januar dieses Jahres aufkommenswirksam verbucht wurden.

Der zusammen mit der Verabschiedung des Gesetzes zur Förderung der Steuerehrlichkeit angekündigte Übergang zu einer moderaten Abgeltungssteuer auf im Inland erzielte Zinserträge wurde nicht vollzogen, und dieser Zusammenhang mit der überaus attraktiv ausgestalteten Amnestie (JG 2004 Ziffer 289) geriet seitdem weitgehend aus dem Blick. Dadurch werden Fragen in Bezug auf die Zeitkonsistenz der Steuerpolitik aufgeworfen, weil die Drohung, in Zukunft auf vergleichbare Maßnahmen zu verzichten, aus Sicht von zur Hinterziehung neigenden Steuerpflichtigen nunmehr weniger glaubhaft erscheinen dürfte. Zwar besteht seit 1. April 2005 für die Finanzbehörden die Möglichkeit, über das Bundesamt für Finanzen unter bestimmten Bedingungen Informationen über Konten der Steuerpflichtigen abzurufen, das heißt über die Existenz dieser Konten, nicht über die entsprechenden Kontenstände oder Kontenbewegungen. Im Ausland erzielte und im Inland steuerpflichtige Kapitalerträge, die den größten Teil der in Deutschland nicht deklarierten Einkünfte ausmachen dürften, werden von dieser Maßnahme jedoch nicht erfasst.

387. Das Aufkommen der **Körperschaftsteuer** nahm im Jahr 2005 um fast 20 vH auf nunmehr rund 15,6 Mrd Euro zu. Im deutlich gestiegenen Niveau der laufenden Vorauszahlungen schlug sich zum einen eine verbesserte Ertragslage wohl vor allem im Exportgeschäft tätiger großer Kapitalgesellschaften nieder. Gleichzeitig weist ein auffallend hoher Umfang an Nachzahlungen darauf hin, dass die in früheren Veranlagungsjahren angesetzten Beträge – nicht zuletzt wegen des zwischenzeitlich in Kraft getretenen Moratoriums zur Geltendmachung von Körperschaftsteuerguthaben, aber auch wegen der seit dem Jahr 2004 eingeschränkten intertemporalen Verlustverrechnung (JG 2004 Ziffer 292) – häufig zu niedrig ausgefallen waren. Auch dies dürfte vielfach eine Anpassung der für das Jahr 2005 geleisteten Zahlungen zur Folge gehabt haben. Schließlich war das Aufkommen im Jahr 2004 durch einen negativen Sondereffekt in Höhe von 700 Mio Euro verzerrt gewesen; spiegelbildlich hierzu wies das im Vorjahr um den gleichen Betrag überhöhte Aufkommen der vor allem auf Dividenden abgeführten **nicht veranlagten Steuern vom Ertrag** einen entsprechenden Rückgang auf.

Unter Umständen erhebliche Auswirkungen auf das Körperschaftsteueraufkommen lässt das bevorstehende Urteil eines Verfahrens vor dem Europäischen Gerichtshof erwarten, das die steuerliche Berücksichtigung von Verlusten grenzüberschreitend tätiger Konzerne zum Gegenstand hat. Das Verfahren bezieht sich auf das britische Steuerrecht; aber auch die deutsche Organschaftsbesteuerung bestimmt, dass nur Kapitalgesellschaften mit Geschäftsleitung und Sitz im Inland Organgesellschaften sein können, deren Verluste mit den Gewinnen der Muttergesellschaften verrechenbar sind. Sollte das Gericht darin eine den Grundfreiheiten des EG-Vertrags widersprechende Diskriminierung von im EU-Ausland ansässigen Tochterunternehmen erkennen, könnten deutsche Unternehmen das Recht einklagen, im Ausland entstandene Verluste steuermindernd mit inländischen Gewinnen zu verrechnen. Die Auswertung der Direktinvestitionsbestände deutscher Unternehmen im EU-Ausland weist auf ein hohes und seit Ende der neunziger Jahre stark gestiegenes Niveau an Verlusten hin, die von den jeweiligen Tochterunternehmen erwirtschaftet wurden. Unter der Annahme, dass diese vollständig mit Gewinnen der deutschen Mutter verrechnet werden könnten, beliefen sich die kumulierten Körperschaftsteuerausfälle auf Werte im zweistelligen Milliardenbereich – und zwar auf Basis der beobachteten Ertragsentwicklung im Zeitverlauf selbst dann, wenn spätere Gewinne der ausländischen Töchter in Deutschland einer Nachversteuerung unterworfen würden (Fuest et al., 2005). Solche Berechnungen haben zwar nur überschlägigen Charakter, weil es zur Abschätzung der aktuellen Aufkommenseffekte in Deutschland der Kenntnis der Ertragssituation der deutschen Mutter sowie des jeweiligen Beteiligungsgrads bedarf. Auch dürfte der Europäische Gerichtshof (EuGH) die Möglichkeit einer Verrechnung ausländischer Verluste im Inland daran knüpfen, dass diese im Staat der Tochter keine gleichwertige steuerliche Behandlung erfahren. Die Verlustverrechnung ist in den EU-Staaten sehr unterschiedlich, aber – besonders in Bezug auf die zeitliche Beschränkung der gewährten Verlustvorträge – in einer Reihe von Staaten restriktiver als in Deutschland geregelt. Deutlich wird dennoch, dass mit dem bevorstehenden EuGH-Urteil auch für die öffentlichen Haushalte in Deutschland Einnahmerisiken in beträchtlicher Dimension verbunden sind.

Exkurs: Kennziffern der Einkommensteuertarife 2000 und 2005

388. Mit dem verbleibenden Teil der dritten Stufe kam die in den Jahren 2001 bis 2005 in mehreren Schritten vollzogene **Senkung des Einkommensteuertarifs** in diesem Jahr zu ihrem Abschluss. Im Vergleich zum Einkommensteuertarif des Jahres 2000 wurde der Grundfreibetrag von ursprünglich 6 902 Euro um 11 vH auf nunmehr 7 664 Euro angehoben. Der Eingangssteuersatz verringerte sich in diesem Zeitraum von 23 vH auf 15 vH, und der Spitzensteuersatz wurde von

Öffentliche Haushalte in der Krise

51 vH auf 42 vH gesenkt. Bei grundsätzlicher Beibehaltung des in vier Abschnitte gegliederten Tarifverlaufs wurden die beiden linear-progressiven Tarifzonen insofern gestaucht, als heute bereits zu versteuernde Einkommen von mehr als 52 152 Euro/104 304 Euro (Besteuerung nach der Grund- beziehungsweise Splittingtabelle) dem Spitzensteuersatz unterliegen (Schaubild 43). Die

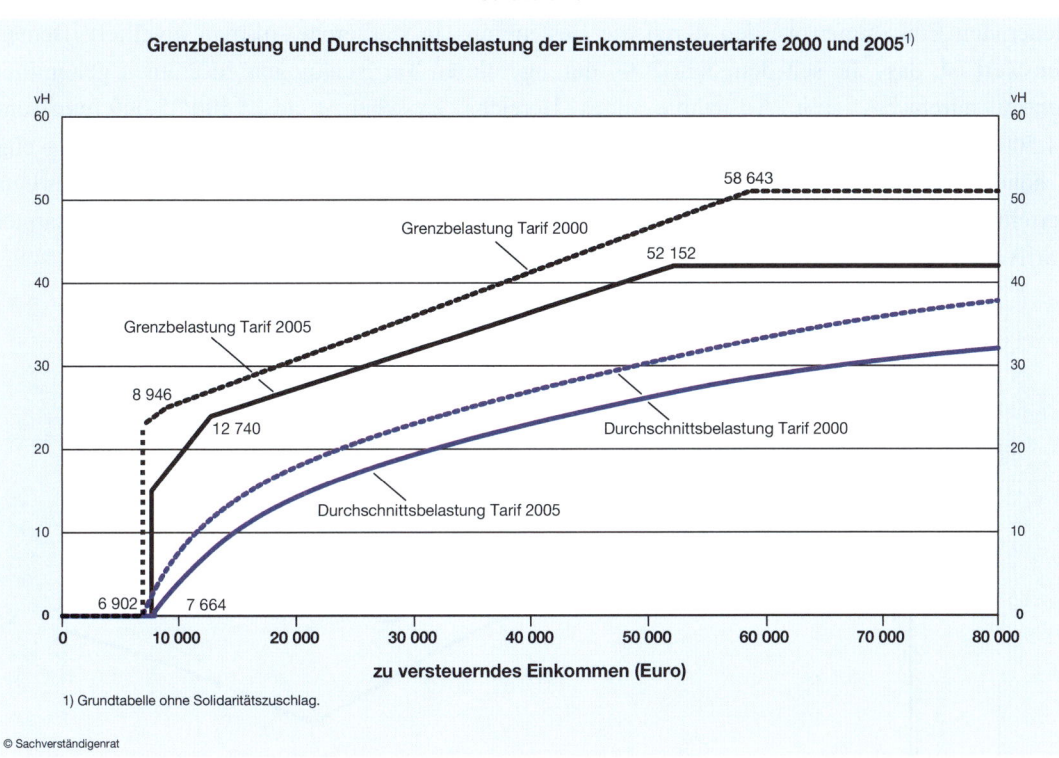

Schaubild 43

Grenzbelastung und Durchschnittsbelastung der Einkommensteuertarife 2000 und 2005[1)]

1) Grundtabelle ohne Solidaritätszuschlag.

© Sachverständigenrat

für Entscheidungen der Steuerpflichtigen über die Höhe des erzielten und des – unter Berücksichtigung steuerrechtlich gewährter Abzüge – bei der Veranlagung deklarierten Einkommens relevante Grenzbelastung verringerte sich für alle Steuerpflichtige, deren Einkommen bereits im Jahr 2000 den Grundfreibetrag überschritt. Die Anreizeffekte des im Jahr 2005 geltenden Steuertarifs sind deshalb im Vergleich zur Situation vor fünf Jahren durchweg als günstiger zu beurteilen. Auch die durchschnittliche Steuerbelastung verringerte sich für sämtliche Steuerpflichtige mit einem zu versteuernden Einkommen über dem ursprünglichen Grundfreibetrag. Schließlich sind zwei weitere Charakteristika der Tarifkorrektur hervorzuheben: sie hat die Intensität der steuerbedingten Umverteilung verringert, und sie ging merklich über die Korrektur der so genannten „kalten" Progression hinaus.

389. Die distributiven Eigenschaften unterschiedlicher Einkommensteuertarife lassen sich mit Hilfe der **Residualeinkommenselastizität** vergleichen. Diese Größe zeigt an, in welchem prozentualen Umfang das Nettoeinkommen eines Steuerpflichtigen zunimmt, wenn sein zu versteuerndes Einkommen um ein Prozent steigt. In progressiven Tarifbereichen weist die Elastizität grundsätzlich Werte von kleiner eins auf, was sich damit begründen lässt, dass in diesem Fall die marginale Belastung zusätzlichen Einkommens größer – und der relative Anstieg des Nettoeinkommens deshalb geringer – ausfällt als die durchschnittliche Belastung des zu versteuernden Einkommens in der Ausgangssituation. Für die Beurteilung von Steuertarifen unter Verteilungsaspekten ist die Residualeinkommenselastizität deswegen von Bedeutung, weil zwischen ihrer Höhe und der Verteilung der Nettoeinkommen ein Zusammenhang besteht: Bei gegebener Verteilung der zu versteuernden Einkommen führen Tarife mit niedrigerer Residualeinkommenselastizität zu einer „gleicheren" Verteilung der Nettoeinkommen, das heißt, die Unterschiede in der Verteilung der zu versteuernden Einkommen werden durch die Besteuerung in stärkerem Ausmaß nivelliert. Bemerkenswert ist, dass die seit dem Jahr 2000 durchgeführten Tarifsenkungen zusammen genommen nahezu durchweg – mit Ausnahme eines Bereichs zwischen rund 12 500/25 000 Euro und 14 500/29 000 Euro, in der die Elastizität konstant blieb oder nur sehr geringfügig abnahm – eine Erhöhung der Residualeinkommenselastizität nach sich zog (Schaubild 44). Die Intensität der Umverteilung über die Einkommensteuer hat folglich seit dem Jahr 2000 nahezu über den gesamten Tarifverlauf hinweg abgenommen.

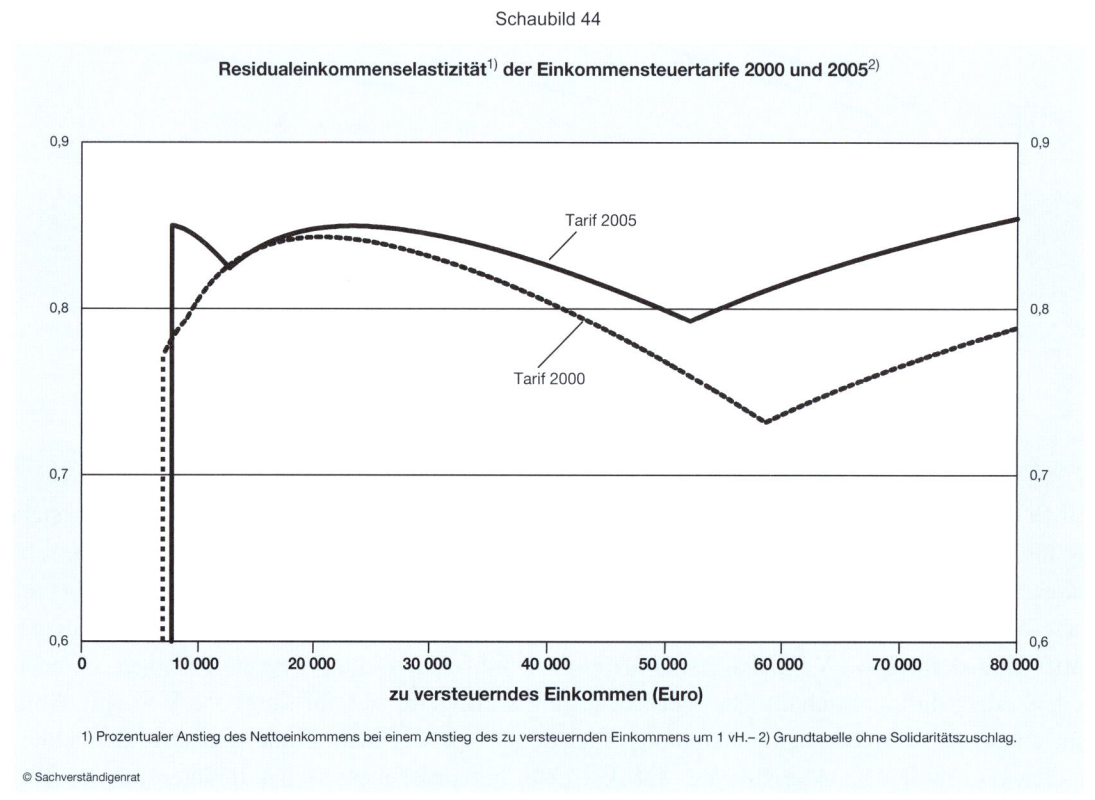

Schaubild 44

Residualeinkommenselastizität[1] der Einkommensteuertarife 2000 und 2005[2]

1) Prozentualer Anstieg des Nettoeinkommens bei einem Anstieg des zu versteuernden Einkommens um 1 vH.– 2) Grundtabelle ohne Solidaritätszuschlag.

© Sachverständigenrat

390. In der finanzpolitischen Diskussion wird zudem häufig darauf verwiesen, dass ein nicht regelmäßig angepasster Steuertarif für sich genommen eine ungerechtfertigte Belastung der Steuerpflichtigen zur Folge habe. Der Grund bestehe darin, dass selbst bei einem Einkommensanstieg in Höhe der Preissteigerungsrate, das heißt bei einem konstanten Realeinkommen vor Steuern, der zu leistende Steuerbetrag überproportional zunehme und die Besteuerung deshalb in realer Betrachtung mit einem Rückgang des Nettoeinkommens verbunden sei. Dies ist grundsätzlich immer dann der Fall, wenn der Steuertarif beim betrachteten zu versteuernden Einkommen progressiv ist und die Aufkommenselastizität deshalb einen Wert von größer eins annimmt. Möchte man dieses mitunter auch **„kalte" Progression** genannte Phänomen vermeiden, ist bei positiver Preissteigerungsrate eine regelmäßige Absenkung progressiver Tarifbereiche in gerade dem Umfang erforderlich, dass das reale Netto-Einkommen der Steuerpflichtigen unverändert bleibt, oder – was dasselbe ist – dass der neue Durchschnittssteuersatz beim in Höhe der Preissteigerung gewachsenen zu versteuernden Einkommen dem Durchschnittssteuersatz beim ursprünglichen Einkommen (und auf Basis des alten Tarifs) entspricht. In der Folge ließe sich argumentieren, dass die im Zeitraum der Jahre 2000 bis 2005 durchgeführten Tarifsenkungen in gewissem Ausmaß lediglich in der Korrektur einer ungerechtfertigten Höherbelastung infolge der „kalten" Progression bestanden (Schaubild 45).

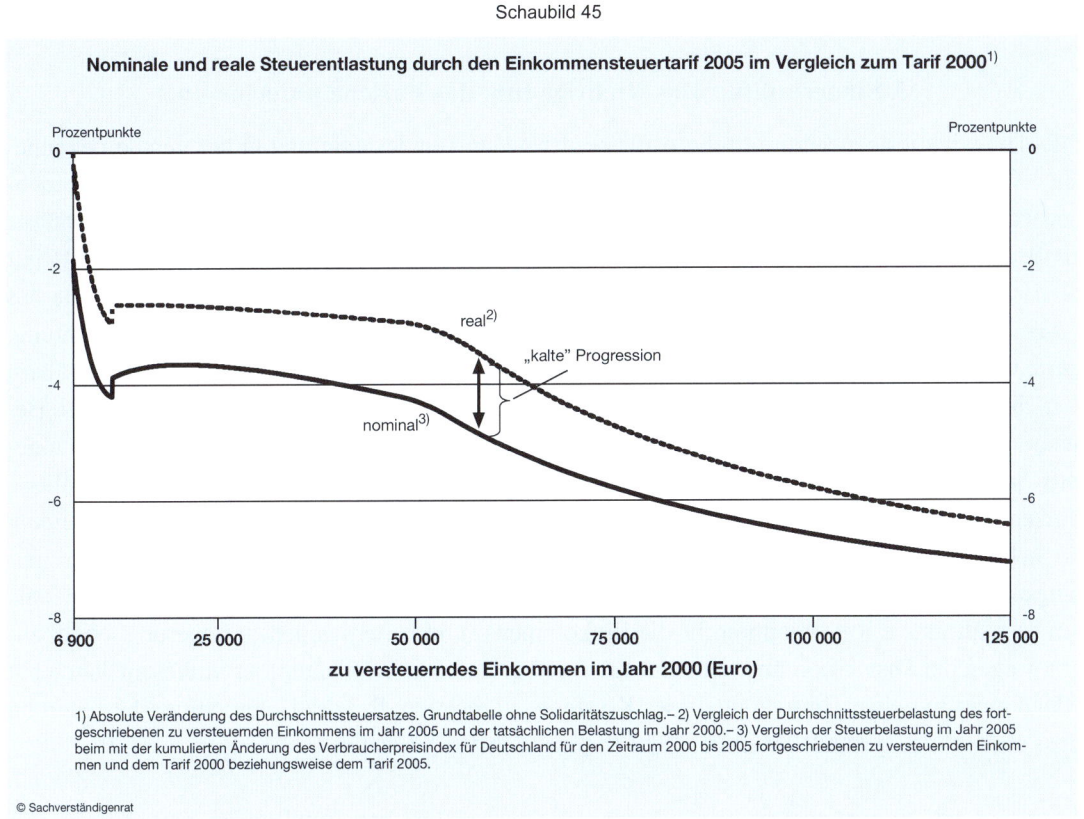

Schaubild 45

Nominale und reale Steuerentlastung durch den Einkommensteuertarif 2005 im Vergleich zum Tarif 2000[1)]

[Diagramm: Prozentpunkte auf der y-Achse (0 bis -8), zu versteuerndes Einkommen im Jahr 2000 (Euro) auf der x-Achse (6 900 bis 125 000). Zwei Kurven: real[2)] (gestrichelt) und nominal[3)] (durchgezogen). Beschriftung „kalte" Progression zwischen den Kurven.]

1) Absolute Veränderung des Durchschnittssteuersatzes. Grundtabelle ohne Solidaritätszuschlag.– 2) Vergleich der Durchschnittssteuerbelastung des fortgeschriebenen zu versteuernden Einkommens im Jahr 2005 und der tatsächlichen Belastung im Jahr 2000.– 3) Vergleich der Steuerbelastung im Jahr 2005 beim mit der kumulierten Änderung des Verbraucherpreisindex für Deutschland für den Zeitraum 2000 bis 2005 fortgeschriebenen zu versteuernden Einkommen und dem Tarif 2000 beziehungsweise dem Tarif 2005.

© Sachverständigenrat

Das Ausmaß dieser Korrektur lässt sich überprüfen, indem man in einem ersten Schritt die zu versteuernden Einkommen des Jahres 2000 mit der kumulierten Änderung des Verbraucherpreisindex für Deutschland in den Jahren 2001 bis 2005, das heißt mit einer Rate von 8,26 vH fortschreibt und den Steuertarif des Jahres 2000 auf das solchermaßen hochgerechnete Einkommen anwendet. Die resultierende Durchschnittsbelastung ist diejenige Belastung, die sich ohne jegliche Anpassung des Tarifs nach fünf Jahren ergeben hätte. Vergleicht man diese mit der tatsächlichen Belastung nach Anwendung des im Jahr 2005 geltenden Tarifs, erhält man die nominale Gesamtentlastung, der sich die Steuerpflichtigen unter Berücksichtigung der mittlerweile vorgenommenen Tarifsenkungen gegenübersehen. Dabei stellt nur die Differenz zwischen der Durchschnittsbelastung des fortgeschriebenen zu versteuernden Einkommens im Jahr 2005 und der tatsächlichen Durchschnittsbelastung im Jahr 2000 eine reale Tarifentlastung dar. Der verbleibende Teil der nominalen steuerlichen Entlastung lässt sich als Korrektur der „kalten" Progression interpretieren.

In der Tat ist ein Anteil von zwischen einem Viertel und einem Drittel der nominalen Tarifentlastung – bei geringen und mittleren Einkommen zwischen 10 000 /20 000 Euro und 65 000 /130 000 Euro – als Ausgleich für den zwischenzeitlich erfolgten Preisanstieg und der aufgrund der „kalten" Progression bei unverändertem Tarif erlittenen Einbuße beim realen Netto-Einkommen zu interpretieren (Schaubild 45). Im Fall geringerer Einkommen, deren Durchschnittsbelastung durch die Tarifsenkung für sich genommen vergleichsweise gering ausfiel, nimmt die reale Entlastung relativ zur Entlastung in nominaler Betrachtung dagegen stärker und im Fall höherer Einkommen weniger stark ab. Insgesamt waren die Tarifsenkungen der vergangenen fünf Jahre auch nach Berücksichtigung des zwischenzeitlichen Preisanstiegs mit einer deutlichen realen Entlastung verbunden.

II. Steuerpolitik: Das Richtige tun, das Falsche unterlassen

391. Die wichtigste steuerpolitische Aufgabe der neuen Bundesregierung in der gerade begonnenen 16. Legislaturperiode besteht in einer mutigen und in sich schlüssigen Reform der Unternehmensbesteuerung. Die auf dem so genannten **Job-Gipfel** am 17. März 2005 gefassten Beschlüsse zur Besteuerung von Unternehmen – eine Senkung des Körperschaftsteuersatzes von 25 vH auf 19 vH und eine pauschale Anrechnung der Gewerbesteuer auf die Einkommensteuer in Höhe des 2,0-fachen statt des 1,8-fachen des Gewerbesteuermessbetrags – gehen in die richtige Richtung, greifen aber zu kurz. Sie tragen zu einer Verbesserung der Standortbedingungen bei, vergrößern aber die Unterschiede in der Besteuerung einbehaltener und ausgeschütteter Gewinne, der Besteuerung von Fremdkapitalzinsen und Eigenkapitalerträgen und der Besteuerung von Kapitalgesellschaften und Personengesellschaften bei Gewinnthesaurierung. Die Job-Gipfel-Beschlüsse müssen deshalb in ein konsistentes Konzept der Unternehmensbesteuerung eingebunden werden, das neben einer Verbesserung der Standortbedingungen eine möglichst weit gehende Entscheidungsneutralität der Besteuerung gewährleistet. Eine geeignet ausgestaltete *flat tax* wäre eine durchaus attraktive Reformoption für die Einkommens- und Unternehmensbesteuerung. Nicht zuletzt wegen der Diskussion über eine *flat tax* im abgelaufenen Wahlkampf ist in diesem Jahrzehnt jedoch nicht mit einer Umsetzung dieses Konzepts zu rechnen. Bei der Unternehmensbesteuerung muss aber schnell gehandelt werden, nicht erst im nächsten Jahrzehnt.

Wenn man ein international wettbewerbsfähiges Steuersystem haben will, wird man sich von der Idee einer synthetischen Einkommensteuer verabschieden müssen. Der Sachverständigenrat sowie die Stiftung Marktwirtschaft arbeiten gegenwärtig an Vorschlägen zur Reform der Einkommens- und Unternehmensbesteuerung. Aus ökonomischer Sicht ist die Duale Einkommensteuer dem Konzept der Stiftung Marktwirtschaft überlegen.

Auf dem Job-Gipfel wurde auch eine Neuregelung der Besteuerung von Erbschaften und Schenkungen bei der Übertragung von „produktivem" Betriebsvermögen beschlossen. Dazu hatten die Bundesregierung und die CDU/CSU-Bundestagsfraktion noch in der vergangenen Legislaturperiode jeweils einen „Entwurf eines Gesetzes zur Sicherung der Unternehmensnachfolge" vorgelegt. Die geplanten erbschaftsteuerlichen Regelungen bei der Übertragung von unternehmerischem Vermögen hält der Sachverständigenrat nicht für zielführend. Eine Reform der Erbschaftsteuer muss auf eine Gleichbehandlung aller Anlageformen, nicht auf die Begünstigung einzelner

Vermögensarten zielen. Dann könnte die Erbschaft- und Schenkungsteuer eine sinnvolle Ergänzung zur Dualen Einkommensteuer darstellen.

1. Noch einmal: Es kommt auf die Unternehmensbesteuerung an!

392. Der Sachverständigenrat hat wiederholt darauf hingewiesen, dass er den dringendsten steuerpolitischen Handlungsbedarf bei der Unternehmensbesteuerung sieht (JG 2003 Ziffern 518 ff.; JG 2004 Ziffern 759 ff.). So zeigt ein internationaler Vergleich der Steuer- und Abgabenbelastungen, dass Deutschland in Europa bei zwei Kennziffern eine Spitzenposition einnimmt: bei den tariflichen und effektiven Steuersätzen auf Kapitalgesellschaftsebene und der Sozialabgabenquote (Tabelle 26, Seite 264). Dies liefert einen ersten Hinweis darauf, dass Reformen im Bereich der Unternehmensbesteuerung und der Finanzierung der sozialen Sicherung (Ziffern 560 ff.) vordringlich sind. Bei anderen steuerlichen Kennziffern liegen die deutschen Werte im europäischen Mittelfeld oder darunter, was auf einen geringeren Handlungsbedarf deutet. Dies gilt insbesondere für die gesamtwirtschaftliche Steuerquote, die im Jahr 2003 – neuere Angaben aus den Volkswirtschaftlichen Gesamtrechnungen liegen für die meisten Mitgliedstaaten nicht vor – die niedrigste in der EU-15 ist und zu den niedrigsten in der EU-25 gehört. Bei der Abgabenquote, der Summe von Steuerquote und Sozialabgabenquote, nimmt Deutschland einen Mittelplatz ein. Die Notwendigkeit genereller Steuersenkungen kann daraus nicht abgeleitet werden.

393. Internationale Steuerbelastungsvergleiche vermitteln einen ersten Eindruck über die relative Position eines Landes. Als Begründung konkreter steuerpolitischer Reformmaßnahmen sind sie jedoch nur bedingt geeignet. Zum einen kommt Durchschnittswerten – dies sind letztlich die Referenzgrößen für Steuerbelastungsvergleiche – von vornherein keinerlei normative Bedeutung zu. Auch ist die Auswahl bestimmter steuerlicher Kennziffern zu einem gewissen Grade willkürlich; andere Kennziffern können zu anderen Rangfolgen führen. Schließlich sind tarifliche Steuersätze ohne gleichzeitige Angaben über die steuerrechtliche Definition der jeweiligen Bemessungsgrundlagen wenig aussagekräftig.

Zum anderen kommt es für die ökonomische Beurteilung von Steuersystemen und Einzelsteuern entscheidend auf ihre **Wirkungen** im Hinblick auf die Erreichung vorgegebener Ziele an. Die Wirkung von Unternehmenssteuern ist dabei an den Zielen „Standortattraktivität" und „Entscheidungsneutralität" zu beurteilen, wobei die Begriffe Neutralität und Effizienz im Unternehmensbereich gleichbedeutend sind. Verteilungsziele spielen im Unternehmensbereich keine Rolle, da sie sich sinnvoll immer nur auf natürliche Personen beziehen können. Insofern ist es verfehlt, wenn von einigen Politikern die Besteuerung von Gewinnen aus der Veräußerung von Kapitalgesellschaftsanteilen durch Kapitalgesellschaften mit der Herstellung von mehr Gerechtigkeit begründet wird. Bei den der Einkommensteuer unterliegenden Personenunternehmen sind Verteilungsüberlegungen dann relevant, wenn am Transparenzprinzip festgehalten wird und steuerlich keine Trennung von Unternehmung und Unternehmer erfolgt.

Ziele und Nebenbedingungen einer Reform der Unternehmensbesteuerung

394. Die Ziele **Standortattraktivität** und **Entscheidungsneutralität** bei der Unternehmensbesteuerung beziehen sich auf das Niveau der Kapitalbildung und die Effizienz des Kapitaleinsatzes und somit auf die Investitionstätigkeit in Unternehmen. Ein höherer oder effizienterer Kapitaleinsatz erhöht das Potentialwachstum einer Volkswirtschaft und nützt auch den inländischen Arbeitnehmern. Je mehr investiert wird, desto höher sind im Regelfall die (Grenz-)Produktivitäten der Arbeit und damit die Beschäftigungsnachfrage und die Reallöhne.

Tabelle 26

Steuer- und Abgabenquoten sowie Steuersätze in der Europäischen Union

vH

Länder	Gesamtwirtschaftliche Quoten (2003)[1]			Einkommensteuer (2004)[2]		Umsatzsteuer (2005)	Steuerbelastung von Kapitalgesellschaften (2004)		
	Steuerquote	Sozialabgabenquote	Abgabenquote	Eingangssatz	Spitzensatz	Normalsatz	Tarifbelastung	Effektive Durchschnittssteuerbelastung	Effektive Grenzsteuerbelastung
Deutschland	22,2	16,8	39,0	15,00	42,00	16,0	39,35	36,0	30,0
Belgien	31,1	14,7	45,8	25,00	50,00	21,0	33,99	29,7	20,4
Dänemark	46,7	1,2	47,9	38,80	48,30	25,0	30,00	27,0	20,4
Finnland	32,7	12,1	44,8	17,50	51,50	22,0	29,00	27,3	24,0
Frankreich	26,8	16,4	43,1	6,83	48,09	19,6	35,43	35,1	34,8
Griechenland	23,7	13,1	36,7	15,00	40,00	19,0	35,00	30,6	21,1
Irland	24,6	4,4	29,0	20,00	42,00	21,0	12,50	14,7	14,4
Italien	30,0	12,7	42,7	23,00	45,00	20,0	37,25	32,0	22,7
Luxemburg	29,9	11,5	41,3	8,00	38,00	15,0	30,38	26,7	18,3
Niederlande	24,8	14,5	39,3	33,40	52,00	19,0	34,50	31,2	24,5
Österreich	28,5	14,6	43,1	23,00	50,00	20,0	34,00	31,4	26,2
Portugal	24,3	11,3	35,6	12,00	40,00	21,0	27,50	24,7	18,4
Schweden	36,5	14,4	50,9	31,50	56,50	25,0	28,00	23,3	17,9
Spanien	22,4	12,2	34,0	15,00	45,00	16,0	39,88	36,1	29,2
Vereinigtes Königreich	29,1	7,2	36,4	10,00	40,00	17,5	30,00	29,0	27,0
Estland	21,6	11,3	32,9	26,00	26,00	18,0	26,00	22,5	14,0
Lettland	19,8	9,0	28,8	25,00	25,00	18,0	15,00	14,4	12,7
Litauen	20,0	8,6	28,5	33,00	33,00	18,0	15,00	12,8	6,9
Malta	26,1	6,8	33,0	15,00	35,00	18,0	35,00	32,8	28,8
Polen	20,3	14,5	34,4	19,00	40,00	22,0	19,00	17,0	11,8
Slowakei	18,7	12,3	30,6	19,00	19,00	19,0	19,00	16,7	10,7
Slowenien	25,2	14,9	40,1	17,00	50,00	20,0	25,00	21,6	13,2
Tschechische Republik	20,9	15,2	36,1	15,00	32,00	19,0	28,00	24,7	17,1
Ungarn	25,8	13,7	39,5	18,00	38,00	25,0	17,76	18,1	19,3
Zypern	26,3	7,1	33,3	20,00	30,00	15,0	15,00	14,5	13,3
Ungewichtete Durchschnitte, ohne Deutschland									
EU-25	26,5	11,4	37,8	20,25	40,60	19,7	27,17	24,7	19,5
EU-15	29,4	11,5	40,8	19,93	46,17	20,1	31,25	28,5	22,8
Neue Mitgliedsländer	22,5	11,3	33,7	20,70	32,80	19,2	21,48	19,5	14,8

1) In der Abgrenzung der Volkswirtschaftlichen Gesamtrechnungen. Für Deutschland: 2004. - 2) Für Deutschland: 2005.

Quellen: BMF, EU, ZEW

Das Volumen der gesamtwirtschaftlichen privaten Investitionen hängt einmal von den Investitionsentscheidungen der bestehenden Unternehmen ab. Diese werden maßgeblich von der effektiven Grenzsteuerbelastung beeinflusst. Je höher die effektiven Grenzsteuersätze, desto höher sind die Kapitalnutzungskosten und desto weniger lohnt es sich, zusätzliche Investitionen zu tätigen (JG 2004, Kasten 10, Gleichung 1). Mikroökonometrische Schätzungen der Elastizität der Investitionen in Bezug auf die steuerlich beeinflussten Kapitalnutzungskosten für Deutschland liegen bei

Werten zwischen − 0,4 und − 0,6 (Harhoff und Ramb, 2001, 66 f.; Chirinko und von Kalckreuth, 2002, 28 ff.). Dies deutet auf eine vergleichsweise hohe mikroökonomische Reagibilität der Investitionen auf steuerlich bedingte Änderungen der Kapitalnutzungskosten hin. In der Europäischen Union weist Deutschland mit die höchsten effektiven Grenzsteuersätze und damit in steuerlicher Hinsicht mit die ungünstigsten Bedingungen für eine Ausweitung der Investitionen durch bereits am Standort tätige Kapitalgesellschaften auf (Tabelle 26). Das Investitionsvolumen wird aber auch durch Unternehmensgründungen oder die Entscheidungen der Unternehmen über neue Standorte im In- oder Ausland bestimmt. Hierbei handelt es sich um diskrete Investitionsentscheidungen − entweder findet eine Unternehmensgründung oder Betriebsansiedlung statt oder nicht. Diskrete Investitionen hängen von den effektiven Durchschnittssteuerbelastungen ab, die wiederum von den tariflichen Unternehmenssteuersätzen dominiert werden. Deutschland liegt mit den effektiven durchschnittlichen und den tariflichen Steuerbelastungen auf Kapitalgesellschaftsebene mit an der Spitze in der Europäischen Union. Die Folge ist, dass die steuerlichen Standortbedingungen in kaum einem anderen Mitgliedstaat der EU so unattraktiv sind wie in Deutschland. Empirische Untersuchungen kommen zu dem Ergebnis, dass eine Senkung der effektiven durchschnittlichen Steuersätze in Deutschland um 1 vH die Wahrscheinlichkeit, dass sich ein US-amerikanisches Unternehmen in Deutschland und nicht in einem anderen europäischen Land ansiedelt, um etwa einen Prozentpunkt erhöht (Devereux und Griffith, 1998, 363). Daraus kann man auf einen erheblichen Einfluss der Besteuerung auf die Standortentscheidungen internationaler Unternehmen schließen. Natürlich ist die Belastung mit Unternehmenssteuern nur ein standortentscheidender Faktor unter vielen. Die Qualität der öffentlichen Infrastruktur, die Entwicklung der Lohnkosten, die Qualifikation der Arbeitnehmer, die geringe Streikhäufigkeit oder die Rechtssicherheit sind andere, nicht minder wichtige Determinanten der Standortwahl. Viele dieser Faktoren sprechen für den Standort Deutschland, die Unternehmenssteuerbelastungen sprechen eindeutig gegen ihn.

Die hohen effektiven marginalen und durchschnittlichen Unternehmenssteuerbelastungen und die daraus resultierenden negativen Wirkungen auf die Investitionstätigkeit, das wirtschaftliche Wachstum und die Beschäftigung sind der Hauptgrund, warum der Sachverständigenrat eine grundlegende Reform der Unternehmensbesteuerung für eine der wichtigsten Aufgaben in der neuen Legislaturperiode hält.

Wirtschaftliches Wachstum hängt aber nicht nur vom Niveau der Kapitalbildung ab, sondern auch von der Effizienz des Kapitaleinsatzes. Kapital sollte in die Verwendungen gelenkt werden, in denen sich die höchsten gesamtwirtschaftlichen Erträge erzielen lassen. Folgen die Kapitaleinsatzentscheidungen nicht den gesamtwirtschaftlichen Ertragsaussichten, sondern steuerlichen Regelungen, kann es zu einer Fehlallokation des Kapitaleinsatzes kommen. Dies ist der Fall, wenn Kapital in steuerlich begünstigte Anlagen gelenkt wird, obwohl bei einer anderen Verwendung gesamtwirtschaftlich höhere Erträge realisiert werden könnten. Volkswirtschaftliche Produktionseinbußen und eine Reduzierung des Potentialwachstums sind die zwangsläufigen Folgen. Zu Verzerrungen bei den Kapitaleinsatzentscheidungen kommt es etwa dann, wenn die Finanzierungswege von Investitionen − Fremdfinanzierung, Gewinneinbehalt oder Beteiligungsfinanzierung − steuerlich unterschiedlich behandelt werden, wenn Körperschaftsteuer und Einkommensteuer nicht integriert sind und als Folge Personengesellschaften und Einzelunternehmen anderen Steuerbelastungen unterliegen als Kapitalgesellschaften (JG 2003 Tabelle 72) oder wenn risikobehaftete Investitionen aufgrund von Beschränkungen der Verlustverrechnung gegenüber risikolosen Anlagen diskriminiert werden. All dies ist gegenwärtig im deutschen Steuerrecht festzustellen, mit negativen Folgen für die gesamtwirtschaftliche Produktion. Deshalb muss eine Reform der Unternehmensbesteuerung neben einer Verbesserung der Standortattraktivität auch das Ziel „Gewährleistung von Entscheidungsneutralität" beinhalten. Besondere Bedeutung kommt dabei der Neutralität der Finanzierungsentscheidung zu. Ist Finanzierungsneutralität der Besteuerung gewährleistet, schließt dies gleichzeitig eine rechtsformneutrale Besteuerung von Unternehmen ein, da unterschiedliche Unternehmensrechtsformen bei wirtschaftlicher Betrachtung nichts anderes darstellen als unterschiedliche institutionelle Formen der Überlassung von Eigenkapital. Finanzierungs- und Rechtsformneutralität erfordern somit eine unterschiedslose Besteuerung von einbehaltenen und ausgeschütteten oder entnommenen Gewinnen, von Gewinnen aus der Veräußerung von Unternehmensanteilen sowie von Zinsen.

Steuervereinfachung und Entscheidungsneutralität

395. In der steuerpolitischen Diskussion wird zwar regelmäßig auf die Ziele Verbesserung der Standortattraktivität und Herstellung von Finanzierungs- und Rechtsformneutralität hingewiesen; eine allzu große Bedeutung wird diesen Zielen tatsächlich aber nicht beigemessen. Als vorrangiges Ziel der Steuerpolitik wird stattdessen eine **Steuervereinfachung** postuliert, die anschaulich eine Steuererklärung auf einem Bierdeckel, einer Postkarte oder in zehn Minuten ermöglichen soll.

Nun ist unbestreitbar, dass das deutsche Steuerrecht eine hohe Regelungsdichte aufweist und nicht zuletzt deshalb kompliziert ist. Ökonomisch zeigt sich die Kompliziertheit des Steuerrechts in den Kosten, die über die reine Steuerzahlung hinaus entstehen. Diese zusätzlichen, über den Einkommenstransfer an den Fiskus hinausgehenden Kosten kommen einmal in den Steuervollzugskosten, zum anderen in den Steuerplanungskosten und den so genannten „Zusatzlasten" der Besteuerung zum Ausdruck (Wagner, 2005).

396. Steuervollzugskosten entstehen beim Steuerzahler durch die Buchführungs-, Nachweis- und Erklärungspflichten und bei der Finanzverwaltung durch die Kontrolle und die Bearbeitung der Steuererklärungen. In einem im Jahr 2003 veröffentlichten Forschungsbericht hat das Rheinisch-Westfälische Institut für Wirtschaftsforschung (RWI), Essen, diese Vollzugskosten auf 3,1 vH des Aufkommens aus der Umsatzsteuer geschätzt, auf 5,7 vH der Einkommensteuer, 10,5 vH der Körperschaftsteuer, 5,0 vH der Gewerbesteuer und 4,3 vH der Kraftfahrzeugsteuer.

Von diesen Deklarations- und Kontrollkosten zu unterscheiden sind die Steuerplanungskosten, die mit den Verhaltensreaktionen der Steuerpflichtigen auf bestimmte steuerliche Regelungen zusammenhängen. Eine rational handelnde Person wird versuchen, der Steuerzahlung durch legale (oder auch illegale) Ausweichreaktionen zu entgehen. So sind es steuerliche Abwägungen, die zur Gründung einer Personengesellschaft mit beschränkter Haftung, der GmbH & Co. KG, oder zu Konstruktionen wie einer doppelstöckigen Personengesellschaft veranlassen. Ein Steuerpflichtiger wird bereit sein, für die Steuerplanung Mittel einzusetzen, solange die durch geschickte Steuergestaltung zu erwartende Steuerersparnis den dafür gegebenenfalls erforderlichen Mitteleinsatz übersteigt. Der Fiskus wird dieses Verhalten der Steuerbürger antizipieren und bei der Konzeption von

Steuergesetzen berücksichtigen. Auch ihm entstehen dadurch Kosten. Diese Steuerplanungskosten, die durch Steuervermeidungsaktivitäten bei den Privaten und von Abwehrmaßnahmen beim Fiskus in Form von Zeitaufwand oder finanziellem Mitteleinsatz anfallen, nehmen ebenso wie die Vollzugskosten mit der Komplexität des Steuerrechts zu. Empirische Schätzungen zu diesen Steuerplanungskosten liegen für Deutschland nicht vor. Für die Verhältnisse im europäischen Binnenmarkt kommt eine Studie der Europäischen Kommission (2004) zu dem Ergebnis, dass sich die Steuerplanungskosten aus dem Umgang mit bis zu 15 unterschiedlichen Steuersystemen bei multinationalen Unternehmen auf immerhin 1,9 vH und bei mittelständischen Unternehmen sogar auf 30,9 vH der Steuerschuld belaufen. Demnach dürfte Steuervereinfachung auch zum Abbau größenabhängiger steuerlicher Wettbewerbsnachteile beitragen.

Neben den Steuergestaltungskosten verursachen Steuervermeidungsbemühungen weitere Kosten, die in der finanzwissenschaftlichen Steuerlehre als „Zusatzlasten" der Besteuerung bezeichnet werden. Gemeint sind damit Wohlfahrtsverluste, die trotz optimaler Anpassungen an das Steuerrecht auftreten können. Wenn ein Kaffeekonsument aufgrund einer aus seiner Sicht prohibitiven Erhöhung der Kaffeesteuer das Kaffeetrinken einstellt, leistet er keinen Beitrag zum Kaffeesteueraufkommen, und Steuervollzugs- und -planungskosten fallen nicht an. Gleichwohl wird er den steuerlich bedingten Verzicht auf Kaffeegenuss als Einschränkung empfinden, die sich in einen Realeinkommensverlust umrechnen lässt. Analoges gilt für Steuergestaltungen bei den privaten Haushalten, wenn Substitutionsmaßnahmen innerhalb der Bemessungsgrundlage von höher zu niedriger besteuerten Bestandteilen vorgenommen werden. Ähnlich kann es im Unternehmensbereich etwa aufgrund von steuerlich verzerrten Faktoreinsatzentscheidungen zu prinzipiell vermeidbaren gesamtwirtschaftlichen Produktionseinbußen kommen.

Für Deutschland liegen nur wenige Schätzungen der marginalen und durchschnittlichen Zusatzlasten der Besteuerung vor. Die marginalen Zusatzlasten geben den in Euro ausgedrückten Wohlfahrtsverlust an, der über die Steuerzahllast hinaus mit der Erhebung eines zusätzlichen Euros einer bestimmten Steuer verbunden ist. So bedeutet etwa eine marginale Zusatzlast von 20 vH bei einer zusätzlichen Steuerbelastung von 100 Euro, dass über die Steuerzahllast von 100 Euro hinaus weitere 20 Euro als prinzipiell vermeidbarer Wohlfahrtsverlust beim Steuerzahler anfallen. Die gesamten Kosten eines Steueraufkommens von 100 Euro belaufen sich beim Steuerzahler also auf 120 Euro. Die durchschnittlichen Zusatzlasten beziehen die mit der Steuererhebung einhergehenden Wohlfahrtsverluste auf das gesamte (und nicht auf das zusätzliche) Steueraufkommen. Radulescu (2005) ermittelt auf der Grundlage eines dynamischen numerischen Gleichgewichtsmodells für Deutschland die folgenden marginalen Zusatzlasten für unterschiedliche Steuerarten: 48,7 vH für die Körperschaftsteuer, 48,8 vH für die Einkommensteuer auf Zinseinkünfte, 21,8 vH für die Lohnsteuer (ohne die steuerlichen Komponenten der Sozialversicherungsbeiträge), 3,3 vH für die Steuer auf Gewinne aus der Veräußerung von Kapitalgesellschaftsanteilen und 0,9 vH für die Besteuerung von Dividenden. Die geringen Zusatzlasten aus der Dividendenbesteuerung erklären sich dadurch, dass diese Steuer entsprechend der „new view" der Körperschaftsteuer weitgehend verzerrungsfrei ist (Sinn, 1991). Unter Einbeziehung der in den Sozialversicherungsbeiträgen enthaltenen Steuerkomponenten berechnet Richter (2005) marginale Zusatzlasten der Abgabenbelastung auf Lohneinkommen von rund 55 vH und durchschnittliche Zusatzlasten von etwa 13 vH. Trotz unterschiedlichen methodischen Vorgehens sind diese Werte mit den Berechnungen von Radulescu kompatibel. Unter Berücksichtigung von Steuergestaltungen innerhalb der Bemessungsgrundlage ermittelt Schellhorn (2005) für Bezieher hoher Einkommen sogar Zusatzlasten der Einkommensteuer von 200 vH. Diese Berechnungen sind mit der üblichen Vorsicht zu interpretieren. Sie erscheinen aber plausibel, zumal für andere Länder ganz ähnliche Größenordnungen berechnet wurden.

397. Je komplizierter das Steuerrecht ist, desto höher sind in der Regel die Steuervollzugskosten, die Steuerplanungskosten und die Zusatzlasten der Besteuerung. Maßstab für eine Vereinfachung des Steuerrechts ist dann aus ökonomischer Sicht, ob es zu einer Senkung dieser Kostenbelastung kommt. Die Anzahl der Paragraphen oder der Wörter eines Steuergesetzes ist dabei nicht entscheidend. Wenn ein kurzes und auf wenige Grundnormen reduziertes Steuergesetz mit einer verringerten Regelungsdichte und einer aus Ex-ante-Sicht größeren Rechtsunsicherheit einhergeht, weil Auslegungsprobleme erst im Zeitablauf durch die Spruchpraxis der Gerichte gelöst werden, führt dies zu einem Kostenanstieg bei den Steuerpflichtigen. Diese Kosten entsprechen dem Einkommensbetrag, den risikoaverse Personen für die Vermeidung von Unsicherheit, hier: von Rechtsunsicherheit, aufzuwenden bereit sind. Rechtssicherheit reduziert einerseits die Kosten der Besteuerung, erfordert aber andererseits präzise Regelungen und Abgrenzungen für alle möglichen Fälle und damit detaillierte und ausführliche Steuergesetze.

Entscheidungsneutralität als Ziel der Unternehmensbesteuerung trägt insofern gleichzeitig zu einer Steuervereinfachung bei, als Steuerplanungskosten und Zusatzlasten der Besteuerung reduziert werden oder gar entfallen. Denn eine entscheidungsneutrale Besteuerung bedeutet, dass die Steuererhebung die unternehmerischen Investitions-, Standort- oder Finanzierungsentscheidungen unbeeinflusst lässt, also ohne und mit Berücksichtigung von Steuern identische Entscheidungen getroffen werden. Eine Steuerplanung erübrigt sich dann, und eine Steuervermeidung ist ohne Selbstschädigung nicht möglich. Steuervereinfachung, gemessen an den Steuerplanungskosten, stellt deshalb neben der Neutralität der Besteuerung keine eigenständige Zielkategorie dar. Dies gilt allerdings nicht generell, da Entscheidungsneutralität bei der Unternehmensbesteuerung durchaus mit höheren Steuervollzugskosten in Form zusätzlicher Aufzeichnungspflichten einhergehen kann. So wäre eine Besteuerung des ökonomischen Gewinns in einer geschlossenen Volkswirtschaft zwar neutral im Hinblick auf die Investitionsentscheidungen – das Maximum der Bruttogewinne würde bei denselben Produktions- und Faktoreinsatzmengen erreicht wie das Maximum des Nettoergebnisses nach Steuern –, die Ermittlung dieser Zielvariablen jedoch wäre mit hohen Deklarationskosten seitens der Steuerpflichtigen verbunden und kann immer nur näherungsweise erfolgen. Dies spricht aber nicht gegen eine Verwendung dieser Zielgröße als Leitlinie der Steuerpolitik.

Umgekehrt können Steuerreformen, die zu einer Verringerung der Deklarationskosten und in diesem Sinne zu einer Vereinfachung führen, mit höheren Steuerplanungskosten einhergehen. So führen die Pauschalierungen der Lohnsteuer für Teilzeitbeschäftigte und geringfügig Beschäftigte nach § 40a EStG oder für bestimmte Zukunftssicherungsleistungen nach § 40b EStG sicherlich zu reduzierten Steuervollzugskosten, gleichzeitig aber auch zu erhöhten Planungskosten, indem Steuervermeidungsaktivitäten lohnend werden, etwa regulär besteuerte Löhne durch geringfügige Beschäftigung mit pauschaler Lohnbesteuerung zu ersetzen. Ob dadurch insgesamt eine Steuervereinfachung, also eine Senkung der Steuererhebungskosten erreicht wird, ist a priori offen.

398. Als Fazit ist festzuhalten, dass die Diskussion über eine Steuervereinfachung von starken Vereinfachungen geprägt ist, wenn die Komplexität des Steuerrechts an der Anzahl der Paragraphen oder Wörter der Steuergesetze festgemacht wird oder an der Zeit, die für die Steuererklärung benötigt wird. Steuervereinfachung ist selbst eine durchaus komplexe Angelegenheit, da die Steuererhebungskosten durch unterschiedliche Kostenelemente bestimmt sind – Steuervollzugskosten,

Steuerplanungskosten und Zusatzlasten – und diese in einem Spannungsverhältnis zueinander stehen können.

Quantitative Schätzungen für die Zusatzlasten der Besteuerung fallen in der Regel höher aus als Schätzungen für die Steuervollzugskosten. Steuerplanungskosten und Zusatzlasten zusammen genommen sind deshalb im Allgemeinen quantitativ bedeutsamer als die bloßen Steuervollzugskosten. Dann tragen Steuerreformmaßnahmen, die ein höheres Maß an Entscheidungsneutralität bewirken, in der Regel auch zu einer Steuervereinfachung bei. Neutralität der Besteuerung kann deshalb in pauschalierter Betrachtung als übergeordnete Zielkategorie gegenüber dem Vereinfachungsziel angesehen werden.

399. Schließlich muss jede Steuerreform auch gewisse **Nebenbedingungen** erfüllen. Zwingend erforderlich ist die Vereinbarkeit mit dem europäischen Recht. Der Europäische Gerichtshof hat in letzter Zeit eine ganze Reihe von Urteilen gesprochen, die entweder schon zu Anpassungen im deutschen Steuerrecht geführt haben oder noch führen können, mit möglicherweise erheblichen Auswirkungen auf das nationale Steueraufkommen (Ziffer 387). Auch hier kann die Stärkung der Standortattraktivität für Unternehmen einen erheblichen Beitrag zur Entschärfung des Problems leisten. Als weitere Nebenbedingung könnte vorgegeben werden, dass die mit einer Reform verbundenen Steuerausfälle begrenzt bleiben. Eine andere Beschränkung könnte sein, dass allzu weit reichende Abweichungen von der geltenden Steuerrechtssystematik vermieden werden. Dem entspräche etwa die Vorgabe, am Dualismus von Körperschaftsteuer für Kapitalgesellschaften und Einkommensteuer für Personengesellschaften sowie Einzelunternehmen festzuhalten. Auch sind die Umsetzungschancen von Steuerreformen umso höher, je kleiner die Zahl der „Verlierer" ist.

Die Ziele einer Unternehmenssteuerreform lassen sich umso weniger realisieren, je mehr und je striktere Nebenbedingungen zu berücksichtigen sind. Eine Verbesserung der Standortattraktivität steht im Konflikt zur möglichen Nebenbedingung einer Begrenzung der Steuerausfälle; die Gewährleistung von Entscheidungsneutralität kann höhere Vollzugskosten nach sich ziehen; Rechtsformneutralität lässt sich nicht herstellen, wenn Personenunternehmen der Einkommensbesteuerung unterliegen und Kapitalgesellschaften der Körperschaftsteuer. Insofern sind bei jeder Unternehmenssteuerreform Kompromisse erforderlich, die unterschiedlich austariert werden können.

Vorschläge zur Reform der Einkommens- und Unternehmensbesteuerung

400. Nach mehrjähriger Diskussion über eine Steuerreform scheint sich in Wissenschaft und Politik die Einsicht durchzusetzen, dass eine Reform der Unternehmensbesteuerung vorrangig ist und einer Senkung der effektiven Steuerbelastung von Unternehmen größere Bedeutung zukommt als einer weiteren Reduzierung der Einkommensteuersätze. Aus dem wissenschaftlichen Bereich haben drei Reformkonzepte Eingang in die aktuelle steuerpolitische Debatte gefunden. Eine *flat tax* hält an der synthetischen Einkommensteuer fest und kombiniert niedrige Steuersätze mit einer Integration der Körperschaftsteuer in die Einkommensteuer. Die *flat tax* stellt eine attraktive Reformoption dar, ist aber auch mit Nachteilen verbunden. Nachdem kurzfristig in der Öffentlichkeit intensiv über den Übergang zu einer *flat tax* debattiert wurde, ist eine Realisierung dieses Konzepts in diesem Jahrzehnt – und vermutlich auch darüber hinaus – nur schwerlich vorstellbar. Im Zentrum der steuerpolitischen Debatte stehen gegenwärtig noch zwei Reformkonzepte: einmal das

Modell der Stiftung Marktwirtschaft, zum anderen die vom Sachverständigenrat im Jahresgutachten 2003/04 vorgeschlagene Duale Einkommensteuer. Ein Vergleich der beiden Konzepte zeigt, dass die vom Sachverständigenrat favorisierte Duale Einkommensteuer aus ökonomischer Sicht gewisse Vorzüge gegenüber dem Modell der Stiftung Marktwirtschaft hat. Weitere Reformansätze aus dem wissenschaftlichen Bereich, etwa eine unter der Bezeichnung „Einfachsteuer" vertretene zinsbereinigte Einkommensteuer, spielen in der steuerpolitischen Auseinandersetzung keine Rolle.

Die im Bundestagswahlkampf von den großen politischen Parteien präsentierten Vorschläge zur Steuerpolitik sind eher enttäuschend. Das überzeugendste Steuerreformkonzept hat die FDP vorgelegt, das jedoch auch einige Schwächen aufweist (Kasten 10, Seite 272).

Das Konzept einer flat tax

401. In einem im Jahr 2004 veröffentlichten Gutachten hat der Wissenschaftliche Beirat beim Bundesministerium der Finanzen den Übergang zu einer *flat tax* empfohlen. Populär wurde dieses Konzept durch den von P. Kirchhof (2003) ausgearbeiteten Entwurf eines neuen Einkommensteuergesetzbuchs. Eine *flat tax* ist durch einen konstanten Grenzsteuersatz oberhalb eines Grundfreibetrags charakterisiert; jedes über den Grundfreibetrag hinaus verdiente zusätzliche Einkommen unterliegt einem einheitlichen Steuersatz. Insofern ist mit einer *flat tax* zunächst nur der Verlauf des Einkommensteuertarifs beschrieben. Der Verzicht auf die direkte Progression, also auf mit der Bemessungsgrundlage ansteigende Grenzsteuersätze, führt jedoch zu einer erheblichen Steuervereinfachung durch Reduzierung von Steuergestaltungsoptionen oder durch die Möglichkeit der Ausweitung einer abschließenden Quellenbesteuerung. Bei unterschiedlichen Grenzsteuersätzen bestehen Anreize, Einkünfte von Personen oder Perioden mit hohen Grenzsteuersätzen auf oder in solche mit niedrigen zu verlagern. Eine *flat tax* beseitigt solche Anreize nicht gänzlich, da sie zwei Grenzsteuersätze aufweist – einen von null und einen positiven –, aber im Vergleich zu einem direkt progressiven Tarif werden sie doch wesentlich reduziert. Im Hinblick auf die Unternehmensbesteuerung zeigen sich die besonderen Vorzüge einer *flat tax*, wenn der Körperschaftsteuersatz dem Grenzsteuersatz der *flat tax* entspricht und auf eine Besteuerung von Ausschüttungen und Veräußerungsgewinnen aus dem Verkauf von Kapitalgesellschaftsanteilen verzichtet wird. Dies würde sehr weit gehend das Problem der Integration der Körperschaftsteuer in die Einkommensteuer lösen und die rechtsformübergreifende Neutralität der Finanzierungsentscheidungen sichern. Bei entsprechend niedrigem Satz der *flat tax* ließe sich auch das Ziel einer Verbesserung der Standortattraktivität erreichen. Festzustellen ist deshalb, dass eine *flat tax* mit niedrigem Grenzsteuersatz und daran gekoppeltem Satz der Körperschaftsteuer ohne Zweifel eine attraktive Steuerreformoption im Hinblick auf die Ziele Verbesserung der Standortattraktivität und Entscheidungsneutralität darstellt.

402. Eine *flat tax* hat unbestreitbare Vorteile, gerade auch im Bereich der Unternehmensbesteuerung, sie kann aber auch nachteilige Wirkungen haben. Als mögliche Nachteile einer *flat tax* können ihre Verteilungswirkungen und gegebenenfalls zu erwartende Steuerausfälle angeführt werden.

Zunächst zu den Verteilungsaspekten: Anders als gelegentlich behauptet, ist eine *flat tax* weder eine „Kopfsteuer" noch eine proportionale Steuer. Wegen der mit dem zu versteuernden Einkommen zunehmenden durchschnittlichen Steuerbelastung handelt es sich vielmehr um eine (indirekt) progressive Einkommensteuer mit entsprechenden Umverteilungswirkungen von „Reich" zu „Arm". Tatsache ist aber, dass die Bezieher hoher Einkommen von einer *flat tax* weniger stark belastet werden als von einer direkt progressiven Einkommensteuer mit gleichem Aufkommen. Dem kann man auch nicht entgegenhalten, dass die Bezieher hoher Einkommen beim Übergang zu einer *flat tax* durch den Abbau von Steuerschlupflöchern belastet würden. Die Beseitigung von Steuervergünstigungen hat konzeptionell nichts mit einer *flat tax* zu tun. Steuervergünstigungen könnte man auch bei einem linear-progressiven Tarif beseitigen und das resultierende Mehraufkommen zu einer durchgängigen Senkung des Steuertarifs einsetzen. Es bleibt dabei: Die Bezieher höherer Einkommen wären die eindeutigen Gewinner eines Übergangs von einer linear-progressiven Steuer zu einer aufkommensmäßig vergleichbaren *flat tax* – und nur dann ist ein „fairer" Vergleich möglich.

Bei Berücksichtigung von Verteilungszielen führt eine *flat tax* zu einem kaum lösbaren Dilemma. Um dem Ziel Verbesserung der Standortattraktivität Rechnung zu tragen und im internationalen Steuerwettbewerb bestehen zu können, darf der einheitliche Grenzsteuersatz eine Höhe von 25 vH bis maximal 30 vH nicht überschreiten. Gleichzeitig muss der Grundfreibetrag hinreichend hoch sein, wenn allzu drastische negative Verteilungswirkungen vermieden werden sollen. In Kombination führen niedrige Grenzsteuersätze und ein hoher Grundfreibetrag aber zu erheblichen Aufkommenseinbußen, die größer sind als bei alternativen Steuerreformkonzepten. Diese mögen für sich genommen gegebenenfalls finanzierbar sein, können aber dann eine kaum überwindbare Hürde darstellen, wenn gleichzeitig geplante Reformen in den Systemen der sozialen Sicherung oder die Notwendigkeit der Haushaltskonsolidierung ebenfalls eine Gegenfinanzierung erfordern.

403. Das von P. Kirchhof im Jahr 2003 vorgelegte und aus dem *Karlsruher Entwurf* (JG 2003 Ziffern 603 ff.) weiterentwickelte „Einkommensteuergesetzbuch" kommt einer *flat tax* sehr nahe. Einkommen unterliegen generell einem Steuersatz von 25 vH. Allerdings werden ein Grundfreibetrag von 8 000 Euro gewährt sowie ein Sozialausgleichsbetrag, der bei Einkommen zwischen 8 000 und 13 000 Euro 40 vH und für die folgenden 5 000 Euro 20 vH beträgt. Faktisch läuft dies auf einen Stufengrenzsatztarif hinaus, der oberhalb des Grundfreibetrags 15 vH und 20 vH für die jeweils folgenden 5 000 Euro beträgt und 25 vH für Einkommen über 18 000 Euro.

In der öffentlichen Diskussion wird das Kirchhof'sche Steuerreformmodell häufig auf den Tarifverlauf reduziert. Diese Verkürzung wird dem Entwurf nicht gerecht. Tatsächlich wird ein vollständig neues Ertragsteuerrecht vorgeschlagen. So werden die bisher sieben Einkunftsarten zu einer Einkunftsart „Erwerbseinkünfte" zusammengefasst, wobei allerdings die Unterscheidung von Gewinnermittlung über Bilanzierung und Überschussrechnung bleiben soll. Die Besteuerung von Unternehmen wird gänzlich neu geordnet. Die Körperschaftsteuer wird abgeschafft, und Kapitalgesellschaften werden in die Einkommensteuer integriert. Dazu wird die so genannte steuerjuristische Person geschaffen, die Personengesellschaften und Kapitalgesellschaften, nicht aber Einzelunternehmen umfasst und die einem einheitlichen Steuersatz von 25 vH unterworfen wird. Dividenden sind beim Anteilseigner steuerfrei. Einkünfte aus der Veräußerung von Anteilen an steuerjuristischen Personen sind grundsätzlich steuerpflichtig; die zu versteuernden Einkünfte werden pauschal mit 10 vH des Veräußerungspreises angesetzt, wobei ein Einzelnachweis zulässig ist.

Veräußerungsverluste können nur mit Veräußerungseinkünften desselben Veranlagungszeitraums verrechnet werden. Ein Verlustausgleich zwischen Einkunftsquellen einer steuerjuristischen Person ist ausgeschlossen. Eine Übertragung von Verlusten einer steuerjuristischen Person auf beteiligte natürliche Personen mit positiven Einkünften ist bei unbeschränkt haftenden Anteilseignern innerhalb eines Veranlagungszeitraums möglich, nicht aber zum Beispiel bei GmbH-Gesellschaftern. Die degressive Abschreibung entfällt. Die steuerlichen Gewinnermittlungsvorschriften sollen im Rahmen eines noch nicht vorliegenden Steuerbilanzrechts präzisiert werden, das die Entstehung stiller Reserven weitest gehend verhindern soll.

404. Das von P. Kirchhof vorgelegte „Einkommensteuergesetzbuch" weist die zuvor beschriebenen Vorteile einer *flat tax* mit integrierter Unternehmensbesteuerung auf. Der niedrige Steuersatz von 25 vH für steuerjuristische Personen trägt zu einer erheblichen Verbesserung der steuerlichen Standortbedingungen bei. Rechtsformneutralität wird für Personengesellschaften und Kapitalgesellschaften erreicht, nicht aber im Hinblick auf Einzelunternehmen. Neutralität bei den Finanzierungsentscheidungen ist weit gehend gewährleistet und wird nur durch die Besteuerung der Gewinne aus der Veräußerung von Anteilen an steuerjuristischen Personen gestört. Die Kosten der Steuererhebung – Steuervollzugskosten, Steuergestaltungskosten und auch die Zusatzlasten – werden erheblich reduziert; das Steuerrecht wird stark vereinfacht.

Im abgelaufenen Wahlkampf wurde das Kirchhof-Modell von Politikern der SPD, der Grünen und der Partei „Die Linke" vor allem unter Hinweis auf die nachteiligen Verteilungswirkungen mit zum Teil unsachgemäßen Vorwürfen kritisiert. Nach anfänglicher Euphorie äußerten sich auch Politiker von CDU/CSU und FDP sehr zurückhaltend zu den Umsetzungschancen einer *flat tax*. Auch wenn das Kirchhof-Modell weitaus besser ist als sein derzeitiger Ruf, ist wegen der damit verbundenen hohen Steuerausfälle und der kritisierten Verteilungswirkungen davon auszugehen, dass eine Realisierung auf absehbare Zeit so gut wie ausgeschlossen ist.

Kasten 10

Die steuerpolitischen Vorschläge der Parteien

Die politischen Parteien haben ihre steuerpolitischen Vorstellungen in einer Reihe von Programmen und Konzepten vorgelegt. Am aktuellsten sind die in den jeweiligen Wahlprogrammen beschriebenen Vorstellungen zur Steuerpolitik. Nur diese werden hier erläutert und kommentiert. Eine Koalitionsvereinbarung zur Steuerpolitik liegt gegenwärtig noch nicht vor.

– **„Regierungsprogramm" von CDU/CSU**

Nach den Vorstellungen von **CDU/CSU** soll die Einkommens- und Unternehmensbesteuerung in mehreren Schritten reformiert werden. Zum 1. Januar 2006 sollen zunächst Steuerschlupflöcher geschlossen und Steuersparmodelle abgebaut werden. Im Bereich der Unternehmensbesteuerung wird die Besteuerung von Beteiligungsveräußerungen von Kapitalgesellschaften erhöht. Diese Maßnahme wäre im geltenden Körperschaftsteuerrecht nicht nur unsystematisch, sie würde auch weitgehend ins Leere laufen, wenn nicht gleichzeitig auch an Kapitalgesellschaften fließende Dividenden verstärkt besteuert würden. Wegen der resultierenden Kaskadeneffekte wäre beides mit dem Ziel einer Senkung der Unternehmenssteuerbelastung nicht vereinbar. Zum 1. Januar 2007 sind unter Beibehaltung des linear-progressiven Einkommensteuertarifs eine Senkung des Eingangssteuersatzes auf 12 vH und des Spitzensteuersatzes auf 39 vH geplant. Zugleich werden eine Abgeltungssteuer auf Kapitaleinkünfte eingeführt, der Körperschaftsteuersatz auf 22 vH gesenkt und die degressive durch lineare Abschreibungen ersetzt. Eine Stärkung der Investitionstätigkeit ist davon kaum zu erwarten. Die isolierte Einführung einer Abgeltungssteuer und die Abschaffung der degressiven Abschreibungen erhöhen die Kapitalkosten von Realinvestitionen, die durch die mäßige Senkung des Körperschaftsteuersatzes nicht kompensiert werden. An der Gewerbesteuer soll im Gegensatz zu früheren Plänen jetzt doch festgehalten werden. Zu einem nicht näher bezeichneten Zeitpunkt im Laufe der neuen Legislaturperiode soll dann ein neues Steuergesetzbuch für Einkommensteuer und Unternehmensteuer verabschiedet werden. Dabei soll auch die Einführung einer „Kapitalrenditesteuer" geprüft werden. Ziel ist eine rechtsform- und finanzierungsneutral ausgestaltete Reform der Unternehmensbesteuerung, die auch im internationalen Wettbewerb bestehen kann.

Die Kapitalrenditesteuer geht zurück auf einen aktuellen Vorschlag des Hessischen Ministeriums der Finanzen. Kernelemente dieses Besteuerungskonzepts sind eine Kapitalabgeltungssteuer für private Kapitalerträge wie Zinsen und Dividenden sowie eine Kapitalrenditesteuer auf eine mit 5 vH angesetzte Normalverzinsung des in den Steuerbilanzen der Unternehmen ausgewiesenen Eigenkapitals mit einem Steuersatz von jeweils 17 vH. Darüber hinausgehende Gewinne unterliegen der regulären Einkommen- oder Körperschaftsteuer. Damit wird der synthetische Einkommensteuerbegriff aufgegeben und letztlich eine duale Einkommensteuer vorgeschlagen, die den Vorschlägen des Sachverständigenrates sehr nahe kommt.

– **Vorschläge der FDP**

Von den Parteien hat die **FDP** die präzisesten steuerpolitischen Reformvorschläge vorgelegt. Zur Einkommensbesteuerung liegt ein ausformulierter Gesetzentwurf vor. Im Vordergrund steht hier ein Stufentarif mit Grenzsteuersätzen von 15 vH, 25 vH und 35 vH oberhalb eines Grundfreibetrags. Längerfristig strebt die FDP allerdings eine *flat tax* an, die wegen der hohen Steuerausfälle kurzfristig nicht für realisierbar gehalten wird. Vorschläge zur Unternehmensbesteuerung finden sich in ergänzenden Beschlüssen. Als einzige Partei will die FDP die Gewerbesteuer abschaffen und durch ein kommunales Zuschlagsmodell zur Einkommen- und Körperschaftsteuer ersetzen und mit einer Anhebung des Gemeindeanteils an der Umsatzsteuer kombinieren. Zugleich wird für einen nicht näher spezifizierten (aber vermutlich länger dauernden) Zeitraum bis zur Einführung einer *flat tax* die synthetische Einkommensteuer aufgegeben und zu einer dualen Einkommensteuer übergegangen, ohne dass dieser Begriff jedoch verwendet wird. Im FDP-Konzept wird zwischen unternehmerischen Einkünften, Zinseinkünften und nichtunternehmerischen Einkünften unterschieden. Unternehmerische Einkünfte sollen unabhängig davon, ob sie von Kapitalgesellschaften oder Personengesellschaften und Einzelunternehmen erwirtschaftet werden, einem progressiven Stufentarif mit Steuersätzen von 15 vH und 25 vH oberhalb eines Grundfreibetrags unterworfen werden. Rechtsformneutralität wird dadurch allerdings nicht erreicht, da etwa bei Personengesellschaften und Einzelunternehmern, nicht aber bei Kapitalgesellschaften ein Verlustausgleich mit anderen Einkunftsarten vorgesehen ist, und da eine Übertragung des Grundfreibetrags für natürliche Personen auf Kapitalgesellschaften keinen Sinn ergibt. Auch lässt sich bei Kapitalgesellschaften ein progressiver Steuertarif nicht begründen. Ausschüttungen sind von der Kapitalgesellschaft generell mit 25 vH zu versteuern, unterliegen dann beim Anteilseigner aber keiner weiteren Steuerpflicht. Zu dieser Dividendenfreistellung passt nicht, dass Veräußerungsgewinne generell, also auch Gewinne aus der Veräußerung von Kapitalgesellschaftsanteilen, steuerpflichtig werden sollen. Für Zinseinkünfte wird eine Abgeltungssteuer von 25 vH eingeführt. Bei einer progressiven Besteuerung von unternehmerischen Einkünften ist dann allerdings keine Finanzierungsneutralität gewährleistet. Nichtunternehmerische Einkünfte werden mit dem progressiven Stufengrenzsatztarif mit Steuersätzen von 15 vH, 25 vH und 35 vH oberhalb des Grundfreibetrags besteuert. Angestellte Rechtsanwälte oder Makler werden also in der Spitze mit 35 vH besteuert, vergleichbare freiberuflich oder gewerblich tätige Personen aber nur mit 25 vH. Mögliche Ausweichreaktionen drängen sich geradezu auf.

Festhalten lässt sich somit, dass die FDP zwar im Vergleich zu den anderen Parteien über ein sehr viel präziseres und überzeugenderes Konzept zur Unternehmensbesteuerung verfügt, dass aber auch hier noch ein erheblicher Klärungsbedarf besteht.

– Wahlmanifest der SPD

Die Ausführungen zur Besteuerung im Wahlmanifest der **SPD** sind wenig überzeugend. Im Bereich der Einkommensteuer soll der Steuersatz für zu versteuernde Einkommen ab 250 000 Euro/500 000 Euro für Ledige/Verheiratete von 42 vH auf 45 vH angehoben werden, nachdem die rot-grüne Bundesregierung den Spitzensteuersatz im Jahr 2005 von 45 vH auf 42 vH reduziert hatte. Bei der Unternehmensbesteuerung werden an konkreten Maßnahmen eine aufkommensneutrale Senkung des Körperschaftsteuersatzes von 25 vH auf 19 vH angekündigt sowie die Anhebung der pauschalierten Anrechnung der Gewerbesteuer auf die Einkommensteuer auf das 2,0-fache des Gewerbesteuermessbetrags. Dies entspricht den auf dem Job-Gipfel zwischen der Regierung und der CDU/CSU vereinbarten Beschlüssen. Angestrebt wird außerdem eine rechtsform- und finanzierungsneutrale Unternehmenssteuer mit einheitlicher Besteuerung der Betriebe. Zu vermuten ist, dass sich dahinter die alte Idee einer für alle Unternehmen einheitlichen Betriebsteuer verbirgt (Jacobs, 2002, 101 ff.).

Festzuhalten ist, dass die Koalitionsregierung aus SPD und Bündnis 90/Die Grünen während ihrer Regierungszeit mutige Steuersatzsenkungen bei der Einkommensteuer und eine vom Sachverständigenrat als positiv bewertete Systemumstellung bei der Körperschaftsbesteuerung vorgenommen hat. Außerdem sollten mit dem Steuervergünstigungsabbaugesetz und dem Haushaltsbegleitgesetz in den Jahren 2003 und 2004 viele Ausnahmetatbestände im Steuerrecht beseitigt werden. Dies wurde damals vom unionsdominierten Bundesrat zu großen Teilen verhindert. Im Hinblick auf die Unternehmensbesteuerung haben die früheren Minister Clement und Eichel den Sachverständigenrat beauftragt, die Details der im Jahresgutachten 2003/04 vorgeschlagenen Dualen Einkommensteuer auszuarbeiten.

Von **Bündnis 90/Die Grünen** und der Partei **Die Linke** liegen keine Vorschläge im Bereich der Unternehmensbesteuerung vor.

Das Konzept der Stiftung Marktwirtschaft

405. Im Auftrag der Stiftung Marktwirtschaft arbeitet eine Kommission „Steuergesetzbuch" an einer umfassenden Reform des deutschen Steuersystems, die auch eine Neuordnung der Unternehmensbesteuerung einschließt. Die steuerpolitischen Vorstellungen der Kommission sind bislang nicht im Detail bekannt und scheinen auch einem schnellen Wandel zu unterliegen. Nachdem noch am 15. Juni 2005 unterschiedliche Optionslösungen zur Integration von Körperschaftsteuer und Einkommensteuer vorgestellt wurden, präsentierte die Kommission am 22. September 2005 das Konzept einer Allgemeinen Unternehmenssteuer, das keinerlei Optionsmöglichkeit mehr vorsieht. Neben der Allgemeinen Unternehmenssteuer wurde am 29. September 2005 eine Vier-Säulen-Lösung für eine Reform der Kommunalfinanzen vorgestellt.

406. Die vorgeschlagene **Neuordnung der Kommunalfinanzen** sieht eine Abschaffung der Gewerbesteuer und ihren in etwa aufkommensneutralen Ersatz durch ein aus vier Säulen bestehendes

Kommunalsteuersystem mit Hebesatzrecht vor. Eine kommunale Unternehmensteuer greift auf die Bemessungsgrundlage der Allgemeinen Unternehmensteuer zu. Ihr unterliegen sämtliche in einer Gemeinde ansässigen Wirtschaftenden, also auch Freiberufler und Selbständige. Der kommunale Zuschlagssatz soll in einer Größenordnung von 6 vH bis 8 vH liegen. Als zweite Säule ist eine Bürgersteuer als Ersatz für die derzeitige Beteiligung der Gemeinden an der Einkommensteuer in Höhe von 15 vH vorgesehen. Steuersubjekte sind alle Einwohner einer Gemeinde; Bemessungsgrundlage ist das zu versteuernde Einkommen. Die Kommunen sollen ein beschränktes Hebesatzrecht bekommen. Daneben erhalten die Betriebsstätten-Gemeinden einen Anteil von 2 vH an den in einer Betriebsstätte sowie Schulen und Behörden gezahlten Löhnen. Diese Zahlung kann mit der allgemeinen Lohnsteuerschuld verrechnet werden, so dass keine zusätzlichen Belastungen entstehen. Als vierte Säule schließlich soll die Grundsteuer entsprechend den von den Bundesländern Bayern und Rheinland-Pfalz vorgelegten Vorschlägen vereinfacht und aufkommensneutral umgestaltet werden. Ein Gesetzentwurf und detaillierte Modellrechnungen sollen demnächst vorgelegt werden.

Das Konzept der Stiftung der Marktwirtschaft zur Neuordnung der Kommunalfinanzen wird vom Sachverständigenrat unterstützt. Im Grundsatz entspricht es den Überlegungen des Sachverständigenrates zum Ersatz der Gewerbesteuer (JG 2001 Ziffern 374 ff.).

407. Die **Allgemeine Unternehmensteuer** sieht eine einheitliche Besteuerung aller Unternehmen unabhängig von der Rechtsform vor. Personenunternehmen unterliegen also denselben Besteuerungsregeln wie Kapitalgesellschaften. Bei Thesaurierung soll die sich aus der Allgemeinen Unternehmensteuer sowie aus der kommunalen Unternehmensteuer ergebende Gesamtbelastung zwischen 25 vH und 30 vH liegen. Bei Ausschüttungen oder Entnahmen werden $^{34}/_{63}$ der ausgeschütteten oder entnommenen Gewinne der persönlichen Einkommensteuer einschließlich der kommunalen Bürgersteuer unterworfen. Bei Anwendung des Spitzensteuersatzes ergibt sich dann eine Gleichbelastung von Einkünften im unternehmerischen und nicht-unternehmerischen Bereich. Im Kern handelt es sich also um eine duale Einkommensteuer, die zwischen einer Besteuerung von **Unternehmen** und **Unternehmern** unterscheidet. Eine noch zu präzisierende Kleinunternehmerregelung mit wie bisher transparenter Besteuerung soll den Besonderheiten von Einzelunternehmen und Personengesellschaften mit geringen Gewinnen Rechnung tragen.

Das Konzept einer Allgemeinen Unternehmensteuer ist – auch nach dem Selbstverständnis der Steuerreformkommission der Stiftung Marktwirtschaft – nicht mit der Beibehaltung der geltenden Gewerbesteuer vereinbar. Eine Bewertung der Allgemeinen Unternehmensteuer findet sich im Anschluss an die Darstellung der vom Sachverständigenrat favorisierten Dualen Einkommensteuer.

Die Duale Einkommensteuer des Sachverständigenrates

408. Gemeinsam mit Steuerexperten des Max-Planck-Instituts (MPI) für Geistiges Eigentum, Wettbewerbs- und Steuerrecht, München, und dem Zentrum für Europäische Wirtschaftsforschung (ZEW), Mannheim, arbeitet der Sachverständigenrat an einer Konkretisierung und Ergänzung der im Jahresgutachten 2003/04 vorgeschlagenen Dualen Einkommensteuer. Diese Studie – mit ausführlichen Berechnungen zu den investitionsrelevanten Kapitalkosten und effektiven Steuerbelastungen sowie ausformulierten Gesetzestexten für die zu ändernden Steuernormen – wird zu Beginn des Jahres 2006 vorgelegt.

Der Vorschlag von Sachverständigenrat, MPI und ZEW – im Folgenden vereinfachend: Sachverständigenrat – zur Reform der Einkommens- und Unternehmensbesteuerung zielt auf die Realisierung von Standortattraktivität und Entscheidungsneutralität ab. Er ist unter der Nebenbedingung formuliert, dass die Abweichungen zum geltenden Steuerrecht möglichst gering gehalten werden. Konkret wird insbesondere am Dualismus von Körperschaftsteuer für Kapitalgesellschaften und Einkommensteuer für Personengesellschaften und Einzelunternehmen festgehalten. Eine weitere Nebenbedingung ist, dass sich Personenunternehmen unter der Dualen Einkommensteuer gegenüber der geltenden Einkommensbesteuerung nicht verschlechtern. Schließlich sollen die mit der Steuerreform einhergehenden Steuermindereinnahmen begrenzt werden.

Bei Beibehaltung der geltenden Gewerbesteuer lassen sich die Ziele einer Unternehmensteuerreform, insbesondere Entscheidungsneutralität, nicht erreichen. Die Gewerbesteuer sollte abgeschafft werden. Als Ersatz bietet sich das von der Stiftung Marktwirtschaft vorgelegte Konzept für die Kommunalfinanzen an. Die vom Sachverständigenrat vorgeschlagene Duale Einkommensteuer lässt sich allerdings auch bei Beibehaltung der Gewerbesteuer erreichen, wenngleich mit Abstrichen beim Ausmaß der Zielerreichung.

Der wesentliche konzeptionelle Unterschied zum Steuerreformkonzept der Stiftung Marktwirtschaft besteht darin, dass steuerlich nicht primär zwischen Unternehmen und Unternehmern unterschieden wird, sondern zwischen in bestimmter Weise definierten Kapitaleinkünften und den übrigen Einkünften.

409. Im Konzept des Sachverständigenrates werden als Kapitaleinkünfte eingestufte Einkommen mit einem einheitlichen Steuersatz von 25 vH belastet. Der Körperschaftsteuersatz beträgt ebenfalls 25 vH. Kapitaleinkommen werden also einheitlich mit 25 vH besteuert. Der Solidaritätszuschlag von 5,5 vH ist in diesem Steuersatz von 25 vH bereits enthalten. Der Steuersatz ohne Solidaritätszuschlag beläuft sich dann auf 23,70 vH [0,25 = 0,2370 (1 + 0,055)]. Eingeschlossen sind auch die (durchschnittlichen) Belastungen aus einer Kommunalsteuer. Zum Kapitaleinkommen zählen Zinsen, Ausschüttungen (Dividenden) von Kapitalgesellschaften sowie Gewinne aus der Veräußerung von Kapitalgesellschaftsanteilen, soweit diese aus „Übergewinnen" resultieren, und Gewinne von Personenunternehmen, die als „Normalgewinne" klassifiziert werden. Ferner zählen auch Einkünfte aus Vermietung und Verpachtung prinzipiell zum Kapitaleinkommen, was einerseits eine generelle Steuerpflicht von Gewinnen aus der Veräußerung von Immobilien mit Ausnahme der Hauptwohnung impliziert, andererseits zu einer Anwendung des Steuersatzes von 25 vH führt, soweit Einkünfte als „Normalgewinne" eingestuft werden. Die Steuer auf Zinsen, Dividenden und Veräußerungsgewinne kann als abgeltende Quellensteuer erhoben werden. Die übrigen Einkünfte – insbesondere Einkünfte aus nichtselbständiger Arbeit – unterliegen dem progressiven Einkommensteuertarif (T 2005). Die Normalgewinne ermitteln sich über eine „Normalverzinsung" des eingesetzten Kapitals, die sich am risikolosen Zins orientieren sollte, mit einem Zuschlag für die eingeschränkten Verlustverrechnungsmöglichkeiten. In Anlehnung an den steuerlichen Rechnungszins wird diese Normalrendite hier auf einen Wert von 6 vH fixiert. Die darüber hinaus gehenden Gewinne zählen zu den Übergewinnen. Diese beruhen auf nicht anderweitig entgoltenen Arbeitsleistungen der Unternehmer oder auf ökonomischen Renten.

Gegenüber dem im Jahresgutachten 2003/04 vorgestellten Steuerreformmodell wurden einige Modifikationen vorgenommen, die einmal auf eine Begrenzung der Steuerausfälle abzielen, andererseits aber auch die Anreize zur Umqualifikation von höher besteuerten Arbeitseinkünften in niedriger besteuerte Kapitaleinkünfte begrenzen. Wesentlich ist hier, dass das früher vorgeschlagene Dividendenfreistellungsverfahren aufgegeben wurde. Stattdessen unterliegen auf Übergewinne zurückzuführende Ausschüttungen und Veräußerungsgewinne in der modifizierten Form der Dualen Einkommensteuer einer zusätzlichen Besteuerung von 25 vH.

Besteuerung von Kapitalgesellschaften und ihrer Gesellschafter

410. Einbehaltene Gewinne unterliegen einer tariflichen Steuerbelastung von 25 vH. Bei der Ermittlung der körperschaftsteuerlichen Bemessungsgrundlage sind keine Änderungen zum geltenden Recht vorgesehen, so dass außer einer Änderung des Körperschaftsteuersatzes keine weiteren Anpassungen im Körperschaftsteuergesetz notwendig sind. Die Höhe des Körperschaftsteuersatzes hängt davon ab, ob an der Gewerbesteuer festgehalten wird oder ob es zu einer Neuordnung der Kommunalfinanzen kommt.

Die Besteuerung von Ausschüttungen unterscheidet zwischen „Normalgewinnen" und „Übergewinnen". Normalgewinne werden über eine „Normalverzinsung" des eingesetzten Kapitals ermittelt, die gesetzlich zu fixieren ist und gegenwärtig zwischen 5 vH und 7 vH liegen sollte. Die darüber hinausgehenden Gewinne werden als Übergewinne eingestuft. Als Normalgewinne klassifizierte Ausschüttungen bleiben beim Anteilseigner steuerfrei; es bleibt also bei der steuerlichen Vorbelastung mit 25 vH. Übergewinne unterliegen bei Ausschüttung hingegen einer zusätzlichen Besteuerung von 25 vH. Sie werden insgesamt mit 43,75 vH besteuert [$0{,}25 + 0{,}25\,(1 - 0{,}25) = 0{,}4375$]. Dies entspricht in etwa dem Spitzensatz der Einkommensteuer, der einschließlich Solidaritätszuschlag 44,31 vH beträgt [$0{,}4431 = 0{,}42\,(1 + 0{,}055)$]. Die annähernde Übereinstimmung des Spitzensatzes der Einkommensteuer und der Belastung von ausgeschütteten Übergewinnen begrenzt einerseits die Anreize, Arbeitseinkommen der Gesellschafter durch Vereinbarung niedriger Geschäftsführervergütungen auf die Gesellschaft zu übertragen. Das Problem verdeckter Einlagen besteht insoweit nicht. Andererseits bestehen auch keine Anreize, Gewinne der Kapitalgesellschaften durch überhöhte Zahlungen für schuldrechtliche Leistungen auf die Gesellschafter zu verlagern, so dass auch das Problem verdeckter Gewinnausschüttungen im Grundsatz nicht auftritt.

Veräußerungsgewinne unterliegen grundsätzlich der Besteuerung und werden analog zu Ausschüttungen behandelt. Die geltende Freistellung der Gewinne aus der Veräußerung von Beteiligungen an Kapitalgesellschaften, die unter 1 vH liegen und nicht als Spekulationsgewinne einzustufen sind, wird aufgehoben.

Die Besteuerung der Übergewinne bei Ausschüttungen und Veräußerungsgewinnen mit 25 vH kann wie die von Fremdkapitalzinsen in Form einer Abgeltungssteuer erfolgen, gegebenenfalls gekoppelt mit einem Veranlagungswahlrecht.

411. Ein Beispiel illustriert, dass die Anreize zur Umqualifikation von Arbeitseinkommen in Gewinneinkommen begrenzt sind. Angenommen, ein Gesellschafter reduziert sein jährliches Geschäftsführergehalt um 100 000 Euro, so dass der Gewinn der Kapitalgesellschaft um diesen Betrag ansteigt. Dies führt zu einer zusätzlichen Belastung mit Körperschaftsteuer von 25 000 Euro. Wird der verbleibende Betrag von 75 000 Euro von der Kapitalgesellschaft für fünf Jahre zum Marktzins von 6 vH angelegt, können nach Ablauf der fünf Jahre 93 463,65 Euro [= 75 000 x $(1 + 0{,}06 (1 - 0{,}25))^5$] ausgeschüttet werden. Da die Ausschüttungen als Übergewinne einzustufen sind, unterliegen sie einer zusätzlichen Besteuerung von 25 vH. Dem Gesellschafter verbleibt ein Nettobetrag von 70 097,73 Euro [= 93 463,659 (1 - 0,25)]. Hätte er hingegen ein um 100 000 Euro höheres Geschäftsführergehalt bezogen, wäre darauf Einkommensteuer fällig gewesen. Bei einem Steuersatz von angenommenen 43,75 vH verbliebe ein Nettoeinkommen von 56 250 Euro [= 100 000 (1 - 0,4375)]. Bei fünfjähriger Anlage zum Nettozinssatz von 4,5 vH [0,045 = 0,06 (1 - 0,25)] ergibt sich wiederum ein Betrag von 70 097,73 Euro [= 56 250 $(1{,}045)^5$].

Unterliegt das Geschäftsführergehalt hingegen dem Spitzensteuersatz von 44,31 vH (einschließlich Solidaritätszuschlag), ergäbe sich ein geringeres Nettoeinkommen von 69 399,87 Euro [= 100 000 (1 - 0,4431)$(1{,}045)^5$]. Durch Vereinbarung eines unangemessen niedrigen Gehalts ließe sich in diesem Fall ein bescheidener Vermögensvorteil von 697,86 Euro erzielen. Ein solcher Vorteil entstünde auch dann, wenn die Kapitalgesellschaft mit dem auf sie übertragenen Betrag eine über dem Marktzins liegende rentierliche Investitionsmöglichkeit hätte. Insofern könnte bei Gesellschafter-Geschäftsführergehältern eine Angemessenheitskontrolle entsprechend der Regelung des § 1 Außensteuergesetz vorgenommen werden. Danach sind die Einkünfte auch im Fall unangemessen niedriger Leistungsvergütungen an den Gesellschafter, deren Korrektur nach geltendem Recht unterbleibt, so anzusetzen, wie sie unter den zwischen unabhängigen Dritten vereinbarten Bedingungen ausgefallen wären.

412. Die bislang beschriebene Form der Besteuerung gewährleistet, dass einbehaltene und ausgeschüttete Gewinne gleich behandelt werden, sofern die Ausschüttungen (oder Gewinne aus der Veräußerung von Kapitalgesellschaftsanteilen) auf Normalgewinnen beruhen. Die Besteuerung von ausgeschütteten Übergewinnen ist im Hinblick auf die Investitionsentscheidungen unschädlich. Auch im Hinblick auf die Fremdfinanzierung besteht Belastungsgleichheit, so dass Finanzierungsneutralität für die „Grenzinvestition" (die gerade die Normalverzinsung erwirtschaftet) erreicht ist.

Um Finanzierungsneutralität für die „Grenzinvestition" in reiner Form zu realisieren, muss die Besteuerung von Ausschüttungen und Veräußerungsgewinnen beim Anteilseigner erfolgen. Die Steuerfreistellung der Normalgewinne erfordert dann eine Fortschreibung der Anschaffungskosten der Beteiligung, die mit zusätzlichen Aufzeichnungspflichten verbunden ist. Will man diesen administrativen Aufwand vermeiden, kann man die Gewinnspaltung in Normal- und Übergewinne auch auf Kapitalgesellschaftsebene vornehmen. Dann nähert man sich auch auf Unternehmensebene dem vom Hessischen Finanzministerium vorgelegten Modell einer Kapitalrenditesteuer an (Kasten 10). Der „Preis" für die Vereinfachung besteht in Abstrichen bei der Erreichung der Finanzierungsneutralität.

413. Tabelle 27 illustriert die Besteuerung von Sofortausschüttungen beim Anteilseigner unter den Annahmen einer rechnerischen Normalverzinsung von 6 vH (Zeile 3) und einer Rendite von 15 vH (Zeile 2) auf das eingesetzte Eigenkapital von 100 Euro (Zeile 1). Die aus der Normalverzinsung resultierende Ausschüttung (nach Körperschaftsteuer) bleibt steuerfrei (Zeile 6), während die auf Übergewinne zurückzuführenden Ausschüttungen (Zeile 7) einer zusätzlichen Besteuerung unterliegen. Die ausgeschütteten Übergewinne werden einer abschließenden Quellenbesteuerung mit ebenfalls 25 vH unterworfen (Zeile 8). Die steuerliche Gesamtbelastung der Gewinne liegt in diesem Beispiel dann bei 36 vH (Zeile 9). Mit zunehmendem Anteil der Übergewinne konvergiert diese Belastung gegen 43,75 vH.

Tabelle 27

**Duale Einkommensteuer:
Besteuerung bei Sofortausschüttung**

Euro

(1)	Eigenkapital	100	
(2)	Gewinn[1]	15	Unter-
(3)	„Normalgewinn"[2]	6	nehmens-
(4)	„Übergewinn"	9	ebene
(5)	Körperschaftsteuer:		
	25 vH auf (2)	3,75	
(6)	Steuerfreie Ausschüttung:		
	6*(1-0,25)	4,50	
(7)	Steuerpflichtige Ausschüttung:		
	9*(1-0,25)	6,75	Anteils-
(8)	Einkommensteuer:		eigner
	25 vH auf (7)	1,69	
(9)	Gesamtbelastung in vH:		
	[(5) + (8)] / (2)	36	

1) Eigenkapitalrendite 15 vH. – 2) Normalverzinsung 6 vH.

414. Bei Gewinnthesaurierung müssen die Anschaffungskosten einer Beteiligung an einer Kapitalgesellschaft um die nicht ausgeschütteten Normalgewinne fortgeschrieben werden, wenn eine Doppelbelastung dieser Gewinnbestandteile vermieden werden soll. Zur Illustration sei in Fortführung des Beispiels vereinfachend unterstellt, dass Gewinne im Jahr 1 vollständig thesauriert werden und die Beteiligung am Ende des Jahres 2 aufgelöst wird (Tabelle 28, Seite 280). Auf Unternehmensebene werden Gewinne von Kapitalgesellschaften wieder generell mit 25 vH besteuert. Am 31. Dezember des Jahres 2 stehen bei Liquidation dann 123,77 Euro zur Ausschüttung zur Verfügung. Beim Anteilseigner werden in beiden Jahren die Anschaffungskosten der Beteiligung jeweils mit der Normalverzinsung nach Kapitaleinkommensteuer fortgeschrieben, so dass sich am Ende von Jahr 2 ein Beteiligungswert von 109,20 Euro ergibt, der zugleich dem steuerfreien Teil der Ausschüttung entspricht. Steuerpflichtig sind also nur die verbleibenden 14,56 Euro, die mit 25 vH versteuert werden. Diese spezielle Form der Dividendenbesteuerung ist investitionsneutral, verschafft dem Staat also verzerrungsfreie Einnahmen, falls die ausgeschütteten Übergewinne auf ökonomischen Renten beruhen.

415. Gewinne aus der Veräußerung von Beteiligungen an Kapitalgesellschaften unterliegen der Besteuerung – die Regelungen der §§ 17, 23 EStG werden aufgehoben – und werden analog zu Ausschüttungen behandelt, so dass es steuerlich gleichgültig ist, auf welchem Weg die Unternehmensgewinne den Anteilseigner erreichen.

Zur Verdeutlichung der steuerlichen Gleichbehandlung von Ausschüttungen und Gewinnen aus der Veräußerung von Kapitalgesellschaftsanteilen sei angenommen, dass die Beteiligung am Ende des Jahres 1 verkauft wird. Der Veräußerungspreis (P) soll sich dabei so bestimmen, dass der Verkäufer indifferent ist zwischen dem Halten der Beteiligung bis zur Liquidation am Ende des Jahres 2 oder dem Verkauf zum 31. Dezember des Jahres 1. Dann muss der Veräußerungspreis abzüglich der Steuer auf den Gewinn aus dem Verkauf der Beteiligung – dieser ermittelt sich als Differenz von Verkaufserlös und den in Jahr 1 fortgeschriebenen Anschaffungskosten – dem mit der Normalverzinsung nach Steuer diskontierten Wert der Netto-Ausschüttung bei Halten der Beteiligung entsprechen. Letzterer berechnet sich (gerundet) als

$$\frac{120{,}12}{1{,}0 + 0{,}06(1-0{,}25)} = 114{,}95.$$

Der Veräußerungspreis bestimmt sich dann über die Gleichung

$$P - (P - 104{,}50) \cdot 0{,}25 = 114{,}95.$$

Aufgelöst nach P erhält man

$$P = 118{,}44.$$

Die Steuer auf den Veräußerungsgewinn von 13,94 (= 118,44 – 104,50) Euro beläuft sich auf 3,48 Euro. Bei Anlage zum Normalzins und nach Versteuerung stimmt die aufgezinste Einkommensteuer auf den Veräußerungsgewinn in Höhe von 3,64 Euro mit dem Aufkommen aus der Besteuerung der Totalausschüttung (Zeile 10 in Tabelle 28) überein.

Tabelle 28

Duale Einkommensteuer: Besteuerung bei Gewinneinbehalt im Jahr 1 und Liquidation im Jahr 2
Euro, gerundete Angaben

		Jahr 1	Jahr 2	
(1)	Eigenkapital am 1.1.	100	111,25	
(2)	Gewinn	15	16,69	Unternehmens-
(3)	Körperschaftsteuer: 25 vH auf (2)	3,75	4,17	ebene
(4)	Gewinn nach Körperschaftsteuer	11,25	12,52	
(5)	Eigenkapital am 31.12.	111,25	123,77	
(6)	Anschaffungskosten der Beteiligung am 1.1.	100	104,50	
(7)	Normalverzinsung nach Steuern [0,06 * (1 - 0,25)] * (6)	4,50	4,70	
(8)	Fortgeschriebene Anschaffungskosten am 31.12.	104,50	109,20	
(9)	Ausschüttung vor Steuer	-	123,77	Anteilseigner
	(a) davon steuerfrei: (8)	-	109,20	
	(b) davon steuerpflichtig: (9) - (8)	-	14,56	
(10)	Einkommensteuer: 25 vH auf (9b)	-	3,64	
(11)	Netto-Ausschüttung	-	120,12	

Besteuerung von Personenunternehmen

416. Im Modell des Sachverständigenrates wird an einer transparenten Besteuerung von Personengesellschaften und Einzelunternehmen festgehalten. Allerdings wird auch in Personenunternehmen Kapital eingesetzt, dessen Erträge die Anwendung des Niedrigsteuersatzes rechtfertigt. Deshalb ist aus dem Gesamteinkommen eines Einzel- oder Mitunternehmers der Normalgewinn herauszurechnen und innerhalb der Tarifstruktur der Einkommensteuer mit dem pauschalen Kapitaleinkommensteuersatz von 25 vH zu belasten. Dies kann durch eine einfache Erweiterung des geltenden Einkommensteuertarifs um einen Proportionalbereich erreicht werden. In Bezug auf die Besteuerung des Normalgewinns wird also Rechtsformneutralität der Besteuerung hergestellt.

In Bezug auf Übergewinne wird bei Festhalten am Nebeneinander von Einkommensteuer und Körperschaftsteuer indes keine Rechtsformneutralität erreicht. Das hat aber zum einen den Vorteil, näher am geltenden Steuerrecht zu bleiben; zum anderen ist gewährleistet, dass Personenunternehmen sich unter einer Dualen Einkommensteuer nicht verschlechtern können. Wollte man eine umfassende Rechtsformneutralität der Besteuerung auch in Bezug auf Übergewinne erreichen, müsste die Besteuerung bei Personenunternehmen stets in Höhe des pauschalen Kapitaleinkommensteuersatzes von 25 vH erfolgen und bei Kapitalgesellschaften Ausschüttungen und Veräußerungsgewinne auf Ebene der Gesellschafter steuerfrei gestellt werden. Fiskalisch erscheint dies nicht tragbar und erfordert überdies eine systematisch kaum lösbare Aufteilung der Unternehmensgewinne in Kapital- und Arbeitseinkommen.

417. Für das modifizierte Konzept einer Dualen Einkommensteuer liegen noch keine Berechnungen zu den gesamtwirtschaftlichen Wirkungen vor. Radulescu (2005) hat allerdings die Effekte des Übergangs zu der vom Sachverständigenrat im Jahresgutachten 2003/04 vorgeschlagenen Dualen Einkommensteuer in einem dynamischen numerischen Gleichgewichtsmodell vom Ramsey-Typ durchgerechnet, das auf die im Jahr 2004 in Deutschland geltenden makroökonomischen Rahmendaten kalibriert wurde. Dieses Modell stellt die fortgeschrittenste Version innerhalb dieser Klasse dar.

Im Unternehmensbereich unterscheidet das Modell zwischen Kapitalgesellschaften und Personenunternehmen, die der Körperschaftsteuer beziehungsweise der Einkommensteuer unterliegen. Investitionsentscheidungen werden aus der Maximierung der Marktwerte der Unternehmen bei Vorliegen von Anpassungskosten hergeleitet. Modelliert werden steuerlich beeinflusste endogene Finanzierungsentscheidungen und internationale Portfolioinvestitionen. Ein repräsentativer privater Haushalt trifft nutzenmaximierende Anlage-, Konsum- und Arbeitsangebotsentscheidungen über den Lebenszyklus. Der Staat erhebt Körperschaftsteuern, Einkommensteuern und Mehrwertsteuern, mit denen Transfers finanziert werden. Das Modell wird durch Berücksichtigung von Marktgleichgewichtsbedingungen für nationale und internationale Transaktionen geschlossen. Simuliert wird dann der Übergang von der im Jahr 2004 geltenden Besteuerung zu unterschiedlichen Varianten einer dualen Einkommensteuer. Der staatliche Budgetausgleich wird durch Anpassungen des Mehrwertsteuersatzes sichergestellt. In einer Modellvariante wird – anders als vom Sachverständigenrat im Jahresgutachten 2003/04 vorgeschlagen – auch eine Dividendenbesteuerung unterstellt. Dies kommt dem in diesem Jahresgutachten präsentierten Vorschlag nahe. Deshalb werden hier die Ergebnisse des „Szenarios 2" referiert (Tabelle 29, Seite 282). Zu vermuten ist, dass analoge Berechnungen für die modifizierte Duale Einkommensteuer zu ähnlichen Ergebnissen führen.

Auch wenn numerische Gleichgewichtsmodelle zwangsläufig hoch stilisiert sind, vermitteln sie doch einen Eindruck von den zu erwartenden Größenordnungen von Steuerreformen. Es zeigt sich, dass die Einführung einer dualen Einkommensteuer langfristig positive Effekte auf das Bruttoinlandsprodukt, den Kapitalstock, das Arbeitsangebot, die Bruttolöhne und die verfügbaren Einkommen, den inländischen Konsum und die Wohlfahrt hat. Zur Gegenfinanzierung der mit dem Übergang zu einer dualen Einkommensteuer einhergehenden Aufkommensverluste muss der Mehrwertsteuersatz im neuen langfristigen Gleichgewicht um zwei Prozentpunkte auf 18 vH angehoben werden. Die Anpassungspfade zum neuen langfristigen Gleichgewicht verlaufen monoton; allerdings muss der Mehrwertsteuersatz während der Übergangsphase stärker angehoben werden.

Ähnlich positive Effekte einer dualen Einkommensteuer für Deutschland werden in einem dynamischen numerischen Gleichgewichtsmodell mit überlappenden Generationen von Fehr und Wiegard (2004) festgestellt.

Vorteile und Nachteile der Dualen Einkommensteuer

418. Die Vorteile der Dualen Einkommensteuer liegen auf der Hand: Sie gewährleistet Finanzierungsneutralität für die Grenzinvestition, weitgehend unabhängig von der Rechtsform. Durch die Ausweitung einer abgeltenden Quellenbesteuerung auf Fremdkapitalzinsen, Dividenden und Gewinne aus der Veräußerung von Kapitalgesellschaftsanteilen trägt sie in diesem Bereich auch zur Verminderung der Steuervollzugskosten bei. Auch die Steuergestaltungskosten nehmen ab, da Ausweichmöglichkeiten wegen der verbesserten Neutralitätseigenschaften reduziert werden. Schließlich eröffnet die Abkopplung der als Normalgewinne abgegrenzten Kapitaleinkommen von den übrigen Einkünften eine wesentlich größere steuerpolitische Flexibilität als alle anderen Steuerreformvorschläge. Die unterschiedliche Besteuerung von Kapitaleinkommen und übrigen

Einkünften trägt dem Sachverhalt Rechnung, dass der Faktor Kapital international wesentlich mobiler ist als andere Einkunftsarten und deshalb der nationalen Besteuerung leichter ausweichen kann. Aus Gründen der ökonomischen Effizienz sollten Kapitaleinkommen deshalb steuerlich schonender behandelt werden. Die steuerliche Standortattraktivität würde sich erheblich verbessern, ohne dass es zu nicht verkraftbaren Steuerausfällen käme. Auch im Hinblick auf eine anstehende Harmonisierung der Unternehmensbesteuerung auf europäischer Ebene weist die Duale Einkommensteuer Vorteile auf. Eine von den Kapitaleinkommen getrennte Besteuerung der übrigen Einkommen würde den Mitgliedstaaten wesentliche Bereiche ihrer Steuerautonomie und damit größere Spielräume für die nationale steuerliche Umverteilungspolitik lassen.

Tabelle 29

Langfristige Effekte eines Übergangs zu einer dualen Einkommensteuer

Änderungen in vH gegenüber dem Ausgangsgleichgewicht im Jahr 2004

Bruttoinlandsprodukt	5,8
Kapitalstock	10,4
Arbeitsangebot	3,0
Bruttolöhne	3,5
Verfügbares Einkommen	5,7
Inländischer Konsum	5,8
Wohlfahrt	
- in vH des Lebenseinkommens	1,4
- in vH des Bruttoinlandsprodukts	0,8

Nachrichtlich:
Erhöhung des Umsatzsteuersatzes zur Gegenfinanzierung: 2 Prozentpunkte auf 18 vH

Quelle: Radulescu (2005, 146, „Scenario 2")

419. Den Vorteilen einer dualen Einkommensteuer stehen auch Nachteile gegenüber. Jeder Schedulensteuer sind Anreize immanent, höher besteuerte Einkünfte in niedriger besteuerte umzuqualifizieren. Bei der skizzierten Variante der Dualen Einkommensteuer sind zwar die Anreize reduziert, Arbeitseinkommen als Kapitaleinkommen auszuweisen, aber es lohnt sich, die der Normalverzinsung unterliegenden Beteiligungswerte möglichst hoch auszuweisen. Diesen Gestaltungsanreizen kann mit den herkömmlichen Angemessenheitskontrollen der verdeckten Gewinnausschüttung und der verdeckten Einlage entgegengewirkt werden. Im Übrigen ergeben sich ganz ähnliche Abgrenzungsprobleme bei der Allgemeinen Unternehmenssteuer der Stiftung Marktwirtschaft. Die Fortschreibung der Beteiligungswerte an Kapitalgesellschaften bringt erhöhte Aufzeichnungserfordernisse mit sich. Sie sind sozusagen der Preis für die Gewährleistung von Finanzierungsneutralität bei gleichzeitiger Vermeidung hoher Steuerausfälle. Der Sachverständigenrat wird in dem genannten Gutachten auch Alternativen zur zuvor skizzierten Variante einer dualen Einkommensteuer vorlegen.

Ein weiterer Einwand gegen die Duale Einkommensteuer besteht in einer vermeintlichen Ungleichbehandlung der Einkunftsarten. Richtig ist, dass die steuerliche Belastung von Kapitaleinkommen im Rahmen der Dualen Einkommensteuer geringer ist als die Spitzenbelastung von Arbeitseinkommen; für die durchschnittliche Steuerbelastung von Arbeits- und Kapitaleinkommen muss dies keineswegs gelten. Im Übrigen ist a priori nicht ganz klar, wann zwei Sachverhalte wirklich steuerlich gleich sind (JG 2003 Ziffern 599 ff.). Zu berücksichtigen ist ferner, dass Sach- und Finanzkapital zusätzlich der Erbschaftsbesteuerung unterliegen. In Ergänzung einer Dualen Einkommensteuer müssten sämtliche Vermögensformen konsequenter Weise auch bei der Erbschaftsteuer gleich behandelt werden. Die progressive Belastung des Vermögens im Rahmen der Erbschaftsteuer kann dann als Ausgleich für die geringere und proportionale Belastung der Kapitaleinkünfte unter der Dualen Einkommensteuer angesehen werden.

Allerdings trifft es durchaus zu, dass die Duale Einkommensteuer eine starke Betonung auf Effizienzaspekte legt. Das fügt sich nahtlos in eine Politik ein, die Wachstum und Arbeitsplätze in den Vordergrund stellt.

Ein Vergleich der Steuerreformkonzepte des Sachverständigenrates und der Stiftung Marktwirtschaft

420. Ausgangspunkt einer vergleichenden Würdigung der Reformkonzepte des Sachverständigenrates und der Stiftung Marktwirtschaft ist der Umstand, dass der Sachverständigenrat eine Verbesserung der steuerlichen Rahmenbedingungen für Investitionen in Deutschland durch gezielte Veränderungen der geltenden Rechtslage anstrebt. Demgegenüber ist das Konzept der Stiftung Marktwirtschaft auf eine Totalreform des Einkommensteuer- und Körperschaftsteuerrechts einschließlich einer Neuordnung der Kommunalsteuern angelegt. Ein zweiter zentraler Unterschied besteht darin, dass das Modell der Stiftung Marktwirtschaft zu einer generellen Entlastung von **Unternehmenserträgen** führt, während die Duale Einkommensteuer des Sachverständigenrates auf eine gleich hohe Entlastung von **Kapitalerträgen** innerhalb und außerhalb von Unternehmen zielt.

Gemeinsame Grundlage für beide Reformkonzepte ist das Ziel, für Körperschaften einen international wettbewerbsfähigen Steuersatz von etwa 25 vH (einschließlich Gewerbesteuer oder einer neuen unternehmensbezogenen Kommunalsteuer) zu realisieren. Die im Wahlkampf geführte Diskussion über die *flat tax* und das „Kirchhof-Modell" hat gezeigt, dass die Einführung eines generellen Niedrigsteuersatzes für sämtliche Steuerpflichtige und Einkunftsarten derzeit keine realistische Perspektive darstellt. Dies bedeutet, dass es in Zukunft einen Dualismus zwischen einem niedrigen einheitlichen Steuersatz von etwa 25 vH für Unternehmenseinkünfte oder Kapitalerträge einerseits und einer gewöhnlichen progressiven Besteuerung von anderen Einkünften, vor allem von Arbeitseinkommen, geben wird. Insoweit besteht Übereinstimmung zwischen Sachverständigenrat und Stiftung Marktwirtschaft.

421. Bei der Stiftung Marktwirtschaft werden **Unternehmen** mit dem günstigen Niedrigsteuersatz belastet. Unternehmen gleich welcher Rechtsform sollen in Zukunft auf ihre Gewinne einer niedrigen Gesamtsteuerbelastung von 25 vH bis 30 vH unterliegen. Der Sachverständigenrat hält diesen Ansatz für problematisch, weil er zu Ungleichbehandlungen und Manipulationen führen kann. Dies sei an zwei Beispielen verdeutlicht. Erstens: Der selbständige Rechtsanwalt ist „Unternehmer" und kann im Modell der Stiftung Marktwirtschaft den niedrigen einheitlichen Steuersatz in Anspruch nehmen, der angestellte Rechtsanwalt kann dies nicht. Zweitens: Das Halten von Fremdkapitaltiteln in einer GmbH ist traditionell „unternehmerisch" und wäre daher begünstigt, das Halten von Fremdkapitaltiteln als Einzelperson wäre dies nicht. Schließlich würde es nach dem Modell der Stiftung Marktwirtschaft zu Belastungsunterschieden kommen, je nachdem, ob ein Unternehmen mit eigenem oder fremdem Kapital arbeitet.

Der Sachverständigenrat setzt beim Produktionsfaktor **Kapital** an. Investitionen im Inland sollen begünstigt werden. Dabei darf es nicht darauf ankommen, ob Kapital in Kapitalgesellschaften (AG, GmbH) oder Personenunternehmen (OHG, KG, Gesellschaft bürgerlichen Rechts, stille Gesellschaft, Einzelunternehmen) eingesetzt wird. Es soll steuerlich auch gleichgültig sein, ob Investitionen durch Aufnahme von Eigenkapital (Ausgabe neuer Aktien an der Börse, Nachschüsse von Gesellschaftern oder Einzelkaufleuten) oder von Fremdkapital (Aufnahme von Darlehen, Ausgabe von Schuldverschreibungen) finanziert werden.

422. In der praktischen Durchführung zeigt sich der erste Unterschied zwischen den Modellen des Sachverständigenrates und der Stiftung Marktwirtschaft bei der Besteuerung von **Kapitalgesellschaften**. Im Modell der Stiftung Marktwirtschaft wird der gesamte Gewinn einer Kapitalgesellschaft einem niedrigen einheitlichen Steuersatz von 25 vH bis 30 vH unterworfen. Die Dividende wird in einem zweiten Schritt nachbelastet. Der Steuerpflichtige kann daher durch Verlagerung von Arbeitskraft oder anderen Einkunftsquellen in eine Kapitalgesellschaft den niedrigen Steuersatz ausnutzen. Die Anreize zur Umqualifikation von Arbeitseinkommen in Gewinneinkünfte sind im Modell der Stiftung Marktwirtschaft wesentlich ausgeprägter als bei der Dualen Einkommensteuer des Sachverständigenrates.

Zur Illustration wird das Beispiel (Ziffer 411) für die von der Stiftung Marktwirtschaft vorgeschlagenen steuerlichen Regelungen fortgeführt. Unterstellt werden ein Steuersatz von 25 vH auf Unternehmensebene und der Spitzensteuersatz von 44,31 vH bei der Einkommensteuer (einschließlich Solidaritätszuschlag). Wie zuvor führt die Kapitalmarktanlage von 75 000 Euro nach fünf Jahren zu einer Ausschüttung von 93 463,65 Euro. Davon unterliegt ein Anteil von $^{34}/_{63}$ dem Spitzensteuersatz von 44,31 vH, so dass der Gesellschafter einer Kapitalgesellschaft einen Nettobetrag von 71 113,37 Euro vereinnahmt. Bei Bezug eines um 100 000 Euro erhöhten Geschäftsführergehalts ließe sich hingegen nur ein Nettoeinkommen von 65 637,04 Euro [= 100 000 (1 - 0,4431) (1,0 + 0,06(1-0,4431))^5] erzielen. Zu beachten ist dabei, dass Zinseinkünfte der privaten Haushalte dem Einkommensteuerspitzensatz von 44,31 vH unterliegen, während Zinseinkünfte von Kapitalgesellschaften nur mit dem Körperschaftsteuersatz von 25 vH besteuert werden.

Während sich im Modell des Sachverständigenrates durch Umwidmung von Arbeitseinkommen in Kapitalgesellschaftsgewinne ein Vermögensvorteil von 697,86 Euro realisieren lässt, steigt dieser bei vergleichbaren Steuersätzen im Modell der Stiftung Marktwirtschaft auf 5 476,34 Euro an. Bei längeren Thesaurierungszeiten würden die Unterschiede noch größer werden.

423. Ein zweiter wesentlicher Unterschied zwischen den Modellen des Sachverständigenrates und der Stiftung Marktwirtschaft besteht in der Behandlung von **Personenunternehmen**. Für die Stiftung Marktwirtschaft steht das Gebot der **Rechtsformneutralität** im Zentrum der Überlegungen. Es soll eine einheitliche Unternehmenssteuer geschaffen werden, die ohne Wahlmöglichkeit sowohl Kapitalgesellschaften als auch Personengesellschaften nach denselben Kriterien trifft. Früher diskutierte Optionsmodelle lehnt die Stiftung Marktwirtschaft zwischenzeitlich ab. Die Stiftung schlägt daher grundlegende Änderungen der Besteuerung von Personenunternehmen vor, die sich am Modell einer im Bundesfinanzministerium ausgearbeiteten „integrierten Gewinnsteuer" orientieren.

Demgegenüber möchte es der Sachverständigenrat bei der bewährten Besteuerung von Personenunternehmen nach dem Einkommensteuergesetz belassen. Mit einer einheitlichen Besteuerung aller Kapitalerträge steht das Ziel der **Finanzierungsneutralität** im Vordergrund.

424. Bisher werden Personenunternehmen in Deutschland „transparent" besteuert. Ihre Einkünfte werden unmittelbar den Gesellschaftern zugerechnet und bei diesen dem geltenden progressiven Einkommensteuertarif unterworfen. Der Gesellschafter kann persönliche und familienbezogene Freibeträge geltend machen sowie Verluste und Gewinne aus verschiedenen Einkunftsquellen miteinander verrechnen. Dabei soll es nach den Vorstellungen des Sachverständigenrates auch bleiben. Die Stiftung Marktwirtschaft stellt demgegenüber die Personengesellschaften den Kapitalgesellschaften gleich. Das bedeutet unter anderem Folgendes:

– Auch bei Personengesellschaften muss im Modell der Stiftung Marktwirtschaft künftig zwischen der „Unternehmenssphäre" und der „Gesellschaftersphäre" unterschieden werden. Das geht aber nur bei Gesellschaften mit „Gesamthandsvermögen", so dass man Sonderregeln für den Einzelunternehmer und (atypische) stille Gesellschaften schaffen muss.

– Auch bei Personengesellschaften sollen Entnahmen einer eigenständigen Nachbelastung unterworfen werden. Dies bringt erhebliche Komplizierungen für die Gesellschafter (zum Beispiel für sämtliche Partner freiberuflicher Gesellschaften) mit sich.

– Wendet man auf Personenunternehmen eine pauschale Unternehmenssteuer an, so können bei natürlichen Personen und ihren Familien personenbezogene Grund- und Freibeträge nicht mehr wahrgenommen werden. Auch kann (vor allem) für Bezieher kleiner und mittlerer Einkommen die Progressionszone bis zu 25 vH nicht mehr genutzt werden. Die Stiftung Marktwirtschaft möchte daher jährliche Entnahmen von bis zu 120 000 Euro aus der einheitlichen Unternehmenssteuer herausnehmen und der normalen Einkommensteuer unterwerfen. Dies ist ein Systembruch, der zu erheblichen Komplizierungen führen würde.

– Die Einführung einer eigenständigen Unternehmenssteuer bewirkt, dass Verluste in Personenunternehmen von den Steuerpflichtigen nicht mehr mit positiven Einkünften aus anderen Einkunftsarten verrechnet werden können. Gleiches gilt für Verluste außerhalb der Unternehmenssphäre, die nicht mehr mit unternehmerischen Gewinnen verrechenbar wären. Dies ist (ökonomisch und wohl auch verfassungsrechtlich) hoch problematisch. Daher wird in der Stiftung Marktwirtschaft diskutiert, dass Verluste zwischen der Unternehmenssphäre und der Sphäre des einzelnen Gesellschafters verschoben werden können, soweit der Gesellschafter diese „wirtschaftlich trägt". Erneut zeichnen sich erhebliche Komplizierungen ab.

– Die internationale Qualifikation von Personenunternehmen als Subjekte der Körperschaftsteuer oder einer einheitlichen Unternehmenssteuer kann dazu führen, dass Deutschland zur Neuverhandlung einer Vielzahl von Doppelbesteuerungsabkommen gezwungen ist. Dies hängt von schwierigen Problemen der Auslegung der bisherigen Abkommen ab.

425. Das Modell des Sachverständigenrates bleibt demgegenüber deutlich näher am bisherigen System. Eine einheitliche Unternehmenssteuer wird wegen der Vielgestaltigkeit der Personenunternehmen insbesondere im Hinblick auf ihre Tätigkeit (Freiberufler, Gewerbetreibende) und die

Haftungssituation der Beteiligten abgelehnt. Die geschilderten Komplizierungen bleiben dem Personenunternehmer erspart. Er genießt weiterhin die Vorzüge der transparenten Besteuerung.

Die einzige wesentliche Veränderung für Personenunternehmen im Modell des Sachverständigenrates liegt darin, dass die Normalverzinsung des eingesetzten Kapitals – wie bei jedem anderen Kapitaleinsatz – derselben Niedrigbesteuerung wie bei Kapitalgesellschaften unterliegt. Insoweit wird im Hinblick auf die Finanzierungsentscheidungen auch Rechtsformneutralität der Besteuerung gewährleistet. Dies bedeutet ferner, dass auch bei Personenunternehmen eine gesteigerte Zufuhr von Eigenkapital zu einer Erhöhung des begünstigten Betrags führt. Damit wird ein deutlicher Anreiz zu einer verstärkten Investition von Kapital in Personenunternehmen gesetzt. Die Niedrigbesteuerung der Kapitalverzinsung wird bruchlos in den progressiven Tarifverlauf eingefügt. Er kann nur zu Gunsten, aber nicht zum Nachteil der Personenunternehmen angewendet werden. Dabei muss nicht zwischen verschiedenen Arten von Personenunternehmen (Vermögenstragende Gesellschaften, stille Gesellschaften, Einzelunternehmen) unterschieden werden.

426. Vergleicht man die Wirkungen der „Unternehmenssteuer" im Modell der Stiftung Marktwirtschaft auf Personengesellschaften mit den Wirkungen der Dualen Einkommensteuer im Modell des Sachverständigenrates, so lässt sich sagen, dass im Modell der Dualen Einkommensteuer die Personengesellschaft sämtliche Vorteile der traditionellen transparenten Besteuerung genießt und darüber hinaus auf ihre Eigenkapitalverzinsung in Höhe der Normalrendite den günstigen Pauschalsteuersatz in Anspruch nehmen kann. Der Übergewinn, der diese Verzinsung überschreitet, unterliegt allerdings im Entstehungsjahr dem progressiven Einkommensteuertarif. Demgegenüber kann im Modell der Stiftung Marktwirtschaft der gesamte Gewinn, der in einem Personenunternehmen erzielt wird, zunächst dem niedrigen Unternehmenssteuersatz unterworfen werden. Es kommt allerdings bei der späteren Entnahme zu Konsumzwecken oder anderweitigen Investitionen zu einer substantiellen Nachbelastung. Der Sachverständigenrat spricht sich mit Rücksicht auf die vielfältige Durchlässigkeit zwischen der Personengesellschaft und ihren Gesellschaftern für die Beibehaltung der transparenten Besteuerung aus und verzichtet damit – wie die bisherige Gesetzeslage – auf vollständige Rechtsformneutralität.

427. Bei der Besteuerung von **Fremdkapitalentgelten** zeigt das Modell des Sachverständigenrates eindeutige Vorzüge. Fremdkapitalentgelte werden wie die Eigenkapitalverzinsung einer niedrigen Pauschalsteuer unterworfen. Diese sorgt dafür, dass es aus der Sicht des Anlegers nicht darauf ankommt, ob er Fremd- oder Eigenkapital zur Verfügung stellt (Finanzierungsneutralität). Eine verwaltungs- und bürgerfreundliche Abgeltungssteuer drängt sich damit geradezu auf. Im Modell der Stiftung Marktwirtschaft würde eine Abgeltungssteuer demgegenüber einen Fremdkörper darstellen, weil es sich hier nicht um „unternehmerische Einkünfte" handelt. Sollte sich die Stiftung gleichwohl für eine Abgeltungssteuer entscheiden – wofür vielfältige praktische Gründe sprechen –, hätte sie sich dem Modell des Sachverständigenrates deutlich angenähert.

Im Modell des Sachverständigenrates kann auch auf Dividenden sowie auf Veräußerungs- und Aktienkursgewinne eine Abgeltungssteuer erhoben werden. Fallen beim Gesellschafter Kosten oder persönliche Abzüge und Ähnliches an, so kann man ein Veranlagungswahlrecht vorsehen.

Das Modell der Stiftung Marktwirtschaft ist demgegenüber im Grundsatz auf eine Anwendung des individuellen Einkommensteuersatzes auf einen Teil der Ausschüttung angelegt.

428. Das von der Stiftung Marktwirtschaft favorisierte Modell einer Allgemeinen Unternehmenssteuer ist weder rechtsform- noch finanzierungsneutral. Solange in Bezug auf Kapitalgesellschaften und Personenunternehmen keine unterschiedslose Besteuerung erreicht wird und Zinsen – etwa auf Gesellschafterdarlehen – einer progressiven und damit gegebenenfalls auch niedrigeren Besteuerung im Vergleich zum Satz der Unternehmenssteuer unterliegen, wird zum einen das Ziel der Rechtsformneutralität verfehlt. Zum anderen wird – da die Unternehmenssteuer stets definitiv ist und Gewinnausschüttungen einer gemilderten Nachbelastung mit Einkommensteuer unterliegen – die Fremdkapitalfinanzierung gegenüber der Eigenkapitalfinanzierung von Unternehmen begünstigt. Damit kommt es auch zu einer Behinderung der Eigenkapitalbildung. Dagegen sichert die Duale Einkommensteuer des Sachverständigenrates wenigstens im Hinblick auf Normalgewinne oder die Grenzinvestition eine finanzierungs- und rechtsformneutrale Besteuerung von Unternehmen, was insoweit ein eindeutiger Vorteil ist.

429. Beide Steuerreformvorschläge sind der Frage ausgesetzt, ob eine Sonderbesteuerung bestimmter Einkünfte (unternehmerische Einkünfte bei der Stiftung Marktwirtschaft, Kapitaleinkommen bei der Dualen Einkommensteuer) verfassungsrechtlich zulässig ist. Die Rechtsprechung des Bundesverfassungsgerichtes enthält hierzu keinerlei Präjudiz. Die vielfach geäußerte Meinung, das Bundesverfassungsgericht verlange zwingend eine Gleichbehandlung der Einkunftsarten, trifft nicht zu. Das Bundesverfassungsgericht erlaubt eine Differenzierung, wenn der Gesetzgeber sachliche Gründe angeben kann und die Ausgestaltung einer Differenzierung folgerichtig umgesetzt wird. In der Vergangenheit hat das Gericht mehrfach grundlegende Systemumstellungen von Steuergesetzen akzeptiert (Umstellung der Umsatzsteuer von der Brutto- auf die Nettobelastung; Umstellung der Körperschaftsteuer von der Doppelbelastung auf das Anrechnungsverfahren).

Verfassungsrechtlich zwingend erscheint jedoch, natürlichen Personen eine Besteuerung nach dem **subjektiven Nettoprinzip** zu verschaffen, das heißt Grundfreibeträge und Familienabzüge zu erlauben. Das ist im Modell des Sachverständigenrates ohne weiteres gewährleistet, während das Modell der Stiftung Marktwirtschaft eine Durchbrechung der Sphärentrennung bei Personengesellschaften benötigt. Verfassungsrechtlich geboten durch das **objektive Nettoprinzip** erscheint auch der steuerrelevante Abzug von Erwerbsaufwendungen (einschließlich einer substantiellen Verlustverrechnung). Auch dies lässt sich im Modell des Sachverständigenrates problemlos verwirklichen, während das Modell der Stiftung Marktwirtschaft dazu eine Modifikation des Trennungsprinzips bei Personenunternehmen benötigt.

430. Zusammenfassend lässt sich feststellen:

– Die Reformmodelle sowohl des Sachverständigenrates als auch der Stiftung Marktwirtschaft verfolgen eine gezielte Entlastung von Unternehmenseinkommen. Dabei erscheint die systematische Erfassung von Kapitaleinkommen im Rahmen der Dualen Einkommensteuer die überlegene Lösung, um Investitionen im Inland anzuregen und Ungereimtheiten zu vermeiden.

- Das Modell des Sachverständigenrates kommt mit deutlich weniger Eingriffen in das geltende Steuerrecht aus als das Modell der Stiftung Marktwirtschaft, die mit der Allgemeinen Unternehmenssteuer eine neue Steuerart einführt.

- Bei Kapitalgesellschaften kommt das Modell der Stiftung Marktwirtschaft zu einer einheitlichen Begünstigung des Unternehmensgewinns, während das Modell des Sachverständigenrates im Ergebnis „nur" zu einer gezielten Begünstigung von Gewinnen in Höhe der Eigenkapitalverzinsung führt.

- Das Modell des Sachverständigenrates schafft weitgehende Finanzierungsneutralität und wirkt damit Gestaltungen entgegen. Es verzichtet über die Begünstigung von Gewinnen in Höhe der Eigenkapitalverzinsung hinaus auf Rechtsformneutralität und kann daher für Personengesellschaften die bewährten Rahmenbedingungen weiterführen. Das Modell der Stiftung Marktwirtschaft schafft eine umfassende Rechtsformneutralität, muss aber dafür die Besteuerung der Personenunternehmen komplett neu regeln. Ferner wird keine Finanzierungsneutralität gewährleistet; damit werden sämtliche Verwerfungen sowie Abgrenzungs- und Erhebungsschwierigkeiten der derzeitigen Besteuerung in Kauf genommen.

- Eine Abgeltungssteuer auf Zinsen, Dividenden und Veräußerungsgewinne (Aktienkursgewinne) lässt sich mit dem Modell des Sachverständigenrates leichter vereinbaren als mit dem der Stiftung Marktwirtschaft.

- Die Gewerbesteuer ist abzulösen. Die Reform der Unternehmenssteuern darf aber an diesem Punkt nicht scheitern. Mit dem Modell des Sachverständigenrates ist eine Beibehaltung der Gewerbesteuer eher vereinbar als mit dem Vorschlag der Stiftung Marktwirtschaft.

2. Gesetzentwürfe zur Reform der Erbschaftsteuer verfehlt

431. Auf dem so genannten Job-Gipfel vom 17. März 2005 haben die Bundesregierung und die CDU/CSU neben einer Senkung des Körperschaftsteuersatzes von 25 vH auf 19 vH auch eine Neuregelung der Besteuerung von Erbschaften und Schenkungen bei der Übertragung von unternehmerischen Vermögen beschlossen. Dazu haben die Bundesregierung und die CDU/CSU-Bundestagsfraktion jeweils einen „Entwurf eines Gesetzes zur Sicherung der Unternehmensnachfolge" vorgelegt, die beide auf einem Vorschlag des Freistaats Bayern basieren. Wegen der vorgezogenen Bundestagswahlen wurden die Gesetzesvorhaben nicht abgeschlossen. Es ist davon auszugehen, dass eine sich abzeichnende große Koalition das Gesetzgebungsverfahren zur Reform der Erbschaftsteuer in dieser Legislaturperiode einleiten wird.

Der Sachverständigenrat hält die vorgeschlagene Reform der Erbschaftsteuer für nicht zielführend. Sie trägt nicht oder nur sehr begrenzt zur Sicherung und Erhaltung von Arbeitsplätzen bei; auch unter Standortaspekten ist die Reform der Erbschaftsbesteuerung nicht vordringlich; eine weitere Begünstigung des Betriebsvermögens gegenüber anderen Vermögensanlagen ist nicht zu rechtfertigen; kleinere und mittlere Unternehmen würden sich entgegen der Intention der Gesetzentwürfe in vielen Fällen gegenüber den geltenden erbschaftsteuerlichen Regelungen verschlechtern; die in den Entwürfen vorgesehene Abgrenzung zwischen produktivem und nicht produktivem Vermögen ist ökonomisch wenig sinnvoll und lädt zu Gestaltungen ein; die wertmäßige Begrenzung für begünstigtes Betriebsvermögen ist willkürlich und weist keinerlei Bezug zum Mittelstand auf; die geplante unterschiedliche erbschaftsteuerliche Behandlung von Kapitalgesellschaftsanteilen je nach Beteiligungsgrad ist ebenfalls willkürlich und kaum mit dem verfassungsrechtlichen Gleichheitssatz des Artikels 3 Absatz 1 Grundgesetz vereinbar; die Reform steht in krassem Widerspruch zum Ziel einer Steuervereinfachung.

Die Reform der Erbschaftsbesteuerung sollte zurückgestellt und in eine vordringlich vorzunehmende Neuordnung der Kapitaleinkommensbesteuerung eingebunden werden. Dann könnte auch die noch ausstehende Entscheidung des Bundesverfassungsgerichtes über einen möglichen Verstoß des Erbschaft- und Schenkungsteuergesetzes gegen den Gleichheitssatz nach Artikel 3 Absatz 1 Grundgesetz berücksichtigt werden.

Erbschaftsteuerliche Begünstigung des Betriebsvermögens im geltenden Recht

432. Im geltenden Erbschaftsteuerrecht werden einige Vermögensgegenstände bei der Ermittlung der Bemessungsgrundlage, des „steuerpflichtigen Erwerbs", günstiger behandelt als andere (JG 2002 Ziffern 557 ff.). Der Bundesfinanzhof hält die gesetzlichen Regelungen über die Ermittlung der Bemessungsgrundlage sogar für verfassungswidrig und hat mit Beschluss vom 22. Mai 2002 dem Bundesverfassungsgericht das Erbschaft- und Schenkungsteuergesetz (ErbStG) zur Prüfung vorgelegt. Speziell die Begünstigungen des Betriebsvermögens werden als zu weitgehend und zum Teil gegen das Gleichbehandlungsgebot verstoßend beanstandet.

Bei der Begründung bezieht sich der Bundesfinanzhof auf
− die Ermittlung des Werts des inländischen Betriebsvermögens durch Übernahme der Steuerbilanzwerte nach § 12 Absatz 5 ErbStG in Verbindung mit Bestimmungen des Bewertungsgesetzes statt der regelmäßig höheren Verkehrswerte;
− den sachlichen Freibetrag in Höhe von 256 000 Euro nach § 13a Absatz 1 ErbStG (225 000 Euro seit dem Jahr 2004);
− den Bewertungsabschlag in Höhe von 40 vH (35 vH seit dem Jahr 2004) des nach Abzug des Freibetrags verbleibenden Betrags (§ 13a Abs. 2 ErbStG);
− die Tarifbegrenzung des § 19a Absatz 4 ErbStG durch Gewährung eines Entlastungsbetrags, die eine Besteuerung nach dem günstigen Tarif der Erbschaftsteuerklasse I sichert (seit dem Jahr 2004 ist der Entlastungsbetrag begrenzt auf 88 vH des Unterschiedsbetrags zwischen der sich nach den Steuerklassen II und III und der Steuerklasse I ergebenden Steuer);
− den ungekürzten Abzug von Schulden, die im Zusammenhang mit dem steuerpflichtigen Erwerb stehen (§ 10 Abs. 5 bis 9 ErbStG), trotz Übernahme der geringeren Steuerbilanzwerte;
− die Stundungsregel gemäß § 28 ErbStG, wonach die Erbschaftsteuer zinslos bis zu zehn Jahre zu stunden ist, sofern das zur Erhaltung des Betriebs notwendig ist.

Nach Einschätzung des Bundesfinanzhofs führten diese Begünstigungen dazu, dass Betriebsvermögen bis zu einem Wert von etwa 1,1 Mio Euro völlig steuerfrei vererbt werden konnte. Durch die teilweise Einschränkung der Begünstigungen ab dem Jahr 2004 haben sich diese Werte verringert.

Ein Beschluss des Bundesverfassungsgerichtes in dieser Angelegenheit steht noch aus.

433. Die geltende erbschaftsteuerliche Begünstigung des Betriebsvermögens geht zurück auf einen Beschluss des Bundesverfassungsgerichtes vom 22. Mai 1995. Mittelständische Unter-

nehmen seien in besonderer Weise gemeinwohlgebunden und gemeinwohlverpflichtet mit der Folge, dass der durch den Erbfall erworbene Vermögenszuwachs unter den Verkehrswerten liege. Deshalb sei ein niedrigerer Wert als Bemessungsgrundlage der Erbschaftsteuer vorzusehen, und zwar unabhängig von der verwandtschaftlichen Nähe zwischen Erblasser und Erben.

Vom ökonomischen Standpunkt ist das eine unbefriedigende Argumentation. Bei funktionierenden Märkten schlägt sich eine wie auch immer geartete "Sozialbindung" des Eigentums schon in niedrigeren Marktwerten nieder. Wenn ohne Sozialbindung ein jährlicher Gewinn von zum Beispiel 100 000 Euro auf Dauer erzielt werden kann, beträgt der Marktwert des Unternehmens 2 000 000 Euro bei einem Kalkulationszins von 5 %. Wenn dann aufgrund von Kündigungsschutzbestimmungen, Sozialplänen oder anderen „Sozialbindungen" nur ein verminderter Gewinn in Höhe von jährlich 90 000 Euro erzielt werden kann, reduziert sich der Unternehmenswert auf 1 800 000 Euro. Ganz analog schlagen sich auch eingeschränkte Veräußerungsmöglichkeiten von Anteilen an oder Teilen von personenbezogenen Unternehmen im Verkehrswert nieder. Der zu Verkehrswerten ermittelte Vermögenszuwachs im Erbfall reflektiert dann schon die Sozialbindung des Eigentums oder Marktunvollkommenheiten bei der Veräußerung von Eigenkapitaltiteln. Die Argumentation des Bundesverfassungsgerichtes ist zur Begründung einer steuerlichen Begünstigung des Betriebsvermögens also aus ökonomischer Sicht nicht geeignet. Gleichwohl kann der Bewertungsansatz zu den geringeren Steuerbilanzwerten und damit die erbschaftsteuerliche Verschonung der stillen Reserven begründet werden, etwa damit, dass diese bei späterer Aufdeckung der Einkommensteuer unterliegen und eine Doppelbelastung vermieden werden soll. Konsequenterweise müsste dann aber auch bei der erbschaftsteuerlichen Bewertung von Kapitalgesellschaftsanteilen nicht der Kurswert oder der gemeine Wert, sondern der Steuerbilanzwert angesetzt werden.

Begünstigung von produktivem Betriebsvermögen in den Gesetzentwürfen

434. Die schon jetzt geltende und vom Bundesfinanzhof inkriminierte Begünstigung des Betriebsvermögens wird in den vorliegenden Gesetzentwürfen noch weiter ausgebaut. Beide Gesetzentwürfe beinhalten eine Stundung der auf produktiv eingesetztes Vermögen entfallenden Erbschaftsteuer über einen Zeitraum von zehn Jahren. Bei Betriebsfortführung soll die Steuerschuld in zehn Jahresraten erlöschen, so dass nach zehn Jahren die Steuerschuld vollständig entfallen ist. Im Gegenzug werden die bislang geltenden Vergünstigungsvorschriften der §§ 13a, 19a ErbStG aufgehoben. Bei Betriebsaufgabe oder Veräußerung innerhalb des 10-Jahreszeitraums nach Erbanfall sowie bei Zuführung des begünstigten in „nicht produktives" Betriebsvermögen wird die Stundung der Erbschaftsteuerschuld abgebrochen. Die bis zum Zeitpunkt der „schädlichen Verwendung" erloschene Steuerschuld wird nicht nachträglich erhoben. Diese Regelungen gelten für ein Betriebsvermögen bis zu 100 Mio Euro, wobei in- und ausländisches Betriebsvermögen steuerlich gleichgestellt werden. Für 100 Mio Euro übersteigende Betriebsvermögen bleiben die derzeit geltenden Bewertungs- und Tarifvergünstigungen in Kraft; zur Vermeidung hoher Grenzbelastungen sind Übergangsregelungen vorgesehen. Die Stundungs- und Erlassregelungen sollen auch beim Erbübergang von Kapitalgesellschaftsanteilen gelten, wenn der Erblasser zu mehr als 25 vH am Nennkapital der Gesellschaft beteiligt war.

Die Unterschiede in beiden Entwürfen liegen vor allem in den Bewertungsvorschriften für bestimmte Wirtschaftsgüter und für Anteile an Kapitalgesellschaften mit einer Beteiligungsquote von über 25 vH. Während die Bundesregierung Kapitalgesellschaftsanteile zu Steuerbilanzwerten ansetzt, behält der CDU/CSU-Entwurf eine Bewertung zum „gemeinen Wert", also zu Marktwerten, bei. Dementsprechend sind die Steuermindereinnahmen bei der CDU/CSU mit 400 Mio Euro bei der ersten vollen Jahreswirkung auch um 50 Mio Euro geringer veranschlagt als im Gesetzentwurf der Bundesregierung. Das gesamte Aufkommen aus der Erbschaft- und Schenkungsteuer belief sich im Jahr 2004 auf rund 4,3 Mrd Euro; es steht vollständig den Ländern zu.

Erhaltung und Sicherung von Arbeitsplätzen durch die Begünstigung von Betriebsvermögen?

435. Die gleich lautende Zielsetzung beider Gesetzentwürfe besteht in der **Erhaltung und Sicherung von Arbeitsplätzen**. Insbesondere mittelständische Familienunternehmen sollen „als Garanten von Arbeitsplätzen, als Stätte des produktiven Wachstums und in ihrer gesellschaftlichen Funktion als Ort beruflicher und sozialer Qualifikation" erhalten bleiben. Im CDU/CSU-Gesetzentwurf wird auch eine Verbesserung der Eigenkapitalausstattung mittelständischer Unternehmen erwartet. In den Gesetzentwürfen wird nicht genau begründet, warum ein schrittweiser oder vollständiger Erlass der Erbschaftsteuer Arbeitsplätze erhalten oder sichern kann. Hier sind unterschiedliche Begründungen denkbar.

In den Gesetzentwürfen wird auf den Mittelentzug abgestellt, den die Erbschaftsteuer beim Erben eines Familienunternehmens auslöst. Da die Steuer an Bestandsgrößen anknüpft, kann die Steuerschuld so hoch sein, dass sie nicht aus laufenden Erträgen finanziert werden kann. Bei vollkommenen Kapitalmärkten würde dies kein Problem darstellen, weil die Begleichung der Steuerschuld durch Kreditaufnahme gestreckt werden könnte. Aber die Kapitalmärkte sind nicht vollkommen. Gerade bei mittelständischen Unternehmen kann eine erhöhte Fremdkapitalquote die Risikoposition und damit die Kosten der Kapitalbeschaffung erhöhen. Möglicherweise ist eine Kreditbeschaffung gar nicht möglich. Diesen Problemen wird aber schon durch die geltenden Regelungen des Erbschaftsteuergesetzes Rechnung getragen. So sieht § 28 Abs. 1 ErbStG, wie erwähnt, die Möglichkeit vor, die auf Betriebsvermögen (sowie land- und forstwirtschaftliches Vermögen) entfallende Erbschaftsteuer auf Antrag bis zu zehn Jahre zinslos (!) zu stunden, soweit dies zur Erhaltung des Betriebs notwendig ist. Dabei besteht ein Rechtsanspruch auf Stundung, wenn die Existenz des Betriebs durch die Erbschaftsteuer gefährdet ist. Die Übertragung von Anteilen an Kapitalgesellschaften ist jedoch unabhängig von der Höhe der Beteiligungsquote nicht begünstigt. Presseberichten zu Folge wird von diesen Stundungsmöglichkeiten kaum Gebrauch gemacht; verlässliche Daten stehen allerdings nicht zur Verfügung. Die Erbschaftsteuerschuld ließe sich auch dadurch mindern, dass Vermögenswerte durch Schenkungen in 10-Jahres-Abständen jeweils unter Gewährung des Freibetrags begünstigt auf andere Personen übertragen werden. Angesichts dieser Möglichkeiten ist nicht zu sehen, warum eine über die geltenden Regelungen hinausgehende Begünstigung des Betriebsvermögens für den Unternehmenserhalt erforderlich sein sollte. Aber selbst wenn ein Erbe das erworbene Unternehmen zur Begleichung der Erbschaftsteuerschuld verkaufen würde, hätte dies nicht zwangsläufig den Verlust von Arbeitsplätzen zur Folge. Der Käufer wird das Unternehmen ja nur dann übernehmen, wenn es hinreichend profitabel ist.

436. Die Forderung des Sachverständigenrates nach Senkung der Unternehmenssteuerbelastung wurde mit dem erheblichen internationalen Gefälle bei den tariflichen und effektiven Unternehmenssteuersätzen begründet. Durch Steuersenkungen sollen zusätzliche Investitionen induziert und

darüber mehr Arbeitsplätze geschaffen werden. Auch bei der Erbschaftsteuer existieren erhebliche internationale Belastungsunterschiede. Bei der erbschaftsteuerlichen Belastung des Betriebsvermögens nimmt Deutschland im internationalen Vergleich einen Mittelplatz ein (Tabelle 30). Denkbar wäre insofern, dass auch die Erbschaftsteuer Anlass zu Produktionsverlagerungen ins Ausland geben und auf diese Weise zum Abbau inländischer Arbeitsplätze beitragen könnte. Umgekehrt würde eine Reduzierung der Erbschaftsteuer auf Betriebsvermögen dann zum Erhalt und zur Sicherung von Arbeitsplätzen im Inland beitragen. Anders als bei der dringend erforderlichen ertragsteuerlichen Entlastung im Unternehmensbereich lässt sich eine erbschaftsteuerliche Begünstigung des Betriebsvermögens aber nicht mit der Mobilität des Faktors Kapital und drohenden Produktionsverlagerungen begründen. Dies hängt mit den unterschiedlichen Verfahren zur Vermeidung einer Doppelbesteuerung und der Abgrenzung von unbeschränkter und beschränkter Steuerpflicht zusammen (Kasten 11, Seite 294).

Tabelle 30

Erbschaftsteuerliche Belastung bei Übertragung von Betriebsvermögen[1]
Euro

Land	Einzelunternehmen Marktwert: 4 445 649 Euro Steuerbilanzwert: 1 980 596 Euro		Kapitalgesellschaftsanteile Marktwert[2]: 3 930 086 Euro steuerlicher Anteilswert[3]: 1 400 000 Euro	
	Übertragung an ...			
	Ehegatten	Kind[4]	Ehegatten	Kind[4]
Belgien	132 995	132 995	311 928	311 928
Dänemark	-	375 785	-	584 592
Deutschland	88 550	167 808	172 976	239 039
Frankreich	667 929	688 929	438 293	448 793
Irland	-	-	-	117 902
Luxemburg	-	-	-	-
Niederlande	978 798	1 109 665	382 703	513 569
Österreich	303 155	303 155	248 365	248 365
Schweden	186 929	192 876	488 483	494 430
Spanien	7 137	7 137	185 236	185 236
Vereinigtes Königreich	-	-	-	165 179
Japan	-	1 245 691	-	952 892
Liechtenstein	71 130	71 130	116 110	116 110
Schweiz	262 050	262 050	126 853	126 853
Vereinigte Staaten	-	1 596 304	-	1 343 678

1) Rechtsstand: 1. Januar 2003. - 2) Einschließlich Forderung aus Gesellschafterdarlehen. - 3) Bewertet nach Stuttgarter Verfahren. - 4) Alter des Kindes: 20 Jahre.

Quelle: Scheffler und Spengel (2004)

Das Zentrum für Europäische Wirtschaftsforschung, ZEW, Mannheim, hat in Zusammenarbeit mit Wissenschaftlern der Universitäten Erlangen-Nürnberg und Gießen für ein repräsentatives Modellunternehmen die erbschaftsteuerliche Belastung der Übertragung von Unternehmensvermögen in 15 Ländern untersucht (Scheffler und Spengel, 2004). Ausgangspunkt ist ein mittelständisches Unternehmen mit typischen Bilanz- und Erfolgskennzahlen sowie typisierter Struktur von Wirtschaftsgütern und Schuldposten, das alternativ in der Rechtsform eines Einzelunternehmens und einer Kapitalgesellschaft geführt wird. Trotz identischer Ausgangswerte ergeben sich wegen unterschiedlicher Verfahren bei der Bewertung von Unternehmensvermögen in Einzelunternehmen und Kapitalgesellschaften verschiedene Verkehrswerte bei den beiden Rechtsformen. Die Übertragung des Betriebsvermögens in Folge eines Erbfalls erfolgt entweder an den Ehegatten oder an ein Kind. Im internationalen Vergleich liegt die Erbschaftsteuerbelastung in Deutschland im Mittelfeld. Zu beachten ist dabei, dass in einigen Ländern in Abhängigkeit vom Verwandtschaftsgrad des Erben zum Erblasser und von der Rechtsform des Betriebs keine Erbschaftsteuern fällig werden. Einige der betrachteten Länder erheben statt der oder auch zusätzlich zur Erbschaftsteuer noch eine Vermögensteuer. Die Belastung mit Erbschaftsteuer beträgt in dieser Rechnung in Deutschland zwischen rund 2 vH des Unternehmenswerts und 4,6 vH des Steuerbilanzwerts bei Übertragung eines Einzelunternehmens an den Ehegatten beziehungsweise 6,0 vH und 17,1 vH bei Übertragung von Kapitalgesellschaftsanteilen an ein Kind. Bei Inanspruchnahme der zinslosen Stundungsmöglichkeiten nach § 28 ErbStG würde sich die Erbschaftsteuerschuld bei der Übertragung eines Einzelunternehmens nicht unerheblich reduzieren. Die Steuerschuld könnte ohne Gefährdung des Modellunternehmens aus dem laufenden Jahresergebnis aufgebracht werden, das sich hier auf 200 000 Euro vor Steuern beläuft.

437. Die kritische Frage ist, ob vom internationalen Erbschaftsteuerbelastungsgefälle Anreize zu Produktionsverlagerungen zum Zweck der Steuerersparnis ausgehen, die hierzulande mit einem Abbau von Arbeitsplätzen einhergehen würden. Grundsätzlich ist zwischen einem geplanten und einem ungeplanten Erbfall zu unterscheiden.

Im Falle einer ungeplanten oder „zufälligen" Erbschaft kann der Erbe die im Inland anfallende Erbschaftsteuer durch spätere Produktionsverlagerung nach geltendem Recht nicht vermeiden. Von der Erbschaftsteuer gehen deshalb auch keine Anreize zur Produktionsverlagerung aus. Denkbar ist allerdings, dass nach dem Erbfall aus anderen Motiven eine Produktionsverlagerung ins Ausland in Erwägung gezogen wird. Mit der Erbschaftsteuer hat das dann ursächlich nichts zu tun. Allerdings könnte ein Erlass der Erbschaftsteuerschuld in der Tat einen Verbleib im Inland bewirken. Ökonomisch entspräche dies der Subventionierung einer Standortentscheidung zugunsten des Inlands, die allerdings völlig unsystematisch und deshalb abzulehnen wäre. Warum sollten davon nur Unternehmen bei Erwerb von Todes wegen betroffen sein und dies noch dazu in Abhängigkeit von der Höhe des Betriebsvermögens?

Etwas anders stellt sich der Sachverhalt bei geplanten Erbschaften dar. In diesem Fall wird der Erblasser die zu erwartende Erbschaftsteuerbelastung in sein Entscheidungskalkül einbeziehen. Durch Wegzug von Erblasser und Erben ins Ausland lässt sich zwar die deutsche Erbschaftsteuer auf Auslandsvermögen vermeiden, wenn der Erbanfall mehr als fünf Jahre nach Abwanderung erfolgt. Inländisches Vermögen unterliegt im Rahmen der beschränkten Steuerpflicht aber weiterhin der deutschen Erbschaftsteuer. Ihr könnte man nur entkommen, wenn auch das inländische Betriebsvermögen oder Teile davon ins Ausland verbracht würden. Dann könnte aber nach geltendem Recht, das allerdings europarechtlich zweifelhaft ist, bei der Übertragung von Betriebsvermögen (Einzelunternehmen sowie Anteile an Personengesellschaften) eine so genannte „Entstrickung" der stillen Reserven und bei Sitzverlegung von Kapitalgesellschaften eine steuerlich unvorteilhafte Liquidationsbesteuerung (§ 12 KStG) greifen. Verbleibt das Betriebsvermögen im Inland, kann man der Erbschaftsteuer darauf nicht ausweichen, auch nicht durch den Abbau von Arbeitsplätzen. Bei Verzicht auf die erbschaftsteuerliche Erfassung von im In- und Ausland belegenem Betriebsvermögen würde ein Wegzug unterbleiben. Ob allerdings die eingesparte Erbschaftsteuer dann auch in Deutschland investiert würde, ist offen. Diese Entscheidung hängt von den Ertragsaussichten ab. Hier kommt es wesentlich auf die effektiven Steuerbelastungen der Investitionserträge an. Da diese in Deutschland höher sind als an anderen Standorten, spricht einiges dafür, dass die durch den Verzicht auf die erbschaftsteuerliche Erfassung des Betriebsvermögens frei gewordenen Mittel eher im Ausland investiert werden. Einmal mehr zeigt sich der Nachteil der im internationalen

Vergleich hohen deutschen Steuerbelastung der Unternehmenserträge. Deshalb besteht dort der primäre Handlungsbedarf, nicht aber bei einer weiteren erbschaftsteuerlichen Entlastung des Betriebsvermögens.

Denkbar wäre auch, dass zwar Erblasser oder Erbe in Deutschland verbleiben, aber Teile des Betriebsvermögens ins Ausland verlagern und hierzulande Arbeitsplätze abbauen. Erbschaftsteuerlich wäre dies aber in der Regel nicht vorteilhaft. In diesem Fall gilt nämlich die unbeschränkte Steuerpflicht, und bei Anwendung des Anrechnungsverfahrens (Kasten 11) könnte die Erbschaftsteuerbelastung nur höher, aber nicht geringer werden.

Kasten 11

Internationale Aspekte der Erbschaftsteuer

Wie die Einkommensteuer unterscheidet auch die Erbschaftsteuer – wenn auch nicht expressis verbis – zwischen der unbeschränkten und der beschränkten Steuerpflicht. Die unbeschränkte Steuerpflicht tritt ein, wenn entweder der Erblasser **oder** der Erbe zum Zeitpunkt der Steuerentstehung Inländer waren. Natürliche Personen gelten dabei als Inländer, wenn sie ihren Wohnsitz oder gewöhnlichen Aufenthalt im Inland haben. Als Inländer gelten aber auch deutsche Staatsangehörige, die sich nicht länger als fünf Jahre im Ausland aufgehalten haben, ohne im Inland einen Wohnsitz zu haben (erweitert unbeschränkte Steuerpflicht). Erbschaftsteuerpflichtig ist in diesen Fällen das Weltvermögen. Die Behandlung des Auslandsvermögens hängt davon ab, ob mit dem betreffenden ausländischen Staat ein erbschaftsteuerliches Doppelbesteuerungsabkommen (DBA) abgeschlossen wurde oder nicht. Im Nicht-DBA-Fall kommt das Anrechnungsverfahren zur Anwendung. Die im Ausland gegebenenfalls anfallende Erbschaftsteuer kann auf Antrag auf die inländische Erbschaftsteuer angerechnet werden. Generell wird ausländisches Sachvermögen zum gemeinen Wert angesetzt, so dass Auslandsvermögen in aller Regel zu höheren Werten bewertet wird als das entsprechende Inlandsvermögen, was europarechtlich allerdings zweifelhaft sein dürfte. Die vorliegenden Gesetzentwürfe würden diese Zweifel beseitigen, da bei der Bewertung von Betriebsvermögen nicht mehr nach dessen Belegenheit unterschieden werden soll. Insofern greift bei Anrechnung mindestens die deutsche Erbschaftsteuerbelastung. Wegen der Höchstbetragsregelung mit „per-country-limitation" nach § 21 ErbStG kann es zu Anrechnungsüberhängen kommen, die die Steuerbelastung noch über das deutsche Niveau hinaus treiben. Im DBA-Fall können sowohl die Anrechnungs- als auch die Freistellungsmethode angewendet werden. Bei Freistellung wird der ausländische Vermögensanfall von der inländischen Erbschaftsteuer freigestellt, wobei ein Progressionsvorbehalt gilt. Doppelbesteuerungsabkommen auf dem Gebiet der Erbschaftsteuer wurden lediglich mit sechs Staaten geschlossen, nämlich Dänemark, Griechenland, Österreich, Schweden, der Schweiz und den Vereinigten Staaten.

Beschränkte Steuerpflicht liegt vor, wenn die Voraussetzungen der unbeschränkten Steuerpflicht nicht gegeben sind, also weder Erblasser noch Erbe im Inland ansässig sind, aber inländisches Vermögen, auch inländisches Betriebsvermögen im Rahmen einer Betriebsstätte, vererbt wird. Die Steuerpflicht beschränkt sich in diesem Fall auf das Inlandsvermögen; ausländisches Vermögen wird nicht in die deutsche Steuerpflicht einbezogen. Bei beschränkter Steuerpflicht wird nur ein persönlicher Freibetrag von 1 100 Euro gewährt.

Weitere Neuregelungen in den Gesetzentwürfen

438. In den Entwürfen zur Reform der Erbschaftsteuer wird eine im Steuerrecht bislang nicht gebräuchliche Unterscheidung von produktivem („gutem") und nicht produktivem („schlechtem") Betriebsvermögen eingeführt. Dies stellt gleichsam die erbschaftsteuerliche Variante der „Heuschrecken-Debatte" dar. Nur produktivem Betriebsvermögen wird eine Bedeutung für die Erhaltung und Sicherung von Arbeitsplätzen beigemessen. Deshalb wird auch nur produktives Betriebsvermögen steuerlich begünstigt; nicht produktives Vermögen unterliegt hingegen einer höheren Besteuerung. Als unproduktives, „weitgehend risikoloses" Vermögen werden dabei Geld und Geldforderungen gegenüber Kreditinstituten, Wertpapiere, Anlagen in Grundstücke, Gebäude, Seeschiffe, Flugzeuge oder Anteile an Kapitalgesellschaften von 25 vH oder weniger eingestuft. Die Risikoposition von Vermögen weist allerdings keinen unmittelbaren Bezug zur Zahl der Arbeitsplätze auf. Unterschiedliche Risiken schlagen sich in den Preisen oder Opportunitätskosten der Kapitalüberlassung nieder, haben aber per se nichts mit der Schaffung oder Erhaltung von Arbeitsplätzen zu tun. Auch die Kapitalanlage in Gebäude und Wohnungen kann zur Entstehung von Arbeitsplätzen führen – nicht im vererbten, aber in anderen Unternehmen. Umgekehrt kann es ökonomisch ineffizient sein, Kapital durch erbschaftsteuerliche Begünstigungen über zehn Jahre in ein vergleichsweise unproduktives Unternehmen einzuschließen. Und schließlich: Was hat es für einen Sinn, einen Erben von (unproduktivem) Geldvermögen, der damit ein Unternehmen gründet und Arbeitsplätze schafft, steuerlich höher zu belasten als den Erben eines Betriebs? Wird etwa begünstigtes Betriebsvermögen in Höhe von 5 Mio Euro vererbt, erwächst daraus bei einer Netto-Rendite von 5 % nach zehn Jahren ein Vermögen von 8,14 Mio Euro. Ein Erbe der Steuerklasse III, der Geldvermögen von ebenfalls 5 Mio Euro erbt und den nach Begleichung der Erbschaftsteuer verbleibenden Betrag von rund 3,25 Mio Euro zur Gründung eines (produktiven) Unternehmens verwendet, müsste eine Netto-Rendite von 9,62 % erwirtschaften, um nach zehn Jahren dasselbe Endvermögen zu erreichen wie der Erbe von Betriebsvermögen. Soll das die erbschaftsteuerliche Flankierung einer „Gründungs- und Innovationsoffensive" sein?

439. Mit der geplanten Reform der Erbschaftsteuer sollen vor allem mittelständische Familienunternehmen entlastet werden. Dies wird aber keineswegs durchgängig erreicht. Umfangreiche Berechnungen von Seer und Jansen (2005) zeigen, dass es durch die Neuregelungen vielmehr zu steuerlichen Mehrbelastungen gerade bei kleineren Unternehmen kommen kann. Dies hängt in reichlich unsystematischer Weise von der Länge der Unternehmensfortführung nach dem Erbanfall ab, von der Relation des produktiven zum unproduktiven Betriebsvermögen, von der Eigenkapitalquote, von der Steuerklasse des Erben und vom Wert des übertragenen Vermögens. Dies ergibt sich daraus, dass die derzeit geltenden Begünstigungsvorschriften der §§ 13a, 19a ErbStG entfallen und die Erlöschensvorschriften des § 28 ErbStG-E zu berücksichtigen sind. Hinzu kommt, dass von den geplanten Regelungen speziell für kleinere Unternehmen bis zu einem Betriebsvermögen von etwa 3 Mio Euro auch bei Unternehmensfortführung über die Zehn-Jahresfrist hinaus Verschuldungsanreize bei entsprechend hohem Anteil des nicht produktiven Betriebsvermögens sowie zusätzliche Steuerbelastungen bei hohen Eigenkapitalquoten auftreten können. Dies steht im Widerspruch zu den Intentionen der Gesetzentwürfe, die Eigenkapitalbildung kleiner Unternehmen zu fördern und diese zu entlasten. Zu erklären sind diese Effekte damit, dass die Gesetzentwürfe implizit unterstellen, dass das nicht produktive Betriebsvermögen zuerst durch Fremdkapital finanziert wird und der Wert des steuerbilanziellen Eigenkapitals nur um das eigenfinanzierte nicht produktive Betriebsvermögen zu kürzen ist. Auch dazu finden sich ausführliche Rechenbeispiele in dem Gutachten von Seer und Jansen (2005).

3. Fazit

440. Man kann es drehen und wenden, wie man will: Eine ökonomisch überzeugende Begründung für die geplante Reform der Erbschaftsbesteuerung lässt sich nicht finden. Das heißt natürlich nicht, dass die Erbschaftsteuer nicht reformbedürftig wäre. Die Richtung einer Reform ist durch die Überlegungen zur Reform der Unternehmensbesteuerung vorgegeben. Die dort anzustrebende steuerliche Gleichbehandlung aller Kapitalerträge muss mutatis mutandis auch bei den an Bestandsgrößen anknüpfenden Steuern gelten, nämlich eine Gleichbehandlung unterschiedlicher Kapitalanlageformen. Dies gilt insbesondere für die erbschaftsteuerliche Bewertung von Betriebsvermögen und Kapitalgesellschaftsanteilen. Diese Gleichbehandlung könnte auch bei einem Steuersatz von Null, das heißt einem Verzicht auf eine Erbschaftsbesteuerung, erfolgen. Speziell im Zusammenhang mit der zuvor diskutierten Unternehmenssteuerreform könnte eine moderate Erbschaftsteuer mit progressivem Tarif aber auch als verteilungspolitischer Ausgleich für die niedrigere Besteuerung der Kapitaleinkommen beim Übergang zur Dualen Einkommensteuer gerechtfertigt werden.

Die in den Gesetzentwürfen zur Reform der Erbschaftsteuer vorgesehene weitere erbschaftsteuerliche Differenzierung nach Vermögensformen geht eindeutig in die falsche Richtung. Die Reform sollte zurückgestellt und in eine grundlegende Reform der Kapitaleinkommensbesteuerung eingebunden werden. Dies hätte auch den Vorteil, dass das ausstehende Urteil des Bundesverfassungsgerichtes zur Erbschaftsbesteuerung berücksichtigt werden könnte.

Es verwundert nicht, dass die geplante Reform der Erbschaftsteuer von Unternehmern und ihren Verbänden nachdrücklich begrüßt und gefordert wird. Aus einzelwirtschaftlicher Sicht ist es immer vorteilhafter, weniger als mehr Steuern zu zahlen. Aus gesamtwirtschaftlicher Sicht ist aber nach den Wirkungen der geplanten Reform zu fragen. Danach ist sie nur dann vorteilhaft, wenn die Erträge, etwa in Form von gesicherten oder zusätzlichen Arbeitsplätzen im Inland, die Kosten, vor allem in Form von Steuermindereinnahmen, übersteigen. Das ist eher zweifelhaft. Für unnötige Steuersenkungen ist aber angesichts der desolaten Haushaltslage kein Platz. Das in den Gesetzentwürfen genannte Ziel – die Erhaltung und Sicherung von Arbeitsplätzen – dürfte wegen der Abgrenzungsprobleme und der Kompliziertheit der geplanten Regelungen nur bei einer Berufsgruppe erreicht werden: den Steuerberatern.

III. Haushaltskonsolidierung: langfristig planen, kurzfristig handeln
1. Tragfähigkeit der öffentlichen Finanzen sichern

441. Im Jahresgutachten 2003/04 hat der Sachverständigenrat umfangreiche Berechnungen zur Tragfähigkeit der öffentlichen Haushalte vorgenommen und den langfristigen Konsolidierungsbedarf über das Konzept der **Tragfähigkeitslücke** ermittelt (JG 2003 Ziffern 438 ff.). Die Tragfähigkeitslücke wird aus einer Projektion der zukünftigen staatlichen Einnahme- und Ausgabenentwicklungen abgeleitet, die sich bei Fortschreibung der in einem bestimmten Basisjahr geltenden Rechtslage unter Berücksichtigung bereits beschlossener finanz- und sozialpolitischer Maßnahmen ergeben würden. Von einer tragfähigen Finanzpolitik kann dann gesprochen werden, wenn der Gegenwartswert der zukünftigen Primärsalden in den öffentlichen Haushalten dem aktuellen Schuldenstand entspricht; in diesem Fall existiert keine Tragfähigkeitslücke. Umgekehrt ist die Finanzpolitik dann nicht tragfähig, die Tragfähigkeitslücke also positiv, wenn der Barwert der projizierten Primärsalden nicht ausreicht, um die Verbindlichkeiten in Höhe der Staatsschulden zu decken. Eine positive Tragfähigkeitslücke zeigt einen unabweisbaren finanz- und sozialpolitischen Handlungsbedarf an. Je größer die Tragfähigkeitslücke, desto größer ist der Anpassungsbedarf.

Für das Basisjahr 2002 und unter Zugrundelegung plausibel erscheinender Annahmen über zentrale Parameter wie Potentialwachstumsrate oder langfristige Marktzinsen hatte der Sachverständigenrat im Jahresgutachten 2003/04 eine Tragfähigkeitslücke ermittelt, die sich auf ein Mehrfaches der damaligen Schuldenstandsquote von rund 60 vH belief. Diese Berechnungen sind heute wegen der zwischenzeitlich eingeleiteten Reformen im Bereich der sozialen Sicherungssysteme und auf den Arbeitsmärkten sowie durch den begonnenen Abbau von Steuervergünstigungen und Finanzhilfen nicht mehr aktuell. Allein die Berücksichtigung des Nachhaltigkeitsfaktors in der Rentenanpassungsformel hat die Tragfähigkeitslücke um nahezu 25 vH reduziert (JG 2003 Ziffer 453). Neuere Berechnungen zur Tragfähigkeitslücke hat das ifo-Institut, München, im Auftrag des Bundesministeriums der Finanzen vorgelegt (Werding und Kaltschütz, 2005). Wegen eines anderen Modellansatzes sind die Ergebnisse dieses Tragfähigkeitsberichts nur bedingt mit den Berechnungen des Sachverständigenrates vergleichbar. Zur Schließung der vom ifo-Institut ermittelten Tragfähigkeitslücke müsste die staatliche Primärausgabenquote (Einnahmequote) in der Basisvariante im Vergleich zum nominalen Referenzpfad Jahr für Jahr in einem Volumen von zwischen 1,2 vH und 1,5 vH in Relation zum nominalen Bruttoinlandsprodukt niedriger (höher) ausfallen. Allein für das Jahr 2006 würde dies einen Konsolidierungsbedarf von etwa 25 Mrd Euro bedeuten. Der Referenzpfad ist dabei durch die projizierten Primärsaldenquoten bei Fortschreibung der geltenden Rechtslage und nach Maßgabe der Eckdaten der mittelfristigen Finanzplanung der Bundesregierung bis zum Jahr 2008 bestimmt. Da diese Eckdaten aus heutiger Sicht kaum eingehalten werden dürften – die Berechnungen unterstellen eine Defizitquote von 1,2 vH im Jahr 2008 – fallen die angegebenen Tragfähigkeitslücken tendenziell zu niedrig aus (Werding und Kaltschütz, 2005, xx). In einer Risikovariante, deren Annahmen aber plausibler erscheinen als die der Basisvariante, werden sogar Tragfähigkeitslücken mit einem Korrekturvolumen der Primärausgaben von zwischen 2,3 vH und 2,9 vH in Relation zum nominalen Bruttoinlandsprodukt ermittelt.

442. Die Politik kann sich nicht aussuchen, ob sie eine Tragfähigkeitslücke beseitigt; sie **muss** es tun. Das primäre Ziel einer **Haushaltskonsolidierung** besteht deshalb in der Sicherung der Tragfähigkeit der öffentlichen Finanzen. Dazu müssen zukünftig hinreichend hohe Primärüberschüsse gebildet werden. Haushaltskonsolidierung ist insofern eine langfristig angelegte Aufgabe: Die zur Schließung einer Tragfähigkeitslücke erforderlichen Maßnahmen können über die Zeit verteilt werden. Bei der Konzeption von Konsolidierungsstrategien sind dann Verteilungswirkungen, die konjunkturelle Lage in einzelnen Jahren sowie kurzfristig die gesetzlichen und vertraglichen Verschuldungsbegrenzungen des Artikels 115 Grundgesetz und des Europäischen Stabilitäts- und Wachstumspakts zu beachten:

– Die Lasten zur Beseitigung einer Tragfähigkeitslücke können auf unterschiedliche Haushaltsgruppen und auf gegenwärtige und zukünftige Generationen verteilt werden. In diesen Entscheidungen kommen intragenerative und intergenerative Gerechtigkeitsurteile zum Ausdruck. Verteilungsurteile lassen sich wissenschaftlich nicht begründen, sie müssen letztlich politisch gesetzt werden. Je weiter Konsolidierungsmaßnahmen allerdings in die Zukunft verschoben werden, desto größer wird der Anpassungsbedarf.

– Maßnahmen zur Sicherung der Tragfähigkeit der öffentlichen Finanzen sollten im Hinblick auf Ausmaß und Zeitpunkt nicht unabhängig von der konjunkturellen Lage vorgenommen werden. Eine Konsolidierung der öffentlichen Haushalte wirkt über negative Nachfrageeffekte in der Regel kontraktiv auf die wirtschaftliche Entwicklung. Eine überzogene Konsolidierung kann in wirtschaftlichen Schwächephasen prozyklisch wirken. Allerdings kann es auch sein, dass von einer prinzipiell prozyklischen Politik in einer konjunkturell ungünstigen Situation stimulierende Wirkungen ausgehen. So kann eine glaubwürdige Konsolidierungsstrategie Vertrauenseffekte bewirken, die das Verhalten von Investoren und Konsumenten positiv beeinflussen. Für derartige „nicht-keynesianische Effekte" gibt es durchaus empirische Belege (JG 2003 Ziffern 800 ff.). Da unklar ist, ob und inwieweit diese Effekte auf die Situation in Deutschland übertragbar sind, ist eine gewisse Zurückhaltung bei Konsolidierungsmaßnahmen in konjunkturellen Schwächephasen ratsam.

– Neben dem Zwang zur Schließung der Tragfähigkeitslücke unterliegen die öffentlichen Haushalte kurzfristigen Beschränkungen, die im Grundsatz jedes Jahr einzuhalten sind. Dies ist einmal die Defizitbegrenzung des Artikels 115 Grundgesetz. Danach dürfen die Einnahmen aus Krediten die Summe der im Haushaltsplan veranschlagten Ausgaben für Investitionen nicht überschreiten (Ziffern 475 f.). Zwar gilt diese Bestimmung nur für den Bundeshaushalt, in den Länderverfassungen finden sich jedoch analoge Vorschriften. Auch der Europäische Stabilitäts- und Wachstumspakt begrenzt das Verschuldungsverhalten der Mitgliedstaaten. Zur Sicherung einer auf Dauer tragbaren Finanzlage der öffentlichen Haushalte dürfen die Schuldenstandsquoten der Mitgliedsländer 60 vH und die Defizitquoten 3 vH nicht überschreiten. Wegen ergebnisoffen und unpräzise gefasster Ausnahmebestimmungen stellen weder Artikel 115 Grundgesetz noch der Stabilitäts- und Wachstumspakt bindende Verschuldungsschranken dar. Gleichwohl sollte man sie nicht aufgeben; sowohl Artikel 115 Grundgesetz als auch der Stabilitäts- und Wachstumspakt sind sinnvolle und notwendige Regelwerke, die eingehalten werden sollten.

443. Die Schließung der Tragfähigkeitslücke lässt sich grundsätzlich über Ausgabenkürzungen, über Abgabenerhöhungen oder eine Kombination dieser beiden Maßnahmen erreichen. Aus ökonomischer Sicht sprechen gute Gründe dafür, eher bei einer Reduzierung der öffentlichen Ausgaben als bei einer Erhöhung der öffentlichen Einnahmen anzusetzen. So lässt sich zum einen empirisch belegen, dass – ausgehend von dem Niveau der Staatstätigkeit in den Ländern der Europäischen Währungsunion – geringere Staatsausgaben einen eher positiven Effekt auf das Wirtschaftswachstum haben, während höhere Staatseinnahmen eher negativ wirken. Zum anderen kommen aktuelle Studien zu dem Ergebnis, dass Konsolidierungen, die auf der Ausgabenseite ansetzen, die Situation der öffentlichen Finanzen dauerhafter verbessern als solche, die über eine

Erhöhung der öffentlichen Einnahmen durchgeführt werden (JG 2003 Ziffer 456). Der Abbau von Steuervergünstigungen ist dabei prinzipiell ebenso gut zur Haushaltskonsolidierung geeignet wie eine Kürzung der staatlichen Ausgaben. Der englische Begriff für Steuervergünstigungen – tax expenditures – macht anschaulich klar, dass es sich bei Steuervergünstigungen letztlich um über das Steuersystem getätigte Ausgaben handelt.

444. Die Bundesregierung hat in der letzten Legislaturperiode durchaus Schritte unternommen, um die Tragfähigkeitslücke zu reduzieren. Zu nennen sind insbesondere das Rentenversicherungs-Nachhaltigkeitsgesetz (JG 2004 Ziffern 314 ff.), das GKV-Modernisierungsgesetz (JG 2004 Ziffern 330 ff.) sowie ein begrenzter Abbau von Steuervergünstigungen (JG 2004 Kasten 17). Weitergehende Vorschläge der Bundesregierung zur Verringerung von Subventionstatbeständen wurden regelmäßig von der Mehrheit des Bundesrates blockiert. So richtig und wichtig diese Maßnahmen auch waren, sie reichen nicht aus, um das langfristige Ziel einer Haushaltskonsolidierung, die Schließung der Tragfähigkeitslücke, zu erreichen und die Verschuldungsgrenzen des Europäischen Stabilitäts- und Wachstumspakts einzuhalten.

Der Sachverständigenrat hat wiederholt auf **langfristig** wirksame Maßnahmen zur Schließung der Tragfähigkeitslücke hingewiesen. Dazu gehören vor allem

− die Heraufsetzung der Regelaltersgrenze bei der Gesetzlichen Rentenversicherung von derzeit 65 Jahren auf 67 Jahre, beginnend ab dem Jahr 2011 um jährlich einen Monat bis zum Jahr 2035 (JG 2001 Ziffer 260; JG 2002 Ziffer 371; JG 2003 Ziffer 453);

− ein Ausstieg aus dem Umlageverfahren und der Übergang zu einem kapitalgedeckten Kohortenmodell im Bereich der Sozialen Pflegeversicherung (JG 2004 Ziffern 546 ff.; Ziffern 569 ff.).

Ergänzend dazu wird in diesem Jahresgutachten eine wirkungsgleiche Übertragung der im Bereich der Gesetzlichen Rentenversicherung beschlossenen Leistungseinschränkungen auf die Beamtenversorgung vorgeschlagen.

Einen erheblichen Beitrag zur Konsolidierung der öffentlichen Haushalte könnte eine wirksame Bekämpfung der Steuerhinterziehung namentlich im Bereich der Umsatzbesteuerung leisten. Dadurch könnten jährlich weit über 15 Mrd Euro an Mehreinnahmen erzielt werden. Da dazu zum Teil aber Änderungen des Europäischen Sekundärrechts erforderlich sind, würde dies eher einen **mittelfristig** wirksamen Beitrag zur Haushaltskonsolidierung darstellen.

Kurzfristig möglich und sinnvoll sind entschlossene Bemühungen um den Abbau von Steuervergünstigungen und Finanzhilfen.

2. Langfristige Haushaltskonsolidierung: Versorgungsnachhaltigkeitsgesetz verabschieden

445. Die Bundesregierung hatte im Juni 2005 das **Versorgungsnachhaltigkeitsgesetz** in das Gesetzgebungsverfahren eingebracht, mit dem die im Bereich der Gesetzlichen Rentenversicherung beschlossenen Leistungskürzungen wirkungsgleich auf die Beamtenversorgung übertragen werden sollten. Dieses Gesetz, durch das der Höchstruhegehaltssatz von aktuell 73,78 vH in den nächsten 25 Jahren voraussichtlich bis auf 66½ vH gesenkt und damit das Lebenseinkommen der Beamten spürbar verringert worden wäre, wurde vor der Bundestagswahl zurückgezogen, nachdem der Bundesrat eine Ablehnung signalisiert hatte. Der Gesetzentwurf sah neben Leistungseinschränkungen im Rahmen der Beamtenversorgung auch einen weiteren Ausbau der bereits im Jahr 1998 eingeführten Versorgungsrücklage vor. Dieser Rücklage sollen die Einsparungen durch die verminderten Anpassungen der Versorgungsbezüge zugeführt werden, um die Spitze der Belastung der öffentlichen Haushalte durch Pensionszahlungen (voraussichtlich ab dem Jahr 2020) abzuflachen.

Eine Senkung der in den öffentlichen Haushalten bestehenden Tragfähigkeitslücke ist nur mit den Einsparungen bei den zukünftigen Versorgungsansprüchen der Beamten verbunden, nicht aber mit dem Aufbau und dem späteren Auflösen der Rücklage. Mit der Bildung der Rücklage und deren späterer Auflösung in Zeiten höherer Versorgungsausgaben muss nicht einmal eine gleichmäßigere Verteilung von Lasten in der Zeit gelingen. Wären nämlich die mit den Einsparungen bei den Personalausgaben für die Beamten freiwerdenden Mittel für die Senkung der expliziten Staatsverschuldung verwendet worden, hätte dies die gleichen intergenerativen Verteilungswirkungen hervorgerufen wie der Auf- und spätere Abbau der Versorgungsrücklage. Für die Bildung der Rücklage sprechen allerdings politökonomische Gründe. In der Bindung der Einsparungen an den Aufbau einer Rücklage entzieht man diese anderen Verwendungszwecken wie heutigen Ausgabensteigerungen oder Steuererleichterungen, aus denen im Vergleich zur Verringerung des Schuldenstands wieder neue Belastungen in der Zukunft resultieren.

446. Die – nach dem Regierungswechsel im Jahr 1998 in weiten Teilen zurückgenommene – Rentenreform 1998 hatte wie die weit reichenden und mit markanten Leistungsrücknahmen verbundenen Reformen der Jahre 2001 und 2004 zum Ziel, die Finanzierung der Gesetzlichen Rentenversicherung langfristig auf eine solidere Grundlage zu stellen (JG 2004 Ziffern 314 ff.). Parallel dazu wurden in den vergangenen Jahren von der Öffentlichkeit weniger beachtete Reformen auch im Bereich der Beamtenversorgung eingeleitet. Im Folgenden werden die einzelnen Reformschritte skizziert und mit den entsprechenden Anpassungen innerhalb des Systems der gesetzlichen Rente verglichen sowie in ihrer Auswirkung auf das zukünftige Niveau der Versorgungsausgaben quantifiziert.

447. Vom Ansatz her hatten alle seit dem Jahr 1998 durchgeführten Leistungseinschränkungen in der Altersversorgung der Beamten das Ziel, die im Bereich der gesetzlichen Rente vorgenommenen Leistungsrücknahmen wirkungsgleich nachzuvollziehen. Am Beginn stand das **Versorgungsreformgesetz 1998**, das sich an der Einführung des demographischen Faktors in die Rentenformel orientierte. Vorgesehen waren eine schrittweise Absenkung sowohl des Niveaus der Besoldung aktiver Beamter als auch der Pensionen um jeweils 0,2 Prozentpunkte bei jedem Anpassungsschritt, so dass sich bei 15 Anpassungsschritten eine Kürzung um insgesamt 3 Prozentpunkte bei Aktivenbezügen und Pensionen ergibt. Die eingesparten Mittel sollten vollständig einer Versorgungsrücklage zugeführt werden.

Allerdings wurde der demographische Faktor wieder aus der Rentenformel entfernt, bevor er einen dämpfenden Effekt auf das Niveau der gesetzlichen Renten entfalten konnte. Stattdessen wurde die Rentenanpassungsformel um einen Altersvorsorgeanteil (die so genannte „Riester-Treppe") ergänzt. Dieses Element hat zur Folge, dass die Rentenanpassungen in den Jahren 2003 bis 2010 für sich genommen um jeweils etwa 0,6 Prozentpunkte niedriger ausfallen werden und das Rentenniveau insgesamt um rund 5 Prozentpunkte zurückgeht. Das **Versorgungsänderungsgesetz 2001** setzte dementsprechend einerseits die zuvor beschlossenen Minderanpassungen von Aktivenbezügen und Pensionen bis zum Jahr 2010 aus. Andererseits wird die Erhöhung der Pensionen im selben Zeitraum nunmehr bei jeder der acht folgenden Anpassungen um jeweils 0,54 Prozentpunkte im Vergleich zur Entwicklung der Bezüge aktiver Beamter verringert.

Die Höhe der individuellen Beamtenpension bestimmt sich nach anderen Grundsätzen als die Höhe der gesetzlichen Rente. Sie richtet sich nach den Dienstbezügen derjenigen Gehaltsstufe, die ein Beamter drei Jahre vor dem Pensionsantritt erreicht hat. Die Höhe der Pension errechnet sich dann als Anteil an den ruhegehaltsfähigen Dienstbezügen, wobei sich dieser Anteil aus der Multiplikation von ruhegehaltsfähigen Dienstjahren und einem so genannten Steigerungssatz (1,875) ergibt; der Höchstruhegehaltssatz von ursprünglich 75 vH wurde dann nach 40 Dienstjahren erreicht (40 x 1,875 = 75). Würden nun ausschließlich die laufenden Pensionen einer verminderten Anpassung unterworfen, sähen sich neu in den Ruhestand getretene Pensionäre – bei nicht verminderter Anpassung der Aktivenbezüge und unveränderter Berechnung der Höhe der Pension – für sich genommen einem höheren Versorgungsniveau gegenüber als der Bestand der Versorgungsempfänger mit gleicher Erwerbsbiographie. Die verminderten Anpassungen der Versorgungsbezüge werden deshalb durch eine entsprechende Verringerung des Steigerungssatzes realisiert, indem der Steigerungssatz mit einem Anpassungsfaktor (<1) multipliziert wird. Von 0,99458 im ersten Jahr der verminderten Anpassung wird dieser Anpassungsfaktor auf einen Wert von 0,95667 im Jahr der letzten verminderten Anpassung – voraussichtlich im Jahr 2010 – zurückgeführt. Der Höchstruhegehaltssatz wird auf diese Weise schrittweise auf 71,75 vH der ruhegehaltsfähigen Dienstbezüge gesenkt.

Gemeinsam mit den ersten drei bis zum Jahr 2001 erfolgten Schritten zum Aufbau der Versorgungsrücklage (von zusammen 0,6 Prozentpunkten) ergäbe sich damit eine Verminderung der Pensionen um rund 5 Prozentpunkte, was gerade der vorgesehenen Senkung des Niveaus der gesetzlichen Rente entspräche.

Die im Jahr 1998 beschlossenen Minderanpassungen von Aktivenbezügen und Pensionen sollen nach dem Jahr 2010 wieder aufgenommen werden, nun allerdings nur noch solange, bis (voraussichtlich im Jahr 2017) ein Umfang von insgesamt 2 Prozentpunkten erreicht wird.

448. Der von der Bundesregierung vorgelegte Entwurf eines **Versorgungsnachhaltigkeitsgesetzes** vom Juni 2005 sah vor, die Wirkungen des neuen Nachhaltigkeitsfaktors in der Rentenformel auf die Pensionen zu übertragen. Schätzungen des Gesetzgebers zufolge wird der Rentenanstieg durch diese Maßnahme in den Jahren 2005 bis 2020 um jahresdurchschnittlich etwa 0,2 Prozentpunkte und danach bis zum Jahr 2030 um jahresdurchschnittlich rund 0,4 Prozentpunkte gedämpft. Im Hinblick auf die Beamtenversorgung sollte der Anstieg der Pensionen laut Gesetzentwurf bis zum Jahr 2010 pauschal um ebenfalls knapp 0,2 Prozentpunkte je Versorgungsanpassung geringer ausfallen; der maximale Ruhegehaltssatz wäre analog zu der oben beschriebenen Methode auf 71,13 vH gesenkt worden. Eine Revisionsklausel sah vor, nach dem Jahr 2010 die Wirkungsgleichheit der in beiden Systemen vorgenommenen Leistungseinschränkungen zu überprüfen und die dann absehbare Entwicklung des zukünftigen Rentenniveaus wirkungsgleich auch für die Beamtenpensionen festzuschreiben. Die Klausel hätte es somit auch erlaubt, die Belastung der Pensionäre geringer ausfallen zu lassen, wenn der Nachhaltigkeitsfaktor – wie im Jahr 2005 – seine Wirkung nicht voll entfalten kann (Ziffer 488). Der Gesetzentwurf wurde vor der Bundestagswahl zurückgezogen, nachdem der Bundesrat seinen Widerstand angekündigt hatte.

449. Insgesamt wäre durch das Versorgungsnachhaltigkeitsgesetz der Höchstruhegehaltssatz von derzeit 73,78 vH bis zum Jahr 2030 auf voraussichtlich 66½ vH gesunken. Ähnlich wie in der Gesetzlichen Rentenversicherung stellt sich die Frage nach den Verteilungswirkungen der einzelnen Reformschritte für unterschiedliche Altersgruppen.

Für die folgenden Berechnungen wurde für die Zeit bis zum Jahr 2030 auf die Annahmen der Bundesregierung zur Entwicklung des im Nachhaltigkeitsfaktor enthaltenen Verhältnisses von Rentnern zu Beitragszahlern zurückgegriffen. Für die Zeit danach wurde unterstellt, dass sich die dämpfende Wirkung des Nachhaltigkeitsfaktors allmählich bis auf Null im Jahr 2050 reduziert. Angenommen wird, dass die entsprechende Verringerung des Besoldungsniveaus der gesetzlichen Renten – wie es der Intention des Nachhaltigkeitsgesetzes entspricht – wirkungsgleich auf die Beamtenversorgung übertragen wird. Verglichen wird der mit den einzelnen Reformschritten verbundene Einkommensverlust (im Barwert), der sich für Beamte mit identischem Gehaltsniveau, aber unterschiedlichem Geburtsjahr ergibt. Alle betrachteten Beamten beginnen in dieser Rechnung ihre Laufbahn mit 25 Jahren und treten mit 65 Jahren in den Ruhestand. Das demographische Szenario basiert auf den Annahmen der Rürup-Kommission. Für die Gesamtbevölkerung wird zunächst eine sehr kräftige Zunahme der ferneren Lebenserwartung um 47 Tage pro Jahr unterstellt, die bis zum Jahr 2050 auf weniger als elf Tage und langfristig auf weniger als sieben Tage pro Jahr sinkt. Die im Durchschnitt höhere Lebenserwartung von Beamten wird berücksichtigt, indem zunächst ein „Vorsprung" von zwei Jahren gegenüber dem Bevölkerungsdurchschnitt angenommen wird, der bis zum Jahr 2050 auf ein Jahr abschmilzt und bis zum Jahr 2100 vollständig verschwindet. Der Diskontierungssatz zur Barwertberechnung, der unter der zuvor genannten Annahme der Differenz zwischen Zinssatz und Zuwachsrate der Bezüge entspricht, beträgt 1 Prozent.

450. Betrachtet man die Belastungen, die auf die Beamten gemessen am Barwert ihrer Bezüge über ihren gesamten Lebenszyklus hinweg zukommen, fallen die Reform des Jahres 1998 sowie die einstweilen nicht umgesetzte Reform des Jahres 2005 besonders ins Gewicht (Schaubild 46). Zusammen mit der Einführung der Versorgungsrücklage im **Jahr 1998** war eine sich im Zeitablauf aufbauende Kürzung sowohl der Aktivenbezüge als auch der Pensionen um letztlich 3 vH vorgesehen. Im Barwert nimmt der Umfang der Kürzungen mit abnehmendem Alter der Beamten deswegen zu, weil sich jüngere Beamte über einen längeren Zeitraum hinweg den gekürzten Aktivenbezügen und späteren Pensionen gegenübersehen. Im Fall der ab dem Jahr 1988 geborenen Beamten, die ihre aktive Tätigkeit im Jahr 2013 beginnen und die über ihr gesamtes Leben von einer im Vergleich zur Situation vor dem Jahr 1998 um 3 vH verringerten Besoldung betroffen sind, beläuft sich der Verlust im Barwert dann auf mehr als ein Jahreseinkommen während der aktiven Dienstzeit. Demgegenüber hatte die Reform des **Jahres 2001** weniger bedeutsame Effekte auf die intergenerative Verteilung. Einbußen ergaben sich nur für ältere Beamte, weil der relative Schwerpunkt der Kürzungen von den Aktivenbezügen auf die Pensionen verlagert wurde. Für die jüngeren Jahrgänge hoben sich die Effekte einer – ausgehend von der Reform des Jahres 1998 – weniger starken Kürzung der Aktivenbezüge und der stärkeren Verminderung der späteren Pensionszahlungen im Barwert hingegen gerade auf. Die Maßnahmen des derzeit nicht umgesetzten Versorgungsnachhaltigkeitsgesetzes aus dem **Jahr 2005** schließlich hätten eine spürbare Senkung des Barwerts der Bezüge sämtlicher Jahrgänge nach sich gezogen. Die drei Reformschritte zusammen hätten das Lebenseinkommen der zukünftigen Beamten im Barwert um etwa das Zweieinhalbfache eines Jahresgehalts verringert.

451. Der Sachverständigenrat hat zuletzt im Jahr 2001 den Umfang der bei Bund, Ländern und Gemeinden zu erwartenden zukünftigen Versorgungslasten quantifiziert (JG 2001 Ziffern 219 ff.). Auch eine Aktualisierung der damaligen Berechnungen zeigt, dass das Problem künftig stark steigender Versorgungsausgaben insbesondere die Länder betreffen wird, die ihren Personalbestand in den sechziger und siebziger Jahren vor allem in den Bereichen Schule und innere Sicherheit erheblich ausgeweitet haben (Schaubild 47, Seite 304).

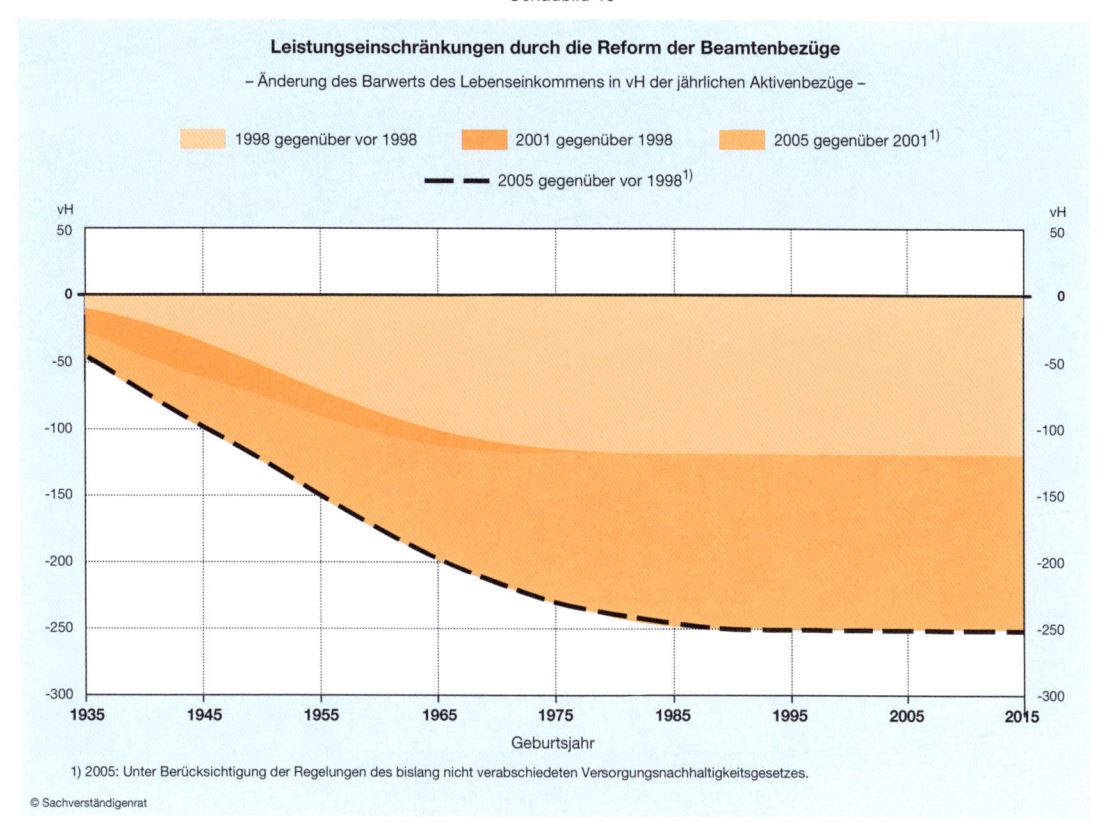

Schaubild 46

Leistungseinschränkungen durch die Reform der Beamtenbezüge

– Änderung des Barwerts des Lebenseinkommens in vH der jährlichen Aktivenbezüge –

1998 gegenüber vor 1998   2001 gegenüber 1998   2005 gegenüber 2001[1)]

— — 2005 gegenüber vor 1998[1)]

1) 2005: Unter Berücksichtigung der Regelungen des bislang nicht verabschiedeten Versorgungsnachhaltigkeitsgesetzes.

© Sachverständigenrat

Die Projektion baut auf der Struktur des im Jahr 2001 angewandten Modells auf (JG 2001 Ziffer 220), übernimmt aber in Bezug auf den vorhandenen Personalbestand die Daten des Jahres 2003. Hinsichtlich der zu erwartenden Entwicklung des Personalbestands – das heißt der Entwicklung des Anteils derjenigen Beamten, die vor Erreichen der Altersgrenze ausscheiden sowie des Umfangs und des Alters des neu eingestellten Personals – orientieren sich die Berechnungen weitgehend an den Annahmen des von der Bundesregierung in diesem Jahr vorgelegten dritten Versorgungsberichts. Ausgehend von den Ergebnissen der jüngsten mittelfristigen Steuerschätzung, die sich auf den Zeitraum bis zum Jahr 2009 erstrecken, wird im Zeitablauf eine Konstanz der gesamtwirtschaftlichen Steuerquote (bei rund 20,3 vH) sowie der Anteile der einzelnen Gebietskörperschaften am Steueraufkommen insgesamt unterstellt. Das nominale Bruttoinlandsprodukt steigt in den Jahren 2010 bis 2050 annahmegemäß um durchschnittlich 2,75 vH. Ohne Berücksichtigung der mit den vorgenommenen Reformen jeweils verbundenen Verminderung der Anpassungen entspricht diese Rate in den Berechnungen auch dem Anstieg der Bezüge von aktiven Beamten und Ruheständlern. Im Gegensatz zu den Berechnungen des Versorgungsberichts beziehen sich die hier dokumentierten Ergebnisse lediglich auf die Versorgungsansprüche der Beamten von Bund, Ländern und Gemeinden aus einem eigenen früheren Dienstverhältnis, das heißt, Ansprüche der früheren Beamten von Bahn, Post und im mittelbaren öffentlichen Dienst bleiben ebenso wie die Versorgung von Hinterbliebenen und im Rahmen der Zusatzversorgung zu erwartende Ausgaben außer Betracht.

Schaubild 47

Zukünftige Belastung der öffentlichen Haushalte mit Versorgungsausgaben[1]

Versorgungslasten in Relation zu den Steuereinnahmen

······· ohne Versorgungsnachhaltigkeitsgesetz   ——— mit Versorgungsnachhaltigkeitsgesetz

[Liniendiagramme für Länder (ca. 7,7 vH in 2005 steigend auf ca. 11 vH bzw. 9,8 vH in 2055), Gemeinden (ca. 3,9 vH steigend auf ca. 4,2 bzw. 3,7 vH) und Bund (ca. 1,8 vH sinkend auf ca. 1,3 vH), Zeitraum 2005–2055]

1) Nach dem geltenden Recht im Vergleich zur Situation mit den Regelungen des bislang nicht verabschiedeten Versorgungsnachhaltigkeitsgesetzes (BT 15/5796). Versorgungsansprüche der früheren Beamten von Bahn, Post und im mittelbaren öffentlichen Dienst sowie die von Hinterbliebenen und im Rahmen der Zusatzversorgung bleiben bei den Berechnungen außer Betracht. Berechnungen ohne die Auflösung der im Versorgungsnachhaltigkeitsgesetz vorgesehenen Rücklage.

© Sachverständigenrat

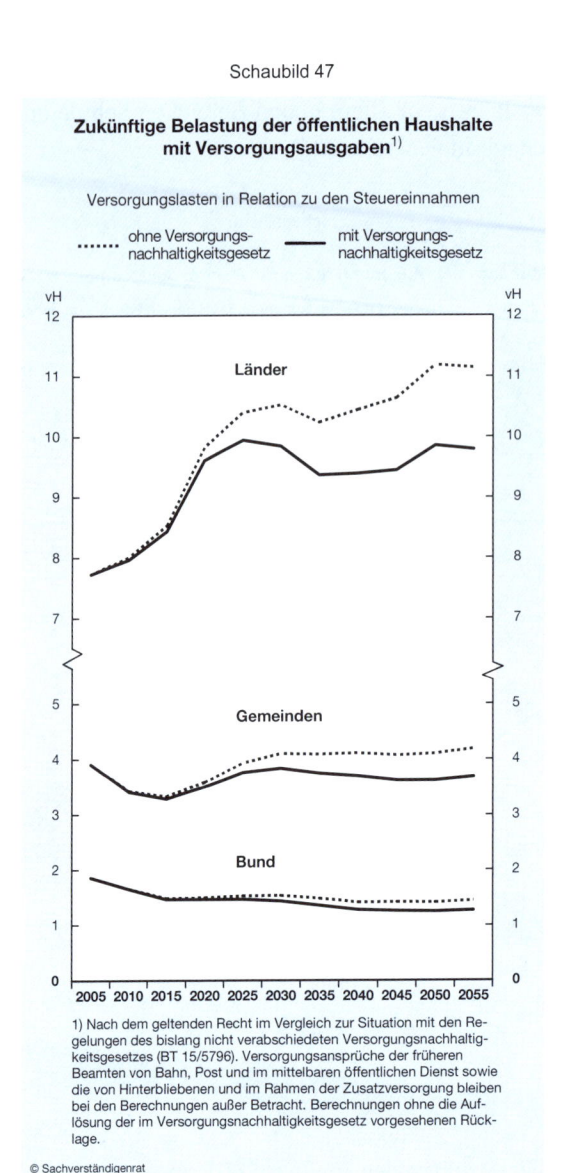

452. Die im Entwurf für ein Versorgungsnachhaltigkeitsgesetz 2005 vorgesehenen künftigen Minderanpassungen der Pensionen würden sich vor allem im Fall der Länder in einer erheblichen Verminderung der **Versorgungsausgaben-Steuer-Quote** niederschlagen; der Rückgang der Versorgungsausgaben nimmt im Zeitablauf zu und beläuft sich auf fast 1,4 Prozentpunkte im Jahr 2050. Zu berücksichtigen ist zudem, dass die aus der Verminderung der Anpassungen von Aktivenbezügen und Ruhegehältern resultierenden Einsparungen nach derzeit geltender gesetzlicher Regelung zum Teil einer Rücklage zugeführt werden sollen. Das Versorgungsnachhaltigkeitsgesetz 2005 sah eine erhebliche Aufstockung der entsprechenden – und zudem dauerhaft der Rücklage zufließenden – Beträge vor. Die Details der Verwendung des Kapitalstocks sind bislang nicht gesetzlich geregelt. Überschlägige Berechnungen zeigen, dass unter der Annahme einer Umsetzung der im Jahr 2005 geplanten Reform die Spitzenbelastung in den Jahren ab 2020 durch die Auflösung des zwischenzeitlich angesammelten Kapitalstocks tatsächlich spürbar gesenkt werden könnte. Die Versorgungsausgaben-Steuer-Quote der Länder ließe sich, würde eine entsprechende

Rücklage ab dem Jahr 2005 aufgebaut, im betrachteten Zeitraum durchgängig auf einen Wert von maximal 9,5 vH begrenzen.

453. Eine Analyse der Frage, wie stark sich die in der bislang nicht umgesetzten Reform des Jahres 2005 vorgesehenen Maßnahmen in einer Senkung der Tragfähigkeitslücke in den öffentlichen Haushalten niederschlagen würden, liegt gegenwärtig noch nicht vor. Von einer deutlichen Verringerung der Tragfähigkeitslücke ist infolge der substantiellen Abnahme des Versorgungsniveaus allerdings auszugehen. Die Umsetzung der geplanten Reform durch die neue Regierung ist aus diesem Grund nicht nur im Hinblick auf eine Gleichbehandlung von Rentnern und Versorgungsempfängern, sondern auch als ein Schritt auf dem Weg zu langfristig tragfähigen öffentlichen Haushalten geboten.

3. Mittelfristige Haushaltskonsolidierung: Umsatzsteuerbetrug bekämpfen

454. Die Umsatzsteuer (oder gleichbedeutend: Mehrwertsteuer) ist in Deutschland mit etwa 140 Mrd Euro pro Jahr die aufkommensstärkste Steuer. Zwischen den Jahren 2000 und 2003 war das Aufkommen aus dieser Steuer rückläufig. Erst in diesem Jahr ist ein nennenswerter Anstieg zu konstatieren mit der Folge, dass wieder fast das Niveau des Jahres 2000 erreicht wird (Tabelle 31, Seite 306). Die schwache Aufkommensentwicklung lässt sich dabei nicht allein mit der verhaltenen Zunahme der Privaten Konsumausgaben und mit Veränderungen der Konsumstruktur erklären. Eine wesentliche Ursache besteht in einem sprunghaften Anstieg des Umsatzsteuerbetrugs im Jahr 2001, der mit der Einführung des Euro und einer damit einhergehenden Zunahme des grenzüberschreitenden Umsatzsteuerbetrugs erklärt wird. Seitdem verharrt die Umsatzsteuerhinterziehungsquote − das Verhältnis von tatsächlichem Aufkommen und einem aus der gesamtwirtschaftlichen Bemessungsgrundlage abgeleiteten hypothetischen Aufkommen − auf hohem Niveau. Seit Jahren belaufen sich die Aufkommensausfälle durch Umsatzsteuerbetrug auf rund 15 Mrd Euro jährlich, wenn die Hinterziehungsquote vereinfachend auf das aus dem kassenmäßigen Aufkommen abgeleitete hypothetischer Bemessungsgrundlage bezogen wird. Gelegentlich wird auch von einem noch höheren Umsatzsteuerbetrug ausgegangen. Dieser Betrag wird verursacht durch Betrugsformen wie Vorsteuer-, Ketten- oder Karussellbetrug. Hinzu kommen Ausfälle, die infolge der Zahlungsunfähigkeit von Unternehmen entstehen sowie auf Hinterziehung durch Schwarzgeschäfte und unversteuerten Letztverbrauch zurückzuführen sind.

Durch striktere Kontrollen, eine bessere Koordination der Finanzverwaltungen bei der Erhebung der Umsatzsteuer und einen Systemwechsel beim Vorsteuerabzugsverfahren könnte ein erheblicher Teil des hinterzogenen Umsatzsteueraufkommens mobilisiert und so ein bedeutsamer Beitrag zur Haushaltskonsolidierung geleistet werden. Da ein Systemwechsel bei der Umsatzsteuer EG-rechtliche Änderungen erfordert, kann diese Form der Bekämpfung des Umsatzsteuerbetrugs einen nur mittelfristig wirksamen Beitrag zur Haushaltskonsolidierung darstellen. Gleichwohl sollte einem solchen Systemwechsel hohe Priorität eingeräumt werden.

Der Gesetzgeber hat mit einer Reihe von Maßnahmen auf die Umsatzsteuerkriminalität reagiert. Zu nennen ist insbesondere das zum 1. Januar 2002 in Kraft getretene Steuerverkürzungsbekämpfungsgesetz mit Regelungen zur Abgabe von monatlichen Voranmeldungen bei Erstregistrierung eines Unternehmens, einer unangekündigten Umsatzsteuer-Nachschau, Auszahlung von Vorsteuerüberhängen gegebenenfalls nur bei Bereitstellung von Sicherheitsleistungen (Bankbürgschaften) und der Haftung des Leistungsempfängers für schuldhaft nicht abgeführte Umsatzsteuer des Lieferanten bei Kenntnis der beabsichtigten Hinterziehung. Daneben wurden im Steueränderungsgesetz 2003 unter anderem Maßnahmen zur Vermeidung von Steuerausfällen bei Globalzessionen und bei Leasing- sowie Mietkaufmodellen ergriffen und im Rahmen des Haushaltsbegleitgesetzes 2004 solche zur Vermeidung von Steuerausfällen bei Grundstückslieferungen und zur Sicherstellung des Steueranspruchs in der Baubranche. Diese Maßnahmen erklären das Absinken der Hinterziehungsquote im Jahr 2005.

Tabelle 31

Umsatzsteuer: Aufkommen und Hinterziehungsquote

Jahr	Aktuelles Aufkommen	Hinterziehungsquote[1]	Hinterziehungsbetrag[2]
	Mrd Euro	vH	Mrd Euro
1997	123,17	7,0	9
1998	127,93	7,0	10
1999	137,16	6,0	9
2000	140,87	7,5	11
2001	138,94	10,0	15
2002	138,20	10,0	15
2003	136,99	10,0	15
2004	137,37	10,0	15
2005	139,40 a)	9,5	15

1) Hinterziehungsquote = 1 - (kassenmäßiges Aufkommen / hypothetisches Aufkommen); Quelle: ifo-Institut (2005). - 2) Umsatzsteuerhinterziehung = Hinterziehungsquote * hypothetisches Aufkommen. - a) Eigene Schätzung.

455. Ein bedeutender Teil der betrugsbedingten Umsatzsteuerausfälle wird durch die Erhebungsform der Netto-Allphasen-Umsatzsteuer begünstigt. Die Umsatzsteuer soll für den Unternehmenssektor einen durchlaufenden Posten darstellen und nur den Endkonsum belasten. Dies wird dadurch erreicht, dass die Umsatzsteuer für steuerpflichtige Lieferungen und Dienstleistungen auf jeder Produktions- und Handelsstufe offen in Rechnung gestellt und beim leistungsbeziehenden Unternehmen zum Vorsteuerabzug zugelassen wird. Dadurch entsteht ein Kreislauf von millionenfachen Buchungen und Zahlungen zwischen den beteiligten Unternehmen und zwischen Unternehmen und der Finanzverwaltung, ohne dass daraus ein Steueraufkommen erwächst. Derzeit ist von gut 560 Mrd Euro berechneter Mehrwertsteuer auszugehen, die aber nach Saldierung mit den Vorsteuern nur zu rund 110 Mrd Euro Steueraufkommen aus inländischen Transaktionen führen, mit einem zusätzlichen Aufkommen von etwa 30 Mrd Euro aus der Einfuhrumsatzsteuer. Dem Fiskus verbleibt also nur rund ein Fünftel der in Rechnung gestellten Mehrwertsteuer. Das Vorsteuerabzugssystem verursacht nicht nur hohe Steuerverwaltungskosten, es ist auch in hohem Maße betrugsanfällig.

456. Die Gefahr eines **missbräuchlichen Vorsteuerabzugs** besteht darin, dass ein Lieferant die Umsatzsteuer nicht an den Fiskus abführt, aber der Abnehmer den Vorsteuerabzug geltend macht und gegebenenfalls darüber hinaus seine eigene Steuer aus späteren Umsätzen einbehält. Da der Vorsteuerabzug nach bestehender Rechtslage von den die Leistungen empfangenden Unternehmen geltend gemacht werden kann, bevor diese ihrerseits eigene Umsätze erbringen und erklären, ist ein Ausfallrisiko für den Fiskus systembedingt. Für den Staat besteht als Folge der derzeitigen Regelungen des Vorsteuerabzugs nicht nur die Gefahr, keine Steuern einzunehmen, er muss unter Umständen sogar Vorsteuern auszahlen, die er als Umsatzsteuer auf den vorherigen Stufen überhaupt nicht vereinnahmt hat.

Diese Systemschwäche des Umsatzsteuerrechts, die von Anfang an als das größte finanzielle Risiko des Netto-Allphasen-Umsatzsteuersytems identifiziert wurde, wird nach den Beobachtungen auch anderer Mitgliedstaaten der Europäischen Union zunehmend zur Umsatzsteuerhinterziehung insbesondere durch Vorsteuererschleichung genutzt. Besondere Missbrauchsgefahren ergeben sich, wenn der Vorsteuerbetrug mit grenzüberschreitenden Umsätzen kombiniert wird. In den letzten Jahren sind in den Mitgliedstaaten spektakuläre Betrugsfälle bekannt geworden, in denen durch so genannte Karussellgeschäfte Millionenbeträge hinterzogen wurden. Der Europäische Rechnungshof hat die durch Vorsteuerabzugsbetrug bedingten Einnahmeausfälle europaweit mit 70 Mrd Euro jährlich beziffert.

Neben diesen Karussellgeschäften ist vielfacher Umsatzsteuerbetrug vor allem beim grenzüberschreitenden Handel mit Gebrauchtwagen in der EU festgestellt worden.

457. Karussellgeschäfte laufen nach dem folgenden Grundprinzip ab (Schaubild 48, Seite 308): Ein in einem anderen Mitgliedstaat ansässiges Unternehmen F liefert steuerfrei an ein inländisches (Schein-)Unternehmen S. Dieses muss zwar den innergemeinschaftlichen Erwerb nach § 1a UStG versteuern, kann aber in gleicher Höhe Vorsteuern abziehen, so dass effektiv keine Steuerzahlung anfällt. S liefert dann an das ebenfalls im Inland ansässige Unternehmen D mit Rechnung und Umsatzsteuerausweis. Der Rechnungsbetrag einschließlich Umsatzsteuer entspricht dabei dem Einstandspreis. S führt die fällige Umsatzsteuer nicht an das Finanzamt ab, sondern verschwindet vom Markt, bevor der Betrug aufgedeckt wird. Absetzbewegungen in die Schweiz sind typisch, weil dort Auslieferungsanträgen bei Steuerdelikten nicht stattgegeben wird. Unternehmen D kann die in Rechnung gestellte Umsatzsteuer als Vorsteuer geltend machen und bezieht die Ware deshalb zu einem um 13,79 vH (= 0,16/1,16) niedrigeren Preis als S. Im Prinzip könnte der Steuerbetrug fortgesetzt werden, indem D entweder steuerfrei zu einem unter dem Ausgangspreis von 1 000 000 Euro liegenden Nettopreis wieder an F liefert und das Karussellgeschäft erneut in Gang gesetzt wird oder die innergemeinschaftliche Lieferung an eine ausländische Scheinfirma nur vortäuscht und die Ware unter nochmaliger Herausrechnung von Umsatzsteuer im Inland verkauft. So ließe sich ein noch höherer Vermögensvorteil und Wettbewerbsvorteil gegenüber der steuerehrlichen Konkurrenz erzielen. Bei diesen Karussellgeschäften muss es nicht zu tatsächlichen Warenbewegungen über die Grenze kommen. Die Umsatzsteuerausfälle allein durch Karussellgeschäfte werden auf rund 5 Mrd Euro jährlich geschätzt

458. Auch bei **Insolvenzen** kann es systembedingt zu Umsatzsteuerausfällen kommen, und zwar sowohl beim Leistungserbringer als auch beim Leistungsempfänger. Wenn der leistende Unternehmer zahlungsunfähig ist, entgeht dem Fiskus die Umsatzsteuer auf seine Ausgangsumsätze. Bei zahlungsunfähigen Leistungsempfängern kann in der Regel der Anspruch des Finanzamts auf zuviel abgezogene Umsatzsteuer nicht mehr realisiert werden. Soweit nämlich ein Unternehmer Vorleistungen eingekauft hat, kann er nach geltendem Recht die in Rechnung gestellte Umsatzsteuer sofort als Vorsteuer abziehen. Wenn er seinem Lieferanten den Preis für die Leistung nicht bezahlt, müsste er die erstattete Vorsteuer eigentlich an das Finanzamt zurückzahlen. Dies geschieht aber gerade in Insolvenzfällen nicht mehr. In der Praxis beruht ein großer Teil der in Insolvenzverfahren ausfallenden Umsatzsteuerforderungen auf solchen Situationen. Dabei handelt es sich häufig um Millionenbeträge.

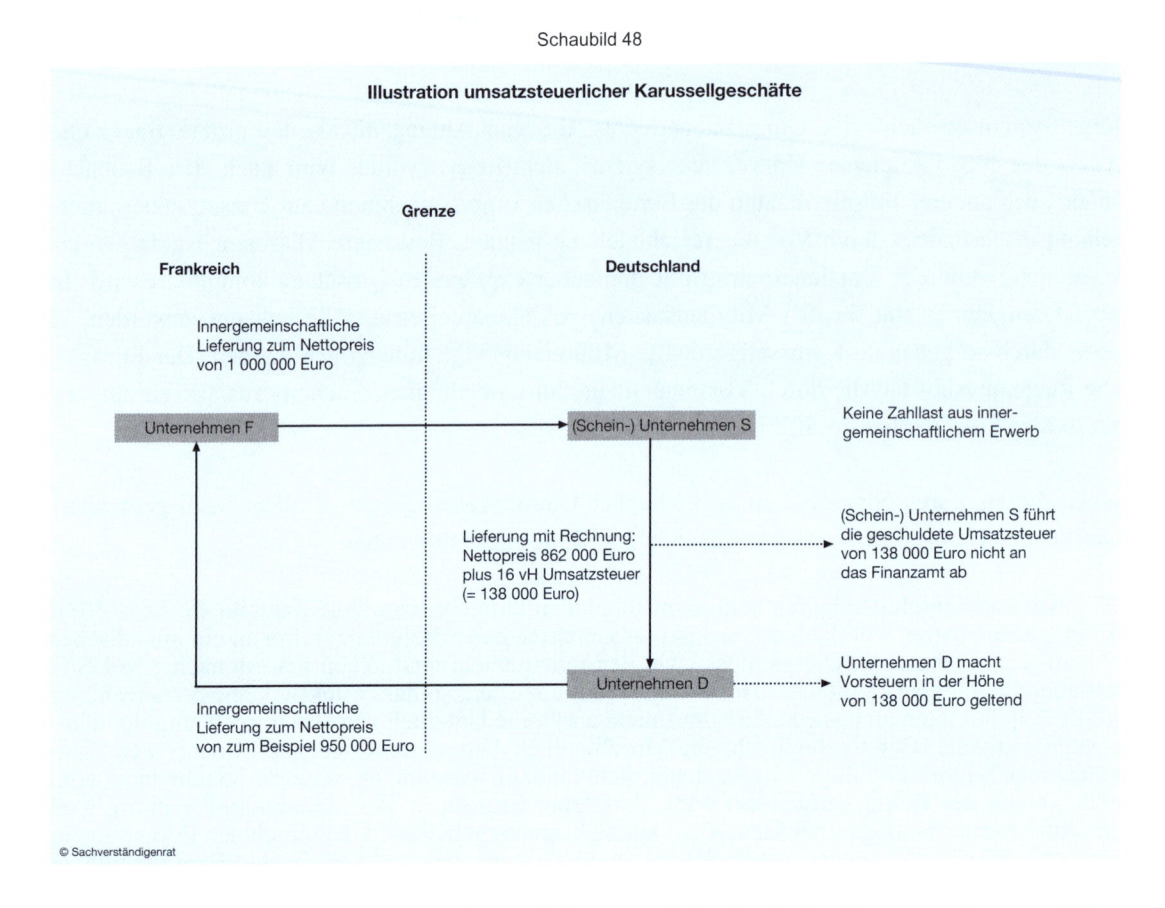

Schaubild 48

Illustration umsatzsteuerlicher Karussellgeschäfte

[Schaubild: Karussellgeschäft zwischen Frankreich und Deutschland. Unternehmen F (Frankreich) liefert innergemeinschaftlich zum Nettopreis von 1 000 000 Euro an (Schein-)Unternehmen S (Deutschland) – keine Zahllast aus innergemeinschaftlichem Erwerb. (Schein-)Unternehmen S liefert mit Rechnung zum Nettopreis 862 000 Euro plus 16 vH Umsatzsteuer (= 138 000 Euro) an Unternehmen D, führt die geschuldete Umsatzsteuer von 138 000 Euro nicht an das Finanzamt ab. Unternehmen D macht Vorsteuern in Höhe von 138 000 Euro geltend und liefert innergemeinschaftlich zum Nettopreis von zum Beispiel 950 000 Euro zurück an Unternehmen F.]

© Sachverständigenrat

459. Die systembedingten Betrügereien und Steuerausfälle durch das Vorsteuerabzugsverfahren bei Leistungsbeziehungen zwischen Unternehmen können am zuverlässigsten durch steuertechnische Änderungen bei der Umsatzbesteuerung verhindert werden. In diesem Zusammenhang sind zwei Modelle zur Bekämpfung des Umsatzsteuerbetrugs entwickelt und zwischenzeitlich durch Planspiele geprüft worden (Kasten 12): die partielle Umstellung des Umsatzsteuersystems durch Verlagerung der Steuerschuld auf den Leistungsempfänger (**Reverse-Charge-Modell**) und die Einführung eines „Cross-Check" genannten umfangreichen Kontrollsystems bei gleichzeitigem Übergang zu einer Besteuerung nach vereinnahmten Entgelten sowohl auf der Leistungseingangs- als auch auf der Leistungsausgangsseite (**generelle Ist-Versteuerung mit Cross-Check**).

Im Ergebnis lässt sich festhalten, dass das Reverse-Charge-Modell sowohl die derzeit bestehenden Betrugsmöglichkeiten beim Vorsteuerabzug als auch die Steuerausfälle bei Insolvenzen deutlich reduzieren und damit zu einer signifikanten Steigerung des kassenwirksamen Umsatzsteueraufkommens führen würde. Schon im ersten Jahr der Umstellung kann mit mehr als vier Mrd Euro zusätzlichem Umsatzsteueraufkommen gerechnet werden. Im Vergleich schneidet die Ist-Versteuerung schlechter ab. Im Jahr der Einführung wäre sogar wegen steuertechnischer Änderungen

(Wegfall der Sondervorauszahlung für die Dauerfristverlängerung und zeitlich späterer Zufluss des Umsatzsteueraufkommens) mit Steuerausfällen von rund 17 Mrd Euro zu rechnen.

Die Einführung des Reverse-Charge-Modells ist nicht im nationalen Alleingang möglich. Sie bedarf entweder einer Änderung der 6. EG-Richtlinie oder zumindest einer Ausnahmeermächtigung durch den Ecofin-Rat auf Vorschlag der Europäischen Kommission. Die Bundesregierung sollte alles daran setzen, möglichst bald einen Systemwechsel bei der Umsatzbesteuerung herbeizuführen. Eine Bekämpfung des Umsatzsteuerbetrugs ist für sich genommen, insbesondere aber auch als Beitrag zur Haushaltskonsolidierung dringend erforderlich.

Kasten 12

Reformmodelle zur Umsatzbesteuerung

Reverse-Charge-Modell

Die Grundidee des Reverse-Charge-Modells besteht darin, durch Verlagerung der Steuerschuld auf den Leistungsempfänger die Auszahlung von Vorsteuer dadurch zu vermeiden, dass Umsatzsteuerschuld und Vorsteuerabzug bei ein und derselben Person, dem Leistungsempfänger, anfallen. Dies soll für Rechnungsbeträge oberhalb einer Grenze von 5 000 Euro gelten. Bei solchen höherpreisigen Lieferungen und sonstigen Leistungen zwischen Unternehmen schuldet also nicht mehr der die Leistung erbringende Unternehmer die Umsatzsteuer, sondern der Leistungsempfänger. Der leistende Unternehmer stellt eine Nettorechnung aus, die keine Angaben zur Umsatzbesteuerung enthält; der Leistungsempfänger zahlt das Nettoentgelt an seinen Lieferanten. Die dem Finanzamt geschuldete Umsatzsteuer stellt gleichzeitig die Vorsteuer dar. Dies hat zur Folge, dass solche Umsätze keine Zahlungsströme zwischen Leistungsempfänger und Finanzamt bewirken.

Bei Leistungen an private Endverbraucher, an Einrichtungen des öffentlichen Rechts sowie an Unternehmer für ihren nichtunternehmerischen Bereich bleibt es unabhängig von der Rechnungshöhe beim geltenden Recht.

Das Reverse-Charge-Modell erfordert zusätzlich zur Steuernummer die Vergabe einer so genannten R-Nummer, mit der unterschieden werden kann, welche Unternehmer als Abnehmer die Umsatzsteuer schulden und welche nicht. Das leistende Unternehmen hat durch Anfrage sicherzustellen, dass der Leistungsempfänger über eine gültige R-Nummer verfügt. Bei Leistungen an derart ausgewiesene Unternehmen ist ein Steuerausweis in der Rechnung nicht erforderlich. Leistungsempfänger mit einer R-Nummer schulden die Umsatzsteuer, erwerben aber zeitgleich einen Anspruch auf Vorsteuerabzug. Umsatzsteuerbetrug durch Karussellgeschäfte wird so wirksam unterbunden. Auch können Steuerausfälle bei Zahlungsunfähigkeit des Leistungsempfängers vermieden werden.

Durch Verlagerung der Steuerschuld auf den Leistungsempfänger steigt die Gefahr eines unversteuerten Letztverbrauchs durch Missbrauch der R-Nummer. Deshalb ist die Überprüfbarkeit und Kontrolle der unter einer R-Nummer durchgeführten Umsätze durch die Steuerverwaltung erforderlich. Dazu muss das leistende Unternehmen jeden unter einer R-Nummer getätigten Umsatz elektronisch an die Finanzverwaltung melden.

Generelle Ist-Versteuerung mit Cross-Check

Bei diesem Verfahren sind Umsätze generell – und nicht wie bisher nur bei Freiberuflern oder Gewerbetreibenden bis zu bestimmten Umsatzgrenzen – nach vereinnahmten, statt nach vereinbarten Entgelten zu versteuern. Die Umsatzsteuer ist also nicht schon bei Rechnungsstellung, sondern erst bei Zahlungseingang an das Finanzamt abzuführen (Ist-Versteuerung). Auch der Vorsteuerabzug kann vom Abnehmer erst dann geltend gemacht werden, wenn die Rechnung bezahlt wurde. Damit wird der Vorsteuerabzug an die Entstehung der Umsatzsteuerschuld bei der Vereinnahmung geknüpft. Steuerschuld und Recht auf Vorsteuerabzug entstehen so später als nach geltendem Recht aber – anders als beim Reverse-Charge-Modell – unverändert bei zwei Unternehmen.

Unternehmer sind verpflichtet, alle Ausgangs- und Eingangsumsätze ab einem Rechnungsbetrag von 5 000 Euro, die an Abnehmer mit einer so genannten Wirtschaftsidentifikationsnummer erbracht werden, elektronisch an die Finanzverwaltung zu melden. In einem als Cross-Check bezeichneten Melde- und Kontrollverfahren sollen die jeweils gemeldeten Ausgangsumsätze der leistenden Unternehmen mit den entsprechenden Eingangsumsätzen der die Leistungen empfangenden Unternehmen verglichen werden. Ziel dieses Vergleichs ist es festzustellen, ob für den einzelnen Umsatz des Leistungsempfängers Vorsteuerbeträge geltend gemacht wurden, die das leistende Unternehmen nicht gemeldet und nicht an das zuständige Finanzamt abgeführt hat. Dazu werden Einzelumsatzabgleiche („Pärchenbildungen") und Summenabgleiche durchgeführt.

Ein wesentlicher Nachteil der Ist-Versteuerung besteht in einer Ausweitung der Meldepflichten und des Verwaltungsaufwands der Unternehmen, ohne dass Betrugsmöglichkeiten gänzlich unterbunden werden können.

Sowohl das Reverse-Charge-Modell als auch die generelle Ist-Versteuerung erfordern eine EG-rechtliche Genehmigung.

4. Kurzfristige Haushaltskonsolidierung: Steuervergünstigungen abbauen, Finanzhilfen zurückführen

460. Neben den lang- und mittelfristigen Maßnahmen zur Beseitigung der Tragfähigkeitslücke sind auch kurzfristig entschlossene Konsolidierungsbemühungen erforderlich. Dafür sprechen die folgenden Überlegungen. Zum einen ist es angebracht, die mit der Sicherstellung tragfähiger öffentlicher Finanzen einhergehenden Belastungen möglichst gleichmäßig über die Zeit, das heißt auf gegenwärtige und zukünftige Generationen, zu verteilen. Zum anderen wird es allerhöchste Zeit, dass Deutschland nach viermaliger Verfehlung endlich wieder die Defizitgrenze des Europäischen Stabilitäts- und Wachstumspakts in Höhe von 3 vH in Relation zum nominalen Bruttoinlandsprodukt einhält. Die Europäische Kommission beabsichtigt, das zur Zeit ruhende Defizitverfahren gegen Deutschland noch in diesem Jahr wieder aufzunehmen und zu verschärfen. Nach der Prognose des Sachverständigenrates wird die Defizitquote im Jahr 2006 bei 3,3 vH liegen. Um schon im kommenden Jahr den Stabilitäts- und Wachstumspakt einzuhalten, würden Einsparungen von rund 6 Mrd Euro ausreichen. Dies sollte eigentlich machbar sein. Die konjunkturelle Situation spricht jedenfalls nicht gegen ein solches, eher bescheidenes Konsolidierungsprogramm. Die Zuwachsrate des Bruttoinlandsprodukts wird mit 1,0 vH im kommenden Jahr in etwa mit der Potentialwachstumsrate übereinstimmen. Zwar bleibt die Output-Lücke leicht negativ, so dass schärfere Konsolidierungsmaßnahmen tendenziell prozyklisch wirken würden. Bei einem Konsolidierungsvolumen von etwa 6 Mrd Euro kann davon aber keine Rede sein. Eher könnte die Bundesregierung verloren gegangenes Vertrauen bei Verbrauchern und Investoren zurück gewinnen, wenn sie ein klares und glaubwürdiges Signal in Richtung Haushaltskonsolidierung setzen würde.

Schwieriger wird die Aufgabe ab dem Jahr 2007 und in den Jahren danach. Nach Einschätzung der Bundesregierung klafft ab dem Jahr 2007 allein zwischen den laufenden Ausgaben (ohne Investitionsausgaben) und den laufenden Einnahmen des Bundes eine strukturelle Lücke von rund 25 Mrd Euro. Wenn es nicht gelingt, diese Lücke durch Konsolidierungsmaßnahmen zu schließen, würde neben dem Stabilitäts- und Wachstumspakt auch der Artikel 115 Grundgesetz dauerhaft verletzt (Ziffern 475 ff.). Nicht auszuschließen ist, dass dies dann Auswirkungen auf die Bonität der öffentlichen Anleihen haben kann, die sich in schlechteren Zinskonditionen niederschlagen werden. Deshalb sind entschlossene Konsolidierungsmaßnahmen unabweisbar.

461. Die Konsolidierung der öffentlichen Haushalte stellt aber nur eine der zentralen Aufgaben in der gerade begonnenen Legislaturperiode dar. Daneben sind unter anderem eine Reform der Unternehmensbesteuerung in Angriff zu nehmen (Ziffern 392 ff.) und der eingeschlagene Weg bei den Reformen der Systeme der Sozialen Sicherung fortzusetzen (Ziffern 560 ff.). Diese Aufgaben sind insofern nicht unabhängig voneinander, als jede für sich genommen einen erheblichen Mittelbedarf zur Gegenfinanzierung erfordert. Mehreinnahmen oder Minderausgaben können dabei nicht mehrfach verrechnet werden. Dies ist eine triviale Einsicht, die in Wahlkampfzeiten aber gelegentlich verdrängt wurde. Wenn etwa die bei Streichung der Eigenheimzulage frei werdenden Mittel zur Haushaltskonsolidierung eingesetzt werden, können damit nicht zusätzlich auch noch Mindereinnahmen aus einer Steuerreform ausgeglichen werden. Auch kann in der konkreten Haushaltsplanung – anders als in Verlautbarungen vor der Bundestagswahl – der Verzicht auf eine weitergehende Senkung der Einkommensteuersätze nicht als Einnahme verbucht und zum Beispiel für die Finanzierung einer Reform der Gesetzlichen Krankenversicherung eingesetzt werden.

Es wäre unrealistisch, den gesamten Mittelbedarf, der zur Gegenfinanzierung der anstehenden Aufgaben erforderlich ist – Haushaltskonsolidierung, Senkung der Unternehmenssteuern, Systemwechsel und Umfinanzierung der Systeme der Sozialen Sicherung – über Ausgabenkürzungen und den Abbau von Steuervergünstigungen aufbringen zu wollen. Letztlich wird eine Anhebung der Umsatzsteuersätze unvermeidlich sein; dies gilt für den regulären ebenso wie den ermäßigten Steuersatz. Bei der Haushaltsaufstellung werden Einnahmen in der Regel keinen speziellen Ausgabenzwecken zugeordnet; es gilt das Nonaffektationsprinzip. Für die finanzpolitische Willensbildung und die Kommunikation mit dem Bürger kann eine Verknüpfung bestimmter Ausgaben mit einzelnen (Mehr-)Einnahmen aber sinnvoll sein. So lässt es sich aus politökonomischen Erwägungen vertreten, die Rückführung staatlicher Ausgaben und den Abbau von Steuervergünstigungen vorrangig für die Haushaltskonsolidierung einzusetzen und Mehreinnahmen etwa aus der Erhöhung der Umsatzsteuer zur Gegenfinanzierung einer Unternehmensteuerreform und zur Umfinanzierung der sozialen Sicherungssysteme zu verwenden. Letzteres würde die gesamtwirtschaftliche Abgabenbelastung unverändert lassen, aber eine unter Wachstums- und Beschäftigungsgesichtspunkten positiv zu bewertende Strukturverschiebung von den direkten zu den indirekten Steuern beinhalten. Allerdings ist die Unterscheidung von Steuervergünstigungsabbau und Steuersatzerhöhungen fließend. So kann man eine Erhöhung des ermäßigten Umsatzsteuersatzes für bestimmte Güter und Dienstleistungen durchaus als Beitrag zum Abbau von Steuervergünstigungen interpretieren.

462. Der Sachverständigenrat schlägt vor, eine Erhöhung des Normalsatzes der Umsatzsteuer nur in Verbindung mit einer grundlegenden Reform der Unternehmensbesteuerung oder einer Umfinanzierung in den Systemen der Sozialen Sicherung vorzunehmen. In diesem Zusammenhang ist eine Anhebung des regulären Umsatzsteuersatzes nicht nur vertretbar, sondern auch kaum zu vermeiden. Sie sollte dann aber auch erst zu dem Zeitpunkt erfolgen, in dem die Reformmaßnahmen bei der Unternehmensbesteuerung oder in den Systemen der Sozialen Sicherung in Kraft treten. Zur notwendigen Haushaltskonsolidierung sind hingegen die Kürzung von Finanzhilfen und anderen öffentlichen Ausgaben sowie der Abbau von Steuervergünstigungen heranzuziehen. Dazu rechnen auch die Abschaffung der Umsatzsteuerbefreiung und die Anhebung des ermäßigten Steuersatzes für bestimmte Umsätze. Eine Anhebung des Normalsatzes der Umsatzsteuer zu Konsolidierungszwecken wird abgelehnt. Zu befürchten ist nämlich, dass dann nicht nur der Subventionsabbau, sondern auch die Unternehmenssteuerreform und die Umfinanzierung der Systeme der Sozialen Sicherung auf den St. Nimmerleinstag verschoben werden.

463. Die Konsolidierung der öffentlichen Haushalte ist nicht allein Aufgabe der Bundesregierung; viele Länderhaushalte sind in keiner besseren Verfassung als der Bundeshaushalt. Auch die Einhaltung der Defizitbegrenzung des Stabilitäts- und Wachstumspakts muss von allen staatlichen Ebenen gemeinsam geleistet werden. Dazu muss der europäische Stabilitäts- und Wachstumspakt durch einen sanktionsbewehrten nationalen Stabilitätspakt ergänzt werden. Haushaltskonsolidierung ist eine gemeinsame Aufgabe von Bund und Ländern.

Zu konzedieren ist, dass alle staatlichen Ebenen in den letzten Jahren durchaus erfolgreiche Bemühungen zur Begrenzung des Ausgabenwachstums unternommen haben. Die nominalen Ausgaben der Gebietskörperschaften liegen – in der Abgrenzung der Volkswirtschaftlichen Gesamtrechnungen – im Jahr 2006 um nur 0,5 vH über denen des Jahres 2003, im Jahr 2004 waren sie sogar rückläufig. Dass die öffentlichen Defizite gleichwohl nicht signifikant gesunken sind, liegt an der schwachen Einnahmeentwicklung und weniger an fehlendem Konsolidierungswillen. Auch der Subventionsabbau ist in Angriff genommen worden. Zwischen den Jahren 1998 und 2004 reduzierten sich die Finanzhilfen des Bundes um 38,6 vH. Verglichen damit blieben die Bemühungen um einen Abbau von Steuervergünstigungen erfolglos. Zwar hat die Bundesregierung schon unmittelbar zu Beginn der letzten Legislaturperiode mit dem „Entwurf eines Gesetzes zum Abbau von Steuervergünstigungen und Ausnahmeregelungen" ein umfangreiches Konsolidierungspaket vorgelegt und auch danach Bemühungen zum Abbau von Steuervergünstigungen unternommen. Die meisten und vor allem die quantitativ bedeutendsten Einsparvorschläge der Bundesregierung, namentlich eine Streichung der Eigenheimzulage, scheiterten aber letztlich im Bundesrat. Wenn der Bundesrat die Konsolidierungsbemühungen der Bundesregierung nicht wiederholt torpediert hätte, müsste man heute auch kein „flächendeckendes Heulen und Zähneklappern" ankündigen.

Anhebung des ermäßigten Umsatzsteuersatzes

464. Seit dem 1. April 1998 beträgt der Normalsatz der Umsatzsteuer 16 vH der Bemessungsgrundlage. Damit liegt Deutschland am unteren Ende des EG-rechtlich fixierten Bands von 15 vH bis 25 vH. Daneben gibt es einen ermäßigten Steuersatz von 7 vH für die in § 12 UStG aufgeführten Umsätze. Dazu gehören unter anderen Nahrungsmittel einschließlich bestimmter Getränke, Bücher, Zeitungen, Kunstgegenstände, Leistungen der Theater und Orchester, aber auch solche der Zahntechniker, der Vatertierhaltung und Tierbesamung, die Aufzucht und das Halten von Vieh oder die Beförderung von Personen innerhalb einer Gemeinde oder bei einer Beförderungsstrecke von nicht mehr als 50 Kilometern. Steuerfrei sind die in § 4 UStG aufgeführten Umsätze, wobei besonders zu nennen sind die Umsätze aus Ausfuhrlieferungen, Vermietung und Verpachtung von Grundstücken, bestimmte Umsätze des Geld- und Kreditverkehrs und der Versicherungsunternehmen, Umsätze aus der Tätigkeit von Ärzten, Zahnärzten und Tierärzten, solche der gesetzlichen Träger der Sozialversicherung, der Krankenhäuser, Altenheime und Pflegeheime sowie der Verbände der freien Wohlfahrtspflege und Umsätze, die unter das Rennwett- und Lotteriegesetz fallen. Schließlich gibt es noch die Besteuerung nach Durchschnittssätzen vor allem für land- und forstwirtschaftliche Betriebe nach § 24 UStG.

465. Es ist ein robustes Ergebnis der Optimalsteuertheorie, dass ein unter Effizienz- und Verteilungsgesichtspunkten optimales Steuersystem aus einer Umsatzsteuer mit einheitlichem Steuersatz, aus speziellen Verbrauchsteuern oder Gütersubventionen und einer progressiven Einkommensteuer bestehen sollte. Verteilungsziele werden dabei ausschließlich über den progressiven Tarif der Einkommensteuer realisiert, Verbrauchsteuern oder Subventionen auf bestimmte Güter erfüllen Lenkungsaufgaben und zielen auf die Korrektur externer Effekte, während vor allem der Umsatzsteuer die Finanzierungsfunktion der öffentlichen Aufgaben und Ausgaben zukommt. Natürlich hängt dieses Ergebnis von den Annahmen ab, insbesondere derjenigen, dass der Einkommensteuertarif völlig frei gewählt werden kann, um vorgegebene Verteilungsziele zu erreichen. Unterstellt man demgegenüber, dass der Tarif der Einkommensteuer bestimmten Beschränkungen unterliegt, indem etwa aus administrativen oder allokativen Gründen ein konstanter Grenzsteuersatz oberhalb eines Grundfreibetrags, also eine *flat tax*, gewählt wird, oder aber, dass im Rahmen einer dualen Einkommensteuer Kapitaleinkommen proportional und die übrigen Einkommen progressiv besteuert werden, dann kann auch die Umsatzsteuer auf die Realisierung von Verteilungszielen gerichtet sein. Dafür sind die Umsatzsteuersätze so zu differenzieren, dass die Güter und Dienstleistungen, die einen hohen Anteil am Budget einkommensschwacher Haushalte ausmachen, ermäßigten Steuersätzen unterliegen. Güter, die negative externe Effekte hervorrufen, sind mit speziellen Verbrauchsteuern zu belegen. Dies rechtfertigt die Erhebung der Mineralölsteuer und der Steuern auf Tabak und alkoholische Getränke. Umgekehrt sollten Güter, denen positive externe Effekte zugeschrieben werden, subventioniert werden. Statt einer direkten Subventionierung könnte man auch den Weg eines ermäßigten Umsatzsteuersatzes wählen; die Differenz zwischen dem regulären und dem ermäßigten Steuersatz kann dann als Subventionssatz interpretiert werden. Optimalsteuertheoretisch lassen sich differenzierte Umsatzsteuersätze also entweder unter Bezug auf verteilungs- und sozialpolitische Überlegungen oder über externe Effekte begründen. Umgekehrt folgt daraus die Abschaffung des ermäßigten Umsatzsteuersatzes auf alle übrigen Umsätze, für die solche Gründe nicht vorliegen.

466. Geht man die Liste der steuerbefreiten oder ermäßigt besteuerten Güter durch, kann unter Verteilungsaspekten die Steuerbefreiung für Vermietung und Verpachtung von Grundstücken ebenso gerechtfertigt werden wie der ermäßigte Steuersatz auf Nahrungsmittel. Mit positiven ex-

ternen Effekten lassen sich bei großzügiger Interpretation die Steuerfreiheit der in § 4 Nr. 20 UStG aufgeführten Umsätze kultureller Einrichtungen der Gebietskörperschaften (zum Beispiel Theater oder Museen) ebenso begründen wie die ermäßigte Besteuerung der in § 12 Nr. 7 UStG aufgezählten Leistungen (unter anderem Konzerte, Theatervorführungen, Museen, Zirkusvorstellungen), die Lieferung von Kunstgegenständen oder die Leistungen von Körperschaften, die ausschließlich und unmittelbar gemeinnützige, mildtätige oder kirchliche Zwecke verfolgen. Unter dem speziellen Gesichtspunkt der Haushaltskonsolidierung unergiebig wäre die Einführung der Steuerpflicht auf Umsätze der gesetzlichen Träger der Sozialversicherung, der Krankenhäuser, Alten- und Pflegeheime und – mit Abstrichen – die Umsätze von Ärzten, Zahnärzten, Heilpraktikern. Zwar wäre die Aufhebung dieser Umsatzsteuerbefreiung mit beträchtlichen Mehreinnahmen von rund 5 Mrd Euro verbunden, sie würde aber gleichzeitig zu Kostensteigerungen im Bereich des Gesundheitswesens und damit zu einer Anhebung der Beitragssätze zur Sozialversicherung führen.

467. Damit kann es für einen umfangreichen Güterkatalog bei der Steuerbefreiung oder der ermäßigten Umsatzbesteuerung bleiben. Gleichwohl bleibt noch eine Liste von Umsätzen, für die sich keine überzeugenden ökonomischen Gründe für eine gegenüber dem Normalsatz reduzierte Besteuerung finden lassen. Hier bietet sich die Abschaffung des ermäßigten Umsatzsteuersatzes an. Exemplarisch genannt seien hier die Umsätze der in § 12 Absatz 2 Nr. 3, 4 und 6 UStG genannten Leistungen (Aufzucht und Halten von Vieh; Vatertierhaltung und künstliche Tierbesamung; Tätigkeit als Zahntechniker) sowie die Beförderung von Personen im Nahverkehr nach § 12 Absatz 2 Nr. 10b UStG. Die ermäßigte Besteuerung soll die Nahpendler begünstigen, die aber schon die Entfernungspauschale in Anspruch nehmen können. Für eine doppelte und noch dazu selektive Begünstigung besteht kein Grund. Auch aus dem in der Anlage 2 zu § 12 Absatz 2 Nr. 1 und 2 UStG angegebenen und der ermäßigten Besteuerung unterliegenden Warenkatalog können einzelne Güter gestrichen werden. So lassen sich zum Beispiel für eine ermäßigte Besteuerung von Bulben, Zwiebeln und Knollen (Nr. 6 der Anlage 2), für andere lebende Pflanzen einschließlich ihrer Wurzeln, Stecklinge und Pfropfreiser (Nr. 7), für Blumen, Blüten und geschnittene Knospen (Nr. 8), Blattwerk, Blätter und Zweige (Nr. 9), Brennholz, Sägespäne und Holzabfälle (Nr. 48) weder Verteilungsgesichtspunkte noch externe Effekte ins Feld führen. Dasselbe gilt – wenn auch mit Einschränkungen – für die Anwendung des ermäßigten Satzes auf Umsätze mit Druckerzeugnissen nach Nr. 49 der Anlage 2. Bei den Steuerbefreiungen könnte die Befreiung der Umsätze des Geld- und Kreditverkehrs nach § 4 Nr. 8 UStG in Frage gestellt werden; abgeschafft werden können die Steuerfreiheit für grenzüberschreitende Beförderungen von Personen im Luftverkehr nach § 26 Absatz 3 UStG und für die Umsätze aus Tätigkeit als Bausparkassenvertreter, Versicherungsvertreter und Versicherungsmakler nach § 4 Nr. 11 UStG.

Grundsätzlich ist auch ein konsequenteres Vorgehen bei der Abschaffung des ermäßigten Umsatzsteuersatzes vorstellbar. Allein mit den hier vorgeschlagenen Maßnahmen ließe sich schon ein für die Haushaltskonsolidierung verwendbares Mehraufkommen von etwa 3,4 Mrd Euro erzielen, wenn die Maßnahmen zum 1. Januar 2006 in Kraft treten würden.

Haushaltskonsolidierung durch Subventionsabbau

468. Die aus der Abschaffung des ermäßigten Steuersatzes resultierenden Mehreinnahmen reichen bei weitem nicht aus, um schon im Jahr 2006 den Stabilitäts- und Wachstumspakt einhalten zu können. Zur Schließung der Tragfähigkeitslücke leisten sie einen nur geringen Beitrag. Deshalb gibt es keine ernsthafte Alternative: Die unvermeidbare Konsolidierung der öffentlichen Haushalte erfordert einen entschlossenen Abbau von Subventionen.

Der Subventionsbegriff ist nicht eindeutig bestimmt. Dementsprechend wird auch die Höhe des Subventionsvolumens völlig unterschiedlich ausgewiesen. Der Subventionsbericht der Bundesregierung erfasst primär Finanzhilfen und Steuervergünstigungen für private Unternehmen und Wirtschaftszweige sowie für private Haushalte, sofern sie das Wirtschaftsgeschehen in wichtigen Bereichen beeinflussen. Die Finanzhilfen und Steuervergünstigungen werden sowohl für den Bund als auch für Länder und Gemeinden ausgewiesen. Einschließlich der ERP-Finanzhilfen und der auf Deutschland entfallenden Marktordnungsausgaben der Europäischen Union weist der 19. Subventionsbericht für das Jahr 2003 ein Gesamtvolumen der Subventionen von 58,7 Mrd Euro aus und für das Jahr 2002 von 54,5 Mrd Euro. Das Institut für Weltwirtschaft, Kiel, legt eine umfassendere Subventionsabgrenzung zugrunde und kommt dementsprechend zu dem wesentlich höheren Subventionsvolumen von 155,6 Mrd Euro für das Jahr 2001. Im Unterschied zum Subventionsbericht der Bundesregierung werden als Finanzhilfen nicht nur Transfers an den privaten Unternehmenssektor erfasst, sondern auch Zuschüsse an öffentliche Anbieter privater Güter, die in den Volkswirtschaftlichen Gesamtrechnungen zu den Sektoren Staat oder Organisationen ohne Erwerbszweck zählen. Auch werden Steuervergünstigungen großzügiger ausgelegt. Zu nennen ist schließlich noch eine von den Ministerpräsidenten im Jahr 2003 vorgelegte Liste „Subventionsabbau im Konsens" (Koch-Steinbrück-Liste), die ein Subventionsvolumen von 127,3 Mrd Euro für das Jahr 2002 ausweist, ohne allerdings eine nachvollziehbare Methodik zur Abgrenzung von Subventionen zu enthalten.

469. Oft wird mit dem Hinweis auf eine leichtere politische Durchsetzbarkeit gefordert, alle Subventionen, das heißt alle Finanzhilfen und Steuervergünstigungen um den gleichen Prozentsatz nach der **„Rasenmäher-Methode"** zu kürzen. Aus ökonomischer Sicht ist ein solches Vorgehen unbefriedigend. Subventionen sind nicht von vornherein „schlecht" und deshalb abzuschaffen. Sofern Subventionen eine Internalisierung positiver externer Effekte bewirken – wie etwa die Förderung der Grundlagenforschung –, sind sie tendenziell wohlfahrtserhöhend und beizubehalten. Ökonomisch richtig ist deshalb eine selektive, das heißt zielgerichtete und kriteriengeleitete Überprüfung aller Subventionstatbestände. Auch ist a priori nicht ganz klar, welche steuerlichen Tatbestände als Steuervergünstigung einzustufen sind und welche nicht. Um eine Ausnahme oder Vergünstigung identifizieren zu können, muss man zuerst wissen, was den Regelfall oder die Norm ausmacht. Es bietet sich an, bei der ökonomischen Beurteilung steuerlicher Maßnahmen vom Kriterium der Entscheidungsneutralität auszugehen und als Steuervergünstigung solche Sachverhalte einzustufen, die zu einer Verzerrung von Entscheidungen führen. Dann zeigt sich, dass einige vermeintliche Steuervergünstigungen für sich genommen oder in Kombination mit anderen Maßnahmen tatsächlich keine Vergünstigungen darstellen und dementsprechend auch nicht abgeschafft werden sollten.

470. Anhand zweier Beispiele kann verdeutlicht werden, dass ein undifferenzierter Subventionsabbau nach der Rasenmäher-Methode zu ökonomisch falschen Ergebnissen führen würde.

Nach dem Kriterium der Entscheidungsneutralität stellt zum Beispiel die **Entfernungspauschale** keine Steuervergünstigung dar. Vielmehr würde ihre Abschaffung zu einer Verzerrung bei der Arbeitsplatzwahl führen (JG 2003 Ziffern 491 ff.). Drastisch vereinfacht, kann die Argumentation auf das folgende Beispiel verkürzt werden. Angenommen, ein Arbeitnehmer bekommt eine neue, von seinem Wohnort weiter entfernt liegende Stelle angeboten, die ihm – seiner gestiegenen Produktivität entsprechend – ein um 10 000 Euro höheres Jahreseinkommen vor Steuern einbringt. Bei Annahme der angebotenen Beschäftigung und Beibehaltung des aktuellen Wohnorts entstehen ihm annahmegemäß Fahrtkosten von 6 000 Euro. Ohne Berücksichtigung von Steuern verbleibt in diesem Fall also ein höheres Netto-Einkommen von 4 000 Euro. Bei einem Grenzsteuersatz von 50 vH und Abzugsfähigkeit der Fahrtkosten verkürzt sich das verbleibende Netto-Einkommen zwar auf 2 000 Euro, es wird aber dieselbe Entscheidung wie ohne Berücksichtigung von Steuern getroffen. Der Abzug von Fahrtkosten gewährleistet Entscheidungsneutralität. Würde der steuerliche Abzug der Fahrtkosten untersagt, wäre das zusätzliche Einkommen nach Steuern von 5 000 Euro geringer als die Fahrtkosten von 6 000 Euro. Die neue Beschäftigung würde nicht angenommen, obwohl dies volkswirtschaftlich sinnvoll, weil produktivitätssteigernd wäre. Die Entscheidung ohne und mit Berücksichtigung von Steuern fällt bei Ausschluss eines Fahrtkostenabzugs unterschiedlich aus; die Arbeitsplatzwahl wird daher in diesem Beispiel verzerrt.

Natürlich ist alles etwas komplizierter. Während die Kosten beruflich veranlassten Pendelns eindeutig abzugsfähig sein sollten, ist die Abzugsfähigkeit privat veranlassten Pendelns ebenso eindeutig zu untersagen. Die Wahl des Wohnorts kann aufgrund einer zu hohen Entfernungspauschale verzerrt sein. Da in der Regel nicht klar zwischen privat und beruflich veranlasstem Aufwand unterschieden werden kann, sind eine Begrenzung und Pauschalierung der Kosten für die Fahrten zwischen Wohnung und Arbeitsstätte sinnvoll. Wissenschaftlich lässt sich allerdings nicht begründen, bei welcher Höhe der Pauschalierungssatz liegen sollte. Auch gibt es Vorschläge, die Entfernungspauschale ganz zu streichen. Der Politik bleibt hier ein Ermessensspielraum.

Als abzubauende Steuervergünstigungen werden immer wieder die im Zusammenhang mit der Einführung der so genannten Öko-Steuer geschaffenen **Ausnahmetatbestände für energieintensive Betriebe des Produzierenden Gewerbes** genannt. Der Umfang der entsprechenden Vergünstigungen bei der Mineralölsteuer (§§ 25 und 25a Mineralölsteuergesetz) und der Stromsteuer (§§ 9 und 10 Stromsteuergesetz) beläuft sich derzeit zusammen genommen auf mehr als 5 Mrd Euro. Tatsächlich widersprechen die genannten Ausnahmeregelungen dem Zweck der Öko-Steuer insofern, als dadurch gerade für energieintensive Unternehmen geringe Anreize existieren, zumindest die preiswerten Vermeidungsmöglichkeiten auszuschöpfen. Zu beachten ist allerdings, dass das mit Beginn dieses Jahres eingeführte Emissionshandelssystem solche Anreize schafft, da nun auch die großen CO_2-Emittenden des Produzierenden Gewerbes den Preis für die Emissionsrechte mit ihren Grenzvermeidungskosten vergleichen und im Vergleich zu diesem Preis günstige Vermeidungsstrategien wählen werden. Durch die Kombination von Emissionshandel einerseits und präferentieller Behandlung energieintensiver Unternehmen andererseits lässt sich damit das Ziel der Öko-Steuer auf eine intelligente – und wegen der kostenlosen Zuteilung der Emissionsrechte für die Wettbewerbsposition deutscher Unternehmen nicht nachteilige – Weise erreichen. Würden die Steuervergünstigungen des Produzierenden Gewerbes im Rahmen der Öko-Steuer abgebaut, käme es zu einer Doppelbelastung durch Emissionshandelssystem und Öko-Steuer, die zu allokativen Verzerrungen führen würde. Vor diesem Hintergrund spricht dann einiges dafür, die geschaffenen Ausnahmetatbestände für das Produzierende Gewerbe im Bereich von Mineralöl- und Stromsteuer beizubehalten.

471. Im Jahresgutachten 2003/04 hat der Sachverständigenrat sehr ausführlich einige quantitativ bedeutsame Finanzhilfen und Steuervergünstigungen nach ökonomischen Kriterien auf Kürzungsmöglichkeiten hin untersucht (JG 2003 Ziffern 455 ff.). Allein im Bereich der Finanzhilfen des Bundes und im Einkommensteuerbereich wurden abzuschaffende Vergünstigungen in einer sich allerdings zum Teil erst im Zeitverlauf aufbauenden Größenordnung von knapp 25 Mrd Euro identifiziert. Einige Positionen wurden zwischenzeitlich – in unterschiedlichem Maß – abgebaut (zum Beispiel Eigenheimzulage, Steuerprivileg der Lebensversicherungen, Entfernungspauschale). Das verbleibende Konsolidierungsvolumen dieses Katalogs beläuft sich aber immer noch auf gut

17 Mrd Euro. Noch einmal: Dies ist ein sich langfristig ergebendes Konsolidierungsvolumen; kurzfristig sind einige Posten vertraglich abgesichert (Steinkohlesubventionen), bei anderen sind die Mehreinnahmen anfangs bescheiden (Eigenheimzulage). Alle Ansatzpunkte für einen Subventionsabbau wurden im Jahresgutachten 2003/04 sorgfältig begründet. Damit sollte exemplarisch verdeutlicht werden, wie sich auf der Grundlage ökonomischer Überlegungen nicht begründbare Subventionstatbestände identifizieren lassen.

Ganz ähnlich könnte und sollte man die Finanzhilfen der Bundesländer auf den Prüfstand stellen. In der Abgrenzung des Instituts für Weltwirtschaft, Kiel, belaufen sich diese im Jahr 2004 auf 58,6 Mrd Euro (Rosenschon, 2005). Das notwendige Konsolidierungsvolumen zur langfristigen Schließung der Tragfähigkeitslücke und zur kurzfristigen Einhaltung der Defizitgrenzen des Stabilitäts- und Wachstumspakts ist also grundsätzlich vorhanden. Die Politik muss diese Aufgabe jetzt entschlossen anpacken. Nachdem aus nicht sachgemäßen Gründen Bemühungen der Bundesregierung um eine Konsolidierung des Bundeshaushalts in den letzten Jahren durch den Bundesrat verhindert worden sind, eröffnet eine große Koalition die Chance, einen Subventionsabbau im Konsens durchzusetzen. Diese Chance muss genutzt werden.

472. Selbst wenn ein Katalog von Konsolidierungsmaßnahmen gleich nach der Regierungsbildung beschlossen wird und schon zu Beginn des Jahres 2006 in Kraft tritt, würden sich durchschlagende Haushaltsentlastungen teilweise wegen zeitlich verzögert eingehender Mehreinnahmen erst nach einigen Jahren zeigen. Umso wichtiger ist es, dass ein Subventionsabbau schnell gesetzlich geregelt wird. Angesichts einer zu erwartenden gesamtstaatlichen Defizitquote von 3,3 vH im Jahr 2006 sollte es aber bei gemeinsamer Anstrengung von allen staatlichen Ebenen möglich sein, durch die Kürzung von Finanzhilfen und den Abbau von Steuervergünstigungen den Europäischen Stabilitäts- und Wachstumspakt schon im Jahr 2006 einzuhalten. Dazu wären Minderausgaben oder Mehreinnahmen von rund 6 Mrd Euro erforderlich. Auf diese Weise könnte gleich zu Beginn der Legislaturperiode ein deutliches Signal gesetzt werden, dass die neue Bundesregierung die anstehenden Aufgaben konsequent anzupacken gewillt ist. Man kann davon ausgehen, dass dies bei Investoren und Konsumenten positive Vertrauenseffekte bewirken wird – auch wenn einzelne Presseorgane bereits jetzt eine populistische Kampagne gegen die früher noch vehement geforderte Haushaltskonsolidierung starten.

473. Die Politik sollte schon im Jahr 2006 den Beweis ihres Konsolidierungswillens erbringen und so signalisieren, dass sie den reformierten Stabilitäts- und Wachstumspakt ernst nimmt. Bei einem erforderlichen Einsparvolumen von etwa 6 Mrd Euro – das sind weniger als 1 vH der gesamten Ausgaben der Gebietskörperschaften im Jahr 2006 (in der Abgrenzung der Volkswirtschaftlichen Gesamtrechnungen) – dürfte dies ohne große Gefahren für die konjunkturelle Entwicklung möglich sein. Dieser Betrag – oder auch ein noch größerer – ließe sich im Kassenjahr 2006 allein durch den Abbau von Steuervergünstigungen im Bereich der Umsatzsteuer und der Einkommensteuer sowie durch die Abschaffung der Eigenheimzulage für Neufälle erzielen (Tabelle 32, Seite 318). Dazu wären allerdings rasche Kabinettsbeschlüsse und eine Änderung der betreffenden Gesetze erforderlich, damit die Mehreinnahmen schon im Jahr 2006 anfallen. Bei einigen Kürzungen, etwa der Steuerfreiheit der Zuschläge für Sonntags-, Feiertags- oder Nacht-

Tabelle 32

Beispiele für kurzfristige Konsolidierungsmaßnahmen: Mehreinnahmen im Jahr 2006

Mio Euro

Maßnahmen	Bezug	Mehreinnahmen 2006
Umsatzsteuer		
Besteuerung mit dem Regelsatz von 16 vH ab 01.01.2006:		
(1) Gartenbauliche Erzeugnisse	§ 12 Abs. 2 Nr. 1 und 2 UStG; Anlage 2 Nr. 6 bis 9	315
(2) Druckerzeugnisse	§ 12 Abs. 2 Nr. 1 und 2 UStG; Anlage 2 Nr. 49	2 000
(3) Tieraufzucht und -haltung	§ 12 Abs. 2 Nr. 3 UStG	.
(4) Leistungen der Zahntechniker	§ 12 Abs. 2 Nr. 6 UStG	320
(5) Personenbeförderung im Nahverkehr	§ 12 Abs. 2 Nr. 10b UStG	650
Aufhebung der Steuerbefreiung; Besteuerung mit dem Regelsatz von 16 vH ab 01.01.2006:		
(6) Grenzüberschreitende Personenbeförderung im Luftverkehr	§ 26 Abs. 3 UStG	100
Eigenheimzulage:		
(7) Abschaffung für Neuanträge ab 01.01.2006	Eigenheimzulagengesetz	223
Mineralölsteuer:		
(8) Abschaffung der Agrardieselverbilligung ab 01.01.2006	§ 25b MinöStG	135
Einkommensteuer:		
(9) Einschließung der Verluste, die im Zusammenhang mit Steuerstundungsmodellen entstehen	neuer § 15b EStG	2 500
(10) Abschaffung der Steuerbefreiung der Übungsleiterpauschale	§ 3 Nr. 26 EStG	600
(11) Abschmelzung der Steuerfreiheit der Zuschläge für Sonntags-, Feiertags- oder Nachtarbeit (Mehreinnahmen bei vollständiger Abschaffung: 1,8 Mrd Euro)	§ 3b EStG	400
(12) Begrenzung der Abzugsfähigkeit von Bewirtungsaufwand auf 50 vH	§ 4 Abs. 5 Nr. 2 EStG	25
(13) Tonnagebesteuerung	§ 5a EStG	8
(14) Reduzierung der Entfernungspauschale auf 0,25 Euro je Entfernungskilometer und Kürzung des Arbeitnehmerpauschbetrags auf 750 Euro	§ 9 Abs. 1 Nr. 4 EStG § 9a Nr. 1 EStG	820
(15) Reduzierung des Sparer-Freibetrags auf 1 000 Euro	§ 20 Abs. 4 EStG	360
Summe der Mehreinnahmen		**8 456**

Quelle: Eigene Schätzung auf Grundlage von Angaben des BMF

arbeit oder dem Sparer-Freibetrag, ist schrittweise vorzugehen, damit sich die Betroffenen darauf einstellen können. Der Abbau der Steuervergünstigungen im Bereich der Einkommensteuer wurde zum überwiegenden Teil im Jahresgutachten 2003/04 begründet. Zusätzlich angeführt sind Maßnahmen zur Einschließung von Verlusten durch einen neuen § 15b EStG, die im Zusammenhang mit Steuerstundungsmodellen (Medien- oder Filmfonds) entstehen. Die daraus resultierenden Mehreinnahmen waren zur Gegenfinanzierung im „Entwurf eines Gesetzes zur Verbesserung der steuerlichen Standortbedingungen" vorgesehen, mit dem die Beschlüsse des Job-Gipfels zur Körperschaftsteuer und der verbesserten Anrechnung der Gewerbesteuer bei der Einkommensteuer umgesetzt werden sollten. Die Umsetzung der Job-Gipfel-Beschlüsse sollte aufgeschoben und in eine baldige, umfassendere Reform der Unternehmensbesteuerung eingebunden werden. Bei In-Kraft-Treten dieser Beschlüsse zu Beginn des Jahres 2006 wäre zu befürchten, dass eine grundlegende, weitergehende Reform der Unternehmensbesteuerung auf die lange Bank geschoben würde. Ein Aufschub um ein Jahr und eine Einbindung in ein umfassendes Reformkonzept ist aber besser als eine schnelle Implementierung der auf dem Job-Gipfel gefassten Beschlüsse, der keine weiteren Reformschritte im Bereich der Unternehmensbesteuerung folgen. Wenn die Mehreinnahmen aus dem Austrocknen von Steuerstundungsmodellen für die kurzfristige Haushaltskonsolidierung verwendet werden, stehen sie natürlich später nicht zur Gegenfinanzierung bei einer Unternehmenssteuerreform zur Verfügung.

Statt dem oder zusätzlich zum Abbau von Steuervergünstigungen im Bereich der Umsatz- und Einkommensteuer könnten Kürzungen der Finanzhilfen bei Bund, Ländern und Gemeinden in Betracht gezogen werden. Da die ostdeutschen Länder bis auf den Freistaat Sachsen auch im letzten Jahr wieder massiv Solidarpaktmittel entgegen ihres eigentlichen Verwendungszwecks eingesetzt haben, kann auch an eine Kürzung der Korb-II-Mittel gedacht werden, wie dies der Sachverständigenrat vorgeschlagen hatte (JG 2004 Ziffer 646 ff.). Ansatzpunkte für eine kurzfristige Haushaltskonsolidierung gibt es genügend.

Fazit

474. Die Tragfähigkeitslücke in den öffentlichen Haushalten muss geschlossen werden. Daran führt kein Weg vorbei. Dazu müssen die öffentlichen Finanzen der Gebietskörperschaften nachhaltig konsolidiert werden. Das aus Sicht des Sachverständigenrates bevorzugte Vorgehen bei der Haushaltskonsolidierung besteht in einem selektiven, an ökonomischen Kriterien ausgerichteten Subventionsabbau. Die Wissenschaft kann hier durchaus Entscheidungshilfen liefern. Allerdings verbleibt der Politik ein erheblicher diskretionärer Entscheidungsspielraum. Dies muss so sein, weil Konsolidierungsmaßnahmen immer auch Verteilungsurteile beinhalten, über die letztlich politisch entschieden werden muss. Auf der anderen Seite eröffnen diskretionäre Handlungsspielräume die Gefahr, dass es zu unsachgemäßen und wahltaktischen Entscheidungen kommt, die einzelne Wählergruppen begünstigen. Die Tabuisierung der Steuerfreiheit von Zuschlägen für Sonntags-, Feiertags- oder Nachtarbeit in den laufenden Verhandlungen zur Bildung einer großen Koalition belegt dies mehr als deutlich. Nicht einzusehen ist, warum das Bemühen um den Abbau von Steuervergünstigungen durch die Einführung einer neuen Begünstigung von produktivem Betriebsvermögen in den vorliegenden Entwürfen zur Reform der Erbschaftsteuer konterkariert werden soll. Schließlich muss man befürchten, dass auch die Landwirtschaft einmal mehr von Konsolidierungsmaßnahmen verschont wird.

So gesehen gewinnt die Rasenmäher-Methode dann doch wieder eine gewisse Attraktivität. Zwar führt sie in einzelnen Bereichen zu ökonomisch bedenklichen Effekten, aber sie eröffnet zumindest die Chance, dass es überhaupt zu einem umfassenden Subventionsabbau und einer Haushaltskonsolidierung kommt. Bevor also eine an ökonomischen Kriterien ausgerichtete Haushaltskonsolidierung gar nicht erst zustande kommt, sollte dann doch die eigentlich schlechtere Rasenmäher-Methode angewendet werden. Die Ministerpräsidenten Koch und Steinbrück haben dazu einen Vorschlag vorgelegt. Nachdem der Bund die Defizitbegrenzung des Artikels 115 Grundgesetz drei Mal in Folge überschritten hat – für das Bundesland Hessen gilt das im Hinblick auf die analoge Bestimmung in der Landesverfassung gar zum fünften Mal – haben die Verfasser der Studie „Subventionsabbau im Konsens" nun im Rahmen einer sich abzeichnenden großen Koalition als Bundesfinanzminister einerseits, Ministerpräsident andererseits die besten Voraussetzungen, ihre eigenen Vorschläge selbst umzusetzen.

IV. Artikel 115 Grundgesetz einhalten

475. Im September 1982 setzten die Mitglieder der – damals in der Opposition befindlichen – CDU/CSU-Bundestagsfraktion ein Normenkontrollverfahren vor dem Bundesverfassungsgericht in Gang, um die Kreditermächtigung des von der damaligen SPD/FDP-Bundesregierung verabschiedeten Bundeshaushalts 1981 als gegen Artikel 115 Grundgesetz verstoßend und damit als nichtig erklären zu lassen. Im Bundeshaushalt 1981 war eine Nettokreditaufnahme von 33,8 Mrd DM veranschlagt worden, die die vorgesehenen Investitionsausgaben von 31,9 Mrd DM geringfügig überschritt. Anfang Oktober 1982 wurde die SPD/FDP-Regierung von einer Koalition aus CDU/CSU und FDP abgelöst. Im Hinblick auf die Einhaltung von Artikel 115 Grundgesetz hat das nicht viel geändert. In dem von der neuen Bundesregierung zu verantwortenden Nachtragshaushalt für das Jahr 1982 überstieg die Nettokreditaufnahme die Ausgaben für öffentliche Investitionen um 6,9 Mrd DM, im Bundeshaushalt des Jahres 1983 dann sogar um 7,6 Mrd DM.

Im Dezember 2004 haben die Bundestagsfraktionen von CDU/CSU und FDP ein Normenkontrollverfahren wegen möglichen Verstoßes gegen Artikel 115 Grundgesetz vor dem Bundesverfassungsgericht angestrengt, weil die im Bundeshaushalt 2004 vorgesehene Nettokreditaufnahme in Höhe von 29,3 Mrd Euro die veranschlagten Investitionsausgaben um 4,7 Mrd Euro überschritt. Im Nachtragshaushalt 2004 stieg diese Überschreitung auf 18,9 Mrd Euro an. Die im Bundeshaushalt des Jahres 2005 veranschlagten Ausgaben für Investitionen übersteigen mit 22,7 Mrd Euro die vorgesehene Nettokreditaufnahme (22,0 Mrd Euro) wieder, allerdings nur geringfügig und unter Berücksichtigung von geplanten Privatisierungserlösen im Umfang von mehr als 17 Mrd Euro. Ob die Bundesregierung in den nächsten Jahren Artikel 115 Grundgesetz einhalten wird, muss sich erst erweisen. In den von der Bundesregierung im Sommer 2005 vorgelegten Eckpunkten für den Bundeshaushalt 2006 kann die verfassungsmäßige Kreditobergrenze erneut nur durch Einzelmaßnahmen, vor allem erhebliche Privatisierungserlöse, eingehalten werden. Nennenswerte Erlöse aus der Veräußerung von Beteiligungen des Bundes werden sich ab dem Jahr 2007 aber nicht mehr erzielen lassen.

Das im September 1982 eingeleitete Normenkontrollverfahren wurde vom Bundesverfassungsgericht nach einer biblischen Zeitspanne von sieben Jahren im April 1989 dahin gehend entschieden, dass der Bundeshaushalt 1981 nicht verfassungswidrig war. Die Entscheidung über das im Dezember 2004 eingeleitete Normenkontrollverfahren steht noch aus. Der Sachverständigenrat nimmt dies zum Anlass, die Frage der Verfassungsmäßigkeit des Bundeshaushalts 2004 aus ökonomischer Sicht zu beleuchten.

476. Gemäß Artikel 115 Absatz 1 Satz 2 Grundgesetz dürfen „die Einnahmen aus Krediten ... die Summe der im Haushaltsplan veranschlagten Ausgaben für Investitionen nicht überschreiten; Ausnahmen sind nur zulässig zur Abwehr einer Störung des gesamtwirtschaftlichen Gleichgewichts." Diese Verfassungsvorschrift gilt für den Bundeshaushalt; in den Verfassungen der Bundesländer finden sich allerdings ähnliche, zum Teil auch gleich lautende Bestimmungen. Artikel 109 Absatz 2 Grundgesetz enthält eine weitere – implizite – Verfassungsschranke für die staatliche Nettokreditaufnahme. Danach haben „Bund und Länder ... bei ihrer Haushaltswirtschaft den Erfordernissen des gesamtwirtschaftlichen Gleichgewichts Rechnung zu tragen." Selbst bei Vorliegen eines „gesamtwirtschaftlichen Gleichgewichts" ist also eine staatliche Kreditfinanzierung im Ausmaß der Ausgaben für Investitionen nur zulässig, wenn dadurch keine Störung des gesamtwirtschaftlichen Gleichgewichts bewirkt wird.

Die beiden Halbsätze von Artikel 115 Absatz 1 Satz 2 Grundgesetz normieren einen Regelfall und einen Ausnahmetatbestand. Als Regelfall gilt, dass die staatliche Nettokreditaufnahme die Ausgaben für öffentliche Investitionen nicht übersteigen darf. Nur im Ausnahmefall einer Störung des gesamtwirtschaftlichen Gleichgewichts ist eine höhere Neuverschuldung zulässig, und auch das nur unter bestimmten Bedingungen.

477. In den Jahren 2002 bis 2004 überstieg die Nettokreditaufnahme des Bundes die in den jeweiligen Haushaltsplänen veranschlagten Ausgaben für Investitionen in erheblichem Umfang (Tabelle 33). Während sich der Verstoß gegen die Regelgrenze des Artikels 115 Grundgesetz in

Tabelle 33
Vergleich Nettokreditaufnahme und Investitionsausgaben des Bundes: Soll - Ist
Mrd Euro

Jahr	Nettokreditaufnahme			Investitionsausgaben		
	Haushaltsgesetz Soll	Nachtragshaushalt Soll	Ist	Haushaltsgesetz Soll	Nachtragshaushalt Soll	Ist
2002	21,1	34,6	31,9	25,0	25,0	24,1
2003	18,9	43,4	38,6	26,7	26,7	25,7
2004	29,3	43,5	39,5	24,6	24,6	22,4
2005	22,0	.	...	22,7	.	...

Quelle: BMF

den Haushaltsjahren 2002 und 2003 erst auf die jeweils im Herbst in das parlamentarische Verfahren eingebrachten Nachtragshaushalte bezog, überschritt die für das Jahr 2004 geplante Nettokreditaufnahme von 29,3 Mrd Euro die auf einen Betrag von 24,6 Mrd Euro veranschlagten Investitionen bereits im ursprünglichen Haushaltsgesetz. Im Dezember 2004 brachten die Bundestagsfraktionen von CDU/CSU und FDP beim Bundesverfassungsgericht einen **Antrag auf Prüfung des Haushaltsgesetzes 2004** ein, der sich – neben dem Vorwurf, dass der Haushaltsplan wegen zum Teil wirklichkeitsfremd angesetzter Einnahme- und Ausgabenposten dem Vollständigkeits- und Wahrheitsgebot widerspreche – insbesondere auf eine mögliche Verletzung von Artikel 115 Grundgesetz bezieht. Aus Sicht der Antragsteller sprenge das Gesetz „auch die äußersten Grenzen des Spielraums", den Artikel 115 Grundgesetz zugestehe; tatsächlich sei die anhaltend hohe Nettokreditaufnahme des Bundes die Folge einer „strukturbedingte[n] Dauerkrise der öffentlichen Finanzwirtschaft" und insofern nicht durch die Ausnahmebestimmungen von Artikel 115 Grundgesetz gedeckt.

478. Ein gesamtwirtschaftliches Gleichgewicht wird in der Regel am Erreichen der vier in § 1 des Gesetzes zur Förderung der Stabilität und des Wachstums der Wirtschaft (Stabilitätsgesetz) genannten Teilziele fest gemacht: Stabilität des Preisniveaus, hoher Beschäftigungsstand, außenwirtschaftliches Gleichgewicht sowie ein stetiges und angemessenes Wirtschaftswachstum. Das Erreichen oder das Verfehlen dieser Ziele lässt sich allerdings nicht hinreichend exakt operationalisieren. Auch nach Ansicht des Bundesverfassungsgerichtes handelt es sich beim Begriff des „gesamtwirtschaftlichen Gleichgewichts" um einen unbestimmten und der Auslegung bedürfenden Verfassungsbegriff (BVerfG 1989, 323). Die daraus resultierenden Schwierigkeiten werden besonders am Beispiel des Teilziels eines hohen Beschäftigungsstands deutlich: Mit Blick auf die andauernd hohe Arbeitslosigkeit in Deutschland wird man seit mittlerweile mehreren Jahrzehnten kaum von einem Erreichen dieses Ziels sprechen können. Eine Betrachtungsweise, die eine gesamtwirtschaftliche Störungslage allein an der Höhe der Arbeitslosigkeit festmachte, würde allerdings nicht nur die defizitbegrenzende Wirkung von Artikel 115 Grundgesetz obsolet machen, sie wäre auch ökonomisch unangemessen. Die Arbeitslosigkeit ist zu einem a priori unbestimmten Teil ein längerfristig stabiles Resultat von Marktprozessen und damit ein Gleichgewichtsphänomen (Kasten 7). Dieser Teil der Arbeitslosigkeit hängt von den Rahmenbedingungen ab, denen sich die Akteure am Arbeitsmarkt gegenüber sehen. Hierzu gehören das Lohnverhandlungssystem, die Ausgestaltung der Lohnersatzleistungen und der aktiven Arbeitsmarktpolitik, die Belastung mit Steuern und Beiträgen sowie der Kündigungsschutz. Durch die Veränderung des institutionellen Rahmens kann die Wirtschaftspolitik auf die Höhe des nicht-konjunkturellen Teils der Arbeitslosigkeit Einfluss nehmen, nicht jedoch durch eine die gesamtwirtschaftliche Nachfrage stimulierende Fiskalpolitik.

Aus dem gleichen Grund ist es auch mit Blick auf das Teilziel eines angemessenen und stetigen Wachstums erforderlich, eine Differenzierung in zwei Komponenten vorzunehmen. Es liegt nahe, die Zielkomponente eines „angemessenen Wirtschaftswachstums" auf die langfristige Entwicklung des Bruttoinlandsprodukts, also den Wachstumspfad des Produktionspotentials zu beziehen, die Gewährleistung eines „stetigen Wirtschaftswachstums" hingegen auf die Dämpfung der konjunkturbedingten Abweichungen des Bruttoinlandsprodukts vom Produktionspotential. Wenn eine zu schwache Entwicklung des Produktionspotentials diagnostiziert wird, ist es ökonomisch weitgehend unstrittig, dass ein solches Problem nicht durch eine höhere, sondern allenfalls durch eine geringere staatliche Verschuldung behoben werden kann. Insofern lässt sich ein Überschreiten der Verschuldungsgrenze des Artikels 115 Grundgesetz in einem solchen Fall nicht begründen. Eine Kreditaufnahme kann somit, wenn überhaupt, nur dazu geeignet sein, konjunkturell bedingte Störungen entweder im Hinblick auf das Ziel eines stetigen Wirtschaftswachstums oder das Beschäftigungsziel zu beseitigen. Störungen, die durch institutionelle Faktoren bedingt sind und die nicht-konjunkturelle Arbeitslosigkeit oder ein angemessenes Wachstum des Produktionspotentials betreffen, können durch eine veränderte Nettokreditaufnahme nicht beseitigt werden; solche Störungen sind daher bei der Prüfung, ob ein Übersteigen der Nettokreditaufnahme über die Investitionsausgaben hinaus zulässig ist, nicht relevant.

Diese Sichtweise lässt sich auch aus der Auffassung des Bundesverfassungsgerichtes ableiten. In seinem Urteil aus dem Jahr 1989 setzte das Gericht zur Inanspruchnahme der Ausnahmevorschrift gemäß Artikel 115 Grundgesetz eine Störungslage voraus, für deren Feststellung „es weniger auf die zu einzelnen Komponenten gegebenen Daten als auf die darin erkennbare Entwicklungstendenz" – in einer ökonomischen Interpretation demzufolge auf Ausmaß und Veränderung der zyklenhaften Schwankung einzelner Variablen um den jeweiligen mittelfristigen Trend – ankomme (BVerfG 1989, Rz 324).

479. Um die Voraussetzungen für eine Anwendung der Ausnahmevorschrift des Artikels 115 Grundgesetz zu erfüllen, trifft den Gesetzgeber eine **Darlegungslast** (BVerfG 1989, 325 f.). Diese betrifft die Diagnose, dass das gesamtwirtschaftliche Gleichgewicht ernsthaft und nachhaltig gestört ist, die Absicht, durch die erhöhte Kreditaufnahme die Störung abzuwehren sowie die Einschätzung, dass und wie mithilfe einer erhöhten Kreditaufnahme dieses Ziel erreicht werden kann. Beurteilung und Einschätzung müssen „vor dem Hintergrund der Aussagen der gesetzlich verankerten Organe der finanz- und wirtschaftspolitischen Meinungs- und Willensbildung" – unter ihnen der Sachverständigenrat – „nachvollziehbar und vertretbar" erscheinen.

In der Begründung des Haushaltsgesetzes 2004 ging die Bundesregierung davon aus, dass die in ihrer aktuellen Projektion (vom Frühjahr 2003) ausgewiesene Zuwachsrate des Bruttoinlandsprodukts in Höhe von rund 2 vH aufgrund des „von Unsicherheiten und Risiken behafteten außenwirtschaftlichen Umfeldes und der nach wie vor bestehenden binnenwirtschaftlichen Schwäche ... gefährdet" sei. Nach ihrer Auffassung steige für das Jahr 2004 „aus heutiger Sicht die Wahrscheinlichkeit, dass der reale BIP-Anstieg unter dem in der Frühjahrsprojektion der Bundesregierung erwarteten Wert liegen kann"; wegen der zuvor genannten „weiterhin verschlechterten Aussichten erscheint eine abermalige Verfehlung sowohl des Wachstums-, als auch des Beschäftigungsziels im Jahre 2004 möglich". Bei Vorlage des Haushaltsentwurfs im August 2003 ging die Bundesregierung folglich davon aus, dass im Jahr 2004 im Hinblick auf eine Verfehlung des Wachstumsziels eine Störung des gesamtwirtschaftlichen Gleichgewichts drohte, die sich vor dem Hintergrund der genannten Risiken offensichtlich auf die konjunkturelle Entwicklung – das heißt auf das Teilziel des „stetigen Wirtschaftswachstums" – bezog. Im Hinblick auf das Beschäftigungsziel wies die Bundesregierung darauf hin, dass sich die Zahl der Arbeitslosen nach ihrer Prognose im Jahr 2004 nur geringfügig verringern werde; angesichts der Risiken für die konjunkturelle Entwicklung sei aber auch „ein weiterer Anstieg der Arbeitslosenzahlen ... möglich." Als Mittel zur Bekämpfung der im Jahr 2004 drohenden konjunkturellen Störungslage wurde auf das von der Bundesregierung zum damaligen Zeitpunkt geplante vollständige Vorziehen der dritten Stufe der Steuerreform verwiesen, das „entscheidend zur Überwindung der Konjunkturschwäche" beitragen werde. Die mit der Steuerentlastung verbundenen Mindereinnahmen seien maßgeblich dafür verantwortlich, dass die im Haushaltsplan für das Jahr 2004 geplante Kreditaufnahme die Summe der veranschlagten Ausgaben für Investitionen überschritt.

480. Eine Beantwortung der Frage, ob das Haushaltsgesetz vom 18. Februar 2004 gegen Artikel 115 Grundgesetz verstoßen habe, hat in mehreren Schritten zu erfolgen. Zu prüfen ist zunächst, ob es Gründe dafür gibt, dass der erste Teil der Ausnahmeklausel Anwendung finden konnte – ob also zum Zeitpunkt der Einbringung des Haushalts im Herbst 2003 eine Störung des gesamtwirtschaftlichen Gleichgewichts für das Jahr 2004 vorausschauend vorlag oder einzutreten drohte. In einem zweiten Schritt ist zu prüfen, ob die in der Begründung des Haushaltsgesetzes 2004 angeführten Maßnahmen, insofern diese als ursächlich für das Entstehen einer im Sinne des Artikels 115 Grundgesetz überhöhten Nettokreditaufnahme angesehen werden konnten, geeignet waren, einer gegebenenfalls drohenden Störung des gesamtwirtschaftlichen Gleichgewichts wirksam zu begegnen.

Unstrittig dürfte sein, dass die Ziele des außenwirtschaftlichen Gleichgewichts und der Preisniveaustabilität im Jahr 2004 – sowohl in der Vorausschau als auch in Kenntnis der tatsächlichen konjunkturellen Entwicklung – erfüllt waren. Auch die Bundesregierung äußerte in ihren Stellungnahmen keine anders lautenden Erwartungen. Die Frage nach einer möglicherweise drohenden Störung des gesamtwirtschaftlichen Gleichgewichts im Jahr 2004 kann sich deswegen auf die Erreichung der Teilziele eines stetigen Wirtschaftswachstums sowie eines hohen Beschäftigungsstands beschränken.

1. Das Teilziel eines stetigen Wirtschaftswachstums

481. Zur Beurteilung der Verfassungsmäßigkeit des Haushaltsgesetzes 2004, das in der zweiten Hälfte des Jahres 2003 in die parlamentarischen Beratungen eingebracht wurde, kann allein die Erwartung hinsichtlich der konjunkturellen Entwicklung aus Sicht des Herbst 2003 – und nicht die tatsächliche Entwicklung aus heutiger Sicht – von Bedeutung sein. Zur Prüfung der von der Bundesregierung konstatierten drohenden Verfehlung des Ziels eines stetigen Wirtschaftswachstums im Jahr 2004 bietet sich die auf Basis des Informationsstands im Herbst 2003 für das Jahr 2004 prognostizierte **relative Output-Lücke** an. Die Output-Lücke in einer bestimmten Periode ist definiert als die relative Abweichung des jeweiligen Bruttoinlandsprodukts vom zugehörigen Produktionspotential und erlaubt damit eine Beurteilung des Ausmaßes konjunkturell bedingter Schwankungen des tatsächlichen oder prognostizierten Bruttoinlandsprodukts um den mittelfristigen Trend. Dabei kommt es zunächst auf die Veränderung der für das Jahr 2004 prognostizierten Output-Lücke an; darüber hinaus ist aber auch ihr Niveau für das Jahr 2004 von Interesse.

Für die Bestimmung der Output-Lücke beziehungsweise des Potentialwachstums existiert eine Reihe alternativer Modellansätze, die auf unterschiedlichen Prämissen beruhen und die mit spezifischen Vor- und Nachteilen verbunden sind (JG 2003 Ziffern 734 ff.). Aus diesem Grund ist es nahe liegend, die Ergebnisse mehrerer Schätzverfahren einander gegenüberzustellen und eine Beurteilung auf Grundlage einer Gesamtschau der Ergebnisse vorzunehmen.

Ausgehend von der Prognose des Sachverständigenrates vom Herbst 2003 kommen sämtliche angewandten empirischen Schätzmethoden zu dem Ergebnis, dass im Jahr 2004 weder eine Tendenz zum Schließen noch eine Tendenz zu einer (weiteren) Vergrößerung der Output-Lücke zu erwarten war (Schaubild 49). Von einer Verschlechterung der konjunkturellen Situation im Jahr 2004 war auf Basis der Ratsprognose im Herbst 2003 demnach nicht auszugehen und mit Blick auf die prognostizierte **Entwicklung** der Output-Lücke eine drohend bevorstehende Störung nicht zu erkennen. Darüber hinaus befand sich die für das Jahr 2004 prognostizierte relative Output-Lücke mit rund -0,5 vH auf einem **Niveau**, das die für die Jahre 1976 bis 2003 ermittelte Standardabweichung dieser Größe von rund 1 Prozentpunkt im Absolutwert deutlich unterschritt. Im Zeitraum der Jahre 1991 bis 2003 fiel die Standardabweichung etwas geringer aus, lag mit rund 0,9 Prozentpunkten aber noch immer erkennbar über dem für das Jahr 2004 prognostizierten absoluten Niveau der relativen Output-Lücke. Die Analyse der relativen Output-Lücke begründet demzufolge sowohl im Hinblick auf deren Entwicklung als auch auf deren Niveau Zweifel an der Einschätzung der Bundesregierung, dass im Herbst 2003 von einer unmittelbaren Bedrohung des Ziels eines stetigen Wirtschaftswachstums im Folgejahr auszugehen war.

Schaubild 49

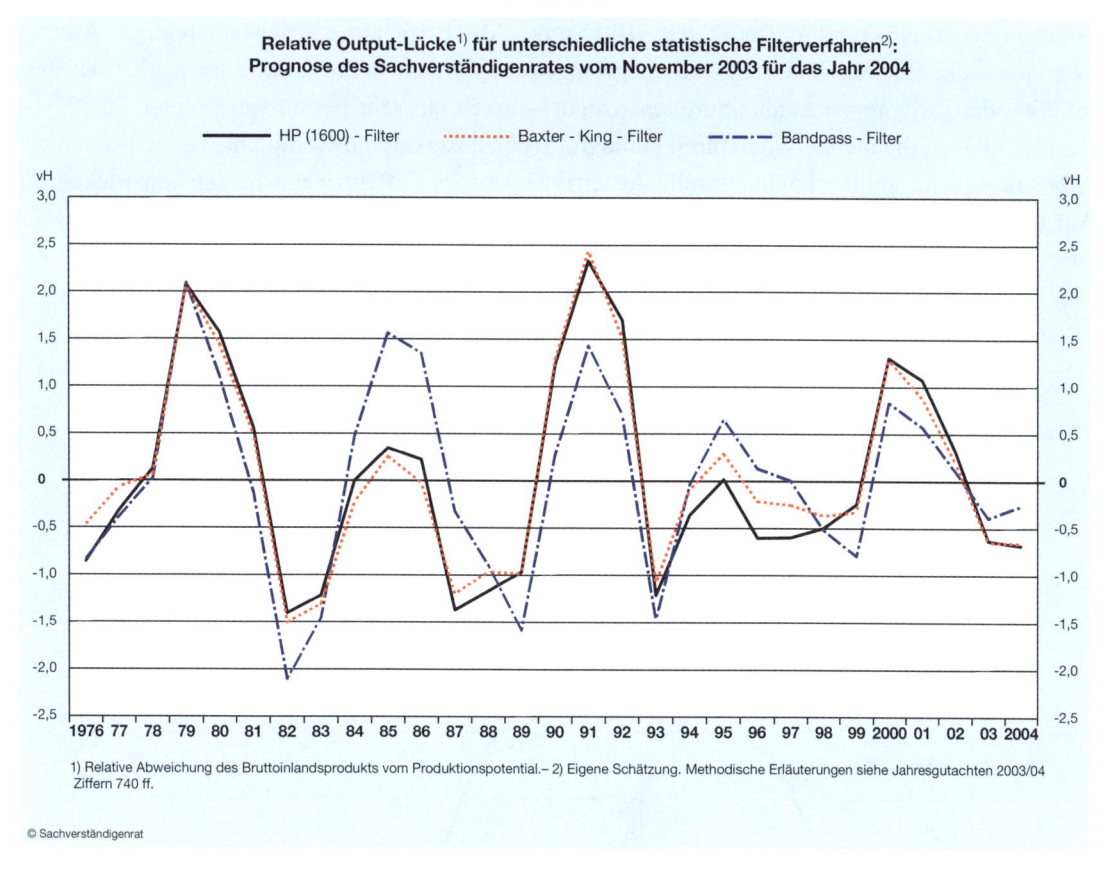

**Relative Output-Lücke[1] für unterschiedliche statistische Filterverfahren[2]:
Prognose des Sachverständigenrates vom November 2003 für das Jahr 2004**

— HP (1600) - Filter   ······· Baxter - King - Filter   —·—·— Bandpass - Filter

1) Relative Abweichung des Bruttoinlandsprodukts vom Produktionspotential. – 2) Eigene Schätzung. Methodische Erläuterungen siehe Jahresgutachten 2003/04 Ziffern 740 ff.

© Sachverständigenrat

2. Das Teilziel eines hohen Beschäftigungsstands

482. Eine mögliche Störung des gesamtwirtschaftlichen Gleichgewichts von Seiten des Arbeitsmarkts lässt sich anhand der Entwicklung von Arbeitslosigkeit einerseits und der Beschäftigung andererseits untersuchen. Mit Blick auf die Höhe der **Arbeitslosigkeit** – gemessen an der Quote oder an den absoluten Zahlen – ist eine Zerlegung in eine strukturelle und eine konjunkturelle Komponente erforderlich. Von einer bevorstehenden Störungslage wäre dann auszugehen, wenn die konjunkturelle Arbeitslosigkeit, berechnet als Differenz von tatsächlicher und natürlicher Arbeitslosigkeit, aus Sicht des Herbsts 2003 hoch und eine Verringerung im Jahr 2004 nicht zu erwarten war.

Die Ermittlung der nicht konjunkturellen Arbeitslosigkeit kann auf verschiedene Weise erfolgen. Eine Möglichkeit besteht darin, die NAIRU über einen Phillipskurvenansatz zu ermitteln (Ziffer 216, Kasten 7). Eine vergleichsweise aktuelle Schätzung kommt zu dem Ergebnis, dass Mitte des Jahres 2002 die NAIRU in Deutschland in etwa der Höhe der tatsächlichen Arbeitslosigkeit entsprach (Franz, 2003). Die OECD erwartete Mitte des Jahres 2003 für das Jahr 2004 eine – gegenüber dem Jahr 2003 unveränderte – Lücke zwischen tatsächlicher und nicht konjunkturell bedingter Arbeitslosenquote in Höhe von rund einem Prozentpunkt (OECD, 2003); Ende des Jahres wurde die Schätzung für das Jahr 2003 auf 1,6 Prozentpunkte nach oben revidiert, doch ging die OECD für das Jahr 2004 auch dann noch von einer nur geringfügigen Zunahme der konjunkturellen Arbeitslosigkeit um 0,2 Prozentpunkte aus. Eine zweite Möglichkeit ist die Verwendung zeitreihenanalytischer Verfahren (etwa des HP-Filters). Mit Blick auf die saisonbereinigte Arbeitslosenquote der Bundesagentur für Arbeit gelangt man zu dem Schluss, dass im Herbst des Jahres 2003 der Umfang der konjunkturellen Arbeitslosigkeit nur sehr gering war (Schaubild 50): Im Herbst 2003 lag die nicht konjunkturell bedingte Arbeitslosigkeit nur wenig unter der tatsächlichen Arbeitslosigkeit, und die konjunkturelle Arbeitslosigkeit als Differenz der beiden war rückläufig. Auf Grundlage der Prognose des Sachverständigenrates, der für das Folgejahr im Jahresmittel nur einen leichten Anstieg der Arbeitslosigkeit um etwa 20 000 Personen prognostizierte, war für das Jahr 2004 daher keine erneute Zunahme der konjunkturellen Arbeitslosigkeit, sondern eher ein Rückgang zu erwarten.

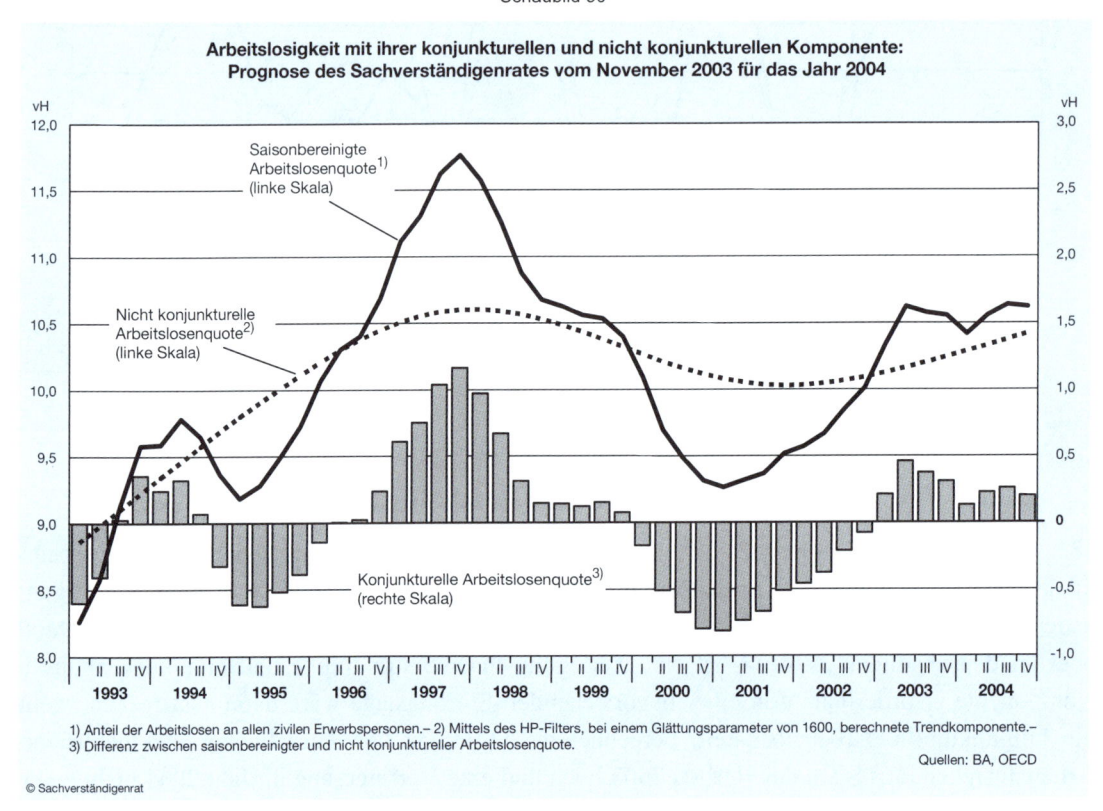

Schaubild 50

Arbeitslosigkeit mit ihrer konjunkturellen und nicht konjunkturellen Komponente: Prognose des Sachverständigenrates vom November 2003 für das Jahr 2004

1) Anteil der Arbeitslosen an allen zivilen Erwerbspersonen.– 2) Mittels des HP-Filters, bei einem Glättungsparameter von 1600, berechnete Trendkomponente.– 3) Differenz zwischen saisonbereinigter und nicht konjunktureller Arbeitslosenquote.

Quellen: BA, OECD

© Sachverständigenrat

483. Die Beurteilung der Arbeitsmarktlage wird dadurch erschwert, dass das Jahr 2003 durch deutliche Strukturverschiebungen in der registrierten Arbeitslosigkeit gekennzeichnet war. Durch unter dem Schlagwort „Fördern und Fordern" zusammengefasste höhere Anforderungen an die Mitwirkung und Eigeninitiative der Arbeitslosen kam es zu verstärkten Abgängen aus der Arbeitslosigkeit in Nichterwerbstätigkeit, da insbesondere Nichtleistungsempfänger unter den registrierten Arbeitslosen sich zumindest vorübergehend bei den Arbeitsämtern als nicht mehr arbeitsuchend abmeldeten oder ihre Meldung nicht erneuerten (JG 2003 Ziffer 223). Im Ergebnis ging trotz stark rückläufiger Erwerbstätigkeit, wovon bei weiter zunehmender Selbständigenzahl und starkem Wachstum der geringfügigen Beschäftigung seit der Neuregelung vom 1. April 2003 insbesondere die sozialversicherungspflichtige Beschäftigung betroffen war, die Arbeitslosigkeit gerade auch im dritten Quartal saisonbereinigt zurück. Dass sich darin keine wirkliche Besserung der Lage auf dem Arbeitsmarkt widerspiegelte, kam auch in den weiterhin kräftig zunehmenden Zugängen aus vorangehender Erwerbstätigkeit zum Ausdruck. Angesichts der Ungewissheit über den Umfang der Strukturverschiebungen war die Prognose der Arbeitslosigkeit im Herbst 2003 mit einem größeren Maß an Unsicherheit behaftet als in den vorangegangenen Jahren. Es wurde jedoch erwartet, dass die verstärkten Abgänge aus der Arbeitslosigkeit in Nichterwerbstätigkeit auch im Jahr 2004 noch anhalten und entsprechend den Anstieg der Arbeitslosigkeit dämpfen würden. Vor diesem Hintergrund prognostizierte der Sachverständigenrat für das Jahr 2004 einen nur moderaten Anstieg der registrierten Arbeitslosigkeit um rund 20 000 Personen. Hinsichtlich der **Erwerbstätigkeit** wurde davon ausgegangen, dass der Beschäftigungsabbau im Herbst 2003 zwar noch anhielt, die Talsohle zur Jahresmitte 2004 hin aber erreicht werden würde und die saisonbereinigten Beschäftigtenzahlen danach allmählich wieder zunähmen. Aufgrund des kräftigen Rückgangs von 1,4 vH im Jahr 2003 und des daraus resultierenden statistischen Unterhangs war im Vergleich der Jahresmittel allerdings noch ein leichter Rückgang um 0,3 vH zu erwarten. Da zu dem Beschäftigungszuwachs Instrumente der aktiven Arbeitsmarktpolitik zur Förderung der Selbständigkeit sowie die geringfügige Beschäftigung maßgeblich beitragen würden, konnte ferner davon ausgegangen werden, dass die sozialversicherungspflichtige Beschäftigung auch im Jahr 2004 weiterhin – wenn auch weniger stark – abnehmen würde.

484. Zusammenfassend fällt das Urteil darüber, ob im Herbst 2003 für das Folgejahr von Seiten des Arbeitsmarktes eine Störung des gesamtwirtschaftlichen Gleichgewichts zu erwarten war, uneinheitlich aus: Eine bevorstehende Verletzung des Teilziels eines hohen Beschäftigungsstands war – gemessen an den Kriterien des Bundesverfassungsgerichtes – nicht evident, lässt sich aber auch nicht ausschließen. Gegen eine bevorstehende Störung sprach neben dem prognostizierten Wiederanstieg der Erwerbstätigenzahl, dass bei der registrierten Arbeitslosigkeit der Gipfel erreicht und insbesondere der Umfang der konjunkturell bedingten Arbeitslosigkeit vergleichsweise gering zu sein schien. Andererseits waren aufgrund der genannten Strukturverschiebungen die Aussagekraft der im Herbst 2003 verfügbaren Zahlen und damit auch die Einschätzung der tatsächlichen Arbeitsmarktlage unklar. Zudem lag dem für das Folgejahr prognostizierten nur geringfügigen Anstieg der registrierten Arbeitslosigkeit die Annahme zugrunde, dass die im Jahr 2003 beobachteten Sondereffekte fortwirken und den aufgrund des konjunkturellen Nachlaufs der Arbeitslosenzahlen eigentlich zu erwartenden stärkeren Anstieg dämpfen würden. Schließlich war auch von einem zwar gedämpften, aber noch immer kräftigen Abbau der sozialversicherungspflichtigen Beschäftigung auszugehen.

3. Vorziehen der Steuerreform

485. Selbst wenn man von einer möglichen Störung des gesamtwirtschaftlichen Gleichgewichts im Jahr 2004 ausginge, stellt sich die Frage, ob das Vorziehen der Steuerreform in das Jahr 2004 ein geeignetes Mittel zur Abwendung dieser Störung gewesen wäre. In der Begründung des Haushaltsgesetzes 2004 verwies die Bundesregierung darauf, dass diese Maßnahme einerseits aus Sicht des Bundes mit Steuerausfällen von 7 Mrd Euro verbunden sei, andererseits aber auch „entscheidend zur Überwindung der Konjunkturschwäche" beitrage; Investitionen und Konsum würden gestärkt und ein deutliches Signal für mehr Wachstum und Beschäftigung gegeben. Im Wortlaut zog die Bundesregierung folgendes Fazit:

„Das Gesamtkonzept der Bundesregierung mit den durch die Agenda 2010 eingeleiteten strukturellen Reformen in Verbindung mit der mittelfristigen Rückführung des Staatsdefizits und dem Vorziehen der Steuerreform ist daher geeignet, einen kräftigen Wachstumsimpuls für die Wirtschaft zu setzen und zugleich die Störung des gesamtwirtschaftlichen Gleichgewichts dauerhaft zu beseitigen."

Auf diese Weise stellte die Bundesregierung einen Zusammenhang zwischen der Notwendigkeit einer die Regelgrenze von Artikel 115 Grundgesetz überschreitenden Kreditaufnahme und der dadurch ermöglichten Überwindung einer nach ihrer Auffassung im Jahr 2004 drohenden Störung des gesamtwirtschaftlichen Gleichgewichts her.

486. Wie der Sachverständigenrat im Jahresgutachten 2003/04 ausführlich dargelegt hat, bewertete er die Nachteile des Vorziehens der Steuerreform höher als deren Vorteile (JG 2003 Ziffer 397). Die vorgesehene Steuersenkung sei zwar mit einem konjunkturstimulierenden Impuls verbunden, der auf 0,2 Prozentpunkte des realen Bruttoinlandsprodukts quantifiziert werden könne. Vor allem wegen eines negativen Einflusses, der von dieser diskretionären finanzpolitischen Maßnahme auf das Potentialwachstum ausgehen könne, sprach sich der Rat im vorliegenden Fall jedoch gegen die vorgezogene Steuersenkung als Instrument einer antizyklischen Finanzpolitik aus (JG 2003 Ziffer 400). Zwar möge das Vorziehen der Steuerreform kurzfristig zu einer Reduzierung der relativen Output-Lücke führen, doch seien dem die langfristig negativen Effekte der höheren Kreditaufnahme zum Beispiel auf das Potentialwachstum gegenüber zu stellen. Auch möge das Vorziehen der Steuerreform zwar tendenziell geeignet sein, der konjunkturellen Komponente der Arbeitslosigkeit – wenn auch mit zeitlicher Verzögerung – zu begegnen, nicht aber dem weitaus größeren Problem der strukturellen Arbeitslosigkeit. Im Gegenteil: Grundsätzlich bestehe bei kreditfinanzierten Konjunkturprogrammen die Gefahr, dass sich die strukturellen Probleme einer Volkswirtschaft aufgrund der negativen Effekte der Verschuldung langfristig sogar noch vergrößern.

4. Fazit

487. Auf der Basis der im Herbst 2003 zur Verfügung stehenden Informationen ist das Vorliegen einer im Jahr 2004 drohenden Störung des gesamtwirtschaftlichen Gleichgewichts zu bezweifeln. Dies gilt wegen der approximativen Konstanz der prognostizierten Output-Lücke im Vergleich zum Jahr 2003 insbesondere im Hinblick auf eine mögliche Verfehlung des Teilzieles eines stetigen Wirtschaftswachstums. Aber auch eine Verletzung des Teilziels eines hohen Beschäftigungsstands ist wegen des prognostizierten Anstiegs der Erwerbstätigkeit und des geringen Umfangs der konjunkturell bedingten Arbeitslosigkeit nicht wahrscheinlich, wenn auch nicht auszuschließen.

Aufgrund seiner damaligen Einschätzung der konjunkturellen Entwicklung des Jahres 2004 kommt der Sachverständigenrat zu der Schlussfolgerung, dass es aus Ex-ante-Sicht, das heißt zur Zeit der Aufstellung und Verabschiedung des Bundeshaushalts 2004 wenig überzeugende Gründe für ein Überschreiten der Investitionsausgaben durch die Nettokreditaufnahme gab. Auch die von der Bundesregierung angeführten Unsicherheiten und Risiken über die konjunkturelle Entwicklung stellen für sich genommen und im Vorhinein keinen Grund für eine die Investitionsausgaben überschreitende Nettokreditaufnahme dar. Konjunkturelle Risiken bestehen regelmäßig. Würde man sie bereits bei der Haushaltsaufstellung berücksichtigen, wäre die Verfassungsvorschrift des Artikels 115 Grundgesetz ausgehebelt. Erst bei tatsächlichem Eintritt des durch einen exogenen Schock ausgelösten Risikofalls darf auf eine höhere und die Investitionsausgaben überschreitende Nettokreditaufnahme zurückgegriffen werden. Dazu kann dann die Vorlage eines Nachtragshaushalts erforderlich sein.

Literatur

Bundesverfassungsgericht (1989) *Urteil vom 18. April 1989 (2 BvF 1/82)*, in: Entscheidungen des Bundesverfassungsgerichts, 79, 311 - 357.

Chirinko, R. S. und U. von Kalckreuth (2002) *Further Evidence on the Relationship between Firm Investment and Financial Status*, Deutsche Bundesbank Discussion Paper, 28/02.

Devereux, M. P. und Griffith, R. (1998) *Taxes and the Location of Production: Evidence from a Panel of US Multinationals*, Journal of Public Economics, 68, 335 - 367.

Europäische Kommission (2004) *European Tax Survey*, Commission Staff Working Papers, SEC (2204) 1128/2.

Fehr, H. und W. Wiegard (2004) *Abgeltungssteuer, duale ESt und zinsbereinigte ESt: Steuerreform aus einem Guss*, in: Dirrigl, H., D. Wellisch und E. Wenger (Hrsg.): Steuern, Rechnungslegung und Kapitalmarkt. Festschrift für Franz W. Wagner zum 60. Geburtstag, Wiesbaden, 27 - 43.

Franz, W. (2003) *Will the (German) NAIRU Please Stand up?*, ZEW Discussion Paper, 03 - 35.

Fuest, C., T. Hemmelgarn und F. Ramb (2005) *Wirkungen einer EU-weiten Verlustverrechnung auf das Steueraufkommen*, Wirtschaftsdienst, 6, 365 - 369.

Harhoff, D. und F. Ramb (2001) *Investment and Taxation in Germany – Evidence from Firm Level Panel Data*, in: Deutsche Bundesbank (Hrsg.): Investing Today for the World of Tomorrow, Studies on the Investment Process in Europe, 47 - 73.

Jacobs, O. (2002) *Unternehmensbesteuerung und Rechtsform*, 3. Auflage, München.

Kirchhof, P. (2003) *Einkommensteuergesetzbuch. Ein Vorschlag zur Reform der Einkommen- und Körperschaftsteuer*, Heidelberg.

Koch, R. und P. Steinbrück (2003) *Subventionsabbau im Konsens. Der Vorschlag der Ministerpräsidenten Roland Koch und Peer Steinbrück*, www.hessen.de.

OECD (2003) *Economic Outlook*, 73, Paris.

Parsche, R. und A. Gebauer (2005) *Leichtes Absinken der Mehrwertsteuerhinterziehungsquote im Jahr 2005*, ifo Schnelldienst, 58, 12 - 13.

Radulescu, D. M. (2005) *Introducing a Dual Income Tax in Germany. Analyzing the Effects on Investment and Welfare with a Dynamic CGE Model*, Dissertation LMU München.

Rheinisch-Westfälisches Institut für Wirtschaftsforschung (2003) *Kosten der Besteuerung*, BMF-Monatsbericht, Juli, 81 - 92.

Richter, W. F. (2005) *Wirkungen von Steuern und Sozialbeiträgen*, mimeo.

Rosenschon, A. (2005) *Finanzhilfen der Bundesländer in den Jahren 2000 - 2004: Eine empirische Analyse*, Kieler Diskussionsbeiträge, 422.

Scheffler, W. und C. Spengel (2004) *Erbschaftsteuerbelastung im internationalen Vergleich*, Baden-Baden.

Schellhorn, H. (2005) *Effizienzeffekte der Einkommensteuer bei Steuervermeidung*, Wiesbaden.

Seer, R. und H. Jansen (2005) *Gutachten zum Entwurf eines Gesetzes zur Sicherung der Unternehmensnachfolge*, mimeo.

Sinn, H.-W. (1991) *Taxation and the Cost of Capital: The 'Old' View, the 'New' View and Another View*, in: Bradford, D. (Hrsg.): Tax Policy and the Economy, 5, Cambridge/Mass., 25 - 54.

Wagner, F. (2005) *Steuervereinfachung und Entscheidungsneutralität – konkurrierende oder komplementäre Leitbilder für Steuerreformen?*, Steuer und Wirtschaft, 93 - 108.

Werding, M. und A. Kaltschütz (2005) *Modellrechnungen zur langfristigen Tragfähigkeit der öffentlichen Finanzen*, ifo Beiträge zur Wirtschaftsforschung, 17.

Wissenschaftlicher Beirat beim Bundesministerium der Finanzen (2004) *Flat Tax oder Duale Einkommensteuer – Zwei Entwürfe zur Reform der deutschen Einkommensbesteuerung*, Bonn.

Fünftes Kapitel

Umfinanzierungsoptionen in der Sozialversicherung

I. Die finanzielle Lage in den Systemen der sozialen Sicherung im Jahr 2005
II. Versicherungsfremde Elemente in den Sozialversicherungen
III. Stärkung des Äquivalenzprinzips: Beseitigung oder Umfinanzierung der versicherungsfremden Elemente

Das Wichtigste in Kürze

- Der finanzielle Status aller Zweige der Sozialversicherung wurde auch in diesem Jahr durch eine schwache Einnahmenentwicklung geprägt. In der Gesetzlichen Rentenversicherung kam es zu Liquiditätsschwierigkeiten. Erstmalig musste beim Bund ein Kredit zur Finanzierung der Leistungen aufgenommen werden. In der Gesetzlichen Krankenversicherung stiegen die Ausgaben nach einem Rückgang aufgrund des GKV-Modernisierungsgesetzes in diesem Jahr wieder an. Dennoch konnten ein Überschuss erzielt und die Schulden abgebaut werden.

- Die Einnahmen der deutschen Sozialversicherungen hängen in hohem Maße von der sozialversicherungspflichtigen Beschäftigung ab. Hohe Beitragssätze machen diese Art der Beschäftigung unattraktiver und unterstützen ihren Rückgang. Dieser Rückgang schwächt die Einnahmebasis der Systeme und führt zu Beitragssatzerhöhungen mit wiederum negativen Rückwirkungen auf die Beschäftigung. Diesen Teufelskreis gilt es zu durchbrechen. Die dazu nötigen Beitragssatzsenkungen können durch die Umfinanzierung versicherungsfremder Leistungen erreicht werden.

- Die deutschen Sozialversicherungen enthalten eine Vielzahl **versicherungsfremder Elemente**. Eine Leistung oder eine im Sozialversicherungssystem enthaltene Umverteilung ist immer dann als versicherungsfremd anzusehen, wenn sie nicht dem sozialversicherungstypischen Ausgleich zwischen niedrigen und hohen Risiken dient, wenn sie nicht dem Versicherungszweck entspricht oder wenn sie an Nichtversicherte gewährt wird. Versicherungsfremde Leistungen und versicherungsfremde Umverteilungsanliegen stellen – sofern sie als notwendig erachtet werden – gesamtgesellschaftliche Aufgaben dar und sollten von der gesamten Gesellschaft, also von allen Steuerzahlern, finanziert werden und nicht nur vom kleineren Kreis der Beitragszahler im Wesentlichen aus Lohneinkommen bis zu einer Beitragsbemessungsgrenze.

- Die **nicht durch Bundeszuschüsse gedeckten versicherungsfremden Leistungen** und Umverteilungsströme in der Gesetzlichen Krankenversicherung, der Sozialen Pflegeversicherung, der Gesetzlichen Rentenversicherung und der Arbeitslosenversicherung belaufen sich derzeit auf rund 65 Mrd Euro.

- Mit der Beseitigung der Beitragsanteile, die der Finanzierung von versicherungsfremden Leistungen dienen, können der Steuercharakter der Sozialversicherungsbeiträge reduziert und das Äquivalenzprinzip in den Sozialversicherungen gestärkt werden. Sozialversicherungspflichtige Beschäftigung wird so attraktiver, und der Einnahmeschwäche aufgrund einer schwindenden Beitragsbasis kann entgegengewirkt werden.

- In der **Krankenversicherung** kann die versicherungsfremde Umverteilung durch den Übergang zu dem vom Sachverständigenrat im Jahresgutachten 2004 vorgeschlagenen System der Bürgerpauschale nahezu vollständig beseitigt werden. Ein Bundeszuschuss zur Verringerung der versicherungsfremden Umverteilung in der Krankenversicherung erweist sich als zielungenau.

- Im System der **Bürgerpauschale** wird der beschäftigungsfeindliche Abgabenkeil – auch unter Berücksichtigung eines notwendigen sozialen Ausgleichs – verringert und damit das Krankenversicherungssystem insgesamt beschäftigungsfreundlicher gestaltet. Die reine Einkommensumverteilung wird aus dem Krankenversicherungssystem eliminiert und ins Steuer- und Transfersystem verlagert, wo sie zielgenauer organisiert werden kann. Eine Erosion der Beitragsbasis und damit eine Einnahmeschwäche kann es aufgrund der einkommensunabhängigen Beitragsbemessung nicht mehr geben. Zudem wird die derzeitige ineffiziente Segmentierung des Krankenversicherungsmarktes überwunden.

- In der **Pflegeversicherung** ist ebenfalls ein Systemwechsel hin zu einem Pauschalbeitragssystem geboten. Mit der Bürgerpauschale in der Pflegeversicherung und dem vorzuziehenden Kohortenmodell hat der Sachverständigenrat zwei alternative Konzepte zur Diskussion gestellt, mit denen die versicherungsfremden Umverteilungselemente im Pflegeversicherungssystem deutlich reduziert und der Abgabenkeil verkleinert werden können.

- In der **Arbeitslosenversicherung** und der **Gesetzlichen Rentenversicherung** können durch die Zahlung eines (höheren) Bundeszuschusses die versicherungsfremden Leistungen abgedeckt und damit eine Beitragssatzsenkung erreicht werden, die die in den Beiträgen enthaltene implizite Steuerbelastung der sozialversicherungspflichtig Beschäftigten reduziert und die Attraktivität des sozialversicherungspflichtigen Beschäftigungsverhältnisses erhöht.

- Die Umfinanzierung von versicherungsfremden Leistungen bedeutet **keine Erhöhung der Gesamtabgabenbelastung**, auch dann nicht, wenn zur Finanzierung eines höheren Bundeszuschusses eine Steuererhöhung stattfindet. Denn in gleichem Ausmaß werden steuerähnliche Beiträge gesenkt.

- Die von einer Umfinanzierung von versicherungsfremden Leistungen zu erwartenden **Beschäftigungseffekte** sind für alle Gegenfinanzierungsvarianten positiv. Aber gerade weil es zu keiner Reduktion der Gesamtabgabenbelastung kommt, können Umfinanzierungsoperationen keinen Königsweg aus der Arbeitsmarktmisere darstellen.

- Mit Umfinanzierungsmaßnahmen sollte in der Arbeitslosenversicherung begonnen werden, da dort mit einem gegebenen Umfinanzierungsvolumen die größte Beitragssatzsenkung realisiert werden kann. Legt man die bislang vorliegenden Simulationsstudien zugrunde, sind die besten Ergebnisse zu erwarten, wenn man als Gegenfinanzierung eine Kombination aus Mehrwertsteuer und Einkommensteuer wählt.

I. Die finanzielle Lage in den Systemen der sozialen Sicherung im Jahr 2005

1. Gesetzliche Rentenversicherung: Rückgang des Beitragsaufkommens

488. Auch im Jahr 2005 war die finanzielle Situation der Gesetzlichen Rentenversicherung äußerst angespannt. Dabei sind die derzeitigen Probleme im Wesentlichen auf die andauernd schwache Entwicklung der Einnahmen zurückzuführen. Bis September 2005 sanken die beitragspflichtigen Einkommen um 0,4 vH gegenüber dem gleichen Vorjahreszeitraum, so dass bei konstantem Beitragssatz von 19,5 vH die **Beitragseinnahmen** der Arbeiterrenten- und Angestelltenversicherung in gleichem Ausmaß zurückgingen. Die Beitragsbasis entwickelte sich damit ähnlich wie die Summe der Bruttolöhne und -gehälter, die im Jahr 2005 um 0,3 vH sank. Bei den Haushaltsplanungen der Gesetzlichen Rentenversicherung und der Festsetzung des Beitragssatzes für das Jahr 2005 war man zu Jahresbeginn noch von einer Steigerung der Bruttolohn- und -gehaltssumme von 1,6 vH und einer Erhöhung der Einnahmen aus Pflichtbeiträgen um 1,2 vH ausgegangen. Diese Annahmen stellten sich aber bald als unrealistisch heraus. Bereits im April 2005 ging die Bundesregierung nur noch von einer Lohnsummensteigerung von 0,6 vH aus. Mitte des Jahres erwartete der Schätzerkreis für die Finanzen der Gesetzlichen Rentenversicherung für das gesamte Jahr 2005 einen Rückgang der Pflichtbeiträge um rund 0,4 vH. Damit war klar, dass die Beitragseinnahmen die Ausgaben im Jahr 2005 nicht würden decken können und der Beitragssatz mit 19,5 vH für das Jahr 2005 zu niedrig angesetzt worden war (JG 2004 Ziffer 453).

Verantwortlich für den Beitragsrückgang waren die hohe Arbeitslosigkeit, die anhaltende Schrumpfung der sozialversicherungspflichtigen Beschäftigung sowie die verhaltene Lohnentwicklung. Die Zusammenlegung von Arbeitslosenhilfe und Sozialhilfe wirkte sich dagegen positiv auf die Einnahmesituation aus. Für einen Empfänger von Arbeitslosengeld II wird zwar ein geringerer Beitrag entrichtet als zuvor für einen durchschnittlichen Empfänger von Arbeitslosenhilfe. Da aber die Anzahl der Arbeitslosengeld II-Empfänger die Anzahl der früheren Arbeitslosenhilfe-Empfänger deutlich übersteigt (Ziffer 179), kam es zu Beitragsmehreinnahmen in einer Größenordnung von rund 600 Mio Euro. Der negative Beitragseffekt wurde somit von einem positiven Mengeneffekt überkompensiert. Diesen höheren Einnahmen stehen zunächst keine höheren Ausgaben der Gesetzlichen Rentenversicherung für die Arbeitslosengeld II-Empfänger gegenüber. Langfristig werden allerdings die Rentenausgaben steigen, und bereits mittelfristig könnten – da diese Personengruppe auch Anspruch auf Rehabilitationsleistungen hat – die Ausgaben für Rehabilitation zunehmen.

Die **Rentenausgaben** der Arbeiterrenten- und Angestelltenversicherung stiegen bis September 2005 moderat um 0,8 vH. Zurückzuführen war der Anstieg in erster Linie auf die Zunahme des Rentenbestands. Die Rentenzahlbeträge selbst stiegen – im zweiten Jahr hintereinander – nicht. Bei der Rentenanpassung zum 1. Juli wurde erstmalig die um den Nachhaltigkeitsfaktor erweiterte neue Rentenanpassungsformel angewandt. Dieser Faktor soll die Rentenentwicklung im Vergleich zur Lohnentwicklung dämpfen, wenn das Verhältnis von Rentnern zu Beitragszahlern zunimmt (JG 2004 Ziffer 315). Da die Lohnsteigerungen im Jahr 2004 sehr gering ausfielen – die für die Rentenanpassung maßgebliche Lohngröße stieg im Jahr 2004 in Westdeutschland um 0,12 vH und in Ostdeutschland um 0,21 vH –, hätte die Anwendung der Anpassungsformel zu einer nominalen

Rentensenkung geführt. Der aktuelle Rentenwert, der den monatlichen Rentenzahlbetrag für einen Entgeltpunkt angibt, hätte in Westdeutschland von 26,13 Euro auf 25,84 Euro, das heißt um 1,11 vH und in Ostdeutschland von 22,97 Euro auf 22,74 Euro, also um 1,00 vH sinken müssen. Eine solche nominale Rentensenkung wurde aber durch die mit dem RV-Nachhaltigkeitsgesetz eingeführte so bezeichnete Schutzklausel des § 255e SGB VI verhindert. Denn gemäß dieser Schutzklausel darf es keine nominale Rentensenkung aufgrund der Erhöhung des Altersvorsorgeanteils („Riester-Treppe"), aufgrund des Nachhaltigkeitsfaktors oder aufgrund der Erhöhung des Rentenversicherungsbeitragssatzes geben (JG 2004 Ziffer 314). Sollten freilich die Bruttoentgelte im Vergleich zum Vorjahr geringer ausfallen, greift die Schutzklausel nicht, und die Renten müssten nach Maßgabe dieses Lohnrückgangs sinken. Die „Riester-Treppe" und der Nachhaltigkeitsfaktor hätten in diesem Jahr für sich genommen jeweils eine Rentensenkung um etwa 0,6 Prozentpunkte erzeugt. Faktisch wurde somit durch die Schutzklausel nahezu die gesamte Bremswirkung der „Riester-Treppe" und des Nachhaltigkeitsfaktors ausgesetzt. Mithin wurde auch das Ziel der Rentenanpassungsformel – das Rentenniveau zu senken – konterkariert. Eine für die Erreichung der langfristigen Beitragssatzziele (maximal 20 vH bis zum Jahr 2020 und maximal 22 vH bis zum Jahr 2030) notwendige Rentenniveausenkung fand damit im Jahr 2005 nicht statt, und die aufgrund des Greifens der Schutzklausel nicht realisierten Minderausgaben belaufen sich auf rund 2 Mrd Euro. Somit ergibt sich für die Folgejahre ein Beitragssatzerhöhungsdruck, der mit jeder Anwendung der Schutzklausel größer wird. Die einfachste Lösung dieses Problems – freilich um den Preis von Rentenkürzungen bei einer flachen Lohnentwicklung – wäre, die Schutzklausel zu streichen. Eine gleichermaßen zweckdienliche aber eher umsetzbare Lösung wäre, einen Mechanismus in die geltende Rentenanpassungsformel zu integrieren, der gewährleistet, dass die als Folge der Rentenschutzklausel aufgrund einer flachen Lohnentwicklung ausgefallenen Niveausenkungen in Perioden mit höheren Lohnzuwächsen und damit potentiell höheren Rentenanpassungen regelgebunden nachgeholt werden.

Die Grundidee besteht darin, die Rentenanpassungsformel um einen Faktor zu ergänzen, durch den der tatsächliche aktuelle Rentenwert mit einem beitragssatzzielkonformen aktuellen Rentenwert verglichen wird und die Rentenanpassung dann geringer ausfällt, wenn eine Lücke zwischen diesen beiden Werten besteht (Gasche, 2005). Angenommen der – aufgrund des Wirksamwerdens der Schutzklausel – tatsächliche aktuelle Rentenwert betrage 27 Euro, der mit dem Beitragssatzziel konforme aktuelle Rentenwert aber 26 Euro, dann besteht eine absolute Anpassungslücke von 1 Euro, während die relative Anpassungslücke (1-26/27) = 0,0370 beträgt. Wenn diese Lücke sofort vollständig geschlossen werden sollte, müsste bei der Rentenanpassung im nächsten Jahr die Anpassungsformel mit dem Faktor 26/27 = 0,9630 multipliziert werden. Der für die Rentenanpassung relevante aktuelle Rentenwert würde dann 26 Euro betragen. Die Lücke wäre beseitigt. Ein solches Nachholen ausgefallener Rentenmindersteigerungen kann auch gestreckt werden, indem die bestehende Anpassungslücke beispielsweise zunächst nur zur Hälfte geschlossen wird, also im Beispiel nur um 0,0185 = 0,5 (1-26/27). Dazu müsste die Anpassungsformel mit dem Faktor 0,9815 = 1 – 0,5 (1 – 26/27) multipliziert werden. Der für die Rentenanpassung (korrigierte) aktuelle Rentenwert würde sich entsprechend nicht auf 27 Euro, sondern auf 26,50 Euro belaufen.

489. Für die Rentenanpassung 2006 ist eine weitere Nullrunde zu erwarten, aber auch eine nominale Rentensenkung ist nicht auszuschließen. Denn die schwache Lohnentwicklung in diesem Jahr könnte dazu führen, dass die für die Rentenanpassung relevante Lohngröße sinkt. In diesem Fall würde die Schutzklausel eine nominale Rentensenkung im Ausmaß der Lohnsenkung nicht verhindern.

Ein Grund für den möglichen Rückgang der für die Rentenanpassung relevanten Bruttolöhne je beschäftigten Arbeitnehmer gemäß den Volkswirtschaftlichen Gesamtrechnungen liegt auch in den im Zusammenhang mit Hartz IV ausgeweiteten **Arbeitsgelegenheiten** („1-Euro-Jobs"). Diese Tätigkeiten werden in der amtlichen Statistik als Beschäftigungsverhältnisse betrachtet, und die Mehraufwandsentschädigungen gehen in die Lohnsumme ein, mit der Folge, dass die Bruttolohn- und -gehaltssumme je beschäftigten Arbeitnehmer sinkt und Rentensenkungen wahrscheinlicher werden. Gemäß einer Faustregel des Verbands Deutscher Rentenversicherungsträger (VDR) führen 100 000 zusätzliche Arbeitsgelegenheiten zu einer um 0,3 Prozentpunkte niedrigeren Zuwachsrate der Durchschnittslöhne. Eine Rentensenkung aufgrund solcher Besonderheiten ist sicherlich nicht angemessen, zumal eine Arbeitsgelegenheit keine reguläre Beschäftigung darstellt und zudem kein Lohn, sondern eine nicht steuer- und sozialversicherungspflichtige Aufwandsentschädigung gezahlt wird. Durch diese Mehraufwandsentschädigungen werden somit weder die Einnahmeseite noch die Ausgabenseite der Rentenversicherung berührt. Außerdem muss berücksichtigt werden, dass bei einem möglichen Abbau dieser Beschäftigungsmöglichkeiten ein Rentenerhöhungseffekt eintreten kann, der die finanzielle Lage der Rentenversicherung in unangemessener Weise beeinträchtigen könnte. Deshalb ist der Klarstellung des Bundesministeriums für Gesundheit und Soziale Sicherung zuzustimmen, als Grundlage für die Rentenanpassung 2006 die Lohnentwicklung ohne Berücksichtigung der Arbeitsgelegenheiten zu verwenden. Freilich müssen dabei nicht nur die Arbeitsgelegenheiten aus der Lohngröße des Jahres 2005 herausgerechnet werden, sondern auch die vom Charakter her identischen Arbeitsgelegenheiten auf der Grundlage des Bundessozialhilfegesetzes aus der für die Rentenanpassung relevanten Lohngröße des Jahres 2004. Wenn man die Bereinigung nicht für beide Jahre, sondern nur für das Jahr 2005 machte, würde es zu einer Überschätzung des Lohnanstiegs und damit zu einer „zu hohen" Rentenanpassung kommen.

490. Insgesamt führte die erneute Nullrunde in diesem Jahr unter Berücksichtigung der Preisniveausteigerungen und der Tatsache, dass die Rentner durch den Zusatzbeitragssatz zur Gesetzlichen Krankenversicherung seit dem 1. Juli 2005 mit 0,45 vH der Bruttorente zusätzlich belastet werden, zu einer **realen Nettorentensenkung** um rund 2 vH, nachdem auch im Jahr 2004 die Nettorenten real gesunken waren (JG 2004 Ziffer 446). Bei dieser Rechnung sind die möglichen höheren Einkommensteuerzahlungen aufgrund der Erhöhung des steuerpflichtigen Rentenanteils in Folge des Alterseinkünftegesetzes noch nicht berücksichtigt.

491. Die schwache Beitragsentwicklung im Jahr 2005 führte zu unterjährigen **Liquiditätsschwierigkeiten** der Gesetzlichen Rentenversicherung. Um die laufenden Zahlungen leisten zu können, mussten im September Teile der fälligen Raten des Bundeszuschusses im Umfang von insgesamt 960 Mio Euro und im Oktober von 600 Mio Euro vorgezogen werden. Schließlich war die Gesetzliche Rentenversicherung im November im Rahmen der Bundesgarantie des § 214 Absatz 1 SGB VI sogar erstmalig auf die Aufnahme eines zinslosen Kredits beim Bund in Höhe von 600 Mio Euro angewiesen. Die Schwankungsreserve – seit Beginn des Jahres Nachhaltigkeitsrücklage genannt – wird sich am Jahresende auf weniger als 0,1 Monatsausgaben belaufen und damit weit unter dem Reservesoll von 0,2 Monatsausgaben beziehungsweise 3,2 Mrd Euro liegen. Das kassenmäßige Defizit dürfte am Ende des Jahres rund 4 Mrd Euro betragen.

492. Vor allem aufgrund der finanziellen Schieflage in der Gesetzlichen Rentenversicherung, die für das Jahr 2006 eine Beitragssatzerhöhung auf 20,2 vH erforderlich gemacht hätte, wurde mit dem **Vorziehen der Fälligkeit der Sozialversicherungsbeiträge** eine Notmaßnahme ergriffen, mit der die Beitragseinnahmen der Sozialversicherungen im Jahr 2006 einmalig verbessert werden sollen. Bisher musste der Arbeitgeber die Beiträge zur Sozialversicherung für bis zum 15. eines Monats gezahlte Entgelte bis zum 25. und für nach dem 15. gezahlte Entgelte erst am 15. des Folgemonats entrichten. Da die Unternehmen die Löhne und Gehälter vornehmlich am Monatsende

auszahlen, die Beiträge aber erst zur Mitte des Folgemonats entrichtet werden müssen, ergab sich so ein Zins- und Liquiditätsvorteil für die Unternehmen. Im Gesetz zur Änderung des Vierten und Sechsten Buches Sozialgesetzbuch wurde festgelegt, dass es ab dem Jahr 2006 nur noch einen Fälligkeitstermin für die Beiträge geben soll, nämlich das Ende des Monats, in welchem die Arbeitsleistung erbracht worden ist. Die Beitragspflicht bezieht sich dabei nur auf die voraussichtliche Beitragsschuld. Beiträge auf variable Gehaltsbestandteile werden nach ihrer genauen Feststellung im Folgemonat entrichtet. Da bisher rund 80 vH der Pflichtbeiträge zur Monatsmitte fällig waren, bewirkt das Vorziehen des Fälligkeitstermins für die Beitragszahlungen, dass im Jahr 2006 einmalig 12,8 anstatt 12 Beitragszahlungen geleistet werden. Die dadurch entstehenden Mehreinnahmen werden von der Bundesregierung auf maximal 20 Mrd Euro veranschlagt, wovon 9,6 Mrd Euro auf die Gesetzliche Rentenversicherung, 6,7 Mrd Euro auf die Gesetzliche Krankenversicherung, 0,6 Mrd Euro auf die Soziale Pflegeversicherung und 3,1 Mrd Euro auf die Arbeitslosenversicherung entfallen. Den Unternehmen entsteht aus dieser Maßnahme ein Zinsverlust, der von der Bundesregierung auf 400 Mio Euro beziffert wird. Um mögliche Liquiditätsprobleme der Unternehmen zu vermeiden, ist es möglich, den Januarbeitrag 2006 auf sechs Monatsraten zu verteilen. Wenn man die bisherige Beitragsstundung als Subvention interpretiert, bedeutet das Vorziehen der Fälligkeit die Beseitigung einer ordnungspolitisch nicht gerechtfertigten Begünstigung. Allerdings dürften ordnungspolitische Motive bei der Ausgestaltung dieser Maßnahme allenfalls eine untergeordnete Rolle gespielt haben. Im Vordergrund stand stattdessen einmal mehr das Bemühen, mit kurzfristigen Einmalmaßnahmen die teilweise grundlegenden Finanzierungsprobleme der Systeme der sozialen Sicherung zu lindern.

493. Mit den zusätzlichen Beitragseinnahmen von 9,6 Mrd Euro im **Jahr 2006** kann der Rentenversicherungsbeitragssatz bei 19,5 vH gehalten und eine Nachhaltigkeitsrücklage von mindestens 0,2 Monatsausgaben am Jahresende 2006 gewährleistet werden. Zu bedenken ist aber, dass im Jahr 2007 wieder „nur" 12 Monatsbeiträge zur Verfügung stehen und dann – sollte sich an der Einnahmesituation der Gesetzlichen Rentenversicherung nichts grundlegend verbessert haben – die finanziellen Probleme erneut auftreten werden. In diesem Fall wird eine kräftige Beitragssatzerhöhung unvermeidlich sein. Insofern hat man sich nur ein Jahr Zeit erkauft.

494. Für eine nachhaltige Stabilisierung der Rentenfinanzen und um den Beitragssatzanstieg gemäß dem Ziel des RV-Nachhaltigkeitsgesetzes auf die Maximalwerte von 20 vH bis zum Jahr 2020 und 22 vH bis zum Jahr 2030 zu begrenzen, ist die vom Sachverständigenrat, aber auch von der Nachhaltigkeitskommission, der Herzog-Kommission oder den Rentenversicherungsträgern angemahnte gleitende **Anhebung des gesetzlichen Renteneintrittsalters** notwendig. Bei einem unveränderten Regeleintrittsalter werden die aus der zunehmenden Lebenserwartung resultierenden Kosten steigender Rentenlaufzeiten in erster Linie entweder bei den Bestandsrentnern in Form eines stärker sinkenden Rentenniveaus oder bei den Beitragszahlern in Form eines höheren Beitragssatzes angelastet und nicht bei denjenigen, die vorrangig in den Genuss einer steigenden Rentenlaufzeit kommen, den zukünftigen Zugangsrentnern. Deshalb spricht sich der Sachverständigenrat erneut dafür aus, das Regeleintrittsalter ab dem Jahr 2011 jährlich um einen Monat bis auf 67 Jahre im Jahr 2034 anzuheben. Die Rentenversicherung könnte dadurch in der Größenordnung von 0,6 Beitragssatzpunkten allein bis zum Jahr 2030 entlastet werden. Eine kurzfristige Entlastung durch die Anhebung des Renteneintrittsalters ist freilich nicht möglich, trotzdem könnte eine zügigere Anhebung, etwa um 2 Monate je Jahr, den Entlastungseffekt schneller aufbauen. Die Entscheidung zur Anhebung des gesetzlichen Renteneintrittsalters, von der im Übrigen nicht die heute älteren Arbeitnehmer betroffen wären, sollte alsbald gefällt werden, damit sich Arbeitgeber und Arbeitnehmer auf diese Änderungen einstellen können (JG 2001 Ziffer 260 und JG 2003 Ziffer 338).

495. Als Flankierung einer Anhebung der Regelaltersgrenze wird ein vom Lebensalter unabhängiger abschlagsfreier Rentenbezug nach 45 Versicherungsjahren gefordert. Dieser Idee ist eine Absage zu erteilen. Die Folge einer solchen Regelung wäre eine Durchbrechung des bisherigen in der Gesetzlichen Rentenversicherung geltenden Äquivalenzprinzips. Denn bei gleichzeitigem Renteneintritt vor der Regelaltersgrenze würde ein langjährig Versicherter, der eine bestimmte Anzahl von Entgeltpunkten in 45 Versicherungsjahren erworben hat, eine abschlagsfreie Rente erhalten, während ein gleichaltriger Versicherter, der die gleiche Entgeltpunktzahl in zum Beispiel nur 35 Versicherungsjahren erworben hat, Abschläge hinnehmen müsste, also einen geringeren Rentenzahlbetrag erhielte. Jenseits möglicher Mehrbelastungen der Rentenversicherung würde mithin durch eine solche Regelung der Versicherungscharakter ausgehöhlt; zudem käme es zu einer Benachteiligung der Frauen, denen es auch in Zukunft schwerer als den Männern fallen wird, eine 45 Jahre umfassende Versicherungsbiographie zu erreichen.

496. Um prozyklisch wirkende Beitragssatzanhebungen in konjunkturell ungünstigen Situationen zu verhindern oder um kurzfristige Notmaßnahmen zur Abwendung einer Beitragssatzerhöhung in Zukunft zu vermeiden, sollte zudem die **Nachhaltigkeitsrücklage** wie geplant aufgestockt werden. Die Nachhaltigkeitsrücklage (früher Schwankungsreserve) stellt keinen Kapitalstock dar, aus dessen Erträgnissen oder gar dessen Abschmelzen eine Kofinanzierung der laufenden Renten vorgenommen werden sollte. Die Schwankungsreserve der Gesetzlichen Rentenversicherung hat vielmehr zwei Aufgaben. Zum einen soll sie unterjährige Schwankungen der Beitragseinnahmen ausgleichen, um jederzeit, ohne auf ein Vorziehen des Bundeszuschusses oder gar einen staatlichen Kassenverstärkungskredit angewiesen zu sein, die ständige Zahlungsfähigkeit der Rentenversicherung zu gewährleisten. Zum anderen soll sie den Beitragssatz im Konjunkturverlauf stabilisieren. Keine Aufgabe einer Schwankungsreserve ist es, die dauerhaften Beitragsdefizite einer persistenten, das heißt konjunkturunabhängigen Arbeitslosigkeit oder eines demographisch bedingten Anstiegs des Rentnerquotienten zu kompensieren. Ein Ansteigen dieser Arbeitslosigkeit oder eine Verschiebung der Beitragszahler-Rentner-Relation als Folge der Bevölkerungsalterung machen grundsätzlich eine Anhebung des Beitragssatzes oder eine Reduktion des Rentenniveaus erforderlich (JG 2003 Kasten 10). Die Nachhaltigkeitsrücklage sollte deshalb so bemessen sein, dass sie vom Volumen her die sich über einen Konjunkturzyklus hinweg in etwa kompensierenden Fehlbeträge als Folge einer zyklischen, das heißt rein konjunkturell bedingten Arbeitslosigkeit und der damit einhergehenden Beitragsausfälle ausgleichen kann. Bei einer in diesem Sinne richtig bemessenen Nachhaltigkeitsrücklage könnten prozyklische Beitragssatzanpassungen vermieden werden. Die Vergangenheit hat gezeigt, dass für eine Stabilisierung in konjunkturell schlechten Zeiten 1,5 bis 2 Monatsausgaben ausreichend gewesen wären (JG 2003 Ziffer 333). Von daher empfiehlt sich, bei einer wirtschaftlichen Belebung auf dann mögliche Beitragssatzsenkungen zunächst zu verzichten und (ohne Beitragssatzanhebungen) die Nachhaltigkeitsrücklage alsbald wie gesetzlich vorgesehen zumindest auf das obere Ziel von 1,5 Monatsausgaben anzuheben und zwar sowohl im

Interesse der Eigenständigkeit der Gesetzlichen Rentenversicherung wie der Stabilisierung des Vertrauens in diese Institution. Beitragssatzänderungen sollten erst dann vorgenommen werden, wenn ein Unterschreiten der Mindestschwankungsreserve oder ein Überschreiten der Höchstschwankungsreserve zu erwarten ist.

2. Gesetzliche Krankenversicherung: Ende der Atempause

497. Auch im zweiten Jahr nach dem Inkrafttreten des GKV-Modernisierungsgesetzes sind die ursprünglich angestrebten Beitragssatzsenkungen ausgeblieben. Dies ist einerseits auf die fortgesetzte Beitragseinnahmeschwäche, aber auch darauf zurückzuführen, dass die Gesundheitsreform zwar eine Reduktion des Ausgabenniveaus, aber eher keine nachhaltige Verlangsamung der Ausgabendynamik bewirkt hat. Insofern könnte die mit dem GKV-Modernisierungsgesetz im Jahr 2004 erreichte Atempause im Jahr 2005 schon wieder ihr Ende gefunden haben. Die Beitragseinnahmen sind im ersten Halbjahr im Vergleich zum Vorjahr um rund 1,3 vH gestiegen. Die gesamten Einnahmen erhöhten sich hauptsächlich aufgrund des gestiegenen Bundeszuschusses um 2,3 vH, und die Ausgaben nahmen um 3,1 vH zu. Der Einnahmeüberschuss betrug im ersten Halbjahr 1,03 Mrd Euro und war damit um rund 1,39 Mrd Euro geringer als noch ein Jahr zuvor.

498. Deutliche Ausgabenzuwächse in Höhe von 19,9 vH beziehungsweise 2,03 Mrd Euro gab es bei den **Arzneimittelausgaben**. Ursächlich hierfür war eine Reduktion des gesetzlich vorgeschriebenen Herstellerrabatts von 16 vH auf 6 vH, was – entgegen der Zielsetzung des GKV-Modernisierungsgesetzes – nicht durch Einsparungen aufgrund der Ausweitung der Festbetragsregelung kompensiert werden konnte (JG 2003 Ziffer 297, JG 2004 Ziffer 334). Zudem nahmen die Verordnungen insgesamt wieder zu. Ferner ist der Anstieg der Arzneimittelausgaben im ersten Halbjahr 2005 auch auf die aufgrund von Vorzieheffekten zum Jahresende 2003 außergewöhnlich geringen Arzneimittelausgaben im ersten Halbjahr des Jahres 2004 zurückzuführen. Schließlich kam es zu einer Verlagerung der Verschreibungen hin zu höherpreisigen Medikamenten. Die Arzneimittelpreise insgesamt können als Begründung für den Ausgabenanstieg im Arzneimittelbereich nicht herangezogen werden. Denn die Arzneimittelpreise für den Gesamtmarkt sind sowohl seit Jahresende 2004 als auch gegenüber dem ersten Halbjahr 2004 leicht gesunken. Dabei gab es jedoch unterschiedliche Entwicklungen in den einzelnen Segmenten. So sanken die Preise für rezeptpflichtige Arzneimittel, die Preise für nicht-rezeptpflichtige Arzneimittel dagegen stiegen weiter an. Im Nicht-Festbetragsmarkt gab es Preissteigerungen und im Festbetragsmarkt Preissenkungen.

499. In der Diskussion stand ein von den Apothekern geforderter **Ausgleichsbetrag** in Höhe von mehreren hundert Millionen Euro. Im GKV-Modernisierungsgesetz sah § 130 SGB V vor, dass Vergütungen der Apotheken, die sich aus einer Abweichung der Zahl der abgegebenen Packungen verschreibungspflichtiger Arzneimittel im Jahr 2004 gegenüber dem Jahr 2002 ergeben, auszugleichen sind. Vor allem wegen der Praxisgebühr und der damit verbundenen geringeren Anzahl der Arztbesuche sind auch die Verschreibungen und damit die Anzahl der abgegebenen Packungen im Jahr 2004 im Vergleich zum Jahr 2002 zurückgegangen. Nach dem Wortlaut des Gesetzes wäre eine Ausgleichszahlung fällig gewesen. Dabei sollte laut Gesetzesbegründung, um Ertragseinbußen der Apotheker zu verhindern, ein Ausgleich „in Höhe eines Gesamtbetrages, der dem Vielfachen aus der abweichenden Zahl der Packungen mit einem Betrag in Höhe von 6,10 Euro entspricht" erfolgen und durch Anpassung des Rabatts nach § 130 SGB V verrechnet werden. Entsprechend forderten die Apotheker von den Krankenkassen einen Ausgleich in Höhe von mehreren hundert Millionen Euro. Wegen der guten Ertragslage der Apotheken lehnten Kassen und Bundesregierung diese Ausgleichszahlung ab. Unter Vermittlung der Bundesregierung wurde eine Vereinbarung zwischen Krankenkassen und Apothekern getroffen, die eine Zahlung der Kassen in Höhe von 35 Mio Euro vorsah. Dazu wurde der Rabatt pro Packung für sechs Monate von 2 Euro auf 1,85 Euro gesenkt. Für die Jahre 2006 bis 2007 wurde dieser Rabatt auf 2 Euro je Packung festgeschrieben, womit die Apotheker Planungssicherheit erhielten.

500. Mit einer Zuwachsrate von 3,6 vH sind die Ausgaben für **Krankenhausbehandlung** im ersten Halbjahr 2005 ebenfalls kräftig gestiegen. Begründet wird dies unter anderem mit Sondereffekten bei der Rechnungsabgrenzung und mit den ausgabenerhöhenden Gestaltungsmöglichkeiten im Zusammenhang mit dem neu eingeführten Fallpauschalensystem (JG 2002 Ziffern 253 ff.). Einen markanten Ausgabenrückgang gab es dagegen bei den **Zahnersatzleistungen** (-36,7 vH), welcher sowohl auf das neue Entgeltsystem – Umstellung von prozentualen Zuschüssen auf befundbezogene Festzuschüsse (JG 2003 Ziffer 295) – als auch auf die Sondereffekte des Jahres 2004 zurückzuführen ist. Denn damals wurden in Erwartung der für das Jahr 2005 im Rahmen des GKV-Modernisierungsgesetzes beschlossenen gesonderten Zahnersatzversicherung verstärkt Leistungen in Anspruch genommen.

501. Die **Beitragseinnahmen** stiegen in den ersten sechs Monaten um 1,3 vH, und die beitragspflichtigen Einkommen nahmen um 1,7 vH zu. Dies lag zum einen an einem Anstieg der Mitgliederzahl: Seit Jahresbeginn sind alle Empfänger von Arbeitslosengeld II in der Gesetzlichen Krankenversicherung pflichtversichert und damit auch ehemalige Sozialhilfeempfänger, für die zuvor keine Beiträge entrichtet wurden. Zum anderen wird für die Arbeitslosengeld II-Empfänger – anders als in der Gesetzlichen Rentenversicherung – ein höherer Beitrag gezahlt als vorher im Durchschnitt für einen Empfänger von Arbeitslosenhilfe. Denn die monatliche Bemessungsgrundlage für die Empfänger des Arbeitslosengelds II beläuft sich auf rund 874 Euro in Westdeutschland beziehungsweise 734 Euro in Ostdeutschland, während die durchschnittliche Arbeitslosenhilfe im Jahr 2004 nur rund 583 Euro in Westdeutschland und 516 Euro in Ostdeutschland betrug. Für die neuen Versicherten fallen zwar zusätzlich auch Ausgaben an – vor allem aufgrund der überdurchschnittlich hohen Zahl von beitragsfrei mitversicherten Familienangehörigen, und auch weil es sich um Personen mit einem tendenziell überdurchschnittlichen Ausgabenrisiko handeln dürfte –, doch ist insgesamt davon auszugehen, dass die Hartz IV-Reform zumindest im Jahr 2005 zu keiner Belastung der Gesetzlichen Krankenversicherung geführt hat.

Bemessungsgrundlage pro Tag für die GKV-Beiträge der Bezieher von **Arbeitslosengeld II** ist der dreißigste Teil des 0,3620-fachen der im Sozialrecht fixierten monatlichen Bezugsgröße von derzeit 2 415 Euro in Westdeutschland und 2 030 Euro in Ostdeutschland. Für Westdeutschland ergibt sich als Bemessungsgrundlage pro Tag zum Beispiel ein Betrag von 29,14 Euro. Bemessungsgrundlage für den Monatsbeitrag sind demnach rund 874 Euro. Auf diesen Betrag ist gemäß § 246 SGB V der durchschnittliche ermäßigte Beitragssatz der gesetzlichen Krankenkassen am 1. Oktober 2004 in Höhe von 13,2 vH anzuwenden. Der Beitrag beläuft sich damit auf rund 115 Euro. Er vermindert sich anteilig, wenn die Empfänger von Arbeitslosengeld II andere beitragspflichtige Einnahmen beziehen. Vorher war die Bemessungsgrundlage für die GKV-Beiträge der Arbeitslosenhilfe-Empfänger der Zahlbetrag der Arbeitslosenhilfe in Höhe von durchschnittlich 583 Euro beziehungsweise 516 Euro. Damit ergibt sich insgesamt ein höherer Beitrag je Mitglied beim Übergang von der Arbeitslosenhilfe zum Arbeitslosengeld II. Ein Software-Fehler bei der Bundesagentur für Arbeit führte dazu, dass die Beiträge für Arbeitslosengeld II-Empfänger mit dem um rund einen Prozentpunkt höheren allgemeinen Beitragssatz berechnet wurden. Dies hatte zur Folge, dass die Beitragszahlungen an die GKV monatlich mutmaßlich um 25 Mio Euro zu hoch ausfielen.

502. Die Einnahmesituation wurde aber vor allem durch die Erhöhung des Bundeszuschusses zur pauschalen Abdeckung von versicherungsfremden Leistungen um 1,5 Mrd Euro auf 2,5 Mrd Euro verbessert. Dieser Zuschuss wird in zwei Tranchen von jeweils 1,25 Mrd Euro am 1. Mai und am 1. November gezahlt. Der Überschuss im ersten Halbjahr 2005 in Höhe von 1,03 Mrd Euro ist somit zu einem Großteil auf diesen höheren Bundeszuschuss zurückzuführen.

Dieser **Überschuss** teilt sich in einen Überschuss in Westdeutschland von 0,49 Mrd Euro und einen Überschuss der ostdeutschen Krankenkassen in Höhe von 0,54 Mrd Euro auf. Allerdings ist der Überschuss im Osten nur auf die Zahlungen im Rahmen des Risikostrukturausgleichs (RSA) von Westdeutschland nach Ostdeutschland zurückzuführen. Ohne RSA hätte sich im Westen ein Überschuss von 2,26 Mrd Euro ergeben und in den neuen Bundesländern ein Defizit von 1,23 Mrd Euro. Zu berücksichtigen ist, dass eine mögliche Rücküberweisung der im ersten Halbjahr zu viel gezahlten Beiträge für die Empfänger von Arbeitslosengeld II an die Bundesagentur für Arbeit in Höhe von 150 Mio Euro diesen Überschuss entsprechend mindern würde.

503. Zum 1. Juli 2005 wurde ein allein von den Arbeitnehmern und Rentnern zu zahlender **zusätzlicher Beitragssatz** von 0,9 vH eingeführt und gleichzeitig wurden die Krankenkassen dazu verpflichtet, den paritätisch von Arbeitnehmern und Arbeitgebern beziehungsweise Rentenversicherungsträgern finanzierten allgemeinen Beitragssatz in diesem Ausmaß zu senken. Damit ergab sich eine Verschiebung der Zahllast der Beiträge zugunsten der Arbeitgeber und Rentenversicherungsträger in Höhe von 0,45 Beitragssatzpunkten und damit eine Aufhebung der paritätischen Finanzierung (JG 2004 Ziffer 337). Arbeitnehmer und Rentner wurden im Jahr 2005 dadurch mit 2,25 Mrd Euro mehr belastet. Zu berücksichtigen ist, dass der zusätzliche Beitragssatz unabhängig von der Finanzierung einzelner Leistungen erhoben wird. Ein immer wieder hergestellter Zusammenhang mit der Finanzierung des Krankengelds oder des Zahnersatzes besteht mithin nicht (JG 2004 Ziffer 337 und JG 2003 Ziffer 294). Der allgemeine Beitragssatz betrug im Oktober 13,25 vH. Zusammen mit dem zusätzlichen Beitragssatz ergibt sich damit ein Gesamtbeitragssatz von 14,15 vH, der damit um 0,06 Beitragssatzpunkte niedriger als ein Jahr zuvor lag.

504. Insgesamt ist am Jahresende 2005 für die Gesetzliche Krankenversicherung mit einem Überschuss zu rechnen, der aber letztlich nur auf den von 1 Mrd Euro auf 2,5 Mrd Euro erhöhten Bundeszuschuss zurückzuführen ist. Im Jahr 2004 hatte die Gesetzliche Krankenversicherung einen Überschuss in Höhe von rund 4 Mrd Euro realisiert. Trotzdem kam es im GKV-Durchschnitt zu keinen nennenswerten Beitragssatzreduktionen, da die Krankenkassen die Überschüsse im Wesentlichen zur **Schuldentilgung** verwendeten. Denn die Bruttoverschuldung der gesetzlichen Krankenkassen betrug Ende des Jahres 2003 rund 8 Mrd Euro und der Nettoschuldenstand rund 6 Mrd Euro. Im GKV-Modernisierungsgesetz wurde mit § 222 Absatz 5 SGB V festgelegt, dass die Krankenkassen ihre Verschuldung jeweils jährlich zu mindestens einem Viertel und spätestens bis zum 31. Dezember 2007 vollständig zurückführen sollen. Zugleich war im Finanztableau dieses Gesetzes vorgesehen, dass die Krankenkassen im Jahr 2004 in einem Umfang von 0,3 Beitragssatzpunkten beziehungsweise 3 Mrd Euro Schulden tilgen und Rücklagen auffüllen. In den Jahren 2005 bis 2007 sollten die Schuldentilgung und Rücklagenauffüllung jeweils rund 2 Mrd Euro beziehungsweise 0,2 Beitragssatzpunkte ausmachen (JG 2003 Tabelle 42).

Wenn man berücksichtigt, dass sich der Überschuss im Jahr 2004 auf rund 4 Mrd Euro belief – dies entspricht rund 0,4 Beitragssatzpunkten – und gleichzeitig der allgemeine Beitragssatz um etwa 0,1 Prozentpunkte sank, dann haben die Kassen in einem etwas größeren Ausmaß als im

GKV-Modernisierungsgesetz vorgesehen Schulden zurückgeführt und Rücklagen aufgefüllt. Der Nettoschuldenstand betrug nach Angaben des Bundesministeriums für Gesundheit und Soziale Sicherung Ende des Jahres 2004 noch 1,8 Mrd Euro. Dass es nicht zu der erhofften Beitragssatzsenkung von 14,3 vH auf 13,6 vH im Jahr 2004 kam, ist gleichwohl weniger auf eine zu starke Schuldenreduktion als mehr auf die schwache Einnahmeentwicklung zurückzuführen. Diese Einnahmeschwäche setzte sich auch im Jahr 2005 fort. Trotz Sondereffekten wie der vollen Verbeitragung von betrieblichen Versorgungsleistungen im letzten Jahr sowie der Mehreinnahmen durch Hartz IV in diesem Jahr liegen – bei weitgehender Konstanz des Beitragssatzes – die Zuwachsraten der Beitragseinnahmen in diesen beiden Jahren weit unter dem Durchschnitt der Jahre 1995 bis 2003. Der Überschuss im Jahr 2005 wird kaum den vorgesehenen Betrag für die Schuldentilgung und Rücklagenauffüllung überschreiten, so dass für Beitragssatzsenkungen nur wenig Spielraum besteht, zumal die Ausgabendynamik nach der Atempause im Jahr 2004 wieder über dem Durchschnitt der Jahre 1995 bis 2003 liegt (Schaubild 51). Dies ist ein Indiz dafür, dass die

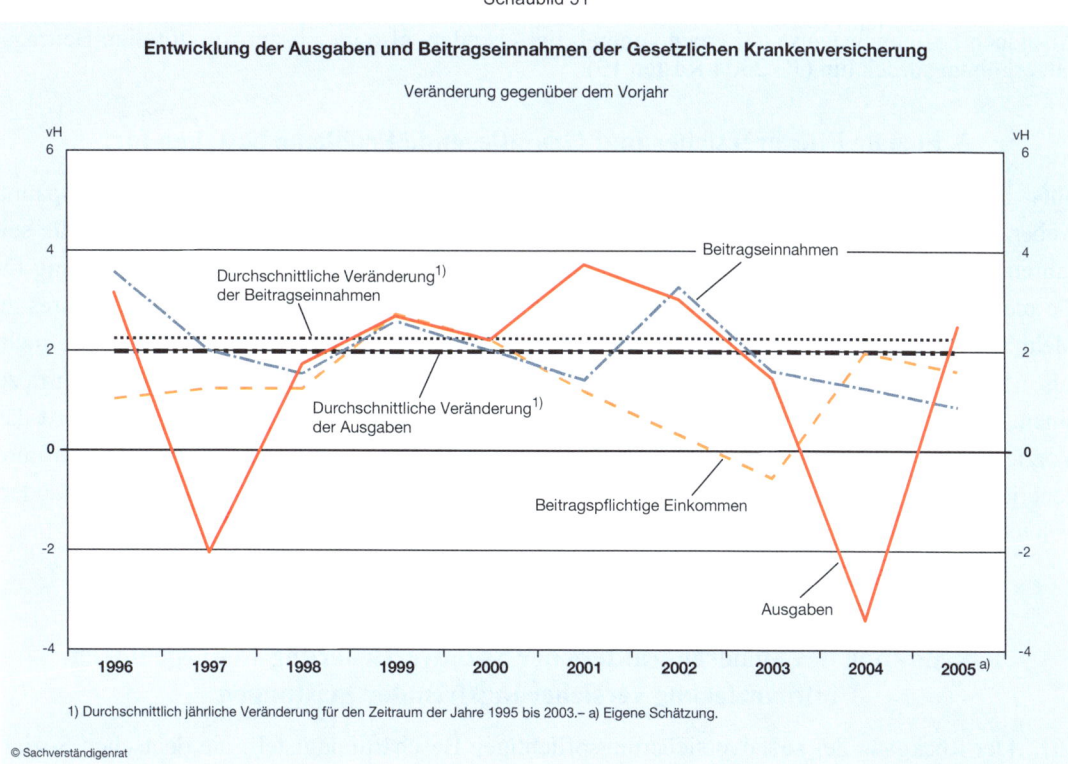

Schaubild 51

Entwicklung der Ausgaben und Beitragseinnahmen der Gesetzlichen Krankenversicherung

Veränderung gegenüber dem Vorjahr

1) Durchschnittlich jährliche Veränderung für den Zeitraum der Jahre 1995 bis 2003.– a) Eigene Schätzung.

© Sachverständigenrat

Ausgabendynamik durch die Gesundheitsreform trotz der strukturellen Reformen und der Ansätze zur Stärkung des Wettbewerbs möglicherweise nicht gebremst werden konnte. Setzt sich die Tendenz eines auch nur durchschnittlichen Ausgabenzuwachses bei einem unterdurchschnittlichen Beitragszuwachs fort, ergibt sich in der Zukunft eine strukturelle Unterdeckung der Ausgaben, deren Konsequenz Beitragssatzerhöhungen sind. Dazu wird es im Jahr 2006 allerdings nicht kommen, da im nächsten Jahr der Bundeszuschuss nochmals deutlich von 2,5 Mrd Euro auf 4,2 Mrd Euro erhöht werden soll. Das Vorziehen des Zahlungstermins für die Sozialabgaben im Jahr 2006 führt in der Gesetzlichen Krankenversicherung buchungstechnisch nicht zu zusätzlichen

Einnahmen, da die Beiträge dort – unabhängig von der tatsächlichen Zahlung – dem Monat zugeordnet werden, für den sie zu erheben waren. Gleichwohl kann die Gesetzliche Krankenversicherung im Jahr 2006 Liquiditätsverbesserungen realisieren.

505. Will man den Beitragssatz konstant halten, müssen – bei einem unveränderten Bundeszuschuss – die beitragspflichtigen Einkommen genauso schnell zunehmen wie die Ausgaben. Ausgehend vom „neutralen" Jahr 2000, in dem die Gesetzliche Krankenversicherung ein ausgeglichenes Budget hatte und in dem kein Beitragssatzerhöhungsdruck bestand, weil die beitragspflichtigen Einkommen mit der gleichen Rate zunahmen wie die Ausgaben, stiegen in den Folgejahren die Ausgaben stärker als die beitragspflichtigen Einkommen. Es kam zu einem Beitragssatzerhöhungsdruck, der sich in steigenden Beitragssätzen, aber auch höheren Defiziten niederschlug. Mit den Ausgabensenkungen nach dem In-Kraft-Treten des GKV-Modernisierungsgesetzes im Jahr 2004 konnte die Lücke zwischen Einkommensentwicklung und Ausgabenentwicklung nahezu geschlossen werden. Im Jahr 2005 vergrößerte sich wegen der Ausgabensteigerungen diese Lücke wieder. Nur aufgrund des erhöhten Bundeszuschusses schlug sich dies nicht in einem Beitragssatzerhöhungsdruck nieder (Schaubild 52). Schließlich ist zu berücksichtigen, dass das Jahr 2000 bezüglich der Entwicklung der Einkommen ein überdurchschnittlich „gutes" Jahr darstellte (Ziffer 137), aber insgesamt nur zu einem neutralen Finanzergebnis für die Gesetzliche Krankenversicherung führte. Dies deutet bei gegebenem Beitragssatz auf eine generelle Unterdeckung der Ausgaben beziehungsweise auf einen generell bestehenden, also gleichsam strukturellen Beitragssatzerhöhungsdruck hin (JG 2004 Kasten 19).

3. Soziale Pflegeversicherung: Grundlegende Probleme bestehen fort

506. Die finanzielle Lage der Sozialen Pflegeversicherung blieb auch im Jahr 2005 angespannt. Neben die in allen Sozialversicherungszweigen vorhandene Einnahmeschwäche tritt hier die seit Jahren bestehende strukturelle Unterfinanzierung hinzu. Zwar führte die Beitragssatzerhöhung für die meisten Versicherten ohne Kinder um 0,25 Prozentpunkte seit dem 1. Januar dieses Jahres zu Mehreinnahmen in Höhe von rund 700 Mio Euro (JG 2004 Ziffer 341), doch reichten diese nicht aus, um für einen Budgetausgleich zu sorgen. Das Defizit betrug rund 200 Mio Euro und führte zu einem weiteren Abschmelzen der Rücklagen auf nur noch 3,2 Mrd Euro. Im Jahr 2006 wird das Vorziehen des Fälligkeitstermins der Beitragszahlungen zusätzliche Einnahmen von 600 Mio Euro generieren und vorübergehend für Entspannung sorgen. Am grundlegenden Reformbedarf ändert sich nichts (Ziffern 549 ff.).

II. Versicherungsfremde Elemente in den Sozialversicherungen

1. Reduktion des Steuercharakters der Sozialversicherungsbeiträge durch Umfinanzierung versicherungsfremder Leistungen

507. Der Rückgang der sozialversicherungspflichtigen Beschäftigung stellt die deutschen Sozialversicherungen vor große Probleme. Die Beitragseinnahmen werden vermindert, und es kommt zu einem einnahmeseitig bedingten Beitragssatzerhöhungsdruck, der zu der ohnehin schon aufgrund der demographischen Entwicklung gegebenen inhärenten Beitragssatzdynamik hinzutritt. Beitragssatzsteigerungen beeinträchtigen die sozialversicherungspflichtige Beschäftigung weiter, da für die Arbeitnehmer andere weniger durch Abgaben belastete Beschäftigungsformen attraktiver werden und weil für die Arbeitgeber wegen des Arbeitgeberanteils die Lohnnebenkosten zunehmen. (Sozialversicherungspflichtige) Arbeit wird dadurch teurer. Es kommt zu einem Teufelskreis, der die Stabilität der Sozialversicherungssysteme zunehmend gefährdet. Aufgabe der Politik ist es, diesem

Versicherungsfremde Elemente in den Sozialversicherungen

Schaubild 52

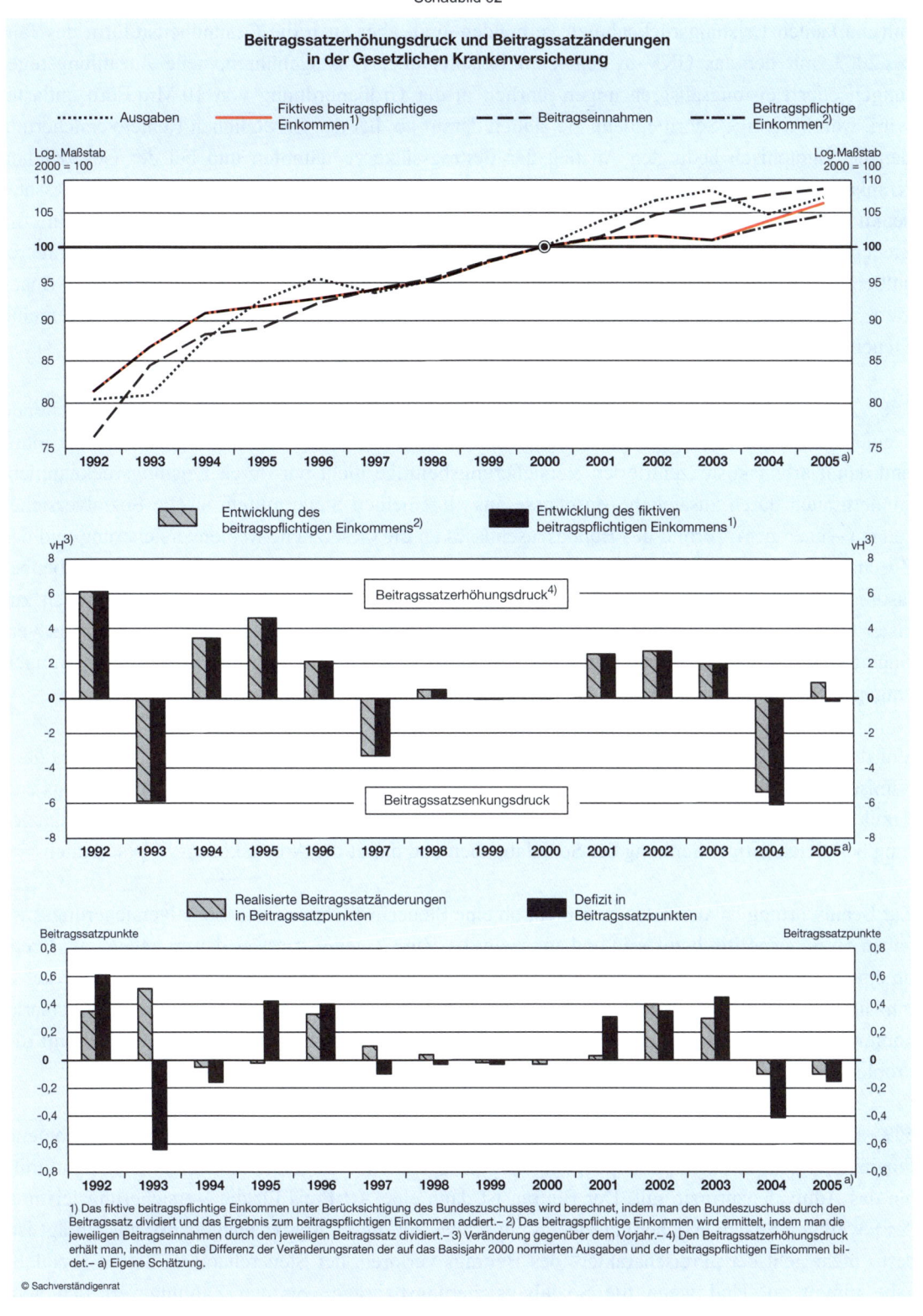

**Beitragssatzerhöhungsdruck und Beitragssatzänderungen
in der Gesetzlichen Krankenversicherung**

·········· Ausgaben   ——— Fiktives beitragspflichtiges Einkommen[1])   – – – Beitragseinnahmen   –·–·– Beitragspflichtige Einkommen[2])

Entwicklung des beitragspflichtigen Einkommens[2)]   Entwicklung des fiktiven beitragspflichtigen Einkommens[1)]

Beitragssatzerhöhungsdruck[4)]

Beitragssatzsenkungsdruck

Realisierte Beitragssatzänderungen in Beitragssatzpunkten   Defizit in Beitragssatzpunkten

1) Das fiktive beitragspflichtige Einkommen unter Berücksichtigung des Bundeszuschusses wird berechnet, indem man den Bundeszuschuss durch den Beitragssatz dividiert und das Ergebnis zum beitragspflichtigen Einkommen addiert.– 2) Das beitragspflichtige Einkommen wird ermittelt, indem man die jeweiligen Beitragseinnahmen durch den jeweiligen Beitragssatz dividiert.– 3) Veränderung gegenüber dem Vorjahr.– 4) Den Beitragssatzerhöhungsdruck erhält man, indem man die Differenz der Veränderungsraten der auf das Basisjahr 2000 normierten Ausgaben und der beitragspflichtigen Einkommen bildet.– a) Eigene Schätzung.

© Sachverständigenrat

Teufelskreis entgegen zu wirken. Sowohl die Rentenreformen der letzten Jahre, die perspektivisch mit markanten Leistungsrücknahmen verbunden sind, aber auch die Gesundheitsreform des Jahres 2003, mit der das GKV-System zum Beispiel über Praxisgebühren, neue Zuzahlungsregelungen oder Leistungsausgrenzungen jährlich in der Größenordnung von 10 Mrd Euro entlastet wird, waren richtige Schritte, denn sie zielten darauf ab, bei der Gesetzlichen Rentenversicherung den demographisch bedingten Anstieg der Beitragssätze zu dämpfen und bei der Gesetzlichen Krankenversicherung die Beitragssätze zu senken. Eine Möglichkeit, den Weg der Beitragssatzsenkungen und Verringerung der Lohnnebenkosten weiter zu beschreiten, besteht darin, die Steuerelemente aus den Sozialversicherungsbeiträgen zu eliminieren. Diese Steuerelemente resultieren unter anderem daraus, dass mit Beiträgen Leistungen und Umverteilungsanliegen finanziert werden, die gesamtgesellschaftliche Aufgaben darstellen. Diese sollten über allgemeine Steuern und nicht über Beiträge finanziert werden.

508. Zunehmend wird daher in Deutschland – auch mit Blick auf die im Ausland festzustellende Tendenz zur stärkeren Steuerfinanzierung der sozialen Sicherungssysteme – gefordert, die lohn- und damit arbeitskostenzentrierten Versicherungsbeiträge nicht nur durch Leistungsrücknahmen, sondern auch durch zusätzliche Zuschüsse aus allgemeinen Steuermitteln an die Sozialversicherungen – nach dem Vorbild des Bundeszuschusses an die Gesetzliche Rentenversicherung und des Zuschusses an die Gesetzliche Krankenversicherung – zu senken. Damit könnten die Abgabenbelastung der sozialversicherungspflichtigen Beschäftigung reduziert und Ausweichreaktionen zulasten der sozialversicherungspflichtigen Beschäftigung aufgrund des hohen Abgabenkeils verringert werden. Dies wiederum hilft, der Erosion der Beitragsbasis in den Sozialversicherungen entgegen zu wirken und eine Stabilisierung der Sozialversicherungssysteme zu unterstützen.

Vor dem Hintergrund dieser Forderung stellt sich die Frage, ob und in welchem Umfang es ökonomisch sinnvoll und gerechtfertigt ist, nach einer kritischen Evaluation des Leistungskatalogs und damit des Ausgabenvolumens der Sozialversicherungen, den Weg einer steuerlichen Kofinanzierung bei gleichzeitiger Senkung der Sozialabgaben und damit der Arbeitskosten zu beschreiten.

Zur Beantwortung ist als Erstes zu prüfen, ob eine Steuerfinanzierung von Sozialversicherungsausgaben ordnungspolitisch zulässig und angezeigt ist. Zum Zweiten muss es darum gehen, zu klären, ob eine stärkere Steuerfinanzierung der derzeitigen Beitragsfinanzierung im Hinblick auf Wachstum und Beschäftigung überlegen ist. Angesichts der Misere auf dem deutschen Arbeitsmarkt kommt es darauf an, die stärkere Steuerfinanzierung so zu gestalten, dass sie im Hinblick auf die Probleme am Arbeitsmarkt zu einer Verbesserung beiträgt.

509. Eine Finanzierung über Beiträge ist immer dann die adäquate und ökonomisch gebotene Finanzierungsform, wenn diesen Abgaben eine entsprechende Gegenleistung gegenüber steht, mithin das Äquivalenzprinzip gilt. Der Beitrag ist dann eine Art Preis für die Versicherungsleistung des jeweiligen Sozialversicherungszweigs. Je schwächer dieser Äquivalenzgedanke ausgeprägt ist, desto mehr geht der „Preischarakter" des Beitrags verloren, der Steuercharakter dieser Sozialabgabe nimmt zu. Und wenn die Sozialversicherungsbeiträge von den Zahlungsverpflichteten, namentlich den Arbeitnehmern, als Steuer, das heißt als eine Zwangsabgabe ohne Anspruch auf

Gegenleistung aufgefasst werden, ist mit Ausweichreaktionen und damit mit negativen Auswirkungen auch auf die sozialversicherungspflichtige Beschäftigung zu rechnen.

Der Steueranteil in einem Sozialbeitrag wird von dem Umfang der aus dem Beitragsaufkommen finanzierten versicherungsfremden Leistungen einer Sozialversicherung mit bestimmt. Als versicherungsfremd ist eine Leistung oder eine Abgabe dann zu qualifizieren, wenn dahinter ein gesamtgesellschaftliches Anliegen steht, welches über Steuern und damit von allen Steuerzahlern statt über lohnbezogene Beiträge eines abgegrenzten Versichertenkreises zu finanzieren ist. Daher muss es zunächst darum gehen, diejenigen Ausgaben in den verschiedenen Sozialversicherungszweigen zu identifizieren, die versicherungsfremd sind und eben nicht über Beiträge, sondern sachgerecht und damit ordnungspolitisch korrekt über Steuern finanziert werden sollten.

510. Um es zu betonen: Die Beitragsanteile, die zur Finanzierung der versicherungsfremden Elemente dienen, stellen eine Steuer dar, die vornehmlich auf Bruttolohneinkommen bis zu einer Beitragsbemessungsgrenze lastet und die nur vom Kreis der Beitragszahler, nicht aber vom größeren Kreis der Steuerzahler zu entrichten ist. Eine Umfinanzierung von versicherungsfremden Leistungen mit Steuermitteln bedeutet damit keine Erhöhung der Steuerbelastung insgesamt, auch wenn dazu eine Steuer erhöht werden muss. Der Steuererhöhung stünde eine Beitragssenkung in genau gleichem Ausmaß gegenüber. Die gesamtwirtschaftliche Abgabenbelastung bliebe unverändert, sie würde nur anders verteilt. Aus Beschäftigungs- und Wachstumsaspekten ist von besonderer Bedeutung, welche Steuer zur Finanzierung der Beitragssenkung erhöht werden sollte und damit, wie diese andere Verteilung der schon heute gegebenen Steuerbelastung in allokativer und distributiver Hinsicht günstiger bewerkstelligt werden kann.

Gerade weil aber die Gesamtabgabenbelastung nicht sinkt, wenn die das Arbeitsangebot und die Arbeitsnachfrage verzerrenden steuerähnlichen Beiträge reduziert werden, dafür aber ebenfalls verzerrende Steuern erhöht werden, liegt es in der Natur der Sache, dass die zu erwartenden Nettoeffekte, auch hinsichtlich der Beschäftigungswirkungen, gegebenenfalls gering ausfallen. Große Beschäftigungseffekte dürfen von der bloßen Umfinanzierung von versicherungsfremden Leistungen beziehungsweise von einer stärkeren Steuerfinanzierung der Sozialversicherungen – wie sie zum Beispiel in der jüngsten Vergangenheit von CDU/CSU in Form einer Beitragssatzsenkung in der Arbeitslosenversicherung um zwei Prozentpunkte, gegenfinanziert durch eine Mehrwertsteuererhöhung um zwei Prozentpunkte, vorgeschlagen wurde – mithin nicht erwartet werden. Da die Bemessungsgrundlage der Mehrwertsteuer aber umfassender ist als die der Beitragsfinanzierung, mit einer Mehrwertsteuererhöhung also nicht nur die Arbeitseinkommen aus sozialversicherungspflichtiger Beschäftigung belastet werden, sondern sämtliche Arbeitseinkommen sowie Transfer- und Gewinneinkommen, aus denen der Konsum finanziert wird, wird die Steuerbelastung breiter verteilt und damit insgesamt eine leichte Entlastung der sozialversicherungspflichtigen Arbeitseinkommen erreicht. Die sozialversicherungspflichtige Beschäftigung wird attraktiver und die Systeme insgesamt tendenziell stabiler. Insofern kann sich eine Umfinanzierung von versicherungsfremden Leistungen nicht nur aus ordnungspolitischer Sicht als eine sinnvolle Maßnahme erweisen.

511. Eine Reduktion der versicherungsfremden Umverteilungsströme innerhalb der Sozialversicherung und damit ein geringerer Steueranteil in den Beiträgen kann im Falle der Krankenversicherung und der Pflegeversicherung auch durch einen Systemwechsel zu einem Pauschalbeitragssystem, wie es vom Sachverständigenrat mit der Bürgerpauschale vorgeschlagen wurde, erreicht werden. Auf diese Weise werden das Äquivalenzprinzip in diesen Sozialversicherungen gestärkt und die Attraktivität der sozialversicherungspflichtigen Beschäftigung erhöht. Da die Lohnabhängigkeit der Beitragseinnahmen beseitigt wird, kann zudem eine Einnahmeschwäche, wie sie derzeit in allen Sozialversicherungszweigen zu beobachten ist, in solchen Pauschalbeitragssystemen nicht mehr auftreten. Die Systeme werden auch in diesem Fall stabilisiert.

512. In der folgenden Analyse wird zunächst der Umfang der derzeitigen versicherungsfremden Elemente in den verschiedenen Zweigen der Sozialversicherung identifiziert. In einem zweiten Schritt wird dann gezeigt, wie in der Krankenversicherung und in der Pflegeversicherung durch einen Systemwechsel zu einem Pauschalbeitragssystem die versicherungsfremden Elemente im Wesentlichen beseitigt und der Steuercharakter der Beiträge reduziert werden können. In der Arbeitslosenversicherung und der Rentenversicherung ist die lohnorientierte Beitragsbemessung beizubehalten. Hier können durch eine Erhöhung des Bundeszuschusses die versicherungsfremden Elemente umfinanziert und dadurch geringere Beitragssätze sowie eine Stärkung des Äquivalenzprinzips erreicht werden. In einem dritten Schritt werden die verschiedenen Möglichkeiten zur Finanzierung eines höheren Bundeszuschusses im Hinblick auf ihre Beschäftigungs- und Verteilungswirkungen untersucht und den Beschäftigungs- und Verteilungswirkungen einer Beitragssatzsenkung gegenübergestellt.

2. Identifizierung und Quantifizierung von versicherungsfremden Elementen in den Sozialversicherungen

513. Die Identifizierung von versicherungsfremden Elementen wird nach folgender **Grundidee** vorgenommen: Alle Maßnahmen der Sozialversicherung, die dem Versicherungszweck dienen und unter Wegtypisierung individueller Risikomerkmale zu einem Ex-ante-Ausgleich zwischen hohen und niedrigen Risiken führen, sind konstitutiv für eine Sozialversicherung. Eine Sozialversicherung ist dadurch charakterisiert, dass durch risikounabhängige Beiträge – als Ausdruck des Solidarprinzips – ein Ausgleich zwischen guten und schlechten Risiken geschaffen wird. In der Krankenversicherung findet daher ein Ausgleich zwischen niedrigen und hohen Gesundheitsrisiken statt, in der Pflegeversicherung zwischen niedrigen und hohen Pflegerisiken, in der Arbeitslosenversicherung zwischen Personen mit niedrigem und Personen mit hohem Arbeitslosigkeitsrisiko und in der Rentenversicherung ein Ausgleich zwischen Personen mit niedriger und hoher Lebenserwartung. Alle Leistungen und Umverteilungsströme, die nicht dem Ausgleich zwischen niedrigen und hohen Risiken dienen oder nicht dem Versicherungszweck entsprechen, sind demnach versicherungsfremd. Insbesondere ist die interpersonelle Einkommensumverteilung kein genuiner Bestandteil des sozialversicherungstypischen Solidarprinzips, sondern – genauso wie die Kinder- und Familienförderung – eine gesamtgesellschaftliche Aufgabe.

Versicherungsfremde Elemente in der Gesetzlichen Krankenversicherung

514. Im Bereich der Gesetzlichen Krankenversicherung ist es zudem zweckmäßig, zwischen versicherungsfremden Leistungen einerseits und versicherungsfremden Umverteilungselementen andererseits zu differenzieren. Versicherungsfremde Leistungen sind diejenigen (ausgabenseitigen) Leistungen der Gesetzlichen Krankenversicherung, die im Leistungskatalog enthalten sind, aber nicht dem eigentlichen Versicherungszweck dienen. Davon zu unterscheiden sind die versicherungsfremden Umverteilungsströme, die sich bei gegebenem Leistungskatalog aufgrund der von den verursachten Ausgaben unabhängigen Beitragsbemessung ergeben. Allerdings ist nicht jegliche Umverteilung versicherungsfremd. Aus diesem Grund gilt es zudem, zwischen einer sozialversicherungstypischen und einer sozialversicherungsfremden Umverteilung in der Gesetzlichen Krankenversicherung zu unterscheiden. Die Umverteilung zwischen „guten" und „schlechten" Gesundheitsrisiken ist sozialversicherungstypisch, während eine reine Einkommensumverteilung dagegen eine versicherungsfremde Umverteilung darstellt. Wird ein Teil der individuellen Beitragszahlung für Umverteilungszwecke verwendet, hat dieser Beitragsteil Steuercharakter. Entsprechend muss auch eine Unterteilung in einen sozialversicherungstypischen und einen sozialversicherungsfremden Steueranteil vorgenommen werden. Um eine solche Trennung durchführen zu können, ist es zweckmäßig, zunächst die Umverteilungsströme insgesamt zu betrachten, um damit den gesamten Steueranteil am Krankenversicherungsbeitrag zu spezifizieren.

Umverteilungsströme in der Gesetzlichen Krankenversicherung

Kategorisierung der Umverteilungsströme

515. Die Umverteilungsströme in der Gesetzlichen Krankenversicherung sind vielfältig, teilweise gegenläufig und äußerst intransparent. Grundsätzlich kann man zwischen intraperiodischen und intertemporalen Umverteilungsströmen unterscheiden. Abgesehen von der versicherungsimmanenten (Ex-post-)Umverteilung von den Gesunden zu den Kranken (Ausgleich zwischen den Gefährdeten und den bereits Geschädigten) gibt es in der derzeitigen Gesetzlichen Krankenversicherung zwei Arten von (ex-ante) **intraperiodischen Umverteilungsströmen**:

– **Umverteilung von Beziehern hoher Einkommen zu Beziehern niedriger Einkommen**: Die Beiträge werden bis zur Beitragsbemessungsgrenze als Prozentsatz der beitragspflichtigen Lohn- und Renteneinkommen erhoben, weshalb die Beitragssumme – dem Leistungsfähigkeitsprinzip entsprechend – mit dem Einkommen steigt. Die Versicherungsleistungen dagegen werden – mit Ausnahme des Krankengelds – unabhängig vom gezahlten Beitrag an alle Versicherten nach dem Bedarfsprinzip gewährt. Somit findet innerhalb des GKV-Systems eine Einkommensumverteilung von den Beziehern hoher (beitragspflichtiger) Einkommen zu Beziehern geringer (beitragspflichtiger) Einkommen statt.

– **Umverteilung von Personen mit niedrigen Gesundheitsrisiken zu Personen mit hohen Gesundheitsrisiken**: Das (Ex-ante-)Krankheitsrisiko und damit das (potentielle) Ausgabenrisiko für einen Versicherten hängt insbesondere ab vom Alter, Geschlecht oder der genetischen Disposition (Erbkrankheiten) und in Grenzen auch vom eigenen Verhalten. Da in der Gesetzlichen Krankenversicherung die Beiträge unabhängig von derartigen Risikofaktoren sind, also nicht nach den individuellen Risiken bemessen werden, kommt es immer zu einer Umverteilung von Personen mit geringen Gesundheitsrisiken zu Personen mit höheren Gesundheitsrisiken.

516. Von den intratemporalen Umverteilungsströmen zu unterscheiden sind die **intertemporalen Umverteilungsströme** wie die Umverteilung von den jungen Alterskohorten zu den älteren Kohorten **(intergenerative Umverteilung)**. Da die Gesundheitsausgaben ab einem bestimmten Alter

typischerweise positiv und die Beitragseinnahmen negativ vom Alter der Versicherten abhängen (Ausgabeneffekt und Einnahmeeffekt der Alterung), kommt es in jeder Periode zu einer Umverteilung von Jung zu Alt. Mit einem zunehmenden Anteil der Alten an der Gesamtzahl der Versicherten nimmt diese Umverteilung zu den Alten im Zeitverlauf zu. Es kommt dann zu einer Ungleichbehandlung der Generationen und zunehmenden intergenerativen Verteilungsströmen. Von den Beiträgen der jeweils jüngeren Jahrgänge wird im Zeitverlauf ein immer größer werdender Anteil für die Umverteilung an die Älteren benötigt. Wenn diese Jahrgänge selbst alt geworden sind und verstärkt Leistungen in Anspruch nehmen, erhalten sie aber nicht mehr Leistungen als die Vorgängergenerationen. Die Nettoleistung, definiert als Differenz der Barwerte der erhaltenen Leistungen und der gezahlten Lebensbeiträge, wird für jede Generation im Zeitablauf kleiner.

Messung der Umverteilungsströme

517. Das Umverteilungsvolumen zwischen den verschiedenen Versicherten- und Altersgruppen lässt sich mit Hilfe von Deckungsbeiträgen messen. Der **Deckungsbeitrag** einer Gruppe ist dabei die Differenz zwischen den geleisteten Beiträgen und den verursachten Kosten. Ein positiver Deckungsbeitrag bedeutet somit, dass die Gruppe in der betrachteten Periode mehr Beiträge zahlt als sie an Leistungen in Anspruch nimmt. Entsprechend wird der Deckungsbeitrag an andere Versicherte oder Versichertengruppen umverteilt. Ein anderes, aber äquivalentes Maß für den Umverteilungsumfang stellt die **Selbstfinanzierungsquote** dar. Diese gibt an, welcher Anteil an den von einer Versichertengruppe verursachten Leistungsausgaben durch eigene Beiträge dieser Gruppe aufgebracht wird. Ein verwandtes Maß ist der **implizite Steuersatz**. Mit ihm wird der Teil des Beitrags (beziehungsweise des beitragspflichtigen Einkommens) quantifiziert, der für Umverteilungsanliegen verwendet wird, mit anderen Worten der Teil des Beitrags (beziehungsweise des Einkommens), dem keine direkte Gegenleistung gegenübersteht (Kasten 13, Seite 354).

Mit dem impliziten Steuersatz wird der durchschnittliche Steuersatz in den Krankenversicherungsbeiträgen ermittelt. Davon zu unterscheiden ist die **marginale Steuerbelastung**, die bei einer Beitragssatzerhöhung oder einer Erhöhung des beitragspflichtigen Einkommens auftritt. Steigt der Beitrag in diesen Fällen, ohne dass damit höhere Leistungen verbunden sind, stellt der zusätzlich Beitrag vollständig eine Steuer dar.

518. Durch die Einteilung der gesamten Versichertengemeinschaft in Untergruppen ist es möglich, die verschiedenen Umverteilungsströme zwischen den Gruppen zu messen. Die Versichertengemeinschaft kann zum Beispiel unterteilt werden:
- in Mitglieder und mitversicherte Familienangehörige,
- nach Altersklassen,
- nach Geschlecht,
- in Pflichtversicherte, freiwillig Versicherte und Rentner.

Je nach Gruppeneinteilung fällt das Umverteilungsvolumen anders aus. Da eine Person durchaus mehreren Gruppen angehören kann – die mitversicherte Ehefrau eines Rentners –, gehört zum Beispiel zu den Gruppen der Frauen, der Pflichtversicherten und der beitragsfrei Mitversicherten – können die quantifizierten Umverteilungsströme bei verschiedenen Gruppeneinteilungen nicht addiert werden.

Umverteilungsströme bei Gruppeneinteilung in Mitglieder und Mitversicherte

519. Die wichtigste Unterkategorie der Umverteilung von höheren zu niedrigeren Einkommen erhält man, wenn man die Versicherten in Mitglieder, also diejenigen Versicherten, die Beiträge zahlen, und mitversicherte Familienangehörige unterteilt. Letztere haben kein eigenes beitragspflichtiges Einkommen und sind deshalb beitragsfrei. Da die Mitglieder die Ausgaben für die Mitversicherten durch ihre Beiträge finanzieren, kommt es zu einer **Umverteilung von den Mitgliedern zu den mitversicherten Familienangehörigen**. Dieser Umverteilungsstrom hat ein Volumen von rund 25 Mrd Euro. Differenziert man die Mitglieder in Pflichtmitglieder, freiwillige Mitglieder und Rentner, zeigt sich, dass die Pflichtmitglieder mit 43,2 Mrd Euro und die freiwilligen Mitglieder mit 10,5 Mrd Euro positive Deckungsbeiträge von insgesamt 53,7 Mrd Euro leisten (Tabelle 34, Spalte 3, Seite 353). Dieser Betrag teilt sich in 28,7 Mrd Euro **Umverteilung an die Mitglieds-Rentner** und 25,0 Mrd Euro für die mitversicherten Familienangehörigen auf. Fast die Hälfte des Beitrags eines Pflichtmitglieds dient somit der Umverteilung an die anderen Versichertengruppen. Daher beläuft sich der (beitragsbezogene) implizite Steueranteil bei den Pflichtmitgliedern auf 48 vH. Bei den freiwilligen Mitgliedern ist der implizite Steuersatz bezogen auf den Beitrag mit 51 vH sogar noch höher (Tabelle 34, Spalte 5). Die Mitglieds-Rentner dagegen finanzieren nur 52 vH der von ihnen verursachten Kosten durch eigene Beiträge, 48 vH werden durch Transfers der anderen Versichertengruppen aufgebracht. Der implizite Steuersatz der Gruppe der Mitglieds-Rentner ist mithin negativ (Tabelle 34, Spalten 5 und 6).

Die Einkommensumverteilung zu den Mitversicherten macht den weitaus größten Teil der Einkommensumverteilung aus. Dies verdeutlicht die Tatsache, dass zum Beispiel die Umverteilung innerhalb der Gruppe der Pflichtmitglieder relativ gering ist. Da ein Pflichtmitglied im Durchschnitt Ausgaben von 1 633 Euro verursacht, reicht ein Bruttoeinkommen in Höhe von 11 500 Euro jährlich schon aus, um kostendeckende Beiträge zu leisten. Die gruppeninterne Umverteilung zu den Einkommensklassen, die negative Deckungsbeiträge aufweisen, beträgt deshalb insgesamt weniger als 1 Mrd Euro. Im Vergleich zu dem Umverteilungsbeitrag von rund 43 Mrd Euro, den die gesamte Gruppe leistet, ist dieser Umverteilungsstrom mithin gering.

Umverteilungsströme bei Gruppeneinteilung nach Altersklassen

520. Ältere Versicherte verursachen im Durchschnitt höhere Ausgaben als Jüngere. Gleichzeitig ist im Regelfall das beitragspflichtige Einkommen in der Rentenphase geringer als in der Erwerbsphase, so dass die Älteren im Durchschnitt auch einen geringeren Beitrag leisten als die Jüngeren (Schaubild 53, Seite 350). Daher kommt es in jeder Periode zu einer **Umverteilung von Jung zu Alt**. Teilt man die Versicherten in verschiedene Altersklassen auf, zeigt sich, dass die 20- bis 60-Jährigen rund 12,8 Mrd Euro an die unter 20-Jährigen und 30,5 Mrd Euro an die über 60-Jährigen umverteilen (Tabelle 34, Spalte 3). Diese Umverteilungsströme fließen also von den mittleren Altersklassen zu den ganz Jungen und zu den Alten. Der Deckungsbeitrag der Altersklassen zwischen 20 und 60 Jahren sowie der implizite Steuersatz sind mithin positiv (Schaubild 54, Seite 351 und Schaubild 55, Seite 352), und die Selbstfinanzierungsquote liegt bei über 100 vH. Dabei geben diese mittleren Altersklassen insgesamt über 41 vH ihrer Beiträge als Transfers ab (Tabelle 34, Spalte 5), und die Jungen finanzieren nur 20 vH der verursachten Leistungsausgaben durch eigene Beiträge selbst. Bei den über 60-Jährigen sind dies 55 vH, bei den über 65-Jährigen sogar nur 49 vH.

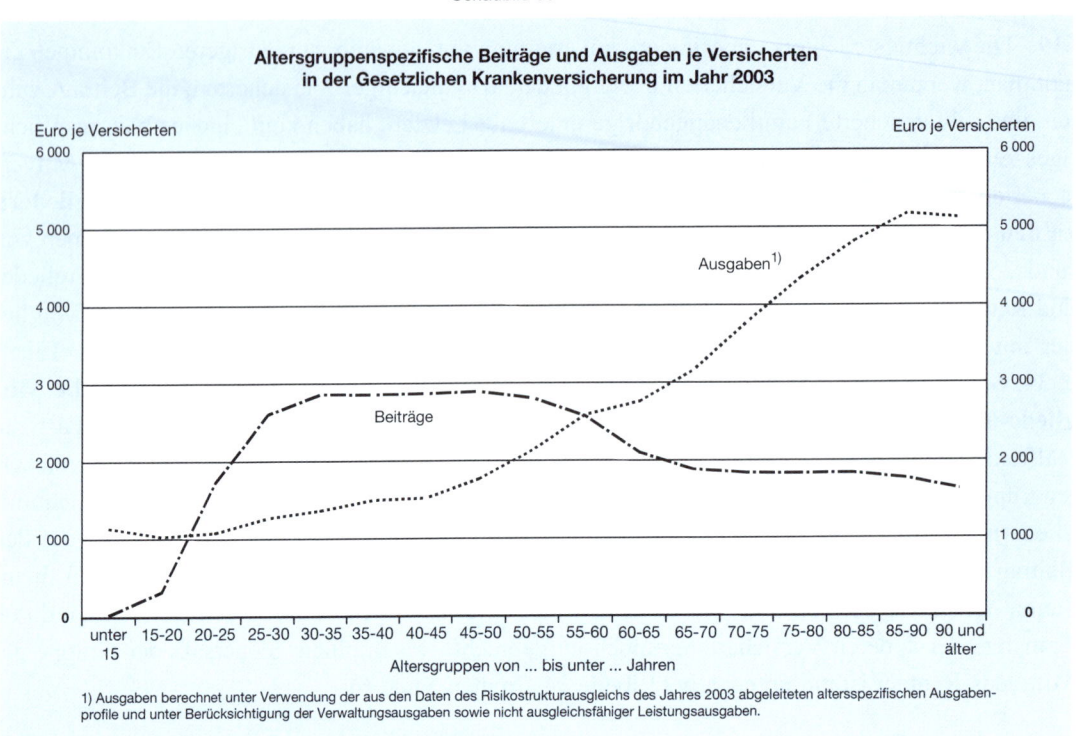

Schaubild 53

Altersgruppenspezifische Beiträge und Ausgaben je Versicherten in der Gesetzlichen Krankenversicherung im Jahr 2003

1) Ausgaben berechnet unter Verwendung der aus den Daten des Risikostrukturausgleichs des Jahres 2003 abgeleiteten altersspezifischen Ausgabenprofile und unter Berücksichtigung der Verwaltungsausgaben sowie nicht ausgleichsfähiger Leistungsausgaben.

© Sachverständigenrat

Umverteilungsströme zu den Kindern

521. Kinder sind in der Gesetzlichen Krankenversicherung, soweit sie kein eigenes beitragspflichtiges Einkommen haben, beitragsfrei mitversichert. Die daraus resultierende **Umverteilung zu den Kindern** kann nur näherungsweise ermittelt werden. In der Gruppe der mitversicherten Familienangehörigen fließen 13,3 Mrd Euro an die unter 20-Jährigen und 14,5 Mrd Euro an die unter 25-Jährigen (Tabelle 34, Spalte 3). Nimmt man diese Versichertengruppen als Näherung für die Gruppe der Kinder, dann kann die Umverteilung zugunsten der Kinder mit etwa 13 Mrd bis 15 Mrd Euro beziffert werden. Da sich das Umverteilungsvolumen an die mitversicherten Familienangehörigen insgesamt auf 25 Mrd Euro beläuft, werden entsprechend mitversicherte Ehegatten mit rund 10 Mrd bis 12 Mrd Euro subventioniert.

Umverteilungsströme bei Gruppeneinteilung nach dem Versichertenstatus

522. Die Gesetzliche Krankenversicherung wird institutionell in die Allgemeine Krankenversicherung (AKV), in der die Pflichtversicherten und freiwillig Versicherten abgesichert sind, und die Krankenversicherung der Rentner (KVdR) aufgeteilt. Rentner sind im Durchschnitt älter als die AKV-Versicherten, verursachen deshalb im Durchschnitt höhere Kosten und beziehen gleichzeitig geringere beitragspflichtige Einkommen. Die Folge ist ein Finanztransfer von der AKV zur KVdR. Unterteilt man folglich die Versichertengemeinschaft in Pflichtversicherte (Pflichtmitglieder einschließlich ihrer mitversicherten Familienangehörigen), freiwillig Versicherte und versicherte Rentner, zeigt sich, dass von den Pflichtversicherten 27,1 Mrd Euro und von den freiwillig Versicherten 5,2 Mrd Euro an die Rentner (einschließlich mitversicherte Familienangehörige) fließen (Tabelle 34, Spalte 3). Die Umverteilung **von der allgemeinen Krankenversicherung zur Krankenversicherung der Rentner** beträgt somit über 32,3 Mrd Euro. Die Pflichtversicherten stellen demnach 29 vH und die freiwillig Versicherten 24 vH ihres Beitrags für Umverteilungszwecke zur Verfügung (Tabelle 34, Spalte 5). Die Ausgaben für die versicherten Rentner werden nur zu rund 50 vH von ihnen zurechenbaren Einnahmen gedeckt. Dies entspricht bezogen auf das beitragspflichtige Einkommen der Rentner einem impliziten Steuersatz von -14 vH. Die Rentner erhalten somit einen impliziten Transfer in Höhe von 14 vH ihres beitragspflichtigen Einkommens. Ein kostendeckender Beitragssatz für die Rentner würde mehr als 28 vH betragen.

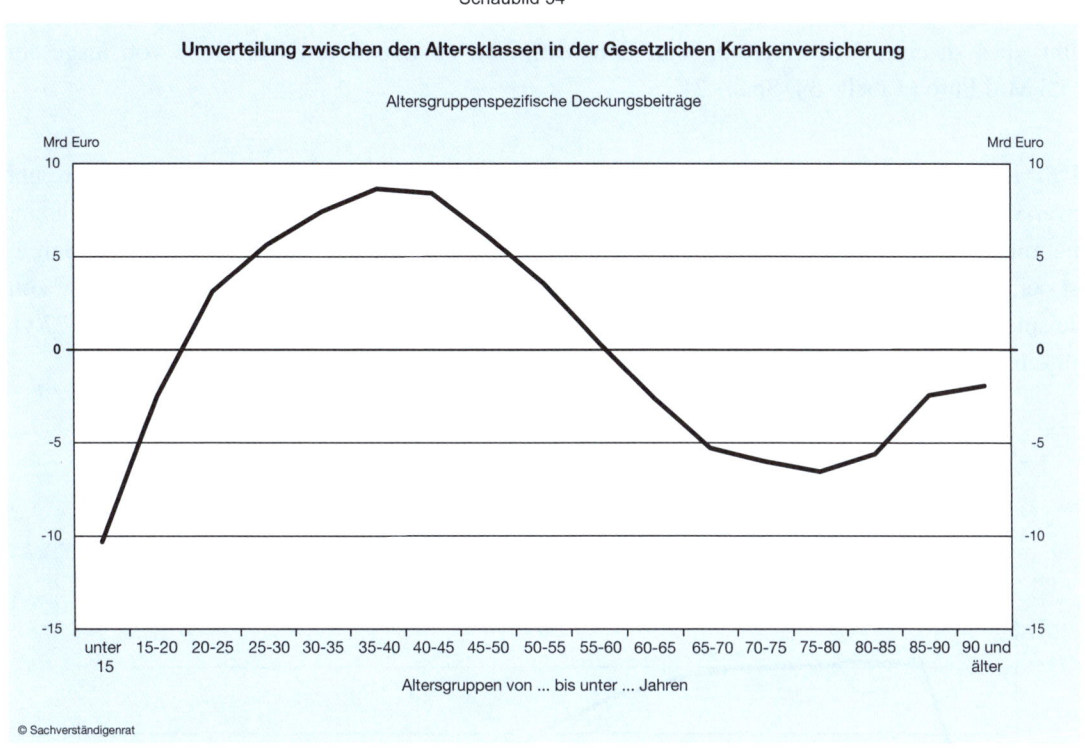

Schaubild 54

Umverteilung zwischen den Altersklassen in der Gesetzlichen Krankenversicherung

Altersgruppenspezifische Deckungsbeiträge

Setzt man nur die von Rentnern gezahlten Beiträge ins Verhältnis zu den von den Rentnern verursachten Ausgaben, ergibt sich im Jahr 2003 eine Selbstfinanzierungsquote von 45 vH. Die Abweichung zu den hier berechneten 50 vH kommt dadurch zustande, dass den Rentnern hier nicht nur die gezahlten Beiträge sondern auch noch die sonstigen Einnahmen der Gesetzlichen Krankenversicherung anteilig zugerechnet wurden, sowie dadurch, dass die Leistungsausgaben für Rentner in den Berechnungen leicht unterschätzt werden. So wurden im hier betrachteten Jahr 2003 tatsächlich 66,12 Mrd Euro für die Rentner ausgegeben. Die durchgeführten Berechnungen ergeben dagegen Ausgaben in Höhe von 64,16 Mrd Euro.

523. Die Pflichtversicherten leisten pro Kopf einen höheren Deckungsbeitrag als die freiwillig Versicherten. Dieser Befund resultiert zum einen daraus, dass die freiwillig Versicherten aufgrund ihrer „ungünstigeren" Altersstruktur mit 1 732 Euro höhere Durchschnittsausgaben je Versicherten als die Pflichtversicherten (1 510 Euro) verursachen. Zum anderen ist die Anzahl mitversicherter Familienangehöriger je freiwillig Versicherten deutlich höher als bei Pflichtversicherten. So beläuft sich die Anzahl der Mitversicherten je Pflichtmitglied auf 0,49 und die Anzahl der Mitversicherten je freiwilliges Mitglied auf 0,85. Zudem verursachen die mitversicherten Familienangehörigen der freiwilligen Mitglieder im Durchschnitt pro Kopf höhere Kosten als die mitversicherten Familienangehörigen der Pflichtmitglieder. Dies sind Indizien für eine **Risikoent-**

mischung zu Lasten der Gesetzlichen Krankenversicherung. Denn freiwillig Versicherten ist es möglich, in die Private Krankenversicherung zu wechseln. Diese Möglichkeit dürfte vor allem von kinderlosen Personen mit niedrigen Gesundheitsrisiken genutzt werden. Entsprechend bleiben die freiwillig Versicherten mit schlechten Gesundheitsrisiken und relativ vielen mitversicherten Familienangehörigen in der Gesetzlichen Krankenversicherung.

Umverteilungsströme bei Gruppeneinteilung nach Geschlecht

524. Da Männer im Durchschnitt über ein höheres Einkommen verfügen, zahlen sie im Mittel höhere Beiträge als Frauen. Zudem sind die in der Gesetzlichen Krankenversicherung versicherten Frauen im Durchschnitt älter als die versicherten Männer, so dass Frauen – weil die Gesundheitsausgaben mit dem Alter steigen – durchschnittlich höhere Ausgaben verursachen. In der Summe führt dies zu einer **Umverteilung von den Männern zu den Frauen** in Höhe von insgesamt 15,5 Mrd Euro (Tabelle 34, Spalte 3).

525. Insgesamt zeigt sich, dass der größte Umverteilungsbeitrag von den Pflichtmitgliedern, und zwar von den 20- bis 60-Jährigen, geleistet wird. Die größten „Gewinner" der Umverteilung sind die mitversicherten Familienangehörigen, die Rentner und die Frauen. Der Steueranteil am Beitrag ist bei relativ jungen, männlichen Mitgliedern mit hohen Einkommen am höchsten; er beträgt zum Beispiel 71 vH für ein männliches Pflichtmitglied im Alter zwischen 30 und 35 Jahren und 77 vH für ein männliches freiwilliges Mitglied im Alter zwischen 25 und 30 Jahren (Schaubild 55).

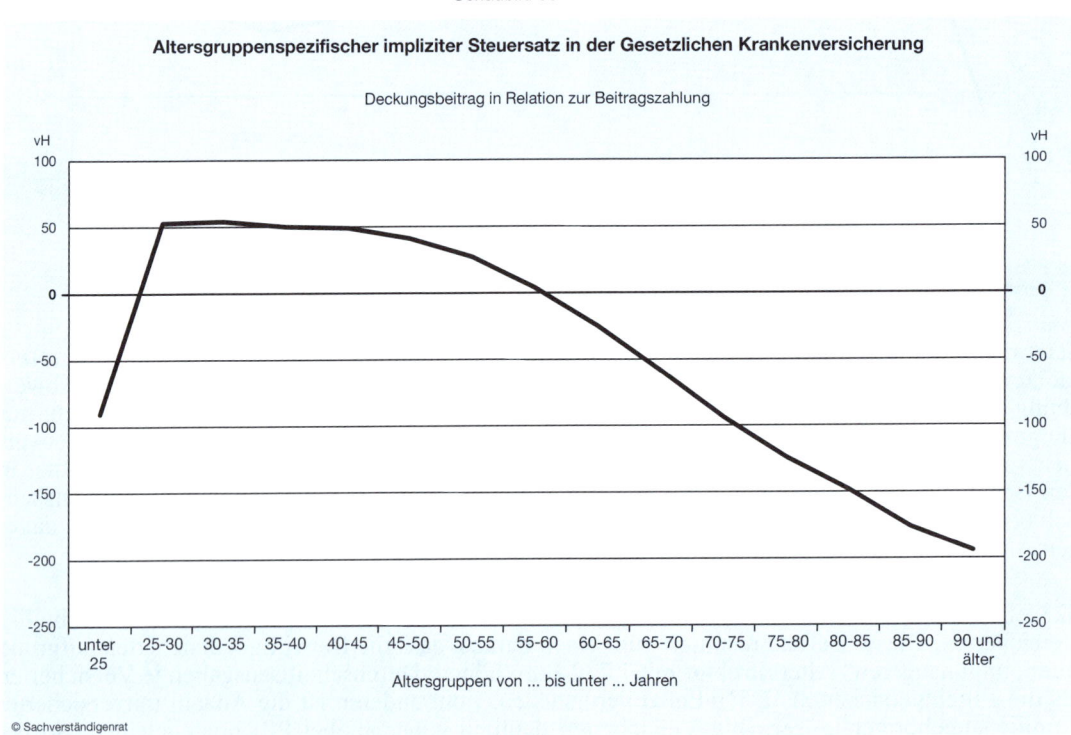

Schaubild 55

Altersgruppenspezifischer impliziter Steuersatz in der Gesetzlichen Krankenversicherung

Deckungsbeitrag in Relation zur Beitragszahlung

Altersgruppen von ... bis unter ... Jahren

© Sachverständigenrat

Tabelle 34

Umverteilungsströme und sozialversicherungsfremde Umverteilung in der Gesetzlichen Krankenversicherung[1]

Gruppe	Anzahl	durchschnittliche Ausgaben je Gruppenmitglied	Einkommensorientiertes GKV-System				Pauschalbeitragssystem (sozialversicherungstypische Umverteilung)			Sozialversicherungsfremde Umverteilung		
			Deckungsbeitrag		impliziter Steuersatz		Deckungsbeitrag		impliziter Steuersatz	versicherungsfremde Umverteilung		versicherungsfremder Steuersatz
			insgesamt	pro Kopf			insgesamt	pro Kopf		insgesamt	pro Kopf	
	V_i	g_i	D_i	d_i	τ_i	t_i	D^p_i	d^p_i	τ^p_i	Vf_i	vf_i	τvf_i
	Personen in Tausend	Euro	Mrd Euro	Euro	vH des Beitrags	vH des Einkommens	Mrd Euro	Euro	vH	Mrd Euro	Euro	vH
	(1)	(2)	(3)	(4)	(5)	(6)	(7)	(8)	(9)	(10)	(11)	(12)
Versicherte, insgesamt	70 422	2 060	0,0	0	0	0	0,0	0	0	0,0	0	0
Mitglieder/Mitversicherte												
Pflichtmitglieder	28 842	1 633	43,2	1 497	48	7	12,3	427	21	30,9	1 070	27
Freiwillige Mitglieder	5 046	2 047	10,5	2 094	51	7	0,1	14	1	10,4	2 080	50
Mitglieds-Rentner	16 696	3 622	-28,7	-1 721	-91	-13	-26,1	-1 562	-76	-2,7	-159	-15
Mitversicherte Familienangehörige[2]	19 839	1 369	-25,0	-1 260	-1 152	-165	13,7	691	34	-38,7	-1 951	-1 185
Versichertenstatus												
In der AKV:												
Pflichtversicherte	42 900	1 510	27,1	630	29	4	23,6	550	27	3,5	80	3
Freiwillig Versicherte	9 323	1 732	5,2	559	24	3	3,1	329	16	2,1	231	8
Rentner in der KVdR	18 199	3 526	-32,3	-1 773	-101	-14	-26,7	-1 465	-71	-5,6	-307	-30
Geschlecht												
Männer	33 009	1 949	15,5	470	19	3	3,7	111	5	11,8	359	14
Frauen	37 413	2 159	-15,5	-415	-24	-3	-3,7	-98	-5	-11,8	-316	-19
Alter												
Unter 20-Jährige	14 357	1 109	-12,8	-891	-409	-59	13,7	952	46	-26,5	-1 843	-456
20 bis 60-Jährige	37 480	1 635	43,3	1 154	41	6	15,9	425	21	27,4	728	21
Über 60-Jährige	18 584	3 654	-30,5	-1 639	-81	-12	-29,6	-1 593	-77	-0,9	-45	-4
Unter 25-Jährige	18 476	1 103	-9,7	-524	-90	-13	17,7	957	46	-27,4	-1 481	-137
25 bis 65-Jährige	38 161	1 836	37,5	982	35	5	8,6	224	11	28,9	758	24
Über 65-Jährige	13 785	3 965	-27,8	-2 017	-104	-15	-26,3	-1 904	-92	-1,5	-113	-11
Kinder												
Mitversicherte unter 20 Jahren	13 284	1 114	-13,3	-1 005	-919	-131	12,6	946	46	-25,9	-1 951	-964
Mitversicherte unter 25 Jahren	14 489	1 113	-14,5	-1 004	-918	-131	13,7	947	46	-28,2	-1 951	-964

1) Bezogen auf das Jahr 2003. – 2) Mitversicherte sind beitragsfrei. In den Berechnungen wurden sonstige Einnahmen und Kredite aber auf alle Versicherten verteilt, so dass auch den Mitversicherten ein geringer „Beitrag" angerechnet wird mit der Folge, dass sich rechnerisch (beitragsmäßig hohe) implizite Steuersätze ergeben.

Versicherungsfremde Umverteilung in der Gesetzlichen Krankenversicherung

526. Die bisher beschriebenen und quantifizierten Umverteilungsströme würden in einer vollständig risikoäquivalenten – und damit notwendigerweise privaten – Versicherung nicht auftreten. In einer solchen Versicherung würde jeder Versicherte nach seinem individuellen Risiko Prämien zahlen, und eine Versichertengruppe (zum Beispiel eine Alterskohorte) würde die von ihr verursachten Leistungsausgaben durch eigene Beiträge selbst tragen. Eine Umverteilung würde nur innerhalb dieser Gruppe ex-post von den Gesunden zu den Kranken stattfinden. Einen (Ex-ante-) Ausgleich zwischen niedrigen und hohen Gesundheitsrisiken würde es aufgrund risikoäquivalenter Beiträge nicht geben. Das Charakteristikum einer Sozialversicherung besteht nun aber gerade darin, dass – als Ausdruck des Solidarprinzips – ein Ausgleich zwischen niedrigen und hohen Risiken stattfinden soll und deshalb keine risikodifferenzierten Beiträge erhoben werden. Ziel der Gesetzlichen Krankenversicherung ist also ein Ausgleich zwischen niedrigen und hohen Gesundheitsrisiken. Als weitere Ausprägung des Solidarprinzips wird oft auch noch die Finanzierung nach der Leistungsfähigkeit und damit letztlich eine reine Einkommensumverteilung von Beziehern hoher Einkommen zu Beziehern geringer Einkommen genannt. Diese Ansicht teilt der Sachverständigenrat nicht. Gleichwohl kann, selbst im Sinne des eng definierten Solidarprinzips, nicht jegliche oben gemessene Umverteilung als versicherungsfremd bezeichnet werden. Es ist vielmehr eine Differenzierung in eine sozialversicherungstypische Umverteilung und eine sozialversicherungsfremde Umverteilung erforderlich. **Sozialversicherungsfremd** ist dabei diejenige Umverteilung, die über eine Umverteilung von den niedrigen zu den hohen Risiken hinausgeht.

Kasten 13

Messung der Umverteilungsströme, versicherungsfremde Umverteilung und Bundeszuschüsse in der Gesetzlichen Krankenversicherung

Messung der Umverteilungsströme

Der **Deckungsbeitrag** D_i, also der Beitrag zur Umverteilung, den eine Versichertengruppe leistet, ergibt sich als Differenz aus der Beitragssumme B_i der Versichertengruppe i und den Leistungsausgaben G_i für diese Gruppe:

$$D_i = B_i - G_i = V_i b y_i - V_i g_i \tag{1}$$

mit

V_i: Anzahl der Versicherten in der Gruppe i. Dabei kann die Gruppe i nur aus einem Versicherten bestehen. Die nachfolgenden Ausführungen gelten also auch auf der individuellen Ebene.
y_i: Durchschnittseinkommen der Versicherten in der Gruppe i,
g_i: durchschnittliche Leistungsausgaben je Versicherten in der Gruppe i,
b: allgemeiner Beitragssatz.

Indem man den Deckungsbeitrag durch die Anzahl der Versicherten in der Gruppe i dividiert, erhält man den Deckungsbeitrag pro Kopf:

$$d_i = \frac{D_i}{V_i} = by_i - g_i. \quad (2)$$

Wenn in jeder Periode die Beitragseinnahmen den Ausgaben entsprechen, ergibt sich der allgemeine Beitragssatz b aus dem Verhältnis der Gesamtausgaben G und dem gesamten beitragspflichtigen Einkommen Y beziehungsweise als Relation der durchschnittlichen Leistungsausgaben je Versicherten g und dem durchschnittlichen beitragspflichtigen Einkommen je Versicherten y:

$$b = \frac{G}{Y} = \frac{gV}{yV} = \frac{g}{y} \text{ mit } g = \sum_i \frac{V_i}{V} g_i, \; y = \sum_i \frac{V_i}{V} y_i \text{ und } V = \sum_i V_i. \quad (3)$$

Daraus folgt für den Deckungsbeitrag pro Kopf:

$$d_i = g \frac{y_i}{y} - g_i. \quad (4)$$

Die **Selbstfinanzierungsquote** SQ_i misst den Anteil der Leistungsausgaben für die Gruppe i, der von der Gruppe i durch eigene Beiträge selbst bezahlt wird:

$$SQ_i = \frac{B_i}{G_i} = b\frac{y_i}{g_i} = \frac{g}{g_i}\frac{y_i}{y} = \frac{b}{b_i} \text{ mit } b_i = \frac{g_i}{y_i}. \quad (5)$$

Das Verhältnis g_i/g beschreibt die ausgabenseitige Risikoposition der Gruppe i im Vergleich zum Durchschnitt aller Versicherten. Ist $g_i<g$, handelt es sich um (ausgabenseitig) „gute" Gesundheitsrisiken. Der Quotient y_i/y gibt die einnahmeseitige „Risikoposition" der Versichertengruppe i an. Wenn $y_i>y$ ist, handelt es sich um einkommensmäßig gute „Risiken". Damit zeigt sich, dass in der auf einkommensabhängigen Beiträgen beruhenden Krankenversicherung für die Risikoklassifizierung eines Versicherten nicht nur die Morbidität, also das Gesundheitsrisiko, sondern auch die Einkommensposition von Bedeutung ist. Die ausgabenseitige und einnahmeseitige „Risikoposition" der Gruppe i kann mit Hilfe des gruppenspezifischen Beitragssatzes b_i beschrieben werden. Dieser fiktive Beitragssatz ergäbe sich, wenn die Versichertengemeinschaft nur aus der Gruppe i bestünde. Ist $b_i<b$, handelt es sich bei der Gruppe i im Vergleich zum Durchschnitt um niedrige Risiken, denn ihre Selbstfinanzierungsquote ist größer als eins beziehungsweise größer als 100 vH.

Ist der Deckungsbeitrag positiv oder die Selbstfinanzierungsquote größer als eins, dann wird ein Teil des geleisteten Beitrags für Umverteilungszwecke benutzt. Diesem Teil des Beitrags steht keine Gegenleistung gegenüber. Der Umverteilungsbetrag kann mithin als eine im Beitrag enthaltene implizite Steuer interpretiert werden. Der Steuerbetrag stimmt mit dem Deckungsbeitrag D_i überein. Der **implizite Steuersatz**, definiert als der Anteil an der Beitragssumme B_i, der zur Umverteilung verwendet wird, ergibt sich dann unter Berücksichtigung von Gleichung (5) als:

$$\tau_i = \frac{D_i}{B_i} = 1 - \frac{g_i}{by_i} = 1 - \frac{g_i}{g}\frac{y}{y_i} = 1 - \frac{1}{SQ_i} = 1 - \frac{b_i}{b}. \quad (6)$$

Bezieht man den Deckungsbeitrag auf das beitragspflichtige Einkommen, dann entspricht der so definierte (einkommensbezogene) implizite Steuersatz t_i gerade der Differenz zwischen dem allgemeinen Beitragssatz und dem gruppenspezifischen Beitragssatz

$$t_i = \frac{D_i}{Y_i} = \frac{g}{y} - \frac{g_i}{y_i} = b - b_i = \tau_i b. \qquad (7)$$

Sozialversicherungstypische Umverteilung: Pauschalbeitragssystem als Maßstab

In einer Krankenversicherung ist ein Ex-ante-Ausgleich zwischen den (ausgabenseitig) guten Gesundheitsrisiken und den gesundheitlich schlechten Risiken Ausdruck des Solidarprinzips und damit konstitutiv für eine Sozialversicherung. Eine Umverteilung, die über diese Umverteilung zu den ausgabenseitig schlechten Risiken hinausgeht, ist dagegen versicherungsfremd. Dies trifft vor allem auf die Umverteilung von den hohen zu den niedrigeren Einkommen und – als Unterfall davon – auf die Umverteilung zu den beitragsfrei mitversicherten Kindern und Ehegatten zu, die kein beitragspflichtiges Einkommen haben.

In einem idealtypischen Pauschalbeitragssystem ist der Beitrag vom Einkommen unabhängig und bemisst sich aus den Durchschnittsausgaben je Versicherten, also dem periodenbezogenen durchschnittlichen Ausgabenrisiko. In einem durch Pauschalbeiträge finanzierten System findet keine Einkommensumverteilung statt, wohl aber eine Umverteilung von den guten zu den schlechten Gesundheitsrisiken. Denn alle zahlen einen Beitrag, der den Durchschnittsausgaben je Versicherten entspricht. Daraus resultiert zum Beispiel eine Umverteilung von Jung zu Alt und von Männern zu Frauen. Ein Pauschalbeitragssystem ist damit ein System, das sowohl die Anforderungen an eine Sozialversicherung erfüllt als auch ein hohes Maß an Äquivalenz gewährleistet, weil der Beitrag gerade dem durchschnittlichen Ausgabenrisiko eines Versicherten entspricht. Im Vergleich zu einer gruppenspezifisch risikoäquivalenten Beitragsbemessung sind aber auch in diesem Beitrag noch Steuerelemente enthalten. Diese sind aber sozialversicherungstypisch und damit auch gewollt.

Als versicherungsfremd im derzeitigen, durch einkommensabhängige Beiträge finanzierten System kann somit derjenige Teil des Deckungsbeitrags interpretiert werden, der vom Deckungsbeitrag in einem Pauschalbeitragssystem abweicht.

In einem umlagefinanzierten idealtypischen Pauschalbeitragssystem entspricht der Beitrag p gerade den Durchschnittsausgaben je Versicherten der gesamten Versichertengemeinschaft:

$$p = g. \qquad (8)$$

Der Deckungsbeitrag einer Versichertengruppe i ergibt sich als:

$$D^p{}_i = B^p{}_i - G_i = V_i(g - g_i) = V_i(p - p_i), \qquad (9)$$

wobei ein hochgestelltes p die jeweilige Größe im Pauschalbeitragssystem bezeichnet.

Der Deckungsbeitrag je Versicherten in der Gruppe i ist:

$$d^p{}_i = g - g_i = p - p_i. \tag{10}$$

Der sozialversicherungstypische Umverteilungsbeitrag entspricht damit der Differenz zwischen den durchschnittlichen Ausgaben für alle Versicherten und den gruppenspezifischen Leistungsausgaben beziehungsweise der Differenz zwischen dem allgemeinen Pauschalbeitrag p und dem gruppenspezifischen (risikoäquivalenten) Pauschalbeitrag p_i.

Für die Selbstfinanzierungsquote kann man analog zu Gleichung (5) ableiten:

$$SQ^p{}_i = \frac{B^p{}_i}{G_i} = \frac{g}{g_i} = \frac{p}{p_i}. \tag{11}$$

Für die beiden impliziten Steuersätze erhält man analog zu den Gleichungen (6) und (7):

$$\tau^p{}_i = \frac{D^p{}_i}{B^p{}_i} = 1 - \frac{g_i}{g} = 1 - \frac{1}{SQ^p{}_i} = 1 - \frac{p_i}{p} \tag{12}$$

und

$$t^p{}_i = \frac{D^p{}_i}{Y_i} = \frac{g - g_i}{y_i} = \frac{p - p_i}{y_i}. \tag{13}$$

Die Gleichungen (9) bis (13) zeigen, dass nur dann Umverteilung stattfindet, wenn die risikoäquivalente Prämie p_i einer Gruppe i von der Durchschnittsprämie p abweicht. In diesem Fall kommt es zum sozialversicherungstypischen Ausgleich zwischen unterdurchschnittlichen und überdurchschnittlichen Ausgabenrisiken.

Versicherungsfremde Umverteilung

Als sozialversicherungsfremd ist diejenige Umverteilung anzusehen, die über die Umverteilung zwischen guten und schlechten Gesundheitsrisiken hinausgeht, also derjenige Teil der tatsächlichen Beitragszahlung, der vom Pauschalbeitrag abweicht. Die versicherungsfremde Leistung Vf_i einer Gruppe i beziehungsweise der versicherungsfremde Transfer an die Gruppe i kann dadurch gemessen werden, dass man den Deckungsbeitrag $D^p{}_i$ der Gruppe i in einem idealtypischen Pauschalbeitragssystem vom Deckungsbeitrag D_i dieser Gruppe im derzeitigen System abzieht:

$$Vf_i = D_i - D_i^p = V_i b y_i - V_i g. \tag{14}$$

Versicherungsfremd ist derjenige Teil der Beitragssumme der Versichertengruppe i, der über die durchschnittlichen Leistungsausgaben hinausgeht. In Pro-Kopf-Größen ausgedrückt ergeben sich als versicherungsfremde Umverteilung beziehungsweise versicherungsfremde Transfers je Versicherten der Gruppe i:

$$vf_i = d_i - d_i^p = by_i - g = g(\frac{y_i}{y} - 1). \tag{15}$$

Versicherungsfremde Umverteilung beziehungsweise versicherungsfremde Transfers im derzeitigen einkommensabhängigen GKV-System liegen also immer dann vor, wenn das Durchschnittseinkommen der Gruppe i vom allgemeinen Durchschnittseinkommen abweicht, wenn also eine Einkommensumverteilung stattfindet. Für die Gruppe der mitversicherten Familienangehörigen zum Beispiel ist $y_i=0$, weshalb die versicherungsfremden Leistungen für diese Gruppe gerade den durchschnittlichen Ausgaben entsprechen beziehungsweise je Versicherten gerade so hoch sind wie der Pauschalbeitrag. Entspricht das Durchschnittseinkommen der Gruppe i gerade dem allgemeinen Durchschnittseinkommen ($y_i=y$), findet nur die sozialversicherungstypische Umverteilung von guten zu schlechten Gesundheitsrisiken statt, die versicherungsfremde Umverteilung ist null. Der implizite versicherungsfremde Steuersatz ergibt sich bezogen auf den Beitrag der Gruppe i als:

$$\tau v f_i = \frac{Vf_i}{B_i} = 1 - \frac{y}{y_i} \qquad (16)$$

und bezogen auf das beitragspflichtige Einkommen der Gruppe i als:

$$tvf_i = \frac{Vf_i}{Y_i} = b - \frac{g}{y_i}. \qquad (17)$$

Der versicherungsfremde Steuersatz $\tau v f_i$ im derzeitigen GKV-System hängt damit nur von der Einkommensposition der Versichertengruppe i im Vergleich zum Durchschnittseinkommen ab.

Bundeszuschuss zur Beseitigung der versicherungsfremden Umverteilung?

Da die versicherungsfremden Leistungen beziehungsweise die versicherungsfremde Umverteilung, namentlich die reine Einkommensumverteilung, als allgemeine Staatsaufgaben anzusehen sind, wird argumentiert, dass ein aus Steuern finanzierter Bundeszuschuss an die Gesetzliche Krankenversicherung gezahlt werden soll, der den versicherungsfremden Steueranteil am GKV-Beitrag beseitigt und auf diese Weise die Beitragsäquivalenz stärkt. Ein an die Gesetzliche Krankenversicherung gezahlter allgemeiner Bundeszuschuss Z erhöht die Einnahmen der Gesetzlichen Krankenversicherung und führt bei gegebenen Ausgaben zu einer Beitragssatzsenkung $-\Delta b=Z/Y$. Damit stellt sich auch die Frage, wie hoch der Bundeszuschuss sein müsste, damit die versicherungsfremde Umverteilung einer Versichertengruppe i beseitigt wird, also $Vf_i^{neu} = 0$ gilt.

Vf_i^{neu} ergibt sich unter Berücksichtigung von Gleichung (14) als:

$$Vf_i^{neu} = V_i((b - \frac{Z}{Y})y_i - g). \qquad (18)$$

Da die versicherungsfremde Umverteilung vor Zahlung des Bundeszuschusses $Vf_i = V_i(by_i - g)$ beträgt, folgt:

$$Vf_i^{neu} = Vf_i + V_i \Delta b y_i = Vf_i - Z\frac{Y_i}{Y}. \qquad (19)$$

Für $Vf_i^{neu} = 0$ und nach Z aufgelöst ergibt sich:

$$Z = Vf_i \frac{Y}{Y_i}. \tag{20}$$

Da für $V_i<V$ immer $Y_i<Y$ gilt, muss auch $Z>Vf_i$ gelten. Um die versicherungsfremde Umverteilung der Gruppe i zu beseitigen, muss demnach der Bundeszuschuss größer sein als der von der Versichertengruppe ursprünglich geleistete versicherungsfremde Umverteilungsbeitrag. Denn durch die infolge des Bundeszuschusses bewirkte Beitragssatzsenkung wird nicht nur der versicherungsfremde Deckungsbeitrag der Gruppe i vermindert, sondern es werden die Deckungsbeiträge aller Versicherten einschließlich der sozialversicherungstypischen Deckungsbeiträge reduziert.

Beispiel: Die Gesamtzahl der Versicherten wird in drei Versichertengruppen k, m und n aufgeteilt: $V=V_m+V_k+V_n$. Die Versichertengruppe m hat ein überdurchschnittliches Einkommen, die Versichertengruppe k ein unterdurchschnittliches und die Gruppe n genau das Durchschnittseinkommen: $y_k<y=y_n<y_m$. Somit leistet die Gruppe m einen versicherungsfremden Transfer an die Gruppe k in Höhe von $Vf_m=V_m(by_m-g)$. Da wegen $y=y_n$ und Gleichung (14) $Vf_n=0$ gilt, entspricht der versicherungsfremde Transfer, den die Gruppe k erhält, gerade der versicherungsfremden Umverteilung, die von den Mitgliedern der Gruppe m geleistet wird: $Vf_m=-Vf_k$. Wird jetzt ein Bundeszuschuss Z in Höhe von Vf_m gezahlt, führt dies zur Beitragssatzsenkung $-\Delta b=Z/Y=Vf_m/Y$. Für die versicherungsfremde Umverteilung der einzelnen Gruppen nach Zahlung des Bundeszuschusses gilt:

für die Gruppe m

$$Vf_m^{neu} = Vf_m - V_m \frac{Z}{Y} y_m = Vf_m - \frac{Y_m}{Y} Vf_m = Vf_m (1 - \frac{Y_m}{Y}) > 0, \tag{21}$$

wegen $Vf_m=-Vf_k$ für die Gruppe k

$$Vf_k^{neu} = Vf_k(1+\frac{Y_k}{Y}) = -Vf_m(1+\frac{Y_k}{Y}) < 0 \tag{22}$$

und für die Gruppe n wegen $y=y_n$ und $by-g=gy/y-g=0$

$$Vf_n^{neu} = -Vf_m \frac{Y_n}{Y} < 0. \tag{23}$$

Damit zeigt sich, dass nach der Zahlung des Bundeszuschusses in Höhe des versicherungsfremden Umverteilungsbetrags die versicherungsfremde Umverteilung der Gruppe m nicht beseitigt wird und zudem die Mitglieder der Gruppe n, die vorher weder versicherungsfremde Umverteilung geleistet noch versicherungsfremde Transfers erhalten haben, nach Zahlung des Bundeszuschusses zu Empfängern impliziter Transfers werden. Der Grund besteht darin, dass die Beitragssatzsenkung bei dieser Gruppe einen negativen Deckungsbeitrag erzeugt hat, der nun durch den Bundeszuschuss mitfinanziert werden muss. Die Verbeitragung des Durchschnittseinkommens $y=Y/V$ reicht wegen des gesenkten Beitragssatzes nicht mehr aus, um die durchschnittlichen Ausgaben $g=G/V$ zu finanzieren. Somit werden auch Bezieher des Durchschnittseinkommens y zu Transferempfängern.

Aus den Gleichungen (21) bis (23) folgt $Vf_k^{neu} + Vf_m^{neu} + Vf_n^{neu} = -Vf_m = -Z$. Der Bundeszuschuss dient nicht nur zum Ausgleich der versicherungsfremden Umverteilungsleistung der Gruppe m, sondern generiert einen neuen Umverteilungsstrom an die Gruppe *n*. Ein allgemeiner Bundeszuschuss zur Beseitigung der versicherungsfremden Umverteilung ist damit nicht zielgenau.

527. Bezogen auf die Gesetzliche Krankenversicherung bedeutet dies, dass nur Umverteilungsströme von Personen mit einem unterdurchschnittlichen Gesundheitsrisiko zu Personen mit überdurchschnittlichem Gesundheitsrisiko sozialversicherungstypisch sind. Andere Umverteilungsanliegen wie die reine Einkommensumverteilung sind dagegen versicherungsfremd. Da junge Versicherte im Durchschnitt gute (Ausgaben-)Risiken und alte Versicherte schlechte Risiken darstellen, ist die Umverteilung zwischen Jung und Alt im Umlagesystem versicherungstypisch. Die demographische Entwicklung in Deutschland bringt es mit sich, dass in einem kohortenübergreifenden Umlagesystem im Zeitverlauf mit der Umverteilung zwischen Jung und Alt auch die intergenerative Umverteilung zunimmt. Da diese intergenerative Umverteilung letztlich die Konsequenz aus der sozialversicherungstypischen (periodenbezogenen) Umverteilung zwischen Jung und Alt ist, ist auch die intergenerative Umverteilung im kohortenübergreifenden Umlagesystem versicherungstypisch. Wenn Frauen im Durchschnitt höhere Krankheitsrisiken besitzen, ist auch die Umverteilung zwischen Mann und Frau versicherungstypisch. Dagegen ist die Umverteilung zwischen Männern und Frauen als Folge eines im Durchschnitt geringeren beitragspflichtigen Einkommens der Frauen versicherungsfremd. Die Beitragsfreiheit der mitversicherten Familienangehörigen kann ebenfalls als Einkommensumverteilung zu Personen ohne Einkommen aufgefasst werden und ist deshalb versicherungsfremd. Eine solche Aufteilung in versicherungstypische und versicherungsfremde Umverteilung impliziert, dass man auch den Steueranteil in den Beiträgen aufspalten muss in einen Teil, der aus dem Charakter einer Sozialversicherung erwächst und deshalb von den Versicherten getragen werden muss, und einen Teil, der sozialversicherungsfremd ist und nicht von den Versicherten zu tragen ist, sondern von allen Steuerzahlern gezahlt werden sollte.

528. Das für die Bestimmung des versicherungsfremden Umverteilungsvolumens entscheidende durchschnittliche Gesundheitsrisiko (Ausgabenrisiko) eines Versicherten lässt sich ermitteln, indem man die Gesamtausgaben der Versicherung durch die Gesamtzahl der Versicherten teilt. Wenn jeder Versicherte einen Beitrag in Höhe dieser Durchschnittsausgaben zahlte, gäbe es nur noch eine Umverteilung zwischen unterdurchschnittlichen und überdurchschnittlichen Gesundheitsrisiken, also von Personen, die unterdurchschnittliche Gesundheitsausgaben verursachen zu Personen mit überdurchschnittlichen Kosten. Eine solche Beitragsbemessung ist für ein Pauschalbeitragssystem typisch (JG 2004 Ziffer 495). Jegliche Umverteilung, die über die Umverteilung in einem **idealtypischen Pauschalbeitragssystem** hinausgeht, ist demnach als versicherungsfremd zu bezeichnen. Daher lässt sich die versicherungsfremde Umverteilung in der Gesetzlichen Krankenversicherung messen, indem man vom Deckungsbeitrag in diesem System den Deckungsbeitrag in einem Pauschalbeitragssystem, also den versicherungstypischen Deckungsbeitrag, abzieht.

Ein idealtypisches Pauschalbeitragssystem zeichnet sich dadurch aus, dass jeder Versicherte den gleichen Beitrag zahlt. Insofern sind die in der Diskussion stehenden Pauschalbeitragskonzepte, die für Kinder Sonderregelungen wie Beitragsfreiheit oder einen ermäßigten Beitrag vorsehen, keine in diesem Sinne idealtypischen Pauschalbeitragsmodelle.

Ein dem durchschnittlichen Gesundheitsrisiko entsprechender Pauschalbeitrag hätte im Jahr 2003 jährlich 2 060 Euro (rund 172 Euro monatlich) betragen. Entsprechend ist derjenige Anteil des tatsächlichen individuellen GKV-Beitrags, der diese Summe übersteigt, versicherungsfremde Umverteilung beziehungsweise eine versicherungsfremde Steuer. Ist der individuelle Beitrag geringer als der Durchschnittsbeitrag, erhält der Versicherte implizite versicherungsfremde Transferzahlungen.

529. Die **Pflichtmitglieder** leisten im derzeitigen System einen jährlichen Deckungsbeitrag pro Kopf in Höhe von 1 497 Euro (Tabelle 34, Spalte 4). Da diese Versichertengruppe mit Durchschnittsausgaben in Höhe von 1 633 Euro in ihrer Gesamtheit unterdurchschnittliche Gesundheitsrisiken haben, ist ein Deckungsbeitrag pro Kopf in Höhe der Differenz zu den Durchschnittskosten aller Versicherten von 2 060 Euro, also 427 Euro sozialversicherungstypisch (Tabelle 34, Spalte 8). Sozialversicherungsfremd ist dagegen derjenige Teil des Deckungsbeitrags, der über den Betrag von 427 Euro hinausgeht, also 1 070 Euro (Tabelle 34, Spalte 11). Damit beläuft sich der für versicherungsfremde Zwecke verwendete Anteil am Gesamtbeitrag eines Pflichtmitglieds auf 27 vH (Tabelle 34, Spalte 12). Der gesamte Deckungsbeitrag aller Pflichtmitglieder von insgesamt 43,2 Mrd Euro teilt sich auf in einen sozialversicherungstypischen Deckungsbeitrag in Höhe von 12,3 Mrd Euro, der daraus resultiert, dass die Pflichtmitglieder in ihrer Gesamtheit unterdurchschnittliche Gesundheitsrisiken darstellen, und in eine sozialversicherungsfremde Deckungsbeitragssumme in Höhe von 30,9 Mrd Euro, die auf das höhere beitragspflichtige Einkommen der Pflichtmitglieder im Vergleich zum Durchschnitt zurückzuführen ist (Tabelle 34, Spalten 3, 7 und 10).

530. Die **versicherten Rentner** empfangen implizite Transfers in Höhe von 32,3 Mrd Euro. Von diesen Transfers sind aber nur 5,6 Mrd Euro sozialversicherungsfremd, nämlich der Teil der Transfers, der darauf zurückzuführen ist, dass die Rentner im Durchschnitt ein geringeres beitragspflichtiges Einkommen haben. Der Umverteilungsstrom, der aufgrund des höheren Ausgabenrisikos der Rentner induziert wird, also rund 26,7 Mrd Euro, ist dagegen als Ausfluss des Solidarprinzips sozialversicherungstypisch.

531. Für die **Kinder** und die anderen mitversicherten Familienangehörigen übersteigt die versicherungsfremde Umverteilung betragsmäßig den Deckungsbeitrag im derzeitigen System. Denn die Begünstigung der mitversicherten Familienangehörigen setzt sich zum einen zusammen aus dem (negativen) Deckungsbeitrag aufgrund der beitragsfrei erhaltenen Leistungen und – da zum Beispiel die Kinder im Vergleich zum Durchschnitt der Versicherten gute Ausgabenrisiken darstellen – zum anderen aus dem (positiven) sozialversicherungstypischen, aber wegen der Beitragsfreiheit nicht gezahlten und damit fiktiven Deckungsbeitrag zur Umverteilung an die überdurchschnittlichen Risiken. Als Annäherung für die Gruppe der Kinder kann man die mitversicherten Familienangehörigen unter 20 Jahren betrachten. Sie empfangen implizite Transfers (negative Deckungsbeiträge) in Höhe von 13,3 Mrd Euro (Tabelle 34, Spalte 3). In einem Pauschalbeitragssystem müssten sie selbst einen sozialversicherungstypischen positiven Deckungsbeitrag in Höhe von 12,6 Mrd Euro leisten (Tabelle 34, Spalte 7). Entsprechend beträgt die gesamte versicherungsfremde Umverteilung, an der dieser Personenkreis partizipiert, 25,9 Mrd Euro (Tabelle 34, Spalte 10). Insgesamt werden die mitversicherten Familienangehörigen in Höhe eines versicherungsfremden Umverteilungsvolumens von 38,7 Mrd Euro begünstigt. Dieser Betrag setzt sich aus nicht durch Beiträge gedeckten Leistungen an diese Personengruppe in Höhe von 25,0 Mrd Euro

(Tabelle 34, Spalte 3) und aus dem nicht gezahlten, aber eigentlich zu zahlenden (sozialversicherungstypischen) Deckungsbeitrag in Höhe von 13,7 Mrd Euro zusammen (Tabelle 34, Spalte 7).

532. In einem idealtypischen Pauschalbeitragssystem, in dem alle Versicherten (auch die Mitversicherten) den gleichen Beitrag zahlen, würde die versicherungsfremde Umverteilung gänzlich beseitigt werden. Ein diesem idealtypischen System nahe kommendes Pauschalbeitragssystem wurde vom Sachverständigenrat mit der **Bürgerpauschale** vorgeschlagen (JG 2004 Ziffern 485 ff.). Im Unterschied zu einem idealtypischen System ist aber weiterhin eine beitragsfreie Mitversicherung von Kindern vorgesehen mit der Folge, dass die damit verbundene versicherungsfremde Umverteilung erhalten bleibt. Jegliche sonstige versicherungsfremde Einkommensumverteilung wäre allerdings eliminiert und damit der Steuercharakter der Beiträge stark reduziert. Freilich wird ein Teil der Einkommensumverteilung über den zu etablierenden sozialen Ausgleich wieder installiert. Dann findet die Einkommensumverteilung aber dort statt, wo sie hingehört und wo sie zielgenauer bewerkstelligt werden kann, im Steuer- und Transfersystem.

533. Eine weitere (versicherungsfremde) Einkommensumverteilungsmaßnahme entsteht nicht durch die Beitragserhebung, sondern durch die **Zuzahlungsbefreiungen** für Personen mit geringen Einkommen und für Kinder. Im Jahr 2003 waren gemäß Arzneiverordnungsreport 2004 zum Beispiel 48 vH aller Arzneimittelverordnungen und im Jahr 2002 jeder dritte Versicherte von Zuzahlungen befreit. Mit dem GKV-Modernisierungsgesetz sind im Jahr 2004 die Zuzahlungsregelungen und die Härtefallregelungen geändert worden. So wird nach § 62 SGB V ein Versicherter von der Zuzahlung befreit, wenn die Zuzahlungen, zu denen auch die Praxisgebühr gehört, 2 vH seines Einkommens übersteigen. Für chronisch Kranke beträgt diese Belastungsgrenze 1 vH. Im Jahr 2004 kam es in 6,6 Mio Fällen zu Zuzahlungsbefreiungen. Bei der Berechnung des für die Belastungsgrenze relevanten Einkommens wird zudem noch ein Kinderfreibetrag, der mit dem Kinderfreibetrag in der Einkommensteuer identisch ist, abgezogen (JG 2003 Ziffer 295). Damit kommt es auch in diesem Bereich zu weiteren Familienleistungen, deren Finanzierung durch die Beitragszahler nicht adäquat ist. Die Erstattungen nach § 62 SGB V betrugen im Jahr 2004 rund 330 Mio Euro.

Versicherungsfremde Leistungen in der Gesetzlichen Krankenversicherung

534. Zusätzlich zur versicherungsfremden Umverteilung, die sich bei gegebenem Leistungskatalog im Wesentlichen aufgrund der Art der Beitragsbemessung ergibt, umfasst der Katalog in der Gesetzlichen Krankenversicherung auch einige Leistungen, die nicht dem eigentlichen **Versicherungszweck** dienen, nämlich Leistungen bei Krankheit zu gewähren und Krankheitsvorsorge zu betreiben. Diese Leistungen sind deshalb als versicherungsfremd einzustufen. Dies traf zum Beispiel für das im Jahr 2004 mit dem GKV-Modernisierungsgesetz abgeschaffte Sterbegeld zu und gilt heute für einige bei Schwangerschaft und Mutterschaft gewährte Leistungen. Diese versicherungsfremden Leistungen belaufen sich insgesamt auf etwa 2,4 Mrd Euro (Tabelle 35).

Mit dem GKV-Modernisierungsgesetz wurde ein pauschaler Bundeszuschuss zur Abgeltung von versicherungsfremden Leistungen eingeführt. Im Jahr 2004 betrug dieser Zuschuss 1 Mrd Euro, und im Jahr 2005 beläuft er sich auf 2,5 Mrd Euro. Vom nächsten Jahr an werden 4,2 Mrd Euro gezahlt (JG 2003 Ziffer 292).

Tabelle 35

Versicherungsfremde Leistungen in der Gesetzlichen Krankenversicherung

Mio Euro

Leistungen bei Schwangerschaft und Mutterschaft, insgesamt[1]	2 400
Davon:	
Mutterschaftsgeld	600
Empfängnisverhütung und Schwangerschaftsabbruch	200
Haushaltshilfe	200
Krankengeld bei Betreuung eines Kindes	100
Beitragsfreiheit für Erziehungsgeld, Mutterschaftsgeld und bei Inanspruchnahme von Elternzeit[2]	1 300
Zuzahlungsbefreiung	330
Summe	**2 730**
Nachrichtlich: Bundeszuschuss[1] 2004:	1 000
2005:	2 500
2006:	4 200

1) Gemäß dem ersten Referentenentwurf zum GKV- Modernisierungsgesetz vom 12. Mai 2003; allerdings ohne medizinische Leistungen bei Schwangerschaft und Mutterschaft von 2,1 Mrd Euro, die dort aufgeführt waren. - 2) Da es sich hier um eine beitragsseitige Ermäßigung handelt, wäre streng genommen eine Zuordnung zur versicherungsfremden Umverteilung adäquater.

Quelle für Grundzahlen: BMGS

Versicherungsfremde Elemente in der Sozialen Pflegeversicherung

535. Da der Versichertenkreis in der Sozialen Pflegeversicherung mit dem Versichertenkreis in der Gesetzlichen Krankenversicherung nahezu identisch ist und da hinsichtlich der Finanzierung der Pflegeversicherung ähnliche Regeln gelten, können die Überlegungen zur versicherungsfremden Umverteilung auf die Soziale Pflegeversicherung übertragen werden. Auch hier ist derjenige Teil der Beitragszahlung als versicherungsfremd anzusehen, der über einen den Durchschnittsausgaben entsprechenden Beitrag hinausgeht. Ein solcher jährlicher Beitrag hätte sich im hier betrachteten Basisjahr 2003 auf rund 249 Euro (20,75 Euro monatlich) belaufen. Wegen der ausgeprägten Altersabhängigkeit der Pflegeausgaben verlaufen die **Umverteilungsströme** hauptsächlich zwischen den Alterskohorten von Jung nach Alt. So erhielten im Jahr 2003 die versicherten Rentner von den Pflichtversicherten und den freiwillig Versicherten implizite Transfers in Höhe von 10,0 Mrd Euro (Tabelle 36, Spalte 3, Seite 364). Die Rentner konnten nur 28 vH der von ihnen verursachten Ausgaben durch eigene Beiträge decken, die über 65-Jährigen nur 24 vH. Entsprechend ist der Steueranteil in den Pflegeversicherungsbeiträgen für die Jüngeren sehr hoch. Für die 20- bis 60-Jährigen lag dieser Steueranteil bei 82 vH des Beitrags und für die Gruppe der Pflichtmitglieder bei 83 vH. Die Umverteilung zu den Kindern beträgt rund 600 Mio Euro (Tabelle 36, Spalte 3), wenn man als Näherung für die Gruppe der Kinder die Mitversicherten im Alter unter 20 Jahren beziehungsweise 25 Jahren heranzieht.

Als bedeutendste **versicherungsfremde Umverteilung** ist auch im Falle der Sozialen Pflegeversicherung die zu den beitragsfrei mitversicherten Familienangehörigen in Höhe von etwa 4,6 Mrd Euro aufzuführen. Davon entfallen 3,1 bis 3,4 Mrd Euro auf die mitversicherten Kinder und rund 1,5 bis 1,2 Mrd Euro auf die mitversicherten Ehegatten. Dabei setzt sich die versicherungsfremde Umverteilung an die beitragsfrei Mitversicherten aus den für sie erbrachten Leistungen zuzüglich der nicht gezahlten Deckungsbeiträge zusammen. Davon entfällt der weitaus größte

Teil auf die eigentlich zu leistenden Deckungsbeiträge. Für die mitversicherten Kinder zum Beispiel sind dies 2,5 bis 2,8 Mrd Euro (Tabelle 36, Spalte 7).

Tabelle 36

Umverteilungsströme und sozialversicherungsfremde Umverteilung in der Sozialen Pflegeversicherung[1)]

Gruppe	Anzahl	durchschnittliche Ausgaben je Gruppenmitglied	Einkommensorientiertes SPV-System				Pauschalbeitragssystem (sozialversicherungstypische Umverteilung)			Sozialversicherungsfremde Umverteilung		
			Deckungsbeitrag		impliziter Steuersatz		Deckungsbeitrag		impliziter Steuersatz	Versicherungsfremde Umverteilung		Versicherungsfremder Steuersatz
			insgesamt	pro Kopf			insgesamt	pro Kopf		insgesamt	pro Kopf	
	V_i	g_i	D_i	d_i	τ_i	t_i	D^p_i	d^p_i	τ^p_i	Vf_i	vf_i	τvf_i
	Personen in Tausend	Euro	Mrd Euro	Euro	vH des Beitrags	vH des Einkommens	Mrd Euro	Euro	vH	Mrd Euro	Euro	vH
	(1)	(2)	(3)	(4)	(5)	(6)	(7)	(8)	(9)	(10)	(11)	(12)
Versicherte, insgesamt	70 422	249	- 0,0	0	0	0,0	0,0	0	0	0,0	0	0
Mitglieder/Mitversicherte												
Pflichtmitglieder	28 842	65	9,0	312	83	1,4	5,3	185	74	3,7	127	9
Freiwillige Mitglieder	5 046	145	1,8	351	71	1,2	0,6	104	42	1,2	247	29
Mitglieds-Rentner	16 696	806	- 9,6	- 576	- 250	-4,3	- 9,3	- 557	- 223	- 0,3	- 19	- 27
Mitversicherte Familienangehörige[2)]	19 839	76	- 1,2	- 58	- 331	-5,6	3,4	174	70	- 4,6	- 232	- 401
Versichertenstatus												
Pflichtversicherte	42 900	63	8,4	196	76	1,3	8,0	186	75	0,4	9	1
Freiwillig Versicherte	9 323	110	1,6	167	60	1,0	1,3	139	56	0,3	27	4
Versicherte Rentner	18 199	760	- 10,0	- 547	- 257	-4,4	- 9,3	- 510	- 205	- 0,7	- 37	- 52
Geschlecht												
Männer	33 009	173	3,9	119	41	0,7	2,5	77	31	1,4	43	10
Frauen	37 413	317	- 3,9	- 105	- 50	-0,8	- 2,5	- 68	- 27	- 1,4	- 38	- 23
Alter												
Unter 20-Jährige	14 357	60	- 0,4	- 29	- 96	-1,6	2,7	190	76	- 3,1	- 219	- 172
20 bis 60-Jährige	37 480	61	10,3	275	82	1,4	7,1	189	76	3,2	86	6
Über 60-Jährige	18 584	777	- 9,9	- 533	- 218	-3,7	- 9,8	- 527	- 211	- 0,1	- 5	- 7
Unter 25-Jährige	18 476	57	0,3	16	22	0,4	3,6	192	77	- 3,3	- 176	- 55
25 bis 65-Jährige	38 161	74	10,1	266	78	1,3	6,7	176	70	3,4	90	8
Über 65-Jährige	13 785	993	- 10,4	- 757	- 321	-5,5	- 10,3	- 744	- 298	- 0,1	- 13	- 23
Kinder												
Mitversicherte unter 20 Jahren	13 284	60	- 0,6	- 42	- 240	-4,1	2,5	190	76	- 3,1	- 232	- 316
Mitversicherte unter 25 Jahren	14 489	59	- 0,6	- 41	- 234	-4,0	2,8	191	76	- 3,4	- 232	- 311

1) Bezogen auf das Jahr 2003. - 2) Mitversicherte sind beitragsfrei. In den Berechnungen wurden sonstige Einnahmen und Kredite aber auf alle Versicherten verteilt, so dass auch den Mitversicherten ein geringer „Beitrag" angerechnet wird mit der Folge, dass sich rechnerisch (beitragsmäßig hohe) implizite Steuersätze ergeben. SPV: Soziale Pflegeversicherung.

536. Versicherungsfremde Leistungen in der Sozialen Pflegeversicherung entstehen aufgrund des engen Zusammenhangs zwischen Krankheit und Pflegebedürftigkeit regelmäßig an der Schnittstelle zur Gesetzlichen Krankenversicherung, wenn nämlich Personen Leistungen der Pflegeversicherung in Anspruch nehmen, obwohl eigentlich Leistungen der Krankenversicherung angebracht gewesen wären. Besonders relevant ist dies für den Bereich der Behandlungspflege. Gerade weil Krankheit und Pflegebedürftigkeit vor allem bei älteren Personen oft eng miteinander verknüpft und daher kaum trennscharf zu unterscheiden sind, ist es nicht möglich, diese versicherungs(zweig)fremden Leistungen zu beziffern.

Versicherungsfremde Elemente in der Arbeitslosenversicherung

Charakterisierung der Arbeitslosenversicherung

537. Die Arbeitslosenversicherung ist eine obligatorische Risikoversicherung für alle Arbeitnehmer (außer insbesondere Beamte und geringfügig Beschäftigte), die jedem Versicherten nach einer Mindestversicherungszeit nach Maßgabe seines Lohneinkommens einen Lohnersatzanspruch gewährt. In der Arbeitslosenversicherung gilt daher – zumindest soweit es die Lohnersatzleistungen betrifft – das Äquivalenzprinzip in dem Sinne, dass die Leistungshöhe vom vorher mit Beiträgen belegten Lohneinkommen abhängt. Eine (vertikale) Einkommensumverteilung findet insofern nicht statt. Das Aufgaben- beziehungsweise Leistungsspektrum der Arbeitslosenversicherung in Deutschland geht aber weit über die Gewährung von Lohnersatzleistungen hinaus und umfasst auch die Arbeitsvermittlung und Arbeitsförderungsmaßnahmen. In diesem Teil des Aufgabengebiets besteht auch bei Erfüllung der Voraussetzungen teilweise kein Rechtsanspruch auf die Leistungen, und das Äquivalenzprinzip ist außer Kraft gesetzt, weil diese Leistungen weitgehend unabhängig vom Beitrag gewährt werden.

538. Die **Ausgaben** der Arbeitslosenversicherung setzen sich aus den Leistungen der passiven und aktiven Arbeitsmarktpolitik sowie einem an den Bund abzuführenden Aussteuerungsbetrag gemäß § 46 Absatz 4 SGB II zusammen. Die passive Arbeitsmarktpolitik umfasst die Lohnersatzleistungen, insbesondere das Arbeitslosengeld. Die Gesamtausgaben der Arbeitslosenversicherung beliefen sich im Jahr 2004 auf 54,5 Mrd Euro. Der größte Ausgabenblock entfiel dabei mit rund 29,1 Mrd Euro auf das Arbeitslosengeld. Die **Einnahmen** der Arbeitslosenversicherung bestehen im Wesentlichen aus den Beitragseinnahmen und Zahlungen des Bundes zur Defizitdeckung. Die Beiträge werden als prozentualer Anteil vom Lohneinkommen bis zu einer Beitragsbemessungsgrenze erhoben. Im Jahr 2004 beliefen sich die Beitragseinnahmen auf 47,2 Mrd Euro. Der Zahlbetrag des Bundes zur Defizitdeckung betrug 4,2 Mrd Euro.

Mit der Hartz IV-Reform wurden Volumen und Struktur der Ausgaben sowie der Versichertenkreis geändert. Seit dem 1. Januar 2005 hat sich der Kreis der Leistungsempfänger im Bereich der aktiven Arbeitsmarktpolitik im Wesentlichen um die Arbeitslosenhilfebezieher verkleinert. Daher haben sich im Jahr 2005 die Ausgaben der Arbeitslosenversicherung für Arbeitsförderungsmaßnahmen im Vergleich zum Jahr 2004 deutlich verringert. Förderungsmaßnahmen für die Empfänger von Arbeitslosengeld II werden nunmehr genauso wie das Arbeitslosengeld II vom Bund aus Steuermitteln finanziert. Entsprechend fällt auch der Umfang der versicherungsfremden Leistungen im Bereich der Arbeitsmarktförderung ab dem Jahr 2005 im Vergleich zu den Vorjahren geringer aus.

539. Als Kriterium für die Identifikation der **versicherungsfremden Leistungen** in der Arbeitslosenversicherung gilt ebenfalls, dass Leistungen, die zu einem Ausgleich zwischen guten und schlechten Risiken führen, sozialversicherungstypisch sind. Dies bedeutet, dass der Ausgleich zwischen Personen mit hohem Arbeitslosigkeitsrisiko und niedrigem Arbeitslosigkeitsrisiko sozialversicherungstypisch ist. Zusätzlich müssen die Leistungen dem Versicherungszweck einer Arbeitslosenversicherung dienen, und sie dürfen nur an Versicherte gewährt werden. Daher sind alle Familienfördermaßnahmen oder alle Leistungen an Nichtversicherte versicherungsfremd.

Versicherungszweckfremde Leistungen

540. Da eine Leistung dann als versicherungsfremd anzusehen ist, wenn sie nicht dem eigentlichen Versicherungszweck dient, kommt der **Spezifikation des Versicherungszwecks** für die Identifizierung von Fremdleistungen eine entscheidende Bedeutung zu. Bei einer engen Abgrenzung des Versicherungszwecks dient die Arbeitslosenversicherung lediglich dem (teilweisen) Ersatz des bei kurzfristiger Arbeitslosigkeit entfallenen individuellen Arbeitseinkommens. Die Arbeitslosenversicherung wäre dann nur für die Festlegung und Zahlung des Arbeitslosengelds zuständig. Sinnvoll erscheint allerdings, auch die Arbeitsvermittlung als Versicherungsleistung anzusehen, durch die zum Beispiel die Einhaltung der „Versicherungsverträge" kontrolliert (zum Beispiel Mobilitätskontrolle) und Fehlanreize im Hinblick auf das Verhalten der Arbeitslosen unterbunden werden können. Daher spricht vieles dafür, eine erweiterte Definition des Versicherungszwecks anzuwenden und die Aufgabe einer Arbeitslosenversicherung darin zu sehen, für Arbeitnehmer eine zeitlich begrenzte Versicherung gegen den Lohnausfall bei Arbeitslosigkeit zu bieten sowie die Aufnahme eines Beschäftigungsverhältnisses zu unterstützen (JG 2003 Ziffer 701).

541. Es widerspricht dem Versicherungszweck, dass für Personen mit Kindern im Falle des Bezugs von Arbeitslosengeld eine Lohnersatzquote von 67 vH gilt, für Kinderlose hingegen nur eine Lohnersatzquote von 60 vH. Bei dem die Lohnersatzquote von 60 vH übersteigenden **kindbezogenen Anteil des Arbeitslosengelds** handelt es sich um eine versicherungsfremde Familienförderung, da mit dieser Maßnahme eindeutig sozial- beziehungsweise familienpolitische Ziele verfolgt werden. Das versicherungsfremde Umverteilungsvolumen, also der kindbezogene Anteil an den Arbeitslosengeldzahlungen, beträgt etwa 700 Mio Euro.

Diese Form des Familienlastenausgleichs ist zudem äußerst unsystematisch. Zum einen wird der Zuschlag zum Arbeitslosengeld unabhängig von der Anzahl der Kinder gewährt, zum anderen ist der Absolutbetrag des Kinderzuschlags vom zugrunde liegenden Nettoentgelt abhängig. Mithin wird für Bezieher eines höheren Arbeitslosengelds ein absolut höherer Kinderzuschlag gezahlt. Das „Kindergeld für Arbeitslose" je Kind variiert damit je nach Anzahl der Kinder in der Familie und je nach vorher verdientem Einkommen des Arbeitslosen (JG 2003 Ziffer 707).

542. Eine weitere versicherungsfremde Leistung ist darin zu sehen, dass die **Dauer des Anspruchs auf Arbeitslosengeld** gemäß § 127 Absatz 2 SGB III sowohl von der Vorversicherungszeit als auch vom Alter des Versicherten abhängt. Fasst man hinsichtlich der Lohnersatzleistungen die Arbeitslosenversicherung als Risikoversicherung auf, dann darf die Dauer der Vorversicherungszeit grundsätzlich keine Rolle spielen. Dem steht nicht entgegen, dass unter Anreizgesichtspunkten auch bei einer Risikoversicherung eine bestimmte Mindestversicherungszeit angezeigt ist, durch die eine missbräuchliche Inanspruchnahme der Versicherungsleistung begrenzt werden kann. Die bereits beschlossene Reduktion der Bezugsdauer des Arbeitslosengelds auf 12 beziehungsweise 18 Monate (Ziffer 265) könnte nach Angaben der Bundesregierung Einsparungen bei den Ausgaben für Arbeitslosengeld ergeben, die sich beginnend mit dem Jahr 2006 auf rund

4 Mrd Euro jährlich ab dem Jahr 2008 aufbauen (Deutscher Bundestag, 2003). Freilich stehen diesen Minderausgaben in der Arbeitslosenversicherung zusätzliche Zahlungen des Bundes im Rahmen des Arbeitslosengelds II in der Größenordnung von 2 Mrd Euro gegenüber.

Gelegentlich wird abweichend von dem hier vertretenen Konzept der Arbeitslosenversicherung als Risikoversicherung argumentiert, dass es einen Zusammenhang zwischen dem insgesamt gezahlten Beitrag und der insgesamt gewährten Lohnersatzleistung gibt; unterstellt man also, dass in den Beiträgen implizite Sparanteile enthalten sind, dann ist eine Einordnung der unterschiedlichen Bezugsdauern des Arbeitslosengelds als versicherungsfremde Leistung nicht mehr so eindeutig. Eine Abhängigkeit der Leistungsdauer von der Vorversicherungszeit könnte in diesem Fall auch als versicherungskonform angesehen werden. Aber auch bei einer solchen Sichtweise wären bei gleicher Vorversicherungszeit nach Alter differenzierte Bezugsdauern von Arbeitslosengeld nicht zu begründen und damit versicherungsfremd. Grundsätzlich ist aber aus Anreizgesichtspunkten die Abhängigkeit der Dauer beziehungsweise Höhe der Lohnersatzleistung von der Vorversicherungszeit kritisch zu sehen, weil Moral-Hazard-Verhalten begünstigt wird.

543. Da ausschließlich bestimmte Gruppen Anspruch auf das **Kurzarbeiter- und das Winterausfallgeld** haben, werden diese Leistungen teilweise auch als versicherungsfremd angesehen (Römer und Borell, 2002). Dieser Auffassung ist aber nach Maßgabe der oben angegebenen Charakterisierung der Arbeitslosenversicherung entgegen zu halten, dass es sich bei diesen Lohnersatzleistungen um Maßnahmen handelt, die dem Versicherungszweck der Arbeitslosenversicherung entsprechen. Die Tatsache, dass nur bestimmte Gruppen, nämlich solche mit hohem Arbeitslosigkeitsrisiko, profitieren, ist dem Solidarprinzip geschuldet. Diese Leistungen sind daher als Versicherungsleistungen einzustufen. Dies gilt allerdings nur, wenn die relevante Alternative zum Beispiel zur Kurzarbeit die Arbeitslosigkeit ist und wenn keine höheren Leistungen gewährt werden als im Fall der Arbeitslosigkeit. Genau dies ist aber zum Beispiel beim Kurzarbeitergeld nicht der Fall. Denn das Kurzarbeitergeld beträgt bei einem Arbeitnehmer ohne Kinder 60 vH der Differenz zwischen dem Nettoentgelt ohne Kurzarbeit und dem Nettoentgelt mit Kurzarbeit. Die adäquate Höhe des Kurzarbeitergelds wären dagegen 60 vH des Nettoentgelts ohne Kurzarbeit, vermindert um das Nettoentgelt bei Kurzarbeit. In diesem Fall wäre der Kurzarbeiter bezüglich der Leistungshöhe einem Arbeitslosen gleichgestellt. Ein darüber hinausgehender Zahlbetrag ist letztlich eine begünstigende Sozialleistung und damit versicherungsfremd. Die entsprechenden Mehrausgaben können nicht quantifiziert werden, dürften sich aber im zweistelligen Millionenbereich bewegen. Insgesamt wendete die Bundesagentur für Arbeit im Jahr 2004 rund 700 Mio Euro für Kurzarbeitergeld auf.

544. Für die aktive Arbeitsmarktpolitik hat die Bundesagentur für Arbeit im Jahr 2004 knapp 19 Mrd Euro ausgegeben. Legt man den erweiterten Versicherungszweck zugrunde, gehört die Wiedereingliederung der Arbeitslosen in den Arbeitsmarkt zu den Aufgaben der Arbeitslosenversicherung. Die Abgrenzung von versicherungsfremden und versicherungstypischen Maßnahmen wird aber schwierig, da jede einzelne Maßnahme hinsichtlich ihrer Geeignetheit bei der Wiedereingliederung zu beurteilen ist. Als Kriterium einer Abgrenzung von Versicherungsleistungen im Rahmen der erweiterten Aufgabendefinition sollte gelten, dass die Arbeitslosenversicherung nur Leistungen aus Beitragsmitteln finanziert, die die Wahrscheinlichkeit einer Beschäftigungsaufnahme auf dem ersten Arbeitsmarkt erhöhen. Eine nach diesem Kriterium vorgenommene Qualifizierung als Versicherungsleistung bedeutet aber noch nicht, dass die Leistung auch angezeigt und sinnvoll ist. Hierzu sind weitergehende Untersuchungen zur Beurteilung der Effizienz der Maßnahmen erforderlich.

545. Durch (berufsspezifische) **Weiterbildungs- und Berufsausbildungsmaßnahmen** können die Rückkehr in die Erwerbstätigkeit beziehungsweise die Aufnahme einer Beschäftigung erleichtert sowie das Arbeitslosigkeitsrisiko und die Kosten der Arbeitslosigkeit reduziert werden. Daher stellen Qualifizierungsmaßnahmen Versicherungsleistungen dar. Ähnliche Überlegungen könnte man bei den Maßnahmen zur **Förderung der regulären Beschäftigung**, wie zum Beispiel die Existenzgründungszuschüsse (Ich-AGs) oder das Überbrückungsgeld (Förderung selbständiger Tätigkeit) anstellen. Auch hier gilt das Argument, dass diese Maßnahmen eine Rückkehr auf den „ersten Arbeitsmarkt" erleichtern können.

Bei den **Arbeitsbeschaffungsmaßnahmen** (ABM) dagegen ist die Einordnung als Versicherungsleistung nicht mehr vertretbar. Dem gängigen Argument, dass durch diese Maßnahmen Dequalifikation, die „Gewöhnung an das Nichtstun" und damit eine Verfestigung der Arbeitslosigkeit zumindest in gewissem Ausmaß verhindert würden, ist wenig überzeugend, zumal die ABM hauptsächlich aus sozialpolitischen Gründen gewährt werden dürften. Auch haben Evaluationsstudien ergeben, dass ABM die Wahrscheinlichkeit, die Teilnehmer wieder in den ersten Arbeitsmarkt einzugliedern, nicht erhöhen, ja sogar reduzieren können. Damit sind solche Maßnahmen nicht nur versicherungsfremd, sondern auch – vom Fürsorgeeffekt abgesehen – wenig sinnvoll und entsprechend zurückzufahren (Ziffer 276).

546. Ähnlich wie die ABM müssen auch die Zuschüsse zu Beschäftigung schaffenden Infrastrukturmaßnahmen gemäß § 279 a SGB III beurteilt werden. Danach kann sich eine Agentur für Arbeit an den Kosten bestimmter öffentlicher Arbeiten beteiligen, sofern diese Arbeiten der Verbesserung der Infrastruktur und der Erhaltung und Verbesserung der Umwelt dienen. Eine wichtige Voraussetzung für die Beteiligung der Bundesagentur ist, dass eine bestimmte Anzahl von Arbeitslosen im Rahmen dieser Maßnahme beschäftigt wird. Die Förderung ist auf 25 vH der Gesamtkosten beschränkt und bis zum 31. Dezember 2007 möglich. Die Berufsausbildungsbeihilfe, die in Abhängigkeit von zum Beispiel Fahrtkosten, Aufwendung für Arbeitskleidung oder Kinderbetreuung an Auszubildende gewährt werden kann, mag in Einzelfällen sinnvoll sein, stellt aber gleichwohl eine Sozialleistung dar, die über Steuern zu finanzieren wäre. Gleiches gilt für die Maßnahme zur Entgeltsicherung für ältere Arbeitnehmer, durch die Arbeitslosen im Alter von über 50 Jahren ein finanzieller Anreiz zur Arbeitsaufnahme gegeben werden soll. Mit der sozialpädagogischen Begleitung soll die Ausbildung sozial Benachteiligter gefördert werden. Dies ist zweifellos eine sinnvolle Leistung, fällt aber in die Verantwortung der gesamten Gesellschaft. Entsprechendes gilt für andere Leistungen an benachteiligte Auszubildende wie Zuschüsse zu ausbildungsbegleitenden Hilfen (Stützunterricht). Gleiches trifft auf alle Leistungen zu, die aufgrund von Behinderungen gewährt werden. Die Förderung von behinderten Menschen und ihre Eingliederung in den Arbeitsmarkt ist eine außerordentlich wichtige, unverzichtbare Aufgabe, aber eine Aufgabe der gesamten Gesellschaft und nicht nur der Beitragszahler in der Arbeitslosenversicherung. Deshalb sind wesentliche Teile der Leistungen zur beruflichen Rehabilitation und der Leistungen an schwerbehinderte Menschen als notwendige aber eben versicherungsfremde Leistungen anzusehen. Die Darlehen und Zuschüsse zur Förderung von Einrichtungen der beruflichen Aus- und Weiterbildung oder der beruflichen Rehabilitation im Rahmen der so genannten institutionellen Förderung nach §§ 248 bis 251 SGB III sind Subventionen, die – so sie als erforderlich angesehen werden – aus Steuermitteln zu finanzieren wären.

547. Der **Aussteuerungsbetrag**, der zum 1. Januar 2005 eingeführt wurde, ist keine Leistung an die Versicherten, sondern eine Ausgabe, die die Bundesagentur für Arbeit nach § 46 Absatz 4

SGB II an den Bund für die Fälle zu zahlen hat, die innerhalb von drei Monaten nach dem Bezug von Arbeitslosengeld einen Anspruch auf Arbeitslosengeld II erworben haben. Der Aussteuerungsbetrag ist mithin ein Malus, mit dem der Bund die Bundesagentur für Arbeit an der Finanzierung von Langzeitarbeitslosen beteiligen will (Ziffern 182 f.). Da und wenn man die Langzeitarbeitslosigkeit als gesamtgesellschaftliches Problem ansieht – die Zusammenlegung der Arbeitslosenhilfe mit der Sozialhilfe und die Finanzierung des Arbeitslosengelds II aus allgemeinen Steuermitteln sind ein starkes Indiz dafür –, dann entspricht die Zahlung eines beitragsfinanzierten Aussteuerungsbetrags nicht dem Zweck der Arbeitslosenversicherung. Folglich ist der Aussteuerungsbetrag, für den die Bundesagentur für Arbeit in ihrem Haushalt für das Jahr 2005 rund 6,7 Mrd Euro veranschlagt hat, versicherungsfremd.

548. Auch der **West-Ost-Transfer** innerhalb der Arbeitslosenversicherung wird gelegentlich als versicherungsfremd qualifiziert (Meinhardt und Zwiener, 2005). Die Umverteilung von Westdeutschland nach Ostdeutschland im Jahr 2004 betrug 10,5 Mrd Euro und entspricht dem Defizit aus den Einnahmen und Ausgaben der Arbeitslosenversicherung in den neuen Bundesländern. Nun wird argumentiert, dass diese Transfers durch die deutsche Vereinigung mit der einhergehenden Transformationsarbeitslosigkeit verursacht wurden und daher versicherungsfremde Transformationslasten seien. Dieser Argumentation wird man nicht folgen können, da die Umverteilung von Westdeutschland nach Ostdeutschland die Konsequenz des sozialversicherungstypischen Ausgleichs zwischen guten und schlechten Risiken und damit des Solidarprinzips innerhalb der Sozialversicherung ist. Zudem gibt es auch in Westdeutschland Regionen mit hoher Arbeitslosigkeit mit der Folge impliziter Ausgleichszahlungen innerhalb Westdeutschlands.

Leistungen an Nichtversicherte

549. Eine versicherungsfremde Leistung liegt auch immer dann vor, wenn Leistungen an Nichtversicherte gewährt werden. Solche – meist präventiv ausgerichteten – Leistungen spielen in der Arbeitslosenversicherung – anders als in den übrigen Sozialversicherungszweigen – eine bedeutende Rolle. Zu nennen sind die **Beratungs- und Vermittlungsleistungen für Berufsanfänger und Auszubildende**. Diese Personen gehören (noch) nicht zur Versichertengemeinschaft, können sich aber zum Beispiel hinsichtlich der Berufswahl und Ausbildung informieren und in Einzelgesprächen beraten lassen. Die Quantifizierung der dadurch entstehenden Kosten ist schwierig. Dass es sich aber um eine nicht zu vernachlässigende Ausgabenposition handelt, belegt die Tatsache, dass der weitaus größte Teil der Beratungsgespräche mit Personen unter 25 Jahren geführt wird (Römer und Borell, 2002). Auch die Maßnahmen zur vertieften Berufsorientierung nach § 33 SGB III, mit denen zum Beispiel Schüler von allgemein bildenden Schulen über verschiedene Berufe, ihre Anforderungen und Aussichten informiert und auf die Berufswahl vorbereitet werden, sind Leistungen an Nichtversicherte und damit versicherungsfremd. Soweit zur Ersteingliederung Leistungen für behinderte Menschen gewährt werden, sind auch diese als versicherungsfremd einzuordnen, da diese Leistungen in die Verantwortung der gesamten Gesellschaft fallen. Das Gleiche gilt für die Erstattung von Lehrgangskosten berufsvorbereitender Bildungsmaßnahmen.

Im Rahmen des bis zum Jahr 2004 durchgeführten und zum Teil aus Mitteln der Bundesagentur für Arbeit sowie aus Bundesmitteln finanzierten **Sofortprogramms zum Abbau der Jugendarbeitslosigkeit (JUMP)** sollte jungen Menschen der Einstieg ins Berufsleben erleichtert werden. So wurden im Rahmen dieses Programms Hilfen an Personen unter 25 Jahren gewährt, die den Hauptschulabschluss nachholen wollten. Auch hier handelte es sich um Aufwendungen für Nichtversicherte, die teilweise aus Beitragsmitteln finanziert wurden. Zudem entspricht diese Maßnahme nicht dem Versicherungszweck, da es nicht die Aufgabe der Versichertengemeinschaft sein kann, Versäumnisse des Schulsystems nachzuholen. Die Beseitigung von Jugendarbeitslosigkeit ist als ein zentrales Anliegen der gesamten Gesellschaft einzustufen und sollte deshalb von allen Steuerzahlern finanziert werden.

550. Zusammengefasst ist festzuhalten, dass man auch bei der gewählten weiten Abgrenzung des Versicherungszwecks einen Teil der passiven Arbeitsmarktpolitik und viele Maßnahmen der aktiven Arbeitsmarktpolitik als versicherungsfremd bezeichnen muss, da es sich um Maßnahmen handelt, die über die Umverteilung von niedrigen zu hohen Arbeitslosigkeitsrisiken hinausgehen, die nicht zweckgerecht sind oder Leistungen an Nichtversicherte darstellen. Die Summe für diese Fremdleistungen beläuft sich im Jahr 2005 auf rund 19 Mrd Euro (Tabelle 37). Diesem Gesamtbetrag stehen veranschlagte Zahlungen des Bundes zum Defizitausgleich der Bundesagentur für Arbeit in Höhe von 4 Mrd Euro gegenüber. Somit beläuft sich für das Jahr 2005 die Fehlfinanzierung in der Arbeitslosenversicherung auf etwa 15 Mrd Euro. Dies entspricht etwa zwei Beitragssatzpunkten.

Versicherungsfremde Elemente in der Gesetzlichen Rentenversicherung

551. Der für die Gesetzliche Rentenversicherung sozialversicherungstypische Ausgleich zwischen guten und schlechten Risiken besteht auf die Altersrente bezogen in einem Ausgleich zwischen Personen mit einer geringen und Personen mit einer höheren Lebenserwartung. Leistungen, die nicht diesen Ausgleich zum Ziel haben, die nicht dem Versicherungszweck – Absicherung des Langlebigkeitsrisikos und des Erwerbsunfähigkeitsrisikos und derzeit auch die Hinterbliebenenversorgung – entsprechen, oder Leistungen an Nichtversicherte sind als versicherungsfremd zu qualifizieren. Zum Versicherungszweck einer umlagefinanzierten Rentenversicherung gehört auch die intergenerative Umverteilung zwischen Jung und Alt. Denn eine Rentenversicherung im Umlagesystem beruht darauf, dass die jeweils Jungen die Renten der Alten finanzieren. Entsprechend ist auch eine Zunahme dieser Umverteilung als Folge der demographischen Entwicklung als versicherungstypisch einzustufen und keine Begründung für Zuschüsse aus dem Staatshaushalt. Konstitutiv für die Gesetzliche Rentenversicherung in Deutschland ist das Prinzip der Teilhabeäquivalenz. Es sorgt für eine Beitragsbezogenheit der Leistungen, indem die Rentenhöhe vom verbeitragten Einkommen des Versicherten im Vergleich zum Durchschnittseinkommen über die Zeit des Erwerbslebens abhängt. Entsprechend erzeugt ein Abweichen von diesem Prinzip Umverteilungselemente, die grundsätzlich als versicherungsfremd einzustufen sind.

552. Die sich aus diesen Kriterien ergebende Bestimmung der versicherungsfremden Leistungen der Gesetzlichen Rentenversicherung deckt sich weitgehend mit der Abgrenzung des Verbandes Deutscher Rentenversicherungsträger (VDR), wie sie im Jahr 1995 für die Arbeiterrenten- und Angestelltenversicherung vorgenommen wurde. Der VDR hatte jene Leistungen als versicherungsfremd eingeordnet, die nicht beitragsgedeckt sind und auf Aufgaben beruhen, die in die gesamtgesellschaftliche Verantwortung fallen. Zu diesen gesamtgesellschaftlichen Aufgaben zählen Leistungen des Familienlastenausgleichs (zum Beispiel Kindererziehungsleistungen, Kinderzuschläge bei Witwen- und Witwerrenten oder Waisenrenten), sozial- und gesellschaftspolitisch motivierte Leistungen wie die Anrechnung beitragsfreier Ersatzzeiten (zum Beispiel Zeiten des militärischen Dienstes, der Kriegsgefangenschaft oder der Flucht), die Integration von Vertriebenen und Spätaussiedlern in die Gesetzliche Rentenversicherung (Leistungen nach dem Fremdrentengesetz) und die soziale Sicherung von Geringverdienern (Rente nach Mindesteinkommen). Nach dieser Abgrenzung sind bezogen auf das Jahr 2003 Leistungen in Höhe von 57 Mrd Euro als versicherungsfremd einzustufen (Tabelle 38, Seite 375). Dabei wird nur der weitaus bedeutendste Teil der Gesetzlichen Rentenversicherung betrachtet, namentlich die Arbeiterrenten- und Angestelltenversicherung. Andere Versorgungswerke der Gesetzlichen Rentenversicherung wie die Bundesknappschaft und die Seekasse bleiben unberücksichtigt.

Tabelle 37

Versicherungsfremde Leistungen der Arbeitslosenversicherung

Mio Euro

	2004	2005[1]
Ermessensleistungen der aktiven Arbeitsförderung (Kap. 2)	2 931,96	1 191,66
Unterstützung Beratung/Vermittlung	147,60	71,47
Sozialpädagogische Begleitung	0,45	0,80
Weiterbildung Beschäftigter	20,20	13,51
Benachteiligte Auszubildende	1 100,10	733,91
Sozialplanmaßnahmen	1,02	-
Maßnahmen zur vertieften Berufsorientierung	2,68	1,90
Arbeitsbeschaffungsmaßnahmen (ABM)	1 212,30	225,87
Zuschüsse zu Beschäftigung schaffenden Infrastrukturmaßnahmen	48,88	8,37
Strukturanpassungsmaßnahmen (SAM)	398,75	135,83
Jugendwohnheime	- 0,01	0,00
Sonstige Leistungen der aktiven Arbeitsförderung (Kap. 3)		
Berufsausbildungsbeihilfe	561,96	654,00
Lehrgangskosten berufsvorbereitender Bildungsmaßnahmen	433,47	471,10
Berufliche Rehabilitation (Pflichtleistungen)	maximal 2 556,30	maximal 2 530,00
Berufliche Rehabilitation (Kannleistungen)	maximal 383,89	maximal 170,00
Leistungen an schwerbehinderte Menschen	294,75	216,00
Arbeitslosengeld bei beruflicher Weiterbildung	0,00	1 100,00
Überhöhte Zahlungen im Rahmen des Kurzarbeitergelds und des Transferkurzarbeitergelds	?[2]	?[2]
Sofortprogramm zum Abbau der Jugendarbeitslosigkeit	446,04	30,00
Entgeltsicherung für ältere Arbeitnehmer	22,09	34,50
Förderung von Transfermaßnahmen	3,37	15,00
Eingliederung bei Berufsrückkehr	4,56	0,00
Altersteilzeit	985,75	1 000,00
Integrationsfachdienste	44,47	4,40
Institutionelle Förderung	20,57	13,20
Sonstige Ausgaben	- 0,13	0,70
Leistungen zum Ersatz des Arbeitsentgelts (Kap. 4)		
Kinderzuschlag beim Arbeitslosengeld	700,00	700,00
Differenzierte Bezugsdauer des Arbeitslosengelds	4 000,00	4 000,00
Aussteuerungsbetrag (§ 46 Abs. 4 SGB III)[3]	0,00	6 717,00
Sonstige Ausgaben zur Erfüllung der Aufgaben der BA einschließlich Verwaltungsaufwendungen (Kap. 5)		
Verwaltungsausgaben für versicherungsfremde Leistungen	?[2]	?[2]
Summe	> 13 389,05	> 18 847,56

1) Im Wesentlichen Soll-Werte des Haushaltsplans 2005; für die Ermessensleistungen des Kap. 2: Ist-Werte bis September 2005, da für die einzelnen Posten in Kap. 2 im Haushaltsplan keine Werte angegeben werden; eigene Berechnungen. - 2) Nicht quantifizierbar. - 3) Der tatsächlich gezahlte Aussteuerungsbetrag im Jahr 2005 dürfte etwas niedriger liegen als im Haushaltsplan veranschlagt (Ziffer 376). BA: Bundesagentur für Arbeit.

Quellen für Grundzahlen: BA, eigene Berechnungen

Zeiten, in denen Versicherte infolge eines Krieges oder aus kriegsbedingten Gründen an der Entrichtung von Beiträgen gehindert waren, werden als Ersatzzeiten rentenerhöhend berücksichtigt. Dies widerspricht dem Prinzip der Teilhabeäquivalenz, und daher sind Ersatzzeiten als versicherungsfremd zu qualifizieren. Gleiches gilt für die Berücksichtigung von Ausbildungszeiten als Anrechnungszeiten sowie für Höherbewertungen (JG 2004 Ziffer 316). So werden zum Beispiel im Rahmen der Rente nach Mindesteinkommen niedrige Pflichtbeiträge unter bestimmten Voraussetzungen höher bewertet. Auch die Gewährung von abschlagsfreien Altersrenten vor Eintritt des gesetzlichen Renteneintrittsalters begründet eine versicherungsfremde Umverteilung. Erwerbsminderungsrenten aufgrund der Arbeitsmarktlage fallen in den Verantwortungsbereich der Arbeitslosenversicherung und sind somit sozialversicherungszweigfremd, sofern die relevante Alternative die Gewährung von Arbeitslosengeld ist. Höhere Renten aufgrund von angerechneten Kindererziehungszeiten für Geburten vor dem Jahr 1992 sind deshalb versicherungsfremd, da die Familienförderung in den Aufgabenbereich der gesamten Gesellschaft fällt. Für Geburten ab dem Jahr 1992 entrichtet der Bund Beiträge für Kindererziehungszeiten, womit eine adäquate Finanzierung aus allgemeinen Steuermitteln gewährleistet ist. Nicht dem Versicherungszweck entsprechend ist der Wanderungsausgleich. Dieser wird von der Arbeiterrenten- und Angestelltenversicherung an die Bundesknappschaft zur Kompensation des dortigen Mitgliederschwunds aufgrund des strukturellen Wandels im Bergbau gezahlt. Dabei wird unterstellt, dass die aus welchen Gründen auch immer aus der Bundesknappschaft ausscheidenden Mitglieder zur Arbeiterrenten- und Angestelltenversicherung abgewandert sind und insofern ein Ausgleichsanspruch entsteht. Da die Bundesknappschaft einen Teil der Gesetzlichen Rentenversicherung darstellt, liegt bei Betrachtung der gesamten Gesetzlichen Rentenversicherung keine versicherungsfremde Leistung vor. Unterbliebe die Zahlung des Wanderungsausgleichs allerdings, würde sich in gleichem Ausmaß aufgrund einer Haftungsgarantie des Bundes für die Bundesknappschaft der Bundeszuschuss an die Bundesknappschaft erhöhen. Da auch für die auf versicherungsfremde Leistungen zurückgehenden Rentenbestandteile Krankenversicherungsbeiträge entrichtet werden, stellt ein Teil des Zuschusses der Rentenversicherungsträger zur Krankenversicherung der Rentner und bis zum 1. April 2004 zur Pflegeversicherung der Rentner ebenfalls versicherungsfremde Leistungen dar. Dieser Anteil wird in einem Bericht der Bundesregierung mit 4,1 Mrd Euro für das Jahr 2003 beziffert (o.V., 2004).

553. Zu diskutieren ist die Frage, ob zum Versicherungszweck der Gesetzlichen Rentenversicherung auch die Hinterbliebenenversorgung, die Erwerbsminderungsrenten und Rehabilitationsleistungen zählen. Wird dies verneint, ist zu klären, ob diese Leistungen in einer anderen Pflichtversicherung abzusichern sind. Entsprechend würde es sich nicht um sozialversicherungsfremde, sondern um sozialversicherungszweigfremde Leistungen handeln. Eine Umfinanzierung über Steuern käme für diese Leistungen dann nicht in Frage. Bei der **Hinterbliebenenversorgung** tritt aber noch ein weiterer Aspekt hinzu, der eine Qualifizierung als versicherungsfremde Leistung nahe legt. In seiner Abgrenzung der nicht beitragsgedeckten Leistungen aus dem Jahr 1995 hatte der VDR die Hinterbliebenenversorgung nicht als versicherungsfremde Leistung eingestuft, da unterstellt wurde, dass diese Leistung zwar nicht auf einer eigenen, aber gleichwohl auf einer dem Versicherungssystem zuzurechnenden Beitragsleistung – nämlich der des verstorbenen Versicherten – beruhe. Daher könne die Hinterbliebenenversorgung als Versicherungsleistung bewertet werden. Diese Einordnung ist seit einem Urteil des Bundesverfassungsgerichtes problematisch. Nach Ansicht des Bundesverfassungsgerichtes (BVerfGE 97, 271) ist die Hinterbliebenenrente eine vorwiegend fürsorglich motivierte Leistung, da sie ohne eigene Beitragsleistung des Rentenempfängers und ohne erhöhte Beitragsleistung des Versicherten gewährt wird. Der Fürsorgecharakter der Hinterbliebenenrenten zeigt sich auch daran, dass grundsätzlich alle über einen Freibetrag hinausgehenden Einkünfte bei der Bemessung der Hinterbliebenenrenten angerechnet werden. Die höchstrichterliche Entscheidung unterstreicht den Charakter der Hinterbliebenenversorgung als bedarfsgeprüfte Transferzahlung, die somit nicht mehr als Versicherungsleistung der Gesetzlichen Rentenversicherung eingeordnet werden kann. Folglich ist sie aus Steuermitteln und nicht aus Rentenversicherungsbeiträgen zu finanzieren.

Anders ist das seit dem 1. Januar 2002 von den Versicherten als Alternative zur abgeleiteten Hinterbliebenenversorgung wählbare **Rentensplitting** zu bewerten. Das Splitting beruht auf dem Grundgedanken der Ehe als lebenslange Bedarfsgemeinschaft und der daraus erwachsenden Versorgungs- und Unterhaltspflicht. Entsprechend werden die in einer Ehe erworbenen Anwartschaften hälftig aufgeteilt (JG 2001 Ziffer 253). Eine Einkommensanrechnung gibt es konsequenterweise nicht. Damit ist das Rentensplitting die adäquate Ausgestaltung für die Hinterbliebenenversorgung der Ehegatten im Rahmen der Gesetzlichen Rentenversicherung. Diejenigen Zahlungen für Witwen- und Witwerrenten, die die alternativen Zahlungen bei Anwendung des Rentensplittings übersteigen, sind somit als versicherungsfremd einzustufen. Sie werden auf rund 6 Mrd Euro für das Jahr 2003 beziffert (o.V., 2004). Die Waisenrenten haben eindeutig Fürsorgecharakter und sind versicherungsfremd. Sie machten im Jahr 2003 rund 0,8 Mrd Euro aus.

554. Umstritten ist auch die Einordnung der **West-Ost-Transfers** und der in Ostdeutschland erworbenen und festgesetzten Renten (Ostrenten). Der West-Ost-Transfer entspricht dem Defizit aus den Einnahmen und Ausgaben der Rentenversicherung in den neuen Bundesländern. In der Abgrenzung aus dem Jahr 1995 stufte der VDR diese Transferzahlung nicht als versicherungsfremd ein, da regionale Ausgleichsmaßnahmen innerhalb des Rentenversicherungssystems als Ausdruck des systemimmanenten Solidarprinzips betrachtet werden müssten (Ruland, 1995). Dagegen wird argumentiert, dass das Defizit der Rentenversicherung in den neuen Bundesländern aus den massiven Strukturproblemen in Ostdeutschland resultiere, die mit dem auf die Vereinigung zurückzuführenden Übergang von der Zentralverwaltungs- zur Marktwirtschaft zu begründen seien. Daher sei der zusätzliche Finanzbedarf der Rentenversicherung in den neuen Bundesländern nicht mit dem „normalen" regionalen Finanzausgleich der Rentenversicherung zu vergleichen. Kosten, die im Zusammenhang mit der Wiedervereinigung entstehen, seien von der gesamten Gesellschaft und nicht nur von den Mitgliedern der Gesetzlichen Rentenversicherung zu tragen. Aus diesem Grund wird in einem Bericht der Bundesregierung in einer erweiterten Abgrenzung der West-Ost-Transfer als nicht beitragsgedeckte Leistung eingestuft und für das Jahr 2003 mit 13,6 Mrd Euro beziffert (o.V., 2004). Genauso wie bei den anderen Sozialversicherungszweigen, in denen ein solcher West-Ost-Transfer stattfindet, folgt der Sachverständigenrat dieser Argumentation nicht. Denn zum einen ist es nicht möglich, den Teil des Defizits, der auf diese Besonderheiten zurückzuführen ist, zu bestimmen. Zum anderen gibt es auch in Ostdeutschland Regionen, die diese Besonderheiten gar nicht aufweisen. Deshalb ist eine solche Abgrenzung weder überzeugend noch praktikabel.

555. Eine belastbare Begründung für die Klassifizierung der West-Ost-Transfers als versicherungsfremdes Element könnte aber aus einer anderen Argumentation erwachsen. Grundsätzlich gilt zwar, dass der Defizitausgleich einer bestimmten Region durch Transfers aus den anderen Regionen Ausfluss des versicherungstypischen regionalen Ausgleichs ist; allerdings trifft dies nur dann uneingeschränkt zu, wenn in den beiden Regionen die gleichen Regelungen und institutionellen Rahmenbedingungen bestehen. Genau dies galt und gilt aber für den ostdeutschen Teil der Gesetzlichen Rentenversicherung nicht. Dies wird zum Beispiel an den immer noch bestehenden unterschiedlichen Beitragsbemessungsgrenzen deutlich oder daran, dass in den neuen Bundesländern eine gesonderte Rentenanpassung nach Maßgabe der dortigen Lohnentwicklung vorgenommen wird. Von daher könnte man die Gesetzliche Rentenversicherung in Ostdeutschland als eine gesonderte umlagefinanzierte Rentenversicherung auffassen. Wird ein Defizit dieser Rentenversicherung durch Transferzahlungen der Rentenversicherung in Westdeutschland gedeckt, dann sind diese Transfers für die westdeutsche Rentenversicherung versicherungsfremd. Die Alternative zu diesen Transferzahlungen wäre ein höherer Beitragssatz in den neuen Ländern. Wird dies aus wirtschafts- oder beschäftigungspolitischen Gründen abgelehnt, dann können die Transfers zur Defizitdeckung als gesamtgesellschaftliche Aufgabe interpretiert werden, die über Steuern und nicht über Beiträge zu finanzieren ist. Ursprünglich war eine solche Defizithaftung des Bundes im Einigungsvertrag von 1990 sogar vorgesehen (Ruland, 1995). Aber auch wenn man dieser Argumentation folgt, stellt sich die Frage, ob die Unterschiede zwischen den Rentenversicherungen in den beiden Rechtskreisen beziehungsweise Gebietsständen ausreichen, um von zwei selbständigen Rentenversicherungen zu sprechen.

Bei der Quantifizierung der West-Ost-Transfers als versicherungsfremde Leistung muss berücksichtigt werden, dass das Defizit der Rentenversicherung Ost auch aus Ausgaben für Leistungen resultiert, die als versicherungsfremd einzustufen sind. Um bei der Bestimmung des Gesamtvolumens der versicherungsfremden Leistungen Doppelzählungen zu vermeiden, darf der West-Ost-Transfer nur anteilig berücksichtigt werden. Die bisher betrachteten nicht beitragsgedeckten Leistungen (ohne den West-Ost-Transfer) betragen bezogen auf die Rentenausgaben der Arbeiterrenten- und Angestelltenversicherung von 196 Mrd Euro im Jahr 2003 rund 33 vH. Entsprechend sollten nur 67 vH des West-Ost-Transfers bei der Ermittlung des Gesamtvolumens der versicherungsfremden Leistungen der Rentenversicherung berücksichtigt werden. Im Jahr 2003 waren das 9,2 Mrd Euro.

556. Auch die **Ostrenten** selbst könnten als versicherungsfremd aufgefasst werden, insofern Rentenzahlungen geleistet werden, denen keine früheren Beitragszahlungen in das Rentenversicherungssystem gegenüberstehen. Doch auch dieser Argumentation kann entgegen gehalten werden, dass man die Ostrenten, die ohne frühere Beitragszahlung geleistet werden, als ein für das Umlagesystem typisches „Einführungsgeschenk" interpretieren kann. Ein solches Einführungsgeschenk entsteht bei jeder Einrichtung eines Umlagesystems – in Deutschland zuletzt bei Einführung der Sozialen Pflegeversicherung, in der jeder faktisch sofort leistungsberechtigt war. Als eine solche Einführung kann man die Ausweitung des Rentenversicherungssystems Westdeutschlands auf das Gebiet der neuen Bundesländer interpretieren. Entsprechend wären die sofort gezahlten Ostrenten ein versicherungstypischer Umverteilungsstrom.

557. Einen versicherungsfremden Charakter erhalten die Ostrenten allerdings dann, wenn sie nach anderen Regeln bestimmt wurden oder wenn sie nach anderen Regeln als in Westdeutschland dynamisiert wurden und deshalb höher ausfallen. So lag zum Zeitpunkt der Vereinigung das Nettorentenniveau in der DDR zwischen 49 vH und 63 vH und damit deutlich niedriger als in der Bundesrepublik (rund 70 vH). Mit dem Vertrag zur Wirtschafts-, Währungs- und Sozialunion wurde das Nettorentenniveau der Ostrentner erhöht. So wurde für einen Durchschnittsrentners der DDR das Nettorentenniveau auf 70 vH des ostdeutschen Durchschnittslohns angehoben, was dem damaligen Nettorentenniveau in Westdeutschland entsprach. Insgesamt kam es mit der Vereinigung für die Männer zu durchschnittlichen Erhöhungen des Zahlbetrags der Monatsrente um 174 DM und für die Frauen um durchschnittlich 105 DM. Diese Anhebung des Einkommensniveaus der Bestandsrentner in Ostdeutschland im Vergleich zu einem Arbeitnehmer in Ostdeutschland ist als eine sozialpolitisch motivierte Leistung zu interpretieren und damit nicht über Beiträge zu finanzieren. Ferner wird in den neuen Bundesländern eine Höherbewertung der Entgelte bei Ermittlung der Entgeltpunkte dergestalt vorgenommen, dass die Entgelte mit einem Faktor größer eins multipliziert werden. Ziel der Höherbewertung ist die Angleichung der Eckrenten in Ostdeutschland an das westdeutsche Niveau. Dieser Aufholprozess verlief bei den Renten deutlich schneller als bei den Löhnen. Mithin wurden gemessen an der der Rentenanpassung zugrunde liegenden Lohnentwicklung überproportional viele Entgeltpunkte gutgeschrieben (o. V., 2004). Zudem kam es zu Beginn der neunziger Jahre zu starken Rentenanpassungen. Solche Sonderregelungen sind mit sozial- beziehungsweise verteilungspolitischen Motiven begründet. Der Teil der Ostrentenzahlungen, der auf die Anwendung dieser Sonderregelungen zurückzuführen ist, ist daher als versicherungsfremd einzustufen und nicht durch die Versichertengemeinschaft, sondern durch alle Steuerzahler zu finanzieren. Soweit die höheren Renten in Ostdeutschland dagegen aufgrund der durchgängigen Versicherungsbiographien auf eine höhere Anzahl von Versicherungsjahren zurückzuführen sind, liegt keine versicherungsfremde Leistung vor.

Tabelle 38

Versicherungsfremde Leistungen der Arbeiterrenten- und Angestelltenversicherung sowie Bundeszuschüsse

Mrd Euro

Position	2003	2007
Ersatzzeiten	4,1	1,6
Zeiten nach dem Fremdrentengesetz	5,6	5,2
Anrechnungszeiten	8,9	8,5
Altersrenten vor Vollendung des 65. Lebensjahres (ohne Abschlag)	14,0	11,9
Kindererziehungszeiten (für Geburten vor 1992)	5,2	6,2
Kindererziehungsleistungen	0,8	0,5
Erwerbsminderungsrenten wegen Arbeitsmarktlage	1,5	0,6
Renten nach Mindesteinkommen	3,3	2,6
Höherbewertung der Berufsausbildung	4,7	4,1
Wanderungsausgleich	(1,7)	(2,0)
Anteiliger Zuschuss zur KVdR + PVdR	4,1	2,7
Nachgezahlte Beiträge	1,3	1,1
Sonstige, wie etwa Sachbezüge vor 1957	1,8	1,2
Summe gemäß der Abgrenzung des VDR aus dem Jahr 1995[1)	**57,0**	**48,2**
Waisenrenten	0,8	0,8
Das Splitting übersteigender Anteil der Witwen-/Witwerrenten	6,0	8,0
Zwischensumme	**63,8**	**57,0**
West-Ost-Transfer[2)	(9,2)	(9,2)
Darunter: Überhöht festgesetzte Ostrenten	?	?
Insgesamt (maximal)	**73,0**	**66,2**
Bundeszuschüsse	**53,9**	**56,8**
Nachrichtlich: Zweckgebundene Zahlungen des Bundes an die GRV		
- Beiträge für Kindererziehungszeiten (für Geburten ab 1992)	11,9	
- Defizitausgleich der Knappschaftlichen Rentenversicherung	7,2	
- für Überführung von Zusatzversorgungssystemen in die Rentenversicherung in den neuen Ländern	2,5	
- Werkstätten für behinderte Menschen	0,9	
- für einigungsbedingte Leistungen an ArV/AnV	0,7	
- Sonstige	0,2	

1) Mit Berücksichtigung des Wanderungsausgleichs. - 2) Defizit der Rentenversicherung Ost ohne Berücksichtigung der versicherungsfremden Leistungen. Im Jahr 2003 betrug das Defizit 13,6 Mrd Euro, für 2007 wird es von der Bundesregierung auf 12,8 Mrd Euro geschätzt. Die Rentenausgaben der Arbeiterrenten- und Angestelltenversicherung (ArV/AnV) für das Jahr 2003 betrugen 196 Mrd Euro, für das Jahr 2007 werden sie auf 204 Mrd Euro veranschlagt. KVdR: Krankenversicherung der Rentner; PVdR: Pflegeversicherung der Rentner.

Quelle: O.V. (2004), eigene Berechnungen

558. Das **Gesamtvolumen der versicherungsfremden Leistungen** der Gesetzlichen Rentenversicherung hängt entscheidend davon ab, in welchem Umfang die Hinterbliebenenversorgung und die West-Ost-Transfers beziehungsweise Teile der Ostrenten bei der Quantifizierung berücksichtigt werden. Zu den versicherungsfremden Leistungen nach Abgrenzung des VDR aus dem

Jahr 1995 in Höhe von bis zu 57 Mrd Euro kommen noch die Waisenrenten in Höhe von 0,8 Mrd Euro, der das Splitting übersteigende Teil der Witwen- und Witwerrenten in Höhe von 6 Mrd Euro und ein nicht genauer quantifizierbarer Betrag aufgrund der höheren Ostrenten hinzu. Das Gesamtvolumen der versicherungsfremden Leistungen in der Rentenversicherung liegt damit bei 60 bis 70 Mrd Euro. Folgte man der Argumentation, dass die Rentenversicherung Ost ein eigenständiges System darstellt, und betrachtete deshalb die gesamten West-Ost-Transfers als versicherungsfremd, ergäbe sich ein Volumen bis zu 73 Mrd Euro. Diesen Beträgen stand im Jahr 2003 ein Bundeszuschuss von 53,9 Mrd Euro gegenüber. Damit verbleiben für das Jahr 2003 versicherungsfremde Leistungen von 6 bis 19 Mrd, die nicht durch den Bundeszuschuss gedeckt sind.

Gesamtvolumen der versicherungsfremden Elemente

559. Das Volumen der versicherungsfremden Elemente in allen Zweigen der Sozialversicherung beläuft sich auf über 130 Mrd Euro, wobei der größte Teil auf die Gesetzliche Rentenversicherung und die Gesetzliche Krankenversicherung entfällt. In der Gesetzlichen Krankenversicherung sind vor allem die versicherungsfremden Umverteilungsströme quantitativ von besonderer Bedeutung. Die Einteilung der Versichertengemeinschaft in Pflichtmitglieder, freiwillige Mitglieder, Mitglieds-Rentner und mitversicherte Familienangehörige und die daraus ableitbaren versicherungsfremden Umverteilungsströme von über 40 Mrd Euro liefern eine gute Annäherung an das Gesamtvolumen der versicherungsfremden Umverteilung in der Gesetzlichen Krankenversicherung, das sich als Summe der positiven oder negativen versicherungsfremden Deckungsbeiträge je Versicherten ergibt. Ähnliches gilt für die versicherungsfremde Umverteilung in der Pflegeversicherung, die insgesamt rund 5 Mrd Euro ausmacht. Den versicherungsfremden Elementen stehen Zahlungen des Bundes in das Sozialversicherungssystem in Höhe von gut 60 Mrd Euro gegenüber. Damit ergibt sich in den betrachteten vier Sozialversicherungszweigen ein Fehlfinanzierungsvolumen von mindestens 65 Mrd Euro (Tabelle 39).

III. Stärkung des Äquivalenzprinzips: Beseitigung oder Umfinanzierung der versicherungsfremden Elemente

560. Versicherungsfremde Elemente erhöhen die Sozialversicherungsbeiträge und vergrößern den Steueranteil in den Beiträgen, was Ausweichreaktionen zulasten der sozialversicherungspflichtigen Beschäftigung sowohl auf Seiten des Arbeitsangebots als auch auf Seiten der Arbeitsnachfrage hervorruft. Ziel muss deshalb sein, den durch die versicherungsfremden Elemente bedingten Steueranteil in den Beiträgen zu reduzieren. In der Krankenversicherung und der Pflegeversicherung kann dies am wirksamsten durch einen Systemwechsel zu einem Pauschalbeitragssystem geschehen. In der Arbeitslosenversicherung und in der Gesetzlichen Rentenversicherung, in denen im Wesentlichen Lohnersatzleistungen gezahlt werden und deshalb das Äquivalenzprinzip deutlicher ausgeprägt ist, sind einkommensabhängige Beiträge adäquat und somit eine Änderung in der Beitragsbemessung nicht angezeigt. Hier könnte durch eine Umfinanzierung der versicherungsfremden Leistungen über einen höheren Bundeszuschuss eine Beitragssatzsenkung herbeigeführt werden. Dies hilft, die Ausweichreaktionen zulasten der sozialversicherungspflichtigen Beschäftigung zu dämpfen und damit die Systeme zu stabilisieren.

1. Bürgerpauschale in der Krankenversicherung

561. Für eine beschäftigungsfreundlichere Ausgestaltung des Krankenversicherungssystems ist die Reduktion des Steuercharakters der Krankenversicherungsbeiträge geboten. Eine solche Reduktion kann durch den Übergang zu dem vom Sachverständigenrat im Jahresgutachten 2004 vorgeschlagenen Pauschalbeitragssystem der **Bürgerpauschale** erreicht werden (JG 2004 Ziffern 485 ff.). Nach diesem Konzept für eine Reform der Finanzierung des Krankenversicherungssystems soll eine beschäftigungsfreundlichere Ausgestaltung des Versicherungssystems erreicht werden, indem an den Durchschnittskosten der Mitglieder orientierte, einkommensunabhängige Pauschalbeiträge erhoben werden und die gesamte Wohnbevölkerung versicherungspflichtig ist. Verbunden wird dies mit einem steuerfinanzierten sozialen Ausgleich.

Tabelle 39

Gesamtvolumen der versicherungsfremden Elemente in den Sozialversicherungszweigen

Mrd Euro

Gesetzliche Krankenversicherung	45
Darunter:	
Leistungen für die mitversicherten Familienangehörigen[1]	25,0
Davon:	
Ehegatten	10,0 bis 12,0
Kinder	13,0 bis 15,0
Nicht gezahlte Beiträge der mitversicherten Familienangehörigen	13,7
Einkommensumverteilung an die Mitglieds-Rentner[1]	2,7
Leistungen bei Schwangerschaft und Mutterschaft	2,4
Zuzahlungsbefreiungen	0,3
Soziale Pflegeversicherung	5
Darunter:	
Leistungen für die mitversicherten Familienangehörigen	1,2
Davon:	
Ehegatten	0,6
Kinder	0,6
Nicht gezahlte Beiträge der mitversicherten Familienangehörigen	3,4
Einkommensumverteilung an die Mitglieds-Rentner	0,3
Arbeitslosenversicherung	19
Darunter:	
Kinderzuschlag beim Arbeitslosengeld	0,7
Differenzierte Bezugsdauer des Arbeitslosengelds	4,0
Sonstige Leistungen der aktiven Arbeitsmarktförderung	6,5
Aussteuerungsbetrag[2]	6,7
Gesetzliche Rentenversicherung	**60 bis 70**
Darunter:	
Nicht beitragsgedeckte Leistungen nach Abgrenzung des VDR 1995	57,0
Hinterbliebenenversorgung	6,8
West-Ost-Transfer	(9,2)
Summe der versicherungsfremden Elemente	rund 130
Zahlungen des Bundes an die Gesetzliche Krankenversicherung	2,5 bis 4,2
Zahlungen des Bundes an die Arbeitslosenversicherung	4,0[a]
Bundeszuschüsse an die Gesetzliche Rentenversicherung	53,9
Summe der Zahlungen des Bundes	**60,4 bis 62,1**
Fehlfinanzierungsbetrag (potentielles Umfinanzierungsvolumen)	**65 bis 70**

1) Um Doppelzählungen zu vermeiden, kann man bei der Berechnung der versicherungsfremden Umverteilungsströme die versicherungsfremden Leistungen in Höhe von 2,7 Mrd Euro ausgabenmindernd berücksichtigen. Die versicherungsfremde Umverteilung an die Mitversicherten und an die Mitglieds-Rentner vermindert sich dann um jeweils 0,4 Mrd Euro. – 2) Im Haushaltsplan der Bundesagentur für Arbeit veranschlagter Betrag. – a) Veranschlagter Bundeszuschuss zur Defizitdeckung der Arbeitslosenversicherung im Jahr 2005; die Höhe variiert mithin von Jahr zu Jahr.

In einem solchen Pauschalbeitragssystem wird die Lohnabhängigkeit der Krankenversicherungsbeiträge beseitigt. Zudem sind Pauschalbeiträge geeignet, die versicherungsfremde Umverteilung im Krankenversicherungssystem zu verringern und damit den Steueranteil in den Krankenversicherungsbeiträgen zu reduzieren. Die versicherungsfremde Umverteilung könnte gar vollständig durch einen Systemwechsel hin zu einem **idealtypischen Pauschalbeitragssystem**, in dem alle Versicherten einen gleich hohen, an den Durchschnittskosten je Versicherten bemessenen Beitrag zahlen, beseitigt werden. Die Umverteilung innerhalb des Krankenversicherungssystems würde sich dann nur noch auf die Umverteilung zwischen niedrigen und hohen Gesundheitsrisiken beschränken. Der Steueranteil in den Beiträgen würde auf das sozialversicherungstypische Maß reduziert und das Äquivalenzprinzip gestärkt. Wollte man in einem solchen reinen Pauschalbeitragssystem die beitragsfreie Mitversicherung der Kinder erhalten, müssten die Beitragszahlungen für die Kinder aus dem allgemeinen Steueraufkommen finanziert werden.

In dem vom Sachverständigenrat vorgeschlagenen Pauschalbeitragssystem der **Bürgerpauschale** wird die Beitragsfreiheit der Kinder – abweichend vom idealtypischen System – dadurch gewährleistet, dass die Beiträge für die Kinder auf die anderen (erwachsenen) Versicherten umgelegt werden. Der Pauschalbeitrag fällt entsprechend höher aus als im idealtypischen System, da er einen versicherungsfremden Steueranteil – nunmehr als eine Art Pauschalsteuer – enthält, mit dem die (versicherungsfremden) Transfers an die Kinder finanziert werden. Weil nach dem Konzept des Sachverständigenrates alle Bürger in das Pauschalbeitragssystem einbezogen sind, wird dieser Steueranteil nun aber ordnungspolitisch korrekt von der gesamten Gesellschaft aufgebracht und nicht wie vorher nur von den gesetzlich Krankenversicherten. Zudem sind aufgrund des Pauschalsteuercharakters die Verzerrungen geringer. Die Beitragsfreiheit der Kinder würde also auch im System der Bürgerpauschale eine versicherungsfremde Umverteilung mit sich bringen. Die sonstigen versicherungsfremden Transfers von hohen zu geringen Einkommen und die zugunsten von mitversicherten Ehegatten wären aber vollständig beseitigt und damit der Steuercharakter der Beiträge erheblich reduziert.

562. Ein **Bundeszuschuss** zur Abdeckung beziehungsweise Beseitigung von versicherungsfremden Elementen erweist sich gegenüber einem Systemwechsel zu Pauschalbeiträgen als zielungenau und ist insofern abzulehnen. Denn ein allgemeiner Bundeszuschuss an die Gesetzliche Krankenversicherung reduziert den allgemeinen Beitragssatz und damit den versicherungsfremden Deckungsbeitrag nicht nur derjenigen, die die versicherungsfremde Umverteilung finanzieren, sondern auch die Deckungsbeiträge der Transferempfänger. Mithin müsste ein Bundeszuschuss, der zum Ziel hat, die versicherungsfremden Transfers zu beseitigen, vom Volumen her höher ausfallen als die vorher quantifizierten ursprünglichen versicherungsfremden Umverteilungsströme (Kasten 13).

Unterstellt man, dass ein Bundeszuschuss in Höhe der berechneten versicherungsfremden Umverteilung an die mitversicherten Familienangehörigen von 38,7 Mrd Euro gezahlt wird, dann führt dies zu einer Reduktion des Beitragssatzes in Höhe von 4 Prozentpunkten. Durch diesen Bundeszuschuss ergibt sich für die gesamte Versichertengemeinschaft ein negativer Deckungsbeitrag in Höhe des Zuschusses. Dadurch dass alle Mitglieder nun bei gleichen Leistungen geringere Beiträge zahlen, verringern sich der Deckungsbeitrag der Transferzahler (Pflichtmitglieder und freiwillige Mitglieder) und damit deren versicherungsfremde Umverteilungszahlungen von insgesamt 41,3 Mrd Euro (30,9 Mrd Pflichtmitglieder, 10,4 Mrd freiwillige Mitglieder) auf 11,0 Mrd Euro (6,3 Mrd Pflichtmitglieder, 4,7 Mrd freiwillige Mitglieder). Da die Beitragssatzreduktion aber auch für die Gruppe der Mitglieds-Rentner gilt, erhöht sich der implizite Transfer an diese Gruppe um 8,4 Mrd Euro. Ein Teil des Bundeszuschusses wird damit nicht zum Abbau der versicherungsfremden Umverteilungszahlungen der Pflichtmitglieder und freiwilligen Mitglieder verwendet, sondern vergrößert den Umverteilungsstrom an bisherige Empfängergruppen (Tabelle 40).

Die Zielgenauigkeit eines Bundeszuschusses zur Beseitigung versicherungsfremder Umverteilungsströme könnte erhöht werden, wenn nur die Finanziers der versicherungsfremden Umverteilung in den Genuss der durch den Bundeszuschuss erzeugten Beitragssatzsenkung kämen. Da die Transfers zu den mitversicherten Familienangehörigen von den Pflichtmitgliedern und den freiwilligen Mitgliedern aufgebracht werden, wäre es denkbar, die durch den Bundeszuschuss ermöglichte Beitragssatzsenkung auf diese Personengruppen zu konzentrieren. Die Folge wären **differenzierte Beitragssätze für AKV und KVdR**. Allerdings bliebe die versicherungsfremde Einkommensumverteilung innerhalb einer Gruppe von Beziehern hoher Einkommen zu Beziehern niedriger Einkommen oder die versicherungsfremde Umverteilung von Männern zu Frauen auch in diesem Fall bestehen.

Tabelle 40

Umverteilungsströme vor und nach Zahlung eines Bundeszuschusses[1] in der Gesetzlichen Krankenversicherung

Gruppe	Anzahl	Deckungsbeitrag		Versicherungsfremde Umverteilung	
	V_i	D_i	D^{neu}_i	Vf_i	Vf^{neu}_i
	Personen in Tausend	Mrd Euro			
	(1)	(2)	(3)	(4)	(5)
Versicherte, insgesamt	70 422	0,0	-38,7	0,0	-38,7
Mitglieder/Mitversicherte					
Pflichtmitglieder	28 842	43,2	18,7	30,9	6,3
Freiwillige Mitglieder	5 046	10,5	4,8	10,4	4,7
Mitglieds-Rentner	16 696	-28,7	-37,2	-2,7	-11,1
Mitversicherte Familienangehörige	19 839	-25,0	-25,0	-38,7	-38,7

1) Der Bundeszuschuss beträgt 38,7 Mrd Euro (siehe Ziffer 531).

563. Als eine mögliche Reformmaßnahme in der neuen Legislaturperiode wird derzeit ein Bundeszuschuss zur Deckung der (versicherungsfremden) Gesundheitsausgaben für die Kinder diskutiert (**Steuerfinanzierung der Kinderversicherung**). Ein solcher Zuschuss müsste rund 14 Mrd Euro betragen und würde eine Beitragssatzsenkung von rund 1,4 Prozentpunkten erzeugen. Grundsätzlich ist eine Steuerfinanzierung dieser Familienleistungen zu begrüßen. Allerdings wurde gezeigt, dass ein Bundeszuschuss zielungenau ist. Die impliziten versicherungsfremden Transfers der Pflichtmitglieder und der freiwilligen Mitglieder werden dadurch zwar verringert, die Umverteilung zum Beispiel zu den Mitglieds-Rentnern würde aber um 3 Mrd Euro ansteigen. Zu berücksichtigen ist zudem, dass entsprechende Leistungen für die Kinder, die in der privaten Krankenversicherung versichert sind, aus Gründen der Gleichbehandlung kaum verweigert werden könnten. Dadurch würde sich der Finanzbedarf um etwa 2 Mrd Euro erhöhen. Solche Gleichbehandlungsprobleme treten im System der Bürgerpauschale nicht auf, da die Versicherungspflicht für alle gilt, der Versichertenkreis also die gesamte Wohnbevölkerung umfasst.

564. Genau diese Abgrenzung des Versichertenkreises stellt in dem vom Sachverständigenrat vorgeschlagenen Konzept ein zentrales Element dar. Es wird ein **einheitlicher Krankenversicherungsmarkt** geschaffen, indem die Versicherungspflichtgrenze abgeschafft wird und die gesamte Wohnbevölkerung, also auch Beamte und Selbständige, im System der Bürgerpauschale versicherungspflichtig sind. Für die Versicherungspflichtgrenze gibt es keine allokative Rechtfertigung, sie generiert im Gegenteil eine Tendenz zur Risikoentmischung und ist auch aus verteilungspolitischen Gründen bedenklich (JG 2004 Ziffern 487 ff.). Ein einheitlicher Markt darf nicht verwechselt werden mit einer Einheitskasse und auch nicht mit einer Abschaffung der privaten Krankenversicherung als Vollversicherung. Ein auf diese Weise durch einen Wegfall der Versicherungspflichtgrenze und die Einbeziehung von Beamten und Selbständigen etablierter einheitlicher Markt – in dem dann freilich auch die privaten Krankenversicherungen die Bürgerpauschale anbieten und ihre derzeitige Prämienbemessung beziehungsweise das Geschäftsmodell für die Vollversicherung aufgeben müssen – ist erforderlich, um einen fairen und effizienten Wettbewerb zwischen den Anbietern von Krankenversicherungsleistungen zu etablieren, und genau das soll mit einem Wegfall der Versicherungspflichtgrenze erreicht werden. In der öffentlichen Diskussion steht dagegen eher die Frage nach der Art der **Beitragsbemessung** im Vordergrund. Hier kann man einkommensabhängige Beiträge (Bürgerversicherung), risikoadjustierte Beiträge (Private Krankenversicherung) oder Pauschalbeiträge (Bürgerpauschale, Gesundheitsprämie) unterscheiden. Die von der SPD und Bündnis 90/Die Grünen propagierte Bürgerversicherung ist im Kern eine Finanzierung der Krankenkassen über eine beschäftigungsfeindliche proportionale Einkommensteuer auf alle Einkunftsarten bis zu einer oder mehreren Beitragsbemessungsgrenzen. Im PKV-System ist das Problem der Portabilität der Alterungsrückstellungen noch nicht hinreichend gelöst, was den Wettbewerb dort erheblich einschränkt. Zudem lassen die Übergangsprobleme zu einem kapitalgedeckten System eine solche Systemumstellung unrealistisch erscheinen (JG 2004 Ziffern 536 ff. und Ziffer 555). Der vermeintliche Vorteil des PKV-Systems, namentlich die **Kapitaldeckung**, kann auch im System der Bürgerpauschale ergänzend hinzutreten, dann aber dergestalt – etwa durch eine externe Beitragsstabilisierungsversicherung (JG 2004 Ziffern 514 ff.) –, dass dadurch nicht, wie derzeit in der Privaten Krankenversicherung durch die mangelnde Portabilität der versicherungsinternen Alterungsrückstellungen, der Wettbewerb zwischen den Krankenversicherungen um den Versichertenbestand verhindert wird.

565. Im Einzelnen weist das Konzept der Bürgerpauschale die folgenden Eigenschaften auf:
– Die gesamte Wohnbevölkerung ist im neuen Krankenversicherungssystem versicherungspflichtig.
– Der Leistungskatalog beschränkt sich auf die medizinisch notwendigen Leistungen zum Beispiel nach dem Vorbild des gegenwärtigen Leistungskatalogs der Gesetzlichen Krankenversicherung.
– Das System wird im Umlageverfahren finanziert.
– Die Beiträge werden als einkommensunabhängige Pauschalbeiträge erhoben. Die Höhe der Beiträge ist für jede Krankenkasse unterschiedlich; sie bemessen sich nach den durchschnittlichen Gesundheitskosten je Versicherten der einzelnen Kasse. Eine Beitragsdifferenzierung nach individuellem Krankheitsrisiko, Alter oder Geschlecht findet nicht statt.
– Für alle Krankenversicherungen, die diese Basisversicherung anbieten, herrscht Kontrahierungszwang.

- Die beitragsfreie Mitversicherung von nicht erwerbstätigen Ehegatten entfällt. Die beitragsfreie Mitversicherung von Kindern kann erhalten bleiben. Möglich ist aber eine gesonderte steuerfinanzierte Pauschale für Kinder.
- Die Bürgerpauschale kann sowohl von gesetzlichen Krankenkassen als auch von privaten Krankenversicherungen angeboten werden. Gesetzliche Krankenkassen und private Krankenversicherungen konkurrieren mithin auf einem einheitlichen Versicherungsmarkt. Dies wird dazu führen, dass es zu einer Angleichung von Privater Krankenversicherung und Gesetzlicher Krankenversicherung hinsichtlich dieses Versicherungsprodukts kommt und eine Unterscheidung zwischen gesetzlichen und privaten Versicherern auf diesem Markt nicht mehr nötig und möglich sein wird, sondern eine neue „Unternehmensform" entsteht, die nach einheitlichen Regeln agiert.
- Ein im Vergleich zum Status quo vom Volumen her deutlich reduzierter morbiditätsorientierter Risikostrukturausgleich zwischen allen auf diesem Markt tätigen Versicherungen gewährleistet den Wettbewerb zwischen den Anbietern.
- Für Personen mit geringen Einkommen ist ein sozialer Ausgleich zu installieren. Er ist zu gewähren, wenn die Krankenversicherungspauschale einen bestimmten Prozentsatz (Eigenanteilssatz) des gesamten Haushaltseinkommens überschreitet. Die für den sozialen Ausgleich erforderlichen Zuschüsse werden aus Steuermitteln finanziert.
- Die derzeitigen Arbeitgeberbeiträge werden abgeschafft und im Einführungsjahr der Bürgerpauschale den Bruttolöhnen zugeschlagen sowie der Besteuerung und Verbeitragung unterworfen. Auch die Rentenversicherungsträger erhöhen die Bruttorente um den Anteil des Krankenversicherungsbeitrags der Rentner, den sie bisher direkt an die Krankenkassen überwiesen haben.
- Das Krankengeld wird aus dem Leistungskatalog der Basisversicherung gestrichen und ist als Lohnersatzleistung in einer gesonderten Pflichtversicherung mit einkommensabhängigen Beiträgen abzusichern.

566. Nach Maßgabe des derzeitigen Leistungskatalogs der Gesetzlichen Krankenversicherung (ohne Krankengeld) würde ein Pauschalbeitrag bei Einbeziehung der gesamten Wohnbevölkerung in die Versicherungspflicht und bei einer beitragsfreien Mitversicherung von Kindern bis zum 20. Lebensjahr rund 200 Euro monatlich betragen. Gibt man die beitragsfreie Mitversicherung von Kindern auf und finanziert die Leistungsausgaben für Kinder durch eine steuerfinanzierte Prämie, würde sich der Pauschalbeitrag auf rund 170 Euro im Monat ermäßigen.

567. Einheitliche einkommensunabhängige Beiträge implizieren, dass Personen mit geringem oder keinem Einkommen im Vergleich zum Status quo höher belastet werden. Um eine Überforderung dieses Personenkreises zu vermeiden, ist ein **Einkommensausgleich** erforderlich. Ein staatlicher Zuschuss wird immer dann gezahlt, wenn der durchschnittliche Pauschalbeitrag zuzüglich der obligatorischen Krankengeldversicherung einen bestimmten Anteil des Gesamteinkommens des Versicherten (Eigenanteilssatz) übersteigt. Legt man einen maximalen Eigenanteilssatz von 13 vH zugrunde und unterstellt einen durchschnittlichen Pauschalbeitrag von knapp 200 Euro, so lässt sich unter Berücksichtigung der Beiträge für eine obligatorische Krankengeldversicherung ein Zuschussbedarf in Höhe von rund 30 Mrd Euro errechnen. Die Gegenfinanzierung erfolgt dabei zum Teil durch die Versteuerung des dann ausgezahlten Arbeitgeberbeitrags, die derzeit zusätzliche Einnahmen in der Größenordnung zwischen 16 und 17 Mrd Euro generieren würde. Die restlichen 13 Mrd Euro können zum Beispiel durch eine Parallelverschiebung des Einkommensteuertarifs nach oben, was äquivalent zu einer zusätzlichen proportionalen Einkommensteuer in Höhe von etwa 2 vH über dem Grundfreibetrag ist, oder durch eine Erhöhung des Normalsatzes der Umsatzsteuer um 1,7 Prozentpunkte aufgebracht werden. Mit dem Zuschussvolumen von 30 Mrd Euro wird ein großer Teil der vorher im System enthaltenen versicherungsfremden Einkommensumverteilung transparent und explizit gemacht. Die Verlagerung der Einkommensumverteilung ins Steuersystem erlaubt es, die unverzichtbare Umverteilung gezielt nur den Bedürftigen zukommen zu lassen.

568. Das System der Bürgerpauschale stellt ein überzeugendes Reformkonzept für die Finanzierungsseite der Krankenversicherung dar. Die Gesundheitskosten werden von den Arbeitskosten abgekoppelt. Beitragssteigerungen führen nicht wie im derzeitigen System oder in einer Bürgerversicherung automatisch zu höheren Lohnnebenkosten und zu einer beschäftigungsfeindlichen Vergrößerung des Abgabenkeils. Der Abgabenkeil selbst wird durch die Pauschalbeiträge deutlich reduziert. Anders als im Gesundheitsprämienkonzept der CDU wird durch die Einbeziehung der gesamten Wohnbevölkerung die effizienzmindernde Segmentierung des Krankenversicherungsmarktes beseitigt. Da die Beiträge aus dem gesamten Einkommen eines Versicherten entrichtet werden müssen und sich unabhängig vom Einkommen bemessen, kann eine Einnahmeschwäche, wie sie derzeit aufgrund der schwachen Entwicklung der Lohnsumme zu beobachten ist, nicht mehr auftreten. Einnahmeseitige Gründe für Beitragserhöhungen fallen mithin weg. Da der Beitrag den durchschnittlichen Gesundheitsausgaben je Kassenmitglied entspricht, werden die Transparenz erhöht und die Preisfunktion der Beiträge gestärkt. Die im derzeitigen System vorhandene und höchst intransparente reine Einkommensumverteilung wird aus dem System eliminiert, aber keineswegs abgeschafft, sondern weitgehend in das Steuersystem verlagert, wo sie transparenter und zielgenauer vorgenommen werden kann.

2. Systemwechsel in der Pflegeversicherung

569. Wie für die Gesetzliche Krankenversicherung ist auch für die Pflegeversicherung ein Systemwechsel zu einem über einkommensunabhängige Beiträge finanzierten System angezeigt. So können die derzeit bestehenden versicherungsfremden Umverteilungselemente grundsätzlich beseitigt und damit der Steuercharakter der Beiträge reduziert werden. Der Sachverständigenrat hatte im Jahresgutachten 2004 zwei Modelle zur Finanzierungsreform vorgestellt (JG 2004 Ziffern 545 ff.). In Anlehnung an die **Bürgerpauschale** in der Krankenversicherung könnte eine Versicherungspflicht für die gesamte Wohnbevölkerung mit einem einheitlichen Pauschalbeitrag eingeführt werden. Diese Pauschale würde sich auf rund 25 Euro monatlich belaufen. Da die demographischen Probleme der Pflegeversicherung besonders groß sind, ist es zweckmäßig, eine ergänzende Kapitaldeckungskomponente auf individueller Ebene zu etablieren.

570. Als bevorzugte Reformoption stellte der Sachverständigenrat mit dem **Kohortenmodell** einen Übergang zu einem voll kapitalgedeckten System zur Diskussion. Durch diesen Systemwechsel können nicht nur die versicherungsfremden Umverteilungselemente beseitigt werden, zusätzlich wird langfristig durch den Wechsel von einem kohortenübergreifenden Umlagesystem zu einem kohortenspezifischen System mit Kapitaldeckung auch die intergenerative Umverteilung eliminiert und damit der Steuercharakter der Beiträge noch weiter reduziert. Da die Beiträge innerhalb einer Kohorte nicht nach individuellen Risiken differenziert werden, bleibt der Sozialversicherungscharakter erhalten. Konkret hat dieses ebenfalls durchgerechnete Reformkonzept folgende Eigenschaften:
− Alle Personen der Geburtsjahrgänge ab 1951 scheiden aus der derzeitigen Sozialen Pflegeversicherung aus und müssen bei einer Pflegekasse eine kapitalgedeckte kohortenspezifische Pflegeversicherung abschließen.

- Die kohortenspezifische Prämie wird berechnet, indem die erwarteten Pflege-Leistungsausgaben der jeweiligen Kohorte auf die Mitglieder der Kohorte verteilt werden. Damit die Prämien im Alter nicht überproportional steigen, wird für die Kohorte ein Kapitalstock zur Prämienglättung gebildet. Mithin setzt sich die Prämie aus einem Umlagebetrag für die Kohorte und aus einem Sparbetrag zusammen. Dieser Sparbetrag ist zunächst positiv und wird im Zeitverlauf negativ, wenn die Kohorte altert. Für ältere Geburtsjahrgänge fällt in der Übergangsphase die Prämie höher aus, da sie weniger Zeit zur Kapitalbildung haben und deshalb der Sparanteil größer ist. Insofern unterscheiden sich in der Übergangsphase die Prämien nach dem Eintrittsalter.
- Beim Versicherungswechsel können die durchschnittlichen Alterungsrückstellungen mitgenommen werden. Zur Vermeidung der adversen Selektion wird ein Risikostrukturausgleich etabliert.
- Für jede Pflegeversicherung besteht Kontrahierungszwang, die Prämien werden nur nach Kohorten, also nach Alter, nicht nach individuellen Risiken oder Geschlecht differenziert.
- Die Mitglieder der Geburtsjahrgänge bis 1950 verbleiben in der umlagefinanzierten Sozialen Pflegeversicherung. Sie müssen dort wie bisher Beiträge zahlen und erhalten bei Pflegebedürftigkeit Leistungen. Die Leistungsausgaben für diese Personengruppe werden zunächst ansteigen, weil der Anteil der Pflegefälle in dieser Personengruppe zunimmt. Etwa ab dem Jahr 2030 werden die Ausgaben aber zurückgehen, da die Gruppe im Zeitverlauf kleiner wird. Nach 40 bis 45 Jahren wird die Soziale Pflegeversicherung ausgelaufen sein, und es wird nur noch kohortenspezifische kapitalgedeckte Pflegeversicherungsverträge geben.
- Die bis einschließlich 1950 Geborenen zahlen pro Person einen monatlichen Pauschalbeitrag in Höhe von anfänglich 50 Euro in die Soziale Pflegeversicherung. Der monatliche Beitrag erhöht sich jährlich um nominal 1 Euro.
- Da das Beitragsvolumen der bis 1950 Geborenen nicht ausreicht, um die Ausgaben in dieser umlagefinanzierten Sozialen Pflegeversicherung voll zu decken, müssen die jüngeren Jahrgänge zusätzlich zu ihrer kohortenspezifischen Pauschale im kapitalgedeckten System einen Umlagebeitrag leisten (Altenpauschale). Wenn Kinder beitragsfrei versichert werden sollen, muss diese Personengruppe zudem noch einen Umlagebeitrag für die Kinder leisten (Kinderpauschale). Alten- und Kinderpauschale ergeben sich, indem man die Nettokosten (Leistungsausgaben abzüglich Beiträge) der jeweiligen Personengruppe durch die Anzahl der Personen in der neuen kohortenspezifischen Pflegeversicherung teilt.
- Der kohortenspezifische Tarif muss von allen Pflegeversicherern angeboten werden. Gesetzliche Pflegekassen und private Pflegeversicherungen treten hier in einen Wettbewerb zueinander. Die umlagefinanzierte soziale Pflegeversicherung dagegen muss von den bestehenden gesetzlichen Pflegekassen „abgewickelt" werden. Ein Wettbewerb ist schon wegen des einheitlichen Beitrags nicht mehr möglich.
- Der Leistungskatalog und der Teilkaskocharakter der Pflegeversicherung sollen erhalten bleiben und für alle Pflegeversicherungen gleich sein. Daher wird hinsichtlich der Leistungen nicht zwischen den Altersjahrgängen oder zwischen neuem kapitalgedeckten System und altem Umlagesystem differenziert. Unterschiede bestehen vielmehr nur bei der Tarifierung, das heißt bei der Beitragsbemessung, nicht bei der Leistungsgewährung.
- Der Arbeitgeberbeitrag zur Pflegeversicherung wird abgeschafft und vom Einführungsjahr an als Bruttolohn ausgezahlt und versteuert.

- Da der Übergang von einkommensabhängigen zu pauschalen Beiträgen – vor allem für die Rentner – eine (enorme) Mehrbelastung bedeutet, muss ein sozialer Ausgleich etabliert werden, indem der Staat Zuschüsse zahlt, wenn die Pauschale einen Prozentsatz (Eigenanteilssatz) des Haushaltseinkommens übersteigt.

571. Berechnungen der **kohortenspezifischen Prämien** für das Jahr 2005 ergeben – unter der Annahme einer Zuwachsrate der Ausgaben je Pflegefall von 2,25 vH jährlich – für die heute 20-Jährigen eine Prämie von 20,50 Euro, für einen 50-Jährigen von 40 Euro und für einen über 55-Jährigen von 45 Euro. Geht man davon aus, dass die gesamte Bevölkerung über 55 Jahre (Jahrgänge bis 1950) Beiträge in Höhe von monatlich 50 Euro in die soziale Pflegeversicherung einzahlt, ergibt sich ein Beitragsaufkommen von rund 15,2 Mrd Euro. Dem stehen Ausgaben für diese Personengruppe in Höhe von 17,8 Mrd Euro gegenüber, so dass ein Defizit in Höhe von 2,6 Mrd Euro finanziert werden muss. Dazu wird dieser Betrag auf die unter 55-Jährigen (Jahrgänge ab 1951) verteilt. Dies entspricht einer monatlichen Pauschale je erwachsenen Versicherten von 5 Euro (Altenpauschale), die die Versicherten dieser Jahrgänge zusätzlich zu ihrer kohortenspezifischen Prämie zahlen müssen. Werden Kinder weiter beitragsfrei mitversichert, kommt eine Kinderpauschale von 2 Euro hinzu, so dass zum Beispiel ein 30-Jähriger im Jahr 2005 einen Gesamtbeitrag zur Pflegeversicherung in Höhe von 31 Euro (24 Euro kohortenspezifische Prämie plus 5 Euro Altenpauschale plus 2 Euro Kinderpauschale) zahlen müsste (Tabelle 41 und Tabelle 42).

Tabelle 41

Übergang zu einem kapitalgedeckten Pflegeversicherungssystem[1)]

I. Auslaufende umlagefinanzierte Pflegeversicherung für die Jahrgänge bis 1950

Jahr	Ausgaben (1)	Beiträge (2)	Defizit (3)=(1)-(2)	Versicherte (4)
	Mio Euro (in jeweiligen Preisen)			Millionen Personen
2005	17 784	15 189	2 595	25 315
2010	21 417	14 035	7 382	21 265
2015	25 792	12 379	13 413	17 193
2020	30 150	10 300	19 850	13 205
2025	33 736	7 892	25 844	9 395
2030	33 956	5 370	28 586	5 967
2035	28 334	3 081	25 253	3 209
2040	17 114	1 355	15 759	1 328

II. Kohortenspezifisches kapitalgedecktes Pflegeversicherungssystem für die Jahrgänge ab 1951

Jahr	Versicherte über 20 Jahre (Beitragszahler) (5)	Versicherte unter 20 Jahre (beitragsfrei) (6)	Altenpauschale (7)=(3)/(5)/12*1000	Kinderpauschale[2)] (8)	Gesamte Umverteilungspauschale (9)=(7)+(8)
	Millionen Personen		Euro je Monat (in jeweiligen Preisen)		
2005	40 879	16 675	5,29	1,62	6,91
2010	46 277	15 524	13,29	1,49	14,78
2015	50 839	15 019	21,99	1,47	23,46
2020	55 064	14 552	30,04	1,47	31,51
2025	58 533	14 268	36,79	1,51	38,30
2030	61 327	13 927	38,84	1,57	40,41
2035	63 345	13 422	33,22	1,64	34,86
2040	64 337	12 874	20,41	1,73	22,14

1) Unterstellt ist die Variante 5 der 10. koordinierten Bevölkerungsvorausberechnung des Statistischen Bundesamtes; zu den Einzelheiten siehe JG 2004/05, Tabelle 50. Die Anzahl der Pflegefälle in der gesamten Bevölkerung steigt auf 3,1 Millionen im Jahr 2030 und auf 3,9 Millionen im Jahr 2050. Ferner werden ein jährlicher Ausgabenanstieg je Pflegefall in Höhe von 2,25 vH und eine jährliche Preissteigerungsrate von 1,5 vH angenommen. - 2) Die Kinderpauschale ergibt sich, wenn man die Pflegekosten für Kinder im jeweiligen Jahr durch die Anzahl der Versicherten über 20 Jahre dividiert.

Der Gesamtbeitrag zur jeweiligen Pflegeversicherung im Jahr 2005 liegt je nach Geburtsjahrgang zwischen 27 Euro und 50 Euro. Da die Anzahl der Pflegefälle unter den bis 1950 Geborenen zunächst wächst, während die Anzahl der Beitragszahler zurückgeht, steigt auch das Defizit der auslaufenden sozialen Pflegeversicherung im Zeitablauf zunächst an. Daher erhöht sich die Altenpauschale kontinuierlich und erreicht im Jahr 2030 mit nominal 39 Euro (in heutigen Preisen 26 Euro) ihr Maximum. Entsprechend erhöht sich auch der Gesamtbeitrag für die nach 1951 Geborenen. Der Anstieg des monatlichen Gesamtbeitrags der Mitglieder der umlagefinanzierten sozialen Pflegeversicherung wird auf 1 Euro jährlich festgelegt. Ab dem Jahr 2030 sinkt die Altenpauschale, da die Leistungsfälle in der sozialen Pflegeversicherung zurückgehen. Etwa um das Jahr 2045 wird diese Pauschale gegen null streben, da dann nahezu alle Mitglieder der Geburtsjahrgänge bis zum Jahr 1950 verstorben sind und damit das Umlagesystem ausgelaufen ist. Die Pflegeversicherungsbeiträge werden ab diesem Zeitpunkt niedriger liegen, weil kein Umstiegskostenanteil in Form der Altenpauschale mehr enthalten ist.

Das Volumen für einen auch hier erforderlichen sozialen Ausgleich hängt von dem zumutbaren Eigenanteil und von der Frage ab, wie die Umstiegskosten zwischen Steuerzahlern und Beitragszahlern und zwischen den Generationen verteilt werden sollen (JG 2004 Ziffern 548 f.). Bei einem Eigenanteilssatz von zum Beispiel einheitlich 2 vH beträgt das erforderliche Zuschussvolumen im Jahr 2005 rund 10,5 Mrd Euro. In diesem Fall ist die Beteiligung der Steuerzahler an den Umstiegskosten groß und entsprechend die Zahl der Zuschussempfänger sehr hoch. Sähe man dagegen für die Mitglieder der kohortenspezifischen Versicherung einen Eigenanteilssatz von 2 vH und für die älteren Jahrgänge, die – um einen Teil des „Einführungsgeschenks" wieder zurückzuholen – in der umlagefinanzierten sozialen Pflegeversicherung verbleiben, einen höheren von 3,5 vH vor, ergäbe sich im Jahr 2005 ein Zuschussbedarf in Höhe von 7 Mrd Euro. Die Versteuerung des als Bruttolohn ausgezahlten Arbeitgeberbeitrags generiert Mehreinnahmen von 2 Mrd Euro, so dass noch 5 Mrd Euro aufgebracht werden müssten.

Tabelle 42

Monatlicher Gesamtbeitrag zur Pflegeversicherung nach Geburtsjahrgängen

Euro

Jahr	1985	1980	1975	1970	1965	1960	1955	1950	1945	1940	1935
Nominale Prämie											
2005	27,40	28,88	30,64	32,75	38,53	42,09	46,60	50,00	50,00	50,00	50,00
2010	35,27	36,75	38,51	40,63	46,40	49,96	54,47	55,00	55,00	55,00	55,00
2015	43,94	45,42	47,18	49,29	55,07	58,63	63,14	60,00	60,00	60,00	60,00
2020	52,00	53,47	55,24	57,35	63,12	66,68	71,19	65,00	65,00	65,00	65,00
2025	58,80	60,27	62,04	64,15	69,92	73,48	77,99	70,00	70,00	70,00	70,00
2030	60,91	62,38	64,15	66,26	72,03	75,59	80,10	75,00	75,00	75,00	75,00
2035	55,35	56,83	58,59	60,70	66,48	70,04	74,55	80,00	80,00	80,00	80,00
2040	42,64	44,11	45,88	47,99	53,76	57,32	61,83	85,00	85,00	85,00	85,00
Reale Prämie[1]											
2005	27,40	28,88	30,64	32,75	38,53	42,09	46,60	50,00	50,00	50,00	50,00
2010	32,74	34,11	35,75	37,71	43,07	46,37	50,56	51,05	51,05	51,05	51,05
2015	37,87	39,14	40,66	42,48	47,45	50,52	54,40	51,70	51,70	51,70	51,70
2020	41,59	42,77	44,18	45,87	50,49	53,33	56,94	51,99	51,99	51,99	51,99
2025	43,65	44,75	46,06	47,63	51,91	54,55	57,90	51,97	51,97	51,97	51,97
2030	41,98	43,00	44,21	45,67	49,64	52,10	55,21	51,69	51,69	51,69	51,69
2035	35,41	36,36	37,49	38,84	42,53	44,81	47,69	51,18	51,18	51,18	51,18
2040	25,32	26,20	27,24	28,50	31,93	34,04	36,72	50,48	50,48	50,48	50,48
Nachrichtlich: Monatliche Prämie bei rein kohortenspezifischer Beitragsbemessung im Jahr 2005[2]											
2005	20,49	21,97	23,73	25,84	31,61	35,17	39,68	45,38	58,37	70,21	115,26

1) Unterstellt wird eine jährliche Preissteigerungsrate von 1,5 vH und ein jährlicher Ausgabenanstieg je Pflegefall in Höhe von 2,25 vH. –
2) Angenommen wird ein nominaler Zinssatz von 4%.

3. Umfinanzierung in der Gesetzlichen Rentenversicherung und der Arbeitslosenversicherung

572. In der Arbeitslosenversicherung und der Rentenversicherung gilt grundsätzlich das Äquivalenzprinzip, da sowohl die Beiträge als auch die Leistungen weitgehend vom Lohneinkommen abhängen. Eine Änderung der Beitragsbemessung ist deshalb – anders als in der Krankenversicherung und der Pflegeversicherung – nicht angezeigt. Die versicherungsfremden Elemente müssten vielmehr – nach einer Evaluation der Leistungen im Hinblick auf ihre Notwendigkeit – über allgemeine Steuern finanziert werden, um das Äquivalenzprinzip zu stärken und eine Beitragssatzsenkung zu ermöglichen.

Erst evaluieren, dann umfinanzieren

573. Das Volumen der bisher nicht durch Bundeszuschüsse gedeckten versicherungsfremden Leistungen in der Arbeitslosenversicherung und der Gesetzlichen Rentenversicherung beläuft sich insgesamt auf 20 bis 30 Mrd Euro. Zur Stärkung des Äquivalenzprinzips und zur Reduktion des Steuercharakters der Beiträge ist grundsätzlich eine Steuerfinanzierung dieser Leistungen sinnvoll. Einer Umfinanzierung sollte aber stets eine kritische Überprüfung der Ausgestaltung und der Notwendigkeit der Leistungen vorausgehen. So ist zum Beispiel die Kinderförderung in der Arbeitslosenversicherung in Form eines höheren Arbeitslosengelds höchst zielungenau ausgestaltet. Hier gilt es, nicht nur die Aufwendungen für diese Fördermaßnahme durch Steuern zu finanzieren, sondern die Ausgestaltung der Fördermaßnahme selbst zu ändern, wenn man Arbeitslose mit Kindern unterstützen will. Eine Erhöhung des Kindergelds für Arbeitslose wäre dabei eine adäquate Möglichkeit. Ebenso erweisen sich viele Maßnahmen der aktiven Arbeitsmarktpolitik hinsichtlich des Ziels, die Einstellungswahrscheinlichkeit eines Arbeitslosen zu erhöhen, als wenig effektiv. Ein Streichen dieser Maßnahmen wäre daher gerechtfertigt. Schließlich ist die Hinterbliebenenversorgung in der Rentenversicherung zu nennen. Die Qualifizierung als versicherungsfremde Leistung hat zur Konsequenz, dass im Falle einer Steuerfinanzierung die bisherige Abhängigkeit der Rentenzahlung von den Beitragsleistungen des Verstorbenen nicht sachgerecht wäre.

574. Werden auch nach einer Evaluation die versicherungsfremden Leistungen als notwendig angesehen, dann stellt sich die Frage, ob eine institutionelle Ausgliederung angezeigt ist, also die Leistungen aus dem Verantwortungsbereich des betroffenen Sozialversicherungszweigs herausgenommen und dem allgemeinen Staatshaushalt zugeordnet werden sollen (zum Beispiel durch ein Leistungsgesetz) oder ob lediglich eine finanzielle Ausgliederung (durch einen Bundeszuschuss) stattfinden soll. Die Erhöhung der Transparenz spricht für eine institutionelle Ausgliederung. Auch können bei einer Ausgliederung solche Personen in den Genuss der Leistung kommen, die vorher nur den Versicherten zugute kam. Verwaltungsvereinfachung und Verwaltungskostenersparnis sprechen für eine finanzielle Ausgliederung, also einen Zuschuss aus Steuermitteln an die Sozialversicherung. Da in der Arbeitslosenversicherung und der Gesetzlichen Rentenversicherung die identifizierten versicherungsfremden Leistungen und versicherungsfremden Umverteilungsmaßnahmen im Wesentlichen solchen Personen zugute kommen, die keine Beiträge zahlen und somit nicht von der durch den **Bundeszuschuss** erzeugten Beitragssatzsenkung begünstigt werden, ist die Zielgenauigkeit eines steuerfinanzierten Zuschusses in diesen beiden Sozialversicherungszweigen grundsätzlich gewährleistet.

Symmetrische oder asymmetrische Beitragssatzsenkung?

575. In der Arbeitslosenversicherung könnte durch einen Bundeszuschuss in Höhe von rund 7,3 Mrd Euro der allgemeine Beitragssatz um einen Prozentpunkt reduziert werden. In der Gesetzlichen Rentenversicherung ist dagegen die Beitragsbemessungsgrundlage vor allem wegen der Empfänger von Arbeitslosengeld und Arbeitslosengeld II, für die auch Beiträge zur Rentenversicherung entrichtet werden, größer. Deshalb erfordert hier eine Beitragssatzsenkung um einen Prozentpunkt ein Volumen von rund 8,7 Mrd Euro. Geht man von nicht durch Bundeszuschüsse gedeckten versicherungsfremden Leistungen in Höhe von 15 Mrd Euro in der Arbeitslosenversicherung und 6 Mrd Euro in der Gesetzlichen Rentenversicherung aus, könnte somit der Beitragssatz in der Arbeitslosenversicherung um rund zwei Prozentpunkte und in der Gesetzlichen Rentenversicherung um 0,7 Prozentpunkte reduziert werden.

Alternativ zu dieser symmetrischen Senkung des allgemeinen Beitragssatzes gibt es die Möglichkeit, eine asymmetrische Beitragssatzsenkung durchzuführen. Dabei werden – wie in einigen Nachbarländern praktiziert – Lohneinkommen bis zu einer bestimmen Grenze mit einem niedrigeren Satz verbeitragt, die Beitragssatzsenkung gilt also nur für einen bestimmten Einkommensbereich. Mithin würde für die Beitragserhebung eine Art **Stufentarif** eingeführt. Würde man für die erste Stufe einen Beitragssatz von 0 vH wählen, hätte man als „Grenzfall" ein **Freibetragsmodell**. Bei einem Umfinanzierungsvolumen von zum Beispiel 15 Mrd Euro könnte der Beitragssatz in der Arbeitslosenversicherung für die ersten 1 000 Euro Monatseinkommen auf etwa 1,5 vH reduziert werden. Das darüber hinausgehende Einkommen würde nach wie vor mit einem Beitragssatz von 6,5 vH belegt. Ein Freibetrag von 750 Euro in der Arbeitslosenversicherung wäre ebenfalls mit Beitragsausfällen von rund 15 Mrd Euro verbunden. Der Vorteil einer solchen asymmetrischen Beitragssatzsenkung besteht darin, dass die Beschäftigungseffekte im Vergleich zu einer symmetrischen Beitragssatzsenkung höher ausfallen (Kaltenborn, Koch, Kress, Walwei und Zika, 2003; Bajo-Rubio und Gómez-Plana, 2004; Pierrard, 2005), da die Arbeitsnachfrageelastizitäten in Bezug auf die Arbeitskostenänderungen im unteren Einkommensbereich vergleichsweise höher sind und weil die relative Arbeitskostenentlastung bei einem Freibetragsmodell oder einem Stufentarif bei geringen Einkommen sehr groß ist, mit zunehmendem Bruttolohn aber abnimmt. Der entscheidende Nachteil besteht aber darin, dass durch einen Freibetrag beziehungsweise eine Stufe mit niedrigerem Beitragssatz neue Umverteilungselemente geschaffen werden, die als versicherungsfremd aufzufassen sind, und damit das systematische Ziel der Umfinanzierung von versicherungsfremden Leistungen konterkariert würde. Letztlich würde man an einer Stelle Steuerelemente beseitigen, sie an anderer Stelle aber gleichzeitig wieder über diese Art der Beitragsbemessung einführen.

Beschäftigungsfreundliche Gegenfinanzierung

576. Die Umfinanzierung von versicherungsfremden Leistungen und Umverteilungsströmen in den Sozialversicherungen durch einen Übergang zu Pauschalbeiträgen (wie in der Krankenversicherung und der Pflegeversicherung) oder durch Zuschüsse aus Steuermitteln an die Versicherungen (wie in der Rentenversicherung und der Arbeitslosenversicherung) zielt darauf ab, den beschäftigungsfeindlichen Steueranteil in den Sozialversicherungsbeiträgen zu reduzieren und das System selbst zu stabilisieren. Wenn bei einer solchen Um- oder Gegenfinanzierung die Steuern erhöht werden müssen, bedeutet dies daher keine Erhöhung der steuerlichen Gesamtbelastung, da in gleichem Maße die allokativ schädlichen und distributiv fragwürdigen Steueranteile in den Sozialversicherungsbeiträgen reduziert werden. Ein steuerähnlicher Beitrag auf die Bruttolöhne wird durch eine allgemeine Steuer ersetzt und damit wird die Belastung anders verteilt. Die Fragen, die sich in diesem Kontext stellen, lauten daher, wie die alternativen Gegenfinanzierungsvarianten im Vergleich zur derzeitigen Finanzierung zu beurteilen sind und welche der Gegenfinanzierungsvarianten ökonomisch am vorteilhaftesten erscheint. Eine solche Beurteilung muss unter allokativen und distributiven Aspekten erfolgen. Als Instrumente einer Um- beziehungsweise Gegenfinanzierung kommen insbesondere eine Einkommensteuererhöhung, eine Umsatzsteuererhöhung und Staatsausgabensenkungen in Betracht.

Gegenfinanzierungsmaßnahmen entfalten in der Regel für sich genommen verzerrende Wirkungen und können negative Effekte auf Wachstum und Beschäftigung haben sowie unerwünschte Verteilungswirkungen mit sich bringen. Insoweit können die Gegenfinanzierungsmaßnahmen etwaigen positiven Effekten der Beitragssatzsenkung entgegenwirken. Bei der Auswahl der Gegenfinanzierung ist daher darauf zu achten, dass die Umfinanzierungsmaßnahme insgesamt hinsichtlich der allokativen und distributiven Effekte, vor allem hinsichtlich der Beschäftigungswirkungen, positive Ergebnisse liefert.

Allokative und distributive Effekte einer Umfinanzierung durch eine Umsatzsteuererhöhung

577. In der politischen Diskussion gibt es seit längerem den Vorschlag, eine Beitragssatzsenkung in der Sozialversicherung durch eine höhere Umsatzsteuer zu finanzieren. Dahinter steht die Erwartung, dass sich durch die so induzierte Senkung der Lohnnebenkosten positive Beschäftigungswirkungen einstellen. Diese Idee hat Eingang in das diesjährige Wahlprogramm von CDU/CSU gefunden. Konkret sollte der Beitragssatz zur Arbeitslosenversicherung um zwei Prozentpunkte gesenkt und zur Gegenfinanzierung der Normalsatz der Mehrwertsteuer um ebenfalls zwei Prozentpunkte erhöht werden. Um zu beurteilen, ob diese und ähnliche Maßnahmen im Hinblick auf das gesteckte Ziel der Beschäftigungsausweitung Erfolg versprechend sind, ist es zweckmäßig, zunächst die allokativen Wirkungen und Beschäftigungseffekte der Beitragsfinanzierung und der Umsatzsteuerfinanzierung jeweils getrennt zu betrachten, bevor eine Gesamtschau der Wirkungen vorgenommen wird.

Allokationswirkungen und Beschäftigungseffekte der Beitragsfinanzierung

578. Da der Teil des Beitrags, der für die Finanzierung der versicherungsfremden Elemente verwendet wird, immer Steuercharakter aufweist, wirkt eine durch eine Umfinanzierung der versicherungsfremden Elemente erzeugte Beitragssatzsenkung wie eine Steuersenkung. Der als Steuer aufgefasste Teil des Sozialversicherungsbeitrags vergrößert den Keil zwischen den von den Arbeitgebern gezahlten Produzentenlöhnen und den den Arbeitnehmern zur Verfügung stehenden Konsumentenlöhnen. Ein größerer Abgabenkeil beziehungsweise eine durch die Umfinanzierung bewirkte Reduktion dieses Keils haben für sich genommen Auswirkungen auf das Arbeitsangebot und die Arbeitsnachfrage. Dabei hängt es von den jeweiligen Elastizitäten ab, wer die Abgabenlast letztlich trägt und welche Beschäftigungseffekte zu erwarten sind (JG 2004 Kasten 18). Eine Senkung des Beitragssatzes zu den Sozialversicherungen wirkt tendenziell positiv auf das **Arbeitsangebot** sozialversicherungpflichtig Beschäftigter. Der Nettolohn dieser Personen steigt, und für die

Lohneinkommen unter der Beitragsbemessungsgrenze sinkt die Grenzbelastung. Freizeit wird im Vergleich zur Arbeit verteuert mit der Folge einer tendenziellen Ausdehnung des Arbeitsangebots, soweit der Substitutionseffekt den entgegengesetzt wirkenden Einkommenseffekt überwiegt.

Da der Arbeitgeberanteil zu den Sozialversicherungsbeiträgen Teil der Arbeitskosten ist, reduziert eine Beitragssatzsenkung die durchschnittlichen Arbeitskosten je Beschäftigten wie auch die Grenzkosten je Arbeitsstunde. Es ist daher von der Beitragssatzsenkung für sich genommen eine Ausweitung der **Arbeitsnachfrage** nach sozialversicherungspflichtig Beschäftigten zu erwarten, da sozialversicherungspflichtige Arbeit auch im Vergleich zu anderen Produktionsfaktoren und anderen Beschäftigungsformen günstiger wird.

Eine solche Betrachtung der beiden Arbeitsmarktseiten deutet darauf hin, dass von der Senkung der Sozialversicherungsbeiträge für sich genommen **positive Beschäftigungseffekte** zu erwarten sind. Die Auswirkungen einer Beitragssatzsenkung sind in zahlreichen Studien anhand verschiedener mikroökonometrischer und makroökonometrischer Simulationsmodelle untersucht worden. Die Schätzungen der Beschäftigungswirkungen einer „isolierten" – in den Modellen kredit- oder pauschalsteuerfinanzierten – Beitragssatzsenkung belaufen sich dabei unter Verwendung von makroökonometrischen Simulationsmodellen auf bis zu 200 000 Personen für die Reduktion der Sozialversicherungsbeitragssätze um einen Prozentpunkt (Feil und Zika, 2005a). Unter Anwendung eines numerischen allgemeinen Gleichgewichtsmodells, mit dem im Gegensatz zu den meisten Makro-Modellen auch Anreizeffekte abgebildet werden können, das aber nur die langfristigen Auswirkungen der Maßnahme erfasst, ermittelt das Institut für Arbeitsmarkt- und Berufsforschung (IAB), Nürnberg, für eine pauschalsteuerfinanzierte Beitragssatzsenkung um einen Prozentpunkt ebenfalls positive Beschäftigungseffekte in der Größenordnung von 140 000 Personen (Feil und Zika, 2005a).

Die Beschäftigungswirkungen in den makroökonometrischen Simulationsmodellen werden stark von der Modellierung der Lohnbildung und des Lohn-Preis-Zusammenhangs beeinflusst. Geht man von der sicherlich nicht realistischen Annahme aus, dass sich die Löhne im Vergleich zum Referenzszenario ohne Beitragssatzsenkung nicht verändern (exogene Löhne), sind grundsätzlich die größten Effekte zu erwarten, da sich der Arbeitskosteneffekt in voller Höhe positiv auswirken kann. Wird dagegen die Lohnbildung endogenisiert, zum Beispiel, indem sich induzierte Preisänderungen gänzlich in einer gleichgerichteten Änderung der Löhne niederschlagen oder indem sich eine Reduktion der Arbeitslosigkeit lohnerhöhend auswirkt – wie im Falle der Beitragssatzsenkung –, ergeben sich geringere Beschäftigungseffekte. Entsprechend kommt die Deutsche Bundesbank bei den für den Sachverständigenrat mit ihrem makroökonometrischen Simulationsmodell (**Bundesbankmodell**) vorgenommenen Berechnungen zu dem Ergebnis, dass bei einem Umfinanzierungsvolumen von 20 Mrd Euro ein Beschäftigungszuwachs einer kreditfinanzierten Beitragssatzsenkung im Vergleich zum Referenzszenario von durchschnittlich 0,62 vH oder rund 214 000 Personen bei exogenen Löhnen gegenüber 0,22 vH oder rund 77 000 Personen bei endogenen Löhnen zu verzeichnen ist.

Allokationswirkungen und Beschäftigungseffekte einer umsatzsteuerfinanzierten Beitragssatzsenkung

579. Diesen isolierten Effekten der Beitragssatzsenkung müssen die Wirkungen der Gegenfinanzierung gegenübergestellt werden. Die Umsatzsteuer belastet als eine Konsumsteuer grundsätzlich den gesamten ausgabenwirksamen Verbrauch. Ausgaben können aber nur aus entsprechenden Einkommen getätigt werden. Daher belastet die Umsatzsteuer indirekt Arbeitseinkommen, Transfereinkommen und Reingewinne (Richter, 2005). Da die Arbeitseinkommen den weitaus größten Teil dieser Bemessungsgrundlage ausmachen, wirkt die Umsatzsteuer ähnlich wie eine Lohnsteuer, die in ihren Wirkungen wiederum denen der Sozialversicherungsbeiträge ähnelt. Insofern dürfen die Erwartungen an eine solche Umfinanzierungsmaßnahme nicht zu hoch gesteckt werden. Gleichwohl gibt es gesamtwirtschaftlich positive Effekte, weil mit einer Mehrwertsteuererhöhung eben nicht nur die Arbeitseinkommen aus sozialversicherungspflichtiger Beschäftigung belastet werden, sondern sämtliche Arbeitseinkommen sowie Transfer- und Gewinneinkommen, aus denen der Konsum finanziert wird. Die Steuerbelastung wird breiter verteilt und damit insgesamt eine leichte Entlastung der sozialversicherungspflichtigen Arbeit erreicht.

580. Konsumsteuer, Lohnsteuer und Sozialversicherungsbeiträge beeinflussen in ähnlicher Weise die intratemporale Entscheidung zwischen Freizeit und Konsum (Substitutionsverhältnis zwischen Freizeit und Konsum). Denn einem rational entscheidenden Individuum sollte es grundsätzlich gleichgültig sein, ob es sich aufgrund eines geringeren Nettolohns (durch eine höhere Lohnsteuer oder höhere Sozialversicherungsbeiträge) weniger Konsumgüter leisten kann oder aufgrund der Tatsache, dass die Konsumgüter mehr kosten (durch eine höhere Umsatzsteuer) und somit die Konsummöglichkeiten eingeschränkt werden. Sowohl im Falle der Lohnsteuer als auch im Falle der Umsatzsteuer dürfte in der Tendenz Konsum durch Freizeit ersetzen werden. Für sich genommen wirkt die Erhöhung der Umsatzsteuer mithin negativ auf das **Arbeitsangebot** und läuft damit dem erhöhenden Effekt der Beitragssatzsenkung entgegen.

Die Umsatzsteuer kann in Abhängigkeit von den Angebots- und Nachfrageelastizitäten auf die Verbraucher vorgewälzt oder auf die im Unternehmen entstehenden Einkommen rückgewälzt werden. Bei einer Vorwälzung erhöht sich der Bruttopreis der Güter, die Produzentenpreise bleiben unverändert. In diesem Fall stehen auf der Unternehmensseite der Senkung der Arbeitskosten durch die Reduktion der Beiträge zu den Sozialversicherungen zunächst keine neuen Belastungen gegenüber. Dementsprechend wäre zu erwarten, dass eine durch die Erhöhung der Umsatzsteuer gegenfinanzierte Senkung der Sozialversicherungsbeiträge zunächst positive Beschäftigungseffekte entfaltet. Die **Arbeitsnachfrage** kann aber negativ beeinflusst werden, wenn die aufgrund der Vorwälzung induzierten Preissteigerungen zu höheren Lohnforderungen führen, die – sofern sie durchgesetzt werden können – die Arbeitskosten wieder ansteigen lassen. Das Ausmaß der Senkung der Arbeitskosten durch die Reduktion der Sozialversicherungsbeiträge kann so vermindert werden. Mithin werden die zunächst positiven Beschäftigungseffekte abgeschwächt. Gelingt die Vorwälzung nicht oder nur teilweise, kommt es zu einem Rückgang der Nettopreise beziehungsweise der Produzentenpreise. Dies dämpft die im Unternehmen entstehenden Einkommen. Die Umsatzsteuer wird in diesem Fall rückgewälzt, was sich ebenfalls negativ auf die Arbeitsnachfrage auswirken kann.

581. Wegen der gegenläufigen Effekte jeweils auf das Arbeitsangebot und die Arbeitsnachfrage entfaltet eine umsatzsteuerfinanzierte Beitragssatzsenkung insgesamt geringere **Beschäftigungseffekte** als die Beitragssatzsenkung für sich genommen. Eine Studie von Kaltenborn et al. (2003) kommt unter Anwendung eines makroökonometrischen Simulationsmodells (IAB/RWI-Modell) zu dem Ergebnis, dass sich bei einer umsatzsteuerfinanzierten Beitragssatzsenkung um einen Prozentpunkt die Beschäftigung kaum verändert. Je nachdem wie die Reaktion der Löhne modelliert wird, hat dort die Beschäftigungsänderung ein positives oder negatives Vorzeichen. Bei exogenen Löhnen, wenn also die Löhne im Vergleich zum Basisszenario unverändert bleiben, steigt die Beschäftigung leicht um 30 000 Personen im Vergleich zum Basisszenario an. Bei der Annahme endogener Löhne führt die Umsatzsteuererhöhung zu Preissteigerungen, die sich im Modell in höheren Löhnen niederschlagen. Letztlich werden Lohnnebenkosten in Lohnkosten umgewandelt, und es kommt in diesem Fall sogar zu einem Beschäftigungsrückgang um durchschnittlich etwa 20 000 Personen. Derselbe Mechanismus führt auch im Bundesbankmodell dazu, dass es bei endogener Lohnentwicklung und einem Umfinanzierungsvolumen von 20 Mrd Euro im Durchschnitt zu nur sehr geringen Beschäftigungseffekten kommt.

Diese Ergebnisse der makroökonometrischen Simulationsmodelle werden aber stark von der Annahme getrieben, dass die Umsatzsteuererhöhung vollständig auf die Konsumentenpreise aufgeschlagen wird. In den Modellsimulationen des Deutschen Instituts für Wirtschaftsforschung (DIW), Berlin, wird dagegen eine kurzfristige Überwälzung in die Preise von einem Drittel und mittelfristig eine Überwälzung von zwei Dritteln unterstellt. Bei exogenen Löhnen und einem Umfinanzierungsvolumen von 20 Mrd Euro ergibt sich dann langfristig ein Beschäftigungseffekt von bis zu 1 vH und bei endogenen Löhnen, also unter Berücksichtigung der Tatsache, dass Preiserhöhungen durch die Umsatzsteuer auf die Tariflöhne rückwirken, von bis zu 0,8 vH (Meinhardt und Zwiener, 2005). Auch eine Studie des IAB ermittelt für eine Beitragssatzsenkung um einen Prozentpunkt unter Anwendung des IAB/INFORGE-Modells einen langfristigen Beschäftigungseffekt von rund 90 000 Personen (Feil und Zika, 2005a).

In allen Simulationsmodellen hängen die Beschäftigungsergebnisse stark von den Lohnbildungsannahmen ab. So wird unterstellt, dass die Gewerkschaften in den Tarifverhandlungen den größer gewordenen Verteilungsspielraum tatsächlich ausnutzen können und die Löhne im Ausmaß der Preisentwicklung steigen mit der Folge, dass es zu keiner Reallohnsenkung kommt. Die Lohnbildung und die Lohnentwicklung der jüngsten Vergangenheit mögen dafür sprechen, dass dieses Szenario gegenwärtig eher einen Extremfall darstellt. Realistischer scheint vielmehr zu sein, dass die induzierten Preissteigerungen sich nicht vollständig in höheren Löhnen niederschlagen werden und deshalb größere Beschäftigungseffekte zu erwarten sind, als dies die Modellrechnungen im Falle endogener Löhne suggerieren. Anders gewendet: Wenn die Umfinanzierungsmaßnahme langfristig Beschäftigungseffekte zeitigen soll, ist **Lohnzurückhaltung** erforderlich. Durch die Mehrwertsteuer erzeugte Preissteigerungen dürfen sich mithin nicht in höheren Lohnforderungen niederschlagen (Ziffer 293).

Die Beschäftigungseffekte einer mehrwertsteuerfinanzierten Beitragssatzsenkung wurden auch mittels eines mikroökonomischen allgemeinen Gleichgewichtsmodells untersucht, in dem Verhaltensänderungen und Anreizmechanismen abgebildet sowie die langfristigen Effekte, also die Auswirkungen der Maßnahme im neuen Gleichgewicht nach Abschluss aller Anpassungsprozesse, modelliert werden können (Feil und Zika, 2005b). Die Beitragssatzsenkung um einen Prozentpunkt, gegenfinanziert durch eine Umsatzsteuererhöhung, ergab dort einen langfristigen positiven Beschäftigungseffekt von 65 000 Personen (Feil und Zika, 2005a).

582. Die Auswirkungen der Umfinanzierungsmaßnahme auf den privaten **Konsum** sind unklar, da auch hier gegenläufige Effekte zum Tragen kommen. Wenn eine Erhöhung des Umsatzsteuersatzes angekündigt wird, wird der Konsum heute im Vergleich zum Konsum morgen attraktiver,

und es dürfte über Vorzieheffekte zu einer kurzfristigen Ausweitung des Endverbrauchs kommen. Nach der Umsatzsteuererhöhung ist davon auszugehen, dass mögliche induzierte Preissteigerungen den Konsum dämpfen. Soweit mit der Umsatzsteuererhöhung gleichzeitig eine Senkung der Beitragssätze verbunden ist, könnten die dadurch erzeugten höheren Nettoeinkommen ceteris paribus zu einer Erhöhung der Konsumnachfrage führen und dem nachfragesenkenden Effekt der Preissteigerungen entgegenwirken. Auch die mit möglichen Beschäftigungszuwächsen verbundenen Einkommenssteigerungen wirken sich positiv auf die Konsumnachfrage aus. Die Simulationsergebnisse in den verschiedenen Modellen sind deshalb nicht eindeutig, sowohl ein Anstieg des Konsums als auch ein Rückgang sind möglich (Meinhardt und Zwiener, 2005; Feil und Zika, 2005a; Kaltenborn et al., 2003).

583. Da die Umsatzsteuer nach dem Bestimmungslandprinzip erhoben wird, kommt es bei einer Umsatzsteuererhöhung zur Finanzierung versicherungsfremder Leistungen zu einer stärkeren Belastung auch der Importe mit diesen Kosten. Gleichzeitig werden die **Exporte** als Folge der Beitragssatzsenkung in geringerem Ausmaß mit den Kosten der sozialen Sicherung belastet. Daraus erwächst ein Wettbewerbsvorteil deutscher Unternehmen, der sich über eine Verbesserung des Außenbeitrags in einer Zunahme des Bruttoinlandsprodukts niederschlagen kann. In der Europäischen Währungsunion führt dies nicht zu Anpassungen des nominalen Wechselkurses, der diesen Wettbewerbsvorteil wieder zunichte machen könnte, sondern die Lohnstückkostenvorteile können sich in Form einer realen Abwertung voll auswirken. Im Simulationsmodell des DIW hat dieser Wirkungskanal eine besondere Bedeutung, und es kommt bei einem Umfinanzierungsvolumen von 20 Mrd Euro zu einem Anstieg der Exporte von durchschnittlich 0,7 vH und einer Zunahme des Bruttoinlandsprodukts von rund 0,4 vH (Meinhardt und Zwiener, 2005).

584. Die intertemporale Konsum-Spar-Entscheidung wird von einer Konsumsteuer (mit einem zeitlich invarianten Konsumsteuersatz) und damit grundsätzlich auch von der Umsatzsteuer nicht beeinflusst. Im Gegensatz zur Einkommensteuer belastet eine Konsumsteuer weder die Ersparnis noch die Investitionen und ist somit vom Prinzip her als wachstumsfreundlich zu beurteilen (JG 2004 Ziffern 524 f.). Die tatsächliche Ausgestaltung der Umsatzsteuer in Deutschland bringt es aber mit sich, dass vor allem öffentliche Investitionen, Investitionen der privaten Haushalte im Wohnungsbau und Investitionen von umsatzsteuerbefreiten Kleinstunternehmen mit Umsatzsteuer belastet sind. Gleichwohl dürfte durch die umsatzsteuerfinanzierte Beitragssatzsenkung die gesamte **Investitionsnachfrage** tendenziell gestärkt werden, soweit die Umfinanzierung zu einer tatsächlichen Senkung der Arbeitskosten und zu einer positiven Exportentwicklung führt.

585. Von einer umsatzsteuerfinanzierten Beitragssatzsenkung sind somit positive Beschäftigungseffekte und eine Stärkung der internationalen Wettbewerbsfähigkeit zu erwarten, mit positiven Konsequenzen für die Exporte und damit für das Bruttoinlandsprodukt. Die allokativen Wirkungen einer Umfinanzierungsmaßnahme können auch dadurch erfasst werden, dass die **Zusatzlasten** der Beitragsfinanzierung den Zusatzlasten der Gegenfinanzierungsmaßnahme gegenübergestellt werden. Die Zusatzlast ist dabei derjenige Wohlfahrtsverlust, der über den reinen Kaufkraftentzug der Steuer hinausgeht (Ziffer 396). So wird vermutet, dass beispielsweise die mit der Beitragsfinanzierung vergleichbare Lohnbesteuerung einen marginalen Effizienzverlust bis zur Hälfte des eigentlichen Entzugseffekts bewirkt (Richter, 2005). Da die Beitragssatzsenkung ähnliche Effekte erzeugt wie eine Lohnsteuersenkung und weil die Umsatzsteuererhöhung ähnlich wie eine Lohnsteuererhöhung wirkt, werden die Nettoeffekte einer umsatzsteuerfinanzierten Beitragssatzsenkung tendenziell gering ausfallen. Die Zusatzlasten der Beitragsfinanzierung werden reduziert, gleichzeitig aber die Zusatzlasten durch die Mehrwertsteuer erhöht, so dass sich die Zusatzlasten insgesamt nicht wesentlich verändern dürften. Da die Bemessungsgrundlagen der Mehrwertsteuer und der Sozialversicherungsbeiträge aber nicht vollständig übereinstimmen, wird es zu positiven Nettoeffekten kommen. So sind zum Beispiel nicht alle durch die Umsatzsteuer belasteten Arbeitseinkommen auch beitragspflichtig (zum Beispiel Beamtengehälter, Entgelte für geringfügig Beschäftigte, Unternehmerlöhne), und es werden zudem nicht nur Arbeitseinkommen durch die Umsatzsteuer belastet. Letzteres ist auch der Grund dafür, dass mit der Umfinanzierungsmaßnahme insgesamt ein Effizienzgewinn verbunden sein dürfte. Denn die Mehrwertsteuer belastet neben den Arbeitseinkommen auch ökonomische Renten und Übergewinne, die eine relativ geringe Elastizität aufweisen und deren stärkere Besteuerung durch eine höhere Mehrwertsteuer deshalb mit geringeren Zusatzlasten verbunden sein dürfte als die Beitragsfinanzierung.

586. Neben der Erhöhung des Normalsatzes der Umsatzsteuer wäre zur (teilweisen) Gegenfinanzierung der Beitragssatzsenkung auch die **Abschaffung des ermäßigten Umsatzsteuersatzes** denkbar. Aus allokativer Sicht ist die in Deutschland praktizierte Umsatzsteuerermäßigung kaum zu rechtfertigen. Da die Nachfrage nach einigen Gütern, die mit dem ermäßigten Satz besteuert sind (zum Beispiel Lebensmittel), typischerweise besonders unelastisch ist, wäre aus effizienztheoretischer Sicht der Konsum dieser Güter sogar mit einem hohen Satz zu belegen. Denn dies würde nur geringe Verzerrungen beziehungsweise Effizienzverluste verursachen. So gesehen ist eine Steuerermäßigung für diese Güter gerade nicht angezeigt. Ebenso ist es aus allokativer Sicht sinnvoll – da man das Gut Freizeit nicht direkt besteuern kann – die freizeitkomplementären Güter steuerlich stärker zu belasten. Genau das Gegenteil wird aber zum Beispiel bei Verlagserzeugnissen gemacht. Ein möglicher allokativer Rechtfertigungsgrund für den ermäßigten Satz sind externe Effekte, zum Beispiel bei Kulturgütern. Diese externen Effekte sind aber keinesfalls bei allen begünstigten Gütern gegeben. Insgesamt kommt man zu dem Ergebnis, dass es eine allokative Rechtfertigung für ermäßigte Umsatzsteuersätze kaum gibt. Umsatzsteuerermäßigungen begünstigen einerseits die Anbieter, die durch einen geringeren Marktpreis mehr absetzen können, andererseits diejenigen Nachfrager, die aufgrund des niedrigeren Preises der Güter einen Vorteil erlangen. Da die Konsumquote für viele dieser Güter bei Niedrigeinkommensbeziehern im Durchschnitt besonders hoch ist, wird diese Personengruppe begünstigt. In diesem verteilungspolitischen Argument liegt daher auch die eigentliche Rechtfertigung für Umsatzsteuerermäßigungen, die aber im Wesentlichen nur für Lebensmittel gelten sollten (Ziffer 466). In einer Studie des Zentrums für Europäische Wirtschaftsforschung (ZEW), Mannheim, wurde auf der Basis eines mikroökonomischen allgemeinen Gleichgewichtsmodells die Abschaffung des ermäßigten Umsatzsteuersatzes in Kombination mit verschiedenen „Gegenfinanzierungsmaßnahmen" – Senkung eines dann einheitlichen Umsatzsteuersatzes, Senkung der Grenzsteuersätze in der Einkommensteuer, Erhöhung des Grundfreibetrags in der Einkommensteuer und Senkung der Sozialbeiträge – untersucht. Dabei erzeugte die Kombination mit der Senkung der Sozialversicherungsbeiträge sowohl die größten Beschäftigungseffekte als auch die stärkste Erhöhung des Bruttoinlandsprodukts. So ergaben sich eine Erhöhung der Beschäftigung um 0,24 vH, eine Erhöhung des Bruttoinlandsprodukts um 0,23 vH und eine Ausweitung des Konsums um 0,31 vH (Böhringer, Büttner, Kraus und Boeters, 2004).

Verteilungswirkungen

587. In der öffentlichen Diskussion stehen die regressiven Verteilungswirkungen der Umsatzsteuer im Vordergrund. Dabei wird auf die distributiven Effekte in Bezug auf das Einkommen einer Periode, in der Regel ein Jahr, abgestellt. Eine andere Sichtweise besteht darin, die Verteilungswirkungen in Bezug auf das Lebenseinkommen zu analysieren.

Geht man von der üblichen periodenbezogenen Betrachtung aus, zeigt sich, dass die **Verteilungswirkungen der Beitragsfinanzierung** für sich genommen durch die Höhe des Beitragssatzes, durch die jeweilige Beitragsbemessungsgrenze, durch die Art der Bemessungsgrundlage und durch den Personenkreis der Beitragszahler bestimmt wird. Auf die beitragspflichtigen Einkommen – im Wesentlichen das Bruttolohneinkommen sowie in der Gesetzlichen Krankenversicherung und der Sozialen Pflegeversicherung zusätzlich die Bruttorenteneinkommen – wird bis zu einer Beitragsbemessungsgrenze ein konstanter Beitragssatz, das heißt ein proportionaler Beitragstarif angewendet. Entsprechend ergibt sich – bezogen auf das beitragspflichtige Einkommen – zunächst eine mit zunehmenden Einkommen relativ gleich bleibende Belastung. Ab der Beitragsbemessungsgrenze sinkt die relative Belastung; die Beitragsfinanzierung wirkt bezogen auf das beitragspflichtige Einkommen regressiv. Da im Wesentlichen nur Lohneinkommen verbeitragt werden, hängen die Verteilungswirkungen hinsichtlich des gesamten Haushaltseinkommens von dessen Zusammensetzung ab. Bei den niedrigen Einkommen machen die Transfereinkommen, die nicht mit Beiträgen belastet werden, einen großen Anteil am Haushaltseinkommen aus. Mit zunehmendem Einkommen steigt der Anteil des Arbeitseinkommens am Haushaltseinkommen und damit auch die relative Beitragsbelastung. Für hohe Haushaltseinkommen wirkt der regressive Effekt der Beitragsbemessungsgrenze, und der Anteil der Arbeitseinkommen am Gesamteinkommen nimmt wieder ab, so dass auch die relative Beitragsbelastung wieder sinkt. Insgesamt zeigen Sozialversicherungsbeiträge damit einen bogenförmigen Belastungsverlauf (Schaubild 56). Beitragssatzsenkungen entlasten nur die Arbeitnehmerhaushalte und bezogen auf alle Haushalte vor allem die mittleren Einkommensklassen, weniger Haushalte mit hohen Einkommen und kaum Haushalte mit geringen Einkommen (Schaubild 57, Seite 396).

Verteilungspolitisch relevant ist auch die Tatsache, dass sich die Sozialversicherungsbeiträge auf eine Bruttoeinkommensgröße beziehen; es gibt keinen Grundfreibetrag, und es können keine Aufwendungen (zum Beispiel Werbungskosten) abgezogen werden, die die persönliche wirtschaftliche Leistungsfähigkeit mindern. Das Leistungsfähigkeitsprinzip wird hier, genauso wie durch die Existenz der Beitragsbemessungsgrenze, durchbrochen. Die Nichtberücksichtigung eines Grundfreibetrags ist umso bedenklicher, je mehr der Beitrag Steuercharakter aufweist, denn das Existenzminimum sollte eigentlich steuerfrei bleiben. Zudem kommt es zu Ungleichbehandlungen, wenn mit Beiträgen gesellschaftliche Aufgaben finanziert werden, an dieser Finanzierung aber nicht alle gesellschaftlichen Gruppen beteiligt werden, weil der Kreis der Beitragszahler kleiner ist als der Kreis der Steuerzahler. So müssen zum Beispiel Beamte und Selbständige die in den Beiträgen zur Finanzierung gesamtgesellschaftlicher Aufgaben enthaltene implizite Steuer nicht zahlen (JG 2004 Ziffer 491). Im Gegenzug kommt dieser Personenkreis aber auch nicht in den Genuss der versicherungsfremden Leistungen, was ebenfalls eine Ungleichbehandlung darstellen kann.

588. Die auf eine Periode, das heißt auf ein Jahr, bezogene **Verteilung der Umsatzsteuerbelastung** hängt von der Aufteilung des verfügbaren Einkommens in Konsumausgaben und Ersparnisse ab. Da der Sparanteil mit zunehmendem verfügbaren Einkommen regelmäßig steigt, nimmt bei einer Periodenbetrachtung die relative Umsatzsteuerbelastung mit zunehmendem Einkommen ab. Die Umsatzsteuer wirkt somit bezogen auf das Gesamteinkommen in der Tendenz regressiv. In Deutschland hängt die Verteilung der Umsatzsteuerbelastung aber nicht nur von der Aufteilung des verfügbaren Einkommens in Konsumausgaben und Ersparnisse ab, sondern auch von der Konsumstruktur, da es zwei nach Gütergruppen differenzierte Umsatzsteuersätze gibt – den Normalsatz und den ermäßigten Satz (zum Beispiel für Nahrungsmittel) – und einige Güter, zum Beispiel Mieten oder ärztliche Leistungen, gänzlich umsatzsteuerbefreit sind. Da die mit den ermäßigten Sätzen besteuerten Güter relativ stark von Beziehern niedriger Einkommen nachgefragt werden, wird der grundsätzlich regressive Effekt der Umsatzsteuer durch Umsatzsteuerermäßigungen und -befreiungen abgeschwächt. Somit kann empirisch im Bereich niedriger Haushaltseinkommen zunächst ein Anstieg der relativen Belastung festgestellt werden, dann kommt es aber zu einem leicht regressiven Verlauf, der sich erst bei hohen Einkommen stärker ausprägt (Schaubild 56). Insgesamt ist der regressive Effekt der Mehrwertsteuer als gering einzuschätzen. So ergab eine vom Rheinisch-Westfälischen Institut für Wirtschaftsforschung (RWI), Essen, für den Sachverständigenrat vorgenommene Verteilungsanalyse auf der Grundlage der Daten aus der Einkommens- und Verbrauchsstichprobe (EVS) 2003, dass der für das Haushaltsnettoeinkommen ermittelte Gini-Koeffizient, bei dem ein Wert von eins die größtmögliche Disparität und ein Wert von null Gleichverteilung bedeutet, 0,342 beträgt und für das Haushaltsnettoeinkommen abzüglich der Umsatzsteuerzahlungen 0,348.

Schaubild 56

Belastung der privaten Haushalte mit Umsatzsteuer und Beiträgen zur Arbeitslosenversicherung

1) Belastung aller privaten Haushalte in Relation zum verfügbaren Haushaltseinkommen.

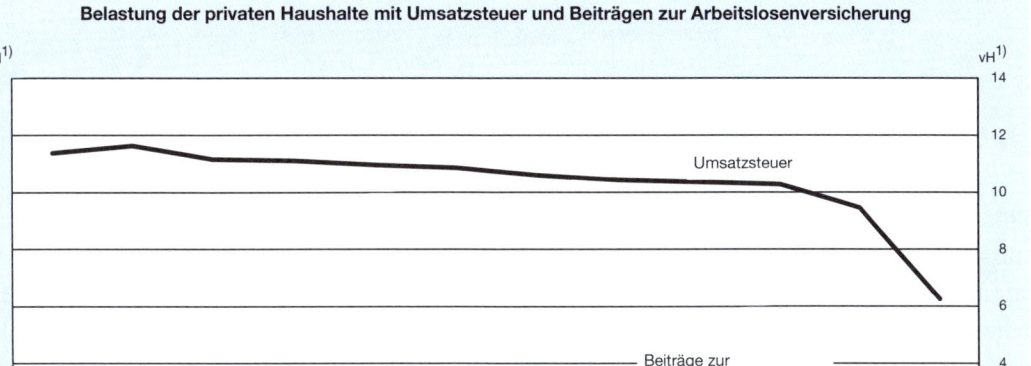

© Sachverständigenrat

589. Zu unterscheiden von den Verteilungswirkungen der Umsatzsteuer insgesamt sind die Verteilungswirkungen einer Umsatzsteuererhöhung. Die zusätzlichen Belastungen, die aus der **Erhöhung des Normalsatzes der Umsatzsteuer** resultieren, verteilen sich annähernd gleichmäßig auf die Haushalte der einzelnen Einkommensklassen, nur die Bezieher hoher Einkommen werden relativ weniger belastet (Schaubild 57). Eine Mehrwertsteuererhöhung wirkt also bezüglich des verfügbaren Einkommens weitgehend proportional, die regressive Wirkung der Mehrwertsteuer wird mithin nur wenig verschärft. Die Analyse des RWI zeigt, dass sich die Einkommensdisparität nach einer isolierten Mehrwertsteuererhöhung um 2 Prozentpunkte nur geringfügig erhöht: Der Gini-Koeffizient des Haushaltsnettoeinkommens abzüglich Mehrwertsteuer steigt von 0,348 auf 0,349.

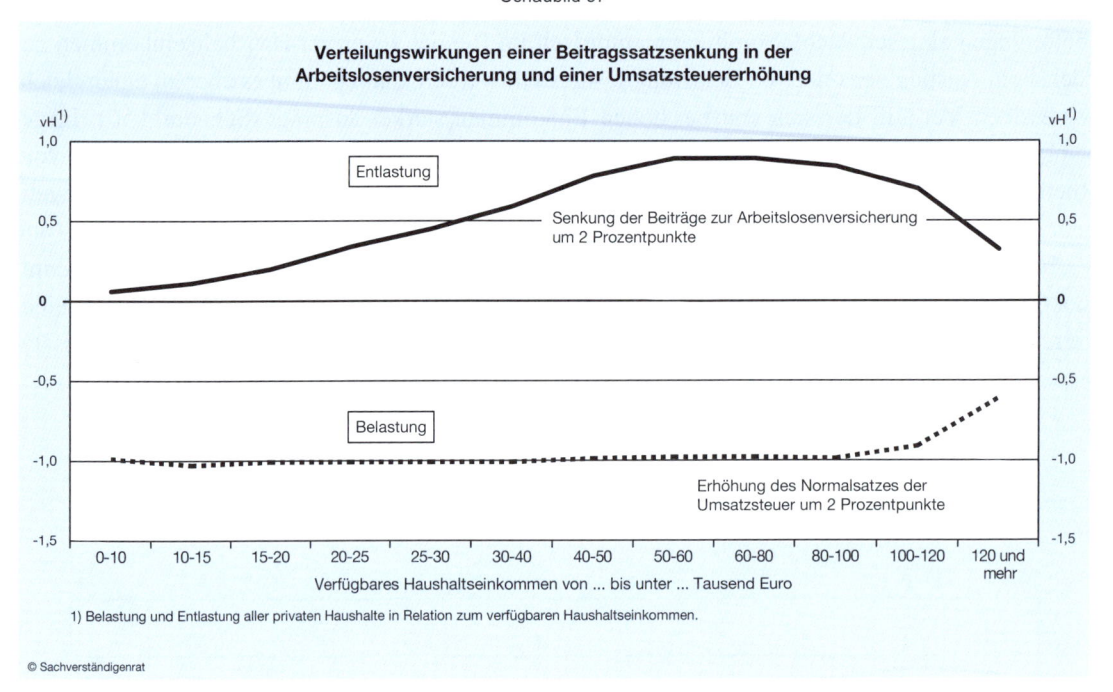

Schaubild 57

Verteilungswirkungen einer Beitragssatzsenkung in der Arbeitslosenversicherung und einer Umsatzsteuererhöhung

(Senkung der Beiträge zur Arbeitslosenversicherung um 2 Prozentpunkte; Erhöhung des Normalsatzes der Umsatzsteuer um 2 Prozentpunkte; Verfügbares Haushaltseinkommen von ... bis unter ... Tausend Euro)

1) Belastung und Entlastung aller privaten Haushalte in Relation zum verfügbaren Haushaltseinkommen.

© Sachverständigenrat

590. Um die **Verteilungswirkungen der gesamten Umfinanzierungsoperation** zu untersuchen, müssen die Verteilungswirkungen der Beitragssatzsenkung und die Verteilungswirkung der Umsatzsteuererhöhung zusammengeführt werden. Da die Beitragssatzsenkung bezogen auf alle Haushalte vor allem die mittleren Einkommen entlastet und die Mehrwertsteuererhöhung alle Haushalte zunächst proportional belastet, die Belastung der hohen Einkommen dann aber abnimmt, führt die Gesamtmaßnahme – beispielhaft wurde mit Hilfe eines aktualisierten mikroökonomischen Simulationsmodells (Bork, 2000) eine Beitragssatzsenkung in der Arbeitslosenversicherung um 2 Prozentpunkte, finanziert durch eine Erhöhung des Normalsatzes der Mehrwertsteuer um ebenfalls 2 Prozentpunkte analysiert – zu einem S-förmigen Belastungsverlauf, wobei die Haushalte mit geringen Einkommen die größten Nachteile erleiden (Schaubild 58). Die Haushalte in ihrer Gesamtheit werden belastet. Dies ist darauf zurückzuführen, dass sich die Verteilungsanalyse auf die formale Inzidenz bezieht, das heißt, hinsichtlich der Sozialversicherungsbeiträge wird nur die Zahllast betrachtet, Verhaltensänderungen und mögliche Vor- und Rückwälzungsprozesse werden ausgeblendet. Entsprechend werden die Arbeitnehmerhaushalte nur in Höhe der hälftigen Beitragssatzsenkung entlastet, während die Mehrwertsteuererhöhung – unter der Annahme voller Überwälzung – weitgehend von allen privaten Haushalten getragen wird.

Nur die Arbeitnehmerhaushalte (ohne Beamte) werden als einzige Gruppe im Durchschnitt (leicht) entlastet. Mehrbelastungen treten bei all jenen Personen auf, die Umsatzsteuer zahlen, aber keine Sozialversicherungsbeiträge, wie Beamte, Selbständige oder Arbeitslose. Da ein Zweck der Umfinanzierung versicherungsfremder Leistungen aber gerade darin besteht, dass die gesamte Gesellschaft und nicht nur die Beitragszahler an der Finanzierung eigentlich gesamtgesellschaftlicher Aufgaben beteiligt werden, sind solche höheren Belastungen der Sache nach richtig. Die Belastung der Rentner hängt davon ab, in welchem Sozialversicherungszweig die Beitragssatzsenkung vorgenommen wird, da sie Beiträge zur Kranken- und Pflegeversicherung leisten, zur Rentenversicherung und Arbeitslosenversicherung aber nicht. Zudem ist entscheidend, in welchem Ausmaß sich die durch die Umsatzsteuererhöhung verursachten Preissteigerungen in Lohnerhöhungen niederschlagen, da die Rentenanpassung grundsätzlich an der Lohnentwicklung orientiert ist und sich auch das Arbeitslosengeld nach dem Nettoentgelt bemisst. Berücksichtigt werden muss schließlich auch, dass sich durch die Umsatzsteuer induzierte Preissteigerungen auf die reale Vermögensverteilung auswirken. Denn Inhaber von Geldvermögen werden im Vergleich zu Sachvermögensbesitzern real belastet.

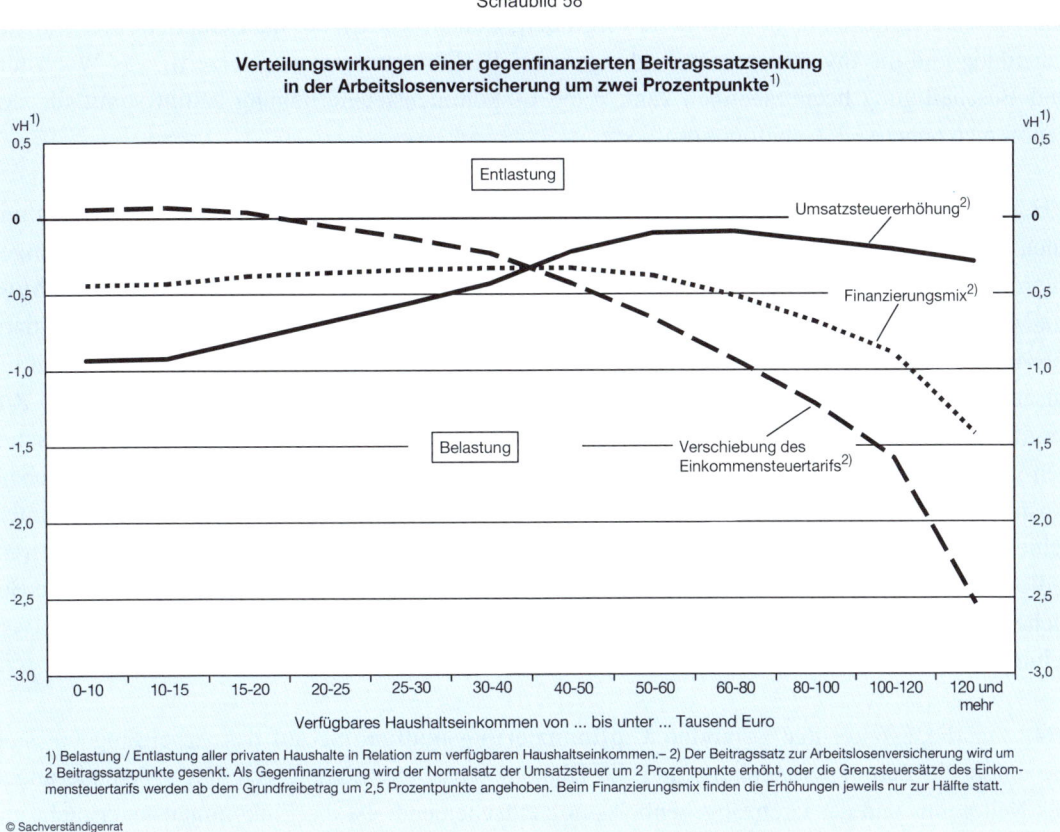

Schaubild 58

Verteilungswirkungen einer gegenfinanzierten Beitragssatzsenkung in der Arbeitslosenversicherung um zwei Prozentpunkte[1]

1) Belastung / Entlastung aller privaten Haushalte in Relation zum verfügbaren Haushaltseinkommen.– 2) Der Beitragssatz zur Arbeitslosenversicherung wird um 2 Beitragssatzpunkte gesenkt. Als Gegenfinanzierung wird der Normalsatz der Umsatzsteuer um 2 Prozentpunkte erhöht, oder die Grenzsteuersätze des Einkommensteuertarifs werden ab dem Grundfreibetrag um 2,5 Prozentpunkte angehoben. Beim Finanzierungsmix finden die Erhöhungen jeweils nur zur Hälfte statt.

© Sachverständigenrat

591. Die hier dargestellten Verteilungswirkungen beziehen sich auf eine Periode. Doch diese Betrachtung alleine greift gerade bei der Analyse der Verteilungswirkungen einer Konsumsteuer zu kurz. Denn die Tatsache, dass man auf Ersparnisse einer bestimmten Periode keine Konsumsteuer zahlt, bedeutet noch nicht, dass dieser Teil der Einkommensverwendung nie der Besteuerung unterliegt. Vielmehr werden Steuern beim Konsum der Ersparnisse in den Folgeperioden fällig, die Umsatzsteuer für einen zukünftigen Konsum muss also gleichsam „mitgespart" werden. Bei einer aus dieser Perspektive gebotenen **Lebenszyklusbetrachtung** ist davon auszugehen, dass der regressive Effekt der Einperiodenbetrachtung tendenziell schwindet (Metcalf, 1994; Poterba, 1989).

Allokative und distributive Effekte einer Umfinanzierung durch eine Einkommensteuererhöhung

Allokationswirkungen und Beschäftigungseffekte

592. Die Einkommensteuer reduziert zum einen den Nettolohn und beeinflusst die Arbeitsangebotsentscheidung dahingehend, dass der Anreiz, eine Tätigkeit aufzunehmen, sinkt, da der Abstand zum Einkommen ohne Erwerbstätigkeit zurückgeht. Zum andern bewirkt die Einkommensteuer eine Grenzbelastung einer zusätzlichen Einkommenseinheit, was die Ausweitung des Arbeitsangebots (zum Beispiel Überstunden) unattraktiver macht. Insgesamt sinken durch eine Einkommensteuererhöhung die Opportunitätskosten der Freizeit, und das **Arbeitsangebot** dürfte tendenziell abnehmen. Mit der Einkommensteuererhöhung steigt die Steuerbelastung der Gewinne einkommensteuerpflichtiger Unternehmen, was sich negativ auf die **Arbeitsnachfrage** auswirken kann sowie mögliche Standortnachteile vergrößert. Zudem werden die intertemporale Konsumentscheidung und die Investitionsentscheidung durch die Einkommensteuer verzerrt, was Wachstum und Beschäftigung beeinträchtigen kann. Eine Einkommensteuererhöhung zeitigt somit für sich genommen negative Beschäftigungseffekte.

593. Die gesamtwirtschaftlichen Effekte der Einkommensteuererhöhung für sich genommen und auch einer durch eine Einkommensteuererhöhung gegenfinanzierten Beitragssatzsenkung hängen allerdings entscheidend von der tatsächlichen **Ausgestaltung der Einkommensteuererhöhung** ab. Möglich ist unter anderem ein Zuschlag auf die Einkommensteuerschuld nach Art des Solidaritätszuschlags. Ein solcher Zuschlag führt dazu, dass der Grenzsteuersatztarif steiler wird und die zusätzliche Belastung für die Bezieher höherer Einkommen relativ stärker ausfällt (JG 2004 Ziffer 522). Denkbar ist auch, dass der Grenzsteuersatztarif ab dem Grundfreibetrag parallel verschoben wird, so dass die Grenzsteuersätze für jedes zu versteuernde Einkommen in absolut gleichem Ausmaß erhöht werden. Je nach Ausgestaltung der Einkommensteuererhöhung ergeben sich unterschiedliche Effekte auf das Arbeitsangebot. Bei gegebenen Arbeitsangebotselastizitäten dürften im Falle eines Zuschlags auf die Steuerschuld die Bezieher geringer Einkommen weniger und die Bezieher höherer Einkommen stärker ihr Arbeitsangebot einschränken als im Falle der Tarifverschiebung.

594. Für die **Effekte der gesamten Umfinanzierungsmaßnahme** auf das Arbeitsangebot sind die durch die Beitragssatzsenkung und die Einkommensteuererhöhung erzeugten Veränderungen des Nettolohns und der Grenzabgabenbelastung entscheidend. Da die Einkommensteuer nicht nur die Lohneinkommen, sondern alle Einkommen betrifft und keine Beitragsbemessungsgrenze existiert, ist die Bruttobemessungsgrundlage grundsätzlich deutlich größer als bei der Beitragsfinanzierung. Unter Berücksichtigung von Werbungskosten, Verlustverrechnungen, Abschreibungen, Sonderausgaben und anderen Abzugsbeträgen ist aber davon auszugehen, dass die Bemessungsgrundlage der Einkommensteuer – das zu versteuernde Einkommen – nicht größer oder eher geringer als die jeweilige Summe der beitragspflichtigen Einkommen in den einzelnen Sozialversicherungszweigen ausfällt. Bei einer proportionalen Erhöhung des Einkommensteuertarifs ist deshalb zu erwarten, dass der proportionale Anstieg des Grenzsteuersatzes in etwa gleich hoch ist oder höher ausfällt als der betragsmäßige Rückgang des Beitragssatzes zu den Sozialversicherungen. Hinsichtlich der Grenzbelastungen des Lohneinkommens dürften sich deshalb kaum Unterschiede ergeben. Im Fall des Zuschlags auf die Steuerschuld ist dies anders. Hier dürften die Grenzbelastungen der Bezieher geringerer Lohneinkommen insgesamt tendenziell sinken. Die Grenzbelastungen der Bezieher höherer Lohneinkommen steigen tendenziell mit entsprechend gegenläufigen Effekten auf das Arbeitsangebot. Die Veränderung des Nettolohns bleibt bei beiden Ausgestaltungsvarianten der Einkommensteuererhöhung unbestimmt. Zwar partizipieren die Arbeitnehmer aufgrund der paritätischen Finanzierung der Sozialversicherungsbeiträge zunächst nur zur Hälfte an der Beitragssatzsenkung, entscheidender für die Entwicklung des Nettolohns sind aber die Rückwirkungen auf die Lohnbildung und die Frage, wer die Sozialversicherungsbeiträge letztlich ökonomisch trägt, was theoretisch wie empirisch unbestimmt ist.

Mit dem IAB/RWI-Modell wurde von Kaltenborn et al. (2003) eine Beitragssatzsenkung um einen Prozentpunkt simuliert, die durch eine Erhöhung des Solidaritätszuschlags um 3 Prozentpunkte gegenfinanziert wurde. Je nach Lohnbildungsannahme ergibt sich ein positiver **Beschäftigungseffekt** von durchschnittlich 20 000 bis 25 000 Personen. Im DIW-Modell führt die durch einen Zuschlag zur Einkommensteuer gegenfinanzierte Beitragssenkung von 20 Mrd Euro ebenfalls zu positiven Beschäftigungseffekten, die aber mit durchschnittlich 0,4 vH nur etwa halb so hoch sind wie bei der Umsatzsteuerfinanzierung (Meinhardt und Zwiener, 2005). Im Bundesbankmodell ergibt sich bei einem Umfinanzierungsvolumen von 20 Mrd Euro je nach Lohnbildungsannahme ein Beschäftigungszuwachs von durchschnittlich zwischen 29 000 Personen (0,1 vH) und 95 000 Personen (0,27 vH). Zu berücksichtigen ist, dass in den (meisten) Makro-Modellen die negativen Anreizeffekte, die durch die Steuersätze auf die Wirtschaftssubjekte ausgehen, nicht modelliert sind. Mithin werden wohlfahrtsmindernde Ausweichreaktionen ausgeblendet. Die positiven Effekte beruhen im Wesentlichen darauf, dass die Unternehmen stärker von der Beitragssatzsenkung profitieren, als sie durch die Steuererhöhung belastet werden. Die Lohnstückkosten sinken und Arbeitsnachfrage sowie Investitionen steigen. Die Nettoeinkommen der privaten Haushalte sinken dagegen, da sie den größten Teil der Einkommensteuererhöhung über ihre Lohnsteuerzahlung tragen, was nicht durch den entlastenden Effekt der Beitragssenkung kompensiert werden kann. Dies dämpft tendenziell den Konsum. Die Effekte auf das Bruttoinlandsprodukt sind aber in allen Modellen sehr gering.

595. Zur Abschätzung der allokativen Auswirkungen der gesamten Umfinanzierungsmaßnahme können auch hier die Effekte auf die (marginalen) **Zusatzlasten** betrachtet werden (Ziffer 396). Durch eine Beitragssatzsenkung werden bei Arbeitseinkommen die Zusatzlasten reduziert. Im Gegenzug werden durch die Einkommensteuererhöhung Arbeitseinkommen und Kapitaleinkommen belastet. Ob die Zusatzlasten insgesamt zu- oder abnehmen, ist eine offene Frage. Da die Verzerrungen bei der Besteuerung von Kapitaleinkommen tendenziell größer sein dürften als bei Arbeitseinkommen, ist es zumindest zweifelhaft, dass die Zusatzlasten insgesamt durch eine solche Umfinanzierungsmaßnahme sinken. In diesem Fall wäre aus rein effizienztheoretischer Sicht eine Umfinanzierungsmaßnahme dem Status quo nicht überlegen. Vor allem bei einer über einen Solidaritätszuschlag finanzierten Beitragssatzsenkung sind insgesamt eher Effizienzverluste zu erwarten, da die marginalen Zusatzlasten des Solidaritätszuschlags insbesondere für überdurchschnittliche Einkommen hoch sind (Schellhorn, 2005) und die Zusatzlasten der Beitragsfinanzierung übersteigen dürften. Die Effizienzverluste wären tendenziell geringer, wenn der Grenzsteuersatztarif nicht wie bei einem Zuschlag auf die Einkommensteuerschuld insgesamt steiler wird, sondern wenn man den Tarif parallel nach oben verschiebt.

596. Zu berücksichtigen ist zudem, dass sich gerade im Niedrigeinkommensbereich Beitragssenkungen nicht eins zu eins in höheren Nettoeinkommen niederschlagen müssen. Da die Beiträge bis zu bestimmten Höchstgrenzen als Sonderausgaben von der Bemessungsgrundlage der Einkommensteuer abgezogen werden dürfen, erhöhen – soweit die Grenzen nicht überschritten werden – Beitragssenkungen die Einkommensteuerschuld. Beitragszahlungen werden also auch ohne Berücksichtigung der Gegenfinanzierung teilweise durch Einkommensteuerzahlungen ersetzt. Dieser Effekt wird noch vergrößert, wenn es in diesem Einkommensbereich zu einer Erhöhung der Steuersätze kommt.

Verteilungswirkungen

597. Da der Einkommensteuertarif durch einen Grundfreibetrag und steigende Grenzsteuersätze bis zu einem Spitzensatz gekennzeichnet ist, wirkt die Einkommensteuer bezogen auf das zu ver-

steuernde Einkommen progressiv. So ergab eine Auswertung der Einkommensteuerstatistik des Jahres 2001, dass die bestverdienenden 10 vH der Steuerpflichtigen, die einen Anteil am Einkommen von 34 vH haben, rund 53 vH des gesamten Einkommensteueraufkommens zahlen (Statistisches Bundesamt, 2005). Die für den Sachverständigenrat vom RWI vorgenommene Auswertung der EVS 2003 ergibt einen Gini-Koeffizient der Verteilung der Einkommensteuerzahlungen von 0,71, was ebenfalls auf eine starke Konzentration der Einkommensteuerzahlungen auf die hohen Einkommensklassen hindeutet. Der Gini-Koeffizient der Beiträge der Arbeitnehmer zur Sozialversicherung beträgt dagegen bezogen auf alle Haushalte 0,52, so dass nach einer einkommensteuerfinanzierten Beitragssatzsenkung insgesamt eine größere Gleichverteilung der Einkommen zu erwarten ist.

598. Bei der Betrachtung der **Verteilungswirkungen der gesamten Umfinanzierungsmaßnahme** ist zu berücksichtigen, dass die Unternehmen – zumindest formal, das heißt ohne Berücksichtigung von Überwälzungsmöglichkeiten – stärker an der Beitragsfinanzierung beteiligt sind als an der Einkommensteuerfinanzierung, so dass die privaten Haushalte ohne Berücksichtigung von Verhaltensänderungen insgesamt belastet werden. Da die Beitragsfinanzierung bezogen auf das gesamte Haushaltseinkommen mit steigendem Einkommen zunächst progressiv und dann regressiv, die Einkommensteuer dagegen durchgehend und stärker progressiv wirkt, nimmt die relative Belastung bei Verwirklichung der Umfinanzierungsmaßnahme mit zunehmenden Einkommen zu (Schaubild 58).

Da in den hier durchgeführten Verteilungsrechnungen nur die formale Inzidenz betrachtet wird, fallen die Beitragssatzsenkungen nur zur Hälfte bei den Arbeitnehmerhaushalten an, die Einkommensteuererhöhung wird aber weitgehend von den privaten Haushalten getragen, so dass – bei einer beispielhaft simulierten Beitragssatzsenkung in der Arbeitslosenversicherung um zwei Prozentpunkte, gegenfinanziert durch eine Erhöhung der Grenzsteuersätze der Einkommensteuer um rund 2,5 Prozentpunkte – bezogen auf die gesamten Haushalte eine Belastung vorliegt. Sogar die Arbeitnehmerhaushalte werden durch die Maßnahme nicht begünstigt. Auch die Beamten, Pensionäre, Selbständigen und Bezieher von Kapitaleinkommen werden belastet, da diese Gruppen auf die entsprechenden Einkünfte Einkommensteuer zahlen, aber keine Sozialversicherungsbeiträge. Die Belastungshöhe der Rentner hängt davon ab, in welchem Sozialversicherungszweig die Beitragssatzsenkung stattfindet, ob sie also von einer Beitragssatzsenkung profitieren. In der Kranken- und Pflegeversicherung wäre dies der Fall, in der Rentenversicherung und der Arbeitslosenversicherung dagegen nicht.

Finanzierungsmix

599. Die vorliegenden Studien belegen, dass die besten Ergebnisse von einem Finanzierungsmix aus **Einkommensteuer und Mehrwertsteuer** zu erwarten sind, da sich bei einer solchen Kombination unterschiedlicher Steuern allokative und verteilungspolitische Nachteile der einen Steuer durch die Wirkungen der anderen ausgleichen können: Ein potentieller allokativer Nachteil der Umsatzsteuerfinanzierung besteht darin, dass die induzierten Preissteigerungen zum einen erhöhend auf die Löhne rückwirken und deshalb die Arbeitsnachfrage negativ beeinflussen können; zum anderen dämpfen höhere Preise die Konsumnachfrage. Bei der Einkommensteuerfinanzierung ist dagegen eher mit Preissenkungen zu rechnen, die aber mit einer Erhöhung der Grenzabgabenbelastungen erkauft werden. Während bei einer Einkommensteuererhöhung mit sinkenden Nettolöhnen zu rechnen ist und damit einer Schwächung der Konsumnachfrage, führt eine Mehrwertsteuererhöhung bei gleichzeitiger Senkung der Sozialabgaben zu einem tendenziellen Anstieg der

Nettolöhne. Bei einer solchen gemischten Gegenfinanzierung können zudem mögliche ungewollte regressive Effekte der Umsatzsteuerfinanzierung verhindert oder abgeschwächt werden.

So kommt die Studie des DIW zu dem Ergebnis, dass die Kombination aus Einkommen- und Mehrwertsteuer die sinnvollste Alternative darstellt. Bei einem Umfinanzierungsvolumen von 40 Mrd Euro soll die **Beschäftigung** um bis zu 1,5 vH zunehmen und das Bruttoinlandsprodukt um bis zu 0,8 vH im Vergleich zum Referenzszenario ohne Reform steigen (Meinhardt und Zwiener, 2005). Bei dieser Kombination käme es nur zu geringen Preissteigerungen, die Nettolöhne stiegen ebenfalls leicht, während die Beschäftigungseffekte und die Auswirkungen auf das Bruttoinlandsprodukt in der Größenordnung der vollständigen Gegenfinanzierung nur durch eine Erhöhung der Mehrwertsteuer lägen. Auch im Bundesbankmodell zeigen sich bei einer Kombination aus erhöhter Umsatzsteuer und höherer Einkommensteuer im Vergleich zur ausschließlichen Finanzierung über nur eine Steuerart die besten Ergebnisse. Während die reine Umsatzsteuerfinanzierung in diesem Simulationsmodell kaum positive Beschäftigungseffekte, aber positive Effekte auf das Bruttoinlandsprodukt zeitigt und die Einkommensteuerfinanzierung positive Beschäftigungswirkungen, aber so gut wie keine Wirkungen auf das Bruttoinlandsprodukt nach sich zieht, ergeben sich bei einer Kombination sowohl positive Beschäftigungswirkungen als auch eine Zunahme des Bruttoinlandsprodukts. Die Effekte sind aber insgesamt deutlich niedriger als im DIW-Modell.

Hinsichtlich der **Verteilungswirkungen** einer Kombination aus Mehrwertsteuererhöhung und Verschiebung des Einkommensteuertarifs „nach oben" ist festzustellen, dass es zu einem zunächst mit zunehmenden Einkommen proportionalen Belastungsverlauf kommt und erst bei höheren Einkommen eine regressive Wirkung eintritt (Schaubild 58). Es kommt also auch hier zu einer „Mischung" der Effekte.

Allokative und distributive Effekte einer Umfinanzierung durch Ausgabensenkungen

Allokationswirkungen und Beschäftigungseffekte

600. Die Mobilisierung der Mittel zur Umfinanzierung von versicherungsfremden Leistungen kann auch durch Einsparungen an anderen Stellen des Staatshaushalts – bei Staatskonsumausgaben, bei Investitionsausgaben sowie bei Transferausgaben und Subventionen – erfolgen. Für die gesamtwirtschaftlichen Effekte ist entscheidend, welche Ausgaben gesenkt werden. Da die Investitionsausgaben des Staates im Gegensatz zu Transferzahlungen oder Personalausgaben kurzfristig disponibel sind, besteht die Gefahr, dass öffentliche Investitionen gekürzt werden, mit negativen Folgen für das Wirtschaftswachstum. Im Interesse einer Stärkung des Wachstums muss es aber darum gehen, die Ausgabenstruktur des Staates hin zu einer stärkeren Gewichtung der Investitionsausgaben zu verändern (JG 2002 Ziffern 36 ff.). Die in Simulationsmodellen ermittelten Beschäftigungseffekte einer durch Staatsausgabensenkung finanzierten Beitragssatzsenkung unterscheiden sich und hängen stark von der gewählten Modellklasse ab.

601. In den vorliegenden makroökonometrischen Simulationsmodellen ziehen Beitragssenkungen, die durch Staatsausgabensenkungen – meist als Reduktion von Staatskonsumausgaben modelliert – gegenfinanziert werden, grundsätzlich zunächst Nachfrageausfälle nach sich, die nicht von einer höheren Konsumnachfrage aufgrund der höheren verfügbaren Einkommen der privaten Haushalte kompensiert werden. Entsprechend sind die Beschäftigungseffekte und die Effekte auf das Bruttoinlandsprodukt negativ. So berechnet das IAB mit dem IAB/INFORGE-Modell für eine Senkung der Sozialbeiträge um einen Prozentpunkt einen Beschäftigungsrückgang um 0,71 vH und einen Rückgang des Bruttoinlandsprodukts um sogar 1,09 vH. Während das Bruttoinlandsprodukt im IAB/INFORGE-Modell durchweg unterhalb des Referenzpfades verläuft, kommt es bei den Beschäftigungseffekten im Falle einer endogenen Lohnsetzung im Zeitverlauf zu einer Umkehrung der Wirkungsrichtung (Feil und Zika, 2005a). Denn der anfängliche Abbau der Beschäftigung aufgrund des Nachfrageausfalls und die Zunahme der Arbeitslosigkeit führen zu Lohnzurückhaltung, die sich mittel- und langfristig in einer Zunahme der Beschäftigung im Vergleich zum Referenzszenario ohne Reform niederschlägt. Bei der Annahme exogener Löhne tritt dieser Anpassungsmechanismus über die Lohnsetzung nicht auf, so dass die Beschäftigung im Vergleich zum Referenzpfad durchweg niedriger liegt (Walwei und Zika, 2005). In einem mikroökonometrischen allgemeinen Gleichgewichtsmodell kommt es dagegen im neuen Gleichgewicht sowohl zu einer positiven Reaktion der Beschäftigung (+0,44 vH oder 150 000 Personen) als auch zu einem Zuwachs des Bruttoinlandsprodukts (+0,48 vH) (Feil und Zika, 2005a). In dieser Modellklasse schlagen sich die grundsätzlich wachstumsfreundlichen, also langfristig positiven Wirkungen der Reduktion von verzerrenden Beiträgen sowie verringerter Staatskonsumausgaben positiv nieder.

Verteilungseffekte

602. Die Verteilungswirkungen einer Staatsausgabensenkung hängen entscheidend davon ab, welche Ausgabenkategorie betroffen ist. Werden Transferzahlungen reduziert, die aus sozialpolitischen Gründen gewährt wurden, ist von einer ausgeprägten Regressivität einer solchen Staatsausgabensenkung auszugehen. Werden dagegen Subventionen gekürzt, die vor allem Beziehern höherer Einkommen zugute kommen, handelt es sich um eine progressiv wirkende Maßnahme. Somit können keine allgemeinen Aussagen über die Verteilungswirkungen der Staatsausgabensenkung für sich genommen und auch nicht über die Verteilungswirkungen einer durch Ausgabenreduktion finanzierten Beitragssatzsenkung getroffen werden.

Fazit

603. Eine Umfinanzierung von als notwendig erachteten versicherungsfremden Leistungen und Umverteilungen ist sowohl aus wachstums- und beschäftigungspolitischen wie auch aus verteilungspolitischen Gründen sinnvoll. Die davon zu erwartenden Beschäftigungseffekte sind für alle Gegenfinanzierungsvarianten grundsätzlich positiv, aber insgesamt eher gering. Einen kurzen und bequemen Königsweg aus der Arbeitsmarktmisere stellen derartige Umfinanzierungsoperationen nicht dar. Gleichwohl kann mit einer Reduktion des Steueranteils in den Beiträgen beziehungsweise mit niedrigeren Beitragssätzen die Attraktivität der sozialversicherungspflichtigen Beschäftigung erhöht und in der Tendenz der Erosion dieses „Normalarbeitsverhältnisses" entgegengewirkt werden. Dies wiederum trägt zur Stabilisierung der Sozialversicherungssysteme bei.

Will man den Weg einer stärkeren Steuerfinanzierung der Sozialversicherungen beschreiten, ist es nach einer Evaluation der versicherungsfremden Leistungen sinnvoll, zunächst bei der Arbeitslosenversicherung zu beginnen, da dort mit einem gegebenen steuerfinanzierten Zuschuss die größte Beitragssatzsenkung und damit der höchste Beschäftigungseffekt erzielt werden kann. Legt man die bislang vorliegenden Simulationsstudien zugrunde, sind die besten Ergebnisse zu erwarten, wenn man als Gegenfinanzierung eine Kombination aus Mehrwertsteuer und Einkommensteuer wählt. Zu einem solchen Finanzierungsmix könnte auch die Senkung der Staatskonsumausgaben oder der Ausgaben der Sozialversicherungen selbst hinzutreten, etwa durch das Streichen eigentlich nicht sinnvoller Leistungen wie der Arbeitsbeschaffungsmaßnahmen oder der Mehraufwendungen aufgrund einer differenzierten Bezugsdauer des Arbeitslosengelds.

Literatur

Bajo-Rubio, O. und A. Gómez-Plana (2004) Reducing Social Contributions for Unskilled Labor as a Way of Fighting Unemployment: An Empirical Evaluation for the Case of Spain, Finanzarchiv, 60 (2), 160 - 185.

Böhringer, C., T. Büttner, M. Kraus und S. Boeters (2004) Allokative und distributive Effekte einer Abschaffung des ermäßigten Umsatzsteuersatzes, Dienstleistungsauftrag des BMF, Zentrum für Europäische Wirtschaftsforschung, Mannheim.

Bork, C. (2000) *Steuern, Transfers und private Haushalte: eine mikroanalytische Simulationsstudie der Aufkommens- und Verteilungswirkungen*, Finanzwissenschaftliche Schriften, Frankfurt am Main.

Deutscher Bundestag (2003) *Entwurf eines Gesetzes zu Reformen am Arbeitsmarkt*, Drucksache 15/1204.

Feil, M. und G. Zika (2005a) *Mit niedrigeren Sozialabgaben aus der Arbeitsmarktkrise?*, IAB Kurzbericht, 4.

Feil, M. und G. Zika (2005b) *Politikberatung mit dem Simulationsmodell PACE-L – Möglichkeiten und Grenzen am Beispiel einer Senkung der Sozialabgaben*, IAB-Forschungsbericht, 17/2005.

Fullerton, D. und D. L. Rogers (1991) *Lifetime versus Annual Perspectives on Tax Incidence*, in: National Tax Journal, 44 (3), 277 - 287.

Gasche, M. (2005) *Neue Rentenanpassungsformel: „Schutzklausel" erfordert „Nachholfaktor"*, Wirtschaftsdienst, 7, 471 - 476.

Kaltenborn, B., S. Koch, U. Kress, U. Walwei und G. Zika (2003) *Sozialabgaben und Beschäftigung*, Mitteilungen aus der Arbeitsmarkt- und Berufsforschung, 4, 672 - 688.

Meinhardt, V. und R. Zwiener (2005) *Gesamtwirtschaftliche Wirkungen einer Steuerfinanzierung versicherungsfremder Leistungen in der Sozialversicherung*, DIW Berlin, Endbericht im Auftrag des DGB Bundesvorstandes, der Hans-Böckler-Stiftung und der Otto-Brenner-Stiftung.

Metcalf, G. (1994) *Lifecycle vs. Annual Perspectives on the Incidence of a Value Added Tax*, NBER Working Paper No. 4619.

o.V. (2004) *Bericht der Bundesregierung zur Entwicklung der nicht beitragsgedeckten Leistungen und der Bundesleistungen an die Rentenversicherung vom 13. August 2004*, Deutsche Rentenversicherung, 10, 569 -585.

Pierrard, O. (2005) *Impacts of Selective Reductions in Labor Taxation*, Konjunkturpolitik, 51, 49 - 82.

Poterba, J. M. (1989) *Lifetime Incidence and the Distributional Burden of Excise Taxes*, in: American Economic Review, 79 (2), 325 -330.

Richter, W. F. (2005) *Wirkungen von Steuern und Sozialbeiträgen,* mimeo.

Römer, M. und R. Borell (2002) *Versicherungsfremde Leistungen in der Arbeitslosenversicherung*, 96, Karl-Bräuer-Institut des Bundes der Steuerzahler e.V., Wiesbaden.

Ruland, F. (1995) *Versicherungsfremde Leistungen in der gesetzlichen Rentenversicherung,* Deutsche Rentenversicherung, 1, 28 - 37.

Schellhorn, H. (2005) *Effizienzeffekte der Einkommensteuer bei Steuervermeidung*, Wiesbaden.

Statistisches Bundesamt (2005) *Jährliche Einkommensteuerstatistik auf Basis der Geschäftsstatistik der Finanzverwaltung 2001*, Kurzbericht, Oktober.

Walwei, U. und G. Zika (2005) *Arbeitsmarktwirkungen einer Senkung der Sozialabgaben*, Sozialer Fortschritt, 54 (4), 77 - 90.

Sechstes Kapitel
Europa: Erfolge und Herausforderungen

I. Deutschland in der Währungsunion
II. Institutionelle Herausforderungen

Das Wichtigste in Kürze

- Sieben Jahre nach ihrem Start kann die Europäische Währungsunion (EWU) klare Erfolge aufweisen. Trotz starker Belastungen durch den Ölpreisanstieg ist es der Europäischen Zentralbank gelungen, das Ziel der Geldwertstabilität zu erreichen und dauerhaft niedrige Inflationserwartungen zu etablieren. Die von den globalen Schocks ebenfalls beeinträchtigte wirtschaftliche Dynamik war in den Jahren seit 1999 etwas höher als in der davor liegenden Konvergenzphase, allerdings war sie zu gering, um einen nennenswerten Abbau der Arbeitslosigkeit zu erreichen. Positiv stellte sich für den Euro-Raum auch die gestiegene Handelsintegration dar.

- Deutschland profitierte vom Euro durch eine Ausweitung seiner Exporte in den Währungsraum. Die ungünstige deutsche Wirtschaftsentwicklung der letzten Jahre lässt sich, auch mit Blick auf die im historischen Vergleich niedrigen Realzinsen, nicht mit der Teilnahme an der Europäischen Währungsunion erklären.

- Ein mögliches Problem stellen die aktuellen Unterschiede in den Inflationsraten der Mitgliedsländer dar, die so in anderen Währungsräumen nicht zu beobachten sind. Sie führen kurzfristig zu divergierenden Realzinsen in den Mitgliedsländern. Allerdings steht die Veränderung der preislichen Wettbewerbsfähigkeit dem entgegen und kompensiert aufgrund eines kumulativen Effekts nach einiger Zeit die Effekte der Realzinsdifferenzen. Für Länder mit überdurchschnittlicher Inflationsrate kann die Anpassung mit schmerzhaften Korrekturen verbunden sein.

- Obwohl sich die Lage der öffentlichen Haushalte in der Phase der Währungsunion insgesamt gesehen nicht schlechter darstellt als in den Jahren davor, ist nicht zu übersehen, dass es der Mehrzahl der Mitgliedsländer nicht gelungen ist, den Zielen des ursprünglichen Stabilitäts- und Wachstumspakts gerecht zu werden. Der Prozess der Haushaltskonsolidierung, der in der Konvergenzphase sehr erfolgreich verfolgt worden war, ist seit dem Jahr 1999 nicht fortgesetzt worden.

- Das neue Regelwerk des Stabilitäts- und Wachstumspakts ist durch zusätzliche Interpretationsspielräume und Rückkopplungsschleifen erheblich geschwächt worden. Der reformierte Pakt wird eine disziplinierende Wirkung nur dann entfalten können, wenn sowohl die Europäische Kommission als auch der Ecofin-Rat die nächsten Schritte in dem gegen Deutschland eingeleiteten Defizitverfahren konsequent weiterverfolgen. Wenn Deutschland nicht zum Totengräber des Pakts werden will, muss nun die Haushaltskonsolidierung entschlossen angegangen werden.

- Der europäische Integrationsprozess hat mit der Ablehnung des Europäischen Verfassungsvertrags in Frankreich und in den Niederlanden einen erheblichen Rückschlag erlitten, zumal die nun bis auf Weiteres geltenden Entscheidungs- und Abstimmungsprozesse auf Grundlage des Vertrags von Nizza verbesserungsbedürftig sind. Aus ökonomischer Sicht ist diese Entwicklung insofern allerdings weniger dramatisch, als auch mit den geltenden Regelungen ein stabiler Rahmen für die gemeinsame Geldpolitik und die nationalen Fiskalpolitiken gegeben ist.

– Mit dem Beginn der Beitrittsverhandlungen muss sich die Türkei in den nächsten Jahren für eine Mitgliedschaft in der Union qualifizieren. Dieser Prozess wird mindestens zehn Jahre erfordern, und eine uneingeschränkte Freizügigkeit für Arbeitskräfte ist nicht vor dem Jahr 2022 zu erwarten. Mit der Aufnahme der Beitrittsverhandlungen dürfte der Konvergenzprozess weiter voranschreiten, so dass sich der Einkommensabstand zu den bisherigen Mitgliedsländern in der Übergangsphase reduzieren wird.

Zur Ausgangslage: Aktuelle Herausforderungen Europas

604. Das Jahr 2005 wird als Krisenjahr in die Europäische Integrationsgeschichte eingehen. Nach eindrucksvollen Erfolgen wie der Vollendung des Binnenmarkts im Jahr 1992, der Errichtung der Europäischen Zentralbank im Jahr 1998, der Schaffung der Währungsunion im Jahr 1999, der Bargeldeinführung des Euro im Jahr 2002 und der Osterweiterung im Jahr 2004 ist in diesem Jahr eine deutliche Ernüchterung eingekehrt. Das Treffen der Staats- und Regierungschefs der Europäischen Union, auf dem nach der Ablehnung des Europäischen Verfassungsvertrags durch Frankreich und die Niederlande verloren gegangenes Vertrauen der Bürger in die europäische Integration zurück gewonnen werden sollte, endete mit einem Misserfolg. Weder wurde eine klare Antwort auf die Frage gefunden, wie es mit der Ratifizierung der Verfassung weitergehen soll, noch gelang es, den mittelfristigen Finanzrahmen, die Finanzielle Vorausschau 2007 bis 2013, zu verabschieden. In der öffentlichen Diskussion löste das geradezu einen „Kaskaden-Effekt" aus, durch den in einigen Medien auch ein im Prinzip gut funktionierendes institutionelles Arrangement wie die Europäische Währungsunion in Frage gestellt wurde. Hierbei wurden vor allem die Inflationsunterschiede zwischen den einzelnen Mitgliedsländern problematisiert, die zu Divergenzen in der Wettbewerbsfähigkeit und einem Auseinanderlaufen der nationalen Realzinsen geführt haben. Die Erfolge der Währungsunion hingegen gerieten dabei völlig aus dem Blick: Trotz eines Anstiegs der Ölpreise von rund 10 US-Dollar je Barrel auf zeitweise fast 70 US-Dollar ist es der Europäischen Zentralbank seit dem Jahr 1999 gelungen, das Ziel der Geldwertstabilität zu erreichen und zugleich dauerhaft niedrige Inflationserwartungen zu etablieren. Die wirtschaftliche Dynamik in den Jahren der Währungsunion war sogar noch etwas höher als in der davor liegenden Konvergenzphase. Positiv stellte sich für den Euro-Raum zudem die Handelsintegration dar, bei der Deutschland von einer Ausweitung der Exporte in den Währungsraum profitieren konnte. In der Summe lässt sich die unbefriedigende deutsche Wirtschaftsentwicklung daher nicht mit der Teilnahme an der Europäischen Währungsunion erklären.

605. Ein weiteres kontrovers diskutiertes Thema war die Reform des Stabilitäts- und Wachstumspakts, die zu einer deutlichen Aufweichung der bisher vorgegebenen Regeln für die Fiskalpolitik führte. In den letzten Jahren ist es vielen Ländern nicht gelungen, den konsequenten Konsolidierungsprozess fortzusetzen, der in der Konvergenzphase bis zum Jahr 1998 verfolgt worden war. Die durch den Stabilitäts- und Wachstumspakt festgelegte Defizitgrenze sowie die Vorgabe eines mittelfristig ausgeglichenen oder sogar einen Überschuss aufweisenden Haushalts konnten in den letzten Jahren nur in einigen, vor allem kleineren Mitgliedsländern eingehalten werden. Nachdem während der konjunkturellen Erholung der Jahre 1999 und 2000 eine Konsolidierung der öffentlichen Haushalte vernachlässigt worden war, gelang es angesichts der unbefriedigenden wirtschaftlichen Entwicklung des Euro-Raums in den letzten Jahren – trotz einer gewissen Bindungswirkung des bisherigen Pakts – großen Ländern wie Deutschland, Frankreich und Italien nicht mehr, die 3-vH-Defizitgrenze konsequent einzuhalten. Die Konsequenz der mit den jetzt geltenden Regeln geschaffenen zusätzlichen Spielräume besteht darin, dass die Sanktionsmechanismen für Länder mit einer unsoliden Fiskalpolitik erheblich aufgeweicht wurden. Die Reform des Stabilitäts- und Wachstumspakts hat so tendenziell mit zu dem Reputationsverlust beigetragen, mit dem sich die europäische Integrationspolitik in diesem Jahr konfrontiert sah. Mit großer Skepsis wird vielfach auch ein – seit dem Beginn der Beitrittsverhandlungen am 3. Oktober 2005 – möglicher Beitritt der Türkei zur Europäischen Union gesehen. In Anbetracht der langen zeitlichen Perspektive einer vollständigen Mitgliedschaft erscheinen die Risiken, die sich daraus für Deutschland ergeben können, aus ökonomischer Sicht begrenzt.

I. Deutschland in der Währungsunion

606. In Deutschland wurde vor der Einführung des Euro eine sehr intensive und teilweise auch ausgesprochen leidenschaftliche Debatte über die **Vor- und Nachteile einer Währungsunion** geführt. Befürchtet wurde vor allem, dass die im europäischen und internationalen Vergleich sehr stabile Deutsche Mark durch eine weniger wertbeständige Gemeinschaftswährung abgelöst werden würde. Insbesondere wurde die Bereitschaft der Europäischen Zentralbank bezweifelt, sich ebenso eindeutig und konsequent für das Primat der Geldwertstabilität einzusetzen, wie das für die Politik der Deutschen Bundesbank kennzeichnend gewesen war. Auch heute noch ist die Skepsis der deutschen Bevölkerung gegenüber dem Euro recht hoch. So wird die Währungsunion nicht selten für die Konsumschwäche und damit für die nach wie vor wenig befriedigende wirtschaftliche Entwicklung und insbesondere die steigende Arbeitslosigkeit in Deutschland verantwortlich gemacht. Aber auch in anderen europäischen Ländern ist eine Neigung zu beobachten, im Euro den Sündenbock für die schwache wirtschaftliche Dynamik zu sehen.

607. Wenn auch die Schaffung der Währungsunion in Deutschland in erster Linie als ein politisches Ziel angesehen wurde, gab es zahlreiche Ökonomen, die sich davon eindeutige ökonomische Vorteile erhofften. Der Wegfall der Währungsgrenzen ist eine Voraussetzung dafür, dass der im Jahr 1992 geschaffene Europäische Binnenmarkt zu einem wirtschaftlich ähnlich stark integrierten Raum wie die Vereinigten Staaten werden kann. Dabei ging es zum einen um die Reduktion von Transaktions- und Informationskosten, die sich durch das Nebeneinander nationaler Währungen ergeben. Fast wichtiger noch war die Vermeidung von Währungskrisen, wie sie im Europäischen Währungssystem in den Jahren 1992/93 zu beobachten gewesen waren. Die damit verbundene starke Aufwertung der D-Mark gegenüber einigen Währungen hatte erhebliche Wettbewerbsnachteile für die deutsche Wirtschaft gebracht. Aus der Sicht der übrigen Länder bot die Währungsunion den Vorteil, dass sie vor spekulativen Attacken, die – wie zum Beispiel im Fall Frankreichs in den Jahren 1992/93 – makroökonomisch nachteilige Risikoprämien in den Zinssätzen erzwangen, besser geschützt waren.

608. Die Entwicklungen der letzten sieben Jahre zeigen, dass weder die Befürchtungen der Euro-Skeptiker eingetreten sind, noch sich die Hoffnungen der Euro-Befürworter auf mehr Wachstum und eine günstigere Beschäftigungsentwicklung für Deutschland erfüllt haben.

Der Euro ist im Inneren wie auch im Außenverhältnis zu einer mindestens ebenso stabilen Währung wie die D-Mark geworden. Trotz erheblicher Probleme einzelner Länder bei der Einhaltung der 3-vH-Defizitgrenze des Stabilitäts- und Wachstumspakts ist der Schuldenstand in Relation zum nominalen Bruttoinlandsprodukt in der Währungsunion insgesamt nicht angestiegen. Das aggregierte Haushaltsdefizit aller Mitgliedsländer ist relativ zur Wirtschaftsleistung heute niedriger als in anderen größeren Währungsräumen, wie zum Beispiel den Vereinigten Staaten, dem Vereinigten Königreich oder Japan.

609. Die realwirtschaftliche Entwicklung der letzten Jahre war für den Euro-Raum insgesamt wie auch für Deutschland wenig zufrieden stellend. Allerdings fiel die Zuwachsrate des realen Bruttoinlandsprodukts in der Währungsunion (Durchschnitt der Jahre 1999 bis 2004) mit 2,0 vH etwas höher aus als im Durchschnitt der Jahre 1993 bis 1998, in denen sich die Wirtschaftsleistung um durchschnittlich 1,9 vH pro Jahr erhöhte. Im Vergleich zu den Vereinigten Staaten hat sich in diesen beiden Zeiträumen der Wachstumsrückstand des Euro-Raums von 1,7 auf 0,9 Prozentpunkte deutlich vermindert – insbesondere wegen der nachlassenden Dynamik der amerikanischen Wirtschaft. Die Tatsache, dass es dabei zu keinem nennenswerten Rückgang der Arbeitslosigkeit im Euro-Raum gekommen ist, hat zweifellos mit dazu beigetragen, dass die Währungsunion in den meisten Ländern nicht unbedingt als eine Erfolgsgeschichte betrachtet wird.

610. Für Deutschland zeigt sich im Grunde ein ähnliches Bild. Der Anstieg des realen Bruttoinlandsprodukts war in den sechs Jahren vor der Währungsunion mit durchschnittlich 1,4 vH geringfügig höher als in den Jahren 1999 bis 2004, in denen eine Zuwachsrate von 1,3 vH erzielt wurde. Bei der Beschäftigungsentwicklung schneidet die Phase vor der Währungsunion indes erheblich ungünstiger ab: Im Zeitraum von 1993 bis 1998 erhöhten sich die Arbeitslosenzahlen in Deutschland um rund eine Million, in den Jahren von 1999 bis 2004 nahm die Arbeitslosigkeit dagegen um rund 300 000 Personen zu; neben den Auswirkungen der deutschen Einheit machte sich beim Beschäftigungseinbruch vor dem Jahr 1999 vor allem die Höherbewertung der D-Mark auf den Devisenmärkten bemerkbar. Insgesamt wäre es somit unangemessen, die ungünstige wirtschaftliche Entwicklung in den letzten Jahren auf die Auswirkungen des Euro zurückzuführen.

611. Man muss sich dabei allerdings der Tatsache bewusst sein, dass ein Vergleich der Situation vor und nach der Währungsunion nicht geeignet ist, die Vor- oder Nachteile eines solchen institutionellen Arrangements adäquat zu beschreiben. Allenfalls lassen sich die Erwartungen oder Befürchtungen überprüfen, die im Vorfeld des Übergangs zu einer Gemeinschaftswährung geäußert wurden. Wollte man den isolierten Einfluss der Währungsunion auf die einzelnen Länder und den Euro-Raum korrekt ermitteln, müsste man einen kontrafaktischen Vergleich vornehmen, das heißt, man müsste die tatsächliche mit einer hypothetischen makroökonomischen Entwicklung ohne Währungsunion vergleichen. Benötigt würde hierzu ein umfassendes makroökonometrisches Modell, wobei sich vor allem die Schwierigkeit stellen würde, eine verlässliche Schätzung der Wechselkurspfade für die einzelnen nationalen Währungen der Mitgliedsländer seit dem Jahr 1999 vorzunehmen.

Wollte man für Deutschland ein Szenario für die Phase seit dem Jahr 1999 ohne Währungsunion entwerfen, wäre vor allem an die Möglichkeit einer stärkeren DM-Aufwertung zu denken, durch die alle Vorteile der in den letzten Jahren erfolgten Lohnzurückhaltung zunichte gemacht würden. Die Erfahrungen Japans und der Schweiz zeigen, dass auch Länder mit einer unbefriedigenden wirtschaftlichen Dynamik unter einen massiven Aufwertungsdruck geraten können. So musste die japanische Regierung in den Jahren 1999 bis 2004 rund 550 Milliarden Dollar am Devisenmarkt aufkaufen, um eine für die eigene Wirtschaftsentwicklung unerwünschte Aufwertung des Yen gegenüber dem US-Dollar zu verhindern. Auch in der Schweiz, die nicht an der Europäischen Währungsunion teilnimmt, zeigte sich trotz ihrer uneingeschränkten geld- und währungspolitischen Autonomie eine ähnlich schwache wirtschaftliche Entwicklung wie in Deutschland in den letzten Jahren. Schließlich darf nicht übersehen werden, dass das heutige Niveau der langfristigen wie der kurzfristigen Realzinsen in Deutschland im historischen Vergleich eher als niedrig und keinesfalls als restriktiv anzusehen ist (Schaubild 59). Denkbar ist allerdings, dass unter dem Regime einer autonomen Geldpolitik der Bundesbank die kurzfristigen Zinssätze in Deutschland noch etwas niedriger gelegen hätten.

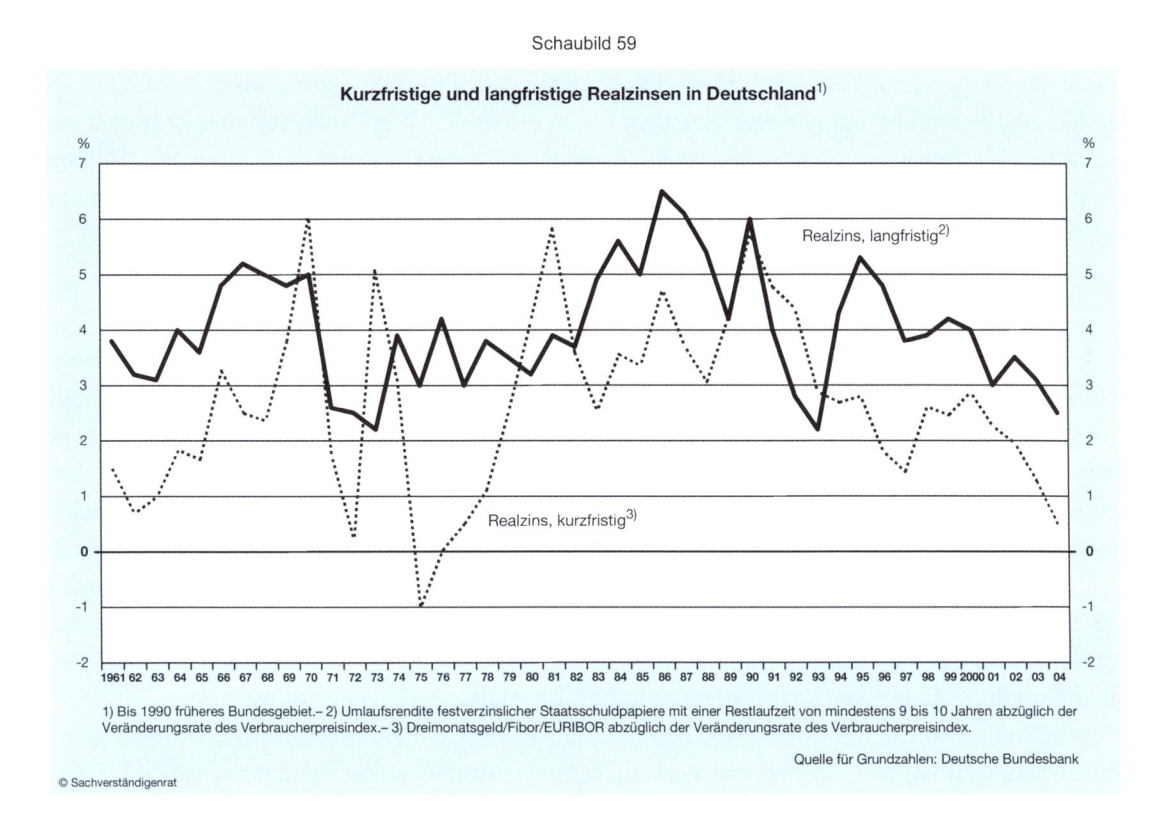

Schaubild 59

Kurzfristige und langfristige Realzinsen in Deutschland[1)]

1) Bis 1990 früheres Bundesgebiet.– 2) Umlaufsrendite festverzinslicher Staatsschuldpapiere mit einer Restlaufzeit von mindestens 9 bis 10 Jahren abzüglich der Veränderungsrate des Verbraucherpreisindex.– 3) Dreimonatsgeld/Fibor/EURIBOR abzüglich der Veränderungsrate des Verbraucherpreisindex.

Quelle für Grundzahlen: Deutsche Bundesbank

© Sachverständigenrat

612. Gelegentlich wurde die deutsche Investitionsschwäche auf den „Verlust des Realzinsbonus" in der Währungsunion zurückgeführt. Diese Argumentationslinie kann aber leicht in die Irre führen, nämlich dann, wenn relative und absolute Vorteile vermischt werden (JG 2002 Ziffern 344 ff.). Vor der Einführung des Euro wies Deutschland als Ankerland des Europäischen Währungssystems im Vergleich zu den anderen späteren Mitgliedsländern der Europäischen Währungsunion die niedrigsten nominalen Zinsen auf, ein „Bonus", der im Wesentlichen der Reputation der Deutschen Bundesbank geschuldet war. Mit der Einführung des Euro und der gelungenen institutionellen Übertragung dieser Glaubwürdigkeit auf die Europäische Zentralbank konvergierten die Realzinsen dieser Länder auf das niedrige deutsche Niveau. Dies brachte klare Vorteile für Länder wie etwa Spanien oder Portugal, die in der Vergangenheit relativ hohe Realzinsen aufgewiesen hatten. Aus diesem relativen Vorteil für die anderen Länder darf allerdings nicht unmittelbar ein Nachteil für Deutschland abgeleitet werden. Entscheidend für die deutschen Investitionen ist in erster Linie das absolute Niveau der deutschen Realzinsen. Diese fielen seit der Einführung der Währungsunion über das komplette Laufzeitspektrum. Die kurzfristigen Realzinsen lagen zuletzt auf dem niedrigsten Stand seit rund 30 Jahren. Auch die langfristigen Realzinsen näherten sich historischen Tiefständen, so dass sie kaum für die wirtschaftliche Schwäche in Deutschland verantwortlich gemacht werden können. Umgekehrt aber hat Deutschland indirekt über zunehmende Exporte an der höheren Dynamik in einigen Ländern der Währungsunion teilhaben können.

613. Unter dem Eindruck der schlechten Wirtschaftslage wird oft argumentiert, Deutschland sei mit einem überbewerteten realen Wechselkurs in die Euro-Zone eingetreten. Zur Beurteilung, ob eine reale Überbewertung vorlag, reicht es allerdings nicht, auf die Aufwertung der D-Mark anfangs der neunziger Jahre hinzuweisen. Es muss vielmehr gezeigt werden, dass diese höher war als durch die Fundamentaldaten gerechtfertigt und dass sie auch im Jahr 1999 noch bestand. Dies erfordert eine Schätzung des gleichgewichtigen realen effektiven Wechselkurses zum Zeitpunkt des Eintritts. Eine Schätzung des Sachverständigenrates zeigt, dass der reale effektive Wechselkurs Deutschlands im Jahr 1999 mit dem fundamental determinierten Wechselkurs übereinstimmte und folglich keine Überbewertung vorlag (JG 2004 Ziffern 840 ff.).

1. Offensichtlicher Erfolg: Euro als stabile Währung

614. Nach den ersten sieben Jahren der Währungsunion zeigt sich, dass der Euro eine im Äußeren wie auch im Inneren **sehr stabile Währung** darstellt. Der Wechselkurs des Euro gegenüber dem US-Dollar liegt heute leicht über dem Niveau bei der Einführung der Gemeinschaftswährung, und es ist der Europäischen Zentralbank gelungen, die Inflationsrate des Euro-Raums, die in den Jahren von 1993 bis 1998 durchschnittlich 2,2 vH betragen hatte, im Zeitraum der Währungsunion auf im Mittel 2,0 vH zurückzuführen (Schaubild 60). Dieser Erfolg der Währungsunion ist am deutlichsten in den südeuropäischen Ländern Griechenland, Spanien, Portugal und Italien zu erkennen, die eine signifikant geringere Inflationsrate und reduzierte Risikoprämien in den Zinssätzen aufweisen. Dabei ist zu berücksichtigen, dass es in der Phase von Anfang 1999 bis 2004 zu einem Anstieg des Ölpreises von etwa 10 US-Dollar auf 52 US-Dollar kam. Diese fortgesetzten Angebotsschocks sind auch die wesentliche Erklärung dafür, dass es der Europäischen Zentralbank nicht immer gelungen ist, den Anstieg der Verbraucherpreise in dem selbst gesetzten Zielbereich von „unterhalb, jedoch nahe 2 vH" zu halten. Der Versuch, die Inflationsrate bei solchen Störungen jederzeit perfekt zu stabilisieren, hätte zu nachteiligen Effekten auf die realwirtschaftliche Entwicklung führen können. Aus diesem Grund wies die Europäische Zentralbank bei ihrer „stabilitätsorientierten geldpolitischen Strategie" schon im Jahr 1998 darauf hin, dass sie das Ziel der Geldwertstabilität in jedem Fall mittelfristig zu erreichen beabsichtige. Die sehr moderate Preisentwicklung der letzten Jahre wird auch deutlich, wenn man sich ins Bewusstsein ruft, dass es in den früheren Ölkrisen der Jahre 1973/74 und 1980/81 in Deutschland zu Inflationsraten von 6 vH bis 7 vH gekommen war.

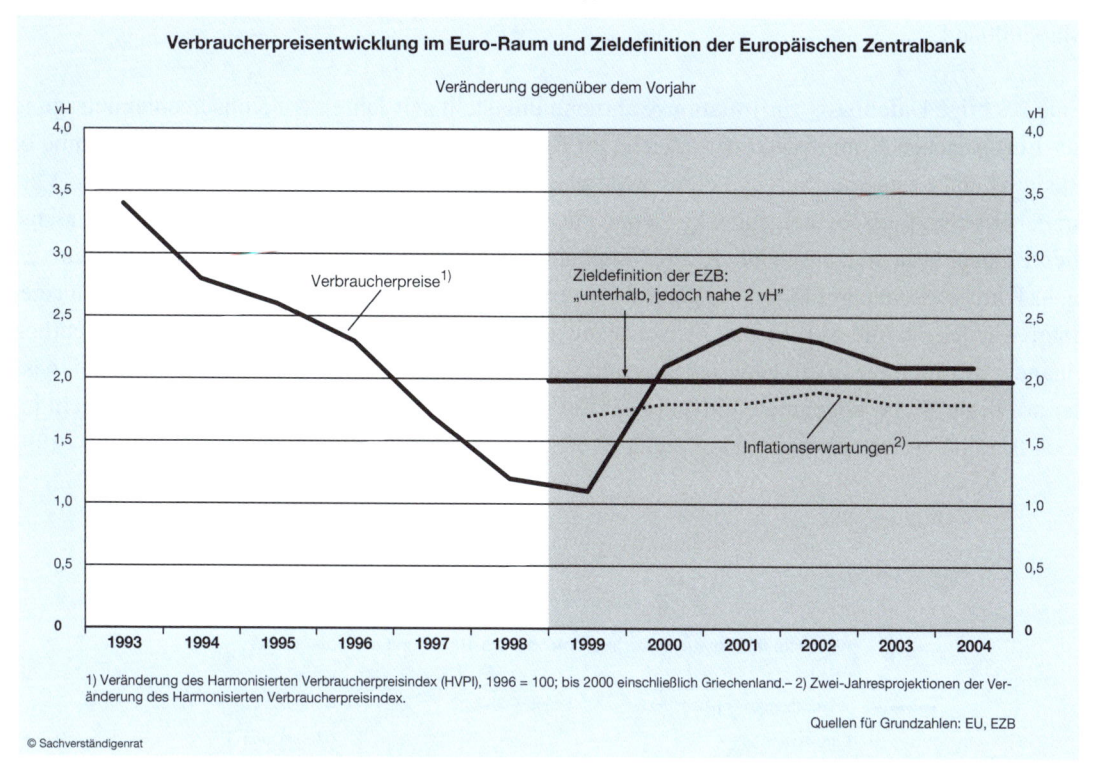

Schaubild 60

Verbraucherpreisentwicklung im Euro-Raum und Zieldefinition der Europäischen Zentralbank

Veränderung gegenüber dem Vorjahr

Verbraucherpreise[1]

Zieldefinition der EZB: „unterhalb, jedoch nahe 2 vH"

Inflationserwartungen[2]

1) Veränderung des Harmonisierten Verbraucherpreisindex (HVPI), 1996 = 100; bis 2000 einschließlich Griechenland.– 2) Zwei-Jahresprojektionen der Veränderung des Harmonisierten Verbraucherpreisindex.

Quellen für Grundzahlen: EU, EZB

© Sachverständigenrat

615. Auch in Deutschland war die Preisentwicklung seit dem Jahr 1999 verhaltener als in den Jahren davor. Seit Beginn der Währungsunion belief sich die Teuerungsrate durchschnittlich auf 1,3 vH. Dies ist deutlich weniger als die unter dem geldpolitischen Regime der Deutschen Bundesbank erzielte Inflationsrate von 2,2 vH im Zeitraum von 1993 bis 1998. Somit ist, anders als dies in der Öffentlichkeit häufig dargestellt wurde, für Deutschland in den vergangenen Jahren ein deutlich stabileres Preisumfeld als unter der autonomen Geldpolitik der Deutschen Bundesbank zu konstatieren.

616. In Anbetracht der weltwirtschaftlichen Entwicklung ist es als ein besonderer Erfolg der europäischen Geldpolitik zu verbuchen, dass sich die Inflationserwartungen der Marktteilnehmer, die man beispielsweise anhand der impliziten Renditen indexierter Anleihen ermitteln kann, auch für sehr lange Fristen durchweg im Bereich der von der Zentralbank formulierten Stabilitätsnorm bewegten. Dies ist ein wichtiger Grund dafür, dass die Renditen von auf Euro lautenden Staatsanleihen in den letzten Jahren ein Niveau erreicht haben, das auch bei einer historischen Betrachtungsweise als sehr niedrig anzusehen ist.

617. Trotz der von Anfang an sehr stabilen und moderaten Inflationserwartungen für den Euro ergab sich im Zuge der Euro-Bargeldeinführung im Jahr 2002 zeitweise eine vollständige Entkopplung der in der Bevölkerung **wahrgenommenen Teuerung** von der in der Preisstatistik ausgewiesenen Entwicklung. In der Tat entstand bei vielen der Eindruck, dass die in Euro ausgezeichneten Produkte weitaus teurer seien, als es ihrem früheren, in D-Mark ausgedrückten Preis entsprach. Doch selbst für die Einführungsphase des Euro-Bargelds trog dieser Eindruck. So lag die deutsche

Inflationsrate im Juni 2002 nur noch bei 1,0 vH und wies damit den niedrigsten Wert seit Mai 2000 auf.

Eine wichtige Datenbasis zur Inflationswahrnehmung stellt seit Jahren die Konsumentenbefragung der Europäischen Kommission dar, welche im Rahmen des „Joint Harmonised EU Programme of Business and Consumer Survey" europaweit als Stichprobe erhoben wird. Dabei werden die Verbraucher befragt, ob sie steigende, konstante oder fallende Preise wahrnehmen. Auf der Grundlage dieser Daten lässt sich anschaulich verdeutlichen, dass es nach der Bargeldeinführung des Euro zu einer Kluft zwischen gefühlter und gemessener Inflation kam, die in Deutschland besonders ausgeprägt war (Schaubild 61). In der Zwischenzeit näherten sich die beiden Reihen wieder deutlich einander an, auch wenn ein gewisser Abstand weiterhin besteht. Zu berücksichtigen ist dabei, dass der auf diese Weise abgeleitete Indikator für die gefühlte Inflation nur qualitative Urteile, nicht jedoch Einschätzungen über einen konkreten Wert des Preisniveauanstiegs abbilden kann.

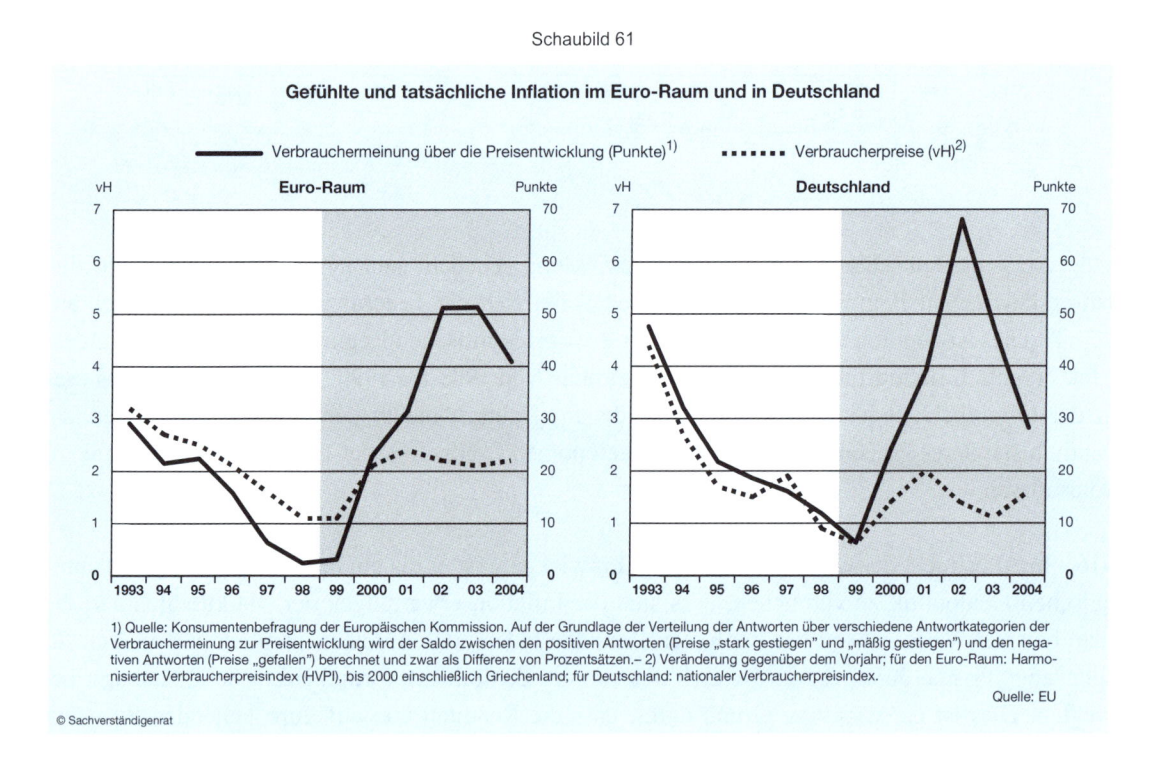

Schaubild 61

Gefühlte und tatsächliche Inflation im Euro-Raum und in Deutschland

1) Quelle: Konsumentenbefragung der Europäischen Kommission. Auf der Grundlage der Verteilung der Antworten über verschiedene Antwortkategorien der Verbrauchermeinung zur Preisentwicklung wird der Saldo zwischen den positiven Antworten (Preise „stark gestiegen" und „mäßig gestiegen") und den negativen Antworten (Preise „gefallen") berechnet und zwar als Differenz von Prozentsätzen. – 2) Veränderung gegenüber dem Vorjahr; für den Euro-Raum: Harmonisierter Verbraucherpreisindex (HVPI), bis 2000 einschließlich Griechenland; für Deutschland: nationaler Verbraucherpreisindex.

Quelle: EU

© Sachverständigenrat

618. In einer Studie wurde auf Basis der Prospect-Theorie ein neuer Indikator für die wahrgenommene Inflation (IWI) ermittelt (Brachinger, 2005). Hierbei wird eine asymmetrische Preiswahrnehmung unterstellt, das heißt, man geht davon aus, dass die Verbraucher steigende Preise, die sie als einen Verlust empfinden, stärker gewichten als fallende Preise, die sie als einen Gewinn betrachten. Mit dem IWI lässt sich nicht nur der Verlauf der wahrgenommenen Inflation im Vergleich zum deutschen Verbrauchpreisindex darstellen, sondern erstmals auch die tatsächliche Höhe der gefühlten Inflation ermitteln (Schaubild 62).

Schaubild 62

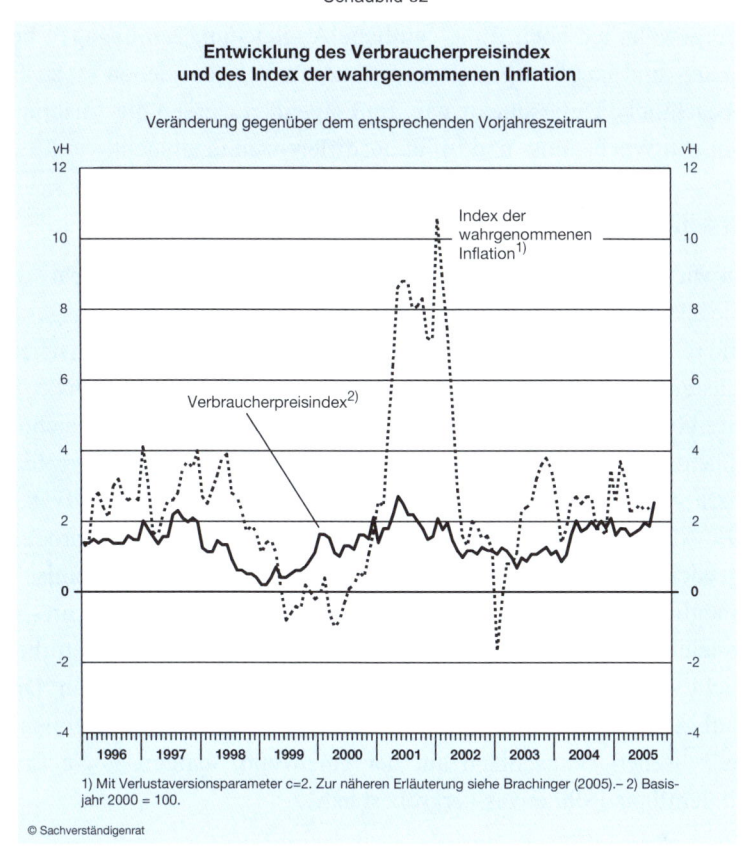

Entwicklung des Verbraucherpreisindex und des Index der wahrgenommenen Inflation

Veränderung gegenüber dem entsprechenden Vorjahreszeitraum

1) Mit Verlustaversionsparameter c=2. Zur näheren Erläuterung siehe Brachinger (2005).– 2) Basisjahr 2000 = 100.

© Sachverständigenrat

Die so berechnete wahrgenommene Inflation stieg um den Zeitpunkt der Euro-Bargeldeinführung erheblich an. Mit einem Wert von mehr als 10 vH ging sie Anfang des Jahres 2002 weit über die statistisch gemessenen Werte von 2 vH hinaus. Der Abstand bildete sich dann jedoch relativ bald zurück und beträgt im Jahr 2005 nur noch das 1,5-fache der offiziellen Inflationsrate.

Insgesamt gesehen lässt sich der Widerspruch zwischen dem statistisch klar belegbaren Befund des „Euro als stabile Währung" und dem in der Öffentlichkeit in den letzten Jahren stark verbreiteten Gefühl stärker steigender Preise durchaus erklären.

2. Wachstums- und Inflationsdifferenzen als Problem?

619. Bei einem so großen Wirtschaftsraum wie der Europäischen Währungsunion ist es nicht überraschend, dass es zu unterschiedlichen Entwicklungen in den einzelnen Mitgliedsländern kommt. Problematisch wären aber ausgeprägte, anhaltende Unterschiede in den nationalen Inflationsraten und den Zuwachsraten des Bruttoinlandsprodukts, da sie ein Konfliktpotential für die Ausrichtung der europäischen Geldpolitik darstellen könnten. Schließlich bedürfen Länder, die in die Rezession abzugleiten drohen, einer eher expansiv ausgerichteten Geldpolitik, während für Staaten, in denen eine inflationäre Überhitzung droht, ein Anziehen der monetären Zügel angezeigt wäre. Idealerweise sollten in einer Währungsunion daher synchrone Konjunkturverläufe zu beobachten sein. Bei den Veränderungsraten des Bruttoinlandsprodukts hat die Einführung der Gemeinschaftswährung bislang nicht zu einer Annäherung zwischen den Teilnehmerländern geführt.

Allerdings sind die Differenzen auch nicht angestiegen und im Vergleich zu anderen Währungsräumen nicht außergewöhnlich hoch. Eine deutliche Angleichung hat dagegen bei den Inflationsraten sowie den kurz- und langfristigen Zinsen stattgefunden, bei denen es zu Beginn der neunziger Jahre noch beachtliche Unterschiede gab. Im Folgenden werden die Ausprägungen, Ursachen und Auswirkungen von Wachstums- und Inflationsdifferenzen untersucht.

Wachstumsunterschiede im Euro-Raum insgesamt nicht angestiegen

620. Bei den **Zuwachsraten des Bruttoinlandsprodukts** bestehen spürbare Differenzen zwischen den Mitgliedsländern. Eine divergierende Entwicklung ist indes insgesamt nicht auszumachen (Schaubild 63). So liegt die Spannbreite, das heißt die Differenz zwischen maximaler und minimaler Zuwachsrate, im Jahr 2004 mit 3,5 Prozentpunkten deutlich unterhalb des Durchschnitts der letzten 12 Jahre von 6,5 Prozentpunkten. Die ungewichtete Standardabweichung der Zuwachsraten des Bruttoinlandsprodukts hat sich hingegen nur geringfügig vermindert; hier lag der Durchschnitt in den Jahren vor der Währungsunion bei 2,1 vH verglichen mit 1,9 vH in den sechs Jahren seit dem Jahr 1999. Alternativ hierzu wird die mit dem realen Bruttoinlandsprodukt des jeweiligen Mitgliedstaates gewichtete Standardabweichung berechnet, die dem ökonomischen Gewicht der Länder und den möglichen Implikationen für die Wirtschaft des gesamten Euro-Raums Rechnung trägt und nicht so leicht von abweichenden Entwicklungen in kleinen Ländern beeinflusst werden kann. Sie stieg leicht von 1,1 vH vor auf 1,2 vH nach der Euro-Einführung an. Diese Entwicklung ist vor allem darauf zurückzuführen, dass sich der Abstand zwischen den großen Volkswirtschaften, insbesondere zwischen Deutschland auf der einen und Spanien sowie Frankreich auf der anderen Seite, seit dem Jahr 1999 etwas vergrößert hat.

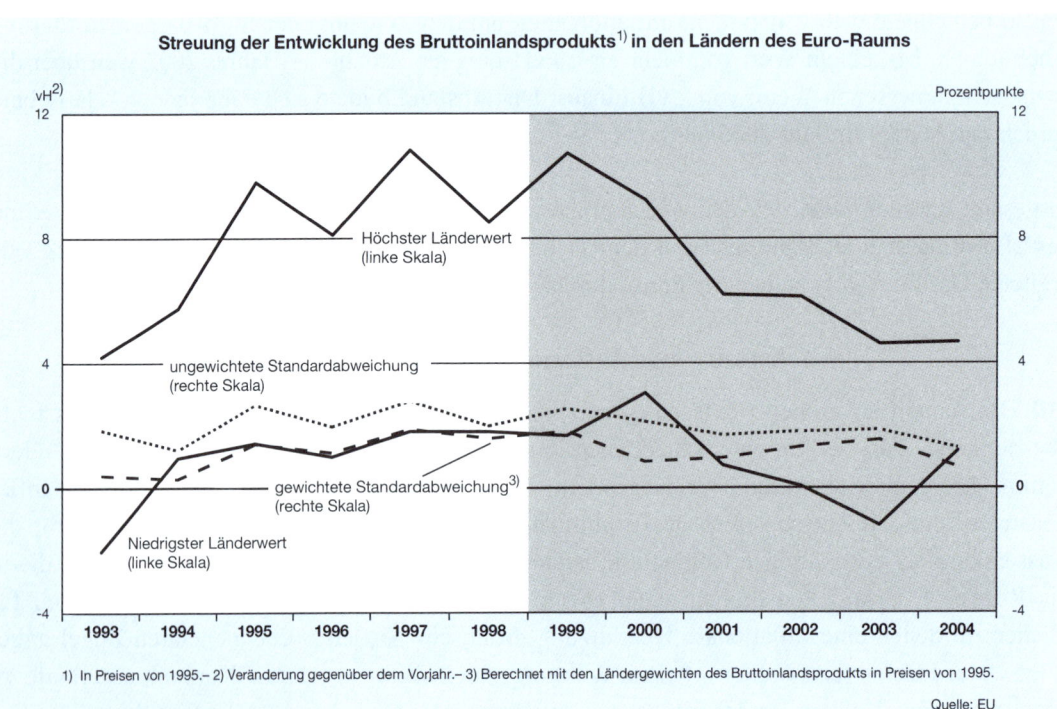

Schaubild 63

Streuung der Entwicklung des Bruttoinlandsprodukts[1)] in den Ländern des Euro-Raums

vH[2)]   Prozentpunkte

Höchster Länderwert (linke Skala)

ungewichtete Standardabweichung (rechte Skala)

gewichtete Standardabweichung[3)] (rechte Skala)

Niedrigster Länderwert (linke Skala)

1993 1994 1995 1996 1997 1998 1999 2000 2001 2002 2003 2004

1) In Preisen von 1995.– 2) Veränderung gegenüber dem Vorjahr.– 3) Berechnet mit den Ländergewichten des Bruttoinlandsprodukts in Preisen von 1995.

Quelle: EU

© Sachverständigenrat

Zerlegt man die Entwicklung des Bruttoinlandsprodukts in die Wachstumsbeiträge der einzelnen Komponenten, so erweist sich der Außenbeitrag, dessen Streuung die höchsten Werte verzeichnet, als wesentliche Determinante der Unterschiede in den Zuwachsraten des Bruttoinlandsprodukts zwischen den Teilnehmern der Europäischen Währungsunion. Die inländische Verwendung – und dabei speziell die Privaten Konsumausgaben – variierte dagegen in deutlich geringerem Ausmaß.

621. Zur Einschätzung der bestehenden Wachstumsunterschiede bietet sich ein **Vergleich mit anderen Währungsräumen** an. Hierfür eignen sich besonders die Vereinigten Staaten, aber auch die Entwicklungen innerhalb Deutschlands können als Referenz herangezogen werden. Es stellt sich heraus, dass die Zuwachsraten der Bruttoinlandsprodukte der US-amerikanischen Bundesstaaten im Durchschnitt der Jahre 1999 bis 2004 eine breitere Streuung aufweisen als die Zuwachsraten der Mitgliedsländer der Europäischen Währungsunion (Schaubild 64). Die gewichtete Standardabweichung ist fast dreimal so hoch. In den deutschen Bundesländern besteht demgegenüber eine etwas geringere durchschnittliche gewichtete Streuung, der Unterschied ist jedoch nicht sehr ausgeprägt. Diese Ergebnisse sollten in jedem Fall mit Vorsicht interpretiert werden, sagen sie doch nichts über die Persistenz von Unterschieden in den Zuwachsraten des Bruttoinlandsprodukts aus. Aufgrund höherer Faktormobilität, Finanzmarktintegration und staatlicher Transfers können Differenzen innerhalb der beiden Vergleichsregionen leichter bewältigt werden als zwischen den Mitgliedstaaten der Europäischen Union.

Schaubild 64

Regionale Wachstumsunterschiede in verschiedenen Währungsräumen[1]

Durchschnitt der gewichteten Standardabweichung für den Zeitraum der Jahre 1999 bis 2004

[1] Gemessen mit der Entwicklung des Bruttoinlandsprodukts.

Quellen für Grundzahlen: BEA, EU, VGR der Länder

© Sachverständigenrat

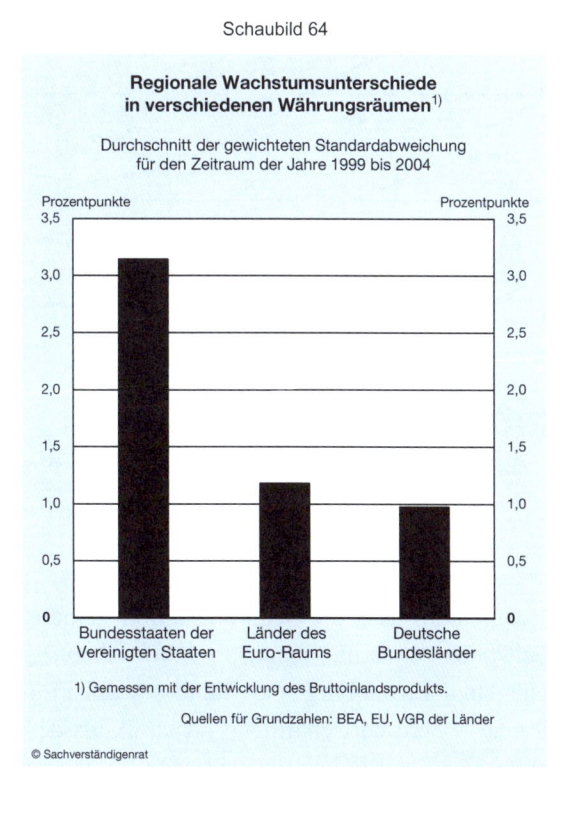

622. Während sich bei der Standardabweichung des Bruttoinlandsprodukts nur geringe Veränderungen im Zeitablauf zeigen, ist die Tendenz bei den **Differenzen in den standardisierten Arbeitslosenquoten,** bei denen es sich konzeptionell um harmonisierte Erwerbslosenquoten handelt, eindeutig rückläufig (Schaubild 65). Sowohl die Spannbreite der Arbeitslosenquoten in der Währungsunion als auch die gewichtete und ungewichtete Standardabweichung der Arbeitslosenquoten sind stark zurückgegangen. Bemerkenswert ist, dass dieser Anpassungsprozess bereits im Jahr 1994 lange vor der Währungsunion begonnen hatte, sich aber auch nach der Euro-Einführung fortsetzte. Maßgeblich für die Konvergenz war vor allem der Rückgang der Arbeitslosenquoten in Spanien, Irland und Finnland, die Anfang der neunziger Jahre mit besonders großen Beschäftigungsproblemen konfrontiert gewesen waren. Außerdem erhöhten sich die zwischenzeitlich sehr niedrigen Arbeitslosenquoten in den Niederlanden, Luxemburg und Österreich in den letzten Jahren wieder merklich und näherten sich damit dem Durchschnitt des Euro-Raums an. Zusammengenommen lagen – trotz eines Anstiegs am aktuellen Rand – die Arbeitslosenquoten des Euro-Raums im Zeitraum von 1999 bis 2004 um rund 2 Prozentpunkte niedriger als in den Jahren von 1993 bis 1998.

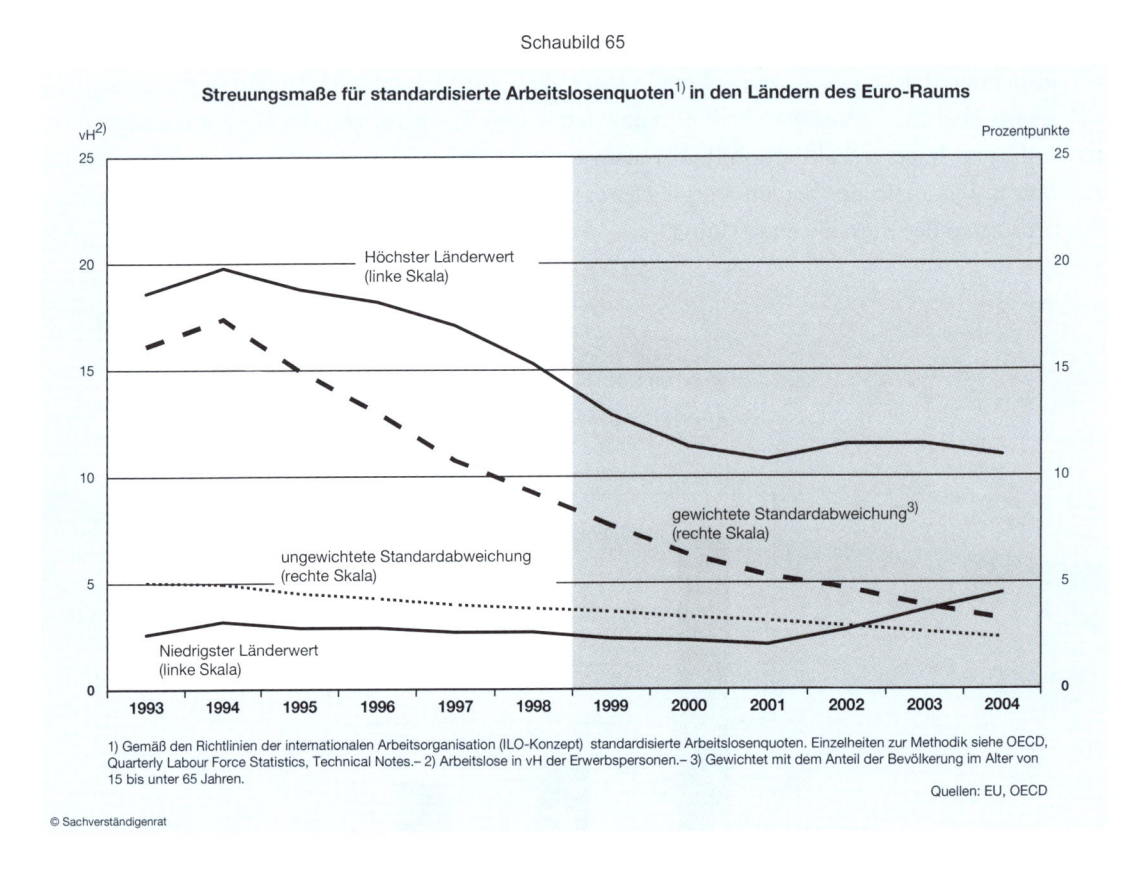

Schaubild 65

Streuungsmaße für standardisierte Arbeitslosenquoten[1) in den Ländern des Euro-Raums

1) Gemäß den Richtlinien der internationalen Arbeitsorganisation (ILO-Konzept) standardisierte Arbeitslosenquoten. Einzelheiten zur Methodik siehe OECD, Quarterly Labour Force Statistics, Technical Notes.– 2) Arbeitslose in vH der Erwerbspersonen.– 3) Gewichtet mit dem Anteil der Bevölkerung im Alter von 15 bis unter 65 Jahren.

Quellen: EU, OECD

© Sachverständigenrat

623. Insgesamt bleibt festzuhalten, dass die Währungsunion keinen signifikanten Einfluss auf Differenzen in den Zuwachsraten des Bruttoinlandsprodukts gehabt hat. So wiesen insbesondere Finnland, Spanien, Griechenland, Luxemburg und Irland sowohl in den letzten Jahren als auch schon vor dem Jahr 1999 eine höhere wirtschaftliche Dynamik als der Währungsraum insgesamt auf. Umgekehrt waren Deutschland und Italien vor und nach Beginn der Währungsunion die Länder mit dem geringsten Wirtschaftswachstum. Auch der wirtschaftliche Aufholprozess ist heute kaum noch als ein umfassender Erklärungsansatz für die Unterschiede innerhalb der Währungsunion geeignet. Er ließe sich eigentlich nur auf Spanien und Griechenland anwenden. Irland und Luxemburg gehören jedoch schon seit einigen Jahren zu den Ländern mit dem höchsten Einkommen je Einwohner – in Kaufkraftstandards gerechnet – des Euro-Raums, während sich Deutschland und Italien in der unteren Hälfte dieser Rangliste befinden.

Eine Differenzierung zwischen Trendwachstum und zyklischen Komponenten zeigt darüber hinaus, dass die Unterschiede in den Zuwachsraten des Bruttoinlandsprodukts hauptsächlich auf ein unterschiedliches Trendwachstum und nur zu einem geringen Teil auf – aus der Sicht der Geldpolitik problematische – abweichende Konjunkturzyklen zurückzuführen sind (Europäische Zentralbank, 2005a).

Persistente Inflationsdifferenzen im Euro-Raum

624. Die sich in der Konvergenzphase abzeichnenden Angleichungseffekte der nominalen Größen kamen im Jahr 1999 weitgehend zum Stillstand. Seitdem haben sich relativ persistente **Differenzen in den Inflationsraten** innerhalb der Währungsunion herausgebildet. Die zu beobachtenden Inflationsunterschiede sind für eine Währungsunion nicht ungewöhnlich: In den Vereinigten Staaten ist für die 14 Ballungszentren (Metropolitan Statistical Areas) eine ähnliche Streuung zu beobachten (Schaubild 66). Allerdings stellt die Dauerhaftigkeit der Inflationsdifferenzen eine Besonderheit des Euro-Raums dar. In den 4-US-Regionen, den 14 Ballungszentren der Vereinigten Staaten und den westdeutschen Bundesländern sind Inflationsdifferenzen von mehr als einem Prozentpunkt und einer Dauer von mehr als zwei Jahren nur in seltenen Ausnahmefällen zu beobachten.

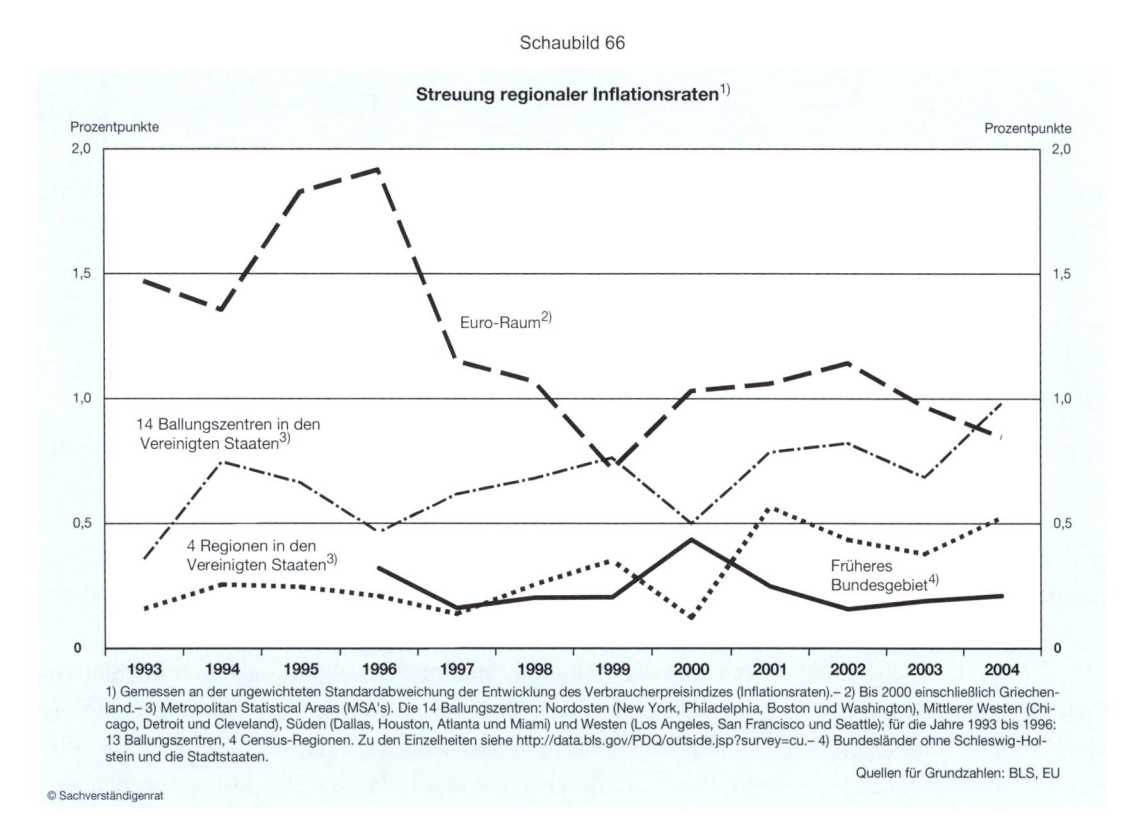

Schaubild 66

Streuung regionaler Inflationsraten[1]

1) Gemessen an der ungewichteten Standardabweichung der Entwicklung des Verbraucherpreisindizes (Inflationsraten).– 2) Bis 2000 einschließlich Griechenland.– 3) Metropolitan Statistical Areas (MSA's). Die 14 Ballungszentren: Nordosten (New York, Philadelphia, Boston und Washington), Mittlerer Westen (Chicago, Detroit und Cleveland), Süden (Dallas, Houston, Atlanta und Miami) und Westen (Los Angeles, San Francisco und Seattle); für die Jahre 1993 bis 1996: 13 Ballungszentren, 4 Census-Regionen. Zu den Einzelheiten siehe http://data.bls.gov/PDQ/outside.jsp?survey=cu.– 4) Bundesländer ohne Schleswig-Holstein und die Stadtstaaten.

Quellen für Grundzahlen: BLS, EU

© Sachverständigenrat

625. Seit Beginn der Währungsunion haben sich zwei Ländergruppen mit einer vom Durchschnitt persistent nach oben beziehungsweise nach unten **abweichenden Inflationsentwicklung** herauskristallisiert (Schaubild 67). Diese repräsentieren sieben der zwölf EWU-Mitgliedsländer:

— In Griechenland, Spanien, Portugal, Irland und Italien lag die nationale Inflationsrate (HVPI) in den Jahren 1999 bis 2004 durchgängig über dem Durchschnitt des Währungsraums.

— In Deutschland und Österreich kam es seit dem Beginn der Währungsunion jedes Jahr zu einem unterdurchschnittlichen Preisanstieg.

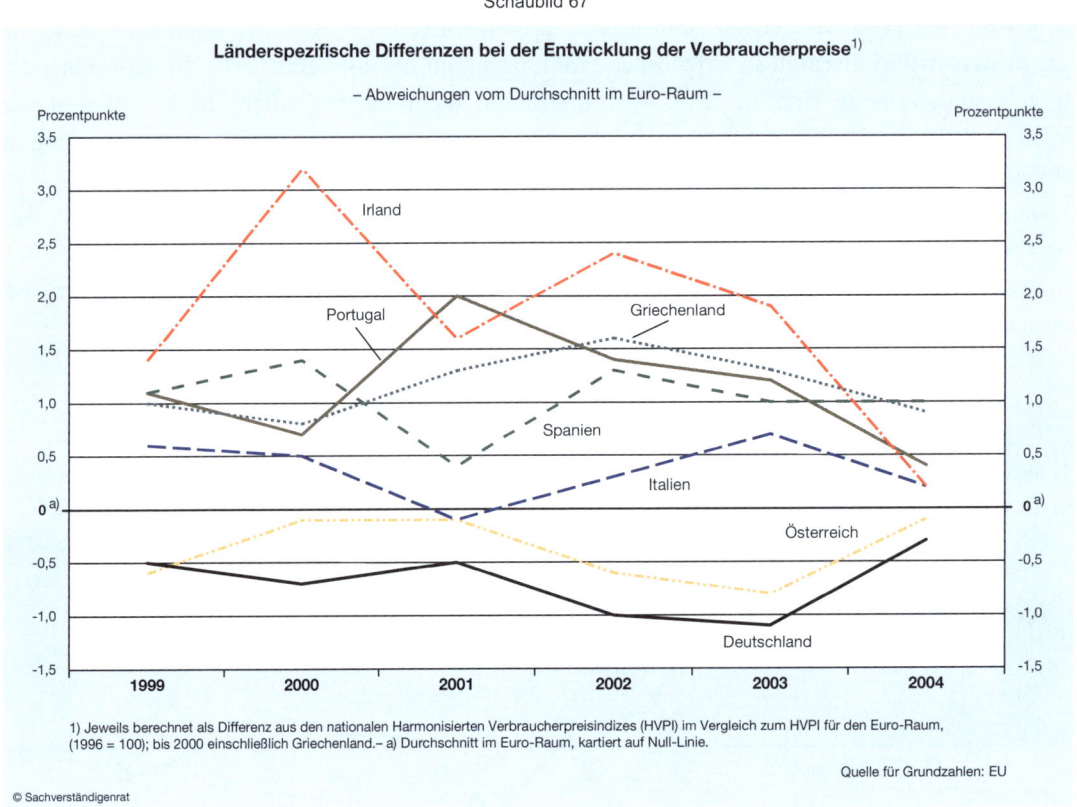

Schaubild 67

Länderspezifische Differenzen bei der Entwicklung der Verbraucherpreise[1)]

– Abweichungen vom Durchschnitt im Euro-Raum –

1) Jeweils berechnet als Differenz aus den nationalen Harmonisierten Verbraucherpreisindizes (HVPI) im Vergleich zum HVPI für den Euro-Raum, (1996 = 100); bis 2000 einschließlich Griechenland.– a) Durchschnitt im Euro-Raum, kartiert auf Null-Linie.

Quelle für Grundzahlen: EU

© Sachverständigenrat

In den anderen Mitgliedsländern zeigte sich eine eher uneinheitliche Entwicklung des Harmonisierten Verbraucherpreisindex (HVPI).

626. Unterschiedliche Inflationsraten in den Mitgliedsländern einer Währungsunion können eine Vielzahl von Ursachen haben, etwa die Angleichung der Preisniveaus in der Währungsunion, unterschiedliche Wirkungen von Veränderungen des Ölpreises oder des externen Wechselkurses oder auch die Anpassung administrierter Preise. Differenzen in den Inflationsraten können jedoch auch durch Änderungen relativer Preise, durch Anpassungen an Schocks oder im Verlauf des Konjunkturzyklus ausgelöst werden (Europäische Zentralbank, 2005b; DIW, 2005).

– In einer Währungsunion kann es zu einem Auseinanderlaufen der nationalen Inflationsraten kommen, wenn die Mitgliedsländer ausgeprägte Unterschiede in der Produktivitätsentwicklung bei handelbaren Gütern aufweisen, während es bei den nicht-handelbaren Gütern keine vergleichbaren Divergenzen gibt. Dieser Zusammenhang wird mit dem **Balassa-Samuelson-Effekt** erklärt (JG 2004 Ziffer 168). In verschiedenen Studien wurde gezeigt, dass der Balassa-Samuelson-Effekt in den Ländern des Euro-Raums gering ausfällt und eine nennenswerte Abweichung der Veränderung der Arbeitsproduktivität vom Durchschnitt nur in Griechenland, Irland und Luxemburg zu konstatieren ist.

– Inflationsunterschiede können zum einen auf landesspezifische **konjunkturelle Schocks**, zum anderen auch auf die Entwicklung von **Löhnen** und das jeweilige **Lohnfindungsregime** zurückgeführt werden. Bezogen auf den BIP-Deflator sind die Lohnstückkosten die wichtigste binnenwirtschaftliche Ursache von Inflationsunterschieden, wobei die Lohnstückkosten überwiegend von den Arbeitsentgelten je Arbeitnehmer bestimmt werden. Hierbei spielt auch die Ausgestaltung der nationalen Lohnfindungsregime in Europa eine Rolle. So ist die überdurchschnittliche Preisentwicklung in Spanien mit auf die dort übliche Lohnindexierung zurückzuführen.

– Ein wichtiger nationaler Einfluss auf die Inflationsrate ergibt sich aus Anpassungen bei **indirekten Steuern** und **administrierten Preisen.** Beide Faktoren führen jedoch nur zu temporären und geringen Veränderungen des Preisanstiegs und kommen somit nicht als Ursachen für persistente Inflationsdifferenzen in Frage. Sie können sogar zu einer vorübergehenden Reduktion solcher Differenziale führen. So kam es im Jahr 2004 in Deutschland durch die Kombination aus Gesundheitsreform und stufenweiser Erhöhung der Tabaksteuer zu einem Anstieg der Inflationsrate um fast einen Prozentpunkt, wodurch sich die deutsche Teuerungsrate wieder etwas an den Durchschnitt der Währungsunion annäherte.

– Einzelne Güterkategorien können in den Mitgliedsländern ein **unterschiedliches Gewicht** im Preisindex aufweisen, so dass es auch bei einer identischen Entwicklung einzelner Preise zu Unterschieden in der Inflationsentwicklung kommen kann. In Ländern mit niedrigem Einkommensniveau ist der Anteil für Nahrungsmittel typischerweise höher als in Ländern mit hohem Einkommensniveau; für den Anteil der Dienstleistungen gilt das Gegenteil. Das Ausmaß solcher Unterschiede in den Gewichten ist allerdings insgesamt vergleichsweise gering.

– Weitere Ursachen für vorübergehende Inflationsdifferenziale könnten in **unterschiedlichen außenwirtschaftlichen Verflechtungen** mit den Ländern außerhalb des Euro-Raums sowie in einer **unterschiedlichen Abhängigkeit von Ölimporten** gesehen werden. Obgleich der Preisanstieg von Öl und Gas für den Euro-Raum alle Länder betrifft und somit einen symmetrischen Schock darstellt, kann die Wirkung auf die Inflationsraten (HVPI) verschieden ausfallen. Erstens wird der Effekt – wie bereits oben erläutert – durch das Gewicht der Energiegüter im HVPI und die Bedeutung der Öl- und Gasimporte für die nationale Energiebereitstellung determiniert, zweitens könnten die Effekte durch unterschiedliche administrative Maßnahmen beeinflusst werden, wie beispielsweise die Höhe der indirekten Steuern. Wenn sich die Mitgliedsländer hinsichtlich ihres Offenheitsgrads und ihrer Anteile des Außenhandels mit Drittländern unterscheiden, können Differenzen zwischen den Inflationsraten auch durch Wechselkursschwankungen und damit einhergehende Änderungen der Importpreise ausgelöst werden. In der Währungsunion waren außenwirtschaftliche Faktoren bei den Ländern mit einer persistent abweichenden Inflationsrate indes nur in geringem Umfang für die zu beobachteten Inflationsdifferenzen verantwortlich.

− Ein weiterer Faktor zur Erklärung der Inflationsunterschiede ist die heterogene Entwicklung der **Immobilienpreise** in den EWU-Ländern, die allerdings zum Teil auch auf unterschiedliche nationale Aufholprozesse zurückzuführen sind. Insgesamt dürften diese temporär unterschiedlichen Entwicklungen der Immobilienpreise im Euro-Raum auf die Inflationsdifferenzen aber nur einen untergeordneten Einfluss ausgeübt haben.

− Divergierende Inflationsentwicklungen können auch daraus resultieren, dass in den Mitgliedsländern die Deregulierung der Märkte für Güter und Dienstleistungen unterschiedlich schnell voranschreitet. Verfügen die Leistungsanbieter infolge von Regulierungen, beispielsweise Marktzutrittsschranken in der Form eines Monopols für Post- oder Telekommunikationsdienstleistungen oder des Meisterzwangs im Handwerk, über Marktmacht, so schlägt sich diese in **Monopolrenten** für die Anbieter und in höheren Preisen für die Nachfrager nieder. Eine Deregulierung des betreffenden Marktes führt zu einem Abbau dieser Renten und tendenziell auch zu Qualitätsverbesserungen. Ein Beispiel hierfür bietet der Markt für Telekommunikationsdienstleistungen. In einem Land, das derartige Deregulierungsmaßnahmen weiter oder schneller vorantreibt als andere Mitgliedsländer, fällt daher der Preisanstieg tendenziell schwächer aus.

Zusammenfassend zeigt sich, dass die zu beobachtenden Inflationsunterschiede seit Beginn der Währungsunion von verschiedenen Quellen des Preisdrucks ausgehen. In mehreren Studien wurde bereits die Bedeutung dieser Kanäle untersucht und quantifiziert. Dabei zeigt sich, dass insbesondere die bestehenden Inflationsunterschiede auf binnenwirtschaftliche Faktoren zurückzuführen sind und die Lohnstückkosten eine deutlich größere Rolle als die anderen oben angesprochenen Quellen des Preisdrucks spielen. Bei der Entwicklung der Lohnstückkosten sind es dann vor allem die Arbeitsentgelte je Arbeitnehmer und nicht so sehr die Produktivitätsentwicklung, die für die Inflationsdifferenzen verantwortlich gemacht werden.

Realzins- versus Wettbewerbskanal: Destabilisierende und stabilisierende Effekte

627. Konstitutive Merkmale einer Währungsunion sind eine einheitliche Geldpolitik und eine unwiderrufliche Festschreibung der Wechselkursparität zwischen den Teilnehmerländern. Treten unter diesen Voraussetzungen anhaltende Differenzen bei den Inflationsraten auf, kommt es über den „Zinskanal" zu tendenziell destabilisierenden Effekten: Länder mit hoher Inflation und einer tendenziell überhitzten Wirtschaft werden durch relativ niedrige Realzinsen noch zusätzlich stimuliert, Regionen mit einer eher schwachen Dynamik und einem unterdurchschnittlichem Preisdruck sehen sich vergleichsweise hohen Realzinsen gegenüber. Die einheitliche Geldpolitik hat somit unterschiedliche Wirkungen in den einzelnen Ländern. Allerdings gehen mit den Inflationsdifferenzen gleichzeitig Veränderungen der preislichen Wettbewerbsfähigkeit einher, die einen gegenläufigen Effekt auf die gesamtwirtschaftliche Entwicklung ausüben (Wettbewerbskanal).

628. Zur Beurteilung des Realzinskanals muss zunächst die Frage nach dem relevanten Realzins gestellt werden. Häufig werden Realzinsen ex post ausgewiesen, indem – vereinfacht – die aktuelle Inflationsrate von den Nominalzinsen abgezogen wird. Für Investitionen und Konsum ist aber der Ex-ante-Realzins – die Differenz zwischen den Nominalzins und den Inflationserwartungen – relevant. Betrachtet man die entsprechenden Ex-ante-Realzinsdifferenzen, so zeigt sich, dass deren Streuung deutlich geringer ist als jene der Ex-post-Realzinsen. Zudem hat sich die Streuung der Ex-ante-Realzinsen seit dem Jahr 1999 deutlich verringert, während jene der Ex-post-Realzinsen sich kaum verändert hat (Schaubild 68).

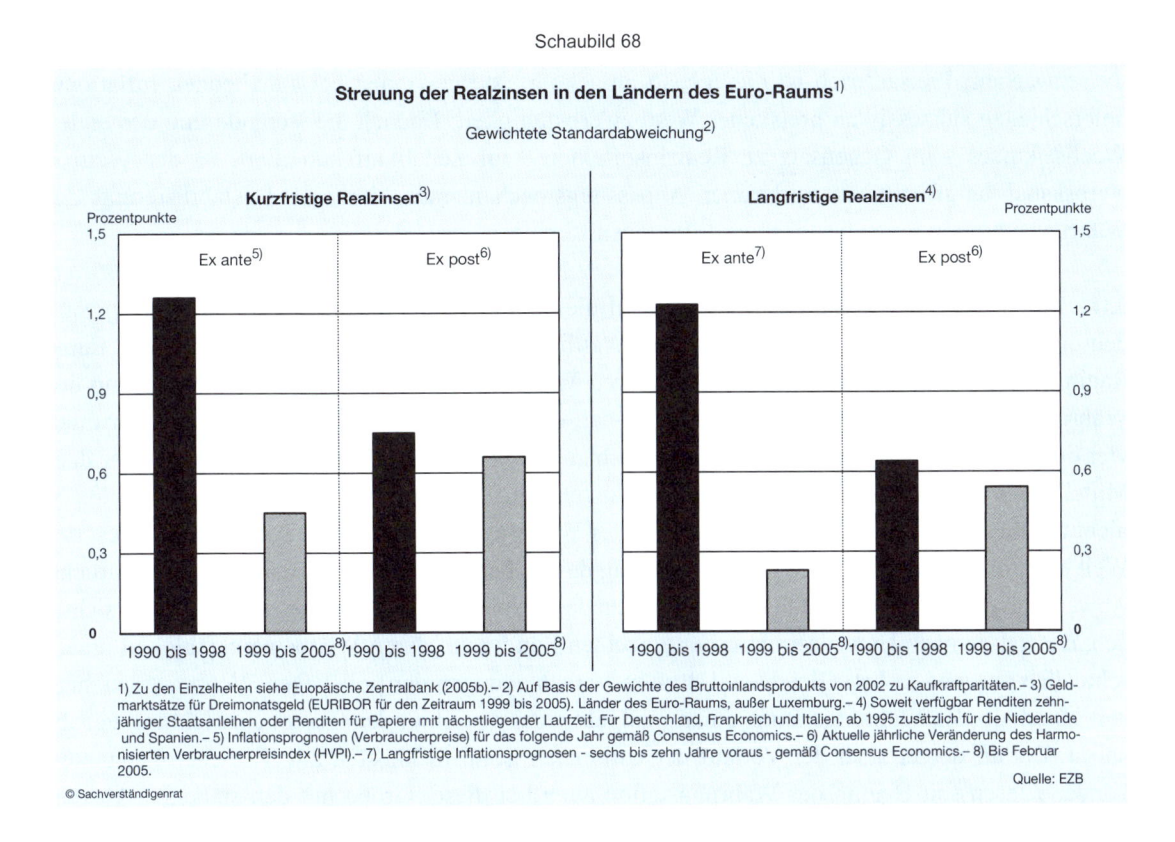

Schaubild 68

Streuung der Realzinsen in den Ländern des Euro-Raums[1]

Gewichtete Standardabweichung[2]

Kurzfristige Realzinsen[3] — Ex ante[5] — Ex post[6]

Langfristige Realzinsen[4] — Ex ante[7] — Ex post[6]

Zeiträume: 1990 bis 1998, 1999 bis 2005[8]

1) Zu den Einzelheiten siehe Europäische Zentralbank (2005b).– 2) Auf Basis der Gewichte des Bruttoinlandsprodukts von 2002 zu Kaufkraftparitäten.– 3) Geldmarktsätze für Dreimonatsgeld (EURIBOR für den Zeitraum 1999 bis 2005). Länder des Euro-Raums, außer Luxemburg.– 4) Soweit verfügbar Renditen zehnjähriger Staatsanleihen oder Renditen für Papiere mit nächstliegender Laufzeit. Für Deutschland, Frankreich und Italien, ab 1995 zusätzlich für die Niederlande und Spanien.– 5) Inflationsprognosen (Verbraucherpreise) für das folgende Jahr gemäß Consensus Economics.– 6) Aktuelle jährliche Veränderung des Harmonisierten Verbraucherpreisindex (HVPI).– 7) Langfristige Inflationsprognosen - sechs bis zehn Jahre voraus - gemäß Consensus Economics.– 8) Bis Februar 2005.

Quelle: EZB
© Sachverständigenrat

Der relative Zinsvorteil von Ländern mit hohen Inflationsraten und damit die Stärke des Realzinseffekts werden insofern bei Verwendung von Ex-post-Realzinsen überschätzt. Allerdings liegen Ex-ante-Realzinsen nur für aggregierte Preisindizes einiger Länder des Euro-Raums vor, so dass man in der Praxis häufig zur Verwendung von Ex-post-Realzinsen gezwungen ist.

629. Bankkredite an den privaten Sektor sind ein wichtiger Kanal, über den sich Realzinsunterschiede auf die binnenwirtschaftliche Entwicklung auswirken können. Einfache Korrelationsanalysen zeigen dabei, dass in den Mitgliedsländern mit sehr geringen Realzinsen die Nachfrage nach Bankkrediten an den privaten Sektor besonders groß war, wobei aber neben niedrigen Realzinsen noch weitere Faktoren für die gestiegene Nachfrage nach Bankkrediten eine Rolle gespielt haben dürften.

Eine besondere Bedeutung kommt dem Realzinsunterschied für die Immobilienmärkte zu. Auch wenn die Marktentwicklung in einigen Ländern von Nachholprozessen auf nationaler Ebene geprägt ist, deutet vieles darauf hin, dass ein Zusammenhang zwischen der divergierenden Kreditentwicklung und der Situation auf den Immobilienmärkten besteht. Dies wird beispielsweise durch eine Untersuchung des Internationalen Währungsfonds gestützt, nach der ein signifikanter negativer Zusammenhang zwischen dem (Ex-post-) Realzins und der Entwicklung der Immobilienpreise im Euro-Raum besteht (Internationaler Währungsfonds, 2005).

630. Gegenläufig zum Realzinskanal wirkt der Wettbewerbskanal. In Ländern mit überdurchschnittlicher Inflation verschlechtert sich die preisliche Wettbewerbsfähigkeit zunehmend, was über die Zeit hinweg die Vorteile aus den niedrigen Realzinsen kompensiert. In Ländern mit relativ schwachem Preisauftrieb ist dies genau umgekehrt, sie gewinnen bei anhaltenden Inflationsunterschieden sukzessiv an preislicher Wettbewerbsfähigkeit. Da sich die Veränderung des realen Wechselkurses – im Gegensatz zu Realzinseffekten – im Zeitablauf kumuliert, ist der Wettbewerbskanal langfristig ein wirksamer Anpassungsmechanismus, der eine Destabilisierung der Währungsunion in Folge bestehender Inflationsdifferenzen verhindert.

631. Der Einfluss der Inflationsdifferenzen auf die internationale Wettbewerbsfähigkeit zeigt sich deutlich an der Entwicklung der preislichen Wettbewerbsfähigkeit der Mitgliedsländer im Euro-Raum (Schaubild 69). Unter den Ländern, deren Wettbewerbsfähigkeit sich seit dem Beginn der Währungsunion am ungünstigsten entwickelt hat, sind mit Irland, Italien, Portugal und Spanien vier der fünf Länder, deren Inflationsrate zwischen den Jahren 1999 und 2004 persistent über dem Mittel des Euro-Raums lag. Zwar ist einschränkend zu beachten, dass die dargestellten Indizes nicht nur die Wettbewerbsfähigkeit innerhalb des Währungsraums, sondern auch mit dem Rest der Welt erfassen. Daher ist ebenso die Entwicklung des Außenwerts des Euro, vor allem die deutliche Abwertung gegenüber dem Dollar in den ersten Jahren der Währungsunion, mit zu berücksichtigen, die sich je nach Handelsstruktur der einzelnen Länder auf deren Wettbewerbsfähigkeit unterschiedlich ausgewirkt hat. Gleichwohl dürften Verschiebungen der preislichen Wettbewerbsfähigkeit innerhalb des Währungsraums einen maßgeblichen Anteil an der Gesamtentwicklung gehabt haben. Darauf deutet auch der Verlauf der nationalen Lohnstückkosten hin: Die eben genannten Länder wiesen seit Beginn der Währungsunion auch bei dieser Größe mit den stärksten Anstieg auf, der sich aufgrund der unveränderlichen nominalen Wechselkurse in einen beträchtlichen Kostennachteil übersetzt haben dürfte.

Umgekehrt kam es für Deutschland und Österreich auf diese Weise zu einer deutlichen Verbesserung der preislichen Wettbewerbsfähigkeit. Dies zeigt ein Vergleich der preisbereinigten Exporte der Mitgliedstaaten in der Phase vor der Währungsunion, das heißt in den Jahren 1993 bis 1998, mit der Situation in den Jahren 1999 bis 2004. In den meisten Ländern mit einer überdurchschnittlich hohen Inflation kam es zu einer merklichen Abschwächung der Exportdynamik, während es nur für Deutschland und Österreich möglich war, die Zuwachsrate der Ausfuhr zu erhöhen. Beide Länder sind damit auch in die Spitzengruppe der EWU-Volkswirtschaften mit einer besonders dynamischen Exportentwicklung aufgerückt.

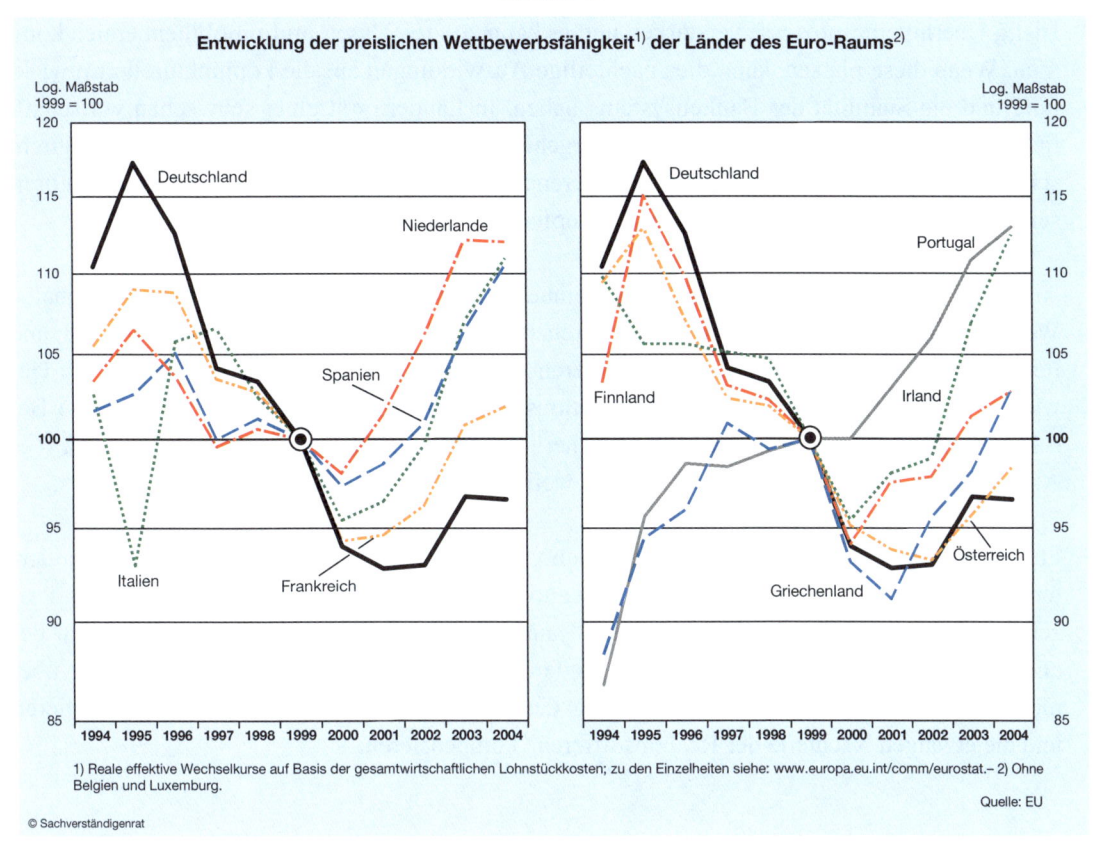

Schaubild 69

Entwicklung der preislichen Wettbewerbsfähigkeit[1] der Länder des Euro-Raums[2]

1) Reale effektive Wechselkurse auf Basis der gesamtwirtschaftlichen Lohnstückkosten; zu den Einzelheiten siehe: www.europa.eu.int/comm/eurostat. – 2) Ohne Belgien und Luxemburg.

Quelle: EU

© Sachverständigenrat

632. Aufgrund der beiden Wirkungskanäle (Realzinseffekt versus Wettbewerbskanal) kann es in den betroffenen Ländern zumindest temporär zu divergierenden Entwicklungen der binnen- und der außenwirtschaftlichen Nachfrage kommen (Schaubild 70, Seite 424). Stellt man die Entwicklung der Inlandsnachfrage und des Außenbeitrags für die EWU-Teilnehmerländer dar, hat vor allem Deutschland im Zeitraum von 1998 bis 2004 einen sehr starken Nachfrageimpuls durch den Außenbeitrag erfahren, während sich die Binnendynamik im Vergleich zu den anderen Mitgliedsländern sehr schwach entwickelte. In Staaten mit stärkerer Inflation ist hingegen überwiegend eine gegensätzliche Entwicklung zu beobachten. Eine Ausnahme ist Irland, das einen relativ kräftigen Nachfrageimpuls durch den Außenbeitrag erzielte. Allerdings zeigt sich, dass die relative Bedeutung von außen- und binnenwirtschaftlichen Impulsen in den einzelnen Ländern nicht allein auf die Inflationsdifferenzen zurückzuführen ist: So war in Frankreich – mit einer leicht unterdurchschnittlichen Inflationsdynamik – die konjunkturelle Entwicklung stark binnenwirtschaftlich geprägt, während Luxemburg mit einem über dem Mittelwert des Euro-Raums liegenden Preisauftrieb einen robusten positiven Außenbeitrag aufwies.

633. Insgesamt lässt sich somit festhalten, dass länger anhaltende Inflationsdivergenzen in einer Währungsunion mit gegenläufigen Effekten verbunden sind, die in den einzelnen Ländern zu unerwünschten Entwicklungen führen können und früher oder später schmerzhafte Korrekturen erfordern:

– Da die Realzinsen für Länder mit hoher Inflation niedrig sind, können sich zumindest kurzfristig Überhitzungsprozesse verstärken und es kann zu Preisblasen im Immobilienbereich kommen. Wenn diese platzen, kann dies nachteilige Auswirkungen auf die konjunkturelle Entwicklung und die Stabilität des Bankensystems haben. In Ländern mit einer schwachen wirtschaftlichen Dynamik bewirkt die damit einhergehende niedrige Inflationsrate einen überdurchschnittlichen Realzins. Geht dies mit stagnierenden oder sogar leicht fallenden Immobilienpreisen einher, ergeben sich auf diese Weise dämpfende Effekte auf die Binnenkonjunktur.

– Auch die mit steigenden Lohnstückkosten einhergehende Verschlechterung der internationalen Wettbewerbsfähigkeit ist nur begrenzt durchzuhalten. Wie die Beispiele von Portugal und Italien schon jetzt erkennen lassen, resultieren daraus nachteilige Auswirkungen auf die Gewinnsituation der Unternehmen, die Investitionsbereitschaft und somit auf Wachstum und Beschäftigung insgesamt. Wenngleich dies sicherlich für diese Länder schmerzlich ist, so ist dies Ausdruck der Tatsache, dass hier der Wettbewerbskanal als Anpassungsmechanismus wirkt.

– Für Deutschland bleibt festzuhalten, dass sich vor allem für die binnenwirtschaftlich orientierten Unternehmen Nachteile im Vergleich zu anderen Mitgliedsländern aus dem rund einen Prozentpunkt über dem Durchschnitt des Euro-Raums liegenden Realzins ergeben haben. Auf der anderen Seite stehen die Vorteile, insbesondere für die deutsche Industrie, die aus der über mehrere Jahre akkumulierten Verbesserung der preislichen Wettbewerbsfähigkeit resultieren und die etwaigen Nachteile der Realzinsdifferenz kompensieren.

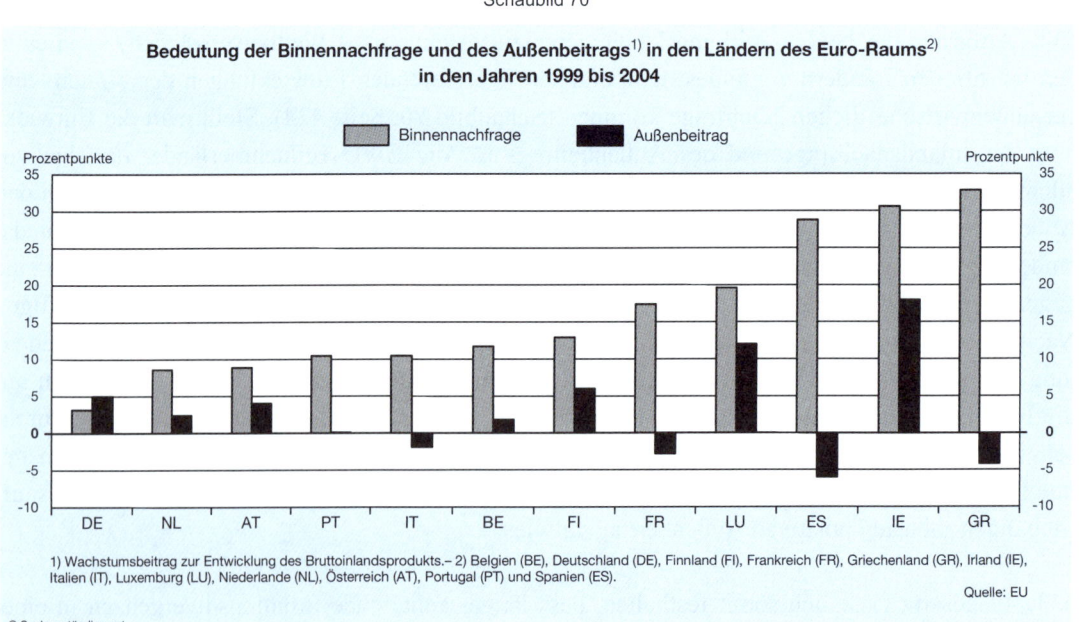

Schaubild 70

Bedeutung der Binnennachfrage und des Außenbeitrags[1] in den Ländern des Euro-Raums[2] in den Jahren 1999 bis 2004

1) Wachstumsbeitrag zur Entwicklung des Bruttoinlandsprodukts.– 2) Belgien (BE), Deutschland (DE), Finnland (FI), Frankreich (FR), Griechenland (GR), Irland (IE), Italien (IT), Luxemburg (LU), Niederlande (NL), Österreich (AT), Portugal (PT) und Spanien (ES).

Quelle: EU

© Sachverständigenrat

3. Positive Handelseffekte der Euro-Einführung

634. Als einer der wesentlichen positiven Effekte einer gemeinsamen Währung wird die **Intensivierung des Handels innerhalb des Währungsraums** angeführt. Fast sieben Jahre nach Einführung des Euro stellt sich die Frage, inwieweit sich die Hoffnung auf einen positiven Handelseffekt in der Realität bestätigt hat. Spezielles Augenmerk gilt dabei der Frage, in welchem Maße Deutschland über den Außenhandel von der Währungsunion profitieren konnte.

635. Gemäß der ökonomischen Theorie lässt die Einführung einer gemeinsamen Währung eine verstärkte Integration der Märkte erwarten, die sich unter anderem in einem höheren Handelsvolumen niederschlagen sollte. Drei wesentliche Kanäle werden hierzu angeführt:

− Durch den Übergang von nationalen Währungen zum Euro **sinken die Transaktionskosten** im grenzüberschreitenden Handel. Dazu zählen insbesondere Kosten für die Absicherung von Wechselkursrisiken, für den Umtausch von Währungen, für Banküberweisungen zwischen unterschiedlichen Währungsräumen und für das Währungsmanagement in Banken und Unternehmen.

− Das definitive Festschreiben der Währungsparitäten zwischen den Mitgliedsländern führt zu einem **Wegfall des Wechselkursrisikos**. Dies ist vor allem für längerfristige Investitionsentscheidungen exportorientierter Unternehmen von Vorteil, bei denen eine Absicherung durch Termingeschäfte nur sehr begrenzt möglich ist. Aus deutscher Sicht besteht dabei der besondere Vorzug, dass es nicht mehr zu Währungskrisen gegenüber den Währungen wichtiger Handelspartner kommen kann, die in der Vergangenheit zeitweilig zu überzogenen Aufwertungen der D-Mark und damit auch zu einer temporären Beeinträchtigung der Wettbewerbsfähigkeit der deutschen Wirtschaft geführt haben.

− Eine gemeinsame Währung senkt zudem Informationskosten und bewirkt damit eine **größere Preistransparenz**. Durch eine einheitliche Rechnungseinheit wird der Wettbewerb innerhalb der Währungsunion gestärkt und der Warenaustausch zwischen den Staaten angeregt. Die gestiegene Transparenz betrifft sowohl die Güter- als auch die Finanzmärkte und sorgt so für eine bessere Allokation der Ressourcen, eine höhere Faktorproduktivität und eine verbesserte Arbeitsteilung.

Zumindest die ersten beiden Vorteile sollten bereits unmittelbar mit der Einführung des Euro nahezu ihre volle Wirkung entfaltet haben. In Bezug auf das Wechselkursrisiko ist sogar anzunehmen, dass ein Teil des Effekts schon vor der eigentlichen Einführung der Gemeinschaftswährung wirksam wurde, da die Märkte ihre Risikoerwartungen vorausschauend angepasst hatten. Die Preistransparenz wiederum sollte auch innerhalb relativ kurzer Zeit nach der Euro-Einführung zur Geltung kommen. Empirisch war daher auch unter Berücksichtigung von Anpassungseffekten aufgrund von längerfristigen Lieferverträgen sowie bestehenden Distributions- oder Dienstleistungsnetzwerken eine rasche Zunahme des Handels zwischen den Mitgliedern der Währungsunion innerhalb der ersten drei Jahre zu erwarten. Im Folgenden steht daher die Frage im Vordergrund, ob sich der Handel innerhalb des Euro-Raums in den Jahren nach der Euro-Einführung intensiver gestaltet hat als in der Zeit davor. Diese Entwicklung wird jeweils in Relation zur Handelsdynamik mit anderen Regionen betrachtet.

Der Euro fördert den Handel innerhalb der Europäischen Währungsunion

636. Der Handel innerhalb des Euro-Raums hat für die Mitgliedsländer ein sehr hohes Gewicht; gut die Hälfte der gesamten Ein- und Ausfuhr geht in diese Region. Vergleicht man die Entwicklung des Handelsvolumens innerhalb der Europäischen Währungsunion (Intra-EWU) mit der des Handelsvolumens mit dem Rest der Welt (Extra-EWU) und setzt es in Relation zum jeweiligen Bruttoinlandsprodukt, um dem möglicherweise unterschiedlichen Wirtschaftswachstum der jeweiligen Region Rechnung zu tragen, so weisen beide einen ansteigenden Trend auf (Schaubild 71). Unterscheidet man zwischen der Zeit vor der Währungsunion mit der Phase ab dem Jahr 1999, so stieg das Handelsvolumen innerhalb des Euro-Raums nach der Euro-Einführung zunächst – in den Jahren 1999 und 2000 – spürbar an. Allerdings stagnierte der Intra-EWU-Handel im weiteren Verlauf, so dass die Entwicklung des Extra-EWU-Handels bis zum aktuellen Rand sogar stärker ausfällt. Aufgrund dieses einfachen Vergleichs lässt sich insofern ein Niveaueffekt der Euro-Einführung ableiten, der sich aber nicht in einer stärkeren Dynamik fortgesetzt hat.

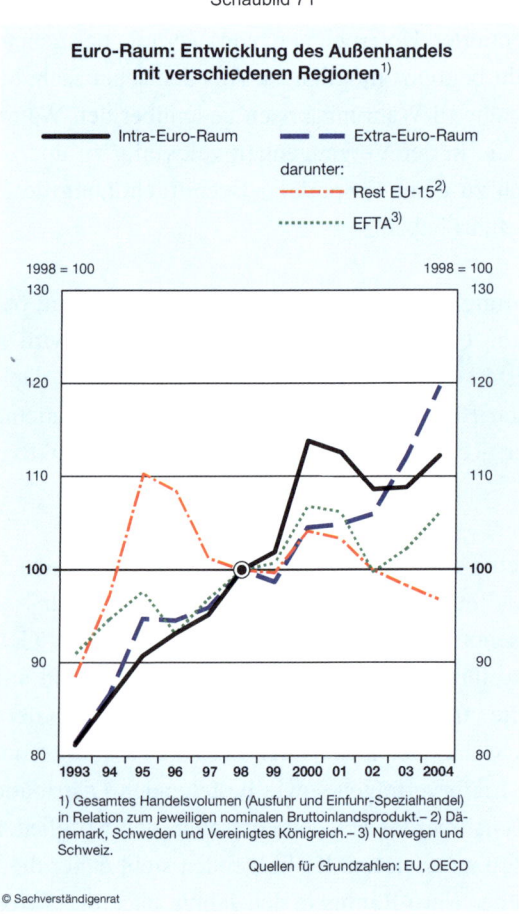

Schaubild 71

Euro-Raum: Entwicklung des Außenhandels mit verschiedenen Regionen[1]

— Intra-Euro-Raum — — Extra-Euro-Raum
darunter:
—·—·— Rest EU-15[2]
············· EFTA[3]

1) Gesamtes Handelsvolumen (Ausfuhr und Einfuhr-Spezialhandel) in Relation zum jeweiligen nominalen Bruttoinlandsprodukt.– 2) Dänemark, Schweden und Vereinigtes Königreich.– 3) Norwegen und Schweiz.

Quellen für Grundzahlen: EU, OECD

© Sachverständigenrat

637. Der ausschließliche Vergleich von Intra- und Extra-EWU-Handel hat den Nachteil, dass möglicherweise nicht mit gleichen Maßstäben gemessen wird. So könnte der Handel mit dem Rest der Welt durch Sondereffekte, wie zum Beispiel den Abschluss von Handelsabkommen oder die wirtschaftliche Integration der Transformationsländer Mittel- und Osteuropas, beeinflusst worden sein. Genauere Aufschlüsse liefert daher die **Gegenüberstellung mit geeigneten Vergleichsgruppen** zum Euro-Raum. Ein entsprechender Kandidat stellt die Gruppe der Länder dar, die zwar seit Jahren der Europäischen Union angehören, aber nicht den Euro eingeführt haben (Vereinigtes Königreich, Schweden und Dänemark). Als weitere Referenzgruppe bieten sich zudem die Mitgliedstaaten der EFTA (Schweiz, Norwegen und Island) an. Zur besseren Vergleichbarkeit wird das Handelsvolumen für alle Gruppen in Relation zum Bruttoinlandsprodukt der jeweiligen Region gesetzt. Es zeigt sich, dass sich der so definierte Güteraustausch innerhalb des Euro-Raums seit der Einführung des Euro intensiver entwickelt hat als der Warenaustausch mit den beiden Vergleichsregionen. Betrachtet man die Handelsvolumina im Verhältnis zum jeweiligen Bruttoinlandsprodukt und stellt die sechs Jahre vor dem Beginn der Währungsunion den sechs Jahren danach gegenüber, so beträgt die Differenz beim Handel innerhalb des Euro-Raums im Mittel 18,6 Prozentpunkte, aber nur 8,1 Prozentpunkte bei den EFTA-Mitgliedern und sogar -0,6 Prozentpunkte im Falle der sonstigen EU-Staaten.

638. Eine fundiertere Analyse des Effekts der Europäischen Währungsunion lässt sich mit Hilfe eines Gravitationsmodells gewinnen. Dieser Ansatz berücksichtigt wichtige Einflussvariablen des Handels, die in der bisherigen Darstellung unbeachtet blieben, wie die wirtschaftliche Größe des Landes, die Transportkosten oder den Effekt von Freihandelszonen. Untersuchungen zur Auswirkung der Europäischen Währungsunion auf den Handel anhand dieses Modells weisen in der überwiegenden Mehrheit einen positiven Handelseffekt für den Euro-Raum nach, wenngleich das genaue Ausmaß des Handelzuwachses variiert. Die meisten Schätzungen hinsichtlich des absoluten nominalen Handelszuwachses, der sich allein durch die Einführung der Gemeinschaftswährung ergibt, liegen im Bereich von knapp 3 bis 29 vH (Kasten 14, Seite 429).

Euro-Einführung stützt deutsche Exporte in den Euro-Raum

639. In Deutschland hatte man sich von der Währungsunion klare Vorteile für die heimische Exportwirtschaft versprochen. Vergleicht man analog zum Vorgehen für den Euro-Raum die Entwicklung der **regionalen Verteilung des Handelsvolumens Deutschlands** mit den Staaten des Euro-Raums, dem Rest der Welt und den beiden Referenzgruppen, und zwar in Relation zum jeweiligen Bruttoinlandsprodukt, so lässt sich auch hier zunächst ein positiver Niveaueffekt der Euro-Einführung erkennen, da der Intra-EWU-Handel von Anfang 1999 bis Ende 2000 stark anstieg. Allerdings erlahmte die Entwicklung des Intra-EWU-Handels im weiteren Zeitablauf, so dass im Jahr 2004 bereits kein Unterschied zum Handelsvolumen mit den beiden Referenzgruppen mehr vorlag und sich der Extra-EWU-Handel sogar deutlich dynamischer zeigte.

640. Weitere Erkenntnisse liefert eine **Aufspaltung des Handelsvolumens in Exporte und Importe**. Demnach lässt sich seit der Euro-Einführung eine stärkere Dynamik der Ausfuhr in die Länder des Euro-Raums erkennen. So war das Volumen der Exporte in die Mitgliedsländer der Währungsunion in der Periode der Jahre von 1999 bis 2004 um insgesamt 14,9 vH höher als in den letzten sechs Jahren vor der Euro-Einführung. Dagegen wiesen die Extra-EWU-Exporte

(+12,5 vH), die Exporte in die sonstigen EU-Staaten (+0,5 vH) und in die EFTA-Staaten (-0,8 vH) – in Relation zum jeweiligen Bruttoinlandsprodukt gesehen – schwächere Entwicklungen auf. Bei der Einfuhr herrscht dagegen ein konträres Bild (Schaubild 72). Hier stiegen – jeweils in Relation zum Bruttoinlandsprodukt Deutschlands betrachtet – zwar die Intra-EWU-Importe ebenfalls an (+18,2 vH), die Einfuhr aus den EFTA-Staaten nahm jedoch mit 29,1 vH noch deutlich stärker zu, und die Extra-EWU-Importe erhöhten sich sogar um 29,6 vH. Nur die Importe aus den sonstigen EU-Staaten entwickelten sich deutlich schwächer und fielen im Vergleich der beiden Perioden um 6,1 vH. Insgesamt ist festzustellen, dass die Einführung der gemeinsamen Währung den deutschen Exporteuren den erwarteten Handelszugewinn bescherte. Dagegen ergaben sich für die Importe aus den Mitgliedstaaten der Europäischen Währungsunion keine nennenswerten Impulse.

Der überdurchschnittliche Anstieg des Intra-EWU-Handels lässt sich im übrigen nicht auf die Entwicklung des realen effektiven Wechselkurses zurückführen. Der reale effektive Wechselkurs Deutschlands zum Euro-Raum wertete seit dem Jahr 1999 zwar ab. Diese Abwertung bis einschließlich des Jahres 2002 fiel jedoch geringer aus als die des realen effektiven Wechselkurses zu den anderen Wirtschaftsräumen.

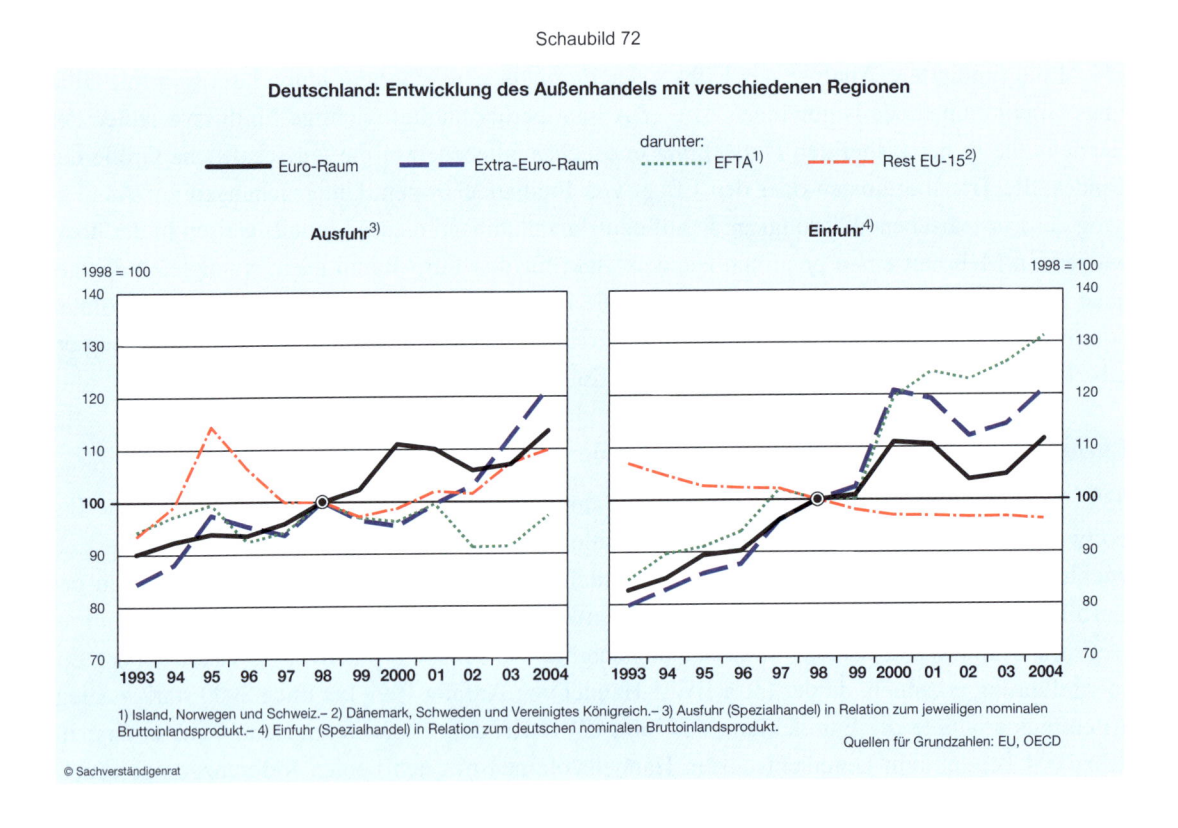

Schaubild 72

Deutschland: Entwicklung des Außenhandels mit verschiedenen Regionen

Euro-Raum — Extra-Euro-Raum — darunter: EFTA[1] — Rest EU-15[2]

Ausfuhr[3]

Einfuhr[4]

1) Island, Norwegen und Schweiz.– 2) Dänemark, Schweden und Vereinigtes Königreich.– 3) Ausfuhr (Spezialhandel) in Relation zum jeweiligen nominalen Bruttoinlandsprodukt.– 4) Einfuhr (Spezialhandel) in Relation zum deutschen nominalen Bruttoinlandsprodukt.

Quellen für Grundzahlen: EU, OECD

© Sachverständigenrat

641. Die Ergebnisse einer **Schätzung des Handelseffekts für Deutschland** im Rahmen eines Gravitationsmodells weisen eine Intensivierung des Handels mit den anderen Mitgliedern der Währungsunion um knapp 18 vH aus (Kasten 14). Diese Erhöhung lässt sich in erster Linie auf einen relativ hohen Anstieg der Exporte in den Euro-Raum zurückführen, während sich die Länderstruktur der Importe nicht signifikant verschob.

Kasten 14

Gravitationsmodell: Positive Handelseffekte der Euro-Einführung

Für die Analyse von Handelseffekten hat sich das Gravitationsmodell als Standardansatz bewährt. In dessen Basisversion werden bilaterale Handelsströme in Bezug zur wirtschaftlichen Größe des Landes (dargestellt durch das Bruttoinlandsprodukt) und zu den Transportkosten (dargestellt durch die Entfernung zwischen den Staaten) gesetzt. Durch die Verwendung von Dummyvariablen lassen sich die Handelseffekte spezifischer Einflussfaktoren, wie zum Beispiel die Teilnahme an einer Freihandelszone oder die Mitgliedschaft in einer Währungsunion, bestimmen.

Speziell für die **Europäische Währungsunion** liegen verschiedene Untersuchungen vor, die sich dem Anstieg des Warenaustauschs infolge der Euro-Einführung widmen. Die überwiegende Mehrheit der Studien ermittelt einen positiven Handelseffekt für den Euro-Raum, wenngleich das genaue Ausmaß des Handelzuwachses variiert. Die meisten Schätzungen liegen im Bereich von knapp 3 vH bis 29 vH.

In drei voneinander unabhängigen Studien verwenden Barr et al. (2003), Micco et al. (2003) sowie Faruqee (2004) unterschiedliche Spezifikationen des Gravitationsmodells, um das **Ausmaß des Handelszugewinns für den Euro-Raum** zu bestimmen. Die Ergebnisse lassen Handelszuwächse im Bereich von 5 vH bis 29 vH durch die gemeinsame Währung erkennen. Gegen die Standardschätzungen des Gravitationsmodells wird mitunter eingewendet, dass sie den allgemeinen zeitlichen Wachstumstrend der Handelsintegration in Europa ignorieren. Dies führe dazu, dass der Dummy für die Teilnahme an der EWU einen Teil dieses Trends auffängt und somit nach oben verzerrt ist. Berücksichtigt man diesen Aspekt, ergibt sich ein Handelszuwachs von lediglich 3 vH (Bun und Klaassen, 2004). Verwendet man einen historischen Datensatz ab dem Jahr 1948, so lässt sich aus dem erweiterten Gravitationsansatz kein signifikant positiver Handelseffekt der Euro-Einführung mehr bestimmen (Berger und Nitsch, 2005). Ein weiterer Einwand basiert darauf, dass sich ein wesentlicher Teil des intensiveren Handels von Währungsunionsmitgliedern durch den indirekten Effekt von höheren Direktinvestitionen erklären lässt. Der reine Handelseffekt reduziert sich in diesem Fall um etwa die Hälfte auf 4 vH bis 11 vH (De Sousa und Lochard, 2004). Schließlich wird darüber hinaus argumentiert, dass der Handel gewisse Persistenzeffekte aufweist. Bestehende Handelsverflechtungen, Distributions- oder Dienstleistungsnetzwerke stellen so genannte versunkene Kosten dar, die einen abrupten Umschwung der Handelströme verhindern. Verwendet man ein dynamisches Modell, in dem die Exporte der Vorperiode als erklärende Variable eingehen, so ergibt sich für die ersten zwei Jahre der Europäischen Währungsunion ein moderater positiver Effekt von knapp 3 vH bis gut 6 vH (De Nardis und Vicarelli, 2003).

Im Rahmen ihrer Studien zu dem Gesamtbeitrag für den Euro-Raum gehen sowohl Micco et al. (2003) als auch Faruqee (2004) auf den länderspezifischen **Handelsgewinn für Deutschland** und die anderen Mitgliedstaaten ein. So verwenden Micco et al. (2003) Länderdummys in einzelnen Schätzungen, um zu testen, ob der Anstieg des Güteraustauschs für einzelne Länder stärker vom Durchschnitt des Euro-Raums abweicht. Für Deutschland ergibt sich in diesem Fall keine signifikante Differenz. Faruqee (2004) geht einen Schritt weiter und bestimmt die Höhe des länderspezifischen Effekts. Hier liegt Deutschland mit etwa 16 vH oberhalb des Durchschnitts von 10 vH, wobei diese Abweichung jedoch nicht signifikant ist.

Im Folgenden wird der Handelseffekt für Deutschland auf Grundlage eigener Schätzungen bestimmt. Als **Schätzansatz** dient das Gravitationsmodell in folgender Darstellung

$$Handel_{it} = \alpha + \beta_1 BIP_{it} + \beta_2 Distanz_i + \beta_3 Freihandel_{it} + \beta_4 Nachbar_i + \beta_5 Sprache_i + \beta_6 Euro_{it} + \varepsilon_{it}.$$

Es wird das Handelsvolumen – definiert als Summe von Export- und Importvolumen – mit dem Bruttoinlandsprodukt und der Entfernung des jeweiligen Landes zu Deutschland in Beziehung gesetzt. Zusätzlich werden Dummyvariablen für gemeinsame Mitgliedschaften in einer Freihandelszone, für Nachbarländer und für eine gemeinsame Sprache hinzugefügt. Die Dummyvariable *Euro*, mit der die Mitgliedschaft in der Europäischen Währungsunion gekennzeichnet wird, dient dazu, den Handelseffekt der gemeinsamen Währung zu messen. Die Variablen für das Handelsvolumen, das Bruttoinlandsprodukt und die Distanz zwischen den Staaten gehen jeweils in Logarithmen in die Gleichung ein.

Die Schätzungen erfolgen auf der Basis von Jahresdaten für den Zeitraum von 1960 bis 2004. Daten von 22 Handelspartnern Deutschlands (die 14 alten EU-Mitgliedsländer, die drei EFTA-Mitglieder Norwegen, Schweiz und Island sowie die Vereinigten Staaten, Japan, Kanada, Australien und Neuseeland) sind enthalten, wobei die Angaben für Belgien und Luxemburg nur zusammengefasst vorliegen. Sowohl Handelsvolumina als auch Werte für das Bruttoinlandsprodukt sind in Euro angegeben und mit dem deutschen Verbraucherpreisindex deflationiert. Die Entfernung wird als Distanz zwischen dem geografischen Zentrum Deutschlands und dem des jeweiligen anderen Landes angegeben. Für die Schätzung des Gravitationsmodells wurden zwei verschiedene Ansätze gewählt. Der erste Ansatz verwendet den Kleinste-Quadrate-Schätzer für Paneldaten auf der Basis der obigen Gleichung. Über die angegebene Gleichung hinaus wurden Dummyvariablen für jede Zeitperiode ergänzt, um für spezielle Einflüsse, wie zum Beispiel Wechselkurs- oder Konjunkturschwankungen, zu kontrollieren. Bei der zweiten Schätzvariante werden die länderspezifischen Faktoren wie Entfernung, Nachbarland oder Sprache durch Länderdummys (feste Effekte) ersetzt.

Die **Ergebnisse** zeigen, dass die Variablen Bruttoinlandsprodukt, Entfernung, Sprache und Freihandel jeweils signifikant in die Schätzungen eingehen (Tabelle 43). Die für diese Untersuchung entscheidende Variable – die Mitgliedschaft in der Europäischen Währungsunion – geht in die erste Schätzung signifikant in einer ähnlichen Größenordnung wie der Freihandels-Dummy ein, im zweiten Schätzansatz leistet sie jedoch keinen Erklärungsbeitrag. Der Handelszuwachs durch die Euro-Einführung, der sich aus der ersten Schätzgleichung ergibt, liegt bei knapp 18 vH.

Tabelle 43

Schätzergebnisse zum Handels- und Exporteffekt der Europäischen Währungsunion für Deutschland

	Handelseffekt		Exporteffekt	
	Kleinste Quadrate Schätzung	Kleinste Quadrate Schätzung mit festen Effekten	Kleinste Quadrate Schätzung	Kleinste Quadrate Schätzung mit festen Effekten
Bruttoinlandsprodukt	0,652 ***	0,249 ***	0,627 ***	0,183 ***
Entfernung	- 0,715 ***		- 0,732 ***	
Freihandel	0,238 ***	0,166 ***	0,174 ***	0,075 ***
Nachbarland	- 0,077		- 0,041	
Sprache	0,177 ***		0,293 ***	
Euro-Raum	0,176 **	0,066	0,184 *	0,078 *
Konstante	6,568 ***	6,096 ***	6,380 ***	6,300 ***
R^2	0,901	0,978	0,875	0,981

*, **, *** zeigen Signifikanz auf dem 10%-, 5%- beziehungsweise 1%-Niveau an.

Da es sich zeigte, dass es Unterschiede zwischen Im- und Exporten zu verzeichnen gibt (Schaubild 72), wird dieser Aspekt noch einmal im Rahmen des Gravitationsmodells aufgegriffen. Dazu werden statt des Gesamthandels die **Exportvolumina als zu erklärende Variable** gewählt. Die Mitgliedschaft in der Europäischen Währungsunion ist in beiden Schätzversionen auf dem 10 vH-Niveau signifikant. Die Größenordnung, die sich aus der ersten Schätzgleichung ergibt, ist mit gut 18 vH vergleichbar zu der für den Gesamthandel. Im Fall der Schätzung mit länderspezifischen festen Effekten ergibt sich ein etwas geringerer Zuwachs in Höhe von knapp 8 vH. Werden dagegen die Importe statt der Exporte als abhängige Variable gewählt, so zeigt sich in keiner der Spezifikationen ein signifikanter Dummy für den Euro-Raum. Offensichtlich hat die Euro-Einführung keine Impulse auf die Importentwicklung ausgeübt.

642. Empirische Untersuchungen stützen weitgehend die These, dass die Einführung des Euro den Warenaustausch zwischen den Mitgliedstaaten des Euro-Raums gestärkt hat. Hinsichtlich des Ausmaßes variieren die Schätzungen zwischen knapp 3 vH und 29 vH. Für Deutschland kommen die obigen Berechnungen zu einem statistisch signifikanten Handelsgewinn in der Größenordnung von 18 vH. Dieser Handelseffekt wird im Wesentlichen von einer Ausweitung des Exportvolumens in die übrigen Mitgliedstaaten des Euro-Raums in ähnlicher Größenordnung getragen. Auf Seiten der Importe ist für Deutschland kein signifikanter Einfluss der Währungsunion zu erkennen.

4. Finanzpolitik in Europa: Unter Anpassungsdruck

643. Die Europäische Währungsunion ist durch ein Nebeneinander von supranationaler Geldpolitik und in nationaler Souveränität stehenden Fiskalpolitiken gekennzeichnet. Durch diese Konstellation hat die Finanzpolitik als das verbleibende nationale makroökonomische Anpassungsinstrument an Bedeutung gewonnen. In den in den neunziger Jahren geführten Diskussionen über die Einführung des Euro wurden daraus unterschiedliche Problemlagen erwartet.

644. Vor allem in Deutschland wurde befürchtet, dass durch die Währungsunion die fiskalische Disziplin in den anderen Teilnehmerländern aufgeweicht werden könnte. Ohne die Sanktionen durch Kapitalabflüsse und eine daraus resultierende Abwertung der Landeswährung könne es in einzelnen Mitgliedstaaten zu exzessiven Haushaltsdefiziten kommen, die sich nachteilig auf die Stabilität der neuen Währung auswirken dürften. Ein Anreiz zu einer unsoliden Fiskalpolitik könne auch dadurch entstehen, dass sich die mit einer höheren Verschuldung einhergehende Zinserhöhung – gleichsam als negativer externer Effekt – über den gesamten Währungsraum verteile, so dass es im Urheberland nur zu einem partiellen Anstieg der Kreditkosten komme. Im EG-Vertrag (EGV) wurde aus diesem Grund das Verbot einer Notenbankfinanzierung öffentlicher Defizite festgeschrieben (Artikel 101 EGV), und es wurde in Artikel 103 EGV vereinbart, dass die Gemeinschaft ebenso wenig wie die einzelnen Länder für die Schulden eines Mitgliedstaates aufkommen würden („no-bail-out Klausel"). Außerdem wurden in Artikel 104 EGV – mit Sanktionen bewehrte – quantitative Obergrenzen für die Defizite und den Schuldenstand formuliert, um auf diese Weise das Entstehen „übermäßiger Defizite" zu verhindern. Darüber hinaus sind nach Artikel 99 EGV die Mitgliedstaaten verpflichtet, ihre Wirtschaftspolitik als Angelegenheit von gemeinsamem Interesse zu betrachten. Da diese im EG-Vertrag verankerten Regelungen vor allem in Deutschland als nicht ausreichend angesehen wurden und ihre Verbindlichkeit zudem über die

Konvergenzphase hinaus entfalten sollten, wurde auf Vorschlag des damaligen deutschen Finanzministers der Stabilitäts- und Wachstumspakt im Rahmen einer Ratsentschließung und der beiden EG-Verordnungen 1466/97 und 1467/97 im Jahr 1997 in Amsterdam verabschiedet. Damit wurden die in Artikel 104 EG-Vertrag festgeschriebenen Prozeduren konkretisiert und ein zusätzlicher Sanktionsmechanismus, der im Fall eines übermäßigen Defizits zur Disziplinierung sorgen sollte, implementiert.

645. Gleichzeitig war zu erwarten, dass der Übergang zu einer einheitlichen Geldpolitik mit einer erheblichen Einschränkung der Handlungsinstrumente der nationalen Wirtschaftspolitik verbunden sein würde. Mit dem Verlust des Zins- und Wechselkursinstruments ist es einem Mitgliedsland nur noch mit der nationalen Fiskalpolitik möglich, auf jene Schocks zu reagieren, die den Rest der Währungsunion entweder überhaupt nicht oder nur geringfügig tangieren. Anders als bei Störungen, die den gesamten Raum betreffen, kommt es dann nicht zu einer zinspolitischen Kompensation durch die Europäische Zentralbank, da diese lediglich auf den Durchschnitt des Euro-Raums reagiert. Der Übergang zu einer einheitlichen Währung bedingt somit einerseits für sich genommen mehr fiskalische Flexibilität, andererseits aber auch eine engere fiskalpolitische Disziplinierung als in einer Situation mit einer autonomen nationalen Geldpolitik. Für die Konstrukteure der Währungsunion ergab sich somit die schwierige Aufgabe, ein Regelwerk zu schaffen, dass gleichermaßen dem Erfordernis der haushaltspolitischen Disziplinierung wie der Notwendigkeit einer ausreichenden Flexibilität gerecht wird.

646. Im Folgenden wird zunächst die finanzpolitische Entwicklung in den Mitgliedsländern der Währungsunion dargestellt. Dabei ist insbesondere von Interesse, ob sich seit dem Beginn der Europäischen Währungsunion Verhaltensänderungen bei den einzelnen Akteuren identifizieren lassen und inwiefern sich im Vergleich dazu die Finanzpolitiken in anderen großen Währungsräumen verhalten haben. Auf dieser Grundlage kann dann der Frage nachgegangen werden, inwieweit der Stabilitäts- und Wachstumspakt in seiner ursprünglichen Form angemessen war und ob die am 20. März 2005 beschlossene Reform eine sinnvolle Weiterentwicklung darstellt.

Fiskalpolitische Entwicklung und Verhaltensmuster

647. Betrachtet man die Entwicklung des **staatlichen Defizits** für den Euro-Raum insgesamt, so stellt sich die Situation in der Phase der Währungsunion deutlich besser dar als in den Jahren davor: Im Durchschnitt der Jahre 1993 bis 1998 belief sich das Defizit auf 4,2 vH in Relation zum nominalen Bruttoinlandsprodukt, in der Phase der Jahre von 1999 bis 2004 waren es nur 1,9 vH. Allerdings ist mit Blick auf den konjunkturbereinigten Finanzierungssaldo nicht zu übersehen, dass die Konsolidierung der öffentlichen Haushalte, die in der Konvergenzphase bis Ende der neunziger Jahre erreicht werden konnte, in den letzten Jahren nicht weiter vorangeschritten ist (Schaubild 73). Vielmehr hat die Zahl der „Defizitsünder" immer mehr zugenommen. Dafür sind zweierlei Gründe zu nennen: Zum einen fiel der selbst gesetzte Konsolidierungszwang weg, der durch die Konvergenzkriterien bis zum Jahr 1998 geschaffen worden war. Zum anderen spielte die sehr schwache wirtschaftliche Dynamik seit dem Jahr 2001 eine wichtige Rolle.

Deutschland in der Währungsunion

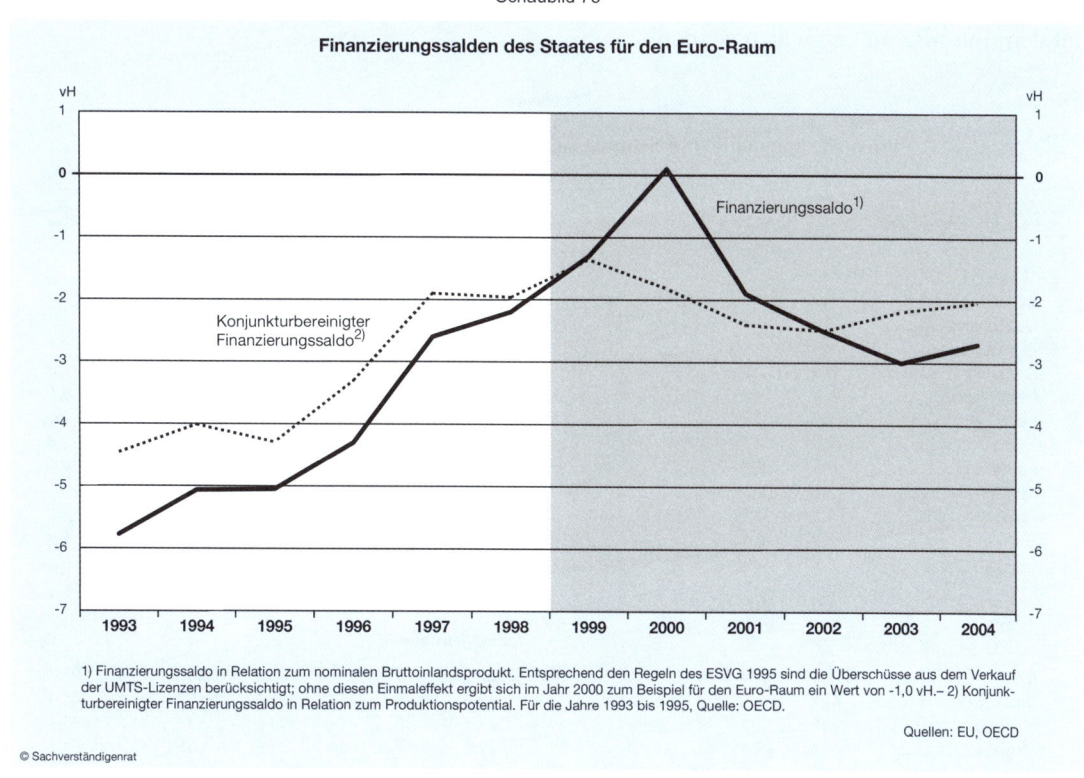

Schaubild 73

Finanzierungssalden des Staates für den Euro-Raum

1) Finanzierungssaldo in Relation zum nominalen Bruttoinlandsprodukt. Entsprechend den Regeln des ESVG 1995 sind die Überschüsse aus dem Verkauf der UMTS-Lizenzen berücksichtigt; ohne diesen Einmaleffekt ergibt sich im Jahr 2000 zum Beispiel für den Euro-Raum ein Wert von -1,0 vH.– 2) Konjunkturbereinigter Finanzierungssaldo in Relation zum Produktionspotential. Für die Jahre 1993 bis 1995, Quelle: OECD.

Quellen: EU, OECD

648. Die Entwicklungen des Finanzierungssaldos und des Schuldenstands auf nationaler Ebene zeigen ein recht differenziertes Bild (Tabelle 44, Seite 434).

Derzeit können nur Belgien, Finnland und Irland positive Finanzierungssalden aufweisen. Eine anhaltende Verletzung der 3-vH-Defizitgrenze ist dagegen in Deutschland, Frankreich, Griechenland und Italien festzustellen. Deutschland wird dieses Jahr und, sofern keine weiteren Konsolidierungsmaßnahmen beschlossen werden, voraussichtlich auch im nächsten Jahr gegen die 3-vH-Defizitobergrenze des Stabilitäts- und Wachstumspakts verstoßen und deshalb nach Lage der Dinge mit den weiterreichenden Verfahrensstufen des reformierten Stabilitäts- und Wachstumspakts konfrontiert werden.

649. Bei der Entwicklung des **Schuldenstands in Relation zum nominalen Bruttoinlandsprodukt** ist seit der Währungsunion ebenfalls ein differenziertes Bild zu konstatieren. Die so gemessene Staatsverschuldung hatte in den neunziger Jahren deutlich zugenommen. Mit dem Beginn der Währungsunion ging diese Relation bis zum Jahr 2002 merklich zurück, stieg seitdem aber wieder etwas an. Mit 70,8 vH liegt sie im Jahr 2004 jedoch noch deutlich unter dem Wert von 74,2 vH, der im letzten Jahr vor Beginn der Währungsunion verzeichnet wurde. Die Schuldenstandsquote wird damit noch längere Zeit für den Euro-Raum insgesamt über dem Referenzwert von 60 vH liegen (Tabelle 44). Im Vergleich zu den anderen großen Wirtschaftsräumen sind die Schuldenstandsquoten in den Vereinigten Staaten mit etwa 60 vH etwas und im Vereinigten Königreich mit etwa 40 vH deutlich geringer als im Euro-Raum. Japan hat zwar eine hohe und zudem rasch zunehmende Schuldenstandsquote – sie stieg von 112,2 vH im Jahr 1998 auf 157,6 vH im

Jahr 2004 –, kann aber aufgrund der mehrjährigen Deflations- und Stagnationsphase nur bedingt mit dem Euro-Raum verglichen werden.

Tabelle 44

Finanzierungssaldo und Schuldenstand in den Ländern des Euro-Raums

Quote in vH

Länder/Ländergruppe	1993	1994	1995	1996	1997	1998	1999	2000	2001	2002	2003	2004
Finanzierungssaldo[2]												
Belgien	- 7,3	- 5,0	- 4,3	- 3,8	- 2,0	- 0,7	- 0,4	0,2	0,6	0,0	0,1	0,0
Deutschland	- 3,1	- 2,4	- 3,3	- 3,4	- 2,7	- 2,2	- 1,5	1,3	- 2,9	- 3,8	- 4,1	- 3,7
Finnland	- 7,3	- 5,7	- 3,7	- 3,2	- 1,5	1,5	2,2	7,1	5,2	4,3	2,5	2,1
Frankreich	- 6,0	- 5,5	- 5,5	- 4,1	- 3,0	- 2,7	- 1,8	- 1,4	- 1,6	- 3,2	- 4,2	- 3,6
Griechenland	- 13,4	- 9,4	- 10,2	- 7,4	- 4,0	- 2,5	- 1,8	- 4,1	- 6,1	- 4,9	- 5,7	- 6,6
Irland	- 2,7	- 2,0	- 2,1	- 0,1	1,1	2,4	2,4	4,4	0,8	- 0,4	0,2	1,4
Italien	- 10,3	- 9,3	- 7,6	- 7,1	- 2,7	- 2,8	- 1,7	- 0,6	- 3,2	- 2,7	- 3,2	- 3,2
Luxemburg	1,5	2,7	2,1	1,9	3,2	3,2	3,7	6,0	6,1	2,1	0,2	- 0,6
Niederlande	- 2,8	- 3,5	- 4,2	- 1,8	- 1,1	- 0,8	0,7	2,2	- 0,2	- 2,0	- 3,2	- 2,1
Österreich	- 4,2	- 4,9	- 5,6	- 3,9	- 1,8	- 2,3	- 2,2	- 1,5	0,1	- 0,4	- 1,2	- 1,0
Portugal	- 8,9	- 6,6	- 4,5	- 4,0	- 3,0	- 2,6	- 2,8	- 2,8	- 4,2	- 2,8	- 2,9	- 3,0
Spanien[1]	- 7,0	- 6,5	- 6,6	- 4,9	- 3,2	- 3,0	- 1,2	- 0,9	- 0,5	- 0,3	0,0	- 0,1
Euro-Raum[1]	- 5,8	- 5,1	- 5,1	- 4,3	- 2,6	- 2,2	- 1,3	0,1	- 1,9	- 2,5	- 3,0	- 2,7
Schuldenstand[3]												
Belgien	137,9	135,9	134,0	130,2	124,8	119,6	114,8	109,1	108,0	105,4	100,0	95,7
Deutschland	46,9	49,3	57,0	59,8	61,0	60,9	61,2	60,2	59,6	61,2	64,8	66,4
Finnland	55,9	58,0	57,1	57,1	54,1	48,6	47,0	44,6	43,6	42,3	45,2	45,1
Frankreich	45,3	48,4	54,6	57,1	59,3	59,5	58,5	56,8	56,8	58,8	63,2	65,1
Griechenland	110,1	107,9	108,7	111,3	108,2	105,8	105,2	114,0	114,4	111,6	108,8	109,3
Irland	95,1	89,6	81,8	73,3	64,5	53,6	48,6	38,3	35,9	32,4	31,5	29,8
Italien	118,7	124,8	124,3	123,1	120,5	116,7	115,5	111,2	110,9	108,3	106,8	106,5
Luxemburg	6,8	6,3	6,7	7,2	6,8	6,3	5,9	5,5	6,7	6,8	6,7	6,6
Niederlande	79,3	76,4	77,2	75,2	69,9	66,8	63,1	55,9	51,5	51,3	52,6	53,1
Österreich	60,5	63,4	67,9	67,6	63,8	64,2	66,5	67,0	67,0	66,7	65,1	64,3
Portugal	59,1	62,1	64,3	62,9	59,1	55,0	54,3	53,3	53,6	56,1	57,7	59,4
Spanien	58,4	61,1	63,9	68,1	66,6	64,6	63,1	61,1	56,3	53,2	49,4	46,9
Euro-Raum	66,2	68,9	73,6	75,2	74,9	74,2	72,7	70,4	69,3	69,2	70,4	70,8

1) Für die Jahre 1993 bis 1995, Quelle: OECD. - 2) Finanzierungsdefizit (-) / -überschuss (+) des Staates in Relation zum jeweiligen nominalen Bruttoinlandsprodukt in vH. Entsprechend den Regeln des ESVG 1995 sind die Überschüsse aus dem Verkauf der UMTS-Lizenzen berücksichtigt; ohne diesen Einmaleffekt ergibt sich im Jahr 2000 zum Beispiel für den Euro-Raum ein Wert von - 1,0 vH, für Deutschland von - 1,5 vH. - 3) Konsolidierter Bruttoschuldenstand des Staates in Relation zum jeweiligen nominalen Bruttoinlandsprodukt in vH.

Quellen: EU, OECD

650. Für Deutschland zeichnet sich seit dem Jahr 2001 ein deutlich stärkerer Anstieg der Schuldenstandsquote ab. Sie war im Jahr 2004 mit 66,4 vH zudem deutlich höher als im Jahr 1998, wo sie bei 60,9 vH gelegen hatte. Im Fall Deutschlands macht sich neben den hohen Defiziten der vergleichsweise geringe Anstieg des nominalen Bruttoinlandsprodukts bemerkbar, das im Nenner dieser Relation steht. Unter dem Schwellenwert für die Schuldenstandsquote von 60 vH in Relation zum nominalen Bruttoinlandsprodukt liegen derzeit nur Spanien, Finnland, die Niederlande, Irland und Luxemburg – durchweg Mitgliedsländer, in denen ein überdurchschnittliches Wirtschaftswachstum zu beobachten ist. Belgien und Italien gelang es zwar, einen sehr hohen Schuldenstand deutlich zu vermindern, allerdings ist die aktuelle Schuldenstandsquote weiterhin sehr weit von der 60-vH-Grenze des Vertrags von Maastricht entfernt.

Deutschland in der Währungsunion | 435

651. In den neunziger Jahren kam es zu einer ausgeprägten Haushaltskonsolidierung im Euro-Raum, um die als Voraussetzung für die Teilnahme an der dritten Stufe der Währungsunion festgeschriebenen Konvergenzkriterien einzuhalten. Die davon ausgehende Disziplinierungswirkung zeigt sich daran, dass die Konsolidierung auch in einer Phase negativer Output-Lücken stattfand. Seit dem Beginn der Währungsunion im Jahr 1999 ist dieser Prozess der Haushaltskonsolidierung zum Stillstand gekommen, obgleich der Stabilitätspakt „insbesondere das mittelfristige Ziel eines nahezu ausgeglichenen oder einen Überschuss aufweisenden Haushalts" festgeschrieben hat. In den Jahren 2003 und 2004 ist das Ausbleiben weiterer Konsolidierungsbemühungen auch im Zusammenhang mit der negativen relativen Output-Lücke zu sehen (Schaubild 74).

652. Da die Neuverschuldung der öffentlichen Haushalte stark von konjunkturellen Einflüssen geprägt wird, ist es sinnvoll, den Finanzierungssaldo um solche Effekte zu bereinigen. Wenn man von dem auf diese Weise ermittelten strukturellen Saldo die Zinszahlungen des Staates abzieht, erhält man den konjunkturbereinigten Primärsaldo. Die Veränderung dieser Größe bildet dann den allein aus diskretionären Entscheidungen resultierenden Fiskalimpuls ab (Ziffern 128 ff.). Dabei zeigt ein negativer (positiver) Wert des Fiskalimpulses eine expansive (eine kontraktive) Ausrichtung der Fiskalpolitik an. Zu berücksichtigen ist, dass aufgrund der Ex-post-Betrachtung mit dem Fiskalimpuls nur die Wirkung, nicht aber die zum damaligen Zeitpunkt geplante Ausrichtung gemessen werden kann.

Schaubild 74

Konjunkturbereinigtes Defizit und Niveau der relativen Output-Lücke im Euro-Raum

1) Differenz zwischen tatsächlicher gesamtwirtschaftlicher Produktion und Produktionspotential in Relation zum Produktionspotential. –
2) Konjunkturbereinigtes Finanzierungsdefizit des Staates in Relation zum Produktionspotential.

Quellen: EU, OECD

© Sachverständigenrat

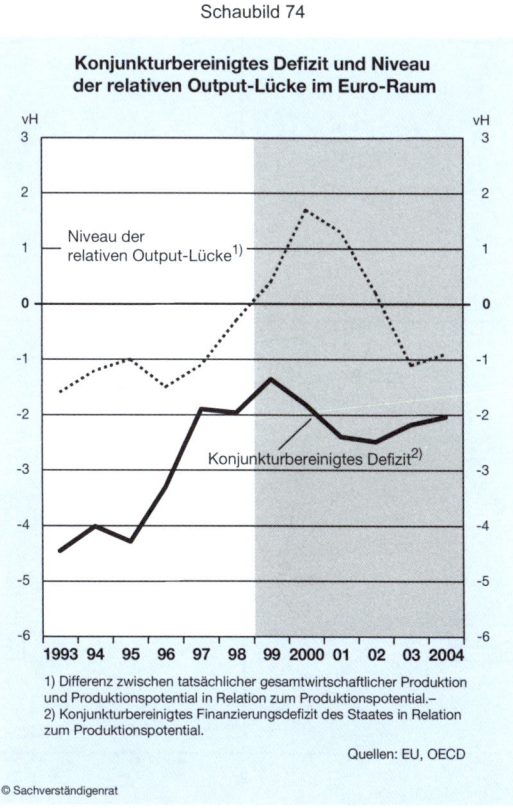

Das zyklische Verhalten der Fiskalpolitik lässt sich anhand der folgenden Vier-Quadranten-Darstellung beurteilen (Schaubild 75, Seite 436). Entscheidungen der Fiskalpolitik – expansiv oder kontraktiv – sind mit dem Fiskalimpuls auf der vertikalen Achse abgetragen, Veränderungen der relativen Outputlücke auf der horizontalen Achse. Eine antizyklische Fiskalpolitik ist entweder durch eine negative Veränderung der relativen Outputlücke und einen negativen Fiskalimpuls oder durch eine positive Veränderung der relativen Outputlücke und einen positiven Fiskalimpuls gekennzeichnet. Liegen demgegenüber unterschiedliche Vorzeichen zwischen beiden Größen vor, kann man ein prozyklisches Verhalten der Fiskalpolitik diagnostizieren. Zum Vergleich wurden die entsprechenden Werte auch für das Vereinigte Königreich und die Vereinigten Staaten abgebildet. Es zeigt sich, dass die Fiskalpolitik in den Vereinigten Staaten und im Vereinigten Königreich im betrachteten Zeitraum eine ausgeprägte Antizyklik aufwiesen. Aufgrund der in diesen Ländern gegenüber dem Euro-Raum geringeren Wirkung der automatischen Stabilisatoren – und des deswegen größeren Bedarfs, auf Konjunkturschwankungen mit den Instrumenten einer diskretionären Fiskalpolitik zu reagieren – ist ein solcher Vergleich allerdings mit Vorsicht zu interpretieren. Im Euro-Raum insgesamt ist eine eher neutrale Linie der Fiskalpolitik zu beobachten, die auch davon geprägt ist, dass sich die nationalen Entscheidungsträger zumindest in einigen Ländern angesichts nicht ausreichend konsolidierter öffentlicher Haushalte an den Zielvorgaben des Stabilitäts- und Wachstumspakts zu orientieren hatten.

Schaubild 75

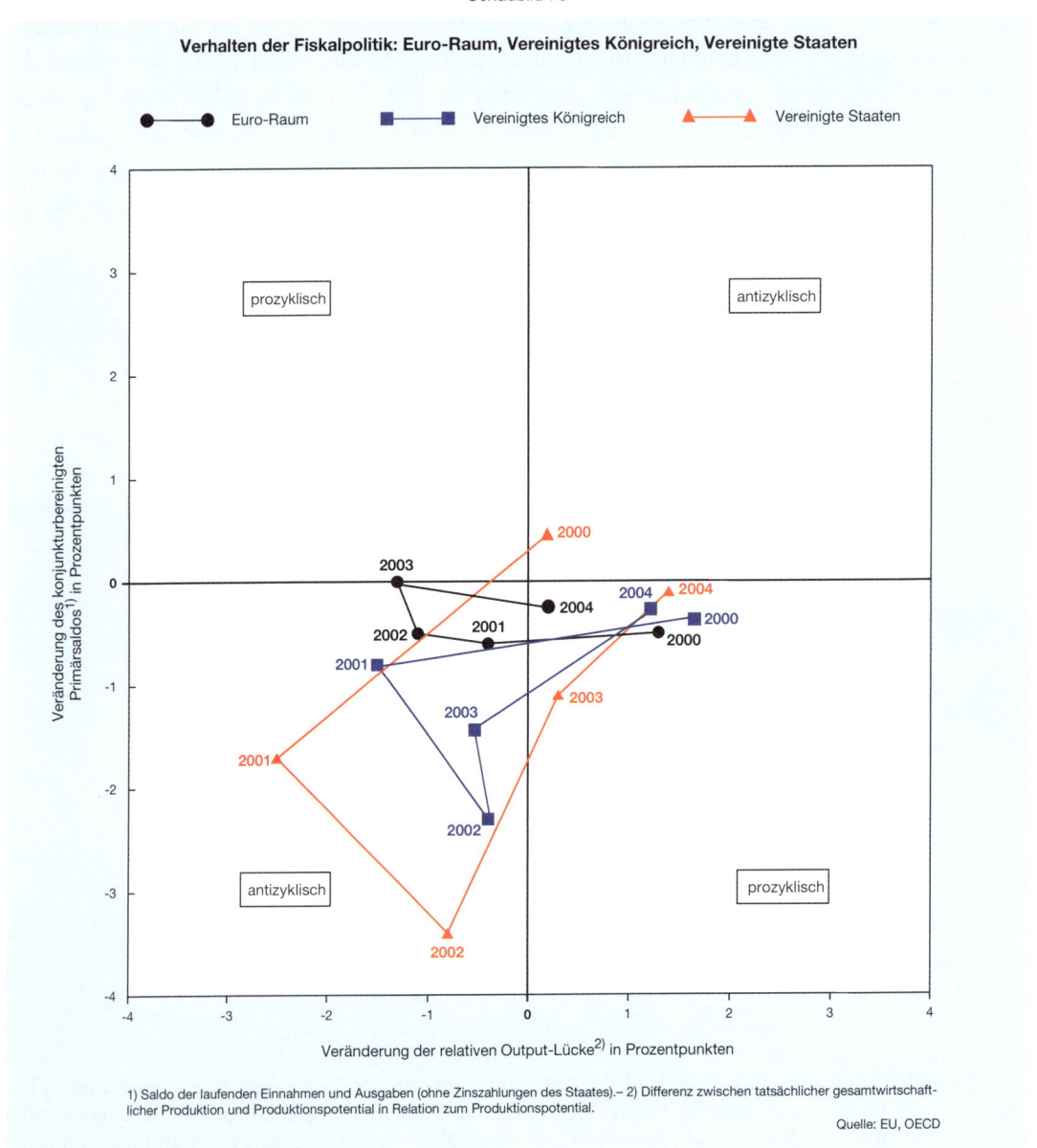

Verhalten der Fiskalpolitik: Euro-Raum, Vereinigtes Königreich, Vereinigte Staaten

1) Saldo der laufenden Einnahmen und Ausgaben (ohne Zinszahlungen des Staates).– 2) Differenz zwischen tatsächlicher gesamtwirtschaftlicher Produktion und Produktionspotential in Relation zum Produktionspotential.

Quelle: EU, OECD

Deutschland in der Währungsunion | 437

653. Hinter den Veränderungen der relativen Output-Lücke und des konjunkturbereinigten Primärsaldos des Euro-Raums stehen recht differenzierte Entwicklungen in den einzelnen Ländern. Kumuliert über die Jahre 2000 bis 2004 kam es in fast allen Mitgliedsländern des Euro-Raums zu einer negativen Veränderung der relativen Output-Lücke (Tabelle 45). Über den gesamten Zeitraum hinweg ist dabei in den meisten Ländern ein mehr oder weniger ausgeprägter antizyklischer Kurs der Finanzpolitik zu erkennen. Demgegenüber wurde in Österreich, Portugal und Spanien die Haushaltskonsolidierung trotz einer verschlechterten konjunkturellen Entwicklung weiter vorangetrieben. In Griechenland, dem einzigen Land mit einer durchweg positiven Veränderung der relativen Output-Lücke, wurde gleichwohl das staatliche Primärdefizit erhöht, so dass hier ebenfalls eine prozyklische Linie der Fiskalpolitik zu konstatieren ist.

Tabelle 45

Fiskalpolitik in den Ländern des Euro-Raums[1]

Prozentpunkte

Länder/ Ländergruppe	Veränderung der relativen Output-Lücke (I)[2] und des Fiskalimpulses (II)[3]										Gesamtänderung für den Zeitraum 2000 bis 2004[4]	
	2000		2001		2002		2003		2004		relative Output-Lücke	konjunkturbereinigter Primärsaldo
	I	II	I	II	I	II	I	II	I	II		
Belgien	1,4	-0,5	-1,4	1,0	-1,1	-0,2	-0,7	0,0	0,5	-1,3	-2,7	-0,5
Deutschland	1,4	-0,5	-0,3	-1,6	-0,9	-0,5	-1,0	0,3	0,4	-0,2	-1,8	-2,0
Finnland	1,5	3,6	-2,7	-0,1	-1,1	-0,7	-0,8	-1,5	0,6	-1,0	-4,0	-3,3
Frankreich	1,4	-0,2	-0,2	-0,2	-0,8	-1,3	-1,6	-0,4	0,3	0,3	-2,3	-1,6
Griechenland	0,9	-1,3	0,8	-1,1	0,3	-1,1	0,8	-1,9	1,1	-1,4	3,0	-5,5
Irland	1,7	1,0	-1,6	-3,4	-0,9	-1,3	-2,7	1,5	-0,7	1,2	-5,9	-2,0
Italien	1,2	-1,0	0,1	-1,0	-1,3	0,0	-1,4	0,0	-0,7	-0,1	-3,3	-1,1
Luxemburg	3,5	0,6	-3,9	2,2	-2,0	-2,6	-1,0	-1,3	0,1	-1,7	-6,8	-3,4
Niederlande	0,8	-0,3	-1,2	-1,3	-1,6	-1,1	-2,4	0,1	0,0	0,8	-5,2	-1,5
Österreich	1,0	0,2	-1,4	2,5	-0,7	-0,5	-1,1	-0,9	0,2	-0,3	-3,0	0,8
Portugal	0,8	-0,6	-0,6	-1,0	-1,5	2,0	-2,4	0,5	-0,5	0,1	-5,0	1,6
Spanien	0,9	-0,3	-0,7	0,6	-1,2	0,4	-1,2	0,7	-0,2	-0,9	-3,3	0,8
Euro-Raum	1,3	-0,5	-0,4	-0,6	-1,1	-0,5	-1,3	0,0	0,2	-0,1	-2,6	-1,2
Anzahl der prozyklischen Fiskalpolitiken:	8		6		3		6		8		X	X

1) Fälle, in denen prozyklisch gehandelt wurde, sind weiß unterlegt. - 2) Differenz zwischen gesamtwirtschaftlicher Produktion und Produktionspotential in Relation zum Produktionspotential. - 3) Veränderung des konjunkturbereinigten Primärsaldos in Relation zum nominalen Bruttoinlandsprodukt. - 4) Differenz der relativen Output-Lücke und des konjunkturbereinigten Primärsaldos vom Jahr 2000 bis zum Jahr 2004.

Quelle für Grundzahlen: EU

654. Im Jahr 2000, in dem es durchweg zu einer deutlichen positiven Änderung der jeweiligen Output-Lücken – das heißt zu einem starken konjunkturellen Aufschwung – kam, ließ sich in einer Reihe (vor allem großer) Länder eine expansive Fiskalpolitik mit prozyklischer Ausrichtung feststellen. In den Jahren 2001 bis 2004 zeigte sich dann eine gewisse disziplinierende Wirkung des Stabilitäts- und Wachstumspakts. Gleichwohl wird deutlich, dass die Befürchtungen, der Pakt könne in Abschwungphasen eine unangemessene restriktive Ausrichtung der Fiskalpolitik nach sich ziehen, wenig begründet waren; nur in Portugal (in den Jahren 2002 bis 2004) und in den Niederlanden (im Jahr 2003) lässt sich erkennen, dass die Fiskalpolitik im Zusammenhang mit dem Versuch, die 3-vH-Defizitgrenze einzuhalten, prozyklisch ausgerichtet war. In Deutschland, das die Defizitgrenze seit dem Jahr 2002 überschreitet, dürfte von den Regelungen des Pakts zumindest ein gewisser – wenn auch nicht ausreichender – Impuls zu Anpassungen auf der Ausgabenseite der öffentlichen Haushalte ausgegangen sein.

655. Geht man der Frage nach, wie sich als Folge der mit der Zentralisierung der Geldpolitik geänderten Handlungsnotwendigkeiten und Wirkungen der nationalen Fiskalpolitiken das Konsolidierungsverhalten über die Jahre entwickelt hat, so können drei Phasen unterschieden werden: erstens die Vor-Maastricht Periode bis zum Jahr 1991, zweitens die Konvergenz- oder Qualifizierungsperiode für die Währungsunion im Zeitraum von 1992 bis 1997 und schließlich der Zeitraum seit der rechtsverbindlichen Aufnahme der Teilnehmerländer in die Währungsunion ab dem Jahr 1998 bis heute. Anhand von zwei Indikatoren kann ein verändertes Konsolidierungsverhalten festgestellt werden. Zum einen ist dies die Wahrscheinlichkeit, eine **Konsolidierung** zu beginnen, zum anderen die Wahrscheinlichkeit, diese nachhaltig fortzuführen. Eine Studie von Hughes Hallet und Lewis (2005) kommt zu dem Ergebnis, dass eine gestiegene Konsolidierungsdisziplin lediglich von temporärer Natur war und sich nur in der Konvergenzphase der Jahre von 1992 bis 1997 nicht aber in den Folgejahren beobachten ließ.

656. Somit lässt sich die Entwicklung der Fiskalpolitik innerhalb des Euro-Raums wie folgt beurteilen: Die Befürchtung, dass es durch den Übergang zur Europäischen Währungsunion für sich genommen zu einer Aufweichung der fiskalischen Disziplin komme, hat sich insgesamt gesehen nicht bewahrheitet. Einzuräumen ist aber auch, dass der Konsolidierungsprozess, durch den die bis zum Jahr 1998 reichende Konvergenzphase gekennzeichnet war, in den Jahren danach nicht weiter fortgesetzt wurde. In einigen Ländern hat der Pakt wirksame Anreize zur Haushaltskonsolidierung gesetzt. In anderen hat er verhindert, dass die Neuverschuldung nennenswert über die 3-vH-Defizitgrenze hinausgegangen ist. Nicht zufrieden stellend sind die fiskalpolitischen Entwicklungen in Deutschland, Frankreich, Italien, Portugal und Griechenland.

Zur Reform des Stabilitäts- und Wachstumspakts (SWP)

657. Nach langer und kontroverser Diskussion erzielten die EU-Finanzminister am 20. März 2005 eine Einigung zur Reform des Stabilitäts- und Wachstumspakts, die dann auf der Tagung des Europäischen Rates am 22. und 23. März 2005 gebilligt wurde und inzwischen mit den EG-Verordnungen Nr. 1055/05 und 1056/05 in Kraft getreten ist. Die vorgegebene rechtliche Basis für den Kompromiss sind die Bestimmungen des EG-Vertrags (EGV) Artikel 104 und des Stabilitäts- und Wachstumspakts (EG-Verordnungen 1467/97 und 1466/97), wonach das Haushaltsdefizit im Prinzip auf 3 vH und die Staatsverschuldung auf 60 vH, jeweils in Bezug auf das nominale Bruttoinlandsprodukt, begrenzt werden sollen. Modifiziert werden konnten nur die sekundärrechtlichen Regelungen, die im Jahr 1997 durch den Stabilitäts- und Wachstumspakt festgelegt wurden: Zum einen werden für die Beurteilung, ob ein übermäßiges Defizit vorliegt, **zusätzliche ökonomische und finanzwirtschaftliche Faktoren** in Betracht gezogen. Zum anderen wird eine stärkere **Einzelfallbeurteilung** ermöglicht, so dass beispielsweise für Deutschland zumindest im Grundsatz auch die Lasten der Wiedervereinigung Berücksichtigung finden könnten.

658. Ein wesentliches Element stellt die Reform des **präventiven Arms** des SWP dar, mit dessen Hilfe finanzpolitischen Fehlentwicklungen frühzeitig entgegengewirkt werden soll. Dazu wird das bisherige Ziel des SWP eines nahezu ausgeglichenen oder Überschüsse aufweisenden Haushalts modifiziert und nach länderspezifischen Gegebenheiten differenziert. Zudem sollen budgetrelevante Strukturreformen im Rahmen des mittelfristigen Anpassungspfads berücksichtigt werden.

659. Im Einzelnen geht es vor allem aber um folgende Neuregelungen und Modifikationen:

– **Ausnahmen** werden großzügiger definiert. Die bisherige Lesart für einen „schwerwiegenden Abschwung" in der EG-Verordnung 1467/97 wurde als zu restriktiv angesehen. Danach war eine temporäre, geringe Überschreitung der 3-vH-Defizitgrenze in der Regel nur bei außergewöhnlichen Ereignissen wie Naturkatastrophen oder bei einem Rückgang des realen Wachstums um mindestens 2 vH zulässig. Jetzt können die Sondertatbestände von Artikel 104 Absatz 2 EGV flexibler ausgelegt werden, das heißt, es kann der Referenzwert als ausnahmsweise überschritten eingestuft werden, wenn die Überschreitung auf eine **negative Zuwachsrate** des Bruttoinlandsprodukts oder auf ein – gemessen am Potentialwachstum – **geringeres Wachstum** zurückzuführen ist.

– Die **sonstigen einschlägigen Faktoren**, die auch nach Artikel 104 Absatz 3 EGV bei der Beurteilung eines Defizits Berücksichtigung finden, wurden konkretisiert. Neben Entwicklungen der mittelfristigen Wirtschafts- und Haushaltslage sollen alle anderen von betroffenen Mitgliedstaaten vorgebrachten Faktoren geprüft werden. Explizit geht es hierbei um Ausgaben zugunsten der „internationalen Solidarität" und um finanzielle Leistungen zur Erreichung „europäischer Politikziele". Die Berücksichtigung solcher Faktoren impliziert im konkreten Fall, dass eine Überschreitung der 3-vH-Defizitgrenze nicht als „übermäßiges Defizit" qualifiziert wird und folgenlos bleibt. Allerdings darf diese Überschreitung – wegen Artikel 104 Absatz 2 EGV – weiterhin nur „vorübergehend" und „in der Nähe des Referenzwerts" sein.

– Zudem wurden bei allen Verfahrensschritten **flexiblere Fristen** für das Ergreifen wirksamer Maßnahmen im Fall eines übermäßigen Defizits vereinbart. Zusätzlich kann sich ein Land auf die erwähnten Sonderfaktoren berufen. Solche „besonderen Umstände" können die Gewährung eines oder mehrerer zusätzlichen Jahre für die Korrektur eines übermäßigen Defizits rechtfertigen. Diesen neuen Ausnahmetatbestand hat die Europäische Kommission unmittelbar auf das übermäßige Defizit in Griechenland, Italien und Portugal in diesem Jahr angewandt und somit Aufschub gewährt. Im Normalfall soll aber das Land mit übermäßigem Defizit den Fehlbetrag um mindestens 0,5 vH in Bezug auf das nominale Bruttoinlandsprodukt pro Jahr reduzieren. Erfüllt der Defizitsünder die Empfehlung für den Defizitabbau, verfehlt aber das Ziel infolge einer unerwartet niedrigen Zuwachsrate des Bruttoinlandprodukts, kann die Frist durch Wiederholung eines Verfahrensschritts und damit ohne Näherrücken von Sanktionen verlängert werden.

– Flexibler gestaltet wurde auch das **mittelfristige Konsolidierungsziel**. Angesichts der größeren Heterogenität einer erweiterten Europäischen Union wurde das mittelfristige Ziel eines nahezu ausgeglichenen oder eines einen Überschuss aufweisenden Haushalts in den jeweiligen Mitgliedstaaten differenziert ausgestaltet. In Abhängigkeit des jeweiligen Schuldenstands und des Produktionspotentials liegt das Ziel nunmehr zwischen einem Defizit von 1 vH in Relation zum nominalen Bruttoinlandsprodukt (geringer Schuldenstand und hohes Potentialwachstum) und einem leichten Überschuss (hoher Schuldenstand und niedriges Potentialwachstum). Bei der Festlegung der entsprechenden Anpassungspfade können künftig Strukturreformen auf der Grundlage detaillierter Kosten-Nutzen-Analysen berücksichtigt werden.

– Die **Rückführung des Schuldenstands** wird stärker berücksichtigt. Der Rat soll künftig die Verringerung hoher Schuldenquoten qualitativ bewerten und gegebenenfalls Empfehlungen abgeben. Eine Überschreitung der 60-vH-Schuldengrenze führt allerdings weiterhin nicht zu Sanktionen.

– Berücksichtigung finden können auch **Reformen der Alterssicherungssysteme.** Die Einführung von Alterssicherungssystemen auf Kapitaldeckungsbasis führt in aller Regel zu temporären Verschlechterungen der Haushaltslage, gleichzeitig verbessert sich die langfristige Tragfähigkeit der öffentlichen Finanzen. Bei der Ratsentscheidung nach Artikel 104 Absatz 12 EGV über die Korrektur eines übermäßigen Defizits werden die Nettokosten einer solchen Reform linear degressiv über den Zeitablauf von fünf Jahren berücksichtigt.

Deutschland war Initiator eines strikten Stabilitätspakts – ursprünglich wurde sogar ein Sanktionsautomatismus angedacht – und war nun dasjenige Land, welches sich in diesem Jahr nachdrücklich für eine Aufweichung des Stabilitäts- und Wachstumspakts einsetzte. Der Härtetest für den Pakt in seiner alten Form begann im Frühjahr 2002, als die Kommission dem Rat empfahl, eine Frühwarnung („blauer Brief") auszusprechen. Jedoch konnte die Bundesregierung diesen „blauen Brief" durch die Zusage ehrgeiziger Konsolidierungsmaßnahmen abwenden. Als sich im Jahr 2002 unmittelbar abzeichnete, dass die Versprechen nicht zu halten waren und mit einem Defizit in Höhe von 3,8 vH für das Jahr 2002 zu rechnen war, leitete die Kommission auf der Grundlage dieser Prognose das Defizitverfahren gegen Deutschland ein (Artikel 104 Absatz 3 EGV). Nach der Stellungnahme des Wirtschafts- und Finanzausschusses (Artikel 104 Absatz 4 EGV) gab die Kommission am 8. Januar 2003 eine Stellungnahme ab, in der sie feststellte, dass in Deutschland ein übermäßiges Defizit bestehe. Danach entschied der Ecofin-Rat entsprechend nach Artikel 104 Absatz 6 EGV und richtete gleichzeitig eine Empfehlung nach Artikel 104 Absatz 7 EGV an Deutschland.

Diese Entwicklung war der erste Schritt zur Intensivierung der Reformdiskussion über den Stabilitätspakt. Daraufhin kam am 21. Januar 2003 der Ecofin-Rat zu dem Schluss, dass die Haushaltslage in Deutschland gemäß des Berichts der Kommission durch ein übermäßiges Defizit gekennzeichnet sei. Der Rat sprach eine Empfehlung aus und forderte einen klaren Konsolidierungskurs und eine konsequente Umsetzung der angekündigten Reformmaßnahmen. Nachdem im Jahr 2003 deutlich wurde, dass das Defizit abermals zu hoch ausfallen würde, führte die Kommission das Verfahren weiter, mit dem Ziel, Deutschland spätestens im Jahr 2005 zu Korrekturen zu zwingen. Am 18. November richtete der Rat eine Empfehlung gemäß Artikel 104 Absatz 8 an Deutschland, wonach sich die getroffenen Maßnahmen als unangemessen erwiesen hätten, um das übermäßige Defizit zurück zu führen. Gleichzeitig empfahl die Kommission dem Rat nach Artikel 104 Absatz 9, Deutschland in Verzug zu setzen und damit das übermäßige Defizit bis spätestens im Jahr 2005 zu beseitigen.

Nun folgten der zweite Schritt und die wohl entscheidende Demontage des Stabilitätspakts. Der Ecofin-Rat folgte den beiden Kommissionsempfehlungen am 25. November 2003 nicht, sondern nahm statt dessen – gegen den erklärten Willen der Kommission und die Voten von vier Mitgliedstaaten – Schlussfolgerungen an, wonach er unter anderem die von Deutschland übernommenen Verpflichtungen zur Kenntnis nahm, im Jahr 2004 eine Verringerung des konjunkturbereinigten Defizits um 0,6 vH in Relation zum nominalen Bruttoinlandsprodukt und im Jahr 2005 eine nochmalige Reduzierung des konjunkturbereinigten Finanzierungssaldos um mindestens 0,5 vH zu erreichen. Dabei kam der Rat überein, das Verfahren gegen Deutschland vorerst auszusetzen. Die Kommission wertete die Ratsentscheidung als Rechtsverletzung und reichte deshalb am 28. Januar 2004 eine Nichtigkeitsklage beim Europäischen Gerichtshof (EuGH) im Rahmen eines

Eilverfahrens ein. Am 13. Juli 2004 entschied der Europäische Gerichtshof einerseits, dass die Klage der Kommission unzulässig sei, soweit sie darauf abziele, die Nichtannahme der empfohlenen Entscheidung, Deutschland und Frankreich in Verzug zu setzen, durch den Rat für nichtig zu erklären; andererseits erklärte der EuGH die Schlussfolgerungen des Rates für nichtig. Nach diesem Urteil des EuGH bestand Unklarheit über deren Konsequenzen. Infolge dessen intensivierte sich die bereits laufende Reformdiskussion. Diese Prozedur mündete in der hier besprochenen Reform des Stabilitäts- und Wachstumspakts am 22. und 23. März 2005. In naher Zukunft wird darüber entschieden, ob die Europäische Kommission das bislang ruhende Defizitverfahren gegenüber Deutschland wieder aufnimmt.

Bewertung des Europäischen Stabilitäts- und Wachstumspakts

660. Der Sachverständigenrat hat sich in den vergangenen Jahren mehrmals mit den Gründen für einen die öffentlichen Defizite begrenzenden Pakt auf europäischer Ebene befasst (JG 2003 Ziffern 412 ff.) und sich mehrheitlich für die Beibehaltung des Stabilitäts- und Wachstumspakts ausgesprochen (JG 2004 Ziffern 752 ff.). Im Jahresgutachten 2004/05 wurden zwei der zur Diskussion stehenden Vorschläge positiv beurteilt: erstens die stärkere Beachtung des Schuldenstands und der langfristigen Tragfähigkeit bei der Überwachung der Haushaltsposition und zweitens die Stärkung des präventiven Arms. Allerdings sprach sich der Sachverständigenrat deutlich gegen die Berücksichtigung länderspezifischer Kriterien in der Anwendung des Verfahrens bei übermäßigen Defiziten sowie bei der Definition des mittelfristigen Haushaltsziels aus.

Entsprechend sind einige Elemente des reformierten Pakts, insbesondere die Konkretisierung des mittelfristigen Haushaltsziels, die Berücksichtigung des Schuldenstands und die Rückführung des Defizits um mindestens 0,5 vH in Relation zum Bruttoinlandsprodukt bei Überschreitung der 3-vH-Defizitobergrenze zu begrüßen. Hingegen tragen vor allem die im neuen Defizitverfahren vorgesehenen Interpretationsspielräume und Wiederholungsschleifen zu einer erheblichen Schwächung, Verkomplizierung und Intransparenz des Regelwerks bei. Künftig können nunmehr verschiedene Verfahrensstufen mehrfach durchlaufen und eine Wachstumsschwäche oder sonstige einschlägige Faktoren als Ausnahmetatbestände angeführt werden. Allerdings können diese Ausnahmetatbestände nur eine temporäre und geringe Überschreitung der 3-vH-Defizitobergrenze rechtfertigen. Insgesamt sind diese neuen Ermessensspielräume mit der Gefahr verbunden, dass der reformierte Stabilitäts- und Wachstumspakt keine Bindungskraft entfaltet, da er hohe diskretionäre Spielräume zulässt, indem er eine differenzierte Behandlung von Ländern ermöglicht. Zudem ist nach wie vor der Ecofin-Rat der Herr des Verfahrens, was weiterhin keine glaubwürdige Implementierung von Sanktionsstrafen erwarten lässt, da im Endeffekt die „Sünderländer" über ihr eigenes Urteil selbst mitentscheiden. Die Modifikation der supranationalen Haushaltsregeln an ein gelockertes Finanzgebaren vermindert den Anpassungsdruck auf die nationalen Regierungen und reduziert somit die Bereitwilligkeit, tragfähige öffentliche Haushalte zu realisieren.

Die ersten Testfälle im Umgang mit dem nun reformierten Stabilitätspakt zeichneten sich bereits bei der Beurteilung und Empfehlung des Ecofin-Rates in Bezug auf die neuen Ausnahmetatbestände zur Rückführung der Budgetdefizite in Griechenland, Italien und Portugal ab. Diese nähren die Befürchtungen, dass die Bindungskraft des ohnehin geschwächten Pakts verloren geht. In diesen Fällen wurde die nach dem reformierten Stabilitäts- und Wachstumspakt erweiterte Frist zur Korrektur des übermäßigen Defizits von mehreren Jahren unmittelbar angewandt. Angesichts der Entwicklung der öffentlichen Finanzen ist die Wahrscheinlichkeit groß, dass Deutschland in diesem Jahr zum vierten Mal in Folge und – bei unzureichender Haushaltskonsolidierung – voraussichtlich auch im nächsten Jahr gegen die 3-vH-Defizitobergrenze verstoßen wird. Im Herbst dieses Jahres wird die Europäische Kommission nach Lage der Dinge sowie nach Überprüfung der Haushaltszahlen für das laufende Jahr das bislang ruhende Defizitverfahren gegenüber Deutschland wieder aufnehmen und eine Empfehlung an den Ecofin-Rat richten. Auf die Wirkung sonstiger einschlägiger Faktoren wird sich Deutschland mit Blick auf die Verfehlungen der Defizitobergrenze nicht berufen können, denn weder erfolgte eine temporäre Überschreitung, noch verblieb das tatsächliche Defizit im Jahr 2005 in der Nähe der Regelgrenze. Damit die Glaubwürdigkeit des reformierten Pakts nicht beschädigt wird, erfordert dies, dass die Europäische Kommission und auch der Ecofin-Rat die nächsten Schritte im Verfahren konsequent weiterführen, selbst wenn damit Sanktionen für Deutschland verbunden sind. Besser wäre es allerdings, wenn Deutschland die Haushaltskonsolidierung entschlossen in Angriff nähme.

II. Institutionelle Herausforderungen
1. Ratifikation eines Vertrags über eine Verfassung für Europa

661. Am 18. Juni 2004 beschlossen die Staats- und Regierungschefs der Mitgliedsländer der Europäischen Union bei ihrer Regierungskonferenz in Brüssel einen **Vertrag über eine Verfassung für Europa**. Grundlage dieser Einigung war der am 18. Juli 2003 vom Konvent zur Zukunft Europas vorgelegte Europäische Verfassungsentwurf. Der Konvent hatte die Aufgabe, Vorschläge zu unterbreiten, um eine erweiterte Europäische Union effizienter, transparenter und demokratischer zu gestalten. Nach der Unterzeichnung des Verfassungsvertrags am 29. Oktober 2004 in Rom musste dieser in allen 25 Mitgliedstaaten ratifiziert werden. Nachdem die ersten Mitgliedstaaten den Vertrag bis Mai 2005 ratifiziert oder per Volksabstimmung gebilligt hatten, kam es nach der Ablehnung in Frankreich und den Niederlanden zu einer unerwarteten Krise im Hinblick auf die Zukunft der europäischen Verfassung. Die Verfassung sollte eigentlich im Jahr 2007 in Kraft treten und damit den Vertrag von Nizza ablösen. Dieses Ziel rückte nach der Ablehnung durch die französische und die niederländische Bevölkerung in weite Ferne, da auch das Vereinigte Königreich sowie einige andere Länder die Ratifizierung aussetzten. Damit ist derzeit ungewiss, wie der weitere Fortgang des Ratifizierungsprozesses oder ein alternatives Verfahren aussehen könnten. Auf der Tagung des Europäischen Rats am 16. und 17. Juni 2005 beschlossen die Staats- und Regierungschefs zunächst eine „Zeit der Reflexion".

662. Mit dem europäischen Verfassungsvertrag wurden auch wesentliche **Neuerungen** – neben zahlreichen Vorschlägen zu den institutionellen Veränderungen wie die Einführung eines Vorsitzenden im Rat der Europäischen Union für die Dauer von 18 Monaten oder die Verringerung der Anzahl der EU-Kommissare auf dann zwei Drittel der Zahl der Mitgliedstaaten – insbesondere auch eine Modifikation der qualifizierten Mehrheitsregel im Rat und somit eine Veränderung des Entscheidungs- und Abstimmungsmechanismus vorgeschlagen. Nach der neuen Regelung sollte eine qualifizierte Mehrheit im Rat dann gegeben sein, wenn diese 55 vH der Mitgliedsländer – dies entspricht 15 der 27 Staaten – und 65 vH der EU-Bevölkerung repräsentiert. Die Notwendigkeit einer Modifikation der Entscheidungsregeln im Ministerrat ergibt sich aus der höheren Zahl von Mitgliedern nach der EU-Osterweiterung sowie aus den Regelungen des Vertrags von

Nizza, der den Implikationen der Erweiterung nicht in ausreichendem Maße Rechnung trägt (JG 2001 Ziffern 126 ff.).

663. Mit der Ratifizierung des Vertrags über eine Verfassung für Europa in Deutschland wurden zudem Neuerungen im Hinblick auf die nationale Kompetenzverschränkung zwischen Bundesregierung, Deutschem Bundestag und Bundesrat verabschiedet. So wurde die Unterrichtungspflicht der Bundesregierung bei Angelegenheiten der Europäischen Union gegenüber dem Deutschen Bundestag und dem Bundesrat ausgeweitet.

Die Bundesregierung muss den Deutschen Bundestag und den Bundesrat künftig frühestmöglich über EU-Entwürfe und Stellungnahmen unterrichten. Der Deutsche Bundestag wird zudem mit einer eigenen Vertretung in Brüssel präsent sein, um den Informationsfluss für die Abgeordneten sicherzustellen. Bei neuen Gesetzesinitiativen der Europäischen Union unterrichtet die Bundesregierung den Deutschen Bundestag und den Bundesrat frühestmöglich über den Abschluss eines Gesetzgebungsverfahrens spätestens jedoch eine Woche nach Veröffentlichung des Europäischen Gesetzgebungsakts. Diese Unterrichtung muss auch eine Bewertung enthalten, ob der Gesetzgebungsakt mit dem Subsidiaritätsprinzip vereinbar ist. Liegt eine mögliche Verletzung der Subsidiarität vor, kann der Deutsche Bundestag eine Klage wegen Verletzung der Zuständigkeiten (Subsidiaritätsklage) innerhalb einer Sechs-Wochen-Frist einreichen. Dieses Klagerecht beim Gerichtshof der Europäischen Union steht künftig auch einer oder mehreren Fraktionen zu, falls nicht eine Zweidrittelmehrheit des Deutschen Bundestages dagegen ist. Beim Übergang von der Einstimmigkeit zur qualifizierten Mehrheit für die Beschlussfassung im Rat in Brüssel sind der Deutsche Bundestag und der Bundesrat zudem befugt, zukünftig Einspruch beim Europäischen Rat und Europäischen Parlament einzulegen (Brückenklausel). Der Deutsche Bundestag und der Bundesrat entscheiden darüber je nach Zuständigkeit. Bei gemischter Kompetenz müssen beide zustimmen. Des Weiteren ist für die Ernennung von Richtern des EuGH und des Generalanwalts auf der europäischen Ebene künftig auch der Richterwahlausschuss des Deutschen Bundestages und nicht mehr die Bundesregierung allein zuständig.

664. Die europäischen Mitgliedstaaten können derzeit nach dem jeweiligen **Stand des Ratifikationsverfahrens** in drei Kategorien eingeordnet werden. Zur ersten Kategorie gehören diejenigen Länder, die inzwischen den Verfassungsvertrag ratifiziert oder das Verfahren partiell abgeschlossen haben. Länder in der zweiten Kategorie haben bereits den Verfassungsvertrag abgelehnt. In der dritten Kategorie verbleiben alle Länder, die bisher noch nicht über den europäischen Verfassungsvertrag abgestimmt haben.

– Eine **Ratifikation des europäischen Verfassungsvertrags** haben inzwischen 14 Länder vorgenommen. Chronologisch sind das: Litauen, Ungarn, Slowenien, Italien, Griechenland, Slowakei, Spanien, Österreich, Deutschland, Lettland, Zypern, Malta, Belgien und zuletzt Luxemburg. Für Deutschland gilt, dass sowohl der Deutsche Bundestag als auch der Bundesrat den Vertrag zur Europäischen Verfassung mit großer Mehrheit verabschiedet haben. Damit ist zwar der parlamentarische Ratifizierungsprozess abgeschlossen, das Vertragsgesetz tritt jedoch erst in Kraft, wenn es vom Bundespräsidenten unterzeichnet worden ist. Obwohl die ersten Anträge beim Bundesverfassungsgericht gegen die Ratifizierung ohne Erfolg blieben, wurde am 27. Mai 2005 beim Bundesverfassungsgericht erneut ein Antrag gegen die Ratifizierung eingereicht. Der Bundespräsident hat verlauten lassen, mit der Unterzeichnung des Verfassungsvertrags solange abzuwarten, bis das Bundesverfassungsgericht über diesen Sachverhalt geurteilt hat.

- Zu einer **Ablehnung der Verfassung durch ein Referendum** kam es am 29. Mai 2005 in Frankreich und am 1. Juni 2005 in den Niederlanden. Damit war der Ratifizierungsprozess in der ursprünglich vorgesehenen Form gescheitert, zumal sich im Anschluss Großbritannien und Polen für eine Aussetzung des Ratifizierungsprozesses entschieden.

- Den europäischen Verfassungsvertrag noch nicht zur Abstimmung gebracht haben folglich neun Mitgliedsländer der Europäischen Union – Polen, Dänemark, Portugal, Vereinigtes Königreich, Schweden, Finnland, Irland, Tschechien und Estland.

665. Nach dem Scheitern des Vertrags wurde in einer Reihe von Debatten über die möglichen Optionen für einen Verfassungsvertrag für Europa nachgedacht. Dabei kristallisierten sich verschiedene Szenarien heraus (Kasten 15). Jedoch gibt es bis jetzt weder eine deutliche Mehrheit für eine dieser Optionen, noch eine klare Vorstellung darüber, wie man aus der „Zeit der Reflexion" wieder herausfindet.

Kasten 15

Optionen für einen europäischen Verfassungsvertrag

Ein Verfassungsvertrag kann in den 25 Mitgliedstaaten nur in Kraft treten, wenn er von allen nach dem jeweils dafür vorgesehenen nationalen Verfahren ratifiziert worden ist. Auf der Tagung der Staats- und Regierungschefs der Europäischen Union Ende Oktober 2004 in Rom wurde vereinbart, dass sich der Europäische Rat erneut mit dem Stand des Ratifikationsprozesses befassen muss (*Rendez-vous-Klausel*), wenn zwei Jahre nach der Unterzeichnung des Verfassungsvertrags, also Ende Oktober 2006, mindestens 20 von 25 europäischen Mitgliedstaaten (vier Fünftel) den Vertrag ratifiziert haben, aber in einem oder mehreren Mitgliedstaaten „Schwierigkeiten bei der Ratifikation aufgetreten sind". Da diese Erklärung nicht den möglichen Fall berücksichtigt hatte, dass Ende 2006 weniger als 20 Mitgliedstaaten den Verfassungsvertrag ratifiziert haben, wurde auf der Sitzung des Europäischen Rats am 16. und 17. Juni 2005 in Brüssel der Ratifikationsprozess ausgesetzt. Seither wurden folgende Optionen diskutiert:

- **Opting-out-Klauseln:** Theoretisch denkbar wären „Opting-out-Klauseln" im Verfassungsvertrag, um nach Berücksichtigung spezifischer nationaler Vorbehalte die Verfassung zu einer zweiten Abstimmung zu bringen. Ein solches Vorgehen wäre kein Novum im europäischen Integrationsprozess. So stimmten die Iren dem Vertrag von Nizza im Jahr 2002 erst in der zweiten Runde zu, nachdem der Europäische Rat klar gestellt hatte, dass Irlands Neutralität nicht in Frage gestellt werden würde. Auch die Dänen lehnten im Jahr 1992 in einem Referendum zum Vertrag von Maastricht diesen zunächst mehrheitlich ab. Mit dem Herausnehmen bestimmter Bereiche (Euro-Einführung und Verteidigungsfragen) konnte die Zustimmung in einem zweiten Anlauf gesichert werden. Ein solches Vorgehen dürfte jedoch bei dem sorgfältig austarierten Kompromiss des Verfassungsvertrags äußerst schwierig zu bewerkstelligen sein.

- **Nizza-Plus oder Plan-B:** Einzelne in der Verfassung vorgesehene Reformen könnten herausgelöst werden, soweit für diese keine Änderung des Vertrags von Nizza und damit kein Ratifikationsprozess nötig wären. So wird zum Beispiel erwogen, das Prinzip der doppelten Mehrheit und das Amt eines europäischen Außenministers zumindest ansatzweise durch Beschlüsse des

Rates, inter-institutionelle Vereinbarungen oder Zusatzprotokolle umzusetzen. Zudem sieht der Vertrag von Nizza die Möglichkeit einer verstärkten Zusammenarbeit vor.

– **Zweiteilung des Verfassungsvertrags:** Der bestehende Verfassungsvertrag ist in vier Teile gegliedert: Teil I beinhaltet grundlegende Ziele, Zuständigkeiten, Entscheidungsverfahren und Organe der Europäischen Union. Teil II integriert die Charta der Grundrechte, welche vom Europäischen Rat in Nizza im Jahr 2001 verkündet wurden. In Teil III sind die einzelnen Politikbereiche und in Teil IV einige Schlussbestimmungen präzisiert. Eine bislang wenig erörterte Möglichkeit könnte nun darin bestehen, den Verfassungsvertrag in einen gekürzten Verfassungstext und einen operativen Ausführungsvertrag aufzuteilen. Damit könnten die Vorbehalte zu Teil III, die kritisierte „Sperrigkeit" und die verfassungsrechtliche Präjudizierung umstrittener Politikbereiche, aufgefangen werden. Geplant ist, in einer ersten Phase bis Ende des Jahres 2006 die unstrittigen Elemente des im Jahr 2004 in Rom unterzeichneten Vertrags zu verabschieden, nämlich die Grundrechte-Charta und die im Teil I geregelte Aufgabenverteilung zwischen der Europäischen Union und den Mitgliedstaaten. In einer zweiten, bis zum Jahr 2009 reichenden Phase soll ein Konvent nach dem Muster des gleichnamigen Gremiums von Regierungen und Parlament Antworten auf möglichst viele noch strittige Fragen finden und eine endgültige Verfassung erarbeiten. Dieser modifizierte Verfassungsteil müsste dann erneut zur Abstimmung gestellt und europaweit ratifiziert oder durch eine EU-weite Volksbefragung angenommen werden.

666. Auch nach der Ablehnung des Vertrags über eine Verfassung für Europa in Frankreich und in den Niederlanden wird die europäische Integration weitergehen, so dürften sich in den nächsten Jahren mehrere osteuropäische Länder an der Währungsunion beteiligen und der Beitritt von Rumänien und Bulgarien steht im Jahr 2007 an. Es gibt aus ökonomischer Perspektive kein Verfassungsvakuum, da auch im Rahmen des Nizza-Vertrags eine stabilitätsorientierte Geld- und Wirtschaftspolitik fortgesetzt wird, obgleich insbesondere die Entscheidungsprozeduren in der erweiterten Europäischen Union mit dem Vertrag von Nizza weiterhin sehr schwierig bleiben. Der europäische Verfassungsvertrag hätte gerade auf diesem Gebiet einen großen Fortschritt bedeutet (JG 2004 Ziffern 185 ff.; JG 2004 Kasten 6). Die von den EU-Regierungen auferlegte „Zeit der Reflexion" muss nun unmittelbar für eine konstruktive Weiterentwicklung des europäischen Verfassungsvertrags genutzt werden und darf nicht zu einer Auszeit im europäischen Integrationsprozess verkommen.

2. Keine Einigung über die Finanzielle Vorausschau 2007 bis 2013

667. Trotz intensiver Verhandlungen am 16. und 17. Juni dieses Jahres konnte der Rat der Europäischen Union keine politische Einigung über den Finanzrahmen, die so genannte „mehrjährige Finanzplanung" für die Jahre 2007 bis 2013, erreichen. Die Verabschiedung des mehrjährigen Finanzrahmens wird seit dem Jahr 1988 mit der Festlegung der Finanziellen Vorausschau praktiziert. Dieses institutionelle Vorgehen wurde als Reaktion auf die Haushaltskrisen in den siebziger und achtziger Jahren entwickelt. Der Finanzrahmen gibt die maximalen Ausgabenbeträge („Obergrenzen") für jede große Ausgabenkategorie („Rubriken") und für einen bestimmten Zeitraum vor. Der mehrjährige Finanzrahmen ist aber mehr als eine Finanzplanung, da die darin festgeschriebe-

nen Obergrenzen für alle Unterzeichner – Europäisches Parlament, Europäischer Rat und Europäische Kommission – verbindlich sind. Da dieses Prinzip zu einer wirksamen Haushaltsdisziplin geführt hat, ist es auch im Entwurf der Europäischen Verfassung festgeschrieben. Obwohl das tatsächliche Ausgabenvolumen und insbesondere die Aufteilung der Ausgabenmittel jedes Jahr im Haushaltsverfahren neu festgelegt werden, fixiert der mehrjährige Finanzrahmen die zentralen Prioritäten der Europäischen Union in den betreffenden Zeiträumen. Daraus erklären sich die hohe politische Bedeutung dieser Vorgaben und die mit ihrer Formulierung verbundenen Kontroversen zwischen den Mitgliedstaaten.

668. Nach längeren Beratungen und mehreren Kompromissvorschlägen seitens des luxemburgischen Ratsvorsitzenden wurde die Tagung des Europäischen Rats erfolglos beendet, weil die Mitgliedstaaten Vereinigtes Königreich, Niederlande, Schweden, Spanien und Finnland zu keinem Einlenken bereit waren. Auch ein Kompromissangebot der zehn neuen EU-Mitgliedstaaten, angeführt durch den polnischen Premierminister, konnte das Scheitern nicht mehr verhindern. Damit kam es in diesem Jahr nach der Verfassungskrise zu einem zweiten Rückschlag in Bezug auf die zukünftige Ausgestaltung der Europäischen Union. Dieses wurde insbesondere in der Politik als tiefe Krise empfunden, obgleich die früheren Erfahrungen mit der mehrjährigen Finanzplanung – beispielsweise der Agenda 2000 – lehren, dass Einigungen erst kurz vor dem Ende der geltenden Regelungen – damals waren es neun Monate – durchaus üblich sind.

669. Der Streit zwischen den EU-Nettozahlern und der Europäischen Kommission mündete in diesem Jahr bereits vor der Tagung der Staats- und Regierungschefs in eine kontroverse Diskussion über die Struktur des EU-Haushalts. Die Debatte entzündete sich an der finanziellen und langfristigen Zielausrichtung der Europäischen Union, und sie reflektiert unterschiedliche Vorstellungen über die Umsetzung der Lissabon-Strategie, mit der die Europäische Union bis zum Jahr 2010 zur „wettbewerbsfähigsten und dynamischsten wissensbasierten Volkswirtschaft der Welt" werden sollte. Ausgangspunkt war der Vorschlag der Europäischen Kommission, die für die Jahre von 2007 bis 2013 ein Ausgabenvolumen von insgesamt 1 025 Mrd Euro, das heißt 1,14 vH in Bezug auf das nominale Bruttonationaleinkommen, veranschlagt hatte. Die Ausweitung des europäischen Haushalts wurde von der Europäischen Kommission mit der EU-Osterweiterung und der stetigen Zunahme von supranationalen Kompetenzen begründet (JG 2004 Ziffern 179 ff.).

670. Aufgrund der Auswirkungen eines ausgeweiteten Budgets auf die nationalen Haushalte forderten demgegenüber sechs Nettozahler – Deutschland, die Niederlande, Frankreich, das Vereinigte Königreich, Schweden und Österreich – eine Obergrenze in dem kommenden mehrjährigen Finanzrahmen von 1 vH des nominalen Bruttonationaleinkommens, was einer Summe von 828 Mrd Euro für den gesamten Zeitraum von 2007 bis 2013 entspricht. Diese unterschiedlichen Budgetvorstellungen versuchte der luxemburgische Ratspräsident mittels eines Kompromissvorschlags zu überwinden. Die vorgeschlagene „Verhandlungsbox" begrenzte das Haushaltsvolumen auf 1,06 vH in Relation zum nominalen Bruttonationaleinkommen, was in etwa einem EU-Budget von 872 Mrd Euro entspräche (Tabelle 46). Das Vereinigte Königreich war sogar bereit, den „Briten-Rabatt", einer der zentralen Streitpunkte, einzufrieren, sofern die anderen Länder, vor allem Frankreich, mit einem Abschmelzen der hohen Agrarsubventionen, dem zweiten großen Konfliktfeld, einverstanden gewesen wären. Dieser Kompromissvorschlag wurde jedoch ebenfalls verworfen.

Tabelle 46

Finanzielle Vorausschau 2007-2013 für den Haushalt der Europäischen Union[1)]

Mrd Euro in Preisen von 2004

	2007	2008	2009	2010	2011	2012	2013	Summe 2007 bis 2013
1. Nachhaltiges Wachstum	50,97	52,07	53,30	54,54	55,35	56,90	58,47	381,60
Davon für:								
A. Wettbewerbsfähigkeit für Wachstum und Beschäftigung	8,23	8,84	9,49	10,18	10,93	11,74	12,60	72,01
B. Kohäsion für Wachstum und Beschäftigung[2)]	42,74	43,23	43,81	44,36	44,42	45,16	45,87	309,59
2. Nachhaltige Bewirtschaftung und Schutz der natürlichen Ressourcen	54,50	54,48	54,42	53,92	53,63	53,48	53,37	377,80
Darunter: Landwirtschaft - marktbezogene Ausgaben und Direktzahlungen	43,12	42,80	42,43	42,11	41,75	41,55	41,35	295,11
3. Unionsbürgerschaft, Freiheit, Sicherheit und Recht	1,15	1,26	1,39	1,53	1,70	1,88	2,09	11,00
4. EU als globaler Partner[3)]	6,28	6,55	6,83	7,12	7,42	7,74	8,07	50,01
5. Verwaltung[4)]	6,72	6,90	7,05	7,18	7,32	7,45	7,68	50,30
6. Ausgleichszahlungen	0,42	0,19	0,19	.	.	.	.	0,80
Insgesamt für Verpflichtungen	**120,04**	**121,46**	**123,18**	**124,29**	**125,42**	**127,46**	**129,68**	**871,51**
Nachrichtlich:								
Verpflichtungen in vH des Bruttonationaleinkommens	*1,10*	*1,08*	*1,07*	*1,05*	*1,04*	*1,04*	*1,03*	*1,06*

1) Stand: 17. Juni 2005. - 2) Einschließlich Ausgaben für den Solidaritätsfonds (1 Mrd Euro in 2004) ab 2006. Zugehörige Zahlungen werden jedoch erst ab 2007 berechnet. - 3) In-Kraft-Treten der Eingliederung des Europäischen Entwicklungsfonds in den EU-Haushalt wird für 2008 angenommen. Verpflichtungen für 2007 werden nur zu Vergleichszwecken aufgenommen. Zahlungen auf Mittelbindungen vor 2008 werden unter den Zahlungen nicht berücksichtigt. - 4) Beinhaltet Verwaltungsausgaben für Organe ausgenommen die Ausgaben für die Kommission, Pensionen und für Europäische Schulen. Diese Verwaltungsausgaben sind in den ersten vier Ausgabenkategorien erfasst.

Quelle: EU

671. Der im Jahr 1984 eingeführte „Briten-Rabatt" ist ein Korrekturmechanismus, mit dem der Nettobeitrag des Vereinigten Königreichs zum EU-Haushalt um zwei Drittel reduziert wurde und der durch alle übrigen 24 Mitgliedsländer finanziert wird. Unter Beibehaltung dieses Korrekturmechanismus betrüge der jährliche Nettobeitrag des Vereinigten Königreichs im Durchschnitt der kommenden Finanzplanungsperiode 0,25 vH in Relation zum nominalen Bruttonationaleinkommen; ohne jegliche Korrektur läge er bei 0,62 vH. Durch diese Sonderregelung zahlen die Nettozahlerländer, wie zum Beispiel Deutschland, in etwa 400 Millionen Euro mehr, und selbst die Nettoempfängerländer in der Europäischen Union verschlechtern dadurch ihre Zahlungsposition im Durchschnitt um knapp 0,1 Prozentpunkte (JG 2004 Ziffer 181). Die Begründung des „Briten-Rabatts" mit dem relativ niedrigen britischen Wohlstandsniveau in Verbindung mit geringen Mittelzuflüssen aus der gemeinsamen Agrarpolitik im Jahr 1984 ist inzwischen in einem erweiterten Europa, in dem das Vereinigte Königreich im Jahr 2003 ein Einkommen je Einwohner in Kaufkraftstandards von 111,2 vH in Bezug zum jeweiligen EU-Durchschnitt aufweist, nicht mehr zu rechtfertigen. Zu unterstützen ist aber die Forderung der britischen Regierung nach einer starken Eindämmung der EU-Agrarausgaben. In der Finanziellen Vorausschau für den Gesamthaushalt im

Jahr 2006 belaufen sich diese immer noch auf 42,6 vH aller Ausgaben. Bereits in der Vergangenheit wurde vom Sachverständigenrat darauf hingewiesen, dass die Reform der europäischen Agrarordnung noch erhebliche Mängel aufweise und insbesondere das hohe Subventionsniveau für die kommenden Jahre bedenklich sei (JG 2003 Ziffern 181 ff.).

672. Im Auftrag der Europäischen Kommission wurde im Jahr 2002 eine Expertengruppe unter der Leitung von André Sapir eingesetzt, um die Ausgestaltung eines **zukunftsfähigen EU-Haushalts** in einer erweiterten Europäischen Union auszuarbeiten. Der im Jahr 2003 vorgelegte Bericht dieser Gruppe enthält auch eine Reihe von relevanten Ausführungen zur Neuorganisation des EU-Haushalts und der anstehenden Finanzplanung für die Jahre 2007 bis 2013. Das Ziel, die Europäische Union zum wettbewerbsfähigsten und dynamischsten wissensbasierten Raum zu entwickeln, war dabei das Leitmotiv der Expertengruppe. Der Bericht kommt insbesondere zu dem Ergebnis, dass die **Heterogenität** der Europäischen Union weiter zunehmen wird, was bei der Allokation von Ressourcen Berücksichtigung finden sollte. Ausgehend von diesem Befund, entwickelte der Sapir-Bericht eine grobe Leitlinie für die Finanzielle Vorausschau der Jahre 2007 bis 2013. Es wird dabei eine radikale Reorganisation des Haushalts gefordert, der mit nur noch drei Fonds – Wachstumsfonds, Konvergenzfonds und Restrukturierungsfonds – arbeitet. Die Struktur des Haushalts würde dabei wie folgt aussehen:

– Der Wachstumsfonds würde Forschung und Entwicklung, Innovation, Bildung, Ausbildung und Infrastruktur abdecken. Die Ausgaben für die Stärkung der Wachstumskräfte sind auf 0,45 vH in Bezug auf das nominale Bruttonationaleinkommen festgesetzt. Dies beinhaltet einen signifikanten Anstieg der Ausgaben für Forschung und Entwicklung, Bildung und Infrastrukturprojekte auf europäischer Ebene wie in den einzelnen Mitgliedstaaten.

– Der Konvergenzfonds würde Ländern mit niedrigerem Einkommen bei der Entwicklung von Einrichtungen und Investitionen in Bildung und Ausstattung helfen. Zur Stärkung der Konvergenz und Kohäsion werden Mittel in Höhe von 0,35 vH in Relation zum nominalen Bruttonationaleinkommen veranschlagt. Hierbei geht es darum, die zu beobachtenden Wachstums- und Inflationsunterschiede sowie die Heterogenität bei anderen makroökonomischen Variablen zu reduzieren.

– Der Restrukturierungsfonds würde für die Mobilität von Arbeitnehmern und zur Umstrukturierung des Agrarsektors eingesetzt. Hierfür sollen Mittel in Höhe von 0,20 vH des nominalen Bruttonationaleinkommens aufgewendet werden. Dazu zählen auch die Agrarsubventionen, für die lediglich ein Zwanzigstel des Haushaltsvolumens übrig bliebe.

Trotz dieser radikalen Umstrukturierung des Gemeinschaftsbudgets bleibt in diesem Ansatz der Finanzrahmen – wie von den sechs Nettozahlern gefordert – auf 1 vH in Relation zum nominalen Bruttonationaleinkommen beschränkt.

673. Klar ist, dass sowohl der im Jahr 1984 zugunsten des Vereinigten Königreichs vereinbarte Korrekturmechanismus als auch die derzeitige Höhe der Agrarausgaben nicht mehr zeitgemäß sind. Eine Debatte über diese beiden Problembereiche würde prinzipiell Spielräume für eine Neuausrichtung der kommenden Finanzplanungsperiode eröffnen, welche vor allem den Nettozahlern zugute kommen könnte. Die Zielsetzungen der „Lissabon-Strategie" dürften ohnehin eine Neuausrichtung des gesamten EU-Haushalts bedingen, wobei noch zu klären wäre, inwiefern die Europäische Union neue Aufgaben insbesondere im Bereich von Forschung und Entwicklung wahrnehmen sollte (JG 2004 Ziffer 184).

3. Ökonomische Aspekte eines möglichen EU-Beitritts der Türkei

674. Der Europäische Rat nahm am 3. Oktober 2005 die Verhandlungen über den Beitritt der Türkei zur Europäischen Union auf. Dauer und Ausgang sind zum gegenwärtigen Zeitpunkt ungewiss, nicht zuletzt aufgrund der komplexen geostrategischen, gesellschaftspolitischen und ökonomischen Besonderheiten dieses spezifischen Beitrittsverfahrens. Die folgenden Überlegungen betreffen ausschließlich die ökonomischen Aspekte. Aufgrund der sehr langen Übergangsfristen im Beitrittsverfahren der Türkei zur Europäischen Union ist auch eine valide ökonomische Analyse der damit für die bisherigen Mitgliedsländer verbundenen Auswirkungen derzeit nur bedingt möglich. Entscheidend ist dafür die zukünftige wirtschaftliche Entwicklung der Türkei in den nächsten 20 Jahren. Sie bestimmt maßgeblich, wie hoch das Migrationspotential ausfallen wird und welche finanziellen Belastungen auf die Europäische Union zukommen werden.

675. In den folgenden Jahren müssen Schritt für Schritt die 35 Verhandlungskapitel über den Gemeinsamen Besitzstand (Acquis Communautaire) zwischen der Europäischen Union und der Türkei ausgehandelt und verabschiedet werden (JG 2002 Ziffer 110). Dieser Prozess wird durch regelmäßige Fortschrittsberichte der Europäischen Kommission begleitet, welche die schrittweise Implementierung des Acquis Communautaire überwacht. Es wird erwartet, dass neuralgische Punkte wie die Arbeitnehmerfreizügigkeit – ähnlich wie bei der EU-Osterweiterung im Jahr 2004 – mit langen Übergangsfristen versehen werden. Da zudem die Zustimmung aller 25 EU-Mitgliedstaaten in allen Punkten notwendig ist, könnte der Verhandlungsprozess vergleichsweise lange dauern.

676. Die **ökonomische Entwicklung** der Türkei verläuft in jüngster Zeit sehr dynamisch. Noch vor wenigen Jahren hatte die türkische Volkswirtschaft unter einer beträchtlichen Instabilität gelitten, was sich in Haushaltskrisen, konjunkturellen Einbrüchen oder wie im Jahr 2001 in einer Bankenkrise äußerte. Seit dem Jahr 2002 hat sich die türkische Wirtschaft allerdings deutlich stabilisiert (Tabelle 47, Seite 450). Das relative Einkommen je Einwohner (im Vergleich zur EU-15) nimmt seit dem Jahr 2001 wieder zu, fand bisher aber noch nicht wieder auf das Niveau von fast 30 vH aus dem Jahr 1997 zurück.

Auch das **monetäre Umfeld** hat sich in der letzten Zeit wesentlich verbessert, was vor allem an der deutlich rückläufigen Inflationsrate abzulesen ist. Ohne Zweifel sind selbst die aktuellen Inflationsraten im Vergleich zur Zielmarke der Europäischen Währungsunion viel zu hoch, allerdings dürfte in einem Transformationsland wie der Türkei die Preisentwicklung auch stark vom Balassa-Samuelson-Effekt beeinflusst sein.

677. Problemfelder in der Türkei sind zum einen die **öffentlichen Finanzen**, zum anderen die regionalen Disparitäten. Der außerordentlich hohe Anstieg des Haushaltsdefizits und des Verschuldungsgrads im Jahr 2001 erklären sich mit der bereits erwähnten Bankenkrise. Der Staat übernahm aufgrund der engen Verflechtung mit dem Bankensektor insolvente Banken. Die öffentliche Neuverschuldung und der Schuldenstand zeigten aber nach dem Jahr 2001 eine fallende Tendenz. Der Finanzierungssaldo im Jahr 2004 wies den Wert von -3,9 vH in Relation zum nominalen Bruttoinlandsprodukt auf. Wenn sich die durchschnittlichen Zuwachsraten des realen Bruttoinlandsprodukts mit 5 vH entwickeln, dann dürfte sowohl der Schuldenstand als auch die Neuverschuldung langfristig tragbar sein (CEPS, 2005).

Tabelle 47

Wirtschaftsdaten für die Türkei
vH[1]

	1997	1998	1999	2000	2001	2002	2003	2004
Bruttoinlandsprodukt, real	7,5	3,1	-4,7	7,4	-7,5	7,9	5,8	7,7
Bruttoinlandsprodukt je Einwohner[2] (EU-15 = 100)	29,4	29,2	26,8	27,5	23,3	24,0	25,1	26,5
Verbraucherpreise	90,9	85,7	66,7	53,8	54,0	45,5	25,0	10,7
Finanzierungssaldo des Staates[3]	-13,4	-11,9	-21,8	-11,0	-29,8	-12,3	-9,7	-3,9
Schuldenstand des Staates[3]	55,6	52,3	69,2	58,0	105,2	94,3	87,2	80,1
Arbeitslosenquote[4]	6,9	6,9	7,7	6,5	8,3	10,3	10,5	10,3

1) Soweit nicht anders definiert: Veränderung gegenüber dem Vorjahr. - 2) Zu jeweiligen Marktpreisen. - 3) In Relation zum nominalen Bruttoinlandsprodukt in vH. - 4) Standardisierte Arbeitslosenquote gemäß Richtlinien der Internationalen Arbeitsorganisation (ILO-Konzept). Arbeitslose in vH der zivilen Erwerbspersonen.

Quellen: EU, OECD

678. Das **Einkommen je Einwohner** der Türkei ist in Kaufkraftstandards geringer als dasjenige der neuen Mitgliedsländer und entspricht in etwa 30 vH des Durchschnitts der EU-15 Länder. Es hat eine ähnliche Größenordnung wie in Bulgarien und Rumänien, mit deren Beitritt im Jahr 2007 zu rechnen ist. Die Marmara- und die Ägäis-Region sind die zwei reichsten Regionen der Türkei. Erstere, in der sich auch Istanbul befindet, hat ein um 50 vH höheres durchschnittliches Einkommen je Einwohner als die Türkei insgesamt. Ost- und Südost-Anatolien hingegen sind die mit Abstand ärmsten Regionen. Das durchschnittliche Einkommen je Einwohner beträgt dort 28 vH beziehungsweise 54 vH des türkischen Durchschnitts.

Für die Zeit bis zum Jahr 2020 gibt es eine Reihe von Faktoren, die eine deutliche Verminderung des Abstands zum EU-Durchschnitt erwarten lassen. Der Zufluss von ausländischen Direktinvestitionen war bisher vergleichsweise gering, er könnte allein durch die Aussicht einer EU-Mitgliedschaft deutlich zunehmen. Die Erwerbsbeteiligung, vor allem der Frauen, liegt weit unter dem Niveau der heutigen und anderer voraussichtlicher EU-Mitgliedsländer. Der Anteil der Beschäftigten in der Landwirtschaft mit einer extrem geringen Produktivität ist immer noch hoch, so dass durch den absehbaren Wechsel in die Industrie- und Dienstleistungssektoren große Produktivitätsfortschritte erzielt werden dürften. Eine Studie beschreibt ein Szenario, bei dem sich das Einkommensniveau bis zum Jahr 2025 von derzeit 30 vH des EU-15-Durchschnitts auf etwa 60 vH vermindern könnte (Dervis et al., 2004). Dann wäre die Divergenz nicht größer als die Einkommensunterschiede zwischen den „alten" EU-Mitgliedsländern und den osteuropäischen Mitgliedstaaten bei der Erweiterung im Jahr 2004.

679. Ähnlichkeiten zwischen der Türkei und den zehn neuen mittel- und osteuropäischen Mitgliedsländern bestehen zudem hinsichtlich der Bevölkerungsgröße und des Anteils des Agrarsektors an der gesamten Bruttowertschöpfung. Zwar liegt der Offenheitsgrad der Türkei unter demjenigen der mittel- und osteuropäischen Staaten, aber ein Wert von 60 vH ist verglichen mit den Werten in Spanien, Portugal und Griechenland in den achtziger Jahren beachtlich. Dies ist nicht zuletzt darauf zurückzuführen, dass die Türkei durch die Zollunion mit der EU schon jetzt in den Binnenmarkt für Güter integriert ist. Bei den anderen Indikatoren – Anteil der Beschäftigten im Agrarsektor, Bruttoinlandsprodukt je Einwohner und Arbeitsproduktivität – schneidet die Türkei zum jetzigen Zeitpunkt schlechter ab als die osteuropäischen Länder bei ihrem Beitritt in die Europäische Union am 1. Mai 2004. Dies sagt allerdings wenig aus über die ökonomische Situation in der Türkei zum Zeitpunkt eines möglichen Beitritts in etwa 10 bis 15 Jahren.

680. Bei der Einschätzung der möglichen **Transferzahlungen an die Türkei** ergibt sich die Schwierigkeit, dass das heutige Regelwerk in 10 bis 15 Jahren nicht mehr in dieser oder ähnlicher Form gültig sein dürfte. Für die Höhe der zukünftigen jährlichen Transferzahlungen, die im Falle eines Beitritts an die Türkei zu leisten wären, wurden die folgenden Überschlagsrechnungen vorgelegt:

– Bei den europäischen Agrarausgaben kommen Studien unter der Annahme heute geltender Regeln und Strukturen auf Beträge zwischen 7,8 bis 9,6 Mrd Euro (etwa Hoekman und Togan, 2005).

– Die Transferzahlungen aus den Strukturfonds und Kohäsionsfonds sind auf 4 vH in Relation zum Bruttoinlandsprodukt begrenzt. Beim gegenwärtigen Bruttoinlandsprodukt der Türkei entspräche dies heute einem Transfer von 9,6 Mrd Euro. Wie hoch diese Zahlungen zum Zeitpunkt eines möglichen Beitritts sein werden, ist kaum abzuschätzen, da einerseits das Bruttoinlandsprodukt deutlich höher sein wird, andererseits aber bei einem gestiegenen Einkommensniveau in der Türkei die Ansprüche auf Transfers zurückgehen dürften.

– Auf heutiger Basis würden die Zahlungen der Türkei an den EU-Haushalt rund 2 Mrd Euro betragen. Mithin ergäbe sich ein hypothetischer Nettotransfer der Europäischen Union an die Türkei in Höhe von 15 bis 17 Mrd Euro. Diesen Beträgen wären zudem die wegfallenden jährlichen Vorbeitrittszahlungen von durchschnittlich 1 Mrd Euro in den nächsten Jahren gegenzurechnen, so dass sich ein Nettobetrag von 14 bis 16 Mrd Euro pro Jahr ergäbe.

681. Bei der Diskussion über einen Beitritt der Türkei in die Europäische Union spielt das damit einhergehende **Migrationspotential** eine zentrale Rolle. Hierbei ist jedoch zu berücksichtigen, dass es bei einer Mitgliedschaft im Jahr 2015 und den üblichen Übergangsfristen für die Freizügigkeit der Arbeitnehmer erst im Jahr 2022 oder sogar vielleicht noch etwas später zu einer uneingeschränkten Mobilität der Arbeitskräfte innerhalb der Europäischen Union käme; so ließ beispielsweise Luxemburg die Freizügigkeit für Arbeitnehmer aus Portugal erst elf Jahre nach dem

Beitritt dieses Landes zu. Wie hoch nach einem Beitritt der Türkei in die Europäische Union die Wanderungsbewegungen werden, wird entscheidend vom Wachstum der türkischen Wirtschaft im nächsten Jahrzehnt sowie von der Bevölkerungsentwicklung abhängen. Im hypothetischen Falle einer sofortigen Mitgliedschaft wäre die Türkei mit rund 70 Millionen Einwohnern (im Jahr 2003) bereits heute nach Deutschland das bevölkerungsreichste Land. In den kommenden Jahrzehnten ist in der Türkei mit einem sehr großen Bevölkerungszuwachs, insbesondere im Vergleich zum Durchschnittswert in der Europäischen Union, zu rechnen. Nach Berechnungen der Weltbank soll die Einwohnerzahl bis zum Jahr 2030 auf 92,6 Millionen und bis zum Jahr 2045 auf 100,3 Millionen Menschen steigen. Die Türkei wäre dann das bevölkerungsreichste Mitgliedsland mit entsprechend hohem Stimmenanteil in den europäischen Gremien.

In verschiedenen Studien wird versucht, das Migrationspotential zu bestimmen, welches sich aus einem Beitritt der Türkei in die Europäische Union ergeben würde. Für den Zeitraum von 2004 bis 2030 errechnen Erzan et al. (2004) unter der Annahme der Arbeitnehmerfreizügigkeit ab dem Jahr 2015 eine Nettomigration in die Europäische Union zwischen 1,0 und 2,1 Millionen Menschen.

682. Nicht zuletzt zeigen die Erfahrungen der vergangenen Erweiterungsrunden von Griechenland, Spanien und Portugal, die in ihrem damaligen Beitrittsprozess große Wachstumsfortschritte erzielen konnten, dass hierdurch der Migrationsdruck erheblich reduziert wurde. Wenn die anstehenden Verhandlungen der Türkei mit der Europäischen Union zu einer stärkeren Verankerung des Liberalisierungsprozesses beitragen, so erhöht sich damit auch die Wahrscheinlichkeit, dass sich der schnelle Aufholprozess der letzten Jahre fortsetzt und sich die Einkommensdifferentiale deutlich reduzieren.

Literatur

Barr, D., F. Breedon und D. Miles (2003) *Life on the Outside: Economic Conditions and Prospects Outside Euroland*, Economic Policy, 37, 573 - 613.

Berger, H. und V. Nitsch (2005) *Zooming Out: The Trade Effects of the Euro in Historical Perspective*, CESifo Working Paper, 1435.

Boeri, T. und H. Brücker (2000) *The Impact of Eastern Enlargement on Employment and Labour Markets in the EU Member States*, Berlin und Mailand, http://europa.eu.int/comm/dgs.employment_socia/key_en.htm.

Brachinger, H. W. (2005) *Der Euro als Teuro? Die wahrgenommene Inflation in Deutschland*, Wirtschaft und Statistik, 9/2005.

Bun, M. J. G. und F. J. G. M. Klaassen (2004) *The Euro Effect on Trade is not as Large as Commonly Thought*, UVA Econometrics Discussion Paper, 2004/03, University of Amsterdam.

CEPS (2005) *Economic Aspects of Turkey's Quest for EU membership*, Centre for European Policy Studies, Policy Brief, 69, April.

De Nardis, S. und C. Vicarelli (2003) *Currency Unions and Trade: The Special Case of EMU*, Weltwirtschaftliches Archiv, 139 (4), 625 - 649.

De Sousa, J. und J. Lochard (2004) *The Currency Union Effect on Trade and the FDI Channel*, mimeo.

Dervis, K., D. Groß, F. Öztrak, F. Bayar und Y. Isik (2004) *Relative Income Growth and Convergence.* Centre for European Policy Studies, EU-Turkey Working Papers, 8, September.

DIW (2005) *Auswirkungen von länderspezifischen Differenzen in der Lohn-, Preisniveau- und Produktivitätsentwicklung auf Wachstum und Beschäftigung in den Ländern des Euroraums,* Politikberatung kompakt 8, April.

Erzan, R. und U. Kuzubas und N. Yildiz (2004) *Growth and Immigration Scenarios for Turkey and the EU*, Centre for European Policy Studies, EU-Turkey Working Papers, 13, December.

Europäische Zentralbank (2005a) Sind die Wachstumsunterschiede im Euroraum konjunktur- oder trendbedingt?, Monatsbericht Oktober, 46 - 48.

Europäische Zentralbank (2005b) Geldpolitik und Inflationsdivergenz in einem heterogenen Währungsraum, Monatsbericht Mai, 65 - 82.

Faruqee, H. (2004) *Measuring the Trade Effects of EMU*, IMF Working Paper, 04/154.

Hoekman, B. M. und S. Togan (2005) *Turkey: Economic Reform & Accession to the European Union,* CEPR, London.

Hughes Hallett, A. und J. Lewis (2005) *European Fiscal Discipline before and after EMU Permanent Weight Loss or Crash Diet?*, Working Paper, 05-W16, Vanderbilt University.

Internationaler Währungsfonds (2005) *Euro Area Policies: Selected Issues*, IMF Country Report, 05/266, August.

Micco, A., E. Stein und G. Ordoñez (2003) *The Currency Union Effect on Trade: Early Evidence from EMU*, Economic Policy, 37, 315 - 356.

Siebtes Kapitel

Kapitalmarkt und Finanzintermediäre: Unternehmensfinanzierung im Wandel

I. Marktbasierte Finanzierung gewinnt an Bedeutung
II. Die Rolle von Private Equity-Gesellschaften und Hedge-Fonds
III. Veränderte Rahmenbedingungen der Unternehmensfinanzierung: Anpassungsbedarf insbesondere im „kleinen" Mittelstand
IV. Fazit

Das Wichtigste in Kürze

- Das deutsche Finanzsystem befindet sich in einem grundlegenden Wandel hin zu einer stärkeren Marktorientierung; kapitalmarktbasierte Finanzierungsinstrumente und institutionelle Investoren gewinnen zunehmend an Bedeutung. Damit steigen die Anforderungen an die Unternehmen, insbesondere hinsichtlich ihrer Leitungsorgane, Kontrolle sowie der Transparenz. Grundsätzlich bietet diese Entwicklung die Chance zu einer Effizienzsteigerung des Finanzsystems.

- Die mit diesem Wandel einhergehenden Herausforderungen werden mitunter als beängstigend empfunden. So haben gerade in diesem Jahr die zunehmenden Aktivitäten von Hedge-Fonds und anderer Finanzinvestoren Anlass zur Debatte gegeben. Hierbei wurden allerdings die Risiken, die mit der Tätigkeit dieser Finanzinvestoren verbunden sind, häufig vermischt; zu unterscheiden sind Risiken für Anleger, Risiken für Unternehmen, in die Hedge-Fonds und Private Equity-Gesellschaften investieren, und schließlich Risiken für die Stabilität des internationalen Finanzsystems. Im Hinblick auf einen stärkeren Anlegerschutz oder einen Schutz der Unternehmen liegt jedoch kein wesentlicher Handlungsbedarf vor. Zusätzlicher Regulierungsbedarf besteht allenfalls auf der internationalen Ebene, um eine mögliche Gefährdung der Finanzstabilität zu mindern. Eine höhere Transparenz über die Positionen von Hedge-Fonds könnte die Risikoeinschätzung der Gegenparteien verbessern. Entsprechende Maßnahmen setzen jedoch ein international koordiniertes Vorgehen voraus. Nationale Alleingänge wären hingegen wirkungslos bis kontraproduktiv.

- Das sich wandelnde Finanzierungsumfeld wird vor allem von mittelständischen Unternehmen als Bedrohung empfunden, da die geänderte Geschäftspolitik der Banken den traditionellen Zugang zu Finanzierungsmitteln in Form von Bankkrediten tendenziell verschlechtert hat. In diesem Umfeld wird die Eigenkapitalschwäche zunehmend zur Achillesferse vieler mittelständischer Unternehmen. Neben der Verbesserung der allgemeinen Rahmenbedingungen zur Erhöhung des Wachstums und damit der Gewinnthesaurierungsmöglichkeiten sollte eine gezielte, marktkonforme Förderung vor allem auf eine Verbesserung der Zugangsmöglichkeiten kleiner mittelständischer Unternehmen zu Beteiligungskapital fokussiert sein. Sorgen, dass sich die Finanzierungsprobleme mittelständischer Unternehmen im Zuge der fortschreitenden Bankenkonsolidierung zusätzlich verschärfen werden, scheinen vor dem Hintergrund internationaler Erfahrungen und erster empirischer Ergebnisse für Deutschland weitgehend unbegründet.

- Insgesamt gilt es die Liberalisierung und die Modernisierung der Finanzmärkte fortzusetzen sowie den Kapitalmarkt in allen Bereichen international wettbewerbsfähig zu machen. Mit den Gesetzesinitiativen der Bundesregierung sowie der Umsetzung wichtiger EU-Richtlinien wurden in den letzten Jahren Schritte in die richtige Richtung gegangen.

683. Das **Finanzierungsumfeld europäischer und deutscher Unternehmen** hat sich in den vergangenen Jahren stark verändert. Fortschritte in der Informations- und Kommunikationstechnologie sowie die fortwährende Liberalisierung der Kapital- und Finanzmärkte haben zu einer zunehmenden Integration der weltweiten Finanzmärkte geführt. In diesem Zusammenhang spielten für

die europäischen Kapitalmärkte neben der Durchsetzung von Regelungen zur Weiterentwicklung des Binnenmarkts für Finanzdienstleistungen, Verbesserungen der rechtlichen Rahmenbedingungen sowie einer Vereinheitlichung im Bereich der Finanzaufsicht (JG 2004 Ziffer 360) insbesondere die Einführung des Euro eine wichtige Rolle. Hierdurch sind nicht nur größere und liquidere Märkte entstanden, auch die Wettbewerbsintensität hat sich – nicht zuletzt im Bankensektor – deutlich erhöht. Hierin liegt die Ursache für den zweiten maßgeblichen Faktor der Veränderung des Finanzierungsumfelds in Deutschland, der seit Jahren nahezu stagnierenden Kreditvergabe. Angesichts ihrer im internationalen Vergleich niedrigen Eigenkapitalrentabilität müssen deutsche Banken ihre Ertragskraft deutlich steigern, um im verschärften Wettbewerbsumfeld bestehen zu können (JG 2004 Ziffern 351 ff.). Aufgrund beschränkter Möglichkeiten zur Geschäftsausweitung bleibt diesen zur Verbesserung der Ertragslage neben Kostensenkungen – hierbei spielen sowohl Restrukturierungen als auch eine zunehmende Konsolidierung durch Fusionen und Übernahmen eine wichtige Rolle – der Übergang zu einer verstärkten Risiko-Orientierung bei der Kreditvergabe. Hieraus resultiert insbesondere für Kreditnehmer mit schlechter Bonität eine Verteuerung der Bankkreditfinanzierung.

Vor dem Hintergrund dieser Entwicklungen zeichnet sich ein grundlegender Wandel in der deutschen Unternehmensfinanzierung hin zu einer gestiegenen Bedeutung der Kapitalmärkte ab. Einerseits eröffnen sich den Unternehmen aufgrund der größeren Vielfalt an Finanzierungsoptionen hierdurch neue Möglichkeiten. Andererseits zeigen jedoch die gerade in diesem Jahr – unter dem Namen „Heuschrecken-Debatte" – prominent geführte Diskussion um die Auswirkungen der Tätigkeit von Private Equity-Gesellschaften und Hedge-Fonds sowie die anhaltenden Klagen insbesondere der mittelständischen Unternehmen, dass die mit dem dargestellten Wandel einhergehenden Herausforderungen mitunter als Bedrohung empfunden werden. So wird die Befürchtung geäußert, dass mit dem verstärkten Auftreten von Finanzinvestoren zunehmend Marktteilnehmer, die auf kurzfristige Spekulation setzen, an Bedeutung gewinnen. Zum anderen werden die in der Regel mittelfristig orientierten Private Equity-Gesellschaften als Gefahr betrachtet, insbesondere wenn diese verstärkten Druck auf das Management ausüben und versuchen, entscheidenden Einfluss auf die Geschäftspolitik des Unternehmens zu nehmen. Darüber hinaus wurde vor allem von mittelständischen Unternehmen in den letzten Jahren anhaltend beklagt, dass sich vor dem Hintergrund der geänderten Geschäftspolitik der Banken und dem Bedeutungsverlust der Hausbankbeziehung der Zugang zu Finanzierungsmitteln deutlich verschlechtert habe.

684. Insgesamt wirft der Wandel des Finanzierungssystems eine Reihe von Fragen auf. Zunächst ist zu prüfen, wie die damit einhergehende Entwicklung weg von einem bankbasierten Finanzierungssystem hin zu einem stärker marktbasierten Finanzierungssystem zu beurteilen ist. Wenngleich sich allerdings aus dem idealtypischen Vergleich der beiden Finanzierungssysteme keine Überlegenheit eines der beiden Systeme herleiten lässt und diese Entwicklung somit in einem ersten Schritt keinen Anlass zur Besorgnis geben sollte, ist dennoch zu fragen, ob nicht gleichwohl – insbesondere mit Blick auf die zunehmenden Aktivitäten von Hedge-Fonds und anderer Finanzinvestoren – speziellerer Regulierungsbedarf besteht. Darüber hinaus sind gerade hinsichtlich der mittelständischen Unternehmen die Konsequenzen dieser Entwicklung für die deutsche Unternehmensfinanzierung zu beleuchten. Diese werden für Mittelständler maßgeblich davon abhängen, welche Rolle zukünftig der Bankkreditfinanzierung zukommen wird. Neben den zu erwartenden

Folgen der fortschreitenden Bankenkonsolidierung wird hierbei entscheidend sein, inwiefern es den Unternehmen gelingt, ihre im internationalen Vergleich nach wie vor schwache Eigenkapitalbasis zu stärken.

I. Marktbasierte Finanzierung gewinnt an Bedeutung

685. Die zunehmende Integration der Finanzmärkte hat neben einem Anstieg der Wettbewerbsintensität gleichzeitig zu einer Angleichung der internationalen Finanzsysteme und entsprechenden Änderungen bei der Unternehmensfinanzierung geführt. Auch in Deutschland, das sich traditionell durch ein **bankbasiertes Finanzierungssystem** auszeichnet, haben in den letzten Jahren kapitalmarktorientierte Finanzierungsinstrumente und Formen der Unternehmenskontrolle an Bedeutung gewonnen. Im Gegensatz zu marktbasierten Finanzierungssystemen, in denen Märkte sowohl in der Unternehmensfinanzierung als auch in der Kontrolle der Unternehmen eine zentrale Rolle spielen, erfolgt im bankbasierten Finanzierungssystem die Finanzierung von Unternehmensinvestitionen vor allem über Bankkredite. Eine große Bedeutung wird den Schutzrechten der Gläubiger beigemessen; Anlegerschutz und Vorschriften zur Transparenz sind – anders als in marktbasierten Finanzierungssystemen – dagegen traditionell schwach ausgeprägt. Anteilsbesitz und Stimmrechte sind häufig stark konzentriert, so dass entsprechend die Unternehmenskontrolle durch gut informierte Großaktionäre oder Hausbanken erfolgt. Die stärkere Marktorientierung des Finanzsystems in Deutschland zeigt sich inzwischen sowohl in der zunehmenden Nutzung kapitalmarktbasierter Finanzierungsinstrumente und dem Wachstum des Markts für Beteiligungskapital als auch in der steigenden Bedeutung institutioneller Investoren und den damit verbundenen erhöhten Anforderungen an die gute Kontrolle, Führung und Transparenz eines Unternehmens (Corporate Governance).

686. In Deutschland stellt der **Bankkredit** traditionell die bedeutendste externe Finanzierungsquelle der inländischen Unternehmen dar. Im Jahr 2004 machten Bankkredite rund 40 vH der gesamten Außenfinanzierung der deutschen nichtfinanziellen Kapitalgesellschaften aus. Insbesondere ab der zweiten Hälfte der neunziger Jahre haben aber auch deutsche Unternehmen verstärkt auf die Aktienfinanzierung, Unternehmensanleihen oder die Privatplatzierung von Schuldscheindarlehen und ähnlichen Instrumenten zurückgegriffen. Dies zeigt sich unter anderem an den gestiegenen **Aktienemissionen** sowie **Emissionen von Unternehmensanleihen** (Schaubild 76, Seite 458). So gingen zwar die Aktienemissionen, zu denen sowohl die Transaktionen, bei denen Aktien von Kapitalgesellschaften erstmals an der Börse notiert werden (Erstemissionen), als auch Erhöhungen des Eigenkapitals (Zweitemissionen) gehören, im Zuge der starken Kurseinbrüche an den Aktienmärkten in den Jahren 2000 bis 2002 stark zurück. Sie liegen aber mittlerweile wieder deutlich über dem Niveau, das Mitte der neunziger Jahre erreicht wurde. Das jährliche Emissionsvolumen von Unternehmensanleihen stieg seit Ende des Jahres 1997 um mehr als das Dreißigfache auf mehr als 30 Mrd Euro an.

Neben den klassischen kapitalmarktbasierten Finanzierungsinstrumenten werden zunehmend neue Möglichkeiten der Kapitalmarktfinanzierung wie Asset Backed Securities und hybride Finanzierungsformen, die eine Zwischenstellung zwischen Fremd- und Eigenkapital einnehmen, genutzt (Kasten 16, Seiten 479 ff.).

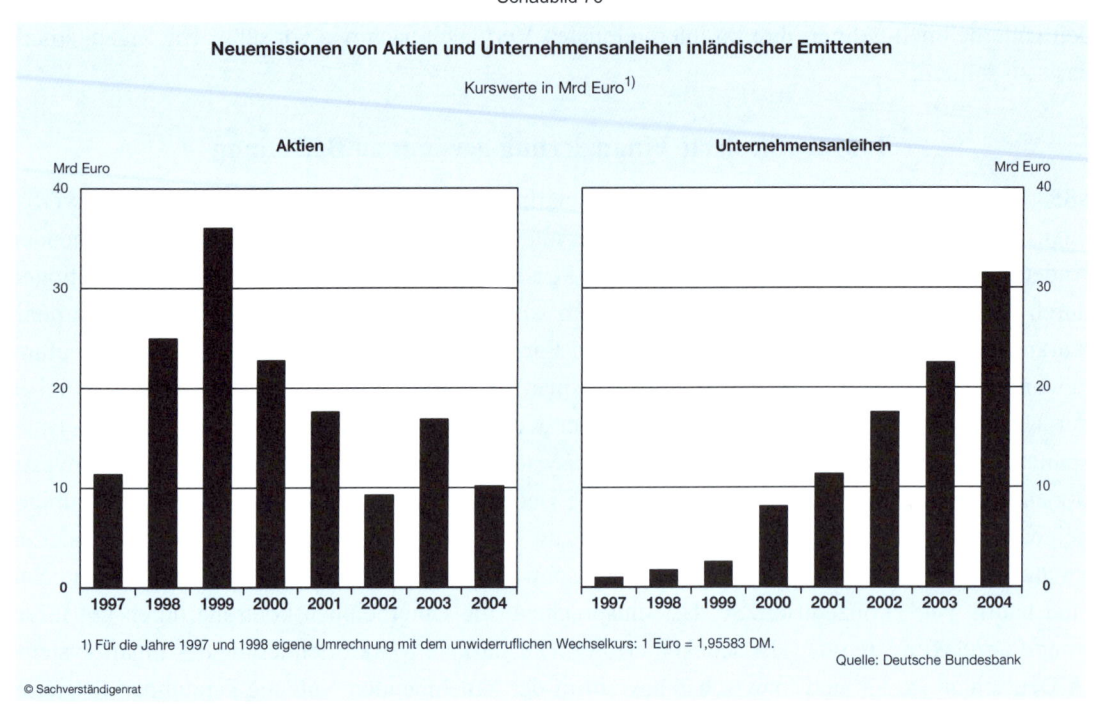

Schaubild 76

Neuemissionen von Aktien und Unternehmensanleihen inländischer Emittenten

Kurswerte in Mrd Euro[1]

[Schaubild: Zwei Balkendiagramme „Aktien" und „Unternehmensanleihen" für die Jahre 1997 bis 2004, Werte in Mrd Euro]

1) Für die Jahre 1997 und 1998 eigene Umrechnung mit dem unwiderruflichen Wechselkurs: 1 Euro = 1,95583 DM.

Quelle: Deutsche Bundesbank

© Sachverständigenrat

687. Trotz ihrer gestiegenen Bedeutung bleibt die **Nutzung von Kapitalmarktinstrumenten** in Deutschland weiterhin deutlich hinter anderen europäischen Ländern und den Vereinigten Staaten zurück. Die Börsenkapitalisierung lag Ende des Jahres 2003 mit rund 45 vH – gemessen am nominalen Bruttoinlandsprodukt – immer noch deutlich unterhalb derjenigen des Vereinigten Königreichs mit rund 137 vH, der Vereinigten Staaten mit 131 vH oder Japans mit rund 69 vH, aber auch derjenigen anderer europäischer Länder wie Spanien mit 88 vH. Ebenso ist die Bedeutung des Markts für Unternehmensanleihen trotz der dynamischen Entwicklung in den letzten Jahren – gemessen an der Relation des Marktvolumens zum nominalen Bruttoinlandsprodukt – mit 6 vH nach wie vor deutlich geringer als in Ländern wie Frankreich, dem Vereinigten Königreich oder den Vereinigten Staaten, in denen das Volumen der Unternehmensanleihen jeweils mehr als 20 vH des Bruttoinlandsprodukts erreicht. Entsprechend zeigt der Vergleich der Finanzierungsstrukturen, dass die Bedeutung der kapitalmarktbasierten Finanzierung in Deutschland nach wie vor gering ist (Schaubild 77).

688. Die Entwicklungen an den Kapitalmärkten sind allerdings auch für **Unternehmen ohne direkten Zugang zum Kapitalmarkt** relevant. In den vergangenen Jahren haben Banken begonnen, das Ausfallrisiko verstärkt über Kreditderivate oder -verbriefungen am Kapitalmarkt zu platzieren, so dass zu erwarten ist, dass die Kreditkonditionen direkter durch Finanzmärkte beeinflusst werden.

Kreditderivate und -verbriefungen sind Finanzierungsinstrumente, die eine Separierung des Kreditrisikos und des Finanzierungsvorgangs erlauben. Sie zielen darauf ab, das abgetrennte Kreditrisiko handelbar zu machen. Die gebräuchlichste Form sind Credit Default Swaps (CDS), die einen Anteil von rund 40 vH am Gesamtmarkt für Kreditrisikotransfer ausmachen. Die Sicherung kann sich dabei entweder auf einzelne Kreditrisiken, oder, wie im Fall von Verbriefungsprodukten, auf

Schaubild 77

Finanzierungsstruktur nichtfinanzieller Kapitalgesellschaften in ausgewählten Ländern[1]

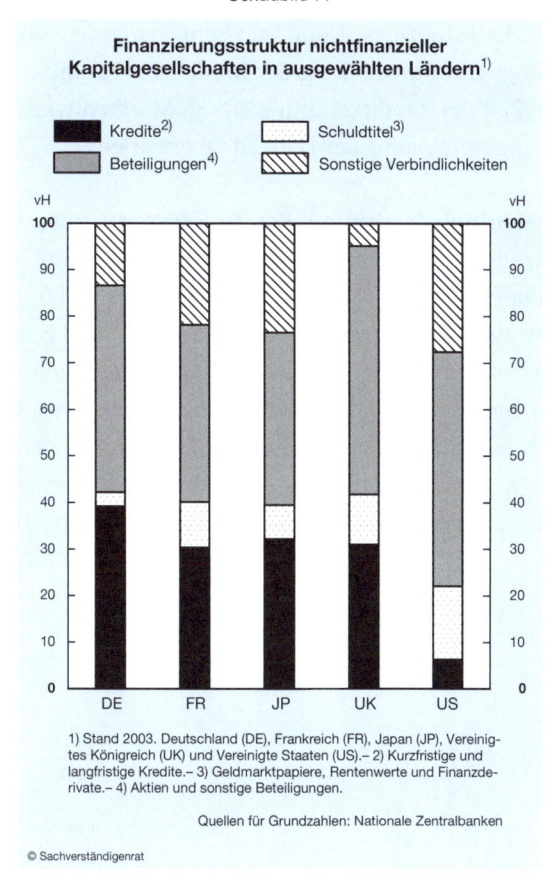

- Kredite[2]
- Beteiligungen[4]
- Schuldtitel[3]
- Sonstige Verbindlichkeiten

1) Stand 2003. Deutschland (DE), Frankreich (FR), Japan (JP), Vereinigtes Königreich (UK) und Vereinigte Staaten (US).– 2) Kurzfristige und langfristige Kredite.– 3) Geldmarktpapiere, Rentenwerte und Finanzderivate.– 4) Aktien und sonstige Beteiligungen.

Quellen für Grundzahlen: Nationale Zentralbanken

© Sachverständigenrat

ein Portfolio von Einzeltiteln beziehen. Im zweiten Fall kann durch eine Zerlegung in einzelne Tranchen eine differenzierte Aufteilung des Gesamtrisikos auf verschiedene Gruppen von Sicherungsgebern erreicht werden.

Kreditderivate werden von Banken und Versicherungen sowohl zur Steuerung des Portfolios verwendet als auch mit dem Ziel der Nutzung von Arbitragemöglichkeiten gehandelt. Während Banken Kreditderivate häufig zur Vermeidung von Klumpenrisiken einsetzen, steht bei Verbriefungen die breitere Streuung von Anlagemitteln bei einer gestiegenen Nachfrage von Investoren nach strukturierten Produkten im Vordergrund.

Untersuchungen der Deutschen Bundesbank deuten auf einen engen Zusammenhang zwischen CDS-Preisen und Risikoprämien bei Anleihepreisen in Europa hin, wobei CDS-Preise deutliche Vorlaufeigenschaften vor den Einschätzungsänderungen der Ratingagenturen aufweisen. Es wird erwartet, dass insbesondere der CDS-Markt eine zunehmend wichtige Rolle als Indikator für die Entwicklung von Kreditrisiken spielen wird. Dies wird sich auf die Beziehung zwischen Unternehmen und ihren Banken auswirken, da mit der weiteren Entwicklung der Märkte für Kreditderivate und -verbriefungen zunehmend vergleichbare, kontinuierliche Marktpreise für Risiken aus Bankkrediten verfügbar sein werden, die somit eine verbesserte risikogerechte Kreditbepreisung erlauben.

Die Kreditverbriefung ist gleichzeitig ein zentraler Baustein in der Neuorganisation des Kreditgeschäfts vieler Kreditinstitute. Sie werden hierdurch in die Lage versetzt, ihre Risiken besser zu diversifizieren und sozusagen die „Umschlagshäufigkeit des Kapitals" zu erhöhen, das heißt, sie können bei konstanter Eigenkapitalbasis die Anzahl der Kreditbeziehungen ausweiten. Im Falle des Verkaufs von Kreditrisiken können das freigesetzte (regulatorische und ökonomische) Eigenkapital und die gegebenenfalls zufließende Liquidität genutzt werden, um zum Beispiel zusätzliche Kredite zu vergeben. Im Zuge der Entwicklung der Märkte für Kreditverbriefungen ist somit nicht nur eine stärkere Abhängigkeit der Kreditkonditionen von Marktentwicklungen, sondern auch eine Ausweitung des Finanzierungsspielraums der Banken zu erwarten.

689. Die zunehmende **Bedeutung institutioneller Investoren** ist ein weiteres Indiz für die stärkere Marktorientierung des deutschen Finanzierungssystems. Seit dem Jahr 1998 ist die Zahl der inländischen Investmentfonds zwar nur von rund 5 000 auf über 6 000 gestiegen, aber das Fondsvermögen erhöhte sich im gleichen Zeitraum von 580 auf 930 Mrd Euro, und der Anteil der Investmentfonds am Aktienbestand hat in den letzten Jahren deutlich an Bedeutung gewonnen (Schaubild 78). Unter die Investmentfonds fallen dabei in einem weiten Sinne alle Arten von Kapitalanlagegesellschaften und Investmentaktiengesellschaften, die dem im Januar 2004 in Kraft getretenen Investmentgesetz (InvG) unterliegen. Außerdem dürfte ein großer Teil der umfangreichen Aktienanlagen aus der übrigen Welt am deutschen Markt über institutionelle Anleger erfolgt sein.

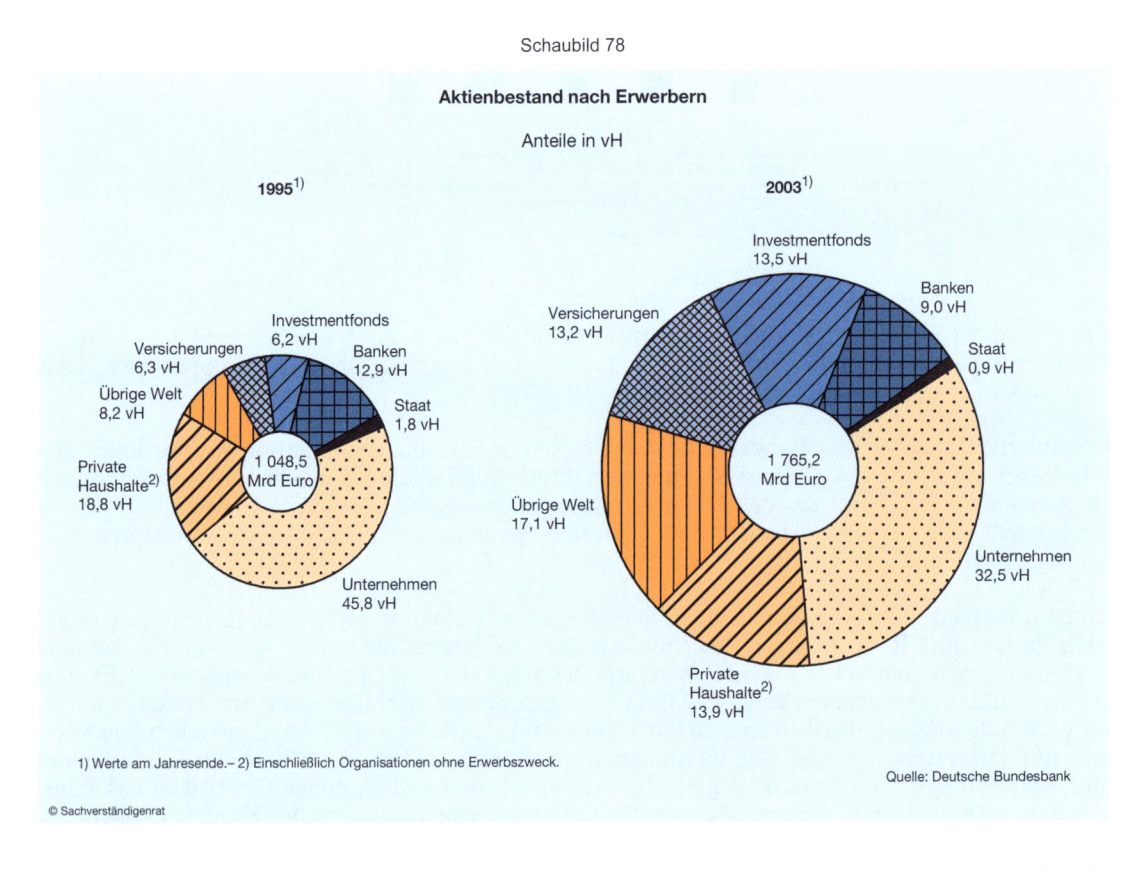

Schaubild 78

Aktienbestand nach Erwerbern

Anteile in vH

1995[1]

Investmentfonds 6,2 vH
Versicherungen 6,3 vH
Banken 12,9 vH
Übrige Welt 8,2 vH
Staat 1,8 vH
Private Haushalte[2] 18,8 vH
Unternehmen 45,8 vH

1 048,5 Mrd Euro

2003[1]

Investmentfonds 13,5 vH
Versicherungen 13,2 vH
Banken 9,0 vH
Staat 0,9 vH
Übrige Welt 17,1 vH
Private Haushalte[2] 13,9 vH
Unternehmen 32,5 vH

1 765,2 Mrd Euro

1) Werte am Jahresende.– 2) Einschließlich Organisationen ohne Erwerbszweck.

Quelle: Deutsche Bundesbank

© Sachverständigenrat

690. Nach wie vor engagieren sich nur wenige Privatanleger direkt am **Aktienmarkt**. So lag der Anteil der Aktionäre an der Gesamtbevölkerung in Deutschland im Jahr 2004 lediglich bei rund 7 vH der privaten Haushalte, im Vergleich zu 16 vH in Frankreich, und mehr als 30 vH in den Niederlanden, der Schweiz oder Schweden. Hingegen sind der Rückgang bei den Anteilen an den gesamten Aktienbeständen, die die Unternehmen oder der Staat halten, mit das Ergebnis der Entflechtung der ehemaligen Deutschland AG, das heißt der Veräußerung von Beteiligungen an anderen Unternehmen und der Privatisierung von Staatsbetrieben. Auch hierbei spielten institutionelle, oftmals ausländische Finanzinvestoren eine bedeutende Rolle.

691. Der zunehmende Einfluss der meist angelsächsisch geprägten institutionellen Investoren und deren Anforderungen an die **Corporate Governance** börsennotierter Unternehmen sowie an den Anlegerschutz haben mit dazu beigetragen, dass sich in Deutschland für marktbasierte Finanzsysteme charakteristische Normen und Regeln durchzusetzen beginnen. Corporate Governance betrifft dabei nicht nur die Unternehmensleitung im engeren Sinn, sondern umfasst die gesamte rechtliche und tatsächliche Aufgabenverteilung zwischen Aufsichtsrat, Vorstand und Eigentümern des Unternehmens sowie das Verhalten der Aktiengesellschaft nach außen, insbesondere gegenüber Anlegern am Kapitalmarkt.

In Deutschland ist seit Februar 2002 ein freiwilliger Corporate Governance Codex in Kraft; danach sollen die Unternehmen regelmäßig eine Erklärung abgeben, ob und inwieweit sie den Vorschriften des Codex entsprechen. In Anlehnung an internationale Richtlinien wie die OECD Principles aus den Jahren 1998 und 2004 sowie den im Mai 2003 verabschiedeten EU-Aktionsplan enthält der Codex Grundsätze für „eine gute und verantwortungsvolle Unternehmensführung und Kontrolle". Zudem verdeutlicht er die Rechte der Aktionäre, definiert Anforderungen an die Eignung und Arbeit der Aufsichtsräte und enthält erweiterte Transparenzstandards. Der Codex wird regelmäßig überprüft und angepasst, wobei die letzten Änderungen im Juli dieses Jahres vor allem auf eine Stärkung der Unabhängigkeit des Aufsichtsrats zielten. Darüber hinaus rückte zuletzt im Zusammenhang mit dem mittlerweile vom Deutschen Bundestag verabschiedeten Vorstandsvergütungs-Offenlegungsgesetz (VorstOG) die Frage nach der Transparenz der Vorstands- und Aufsichtsratsgehälter in den Mittelpunkt des Interesses.

Weltweit hat die schon in den neunziger Jahren intensiv geführte Corporate Governance-Debatte insbesondere nach den starken Kursrückgängen an den Aktienmärkten in den Jahren 2001 bis 2003 sowie nach dem Auftreten zahlreicher Fälle skandalöser Unternehmensführung und Bilanzfälschungen zusätzliche Schubkraft erhalten, da die Kapitalmarktteilnehmer insgesamt bestrebt sein müssen, verloren gegangenes Vertrauen der Anleger zurück zu gewinnen.

Die Annäherung kontinentaleuropäischer Standards an mehr angelsächsisch geprägte Corporate Governance-Vorstellungen haben inzwischen vielfältige Auswirkungen auf die Unternehmenspraxis. Zunächst ist die zunehmende Ausrichtung der Unternehmen auf eine langfristige und nachhaltige Wertschöpfung im Anlegerinteresse zu nennen. Darüber hinaus sind eine steigende Bedeutung erfolgsabhängiger Vergütungsstrukturen (oftmals bereits für das mittlere Management), höhere Anforderungen an Transparenz und Vergleichbarkeit in der Rechnungslegung sowie eine verbesserte Qualität und adressatengerechtere Aufbereitung der Unternehmensberichterstattung zu verzeichnen.

692. Wenngleich die Entwicklung der Kapitalmärkte in Deutschland in den vergangenen Jahren deutlich vorangeschritten ist, besteht in einigen Bereichen weiterhin Nachholbedarf. Hierauf deuten zum einen die relativ geringe Aktienmarktkapitalisierung sowie die im internationalen Vergleich geringe Bedeutung der Märkte für Beteiligungskapital hin. Zum anderen gibt es immer noch

Bereiche, in denen die Kapitalmärkte – anders als in anderen Ländern – weiterhin keine oder eine eher untergeordnete Rolle spielen. Dies gilt zum Beispiel für die kapitalgedeckte Altersvorsorge, aber auch für Immobilienanlagen.

In diesem Jahr wurde auch in Deutschland über die Einführung so genannter Real Estate Investment Trusts (REITs) diskutiert. Vom Grundsatz her handelt es sich bei REITs um eine besondere, steuertransparente Form börsennotierter Immobiliengesellschaften. Grundelemente des REITs-Konzepts sind erstens, dass der Großteil des Einkommens aus Immobiliengeschäftstätigkeiten erzielt und das Vermögen – direkt oder indirekt – zum größten Teil aus Immobilien bestehen muss. Zweitens sind REITs im Unterschied zu anderen börsennotierten Unternehmen unter bestimmten Umständen von der Zahlung der Körperschaftsteuer auf Gesellschaftsebene befreit, so dass es nicht zu einer möglichen Doppelbesteuerung der Anteilseigner von REITs kommt (Steuertransparenz). Drittens müssen REITs den aus ihrer Geschäftstätigkeit resultierenden Gewinn je nach nationaler Regelung zu 80 vH bis 100 vH an die Anteilseigner ausschütten. Dies sorgt dafür, dass dem Fiskus Einkommensteuereinnahmen als Ausgleich für entgangene Einnahmen aus der Körperschaft- und der Gewerbesteuer zufließen.

Seit der Einführung in den Vereinigten Staaten im Jahr 1960 haben sich REITs zum internationalen Standard für indirekte Immobilienanlagen entwickelt. Derzeit sind REITs weltweit in 20 Staaten verankert. In Europa haben bereits Frankreich, Italien, Spanien, die Niederlande und Belgien REITs eingeführt; im Vereinigten Königreich ist dies für das nächste Jahr geplant. In Deutschland steht derzeit eine Entscheidung über eine baldige Einführung von REITs wegen steuerlicher Bedenken noch aus. Im Kern geht es dabei darum, dass zur Vermeidung größerer Steuerausfälle die Besteuerung ausländischer REIT-Aktionäre in Deutschland auch dann sichergestellt sein muss, wenn sich diese auf Doppelbesteuerungsabkommen berufen können. Die Initiative Finanzstandort Deutschland (IFD) hat hierzu unlängst einen weiteren modifizierten Vorschlag zur Ausgestaltung von REITs vorgestellt, der diese Ausfälle vermeiden soll und derzeit seitens des Bundesministeriums der Finanzen geprüft wird.

Grundsätzlich wird ein Vorteil von REITs gegenüber den bisher in Deutschland verfügbaren Immobilienanlageprodukten in der höheren Attraktivität für internationale Investoren gesehen. Bisher halten diese aufgrund der schlechten Veräußerbarkeit nur geringe Beteiligungen an deutschen Immobilienfonds. Zudem könnten REITs dazu dienen, in Unternehmensimmobilien gebundenes Kapital zu mobilisieren. Faktisch fanden in der Vergangenheit kaum Veräußerungen statt, da in diesem Fall die in diesen Immobilien gebundenen stillen Reserven realisiert worden wären, so dass dies mit erheblichen Steuerzahlungen verbunden gewesen wäre. Um dennoch die Einbringung der Immobilienbestände in REITs sicherzustellen, wird entsprechend der Praxis anderer Länder vorgeschlagen, den dabei entstehenden Veräußerungsgewinn für eine Übergangsfrist lediglich mit dem halben Steuersatz zu besteuern. REITs könnten somit zu einer effizienteren Kapitalnutzung und der Erhöhung des Eigenkapitals der Unternehmen beitragen, die Immobilien in REITs einbringen.

693. Für eine Beurteilung der sich abzeichnenden Entwicklungen werden die beiden Finanzierungssysteme anhand einer stilisierten Typologie betrachtet (Tabelle 48). Die Hauptunterschiede betreffen vor allem die vorherrschende Form der langfristigen Unternehmensfinanzierung, die Informationsbereitstellung sowie die Transparenz. Mit Blick auf die Allokationseffekte wie auch hinsichtlich der Stabilität weisen beide Systeme Vor- und Nachteile auf. Im bankbasierten, besser: beziehungsbasierten, System können Informations- und Kontrollprobleme durch langfristige Beziehungen überwunden und unternehmensspezifische Schocks versichert werden. Die Konzentration der Information auf die Finanzintermediäre geht einher mit einer niedrigeren Liquidität der Finanzmärkte, einem geringeren Informationsgehalt der Marktpreise sowie einem eingeschränkten Wettbewerb zwischen Kreditgebern, der durch zu langes Festhalten an Beziehungen zu Fehlallokationen führen kann. Hinsichtlich der dynamischen Anpassungsfähigkeit ergibt sich ein Vorteil des marktbasierten Systems, da es besser in der Lage ist, neue Unternehmen und Technologien zu finanzieren. Darüber hinaus spricht auch ein polit-ökonomisches Argument für die reduzierte Anpassungsfähigkeit des bankbasierten Systems. Die engen Verflechtungen der Unternehmen untereinander und oftmals auch mit der Politik führen zu einer Interessenlage, die bestehende Beziehungen schützt und dem Wandel im Weg steht.

Tabelle 48

Stilisierter Vergleich der Finanzsysteme

	Marktbasiertes Finanzsystem	Beziehungsbasiertes Finanzsystem
Eigenschaften		
Unternehmensfinanzierung	Über organisierte Märkte: Die langfristige Unternehmensfinanzierung erfolgt über die Ausgabe von Aktien und Anleihen.	Durch Finanzintermediäre: Diese gehen langfristige Kreditbeziehungen ein und halten gleichzeitig strategische Beteiligungen an Unternehmen, denen sie Kredit gewähren.
Information/Transparenz	Informationen sind öffentlich verfügbar und Finanzmärkte liquide. Offenlegungspflichten von Unternehmen und Rechnungslegungsstandards dienen der Bereitstellung von Informationen zur Unternehmensbewertung.	Die Transparenz des Systems ist gering, Finanzintermediäre haben privilegierten Zugang zu Informationen. Rechnungslegungsstandards dienen in erster Linie dem Gläubigerschutz.
Kontrolle	Externe Kontrolle durch die Bewertung der Aktien und durch Übernahmen bei Fehlbewertungen.	Kontrolle durch die Kreditbeziehung und Beteiligung der Finanzintermediäre. Über ihren eigenen Aktienbesitz hinaus kontrollieren Banken häufig auch die Aktien ihrer Kunden.
Beurteilung		
Allokation	Transparenz und Liquidität fördern den Wettbewerb und die allokative Effizienz. Probleme der asymmetrischen Information können zu Kreditrationierung führen. Temporäre Fehlbewertungen durch Herdenverhalten und Blasenbildung möglich.	Probleme der asymmetrischen Information können durch langfristige Beziehung überwunden werden. Fehlallokation kann durch Verflechtungen, Intransparenz, Illiquidität und niedrigem Wettbewerb und zu langem Festhalten an der Finanzierungsbeziehung entstehen.
Stabilität	Bessere Reaktion auf systemische Schocks.	Versicherungsfunktion bei firmenspezifischen Schocks.
Anpassungsfähigkeit	Vorteile in der Finanzierung neuer Firmen und in Zeiten schnellen technologischen Wandels. Wettbewerb wirkt als Entdeckungsmechanismus und erhöht Anpassungsfähigkeit.	Vorteile in der Finanzierung bestehender Firmen und Technologien. Enge Verflechtung zwischen Banken und Unternehmen und häufig auch der Politik vermindern Anpassungsfähigkeit.

II. Die Rolle von Private Equity-Gesellschaften und Hedge-Fonds

694. In diesem Jahr sind die Aktivitäten von Private Equity-Gesellschaften und Hedge-Fonds besonders in den Blickpunkt der Öffentlichkeit gerückt und haben Diskussionen über die Notwendigkeit einer weitergehenden Regulierung ausgelöst. Die teilweise sehr undifferenziert geführten Diskussionen, im Rahmen derer Finanzinvestoren verkürzt zum Inbegriff von kurzfristig orientierten Spekulanten geworden sind und als „Heuschrecken" bezeichnet wurden, sind sicherlich mit auf ein mangelndes Verständnis der Strategien dieser Marktteilnehmer zurückzuführen, die in Deutschland erst in den letzten Jahren an Bedeutung gewonnen haben. Grundsätzlich zeichnen sich Finanzinvestoren dadurch aus, dass sie Beteiligungen nicht, wie strategische Investoren, mit dem

Ziel der Erschließung neuer Märkte oder der Erweiterung ihres eigenen Unternehmens erwerben, sondern Beteiligungen als Finanzanlagen betrachten. Hierbei bilden sie allerdings keine homogene Gruppe; neben Private Equity-Gesellschaften und Hedge-Fonds zählen hierzu Pensions- und Investmentfonds.

695. Private Equity hat sich als Oberbegriff für alle Formen des privaten Beteiligungskapitals etabliert. Diese Beteiligungsgesellschaften wählen Unternehmen nach unterschiedlichen Kriterien aus, an deren Eigenkapital sie sich auf mittelfristige Sicht, häufig für einen Zeitraum von vier bis sieben Jahren, beteiligen. Kapitalgeber sind hauptsächlich institutionelle Investoren sowie vermögende Privatpersonen. Je nach Reifegrad der Unternehmen, in die sie investieren, lassen sich Venture Capital-Gesellschaften und Private Equity-Gesellschaften unterscheiden. Erstere beteiligen sich an jungen Unternehmen in der Gründungs- und Wachstumsphase, letztere an reifen oder sanierungsbedürftigen Gesellschaften.

Verglichen mit anderen Ländern wie den Vereinigten Staaten, dem Vereinigten Königreich, aber auch Finnland und Schweden, die über sehr weit entwickelte Private Equity-Märkte verfügen, ist die Bedeutung dieser Fonds in Deutschland trotz ihres Wachstums seit Mitte der neunziger Jahre nach wie vor gering. Gemessen am nominalen Bruttoinlandsprodukt lagen die Bruttoinvestitionen in Deutschland tätiger Private Equity-Gesellschaften mit 0,12 vH immer noch deutlich unterhalb des Niveaus, welches beispielsweise im Vereinigten Königreich erreicht wird (0,85 vH).

696. Im Gegensatz zu Private Equity-Gesellschaften, die sich in der Regel mehrere Jahre engagieren und wesentlichen Einfluss auf die strategischen Entscheidungen der Unternehmensleitung nehmen, zeichnen sich **Hedge-Fonds** traditionell durch einen kurzfristigeren Planungshorizont aus. Sie investieren fast ausschließlich in börsennotierte Unternehmen, um Kursgewinne zu erzielen. Im Unterschied zu den meisten Investmentfonds sagen Hedge-Fonds ihren Anlegern eine von den Marktentwicklungen unabhängige Rendite zu. Die Grenze zwischen Hedge-Fonds und Private Equity-Gesellschaften verläuft jedoch zunehmend fließend. So zeichnete sich zuletzt ab, dass sich auch Hedge-Fonds im Zuge des Erwerbs von großen Aktienbeteiligungen ähnlich wie Beteiligungsgesellschaften verhalten und ebenfalls massiven Einfluss auf das Management genommen haben.

Es gibt keine allgemein akzeptierte Definition für Hedge-Fonds. Der Begriff erklärt sich lediglich daraus, dass diese Fonds ursprünglich zur Risikoabsicherung von Wertpapierpositionen und zur Erzielung von Gewinnen unabhängig von allgemeinen Marktbewegungen entwickelt wurden. Heute zeichnen sich diese Fonds vor allem dadurch aus, dass sie im Gegensatz zu anderen Fonds keinerlei rechtlichen Beschränkungen unterliegen. Im Rahmen ihrer Investitionsstrategien können sie alle Arten derivativer Finanzinstrumente einsetzen, in großem Umfang Leerverkäufe tätigen und durch Kreditaufnahme die Hebelwirkung, also die Eigenkapitalrendite, ihrer Investitionen vergrößern. Sie werden meist nicht öffentlich vertrieben, Kapitalgeber sind hauptsächlich vermögende Privatpersonen und institutionelle Investoren (Schaubild 79). Neben einer laufenden Verwaltungsgebühr erheben Hedge-Fonds eine ergebnisabhängige Gebühr. Ein weiteres Kennzeichen von Hedge-Fonds besteht darin, dass der Manager des Fonds einen beträchtlichen Anteil seines Vermögens in den Fonds investiert hat. Die Preisstellung von Hedge-Fonds erfolgt höchstens monatlich und die Rückgabe der Anteilsscheine ist nur nach einer längeren Kündigungsfrist möglich.

Schaubild 79

Globale Hedge-Fonds nach der Struktur ihrer Kapitalgeber

Anteile in vH

130 Mrd US-Dollar (1996) / 1 000 Mrd US-Dollar (2004)

Kategorien: Stiftungen, Unternehmen, Pensionsfonds, Dachfonds, Privatpersonen

Quelle: Hennessee Group LLC
© Sachverständigenrat

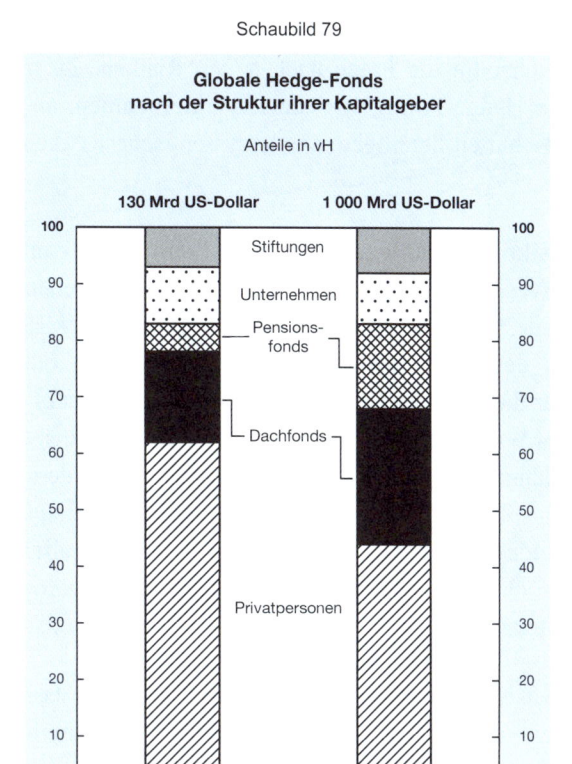

In Deutschland waren Hedge-Fonds bis zum Beginn des Jahres 2004 generell nicht zugelassen. Mit dem In-Kraft-Treten des Investment-Modernisierungsgesetzes wurde der öffentliche Vertrieb von Dach-Hedge-Fonds ermöglicht, das heißt von Fonds, die in Hedge-Fonds investieren. Im Gegensatz zum starken Wachstum der Hedge-Fonds-Branche weltweit – Ende des Jahres 2004 wurde das von Hedge-Fonds verwaltete Vermögen auf rund eine Billion US-Dollar geschätzt, womit sich die Mittel seit dem Jahr 1996 mehr als versiebenfachten – blieb die Entwicklung in Deutschland mit einem investierten Kapital von rund 15 Mrd Euro bisher bescheiden. Für die Bedeutung von Hedge-Fonds in Deutschland ist diese Zahl jedoch nur bedingt aussagekräftig. Denn deutsche Anleger können auch in ausländische Hedge-Fonds investieren, und ausländische Hedge-Fonds investieren gleichzeitig in großem Umfang am deutschen Finanzmarkt.

Welche Risiken gehen von Finanzinvestoren aus?

697. Hedge-Fonds tragen in der Regel zur Effizienz der Finanzmärkte bei, indem sie den Preisbildungsprozess unterstützen. Sie dienen der Vervollständigung der Märkte. Sie erweitern die Diversifikationsmöglichkeiten der Anleger und sind – besser als andere Marktteilnehmer – in der Lage höhere Risiken zu übernehmen. Dies zeigt sich insbesondere auf dem Markt für Kreditverbriefungen, auf dem Hedge-Fonds häufig auf der Käuferseite auftreten. Zudem tragen sie signifikant zur Erhöhung der Liquidität der Märkte bei.

Neben diesen positiven Aspekten stellt sich mit dem Auftreten von Hedge-Fonds und Private Equity-Gesellschaften gleichzeitig die Frage nach neuen Risiken. Zu unterscheiden sind hierbei Risiken für die Anleger in Hedge-Fonds, Risiken für Unternehmen, an denen sich Hedge-Fonds und Private Equity-Gesellschaften beteiligen, sowie systemische Risiken (Kreditrisiko und Liquiditätsrisiko).

698. Hinsichtlich des **Risikos für Anleger** in Private Equity-Fonds und Hedge-Fonds wird befürchtet, dass sich Privatinvestoren von den hohen Erträgen locken ließen und dabei die Risiken zu wenig beachten. Die Mindesteinlagen in Private Equity-Fonds oder Hedge-Fonds sind aber so hoch, dass sich daran in der Regel nur institutionelle Investoren oder sehr vermögende Privatpersonen beteiligen. Für diese wird ein besonderer Schutz meist nicht als notwendig angesehen, da ihnen ein ausreichendes Wissen über die Risiken zugetraut wird. Insbesondere in den Vereinigten Staaten wurde daher lange mit einer Regulierung gezögert. Ab dem Jahr 2006 gilt allerdings auch dort eine Zulassungspflicht für Hedge-Fonds mit einer Anlagesumme von mindestens 30 Mio US-Dollar und mindestens 15 Anlegern. Weitergehende Regulierungen oder Transparenzanforderungen werden jedoch mit dem Argument abgelehnt, dass hierdurch das Geschäftsmodell der Hedge-Fonds unterlaufen würde.

Das im Januar 2004 in Deutschland in Kraft getretene Investmentgesetz ist geprägt von einem umfassenden Schutz von kleineren Privatanlegern und stellt daher sehr hohe Transparenzanforderungen. Dabei wird zwischen Single-Hedge-Fonds und Dachfonds unterschieden, wobei nur letztere öffentlich vertrieben werden dürfen. Für ausländische Dachfonds besteht die Auflage, dass sie in ihrem Ursprungsland einer effektiven Aufsicht unterliegen müssen. Damit sind alle Dachfonds aus Offshore-Zentren ausgeschlossen. Andere Hedge-Fonds dürfen nur in der Form von Privatplatzierungen durch lizenzierte Kreditinstitute oder Finanzdienstleister vertrieben werden. Die steuerlichen Regelungen in Deutschland erfordern sehr hohe Informationspflichten hinsichtlich der Anlagen, Erträge und Verluste, was eine vermehrte Auflegung von Hedge-Fonds verhindert haben dürfte.

699. Im Vordergrund der Debatte in Deutschland standen die **Risiken für Unternehmen.** Befürchtet wurde, dass kurzfristig orientierte Finanzinvestoren sich an einem Unternehmen beteiligten, die Unternehmung zerlegten und Reserven auflösten, um dann die Beteiligung wieder zu verkaufen und das Unternehmen geschwächt zurückzulassen. Diese einfache Argumentationslinie ist ökonomisch nicht nachzuvollziehen, da sie unterstellt, dass Investoren systematisch den Wert des Unternehmens zerstören und anschließend ihre Beteiligung mit Gewinn realisieren können. Unter der Annahme effizienter Aktienmärkte wäre davon auszugehen, dass sich die Wertminderung bereits vor dem Verkauf der Beteiligung in einer niedrigeren Unternehmensbewertung niederschlüge und der Finanzinvestor mit Verlust verkaufen müsste.

700. Ähnlich verhält es sich mit der These, dass kurzfristig ausgerichtete Finanzinvestoren den Unternehmensgewinn für kurze Zeit in die Höhe trieben und damit Unternehmensstrategien verhinderten, die auf eine langfristige Profitabilitätssteigerung zielten. Diese These wird häufig seitens des Managements vertreten, das sich schon im Eigeninteresse grundsätzlich langfristige Investoren und stabile Eigentumsverhältnisse wünscht. Beklagt wird in diesem Zusammenhang, dass kurzfristige Finanzinvestoren jeweils nur den nächsten Quartalsgewinn vor Augen hätten und deshalb langfristige Investitionen unterblieben. Dieses kurzfristige Renditedenken der Anleger wird nicht nur bei Hedge-Fonds und ausländischen institutionellen Anlegern moniert, sondern auch bei den inländischen Investoren und Banken, die zunehmend ebenso hohe Renditeerwartungen hätten und ähnliche Anlagestrategien verfolgten. Zwar mag es zunächst plausibel klingen, dass Investoren mit einem kurzfristigen Anlagehorizont kein Interesse an langfristig angelegten Unternehmensstrategien haben. Allerdings ist auch diese These schwer zu stützen, da es sich bei näherer Betrachtung lediglich um eine Variante der einfachen These handelt; auch diese Strategie entspräche einer Wertvernichtung, die nicht im Interesse der Investoren liegen kann. Bei effizienten Aktienmärkten wird sich eine Unternehmensstrategie, die kurzfristig Verluste, langfristig aber hohe Profite verspricht, im heutigen Aktienkurs niederschlagen, da dieser die erwarteten zukünftigen Gewinne des Unternehmens bewertet. Ist die langfristige Strategie tatsächlich die profitablere, so hat jeder Finanzinvestor, unabhängig vom seinem eigenen Anlagehorizont, ein Interesse daran, diese zu unterstützen, denn sie ist in diesem Fall auch kurzfristig die profitablere Strategie.

701. Natürlich können sich Finanzinvestoren und Management in der Bewertung der Unternehmensstrategie und der Wahrscheinlichkeit höherer zukünftiger Gewinne unterscheiden. Zu solchen Unterschieden kommt es aber auch innerhalb der Gruppe der Aktionäre. So gab es beispielsweise unter den deutschen Aktionären der Deutschen Börse unterschiedliche Einschätzungen hinsichtlich der möglichen Synergien bei einem Zusammenschluss mit der Londoner Börse (London Stock Exchange) und folglich unterschiedliche Auffassungen bezüglich des Übernahmepreises. Ursachen für divergierende Einschätzungen können zum einen Unterschiede in der Informationslage oder des Wissenstands sein. In solchen Fällen ist zunächst die Kommunikation des Unternehmens gefordert, und es liegt in der Verantwortung des Managements, die Aktionäre von der eigenen Strategie zu überzeugen. Zum anderen können sich Unterschiede in der Einschätzung zwischen Management und Aktionären durch systematische Anreizverzerrungen und eine unterschiedliche Risikobereitschaft ergeben. Ist das Management, zum Beispiel auf Grund spezifischer Vergütungsstruktur, primär daran interessiert, ein möglichst großes Unternehmen zu führen, dann wird es dazu neigen, zu viele und zu teure Übernahmen vorzunehmen. Eine andere Verzerrung entsteht, wenn der persönliche Zeithorizont des Managers verkürzt ist; hierdurch kann seine Risikobereitschaft erhöht werden. In der Tendenz werden diese unterschiedlichen Interessen stärker zu Tage treten, wenn Aktionäre höhere Renditen verlangen. Die Verschiebung der Aktionärsstruktur hin zu einer stärkeren Orientierung am Unternehmenswert (shareholder value) erhöht den Druck auf das Management und schränkt die Freiräume ein. Von einer systematischen Verkürzung des Investitionshorizonts der Unternehmen ist in der Regel hingegen nicht auszugehen.

702. Neben einem zu kurzfristigen Renditestreben bezog sich die Kritik zudem auf den hohen Grad der Kreditfinanzierung, der die Unternehmen der Gefahr der Überschuldung aussetzt. Anders als es der Begriff Private Equity vermuten lässt, liegt der Eigenkapitalanteil im Rahmen der Akquisitionsfinanzierung in der Regel lediglich bei 20 bis 30 vH, während die restliche Finanzierung in Form syndizierter Darlehen von internationalen Banken bereitgestellt wird. Der geäußerten Kritik kann dabei zunächst entgegen gehalten werden, dass eine tatsächliche Überschuldung kaum im Interesse des Finanzinvestors sein kann, da sie den Unternehmenswert und den erzielbaren Verkaufspreis schmälerten. Gleichzeitig kann oftmals eine ausreichend hohe Eigenkapitalrendite nur über hohe Verschuldung erzielt werden. Da von vornherein eine hohe Unsicherheit über den späteren Veräußerungsgewinn der Beteiligungen und zugleich ein hohes Risiko des Scheiterns der Private Equity-Gesellschaft selbst besteht, fordern die Anleger in Private Equity-Fonds eine sehr hohe Rendite. Die hohen Fremdkapitalanteile erfüllen zudem eine wichtige Anreizfunktion, da sie eine disziplinierende Wirkung auf das Management ausüben. Ob die in der Vergangenheit erzielten, teilweise sehr hohen Renditen tatsächlich allein mit der Höhe des eingegangenen Risikos erklärt werden können, ist derzeit nur schwer zu beurteilen. Ebenso kann nicht abgestritten werden, dass es in Einzelfällen zu einer Überschuldung von mit Private Equity finanzierten Unternehmen gekommen ist.

703. Die stärksten Ängste ruft die vermeintliche „soziale Kälte" der Finanzinvestoren hervor. Konkret wird befürchtet, dass Finanzinvestoren zur Erhöhung des Gewinns systematisch Arbeitsplätze abbauten. Hier gilt es festzuhalten, dass ein Zielkonflikt zwischen hoher Rendite und hoher Beschäftigung allenfalls kurzfristig bestehen kann. Langfristig können nur dauerhaft ertragsstarke Unternehmen einen hohen Beschäftigungsstand halten oder diesen sogar ausbauen. Selbst wenn es sich um eine solche Strategie handelt, kann aber das Engagement eines Finanzinvestors kurzfristig sowohl mit Personalabbau als auch -aufbau einhergehen. So können Übernahmen durch Finanzinvestoren insbesondere dann zu einer Schaffung neuer Arbeitsplätze führen, wenn neue Geschäftsideen realisiert werden. Steht hingegen in Unternehmen ohnehin ein Beschäftigungsabbau an – zum Beispiel, weil in der Vergangenheit notwendige Anpassungen versäumt wurden oder zu wenig auf die Steigerung des Unternehmenswerts geachtet wurde – so können die Arbeitsplatzverluste nur bedingt den Finanzinvestoren zur Last gelegt werden – im Gegenteil: Das Auftreten der Finanzinvestoren führt gerade dazu, dass ohnehin notwendige Anpassungen durchgeführt werden.

Genau genommen ist es allerdings im Einzelfall nur schwer möglich, die Frage nach den Beschäftigungswirkungen von Private Equity-Investitionen und Übernahmen durch Finanzinvestoren zu beantworten, da hierzu eigentlich ein Vergleich mit der Beschäftigungsentwicklung vorgenommen werden müsste, die das Unternehmen ansonsten – ohne diese Investitionen beziehungsweise bei Nicht-Übernahme – aufgewiesen hätte. Somit ist auch der Verweis darauf, dass Private Equity-Gesellschaften im Durchschnitt Beschäftigung aufgebaut hätten, allein nicht ausreichend. Empirische Untersuchungen über die Auswirkungen von Private Equity, die für verschiedene Länder vorliegen, zeigen mehrheitlich, dass Private Equity-finanzierte Unternehmen – verglichen mit ähnlichen, anderweitig finanzierten Unternehmen – überdurchschnittlich wachsen, mehr Arbeitsplätze schaffen, und einen höheren Anteil von F&E-Investitionen aufweisen. Auch wenn solche Analysen angesichts geringer Fallzahlen und möglicher Selektionsverzerrungen mit Vorsicht zu interpretieren sind, werden sie in der Tendenz auch von Studien gestützt, die mit mikroökonometrischen Schätzverfahren das Selektionsproblem zu lösen suchen. So kommt etwa eine Untersuchung für Deutschland zum Ergebnis, dass sich durch eine Venture Capital-Beteiligung das durchschnittliche jährliche Beschäftigungswachstum der Unternehmen mehr als verdoppelte (Engel, 2003).

704. Eine andere Dimension, die nur noch die Aktivität von Hedge-Fonds betrifft, wird in einer Vielzahl von internationalen Gremien und Organisationen diskutiert, nämlich das **Risiko für die Stabilität des internationalen Finanzsystems.** Die internationalen Aufsichtsgremien verfolgen seit einiger Zeit die zunehmende Bedeutung der Hedge-Fonds mit Sorge. Sie befürchten, dass sich eine systemische Krise wie beim Zusammenbruch des Hedge-Fonds Long Term Capital Management (LTCM) im Jahr 1998 wiederholen könnte.

LTCM wurde aus mehreren Gründen bekannt. Nicht nur handelte es sich um den größten Zusammenbruch eines Hedge-Fonds, der fast eine weltweite systemische Krise auslöste. Miteigentümer des Fonds waren zudem zwei Wissenschaftler, die für ihre Arbeiten zu Optionspreisen den Nobelpreis erhalten hatten. Die Modelle von LTCM galten als die ausgefeiltesten, mit denen sich abgesicherte Gewinne erzielen ließen. Die Strategie bestand in Konvergenzgeschäften, wobei auf die Konvergenz der Renditen verschiedener Staatsanleihen gesetzt wurde. So hielt der Fonds zum Beispiel Staatsanleihen eines Landes mit einer höheren Risikoprämie und tätigte gleichzeitig Leerverkäufe in amerikanischen Staatsanleihen und spekulierte darauf, dass die jeweiligen Zinsaufschläge konvergieren würden. Da die Gewinne in jeder Position sehr gering waren, wurden hohe Volumina eingesetzt, die durch Kreditaufnahme finanziert waren. Im Jahr 1998 hatte LTCM ein Eigenkapital von fünf Mrd US-Dollar und Fremdkapital von 125 Mrd US-Dollar.

Im August 1998 erklärte die russische Regierung ein Zahlungsmoratorium auf ihre Staatsanleihen und wertete den Rubel ab. Dies führte zu einer abrupten Erhöhung der Risikoprämien weltweit, da Anleger aus allen als riskant eingeschätzten Märkten flohen und in den Markt für US-amerikanische Staatsanleihen drängten. Die Liquidität auf wichtigen Märkten versiegte, die Kurse der riskanten Anleihen fielen, während jene der neu emittierten US-amerikanischen Anleihen stiegen. LTCM, das auf die entgegengesetzte Preisbewegung gesetzt hatte, erlitt auf den meisten Positionen Verluste. Im September 1998 war das Eigenkapital auf 600 Mio US-Dollar geschrumpft, während kaum Anlagen verkauft worden waren, der Hebel also nochmals signifikant zugenommen hatte. Die großen Positionen von LTCM konnten in den illiquiden Märkten nicht verkauft werden ohne weiteren Preisdruck zu verursachen und den Verlust weiter zu vergrößern. Als absehbar wurde, dass LTCM Konkurs machen würde, intervenierte die Federal Reserve Bank von New York, indem sie eine Gruppe von internationalen Banken zur Übernahme von LTCM bewog.

Auslöser des Debakels waren nicht die unmittelbaren Verluste, die LTCM bei den russischen Staatsanleihen hinnehmen musste, sondern die globale Portfolioumschichtung der Anleger, die mit „Flucht in Qualität" bezeichnet wurde und die Nachfrage nach sicheren Anlagen sprunghaft ansteigen ließ. Die Auswirkung auf die Preise wurde auch durch das relativ geringe Emissionsvolumen amerikanischer Staatsanleihen in jenen Jahren gesteigert. Während LTCM davon ausging, eine abgesicherte Strategie zu verfolgen, stellte sich heraus, dass in den Modellen das gravierende Liquiditätsrisiko, das sich im Zuge eines plötzlichen Anstiegs der Risikoaversion ergab, nicht adäquat berücksichtigt worden war. Aus diesem Liquiditätsrisiko wurde in der Folge im Zusammenwirken der internationalen Finanzmärkte ein systemisches Risiko, weil viele weitere Marktteilnehmer ähnliche Positionen hielten. Ein Grund für die einheitliche Positionierung im Markt war, dass Banken durch die Abwicklung der Handelstätigkeit von LTCM Informationen über die Strategie erhielten und diese nachahmten. Wäre LTCM gezwungen worden seine Positionen schnell zu verkaufen, so wären die Verluste der Banken derart hoch gewesen, dass sie als systemisches Risiko einzuschätzen gewesen wären. Ohnehin waren die direkten Kreditrisiken jener Banken, die die Aktivitäten von LTCM finanziert hatten, nicht unbedeutend und führten zu Abschreibungen, die in einem Fall mehr als 700 Mio US-Dollar betrugen.

705. Mit der starken Ausweitung der Aktivitäten von Hedge-Fonds stellt sich die Frage, inwieweit ein solches **Risiko für die Stabilität** der internationalen Finanzmärkte in relevantem Umfang besteht und über welche Kanäle es sich ausbreiten würde.

Ein wichtiger Kanal, über den sich der Zusammenbruch eines Hedge-Fonds auf das Finanzsystem übertragen könnte, stellt die direkte Beziehung zu den „Prime Brokers" und anderen Kreditinstituten dar. Ein „Prime Broker" hält Kreditlinien für den Hedge-Fonds bereit, wickelt seine Handelstransaktionen ab und ist zudem als wichtiger Investor am Risiko beteiligt. Im Fall von Liquiditätsengpässen und drohender Insolvenz eines Hedge-Fonds könnten auch diese Gegenparteien, welche die Positionen des Hedge-Fonds finanziert haben, in Schwierigkeiten geraten. Zwar sind diese Kredite oftmals besichert, aber die Werthaltigkeit dieser Sicherheiten kann in der Krise deutlich sinken; mangelnde Transparenz kann zudem bestehen, wenn mehrere Kreditgeber beteiligt sind und beispielsweise nicht gewährleistet werden kann, dass dieselben Sicherheiten nicht mehrfach verwendet werden.

Der zweite Kanal ist die Ausbreitung über die Märkte. Bricht etwa ein bestimmtes Marktsegment ein, weil ein Hedge-Fonds große Positionen liquidieren muss, so kann sich dies auf andere Märkte übertragen und weitere Akteure beeinträchtigen. In einem stabilen Marktumfeld tragen Hedge-Fonds zu einer Erhöhung der Liquidität bei; unter Stressbedingungen können Hedge-Fonds allerdings – dadurch, dass sie gezwungen sind, Positionen zu verkaufen – zu einem stärkeren Preisverfall beitragen. Das hohe Wachstum der Hedge-Fonds-Branche könnte dieses Problem verschärfen, da Hedge-Fonds auf der Suche nach Rendite in weniger liquide Märkte vordringen und gezwungenermaßen ähnliche Strategien verfolgen – ein Phänomen, das man mit „crowded trades" bezeichnet.

Für ein vermindertes systemisches Risiko spricht, dass die Kreditinstitute und Gegenparteien der Hedge-Fonds heute sehr viel bessere Risikomanagementsysteme besitzen, als dies noch im Jahr 1998 der Fall war. Entsprechend deutet einiges darauf hin, dass der eingesetzte Hebel der Hedge-Fonds abgenommen hat. Auf der anderen Seite gibt es Hinweise darauf, dass von Hedge-Fonds-Aktivitäten ein höheres Risiko auf die Märkte ausgeht; dieses resultiert aus der Annäherung der Strategien und kann sich weiter verstärken, wenn die Handelsabteilungen der Kreditinstitute diese ebenfalls übernehmen.

Sollten Hedge-Fonds stärker reguliert werden?

706. Hinsichtlich der Notwendigkeit der Regulierung zeigt sich, dass das Hauptrisiko in einer Gefährdung der Stabilität der internationalen Finanzmärkte besteht. Im Gegensatz zu diesem Befund standen in Deutschland Regulierungsvorschläge im Vordergrund, die dem Schutz von Unternehmen vor Übernahmen oder „unliebsamen" Aktionären dienen sollten. Diese betrafen die Einschränkung des Aktionärsstimmrechts, das Verbot von Leerverkäufen und der Aktienleihe, eine Erweiterung der Ermittlungsbefugnisse der Bundesanstalt für Finanzdienstleistungen (BaFin) im Falle abgestimmt agierender Minderheitenaktionäre (acting in concert) sowie eine verbesserte Transparenz über wesentliche Beteiligungen an börsennotierten Unternehmen.

707. Angesichts einer generell sehr niedrigen Repräsentanz bei Hauptversammlungen in Deutschland – im Durchschnitt war im Jahr 2005 rund 46 vH des stimmberechtigten Kapitals bei der jeweiligen Hauptversammlung der DAX-notierten Börsengesellschaften vertreten – kann es bereits einer kleinen Gruppe mit vergleichsweise wenigen Stimmrechten möglich sein, großen Einfluss zu nehmen. Dies hat zu einer Verunsicherung der Unternehmen und zur Forderung nach Beschränkungen, insbesondere der Einflussmöglichkeiten kurzfristiger Anleger, geführt. Einer der weitreichendsten Vorschläge bestand darin, **Stimmrechtsbeschränkungen** für kurzfristig orientierte Anleger einzuführen, so dass Aktionären das Stimmrecht erst nach einer bestimmten Wartezeit eingeräumt würde. Abgesehen von juristischen Problemen einer solchen Stimmrechtseinschränkung, ist sie aus ökonomischer Sicht ebenfalls nicht zu begründen. Wie ausgeführt, gibt es in der Regel keinen grundlegenden Interessenskonflikt zwischen einem kurzfristig orientierten Anleger und einer langfristigen Unternehmensstrategie. Folglich gibt es keinen guten Grund, solche Anleger in ihren Aktionärsrechten zu beschränken. Sicher ist, dass solche Maßnahmen letztlich dem gesamten

Kapitalmarkt, und nicht nur einer einzelnen Investorengruppe, schadeten. Auch der vorgeschlagene Treuebonus, der Aktionären, die eine Aktie über zwei Jahre halten, ein doppeltes Stimmrecht gewährten, kann ökonomisch nicht begründet werden, da kaum davon auszugehen ist, dass Alt-Aktionäre bessere Strategien für das Unternehmen haben als neue Aktionäre. Zu vermerken ist ferner, dass das deutsche Aktienrecht Instrumente bereithält, die die Macht bestimmter Aktionärskreise einschränken (wie stimmrechtslose Vorzugsaktien oder vinkulierte Namensaktien). Unternehmen, die diese einsetzen, müssen allerdings mit einem Abschlag auf den Kapitalmärkten rechnen.

708. Ein weiterer Vorschlag bezog sich auf eine **Beschränkung von Leerverkäufen und der Wertpapierleihe**. Die Befürchtung, dass ein Hedge-Fonds durch Aktienleihe an zusätzliche Stimmrechte gelangen könnte, ist allerdings unbegründet, da in den Verträgen für Wertpapierdarlehen vorgesehen ist, dass die Stimmrechte entweder vor der Hauptversammlung an den Verleiher zurückgehen oder der Leiher davon keinen Gebrauch machen darf.

709. Des Weiteren wurde insbesondere im Zusammenhang mit dem Fall der Deutschen Börse auch eine Erweiterung der Ermittlungsbefugnisse der BaFin beim gemeinsamen Agieren mehrerer Minderheitenaktionäre (**acting in concert**) diskutiert. Nach der entsprechenden Regelung im Wertpapiererwerbs- und Übernahmegesetz (WpÜG), die dem Schutz der Aktionäre vor einem abgestimmten Agieren mehrerer Minderheitsaktionäre dienen soll, sind die Stimmrechtsanteile gemeinsam handelnder Aktionäre zusammenzurechnen. Überschreiten die Stimmrechtsanteile zusammengenommen 30 vH der Aktien, haben die gemeinsam handelnden Personen ein Pflichtangebot an die übrigen Aktionäre abzugeben. Nun hat es sich in der Praxis als außerordentlich schwierig erwiesen, dieses Instrument einzusetzen, da der Nachweis eines gemeinsamen Handelns – das heißt eines zielgerichteten, abgestimmten Verhaltens im Hinblick auf die Stimmrechte – kaum zu erbringen ist. Ungeachtet dieser Schwierigkeiten ist davor zu warnen, diese Regelung als „Abschreckungsmaßnahme" zu verstehen und ihren Anwendungsbereich im Interesse eines Präventivschutzes vor ungewollten Spekulationsaktivitäten auszuweiten. Denn Regelungsziel des Wertpapiererwerbs- und Übernahmegesetzes im Allgemeinen und der Regelungen zum Pflichtangebot im Besonderen ist in erster Linie der Schutz der Aktionäre im Zuge - und nicht grundsätzlich vor - einer Übernahme des Unternehmens durch einen kontrollierenden, gegebenenfalls entgegen den Interessen der Minderheitenaktionäre agierenden Investor. Den Minderheitenaktionären soll im Lichte des Kontrollwechsels und der allenfalls zu befürchtenden Veränderungen die Möglichkeit gewährt werden, ihre Anlage zu liquidieren. Hierzu bedurfte es im Fall der Deutschen Börse gerade nicht dieser Regelung, denn die Konsequenz war eine deutliche Kurssteigerung und nicht eine von „feindlichen Aktionären" angezettelte Wertvernichtung.

710. Aktionäre können allerdings bereits unterhalb der Kontrollschwelle von 30 vH ein erhebliches Druckpotential entfalten. Die Verunsicherung der Unternehmen ist dabei nicht allein auf das aggressivere Auftreten von Hedge-Fonds und anderen institutionellen Investoren zurückzuführen, sondern wird auch durch die mangelnde Transparenz in der Aktionärsstruktur verstärkt. Diese könnte durch die Einführung weiterer **Meldepflichten** beim Erwerb wesentlicher Beteiligungen zumindest teilweise gemildert werden. Die europäische Transparenzrichtlinie, die bis Januar 2007 in nationales Recht umgesetzt werden muss, sieht zu den bereits bestehenden Meldeschwellen für die Anzeige wesentlicher Beteiligungen von 5, 10, 25, 50, 75 vH weitere Schwellen von 15, 20

und 30 vH vor und erlaubt auch zusätzliche Schwellenwerte unter 5 vH. Angesichts der niedrigen Beteiligung an deutschen Hauptversammlungen könnte eine solche Schwelle unterhalb von 5 vH begründet werden.

711. Zusammenfassend zeigt die Diskussion, dass derzeit auf nationaler Ebene kein weiterer Handlungsbedarf besteht. Vordringlicher sind hingegen die vor allem international zu diskutierenden Regulierungsmaßnahmen zur Begrenzung der Gefahr von Finanzkrisen. Hier stehen Maßnahmen zur Erhöhung der Transparenz im Vordergrund, die zum Ziel haben, die Marktdisziplin und Kontrolle durch Kreditgeber, Gegenparteien und Investoren zu stärken. Eine deutliche Verbesserung der Transparenz des Hedge-Fonds-Markts würde den Finanzmarktteilnehmern eine bessere Risikoeinschätzung ermöglichen, das mit der Kreditvergabe an Hedge-Fonds verbundene Risiko berechenbarer machen und somit zu einer höheren Finanzstabilität beitragen.

712. Umsetzbar und angebracht erscheinen in diesem Zusammenhang insbesondere die im Bericht der Counterparty Risk Management Policy Group II (Corrigan-Report), einer länderübergreifenden Initiative der Privatwirtschaft, im Juli dieses Jahres vorgeschlagenen freiwilligen Maßnahmen. Die Vorschläge zielen zum einen darauf ab, den Informationsaustausch zwischen den Hedge-Fonds und den Gegenparteien, insbesondere den Prime Brokers sowie den Kreditinstituten, zu verbessern. So sollten die Hedge-Fonds den Gegenparteien auf vertraulicher Basis grundsätzlich alle Daten zur Verfügung stellen, die zur Einschätzung des Kreditrisikos notwendig sind. Dies betrifft insbesondere Daten zur Einschätzung des gesamten Risikoprofils des Hedge-Fonds sowie zu speziellen Ausfallrisiken. Gleichzeitig sollten vermehrt Sicherheiten zur Abdeckung des verbleibenden Risikos verwendet werden. Ebenso sieht der Ansatz der Corrigan-Gruppe Berichtspflichten des Hedge-Fonds gegenüber der Aufsichtsbehörde vor. Zum anderen weist der Bericht aber auch auf die Notwendigkeit hin, dass gleichzeitig alle beteiligten Akteure ihre Infrastruktur deutlich verbessern müssten, um Probleme bei der Abwicklung von Derivategeschäften zu verhindern.

713. Ein weiterer zentraler Ansatzpunkt der Regulierung ist die Kreditvergabe der Banken an Hedge-Fonds (indirekter Ansatz). So besteht ein Kanal, über den sich das Insolvenzrisiko des Hedge-Fonds auf Banken übertragen kann, in ausfallenden Krediten, die nicht hinreichend mit Eigenkapital unterlegt sind. In Deutschland gelten derzeit für Kredite an Hedge-Fonds die gleichen Anforderungen wie für normale Unternehmenskredite. Allgemein werden sowohl die derzeitigen als auch die zukünftigen bankaufsichtsrechtlichen Vorschriften im Rahmen von Basel II als ausreichend angesehen. Bei einer international nicht-abgestimmten Verschärfung der Eigenkapitalunterlegung dieser Kredite besteht zudem die Gefahr, dass diese mit Wettbewerbsnachteilen für deutsche Kreditinstitute einhergehen könnten.

714. Grundsätzlich erscheinen nationale Alleingänge bei der Regulierung von Hedge-Fonds als nicht Erfolg versprechend. Dies gilt auch für ausschließlich innerhalb der Europäischen Union abgestimmte Regulierungsmaßnahmen. Sowohl verschärfte Eigenkapitalanforderungen als auch direkt bei den Hedge-Fonds oder bei deren Managern ansetzende direkte Regulierungsmaßnahmen wären aller Voraussicht nach wirkungslos. Die große Mehrzahl der Hedge-Fonds ist in so genannten Offshore-Zentren beheimatet und entzieht sich daher weitgehend einer direkten Regulierung. Hedge-Fonds und deren Manager könnten durch Standortverlagerungen ausweichen, wodurch wiederum gleichzeitig der regulierende Finanzstandort geschwächt würde. International koordinierte Regulierungsmaßnahmen zur Erhöhung der Transparenz sind angesichts der zwar wenig wahrscheinlichen, im Ernstfall aber folgenschweren Gefährdung der Finanzstabilität ausdrücklich zu begrüßen.

III. Veränderte Rahmenbedingungen der Unternehmensfinanzierung: Anpassungsbedarf insbesondere im „kleinen" Mittelstand

715. Die veränderten Rahmenbedingungen stellen insbesondere die mittelständischen Unternehmen vor neue Herausforderungen. Aufgrund ihrer traditionell starken Abhängigkeit von Bankkrediten werden sie von Veränderungen der Kreditkonditionen besonders stark betroffen. Zwar müssen eine risikogerechtere Konditionengestaltung und eine zunehmende Konzentration im Bankensektor nicht zwangsläufig zu schlechteren Kreditkonditionen führen. Jedoch zeigen die Ergebnisse der von Wirtschaftsverbänden gemeinsam mit der KfW Bankengruppe (KfW), Frankfurt am Main, durchgeführten Unternehmensbefragungen, dass vor allem Mittelständler tatsächlich von einem deutlichen Anstieg der Kreditkosten – in Form höherer Zinskosten und/oder gestiegener Anforderungen bei der Besicherung – betroffen sind oder gar überhaupt keinen Zugang zu Krediten mehr haben.

Der Mittelstand ist von großer **gesamtwirtschaftlicher Bedeutung**: Nach der üblicherweise verwendeten Definition waren im Jahr 2003 in Deutschland rund 3,4 Millionen Unternehmen, das sind 99,7 vH aller umsatzsteuerpflichtigen Unternehmen, dem Mittelstand zuzuordnen. Bei diesen wiederum war der weit überwiegende Teil der abhängig Beschäftigten, nämlich rund 70 vH, tätig. Vor dem Hintergrund der nach wie vor schwachen Investitionstätigkeit wird daher den Klagen der mittelständischen Unternehmen über anhaltende Finanzierungsprobleme zu Recht große Aufmerksamkeit gewidmet. Im Jahr 2002 wurden mehr als 40 vH aller Investitionen von mittelständischen Unternehmen getätigt, und es kann nicht ausgeschlossen werden, dass die konstatierten Finanzierungsprobleme dieser Unternehmen eine Ursache der Investitionsschwäche in den vergangenen Jahren darstellen.

Allerdings ist gerade bei der Beurteilung der Finanzierungssituation mittelständischer Unternehmen eine genaue Differenzierung geboten. Anders als in der politischen Diskussion, in der oft von den Belangen „des Mittelstands" gesprochen wird, handelt es sich hierbei um eine sehr heterogene Gruppe von Unternehmen, deren finanzielle Situation sich je nach Größe und Branchenzugehörigkeit stark unterscheiden kann.

Der Sachverständigenrat verwendet die in Deutschland gebräuchlichste Definition des Instituts für Mittelstandsforschung Bonn (IfM Bonn). Hiernach werden alle Unternehmen zum Mittelstand gezählt, deren Jahresumsatz unter 50 Mio Euro liegt und die weniger als 500 Beschäftigte haben. Unternehmen mit einem Umsatz von weniger als einer Million Euro und unter zehn Beschäftigten bilden dabei die Gruppe der Kleinunternehmen. Unternehmen, die diese Schwellen überschreiten, werden als mittlere Unternehmen bezeichnet. Ähnlich wird die Gruppe der kleinen und mittleren Unternehmen (KMU) auf europäischer Ebene definiert. Die KMU-Definition der Europäischen Kommission unterscheidet sich durch eine geringere Beschäftigtenschwelle – zur Gruppe der kleinen und mittleren Unternehmen werden nur Unternehmen mit maximal 250 Mitarbeitern gezählt, und neben dem Schwellenwert für den Umsatz (maximal 50 Mio Euro, ebenso wie nach der Definition des IfM Bonn) wird auf die Bilanzsumme (bis zu 43 Mio Euro) zurückgegriffen.

Bei der Analyse des politischen Handlungsbedarfs stellt sich zunächst die Frage nach den Ursachen der Finanzierungsprobleme. Vor dem Hintergrund der geänderten Rahmenbedingungen erscheint hierbei die nach wie vor auch im internationalen Vergleich niedrige Eigenkapitalausstattung des deutschen Mittelstands zunehmend problematisch. Wenngleich sich diese in den letzten Jahren insgesamt leicht verbessert hat, zeigt sich doch, dass es insbesondere den kleineren Unternehmen bislang nicht gelungen ist, ihre Eigenmittel – und damit einhergehend ihre Bonität – in ausreichendem Maße zu verbessern.

1. Angespannte Finanzierungssituation im Mittelstand

716. Die Finanzierungsprobleme der mittelständischen Unternehmen stehen im Kontrast zur allgemeinen finanziellen Situation der Unternehmen, denn diese hat sich in den letzten Jahren weiter verbessert. So konnten beispielsweise aufgrund der positiven Ertragsentwicklung nichtfinanzielle Kapitalgesellschaften im Jahr 2004 zum zweiten Mal in Folge ihre Innenfinanzierungskraft deutlich steigern und führten erstmals per saldo sogar Verbindlichkeiten zurück (Schaubild 80). Nachdem die Kreditaufnahme der Unternehmen bereits im Jahr zuvor zurückgegangen war, stellte sich im Ergebnis eine weitere Verbesserung der Kapitalstruktur ein. Die Bereinigung der Unternehmensbilanzen, die sich im Zuge des Zusammenbruchs der Aktienmärkte deutlich verschlechtert hatten, scheint inzwischen weit vorangeschritten.

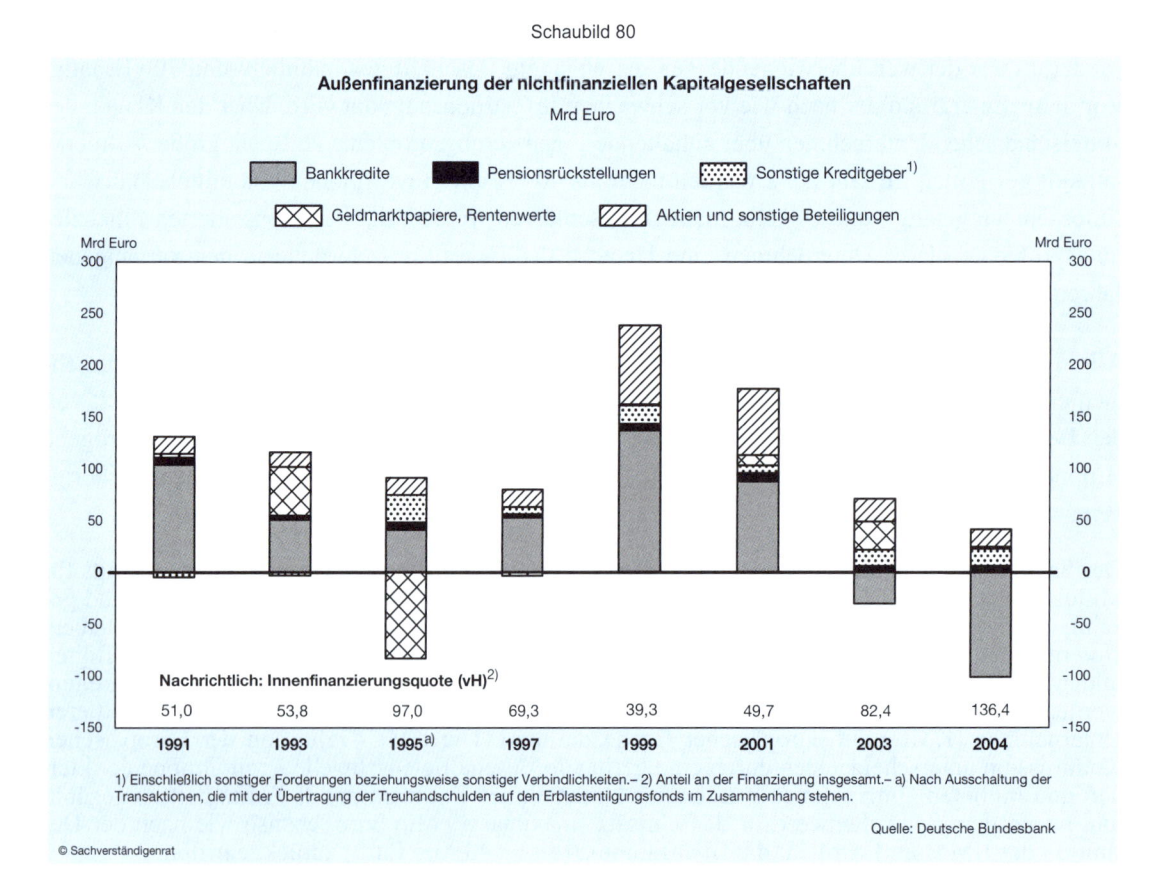

Schaubild 80

Außenfinanzierung der nichtfinanziellen Kapitalgesellschaften
Mrd Euro

Legende: Bankkredite, Pensionsrückstellungen, Sonstige Kreditgeber[1], Geldmarktpapiere, Rentenwerte, Aktien und sonstige Beteiligungen

Nachrichtlich: Innenfinanzierungsquote (vH)[2]

1991	1993	1995[a]	1997	1999	2001	2003	2004
51,0	53,8	97,0	69,3	39,3	49,7	82,4	136,4

1) Einschließlich sonstiger Forderungen beziehungsweise sonstiger Verbindlichkeiten.– 2) Anteil an der Finanzierung insgesamt.– a) Nach Ausschaltung der Transaktionen, die mit der Übertragung der Treuhandschulden auf den Erblastentilgungsfonds im Zusammenhang stehen.

Quelle: Deutsche Bundesbank

© Sachverständigenrat

Vor dem Hintergrund der außerordentlich starken **Zunahme der Innenfinanzierung** ist auch das bis Ende des Jahres 2004 weiterhin rückläufige Kreditvolumen grundsätzlich anders als im Jahr zuvor zu beurteilen. Im Gegensatz zur damaligen Situation, als der Rückgang des Kreditvolumens Anlass zur Sorge über das Vorliegen einer allgemeinen Kreditklemme gab (JG 2004, Ziffer 374), zeigten die jüngsten Ergebnisse der vom Eurosystem vierteljährlich durchgeführten Umfrage zum Kreditgeschäft (Bank Lending Survey) zuletzt eine generelle **Lockerung der Kreditvergabebedingungen** an. Dies lässt den Schluss zu, dass das rückläufige Kreditvolumen in erster Linie die geringere Nachfrage seitens der Unternehmen widerspiegelt. Diese scheinen angesichts der gestiegenen Innenfinanzierungskraft ihre investiven Ausgaben – bei insgesamt nach wie vor schwacher Investitionstätigkeit – zunehmend aus eigener Kraft finanzieren zu können.

717. Umfragen zur konjunkturellen Entwicklung im Mittelstand zeigen jedoch ein deutlich anderes Bild der aktuellen Finanzierungssituation. Im Gegensatz zur positiven Ertragsentwicklung der großen, meist exportorientierten Unternehmen verzeichneten die überwiegend binnenwirtschaftlich orientierten mittelständischen Unternehmen im Jahr 2004 weiterhin Ertragsrückgänge, und auch in diesem Jahr zeigte das monatlich erscheinende KfW-ifo-Mittelstandsbarometer bis zum Spätsommer keine deutliche Verbesserung des Geschäftsklimas an. Anders als den Großunternehmen standen dem Mittelstand zur Finanzierung von Investitionsausgaben nur begrenzt eigene Mittel zur Verfügung; dieser blieb weiterhin auf externe Finanzierungsmittel angewiesen. Zwar deutete der KfW-Konjunkturindikator im Herbst dieses Jahres erstmals seit zwei Jahren auf eine deutliche Verbesserung der Lage der mittelständischen Unternehmen hin. Gleichzeitig schlug sich aber die Unsicherheit über die Auswirkungen der anhaltend hohen Energiepreise in einer Verschlechterung der Erwartungen nieder. Insgesamt ist weiterhin allenfalls mit einer moderaten Erholung zu rechnen.

Sicherlich hat die anhaltend gespaltene Konjunkturentwicklung mit zur unterschiedlichen Entwicklung der aktuellen Finanzierungssituation beigetragen. Gleichzeitig haben sich im Zuge des Wandels des Finanzierungssystems die Finanzierungsbedingungen aber dauerhaft verändert, wobei insbesondere die Anforderungen an die Sicherheiten gestiegen sind. Die Umfrageergebnisse deuten darauf hin, dass es Teilen des Mittelstands bisher nur unzureichend gelungen ist, sich an diese veränderten Bedingungen anzupassen.

718. Die Finanzierungsstruktur und das Finanzierungsverhalten deutscher mittelständischer Unternehmen sind generell durch die hohe Abhängigkeit von Bankkrediten, eine im internationalen Vergleich sehr niedrige Eigenkapitalausstattung und damit einen hohen Bedarf an intern generierten Finanzierungsmitteln charakterisiert. Im Gegensatz zu anderen Ländern bestehen zudem nach Größenklassen deutliche Unterschiede zwischen den Finanzierungsstrukturen der mittelständischen Unternehmen.

Während die großen Mittelständler mit einem Umsatz von mehr als 12,5 Mio Euro ähnlich wie die Großunternehmen ihre Kapitalstruktur in den letzten Jahren deutlich verbessern konnten und sich deren Zugang zu kapitalmarktbasierten Finanzierungsmitteln nicht zuletzt wegen einer signifikanten Erweiterung der Produktpalette erheblich erleichtert hat, ist die Finanzierungsstruktur und das Finanzierungsverhalten der kleinen und mittleren Mittelständler nach wie vor sehr stark auf die Finanzierung über Bankkredite konzentriert, wobei diese oftmals – neben Lieferanten- und Handelskrediten – die einzigen externen Finanzierungsmittel darstellen. So ist die Eigenkapitalquote dieser Mittelständler weiterhin sehr niedrig. Pensionsrückstellungen sind – anders als bei Großunternehmen, bei denen sie 11,3 vH der Bilanzsumme im Jahr 2002 ausmachten, ebenso wie alternative Finanzierungsmittel für kleine und mittlere Unternehmen nur von geringer Bedeutung. Bei diesen spielt neben der Selbstfinanzierung und der Finanzierung über Bankkredite lediglich die Leasing-Finanzierung – auf die nach der jüngsten „MIND-Mittelstand in Deutschland"-Umfrage bereits knapp 60 vH der mittelständischen Unternehmen zurückgegriffen haben – eine bedeutendere Rolle bei der Investitionsfinanzierung.

719. Nach der Diagnose Mittelstand 2005 des Deutschen Sparkassen- und Giroverbands (DSGV) stieg die **Eigenkapitalquote** mittelständischer Unternehmen von durchschnittlich 4,4 vH im Jahr 2002 auf 7,5 vH im Jahr 2003 (Schaubild 81). Trotz der Verbesserungen ist die Eigenkapitalquote dieser Unternehmen jedoch im internationalen Vergleich immer noch sehr niedrig. Im Gegensatz dazu erreichten mit 20,7 vH die „großen" Mittelständler im Jahr 2003 eine ähnlich hohe Eigenkapitalquote wie die Großunternehmen, deren durchschnittliche Eigenkapitalquote bei 25 vH lag. In vielen europäischen Ländern, wie zum Beispiel Frankreich, dem Vereinigten Königreich und Spanien, weisen hingegen auch die kleinen und mittleren Unternehmen Eigenkapitalquoten von 30 vH und mehr auf (Deutsches Aktieninstitut, 2004).

Spiegelbildlich zu der Entwicklung der Eigenkapitalquote nahm in den letzten Jahren die Bedeutung der **Bankkreditfinanzierung** über alle Größenklassen hinweg ab (Schaubild 81). Aufgrund der besseren Ertragsentwicklung und Verfügbarkeit alternativer Finanzierungsmittel fiel der Rückgang allerdings bei den großen mittelständischen Unternehmen deutlich stärker aus. Bei mittelständischen Unternehmen mit einem Jahresumsatz über 12,5 Mio Euro reduzierte sich der durchschnittliche Anteil der Bankkredite im Zeitraum der Jahre 1995 bis 2003 um mehr als 6 Prozentpunkte, bei Unternehmen mit einem jährlichen Umsatz zwischen 500 000 Euro und unter 2,5 Mio Euro betrug der entsprechende Rückgang lediglich 4,5 Prozentpunkte. Der traditionell gegenläufige Zusammenhang zwischen der Abhängigkeit von Bankkrediten und der Unternehmensgröße hat sich hierdurch weiter verstärkt.

2. Schwache Eigenkapitalausstattung wird zum Problem

720. Die vergleichsweise niedrige Eigenkapitalausstattung und die hohe Bedeutung der Bankkreditfinanzierung standen lange Zeit im Einklang mit dem Finanzierungsumfeld. So waren Bankkredite im internationalen Vergleich in der Vergangenheit günstig und auch für längere Laufzeiten zu Festzinskonditionen erhältlich. Zudem erleichterte die enge Bindung an die Hausbank die Fremdkapitalaufnahme. Im Vergleich zu anderen Finanzierungsformen war insgesamt der Finanzierungsaufwand für Unternehmen sehr gering, nicht zuletzt weil im Zuge der Kreditaufnahme weder Publizitätspflichten galten noch Dritten Mitentscheidungsrechte einzuräumen waren. Gleichzeitig gewährleisten die insolvenzrechtlichen Rahmenbedingungen in Deutschland – einschließlich der zur Verfügung stehenden Kreditsicherungsmechanismen – einen recht hohen und die Fremdkapitalgeber begünstigenden Gläubigerschutz. Auch steuerlich ist die Fremdkapitalfinanzierung gegenüber der Eigenkapitalfinanzierung vorteilhaft, wenn sie einer geringeren Steuerbelastung unterliegt, und dies ist häufig der Fall.

Veränderte Rahmenbedingungen der Mittelstandsfinanzierung

Schaubild 81

Eigenkapitalquoten und Bedeutung der Bankverbindlichkeiten bei Unternehmen nach Umsatzgrößenklassen

1997 | 1998 | 1999 | 2000 | 2001 | 2002 | 2003

Eigenkapital[1)]

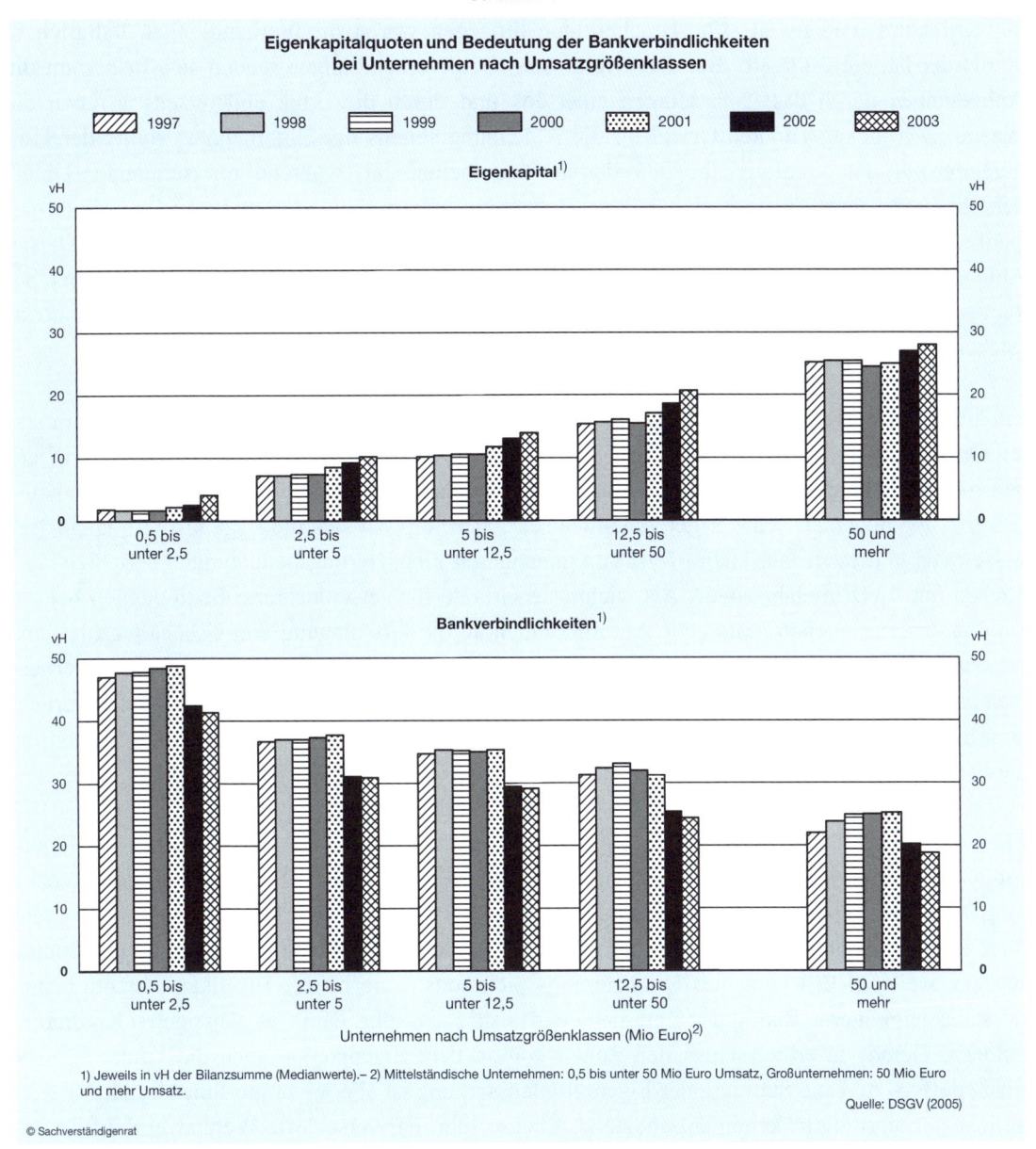

Bankverbindlichkeiten[1)]

Unternehmen nach Umsatzgrößenklassen (Mio Euro)[2)]

1) Jeweils in vH der Bilanzsumme (Medianwerte).– 2) Mittelständische Unternehmen: 0,5 bis unter 50 Mio Euro Umsatz, Großunternehmen: 50 Mio Euro und mehr Umsatz.

Quelle: DSGV (2005)

© Sachverständigenrat

721. Vor dem Hintergrund des sich wandelnden Finanzierungsumfelds und des gestiegenen Risikobewusstseins der Banken zeigt sich immer deutlicher, dass die schwache Eigenkapitalausstattung zur Achillesferse vieler Unternehmen wird. Gerade die kleinen und mittleren mittelständischen Unternehmen, deren Eigenkapitalquote – ungeachtet des jüngsten Anstiegs – nach wie vor besonders niedrig ist, sind überdurchschnittlich oft von einer Verschlechterung ihres Zugangs zu Bankkrediten betroffen, und immer wieder werden mangelnde Kreditsicherheiten als Hauptursache für die Ablehnung von Kreditanträgen genannt.

So zeigen beispielsweise die Auswertungen des KfW-Mittelstandspanels, dass im Jahr 2003 große Unternehmen bei Kreditverhandlungen deutlich erfolgreicher waren als kleine. Die Verhandlungen führten bei knapp 60 vH der Mittelständler mit 50 und mehr Beschäftigten zu einem Abschluss; bei KMU mit weniger als fünf Beschäftigten hingegen waren die Verhandlungen lediglich in 37 vH der Fälle erfolgreich. Bei den erfolglosen Kreditverhandlungen hielten sich insgesamt die Ablehnungen durch das Unternehmen einerseits und durch die Bank andererseits in etwa die Waage. Den meistgenannten Grund für die Ablehnung seitens der Unternehmen stellte der Umfang der für die Kreditvergabe geforderten Sicherheiten dar, während mit steigender Unternehmensgröße dem Zinssatz eine höhere Bedeutung zukam. Entsprechend wurden seitens der Banken in den meisten Fällen unzureichende Sicherheiten als Ablehnungsgrund genannt. Diesen Ablehnungsgrund gaben 60 vH der mittelständischen Unternehmen, die kein Kreditangebot bekamen, an. Als weitere Gründe wurden eine veränderte Geschäftspolitik der Banken und unzureichende Bonität angeführt.

Ein ähnliches Bild zeigt die von der KfW in Zusammenarbeit mit 25 Wirtschaftsverbänden im ersten Quartal dieses Jahres durchgeführte Unternehmensbefragung. Ähnlich wie im Jahr zuvor gaben rund zwei Fünftel der befragten Unternehmen an, dass auch im Jahr 2004 die Unternehmensfinanzierung nochmals schwieriger geworden sei. Allerdings hat sich die Lage insofern leicht verbessert, als in diesem Jahr knapp 7 vH von günstigeren Finanzierungsbedingungen berichten, verglichen mit 4 vH im Jahr zuvor. Als wichtigste Gründe für verschlechterte Bedingungen bei der Kreditaufnahme wurden gestiegene Anforderungen an die Offenlegung von Geschäftszahlen und Geschäftsstrategien sowie höhere Sicherheitsforderungen genannt. Rund ein Drittel der Unternehmen gab an, Probleme zu haben, überhaupt noch Kredite zu bekommen; bei den kleinen Unternehmen mit einem Jahresumsatz von bis zu 2,5 Mio Euro sowie bei ostdeutschen Unternehmen lag dieser Anteil mit über 40 vH noch wesentlich höher.

722. Angesichts des erschwerten Zugangs zu Bankkrediten kommt einer Verbesserung der Eigenkapitalausstattung in mehrfacher Hinsicht eine zentrale Bedeutung zu. Erstens stellt die Finanzierung über Eigenkapital eine wichtige Alternative zur Finanzierung über Bankkredite dar. Zweitens führt eine verbesserte Eigenmittelausstattung aber gleichzeitig über eine Verbesserung der Bonität zu einer weiteren Erhöhung des Finanzierungsspielraums. Eine höhere Eigenkapitalquote beeinflusst das bankinterne Rating des Unternehmens positiv und führt damit zu günstigeren Kreditkonditionen. Gerade in ertragsschwachen Zeiten kommt dem Eigenkapital auch die Funktion eines Risikopuffers zu. Eine Stärkung der Eigenmittelausstattung ist aber nicht nur hinsichtlich der Kreditfinanzierungsmöglichkeiten entscheidend. Ebenso führt der verschärfte Wettbewerb auf den internationalen Produktmärkten zu einem gestiegenen Eigenkapitalbedarf. Aufgrund der gestiegenen Konkurrenz und verkürzter Produktlebenszyklen sind die Unternehmen gezwungen, sich sehr viel schneller an sich verändernde Anforderungen anzupassen. Dies bedeutet zum einen, dass die Funktion des Eigenkapitals als Risikopuffer aufgrund des gestiegenen Risikos wichtiger wird. Zum anderen eröffnen sich auch für mittelständische Unternehmen neue Investitionsmöglichkeiten und -bedürfnisse, die zu einem gestiegenen Finanzierungsbedarf führen. Durch eine verstärkte Internationalisierung können auch mittelständische Unternehmen von größeren Absatzmärkten und günstigeren Produktionsstätten profitieren und zur dauerhaften Sicherung ihrer Wettbewerbsfähigkeit beitragen.

723. Über die Stärkung der Eigenkapitalausstattung hinaus sind die Unternehmen gezwungen, ihre Finanzierungsstrukturen weiter zu differenzieren. Neben neuen Formen der Eigenkapitalfinanzierung sind gerade die Unternehmen, deren Möglichkeiten zur Kreditfinanzierung sich verschlechtert haben, gezwungen, andere **Fremdfinanzierungsmöglichkeiten** in Betracht zu ziehen (Kasten 16). Hierbei spielt jedoch die Bonität des Unternehmens eine entscheidende Rolle für die Zugangsmöglichkeiten und Finanzierungskonditionen. So können diese Instrumente zwar helfen, bestehende Finanzierungsengpässe zu überwinden; eine alleinige Lösung der Finanzierungsprobleme der kleineren mittelständischen Unternehmen ist allerdings hiervon nicht zu erwarten.

Kasten 16

Überblick über alternative Finanzierungsmöglichkeiten

Im Zuge der wachsenden Bedeutung der internationalen Kapitalmärkte hat sich das **Spektrum der Finanzierungsmöglichkeiten** vergrößert. Wenngleich diese Möglichkeiten zunächst nur von großen Kapitalgesellschaften genutzt wurden, sind einige dieser alternativen Finanzierungsinstrumente mittlerweile auch für mittelständische Unternehmen zugängig (Tabelle 49).

Tabelle 49

Alternative Formen der Außenfinanzierung

Eigenkapital	Mezzanine-Kapital	Fremdkapital
- Beteiligung/ Private Equity	- Genussscheine	- Factoring
- Börsengang (IPO)	- Stille Beteiligungen	- Leasing
	- Wandel-/Optionsanleihen	- Schuldscheindarlehen
		- Asset Backed Securities
		- Syndizierte Kredite
		- Strukturierte Kredite

Zur Verbesserung der Eigenkapitalausstattung stehen Unternehmen grundsätzlich neben der Innenfinanzierung zum einen Direktbeteiligungen sowie der Börsengang oder Kapitalerhöhungen als Instrumente zur externen Eigenkapitalaufnahme zur Verfügung. Zum anderen können bestimmte Formen des Mezzanine-Kapitals, insbesondere stille Beteiligungen und Genusskapital, eine eigenkapitalähnliche Funktion übernehmen.

Im Rahmen einer Direktbeteiligung wird ein Investor Gesellschafter und Miteigentümer des Unternehmens. Er erhält keine laufenden Zins- und Tilgungszahlungen und realisiert seine Rendite üblicherweise durch einen späteren Verkauf seiner Anteile sowie eine laufende Teilhabe am Gewinn des Unternehmens. Neben den hohen Kosten der Prüfung sowie der Durchführung und Betreuung von Beteiligungen im Verhältnis zu den investierten Beträgen, die insbesondere im Bereich der Frühphasenfinanzierung ein Problem darstellen, besteht die Schwierigkeit für den klassischen Mittelstand vor allem darin, dass das Wertsteigerungspotential oft zu gering ist, um dem Beteiligungskapitalgeber bei späterem Verkauf der Anteile eine dem Risiko entsprechende Rendite zu sichern. Zudem möchten die bisherigen Inhaber meist Alleineigentümer bleiben.

Vor diesem Hintergrund können die genannten Formen des Mezzanine-Kapitals eine Alternative darstellen. Die Rückführung erfolgt durch Rückzahlung am Ende der vereinbarten Laufzeit oder in Tranchen. Da der Kapitalgeber in diesem Rahmen nicht zum Gesellschafter des Unternehmens wird, findet keine Verwässerung der Anteile der bisherigen Gesellschafter statt, und es entfällt die kostenträchtige Bewertung des Unternehmens. Mezzanine-Kapital steht grundsätzlich längerfristig zur Verfügung und bindet keine Sicherheiten. Aufgrund der Nachrangigkeit gegenüber Fremdkapital erhöht Mezzanine-Kapital das wirtschaftliche Eigenkapital und dient damit zur Verbesserung der Bonität und des Ratings. Steuerlich gilt es hingegen als Fremdkapital, so dass Zinsen als gewinnmindernde Betriebsausgaben abgesetzt werden können. Im Zuge der Erweiterung des Angebots auf immer kleinere Tranchen steht Mezzanine-Kapital zunehmend kleineren mittelständischen Unternehmen als Finanzierungsinstrument zur Verfügung. Ein Börsengang hingegen kommt aufgrund der hohen Untergrenze für das Emissionsvolumen – diese liegt bei rund 40 Mio Euro – lediglich für sehr große mittelständische Unternehmen in Frage.

Bei der Fremdfinanzierung stellen für kleinere Unternehmen das Factoring und das Leasing als Maßnahme zur Investitionsfinanzierung meist die einzigen Finanzierungsalternativen zur Kreditfinanzierung dar. Größeren mittelständischen Unternehmen bieten sich darüber hinaus zunehmend die Möglichkeit der Fremdkapitalfinanzierung über den Kapitalmarkt und andere Formen der Fremdmittelaufnahme über Nichtbanken. Eine erste Möglichkeit stellen dabei Schuldscheindarlehen dar, bei denen es sich um mehr oder weniger standardisiert dokumentierte Kreditforderungen handelt, in die – im Rahmen der gegenwärtigen aufsichtsrechtlichen Vorgaben – auch Nichtbanken wie etwa Versicherungen investieren können. Diese können bei institutionellen Investoren platziert werden und sind ab einem Finanzierungsvolumen von 10 Mio Euro begebbar. Des Weiteren gewinnen Asset Backed Securities, eine besondere Form der Verbriefung von Forderungen aus Lieferungen und Leistungen, an Bedeutung. Im Einzelnen werden dabei Forderungen an eine Zweckgesellschaft verkauft, wobei sich diese wiederum durch die Emission von Wertpapieren – in der Regel kurzfristige Schuldverschreibungen mit einer Laufzeit von unter einem Jahr, sogenannten Commercial Papers – refinanziert. Die Mindestgröße des Forderungsportfolios liegt in aller Regel bei 10 bis 15 Mio Euro.

Insgesamt lässt sich festhalten, dass das Spektrum der Finanzierungsmöglichkeiten in Deutschland immer größer wird. Instrumente, die aufgrund hoher Mindesttransaktionsvolumina zunächst ausschließlich Großunternehmen vorbehalten waren, werden zunehmend für den größeren Mittelstand erschlossen. Kleineren Unternehmen hingegen stehen bisher nur begrenzt Finanzierungsalternativen zur Verfügung.

724. Sucht man nach den Gründen, warum sich trotz der Dringlichkeit der Stärkung der Eigenkapitalausstattung bisher keine ausreichende Verbesserung der Eigenkapitalquote kleiner und mittlerer Unternehmen abgezeichnet hat, wäre zunächst denkbar, dass es sich hierbei lediglich um ein statistisches Problem handelt. Denn insbesondere kleinere mittelständische Unternehmen sind in der Regel Personengesellschaften, bei denen bezüglich der Zuordnung von Eigenkapital in den betrieblichen Bereich einerseits und den privaten Bereich andererseits erheblicher – und oftmals steuerlich motivierter – Gestaltungsspielraum besteht. Wenngleich dies sicherlich zum Teil die niedrigen oder gar negativen Eigenkapitalquoten zu erklären vermag, so lassen allerdings die überdurchschnittlichen Insolvenzzahlen der letzten Jahre darauf schließen, dass viele dieser kleinen Unternehmen tatsächlich über kein oder nur unzureichendes Eigenkapital verfügen. So entfielen nach Berechnungen von Creditreform im Jahr 2004 sowohl in Ost- als auch in Westdeutschland mehr als 70 vH der Unternehmensinsolvenzen auf Betriebe mit fünf oder weniger Beschäftigten. Vor dem Hintergrund zunehmender Insolvenzen in den letzten Jahren ist vielmehr festzuhalten, dass selbst die beobachtete Verbesserung der Eigenkapitalquote das Bild positiv überzeichnet, da die in Insolvenz gegangenen Unternehmen nicht mehr berücksichtigt werden.

725. Zweitens könnte die Ursache der weiterhin schlechten Eigenmittelausstattung darin liegen, dass es den Unternehmen trotz erkannten Anpassungsbedarfs nicht gelingt, ihre Eigenkapitalsituation tatsächlich zu verbessern. Grund hierfür ist zum einen die – durch die schlechte Ertragslage bedingte – eingeschränkte Möglichkeit der **Gewinnthesaurierung**, des klassischen Wegs zur Verbesserung der Eigenkapitalausstattung. Zum anderen ist aber nach wie vor für kleine und mittlere mittelständische Unternehmen der Zugang zu externem Eigenkapital deutlich begrenzter als für größere Unternehmen. Zwar hat sich in den letzten Jahren auch für mittelständische Unternehmen das Angebot an alternativen Eigenkapitalformen und eigenkapitalähnlichen Finanzierungsmitteln wesentlich verbreitert. Insgesamt nutzen aber bisher nur relativ wenige Unternehmen diese Finanzierungsmöglichkeiten, und es kann nicht damit gerechnet werden, dass die zur Verfügung stehenden Volumina ausreichend sein werden.

Als Gründe für die begrenzte Nutzung **externer Eigenkapitalinstrumente** werden zum einen die eingeschränkte Verfügbarkeit dieser Instrumente sowie die vergleichsweise hohen Finanzierungskosten und ihre Komplexität genannt. Gerade die klassischen Eigenkapitalinstrumente, der Börsengang oder privates Beteiligungskapital, bleiben aufgrund bestehender Mindesttransaktionsvolumina sowie hoher Anforderungen an Rendite und Wachstumsaussichten oftmals nur größeren oder besonders wachstumsstarken Unternehmen vorbehalten. Mezzanine-Kapital steht hingegen zunehmend auch kleineren Unternehmen des breiten Mittelstands zur Verfügung. Zwar wurden hierbei in der Vergangenheit vielfach eine zu hohe Komplexität sowie die relativ hohen Finanzierungskosten beklagt. Gerade für diejenigen Unternehmen, deren Kreditkonditionen sich zuletzt verschlechtert haben, stellt dieses Instrument aber zunehmend eine attraktive Finanzierungsalternative dar. Die begrenzte Nutzung von externem Eigenkapital lässt sich allerdings nicht allein auf einen beschränkten Zugang zurückführen; nach wie vor scheint dieser vor allem die immer noch weit verbreitete „Herr-im-Haus"-Mentalität im Wege zu stehen. Auch neuere Umfragen zeigen, dass viele Unternehmer die Aufnahme von externem Eigenkapital nach wie vor ablehnen und trotz verschlechterter Finanzierungsbedingungen nicht bereit sind, Miteigentümern Mitspracherechte zu gewähren und Unabhängigkeit aufzugeben.

726. Drittens ist grundsätzlich zu berücksichtigen, dass diese Finanzierungsquellen nur dann verstärkt genutzt werden, wenn seitens der Unternehmen ein entsprechendes Bewusstsein für die Dringlichkeit der Stärkung der Eigenkapitalbasis vorhanden ist. Während insbesondere die großen Mittelständler den Bedarf an zusätzlichem Eigenkapital erkannt und Maßnahmen zur Verbesserung ihrer Kapitalstruktur ergriffen haben, gibt es deutliche Anzeichen dafür, dass immer noch viele Unternehmen keinen grundsätzlichen Handlungsbedarf sehen.

Kürzlich veröffentlichte Ergebnisse einer vom Institut für Kredit- und Finanzwirtschaft an der Ruhr-Universität Bochum (ikf) in Zusammenarbeit mit Creditreform durchgeführten Umfrage bei 4 000 Unternehmen legen nahe, dass mangelndes Problembewusstsein durchaus ein Hemmnis für eine rasche Anpassungsreaktion darstellen könnte. So ergab die Umfrage, dass trotz der öffentlich immer wieder beklagten Eigenkapitalschwäche und der zunehmenden Dringlichkeit, diese zu verbessern, lediglich jeder vierte Mittelständler überhaupt ein Ziel für seine Eigenmittelausstattung definiert, und selbst von denjenigen, die ihre Eigenkapitalausstattung als nicht gut einstufen, nur die Hälfte eine Erhöhung anstrebt.

Dies wäre insofern bedenklich, als zu erwarten ist, dass sich die Finanzierungssituation dieser eigenkapitalschwachen Unternehmen im Zuge des fortschreitenden Wandels des Finanzierungsumfelds weiter verschlechtern und eine schnelle Überwindung der Eigenkapitalschwäche unwahrscheinlich wird.

3. Wege zu mehr Eigenkapital

727. Die Politik kann Entscheidungen für eine verbesserte Eigenkapitalausstattung lediglich durch die Festlegung und Verbesserung der Rahmenbedingungen für die KMU-Finanzierung unterstützen. Hierbei sind zum einen Maßnahmen zur Sicherung eines langfristig hohen Wachstums entscheidend; zum anderen kann die Politik aber auch einen wichtigen Beitrag zur weiteren Verbesserung des Zugangs zu externem Eigenkapital leisten. Direkte Fördermaßnahmen sollten dabei nur eine begrenzte Rolle spielen. Sie erscheinen nur im Falle von Marktversagen gerechtfertigt und sollten daher wohldosiert und – im Falle temporärer Störungen – nur zeitlich begrenzt eingesetzt werden.

Der klassische Weg zur Verbesserung der Eigenkapitalausstattung, **die Gewinnthesaurierung**, ist derzeit vor allem für kleinere Unternehmen schwierig. Langfristig ist eine verbesserte Innenfinanzierung bei höheren Wachstumsraten zu erwarten. Dazu sind aber keine speziellen Fördermaßnahmen für den Mittelstand, sondern eine generelle Verbesserung der Rahmenbedingungen erforderlich: eine weitere Flexibilisierung des Arbeitsmarkts sowie die Fortführung der Reformen der Sozialen Sicherungssysteme und des Konsolidierungskurses in der Finanzpolitik (Ziffern 255 ff., 441 ff., 560 ff.). Ebenso wenig ist eine speziell auf die Bedürfnisse des Mittelstands ausgerichtete Steuerpolitik angeraten (Ziffern 392 ff.). Der Gesetzgeber hat in den letzten Jahren, insbesondere mit der Senkung der Einkommensteuersätze, wichtige wirtschaftspolitische Weichenstellungen zur Stärkung der Ertrags- und Finanzierungsverhältnisse der meist als Personengesellschaft geführten mittelständischen Unternehmen vorgenommen. Nach wie vor besteht allerdings im Bereich der Unternehmensbesteuerung grundsätzlicher und nicht allein auf den Mittelstand beschränkter Handlungsbedarf. Dies gilt zum einen aufgrund der im internationalen Vergleich zu hohen Belastung deutscher Kapitalgesellschaften. Zum anderen erfolgt eine unsystematische Besteuerung von Kapitaleinkommen, die nicht nur Arbitragemöglichkeiten eröffnet und zu Verzerrungen der Rechtsform- und Finanzierungsentscheidungen führt, sondern auch für die Komplexität der Besteuerung und für hohe Befolgungs- und Verwaltungskosten verantwortlich ist. Der Sachverständigenrat hat zur Lösung dieser Probleme vorgeschlagen, zu einer Dualen Einkommensteuer überzugehen (Ziffern 408 ff.).

728. Da eine Verbesserung der Eigenkapitalausstattung über eine verstärkte Gewinnthesaurierung lediglich langfristig erzielbar ist, müssen die mittelständischen Unternehmen vermehrt auf **externes Eigenkapital** zurückgreifen. Nach wie vor stehen hierbei aber gerade die kleinen und mittleren Unternehmen des „breiten" Mittelstands vor dem Problem, dass das Angebot an geeigneten Finanzierungsinstrumenten bisher noch sehr beschränkt ist. So hat sich zwar der Markt für Beteiligungskapital in Deutschland in den letzten Jahren deutlich vergrößert (Ziffer 695). Mehr denn je konzentrieren sich die dort engagierten Private Equity-Gesellschaften aber neben jungen Wachstumsunternehmen vor allem auf wenige sehr große, etablierte Unternehmen mit stabilen Cash Flows, die aufgrund der damit einhergehenden langfristig planbaren Fremdkapitaltilgung und des dadurch möglichen hohen Verschuldungsgrads äußerst hohe Eigenkapitalrenditen von 20 % und mehr erwarten lassen. Der Risikokapitalmarkt für den „breiten" Mittelstand, der sich durch ein stetiges, aber moderates Umsatzwachstum und deutlich geringere Eigenkapitalrenditen auszeichnet, ist hingegen weit weniger entwickelt, und gerade für die kleineren Unternehmen bestehen nach wie vor kaum Möglichkeiten, sich an diesem Markt zu finanzieren.

729. Zur Entwicklung der Märkte für externes Eigenkapital kann, solange ein Marktversagen vorliegt, eine marktkonforme Förderung dienen.

Auf Finanzmärkten kann es bei schwerwiegenden Informationsasymmetrien zu Marktversagen kommen – einer Situation, bei der sich im Marktprozess ein aus gesamtwirtschaftlicher Sicht zu geringes Finanzierungsvolumen ergibt. Grund hierfür ist, dass es außen stehenden Finanzierungsgebern unter diesen Bedingungen nicht oder nur mit unverhältnismäßig hohem Aufwand möglich ist, die mit der Finanzierung und dem Investitionsprojekt verbundenen Chancen und Risiken einzuschätzen. Marktversagen tritt besonders häufig im Bereich der Innovationsfinanzierung auf, da gerade bei technologisch anspruchsvollen Projekten die technischen Risiken und Marktchancen nur schwer zu beurteilen sind. Zudem handelt es sich hierbei oftmals um Investitionen in Knowhow, bei denen – anders als bei Investitionen in Sachanlagen – für den Fall des Fehlschlagens des Projekts verhältnismäßig geringe Sachwerte zur Besicherung zur Verfügung stehen. Diese Probleme werden gerade bei kleinen Unternehmen dadurch verschärft, dass diese aufgrund mangelnder Möglichkeiten der Risikodifferenzierung bei einem Scheitern des Investitionsprojekts häufiger in ihrer Existenz bedroht sind, wodurch sich das Risiko der Finanzierungsgeber nochmals erhöht.

Anders als bei jungen innovativen Wachstumsunternehmen, bei denen es aufgrund der hohen Unsicherheit hinsichtlich des Erfolgs von Forschungsprojekten und vergleichsweise kleiner Investitionsvolumina auch dauerhaft zu einem Marktversagen kommen kann, ist dies in dem für traditionelle mittelständische Unternehmen relevanten Teilsegment des Beteiligungsmarkts kaum zu erwarten, und schon aus diesem Grund ist von einer umfassenden Förderung der mittelständischen Unternehmen abzusehen. Sind allerdings die Märkte für Wagniskapital noch unterentwickelt, kann eine zeitlich begrenzte, marktkonforme Förderung gerechtfertigt werden. Sie sollte einerseits dazu dienen, die Rahmenbedingungen zur Entwicklung dieser Märkte zu verbessern, andererseits kann sie bei der Einführung neuer Instrumente externen Beteiligungskapitals hilfreich sein. Darüber hinaus muss allerdings eine solche Förderung laufend dahingehend überprüft werden, ob nicht mit der Zeit mögliche neue Angebote privatwirtschaftlicher Anbieter verdrängt werden.

Die KfW trägt diesem Sachverhalt insofern Rechnung, als die bestehenden Programme zur Förderung von Beteiligungskapital für mittelständische Unternehmen gemeinsam mit privaten Kreditinstituten und anderen institutionellen Investoren angeboten werden. Dennoch bleibt auch hier offen, inwiefern derartige Finanzierungslösungen nicht ebenso ohne die Mitwirkung der öffentlichen Hand verwirklicht werden könnten. Eine abschließende Beurteilung dieser Programme ist allerdings schon deshalb nicht möglich, weil ungenügende Erfahrungen hinsichtlich der Akzeptanz der erst kürzlich eingeführten Programme vorliegen.

Im Rahmen ihres Förderprogramms bietet die KfW neben Programmen für Unternehmensgründungen und technologieorientierte Unternehmen mit dem ERP-Beteiligungsprogramm und der Initiative „Eigenkapital für den breiten Mittelstand" auch Eigenkapitalfinanzierungen für etablierte Mittelstandsunternehmen an.

- Im ERP-Beteiligungsprogramm investiert die KfW Mittelstandsbank nicht direkt in Unternehmen, sondern stellt einem Beteiligungsgeber, in der Regel Mittelständischen Beteiligungsgesellschaften, ein Refinanzierungsdarlehen zur Verfügung, das dieser dann in Form einer Beteiligung einbringt. Neben den KfW-Mitteln muss der Beteiligungsgeber zugleich eigene Mittel einsetzen (25 vH der Investitionsmittel in den alten Ländern, 15 vH in den neuen Ländern). Die Obergrenze für Beteiligungen liegt dabei bei 500 000 Euro in den alten und einer Million Euro in den neuen Ländern.

- Die KfW-Initiative „Eigenkapital für den breiten Mittelstand" bietet Eigenkapital im Umfang zwischen ein und fünf Mio Euro an – ein Bereich, in dem der Bedarf bisher weder von Mittelständischen Beteiligungsfonds noch von privaten Private Equity-Gesellschaften bedient wird. In diesem Rahmen hat die KfW gemeinsam mit anderen privaten und öffentlichen Beteiligungsgebern in den letzten beiden Jahren erste Pilotfonds begeben (Bayern-Fonds, Hessen-Fonds), die mittelständischen Unternehmen Eigenkapital in Form stiller Beteiligungen und anderer nachrangiger Finanzierungsformen mit einer Laufzeit von bis zu acht Jahren zur Verfügung stellen. Um die Attraktivität für die meist institutionellen Anleger sicherzustellen, sind diese Fonds mit einer Kapital- beziehungsweise Mindestsicherungsgarantie ausgestattet, wobei in beiden der genannten Fälle das jeweilige Bundesland als Garantiegeber auftritt.

4. Bankenkonsolidierung: Gefahr für den Mittelstand?

730. Trotz der erforderlichen Anpassungen wird die Bankkreditfinanzierung zukünftig weiterhin die wichtigste Finanzierungsquelle für kleinere und mittlere Unternehmen bleiben. Die gestiegene Bedeutung einer risikogerechten Kreditbepreisung stellt hierbei jedoch nicht die einzige Herausforderung für mittelständische Unternehmen dar. Entscheidende Veränderungen des Finanzierungsumfelds sind auch im Zuge der zu beobachtenden zunehmenden Konsolidierung im Bankensektor zu erwarten. Zwar blieb die Diskussion in Deutschland in diesem Jahr weiterhin von institutionellen Fragen über die Zukunft des Drei-Säulen-Systems geprägt (JG 2004 Ziffern 355 ff.). Gerade vor dem Hintergrund der ohnehin angespannten Finanzierungssituation vieler mittelständischer Unternehmen stellt sich aber auch die Frage nach den Konsequenzen der Bankenkonsolidierung für deren Kreditfinanzierungsmöglichkeiten.

731. Der **Konsolidierungsprozess im Bankensektor** ist seit Anfang der neunziger Jahre in fast allen Ländern des Euro-Raums zu beobachten. Die Anzahl der Kreditinstitute im gesamten Währungsgebiet ging von 9 500 im Jahr 1995 auf rund 6 400 im Jahr 2004 zurück. In Deutschland sank die Zahl der Kreditinstitute im gleichen Zeitraum von rund 3 800 auf 2 100; sie schrumpfte damit sogar noch etwas stärker als im gesamten Euro-Raum. Gleichwohl blieb auch hierzulande – wie in den meisten Ländern des Euro-Raums – die Zahl der Zweigstellen weitgehend stabil. Dies deutet darauf hin, dass die Konsolidierung im Euro-Raum weniger das Ergebnis von Zweigstellenumstrukturierungen ist, sondern vielmehr auf Fusionen und Übernahmen zurückzuführen ist. So fanden im Zeitraum der Jahre 1995 bis 2004 im Euro-Raum insgesamt rund 900 Fusionen und Übernahmen im Bankensektor statt; 170 davon in Deutschland (Europäische Zentralbank, 2005). Hierbei handelte es sich zunächst meist um Zusammenschlüsse inländischer, vorwiegend kleinerer Institute, die im Schnitt nur sehr geringe positive Effekte auf die Effizienz der fusionierten Institute hatten (Kötter, 2005). Letzteres kann möglicherweise darauf zurückgeführt werden, dass das Hauptmotiv für Übernahmen darin bestand, Schieflagen zu vermeiden. Zudem fand in Deutschland, im Gegensatz zu anderen europäischen Ländern, aufgrund rechtlicher Beschränkungen die Bankenkonsolidierung fast ausschließlich innerhalb der Säulen statt. Ende der neunziger Jahre erfolgten im Zuge des Aktienmarktbooms in Europa einige Fusionen und Übernahmen zwischen

Großbanken oder zwischen großen Banken und Versicherungsgesellschaften. Nachdem die Fusions- und Übernahmetätigkeit nach dem Jahr 2001 zunächst deutlich zurückgegangen war, rückte die Bankenkonsolidierung in diesem Jahr vor dem Hintergrund der Ankündigung der Übernahme der HypoVereinsbank (HVB Group) durch die italienische UniCredit gerade in Deutschland wieder verstärkt ins Blickfeld. Allgemein zeichnete sich in Europa zuletzt eine Tendenz hin zu grenzüberschreitenden Transaktionen ab.

732. Wie für den Wandel des Finanzierungsumfelds insgesamt trugen zur Konsolidierung im Bankensektor vor allem die allgemeinen regulatorischen und technischen Veränderungen bei. Die seit Mitte der achtziger Jahre durchgeführten umfangreichen Liberalisierungs- und Deregulierungsmaßnahmen hatten nicht nur einen verstärkten Wettbewerb zur Folge, sondern erleichterten gleichzeitig auch Fusionen und Übernahmen im Bankensektor. Neben der Vereinheitlichung nationaler Vorschriften spielte hierbei die Einführung des Euro eine maßgebliche Rolle. Diese führte einerseits zu einer höheren Vergleichbarkeit von Bankdienstleistungen, die die Internationalisierung der Kreditinstitute und der Einleger förderte. Andererseits wurden der Wettbewerb und der Druck zur Konsolidierung dadurch verstärkt, dass sich im Zuge der Euro-Einführung gleichzeitig die Kosten von Wertpapieremissionen reduzierten und sich der Liquiditätsgrad der Wertpapiermärkte erhöhte. Die Finanzierung über Kapitalmärkte wurde hierdurch im Vergleich zur Kreditfinanzierung deutlich attraktiver, was den Trend zur Disintermediation weiter verstärkte.

Im Hinblick auf die Erhaltung von Marktanteilen und die Sicherung der Wettbewerbsposition standen daneben bei Fusionen in der Vergangenheit vor allem Kostensenkungsmotive im Vordergrund. Diese können durch die Übernahme einer kostensparender wirtschaftenden Bank erzielt werden. Die entscheidenden Kostensynergien ergeben sich aber im Finanzsektor durch die Nutzung von Skaleneffekten. Gerade Zusammenschlüsse zwischen kleineren und mittleren Kreditinstitute können darüber hinaus mit Betriebssynergien verbunden sein und Verbundvorteile bieten, die darauf beruhen, dass größere Kreditinstitute im Gegensatz zu kleineren Banken in der Lage sind, eine breitere Produktpalette anzubieten.

733. Die ökonomische Theorie liefert hinsichtlich der **Auswirkungen der Bankenkonsolidierung** auf die Kreditvergabe an mittelständische Unternehmen kein eindeutiges Ergebnis; je nach getroffenen Annahmen lassen sich sowohl eine Verbesserung als auch eine Verschlechterung der Finanzierungsbedingungen ableiten. Durch den Konsolidierungsprozess nimmt die Größe eines durchschnittlichen Instituts zu. Unterstellt man zunächst, dass sich das Kreditvergabeverhalten einer Bank nach einer Fusion an das Verhalten anderer (nicht-fusionierter) Banken der gleichen Größenklasse anpasst, so wäre aufgrund der für größere Banken typischerweise weniger bedeutenden Kreditvergabe an kleinere und mittlere Unternehmen (gemessen am Anteil der Kredite an diese Unternehmen am gesamten Kreditvolumen) in Folge der Fusion mit einer Verringerung der Kreditvergabe zu rechnen. Diese – rein statische – Betrachtung, die als Referenzpunkt verwendet wird, greift allerdings deutlich zu kurz, da jegliche Verhaltensänderungen der Marktteilnehmer unberücksichtigt bleiben. So ist damit zu rechnen, dass sowohl die neu entstandenen Institute als auch die Wettbewerber ihre Geschäftsstrategien im Zuge des Konsolidierungsprozesses an die neuen Rahmenbedingungen anpassen werden. In der Literatur werden hierbei die folgenden, zum Teil gegenläufigen dynamischen Effekte unterschieden. So wäre zum einen denkbar, dass mit steigender Konzentration die noch im Markt verbleibenden Banken zunehmend die Möglichkeit

haben, Marktmacht auszuüben und entsprechend höhere Preise durchzusetzen. Die negativen Auswirkungen des Größeneffekts würden hierdurch verstärkt. Zum anderen ermöglicht die Konsolidierung die Realisierung von Skalenerträgen und damit Effizienzgewinnen, die unter Annahme anhaltenden Wettbewerbsdrucks an die Kunden weitergegeben werden. Geringere Kreditzinsen und mithin eine Verbesserung der Finanzierungsbedingungen wären die Folge. Darüber hinaus könnten neue Mitbewerber in den Bankenmarkt eintreten und das möglicherweise geringere Kreditangebot an KMU ausgleichen.

734. Welcher dieser Effekte dominiert, ist letztlich eine empirische Frage, deren Antwort zudem sehr stark von der ursprünglichen Struktur des Bankensektors sowie der Ausgestaltung der Bankenregulierung und herrschenden Marktzutrittsbeschränkungen abhängen kann. Schon aus diesem Grund erscheint es nicht verwunderlich, dass bisher vorliegende internationale Untersuchungen zu keinem eindeutigen Ergebnis hinsichtlich der Auswirkungen der Bankenkonsolidierung kommen (Kasten 17).

Kasten 17

Die Auswirkungen der Bankenkonsolidierung – internationale Erfahrungen

Im Rahmen internationaler empirischer Untersuchungen wird in unterschiedlicher Weise versucht, die Auswirkungen der Bankenkonsolidierung auf die Kreditvergabe an kleine und mittlere Unternehmen zu messen. Grundsätzlich lassen sich drei Ansätze unterscheiden. Eine erste Gruppe von Arbeiten richtet ihr Interesse dabei auf die veränderte Struktur des Bankenmarktes als Ganzes; eine zweite Gruppe rückt das Verhalten der einzelnen, zunehmend größer werdenden Banken in den Vordergrund; der dritte Ansatz beschäftigt sich spezieller mit den Auswirkungen von Fusionen und Übernahmen von Banken. Der überwiegende Teil der Literatur zu diesem Thema stützt sich auf Daten aus den Vereinigten Staaten; für den europäischen Markt existieren nur vereinzelte Untersuchungen (Italien, Belgien, Frankreich).

Die erstgenannten Untersuchungen zielen darauf ab, den Einfluss erhöhter **Konzentration im Bankenmarkt** auf die Kreditvergabe zu messen. Dies setzt zunächst die Festlegung eines geeigneten Konzentrationsmaßes voraus. In der 74 Länder umfassenden Studie von Beck et al. (2003) wird hierzu zum einen der Anteil der drei größten Banken an der Bilanzsumme des gesamten Bankensektors verwendet, zum anderen wird alternativ der Anteil der fünf größten Banken an den gesamten Einlagen zugrunde gelegt. Die Finanzierungsschwierigkeiten der Unternehmen sind demnach umso größer, je höher die Konzentration im Bankensektor ist. Weitere Schätzungen weisen allerdings darauf hin, dass das Ergebnis dieser Studie, die unter anderem auch Schwellenländer umfasst, maßgeblich durch unterschiedliche Wohlstandsniveaus oder den Entwicklungsgrad des Bankenmarkts beeinflusst ist. Wird für diese Größen kontrolliert, so hat die Konzentration keinen signifikanten Einfluss mehr auf den Zugang zur Bankfinanzierung. Des Weiteren liegt eine Studie für den Bankensektor in der Schweiz vor, die den Zusammenhang zwischen der Konzentration im Bankensektor und den Zinsen in den einzelnen Kantonen untersucht. Als Konzentrationsmaß wird hierbei der Herfindahl-Index eingesetzt (JG 2004 Ziffer 381). Die Ergebnisse variieren je nach Größe des betrachteten Kantons. Überraschenderweise sinken in kleineren Kantonen die Zinsen mit zunehmender Konzentration, in großen Kantonen ist dagegen kein signifikanter Zusammenhang festzustellen (Egli und Rime, 1999).

Im Rahmen von Untersuchungen, die sich auf den Zusammenhang zwischen **Bankengröße** und den Finanzierungsmöglichkeiten für KMU richten, weisen verschiedene Studien für die Vereinigten Staaten (Strahan und Weston, 1998; Peek und Rosengreen, 1998) die Existenz des statischen Größeneffekts nach. Der Anteil ihres Portfolios, den Banken in KMU-Kredite investieren, hängt negativ von der Bankengröße ab. Allerdings steigt das Volumen der vergebenen kleinen Kredite stetig. Der schrumpfende Anteil kann daher unter Umständen durch die zunehmende Vergabe von großen Krediten an größere Unternehmen erklärt werden, eine Option, die kleinen Banken nur begrenzt zur Verfügung steht. Darüber hinaus kommt eine weitere US-amerikanische Studie zu dem Ergebnis, dass die unausgeschöpften Kreditlinien von Konsolidierungsaktivitäten stärker negativ betroffen sind als das Kreditvolumen. Ein Teil dieser negativen Effekte wird durch alternative Finanzierungsmöglichkeiten wieder ausgeglichen (Craig und Hardee, 2004).

Hinsichtlich der Evidenz zu den Auswirkungen der europäischen Bankenkonsolidierung zeigt sich in einer Untersuchung für Frankreich, dass die stattgefundene Konsolidierung nicht zu einer restriktiveren Kreditvergabe geführt hat; stattdessen wurde die Kreditvergabe sogar zugunsten von KMU ausgeweitet, die zuvor keine Kredite gewährt bekommen hatten (Dietsch, 2003). In diesem Zusammenhang wird auf die gestiegene Anzahl der Bankverbindungen von KMU verwiesen. Andere Studien dokumentieren einen positiven Zusammenhang zwischen der Anzahl der Zweigstellen in einem regionalen Markt, die durch Konsolidierung typischerweise abnimmt, und den vergebenen Krediten an KMU (Bonaccorsi di Patti und Gobbi, 2001).

Der dritte Ansatz beschäftigt sich mit den Auswirkungen von **Fusionen und Übernahmen** zwischen Banken auf deren Kunden beziehungsweise auf ihre Kreditvergabepolitik. Der Theorie zufolge sollten die Kredite an KMU bei Fusionen und Übernahmen besonders gefährdet sein, da hierbei „weiche" Informationen und persönliche Beziehungen verloren gehen, denen im Rahmen der Kreditvergabeentscheidung an KMU eine größere Bedeutung zukommt. Die Untersuchungen deuten an, dass die Auswirkungen, die Fusionen und Übernahmen auf das Kreditvergabeverhalten haben, von einer Reihe von Faktoren abhängen. So zeigt sich, dass insbesondere Fusionen unter kleinen und mittleren Banken einen positiven Einfluss auf die Kreditvergabe an KMU besitzen, ebenso die Übernahme einer kleinen Bank durch eine große. Fusionen unter großen Banken wirken sich hingegen tendenziell negativ auf die Kreditvergabe an KMU aus (Strahan und Weston, 1998; Berger et al., 1998). Andererseits scheint aber nicht nur die Größe der Bank ein wichtiges Kriterium zu sein, sondern auch die bisherige Kreditvergabepolitik der übernehmenden Bank, die weiterhin als Leitlinie der Vergabe dient (Peek und Rosengreen, 1998). Hinsichtlich der Wirkungen ist zudem genauer zwischen Fusionen und Übernahmen zu unterscheiden. Eine Untersuchung kommt für Italien zu dem Ergebnis, dass von Fusionen und Übernahmen zusammengenommen keine signifikanten Effekte auf die Kreditvergabe an KMU ausgingen. Getrennt betrachtet war hingegen der Einfluss von Fusionen negativ, der von Übernahmen positiv (Bonaccorsi di Patti und Gobbi, 2001 und 2003).

Insgesamt lässt sich festhalten, dass die empirische Betrachtung bezüglich der Auswirkungen der Bankenkonsolidierung kein einheitliches Bild liefert. Tendenziell scheinen aber gerade bei Fusionen von kleinen Banken Effizienzgewinne zu überwiegen; ein möglicherweise vorhandener negativer statischer Effekt wird hierbei überkompensiert. Bei Überschreiten bestimmter Größengrenzen überwiegen hingegen tendenziell die negativen Effekte aufgrund gestiegener Marktmacht der neu entstandenen Institute. Ebenso bestätigen die Untersuchungen, dass der Eintritt von neuen Wettbewerbern in den Bankenmarkt eventuellen negativen Effekten entgegenwirkt, da „junge" Banken einen größeren Anteil ihrer Kredite an KMU vergeben als etablierte (DeYoung et al., 1999).

Erste Ergebnisse für Deutschland

735. Hinsichtlich der zu erwartenden Auswirkungen der Bankenkonsolidierung in Deutschland lassen diese internationalen Untersuchungen insofern erste Rückschlüsse zu, als sie zeigen, dass Bankenkonsolidierung nicht unbedingt zu einer Verschlechterung der Finanzierungsbedingungen von kleinen und mittleren Unternehmen führen muss. Die Übertragung internationaler Ergebnisse auf Deutschland könnte allerdings dadurch erschwert sein, als sich zum einen die Struktur des Bankenmarkts in einzelnen Ländern unterscheidet und zum anderen sich die Kreditbeziehungen zwischen Banken und kleineren und mittleren Unternehmen nicht einheitlich gestalten; so bestehen international beispielsweise Unterschiede in Bezug auf die Bedeutung des Hausbankprinzips und die durchschnittliche Anzahl der Bankbeziehungen. Eine empirische Untersuchung für Deutschland war bisher durch die mangelnde Verfügbarkeit geeigneter Mikrodatensätze erschwert. Die folgende Analyse zeigt erste Resultate auf der Basis eines neuen Datensatzes der Deutschen Bundesbank, der für das Jahr 2002 insgesamt mehr als 14 000 Kreditbeziehungen umfasst.

736. Um die Frage zu beantworten, ob kleinere Unternehmen beim Entstehen größerer Banken eine Verschlechterung der Finanzierungsbedingungen erwarten müssen, reicht es nicht aus, auf den Größeneffekt allein abzustellen. Naheliegenderweise finanzieren kleine Banken vor allem kleine Unternehmen, während große Unternehmen sich primär bei großen Banken finanzieren. Dies spiegelt allein schon die unterschiedlichen Kreditvergabemöglichkeiten kleiner und großer Banken wider. So spielt für kleine Banken das Kreditgeschäft schon deshalb eine bedeutendere Rolle, weil kleine Banken nicht in allen Geschäftsfeldern, die größeren Banken offen stehen, tätig werden können. Ebenso lässt sich die im Vergleich zu größeren Unternehmen höhere Bedeutung der Bankkreditfinanzierung für kleine Unternehmen zunächst einfach dadurch erklären, dass diese mangels alternativer Finanzierungsmöglichkeiten am Kapitalmarkt stärker auf die Kreditfinanzierung angewiesen sind.

Im vorliegenden Zusammenhang ist hingegen weniger die relative Häufigkeit der beobachteten Kreditbeziehungen – etwa zwischen kleinen Banken und kleinen Unternehmen – relevant, sondern vielmehr die Antwort auf die hypothetische Frage, inwiefern es für die Kreditfinanzierungsmöglichkeiten eines gegebenen mittelständischen Unternehmens einen Unterschied macht, ob Kredite von einer kleinen oder einer großen Bank vergeben werden. Genaueren Aufschluss hierüber können erst die Ergebnisse ökonometrischer Schätzungen liefern. Bei diesen kann außer für verschiedene Unternehmenseigenschaften (wie zum Beispiel der Umsatz, die Branchenzugehörigkeit, die Eigenkapitalausstattung oder die Rechtsform des Unternehmens) neben der Größe der Kredit vergebenden Bank auch für weitere Bankeigenschaften (wie die Säulenzugehörigkeit oder die Bankendichte im jeweiligen Bankbezirk) kontrolliert werden.

737. Allerdings zeigt schon eine einfache nach Bankengröße differenzierte Betrachtung der Kreditbeziehungen, dass die Bankengröße bisher lediglich eine untergeordnete Rolle für die Bedeutung der Bankkreditfinanzierung bei den mittelständischen Unternehmen gespielt hat. Mittelständische Unternehmen weisen im Durchschnitt unabhängig von der Bankengröße eine ähnliche Finanzierungsstruktur in Bezug auf Bankkredite auf (Schaubild 82) – ein Indiz dafür, dass zumindest keine angebotsseitigen Restriktionen bei der Wahl der Finanzierungsstruktur vorgelegen haben.

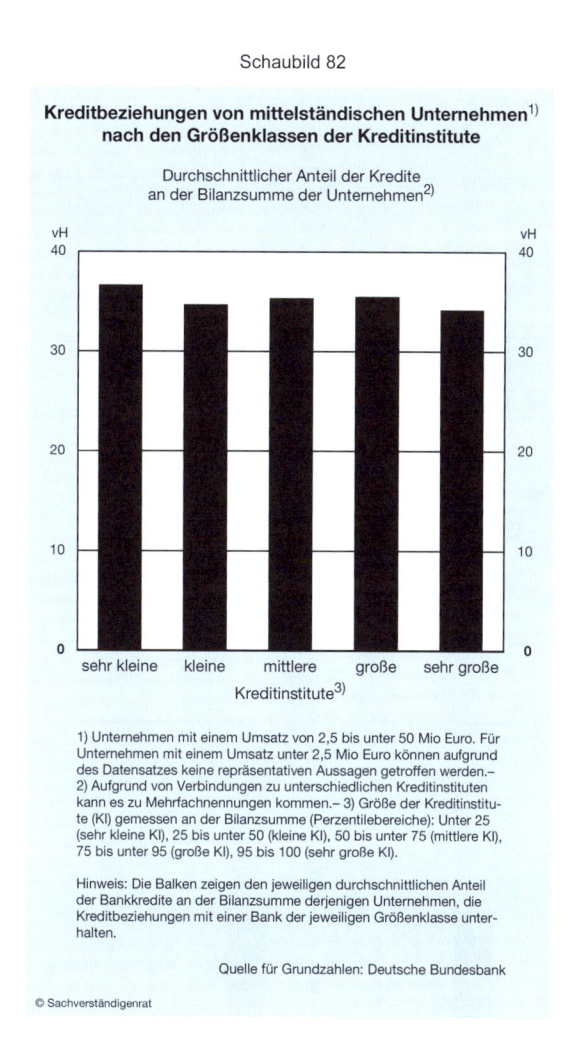

Schaubild 82

**Kreditbeziehungen von mittelständischen Unternehmen[1]
nach den Größenklassen der Kreditinstitute**

Durchschnittlicher Anteil der Kredite an der Bilanzsumme der Unternehmen[2]

(Balkendiagramm: sehr kleine, kleine, mittlere, große, sehr große Kreditinstitute[3], jeweils Werte um 34–36 vH)

1) Unternehmen mit einem Umsatz von 2,5 bis unter 50 Mio Euro. Für Unternehmen mit einem Umsatz unter 2,5 Mio Euro können aufgrund des Datensatzes keine repräsentativen Aussagen getroffen werden.– 2) Aufgrund von Verbindungen zu unterschiedlichen Kreditinstituten kann es zu Mehrfachnennungen kommen.– 3) Größe der Kreditinstitute (KI) gemessen an der Bilanzsumme (Perzentilebereiche): Unter 25 (sehr kleine KI), 25 bis unter 50 (kleine KI), 50 bis unter 75 (mittlere KI), 75 bis unter 95 (große KI), 95 bis unter 100 (sehr große KI).

Hinweis: Die Balken zeigen den jeweiligen durchschnittlichen Anteil der Bankkredite an der Bilanzsumme derjenigen Unternehmen, die Kreditbeziehungen mit einer Bank der jeweiligen Größenklasse unterhalten.

Quelle für Grundzahlen: Deutsche Bundesbank

© Sachverständigenrat

Dieses Bild bleibt auch dann bestehen, wenn innerhalb der Gruppe der mittelständischen Unternehmen stärker nach Größen differenziert wird. Hier zeigt sich, dass die Finanzierungsstruktur mittelständischer Unternehmen gleicher Größe im Durchschnitt weitgehend unabhängig von der Größe der Kredit vergebenden Bank ist (Schaubild 83, Seite 490). Darüber hinaus sind die Unterschiede zwischen kleinen und großen Banken gerade bei den mittelständischen Unternehmen weniger ausgeprägt als bei Großunternehmen. Ebenso wenig scheinen säulenspezifische Effekte – also die Tatsache, ob Kredite von Privatbanken, Sparkassen oder Kreditgenossenschaften vergeben wurden – eine bedeutende Rolle für die Finanzierungsstruktur der mittelständischen Unternehmen zu spielen (Schaubild 83).

Kapitalmarkt und Finanzintermediäre: Unternehmensfinanzierung im Wandel

Schaubild 83

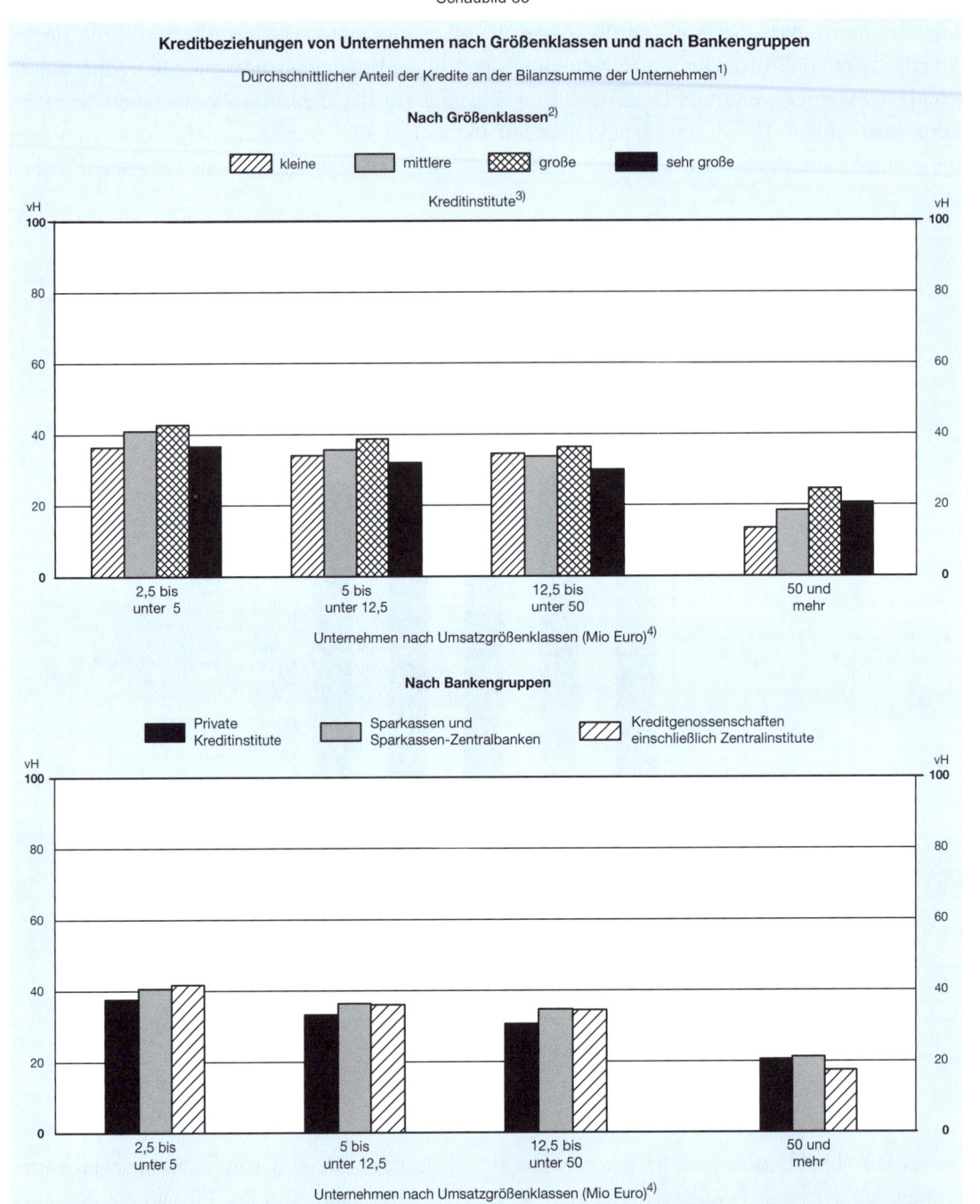

Kreditbeziehungen von Unternehmen nach Größenklassen und nach Bankengruppen

Durchschnittlicher Anteil der Kredite an der Bilanzsumme der Unternehmen[1]

Nach Größenklassen[2]

kleine — mittlere — große — sehr große

Kreditinstitute[3]

Unternehmen nach Umsatzgrößenklassen (Mio Euro)[4]

Nach Bankengruppen

Private Kreditinstitute — Sparkassen und Sparkassen-Zentralbanken — Kreditgenossenschaften einschließlich Zentralinstitute

Unternehmen nach Umsatzgrößenklassen (Mio Euro)[4]

1) Aufgrund von Verbindungen zu unterschiedlichen Kreditinstituten kann es zu Mehrfachnennungen kommen.– 2) Für die Unternehmen und die kreditgebenden Institute.– 3) Gemessen an der Bilanzsumme (Perzentilsbereiche): 25 bis unter 50 (kleine KI), 50 bis unter 75 (mittlere KI), 75 bis unter 95 (große KI), 95 bis 100 (sehr große KI).– 4) Für Unternehmen mit einem Umsatz unter 2,5 Mio Euro können aufgrund des Datensatzes keine repräsentativen Aussagen getroffen werden.

Hinweis: Der jeweils linksstehende Balken zeigt den durchschnittlichen Anteil der Bankkredite an der Bilanzsumme der Unternehmen der entsprechenden Größenklasse, die eine Kreditbeziehung mit einer kleinen Bank beziehungsweise mit einem privaten Kreditinstitut unterhalten. Die Anzahl der betrachteten Unternehmen in den jeweiligen Balken differiert.

Quelle für Grundzahlen: Deutsche Bundesbank

© Sachverständigenrat

738. Über die deskriptiven Analysen hinaus zeigen die Ergebnisse ökonometrischer Schätzungen, dass die Größe der Kredit vergebenden Bank keinen wesentlichen Einfluss auf die Bedeutung der Kreditfinanzierung für mittelständische Unternehmen aufweist. Entscheidend für die Finanzierungsstruktur dieser Unternehmen sind vielmehr andere unternehmensspezifische Merkmale. Zwar ergibt sich für die Variable „Größe der Kredit vergebenden Bank", die an der Bilanzsumme des Kredit vergebenden Instituts gemessen wird, in der entsprechenden Schätzgleichung ein negativer, statistisch signifikanter Koeffizient; quantitativ ist der gefundene Zusammenhang zwischen dem Anteil der Bankkreditfinanzierung an der Bilanzsumme der Unternehmen und der Größe der Kredit vergebenden Bank jedoch unbedeutend. Entsprechend den Ergebnissen der deskriptiven Analyse deuten somit die Ergebnisse der ökonometrischen Schätzung nicht auf die Relevanz säulenspezifischer Größeneffekte hin.

Diese Ergebnisse können jedoch lediglich ein erstes Indiz dafür sein, dass es im Zuge der fortschreitenden Bankenkonsolidierung und der damit einhergehenden Zunahme der durchschnittlichen Bankengröße in Deutschland eher unwahrscheinlich ist, dass es zu einer gravierenden Verschlechterung der Kreditfinanzierungsmöglichkeiten mittelständischer Unternehmen kommen wird. So können beispielsweise aufgrund dieser Schätzungen keine Aussagen über Kreditrationierung sowie über die möglichen Auswirkungen auf die Kreditfinanzierung sehr kleiner Unternehmen getroffen werden, da diese – anders als die übrigen Größenklassen – im Datensatz unterrepräsentiert sind. In einem weiteren Sinne scheinen diese Ergebnisse aber zumindest auch mit der Erklärung vereinbar, dass die Kreditinstitute unabhängig von ihrer Größe und Säulenzugehörigkeit ähnliche quantitative Kriterien bei der Kreditvergabe anwenden. Genauere Aufschlüsse über die voraussichtlichen Konsequenzen der Bankenkonsolidierung können aber letztlich nur im Rahmen einer Panelanalyse gewonnen werden, bei der sowohl Banken-Kreditnehmer-Beziehungen fusionierter als auch nicht-fusionierter Banken über die Zeit hinweg betrachtet werden können.

739. Obgleich vor dem Hintergrund der internationalen Erfahrungen sowie dieser ersten Ergebnisse für Deutschland nicht damit gerechnet werden muss, dass es im Zuge der Bankenkonsolidierung zu einer langfristigen Verschlechterung der Kreditfinanzierungsbedingungen kommen wird, sind vorübergehende Probleme während des Anpassungsprozesses nicht auszuschließen. Gleichzeitig darf nicht übersehen werden, dass die Bankenkonsolidierung neue Chancen für die Mittelstandsfinanzierung mit sich bringt. Einer der Haupthinderungsgründe bei der Kreditvergabe an kleine und mittlere Unternehmen besteht in den gemessen am Kreditbetrag außerordentlich hohen Bewertungs- und Überwachungskosten, die nur durch eine stärkere Standardisierung der Kreditvergabe gesenkt werden können. Insbesondere die Erfahrungen aus den Vereinigten Staaten belegen, dass dort gerade die sehr großen Banken – unabhängig von den neuen Eigenkapitalanforderungen von Basel II, die diesen Prozess ebenfalls unterstützen – vermehrt zu einer stärker standardisierten Kreditvergabe übergegangen sind (Einführung so genannter *Credit-Scoring*-Verfahren) und dass dies tatsächlich zu einer Verbesserung der Kreditfinanzierungsmöglichkeiten der kleineren Unternehmen geführt hat. Wie die Diskussion um die Einführung von Kreditfabriken zeigt, werden die Möglichkeiten einer stärkeren Standardisierung der Kreditvergabe mittlerweile auch in Deutschland wahrgenommen.

IV. Fazit

740. Das deutsche Finanzsystem befindet sich in einem grundlegenden Wandel hin zu einer stärkeren Marktorientierung. Dieser eröffnet den Unternehmen einerseits vielfältigere Finanzierungsmöglichkeiten, andererseits sind aber die Anforderungen, insbesondere hinsichtlich der Unternehmensleitung und -kontrolle sowie der Transparenz, deutlich gestiegen. Zwar gibt die Entwicklung weg vom traditionell bankbasierten hin zu einem stärker marktbasierten System grundsätzlich keinen Anlass zur Besorgnis. Die in diesem Jahr geführten Debatten haben aber gezeigt, dass die mit dem Wandel einhergehenden Herausforderungen mitunter auch als Bedrohung empfunden werden. Dies gilt zum einen für die zunehmenden Aktivitäten von Hedge-Fonds und anderer Finanzinvestoren. Zum anderen wurde in den letzten Jahren vor allem von mittelständischen Unternehmen über eine Verschlechterung ihrer Finanzierungsbedingungen geklagt.

741. Eine differenzierte Betrachtung der Debatte um Finanzinvestoren und Hedge-Fonds zeigt allerdings, dass viele der genannten Argumente deutlich zu kurz greifen oder verschiedene Risiken vermischt wurden. Anders als gelegentlich behauptet gehen von den Aktivitäten sowohl der Hedge-Fonds als auch der Private Equity-Gesellschaften keine wesentlichen Risiken für Unternehmen oder Anleger aus. Im Hinblick auf einen stärkeren Anlegerschutz oder einen Schutz der Unternehmen besteht somit kein bedeutender Handlungsbedarf. Erhöhte Aufmerksamkeit erfordert hingegen die mit den Aktivitäten von Hedge-Fonds verbundene mögliche Gefährdung der internationalen Finanzstabilität. International abgestimmte Regulierungsmaßnahmen, die auf eine Erhöhung der Transparenz über die Positionen von Hedge-Fonds und damit auf eine Verbesserung der Risikoeinschätzung der Gegenparteien abzielen, könnten hierbei durchaus zu einer Minderung dieses Risikos beitragen. Sinnvoll und umsetzbar erscheinen die Vorschläge der Counterparty Risk Management Policy Group II (Corrigan-Bericht), die eine Intensivierung des Informationsaustauschs zwischen allen relevanten Marktteilnehmern auf freiwilliger Basis vorsehen. Von nationalen Alleingängen sollte hingegen bei der Regulierung von Hedge-Fonds abgesehen werden. Diese wären bestenfalls wirkungslos. Schwerwiegender wäre allerdings die mögliche Schwächung des Finanzplatzes, die durch eine Abwanderung dieser Finanzmarktakteure an andere Finanzplätze verursacht würde.

742. Für die mittelständischen Unternehmen zeigt sich, dass das sich wandelnde Finanzierungsumfeld und die damit verbundene geänderte Geschäftspolitik der Banken gerade im Hinblick auf die traditionell bedeutsame Bankkreditfinanzierung tatsächlich zu einer Verschlechterung der Finanzierungsbedingungen geführt haben. Vor dem Hintergrund steigender Anforderungen an die durch die Unternehmen bereitzustellenden Sicherheiten hat sich die traditionell schwache Eigenkapitalausstattung zunehmend zur Achillesferse vieler mittelständischer Unternehmen entwickelt. Dies gilt insbesondere für kleinere Mittelständler. Die Politik kann zur Überwindung dieses Problems allerdings nur einen begrenzten Beitrag leisten. Neben der Verbesserung der allgemeinen Rahmenbedingungen zur Erhöhung des Wachstums und damit der Gewinnthesaurierungsmöglichkeiten dieser Unternehmen sollte eine gezielte, marktkonforme Förderung vor allem auf eine Verbesserung der Zugangsmöglichkeiten kleiner mittelständischer Unternehmen zu Beteiligungskapital fokussiert sein. Darüber hinaus bestand die Sorge, dass im Zuge der zu erwartenden fortschreitenden Bankenkonsolidierung eine weitere Verschärfung der Finanzierungsprobleme mittelständischer Unternehmen drohen könnte. Diese Sorgen sind jedoch insofern zu relativieren, als weder internationale Erfahrungen noch erste empirische Ergebnisse für Deutschland bestätigen, dass sich die Finanzierungsbedingungen kleinerer Unternehmen zwangsläufig mit zunehmender Größe der kreditgebenden Banken verschlechtern müssen. Vielmehr deuten die Ergebnisse für Deutschland darauf hin, dass die Kreditinstitute unabhängig von ihrer Größe und Säulenzugehörigkeit ähnliche quantitative Kriterien bei der Kreditvergabe anwenden.

743. Ein funktionierendes, wettbewerbsorientiertes Bankensystem und ein innovativer Kapitalmarkt stellen eine wichtige Wachstumsvoraussetzung und einen integralen Bestandteil für eine Verbesserung der Unternehmensfinanzierung dar. Aus diesem Grund sind die neueren Gesetzesinitiativen der Bundesregierung zur Finanzplatz-Förderung sowie die rasche Umsetzung entsprechender EU-Vorgaben zu begrüßen. Die Politik sollte den Kurs der Liberalisierung und Modernisierung des deutschen Finanzplatzes zügig fortsetzen, um die Chancen von neuen Finanzinstrumenten nutzbar zu machen. Die Einführung von REITs wäre hierfür ein gutes Beispiel, vorausgesetzt, die derzeit noch offenen steuerrechtlichen Probleme könnten zufriedenstellend gelöst werden.

Literatur

Berger, A. N., A. Saunders, J. M. Scalise und G. F. Udell (1998) *The Effects of Bank Mergers and Acquisitions on Small Business Lending*, Journal of Financial Economics, 50, 187 - 229.

Beck, T., A. Demirgüç-Kunt und V. Maksimovic (2003) *Bank Competition, Financing Obstacles and Access to Credit*, World Bank, Policy Research Working Paper, 2996.

Bonaccorsi di Patti, E. und G. Gobbi (2001) *The Effects of Bank Consolidation and Market Entry on Small Business Lending*, Banca d'Italia, Temi di discussione, 404.

Bonaccorsi di Patti, E. und G. Gobbi (2003) *The Effects of Bank Mergers on Credit Availability: Evidence from Corporate Data*, Banca d'Italia, Temi di discussione, 479.

Craig, S. G. und P. Hardee (2004) *The Impact of Bank Consolidation on Small Business Credit Availability*, Small Business Administration.

Deutscher Sparkassen- und Giroverband (DSGV) (2005) *Diagnose Mittelstand 2005 – Mittelstand stärken – Breite Basis für Wachstum schaffen*, Berlin.

Deutsches Aktieninstitut (2004) *DAI Factbook,* Frankfurt am Main.

DeYoung, R., L. G. Goldberg und L. J. White (1999) *Youth, Adolescence, and Maturity of Banks: Credit Availability to Small Business in an Era of Banking Consolidation*, Journal of Banking & Finance, 23, 462 - 492.

Dietsch, M. (2003) *Financing Small Businesses in France*, EIB Papers, 8 (2), 93 - 119.

Egli, D. und B. Rime (1999) *The UBS-SBC Merger and Competition in the Swiss Retail Banking Sector*, Studienzentrum Gerzensee, Working Paper.

Engel, D. (2003) *Höheres Beschäftigungswachstum durch Venture Capital?*, Jahrbücher für Nationalökonomie und Statistik, 223/1, 1 - 22.

Europäische Zentralbank (2005) *Konsolidierung und Diversifizierung im Bankensektor des Euro-Währungsgebiets*, Monatsbericht Mai, 83 - 92.

Institut für Kredit- und Finanzwirtschaft (2005) *Aufbruch aus dem Jammertal – Eigenkapitallücke und Eigenkapitalstrategien im Mittelstand*, Ruhr Universität, Bochum.

Kötter, M. (2005) *Mergers and Efficiency in German Banking*, Utrecht University.

Kreditanstalt für Wiederaufbau (2005) *MittelstandsMonitor 2005: Den Aufschwung schaffen – Binnenkonjunktur und Wettbewerbsfähigkeit stärken*, Frankfurt am Main.

Peek, J. und E. S. Rosengreen (1998) *Bank Consolidation and Small Business Lending: It's not just Bank Size That Matters*, Journal of Banking & Finance, 22, 799 - 819.

Strahan, P. E. und J. P. Weston (1998) *Small Business Lending and the Changing Structure of the Banking Industry*, Journal of Banking & Finance, 22, 821 - 845.

Analyse

Zur Prognosegüte alternativer Konjunkturindikatoren

Zur Prognosegüte alternativer Konjunkturindikatoren
1. Motivation

744. Zur Unterstützung der Konjunkturanalyse und -prognose werden regelmäßig Konjunkturindikatoren herangezogen, um mit ihrer Hilfe die zukünftige wirtschaftliche Entwicklung besser abschätzen zu können. Generell sollte ein Konjunkturindikator in der Lage sein, die zukünftige Entwicklung der vorherzusagenden Variablen mit einem möglichst weiten und stabilen Vorlauf vorwegzunehmen und frühzeitig auf Besonderheiten im Konjunkturverlauf hinzuweisen, wie bevorstehende Wendepunkte anzukündigen. In der Praxis findet eine Reihe verschiedener Konjunkturindikatoren Verwendung, die entweder realwirtschaftlicher oder monetärer Natur sind und sowohl auf Daten der amtlichen Statistik als auch auf Umfrageergebnissen beruhen. Mitunter werden unterschiedliche Indikatoren kombiniert, um auf diese Weise bessere Prognoseeigenschaften zu erreichen.

745. In der Regel werden Konjunkturindikatoren auf Monatsbasis ermittelt. Die Referenzreihe, also die zu prognostizierende Reihe, sollte daher – im Idealfall – ebenfalls monatlich zur Verfügung stehen. Traditionell wird als Referenzreihe die (saisonbereinigte) Nettoproduktion der Industrie gewählt, da sie monatlich zur Verfügung steht. Eine Beschränkung auf die Nettoproduktion ist allerdings nicht zwingend, da eine Reihe von Konjunkturindikatoren mit dem Ziel konstruiert wurde, der am Bruttoinlandsprodukt gemessenen gesamtwirtschaftlichen Entwicklung voraus zu laufen. Allerdings liegen die Daten der Volkswirtschaftlichen Gesamtrechnungen, und damit die Zuwachsrate des Bruttoinlandsprodukts, lediglich vierteljährlich vor. Die Entwicklung des Bruttoinlandsprodukts lässt sich somit nicht unmittelbar mit Hilfe monatlicher Konjunkturindikatoren voraussagen. Eine Bildung von Quartalswerten aus monatlichen Indikatoren ist ohne Weiteres möglich, bedeutet jedoch einen Informationsverlust in zweierlei Hinsicht: Zum einen gehen durch die Aggregation direkt Informationen verloren, zum anderen stehen für die ökonometrische Schätzung des Prognosemodells und für die anschließende Bewertung der Prognosen – für eine gegebene Zeitspanne – weniger Datenpunkte (Freiheitsgrade) zur Verfügung, was sowohl die Qualität der Schätzung als auch die Qualität der statistischen Analyse der Prognosegüte beeinträchtigen dürfte. Es mag vor diesem Hintergrund nicht sonderlich verwundern, dass eine Vielzahl von Studien die Vorlaufeigenschaften alternativer Konjunkturindikatoren mit Blick auf die Industrieproduktion untersucht (Wolters und Lankes, 1989; Döpke et al., 1994; Breitung und Jagodzinski, 2001; Hüfner und Schröder, 2002; Dreger und Schumacher, 2005; Benner und Meier, 2004).

Obschon die Industrie weniger als ein Viertel zur gesamten Bruttowertschöpfung beiträgt, wird die gesamtwirtschaftliche Entwicklung mittels der Nettoproduktion der Industrie gut abgebildet. Die Industrie kann noch immer als „Zyklusmacher" angesehen werden. So besteht eine vergleichsweise hohe Korrelation zwischen den Zuwachsraten der Nettoproduktion (auf Quartalsebene) und des Bruttoinlandsprodukts. Einzelne Studien kommen daher zum Ergebnis, dass die Beurteilung der Prognosefähigkeit vorlaufender Konjunkturindikatoren weitgehend unabhängig davon ist, ob die Nettoproduktion der Industrie oder das Bruttoinlandsprodukt als Referenzreihe gewählt wird (Hinze, 2003). Ungünstige Prognoseeigenschaften eines Konjunkturindikators bei der Prognose der Industrieproduktion bedingen nicht zwangsläufig eine geringe Prognosegüte hinsichtlich des Bruttoinlandsprodukts.

Letztlich stellt sich im Rahmen der Konjunkturanalyse nur bedingt die Frage, welche der beiden Reihen als Referenz zu wählen ist. Wegen der monatlichen Veröffentlichungsweise hat die Produktionsstatistik primär Bedeutung für die kurzfristige Konjunkturanalyse, während das Bruttoinlandsprodukt ein umfassenderes Abbild des wirtschaftlichen Geschehens ermöglicht. Allerdings liegen die Angaben aus den Volkswirtschaftlichen Gesamtrechnungen erst mit einer gewissen zeitlichen Verzögerung vor. So besitzen bereits Einschätzungen zur aktuellen konjunkturellen Situation angesichts der zu diesem Zeitpunkt unvollständigen Datenlage prognostischen Charakter. Beide wirtschaftlichen Referenzreihen ergänzen sich daher, die Wahl der adäquaten Referenzreihe ist insbesondere vom Prognosehorizont abhängig.

746. In der nachfolgenden Analyse werden einige ausgewählte Konjunkturindikatoren auf ihre (kurzfristige) Prognosegüte hin untersucht, die speziell zum Zweck der Konjunkturprognose konstruiert wurden und die in der breiten Öffentlichkeit große Aufmerksamkeit genießen. Dies sind insbesondere die vom Münchner ifo-Institut publizierten Konjunkturtest-Ergebnisse. Sie beruhen auf monatlichen Umfragen bei über 7 000 Unternehmen der gewerblichen Wirtschaft. Daneben wird seit Anfang der neunziger Jahre der vom Zentrum für Europäische Wirtschaftsforschung (ZEW), Mannheim, ermittelte Index der Konjunkturerwartungen, der sich aus der monatlichen Befragung von über 300 Finanzanalysten nach ihrer Einschätzung der zukünftigen Entwicklung ableitet, sehr aufmerksam verfolgt. Ergänzend hierzu veröffentlichen eine Reihe von Zeitungen eigene Konjunkturindikatoren. Hierzu zählen beispielsweise der Konjunkturindikator der Frankfurter Allgemeinen Zeitung (FAZ) sowie der Handelsblatt-Frühindikator (in der Konstruktion, wie er bis Ende des Jahres 2004 vorlag). Neben diesen zusammengesetzten Indikatoren werden vielfach lediglich einzelne Zeitreihen als Konjunkturindikatoren verwendet, wie zum Beispiel Auftragseingänge oder Zinsdifferenzen.

747. Verschiedene empirische Untersuchungen haben den Informationsgehalt alternativer Konjunkturindikatoren für die Prognose der deutschen Industrieproduktion überprüft, wobei insbesondere den ifo-Geschäftserwartungen und den ZEW-Konjunkturerwartungen große Aufmerksamkeit beigemessen wurde. Dabei kommen die verschiedenen Studien zu uneinheitlichen Ergebnissen: Je nach Studie weisen die betrachteten Konjunkturindikatoren unterschiedliche Prognosefähigkeiten auf. Mitunter kommen die genannten Studien darüber hinaus zum Ergebnis, dass Prognosemodelle, die jeweils einen der genannten Indikatoren einbeziehen, häufig nicht bessere Prognosen liefern als so genannte naive Prognosen, die allein auf der Historie der zu prognostizierenden Größe beruhen.

748. Die bislang vorliegenden Analysen geben jedoch keine eindeutigen Hinweise darauf, ob ein spezifischer Konjunkturindikator, sei es ein Einzelindikator oder ein zusammengesetzter Indikator, systematisch andere Konjunkturindikatoren in dem Sinne dominiert, dass für unterschiedliche Prognosehorizonte signifikant geringere Prognosefehler zu verzeichnen sind. Der alleinige Vergleich der Prognosefehler lässt dabei die Frage unbeantwortet, inwieweit einzelne Konjunkturindikatoren spezifische Informationen enthalten, die andere Indikatoren entbehren. So lässt sich zum Beispiel aus dem Befund, dass ein Konjunkturindikator generell eine signifikant bessere Prognosegüte aufweist als ein alternativer Indikator, nicht zwangsläufig ableiten, dass eine Kombination beider Indikatoren zu keiner Verbesserung der Prognosegüte führt. Letztlich ist ein solcher Befund unmittelbar einleuchtend: Spezifische Konjunkturindikatoren decken nur Teilbereiche des wirtschaftlichen Geschehens ab, so dass einzelne Konjunkturindikatoren, die auf unterschiedlichen und sich gegenseitig ausschließenden Informationsmengen beruhen, mitunter widersprechende Signale senden. Beispielsweise basieren die ifo-Ergebnisse allein auf Angaben der gewerblichen Wirtschaft, während die vom ZEW befragten Analysten mehrheitlich im Dienstleistungssektor tätig sind. Wenn nun diese Indikatoren auf unterschiedlichen Informationsmengen beruhen, sollte es prinzipiell für die Konjunkturprognose von Vorteil sein, unterschiedliche Zeitreihen und/oder Konjunkturindikatoren zu kombinieren. Tatsächlich verknüpfen der FAZ-Konjunkturindikator und der Handelsblatt-Frühindikator einige wenige Reihen zu einem (synthetischen) Konjunkturindikator. Ökonomische Intuition lässt erwarten, dass ein auf einer möglichst großen Informationsmenge beruhender Indikator prinzipiell eine höhere Prognosekraft besitzen sollte als Konjunkturindikatoren, die lediglich Teilbereiche der Gesamtwirtschaft abdecken.

749. Im Folgenden wird daher mit Hilfe einer Hauptkomponentenanalyse im Rahmen eines Faktormodells ein Konjunkturindikator abgeleitet, der neben dem ifo- und dem ZEW-Indikator eine Vielzahl zusätzlicher Variablen berücksichtigt. Im Anschluss daran werden dieser synthetische Konjunkturindikator, der nachfolgend als Konjunkturindikator-Faktormodell (KiFa) bezeichnet wird, und die genannten einschlägigen Konjunkturindikatoren auf ihre Prognosegüte hinsichtlich der Nettoproduktion der Industrie überprüft.

2. Konstruktion eines Konjunkturindikators auf Grundlage eines Faktormodells

750. Die grundlegende Idee, einen Konjunkturindikator aus einem Faktormodell abzuleiten, besteht darin, auf Grundlage einer Vielzahl von Variablen, die ein möglichst repräsentatives Bild der gesamtwirtschaftlichen Lage geben, diejenigen unbeobachtbaren Zeitreihen (Faktoren) zu identifizieren, die maßgeblich für die Schwankungen der betrachteten Variablen im Zeitverlauf verantwortlich sind. In den verwendeten Faktormodellen lässt sich jede Variable annahmegemäß als Summe aus einem allen Zeitreihen gemeinsamen Teil darstellen, das heißt einer Linearkombination der Faktoren und einem für die jeweilige Variable typischen Teil, die so genannte idiosynkratische Komponente. Indem simultan eine große Anzahl von Variablen betrachtet wird, diese aber auf wenige Faktoren zurückgeführt werden, kann eine breite Informationsbasis effizient genutzt werden. Die nicht direkt beobachtbaren Faktoren werden hierbei mittels einer Hauptkomponentenanalyse empirisch ermittelt. Ein Vorteil dieses Analyseverfahrens gegenüber einem parametrischen Ansatz besteht insbesondere darin, selbst für eine sehr große Zahl von Variablen die Faktoren konsistent schätzen zu können. Das Ziel der Hauptkomponentenanalyse ist es letztlich, die Faktoren so zu bestimmen, dass sie einen möglichst großen Anteil der Varianz der beobachtbaren Variablen erklären. Dies ist äquivalent dazu, den Anteil der Varianz der idiosynkratischen Schocks zu minimieren.

Für die Schätzung der Faktoren stehen unterschiedliche Verfahren zur Verfügung. In der neueren Literatur werden große Faktormodelle sowohl auf Basis statischer als auch dynamischer Hauptkomponentenanalysen berechnet. Aktuelle empirische Studien, die die Prognoseeigenschaften dieser unterschiedlichen Techniken der Faktoranalyse untersuchen, lassen erkennen, dass keines der aktuell diskutierten Verfahren zu signifikant besseren Prognoseergebnissen führt (Boivin und Ng, 2005; Schumacher, 2005).

751. In der vorliegenden Klasse von Faktormodellen wird jede Variable X_{it}, $i=1,\ldots,N$; $t=1,\ldots,T$, dargestellt als die Summe von zwei voneinander unabhängigen latenten (unbeobachtbaren) Komponenten: der gemeinsamen Komponente C_{it} und der idiosynkratischen Komponente u_{it}. Hierbei bezeichnet N die Anzahl der in das Faktormodell einbezogenen Variablen und T die Anzahl der betrachteten Zeitpunkte. Die gemeinsame Komponente C_{it} hängt annahmegemäß von q dynamischen Faktoren $f_{t1},\ldots,f_{tq}$ und möglicherweise verzögerten Werten dieser Faktoren ab. Die idiosynkratische Komponente u_{it} steht dagegen für variablenspezifische Schocks. Kennzeichnend für den vorliegenden Analyserahmen ist hierbei, dass die Anzahl der einbezogenen Variablen N größer sein kann als die Anzahl der Beobachtungspunkte T und dass insbesondere die Anzahl der q dynamischen Faktoren deutlich kleiner ist als N. Das dynamische Faktormodell lässt sich formal wie folgt darstellen

$$\begin{aligned} X_{it} &= C_{it} + u_{it} \\ &= \boldsymbol{\lambda_i}(L)\mathbf{f_t} + u_{it}, \end{aligned} \quad (1)$$

$i=1,\ldots,N; t=1,\ldots,T$. Hierbei bezeichnen $\mathbf{f_t}=(f_{t1},\ldots,f_{tq})'$ den q-dimensionalen Spaltenvektor der unbeobachtbaren dynamischen Faktoren, L den Lagoperator und $\boldsymbol{\lambda_i}(L)$ das folgende Vektor-Lagpolynom

$$\begin{aligned} \boldsymbol{\lambda_i}(L)\cdot\mathbf{f_t} &= (\lambda_{i1}(L),\ldots,\lambda_{iq}(L))\mathbf{f_t} \\ &= \lambda_{i1}(L)f_{t1}+\ldots+\lambda_{iq}(L)f_{tq}, \end{aligned} \quad (2)$$

wobei zusätzlich unterstellt wird, dass die Lagpolynome $\lambda_{ij}(L), j=1,\ldots,q$ jeweils endlich sind und höchstens die Ordnung p besitzen, das heißt $\lambda_{ij}(L)=\lambda_{ij0}+\lambda_{ij1}L+\ldots+\lambda_{ijp}L^p$. Zudem wird angenommen, dass die dynamischen Faktoren zu keinem Zeitpunkt mit der idiosynkratischen Komponente korreliert sind, somit gilt $E(f_{tj}\cdot u_{is})=0$ für alle i, j, s, t. Eine Korrelation zwischen den variablenspezifischen idiosynkratischen Komponenten ist hingegen prinzipiell zulässig.

Jede Variable X_{it} lässt sich somit als Summe der Linearkombination der q Faktoren sowie jeweils bis zu p verzögerten Werten dieser Faktoren und der idiosynkratischen Schocks darstellen

$$\begin{aligned} X_{it} &= \lambda_{i1}(L)f_{t1}+\ldots+\lambda_{iq}(L)f_{tq}+u_{it} \\ &= (\lambda_{i10}+\lambda_{i11}L+\ldots+\lambda_{i1p}L^p)f_{t1}+\ldots+(\lambda_{iq0}+\lambda_{iq1}L+\ldots+\lambda_{iqp}L^p)f_{tq}+u_{it}. \end{aligned} \quad (3)$$

Das Lagpolynom $\lambda_{ij}(L)$ zeigt somit den Einfluss des j-ten Faktors und dessen p Lags auf die Variable i.

Die Annahme endlicher Lagpolynome $\lambda_{ij}(L)$ ermöglicht es, die dynamische Form des Faktormodells $X_{it} = \boldsymbol{\lambda}_\mathbf{i}(L)\mathbf{f_t} + u_{it}$ durch Umformungen in eine statische Form zu transformieren (Dreger und Schumacher, 2004). Das statische Faktormodell lautet dann

$$X_{it} = \boldsymbol{\Lambda}_\mathbf{i}\mathbf{F_t} + u_{it}, \qquad (4)$$

oder in kompakter Form

$$\mathbf{X_t} = \boldsymbol{\Lambda}\mathbf{F_t} + \mathbf{u_t}, \qquad (5)$$

$t = 1, \ldots, T$. Hierbei bezeichnet $\mathbf{X_t} = (X_{1t}, \ldots, X_{Nt})'$ den N-dimensionalen Spaltenvektor der Variablen; die so genannte Matrix der Faktorladungen $\boldsymbol{\Lambda}$ enthält die Parameter $\lambda_{ijk}, i = 1, \ldots, N; j = 1, \ldots, q; k = 0, \ldots, p$ und ist von der Ordnung $N \times r$, wobei $r = q(p+1)$. Der r-dimensionale Spaltenvektor $\mathbf{F_t} = (\mathbf{f_t'}, \ldots, \mathbf{f_{t-p}'})'$ enthält die q dynamischen Faktoren und jeweils deren verzögerte Werte, und $\mathbf{u_t} = (u_{1t}, \ldots, u_{Nt})'$ steht für den N-dimensionalen Spaltenvektor der idiosynkratischen Komponenten.

Da zwischen den Faktoren und den idiosynkratischen Schocks annahmegemäß weder kontemporäre noch serielle Korrelation vorliegt, lässt sich die Kovarianzmatrix $\boldsymbol{\Sigma}_X$ der beobachtbaren Variablen wie folgt angeben:

$$\boldsymbol{\Sigma}_X = \boldsymbol{\Lambda}\boldsymbol{\Sigma}_F\boldsymbol{\Lambda}' + \boldsymbol{\Sigma}_u, \qquad (6)$$

mit $\boldsymbol{\Sigma}_F$ als Kovarianzmatrix des Vektors der Faktoren und $\boldsymbol{\Sigma}_u$ als Kovarianzmatrix des Vektors der idiosynkratischen Schocks.

Abschließend sei darauf hingewiesen, dass der Vektor der Faktoren nicht eindeutig identifiziert ist, da für eine beliebige nichtsinguläre $(r \times r)$-Matrix $\mathbf{Q}$ gilt, dass $\boldsymbol{\Lambda}\mathbf{F_t} = \boldsymbol{\Lambda}\mathbf{Q}\mathbf{Q}^{-1}\mathbf{F_t} = \boldsymbol{\Lambda}^*\mathbf{F}_t^*$. Aufgrund dieses Identifikationsproblems können die Faktoren nicht unmittelbar (ohne weitere Annahmen) interpretiert werden. Da der Fokus hier jedoch letztlich auf der Prognose mittels dieser Faktoren liegt, hat die Nichteindeutigkeit der Faktoren in diesem Zusammenhang keine Konsequenzen.

Die Grundidee der betrachteten Faktormodelle besteht darin, dass Schwankungen einer Vielzahl von ökonomischen Variablen $X_1, \ldots, X_N$ durch einige wenige Faktoren $f_1, \ldots, f_r$ erklärt werden können; somit sollte die Anzahl der statischen Faktoren r deutlich geringer sein als die Anzahl der im Modell berücksichtigten Variablen N. Gleichzeitig sollten diese Faktoren aber den Großteil der Varianz der Variablen erklären. Das Grundproblem bei der Schätzung eines Faktormodells besteht demnach in der Bestimmung der Faktoren in $\mathbf{F_t}$ und der Faktorladungen in $\boldsymbol{\Lambda}$. Mittels der nichtparametrischen Hauptkomponentenanalyse kann das statische Faktormodell konsistent geschätzt werden (Stock und Watson, 2002a, 2002b). Dieses Verfahren wird im Folgenden skizziert.

752. Die *r* Faktoren in $\mathbf{F_t}$ sind mittels der Hauptkomponentenanalyse so zu bestimmen, dass sie möglichst viel der Kovarianz der Variablen $\mathbf{X_t}$ erklären. Dies bedeutet im Umkehrschluss, dass die Parametermatrix Λ und der Faktorenvektor $\mathbf{F_t}$ so zu ermitteln sind, dass der Beitrag der Kovarianz des Störgrößenvektors $\mathbf{u_t}$ minimiert wird. Dieses nichtlineare Maximierungsproblem oder Minimierungsproblem (unter einer Nebenbedingung) führt zu einem Eigenwertproblem, wie im Folgenden kurz gezeigt wird.

Für die folgende Darstellung ist es hilfreich zu unterstellen, dass die Faktoren in $\mathbf{F_t}$ jeweils als Linearkombinationen der Variablen $X_{1t},\ldots,X_{Nt}$ dargestellt werden können, das heißt, die Methode der Hauptkomponenten dient letztlich dazu, Linearkombinationen von Variablen mit einer möglichst großen Varianz zu finden und statt einer Vielzahl von Variablen nur wenige Faktoren für eine weitergehende Analyse zu verwenden. Anders ausgedrückt, einige wenige Faktoren sind so zu bestimmen, dass sie möglichst einen großen Anteil der Kovarianz der im Modell enthaltenen Variablen erklären.

Die *r* statischen Faktoren sind darstellbar als Linearkombinationen der *N* Variablen, so dass sich in kompakter Schreibweise ergibt

$$\mathbf{F_t} = \mathbf{B}\,\mathbf{X_t}, \tag{7}$$

wobei $\mathbf{B} = (\boldsymbol{\beta}_1,\ldots,\boldsymbol{\beta}_r)'$ die $(r \times N)$-dimensionale Parametermatrix $\mathbf{B}$ symbolisiert, mit $\mathbf{F_t} = (f_{1t},\ldots,f_{rt})'$ und $\mathbf{X_t} = (X_{1t},\ldots,X_{Nt})'$. Für einen ausgewählten Faktor f_{jt}, $j = 1,\ldots,r$ ergibt sich somit $f_{jt} = \boldsymbol{\beta}'_j \mathbf{X_t}$. Es gilt nun diese *r* Faktoren so zu bestimmen, dass deren Varianz maximiert wird, das heißt der Schätzer des Faktors *j*, $\hat{f}_{jt} = \hat{\boldsymbol{\beta}}'_j \mathbf{X_t}$, ist so zu berechnen, dass die Varianz von $\hat{f}_{jt}$ maximiert wird. Bezeichnet man mit $Var(\mathbf{X_t}) = \dfrac{1}{T}\sum_{t=1}^{T} \mathbf{X_t}\mathbf{X'_t} = \hat{\boldsymbol{\Omega}}$ den Schätzer für die Kovarianzmatrix des Variablenvektors, ergibt sich die Varianz von $\hat{f}_{jt}$ zu

$$Var(\hat{f}_{jt}) = Var(\hat{\boldsymbol{\beta}}'_j \mathbf{X}_t) = \hat{\boldsymbol{\beta}}'_j \hat{\boldsymbol{\Omega}} \hat{\boldsymbol{\beta}}_j, \tag{8}$$

wobei als Nebenbedingung $\boldsymbol{\beta}'_j \boldsymbol{\beta}_j = 1$ zu berücksichtigen ist. Die Nebenbedingung dient dabei der Standardisierung. Die Maximierung dieser Varianz unter Nebenbedingung erfolgt mittels einer Lagrange-Funktion, die zu folgendem Eigenwertproblem führt (Anderson, 2003, S. 460 f.):

$$\hat{\boldsymbol{\beta}}'_j \hat{\boldsymbol{\Omega}} = \hat{\mu}_j \hat{\boldsymbol{\beta}}'_j. \tag{9}$$

Hierbei bezeichnet $\hat{\mu}_j$ den *j*-ten Eigenwert und $\hat{\boldsymbol{\beta}}'_j$ den zugehörigen *N*-dimensionalen Eigenvektor. Zur Schätzung der Faktoren werden die zu den *r* ersten Eigenwerten, sortiert nach ihrer Größe, gehörigen Eigenvektoren verwendet; Schätzwerte für die einzelnen Faktoren ergeben sich somit als:

$$\hat{f}_{jt} = \hat{\boldsymbol{\beta}}'_j \mathbf{X}_t, \, j = 1, \ldots, r \tag{10}$$

oder in kompakter Schreibweise

$$\hat{\mathbf{F}}_t = \hat{\mathbf{B}} \mathbf{X}_t, \tag{11}$$

mit $\hat{\mathbf{B}} = (\hat{\boldsymbol{\beta}}_1, \ldots, \hat{\boldsymbol{\beta}}_r)'$ als Matrix der Eigenvektoren. Ruft man sich in Erinnerung, dass obiges Maximierungsproblem äquivalent ist zur Minimierung der Varianz der idiosynkratischen Komponente (Gleichung (6)), lässt sich zeigen, dass $\Lambda' = \mathbf{B}$ (Dreger und Schumacher, 2004b; Stock und Watson, 2004).

753. Die mit Hilfe der Hauptkomponentenanalyse ermittelten Faktoren stellen die Grundlage der Konstruktion des Konjunkturindikators dar. In der jüngeren Vergangenheit wurden verschiedene Alternativen gewählt (prominente Beispiele sind der von der Federal Reserve Bank of Chicago ermittelte Konjunkturindikator CFNAI oder der vom Centre of Economic Policy Research auf Basis einer dynamischen Faktoranalyse ermittelte Index EuroCOIN). Der in der vorliegenden Studie berechnete Indikator, der methodisch weitgehend dem CFNAI-Index entspricht, lässt sich unmittelbar aus den geschätzten Faktoren ableiten. Er ist gerade mit dem Faktor identisch, der sich aus demjenigen Eigenvektor ergibt, der auf dem größten Eigenwert basiert. Einfach gesprochen, KiFa ist gerade derjenige (einzelne) Faktor, der den größten Anteil der Varianz der in das Faktormodell einbezogenen Zeitreihen erklärt.

3. Datengrundlage

754. Grundlage für die Konstruktion des aus dem Faktormodell abgeleiteten Konjunkturindikators sind sowohl Daten der amtlichen Statistik als auch Umfragedaten. Hierzu werden monatliche Zeitreihen von Januar 1994 bis Februar 2005 verwendet. Der Konjunkturindikator basiert auf einem Datensatz, der rund 150 Variablen umfasst. Er wurde dabei so zusammengestellt, dass die Gesamtwirtschaft – soweit dies die Datenverfügbarkeit auf Monatsbasis zulässt – möglichst breit abgedeckt wird. Einbezogen wurden unter anderem Produktionsindizes, Indizes des Auftragseingangs, Zeitreihen aus der Außenhandelsstatistik, Indikatoren aus Geld-, Kapital-, Öl- und Devisenmärkten, Zeitreihen aus der Arbeitsmarktstatistik, Preisindizes sowie Umfrageergebnisse von ifo, ZEW und Europäischer Kommission. Hinzu genommen wurden schließlich noch ausgewählte internationale Zeitreihen.

Vor der eigentlichen Berechnung der Faktoren werden die Zeitreihen zunächst saisonbereinigt, soweit keine amtlichen saisonbereinigten Daten zur Verfügung stehen. Da die Hauptkomponentenanalyse stationäre Zeitreihen voraussetzt, werden anschließend nichtstationäre Zeitreihen logarithmiert und differenziert (Saldengrößen werden nur differenziert), so dass der überwiegende Teil der Variablen als Zuwachsraten in die Berechnung der Faktoren eingeht. Abschließend werden die Variablen standardisiert, so dass sie einen Mittelwert von null und eine Varianz von eins aufweisen. Die Faktoren wurden mittels des Programmpakets GAUSS berechnet.

4. Spezifikation der Prognosemodelle

755. Inwieweit die bislang genannten Konjunkturindikatoren einen signifikanten Beitrag leisten, die zukünftige Entwicklung der Nettoproduktion der Industrie auf Monatsebene zu prognostizieren, lässt sich nur im Rahmen adäquat spezifizierter Prognosemodelle beantworten.

Aus theoretischer Sicht ist die optimale Prognose einer Variablen unter Verwendung einer quadratischen Verlustfunktion ihr Erwartungswert, gegeben die verfügbare Informationsmenge (Hamilton, 1994, Kapitel 4). Unter diesem Aspekt sind univariate oder multivariate Prognosemodelle mit nur wenigen Variablen prinzipiell suboptimal. Die Einbindung einer überschaubaren Anzahl von Variablen kann jedoch insofern begründet sein, als die Berücksichtigung einer Vielzahl von Variablen im Kontext von Kleinste-Quadrate-Schätzungen den Nachteil birgt, dass der Beitrag des Schätzfehlers einer Kleinste-Quadrate-Schätzung zum mittleren quadratischen Prognosefehler einer solchen Vorhersage mit wachsendem Stichprobenumfang nicht verschwindet (Stock und Watson, 2004). In diesem Sinn ist es „traditionellen" Prognosemodellen nur begrenzt möglich, die Vielzahl an Informationen bei der Prognose zu berücksichtigen. Diejenigen Prognosemodelle, die auf einige wenige geschätzte Faktoren zurückgreifen, überwinden potenziell dieses Problem in dem Sinn, dass sie einen Großteil der im vorliegenden Datenkranz enthaltenen Informationen in komprimierter Form enthalten. Kurz gefasst berücksichtigen Prognosemodelle, die auf Faktoren zurückgreifen, einen großen Datensatz und können gleichwohl sehr sparsam parametrisiert werden. Eine Reihe jüngerer Arbeiten weist insbesondere für die Vereinigten Staaten und für den Euro-Raum darauf hin, dass die Verwendung von geschätzten Faktoren in Prognosemodellen zu einer Verbesserung der Prognosegüte führt (Forni et al., 2003; Marcellino, Stock und Watson, 2003).

756. Um den Prognosegehalt der oben genannten Konjunkturindikatoren untersuchen zu können, ist für die Durchführung eines Prognoseexperiments (Prognosesimulation) die Wahl des Prognosedesigns von zentraler Bedeutung. Dies wiederum erfordert die Beantwortung einer Reihe einzelner Fragen. Zunächst ist zu klären, welches Prognosemodell zugrunde gelegt werden soll: In Frage kommen sowohl Einzelgleichungsansätze oder auch Mehrgleichungsansätze (Vektorautoregressive (VAR-) Modelle). Hierbei stellt sich die Frage, ob für einen gegebenen Prognosehorizont h iterativ (mittels Ein-Schritt-Prognosen) oder dynamisch (mittels h-Schritt-Prognosen) prognostiziert werden soll. Weiterhin ist zu entscheiden, nach welchen Kriterien die Spezifikation des Prognosemodells erfolgt: Prinzipiell ist es möglich, Prognosemodelle auf Grundlage des gesamten zur Verfügung stehenden Zeitraums zu spezifizieren oder – alternativ – auf Grundlage eines Teilzeitraums; die Spezifikation erfolgt dann rekursiv. Darüber hinaus kann alternativ die Spezifikation eines Modells auf Grundlage der Prognoseperformance vorgenommen werden. Schließlich können für die Beurteilung der Prognosegüte alternativer Konjunkturindikatoren rekursive oder rollierende Prognosen außerhalb des für die Schätzung der Parameter verwendeten Stichprobenbereichs herangezogen werden. Bislang liegt in der Literatur kein Konsens hinsichtlich der Festlegung des Prognosedesigns vor. Es mag daher nicht sonderlich überraschen, wenn in verschiedenen Studien divergierende Ergebnisse hinsichtlich der Prognosegüte einzelner Konjunkturindikatoren auftreten.

757. Das nachfolgende Prognoseexperiment beruht auf der ökonometrischen Schätzung einer Reihe von Einzelgleichungen, wobei die jeweiligen Prognosen als h-Schritt-Prognosen modelliert werden: Das Prognosemodell wird spezifiziert und geschätzt als lineare Projektion der um h Schritte in die Zukunft „verschobenen" Variablen y_{t+h}, gegeben den zum Zeitpunkt t vorliegenden Konjunkturindikator. Formal lässt sich ein solches h-Schritt-Prognosemodell wie folgt darstellen:

$$y_{t+h} = \alpha(L)y_t + \gamma(L)\, indikator_t + \varepsilon_{t+h}, \qquad (12)$$

wobei $\alpha(L) = \sum_{i=0}^{m} \alpha_i L^i$ und $\gamma(L) = \sum_{j=0}^{n} \gamma_j L^j$ endliche Lagpolynome darstellen und die Modellparameter mit der Methode der kleinsten Quadrate geschätzt werden. Etwaige autoregressive Terme werden durch die Koeffizienten in $\alpha(L)$ berücksichtigt, die Parameter γ_j geben den kontemporären und verzögerten Einfluss des jeweiligen Konjunkturindikators an; y_{t+h} ist die zu prognostizierende Zuwachsrate der gewählten Referenzreihe (im Folgenden die Nettoproduktion der Industrie), wobei nachfolgend sowohl laufende Zuwachsraten ($y_t = \log Y_t - \log Y_{t-1}$, mit Y_t als Nettoproduktion der Industrie) als auch Zuwachsraten gegenüber dem Vorjahresmonat ($y_t = \log Y_t - \log Y_{t-12}$) zugrunde gelegt werden. Die Out-of-Sample Prognose der Variablen y_{T+h} zum Zeitpunkt T ist gegeben durch $y_{T+h \mid T} = \alpha(L)y_T + \gamma(L)\, indikator_T$. Als Messlatte für die Evaluierung der Prognosen wird zum einen ein einfaches autoregressives Modell herangezogen

$$y_{t+h} = \alpha(L)y_t + \varepsilon_{t+h}, \qquad (13)$$

und zum anderen wird die Prognosegüte der verschiedenen Konjunkturindikatoren direkt miteinander verglichen.

Im Unterschied zu den gängigen Ein-Schritt-Prognosemodellen ist es im Rahmen des obigen h-Schritt-Prognosemodells nicht notwendig, für einen gegebenen Prognosehorizont h das Modell entsprechend häufig zu iterieren, da für jeden Prognosehorizont h ein eigenes Prognosemodell spezifiziert wird. Bei einer Ein-Schritt-Prognose wird demgegenüber lediglich eine gemeinsame, nicht vom Prognosehorizont abhängige Spezifikation gewählt. Einer solchen iterativen Vorgehensweise folgen etwa Hüfner und Schröder (2002) sowie Benner und Meier (2004), während Breitung und Jagodzinski (2001), Stock und Watson (2004) sowie Boivin und Ng (2005) h-Schritt-Prognosen wählen.

Mit der Formulierung eines h-Schritt-Prognosemodells sind zwei Vorteile verbunden: Es wird keine zusätzliche Gleichung benötigt, um den Indikator zu prognostizieren. Dies erklärt, weshalb es im vorliegenden Ansatz genügt, ein Einzelgleichungsmodell an Stelle eines vektorautoregressiven Modells zu verwenden. Darüber hinaus wird der potentielle Einfluss etwaiger Spezifikationsfehler im Ein-Schritt-Prognosemodell verringert, da Schätzung und Prognose derselbe Horizont h zugrunde liegt (Schumacher, 2005). Zum jetzigen Zeitpunkt ist jedoch nicht endgültig geklärt, ob h-Schritt-Prognosen generell Ein-Schritt-Prognosen überlegen sind (Marcellino, Stock und Watson, 2005; Boivin und Ng, 2005). Da in der jüngeren Vergangenheit eine Reihe von empirischen Studien zur Aussagekraft von Konjunkturindikatoren auf Ein-Schritt-Prognosen beruht, lassen sich die nachfolgenden *h*-Schritt-Prognosesimulationen als Komplement zu bereits existierenden Studien werten.

5. Evaluierung der Prognosen

758. Um die Prognosegüte alternativer Prognosemodelle zu beurteilen, werden in der vorliegenden Analyse rekursive Prognosen außerhalb des für die Schätzung der Parameter verwendeten Stichprobenbereichs, so genannte Out-of-Sample Prognosen, herangezogen. Für die Ermittlung der Out-of-Sample Prognosen wird das Modell in einem ersten Schritt bis zu einem Zeitpunkt T^* geschätzt, der deutlich vor dem Ende des Beobachtungszeitraums T liegt. Basierend auf dieser Schätzung werden h-Schritt-Prognosen für den Zeitraum jenseits des Zeitpunkts T^* berechnet. Anschließend werden der Stützbereich um eine Beobachtung erweitert, die Schätzung erneut durchgeführt und die h-Schritt-Prognosen für den Zeitraum jenseits des Zeitpunkts $T^* + 1$ ermittelt. Dieses rekursive Vorgehen wird bis zum Zeitpunkt T wiederholt.

759. Der Modellauswahlprozess, das heißt die Bestimmung der Lag-längen m und n in Gleichung (12), beruht sowohl auf dem Schwarz- als auch alternativ auf dem Akaike-Informationskriterium, wobei sowohl für die autoregressiven Terme als auch für die Konjunkturindikatoren eine variable Lag-länge zugrunde gelegt wird. Dabei werden – ausgehend von einer exogen vorgegebenen maximalen Verzögerungsstruktur – sämtliche Lag-kombinationen geprüft und für einen gegebenen Prognosehorizont h wird diejenige Spezifikation gewählt, die das jeweilige Informationskriterium minimiert.

Die hier verwendeten Informationskriterien bewerten bei der Auswahl des Prognosemodells den Zielkonflikt zwischen einer möglichst guten Anpassung des Prognosemodells an die Daten und einer möglichst sparsamen Parametrisierung des Modells. Die Berücksichtigung zusätzlicher verzögerter Variablen reduziert die Summe der quadrierten Residuen und führt zu einer besseren Anpassung des Modells an die Daten. Allerdings steigt mit zunehmender Anzahl von Lags die Zahl der zu schätzenden Parameter, was für sich genommen mit einer Reduktion der Freiheitsgrade einhergeht. Dies dürfte die Prognosegüte des Modells verschlechtern. Beide Informationskriterien sind so konstruiert, dass sie ein Modell für eine bessere Anpassung „belohnen", für die Verwendung eines zusätzlichen Regressors hingegen „bestrafen". Optimal im Sinne des Informationskriteriums ist dann das Modell, das die beiden widerstreitenden Ziele am besten in Einklang bringt.

Formal lassen sich die hier verwendeten Selektionskriterien wie folgt angeben:

$$AIC = \frac{-2\ln L}{T} + 2\frac{k}{T}, \qquad (14)$$

$$SC = \frac{-2\ln L}{T} + \frac{k \ln T}{T}, \qquad (15)$$

mit $k = m + n + 2$ als der Anzahl der zu schätzenden Parameter und $\ln L$ als der logarithmierten Likelihood-Funktion. Für beide Informationskriterien gilt, dass dasjenige Modell gewählt wird, welches das (jeweilige) Kriterium minimiert. Wie aus der formalen Darstellung der beiden Kriterien unmittelbar hervorgeht, wählt das Schwarz-Kriterium (SC) für T > 7 eine sparsamere Parametrisierung als das Akaike-Kriterium (AIC), die „marginalen Kosten" eines zusätzlichen Regressors sind beim Schwarz-Kriterium in diesem Fall höher als beim Akaike-Kriterium. Hinsichtlich der Wahl des geeigneten Informationskriteriums lässt sich keine eindeutige Aussage treffen. Für sehr große Stichproben erweist sich das Schwarz-Kriterium als überlegen, demgegenüber wählt das Akaike-Kriterium in diesem Fall ein überparametrisiertes Modell. Für kleinere Stichproben hingegen schneidet mitunter das Akaike-Kriterium besser ab (Lütkepohl, 1993).

760. Die Evaluierung der Prognosegüte zweier Konjunkturindikatoren A und B erfordert in einem ersten Schritt die Berechnung eines Gütemaßes, das die Treffgenauigkeit der jeweiligen Prognose in einem Wert zusammenfasst. In der vorliegenden Analyse wird, wie im Rahmen solcher Untersuchungen üblich, die Wurzel aus dem mittleren quadrierten Prognosefehler (Root Mean Square Error, RMSE) verwendet. Angenommen, man hat zwei h-Schritt-Prognosereihen $\hat{y}_{A,t}(h)$ und $\hat{y}_{B,t}(h)$ sowie die Zeitreihe y_t mit den zugehörigen Prognosefehlern $e_{A,t}(h)$ und $e_{B,t}(h)$; $t = 1, \ldots, T_f$ und die Anzahl der Prognosezeitpunkte T_f, so berechnet sich die Wurzel aus dem mittleren quadrierten Prognosefehler für die Prognose (das Prognosemodell) i wie folgt:

$$RMSE_i(h) = \sqrt{\frac{1}{T_f} \sum_{t=1}^{T_f} (e_{i,t}(h))^2} \ , \ i = A, B \ . \quad (16)$$

Als Maß zur Evaluierung der Prognosegüte zweier Prognosen A und B wird der Theilsche Ungleichheitskoeffizient (Theilsches U) verwendet, also der Quotient aus der Wurzel des mittleren quadrierten Prognosefehlers des Modells A und dem entsprechenden Term für das Prognosemodell B:

$$THEIL_{A,B}(h) = \frac{RMSE_A(h)}{RMSE_B(h)} \ . \quad (17)$$

Ein Theilscher Ungleichheitskoeffizient kleiner eins zeigt in diesem Fall an, dass die Treffgenauigkeit der h-Schritt-Prognose A höher ist als die der Prognose B. Der Theilsche Ungleichheitskoeffizient lässt jedoch noch keine Aussage darüber zu, ob die Prognose A im oben genannten Fall eine signifikant höhere Treffgenauigkeit besitzt als die Prognose B. Zur Beantwortung dieser Frage wird in der vorliegenden Analyse die modifizierte Diebold-Mariano-Teststatistik herangezogen (Diebold und Mariano, 1995; Harvey et al., 1997). Diese entspricht grob gesprochen dem Durchschnitt aus der Differenz der quadrierten Prognosefehler (der zwei betrachteten Prognosen) dividiert durch die Varianz dieses Terms. Der Diebold-Mariano-Test erlaubt letztlich eine Aussage darüber, ob die Unterschiede zwischen den RMSE zweier Prognosen statistisch signifikant sind. Die modifizierte Diebold-Mariano-Teststatistik ist (asymptotisch) t-verteilt.

6. Ergebnisse der Prognoseevaluierung bei konstanter Modellspezifikation

761. Wählt man die Zuwachsraten der Nettoproduktion gegenüber dem Vorjahr als Referenzreihe, so ergeben sich für den gesamten Prognosezeitraum von Januar 1999 bis Dezember 2004 – aktuellere Angaben für den hier verwendeten Handelsblatt-Konjunkturindikator liegen nicht vor – für die Auftragseingänge, den Indikator der FAZ und dem KiFa vergleichsweise gute Resultate (Tabelle 50, Seite 506). Innerhalb eines Prognosehorizonts von neun Monaten liefern diese Indikatoren mit Blick auf das Theilsche U und die modifizierte Diebold-Mariano-Statistik signifikant bessere Prognosen als die naive Prognose. Der Spezifikation der Prognosemodelle liegt dabei das in der Literatur häufig verwendete Schwarz-Informationskriterium zugrunde. Auch die ifo-Geschäftserwartungen, die ZEW-Konjunkturerwartungen und der Handelsblatt-Indikator schneiden besser ab als die naive Prognose, wenngleich die höhere Treffgenauigkeit dieser Indikatoren im Vergleich zur naiven Prognose nicht signifikant ausfällt.

Tabelle 50

Prognose der Zuwachsrate der Nettoproduktion gegenüber dem Vorjahresmonat
Benchmark: naive Prognose, Schwarz-Informationskriterium
Prognosezeitraum von Januar 1999 bis Dezember 2004

Prognose-horizont (Monate)	Naive Prognose RMSE[1]	ifo-Erwartungen RMSE[1]	Theilsches $U^{2)}$	Mod. DM-Statistik[3]	ZEW-Erwartungen RMSE[1]	Theilsches $U^{2)}$	Mod. DM-Statistik[3]	Faktormodell RMSE[1]	Theilsches $U^{2)}$	Mod. DM-Statistik[3]
1	0,0152	0,0143	0,94	0,73	0,0140	0,92	1,20	0,0141	0,93	1,34
2	0,0172	0,0150	0,87	1,27	0,0152	0,88	1,44	0,0108	0,63	3,37
3	0,0169	0,0160	0,94	0,63	0,0159	0,94	0,60	0,0112	0,66	3,93
4	0,0182	0,0162	0,89	1,25	0,0164	0,90	0,93	0,0130	0,72	2,68
5	0,0194	0,0166	0,85	1,31	0,0175	0,90	0,81	0,0145	0,75	2,18
6	0,0208	0,0181	0,87	1,14	0,0189	0,91	0,67	0,0153	0,74	2,32
7	0,0217	0,0194	0,89	0,98	0,0198	0,91	0,68	0,0160	0,74	2,35
8	0,0234	0,0200	0,86	1,38	0,0215	0,92	0,67	0,0166	0,71	2,44
9	0,0248	0,0222	0,90	0,82	0,0223	0,90	0,79	0,0175	0,71	2,20
10	0,0258	0,0222	0,86	1,15	0,0223	0,87	0,98	0,0187	0,73	1,93
11	0,0266	0,0240	0,90	1,44	0,0250	0,94	0,36	0,0205	0,77	1,54
12	0,0268	0,0247	0,92	1,16	0,0255	0,95	0,30	0,0232	0,86	0,80

Prognose-horizont (Monate)	Naive Prognose RMSE[1]	Auftragseingänge RMSE[1]	Theilsches $U^{2)}$	Mod. DM-Statistik[3]	Handelsblatt RMSE[1]	Theilsches $U^{2)}$	Mod. DM-Statistik[3]	FAZ RMSE[1]	Theilsches $U^{2)}$	Mod. DM-Statistik[3]
1	0,0152	0,0109	0,71	3,30	0,0145	0,96	1,31	0,0107	0,70	3,34
2	0,0172	0,0115	0,67	3,03	0,0134	0,78	2,61	0,0114	0,66	3,26
3	0,0169	0,0119	0,70	3,25	0,0147	0,87	1,83	0,0115	0,68	3,44
4	0,0182	0,0133	0,73	2,61	0,0157	0,87	1,54	0,0132	0,72	2,80
5	0,0194	0,0147	0,76	2,07	0,0165	0,85	1,45	0,0151	0,78	1,99
6	0,0208	0,0154	0,74	2,15	0,0179	0,86	1,35	0,0159	0,77	2,00
7	0,0217	0,0173	0,80	1,81	0,0191	0,88	1,26	0,0173	0,79	2,02
8	0,0234	0,0186	0,80	1,94	0,0210	0,90	1,15	0,0188	0,80	1,60
9	0,0248	0,0196	0,79	1,94	0,0228	0,92	0,97	0,0201	0,81	1,69
10	0,0258	0,0207	0,80	2,06	0,0247	0,96	0,69	0,0216	0,84	1,87
11	0,0266	0,0221	0,83	1,39	0,0260	0,98	0,47	0,0228	0,86	1,24
12	0,0268	0,0252	0,94	0,48	0,0247	0,92	0,61	0,0239	0,89	0,98

1) Wurzel aus dem mittleren quadrierten Prognosefehler (Root Mean Square Error), siehe Ziffer 760. - 2) Quotient aus der Wurzel des mittleren quadrierten Prognosefehlers des Indikators und dem RMSE der naiven Prognose, siehe Ziffer 760. - 3) Die modifizierte Diebold-Mariano-Statistik ist (asymptotisch) t-verteilt; Werte größer 1,96 zeigen eine Signifikanz zum Niveau von α = 0,05 an, siehe Ziffer 760.

762. Ein Vergleich der Indikatoren untereinander zeigt, dass der aus der Faktoranalyse abgeleitete KiFa für einen Prognosehorizont von bis zu neun Monaten in der Regel eine signifikant bessere Prognosegüte für die Nettoproduktion aufweist als die ifo-Geschäftserwartungen und die ZEW-Konjunkturerwartungen (Tabelle 51).

Hinsichtlich der Auftragseingänge und dem FAZ-Indikator zeigt sich ebenfalls eine höhere Treffgenauigkeit der Prognose, diese erweist sich aber nicht als signifikant. Legt man der Modellselektion alternativ das Akaike-Informationskriterium zugrunde, bleiben die wesentlichen Ergebnisse erhalten. Auffällig ist indes, dass für alle mittels des Akaike-Informationskriteriums spezifizierten

Prognosemodelle die mittleren quadrierten Prognosefehler geringer ausfallen. KiFa weist nunmehr lediglich für einen Prognosehorizont von über vier Monaten gegenüber den Aufragseingängen und dem FAZ-Indikator eine bessere Prognosegüte auf.

Tabelle 51

Prognose der Zuwachsrate der Nettoproduktion gegenüber dem Vorjahresmonat
Benchmark: Konjunkturindikator-Faktormodell, Schwarz-Informationskriterium
Prognosezeitraum von Januar 1999 bis Dezember 2004

Prognose-horizont (Monate)	Auftrags-eingänge RMSE[1]	Faktor-modell RMSE[1]	Mod. DM-Statistik[2]	FAZ RMSE[1]	Faktor-modell RMSE[1]	Mod. DM-Statistik[2]	ifo-Erwartungen RMSE[1]	Faktor-modell RMSE[1]	Mod. DM-Statistik[2]
1	0,0109	0,0141	-2,44	0,0107	0,0141	-2,51	0,0143	0,0141	0,20
2	0,0115	0,0108	0,54	0,0114	0,0108	0,53	0,0150	0,0108	3,28
3	0,0119	0,0112	0,62	0,0115	0,0112	0,30	0,0160	0,0112	3,98
4	0,0133	0,0130	0,19	0,0132	0,0130	0,12	0,0162	0,0130	2,00
5	0,0147	0,0145	0,11	0,0151	0,0145	0,36	0,0166	0,0145	1,34
6	0,0154	0,0153	0,10	0,0159	0,0153	0,41	0,0181	0,0153	1,68
7	0,0173	0,0160	0,84	0,0173	0,0160	0,95	0,0194	0,0160	1,90
8	0,0186	0,0166	1,46	0,0188	0,0166	1,28	0,0200	0,0166	2,30
9	0,0196	0,0175	0,84	0,0201	0,0175	1,15	0,0222	0,0175	2,14
10	0,0207	0,0187	0,55	0,0216	0,0187	0,69	0,0222	0,0187	1,57
11	0,0221	0,0205	0,42	0,0228	0,0205	0,52	0,0240	0,0205	0,96
12	0,0252	0,0232	0,30	0,0239	0,0232	0,17	0,0247	0,0232	0,46

Prognose-horizont (Monate)	ZEW-Erwartungen RMSE[1]	Faktormodell RMSE[1]	Mod. DM-Statistik[2]	Handelsblatt RMSE[1]	Faktormodell RMSE[1]	Mod. DM-Statistik[2]
1	0,0140	0,0141	-0,07	0,0145	0,0141	0,49
2	0,0152	0,0108	3,66	0,0134	0,0108	1,83
3	0,0159	0,0112	3,51	0,0147	0,0112	2,04
4	0,0164	0,0130	2,09	0,0157	0,0130	1,27
5	0,0175	0,0145	1,49	0,0165	0,0145	0,91
6	0,0189	0,0153	1,82	0,0179	0,0153	1,33
7	0,0198	0,0160	1,80	0,0191	0,0160	1,72
8	0,0215	0,0166	3,02	0,0210	0,0166	2,10
9	0,0223	0,0175	3,12	0,0228	0,0175	1,90
10	0,0223	0,0187	2,92	0,0247	0,0187	1,94
11	0,0250	0,0205	2,31	0,0260	0,0205	1,63
12	0,0255	0,0232	2,07	0,0247	0,0232	0,72

1) Wurzel aus dem mittleren quadrierten Prognosefehler (Root Mean Square Error), siehe Ziffer 760. - 2) Die modifizierte Diebold-Mariano-Statistik ist (asymptotisch) t-verteilt; Werte größer 1,96 zeigen eine Signifikanz zum Niveau von α = 0,05 an, siehe Ziffer 760.

763. Für die Prognosen der laufenden Zuwachsraten zeigen sich für den oben genannten Prognosezeitraum gegenüber den Jahreszuwachsraten durchaus bemerkenswerte Unterschiede. Zunächst fällt auf, dass unter Zugrundelegung des Schwarz-Informationskriteriums die Prognosemodelle nur in Ausnahmefällen in der Lage sind, die naive Prognose signifikant zu übertreffen. Eine Überprüfung der für den jeweiligen Prognosehorizont h gewählten Verzögerungsstruktur (nicht abgebildet) zeigt, dass bei Verwendung des Schwarz-Kriteriums eine sehr sparsame Verzögerungsstruktur gewählt wird. Dieses Ergebnis ändert sich deutlich, wenn das Akaike-Informationskriterium zugrunde gelegt wird. Die mittleren quadrierten Prognosefehler reduzieren sich dann spürbar, und die Prognosemodelle weisen im Vergleich zur naiven Prognose eine höhere

Treffgenauigkeit auf. Im Vergleich zur Prognose der Jahreszuwachsrate zeigt sich jedoch ein etwas uneinheitlicheres Bild (Tabelle 52).

Tabelle 52

Prognose der Zuwachsrate der Nettoproduktion gegenüber dem Vormonat
Benchmark: naive Prognose, Akaike-Informationskriterium
Prognosezeitraum von Januar 1999 bis Dezember 2004

Prognose-horizont (Monate)	Naive Prognose RMSE[1]	ifo-Erwartungen RMSE[1]	Theilsches $U^{2)}$	Mod. DM-Statistik[3]	ZEW-Erwartungen RMSE[1]	Theilsches $U^{2)}$	Mod. DM-Statistik[3]	Faktormodell RMSE[1]	Theilsches $U^{2)}$	Mod. DM-Statistik[3]
1	0,0104	0,0089	0,85	2,21	0,0093	0,89	1,91	0,0077	0,74	3,08
2	0,0111	0,0111	1,00	0,13	0,0115	1,03	-0,65	0,0098	0,88	2,39
3	0,0110	0,0107	0,97	0,54	0,0109	0,98	1,86	0,0092	0,83	2,39
4	0,0113	0,0103	0,92	1,88	0,0110	0,98	1,68	0,0099	0,88	2,21
5	0,0113	0,0105	0,93	1,56	0,0112	0,99	1,10	0,0101	0,90	2,11
6	0,0112	0,0104	0,93	1,75	0,0111	0,99	1,21	0,0098	0,87	2,17
7	0,0113	0,0107	0,95	1,28	0,0112	0,99	0,68	0,0099	0,88	2,03
8	0,0114	0,0109	0,96	1,14	0,0098	0,86	3,82	0,0103	0,91	1,35
9	0,0114	0,0111	0,97	1,05	0,0102	0,90	2,43	0,0107	0,94	0,84
10	0,0114	0,0111	0,97	1,00	0,0103	0,90	2,48	0,0106	0,92	1,13
11	0,0115	0,0114	0,99	0,47	0,0109	0,95	1,99	0,0107	0,93	1,10
12	0,0116	0,0113	0,98	0,93	0,0115	1,00	0,21	0,0107	0,92	1,17

Prognose-horizont (Monate)	Naive Prognose RMSE[1]	Auftragseingänge RMSE[1]	Theilsches $U^{2)}$	Mod. DM-Statistik[3]	Handelsblatt RMSE[1]	Theilsches $U^{2)}$	Mod. DM-Statistik[3]	FAZ RMSE[1]	Theilsches $U^{2)}$	Mod. DM-Statistik[3]
1	0,0104	0,0075	0,72	3,88	0,0102	0,98	1,18	0,0070	0,68	4,06
2	0,0111	0,0095	0,85	2,38	0,0110	0,99	0,75	0,0091	0,82	2,91
3	0,0110	0,0095	0,86	2,21	0,0110	0,99	0,67	0,0090	0,81	3,15
4	0,0113	0,0100	0,89	1,81	0,0111	0,99	1,51	0,0098	0,87	2,35
5	0,0113	0,0097	0,86	1,97	0,0111	0,99	2,70	0,0096	0,85	2,42
6	0,0112	0,0101	0,90	1,75	0,0111	0,99	2,94	0,0100	0,89	2,16
7	0,0113	0,0104	0,92	1,47	0,0112	0,99	2,63	0,0102	0,90	2,21
8	0,0114	0,0109	0,96	1,07	0,0113	1,00	0,57	0,0107	0,94	2,29
9	0,0114	0,0098	0,87	2,67	0,0114	1,01	-0,31	0,0107	0,94	1,23
10	0,0114	0,0100	0,88	2,48	0,0114	1,00	-0,08	0,0104	0,91	1,94
11	0,0115	0,0101	0,87	2,77	0,0114	0,99	1,52	0,0104	0,91	2,18
12	0,0116	0,0100	0,87	2,79	0,0114	0,99	0,58	0,0104	0,90	2,32

1) Wurzel aus dem mittleren quadrierten Prognosefehler (Root Mean Square Error), siehe Ziffer 760. - 2) Quotient aus der Wurzel des mittleren quadrierten Prognosefehlers des Indikators und dem RMSE der naiven Prognose, siehe Ziffer 760. - 3) Die modifizierte Diebold-Mariano-Statistik ist (asymptotisch) t-verteilt; Werte größer 1,96 zeigen eine Signifikanz zum Niveau von α = 0,05 an, siehe Ziffer 760.

Die Verwendung der Auftragseingänge erhöht in den ersten fünf Monaten die Prognosegüte, während KiFa und der FAZ-Indikator für die ersten sieben beziehungsweise acht Monate zu signifikant besseren Ergebnissen als die naive Prognose führen. Hinsichtlich der ifo-Geschäftserwartungen, der ZEW-Konjunkturerwartungen und des Handelsblatt-Indikators lässt sich lediglich für einzelne Perioden eine signifikant höhere Prognosegüte als bei der naiven Prognose feststellen.

764. Ein Vergleich der Indikatoren untereinander zeigt, dass zwischen KiFa, den Auftragseingängen und dem FAZ-Indikator keine signifikanten Unterschiede in der Prognosegüte bestehen, während KiFa gegenüber den ifo-Geschäftserwartungen in den ersten drei Monaten signifikant besser abschneidet (Tabelle 53). Im Vergleich zu den ZEW-Konjunkturerwartungen und zum

Handelsblatt-Indikator weist KiFa im ersten halben Jahr eine signifikant höhere Treffgenauigkeit auf.

Tabelle 53

Prognose der Zuwachsrate der Nettoproduktion gegenüber dem Vormonat
Benchmark: Konjunkturindikator-Faktormodell, Akaike-Informationskriterium
Prognosezeitraum von Januar 1999 bis Dezember 2004

Prognose-horizont (Monate)	Auftrags-eingänge RMSE[1]	Faktor-modell RMSE[1]	Mod. DM-Statistik[2]	FAZ RMSE[1]	Faktor-modell RMSE[1]	Mod. DM-Statistik[2]	ifo-Er-wartungen RMSE[1]	Faktor-modell RMSE[1]	Mod. DM-Statistik[2]
1	0,0075	0,0077	-0,28	0,0070	0,0077	-1,04	0,0089	0,0077	1,74
2	0,0095	0,0098	-0,49	0,0091	0,0098	-1,19	0,0111	0,0098	2,38
3	0,0095	0,0092	0,37	0,0090	0,0092	-0,24	0,0107	0,0092	1,72
4	0,0100	0,0099	0,19	0,0098	0,0099	-0,37	0,0103	0,0099	0,52
5	0,0097	0,0101	-0,68	0,0096	0,0101	-0,90	0,0105	0,0101	0,58
6	0,0101	0,0098	0,42	0,0100	0,0098	0,30	0,0104	0,0098	0,97
7	0,0104	0,0099	0,46	0,0102	0,0099	0,34	0,0107	0,0099	1,09
8	0,0109	0,0103	0,60	0,0107	0,0103	0,40	0,0109	0,0103	0,74
9	0,0098	0,0107	-1,11	0,0107	0,0107	0,05	0,0111	0,0107	0,40
10	0,0100	0,0106	-0,84	0,0104	0,0106	-0,20	0,0111	0,0106	0,62
11	0,0101	0,0107	-1,31	0,0104	0,0107	-0,42	0,0114	0,0107	0,88
12	0,0100	0,0107	-1,40	0,0104	0,0107	-0,44	0,0113	0,0107	0,80
Prognose-horizont (Monate)	ZEW-Erwartungen RMSE[1]	Faktormodell RMSE[1]	Mod. DM-Statistik[2]	Handelsblatt RMSE[1]	Faktormodell RMSE[1]	Mod. DM-Statistik[2]			
1	0,0093	0,0077	2,46	0,0102	0,0077	2,85			
2	0,0115	0,0098	2,81	0,0110	0,0098	2,18			
3	0,0109	0,0092	2,33	0,0110	0,0092	2,31			
4	0,0110	0,0099	1,96	0,0111	0,0099	1,99			
5	0,0112	0,0101	1,80	0,0111	0,0101	1,89			
6	0,0111	0,0098	1,96	0,0111	0,0098	1,97			
7	0,0112	0,0099	1,85	0,0112	0,0099	1,82			
8	0,0098	0,0103	-0,58	0,0113	0,0103	1,25			
9	0,0102	0,0107	-0,41	0,0114	0,0107	0,93			
10	0,0103	0,0106	-0,27	0,0114	0,0106	1,10			
11	0,0109	0,0107	0,21	0,0114	0,0107	0,89			
12	0,0115	0,0107	1,07	0,0114	0,0107	0,93			

1) Wurzel aus dem mittleren quadrierten Prognosefehler (Root Mean Square Error), siehe Ziffer 760. - 2) Die modifizierte Diebold-Mariano-Statistik ist (asymptotisch) t-verteilt; Werte größer 1,96 zeigen eine Signifikanz zum Niveau von α = 0,05 an, siehe Ziffer 760.

765. Die dargestellten Ergebnisse sind im Wesentlichen robust gegenüber einer Variation des Prognoseverfahrens, bei der alternativ zum bisherigen und in der Praxis gängigen Vorgehen die Auswahl der Prognosemodelle nicht einmalig auf der Basis des gesamten Beobachtungszeitraums vorgenommen wird, sondern rekursiv, das heißt zu jedem Prognosezeitpunkt anhand der bis dahin „verfügbaren" Daten. Dieses rekursive Vorgehen simuliert dann die Situation eines Prognostikers, der im Zeitverlauf sein Prognosemodell sukzessiv an neu hinzukommende Informationen anpasst. Anders als bei einer Modellspezifikation auf Basis der gesamten Stichprobe gehen folglich keine Informationen ein, die zum Prognosezeitpunkt noch nicht verfügbar sind. Dies kann dazu führen, dass aufgrund des geringeren Informationsstandes die mittleren quadrierten Prognosefehler höher ausfallen. Bei der Beurteilung der beiden Vorgehensweisen ist jedoch zu beachten, dass auch mit der beschriebenen rekursiven Spezifikation des Prognosemodells der Anspruch, bei der Evaluation der unterschiedlichen Indikatoren nur die zu jedem Prognosezeitpunkt vorhandenen Informationen zu nutzen, nur bedingt eingelöst werden kann. Denn dies würde die Verwendung von Echtzeitdaten anstelle der revidierten, heute verfügbaren Zeitreihen erfordern. Angesichts der häufig nicht unerheblichen Datenrevisionen ist daher unklar, inwieweit eine rekursive Modellspezifikationen mit Ex-post-Daten wirklich zu einer deutlich besseren Prognoseevaluation führt.

7. Fazit

766. Die Ergebnisse der Prognoseevaluierung zeigen, dass einige der untersuchten Indikatoren die Prognosegüte der naiven Prognose hinsichtlich der Nettoproduktion der Industrie signifikant verbessern. So weisen insbesondere KiFa, der FAZ-Konjunkturindikator und die Auftragseingänge (zumindest) für einen Prognosehorizont von einem halben Jahr – also eher für die kurze Frist – eine höhere Treffgenauigkeit auf als die naive Prognose.

Vor allem der FAZ-Konjunkturindikator und KiFa lassen erkennen, dass es prinzipiell von Vorteil ist, Informationen aus verschiedenen Zeitreihen systematisch zu bündeln. Gleichwohl illustriert das vorliegende Prognoseexperiment auch, dass die bislang vorliegenden synthetischen Konjunkturindikatoren für Deutschland nicht generell besser abschneiden als einzelne Zeitreihen wie beispielsweise die Auftragseingänge, die sowohl im FAZ-Konjunkturindikator, dem Handelsblatt-Frühindikator als auch im KiFa enthalten sind. Dies deutet darauf hin, dass insbesondere die Kriterien einer geeigneten Auswahl von ökonomischen Zeitreihen, die einem synthetischen Konjunkturindikator zugrunde gelegt werden sollten, noch nicht hinreichend bestimmt sind.

Die Prognosegüte der betrachteten Prognosemodelle, die grundsätzlich von der Spezifikation der Verzögerungsstruktur der Prognosemodelle abhängt, erweist sich in zweierlei Hinsicht als robust. Zum einen bleiben die wesentlichen Ergebnisse unberührt, wenn man alternativ zum Akaike-Informationskriterium das Schwarz-Informationskriterium zugrunde legt. Zum anderen hängt die qualitative Bewertung der Konjunkturindikatoren nicht davon ab, ob die Auswahl der Modellstruktur auf dem gesamten Stichprobenzeitraum beruht oder stattdessen rekursiv vorgenommen wird.

Literatur

Anderson, T. W. (2003) *An Introduction to Multivariate Statistical Analysis*, 3rd Edition, John Wiley, New Jersey.

Benner, J. und C.-P. Meier (2004) *Prognosegüte alternativer Frühindikatoren für die Konjunktur in Deutschland*, Jahrbücher für Nationalökonomie und Statistik, 224/6, 639 - 652.

Boivin, J. und S. Ng (2005) *Understanding and Comparing Factor-Based Forecasts*, mimeo.

Breitung, J. und D. Jagodzinski (2001) *Prognoseeigenschaften alternativer Indikatoren für die* Konjunkturentwicklung *in Deutschland*, Konjunkturpolitik, 47, 292 - 314.

Diebold, F. X. und R. S. Mariano (1995) *Comparing Predictive Accuracy*, Journal of Business and Economic Statistics, 13, 253 - 63.

Döpke, J., J. W. Krämer und E. Langfeld (1994) *Konjunkturelle Frühindikatoren in Deutschland*, Konjunkturpolitik, 40, 135 - 153.

Dreger, C. und C. Schumacher (2004) *Estimating Large-Scale Factor Models for Economic Activity in Germany: Do they Outperform simpler Models?*, Jahrbücher für Nationalökonomie und Statistik, 224/6, 731 - 750.

Dreger, C. und C. Schumacher (2005) *The Out of Sample Performance of Leading Indicators for the German Business Cycle: Single vs. Combined Forecasts,* Journal of Business Cycle Measurement and Analysis, 2 (1), 71 - 88.

Forni, M., M. Hallin, M. Lippi, und L. Reichlin (2003) *Do Financial Variables Help Forecasting Inflation and Real Activity in the Euro Area?*, Journal of Monetary Economics, 50, 1 243 - 1 255.

Hamilton, J. D. (1994) *Time Series Analysis*, Princeton University Press Princeton.

Harvey, D., S. Leybourne und P. Newbold (1997) *Testing the Equality of Prediction Mean Squared Errors*, International Journal of Forecasting, 13, 281 - 91.

Hinze, J. (2003) *Prognoseleistung von Frühindikatoren*, HWWA Discussion Paper, 236.

Hüfner, F. P. und M. Schröder (2002) *Prognosegehalt von ifo-Geschäftserwartungen und ZEW-Konjunkturerwartungen: Ein ökonometrischer Vergleich*, Jahrbücher für Nationalökonomie und Statistik, 222/3, 316 - 336.

Lütkepohl, H. (1993) *Introduction to Multiple Time Series Analysis*, 2nd Edition. Springer-Verlag, Berlin u. a.

Marcellino, M., J. Stock und M. W. Watson (2003) *Macroeconomic Forecasting in the Euro Area: Country Specific versus Area-Wide Information*, European Economic Review, 47, 1 - 18.

Marcellino, M., J. Stock und M. W. Watson (2005) *A Comparison of Direct and Iterated Multistep AR Methods for Forecasting Macroeconomic Time Series*, IGIER Working Paper, 285.

Schumacher, C. (2005) Forecasting German GDP Using Alternative Factor Models Based on Large Datasets, Deutsche Bundesbank Discussion Paper, Economic Studies, 24/05.

Stock, J. H. und M. W. Watson (2002a) *Forecasting Using Principal Components from a Large Number of Predictors*, Journal of the American Statistical Association, 97, 1 167 - 1 179.

Stock, J. H. und M. W. Watson (2002b) *Macroeconomic Forecasting Using Diffusion Indexes*, Journal of Business and Economic Statistics, 20, 147 - 162.

Stock, J. H. und M. W. Watson (2004) *Forecasting with Many Predictors*, mimeo.

Wolters, J. und F. Lankes (1989) *Das ifo-Geschäftsklima als Konjunkturindikator*, ifo-Studien, 35, 198 - 209.

Anhang

I. Gesetz über die Bildung eines Sachverständigenrates zur Begutachtung der gesamtwirtschaftlichen Entwicklung
II. Gesetz zur Förderung der Stabilität und des Wachstums der Wirtschaft
III. Verzeichnis der Gutachten des Sachverständigenrates
IV. Methodische Erläuterungen
V. Statistischer Anhang

I.
Gesetz über die Bildung eines Sachverständigenrates zur Begutachtung der gesamtwirtschaftlichen Entwicklung

Vom 14. August 1963 (Bundesgesetzbl. I S. 685)

in der Fassung des Gesetzes zur Änderung des Gesetzes über die Bildung eines Sachverständigenrates zur Begutachtung der gesamtwirtschaftlichen Entwicklung, vom 8. November 1966 (Bundesgesetzbl. I S. 633) – § 6 Abs. 1 –, und des Gesetzes zur Förderung der Stabilität und des Wachstums der Wirtschaft, vom 8. Juni 1967 (Bundesgesetzbl. I S. 582), – § 6 Abs. 2

Der Bundestag hat das folgende Gesetz beschlossen:

§ 1

(1) Zur periodischen Begutachtung der gesamtwirtschaftlichen Entwicklung in der Bundesrepublik Deutschland und zur Erleichterung der Urteilsbildung bei allen wirtschaftspolitisch verantwortlichen Instanzen sowie in der Öffentlichkeit wird ein Rat von unabhängigen Sachverständigen gebildet.

(2) Der Sachverständigenrat besteht aus fünf Mitgliedern, die über besondere wirtschaftswissenschaftliche Kenntnisse und volkswirtschaftliche Erfahrungen verfügen müssen.

(3) Die Mitglieder des Sachverständigenrates dürfen weder der Regierung oder einer gesetzgebenden Körperschaft des Bundes oder eines Landes noch dem öffentlichen Dienst des Bundes, eines Landes oder einer sonstigen juristischen Person des öffentlichen Rechts, es sei denn als Hochschullehrer oder als Mitarbeiter eines wirtschafts- oder sozialwissenschaftlichen Institutes, angehören. Sie dürfen ferner nicht Repräsentant eines Wirtschaftsverbandes oder einer Organisation der Arbeitgeber oder Arbeitnehmer sein oder zu diesen in einem ständigen Dienst- oder Geschäftsbesorgungsverhältnis stehen. Sie dürfen auch nicht während des letzten Jahres vor der Berufung zum Mitglied des Sachverständigenrates eine derartige Stellung innegehabt haben.

§ 2

Der Sachverständigenrat soll in seinen Gutachten die jeweilige gesamtwirtschaftlichen Lage und deren absehbare Entwicklung darstellen. Dabei soll er untersuchen, wie im Rahmen der marktwirtschaftlichen Ordnung gleichzeitig Stabilität des Preisniveaus, hoher Beschäftigungsstand und außenwirtschaftliches Gleichgewicht bei stetigem und angemessenem Wachstum gewährleistet werden können.

In die Untersuchung sollen auch die Bildung und die Verteilung von Einkommen und Vermögen einbezogen werden. Insbesondere soll der Sachverständigenrat die Ursachen von aktuellen und möglichen Spannungen zwischen der gesamtwirtschaftlichen Nachfrage und dem gesamtwirtschaftlichen Angebot aufzeigen, welche die in Satz 2 genannten Ziele gefährden. Bei der Untersuchung sollen jeweils verschiedene Annahmen zugrunde gelegt und deren unterschiedliche Wirkungen dargestellt und beurteilt werden. Der Sachverständigenrat soll Fehlentwicklungen und Möglichkeiten zu deren Vermeidung oder deren Beseitigung aufzeigen, jedoch keine Empfehlungen für bestimmte wirtschafts- und sozialpolitische Maßnahmen aussprechen.

§ 3

(1) Der Sachverständigenrat ist nur an den durch dieses Gesetz begründeten Auftrag gebunden und in seiner Tätigkeit unabhängig.

(2) Vertritt eine Minderheit bei der Abfassung der Gutachten zu einzelnen Fragen eine abweichende Auffassung, so hat sie die Möglichkeit, diese in den Gutachten zum Ausdruck zu bringen.

§ 4

Der Sachverständigenrat kann vor Abfassung seiner Gutachten ihm geeignet erscheinenden Personen, insbesondere Vertretern von Organisationen des wirtschaftlichen und sozialen Lebens, Gelegenheit geben, zu wesentlichen sich aus seinem Auftrag ergebenden Fragen Stellung zu nehmen.

§ 5

(1) Der Sachverständigenrat kann, soweit er es zur Durchführung seines Auftrages für erforderlich hält, die fachlich zuständigen Bundesminister und den Präsidenten der Deutschen Bundesbank hören.

(2) Die fachlich zuständigen Bundesminister und der Präsident der Deutschen Bundesbank sind auf ihr Verlangen zu hören.

(3) Die Behörden des Bundes und der Länder leisten dem Sachverständigenrat Amtshilfe.

§ 6

(1) Der Sachverständigenrat erstattet jährlich ein Gutachten (Jahresgutachten) und leitet es der Bundesregierung bis zum 15. November zu. Das Jahresgutachten wird den gesetzgebenden Körperschaften von der Bundesregierung unverzüglich vorgelegt und zum gleichen Zeitpunkt vom Sachverständigenrat veröffentlicht. Spätestens acht Wochen nach der Vorlage nimmt die Bundesregierung gegenüber den gesetzgebenden Körperschaften zu dem Jahresgutachten Stellung. In der Stellungnahme sind insbesondere die wirtschaftspolitischen Schlussfolgerungen, die die Bundesregierung aus dem Gutachten zieht, darzulegen.

(2) Der Sachverständigenrat hat ein zusätzliches Gutachten zu erstatten, wenn auf einzelnen Gebieten Entwicklungen erkennbar werden, welche die in § 2 Satz 2 genannten Ziele gefährden. Die Bundesregierung kann den Sachverständigenrat mit der Erstattung weiterer Gutachten beauftragen. Der Sachverständigenrat leitet Gutachten nach Satz 1 und 2 der Bundesregierung zu und veröffentlicht sie; hinsichtlich des Zeitpunktes der Veröffentlichung führt er das Einvernehmen mit dem Bundesminister für Wirtschaft herbei.

§ 7

(1) Die Mitglieder des Sachverständigenrates werden auf Vorschlag der Bundesregierung durch den Bundespräsidenten berufen. Zum 1. März eines jeden Jahres – erstmals nach Ablauf des dritten Jahres nach Erstattung des ersten Gutachtens gemäß § 6 Abs. 1 Satz 1 – scheidet ein Mitglied aus. Die Reihenfolge des Ausscheidens wird in der ersten Sitzung des Sachverständigenrates durch das Los bestimmt.

(2) Der Bundespräsident beruft auf Vorschlag der Bundesregierung jeweils ein neues Mitglied für die Dauer von fünf Jahren. Wiederberufungen sind zulässig. Die Bundesregierung hört die Mitglieder des Sachverständigenrates an, bevor sie ein neues Mitglied vorschlägt.

(3) Die Mitglieder sind berechtigt, ihr Amt durch Erklärung gegenüber dem Bundespräsidenten niederzulegen.

(4) Scheidet ein Mitglied vorzeitig aus, so wird ein neues Mitglied für die Dauer der Amtszeit des ausgeschiedenen Mitglieds berufen; Absatz 2 gilt entsprechend.

§ 8

(1) Die Beschlüsse des Sachverständigenrates bedürfen der Zustimmung von mindestens drei Mitgliedern.

(2) Der Sachverständigenrat wählt aus seiner Mitte einen Vorsitzenden für die Dauer von drei Jahren.

(3) Der Sachverständigenrat gibt sich eine Geschäftsordnung.

§ 9

Das Statistische Bundesamt nimmt die Aufgaben einer Geschäftsstelle des Sachverständigenrates wahr. Die Tätigkeit der Geschäftsstelle besteht in der Vermittlung und Zusammenstellung von Quellenmaterial, der technischen Vorbereitung der Sitzungen des Sachverständigenrates, dem Druck und der Veröffentlichung der Gutachten sowie der Erledigung der sonst anfallenden Verwaltungsaufgaben.

§ 10

Die Mitglieder des Sachverständigenrates und die Angehörigen der Geschäftsstelle sind zur Verschwiegenheit über die Beratungen und die vom Sachverständigenrat als vertraulich bezeichneten Beratungsunterlagen verpflichtet. Die Pflicht zur Verschwiegenheit bezieht sich auch auf Informationen, die dem Sachverständigenrat gegeben und als vertraulich bezeichnet werden.

§ 11

(1) Die Mitglieder des Sachverständigenrates erhalten eine pauschale Entschädigung sowie Ersatz ihrer Reisekosten. Diese werden vom Bundesminister für Wirtschaft im Einvernehmen mit dem Bundesminister des Innern festgesetzt.

(2) Die Kosten des Sachverständigenrates trägt der Bund.

§ 12

Dieses Gesetz gilt nach Maßgabe des § 13 Abs. 1 des Dritten Überleitungsgesetzes vom 4. Januar 1952 (Bundesgesetzbl. I S. 1) auch im Land Berlin.

§ 13

Dieses Gesetz tritt am Tage nach seiner Verkündigung in Kraft.

II.
Gesetz zur Förderung der Stabilität und des Wachstums der Wirtschaft

Auszug aus Bundesgesetzblatt, Jahrgang 1967, Teil I S. 582

Vom 8. Juni 1967

Der Bundestag hat mit Zustimmung des Bundesrates das folgende Gesetz beschlossen:

§ 1

Bund und Länder haben bei ihren wirtschafts- und finanzpolitischen Maßnahmen die Erfordernisse des gesamtwirtschaftlichen Gleichgewichts zu beachten. Die Maßnahmen sind so zu treffen, daß sie im Rahmen der marktwirtschaftlichen Ordnung gleichzeitig zur Stabilität des Preisniveaus, zu einem hohen Beschäftigungsstand und außenwirtschaftlichem Gleichgewicht bei stetigem und angemessenem Wirtschaftswachstum beitragen.

§ 2

(1) Die Bundesregierung legt im Januar eines jeden Jahres dem Bundestag und dem Bundesrat einen Jahreswirtschaftsbericht vor. Der Jahreswirtschaftsbericht enthält:

1. die Stellungnahme zu dem Jahresgutachten des Sachverständigenrates auf Grund des § 6 Abs. 1 Satz 3 des Gesetzes über die Bildung eines Sachverständigenrates zur Begutachtung der gesamtwirtschaftlichen Entwicklung vom 14. August 1963 (Bundesgesetzbl. I S. 685) in der Fassung des Gesetzes vom 8. November 1966 (Bundesgesetzbl. I S. 633);

2. eine Darlegung der für das laufende Jahr von der Bundesregierung angestrebten wirtschafts- und finanzpolitischen Ziele (Jahresprojektion); die Jahresprojektion bedient sich der Mittel und der Form der volkswirtschaftlichen Gesamtrechung, gegebenenfalls mit Alternativrechnung;

3. eine Darlegung der für das laufende Jahr geplanten Wirtschafts- und Finanzpolitik.

(1) Maßnahmen nach § 6 Abs. 2 und 3 und nach den §§ 15 und 19 dieses Gesetzes sowie nach § 51 Abs. 3 des Einkommensteuergesetzes und nach § 19c des Körperschaftsteuergesetzes dürfen nur getroffen werden, wenn die Bundesregierung gleichzeitig gegenüber dem Bundestag und dem Bundesrat begründet, dass diese Maßnahmen erforderlich sind, um eine Gefährdung der Ziele des § 1 zu verhindern.

§ 3

(1) Im Falle der Gefährdung eines der Ziele des § 1 stellt die Bundesregierung Orientierungsdaten für ein gleichzeitiges aufeinander abgestimmtes Verhalten (konzertierte Aktion) der Gebietskörperschaften, Gewerkschaften und Unternehmensverbände zur Erreichung der Ziele des § 1 zur Verfügung. Diese Orientierungsdaten enthalten insbesondere eine Darstellung der gesamtwirtschaftlichen Zusammenhänge im Hinblick auf die gegebene Situation.

(2) Der Bundesminister für Wirtschaft hat die Orientierungsdaten auf Verlangen eines Beteiligten zu erläutern.

§ 4

...

III.
Verzeichnis der Gutachten des Sachverständigenrates

Jahresgutachten 1964/65: „Stabiles Geld – Stetiges Wachstum" (am 11. Januar 1965)

Jahresgutachten 1965/66: „Stabilisierung ohne Stagnation" (am 13. Dezember 1965)

Jahresgutachten 1966/67: „Expansion und Stabilität" (am 30. November 1966)

Jahresgutachten 1967/68: „Stabilität im Wachstum" (am 6. Dezember 1967); darin enthalten: Sondergutachten vom März 1967:„Zur Konjunkturlage im Frühjahr 1967"

Jahresgutachten 1968/69: „Alternativen außenwirtschaftlicher Anpassung" (am 4. Dezember 1968)

Jahresgutachten 1969/70: „Im Sog des Booms" (am 3. Dezember 1969); darin enthalten: Sondergutachten vom 30. Juni 1969 und 3. Juli 1968: „Binnenwirtschaftliche Stabilität und außenwirtschaftliches Gleichgewicht"; Sondergutachten vom 25. September 1969: „Zur lohn- und preispolitischen Situation Ende September 1969"; Sondergutachten vom 4. Oktober 1969: „Zur währungspolitischen Situation Anfang Oktober 1969"

Jahresgutachten 1970/71: „Konjunktur im Umbruch - Risiken und Chancen -" (am 3. Dezember 1970); darin enthalten: Sondergutachten vom 9. Mai 1970: „Zur Konjunkturlage im Frühjahr 1970"

Jahresgutachten 1971/72: „Währung, Geldwert, Wettbewerb – Entscheidungen für morgen –" (am 22. November 1971); darin enthalten: Sondergutachten vom 24. Mai 1971: „Zur konjunktur- und währungspolitischen Lage im Mai 1971"

Jahresgutachten 1972/73: „Gleicher Rang für den Geldwert" (am 6. Dezember 1972); darin enthalten: Sondergutachten vom 3. Juli 1972: „Zur währungspolitischen Lage im Juli 1972"

Jahresgutachten 1973/74: „Mut zur Stabilisierung" (am 22. November 1973); darin enthalten: Sondergutachten vom 4. Mai 1973: „Zur konjunkturpolitischen Lage im Mai 1973"

Jahresgutachten 1974/75: „Vollbeschäftigung für morgen" (am 22. November 1974); darin enthalten: Sondergutachten vom 17. Dezember 1973: „Zu den gesamtwirtschaftlichen Auswirkungen der Ölkrise"

Jahresgutachten 1975/76: „Vor dem Aufschwung" (am 24. November 1975); darin enthalten: Sondergutachten vom 17. August 1975: „Zur konjunkturpolitischen Lage im August 1975"

Jahresgutachten 1976/77: „Zeit zum Investieren" (am 24. November 1976)

Jahresgutachten 1977/78: „Mehr Wachstum – Mehr Beschäftigung" (am 22. November 1977)

Jahresgutachten 1978/79:	„Wachstum und Währung" (am 23. November 1978); darin enthalten: Sondergutachten vom 19. Juni 1978: „Zur wirtschaftlichen Lage im Juni 1978"
Jahresgutachten 1979/80:	„Herausforderung von außen" (am 22. November 1979)
Jahresgutachten 1980/81:	„Unter Anpassungszwang" (am 20. November 1980)
Jahresgutachten 1981/82:	„Investieren für mehr Beschäftigung" (am 20. November 1981); darin enthalten: Sondergutachten vom 4. Juli 1981: „Vor Kurskorrekturen – Zur finanzpolitischen und währungspolitischen Situation im Sommer 1981"
Jahresgutachten 1982/83:	„Gegen Pessimismus" (am 23. November 1982); darin enthalten: Sondergutachten vom 9. Oktober 1982: „Zur wirtschaftlichen Lage im Oktober 1982"
Jahresgutachten 1983/84:	„Ein Schritt voran" (am 24. November 1983)
Jahresgutachten 1984/85:	„Chancen für einen langen Aufschwung" (am 23. November 1984)
Jahresgutachten 1985/86:	„Auf dem Weg zu mehr Beschäftigung" (am 22. November 1985); darin enthalten: Sondergutachten vom 23. Juni 1985: „Wirtschaftspolitische Entscheidungen im Sommer 1985"
Jahresgutachten 1986/87:	„Weiter auf Wachstumskurs" (am 24. November 1986)
Jahresgutachten 1987/88:	„Vorrang für die Wachstumspolitik" (am 23. November 1987)
Jahresgutachten 1988/89:	„Arbeitsplätze im Wettbewerb" (am 18. November 1988)
Jahresgutachten 1989/90:	„Weichenstellungen für die neunziger Jahre" (am 20. November 1989)
Jahresgutachten 1990/91:	„Auf dem Wege zur wirtschaftlichen Einheit Deutschlands" (vom 13. November 1990); darin enthalten: Sondergutachten vom 20. Januar 1990: „Zur Unterstützung der Wirtschaftsreform in der DDR: Voraussetzungen und Möglichkeiten" und Brief des Sachverständigenrates vom 9. Februar 1990 „Zur Frage einer Währungsunion zwischen der Bundesrepublik Deutschland und der DDR"
Jahresgutachten 1991/92:	„Die wirtschaftliche Integration in Deutschland. Perspektiven – Wege – Risiken" (am 12. November 1991); darin enthalten: Sondergutachten vom 13. April 1991: „Marktwirtschaftlichen Kurs halten. Zur Wirtschaftspolitik für die neuen Bundesländer"
Jahresgutachten 1992/93:	„Für Wachstumsorientierung – Gegen lähmenden Verteilungsstreit" (am 16. November 1992)
Jahresgutachten 1993/94:	„Zeit zum Handeln – Antriebskräfte stärken" (am 12. November 1993)

Jahresgutachten 1994/95:	Den Aufschwung sichern - Arbeitsplätze schaffen" (am 17. November 1994); darin enthalten: Sondergutachten vom 18. März 1994: „Zur aktuellen Diskussion um die Pflegeversicherung"
Jahresgutachten 1995/96:	„Im Standortwettbewerb" (am 14. November 1995); darin enthalten: Sondergutachten vom 2. Juli 1995: „Zur Kompensation in der Pflegeversicherung"
Jahresgutachten 1996/97:	„Reformen voranbringen" (am 15. November 1996); darin enthalten: Sondergutachten vom 27. April 1996: „Zum wirtschaftspolitischen Handlungsbedarf im Frühjahr 1996"
Jahresgutachten 1997/98:	„Wachstum, Beschäftigung, Währungsunion - Orientierungen für die Zukunft" (am 14. November 1997); darin enthalten: Brief des Sachverständigenrates vom 23. Mai 1997: „Fehlentwicklungen bei den öffentlichen Finanzen beheben"
Jahresgutachten 1998/99:	„Vor weitreichenden Entscheidungen" (am 18. November 1998)
Jahresgutachten 1999/2000:	„Wirtschaftspolitik unter Reformdruck" (am 12. November 1999)
Jahresgutachten 2000/01:	„Chancen auf einen höheren Wachstumspfad" (am 10. November 2000)
Jahresgutachten 2001/02:	„Für Stetigkeit - Gegen Aktionismus" (am 14. November 2001)
Jahresgutachten 2002/03:	„Zwanzig Punkte für Beschäftigung und Wachstum" (am 13. November 2002)
Jahresgutachten 2003/04:	„Staatsfinanzen konsolidieren – Steuersystem reformieren" (am 12. November 2003)
Jahresgutachten 2004/05:	„Erfolge im Ausland – Herausforderungen im Inland" (am 17. November 2004)

Die Jahresgutachten des Sachverständigenrates der Jahrgänge 1964/65 bis 1988/89 im W. Kohlhammer-Verlag, Stuttgart-Mainz erschienen; von 1989/90 bis 2002/03 im Verlag Metzler-Poeschel, Stuttgart. Ab dem Jahrgang 2003/04 und noch verfügbare Jahresgutachten der Jahrgänge ab 1979/80 können über den Buchhandel oder direkt über SFG – Servicecenter Fachverlage GmbH, Part of the Elsevier Group, Holzwiesenstraße 2, 72127 Kusterdingen (Telefon: 07071/935350, Telefax: 07071/935335; Email: destatis@s-f-g.com) bezogen werden. Die Jahrgänge 1964/65 bis 1975/76, die als Buchausgabe inzwischen vergriffen sind, können von der Schmidt Periodicals GmbH in 83075 Bad Feilnbach , (Telefon: 08064/221, Telefax: 08064/557; Email: schmidt@backsets.com) als Nachdruck bezogen werden. Außerdem sind die Jahresgutachten noch als Bundestags-Drucksache über die Bundesanzeiger Verlagsgesellschaft mbH, Amsterdamer Straße 192, 50735 Köln (Telefon: 0221/976680, Telefax: 0221/97668278; Email: parlament@bundesanzeiger.de) erhältlich.

IV.
Methodische Erläuterungen
A. Zur Berechnung der Arbeitseinkommensquote

Formale Definition

1. Unter der Arbeitseinkommensquote wird das Verhältnis aus gesamtwirtschaftlichem Arbeitseinkommen und Volkseinkommen verstanden. Das gesamtwirtschaftliche Arbeitseinkommen ist die Summe aus dem Arbeitnehmerentgelt (Inländerkonzept) und dem kalkulatorischen Arbeitseinkommen der selbständig Erwerbstätigen einschließlich der mithelfenden Familienangehörigen. Bei der Berechnung des kalkulatorischen Unternehmerlohns wird angenommen, dass der zu veranschlagende Durchschnittslohn eines Selbständigen/mithelfenden Familienangehörigen in gleicher Höhe anzusetzen ist wie das Arbeitnehmerentgelt je Arbeitnehmer. Die gesamten kalkulatorischen Unternehmerlöhne werden errechnet, indem dieser Durchschnittslohn mit der Anzahl der Selbständigen und mithelfenden Familienangehörigen multipliziert wird.

Das gesamtwirtschaftliche Arbeitseinkommen ist demnach definiert als

$$AE_t = \frac{L_t}{A_t} E_t, \qquad (1)$$

die Arbeitseinkommensquote als

$$AEQ_t = \frac{AE_t}{Y_t} \cdot 100. \qquad (2)$$

Die Symbole haben folgende Bedeutung:

AE gesamtwirtschaftliches Arbeitseinkommen
L Arbeitnehmerentgelt
A Anzahl der Arbeitnehmer
E Anzahl der Erwerbstätigen
AEQ Arbeitseinkommensquote
Y Volkseinkommen
t Zeitindex
LQ^{ber} bereinigte Lohnquote

Die Arbeitseinkommensquote (2) lässt sich mit Hilfe von (1) auch wie folgt schreiben:

$$AEQ_t = \frac{L_t}{A_t} \cdot \frac{E_t}{Y_t}. \qquad (3)$$

Bei dieser Schreibweise wird ersichtlich, dass die Arbeitseinkommensquote als das Verhältnis aus Lohneinkommen je beschäftigten Arbeitnehmer zum Volkseinkommen je Erwerbstätigen interpretiert werden kann.

2. Die Arbeitseinkommensquote steht in einem festen Verhältnis zur bereinigten Lohnquote. Die bereinigte Lohnquote wird unter der Vorgabe, dass das Verhältnis der Anzahl der Arbeitnehmer zur Anzahl der Erwerbstätigen aus dem Jahre 1991 in den folgenden Jahren konstant gehalten wird, aus der tatsächlichen Arbeitseinkommensquote wie folgt berechnet:

$$LQ_t^{ber} = \left(\frac{L_t}{Y_t}\right) \cdot \frac{(A/E)_{1991}}{(A/E)_t} \qquad (4)$$

Bereinigte Lohnquote und Arbeitseinkommensquote unterscheiden sich um den Faktor 0,9053.

Die Bereinigung unter Zugrundelegung der Erwerbsstruktur des Jahres 1991 bezweckt, Veränderungen der Lohnquote rechnerisch auszuschalten, die lediglich auf eine Veränderung des Anteils der beschäftigten Arbeitnehmer an der Gesamtzahl der Erwerbstätigen zurückzuführen waren. Nach dieser Bereinigung kann der Einfluss des Lohns auf die Lohnquote für sich betrachtet werden.

Definition in Größen der Volkswirtschaftlichen Gesamtrechnungen

3. Bei der Berechnung der Arbeitseinkommensquote werden die Größen der Volkswirtschaftlichen Gesamtrechnungen verwendet. Die Arbeitnehmerentgelte werden unterteilt in Bruttolöhne und -gehälter und die tatsächlichen und unterstellten Sozialbeiträge der Arbeitgeber. Die Produktivität wird als Verhältnis zwischen realem Bruttonationaleinkommen und Anzahl der Erwerbstätigen (Bruttoerwerbstätigenproduktivität) in die Rechnung eingestellt. Zur Berechnung des Produkts in jeweiligen Preisen wird der Deflator der inländischen Verwendung herangezogen. Der Übergang von der Bruttorechnung auf die Nettorechnung erfolgt durch Berücksichtigung der Abschreibungen, der Übergang von der Rechnung zu Marktpreisen auf die Rechnung zu Faktorkosten erfolgt durch Berücksichtigung von Produktions- und Importabgaben abzüglich Subventionen.

Zur Berechnung der verschiedenen Effekte, die auf die Veränderung der Arbeitseinkommensquote im Zeitablauf einwirken, ist es zweckmäßig die Arbeitseinkommensquote in einem Zwischenschritt mit den Größen der Volkswirtschaftlichen Gesamtrechnungen wie folgt zu definieren:

$$AEQ_t = \frac{\dfrac{BLG_t + AGB_t}{A_t}}{\dfrac{BNE_t^r}{E_t} \cdot \dfrac{RNE_t}{BNE_t^r} \cdot P_t^{lv} \cdot \dfrac{BNE_t^n - AK_t^n - (T_t - S_t)}{BNE_t^n}} \cdot 100 \qquad (5)$$

Die weiteren Symbole bedeuten:

- BLG Bruttolöhne und -gehälter
- AGB tatsächliche und unterstellte Sozialbeiträge der Arbeitgeber
- BNE^r Bruttonationaleinkommen (preisbereinigt)
- RNE Realwert des Nationaleinkommens. Es gilt: $RNE \cdot P^{lv} = BNE^n$ (Zur Definition des Realwerts siehe auch JG 84 Ziffern 246 ff.)

Methodische Erläuterungen

P^{Iv} Deflator der inländischen Verwendung
AK^n Abschreibungen in jeweiligen Preisen
BNE^n Bruttonationaleinkommen in jeweiligen Preisen
T Produktions- und Importabgaben
S Subventionen

4. Durch weitere Umformungen kann Gleichung (5) in eine Schreibweise überführt werden, in der die einzelnen Faktoren einer inhaltlichen Interpretation besser zugänglich sind:

$$AEQ_t = \frac{\overbrace{\frac{BLG_t}{A_t}}^{F_1} \cdot \overbrace{\left(1 + \frac{AGB_t}{BLG_t}\right)}^{F_2}}{\underbrace{\frac{BNE_t^r}{E_t}}_{F_3} \cdot \underbrace{\frac{RNE_t}{BNE_t^r}}_{F_4} \cdot \underbrace{P_t^{Iv}}_{F_5} \cdot \underbrace{\left(1 - \frac{AK_t^n}{BNE_t^n}\right)}_{F_6} \cdot \underbrace{\left(1 - \frac{T_t - S_t}{BNE_t^n - AK_t^n}\right)}_{F_7}} \qquad (6)$$

Dabei bedeuten:

F_1 Lohnfaktor
F_2 Sozialbeitragsfaktor
F_3 Produktivitätsfaktor
F_4 Terms-of-Trade-Faktor
F_5 Deflator
F_6 Abschreibungsfaktor
F_7 Nettoproduktionsabgabenfaktor

Zur Berechnung der Veränderungsraten (Effekte)

5. Die Veränderung eines Faktors $F_{i,t}$ gegenüber seinem Vorjahreswert beträgt, als Veränderungsrate ausgedrückt:

$$v_{i,t} = \frac{F_{i,t}}{F_{i,t-1}} - 1. \qquad (7)$$

Aus den Veränderungsraten der einzelnen Faktoren ergibt sich näherungsweise die Veränderungsrate der Arbeitseinkommensquote v_t:

$$v_t \approx v_{1,t} + v_{2,t} - v_{3,t} - v_{4,t} - v_{5,t} - v_{6,t} - v_{7,t}. \qquad (8)$$

Die mit 100 multiplizierten, also in vH ausgedrückten Veränderungsraten der sieben Faktoren bezeichnen wir als „Effekte". Diese Bezeichnung deutet an, dass die Effekte die Veränderung der Arbeitseinkommensquote ursächlich bewirken oder bewirkt haben, wenn man eine abgelaufene Periode betrachtet (Tabelle A1, Seite 522). Bei Anwendung der Rechnung auf eine künftige Periode können spezielle Annahmen zur Entwicklung bestimmter Effekte oder zur Entwicklung der Arbeitseinkommensquote getroffen werden, so dass von diesen Vorgaben her auf restliche Effekte oder auf die Veränderungsrate der Arbeitseinkommensquote geschlossen werden kann. Dabei gilt die Zerlegung der Veränderungsrate der Arbeitseinkommensquote in ihre Effekte im strengen Sinne jedoch nur rechnerisch.

Tabelle A1

Entwicklung der Arbeitseinkommensquote[1]

Jahr[2]	Arbeits- einkommens- quote (3) + (4) minus (5) bis (9)	Effekte						
		F_1 Bruttolöhne und -gehälter je Arbeit- nehmer[3]	F_2 Effekt der Arbeit- geber- beiträge[4]	F_3 Produk- tivitäts- effekt[5]	F_4 Terms-of- Trade- Effekt[6]	F_5 „Preiseffekt" der inlän- dischen Ver- wendung[7]	F_6 Abschrei- bungs- effekt[8]	F_7 Effekt der Netto- produktions- abgaben[9]
	vH	Veränderung gegenüber dem Vorjahr in vH						
	(1) (2)	(3)	(4)	(5)	(6)	(7)	(8)	(9)
1991	78,1 .	.	.	.	.	.	.	.
1992	79,7 + 2,0	+ 10,3	+ 0,1	+ 3,7	+ 0,8	+ 4,2	- 0,3	- 0,4
1993	80,7 + 1,2	+ 4,3	- 0,2	+ 0,3	+ 0,6	+ 3,2	- 0,6	- 0,6
1994	79,6 - 1,3	+ 1,9	+ 1,0	+ 2,1	+ 0,2	+ 2,2	+ 0,0	- 0,2
1995	79,3 - 0,5	+ 3,1	+ 0,4	+ 1,5	+ 0,4	+ 1,5	- 0,0	+ 0,6
1996	78,9 - 0,5	+ 1,4	- 0,1	+ 1,4	- 0,0	+ 0,6	- 0,1	- 0,2
1997	78,2 - 0,8	+ 0,2	+ 0,6	+ 1,7	- 0,5	+ 0,8	- 0,1	- 0,3
1998	78,4 + 0,2	+ 0,9	+ 0,0	+ 0,5	+ 0,4	+ 0,2	0,0	- 0,3
1999	79,2 + 1,0	+ 1,4	- 0,3	+ 0,7	+ 0,1	+ 0,2	- 0,0	- 0,9
2000	80,2 + 1,3	+ 1,5	+ 0,4	+ 1,4	- 1,4	+ 0,8	- 0,2	+ 0,1
2001	79,9 - 0,4	+ 1,8	- 0,2	+ 0,7	+ 0,1	+ 1,2	- 0,0	+ 0,0
2002	79,5 - 0,5	+ 1,4	+ 0,0	+ 0,5	+ 0,6	+ 0,8	- 0,0	- 0,1
2003	79,0 - 0,7	+ 1,2	+ 0,3	+ 0,9	+ 0,5	+ 0,8	+ 0,2	- 0,3
2004	76,8 - 2,9	+ 0,5	- 0,2	+ 1,9	- 0,0	+ 0,9	+ 0,3	+ 0,2
2005	75,6 - 1,6	+ 0,1	- 0,2	+ 0,7	- 0,5	+ 1,0	+ 0,1	+ 0,1

1) Gesamtwirtschaftliches Arbeitseinkommen in vH des Volkseinkommens (Nettonationalprodukt zu Faktorkosten). Gesamtwirtschaft. Berechnung der Spalte (2) durch multiplikative Verknüpfung. - 2) Jahre 2002 bis 2004 vorläufige Ergebnisse; Jahr 2005 eigene Schätzung. - 3) Lohnfaktor; Inländerkonzept. - 4) Sozialbeitragsfaktor; tatsächliche und unterstellte Sozialbeiträge der Arbeitgeber. - 5) Produktivitätsfaktor; Bruttonationaleinkommen (preisbereinigt, verkettete Volumenangaben) je Erwerbstätigen (Bruttoerwerbstätigenproduktivität). - 6) Terms-of-Trade-Faktor; Realwert des Nationaleinkommens im Verhältnis zum Bruttonationaleinkommen (preisbereinigt, verkettete Volumenangaben). - 7) Deflator. - 8) Abschreibungsfaktor; Erhöhung der Abschreibungskosten: (-). - 9) Nettoproduktionsabgabenfaktor.

B. Abgrenzung der verdeckten Arbeitslosigkeit

1. Mit dem Konzept der verdeckten Arbeitslosigkeit quantifiziert der Sachverständigenrat seit langem diejenigen Personen als Teil der Arbeitslosigkeit, die über staatlich geförderte, arbeitsmarktpolitische Maßnahmen Leistungen erhalten und daher nicht der Zahl der registrierten Arbeitslosen zugerechnet werden.

2. Zu den verdeckt Arbeitslosen zählt der Sachverständigenrat all jene, die entweder subventioniert beschäftigt sind (Kurzarbeiter mit ihrem Arbeitsausfall, Teilnehmer an Arbeitsgelegenheiten nach § 16 Absatz 3 SGB II, Teilnehmer an Arbeitsbeschaffungs- und Strukturanpassungsmaßnahmen) oder als Maßnahmeteilnehmer nicht erwerbstätig sind (Teilnehmer an beruflicher Weiterbildung in Vollzeit, Teilnehmer an Deutsch-Sprachlehrgängen, Teilnehmer an Eignungsfeststellungs- und Trainingsmaßnahmen, Leistungsempfänger nach §§ 125, 126 und 428 SGB III, Empfänger von Altersübergangs- und Vorruhestandsgeld und Bezieher von Altersrente wegen Arbeitslosigkeit sowie Teilnehmer an den Sonderprogrammen für Jüngere (Jump plus) und „Arbeit für Langzeitarbeitslose"). Zu den subventioniert Beschäftigten werden nur jene Personen gezählt, deren verdeckte Arbeitslosigkeit quantifizierbar ist. Deshalb bleiben beispielsweise Teilnehmer an Maßnahmen zur Eingliederung in reguläre Beschäftigung unberücksichtigt (wie beispielsweise Bezieher von Existenzgründungszuschüssen oder Überbrückungsgeld). In der verdeckten Arbeitslosigkeit ebenfalls nicht enthalten ist die Stille Reserve im engeren Sinn, das heißt Personen, die an einer Erwerbsarbeit grundsätzlich interessiert sind, aber weder als arbeitslos registriert sind, noch durch arbeitsmarktpolitische Maßnahmen gefördert werden.

3. Aufgrund gesetzlicher Änderungen müssen die Abgrenzungen der verdeckten Arbeitslosigkeit und ihre Komponenten regelmäßig überprüft und gegebenenfalls angepasst werden, indem gegebenenfalls neue Maßnahmen zu berücksichtigen oder bereits eingerechnete Maßnahmen in ihrer Gewichtung zu modifizieren sind. Dies hat der Sachverständigenrat zuletzt in diesem Jahr getan. Bei der Betrachtung der einzelnen Gebietsstände ist zudem zu beachten, dass diese zum 1. Januar 2003 ebenfalls neu abgegrenzt wurden und infolgedessen Ostdeutschland nun neben dem Beitrittsgebiet auch Berlin (West) umfasst. Zurückgerechnete Reihen für die neuen Gebietsstände für alle dargestellten Komponenten liegen erst ab dem Jahr 1998 vor (Tabelle B 1, Seite 524).

Datenrevisionen und die Veränderungen, die sich im Zuge der Umstellungen im Rahmen von Hartz IV im Jahr 2005 ergaben – beispielsweise wird die Zahl der Personen in Arbeitsgelegenheiten nach § 16 Absatz 3 SGB II im Gegensatz zu den Personen in kommunalen Arbeitsgelegenheiten, die es in der Vergangenheit gab, durch die Bundesagentur für Arbeit zentral erfasst – schränken die Vergleichsmöglichkeit mit den Vorjahren ein.

Offene und verdeckte Arbeitslosigkeit in Deutschland
Tausend Personen

Tabelle B1

Zeitraum[1]	Offen und verdeckt Arbeitslose (2)+(3)	Registrierte Arbeitslose[3]	Verdeckt Arbeitslose[2] zusammen (4),(7) bis (14)	Subventioniert Beschäftigte[3)4] insgesamt	darunter Arbeitsbeschaffungsmaßnahmen	Arbeitsgelegenheiten (1-Euro-Jobs)[5]	Teilnehmer an Eignungsfeststellungs- und Trainingsmaßnahmen[3)6]	Teilnehmer an beruflicher Weiterbildung in Vollzeit[3)7]	Personen nach §428 SGB III[8]	Freistellungsphase Altersteilzeit[3)9]	Altersübergangs-/Vorruhestandsgeld	Altersrente wegen Arbeitslosigkeit[10]	Leistungsempfänger nach §126 SGB III[11]	Kurzarbeiter: Arbeitslosenäquivalent[12]
(1)	(2)	(3)	(4)	(5)	(6)	(7)	(8)	(9)	(10)	(11)	(12)	(13)	(14)	
						Deutschland								
1991	5 189	2 602	2 587	266	266	.	76	406	64	.	577	223	31	944
1993	5 979	3 419	2 560	310	310	.	61	583	128	.	857	256	51	313
1995	5 764	3 612	2 151	384	384	.	53	500	152	.	373	538	63	87
1997	6 310	4 384	1 926	302	302	.	43	400	209	2	60	752	78	80
1999	6 031	4 100	1 930	430	430	.	27	333	200	16	1	810	65	50
2001	5 640	3 853	1 787	263	263	.	(84)	322	228	49	0	765	76	59
2002	5 834	4 061	1 773	208	207	.	(98)	307	294	61	0	707	85	88
2003	5 900	4 377	1 524	148	146	.	(115)	232	294	69	0	632	41	86
2004	5 786	4 381	1 405	175	117	.	112	164	230	79	0	536	35	74
2005	6 126	4 890	1 236	266	58	202	68	98	234	88	0	387	31	64
						Früheres Bundesgebiet[13]								
1991	2 377	1 600	777	83	83	.	76	237	63	.	23	223	29	43
1993	3 139	2 149	990	51	51	.	55	238	127	.	8	246	38	228
1995	3 374	2 427	947	72	72	.	46	257	146	.	3	335	42	48
1997	3 882	2 870	1 010	68	68	.	33	223	130	2	1	450	49	55
1999	3 578	2 605	973	67	67	.	20	182	107	12	0	511	38	36
2001	3 345	2 321	1 024	57	57	.	(53)	174	134	39	0	514	45	43
2002	3 565	2 498	1 067	45	45	.	(64)	167	183	48	0	490	51	64
2003	3 721	2 753	968	32	31	.	(79)	135	189	55	0	445	27	69
2004	3 693	2 781	912	48	24	.	77	102	157	63	0	380	25	60
2005	4 069	3 269	800	107	12	93	48	62	161	72	0	277	22	51
						Neue Bundesländer[14]								
1991	2 812	1 002	1 810	183	183	.	0	169	0	.	555	0	3	900
1993	2 840	1 270	1 570	260	260	.	6	345	1	.	849	10	13	85
1995	2 388	1 185	1 203	312	312	.	7	243	7	.	370	203	22	39
1997	2 431	1 514	917	235	235	.	9	177	79	1	58	302	29	26
1999	2 454	1 496	958	363	363	.	6	151	93	5	1	299	27	14
2001	2 295	1 532	763	206	206	.	(31)	148	94	10	0	252	32	16
2002	2 269	1 563	706	162	162	.	(34)	140	112	13	0	217	34	23
2003	2 179	1 624	555	116	115	.	(36)	97	105	15	0	187	14	17
2004	2 093	1 600	493	127	93	.	35	62	73	16	0	156	10	14
2005	2 057	1 621	436	159	45	109	20	36	72	16	0	111	9	13

1) Abweichungen in den Summen durch Runden der Zahlen. Jahreswerte aus gerundeten Quartalswerten berechnet. 2005 eigene Schätzung. - 2) Einschließlich weiterer Personen in vorzeitigem Ruhestand (Empfänger von Altersübergangsgeld und Vorruhestandsgeld, im Jahr 1998: 1 440 Personen, 1999: 527 Personen). - 3) Jahresdurchschnitt aus Monatsendständen; ab 2005 für registrierte Arbeitslose und Arbeitsbeschaffungsmaßnahmen: Jahresdurchschnitt aus Monatsdurchschnittswerten. - 4) Einschließlich Teilnehmer an: Beschäftigung schaffenden Infrastrukturmaßnahmen (§ 279a SGB III), Strukturanpassungsmaßnahmen (Restabwicklung der bis 31.12.2003 geltenden §§ 272 bis 279, 415 SGB III) sowie den bis 31.12.2004 befristeten Sonderprogrammen für Jüngere (Jump plus) und „Arbeit für Langzeitarbeitslose". - 5) Ab Januar 2005 nach § 16 Abs. 3 SGB II, einschließlich der Personen in der bis 31.12.2004 befristeten Initiative „Arbeitsmarkt im Aufbruch". - 6) Bis Ende 2003 registrierte Arbeitslose; ab Januar 2004 aufgrund der Neuregelung des § 16 SGB III (Hartz III) verdeckt Arbeitslose. Einschließlich Teilnehmer an Deutsch-Sprach-Lehrgängen. - 7) Wohnortprinzip (ohne Einarbeitung). - 8) 58-jährige und ältere Leistungsempfänger, die der Arbeitsvermittlung nicht mehr zur Verfügung stehen müssen und nicht als registrierte Arbeitslose gezählt werden. - 9) Personen in vorzeitigem Ruhestand, die sich in der Freistellungsphase Altersteilzeit befinden (nur von der Bundesagentur für Arbeit geförderte Fälle). - 10) 60- bis unter 65-jährige; eigene Schätzung. Quellen für Grundzahlen: BMWA, VDR und Bundesknappschaft. - 11) Vorübergehend arbeitsunfähige Personen, die Leistungen empfangen, aber nicht als registrierte Arbeitslose gezählt werden. - 12) Anzahl der Kurzarbeiter multipliziert mit ihrem durchschnittlichen Arbeitsausfall. - 13) Ab 1998 ohne Berlin-West. - 14) Für die Jahre 1991 bis 1997 neue Bundesländer und Berlin-Ost, ab 1998 neue Bundesländer und Berlin.

Quelle für Grundzahlen: BA

C. Berechnung des strukturellen Defizits im disaggregierten Verfahren

1. Mit der Konzeption des strukturellen Defizits ermittelt der Sachverständigenrat den quantitativen Konsolidierungsbedarf in den öffentlichen Haushalten (Gebietskörperschaften und Sozialversicherungen). Dabei ist das tatsächliche Defizit, wie es in den Volkswirtschaftlichen Gesamtrechnungen ausgewiesen wird, in zweierlei Hinsicht zu bereinigen. In einem ersten Schritt sind aus den Einnahmen und Ausgaben der öffentlichen Haushalte einmalige (transitorische) Sondereffekte herauszurechnen, da weder einmalige Sonderausgaben einen Konsolidierungsbedarf begründen, noch einmalige Sondereinnahmen einen Konsolidierungserfolg darstellen. Die Einnahmen und Ausgaben müssen im zweiten Schritt um konjunkturelle Einflüsse bereinigt werden, da sich diese über den Konjunkturzyklus hinweg ausgleichen, sich also daraus resultierende Defizite automatisch abbauen. Insgesamt gilt also nur jener Teil des Defizits als konsolidierungsbedürftig, der weder konjunkturbedingt ist noch auf zeitlich befristete Maßnahmen zurückzuführen ist.

2. Die verwendeten Symbole haben die folgende Bedeutung:

Abw	Ein hochgestelltes Abw bezeichnet die relative Abweichung der betreffenden Größe von ihrem mittels HP-Filter geschätzten Trendwerts	BUV	Unternehmens- und Vermögenseinkommen
K	Ein hochgestelltes K bezeichnet die konjunkturelle Komponente der entsprechenden Größe	CPI	Verbraucherpreisindex
		Ein	Einnahmen des Staates (Gebietskörperschaften und Sozialversicherung)
KB	Ein hochgestelltes KB bezeichnet konjunkturell bereinigte Größen	$ErtSt$	Ertragsteuern: veranlagte Einkommensteuer, Körperschaftsteuer, nicht veranlagte Steuern vom Ertrag, Zinsabschlag (jeweils einschließlich Solidaritätszuschlag), Gewerbesteuer
t	Zeitindex		
ABM	Ausgaben für Arbeitsbeschaffungsmaßnahmen, Strukturanpassungsmaßnahmen, Weiterbildung in Vollzeit, Altersübergangs- und Vorruhestandsgeld	LSt	Lohnsteueraufkommen (einschließlich anteiligem Solidaritätszuschlag)
		LSt^{PS}	Lohnsteueraufkommen (einschließlich anteiligem Solidaritätszuschlag) im privaten Sektor
$ABMT$	Teilnehmer an Arbeitsbeschaffungsmaßnahmen, Strukturanpassungsmaßnahmen und Weiterbildung in Vollzeit, Beziehrer von Altersübergangs- und Vorruhestandsgeld	LSt^{St}	Lohnsteueraufkommen (einschließlich anteiligem Solidaritätszuschlag) im staatlichen Sektor
		KG	Kurzarbeitergeld
ALG	Ausgaben für Arbeitslosengeld	$Inv^{N,St}$	Nettoinvestitionen des Staates
$ALGB$	Arbeitslosengeldempfänger	NLG	Nettolöhne- und -gehälter des privaten Sektors
ALH	Ausgaben für Arbeitslosenhilfe		
$ALHB$	Arbeitslosenhilfeempfänger	nPK	Nominale Private Konsumausgaben
ANE	nominales Arbeitnehmerentgelt des privaten Sektors	rPK	Reale Private Konsumausgaben
		PA	Personalausgaben des Staates
Aus	Ausgaben des Staates	RA	Ausgaben für Renten
BAN	Beschäftigte Arbeitnehmer im Inland	$Saldo$	Finanzierungssaldo des Staates
BLG	Bruttolöhne- und -gehälter des privaten Sektors	$Saldo^{str}$	struktureller Saldo
BPS	Beschäftigte Arbeitnehmer im privaten Sektor	SH	Ausgaben für Sozialhilfe und Leistungen nach dem Asylbewerberleistungsgesetz

SVB^{PS}	Sozialbeiträge für Arbeitnehmer des privaten Sektors	USt	Umsatzsteueraufkommen des privaten Sektors
SVB^{St}	Sozialbeiträge für Arbeitnehmer des Staates	VSt	Verbrauchsteuern (Tabaksteuer, Mineralölsteuer, Stromsteuer, Kaffeesteuer, Versicherungsteuer, Branntweinmonopolabgabe, Kraftfahrzeugsteuer, Biersteuer)
TL	Index der Tariflöhne im Produzierenden Gewerbe, Handel, Kredit- und Versicherungsgewerbe		

3. Für die Konjunkturbereinigung des Saldos des Staatshaushalts bedarf es einer Quantifizierung des konjunkturellen Einflusses. Dies geschieht mittels eines disaggregierten Verfahrens. Dabei werden zunächst die konjunkturreagiblen Einnahmen und Ausgaben identifiziert. Auf der Einnahmeseite handelt es sich dabei um die Steuereinnahmen und die Beiträge zu den Zweigen der gesetzlichen Sozialversicherung, auf der Ausgabenseite neben den durch Arbeitslosigkeit bedingten Ausgaben auch im begrenzten Umfang um die Rentenausgaben und die Personalausgaben des Staates. Für jede dieser Größen wird dann eine entsprechende makroökonomische Bezugsgröße gesucht und diese um ihre konjunkturelle Komponente bereinigt. Für diese Bereinigung wird hier der Hodrick-Prescott-Filter (HP-Filter) mit einem Glättungsparameter von $\lambda = 100$ verwendet. Um hinreichend lange Zeiträume über mehrere Konjunkturzyklen hinweg zur Verfügung zu haben, ist es nötig, auch auf westdeutsche Daten nach dem ESVG 79 zurückzugreifen. Diese werden mit den gesamtdeutschen Daten nach dem ESVG 95 verkettet. Dem Randwertproblem des HP-Filters wird dadurch Rechnung getragen, dass für das aktuelle Jahr und die zwei darauf folgenden Jahre Prognosen eingesetzt werden, wobei für einige Variablen Schätzer aus ARIMA-Modellen verwendet werden. Durch die Einbeziehung von Prognosedaten und aufgrund von Datenrevisionen ist es nicht ausgeschlossen, dass sich die Ergebnisse für das laufende Jahr bei einer späteren Neuberechnung ändern können.

4. Die Einnahmen des Staates werden um die konjunkturellen Komponenten beim Aufkommen der Umsatzsteuer, der Verbrauchsteuern, der Steuern vom Einkommen und vom Ertrag und der tatsächlichen Sozialbeiträge bereinigt.

– Zunächst wird die Umsatzsteuer um den auf den Staatskonsum entfallenden Anteil bereinigt, da dieser annahmegemäß keinen konjunkturellen Einflüssen ausgesetzt ist. Als makroökonomische Bezugsgröße werden die nominalen Privaten Konsumausgaben gewählt. Die Aufkommenselastizität wird auf eins gesetzt. Damit ist die Annahme impliziert, dass sich die Aufteilung der privaten Konsumausgaben auf Güter mit unterschiedlichen Umsatzsteuersätzen im Konjunkturverlauf nicht (wesentlich) ändert. Mit Hilfe des HP-Filters wird zunächst die relative Abweichung der Privaten Konsumausgaben von ihrer trendmäßigen Entwicklung bestimmt. Das Produkt aus dieser relativen Abweichung, der Aufkommenselastizität und dem tatsächlichen um die Konsumausgaben des Staates bereinigten Umsatzsteueraufkommen ergibt dann die konjunkturelle Komponente der Umsatzsteuer:

$$USt_t^K = USt_t \cdot nPK_t^{Abw}$$

– Die Verbrauchsteuern (Tabaksteuer, Mineralölsteuer, Stromsteuer, Kaffeesteuer, Branntweinabgabe, Biersteuer, Kraftfahrzeugsteuer und Versicherungsteuer) werden, da sie überwiegend als

Mengensteuern ausgestaltet sind, auf die realen Konsumausgaben bezogen, wobei ebenfalls eine Aufkommenselastizität von eins unterstellt wird:

$$VSt_t^K = VSt_t \cdot rPK_t^{Abw}$$

- Bei dem Aufkommen aus der Lohnsteuer (einschließlich anteiligem Solidaritätszuschlag) ist zunächst zwischen dem Aufkommen aus dem Privatsektor und dem Staatssektor zu unterscheiden. Es werden in Bezug auf den Privatsektor zwei Bereinigungen vorgenommen: Eine Erhöhung der Beschäftigung im Privatsektor um 1 vH, sollte – Konstanz in der Einkommensverteilung unterstellt – auch zu einem Anstieg des Lohnsteueraufkommens um 1 vH führen. Daher wird das Lohnsteueraufkommen um den Prozentsatz bereinigt, um den die Anzahl der beschäftigten Arbeitnehmer im privaten Sektor von seiner trendmäßigen Entwicklung abweicht. Das Lohnsteueraufkommen hängt nicht nur von der Höhe der Beschäftigung, sondern auch von den Löhnen ab, wobei – Konstanz in der Anzahl der Beschäftigten unterstellt – die Erhöhung der durchschnittlichen nominalen Bruttolöhne und -gehälter um 1 vH wegen der Progressivität des Einkommensteuertarifs zu einer Erhöhung des Aufkommens um mehr als 1 vH führen sollte. Wir haben in unseren Berechnungen eine Elastizität von 1,8 unterstellt.

Anders wird in Bezug auf den öffentlichen Sektor verfahren: Da die Anzahl der beschäftigten Arbeitnehmer im öffentlichen Dienst eine vom Staat diskretionär festgelegte Größe ist, geht diese nicht in die Konjunkturbereinigung der Lohnsteuer ein. Allerdings sind die Personalausgaben des Staates insofern konjunkturabhängig, als die Lohnentwicklung im öffentlichen Dienst nicht unabhängig von der im privaten Sektor ist. Daher wird das auf die Bruttolöhne und -gehälter des Staatssektors entfallende Aufkommen aus der Lohnsteuer mittels der konjunkturellen Komponente der Tariflöhne im Privatsektor bereinigt. Dabei wird die gleiche Aufkommenselastizität unterstellt wie in der Privatwirtschaft. Somit ergibt sich die Lohnsteuerbereinigung als:

$$LSt_t^K = LSt_t^{PS} \cdot 1,8 \cdot \left(\frac{BLG}{BPS}\right)_t^{Abw} + LSt_t^{PS} \cdot BPS_t^{Abw} + LSt_t^{St} \cdot 1,8 \cdot TL_t^{Abw}$$

- Analog wird mit den Beiträgen zu den Sozialversicherungen verfahren: Für den Privatsektor wird das auf ihn entfallende nominale Arbeitnehmerentgelt als makroökonomische Bezugsgröße gewählt. Hierbei unterstellen wir eine Aufkommenselastizität von eins. Daher kann die konjunkturelle Komponente der Beiträge als Produkt aus den tatsächlichen Beiträgen und der relativen Abweichung des nominalen Arbeitnehmerentgelts im Privatsektor von seinem Trend berechnet werden. Für den Staatssektor wird ebenfalls eine Aufkommenselastizität von eins unterstellt, als Bezugsgröße werden aber – mit der gleichen Argumentation wie bei der Lohnsteuer – die Tariflöhne im privaten Sektor gewählt:

$$SVB_t^K = SVB_t^{PS} \cdot ANE_t^{Abw} + SVB_t^{St} \cdot TL_t^{Abw}$$

- Die übrigen Steuern vom Einkommen (veranlagte Einkommensteuer, Körperschaftsteuer, nicht veranlagte Steuern vom Ertrag, Zinsabschlag und anteiliger Solidaritätszuschlag) und die Gewerbesteuer werden zusammengefasst auf das Unternehmens- und Vermögenseinkommen bezogen. Die zugrunde gelegte Aufkommenselastizität liegt mit 1,3 deutlich unter derjenigen der Lohnsteuer; dabei geht die aktuelle relative Abweichung der Bemessungsgrundlage von ihrem Trend nur mit einem Anteil von 60 vH in die Berechnung ein, die des Vorjahres mit 40 vH, um so Verzögerungen bei dem Aufkommen dieser Steuern zu berücksichtigen:

$$ErtSt_t^K = ErtSt_t \cdot 1{,}3 \cdot (0{,}6 BUV_t^{Abw} + 0{,}4 BUV_{t-1}^{Abw})$$

Die konjunkturell bereinigten Einnahmen des Staates ergeben sich als:

$$Ein_t^{KB} = Ein_t - USt_t^K - VSt_t^K - LSt_t^K - SVB_t^K - ErtSt_t^K$$

5. Die Ausgaben des Staates werden um die konjunkturellen Komponenten der Ausgaben für Arbeitslosigkeit, der Ausgaben für Renten, Sozialhilfe sowie die Personalausgaben des Staates bereinigt.

- Die gesamten Ausgaben für Kurzarbeitergeld werden als konjunkturbedingt betrachtet und von daher in voller Höhe von den Ausgaben abgezogen.

- Die Ausgaben für Arbeitslosengeld und Arbeitslosenhilfe können hingegen nicht vollständig von den Gesamtausgaben abgezogen werden, da die Arbeitslosigkeit in Deutschland zu einem großen Teil struktureller Natur ist. Daher werden diese Ausgaben auf die relative Abweichung des Bestands an Arbeitslosengeldbeziehern beziehungsweise Arbeitslosenhilfebeziehern von ihrem jeweiligen Trendwert ermittelt:

$$ALG_t^K = ALG_t \cdot ALGB_t^{Abw} \quad \text{und} \quad ALH_t^K = ALH_t \cdot ALHB_t^{Abw}$$

- Unter die Ausgaben für die verdeckte Arbeitslosigkeit fallen die Ausgaben für Arbeitsbeschaffungsmaßnahmen und Strukturanpassungsmaßnahmen, für Teilnehmer an beruflicher Weiterbildung in Vollzeit sowie für Altersübergangs- und Vorruhestandsgeldempfänger. Die Konjunkturbereinigung der Summe dieser Ausgaben wird mittels der relativen Abweichung der Anzahl der insgesamt in diesen Maßnahmen befindlichen Personen von ihrer trendmäßigen Entwicklung vorgenommen:

$$ABM_t^K = ABM_t \cdot ABMT_t^{Abw}$$

- Bei den Rentenzahlungen wird davon ausgegangen, dass zwar die Anzahl der Rentenbezieher keinem konjunkturellen Einfluss unterliegt, wohl aber die Höhe der Renten, da sich deren Steigerungen – wie in den neunziger Jahren – an der Nettolohnentwicklung orientieren. Die konjunkturbedingten Rentenausgaben werden von daher anhand der durchschnittlichen Nettolöhne und -gehälter je Arbeitnehmer des Vorjahres ermittelt:

$$RA_t^K = RA_t \left(\frac{NLG}{BAN}\right)_{t-1}^{Abw}$$

- Auch die Sozialhilfe (Bruttoausgaben, ab 1994 einschließlich Leistungen nach dem Asylbewerberleistungsgesetz) reagiert insofern auf die Konjunktur, als die Höhe der Regelsätze von der Preisentwicklung abhängt. Da die Anpassungen der Regelsätze an das Preisniveau mit einer etwa einjährigen Verzögerung vorgenommen werden, sind hier die tatsächlichen Sozialhilfeausgaben anhand der konjunkturellen Entwicklung des Verbraucherpreisindex der privaten Haushalte bereinigt:

$$SH_t^K = SH_t \cdot CPI_{t-1}^{Abw}$$

- Zwar ist die Anzahl der beschäftigten Arbeitnehmer im Staat eine diskretionäre Größe, gleichwohl sind aber auch die Personalausgaben des Staates insoweit konjunkturbeeinflusst, als die Lohnentwicklung im öffentlichen Dienst der des privaten Sektors im Wesentlichen folgt. Deshalb werden die Personalausgaben des Staates anhand des Tariflohnindex im privaten Sektor konjunkturbereinigt:

$$PA_t^K = PA_t \cdot TL_t^{Abw}$$

Die konjunkturell bereinigten Staatsausgaben sind somit definiert als

$$Aus_t^{KB} = Aus_t - KG_t - ALG_t^K - ALH_t^K - ABM_t^K - RA_t^K - SH_t^K - PA_t^K$$

6. Der konjunkturbereinigte Saldo ergibt sich dann als

$$Saldo_t^{KB} = Ein_t^{KB} - Aus_t^{KB}$$

Zur Ermittlung des strukturellen Saldos sind zuletzt noch die eingangs genannten transitorischen Effekte aus dem konjunkturbereinigten Saldo herauszurechnen.

D. Zur Konstruktion eines Index staatlich administrierter Verbraucherpreise

1. Der Sachverständigenrat hat bereits in seinen Jahresgutachten 1976/77[a], 1982/83[b], 1991/92[c], 1993/94[d] und 1996/97[e] Möglichkeiten vorgestellt, die Bedeutung staatlich administrierter Preise im Verbraucherpreisindex (früher Preisindex für die Lebenshaltung) zu quantifizieren. Einige methodische Aspekte der im Jahre 1996 vorgenommenen Neuabgrenzung des Index staatlich administrierter Verbraucherpreise werden hier nochmals erläutert (JG 96 Ziffern 114 f.).

In einen Index zur Messung des staatlichen Einflusses auf die Preisniveauentwicklung können grundsätzlich nur Preise solcher Güter aufgenommen werden, die auch im Verbraucherpreisindex berücksichtigt sind. Zudem müssen diese Preise gesondert ausgewiesen sein. Weiterhin ist die Auslegung des Begriffs der „staatlichen Einflussnahme" zu klären: Staatliche Preisbeeinflussung geschieht nicht nur über eine direkte Festsetzung der Preise, sondern auch indirekt über Vorschriften für die Produktherstellung und Produktgestaltung, wie beispielsweise Normierungen, Regulierungen hinsichtlich Produktqualität und Produktsicherheit oder Umweltauflagen. Wegen vielfältiger Produktionsverflechtungen sind hiervon alle Güter des Warenkorbs in unterschiedlicher Intensität betroffen; die exakte Abgrenzung eines Teilindex unter differenzierter Berücksichtigung der alternativen Möglichkeit staatlicher Einflussnahme wäre kaum durchführbar. Daher wurden in den Index allein die Verbrauchsgüter aufgenommen, auf deren Preissetzung der Staat unmittelbar und in einem deutlich stärkeren Maße als bei anderen Gütern Einfluss ausübt, wobei letztlich jedoch immer ein gewisses Maß an Ermessensfreiheit besteht. Zudem werden Effekte, die sich aus der staatlichen Preisadministrierung bei Vorprodukten ergeben, weitgehend vernachlässigt. Ebenso wird die Auswirkung einer Veränderung des Mehrwertsteuersatzes durch diesen Index nicht erfasst, da davon nur die Preise der mehrwertsteuerbefreiten Güter und Dienstleistungen im Verbraucherpreisindex nicht berührt werden. Auch die Wirkungen, die über die staatliche Gestaltung der Sozialabgaben insbesondere auf die im Verbraucherpreisindex enthaltenen Dienstleistungen ausgehen, bleiben ausgeklammert, da das Ausmaß des staatlichen Einflusses auf die Verbraucherpreise über die Beeinflussung der Kostenkomponenten nur schwer zu quantifizieren ist.

2. Das Ausmaß der staatlichen Einflussnahme auf die Entwicklung der in den Index aufgenommenen Preise ist unterschiedlich groß, was bei der Konstruktion des Index zu einer Einteilung der staatlich administrierten Preise in vier Gruppen führt (Tabelle D1, Seite 532). Diese Untergliederung bleibt beim neu abgegrenzten Index gegenüber seinem Vorgänger weitgehend erhalten, Änderungen gibt es jedoch in der Zusammensetzung der Teilgruppen:

Die Gruppe der *direkt administrierten Verbraucherpreise* (Gruppe 1) umfasst diejenigen Güter und Dienstleistungen, bei denen staatliche Stellen die Preise direkt festlegen. *Teiladministrierte Verbraucherpreise* (Gruppe 2) gelten für Leistungen, bei deren Preisgestaltung der Staat ein Mitspracherecht besitzt wie beispielsweise bei den Wohnungsmieten im öffentlich geförderten Wohnungsbau. Die Gruppe der *quasiadministrierten Preise* (Gruppe 3) enthält Güter, die speziellen Verbrauchsteuern unterliegen. Die Gruppe der *indirekt administrierten Preise* (Gruppe 4) umfasst die Agrarprodukte, die einer Agrarmarktordnung und damit einer Kombination von Binnenschutz- und Außenschutzmaßnahmen unterliegen. Aufgrund der unterschiedlichen Art staatlicher Preisbeeinflussung bietet es sich an, die Gruppe 4 in zwei Untergruppen zu gliedern. Die Gruppe 4a um-

---

[a] JG 76 Ziffern 144 f. und Anhang VII. [b] JG 82 Ziffern 104 ff. und Anhang V. E. [c] JG 91 Ziffern 121 f. und Anhang V. E. [d] JG 93 Ziffer 65 und Anhang IV. E. [e] JG 96 Ziffern 114 f. und Anhang V. F.

fasst alle Produkte, bei denen die Marktordnungen Rücknahmeverpflichtungen zur Preisregulierung vorsehen. Die Gruppe 4b enthält die Produkte, bei denen eine Preisbeeinflussung vor allem über eine Ausschaltung des Weltmarktes geschieht.

Durch fortgesetzte Änderungen der Agrarmarktordnungen tritt in dieser Gruppe jedoch ein rascher Wandel des Interventionscharakters auf. Überdies sind wegen der zum Teil sehr geringen Wertschöpfungsanteile von Agrarrohstoffen am Endpreis von verarbeiteten Lebensmitteln nur die Preisreihen von Agrarprodukten mit einem geringen Verarbeitungsgrad berücksichtigt.

In Tabelle D2 (Seite 534) werden die Ergebnisse für die verschiedenen Teilgruppen-Indizes sowie für einige aus diesen Teilgruppen errechnete Zusammenfassungen ausgewiesen.

Tabelle D1

Zur Konstruktion eines Index

Teilgruppe 1 direkt administrierte Verbraucherpreise		Teilgruppe 2 teiladministrierte Verbraucherpreise	
Indexgruppe	Gewicht[1]	Indexgruppe	Gewicht[1]
Personenbeförderung	**10,11**	**Versorgungstarife**	**29,37**
Kombinierte Personenbeförderungsdienstleistungen[3]	8,21	Strom	18,65
Personenbeförderung im Straßenverkehr	1,90	Zentralheizung und Fernwärme	10,37
		Steinkohlen- und Braunkohlenbriketts	0,35
Rundfunkgebühr	**1,92**	**Nachrichtenübermittlung**	**23,66**
		Telefon-, Telegrafie- und Telefaxdienstleistungen	20,96
Fernsehgebühr	**3,54**	Briefdienst	2,70
Gebühren für den Besuch von kulturellen Einrichtungen, Sportanlagen, Bildungseinrichtungen	**14,10**	**Wohnungsmieten (netto) im öffentlich geförderten Wohnungsbau**	**9,76**
Kulturdienstleistungen[5]	3,89	Wohnung, mehr als 70 qm, Neubau, Zentralheizung	1,91
Eintrittskarten für das Hallenbad	2,18	Wohnung, bis 70 qm, Neubau, Zentralheizung	7,85
Lehrgangsgebühr, Volkshochschule	1,72		
Kindergartenbesuch	4,13	**Unterbringung und Verpflegung im Altenwohnheim**	**2,58**
Kinderkrippenbesuch	2,08		
Fischereischeingebühren	0,10	**Beiträge zur Krankenversicherung**	**3,99**
Dienstleistungen im Zusammenhang mit der Wohnung	**31,67**	**Kosten der Gesundheitspflege**	**28,64**
Wasserversorgung	10,78	Medikamente (einschließlich Rezeptgebühr)	9,51
Müllabfuhr	6,52	Ambulante Gesundheitsdienstleistungen	13,50
Abwasserentsorgung	8,98	Stationäre Gesundheitsdienstleistungen	5,63
Straßenreinigung	0,92		
Schornsteinfegergebühren	2,31	**Aufwendungen für medizinische Betreuung und Pflege**	**4,63**
Grundsteuer	2,16		
		Dienstleistungen für Pflegeheime bzw. Altenwohnheime mit Pflegestation für privat Pflegeversicherte	0,48
Dienstleistungen im Zusammenhang mit dem Betrieb von Privatfahrzeugen	**7,41**		
Führerscheingebühr	0,14	Dienstleistungen für Pflegeheime bzw. Altenwohnheime mit Pflegestation für gesetzlich Pflegeversicherte	4,15
Zulassungsgebühr	0,20		
Abgasuntersuchung	0,15		
Kfz-Prüfungsgebühr	0,56	**Dienstleistungen der häuslichen Alten- und Behindertenpflege**	**1,00**
Parkuhrgebühr	0,28	Ambulante Pflege für privat Pflegeversicherte	0,15
Kfz-Steuer	6,08	Ambulante Pflege für gesetzlich Pflegeversicherte	0,73
		Essen auf Rädern	0,12
Gebühren für andere Dienstleistungen	**7,69**		
Friedhofsgebühren	0,51	**Unfallversicherung**	**4,92**
Wettgebühren	6,08		
Sonstige Gebühren[6]	1,10	**Rechtsanwalts- und Notargebühren**	**1,04**
		Steuerberatungskosten	**0,44**
		Maklergebühren	**0,74**
Zusammen	**76,44**	**Zusammen**	**110,77**

1) Berechnet auf der Grundlage des Verbraucherpreisindex (Insgesamt) mit der Basis 2000 = 100; Wägungsanteile in Promille. - 2) Durch EG-Agrarpreisbeschlüsse bewirkt. - 3) Verbundverkehr/Ortsverkehr. - 4) Personenbeförderung mit Omnibussen, Taxifahrten. - 5) Einzelkarte und Abonnement für Oper und Schauspiel. - 6) Reisepass, Kurtaxe und ähnliches. - 7) Flaschenbier (ohne alkoholfreies Bier), Ver-

Methodische Erläuterungen

„Staatlich administrierter Verbraucherpreise"[1]

noch Tabelle D1

Teilgruppe 3 quasiadministrierte		Teilgruppe 4a indirekt administrierte[2]		Teilgruppe 4b	
Indexgruppe	Gewicht[1]	Indexgruppe	Gewicht[1]	Indexgruppe	Gewicht[1]
Alkoholische Getränke	20,50	**Fleisch (frisch, gefroren**		**Fleisch**	2,22
Bier[7]	16,13	**oder tiefgefroren)**	8,08	Lammfleisch	0,17
Spirituosen[8]	3,07	Rindfleisch[10]	2,22	Geflügelfleisch[13]	2,05
Deutscher Sekt[9]	1,30	Kalbschnitzel	0,13		
		Schweineschnitzel (auch		**Deutsche Eier**	1,36
Tabakwaren	19,87	frischer Speck)[11]	4,56		
		Hackfleisch, gemischt	1,17	**Obst und Gemüse**	8,27
Kaffee[9]	3,40			Blumenkohl	0,19
Bohnenkaffee	2,95	**Milch, Butter**	5,40	Tomaten	1,05
Instant-Bohnenkaffee	0,45	Trinkmilch[12]	2,46	Salatgurken	0,53
		Kondensmilch	0,46	Tafeläpfel	2,08
Gas	9,41	süße Sahne	0,86	Tafelbirnen	0,31
		Deutsche Markenbutter	1,62	Apfelsinen	0,95
Heizöl, extra leicht	7,90			Zitronen	0,17
		Brot und andere Backwaren		Weintrauben	1,55
Kraft- und Schmierstoffe		**aus Brotteig**	8,12	Sultaninen	0,17
für Privatfahrzeuge	34,09	Weißbrot	0,38	Bananen	1,27
Kraftstoffe	33,70	Toastbrot	0,41		
Motorenöl	0,39	Roggenbrot	1,19		
		dunkles Mischbrot	1,46		
		Schnittbrot, Roggenvoll-			
		kornbrot	0,62		
		Körnerbrot	0,65		
		Roggen-Knäckebrot	0,14		
		Brötchen	3,27		
		Zucker	**0,65**		
		Mehl, Teigwaren und			
		Nährmittel sonstiger Art	1,79		
		Weizenmehl, Typ 405	0,23		
		Haferflocken	0,09		
		Weizengries	0,17		
		Cornflakes	1,00		
		Puddingpulver	0,30		
Zusammen	**95,17**	**Zusammen**	**24,04**	**Zusammen**	**11,85**

zehr von Bier (einschließlich alkoholfreies Bier) in Restaurants, Cafés, Straßenverkauf u.ä. - 8) Einschließlich Verzehr in Restaurants, Cafés, Straßenverkauf u.ä. - 9) Ohne Verzehr in Restaurants, Cafés, Straßenverkauf u.ä. - 10) Rindfleisch zum Kochen und Schmoren, Rouladen, Lendenfilet, Leber. - 11) Kotelett, Bauchfleisch, Braten, Bauchspeck. - 12) Frische Vollmilch und H-Milch. - 13) Putenschnitzel und tiefgekühlte Brathähnchen.

Tabelle D2

Zur Entwicklung staatlich administrierter Verbraucherpreise[1]

Deutschland

Zeitraum	Verbraucherpreisindex					Staatlich administrierte Verbraucherpreise	davon: Gruppe					darunter:		
	insgesamt	ohne staatlich administrierte Verbraucherpreise	ohne Gruppe			zusammen	1	2	3	4a	4b	1 und 2	1 bis 3	1, 2 und 4
			1 und 2	1 bis 3	1, 2 und 4									
Gewicht	1000	681,73	812,79	717,62	776,90	318,27	76,44	110,77	95,17	24,04	11,85	187,21	282,38	223,10
						2000 = 100								
1995	93,9	96,0	94,3	96,2	94,1	90,0	84,8	98,4	82,4	98,7	99,3	92,6	88,9	93,5
1996	95,3	97,0	95,5	97,2	95,3	92,0	87,7	99,2	84,8	100,1	101,0	94,3	90,9	95,3
1997	97,1	98,1	96,8	98,3	96,6	95,2	93,0	102,2	87,2	101,9	101,7	98,3	94,3	98,8
1998	98,0	99,2	97,4	99,3	97,2	95,9	96,0	104,0	85,1	102,0	102,9	100,6	95,0	100,9
1999	98,6	99,7	98,2	99,7	98,1	96,5	98,2	101,7	88,6	100,0	99,0	100,3	96,1	100,2
2000	100	100	100	100	100	100	100	100	100	100	100	100	100	100
2001	102,0	101,3	101,6	101,5	101,4	103,5	105,1	102,2	102,6	106,1	106,7	103,4	103,1	103,8
2002	103,4	102,5	102,9	102,8	102,7	105,1	107,3	104,1	103,8	107,0	107,3	105,4	104,9	105,7
2003	104,5	103,1	103,8	103,2	103,7	107,5	109,0	106,1	108,5	106,4	104,7	107,3	107,7	107,0
2004	106,2	103,5	104,8	103,6	104,8	111,9	111,6	112,6	114,0	106,4	102,4	112,2	112,8	111,0
2005 Jan	106,9	103,3	105,1	103,4	105,0	114,7	114,7	114,9	117,4	106,6	106,5	114,8	115,7	113,5
Feb	107,3	103,6	105,5	103,8	105,4	115,1	114,9	115,2	118,2	106,5	109,2	115,1	116,1	113,8
Mrz	107,6	103,7	105,9	103,9	105,8	116,0	114,9	115,4	120,7	106,2	109,8	115,2	117,1	114,0
Apr	107,7	103,4	105,8	103,6	105,8	116,7	115,4	115,8	122,8	106,2	107,9	115,6	118,0	114,2
Mai	108,0	103,9	106,2	104,1	106,1	116,8	115,5	116,1	122,1	106,3	110,8	115,8	118,0	114,5
Jun	108,1	103,8	106,3	103,9	106,3	117,5	115,5	116,3	124,5	106,0	108,4	116,0	118,8	114,5
Jul	108,6	104,1	106,9	104,2	106,9	118,2	115,6	116,6	127,0	106,1	104,5	116,2	119,8	114,5
Aug	108,7	104,2	107,0	104,2	107,1	118,5	115,6	116,8	128,3	106,1	99,0	116,3	120,4	114,3
Sep	109,1	103,9	107,3	103,9	107,5	120,1	115,8	117,1	133,3	106,0	98,0	116,6	122,2	114,5
						Veränderung gegenüber dem Vorjahr in vH								
1996	+ 1,5	+ 1,0	+ 1,3	+ 1,0	+ 1,3	+ 2,2	+ 3,4	+ 0,8	+ 2,9	+ 1,4	+ 1,7	+ 1,8	+ 2,2	+ 1,9
1997	+ 1,9	+ 1,1	+ 1,4	+ 1,1	+ 1,4	+ 3,5	+ 6,0	+ 3,0	+ 2,8	+ 1,8	+ 0,7	+ 4,2	+ 3,7	+ 3,7
1998	+ 0,9	+ 1,1	+ 0,6	+ 1,0	+ 0,6	+ 0,7	+ 3,2	+ 1,8	− 2,4	+ 0,1	+ 1,2	+ 2,3	+ 0,7	+ 2,1
1999	+ 0,6	+ 0,5	+ 0,8	+ 0,4	+ 0,9	+ 0,6	+ 2,3	− 2,2	+ 4,1	− 2,0	− 3,8	− 0,3	+ 1,2	− 0,7
2000	+ 1,4	+ 0,3	+ 1,8	+ 0,3	+ 1,9	+ 3,6	+ 1,8	− 1,7	+ 12,9	+ 0,0	+ 1,0	− 0,3	+ 4,1	− 0,2
2001	+ 2,0	+ 1,3	+ 1,6	+ 1,5	+ 1,4	+ 3,5	+ 5,1	+ 2,2	+ 2,6	+ 6,1	+ 6,7	+ 3,4	+ 3,1	+ 3,8
2002	+ 1,4	+ 1,2	+ 1,3	+ 1,3	+ 1,3	+ 1,5	+ 2,1	+ 1,9	+ 1,2	+ 0,8	+ 0,6	+ 1,9	+ 1,7	+ 1,8
2003	+ 1,1	+ 0,6	+ 0,9	+ 0,4	+ 1,0	+ 2,3	+ 1,6	+ 1,9	+ 4,5	− 0,6	− 2,4	+ 1,8	+ 2,7	+ 1,2
2004	+ 1,6	+ 0,4	+ 1,0	+ 0,4	+ 1,1	+ 4,1	+ 2,4	+ 6,1	+ 5,1	+ 0,0	− 2,2	+ 4,6	+ 4,7	+ 3,7
2005 Jan	+ 1,6	+ 0,2	+ 1,3	+ 0,1	+ 1,4	+ 4,6	+ 3,4	+ 3,0	+ 9,0	+ 0,2	− 1,6	+ 3,2	+ 5,2	+ 2,6
Feb	+ 1,8	+ 0,2	+ 1,4	+ 0,3	+ 1,4	+ 5,0	+ 3,4	+ 3,2	+ 10,0	+ 0,1	+ 3,0	+ 3,3	+ 5,4	+ 3,0
Mrz	+ 1,8	+ 0,4	+ 1,4	+ 0,4	+ 1,4	+ 4,7	+ 3,3	+ 3,4	+ 8,3	− 0,1	+ 4,5	+ 3,4	+ 5,0	+ 3,2
Apr	+ 1,6	+ 0,0	+ 1,1	+ 0,1	+ 1,1	+ 4,6	+ 3,6	+ 3,0	+ 8,7	+ 0,0	+ 2,9	+ 3,2	+ 5,1	+ 2,9
Mai	+ 1,7	+ 0,5	+ 1,2	+ 0,6	+ 1,1	+ 3,9	+ 3,6	+ 3,3	+ 5,6	+ 0,1	+ 5,3	+ 3,4	+ 4,2	+ 3,2
Jun	+ 1,8	+ 0,2	+ 1,3	+ 0,2	+ 1,3	+ 5,0	+ 3,6	+ 3,5	+ 9,3	− 0,3	+ 3,4	+ 3,5	+ 5,4	+ 3,1
Jul	+ 1,9	+ 0,3	+ 1,6	+ 0,3	+ 1,6	+ 5,2	+ 3,5	+ 3,3	+ 10,4	− 0,2	+ 0,7	+ 3,4	+ 5,7	+ 2,9
Aug	+ 1,9	+ 0,3	+ 1,5	+ 0,3	+ 1,5	+ 5,1	+ 3,4	+ 3,5	+ 10,1	− 0,3	− 0,3	+ 3,4	+ 5,8	+ 2,9
Sep	+ 2,5	+ 0,4	+ 2,3	+ 0,4	+ 2,4	+ 6,8	+ 3,4	+ 3,5	+ 15,2	− 0,5	+ 2,1	+ 3,5	+ 7,5	+ 3,1

1) Berechnet auf der Grundlage des Verbraucherpreisindex, Basis 2000 = 100; der Index setzt sich aus vier Teilgruppen zusammen (wobei die Gruppe 4 in zwei Untergruppen gegliedert ist): Gruppe 1= direktadministrierte Preise (u.a. Personenbeförderung, Dienstleistungen im Zusammenhang mit der Wohnung), Gruppe 2 = teiladministrierte Preise (u.a. Versorgungstarife, Mieten im öffentlich geförderten Wohnungsbau, Nachrichtenübermittlung), Gruppe 3 = quasiadministrierte Preise (u.a. alkoholische Getränke, Tabakwaren, Gas, Heizöl, Kraftstoffe), Gruppe 4a = indirekt administrierte Preise (u.a. Rind- und Schweinefleisch, Fleischwaren, Milch und Butter, Backwaren, Mehl, Nährmittel), Gruppe 4b = indirekt administrierte Preise (u.a. Schaf- und Geflügelfleisch, Obst und Gemüse).

Methodische Erläuterungen | 535

E. Revision der Volkswirtschaftlichen Gesamtrechnungen 2005

1. Am 28. April 2005 veröffentlichte das Statistische Bundesamt erste Ergebnisse der VGR-Revision 2005 für den Zeitraum der Jahre 1991 bis 2004. Dabei wurden neben der Einbeziehung neu zur Verfügung stehender statistischer Ausgangsdaten insbesondere zwei methodische Änderungen vorgenommen, mit denen die amtliche Statistik Richtlinien der Europäischen Kommission umsetzt. Zum einen betrifft dies

– den Übergang von der Festpreis- auf die **Vorjahrespreisbasis** zur Ermittlung realer volkswirtschaftlicher Größen

und zum anderen

– wurde die Berechnung und Verteilung der **unterstellten Bankgebühr (FISIM)**

neu geregelt. Im Folgenden werden die wichtigsten methodischen Veränderungen vorgestellt.[a]

1. Neue Volumenrechnung

2. Bei der Preis- und Volumenmessung wurde im Rahmen der jüngsten Revision eine grundlegende Änderung durchgeführt. Die Volumenmessung erfolgt nunmehr, entsprechend internationalen Konventionen und verbindlichen europäischen Rechtsvorschriften, auf der Grundlage einer jährlich wechselnden Preisbasis (Vorjahrespreisbasis). Die neue Methode ersetzt somit die bisherige Berechnung in konstanten Preisen eines festen Basisjahres. Durch die Verwendung eines möglichst zeitnahen Referenzjahres soll eine präzisere Berechnung der realen Zuwachsraten erfolgen.

3. Nach dem bisherigen Festpreiskonzept erfolgte die Bewertung der Volumengrößen (realen Größen) mit den Durchschnittspreisen eines Basisjahres. Diese Vorgehensweise hatte den Vorteil, dass mit Volumenangaben analog gerechnet werden konnte wie mit Wertangaben (nominalen Angaben). So ergab sich das Bruttoinlandsprodukt als Summe der inländischen Verwendung zuzüglich des Außenbeitrags. Von Nachteil war indes, dass der ausgewiesene Zuwachs abhängig von der Wahl des Basisjahres war. Zudem verlor die ermittelte Volumenentwicklung an Aussagekraft, je weiter sich die Berichtsperiode von der Basisperiode entfernte, da die Preisstruktur der Basisperiode tendenziell immer weniger mit den aktuellen Preisrelationen übereinstimmte. Je nachdem, wie stark preisinduzierte Substitutionseffekte ausfielen, kam es zu methodisch bedingten Verzerrungen.

4. Mit der Revision der VGR werden nunmehr die Volumen mit den Preisen des jeweiligen Vorjahres bewertet. Die Berechnung auf Grundlage der Vorjahrespreisbasis basiert hierbei auf folgenden Schritten:

– Die nominalen Angaben eines Jahres werden mit Preisindizes deflationiert, die immer auf den Jahresdurchschnitt des Vorjahres normiert sind. (Im Gegensatz dazu erfolgte die Deflationie-

---

[a] Für eine ergänzende und weiterführende Darstellung siehe Braakmann, A. et al. (2005).

rung bei der Festpreisbasis mit Preisindizes, die für alle Jahre auf ein festes Basisjahr bezogen waren.)
- Durch die Berechnung in Vorjahrespreisen erhält man eine Sequenz von Jahresergebnissen in konstanten Preisen des Vorjahres, für die Messzahlen[b] oder Zuwachsraten abgeleitet werden können.
- Durch **Verkettung** (Multiplikation) dieser Messzahlen kann für jede deflationierte Variable eine Zeitreihe ermittelt werden. Im Ergebnis liegen Kettenindizes sowohl für Volumenangaben als auch für Preisindizes vor, die im neuen Referenzjahr 2000 auf 100 normiert sind.

Verkettete Volumina lassen sich demnach nicht mehr als Angaben in konstanten Preisen interpretieren, da sie nicht mehr allein durch reine Mengenänderungen bestimmt werden. Als Indextyp wird wie bisher für die Volumenmessung ein Laspeyres-Index und (damit) für die implizite Preismessung eine Paasche-Index verwendet. Um vergleichbare Absolutwerte für die Volumenangaben zu ermitteln, werden die Kettenindizes mit den Werten des Referenzjahres (in der amtlichen Statistik ist dies das Jahr 2000) verknüpft. Der jährlich stattfindende Wechsel gewährleistet, dass bei Wechsel eines Referenzjahres keine „nachträgliche" Korrektur der realen Historie eines Aggregats vorgenommen wird.[c]

5. Anders als bei der bisherigen Festpreismethode sind die verketteten Absolutwerte nicht mehr additiv, das heißt die Summe der verketteten Teilaggregate weicht vom Wert des verketteten Gesamtaggregats ab. So unterscheidet sich nunmehr die Summe der Verwendungsaggregate des Bruttoinlandsprodukts vom verketteten Bruttoinlandsprodukt selbst. Diese Abweichungen treten bei allen Angaben auf, in denen Zusammenfassungen von Einzelposten oder Salden berechnet werden. Die **Nichtadditivität** tritt auch in räumlicher Abgrenzung auf, so etwa zwischen der Ebene der EU und ihren Mitgliedstaaten. Die Nichtadditivität kommt umso stärker zum Tragen, je weiter die Berichtsperiode von der Referenzperiode entfernt ist. Im Allgemeinen entsteht so ein **Residuum**.

Im Folgenden soll dargelegt werden, weshalb im Rahmen der Vorjahrespreisbasis, die verketteten Absolutwerte nicht mehr additiv sind. Für die weiteren Ausführungen ist es dabei hilfreich, zunächst einige grundlegende Zusammenhänge aufzuzeigen.[d]

Grundlagen

6. Das Bruttoinlandsprodukt zum Zeitpunkt t in Preisen zum Zeitpunkt s wird im Folgenden mit $Y(t,s)$ bezeichnet. Das Bruttoinlandsprodukt zum Zeitpunkt t in Preisen zum Zeitpunkt t (nominales Bruttoinlandsprodukt) wird dieser Notation folgend als $Y(t,t) \equiv Y(t)$ bezeichnet. Die einzelnen Komponenten j des Bruttoinlandsprodukts werden mit Λ_j notiert, $j = 1, 2, ..., n$. Entsprechend der obigen Notation ergeben sich die Terme des Typs $\Lambda_j(t,s)$, $\Lambda_j(t,t) \equiv \Lambda_j(t)$. In laufenden Preisen addieren sich diese Komponenten zum nominalen Bruttoinlandsprodukt, das heißt

---

[b] Eine Messzahl ist der Quotient einer Größe zur Berichtszeit t zur gleichen Größe zur Referenzzeit 0.
[c] Für die **Quartalsrechnung** gibt es unterschiedliche Möglichkeiten Kettenindizes zu bilden. Das Statistische Bundesamt hat sich im Einvernehmen mit der Deutschen Bundesbank für die Methode des „annual overlap" entschieden. Diese Methode hat insbesondere den Vorteil, dass die Summe der Vierteljahresergebnisse mit den autonom ermittelten Jahresergebnissen übereinstimmt.
[d] Für weitere Einzelheiten zur neuen Volumenrechnung siehe Nierhaus (2004a, 2004b, 2005a, 2005b).

Methodische Erläuterungen

$$Y(t) = \sum_{j=1}^{n} \Lambda_j(t).\tag{1}$$

Ferner bezeichnen $q_{j,t}$ die Menge der Komponente j zum Zeitpunkt t und $p_{j,t}$ den zugehörigen Preis. Die Mengen und Preise der n Komponenten lassen sich zu Spaltenvektoren Q_t und P_t zusammenfassen, was eine kompakte Schreibweise ermöglicht:

$$Q_t \equiv \begin{pmatrix} q_{1,t} \\ q_{2,t} \\ \vdots \\ q_{n,t} \end{pmatrix},\ P_t \equiv \begin{pmatrix} p_{1,t} \\ p_{2,t} \\ \vdots \\ p_{n,t} \end{pmatrix}.$$

Das nominale Bruttoinlandsprodukt lässt sich damit schreiben als

$$Y(t) = Q_t' P_t,$$

und entsprechend das Bruttoinlandsprodukt in Preisen des Vorjahres angeben als

$$Y(t,t-1) = Q_t' P_{t-1},$$

wobei ' bedeutet, dass der Vektor transponiert wird.

Unter Berücksichtigung vorliegender Notation lautet der **Laspeyres-Mengenindex** für das Bruttoinlandsprodukt entsprechend

$$L_Y(t,t-1) = \frac{Y(t,t-1)}{Y(t-1)} = \frac{Q_t' P_{t-1}}{Q_{t-1}' P_{t-1}} = \frac{\sum_{j=1}^{n} q_{j,t} p_{j,t-1}}{\sum_{j=1}^{n} q_{j,t-1} p_{j,t-1}}.\tag{2}$$

Für eine spezifische Komponente j ist der Laspeyres-Mengenindex gegeben durch

$$L_{\Lambda_j}(t,t-1) = \frac{\Lambda_j(t,t-1)}{\Lambda_j(t-1)} = \frac{q_{j,t} p_{j,t-1}}{q_{j,t-1} p_{j,t-1}}.\tag{3}$$

Auf Grundlage dieser Laspeyres-Mengenindizes werden **Kettenindizes** definiert:

$$KL_Y(t,0) \equiv \prod_{s=1}^{t} L_Y(s,s-1) * 100.\tag{4}$$

Die **verketteten Volumina** $Y^{vk}(t)$ leiten sich direkt aus den Kettenindizes ab: Bezeichnet $t = 0$ die Referenzperiode, resultieren die verketteten Volumina aus der Multiplikation der verketteten Indizes mit den nominalen Angaben des Referenzjahres:

$$Y^{vk}(t) = KL_Y(t,0) \frac{Y(0)}{100} = Y(0) * L_Y(1,0) * \ldots * L_Y(t,t-1).\tag{5}$$

Für die verketteten Volumina gelten somit die rekursiven Beziehungen

$$L_Y(t, t-1) = \frac{Y^{vk}(t)}{Y^{vk}(t-1)}. \tag{6}$$

Analoge Beziehungen gelten für die einzelnen Komponenten j des Bruttoinlandsprodukts.

Fehlende Additivität der verketteten Volumina

7. In der Referenzperiode und der nachfolgenden Periode ist die **Additivität** der verketteten Volumina noch gegeben. Es gilt demnach:

$$Y^{vk}(0) = \sum_j \Lambda_j^{vk}(0) \iff Y(0) = \sum_j \Lambda_j(0), \tag{7}$$

sowie

$$Y^{vk}(1) = \sum_j \Lambda_j^{vk}(1). \tag{8}$$

Die Gültigkeit der Beziehung in Gleichung (8) folgt aus der Zusammensetzung des Kettenindexes:

$$Y^{vk}(1) = Y(0) * L_Y(1,0) = Y(0) \frac{Y(1,0)}{Y(0)} = Y(1,0) = Q_1' P_0$$

$$\Lambda_j^{vk}(1) = \Lambda_j(0) * L_{\Lambda_j}(1,0) = \Lambda_j(0) \frac{\Lambda_j(1,0)}{\Lambda_j(0)} = \Lambda_j(1,0) = q_{j,1} p_{j,0}$$

$$\sum_j \Lambda_j^{vk}(1) = \sum_j q_{j,1} p_{j,0} = Q_1' P_0 = Y^{vk}(1).$$

Für die darauf folgende Periode 2 erhält man hingegen:

$$Y^{vk}(2) \neq \sum_j \Lambda_j^{vk}(2), \tag{9}$$

denn es gilt

$$\begin{aligned} Y^{vk}(2) &= Y(0) * L_Y(1,0) * L_Y(2,1) \\ &= Y(0) * \frac{Y(1,0)}{Y(0)} * \frac{Y(2,1)}{Y(1)} \\ &= Y(1,0) * \frac{Y(2,1)}{Y(1)} \\ &= Q_1' P_0 \frac{Q_2' P_1}{Q_1' P_1}, \end{aligned}$$

Methodische Erläuterungen

$$\Lambda_j^{vk}(2) = \Lambda_j(0) * L_{\Lambda_j}(1,0) * L_{\Lambda_j}(2,1)$$

$$= \Lambda_j(0) * \frac{\Lambda_j(1,0)}{\Lambda_j(0)} * \frac{\Lambda_j(2,1)}{\Lambda_j(1)}$$

$$= \Lambda_j(1,0) * \frac{\Lambda_j(2,1)}{\Lambda_j(1)}$$

$$= q_{j,1} p_{j,0} \frac{q_{j,2} p_{j,1}}{q_{j,1} p_{j,1}} = q_{j,2} p_{j,0}.$$

Hieraus folgt:

$$\sum_j \Lambda_j^{vk}(2) = \sum_j q_{j,2} p_{j,0} = Q_2' P_0.$$

Definiert man die Differenz (das Residuum) $R(2) \equiv Y^{vk}(2) - \sum_j \Lambda_j^{vk}(2)$, folgt unmittelbar

$$R(2) = Q_1' P_0 \frac{Q_2' P_1}{Q_1' P_1} - Q_2' P_0 = \sum_j q_{j,1} p_{j,0} \frac{\sum_j q_{j,2} p_{j,1}}{\sum_j q_{j,1} p_{j,1}} - \sum_j q_{j,2} p_{j,0}. \qquad (10)$$

Wie aus der vorigen Gleichung hervorgeht, ist das Residuum $R(2)$ in der Regel ungleich Null, es sei denn, es liegen spezielle Werte vor, etwa $q_1 = q_2$.

Die Konsequenzen, die sich aus der fehlenden Additivität ergeben, lassen sich wie folgt zusammenfassen:

- Verkettete Volumina lassen sich – außer im Referenzjahr und im Folgejahr – nicht mehr exakt addieren. So lassen sich nicht mehr die einzelnen Verwendungskomponenten des Bruttoinlandsprodukts zum Bruttoinlandsprodukt addieren und daraus die Zuwachsrate des Bruttoinlandsprodukts berechnen.

- Für verkettete Volumengrößen macht es keinen Sinn mehr, den Außenbeitrag als Differenz von Exporten und Importen zu definieren (da Summen, beziehungsweise Differenzen ja nicht zulässig sind). Aus dem gleichen Grund sind auch die Vorratsveränderungen als Volumengröße nicht mehr definiert. Beide Größen werden in den entsprechenden Fachserien des Statistischen Bundesamtes nur noch in Form von Wachstumsbeiträgen ausgewiesen.

Selbstverständlich gilt die Additivität nach wie vor für nominale Größen, so dass es hier weiterhin sinnvoll ist, von Außenbeitrag und Vorratsveränderungen zu sprechen.

Exakte Berechnung der Zuwachsrate des Bruttoinlandsprodukts

8. Bislang konnte das Bruttoinlandsprodukt aus der Summe der Komponenten abgeleitet werden, und einzelne Komponenten wiederum als Summe ihrer Subkomponenten (zum Beispiel Konsum = privater Konsum + staatlicher Konsum). Diese einfache Aggregation durch Addition der einzelnen Komponenten gilt hier, aufgrund der beschriebenen Nichtadditivität der verketteten Volumina, nur noch approximativ. Gleichwohl ist es möglich, die Zuwachsrate des Bruttoinlandsprodukts aus den Zuwachsraten der einzelnen Komponenten abzuleiten, denn der Laspeyres-Mengenindex lässt sich wie folgt zerlegen:

$$\begin{aligned}
L_Y(t,t-1) = \frac{Y(t,t-1)}{Y(t-1)} &= \frac{Q_t' P_{t-1}}{Q_{t-1}' P_{t-1}} \\
&= \sum_j \frac{q_{j,t} p_{j,t-1}}{Q_{t-1}' P_{t-1}} \\
&= \sum_j \frac{q_{j,t-1} p_{j,t-1}}{Q_{t-1}' P_{t-1}} \frac{q_{j,t} p_{j,t-1}}{q_{j,t-1} p_{j,t-1}} \\
&= \sum_j \frac{\Lambda_j(t-1)}{Y(t-1)} \frac{\Lambda_j(t,t-1)}{\Lambda_j(t-1)} \\
&= \sum_j \frac{\Lambda_j(t-1)}{Y(t-1)} L_{\Lambda_j}(t,t-1).
\end{aligned} \qquad (11)$$

Der reale Zuwachs des Bruttoinlandsprodukts ($L_Y(t,t-1)$) ist demnach die gewichtete Summe des Zuwachses der Komponenten ($L_{\Lambda_j}(t,t-1)$), wobei die Gewichte die nominalen Anteile der Komponenten am Bruttoinlandsprodukt in der Vorperiode sind. Diese Zusammenhänge gelten exakt für die Jahresergebnisse, für die Quartalsergebnisse allerdings nur approximativ.

Deflatoren

9. Bislang waren Deflatoren im Rahmen der Volkswirtschaftlichen Gesamtrechnungen definiert als Paasche-Indizes der Form

$$Deflator_{Festpreis,Y}(t) \equiv \frac{Y(t)}{Y(t,0)} = \frac{Q_t' P_t}{Q_t' P_0}. \qquad (12)$$

Mit der Revision der Volkswirtschaftlichen Gesamtrechnungen sind Deflatoren nunmehr definiert als Quotient der nominalen Werte der Periode t und der verketteten Volumengrößen in derselben Periode t. Wenn man den neuen Deflator mit $D_Y(t,0)$, bezeichnet (wobei 0 wieder für das Referenzjahr steht), so erhält man:

$$\begin{aligned}
D_Y(t,0) &\equiv \frac{Y(t)}{Y^{vk}(t)} = \frac{Y(t)}{\frac{Y(0)}{100} * KL_Y(t,0)} \\
&= \frac{Y(t)}{Y(0) * L_Y(1,0) * \ldots * L_Y(t,t-1)}.
\end{aligned} \qquad (13)$$

Durch weitere Umformungen erhält man eine Kette von Paasche-Indizes

$$D_Y(t,0) = \frac{Y(t)}{Y(0) * \dfrac{Y(1,0)}{Y(0)} * \dfrac{Y(2,1)}{Y(1)} ... * \dfrac{Y(t,t-1)}{Y(t-1)}}$$

$$= \frac{Y(1) * Y(2) * ... * Y(t)}{Y(1,0) * Y(2,1) * ... * Y(t,t-1)} \qquad (14)$$

$$= \prod_{s=1}^{t} \frac{Y(s)}{Y(s,s-1)}$$

$$= \prod_{s=1}^{t} \frac{Q_s' P_s}{Q_s' P_{s-1}}.$$

Ebenso wie bei den verketteten Volumenangaben hängen die Zuwachsraten der verketteten Deflatoren nun nicht mehr von einem gewählten Basisjahr ab. So ergeben sich beispielsweise die Zuwächse der Deflatoren in der Periode $t + 1$ zwar unverändert aus den nominalen und realen Zuwächsen, $Y(t+1)/Y(t) * 1/L_Y(t+1,t)$, da aber der reale Zuwachs nicht mehr von einem Referenzjahr abhängig ist, gilt dies ebenso für den Zuwachs des entsprechenden Deflators.

10. Parallel zum Übergang auf die jährlich wechselnde Vorjahrespreisbasis werden verstärkt hedonische Verfahren bei der Preismessung und Qualitätsbestimmung von Gütern verwendet. Bei der hedonischen Qualitätsbereinigung von Preisindizes werden die qualitätsbedingten Preisänderungen rechnerisch mit Hilfe der Regressionsanalyse von den reinen Preisänderungen getrennt und eliminiert. Die hedonische Preismessung wird vor allem bei der Preismessung und Qualitätsbestimmung von Gütern angewendet, bei denen ein rascher Wechsel der Produktmerkmale zu beobachten ist, wie insbesondere bei Computern. Hedonische Verfahren werden bei solchen Produkten angewandt, um Preisdifferenzen zwischen neuer und alter Variante in eine „echte" Preisänderung und eine Komponente für die Qualitätsveränderung aufzuteilen. Mit der Einführung so berechneter Preisindizes für Personalcomputer im Verbraucherindex 2002 hat auch die deutsche VGR für PC-Preise solche Techniken eingesetzt. Seit dem Jahr 2004 werden hedonische Verfahren ferner für EDV-Investitionsgüter in den Erzeuger-, Einfuhr- und Ausfuhrpreisindizes verwendet. Um methodische Brüche in den Zeitreihen zu vermeiden, wurden im Rahmen der VGR-Revision insbesondere für EDV-Güter durchgängig (ab dem Jahr 1991) hedonische Preisindizes verwendet (ersatzweise mit Rückgriff auf internationale Preisreihen). Die stärkere Berücksichtigung dieser Verfahren dürfte ein wesentlicher Grund dafür sein, dass der Preistrend des nominalen Bruttoinlandsprodukts und einiger Verwendungskomponenten nunmehr flacher verläuft. Kräftige Korrekturen sind insbesondere bei den Preisen für Ausrüstungsgüter zu verzeichnen, die einen hohen Anteil an EDV-Gütern aufweisen.

2. FISIM

11. Eine weitere grundlegende konzeptionelle Neuregelung betrifft die Berechnung und Verteilung der unterstellten Bankgebühr, die nun als „Finanzserviceleistung, indirekte Messung (**FISIM**)" bezeichnet wird. Im Unterschied zur bisherigen Buchungsweise, bei der der Wert der Bankdienstleistungen vollständig den Vorleistungen zugerechnet und pauschal von der (unbereinigten) Bruttowertschöpfung aller Wirtschaftsbereiche abgezogen wurde, stellen Bankdienstleistungen nur noch im Fall produzierender Wirtschaftseinheiten Vorleistungen dar. Dies gilt auch für den Staat, bei dem sich allerdings – wegen der additiven Berechnung des Produktionswertes – gleichzeitig auch die daraus abgeleiteten Konsumausgaben erhöhen. Bei den privaten Haushalten zählen die Bankdienstleistungen zu den Konsumausgaben. Anders als die „unterstellte Bankgebühr" wird FISIM direkt denjenigen Wirtschaftssubjekten zugerechnet, die Bankdienstleistungen in Anspruch nehmen. Ein weiterer Unterschied betrifft die Berechnung des Werts der Bankdienstleistungen. Dieser wird nun nicht mehr auf Basis der Zinsmarge – der Differenz aus Soll- und Habenzinsen bestimmt, sondern als Unterschied zwischen den tatsächlichen Einlage- und Kreditzinsen und einem hypothetischen „reinen" – von Dienstleistungs- und Risikozuschlägen freien – Referenzzinssatz gemessen. Gleichzeitig wird angenommen, dass Kreditnehmer einen höheren Zinssatz als den Referenzzinssatz leisten und Einleger einen niedrigeren Zinssatz erhalten. Die Summe der Zu- und Abschläge entspricht dem impliziten Dienstleistungsentgelt, der FISIM. Im Ergebnis führen die Neuregelungen insgesamt neben einem Niveauanstieg des Bruttoinlandsprodukts zu einem deutlichen Niveauanstieg der Unternehmens- und Vermögenseinkommen sowie des verfügbaren Einkommens. Das Sparen und der Finanzierungssaldo sind hingegen von der Neuregelung nicht betroffen.

Literatur

Braakmann, A., N. Hartmann, N. Räth und W. Strohm (2005) *Revision der Volkswirtschaftlichen Gesamtrechnungen 2005 für den Zeitraum 1991 bis 2004*, Wirtschaft- und Statistik, 5, 425 - 462.

Nierhaus, W. (2004a) *Wirtschaftswachstum in den Volkswirtschaftlichen Gesamtrechnungen: Zur Einführung der Vorjahrespreisbasis in der deutschen Statistik*, ifo Schnelldienst, 57 (5), 28 - 34.

Nierhaus, W. (2004b) *Zur Einführung der Vorjahrespreisbasis in der deutschen Statistik – Besonderheiten der Quartalsrechnung*, ifo Schnelldienst, 57 (15), 14 - 21.

Nierhaus, W. (2005a) *Zur Einführung der Vorjahrespreisbasis in der deutschen Statistik – Konsequenzen für die Konjunkturanalyse*, ifo Schnelldienst, 58 (5), 19 - 27.

Nierhaus, W. (2005b) *Vorjahrespreisbasis und Chain-Linking in den Volkswirtschaftlichen Gesamtrechnungen: Das Wichtigste der neuen Volumenrechnung*, ifo Schnelldienst, 58 (15), 3 - 27.

V.
Statistischer Anhang

Allgemeine Bemerkungen und Hinweise

Die in den nachfolgenden Tabellen veröffentlichten Ergebnisse sind mit wenigen Ausnahmen – wie auch die statistischen Angaben im Textteil des Jahresgutachtens – amtlichen nationalen und internationalen Veröffentlichungen entnommen. Die Quellen wurden bei den jeweiligen Tabellen vermerkt, soweit sie nicht vom Statistischen Bundesamt stammen.

Sowohl bei den internationalen als auch bei den nationalen Tabellen zu den Volkswirtschaftlichen Gesamtrechnungen gilt es zu beachten, dass aufgrund der im Jahr 2005 stattgefundenen und noch stattfindenden umfassenden methodischen Änderungen, insbesondere für die meisten Länder der Europäischen Union, die Datenvergleichbarkeit und die Datenverfügbarkeit im Hinblick auf reale, das heißt preisbereinigte Größen und lange Reihen noch eingeschränkt ist (www.europa.eu.int/comm/eurostat/). Die wichtigsten methodischen Veränderungen betreffen die Berechnung und Verteilung der Bankdienstleistungen, die nun als „Finanzserviceleistung, indirekte Messung (FISIM)" den nutzenden Sektoren und Wirtschaftsbereichen unmittelbar zugerechnet werden, sowie die Einführung verketteter Volumenmaße in den Jahres- und Quartalsrechnungen. Außerdem wurden neben den methodischen Änderungen auch umfangreiche Revisionen in den für die Volkswirtschaftlichen Gesamtrechnungen verwendeten Basisstatistiken durchgeführt.

Diesen Einschränkungen wird in diesem Jahr bei der Präsentation der Ergebnisse dadurch Rechnung getragen, dass in den internationalen Tabellen im statistischen Anhang für die Ergebnisse aus den Volkswirtschaftlichen Gesamtrechnungen ausschließlich Veränderungsraten der realen Größen nachgewiesen werden. Sobald diese Übergangsphase abgeschlossen ist, wird der Sachverständigenrat sein Angebot an internationalen Zeitreihen mit absoluten Daten aus den Volkswirtschaftlichen Gesamtrechnungen auf seiner Homepage wieder entsprechend erweitern (http://www.sachverstaendigenrat.org/timerow/tabint.php).

In Deutschland hat das Statistische Bundesamt am 28. April 2005 erste Ergebnisse der völlig überarbeiteten Volkswirtschaftlichen Gesamtrechnungen für den Zeitraum der Jahre 1991 bis 2004 vorgelegt. Weiter zurück reichende Zeitreihen auf Basis dieser neuen Methoden und Konzepte sind für Deutschland im Verlauf des Jahres 2006 zu erwarten. Aus diesem Grund ist auch das im statistischen Anhang enthaltene Angebot an nationalen Wirtschaftsdaten aus den Volkswirtschaftlichen Gesamtrechnungen gegenwärtig noch eingeschränkt: Nominale absolute Größen werden ab dem Jahr 1991 und ausschließlich für Deutschland angeboten; preisbereinigte Angaben für denselben Zeitraum und Gebietsstand werden in Anlehnung an die Veröffentlichungen des Statistischen Bundesamtes lediglich als Kettenindex (Vorjahrespreisbasis) und in Form von Veränderungsraten dargestellt. Sobald das Statistische Bundesamt weiter zurückreichende Zeitreihen vorlegt, wird auch der Sachverständigenrat auf seiner Homepage sein Angebot an langen Reihen anpassen (http://www.sachverstaendigenrat.org/timerow/tabdeu.php).

Nicht betroffen von den methodischen Änderungen in den Volkswirtschaftlichen Gesamtrechnungen sind die Tabellen zum System der Sozialen Sicherung (Teil B. II. des Statistischen Anhangs).

Die Angaben zum Gesamtsystem der Sozialen Sicherung (Sozialbudget) sowie zu seinen wichtigsten Bereichen – Gesetzliche Rentenversicherung (Arbeiter und Angestellte), Gesundheitswesen, Soziale Pflegeversicherung, Arbeitslosenversicherung und Sozialhilfe – werden in gewohntem Umfang abgebildet.

Konjunkturindikatoren und Zeitreihen im Internet

Die Tabellen im Statistischen Anhang einschließlich fehlender Zeiträume, die aus drucktechnischen Gründen nicht darzustellen waren, sind auf beiliegender CD-ROM enthalten und können auch von den Internetseiten des Sachverständigenrates im Format Microsoft ® Excel herunter geladen werden.

Seit Mai 2005 bietet der Sachverständigenrat darüber hinaus auf seiner Homepage ein umfangreiches Angebot von Schaubildern zu wichtigen nationalen und internationalen Konjunkturindikatoren an, die ständig aktuell gehalten werden. Diese Schaubilder können einschließlich der dazugehörenden Zeitreihen im Format Microsoft ® Excel downgeloadet werden.

Internetadressen des Sachverständigenrates für den Datendownload:

A. Lange Reihen:
   Internationale Tabellen: www.sachverstaendigenrat.org/timerow/tabint.php
   Nationale Tabellen: www.sachverstaendigenrat.org/timerow/tabdeu.php

B Konjunkturindikatoren:
   Internationale Indikatoren www.sachverstaendigenrat.org/timerow/ki-international.php
   Nationale Indikatoren   www.sachverstaendigenrat.org/timerow/ki-national.php

Erläuterung von Begriffen aus den Volkswirtschaftlichen Gesamtrechnungen für Deutschland

1. Revision der Volkswirtschaftlichen Gesamtrechnungen 2005

Am 28. April 2005 veröffentlichte das Statistische Bundesamt erste Ergebnisse der völlig überarbeiteten Volkswirtschaftlichen Gesamtrechnungen für den Zeitraum der Jahre 1991 bis 2004. Die Ergebnisse der Volkswirtschaftlichen Gesamtrechnungen werden vom Statistischen Bundesamt seit jeher in etwa fünf- bis zehnjährlichen Abständen grundlegend überarbeitet. Die letzte große Revision mit dem Übergang auf das **Europäische System Volkswirtschaftlicher Gesamtrechnungen (ESVG) 1995**, das auch in den anderen Mitgliedstaaten der Europäischen Union verbindlich eingeführt wurde, fand zum 28. April 1999 statt. Diese umfassenden Revisionen sind notwendig, um neue, bislang nicht verwendete statistische Berechnungsgrundlagen (neue Basisstatistiken) einzubinden, neue Berechnungsmethoden anzuwenden und um neue Konzepte, Definitionen und Klassifikationen in das System einzuführen. Das Statistische Bundesamt hat in ausführlichen Veröffentlichungen sowohl das ESVG 1995 als auch die mit der Revision 2005 einhergehenden wichtigsten daten- und konzeptionsbedingten Änderungen dargestellt.[a] Die folgenden Ausführungen beschränken sich auf wichtige Begriffe im ESVG 1995.

2. Volkswirtschaft und Sektoren

In den Volkswirtschaftlichen Gesamtrechnungen wird die wirtschaftliche Betätigung aller Wirtschaftseinheiten erfasst, die ihren ständigen Sitz beziehungsweise Wohnsitz im Wirtschaftsgebiet haben. Ein Wirtschaftsgebiet kann die gesamte Volkswirtschaft (zum Beispiel Bundesrepublik Deutschland) oder ein Teil davon (zum Beispiel ein Bundesland) sein. Die Region außerhalb des jeweiligen Wirtschaftsgebiets wird nicht als Ausland, sondern als „Übrige Welt" bezeichnet. Für die Abgrenzung ist im Allgemeinen die Staatsangehörigkeit ohne Bedeutung; ebenso ist es unerheblich, welche Rechtsform die Wirtschaftseinheiten haben. Ständig im Inland befindliche Produktionsstätten, Verwaltungseinrichtungen usw. zählen deshalb zu den inländischen Wirtschaftseinheiten, unabhängig von den Eigentumsverhältnissen; umgekehrt gehören ständig im Ausland gelegene Produktionsstätten, Verwaltungseinrichtungen usw. im Eigentum von Inländern nicht zu den inländischen Wirtschaftseinheiten. Ausnahmen von dieser Regel bilden unter anderem diplomatische und konsularische Vertretungen sowie Streitkräfte.

Als kleinste Darstellungseinheit dienen in der Inlandsproduktsberechnung Organisationen, die entweder selbst bilanzieren oder bei denen es aus rechtlicher und wirtschaftlicher Sicht möglich wäre, eine vollständige Rechnungsführung zu erstellen. Diese Einheiten werden zu folgenden Sektoren zusammengefasst:

Zu den **nichtfinanziellen Kapitalgesellschaften** gehören die Kapitalgesellschaften, wie AG und GmbH, sowie die Personengesellschaften, wie OHG und KG, die rechtlich unselbständigen Eigenbetriebe des Staates und der privaten Organisationen ohne Erwerbszweck, wie Krankenhäuser und Pflegeheime sowie die Wirtschaftsverbände.

Der Sektor der **finanziellen Kapitalgesellschaften** umfasst im Wesentlichen Banken, Versicherungen sowie das entsprechende Hilfsgewerbe (Effekten- und Warenterminbörsen, Versicherungsmakler, Versicherungsvertreter usw.).

Zu den **privaten Haushalten** zählen Einzelpersonen und Gruppen von Einzelpersonen als Konsumenten und gegebenenfalls auch als Produzenten, wie selbständige Landwirte, Einzelunternehmer, Händler, Gastwirte, selbständige Verkehrsunternehmer, selbständige Versicherungsvertreter, „Freiberufler" usw.

In der Regel mit den privaten Haushalten zusammengefasst wird aus statistischen Gründen der Sektor **private Organisationen ohne Erwerbszweck**, zu dem politische Parteien, Gewerkschaften, Kirchen, Wohlfahrtsverbände, Vereine usw. gehören.

---

[a] Wirtschaft und Statistik: Heft 5, Mai 2005, Seiten 425 ff; Heft 6, Juni 1999, Seiten 449 ff. und Heft 4, April 1999, Seiten 257 ff.

Zum **Staat** gehören die Gebietskörperschaften (Bund, Länder und Gemeinden) sowie die Sozialversicherung.

Die Gesamtheit der Wirtschaftseinheiten, die ihren ständigen Sitz (Wohnsitz) außerhalb des Wirtschaftsgebiets haben, wird als „**Übrige Welt**" bezeichnet.

3. Inlandsprodukt und Nationaleinkommen

Das **Bruttoinlandsprodukt**, das die Produktion von Waren und Dienstleistungen im Inland nach Abzug der Vorleistungen misst, ist in erster Linie ein Produktionsindikator. Das Bruttoinlandsprodukt errechnet sich als Summe der Bruttowertschöpfung aller Wirtschaftsbereiche zuzüglich des Saldos von Gütersteuern minus Gütersubventionen.

Die **Produktionswerte** der Unternehmen stellen den Wert der Verkäufe von Waren und Dienstleistungen aus eigener Produktion sowie von Handelsware an andere (in- und ausländische) Wirtschaftseinheiten dar, vermehrt um den Wert der Bestandsveränderung an Halb- und Fertigwaren aus eigener Produktion und um den Wert der selbsterstellten Anlagen. Zu den Verkäufen rechnen in den Volkswirtschaftlichen Gesamtrechnungen auch die Einnahmen aus der Vermietung von Wohnungen (einschließlich unterstellter Mieten für eigengenutzte Wohnungen) und von gewerblichen Anlagen sowie der Eigenkonsum der Unternehmer (im eigenen Unternehmen produzierte und im privaten Haushalt des Unternehmers konsumierte Erzeugnisse). Der Wert der Verkäufe schließt die in Rechnung gestellte Umsatzsteuer nicht ein. Der Produktionswert der so genannten „Nichtmarktproduzenten" aus den Sektoren Staat und private Organisationen ohne Erwerbszweck, deren Leistungen der Allgemeinheit überwiegend ohne spezielles Entgelt zur Verfügung gestellt werden, werden durch Addition der Aufwandsposten dieser Institutionen ermittelt.

Unter **Vorleistungen** ist der Wert der Güter (Waren und Dienstleistungen) zu verstehen, die inländische Wirtschaftseinheiten von anderen (in- und ausländischen) Wirtschaftseinheiten bezogen und im Berichtszeitraum im Zuge der Produktion verbraucht haben. Die Vorleistungen umfassen außer Rohstoffen, sonstigen Vorprodukten, Hilfs- und Betriebsstoffen, Brenn- und Treibstoffen und anderen Materialien auch Bau- und sonstige Leistungen für laufende Reparaturen, Transportkosten, Postgebühren, Anwaltskosten, gewerbliche Mieten, Benutzungsgebühren für öffentliche Einrichtungen usw. Ebenfalls zu den Vorleistungen zählen bei den produzierenden Wirtschaftseinheiten die Finanzserviceleistungen, indirekte Messung (FISIM). In der Regel schließen die Vorleistungen nicht die eingesetzte Handelsware ein, da der Produktionswert von Handelsaktivitäten nur in Höhe des Dienstleistungsentgelts gebucht wird.

Zu den **Gütersteuern** zählen alle Steuern und ähnlichen Abgaben, die mengen- oder wertabhängig für gehandelte Waren oder Dienstleistungen zu entrichten sind. Sie umfassen die nichtabziehbare Umsatzsteuer (Teil der Umsatzsteuer, der nicht im Rahmen des Vorsteuerabzugsverfahrens von der geschuldeten Umsatzsteuer abgezogen werden kann), Importabgaben (unter anderem Zölle, Verbrauchsteuern und Abschöpfungsbeträge auf eingeführte Güter) und sonstige Gütersteuern (Verbrauchsteuern, Vergnügungssteuern, Versicherungsteuer usw.). **Gütersubventionen** sind mengen- oder wertabhängige Subventionen, die bei produzierten oder eingeführten Waren oder Dienstleistungen geleistet werden. Unter Subventionen versteht man in den Volkswirtschaftlichen

Gesamtrechnungen laufende Zahlungen ohne Gegenleistung, die der Staat oder Institutionen der Europäischen Union an gebietsansässige Produzenten leisten, um den Umfang der Produktion dieser Einheiten, ihre Verkaufspreise oder die Entlohnung der Produktionsfaktoren zu beeinflussen.

Das **Bruttonationaleinkommen** ergibt sich, indem zum Bruttoinlandsprodukt die von der übrigen Welt empfangenen Primäreinkommen (Arbeitnehmerentgelt, Vermögenseinkommen, Subventionen) hinzugezählt und die an die übrige Welt geleisteten Primäreinkommen (Arbeitnehmerentgelt, Vermögenseinkommen, Produktions- und Importabgaben) abgezogen werden.

4. Verteilung des Volkseinkommens

Werden vom Bruttonationaleinkommen die Abschreibungen abgezogen, so ergibt sich das **Nettonationaleinkommen (Primäreinkommen)**. Durch Abzug der Produktions- und Importabgaben an den Staat und Hinzufügen der Subventionen vom Staat kann aus dem Nettonationaleinkommen das Volkseinkommen abgeleitet werden.

Das **Volkseinkommen** als häufig genutzte Größe der Verteilungsrechnung ist die Summe aller Erwerbs- und Vermögenseinkommen, die Inländern letztlich zugeflossen sind. Es umfasst also das von Inländern empfangene Arbeitnehmerentgelt sowie die Unternehmens- und Vermögenseinkommen, die Selbständigen oder Arbeitnehmern zufließen.

Erhöht man das Volkseinkommen um die Produktions- und Importabgaben an den Staat abzüglich Subventionen vom Staat sowie die empfangenen laufenden Transfers aus der übrigen Welt und zieht die geleisteten laufenden Transfers an die übrige Welt ab, so ergibt sich das **verfügbare Einkommen der Gesamtwirtschaft**.

Ein überwiegender Teil dieses verfügbaren Einkommens der Gesamtwirtschaft wird konsumiert, der Rest wird **Sparen** genannt.

Analog ist das **Sparen der privaten Haushalte** der Teil des verfügbaren Einkommens der privaten Haushalte, der nicht konsumiert wird, zuzüglich der Zunahme betrieblicher Versorgungsansprüche einschließlich Riester-Rente. Die Relation aus dem so ermittelten Sparen der privaten Haushalte zum verfügbaren Einkommen der privaten Haushalte nach dem Ausgabenkonzept wird als Sparquote bezeichnet.

5. Verwendung des Bruttoinlandsprodukts

Auf der Verwendungsseite des Bruttoinlandsprodukts werden die Konsumausgaben der privaten Haushalte, der privaten Organisationen ohne Erwerbszweck und des Staates, die Bruttoanlageinvestitionen, die Vorratsveränderungen und der Nettozugang an Wertsachen sowie der Außenbeitrag unterschieden.

Private Konsumausgaben sind die Summe von Konsumausgaben der privaten Haushalte und Konsumausgaben der privaten Organisationen ohne Erwerbszweck. Als **Konsumausgaben privater Haushalte** werden die Waren- und Dienstleistungskäufe der inländischen privaten Haushalte für Konsumzwecke bezeichnet. Neben den tatsächlichen Käufen, zu denen unter anderem Entgelte für häusliche Dienste gehören, sind auch bestimmte unterstellte Käufe enthalten, wie zum Beispiel der Eigenverbrauch der Unternehmer, der Wert der Nutzung von Eigentümerwohnungen sowie so genannte Naturalentgelte für Arbeitnehmer (zum Beispiel Deputate). Der Konsum auf Geschäftskosten wird nicht zu den Konsumausgaben privater Haushalte gerechnet, sondern zu den Vorleistungen. Nicht enthalten sind ferner Käufe von Grundstücken und Gebäuden, die zu den Bruttoanlageinvestitionen zählen. Die **Konsumausgaben der privaten Organisationen ohne Erwerbszweck** bestehen aus dem Eigenverbrauch, das heißt aus dem Wert der von diesen Organisationen produzierten Güter abzüglich selbsterstellter Anlagen und Verkäufe sowie den Ausgaben für Güter, die als soziale Sachtransfers den privaten Haushalten für ihren Konsum zur Verfügung gestellt werden.

Die **Konsumausgaben des Staates** entsprechen dem Wert der Güter, die vom Staat selbst produziert werden, jedoch ohne selbsterstellte Anlagen und Verkäufe, sowie den Ausgaben für Güter, die als soziale Sachtransfers den privaten Haushalten für ihren Konsum zur Verfügung gestellt werden.

Die **Bruttoanlageinvestitionen** umfassen die Käufe neuer Anlagen (einschließlich aller eingeführten und selbsterstellten Anlagen) sowie die Käufe von gebrauchten Anlagen und Land nach Abzug der Verkäufe von gebrauchten Anlagen und Land. Die Käufe und Verkäufe von gebrauchten Anlagen und Land saldieren sich weitgehend in der Volkswirtschaft, mit Ausnahme der Verkäufe von Anlageschrott, gebrauchten Ausrüstungsgütern an private Haushalte (Kraftwagen) und an die übrige Welt (Kraftwagen, Schiffe und andere). Als Anlagen werden alle dauerhaften reproduzierbaren Produktionsmittel angesehen – mit Ausnahme nur militärisch nutzbarer Anlagen und Güter, die in die Konsumausgaben des Staates eingehen. Als dauerhaft gelten in den Volkswirtschaftlichen Gesamtrechnungen diejenigen Produktionsmittel, deren Nutzungsdauer mehr als ein Jahr beträgt und die normalerweise in der betriebswirtschaftlichen Buchführung aktiviert werden. Ausgenommen sind geringwertige Güter, vor allem solche, die periodisch wiederbeschafft werden, auch wenn sie eine längere Nutzungsdauer als ein Jahr haben (zum Beispiel kleinere Werkzeuge, Reifen, Büromittel). Größere Reparaturen, die zu einer wesentlichen Steigerung des Wertes einer Anlage führen, sind dagegen Bestandteile der Bruttoanlageinvestitionen. Die **Bruttoanlageinvestitionen** untergliedern sich in **Ausrüstungen** (Maschinen, Geräte, Fahrzeuge), **Bauten** (Wohnbauten, Nichtwohnbauten) und **Sonstige Anlagen** (unter anderem Computersoftware, Urheberrechte, Nutztiere und Nutzpflanzungen).

Die **Vorratsveränderungen** werden anhand von Bestandsangaben für Vorräte berechnet, die zunächst von Buchwerten auf eine konstante Preisbasis umgerechnet werden. Die Differenz zwischen Anfangs- und Endbeständen zu konstanten Preisen wird anschließend mit jahresdurchschnittlichen Preisen bewertet. Die so ermittelte Vorratsveränderung ist frei von Scheingewinnen und -verlusten, die aus preisbedingten Änderungen der Buchwerte resultieren. Zusammengefasst mit den Vorratsveränderungen wird der **Nettozugang an Wertsachen** veröffentlicht, der in Deutschland aus den Käufen abzüglich Verkäufen der privaten Haushalte von Goldbarren und nichtumlauffähigen Goldmünzen, Antiquitäten, Kunstgegenständen, Edelsteinen und Schmuck besteht.

Der **Außenbeitrag** ergibt sich als Saldo zwischen den Exporten und Importen von Waren und Dienstleistungen. Als **Exporte** und **Importe** gelten alle Waren- und Dienstleistungsumsätze mit Wirtschaftseinheiten, die ihren ständigen Sitz oder Wohnsitz außerhalb Deutschlands haben. Nicht eingeschlossen sind die grenzüberschreitenden Primäreinkommen zwischen Inländern und der Übrigen Welt. Die Berechnung geht von den Zahlen des Generalhandels aus, jedoch sind die von Ausländern auf deutsche Zolllager genommenen und wiederausgeführten Waren abgesetzt. Der Wert der eingeführten Waren wird mittels Schätzung vom Grenzwert (cif) auf den Wert frei Grenze (fob) des exportierenden Landes umgerechnet, das heißt die im Gesamtwert enthaltenen Fracht- und Versicherungskosten ausländischer Transport- und Versicherungsunternehmen werden in die Dienstleistungskäufe umgesetzt.

6. Drei Berechnungsarten in den Volkswirtschaftlichen Gesamtrechnungen

I. **Entstehungsrechnung**	II. **Verwendungsrechnung**
Produktionswert	Private Konsumausgaben
− Vorleistungen (einschließlich FISIM)	+ Konsumausgaben des Staates
= Bruttowertschöpfung	+ Ausrüstungsinvestitionen
+ Gütersteuern	+ Bauinvestitionen
− Gütersubventionen	+ Sonstige Anlagen
	+ Vorratsveränderungen und Nettozugang an Wertsachen
	+ Exporte von Waren und Dienstleistungen
	− Importe von Waren und Dienstleistungen

= **Bruttoinlandsprodukt**
+ Saldo der Primäreinkommen mit der übrigen Welt
= Bruttonationaleinkommen
− Abschreibungen

III. Verteilungsrechnung

= **Nettonationaleinkommen** (Primäreinkommen)
− Produktions- und Importabgaben an den Staat
+ Subventionen vom Staat

= **Volkseinkommen**
− Arbeitnehmerentgelt
= Unternehmens- und Vermögenseinkommen

7. Bruttoinlandsprodukt in jeweiligen und konstanten Preisen

Das Bruttoinlandsprodukt und die wichtigsten Teilgrößen der Verwendungsrechnung werden seit der jüngsten Revision auch auf Grundlage einer jährlich wechselnden Preisbasis (Vorjahrespreisbasis) berechnet. Diese Volumengrößen erhält man, indem die Wertangaben eines Jahres mit Preisindizes deflationiert werden, die immer auf den Jahresdurchschnitt des Vorjahres bezogen sind. Man erhält eine Sequenz von Jahresergebnissen in konstanten Preisen des Vorjahres, für die Messzahlen oder Zuwachsraten abgeleitet werden können. Durch Verkettung („Chain-linking") kann für jedes Merkmal eine Zeitreihe mit vergleichbaren, auf ein Referenzjahr (zurzeit 2000 = 100) bezogenen Daten ermittelt werden. Weitere Einzelheiten zur neuen Volumenrechnung siehe auch Anhang IV. E.

Verzeichnis der Tabellen im Statistischen Anhang

Seite

A. Internationale Tabellen

1* Bevölkerung in der Europäischen Union und in ausgewählten Ländern 553

2* Erwerbstätige in der Europäischen Union und in ausgewählten Ländern 554

3* Beschäftigte Arbeitnehmer in der Europäischen Union und in ausgewählten Ländern 555

4* Standardisierte Arbeitslosenquoten in der Europäischen Union und in ausgewählten Ländern 556

5* Reales Bruttoinlandsprodukt in der Europäischen Union und in ausgewählten Ländern 557

6* Reale Private Konsumausgaben in der Europäischen Union und in ausgewählten Ländern 558

7* Reale Konsumausgaben des Staates in der Europäischen Union und in ausgewählten Ländern 559

8* Reale Bruttoanlageinvestitionen in der Europäischen Union und in ausgewählten Ländern 560

9* Reale Exporte/Importe von Waren und Dienstleistungen in der Europäischen Union und in ausgewählten Ländern 561

10* Nationale Verbraucherpreisindizes in der Europäischen Union und in ausgewählten Ländern 563

11* Harmonisierter Verbraucherpreisindex in den Ländern der Europäischen Union 564

12* DM-Wechselkurse und Euro-Kurse für ausgewählte Währungen 565

Seite

13* Salden der Handelsbilanz und der Leistungsbilanz in ausgewählten Ländern 566

14* Kurzfristige Zinssätze in der Europäischen Union und in ausgewählten Ländern 567

15* Langfristige Zinssätze in der Europäischen Union und in ausgewählten Ländern 568

16* Geldmengenaggregate in der Europäischen Währungsunion 569

17* Indikatoren für die Welt und für ausgewählte Ländergruppen 570

B. Tabellen für Deutschland

I. Makroökonomische Grunddaten

18* Bevölkerungsstand und Bevölkerungsvorausberechnung für Deutschland 571

19* Ausländer in Deutschland nach der Staatsangehörigkeit 572

20* Erwerbstätigkeit und Arbeitslosigkeit 574

21* Struktur der Arbeitslosigkeit 574

22* Erwerbstätige nach Wirtschaftsbereichen 575

23* Bruttowertschöpfung, Bruttoinlandsprodukt, Volkseinkommen, Nationaleinkommen 576

24* Bruttowertschöpfung nach Wirtschaftsbereichen 577

25* Verwendung des Volkseinkommens 578

26* Unternehmens- und Vermögenseinkommen der Gesamtwirtschaft 578

Verzeichnis der Tabellen im Statistischen Anhang

Nr.	Titel	Seite
27*	Arbeitnehmerentgelte und geleistete Arbeitsstunden nach Wirtschaftsbereichen	579
28*	Verwendung des Bruttoinlandsprodukts	580
29*	Konsumausgaben der privaten Haushalte nach Verwendungszwecken	581
30*	Primäreinkommen, Verfügbares Einkommen und Sparen der privaten Haushalte	582
31*	Bruttoinvestitionen	583
32*	Anlageinvestitionen nach Wirtschaftsbereichen	584
33*	Deflatoren aus den Volkswirtschaftlichen Gesamtrechnungen	586
34*	Arbeitsproduktivität, Lohnkosten, Verdienst und Lohnstückkosten im Inland	587
35*	Lohnstückkosten nach Wirtschaftsbereichen	588
36*	Einnahmen und Ausgaben des Staates	590
37*	Einnahmen und Ausgaben von Bund, Ländern und Gemeinden	592
38*	Vermögensbildung und ihre Finanzierung	593
39*	Ausgaben und Einnahmen der staatlichen und kommunalen Haushalte nach Ländern	594
40*	Kassenmäßige Steuereinnahmen	596
41*	Verschuldung der öffentlichen Haushalte	597
42*	Zahlungsbilanz	598
43*	Kapitalverkehr mit dem Ausland	599
44*	Ausgewählte Zinsen und Renditen	600
45*	Zinssätze für Neugeschäfte der Banken (MFIs)	601
46*	Auftragseingang im Verarbeitenden Gewerbe	602
47*	Umsatz im Bergbau und im Verarbeitenden Gewerbe	605
48*	Index der Nettoproduktion im Produzierenden Gewerbe	606
49*	Beschäftigte und geleistete Arbeitsstunden im Bergbau und im Verarbeitenden Gewerbe	607
50*	Kapazitätsauslastung im Verarbeitenden Gewerbe	608
51*	Baugenehmigungen	609
52*	Auftragseingang im Bauhauptgewerbe nach Bauarten	610
53*	Auftragsbestand im Bauhauptgewerbe	612
54*	Umsatz, Beschäftigte, geleistete Arbeitsstunden und Produktion im Bauhauptgewerbe	613
55*	Außenhandel (Spezialhandel)	614
56*	Außenhandel nach ausgewählten Gütergruppen der Produktionsstatistik	615
57*	Außenhandel nach Warengruppen	616
58*	Außenhandel nach Ländergruppen	617
59*	Einzelhandelsumsatz	618
60*	Index der Erzeugerpreise gewerblicher Produkte	619
61*	Index der Außenhandelspreise	620
62*	Preisindizes für Neubau und Instandhaltung, Baulandpreise	621
63*	Verbraucherpreisindex für Deutschland	622

Verzeichnis der Tabellen im Statistischen Anhang

	Seite
64* Löhne und Gehälter	623

II. Ausgewählte Daten zum System der Sozialen Sicherung

	Seite
65* Sozialbudget: Leistungen nach Institutionen und Funktionen	624
66* Sozialbudget: Finanzierung nach Arten und Quellen	625
67* Kenngrößen für die Beitragsbemessung und die Leistungen in der Gesetzlichen Rentenversicherung (Arbeiter und Angestellte)	626
68* Struktur der Leistungsempfänger in der Rentenversicherung (Arbeiter und Angestellte)	627
69* Finanzielle Entwicklung in der Gesetzlichen Rentenversicherung (Arbeiter und Angestellte)	628
70* Gesundheitsausgaben in Deutschland	629
71* Versicherte in der Gesetzlichen Krankenversicherung	630
72* Struktur der Einnahmen und Ausgaben in der Gesetzlichen Krankenversicherung	631
73* Leistungsausgaben für die Mitglieder der Gesetzlichen Krankenversicherung	632
74* Beitragssätze und Einnahmen in der Gesetzlichen Krankenversicherung	633
75* Finanzentwicklung und Versicherte in der Sozialen Pflegeversicherung	634
76* Leistungsempfänger in der Sozialen Pflegeversicherung	635
77* Einnahmen und Ausgaben in der Arbeitslosenversicherung	636
78* Leistungsempfänger in der Arbeitslosenversicherung	637
79* Sozialhilfe: Empfänger, Ausgaben und Einnahmen	638

Internationale Tabellen

Tabelle 1*
Bevölkerung in der Europäischen Union und in ausgewählten Ländern[1]
Tausend Personen

Land / Ländergruppe	1960	1970	1980	1990	1991	1995	2000	2002	2003	2004
Belgien	9 154	9 656	9 859	9 968	10 006	10 137	10 246	10 330	10 374	10 418
Deutschland[2]	55 433	60 651	61 566	63 253	79 984	81 661	82 188	82 482	82 520	82 501
Finnland	4 430	4 606	4 780	4 986	5 014	5 108	5 176	5 201	5 213	5 227
Frankreich	45 684	50 772	55 109	58 171	58 464	59 419	60 667	61 426	61 800	62 177
Griechenland	8 354	8 822	9 675	10 161	10 247	10 634	10 917	10 988	11 006	11 041
Irland	2 835	2 951	3 402	3 506	3 526	3 601	3 800	3 926	3 991	4 056
Italien	50 200	53 822	56 434	56 719	56 751	57 301	57 762	57 157	57 604	58 051
Luxemburg	314	361	364	382	387	410	439	446	450	454
Niederlande	11 483	13 032	14 148	14 947	15 068	15 460	15 922	16 147	16 224	16 273
Österreich	7 047	7 467	7 549	7 678	7 755	7 948	8 012	8 084	8 118	8 175
Portugal	8 682	8 692	9 767	9 899	9 967	10 030	10 226	10 368	10 441	10 504
Spanien	30 583	33 876	37 510	38 851	38 922	39 223	40 264	41 314	42 005	42 640
Euro-Raum[3]	**225 845**	**245 886**	**260 488**	**268 360**	**285 844**	**290 298**	**294 702**	**307 869**	**309 746**	**311 517**
Dänemark	4 581	4 929	5 124	5 140	5 154	5 230	5 338	5 376	5 390	5 403
Schweden	7 480	8 043	8 310	8 559	8 617	8 827	8 872	8 925	8 958	8 994
Vereinigtes Königreich	52 372	55 632	56 330	57 237	57 439	57 928	58 643	59 232	59 463	59 565
EU-15	**298 632**	**323 312**	**339 927**	**349 457**	**367 301**	**372 917**	**378 472**	**381 402**	**383 557**	**385 479**
Estland	1 216	1 360	1 477	1 571	1 568	1 448	1 372	1 361	1 356	1 356
Lettland	2 121	2 359	2 512	2 671	2 662	2 485	2 373	2 339	2 325	2 313
Litauen	2 779	3 140	3 413	3 698	3 704	3 629	3 500	3 469	3 454	3 439
Malta	328	322	328	354	358	370	390	396	398	401
Polen	29 561	32 526	35 574	38 111	38 246	38 596	38 258	38 230	38 205	38 180
Slowakei	3 994	4 529	4 980	5 280	5 284	5 363	5 401	5 391	5 380	5 382
Slowenien	1 580	1 727	1 901	1 998	2 000	1 989	1 989	1 995	1 996	1 997
Tschechische Republik	9 660	9 805	10 304	10 363	10 309	10 331	10 273	10 201	10 202	10 202
Ungarn	9 984	10 337	10 708	10 374	10 373	10 329	10 211	10 159	10 130	10 107
Zypern	573	615	509	580	595	651	694	710	723	740
Europäische Union	**360 428**	**390 031**	**411 633**	**424 456**	**442 400**	**448 108**	**452 933**	**455 653**	**457 726**	**459 596**
Bulgarien	7 867	8 490	8 862	8 718	8 632	8 406	8 170	7 868	7 823	7 792
Rumänien	18 403	20 253	22 207	23 206	23 185	22 681	22 435	21 795	21 734	21 669
Türkei	27 755	35 605	44 439	56 154	57 262	61 644	67 461	69 626	70 712	71 552
Schweiz	5 328	6 270	6 385	6 796	6 880	7 081	7 209	7 349	7 402	7 417
Japan	94 100	103 720	116 800	123 540	123 920	125 570	126 919	127 428	127 612	127 623
Vereinigte Staaten	180 760	205 089	227 726	250 181	253 530	266 588	282 429	288 240	291 085	293 951

1) Ab 2000 vorläufige Ergebnisse. – 2) Bis 1990 früheres Bundesgebiet. – 3) Bis 2000 ohne Griechenland.

Quellen: EU, OECD, nationale Veröffentlichungen

Tabelle 2*
Erwerbstätige[1] in der Europäischen Union und in ausgewählten Ländern[2]
Tausend Personen

Land / Ländergruppe	1960	1970	1980	1990	1991	1995	2000	2002	2003	2004
Belgien	3 470	3 698	3 747	3 794	3 903	3 885	4 138	4 186	4 189	4 217
Deutschland[3]	26 247	26 668	27 059	28 486	38 664	37 546	39 038	38 994	38 632	38 782
Finnland	2 097	2 126	2 328	2 476	2 341	2 056	2 301	2 358	2 358	2 365
Frankreich	19 667	20 864	22 007	22 648	22 872	22 678	24 304	24 902	24 882	24 873
Griechenland	3 386	3 134	3 356	3 719	3 634	3 820	3 935	3 925	3 977	4 090
Irland	1 078	1 076	1 181	1 160	1 172	1 285	1 696	1 779	1 814	1 829
Italien	20 385	19 378	20 732	21 020	22 736	21 526	22 660	23 434	23 636	23 824
Luxemburg	132	140	158	187	165	168	185	193	195	197
Niederlande	4 486	5 023	5 188	5 644	6 824	7 133	8 114	8 315	8 285	8 220
Österreich	3 218	3 075	3 272	3 345	3 931	3 919	4 112	4 125	4 125	4 112
Portugal	3 240	3 231	3 842	4 473	4 712	4 484	5 010	5 029	5 010	5 020
Spanien	11 536	12 380	12 082	12 883	13 951	13 580	16 399	17 336	17 771	18 222
Euro-Raum[4]	**95 557**	**97 659**	**101 596**	**106 114**	**121 271**	**118 260**	**127 957**	**134 576**	**134 874**	**135 751**
Dänemark	2 170	2 377	2 479	2 636	2 646	2 650	2 764	2 781	2 755	2 755
Schweden	3 599	3 854	4 235	4 484	4 495	4 095	4 254	4 342	4 336	4 314
Vereinigtes Königreich	24 823	24 759	25 224	27 063	26 365	25 731	27 434	27 861	28 025	28 230
EU-15	**129 534**	**131 783**	**136 890**	**144 016**	**158 411**	**154 556**	**166 344**	**169 560**	**169 990**	**171 050**
Estland	.	.	.	834	811	637	575	588	597	598
Lettland	.	.	.	1 409	1 397	970	944	980	997	1 008
Litauen	.	.	.	1 853	1 898	1 644	1 586	1 411	1 443	1 441
Malta	.	.	.	.	.	.	146	150	151	150
Polen	.	.	.	.	.	14 791	14 526	13 782	13 617	13 795
Slowakei	.	.	.	.	.	2 147	2 101	2 127	2 165	2 170
Slowenien	.	.	.	924	874	912	895	895	893	893
Tschechische Republik	.	.	.	.	.	5 174	4 818	4 912	4 729	4 875
Ungarn	.	.	.	.	.	3 623	3 844	3 856	3 906	3 879
Zypern	.	.	.	.	.	282	330	353	354	357
Europäische Union	.	.	.	.	.	.	**196 109**	**198 614**	**198 842**	**200 216**
Bulgarien	.	.	4 364	4 097	3 564	3 282	2 980	2 979	3 166	3 213
Rumänien	9 538	9 875	10 350	10 840	10 786	9 493	8 629	8 329	8 371	8 429
Türkei	12 253	13 534	16 280	19 038	19 788	21 086	21 970	21 779	22 021	22 313
Schweiz	2 707	3 132	3 166	3 821	4 076	3 957	4 089	4 180	4 175	4 185
Japan	44 388	50 950	55 362	62 494	63 687	64 572	64 460	63 305	63 162	63 286
Vereinigte Staaten	65 785	78 669	99 303	118 796	117 713	124 908	136 901	136 483	137 734	139 248

1) Ab 1991 für die EU-Länder nach ESVG 1995. - 2) Ab 2000 vorläufige Ergebnisse. - 3) Bis 1990 früheres Bundesgebiet. Inländerkonzept. - 4) Bis 2000 ohne Griechenland.

Quellen: EU, OECD, nationale Veröffentlichungen

Internationale Tabellen

Tabelle 3*

Beschäftigte Arbeitnehmer[1] in der Europäischen Union und in ausgewählten Ländern[2]

Tausend Personen

Land / Ländergruppe	1960	1970	1980	1990	1991	1995	2000	2002	2003	2004
Belgien	2 835	3 020	3 141	3 119	3 220	3 185	3 450	3 506	3 512	3 523
Deutschland[3]	20 257	22 299	24 239	27 116	34 919	33 498	34 680	34 545	34 096	34 089
Finnland	1 434	1 741	1 885	2 048	2 025	1 772	2 021	2 079	2 081	2 089
Frankreich	14 759	16 551	18 525	19 728	20 011	20 252	22 078	22 694	22 739	22 784
Griechenland	1 093	1 251	1 668	1 947	1 895	2 069	2 231	2 237	2 286	2 396
Irland	674	748	898	883	909	1 021	1 381	1 461	1 495	1 510
Italien	11 966	13 259	14 078	13 719	16 401	15 598	16 612	17 372	17 546	17 642
Luxemburg	94	112	136	170	148	151	167	174	176	177
Niederlande	3 809	4 286	4 563	5 026	5 792	6 010	6 959	7 156	7 131	7 067
Österreich	2 282	2 389	2 789	2 929	3 070	3 126	3 339	3 361	3 368	3 394
Portugal	2 343	2 391	2 500	3 144	3 527	3 345	3 716	3 805	3 782	3 797
Spanien	6 984	7 795	7 910	9 614	11 295	11 038	13 114	13 776	14 114	14 533
Euro-Raum[4]	**67 437**	**74 591**	**80 664**	**87 495**	**101 318**	**98 996**	**107 515**	**112 166**	**112 326**	**112 774**
Dänemark	1 656	1 964	2 147	2 396	2 414	2 448	2 585	2 585	2 560	2 561
Schweden	2 966	3 425	3 882	4 166	4 308	3 866	4 024	4 127	4 130	4 103
Vereinigtes Königreich	23 060	22 838	23 065	23 123	22 404	21 752	23 922	24 319	24 448	24 526
EU-15	**96 212**	**104 068**	**111 426**	**119 127**	**132 339**	**129 131**	**140 277**	**143 197**	**143 464**	**143 964**
Estland	.	.	.	.	777	593	524	540	544	541
Lettland	.	.	.	.	.	826	804	844	868	872
Litauen	.	.	.	.	.	1 206	1 078	1 129	1 150	1 175
Malta	.	.	.	.	.	.	129	133	134	132
Polen	.	.	.	.	.	10 398	10 547	9 904	9 904	9 944
Slowakei	.	.	.	.	.	2 007	1 931	1 941	1 948	1 904
Slowenien	.	.	.	.	774	741	734	741	741	744
Tschechische Republik	.	.	.	.	.	4 462	3 947	4 033	3 993	3 914
Ungarn	.	.	.	.	.	2 979	3 256	3 337	3 399	3 348
Zypern	.	.	.	.	.	221	245	269	270	272
Europäische Union	.	.	.	.	.	**152 678**	**163 471**	**166 068**	**166 414**	**166 875**
Bulgarien	1 774	2 749	3 998	3 846	3 205	2 209	1 901	1 928	2 080	2 111
Rumänien	.	.	.	.	7 484	6 048	4 646	4 615	4 502	4 533
Türkei	.	.	.	.	.	.	9 045	8 966	9 066	9 186
Schweiz	2 596	3 004	3 083	3 619	3 624	3 456	3 546	3 679	3 679	3 703
Japan	23 700	33 064	39 713	48 350	50 025	52 628	53 559	53 309	53 348	53 548
Vereinigte Staaten[5]	54 189	71 006	90 528	109 487	108 374	117 298	131 785	130 341	129 999	131 480

1) Ab 1991 für die EU-Länder nach ESVG 1995. - 2) Ab 2000 vorläufige Ergebnisse. - 3) Bis 1990 früheres Bundesgebiet. Inländerkonzept. - 4) Bis 2000 ohne Griechenland. - 5) Ohne den Sektor Landwirtschaft.

Quellen: EU, OECD, nationale Veröffentlichungen

Tabelle 4*
Standardisierte Arbeitslosenquoten[1] in der Europäischen Union und in ausgewählten Ländern[2]

vH

Land / Ländergruppe	1980	1985	1990	1991	1995	2000	2001	2002	2003	2004
Belgien	.	10,1	6,6	6,4	9,7	6,9	6,7	7,3	8,0	7,9
Deutschland[3]	2,6	7,2	4,8	4,9	7,1	6,9	6,9	7,6	8,7	9,2
Finnland	.	6,0	3,2	6,6	15,4	9,8	9,1	9,1	9,0	8,8
Frankreich	.	9,6	8,5	9,0	11,1	9,1	8,4	8,9	9,5	9,6
Griechenland	.	7,0	6,4	7,1	9,2	11,3	10,8	10,3	9,7	10,5
Irland	.	16,8	13,4	14,7	12,3	4,3	3,9	4,3	4,6	4,5
Italien	.	8,2	8,9	8,5	11,2	10,1	9,1	8,6	8,4	8,0
Luxemburg	.	2,9	1,7	1,6	2,9	2,3	2,1	2,8	3,7	4,8
Niederlande	4,3	7,9	5,8	5,5	6,6	2,8	2,2	2,8	3,7	4,6
Österreich	.	.	.	.	3,9	3,7	3,6	4,2	4,3	4,8
Portugal	.	9,1	4,8	4,2	7,3	4,1	4,0	5,0	6,3	6,7
Spanien	.	17,7	13,1	13,2	18,8	11,4	10,8	11,5	11,5	11,0
Euro-Raum[4]	.	.	.	.	10,5	8,1	7,9	8,3	8,7	8,9
Dänemark	.	6,7	7,2	7,9	6,7	4,4	4,3	4,6	5,6	5,4
Schweden	2,1	2,9	1,7	3,1	8,8	5,6	4,9	4,9	5,6	6,3
Vereinigtes Königreich	.	11,2	6,9	8,6	8,5	5,4	5,0	5,1	4,9	4,7
EU-15	.	.	.	.	10,0	7,6	7,2	7,6	8,0	8,1
Estland	.	.	.	.	.	12,5	11,8	9,5	10,2	9,2
Lettland	.	.	.	.	.	13,7	12,9	12,6	10,4	9,8
Litauen	.	.	.	.	.	16,4	16,4	13,5	12,7	10,9
Malta	.	.	.	.	.	6,8	7,7	7,7	8,0	7,6
Polen	.	.	.	.	13,3	16,4	18,5	19,8	19,2	18,8
Slowakei	.	.	.	.	13,1	18,7	19,4	18,7	17,5	18,2
Slowenien	.	.	.	.	.	6,6	5,8	6,1	6,5	6,0
Tschechische Republik	.	.	.	.	4,1	8,7	8,0	7,3	7,8	8,3
Ungarn	.	.	.	.	10,4	6,3	5,6	5,6	5,8	6,0
Zypern	.	.	.	.	.	5,2	4,4	3,9	4,5	5,2
Europäische Union	.	.	.	.	.	8,6	8,4	8,7	9,0	9,0
Bulgarien	.	.	.	5,1	9,7	16,4	19,2	17,8	13,6	11,9
Rumänien	.	.	.	.	6,1	6,8	6,6	7,5	6,8	7,1
Türkei	7,6	6,7	7,6	8,0	7,5	6,5	8,3	10,3	10,5	10,3
Schweiz	0,2	0,9	0,5	1,9	3,5	2,7	2,6	3,2	4,1	3,9
Japan	2,0	2,6	2,1	2,1	3,1	4,7	5,0	5,4	5,3	4,7
Vereinigte Staaten	7,1	7,2	5,5	6,7	5,6	4,0	4,8	5,8	6,0	5,5

1) Von der EU standardisierte Arbeitslosenquoten gemäß den Richtlinien der Internationalen Arbeitsorganisation (ILO-Konzept). Einzelheiten zur Methodik siehe OECD, Quarterly Labour Force Statistics, Technical Notes. Arbeitslose in vH der Erwerbspersonen. – 2) Ab 2000 vorläufige Ergebnisse. – 3) Bis 1990 früheres Bundesgebiet. – 4) Bis 2000 ohne Griechenland.

Quellen: EU, OECD, nationale Veröffentlichungen

Tabelle 5*
Reales Bruttoinlandsprodukt in der Europäischen Union und in ausgewählten Ländern[1]

Veränderung gegenüber dem Vorjahr in vH

Land / Ländergruppe	1980	1985	1990	1991	1995	2000	2001	2002	2003	2004
Belgien	.	1,7	3,1	1,8	2,4	3,9	0,7	0,9	1,3	2,9
Deutschland[2]	...	...	...	...	1,9	3,2	1,2	0,1	- 0,2	1,6
Finnland	5,1	3,4	- 0,3	- 6,4	4,4	5,0	1,0	2,2	2,4	3,6
Frankreich	1,9	1,9	2,7	1,2	2,4	4,1	2,1	1,2	0,8	2,3
Griechenland	0,7	2,5	0,0	3,1	2,1	4,5	4,6	3,8	4,6	4,7
Irland	.	.	.	1,9	9,8	9,2	6,2	6,1	4,4	4,5
Italien	3,5	3,0	2,0	1,4	2,9	3,0	1,8	0,4	0,3	1,2
Luxemburg	.	.	5,3	8,6	1,4	9,0	1,5	2,5	2,9	4,5
Niederlande	1,7	2,7	4,1	2,4	3,0	3,5	1,4	0,1	- 0,1	1,7
Österreich	1,8	2,6	4,6	3,6	1,9	3,4	0,8	1,0	1,4	2,4
Portugal	.	.	4,0	4,4	8,2	3,8	2,0	0,5	- 1,2	1,2
Spanien	.	2,3	3,8	2,5	2,8	4,4	3,5	2,7	2,9	3,1
Euro-Raum[3]	.	.	.	.	**2,5**	**3,6**	**1,8**	**0,9**	**0,7**	**2,1**
Dänemark	- 0,6	3,6	0,1	1,3	3,1	3,5	0,7	0,5	0,6	2,1
Schweden	.	2,2	1,0	- 1,1	4,1	4,3	1,0	2,0	1,5	3,6
Vereinigtes Königreich	- 2,1	3,6	0,7	- 1,4	2,9	4,0	2,2	2,0	2,5	3,2
EU-15	.	.	.	.	**2,6**	**3,7**	**1,8**	**1,0**	**1,0**	**2,3**
Estland	.	.	.	.	4,5	7,9	6,5	7,2	6,7	7,8
Lettland	.	.	.	-12,6	- 0,9	6,9	8,0	6,4	7,2	8,3
Litauen	.	.	.	- 5,7	3,3	3,9	6,4	6,7	10,4	7,0
Malta	.	.	.	.	.	6,4	0,2	0,8	- 1,9	0,4
Polen	.	.	.	.	2,7	4,0	1,0	1,4	3,8	5,3
Slowakei	.	.	.	.	5,8	2,0	3,8	4,6	4,5	5,5
Slowenien	.	.	.	- 8,9	5,5	4,1	2,7	3,5	2,7	4,2
Tschechische Republik	.	.	.	.	.	3,9	2,6	1,5	3,2	4,4
Ungarn	.	.	.	.	1,5	5,2	3,8	5,1	3,4	4,6
Zypern	.	.	.	0,7	9,9	5,0	4,1	2,1	1,9	3,8
Europäische Union	.	.	.	.	.	**3,7**	**1,8**	**1,1**	**1,1**	**2,4**
Bulgarien	.	.	.	.	2,9	5,4	4,1	4,9	4,5	5,6
Rumänien	.	.	.	-13,1	7,1	2,1	5,7	5,0	4,9	8,3
Türkei	.	.	9,3	0,9	7,2	7,4	- 7,5	7,9	5,8	7,7
Schweiz	.	3,5	3,8	-0,8	0,4	3,6	1,0	0,3	- 0,3	2,1
Japan	5,1	5,1	5,2	3,4	2,0	2,4	0,2	- 0,3	1,4	2,7
Vereinigte Staaten	- 0,2	4,1	1,9	- 0,2	2,5	3,7	0,8	1,6	2,7	4,2

1) Weitere Einzelheiten zu den Länderdaten siehe „Allgemeine Bemerkungen und Hinweise" zum statistischen Anhang. - 2) Bis 1990 früheres Bundesgebiet, ab 1991 Deutschland. - 3) Bis 2000 ohne Griechenland.

Quellen: EU, OECD

Tabelle 6*
Reale Private Konsumausgaben[1] in der Europäischen Union und in ausgewählten Ländern[2]

Veränderung gegenüber dem Vorjahr in vH

Land / Ländergruppe	1980	1985	1990	1991	1995	2000	2001	2002	2003	2004
Belgien	.	2,7	3,2	3,0	4,3	3,7	1,1	0,8	0,9	1,5
Deutschland[3]	...	...	...	...	2,2	2,4	1,8	- 0,4	0,3	- 0,1
Finnland	2,9	3,6	- 1,1	- 3,8	6,0	2,9	1,9	1,5	4,4	3,2
Frankreich	1,3	2,0	2,6	0,7	1,7	3,6	2,6	2,3	1,4	2,1
Griechenland	0,5	0,5	2,6	2,8	2,9	2,0	3,1	3,3	4,5	4,4
Irland	.	.	.	1,8	5,1	8,6	5,6	3,6	3,6	2,9
Italien	6,4	3,1	2,1	2,9	1,7	2,7	0,8	0,4	1,4	1,0
Luxemburg	.	.	3,8	7,0	1,9	4,6	5,1	3,2	1,6	1,4
Niederlande	- 0,1	1,8	3,8	2,7	2,9	3,5	1,4	1,3	- 0,9	0,3
Österreich	1,4	1,5	4,6	3,6	0,4	3,9	1,0	0,3	1,6	0,8
Portugal	.	.	6,4	4,2	6,9	3,6	- 5,8	1,1	- 0,3	2,3
Spanien	.	2,3	3,5	2,9	1,7	4,1	2,8	2,9	2,9	4,4
Euro-Raum[4]	.	.	.	.	**2,2**	**3,1**	**1,8**	**0,9**	**1,0**	**1,5**
Dänemark	- 2,3	4,0	2,4	1,7	1,6	0,2	0,1	0,8	1,4	3,8
Schweden	.	3,3	- 0,4	1,1	1,0	5,0	0,4	1,4	1,5	1,8
Vereinigtes Königreich	0,0	3,8	0,9	- 1,5	1,7	4,5	3,0	3,5	2,6	3,7
EU-15	.	.	.	.	**2,1**	**3,3**	**1,9**	**1,3**	**1,3**	**1,9**
Estland	.	.	.	.	5,1	8,8	6,5	10,7	7,6	4,4
Lettland	.	.	.	.	.	6,3	7,3	7,4	8,2	9,3
Litauen	.	.	.	.	.	6,1	3,6	6,1	12,4	9,3
Malta	.	.	.	.	.	7,4	- 0,2	- 1,0	2,0	- 0,5
Polen	.	.	.	.	9,0	2,8	2,0	3,4	3,0	3,2
Slowakei	.	.	.	.	5,4	- 0,8	4,7	5,5	- 0,6	3,5
Slowenien	.	.	.	-10,9	11,0	0,7	2,3	1,3	3,4	3,1
Tschechische Republik	.	.	.	.	5,9	2,9	2,6	2,8	4,6	2,1
Ungarn	.	.	.	.	.	5,4	5,8	13,0	8,4	3,2
Zypern	.	.	.	.	24,4	6,4	3,8	1,5	1,9	6,1
Europäische Union	.	.	.	.	.	**3,3**	**2,0**	**1,4**	**1,4**	**2,0**
Bulgarien	.	.	.	.	- 0,5	4,3	5,2	3,6	6,3	5,4
Rumänien	.	.	.	-16,3	12,9	- 0,6	7,1	4,7	7,0	10,8
Türkei	.	.	13,1	2,7	4,8	6,2	- 9,2	2,0	7,2	10,2
Schweiz	.	1,8	1,5	1,7	0,7	2,3	2,0	0,0	0,8	1,4
Japan	- 4,8	4,0	4,6	2,9	1,9	0,5	1,1	0,5	0,2	1,5
Vereinigte Staaten	- 0,3	5,2	2,0	0,2	2,7	4,7	2,5	2,7	2,9	3,9

1) Private Haushalte und private Organisationen ohne Erwerbszweck. - 2) Weitere Einzelheiten zu den Länderdaten siehe „Allgemeine Bemerkungen und Hinweise" zum statistischen Anhang. - 3) Bis 1990 früheres Bundesgebiet, ab 1991 Deutschland. - 4) Bis 2000 ohne Griechenland.

Quellen: EU, OECD

Tabelle 7*
Reale Konsumausgaben des Staates in der Europäischen Union und in ausgewählten Ländern[1]
Veränderung gegenüber dem Vorjahr in vH

Land / Ländergruppe	1980	1985	1990	1991	1995	2000	2001	2002	2003	2004
Belgien	.	2,9	- 0,4	3,6	4,2	2,3	2,7	2,9	2,5	2,0
Deutschland[2]	...	...	...	...	1,9	1,4	0,5	1,4	0,1	- 1,6
Finnland	4,5	4,4	4,2	1,9	2,2	0,0	2,5	4,3	1,5	1,6
Frankreich	3,5	2,6	3,1	3,0	0,6	2,1	2,0	2,9	2,0	2,6
Griechenland	.	.	0,6	- 1,5	5,7	14,8	- 1,5	7,3	- 2,1	3,9
Irland	.	.	.	2,7	3,9	7,9	10,9	7,2	3,7	4,6
Italien	2,4	3,0	2,5	1,7	- 2,2	1,7	3,9	1,9	2,3	0,6
Luxemburg	.	.	6,7	4,0	4,7	4,8	6,5	3,2	5,0	6,0
Niederlande	2,3	5,0	2,2	2,9	1,5	2,0	4,8	3,6	1,8	- 0,2
Österreich	2,0	1,5	2,2	2,6	3,0	0,2	- 1,2	1,1	1,7	1,0
Portugal	.	.	4,2	9,6	0,4	3,5	4,3	2,3	0,3	1,2
Spanien	.	4,3	6,3	6,0	2,4	5,6	3,9	4,5	3,9	6,4
Euro-Raum[3]	.	.	.	.	**1,1**	**2,0**	**2,2**	**2,6**	**1,5**	**1,1**
Dänemark	3,7	2,1	- 1,3	0,9	2,4	2,3	2,2	2,2	0,4	2,0
Schweden	.	1,7	2,5	3,4	- 0,4	- 1,2	0,9	2,3	0,8	0,3
Vereinigtes Königreich	1,6	- 0,3	2,2	3,0	1,4	3,7	1,7	4,4	4,5	2,6
EU-15	.	.	.	.	**1,2**	**2,2**	**2,1**	**2,8**	**1,8**	**1,3**
Estland	.	.	.	.	13,5	1,0	1,6	6,2	5,9	6,9
Lettland	.	.	.	.	3,9	- 4,0	2,8	2,2	1,9	2,1
Litauen	.	.	.	.	.	3,9	0,3	2,0	3,9	5,4
Malta	.	.	.	.	.	5,4	- 0,2	4,0	2,9	0,7
Polen	.	.	.	.	25,3	1,3	0,6	0,4	0,1	1,4
Slowakei	.	.	.	.	3,6	1,6	4,6	4,9	2,7	1,1
Slowenien	.	.	.	- 0,3	0,5	2,6	3,9	3,2	1,6	2,9
Tschechische Republik	.	.	.	.	.	0,2	3,8	4,5	3,8	- 2,0
Ungarn	.	.	.	.	- 6,7	1,9	6,2	6,9	6,2	1,7
Zypern	.	.	.	.	-10,9	- 5,0	12,6	7,3	5,1	- 4,8
Europäische Union	.	.	.	.	.	**2,2**	**2,1**	**2,8**	**1,9**	**1,2**
Bulgarien	.	.	.	.	- 8,2	8,7	14,3	- 5,4	7,3	6,0
Rumänien	.	.	.	10,6	1,0	11,9	2,8	- 8,9	6,1	4,6
Türkei	.	.	8,0	3,7	6,8	7,1	- 8,5	5,4	- 2,4	0,0
Schweiz	.	4,0	5,9	4,3	1,0	2,6	4,2	1,7	2,2	1,4
Japan	.	0,8	3,2	4,1	4,4	4,9	3,0	2,6	1,2	2,7
Vereinigte Staaten[4]	2,0	7,0	3,2	1,1	0,5	2,1	3,4	4,4	2,8	2,2

1) Weitere Einzelheiten zu den Länderdaten siehe „Allgemeine Bemerkungen und Hinweise" zum statistischen Anhang. - 2) Bis 1990 früheres Bundesgebiet, ab 1991 Deutschland. - 3) Bis 2000 ohne Griechenland. - 4) Die Konsumausgaben des Staates beinhalten die staatlichen Bruttoinvestitionen.

Quellen: EU, OECD

Tabelle 8*
Reale Bruttoanlageinvestitionen in der Europäischen Union und in ausgewählten Ländern[1]

Veränderung gegenüber dem Vorjahr in vH

Land / Ländergruppe	1980	1985	1990	1991	1995	2000	2001	2002	2003	2004
Belgien	.	4,5	8,6	- 4,1	3,4	4,4	0,3	- 3,7	- 0,9	1,3
Deutschland[2]	...	...	...	...	- 0,2	3,0	- 3,6	- 6,1	- 0,8	- 0,2
Finnland	9,8	2,7	- 4,6	-18,5	11,2	4,1	3,9	- 3,1	- 1,5	5,0
Frankreich	3,8	2,6	5,0	- 1,3	1,8	7,2	2,4	- 1,7	2,7	2,5
Griechenland	.	.	5,0	4,8	4,2	8,0	6,5	5,7	13,7	5,7
Irland	.	.	.	- 7,0	15,8	7,3	- 0,2	3,7	5,6	8,0
Italien	3,0	0,4	4,0	1,0	6,0	6,9	1,9	1,2	- 1,8	2,1
Luxemburg	.	.	3,4	15,8	- 1,5	- 3,5	10,0	- 1,1	- 6,3	3,5
Niederlande	0,2	6,7	2,6	0,3	4,1	1,4	0,2	- 3,6	- 3,1	2,5
Österreich	3,3	5,9	5,2	8,1	- 1,0	6,5	- 1,5	- 5,0	6,1	0,6
Portugal	.	.	7,6	3,3	10,6	3,5	- 2,9	- 5,1	- 9,9	1,3
Spanien	.	6,7	6,5	1,7	7,7	5,7	4,5	3,3	5,4	4,4
Euro-Raum[3]	.	.	.	.	2,6	4,8	0,0	-2,4	0,8	1,8
Dänemark	-12,1	14,3	- 5,6	- 3,2	11,9	7,6	- 1,4	0,5	1,6	3,3
Schweden	.	7,0	0,2	- 8,5	9,9	5,7	- 1,0	- 2,6	- 1,5	5,5
Vereinigtes Königreich	- 4,7	4,1	- 2,6	- 8,2	3,1	3,5	2,4	3,0	0,0	4,9
EU-15	.	.	.	.	2,9	4,8	0,3	-1,7	0,6	2,4
Estland	.	.	.	.	5,6	14,3	13,0	17,2	8,5	6,0
Lettland	.	.	.	.	8,7	10,2	11,4	13,0	12,3	23,8
Litauen	.	.	.	.	14,9	- 9,0	13,5	11,1	14,0	12,3
Malta	.	.	.	.	.	14,9	-10,4	-18,4	30,2	5,9
Polen	.	.	.	.	16,5	2,7	- 8,8	- 5,8	- 0,5	5,1
Slowakei	.	.	.	.	0,6	- 7,2	13,9	- 0,6	- 1,5	2,5
Slowenien	.	.	.	-11,5	20,0	1,8	0,4	0,9	7,1	5,9
Tschechische Republik	.	.	.	.	.	4,9	5,4	3,4	4,7	7,6
Ungarn	.	.	.	.	- 4,3	7,7	5,9	9,3	2,5	8,4
Zypern	.	.	.	.	- 0,6	3,8	3,2	8,1	0,7	11,6
Europäische Union	.	.	.	.	.	4,7	0,2	-1,6	0,7	2,6
Bulgarien	.	.	.	.	16,1	15,4	23,3	8,5	13,8	12,0
Rumänien	.	.	.	-31,6	6,9	5,5	10,1	7,3	9,1	10,1
Türkei	.	.	15,9	0,4	9,1	16,9	-31,5	- 1,1	10,0	36,1
Schweiz	.	3,1	4,2	- 2,2	4,4	4,3	- 3,1	0,3	- 1,3	3,3
Japan	3,5	7,6	7,9	2,3	0,9	2,0	- 1,4	- 5,7	0,9	1,6
Vereinigte Staaten[4]	- 6,5	5,3	- 2,1	- 6,5	6,5	6,5	- 3,0	- 5,2	3,6	9,7

1) Weitere Einzelheiten zu den Länderdaten siehe „Allgemeine Bemerkungen und Hinweise" zum statistischen Anhang. - 2) Bis 1990 früheres Bundesgebiet, ab 1991 Deutschland. - 3) Bis 2000 ohne Griechenland. - 4) Ohne Bruttoinvestitionen des Staates.

Quellen: EU, OECD

Tabelle 9*

Reale Exporte von Waren und Dienstleistungen in der Europäischen Union und in ausgewählten Ländern[1]

Veränderung gegenüber dem Vorjahr in vH

Land / Ländergruppe	1980	1985	1990	1991	1995	2000	2001	2002	2003	2004
Belgien	.	0,3	4,6	3,1	5,0	8,4	1,3	1,5	1,7	5,5
Deutschland[2]	...	...	...	...	6,3	13,5	6,4	4,2	2,4	9,3
Finnland	7,8	0,4	1,5	-7,4	8,4	19,2	-0,9	5,0	1,4	5,6
Frankreich	2,8	2,1	4,2	6,2	8,4	12,4	2,5	1,5	-1,7	3,1
Griechenland	11,1	1,8	-3,5	4,1	3,0	14,1	-1,1	-7,7	1,0	11,7
Irland	.	.	.	.	5,7	20,0	20,2	9,3	4,0	0,8	7,0
Italien	-8,6	3,9	7,5	-1,4	12,6	9,7	1,6	-3,2	-1,9	3,2
Luxemburg	.	.	5,6	9,2	4,6	17,3	1,8	-0,6	1,8	8,2
Niederlande	2,1	5,1	5,6	5,6	8,8	11,3	1,6	0,9	2,0	8,5
Österreich	3,4	8,5	8,2	3,0	6,3	10,5	7,2	3,5	2,3	9,0
Portugal	.	.	9,5	1,2	7,7	8,3	4,1	2,0	5,0	5,1
Spanien	.	0,7	4,7	8,2	9,4	10,1	4,0	1,7	3,5	2,7
Euro-Raum[3]	.	.	.	.	8,3	12,4	4,0	1,9	0,7	6,5
Dänemark	6,4	5,0	7,5	6,5	3,2	12,7	3,1	4,8	-1,1	3,2
Schweden	.	1,2	1,8	-1,9	11,5	11,5	0,5	1,2	5,0	10,5
Vereinigtes Königreich	-0,3	5,9	5,5	-0,1	9,3	9,1	2,9	0,2	1,2	3,9
EU-15	.	.	.	.	8,3	12,0	3,7	1,8	0,9	6,2
Estland	.	.	.	.	5,4	28,4	-0,2	0,8	5,8	16,0
Lettland	.	.	.	.	4,3	10,6	7,5	5,4	5,2	9,4
Litauen	.	.	.	.	.	9,8	21,2	19,4	6,9	4,4
Malta	.	.	.	.	.	5,6	-1,4	2,9	-2,5	0,3
Polen	.	.	.	.	22,8	23,2	3,1	4,8	14,7	11,4
Slowakei	.	.	.	.	4,5	13,7	6,3	5,6	22,5	11,4
Slowenien	.	.	.	-20,1	1,5	13,2	6,3	6,7	3,1	12,5
Tschechische Republik	.	.	.	.	.	16,5	11,5	2,1	7,5	21,9
Ungarn	.	.	.	.	48,2	22,0	8,0	3,9	7,8	16,4
Zypern	.	.	.	.	16,8	10,7	6,3	-5,2	-2,3	5,5
Europäische Union	.	.	.	.	.	12,3	3,9	1,9	1,3	6,7
Bulgarien	.	.	.	.	.	16,6	10,0	7,0	8,0	13,1
Rumänien	.	.	.	-18,5	17,0	23,4	12,1	17,6	11,1	14,1
Türkei	.	.	2,6	3,7	8,0	19,2	7,4	11,1	16,0	11,6
Schweiz	.	8,0	2,8	-1,3	0,5	12,2	0,2	-0,2	0,0	6,6
Japan	23,4	6,0	6,7	4,1	4,3	12,1	-6,0	7,3	9,1	14,4
Vereinigte Staaten	10,8	3,0	9,0	6,6	10,1	8,7	-5,4	-2,3	1,8	8,4

1) Weitere Einzelheiten zu den Länderdaten siehe „Allgemeine Bemerkungen und Hinweise" zum statistischen Anhang. - 2) Bis 1990 früheres Bundesgebiet, ab 1991 Deutschland. - 3) Bis 2000 ohne Griechenland.

Quellen: EU, OECD

noch Tabelle 9*
Reale Importe von Waren und Dienstleistungen in der Europäischen Union und in ausgewählten Ländern[1]

Veränderung gegenüber dem Vorjahr in vH

Land / Ländergruppe	1980	1985	1990	1991	1995	2000	2001	2002	2003	2004
Belgien	.	0,4	4,9	2,9	4,7	8,5	1,0	1,0	2,3	5,8
Deutschland[2]	...	...	...	...	6,5	10,2	1,2	-1,4	5,1	7,0
Finnland	8,8	6,4	-0,6	-12,9	7,9	16,9	0,4	1,8	2,9	6,0
Frankreich	5,0	4,5	5,5	3,0	7,1	14,9	2,2	1,7	0,7	6,9
Griechenland	9,3	4,4	8,4	5,8	8,9	15,1	-5,2	-2,4	5,2	9,3
Irland	.	.	.	2,4	16,4	21,6	7,3	1,8	-1,4	7,6
Italien	5,5	5,3	11,5	2,3	9,7	7,1	0,5	-0,5	1,3	2,5
Luxemburg	.	.	5,0	9,1	4,2	15,4	3,7	-2,6	1,6	6,8
Niederlande	0,2	6,5	3,8	4,9	10,5	10,5	2,2	0,3	2,0	7,8
Österreich	5,0	5,5	7,6	4,6	6,0	10,1	5,1	0,2	5,6	6,2
Portugal	.	.	14,5	7,2	7,4	5,3	1,0	-0,2	-0,1	7,0
Spanien	.	7,5	9,6	10,3	11,1	10,5	4,2	3,8	6,2	8,0
Euro-Raum[3]	.	.	.	.	**7,8**	**11,3**	**2,1**	**0,3**	**2,7**	**6,5**
Dänemark	-5,6	9,7	6,1	3,6	7,4	13,0	1,9	6,5	-0,6	6,5
Schweden	.	8,0	0,7	-4,9	7,2	11,3	-2,6	-1,9	4,9	6,9
Vereinigtes Königreich	-3,5	2,5	0,5	-4,5	5,6	9,0	4,8	4,5	1,8	5,9
EU-15	.	.	.	.	**7,4**	**11,1**	**2,3**	**1,0**	**2,5**	**6,4**
Estland	.	.	.	.	6,3	28,1	2,1	3,8	10,6	14,6
Lettland	.	.	.	.	1,4	2,9	14,3	4,7	13,1	16,6
Litauen	.	.	.	.	.	4,7	17,7	17,6	10,2	13,3
Malta	.	.	.	.	.	10,4	-8,6	-2,3	7,1	2,2
Polen	.	.	.	.	24,3	15,6	-5,3	2,6	9,3	8,7
Slowakei	.	.	.	.	11,6	10,5	11,0	5,5	13,6	12,7
Slowenien	.	.	.	-22,4	11,6	7,3	3,0	4,8	6,7	13,2
Tschechische Republik	.	.	.	.	.	16,3	13,0	4,9	7,9	18,4
Ungarn	.	.	.	.	22,3	20,2	5,3	6,8	11,1	13,2
Zypern	.	.	.	.	16,7	12,9	4,7	-0,5	-0,5	9,9
Europäische Union	.	.	.	.	.	**11,3**	**2,4**	**1,2**	**2,9**	**6,9**
Bulgarien	.	.	.	.	.	18,6	14,8	4,9	15,3	14,1
Rumänien	.	.	.	-31,8	29,7	27,1	18,4	12,0	16,3	17,8
Türkei	.	.	33,0	-5,2	29,6	25,4	-24,8	15,8	27,1	26,2
Schweiz	.	3,8	3,2	-1,9	4,3	9,6	3,2	-2,6	1,3	7,4
Japan	-3,7	1,1	7,8	-1,1	13,3	8,5	-0,7	1,3	3,8	8,9
Vereinigte Staaten	-6,6	6,5	3,6	-0,6	8,0	13,1	-2,7	3,4	4,6	10,7

1) Weitere Einzelheiten zu den Länderdaten siehe „Allgemeine Bemerkungen und Hinweise" zum statistischen Anhang. - 2) Bis 1990 früheres Bundesgebiet, ab 1991 Deutschland. - 3) Bis 2000 ohne Griechenland.

Quellen: EU, OECD

Tabelle 10*
Nationale Verbraucherpreisindizes in der Europäischen Union und in ausgewählten Ländern
2000 = 100

Land / Ländergruppe	1960	1970	1980	1990	1991	1995	2000	2002	2003	2004
Belgien	19,1	25,7	52,3	81,6	84,2	92,1	100	104,2	105,8	108,0
Deutschland[1]	31,3	40,4	66,2	85,7	81,9	93,9	100	103,4	104,5	106,2
Finnland	9,2	15,0	43,3	83,2	86,6	92,6	100	104,2	105,1	105,3
Frankreich	12,3	18,2	45,8	84,3	87,1	94,1	100	103,6	105,8	108,1
Griechenland	1,6	1,9	7,2	41,2	49,3	78,9	100	107,1	110,9	114,1
Irland	6,5	10,3	37,1	77,9	80,4	88,2	100	109,8	113,6	116,1
Italien	5,1	7,6	27,7	69,4	73,8	88,7	100	105,3	108,1	110,5
Luxemburg	21,3	27,5	52,4	80,6	83,1	92,5	100	104,8	106,9	109,3
Niederlande	19,7	29,9	60,8	78,0	80,4	89,3	100	107,6	109,9	111,2
Österreich	21,5	30,6	56,3	79,6	82,2	93,3	100	104,5	105,9	108,1
Portugal	1,6	2,4	12,8	62,3	69,1	87,8	100	108,1	111,6	114,3
Spanien	3,7	6,8	28,1	68,3	72,4	87,9	100	106,8	110,0	113,3
Euro-Raum	**10,8**	**15,4**	**39,6**	**74,7**	**78,5**	**91,2**	**100**	**104,8**	**107,0**	**109,2**
Dänemark	10,1	17,8	45,6	80,9	82,9	89,2	100	104,8	107,0	108,3
Schweden	11,0	16,0	38,0	80,0	87,0	98,0	100	105,0	107,0	107,0
Vereinigtes Königreich	7,3	10,9	39,3	74,1	78,4	87,6	100	103,5	106,5	109,7
EU-15	**10,0**	**14,5**	**39,4**	**74,7**	**78,6**	**90,6**	**100**	**104,6**	**106,9**	**109,2**
Estland	.	.	.	.	.	63,2	100	109,5	111,0	114,4
Lettland	.	.	.	.	5,9	71,3	100	104,5	107,5	114,2
Litauen	.	.	.	.	.	68,9	100	101,6	100,4	101,6
Malta	26,5	31,6	60,3	75,2	77,1	88,8	100	105,2	106,0	108,9
Polen	.	.	.	9,2	16,2	55,0	100	107,5	108,3	112,2
Slowakei	.	.	.	.	.	67,4	100	110,9	120,4	129,5
Slowenien	.	.	.	.	.	67,4	100	116,6	123,1	127,5
Tschechische Republik	.	.	.	.	.	72,1	100	106,6	106,7	109,7
Ungarn	.	.	5,8	16,1	21,6	49,6	100	115,0	120,3	128,5
Zypern	18,0	20,1	42,7	68,7	72,2	86,6	100	104,8	109,2	111,7
Europäische Union	.	.	.	.	.	.	.	.	.	.
Bulgarien	.	.	.	0,1	0,3	2,9	100	113,6	116,0	123,4
Rumänien	.	.	.	.	0,2	8,4	100	164,8	189,9	212,5
Türkei	.	.	0,0	0,4	0,6	6,3	100	223,8	280,4	304,6
Schweiz	26,2	36,4	59,1	82,5	87,4	96,4	100	101,6	102,3	103,1
Japan	18,2	31,8	75,2	92,1	95,1	98,5	100	98,4	98,1	98,1
Vereinigte Staaten	17,2	22,5	47,9	75,9	79,1	88,5	100	104,5	106,8	109,7

1) Bis 1990 früheres Bundesgebiet.

Quellen: IWF, OECD

Tabelle 11*
Harmonisierter Verbraucherpreisindex in den Ländern der Europäischen Union

1996 = 100

Land / Ländergruppe	1995	1996	1997	1998	1999	2000	2001	2002	2003	2004
Belgien	98,3	100	101,5	102,4	103,6	106,4	109,0	110,7	112,3	114,4
Deutschland	98,8	100	101,5	102,1	102,8	104,2	106,2	107,6	108,8	110,7
Finnland	98,9	100	101,2	102,6	103,9	107,0	109,8	112,0	113,5	113,7
Frankreich	98,0	100	101,3	102,0	102,5	104,4	106,3	108,3	110,7	113,3
Griechenland	92,7	100	105,4	110,2	112,6	115,8	120,1	124,8	129,0	133,0
Irland	97,9	100	101,2	103,4	106,0	111,5	116,0	121,5	126,3	129,2
Italien	96,2	100	101,9	103,9	105,7	108,4	110,9	113,8	117,0	119,7
Luxemburg	98,8	100	101,4	102,4	103,4	107,3	109,9	112,1	115,0	118,7
Niederlande	98,6	100	101,9	103,7	105,8	108,2	113,8	118,2	120,8	122,5
Österreich	98,3	100	101,2	102,0	102,5	104,5	106,9	108,8	110,2	112,3
Portugal	97,2	100	101,9	104,2	106,4	109,4	114,2	118,4	122,3	125,3
Spanien	96,6	100	101,9	103,7	106,0	109,7	112,8	116,8	120,5	124,1
Euro-Raum[1]	**97,9**	**100**	**101,6**	**102,7**	**103,8**	**106,0**	**108,5**	**110,9**	**113,2**	**115,7**
Dänemark	98,0	100	101,9	103,3	105,4	108,3	110,7	113,4	115,6	116,7
Schweden	99,2	100	101,9	102,9	103,4	104,8	107,6	109,7	112,3	113,4
Vereinigtes Königreich	97,6	100	101,8	103,4	104,8	105,6	106,9	108,3	109,8	111,2
EU-15	**97,7**	**100**	**101,7**	**103,0**	**104,3**	**106,2**	**108,6**	**110,8**	**113,0**	**115,2**
Estland	83,5	100	109,3	118,9	122,6	127,4	134,6	139,4	141,4	145,6
Lettland	.	100	108,1	112,7	115,1	118,2	121,1	123,5	127,1	135,0
Litauen	80,2	100	108,8	114,3	115,0	116,1	117,6	118,1	116,9	118,2
Malta	.	100	103,9	107,8	110,2	113,6	116,4	119,5	121,8	125,1
Polen	.	100	115,0	128,5	137,8	151,7	159,7	162,8	164,0	169,9
Slowakei	94,5	100	106,0	113,1	124,9	140,1	150,2	155,5	168,6	181,0
Slowenien	91,0	100	108,4	116,9	124,1	135,2	146,8	157,7	166,7	172,8
Tschechische Republik	91,7	100	108,0	118,5	120,6	125,4	131,1	133,0	132,9	136,3
Ungarn	81,0	100	118,5	135,3	148,8	163,6	178,5	187,8	196,6	209,9
Zypern	.	100	103,3	105,7	106,9	112,1	114,3	117,5	122,2	124,5
Europäische Union	**97,0**	**100**	**102,6**	**104,7**	**106,4**	**109,0**	**111,7**	**114,1**	**116,3**	**118,8**

1) Bis 2000 ohne Griechenland.

Quelle: EU

Tabelle 12*

DM-Wechselkurse und Euro-Kurse für ausgewählte Währungen[1)2)]

Jahr	Vereinigte Staaten 1 USD	Japan[3)] 100 JPY	Dänemark 100 DKK	Schweden 100 SEK	Vereinigtes Königreich[4)] 1 GBP	Norwegen 100 NOK	Schweiz 100 CHF	Kanada 1 CAD	Australien 1 AUD	Neuseeland 1 NZD
				Kassa-Mittelkurse an der Frankfurter Börse (1 WE = ... DM)						
1960	4,1704	.	60,512	80,709	11,7090	58,471	96,564	4,3026	.	.
1970	3,6463	1,0183	48,631	70,324	8,7360	51,043	84,601	3,4966	.	.
1980	1,8158	0,8064	32,245	42,943	4,2270	36,784	108,478	1,5542	.	.
1990	1,6161	1,1183	26,120	27,289	2,8770	25,817	116,501	1,3845	1,2431	0,9602
1998	1,7592	1,3484	26,258	22,128	2,9142	23,297	121,414	1,1884	1,1070	0,9445
				Euro-Referenzkurse der Europäischen Zentralbank (1 ECU/ EUR = ... WE)						
1980	1,39233	315,044	7,82736	5,88097	0,598488	6,86548	2,32777	1,62609	.	.
1985	0,76309	180,559	8,01877	6,52133	0,588977	6,51104	1,85572	1,04204	1,09208	1,52805
1990	1,27343	183,660	7,85652	7,52051	0,713851	7,94851	1,76218	1,48540	1,63021	2,13185
1991	1,23916	166,493	7,90859	7,47926	0,701012	8,01701	1,77245	1,41981	1,59105	2,14205
1992	1,29810	164,223	7,80925	7,53295	0,737650	8,04177	1,81776	1,56863	1,76947	2,41277
1993	1,17100	130,147	7,59359	9,12151	0,779988	8,30954	1,73019	1,51070	1,72403	2,16581
1994	1,18952	121,322	7,54328	9,16307	0,775902	8,37420	1,62128	1,62470	1,62474	2,00211
1995	1,30801	123,012	7,32804	9,33192	0,828789	8,28575	1,54574	1,79483	1,76523	1,99337
1996	1,26975	138,084	7,35934	8,51472	0,813798	8,19659	1,56790	1,73147	1,62340	1,84678
1997	1,13404	137,076	7,48361	8,65117	0,692304	8,01861	1,64400	1,56920	1,52813	1,71485
1998	1,12109	146,415	7,49930	8,91593	0,676434	8,46587	1,62203	1,66506	1,78670	2,09694
1999	1,0658	121,320	7,4355	8,8075	0,65874	8,3104	1,6003	1,5840	1,6523	2,0145
2000	0,9236	99,470	7,4538	8,4452	0,60948	8,1129	1,5579	1,3706	1,5889	2,0288
2001	0,8956	108,680	7,4521	9,2551	0,62187	8,0484	1,5105	1,3864	1,7319	2,1300
2002	0,9456	118,060	7,4305	9,1611	0,62883	7,5086	1,4670	1,4838	1,7376	2,0366
2003	1,1312	130,970	7,4307	9,1242	0,69199	8,0033	1,5212	1,5817	1,7379	1,9438
2004	1,2439	134,440	7,4399	9,1243	0,67866	8,3697	1,5438	1,6167	1,6905	1,8731

Jahr	Zypern CYP	Tschechische Republik CZK	Estland EEK	Ungarn HUF	Polen PLN	Slowenien SIT	Litauen LTL	Lettland LVL	Malta MTL	Slowakei SKK
				Euro-Referenzkurse der Europäischen Zentralbank (1 ECU/EUR = ... WE)						
1991	0,57335	.	.	142,202	2,01692	.	.	.	0,399820	.
1992	0,58368	.	.	172,777	2,97484	105,188	.	.	0,412953	.
1993	0,58294	34,1690	15,4844	107,611	2,12217	132,486	5,08682	0,79360	0,447069	36,0317
1994	0,58393	34,1509	15,3930	125,030	2,70153	152,766	4,73191	0,66410	0,448620	38,1182
1995	0,59162	34,6960	14,9844	164,545	3,17049	154,880	5,23202	0,68954	0,461431	38,8649
1996	0,59190	34,4572	15,2730	193,758	3,42232	171,778	5,07899	0,69961	0,457684	38,9229
1997	0,58243	35,9304	15,7130	211,654	3,71545	180,986	4,53615	0,65940	0,437495	38,1129
1998	0,57934	36,0487	15,7481	240,573	3,91647	185,948	4,48437	0,66024	0,434983	39,5407
1999	0,57884	36,884	15,6466	252,77	4,2274	194,4732	4,2640	0,6256	0,4258	44,123
2000	0,57392	35,599	15,6466	260,04	4,0082	206,6127	3,6952	0,5592	0,4041	42,602
2001	0,57589	34,068	15,6466	256,59	3,6721	217,9797	3,5823	0,5601	0,4030	43,300
2002	0,57530	30,804	15,6466	242,96	3,8574	225,9772	3,4594	0,5810	0,4089	42,694
2003	0,58409	31,846	15,6466	253,62	4,3996	233,8493	3,4527	0,6407	0,4261	41,489
2004	0,58185	31,891	15,6466	251,66	4,5268	239,0874	3,4529	0,6652	0,4280	40,022

1) Jahresdurchschnitte aus den täglichen Notierungen, Vierteljahre aus den Monatsdurchschnitten errechnet. Weitere Erläuterungen siehe Statistisches Beiheft 5 „Devisenkursstatistik" zum Monatsbericht der Deutschen Bundesbank. - 2) Für die Wechselkurse der Länder des Euro-Raums siehe auch Tabelle 11* im Anhang des JG 2002/03. - 3) Erstmalige Notierung am 1. Dezember 1969. - 4) Ab 1994 Notierung mit vier Dezimalstellen.

Quellen: Deutsche Bundesbank, EU

Tabelle 13*

Salden der Handelsbilanz und der Leistungsbilanz in ausgewählten Ländern
Mrd US-Dollar

Land	1970	1980	1990	1991	1995	2000	2001	2002	2003	2004
Salden der Handelsbilanz[2]										
Belgien	+ 0,59	− 3,84	+ 4,00	+ 4,29	+ 12,54	+ 6,83	+ 8,29	+ 11,09	+ 12,13	+ 9,80
Dänemark	− 0,46	− 0,79	+ 6,81	+ 7,91	+ 7,36	+ 9,36	+ 10,30	+ 9,80	+ 13,10	+ 12,31
Deutschland[1]	+ 4,07	− 5,05	+ 90,83	− 3,38	+ 15,82	+ 7,71	+ 37,51	+ 90,56	+105,07	+139,19
Finnland	− 0,19	− 0,77	− 2,21	− 1,06	+ 10,25	+ 11,17	+ 10,12	+ 11,21	+ 10,69	+ 10,17
Frankreich	− 0,29	− 16,62	− 11,77	− 5,44	+ 22,72	+ 17,32	+ 21,60	+ 27,29	+ 20,61	+ 11,26
Griechenland	...	...	...	...	...	...	...	...	...	...
Irland	− 0,36	− 2,94	+ 2,17	+ 2,36	+ 7,56	+ 12,42	+ 15,52	+ 20,10	+ 23,54	+ 28,31
Italien	+ 0,12	− 13,08	+ 0,59	− 0,19	+ 44,63	+ 10,74	+ 15,76	+ 12,09	+ 8,81	+ 13,52
Luxemburg	+ 0,16	− 0,10	+ 0,42	+ 0,31	+ 2,21	+ 4,10	+ 3,44	+ 4,02	+ 5,08	+ 6,91
Niederlande	− 0,87	− 1,92	+ 11,05	+ 11,96	+ 24,68	+ 19,29	+ 20,35	+ 21,49	+ 25,77	+ 31,33
Österreich	+ 0,02	− 1,99	+ 0,76	− 0,18	− 1,83	+ 4,27	+ 7,34	+ 10,02	+ 9,79	+ 15,32
Portugal	− 0,36	− 3,52	− 4,69	− 5,85	− 6,72	− 12,01	− 11,17	− 9,84	− 9,46	− 12,73
Schweden	− 0,11	− 2,07	+ 1,24	+ 4,18	+ 16,77	+ 13,92	+ 14,09	+ 16,19	+ 20,45	+ 27,70
Spanien	− 0,40	− 5,27	− 17,57	− 17,86	− 1,08	− 12,53	− 9,30	− 8,62	− 13,88	− 36,86
Vereinigtes Königreich	+ 1,05	+ 12,16	− 25,17	− 10,94	− 5,59	− 29,47	− 39,50	− 46,87	− 52,57	− 71,18
Schweiz	− 0,10	− 2,20	+ 3,33	+ 5,53	+ 16,29	+ 14,11	+ 11,04	+ 19,03	+ 22,86	+ 27,21
Japan	+ 2,80	− 9,42	+ 28,46	+ 56,24	+ 74,75	+ 67,96	+ 26,15	+ 51,18	+ 69,12	+ 88,98
Vereinigte Staaten	+ 3,98	− 13,05	− 77,95	− 27,48	− 91,35	−379,48	−367,03	−424,85	−498,08	−606,18
Salden der Leistungsbilanz										
Belgien	.	− 3,73	+ 6,19	+ 7,22	+ 15,33	+ 9,04	+ 8,90	+ 14,06	+ 13,80	+ 12,05
Dänemark	.	.	+ 0,58	+ 1,17	+ 1,21	+ 2,26	+ 4,87	+ 3,81	+ 6,99	+ 5,97
Deutschland[1]	.	− 14,16	+ 50,46	− 21,84	− 26,71	− 34,41	− 0,91	+ 46,24	+ 51,30	+104,95
Finnland	.	− 1,47	− 6,91	− 6,86	+ 5,44	+ 8,90	+ 8,77	+ 10,13	+ 6,13	+ 7,96
Frankreich	.	− 4,16	− 9,77	− 5,71	+ 11,03	+ 18,24	+ 21,02	+ 13,32	+ 7,78	− 6,06
Griechenland	.	− 2,62	− 4,69	− 2,64	− 4,49	− 9,92	− 9,50	− 10,12	− 11,15	− 10,94
Irland	.	− 2,14	− 0,38	+ 0,33	+ 1,71	− 0,30	− 0,67	− 1,48	− 2,17	− 0,79
Italien	.	− 11,62	− 16,46	− 23,45	+ 24,83	− 5,92	− 0,88	− 9,91	− 19,15	− 13,08
Luxemburg	.	.	.	.	+ 2,51	+ 2,71	+ 1,79	+ 2,47	+ 2,26	+ 2,83
Niederlande	+ 0,19	− 0,83	+ 8,14	+ 7,35	+ 25,77	+ 7,35	+ 9,78	+ 12,87	+ 15,19	+ 23,86
Österreich	− 0,08	− 1,65	+ 1,23	− 0,01	− 6,16	− 4,98	− 3,70	+ 0,73	− 1,33	+ 0,93
Portugal	.	− 1,06	− 0,21	− 0,69	− 0,15	− 11,63	− 10,41	− 8,15	− 8,02	− 13,19
Schweden	.	− 4,32	− 6,28	− 4,69	+ 8,46	+ 9,84	+ 9,73	+ 12,82	+ 19,38	+ 27,55
Spanien	.	− 5,55	− 18,05	− 19,93	+ 0,80	− 19,41	− 16,42	− 15,94	− 23,58	− 49,20
Vereinigtes Königreich	+ 1,96	+ 4,23	− 39,08	− 19,02	− 14,25	− 36,21	− 32,24	− 26,30	− 30,80	− 47,00
Schweiz	.	− 0,49	+ 7,85	+ 9,62	+ 20,65	+ 30,63	+ 19,99	+ 23,43	+ 42,33	+ 42,97
Japan	+ 1,53	− 14,86	+ 46,49	+ 69,37	+113,26	+119,07	+ 89,04	+112,70	+135,25	+170,10
Vereinigte Staaten	+ 2,33	+ 2,32	− 78,97	+ 3,74	−109,48	−413,45	−385,70	−473,94	−530,67	−665,94

1) Bis 1990 früheres Bundesgebiet. − 2) Ausfuhr und Einfuhr von Waren und Dienstleistungen: fob (free on board).

Quelle: OECD

Tabelle 14*
Kurzfristige Zinssätze[1] in der Europäischen Union und in ausgewählten Ländern[2]

Prozent p.a.

Land / Ländergruppe	1980	1985	1990	1995	2000	2002	2003	2004	2005 1. Vj.	2005 2. Vj.	2005 3. Vj.
Belgien	14,33	9,55	9,82	4,70	X	X	X	X	X	X	X
Deutschland	9,54	5,44	8,43	4,48	X	X	X	X	X	X	X
Finnland	13,80	12,81	14,00	5,75	X	X	X	X	X	X	X
Frankreich	12,03	9,95	10,32	6,58	X	X	X	X	X	X	X
Griechenland	16,44	17,03	19,86	16,35	7,72	X	X	X	X	X	X
Irland	16,23	12,03	11,37	6,28	X	X	X	X	X	X	X
Italien	16,93	15,04	12,33	10,33	X	X	X	X	X	X	X
Luxemburg	.	.	.	.	.	.	.	.	.	.	.
Niederlande	10,55	6,26	8,68	4,37	X	X	X	X	X	X	X
Österreich	10,28	6,20	8,53	4,52	X	X	X	X	X	X	X
Portugal	16,34	21,01	16,91	9,79	X	X	X	X	X	X	X
Spanien	16,52	12,22	15,16	9,35	X	X	X	X	X	X	X
Euro-Raum[3]	.	.	10,37	6,82	4,39	3,32	2,33	2,11	2,14	2,12	2,13
Dänemark	16,83	9,98	11,17	6,20	5,00	3,54	2,42	2,20	2,19	2,17	2,17
Schweden	.	.	13,76	8,83	4,06	4,27	3,24	2,31	2,13	1,99	1,66
Vereinigtes Königreich	16,75	12,23	14,81	6,75	6,19	4,06	3,73	4,64	4,92	4,89	4,62
EU-15	.	.	.	6,99	4,77	3,48	2,60	2,56	2,63	2,61	2,55
Estland	.	.	.	.	5,68	3,88	2,92	2,50	2,40	2,38	...
Lettland	.	.	.	.	5,40	4,35	3,84	4,23	3,73	2,86	...
Litauen	.	.	.	.	8,64	3,74	2,84	2,68	2,57	2,41	...
Malta	.	.	.	4,81	4,89	4,01	3,29	2,94	2,97	3,25	...
Polen	.	.	.	27,59	18,77	8,98	5,68	6,20	6,44	5,49	...
Slowakei	.	.	.	8,38	8,57	7,77	6,18	4,68	2,95	2,73	...
Slowenien	.	.	.	.	10,94	8,03	6,78	4,66	4,05	4,05	...
Tschechische Republik	.	.	13,15	10,95	5,37	3,54	2,27	2,36	2,29	1,85	...
Ungarn	.	.	20,00	31,33	11,39	9,21	8,51	11,53	8,45	7,47	...
Zypern	.	.	.	.	6,44	4,40	3,90	4,74	5,08	4,56	...
Europäische Union	.	.	.	.	5,12	3,66	2,72	2,69	2,77	2,74	...
Bulgarien	.	.	.	.	4,63	4,91	3,59	3,32	2,83	3,17	...
Rumänien	.	.	.	43,02	50,71	27,31	17,73	19,14	12,29	8,44	...
Türkei	.	.	51,91	136,32	38,88	59,50	38,54	23,83	.	.	.
Schweiz	5,77	4,92	8,92	2,95	3,17	1,13	0,33	0,49	0,73	0,73	...
Japan	10,69	6,47	7,75	1,22	0,28	0,08	0,06	0,05	0,05	0,05	0,06
Vereinigte Staaten	11,56	7,52	7,74	5,97	6,53	1,80	1,22	1,62	2,84	3,28	3,77

1) Dreimonatsgeld. Für die Schweiz: Dreimonatsdepot bei Großbanken in Zürich. - 2) Jahres- und Vierteljahresdurchschnitte. - 3) Bis 2000 ohne Griechenland.

Quellen: Deutsche Bundesbank, EU, EZB

Tabelle 15*

Langfristige Zinssätze[1] in der Europäischen Union und in ausgewählten Ländern[2]

Prozent p.a.

Land / Ländergruppe	1980	1985	1990	1995	2000	2002	2003	2004	2005 1. Vj.	2005 2. Vj.	2005 3. Vj.
Belgien	12,20	10,61	10,05	7,48	5,59	4,99	4,18	4,15	3,64	3,43	3,25
Deutschland	8,50	6,86	8,85	6,85	5,26	4,78	4,07	4,04	3,60	3,30	3,17
Finnland	10,42	10,65	13,21	8,79	5,48	4,98	4,13	4,11	3,63	3,33	3,15
Frankreich	13,78	11,86	10,41	7,54	5,39	4,86	4,13	4,10	3,64	3,37	3,23
Griechenland	.	.	.	17,02	6,10	5,12	4,27	4,26	3,77	3,60	3,41
Irland	15,35	12,67	10,09	8,25	5,51	5,01	4,13	4,08	3,56	3,29	3,20
Italien	15,30	13,70	11,87	12,21	5,58	4,25	4,25	4,26	3,74	3,53	3,39
Luxemburg	7,44	9,53	8,60	7,23	5,52	4,70	4,03	4,18	3,61	3,34	3,14
Niederlande	10,14	7,32	9,01	6,90	5,40	4,89	4,12	4,10	3,60	3,30	...
Österreich	9,24	7,77	8,74	7,14	5,56	4,97	4,15	4,15	3,60	3,37	3,22
Portugal	21,73	25,41	15,17	11,47	5,59	5,01	4,18	4,14	3,60	3,35	3,32
Spanien	15,96	13,39	14,68	11,27	5,53	4,96	4,12	4,10	3,64	3,36	3,18
Euro-Raum[3]	.	.	10,87	8,73	5,44	4,91	4,14	4,12	3,65	3,38	3,24
Dänemark	18,94	11,23	10,72	8,27	5,64	5,06	4,31	4,30	3,73	3,38	3,16
Schweden	12,00	13,24	13,20	10,24	5,37	5,30	4,64	4,42	3,82	3,34	...
Vereinigtes Königreich	13,78	10,58	11,08	8,36	5,33	4,91	4,58	4,93	4,71	4,48	4,30
EU-15	.	.	11,07	8,85	5,43	4,92	4,23	4,27	3,83	3,57	...
Estland	.	.	.	.	10,48	8,42	5,25	4,39	4,12	4,09	...
Lettland	.	.	.	.	.	5,41	4,90	4,86	4,09	3,87	3,87
Litauen	.	.	.	.	.	6,06	5,32	4,50	3,79	3,82	3,54
Malta	.	.	.	.	5,75	5,82	5,04	4,69	4,72	4,64	4,46
Polen	.	.	.	.	11,79	7,36	5,78	6,90	5,75	5,25	4,72
Slowakei	.	.	.	.	8,33	6,94	4,99	5,03	3,81	3,55	3,20
Slowenien	.	.	.	.	.	.	6,40	4,68	3,89	3,92	3,77
Tschechische Republik	.	.	.	.	6,94	4,88	4,12	4,75	3,67	3,45	3,33
Ungarn	.	.	20,00	32,04	8,55	7,09	6,82	8,19	6,96	6,83	5,87
Zypern	.	.	.	.	7,55	5,70	4,74	5,80	6,03	5,61	4,83
Europäische Union	.	.	.	.	.	.	4,34	4,44	3,95	3,68	...
Bulgarien	.	.	.	.	.	8,26	6,42	5,25	4,19	3,82	...
Rumänien	.	.	.	.	.	.	.	.	.	.	.
Türkei	.	.	51,94	111,47	37,72	63,49	44,12	24,88	.	.	.
Schweiz	4,76	4,70	6,45	4,52	3,93	3,20	2,66	2,74	2,30	2,10	...
Japan	9,13	6,34	7,36	3,32	1,76	1,27	0,99	1,50	1,41	1,28	1,36
Vereinigte Staaten	10,81	10,75	8,73	6,69	6,03	4,60	4,00	4,26	4,29	4,16	4,20

1) Umlaufsrendite festverzinslicher Staatsschuldpapiere mit einer Restlaufzeit von mindestens drei Jahren. EU-15 und Euro-Raum ab 1990 in der Abgrenzung der Maastrichter Kriterien; für die Länder (außer Schweiz) ab 1992. – 2) Jahres- und Vierteljahresdurchschnitte. – 3) Bis 2000 ohne Griechenland.

Quellen: Deutsche Bundesbank, EU, EZB

Internationale Tabellen

Tabelle 16*

Geldmengenaggregate in der Europäischen Währungsunion

Mrd Euro

Ende des Zeitraums		Geldmenge M1[1] insgesamt	davon: Bargeldumlauf[4]	davon: täglich fällige Einlagen[5]	Geldmenge M2[2] insgesamt	darunter: Einlagen mit vereinbarter Laufzeit bis zu 2 Jahren	darunter: Einlagen mit vereinbarter Kündigungsfrist von bis zu 3 Monaten	Geldmenge M3[3] insgesamt	darunter: Repogeschäfte	darunter: Geldmarktfondsanteile (netto)[6]	darunter: Geldmarktpapiere und Schuldverschreibungen von bis zu 2 Jahren (netto)
1998		1 732,2	314,5	1 417,7	3 852,5	888,7	1 231,6	4 427,2	189,6	240,9	144,2
1999		1 922,9	340,8	1 582,1	4 078,2	874,8	1 280,5	4 666,3	154,2	291,4	142,5
2000		2 026,0	337,7	1 688,3	4 227,7	985,6	1 216,2	4 859,7	184,9	311,3	135,7
2001		2 222,9	232,8	1 990,1	4 615,8	1 083,7	1 309,1	5 402,6	229,7	411,3	145,9
2002		2 444,9	331,9	2 113,0	4 915,7	1 071,8	1 399,0	5 766,6	237,9	484,5	128,5
2003		2 680,6	386,9	2 293,7	5 233,9	1 031,0	1 522,3	6 141,1	218,4	596,1	92,7
2004		2 912,6	452,7	2 460,0	5 573,6	1 026,5	1 634,5	6 534,2	239,4	618,9	102,3
2003	1. Vj.	2 500,9	331,0	2 169,9	5 001,7	1 073,4	1 427,4	5 879,7	221,8	553,1	103,1
	2. Vj.	2 560,7	348,2	2 212,4	5 097,5	1 074,2	1 462,6	5 990,1	215,6	572,7	104,3
	3. Vj.	2 621,9	367,2	2 254,7	5 171,2	1 053,1	1 496,2	6 064,3	218,9	582,1	92,1
	4. Vj.	2 680,6	386,9	2 293,7	5 233,9	1 031,0	1 522,3	6 141,1	218,4	596,1	92,7
2004	1. Vj.	2 757,7	405,3	2 352,4	5 313,9	1 005,2	1 551,0	6 225,4	216,8	600,2	94,5
	2. Vj.	2 795,2	421,2	2 374,1	5 379,8	999,9	1 584,7	6 308,2	217,3	611,0	100,1
	3. Vj.	2 867,0	440,2	2 426,8	5 487,5	1 004,6	1 615,6	6 427,2	224,9	614,6	100,1
	4. Vj.	2 912,6	452,7	2 460,0	5 573,6	1 026,5	1 634,5	6 534,2	239,4	618,9	102,3
2005	1. Vj.	3 007,2	477,6	2 529,7	5 682,7	1 019,3	1 656,1	6 627,6	225,8	613,2	106,1
	2. Vj.	3 257,5	493,7	2 763,8	5 815,7	1 039,5	1 518,7	6 796,8	239,7	622,9	118,5
	3. Vj.	3 349,9	507,4	2 842,5	5 980,0	1 084,2	1 545,9	6 981,8	244,9	636,6	120,3
2004	Jan	2 706,8	393,9	2 312,8	5 260,5	1 023,2	1 530,5	6 164,0	214,7	593,2	95,6
	Feb	2 721,3	398,8	2 322,6	5 280,2	1 019,0	1 539,9	6 197,2	222,2	597,8	97,0
	Mrz	2 757,7	405,3	2 352,4	5 313,9	1 005,2	1 551,0	6 225,4	216,8	600,2	94,5
	Apr	2 775,1	409,8	2 365,3	5 336,7	1 000,5	1 561,0	6 254,3	215,3	602,8	99,5
	Mai	2 773,7	416,3	2 357,5	5 349,4	1 003,3	1 572,4	6 260,2	213,5	601,1	96,2
	Jun	2 795,2	421,2	2 374,1	5 379,8	999,9	1 584,7	6 308,2	217,3	611,0	100,1
	Jul	2 828,7	426,4	2 402,3	5 423,6	1 000,6	1 594,3	6 359,9	227,9	610,6	97,8
	Aug	2 840,4	433,8	2 406,5	5 447,2	1 001,1	1 605,7	6 390,8	227,7	616,6	99,3
	Sep	2 867,0	440,2	2 426,8	5 487,5	1 004,6	1 615,6	6 427,2	224,9	614,6	100,1
	Okt	2 882,8	446,6	2 436,2	5 519,8	1 015,2	1 621,8	6 464,6	225,9	619,9	99,0
	Nov	2 907,2	453,3	2 453,9	5 546,1	1 009,6	1 629,3	6 489,7	222,9	617,1	103,6
	Dez	2 912,6	452,7	2 460,0	5 573,6	1 026,5	1 634,5	6 534,2	239,4	618,9	102,3
2005	Jan	2 959,1	466,7	2 492,5	5 622,6	1 024,0	1 639,4	6 570,4	230,7	617,8	99,2
	Feb	2 992,1	471,6	2 520,5	5 656,9	1 019,4	1 645,5	6 606,2	221,0	614,2	114,1
	Mrz	3 007,2	477,6	2 529,7	5 682,7	1 019,3	1 656,1	6 627,6	225,8	613,2	106,1
	Apr	3 025,2	481,5	2 543,7	5 720,0	1 030,5	1 664,3	6 676,5	215,7	619,8	121,0
	Mai	3 050,6	487,0	2 563,6	5 752,8	1 023,9	1 678,3	6 725,0	231,3	627,4	113,5
	Jun	3 257,5	493,7	2 763,8	5 815,7	1 039,5	1 518,7	6 796,8	239,7	622,9	118,5
	Jul	3 302,3	494,7	2 807,6	5 874,6	1 045,3	1 527,0	6 869,4	243,3	632,3	119,2
	Aug	3 329,9	501,5	2 828,4	5 914,9	1 047,9	1 537,1	6 920,1	252,6	631,8	120,7
	Sep	3 349,9	507,4	2 842,5	5 980,0	1 084,2	1 545,9	6 981,8	244,9	636,6	120,3

1) Bargeldumlauf (ab 2002 Euro-Bargeldumlauf zuzüglich noch im Umlauf befindlicher nationaler Banknoten und Münzen), täglich fällige Einlagen (ohne Einlagen von Zentralregierungen) und monetäre Verbindlichkeiten der Zentralregierungen. - 2) M1 zuzüglich Einlagen mit vereinbarter Laufzeit bis zu zwei Jahren und vereinbarter Kündigungsfrist bis zu drei Monaten (ohne Einlagen von Zentralregierungen) sowie monetäre Verbindlichkeiten der Zentralregierungen. - 3) M2 zuzüglich Repogeschäfte, Geldmarktfondsanteile und Geldmarktpapiere sowie Schuldverschreibungen bis zu zwei Jahren. - 4) Ohne Kassenbestände der Monetären Finanzinstitute (MFIs). - 5) Einschließlich der monetären Verbindlichkeiten der Zentralregierungen. - 6) Ohne Bestände der Monetären Finanzinstitute (MFIs).

Quelle: EZB

Tabelle 17*

Indikatoren für die Welt und für ausgewählte Ländergruppen[1]

Veränderung gegenüber dem Vorjahr in vH

	1987 bis 1996[2]	1997	1998	1999	2000	2001	2002	2003	2004
Bruttoinlandsprodukt, real									
Welt	3,3	4,2	2,8	3,7	4,7	2,4	3,0	4,0	5,1
davon:									
Industrieländer[3]	3,0	3,5	2,6	3,5	3,9	1,2	1,5	1,9	3,3
Schwellenländer und Entwicklungsländer	3,8	5,2	3,0	4,0	5,8	4,1	4,8	6,5	7,3
nachrichtlich:									
G7-Länder[4]	2,7	3,3	2,8	3,1	3,5	1,0	1,1	1,8	3,2
Europäische Union[5]	2,2	2,9	3,0	2,9	3,9	2,0	1,3	1,3	2,5
Bruttoinlandsprodukt, real je Einwohner									
Industrieländer[3]	2,3	2,9	2,0	2,8	3,3	0,6	0,9	1,3	2,7
Schwellenländer und Entwicklungsländer	2,1	3,7	1,6	2,6	4,4	2,7	3,5	5,2	6,0
Welthandel, Waren und Dienste									
Volumen, insgesamt	6,6	10,5	4,6	5,8	12,4	0,1	3,4	5,4	10,3
Deflator									
in US-Dollar	3,1	−6,0	−5,7	−1,7	−0,6	−3,3	1,2	10,3	9,6
in Sonderziehungsrechten	0,9	−0,8	−4,4	−2,4	3,0	0,2	−0,6	2,0	3,7
Exporte, Waren und Dienste									
Industrieländer[3]	6,7	10,6	4,3	5,6	11,7	−0,9	2,2	3,1	8,3
Schwellenländer und Entwicklungsländer	6,9	12,8	6,0	4,3	14,9	3,6	6,7	10,8	14,5
Importe, Waren und Dienste									
Industrieländer[3]	6,6	9,3	5,9	8,0	11,7	−1,0	2,6	4,1	8,8
Schwellenländer und Entwicklungsländer	6,4	11,8	0,2	−0,1	15,4	3,3	6,5	11,1	16,4
Verbraucherpreise									
davon:									
Industrieländer[3]	3,5	2,0	1,5	1,4	2,2	2,1	1,5	1,8	2,0
Schwellenländer und Entwicklungsländer	56,6	11,6	11,2	10,4	7,3	6,7	5,9	6,0	5,8
nachrichtlich:									
G7-Länder[4]	3,2	2,0	1,2	1,4	2,1	1,9	1,3	1,7	2,0
Europäische Union[5]	9,6	2,6	2,1	1,7	2,5	2,6	2,2	2,0	2,2

1) Industrieländer (25) und vier südostasiatische Schwellenländer, 146 Schwellenländer und Entwicklungsländer; nähere Erläuterungen bezüglich der einbezogenen Länder, zur Klassifikation der jeweiligen Ländergruppe und zur Berechnung der zusammengefassten Ergebnisse für die jeweiligen Merkmale siehe statistischer Anhang zum „World Economic Outlook, September 2005" des Internationalen Währungsfonds (IWF). www.imf.org. - 2) Durchschnittlich jährliche Veränderung. - 3) Einschließlich vier südostasiatische Schwellenländer: Hongkong (China), Südkorea, Singapur und Taiwan. - 4) Deutschland (bis Juni 1990 früheres Bundesgebiet), Frankreich, Italien, Japan, Kanada, Vereinigtes Königreich und Vereinigte Staaten. - 5) In allen Jahren für die 25 aktuellen Mitgliedstaaten.

Quelle: IWF

Tabelle 18*

Bevölkerungsstand und Bevölkerungsvorausberechnung für Deutschland

	Bevölkerungsstand[1]								Bevölkerungsvorausberechnung[2]			
	1950	1960	1970	1980	1989	1991	1995	2004	2010	2020	2030	2050

Tausend Personen

	1950	1960	1970	1980	1989	1991	1995	2004	2010	2020	2030	2050
Bevölkerungsstand												
- insgesamt	50958	55958	61001	61658	62679	80275	81817	82501	83066	82822	81220	75117
- Männer	23801	26328	29072	29481	30236	38839	39825	40354	40784	40669	39774	36491
- Frauen	27157	29631	31930	32177	32443	41435	41993	42147	42282	42154	41446	38626
- nach Altersgruppen												
0 bis unter 15	11855	12066	14103	11003	9436,4	13100	13238	11925	11258	10701	10182	8859
15 bis unter 20	3688,9	3851,5	4021,6	5275,3	3634,6	4194,1	4390,2	4787,9	4267	3851	3745	3235
20 bis unter 25	3774	4896,9	3939,6	4755,1	5294,5	6078,9	4766,6	4890,2	5150	4441	3972	3612
25 bis unter 40	10178	11426	13132	12488	15791	19348	20379	16972	15420	15805	14302	12958
40 bis unter 60	14311	14483	14001	16171	16648	21169	21834	22361	25708	23870	21110	18867
60 bis unter 65	2345	3134,1	3684,6	2431,5	3460,5	4352,3	4476,9	5197,8	4676	5935	6295	5347
65 und älter	4805,6	6100,5	8119,2	9534,5	9614,2	12033	12732	15367	16589	18219	21615	22240

Anteile in vH

	1950	1960	1970	1980	1989	1991	1995	2004	2010	2020	2030	2050
- nach Altersgruppen												
0 bis unter 15	23,264	21,563	23,119	17,845	15,055	16,319	16,181	14,454	13,553	12,92	12,536	11,794
15 bis unter 20	7,2391	6,8828	6,5926	8,5558	5,7987	5,2246	5,3658	5,8034	5,1369	4,6497	4,6109	4,3066
20 bis unter 25	7,4061	8,751	6,4582	7,712	8,4469	7,5726	5,8259	5,9275	6,1999	5,3621	4,8904	4,8085
25 bis unter 40	19,974	20,419	21,527	20,253	23,278	24,102	24,908	20,572	18,564	19,083	17,609	17,25
40 bis unter 60	28,085	25,881	22,952	26,227	26,561	26,371	26,686	28,316	30,949	28,821	25,991	25,117
60 bis unter 65	4,6018	5,6007	6,0402	3,9435	5,521	5,4218	5,4718	6,3003	5,6293	7,166	7,7506	7,1182
65 und älter	9,4305	10,902	13,31	15,464	15,339	14,989	15,562	18,627	19,971	21,998	26,613	29,607
- Jugendquotient '20'[3]	50,783	46,9	52,146	45,413	32,682	33,944	34,259	33,146	30,469	29,074	30,489	29,654
- Altenquotient '65'[4]	15,7	17,974	23,36	26,599	24,039	23,617	24,744	30,478	32,557	36,401	47,319	54,531

Tausend Personen

	1950	1960	1970	1980	1989	1991	1995	2004	2010	2020	2030	2050
Geburten	813	969	811	621	682	722	765	705,62	700	688	620	562
Gestorbene	529	643	735	714	698	911	885	818,27	913	984	1049	1138
- Saldo	284	326	76	-93	-16	-189	-119	-112,6	-213	-296	-429	-576
Geburtenhäufigkeit[5]	2100	2366	2016	1445	1395	1332	1249	1355	1400	1400	1400	1400

Jahre

	1950	1960	1970	1980	1989	1991	1995	2004	2010	2020	2030	2050
Lebenserwartung[6]												
- Männer												
0 Jahre (bei Geburt)	64,56	66,86	67,41	69,9	72,55	72,47	73,29	75,89	.	78,1	79,7[a]	81,1
20 Jahre	50,34	50,34	50,21	51,63	53,61	53,43	54,14	56,55	.	.	.	.
40 Jahre	32,32	31,91	31,77	32,9	34,7	34,65	35,26	37,37	.	.	.	.
60 Jahre	16,2	15,49	15,31	16,41	17,71	17,79	18,28	20,05	.	.	22,7[a]	23,7
80 Jahre	5,24	5,24	5,36	5,71	6,1	6,21	6,52	7,24	.	.	.	.
- Frauen												
0 Jahre (bei Geburt)	68,48	72,39	73,83	76,59	78,98	79,01	79,72	81,55	.	83,8	85,4[a]	86,6
20 Jahre	53,24	55,17	55,97	57,91	59,78	59,75	60,37	62,07	.	.	.	.
40 Jahre	34,67	36,09	36,77	38,61	40,35	40,31	40,9	42,46	.	.	.	.
60 Jahre	17,46	18,48	19,12	20,69	22,15	22,14	22,66	24,08	.	.	27,1[a]	28,2
80 Jahre	5,57	5,85	6,16	6,91	7,65	7,72	8,02	8,64	.	.	.	.

Tausend Personen

	1950	1960	1970	1980	1989	1991	1995	2004	2010	2020	2030	2050
Außenwanderungen[7]												
- Zuzüge, insgesamt	88,089	395,02	1042,8	736,36	1133,8	1199	1096	780,18	X	X	X	X
Deutsche	.	77,331	66,528	104,93	366,85	273,63	303,35	177,99	X	X	X	X
Ausländer	.	317,69	976,23	631,43	766,95	925,35	792,7	602,18	X	X	X	X
- Fortzüge, insgesamt	135,8	218,57	495,68	439,57	539,83	596,46	698,11	697,63	X	X	X	X
Deutsche	.	94,133	61,023	53,728	101,75	98,915	130,67	150,67	X	X	X	X
Ausländer	.	124,44	434,65	385,84	438,08	497,54	567,44	546,97	X	X	X	X
- Saldo, insgesamt	-47,71	176,44	547,09	296,79	593,96	602,52	397,94	82,542	230	215	205	200
Deutsche	.	-16,8	5,505	51,2	265,1	174,72	172,68	27,326	30	15	5	0
Ausländer	.	193,24	541,58	245,59	328,86	427,81	225,26	55,216	200	200	200	200

1) Ab 1991 Bundesrepublik Deutschland einschließlich neue Bundesländer und Berlin-Ost. - 2) Gemäß 10. koordinierte Bevölkerungsvorausberechnung (5. Variante) auf der Basis 31. Dezember 2001; Jahresendstände. - 3) Unter 20-Jährige bezogen auf die Bevölkerung im Alter von 20 bis unter 65 Jahren in vH. - 4) 65-Jährige und Ältere bezogen auf die Bevölkerung im Alter von 20 bis unter 65 Jahren in vH. - 5) Lebendgeborene je Tausend Frauen im Alter von 15 bis 49 Jahren. - 6) Bei erreichtem Alter; errechnet aus den Sterbetafeln von 1949/51, 1960/62, 1970/72, 1979/81, 1988/90, 1991/93, 1994/96, 2002/04. - 7) Außenwanderungen zwischen Deutschland und dem Ausland; für 1950 Ergebnisse des Jahres 1952. Ohne Saarland - a) Fernere Lebenserwartung im Jahr 2035.

Tabelle 19*

Ausländer in Deutschland

An-

Staatsangehörigkeit	1997	1998	1999	2000	2001	2002	2003	2004
				Wohnbevölkerung[1]				
Europa	6 004 693	5 938 649	5 930 311	5 857 791	5 834 688	5 816 743	5 800 429	5 340 344
Belgien	23 313	23 266	23 284	23 494	23 463	23 525	23 649	21 791
Dänemark	20 474	20 383	20 320	20 963	21 326	21 390	21 568	17 965
Finnland	15 090	15 150	15 449	15 903	16 059	15 827	15 748	13 110
Frankreich	103 902	105 808	107 191	110 173	111 347	112 392	113 023	100 464
Griechenland	363 202	363 514	364 354	365 438	362 708	359 361	354 630	315 989
Irland	16 039	15 512	15 527	15 690	15 594	15 647	15 478	9 989
Italien	607 868	612 048	615 900	619 060	616 282	609 784	601 258	548 194
Luxemburg	5 607	5 732	5 857	5 981	6 225	6 589	6 904	6 841
Niederlande	112 804	112 072	110 519	110 786	112 362	115 215	118 680	114 087
Österreich	185 076	185 159	186 090	187 742	188 957	189 336	189 466	174 047
Portugal	132 314	132 578	132 623	133 726	132 625	131 435	130 623	116 730
Schweden	17 545	17 923	18 178	18 875	19 194	19 417	19 404	16 172
Spanien	131 636	131 121	129 893	129 471	128 713	127 465	125 977	108 276
Vereinigtes Königreich	115 162	114 055	113 487	115 353	115 167	114 683	113 578	95 909
EU-Länder	1 850 032	1 854 321	1 858 672	1 872 655	1 870 022	1 862 066	1 849 986	1 659 564
Estland	3 173	3 348	3 429	3 649	3 880	4 019	4 220	3 775
Jugoslawien[4]	721 029	719 474	737 204	662 495	627 523	591 492	568 240	381 563
Polen	283 312	283 604	291 673	301 366	310 432	317 603	326 882	292 109
Schweiz	36 842	37 153	37 455	37 974	37 922	38 010	38 501	35 441
Slowakei	9 242	9 808	12 097	14 657	17 049	18 327	19 567	20 244
Slowenien	18 093	18 412	18 648	18 766	19 395	20 550	21 795	21 034
Tschechische Republik	19 583	20 782	22 038	24 361	26 667	28 429	30 186	30 301
Türkei	2 107 426	2 110 223	2 053 564	1 998 534	1 947 938	1 912 169	1 877 661	1 764 318
Ungarn	52 029	51 905	53 152	54 437	55 978	55 953	54 714	47 808
Übriges Europa	903 932	829 619	842 379	868 897	917 882	968 125	1 008 677	1 084 187
Afrika	305 595	303 269	300 611	299 255	303 018	308 238	310 943	276 973
Ägypten	13 927	13 976	13 811	14 025	14 179	14 477	14 130	10 309
Marokko	83 904	82 748	81 450	80 266	79 444	79 838	79 794	73 027
Übriges Afrika	207 764	206 545	205 350	204 964	209 395	213 923	217 019	193 637
Amerika	194 371	199 311	205 373	213 285	218 889	223 867	228 499	202 925
Kanada	11 119	11 403	11 594	12 048	12 646	13 160	13 727	12 485
Vereinigte Staaten	110 105	110 680	111 982	113 623	113 528	112 943	112 939	96 642
Übriges Amerika	73 147	77 228	81 797	87 614	92 715	97 764	101 833	93 798
Asien	781 034	796 254	823 092	841 738	877 413	901 706	911 995	826 504
Indien	35 609	34 760	34 328	35 183	38 210	41 246	43 566	38 935
Iran	113 848	115 094	116 446	107 927	98 555	88 711	81 495	65 187
Israel	9 291	9 208	9 208	9 259	9 555	10 219	10 817	9 151
Japan	28 425	29 292	29 980	32 354	33 839	34 689	35 590	27 550
Jordanien	11 878	11 545	11 190	10 922	10 638	10 435	10 448	8 145
Pakistan	38 527	38 095	38 257	37 016	35 433	34 937	35 081	30 892
Übriges Asien	543 456	558 260	583 683	609 077	651 183	681 469	694 998	646 644
Australien und Ozeanien	9 624	9 929	10 033	10 410	11 202	11 853	12 142	9 801
Staatenlos und ungeklärte Staatsangehörigkeit	70 516	72 181	74 171	74 338	73 418	73 185	70 757	60 568
Insgesamt	7 365 833	7 319 593	7 343 591	7 296 817	7 318 628	7 335 592	7 334 765	6 717 115

1) Stand am 31. Dezember. - 2) Ab 1998 Deutschland. - 3) Sozialversicherungspflichtig beschäftigte Arbeitnehmer jeweils am 30. Juni. Ab 1999 ohne eingebürgerte ausländische Mitbürger. - 4) Von 1993 bis 1996: Bosnien und Herzegowina, Kroatien,

Tabellen für Deutschland: Makroökonomische Grunddaten

Tabelle 19*

nach der Staatsangehörigkeit

zahl

1997	1998	1999	2000	2001	2002	2003	2004	Staatsangehörigkeit
				Beschäftigte[2)3)]				
1 740 729	1 746 748	1 653 430	1 679 143	1 692 605	1 655 796	1 575 193	1 517 509	Europa
8 882	8 775	8 611	8 552	8 655	8 548	8 291	7 975	Belgien
4 423	4 343	4 347	4 426	4 585	4 571	4 511	4 478	Dänemark
4 242	4 108	3 868	3 938	3 983	3 854	3 690	3 554	Finnland
69 296	72 246	77 227	80 500	82 054	76 387	72 707	69 575	Frankreich
108 666	108 989	108 911	111 581	110 919	107 339	100 641	95 368	Griechenland
4 025	3 769	3 590	3 464	3 459	3 312	3 153	3 030	Irland
199 741	202 740	204 906	207 427	205 791	197 575	185 070	177 127	Italien
1 269	1 276	1 300	1 273	1 309	1 231	1 217	1 253	Luxemburg
36 960	36 191	35 126	34 124	33 047	31 759	30 715	29 665	Niederlande
74 845	73 068	64 123	63 495	63 466	62 485	59 958	57 931	Österreich
50 754	52 235	50 218	49 748	48 844	46 713	44 203	42 390	Portugal
3 787	3 729	3 682	3 922	4 062	4 030	3 993	3 950	Schweden
45 766	44 829	41 857	41 583	41 173	39 636	37 519	35 617	Spanien
34 744	33 762	31 619	31 566	31 745	30 772	29 492	28 317	Vereinigtes Königreich
647 400	650 060	639 385	645 599	643 092	618 212	585 160	560 230	EU-Länder
354	428	451	544	631	698	685	671	Estland
307 679	284 593	231 125	208 579	196 609	183 488	165 255	152 733	Jugoslawien[5)]
61 075	65 139	58 305	59 007	63 394	66 611	66 924	67 974	Polen
7 983	8 014	7 065	7 259	7 399	7 443	7 504	7 370	Schweiz
1 570	1 987	2 502	3 453	4 600	5 068	5 025	5 186	Slowakei
3 108	3 585	5 084	5 914	6 276	6 459	6 339	6 322	Slowenien
5 522	5 859	12 037	13 091	14 548	15 000	13 992	13 020	Tschechische Republik
559 842	568 554	540 012	556 498	553 504	534 521	502 303	478 299	Türkei
11 952	14 444	12 615	12 415	13 116	13 089	12 103	11 269	Ungarn
134 244	144 085	144 849	166 784	189 436	205 207	209 903	214 435	Übriges Europa
68 683	74 206	73 050	78 150	79 465	78 842	74 995	72 512	Afrika
2 586	2 641	2 491	2 593	2 577	2 632	2 398	2 263	Ägypten
22 450	23 820	22 983	24 184	24 289	23 609	22 207	21 278	Marokko
43 647	47 745	47 576	51 373	52 599	52 601	50 390	48 971	Übriges Afrika
38 931	39 699	38 389	40 462	42 642	43 224	42 526	42 035	Amerika
2 318	2 322	2 200	2 427	2 443	2 508	2 541	2 599	Kanada
24 081	23 306	22 355	22 502	22 865	22 335	21 222	20 662	Vereinigte Staaten
12 532	14 071	13 834	15 533	17 334	18 381	18 763	18 774	Übriges Amerika
133 813	146 486	145 452	156 090	163 410	168 977	165 118	161 894	Asien
8 456	8 378	7 668	7 889	8 531	9 179	9 399	9 428	Indien
17 172	18 304	19 094	21 073	20 926	20 119	17 766	15 725	Iran
1 642	1 695	1 541	1 640	1 638	1 714	1 770	1 750	Israel
5 294	5 458	5 722	4 874	5 070	4 246	4 292	4 337	Japan
2 356	2 384	2 063	2 015	1 999	1 959	1 782	1 710	Jordanien
6 507	6 766	6 399	6 859	6 638	6 572	5 887	5 533	Pakistan
92 386	103 501	102 965	111 740	118 608	125 188	124 222	123 411	Übriges Asien
2 536	2 818	2 620	2 403	2 541	2 624	2 644	2 563	Australien und Ozeanien
17 168	20 309	11 881	7 372	27 399	10 490	13 463	8 873	Staatenlos und ungeklärte Staatsangehörigkeit
2 001 860	2 030 266	1 924 822	1 963 620	2 008 062	1 959 953	1 873 939	1 805 386	Insgesamt

Montenegro, Serbien und Mazedonien; ab 1997: Montenegro und Serbien. - 5) Für Beschäftigte bis 1996: Bosnien und Herzegowina, Kroatien, Montenegro, Serbien, Slowenien und Mazedonien; ab 1997: Montenegro und Serbien.

Quelle für Beschäftigte: BA

Tabelle 20*

Erwerbstätigkeit und Arbeitslosigkeit

Jahr[1]	Erwerbspersonen[2]	Erwerbsquoten der Wohnbevölkerung insgesamt[3]	15- bis unter 65-Jährige[4]	Erwerbstätige[5] im Inland insgesamt	Inländer zusammen	darunter: Arbeitnehmer	darunter: Ausländer[6,7]	Nachrichtlich: Pendlersaldo[8]	Erwerbslose[2]	Registrierte Arbeitslose[7]	Arbeitslosenquote[7,9]	Gemeldete Stellen[7]
	Tausend	vH				Tausend Personen					vH	Tausend
1991	40 742	50,9	72,6	38 621	38 664	35 144	.	- 43	2 078	2 602	.	363
1993	40 444	49,8	71,9	37 555	37 541	33 916	.	14	2 903	3 419	8,9	279
1995	40 564	49,7	71,9	37 601	37 546	33 797	.	55	3 018	3 612	9,4	321
1997	40 891	49,8	71,7	37 463	37 390	33 574	1 998	73	3 501	4 384	11,4	337
1998	41 253	50,3	71,7	37 911	37 834	33 969	2 024	77	3 419	4 281	11,1	422
1999	41 458	50,5	72,2	38 424	38 339	34 482	1 915	85	3 119	4 100	10,5	456
2000	41 925	51,0	72,1	39 144	39 038	35 123	2 008	106	2 887	3 890	9,6	515
2001	42 132	51,2	72,6	39 316	39 209	35 226	1 979	107	2 923	3 853	9,4	507
2002	42 218	51,2	72,8	39 096	38 994	34 991	1 902	102	3 224	4 061	9,8	452
2003	42 322	51,3	73,3	38 722	38 635	34 563	1 795	87	3 687	4 377	10,5	355
2004	42 708	51,8	73,3	38 860	38 777	34 546	1 739	83	3 931	4 381	10,5	286

1) Ab 2002 vorläufige Ergebnisse. - 2) Inländerkonzept; nach dem ESVG 1995. - 3) Anteil der Erwerbspersonen (Erwerbstätige und Erwerbslose) an der Wohnbevölkerung insgesamt. - 4) Anteil der Erwerbspersonen im Alter von 15 bis unter 65 Jahren an der Wohnbevölkerung in diesem Alter nach den Ergebnissen des Mikrozensus. - 5) Arbeitnehmer, Selbständige und mithelfende Familienangehörige. - 6) Sozialversicherungspflichtig Beschäftigte. - 7) Quelle: BA. - 8) Erwerbstätige nach dem Inlandskonzept abzüglich Erwerbstätige nach dem Inländerkonzept. - 9) Anteil der registrierten Arbeitslosen an allen zivilen Erwerbspersonen (abhängig Beschäftigte, Selbständige, mithelfende Familienangehörige).

Tabelle 21*

Struktur der Arbeitslosigkeit

Jahr[1]	Registrierte Arbeitslose insgesamt	darunter: Männer	nachrichtlich: Langzeitarbeitslose[2]	Offene und verdeckte Arbeitslosigkeit[3]	Kurzarbeiter	Bewegungen Zugänge in registrierte/r Arbeitslosigkeit[4]	Abgänge aus registrierte/r Arbeitslosigkeit[4]	Arbeitslosenquoten[5] insgesamt	Männer	Frauen	Jugendliche unter 20 Jahren	Quote der offenen und verdeckten Arbeitslosigkeit[6]
	Tausend Personen							vH				
1991	2 602	1 281	.	4 612	1 761	5 103	4 760	7,3	6,4	8,5	.	11,1
1993	3 419	1 692	.	5 121	948	6 046	5 484	9,8	8,6	11,3	6,5	12,4
1995	3 612	1 851	.	5 390	199	6 525	6 294	10,4	9,6	11,4	7,9	12,9
1997	4 384	2 342	.	6 251	183	7 269	6 895	12,7	12,2	13,3	9,6	14,8
1998	4 281	2 274	1 599	6 156	115	7 157	7 481	12,3	11,9	12,8	9,3	14,4
1999	4 100	2 160	1 530	6 031	119	7 068	7 218	11,7	11,3	12,2	8,5	14,1
2000	3 890	2 053	1 454	5 700	86	6 811	7 049	10,7	10,5	10,9	6,8	13,1
2001	3 853	2 064	1 354	5 620	123	6 898	6 744	10,3	10,4	10,2	5,8	12,9
2002	4 061	2 240	1 369	5 822	207	7 255	6 992	10,8	11,3	10,3	5,4	13,3
2003	4 377	2 446	1 521	5 897	195	7 622	7 534	11,6	12,4	10,8	4,5	13,5
2004	4 381	2 449	1 681	5 774	151	8 179	8 030	11,7	12,5	10,8	4,2	13,2

1) Jahresdurchschnitte. - 2) Ein Jahr und länger registriert arbeitslos; Stand jeweils September. - 3) Zu den Einzelheiten siehe Anhang, IV B. - 4) Jahressummen. - 5) Anteil der registrierten Arbeitslosen an den abhängigen zivilen Erwerbspersonen (sozialversicherungspflichtige und geringfügig Beschäftigte, Beamte und Arbeitslose). - 6) Offen und verdeckt Arbeitslose in vH der Erwerbstätigen (abzüglich der Differenz zwischen der Anzahl der registrierten Arbeitslosen und den Erwerbslosen nach ESVG 1995) plus offen und verdeckt Arbeitslose, abzüglich subventioniert Beschäftigte. Eigene Berechnungen.

Quelle: BA

Tabellen für Deutschland: Makroökonomische Grunddaten

Tabelle 22*

Erwerbstätige nach Wirtschaftsbereichen[1]

Jahr[2]	Insgesamt	Land- und Forstwirtschaft; Fischerei	Produzierendes Gewerbe zusammen	Produzierendes Gewerbe ohne Baugewerbe zusammen	Bergbau[3]	Verarbeitendes Gewerbe	Energieversorgung[4]	Baugewerbe	Dienstleistungsbereiche zusammen	Handel, Gastgewerbe und Verkehr	Finanzierung, Vermietung[5]	öffentliche und private Dienstleister zusammen	darunter: Öffentliche Verwaltung[6]
									Insgesamt				
									Tausend Personen				
1991	38 621	1 515	14 136	11 331	324	10 591	416	2 805	22 970	9 318	3 736	9 916	3 204
1992	38 059	1 299	13 387	10 467	266	9 801	400	2 920	23 373	9 345	3 937	10 091	3 171
1993	37 555	1 192	12 770	9 738	231	9 118	389	3 032	23 593	9 332	4 086	10 175	3 092
1994	37 516	1 143	12 414	9 242	208	8 653	381	3 172	23 959	9 306	4 280	10 373	3 056
1995	37 601	1 079	12 241	9 005	195	8 443	367	3 236	24 281	9 297	4 445	10 539	3 023
1996	37 498	971	11 886	8 751	179	8 216	356	3 135	24 641	9 300	4 610	10 731	3 014
1997	37 463	952	11 605	8 596	156	8 096	344	3 009	24 906	9 307	4 793	10 806	2 967
1998	37 911	958	11 514	8 602	144	8 123	335	2 912	25 439	9 432	5 076	10 931	2 924
1999	38 424	946	11 350	8 491	134	8 039	318	2 859	26 128	9 589	5 429	11 110	2 904
2000	39 144	936	11 303	8 534	128	8 109	297	2 769	26 905	9 824	5 802	11 279	2 857
2001	39 316	925	11 142	8 544	105	8 140	299	2 598	27 249	9 885	5 985	11 379	2 816
2002	39 096	905	10 794	8 355	102	7 958	295	2 439	27 397	9 836	6 060	11 501	2 789
2003	38 722	881	10 461	8 139	98	7 750	291	2 322	27 380	9 717	6 128	11 535	2 754
2004	38 868	873	10 269	8 018	93	7 632	293	2 251	27 726	9 789	6 309	11 628	2 706
							Anteil in vH						
1991	*100*	*3,9*	*36,6*	*29,3*	*0,8*	*27,4*	*1,1*	*7,3*	*59,5*	*24,1*	*9,7*	*25,7*	*8,3*
1995	*100*	*2,9*	*32,6*	*23,9*	*0,5*	*22,5*	*1,0*	*8,6*	*64,6*	*24,7*	*11,8*	*28,0*	*8,0*
2000	*100*	*2,4*	*28,9*	*21,8*	*0,3*	*20,7*	*0,8*	*7,1*	*68,7*	*25,1*	*14,8*	*28,8*	*7,3*
2004	*100*	*2,2*	*26,4*	*20,6*	*0,2*	*19,6*	*0,8*	*5,8*	*71,3*	*25,2*	*16,2*	*29,9*	*7,0*
							darunter:						
							Arbeitnehmer						
							Tausend Personen						
1991	35 101	756	13 545	11 000	321	10 263	416	2 545	20 800	8 145	3 263	9 392	3 204
1992	34 482	571	12 770	10 133	262	9 471	400	2 637	21 141	8 156	3 435	9 550	3 171
1993	33 930	509	12 135	9 398	227	8 782	389	2 737	21 286	8 127	3 555	9 604	3 092
1994	33 791	501	11 753	8 893	204	8 308	381	2 860	21 537	8 063	3 708	9 766	3 056
1995	33 852	496	11 566	8 667	192	8 108	367	2 899	21 790	8 038	3 853	9 899	3 023
1996	33 756	473	11 194	8 422	176	7 890	356	2 772	22 089	8 043	3 985	10 061	3 014
1997	33 647	474	10 903	8 256	154	7 758	344	2 647	22 270	8 043	4 115	10 112	2 967
1998	34 046	480	10 814	8 276	142	7 799	335	2 538	22 752	8 168	4 371	10 213	2 924
1999	34 567	483	10 652	8 184	132	7 734	318	2 468	23 432	8 345	4 714	10 373	2 904
2000	35 229	472	10 591	8 223	126	7 800	297	2 368	24 166	8 584	5 067	10 515	2 857
2001	35 333	460	10 417	8 231	104	7 828	299	2 186	24 456	8 640	5 237	10 579	2 816
2002	35 093	455	10 075	8 047	101	7 651	295	2 028	24 563	8 610	5 271	10 682	2 789
2003	34 650	450	9 738	7 830	97	7 442	291	1 908	24 462	8 495	5 288	10 679	2 754
2004	34 650	457	9 541	7 703	92	7 318	293	1 838	24 652	8 555	5 386	10 711	2 706
							Anteil in vH						
1991	*100*	*2,2*	*38,6*	*31,3*	*0,9*	*29,2*	*1,2*	*7,3*	*59,3*	*23,2*	*9,3*	*26,8*	*9,1*
1995	*100*	*1,5*	*34,2*	*25,6*	*0,6*	*24,0*	*1,1*	*8,6*	*64,4*	*23,7*	*11,4*	*29,2*	*8,9*
2000	*100*	*1,3*	*30,1*	*23,3*	*0,4*	*22,1*	*0,8*	*6,7*	*68,6*	*24,4*	*14,4*	*29,8*	*8,1*
2004	*100*	*1,3*	*27,5*	*22,2*	*0,3*	*21,1*	*0,8*	*5,3*	*71,1*	*24,7*	*15,5*	*30,9*	*7,8*

1) Arbeitnehmer, Selbständige und mithelfende Familienangehörige; Inlandskonzept in der Abgrenzung der Volkswirtschaftlichen Gesamtrechnungen. - 2) Ab 2002 vorläufige Ergebnisse. - 3) Einschließlich Gewinnung von Steinen und Erden. - 4) Einschließlich Wasserversorgung. - 5) Einschließlich Unternehmensdienstleister. - 6) Einschließlich Verteidung und Sozialversicherung.

Tabelle 23*
Bruttowertschöpfung, Bruttoinlandsprodukt, Volkseinkommen, Nationaleinkommen

In jeweiligen Preisen

Zeitraum[1]	Bruttowertschöpfung	Nettogütersteuern[2]	Bruttoinlandsprodukt	Saldo der Primäreinkommen aus der übrigen Welt	Bruttonationaleinkommen	Abschreibungen	Nettonationaleinkommen	Produktions- und Importabgaben abzüglich Subventionen	Volkseinkommen insgesamt	davon: Arbeitnehmerentgelte[3]	Unternehmens- und Vermögenseinkommen
	+	-	=	+	=	-	=	-	=	+	+

Mrd Euro

1991	1 392,68	141,92	1 534,60	6,95	1 541,55	214,43	1 327,12	134,55	1 192,57	847,01	345,56
1992	1 493,13	153,49	1 646,62	6,08	1 652,70	234,47	1 418,23	148,45	1 269,78	917,17	352,61
1993	1 533,23	161,14	1 694,37	2,59	1 696,96	250,09	1 446,87	159,21	1 287,66	938,77	348,89
1994	1 604,23	176,55	1 780,78	- 9,57	1 771,21	260,77	1 510,44	169,44	1 341,00	961,86	379,14
1995	1 671,71	176,74	1 848,45	- 13,69	1 834,76	270,48	1 564,28	167,06	1 397,22	997,02	400,20
1996	1 697,89	178,29	1 876,18	- 9,89	1 866,29	276,10	1 590,19	172,46	1 417,73	1 006,62	411,11
1997	1 734,86	180,72	1 915,58	- 13,87	1 901,71	283,16	1 618,55	179,93	1 438,62	1 010,69	427,93
1998	1 778,06	187,32	1 965,38	- 20,36	1 945,02	290,22	1 654,80	188,71	1 466,09	1 032,25	433,84
1999	1 810,27	201,73	2 012,00	- 21,53	1 990,47	297,05	1 693,42	206,16	1 487,26	1 059,51	427,75
2000	1 856,20	206,30	2 062,50	- 19,34	2 043,16	308,48	1 734,68	210,25	1 524,43	1 100,06	424,37
2001	1 904,49	208,67	2 113,16	- 21,01	2 092,15	316,41	1 775,74	214,89	1 560,85	1 120,61	440,24
2002	1 935,03	209,99	2 145,02	- 24,16	2 120,86	321,06	1 799,80	218,61	1 581,19	1 128,66	452,53
2003	1 949,04	214,36	2 163,40	- 16,14	2 147,26	321,41	1 825,85	225,87	1 599,98	1 131,12	468,86
2004	2 003,18	212,47	2 215,65	0,35	2 216,00	326,47	1 889,53	231,21	1 658,32	1 134,49	523,83

Veränderung gegenüber dem Vorjahr in vH

1992-2004[4]	2,8	3,2	2,9	X	2,8	3,3	2,8	4,3	2,6	2,3	3,3
1992	7,2	8,2	7,3	X	7,2	9,3	6,9	10,3	6,5	8,3	2,0
1993	2,7	5,0	2,9	X	2,7	6,7	2,0	7,2	1,4	2,4	-1,1
1994	4,6	9,6	5,1	X	4,4	4,3	4,4	6,4	4,1	2,5	8,7
1995	4,2	0,1	3,8	X	3,6	3,7	3,6	-1,4	4,2	3,7	5,6
1996	1,6	0,9	1,5	X	1,7	2,1	1,7	3,2	1,5	1,0	2,7
1997	2,2	1,4	2,1	X	1,9	2,6	1,8	4,3	1,5	0,4	4,1
1998	2,5	3,7	2,6	X	2,3	2,5	2,2	4,9	1,9	2,1	1,4
1999	1,8	7,7	2,4	X	2,3	2,4	2,3	9,2	1,4	2,6	-1,4
2000	2,5	2,3	2,5	X	2,6	3,8	2,4	2,0	2,5	3,8	-0,8
2001	2,6	1,1	2,5	X	2,4	2,6	2,4	2,2	2,4	1,9	3,7
2002	1,6	0,6	1,5	X	1,4	1,5	1,4	1,7	1,3	0,7	2,8
2003	0,7	2,1	0,9	X	1,2	0,1	1,4	3,3	1,2	0,2	3,6
2004	2,8	-0,9	2,4	X	3,2	1,6	3,5	2,4	3,6	0,3	11,7

Anteil am Bruttosozialprodukt in vH

1991	90,8	9,2	100	0,5	100,5	14,0	86,5	8,8	77,7	55,2	22,5
1995	90,4	9,6	100	- 0,7	99,3	14,6	84,6	9,0	75,6	53,9	21,7
2000	90,0	10,0	100	- 0,9	99,1	15,0	84,1	10,2	73,9	53,3	20,6
2001	90,1	9,9	100	- 1,0	99,0	15,0	84,0	10,2	73,9	53,0	20,8
2002	90,2	9,8	100	- 1,1	98,9	15,0	83,9	10,2	73,7	52,6	21,1
2003	90,1	9,9	100	- 0,7	99,3	14,9	84,4	10,4	74,0	52,3	21,7
2004	90,4	9,6	100	0,0	100,0	14,7	85,3	10,4	74,8	51,2	23,6

1) Ab 2002 vorläufige Ergebnisse. - 2) Gütersteuern abzüglich Gütersubventionen. - 3) Inländerkonzept. - 4) Durchschnittlich jährliche Veränderung.

Tabelle 24*

Bruttowertschöpfung nach Wirtschaftsbereichen

Jahr[1]	Insgesamt	Land- und Forstwirtschaft; Fischerei	Produzierendes Gewerbe zusammen	Produzierendes Gewerbe ohne Baugewerbe zusammen	Bergbau[2]	Verarbeitendes Gewerbe	Energieversorgung[3]	Baugewerbe	Dienstleistungsbereiche zusammen	Handel, Gastgewerbe und Verkehr	Finanzierung, Vermietung[4]	öffentliche und private Dienstleister zusammen	darunter: Öffentliche Verwaltung[5]
						In jeweiligen Preisen, Mrd Euro							
1991	1 392,68	19,16	510,04	426,53	10,93	383,45	32,15	83,51	863,48	249,37	324,54	289,57	93,82
1992	1 493,13	19,20	529,86	430,67	10,87	387,04	32,76	99,19	944,07	263,55	359,11	321,41	101,87
1993	1 533,23	18,77	509,10	405,56	10,96	361,60	33,00	103,54	1 005,36	272,43	394,89	338,04	106,34
1994	1 604,23	19,98	527,14	414,82	9,98	370,93	33,91	112,32	1 057,11	287,49	416,70	352,92	108,87
1995	1 671,71	21,27	537,43	424,46	9,87	378,47	36,12	112,97	1 113,01	300,30	441,46	371,25	112,59
1996	1 697,89	22,34	530,49	423,31	5,96	376,57	40,78	107,18	1 145,06	299,65	461,32	384,09	114,44
1997	1 734,86	22,67	538,01	434,76	5,30	389,06	40,40	103,25	1 174,18	308,50	474,33	391,35	114,74
1998	1 778,06	22,04	549,93	450,72	5,19	404,16	41,37	99,21	1 206,09	322,45	481,98	401,66	115,32
1999	1 810,27	22,23	547,86	448,63	4,99	404,74	38,90	99,23	1 240,18	321,55	507,03	411,60	116,96
2000	1 856,20	23,46	561,55	465,34	5,23	425,99	34,12	96,21	1 271,19	337,27	510,94	422,98	118,02
2001	1 904,49	25,94	565,18	473,68	4,36	434,60	34,72	91,50	1 313,37	347,10	533,83	432,44	118,14
2002	1 935,03	22,05	560,95	472,70	4,58	432,54	35,58	88,25	1 352,03	351,98	553,04	447,01	120,07
2003	1 949,04	21,39	561,16	476,70	3,85	433,95	38,90	84,46	1 366,49	349,68	567,99	448,82	120,20
2004	2 003,18	22,11	582,84	500,17	3,99	455,47	40,71	82,67	1 398,23	359,93	583,57	454,73	120,27
						Preisbereinigt, Kettenindex (2000 = 100)							
1991	84,82	97,11	99,35	97,12	186,93	97,66	80,70	108,46	78,04	82,10	71,81	82,57	94,28
1992	86,70	94,02	98,70	95,05	188,47	95,41	79,82	115,98	81,18	84,44	74,89	86,49	96,51
1993	85,83	92,50	92,53	88,12	186,22	87,73	79,58	113,92	82,77	83,57	78,34	87,74	95,73
1994	87,87	83,78	95,50	90,40	171,27	90,51	79,39	120,37	84,58	85,33	80,25	89,45	98,08
1995	89,81	88,10	94,53	90,14	168,01	89,70	84,82	115,89	87,76	87,03	85,32	91,40	99,32
1996	91,00	91,66	92,22	88,95	115,75	87,82	97,55	108,18	90,47	87,48	89,73	93,84	99,65
1997	92,73	94,74	94,43	92,16	113,61	91,67	94,85	105,59	91,95	89,57	91,49	94,48	99,11
1998	94,65	89,06	94,89	93,33	115,54	92,78	96,61	102,63	94,66	92,78	94,54	96,34	99,22
1999	96,45	100,41	95,66	94,10	103,96	93,65	97,71	103,42	96,74	95,57	96,46	98,03	99,20
2000	100	100	100	100	100	100	100	100	100	100	100	100	100
2001	101,48	103,79	99,93	101,09	71,32	101,68	98,27	94,35	102,13	102,88	103,08	100,37	99,18
2002	101,81	97,47	97,92	99,47	81,63	99,81	97,65	90,47	103,61	103,65	104,62	102,35	99,34
2003	101,74	99,46	98,09	100,51	69,15	100,85	100,81	86,39	103,41	102,31	105,21	102,07	97,46
2004	103,87	111,83	101,54	104,95	67,53	105,50	103,76	85,05	104,80	104,22	107,10	102,44	96,98
						Veränderung gegenüber dem Vorjahr in vH							
1992	2,22	- 3,18	- 0,65	- 2,13	0,82	- 2,30	- 1,09	6,93	4,02	2,85	4,29	4,75	2,37
1993	- 1,00	- 1,62	- 6,25	- 7,29	- 1,19	- 8,05	- 0,30	- 1,78	1,96	- 1,03	4,61	1,45	- 0,81
1994	2,38	- 9,43	3,21	2,59	- 8,03	3,17	- 0,24	5,66	2,19	2,11	2,44	1,95	2,45
1995	2,21	5,16	- 1,02	- 0,29	- 1,90	- 0,89	6,84	- 3,72	3,76	1,99	6,32	2,18	1,26
1996	1,33	4,04	- 2,44	- 1,32	-31,11	- 2,10	15,01	- 6,65	3,09	0,52	5,17	2,67	0,33
1997	1,90	3,36	2,40	3,61	- 1,85	4,38	- 2,77	- 2,39	1,64	2,39	1,96	0,68	- 0,54
1998	2,07	- 6,00	0,49	1,27	1,70	1,21	1,86	- 2,80	2,95	3,58	3,33	1,97	0,11
1999	1,90	12,74	0,81	0,83	-10,02	0,94	1,14	0,77	2,20	3,01	2,03	1,75	- 0,02
2000	3,68	- 0,41	4,54	6,27	- 3,81	6,78	2,34	- 3,31	3,37	4,64	3,67	2,01	0,81
2001	1,48	3,79	- 0,07	1,09	-28,68	1,68	- 1,73	- 5,65	2,13	2,88	3,08	0,37	- 0,82
2002	0,33	- 6,09	- 2,01	- 1,60	14,46	- 1,84	- 0,63	- 4,11	1,45	0,75	1,49	1,97	0,16
2003	- 0,07	2,04	0,17	1,05	-15,29	1,04	3,24	- 4,51	- 0,19	- 1,29	0,56	- 0,27	- 1,89
2004	2,09	12,44	3,52	4,42	- 2,34	4,61	2,93	- 1,55	1,34	1,87	1,80	0,36	- 0,49

1) Ab 2002 vorläufige Ergebnisse. - 2) Einschließlich Gewinnung von Steinen und Erden. - 3) Einschließlich Wasserversorgung. - 4) Einschließlich Unternehmensdienstleister. - 5) Einschließlich Verteidigung und Sozialversicherung.

Tabelle 25*

Verwendung des Volkseinkommens

Mrd Euro

Jahr[1]	Volks-einkommen	Konsum[2] zu-sammen	davon: Private Haus-halte[5]	Staat	Nettoinvestitionen[3] zu-sammen	davon: Sektoren außer-halb des Staates	Sektor Staat	Außenbeitrag[4] zu-sammen	davon: Saldo der Waren-umsätze	Dienst-leistungs-umsätze	Primär-ein-kommen	Produk-tions- und Import-abgaben abzüglich Subven-tionen
	=	+			+			+				-
1991	1 192,57	1 172,46	879,86	292,60	153,80	141,05	12,75	0,86	16,56	- 22,65	6,95	134,55
1993	1 287,66	1 319,21	986,54	332,67	125,53	111,33	14,20	2,13	32,40	- 32,86	2,59	159,21
1995	1 397,22	1 429,01	1 067,19	361,82	140,29	133,39	6,90	- 5,02	46,00	- 37,33	- 13,69	167,06
1997	1 438,62	1 487,25	1 115,78	371,47	121,26	119,73	1,53	10,04	63,40	- 39,49	- 13,87	179,93
1999	1 487,26	1 562,25	1 175,01	387,24	135,26	131,99	3,27	- 4,09	66,18	- 48,74	- 21,53	206,16
2000	1 524,43	1 606,07	1 214,16	391,91	140,70	139,32	1,38	- 12,09	62,64	- 55,39	- 19,34	210,25
2001	1 560,85	1 658,80	1 258,57	400,23	95,44	93,75	1,69	21,50	100,66	- 58,15	- 21,01	214,89
2002	1 581,19	1 678,96	1 266,68	412,28	47,88	47,56	0,32	72,96	136,55	- 39,43	- 24,16	218,61
2003	1 599,98	1 703,09	1 287,64	415,45	51,34	53,50	- 2,16	71,42	131,99	- 44,43	- 16,14	225,87
2004	1 658,32	1 725,29	1 312,53	412,76	54,43	58,96	- 4,53	109,81	154,41	- 44,95	0,35	231,21

1) Ab 2002 vorläufige Ergebnisse. - 2) Ausgabenkonzept. - 3) Bruttoinvestitionen (Bruttoanlageinvestitionen einschließlich Vorratsver-änderungen und Nettozugang an Wertsachen) abzüglich Abschreibungen. - 4) Exporte abzüglich Importe von Waren und Dienstleistun-gen einschließlich dem Saldo der Primäreinkommen. - 5) Einschließlich private Organisationen ohne Erwerbszweck.

Tabelle 26*

Unternehmens- und Vermögenseinkommen der Gesamtwirtschaft[1]

Mrd Euro

Jahr[2]	Unter-nehmens- und Ver-mögens-einkom-men[3]	Saldo der Vermö-genseinkommen mit der übrigen Welt	Betriebsüberschuss/Selbständigeneinkommen zu-sammen	Betriebs-über-schuss	empfan-gene Vermö-gensein-kom-men[4]	geleis-tete Vermö-gensein-kom-men[5]	davon: Kapitalgesellschaften Unter-nehmens-gewinne	nachrichtlich: geleis-tete Aus-schüt-tungen und Ent-nahmen	reinves-tierte Gewinne an die übrige Welt	Primär-einkom-men[6]	Staat	private Haushalte und priva-te Organi-sationen ohne Er-werbs-zweck
			+		+	-	=	-	-	=		
1991	345,56	13,50	332,06	125,40	348,79	278,39	195,80	158,43	1,84	35,53	- 2,15	160,10
1993	348,89	9,65	339,24	109,68	375,47	306,99	178,16	160,78	- 2,84	20,22	- 1,75	175,54
1995	400,20	- 2,33	402,53	147,86	383,48	300,86	230,48	190,32	- 1,80	41,96	- 1,24	195,52
1997	427,93	- 4,50	432,43	170,26	408,16	312,08	266,34	215,00	- 0,40	51,74	- 1,58	197,78
1999	427,75	- 15,08	442,83	182,73	448,38	342,65	288,46	261,31	- 5,15	32,30	- 2,45	187,48
2000	424,37	- 10,94	435,31	188,54	511,31	395,21	304,64	293,32	- 5,84	17,16	- 2,63	189,77
2001	440,24	- 14,93	455,17	200,28	524,38	403,68	320,98	331,98	- 19,74	8,74	- 2,49	190,94
2002	452,53	- 20,85	473,38	207,89	496,44	375,35	328,98	309,39	- 7,09	26,68	- 2,73	196,18
2003	468,86	- 13,48	482,34	212,57	461,80	347,86	326,51	301,22	- 7,35	32,64	- 2,68	193,87
2004	523,83	1,06	522,77	243,99	462,76	337,98	368,77	301,55	- 6,41	73,63	- 2,64	203,48

1) In der Abgrenzung der Volkswirtschaftlichen Gesamtrechnungen. - 2) Ab 2002 vorläufige Ergebnisse. - 3) Inländerkonzept. - 4) Zin-sen (einschließlich unterstellte Bankgebühren), Ausschüttungen und Entnahmen, Vermögenseinkommen aus Versicherungsverträgen, re-investierte Gewinne aus der übrigen Welt, Pachteinkommen. - 5) Zinsen und Pachten. Ohne Ausschüttungen und Entnahmen. - 6) Netto-nationaleinkommen der Kapitalgesellschaften.

Tabelle 27*

Arbeitnehmerentgelte und geleistete Arbeitsstunden nach Wirtschaftsbereichen[1)]

Jahr[2)]	Insgesamt	Land- und Forstwirtschaft; Fischerei	Produzierendes Gewerbe zusammen	Produzierendes Gewerbe ohne Baugewerbe zusammen	Bergbau[3)]	Verarbeitendes Gewerbe	Energieversorgung[4)]	Baugewerbe	Dienstleistungsbereiche zusammen	Handel, Gastgewerbe und Verkehr	Finanzierung, Vermietung[5)]	öffentliche und private Dienstleister zusammen	darunter: Öffentliche Verwaltung[6)]

Arbeitnehmerentgelte, Mrd Euro

1991	844,99	10,29	360,13	302,40	9,44	278,32	14,64	57,73	474,57	170,09	87,51	216,97	79,12
1992	916,07	8,69	382,85	317,27	9,64	291,66	15,97	65,58	524,53	187,39	98,72	238,42	86,44
1993	938,19	8,65	376,22	305,69	8,96	280,37	16,36	70,53	553,32	195,03	106,55	251,74	90,05
1994	961,70	8,97	381,64	305,12	8,19	280,55	16,38	76,52	571,09	197,48	112,56	261,05	91,84
1995	997,80	9,23	390,53	312,67	8,09	288,33	16,25	77,86	598,04	202,87	119,86	275,31	95,12
1996	1 007,60	8,93	386,29	311,03	7,76	286,94	16,33	75,26	612,38	203,10	125,36	283,92	96,97
1997	1 011,97	8,94	382,62	310,63	7,06	287,32	16,25	71,99	620,41	202,95	129,29	288,17	96,97
1998	1 033,56	9,01	386,37	317,64	6,54	294,70	16,40	68,73	638,18	205,69	138,12	294,37	97,47
1999	1 060,87	9,25	387,14	319,65	6,14	297,75	15,76	67,49	664,48	211,83	148,93	303,72	98,91
2000	1 101,66	9,27	400,14	334,48	6,18	312,42	15,88	65,66	692,25	218,28	163,34	310,63	99,48
2001	1 122,22	9,02	402,71	341,14	5,35	319,33	16,46	61,57	710,49	223,12	171,35	316,02	99,29
2002	1 129,95	9,04	396,55	338,41	5,02	317,48	15,91	58,14	724,36	224,57	175,38	324,41	101,06
2003	1 132,09	8,94	392,14	336,41	4,89	315,26	16,26	55,73	731,01	224,63	178,40	327,98	101,13
2004	1 135,25	8,88	391,60	337,78	4,80	316,33	16,65	53,82	734,77	223,92	181,72	329,13	100,95

darunter:

Bruttolöhne und -gehälter[7)], Mrd Euro

1991	691,18	8,65	293,37	246,05	7,17	227,97	10,91	47,32	389,16	140,95	72,26	175,95	62,37
1992	748,83	7,26	311,55	257,64	7,22	238,56	11,86	53,91	430,02	155,03	81,42	193,57	68,24
1993	768,51	7,21	307,82	249,84	6,77	230,69	12,38	57,98	453,48	161,18	87,87	204,43	70,83
1994	779,99	7,42	308,85	246,27	6,05	227,74	12,48	62,58	463,72	161,72	92,33	209,67	71,26
1995	805,90	7,61	315,00	251,44	6,02	232,84	12,58	63,56	483,29	164,09	98,29	220,91	73,70
1996	814,95	7,36	311,96	251,05	5,73	232,73	12,59	60,91	495,63	166,03	102,05	227,55	74,95
1997	813,74	7,33	307,34	249,29	5,15	231,71	12,43	58,05	499,07	164,91	104,71	229,45	74,35
1998	830,75	7,39	310,35	254,70	4,81	237,48	12,41	55,65	513,01	167,16	111,69	234,16	74,60
1999	855,53	7,60	312,12	256,78	4,52	240,28	11,98	55,34	535,81	172,55	121,15	242,11	75,85
2000	884,52	7,62	317,97	263,99	4,44	248,29	11,26	53,98	558,93	179,34	131,34	248,25	76,73
2001	903,20	7,43	320,87	270,17	3,68	254,82	11,67	50,70	574,90	183,48	138,49	252,93	76,70
2002	909,31	7,45	316,54	268,64	3,56	253,22	11,86	47,90	585,32	185,28	141,01	259,03	77,62
2003	908,31	7,35	313,31	267,63	3,47	252,26	11,90	45,68	587,65	184,28	142,56	260,81	77,28
2004	912,39	7,30	313,43	269,26	3,37	253,60	12,29	44,17	591,66	183,88	145,73	262,05	77,27

Geleistete Arbeitsstunden der Erwerbstätigen[8)], Mio Stunden

1991	59 666	2 747	21 596	16 908	458	15 784	666	4 687	35 325	14 765	5 974	14 585	4 896
1992	59 475	2 516	21 220	16 218	414	15 156	647	5 003	35 739	14 720	6 289	14 730	4 849
1993	58 071	2 337	19 883	14 790	355	13 804	632	5 093	35 851	14 583	6 465	14 803	4 721
1994	57 902	2 218	19 496	14 183	313	13 255	615	5 313	36 188	14 528	6 697	14 963	4 654
1995	57 503	2 086	19 133	13 820	302	12 930	588	5 313	36 286	14 417	6 873	14 996	4 578
1996	56 734	1 872	18 228	13 155	278	12 314	564	5 072	36 635	14 370	7 071	15 193	4 577
1997	56 326	1 830	17 853	12 927	244	12 140	543	4 926	36 644	14 247	7 256	15 140	4 495
1998	56 783	1 819	17 796	12 996	226	12 238	531	4 800	37 170	14 316	7 633	15 220	4 429
1999	57 106	1 804	17 537	12 776	212	12 059	505	4 761	37 765	14 384	8 029	15 352	4 364
2000	57 456	1 777	17 257	12 699	203	12 038	459	4 557	38 422	14 543	8 473	15 406	4 251
2001	57 142	1 725	16 783	12 548	161	11 928	458	4 235	38 635	14 483	8 718	15 434	4 172
2002	56 322	1 643	16 129	12 179	160	11 573	447	3 950	38 548	14 211	8 786	15 552	4 115
2003	55 539	1 581	15 589	11 846	154	11 256	437	3 744	38 368	13 914	8 838	15 616	4 076
2004	55 962	1 560	15 500	11 840	148	11 247	445	3 659	38 904	13 996	9 041	15 866	4 025

1) Inlandskonzept, in der Abgrenzung der Volkswirtschaftlichen Gesamtrechnungen. - 2) Ab 2002 vorläufige Ergebnisse. - 3) Einschließlich Gewinnung von Steinen und Erden. - 4) Einschließlich Wasserversorgung. - 5) Einschließlich Unternehmensdienstleister. - 6) Einschließlich Verteidigung und Sozialversicherung. - 7) Arbeitnehmerentgelte abzüglich tatsächliche und unterstellte Sozialbeiträge der Arbeitgeber. - 8) Quelle: Institut für Arbeitsmarkt- und Berufsforschung (IAB) der Bundesagentur für Arbeit (BA), Nürnberg.

Tabelle 28*

Verwendung des Bruttoinlandsprodukts

Jahr[1]	Brutto-inlands-produkt	Inländische Verwendung insgesamt	Konsumausgaben insgesamt	Private Haushalte	Private Organisationen[2]	Staat	Bruttoinvestitionen insgesamt	Bruttoanlageinvestitionen zusammen	Ausrüstungsinvestitionen	Bauinvestitionen	sonstige Anlagen[3]	Vorratsveränderung[4]	Exporte von Waren und Dienstleistungen	Importe	Außenbeitrag[5]
\multicolumn{16}{c}{In jeweiligen Preisen, Mrd Euro}
1991	1 534,60	1 540,69	1 172,46	859,35	20,51	292,60	368,23	356,75	153,71	190,68	12,36	11,48	395,50	401,59	- 6,09
1992	1 646,62	1 654,10	1 268,98	923,62	22,98	322,38	385,12	387,81	150,72	223,34	13,75	- 2,69	396,43	403,91	- 7,48
1993	1 694,37	1 694,83	1 319,21	961,48	25,06	332,67	375,62	381,19	130,28	236,59	14,32	- 5,57	377,56	378,02	- 0,46
1994	1 780,78	1 778,19	1 378,02	1 003,63	27,47	346,92	400,17	401,83	128,27	258,28	15,28	- 1,66	411,25	408,66	2,59
1995	1 848,45	1 839,78	1 429,01	1 037,62	29,57	361,82	410,77	404,95	129,82	259,07	16,06	5,82	442,79	434,12	8,67
1996	1 876,18	1 859,31	1 463,25	1 064,05	27,45	371,75	396,06	399,85	131,87	250,79	17,19	- 3,79	467,09	450,22	16,87
1997	1 915,58	1 891,67	1 487,25	1 087,33	28,45	371,47	404,42	402,37	137,22	246,87	18,28	2,05	526,25	502,34	23,91
1998	1 965,38	1 938,56	1 513,87	1 107,67	29,84	376,36	424,69	414,50	150,06	244,13	20,31	10,19	563,24	536,42	26,82
1999	2 012,00	1 994,56	1 562,25	1 142,65	32,36	387,24	432,31	428,42	159,59	246,31	22,52	3,89	591,49	574,05	17,44
2000	2 062,50	2 055,25	1 606,07	1 180,33	33,83	391,91	449,18	442,43	176,66	241,85	23,92	6,75	688,39	681,14	7,25
2001	2 113,16	2 070,65	1 658,80	1 224,28	34,29	400,23	411,85	422,88	167,36	230,61	24,91	-11,03	735,60	693,09	42,51
2002	2 145,02	2 047,90	1 678,96	1 230,89	35,79	412,28	368,94	392,90	151,85	216,52	24,53	-23,96	765,57	668,45	97,12
2003	2 163,40	2 075,84	1 703,09	1 250,01	37,63	415,45	372,75	384,38	146,94	212,97	24,47	-11,63	772,66	685,10	87,56
2004	2 215,65	2 106,19	1 725,29	1 274,70	37,83	412,76	380,90	384,94	149,37	210,70	24,87	- 4,04	842,84	733,38	109,46
\multicolumn{16}{c}{Preisbereinigt, Kettenindex (2000 = 100)}
1991	85,36	85,87	84,41	84,72	71,08	84,65	90,88	85,14	82,43	89,77	46,35	X	59,95	60,37	X
1992	87,26	88,56	87,62	87,44	76,21	89,16	91,78	89,09	79,87	99,12	51,86	X	59,50	62,05	X
1993	86,56	87,88	88,17	88,01	81,45	89,25	86,85	85,24	68,33	101,01	54,84	X	56,59	59,14	X
1994	88,86	90,26	90,08	89,64	86,98	91,68	90,86	88,90	67,56	108,16	58,94	X	61,13	64,02	X
1995	90,54	92,00	91,97	91,50	92,05	93,39	92,07	88,72	69,08	106,25	62,33	X	65,01	68,19	X
1996	91,44	92,34	93,36	92,93	85,42	95,33	88,78	88,26	70,98	103,35	67,65	X	68,94	70,60	X
1997	93,09	93,14	94,06	93,68	87,07	95,81	89,92	89,14	74,51	101,84	71,86	X	77,01	76,40	X
1998	94,98	95,33	95,51	94,96	91,60	97,53	94,70	92,68	83,11	100,95	81,02	X	83,14	83,62	X
1999	96,89	97,89	97,92	97,72	96,48	98,65	97,79	97,08	90,36	102,46	92,67	X	88,08	90,77	X
2000	100	100	100	100	100	100	100	100	100	100	100	X	100	100	X
2001	101,24	99,49	101,54	101,96	98,94	100,53	92,16	96,35	96,33	95,40	106,19	X	106,44	101,23	X
2002	101,30	97,59	101,48	101,35	100,82	101,97	83,55	90,49	89,09	89,82	107,55	X	110,96	99,86	X
2003	101,11	98,13	101,60	101,44	102,14	102,07	85,68	89,81	88,94	88,36	111,10	X	113,64	104,91	X
2004	102,76	98,67	101,64	102,02	102,03	100,46	88,16	89,65	91,28	86,29	113,10	X	124,21	112,26	X
\multicolumn{16}{c}{Veränderung gegenüber dem Vorjahr in vH}
1992	2,2	3,1	3,8	3,2	7,2	5,3	1,0	4,6	- 3,1	10,4	11,9	X	- 0,8	2,8	X
1993	- 0,8	- 0,8	0,6	0,7	6,9	0,1	- 5,4	- 4,3	-14,4	1,9	5,7	X	- 4,9	- 4,7	X
1994	2,7	2,7	2,2	1,9	6,8	2,7	4,6	4,3	- 1,1	7,1	7,5	X	8,0	8,3	X
1995	1,9	1,9	2,1	2,1	5,8	1,9	1,3	-0,2	2,2	- 1,8	5,8	X	6,3	6,5	X
1996	1,0	0,4	1,5	1,6	- 7,2	2,1	- 3,6	- 0,5	2,8	- 2,7	8,5	X	6,0	3,5	X
1997	1,8	0,9	0,7	0,8	1,9	0,5	1,3	1,0	5,0	- 1,5	6,2	X	11,7	8,2	X
1998	2,0	2,4	1,5	1,4	5,2	1,8	5,3	4,0	11,5	- 0,9	12,7	X	8,0	9,5	X
1999	2,0	2,7	2,5	2,9	5,3	1,1	3,3	4,7	8,7	1,5	14,4	X	5,9	8,6	X
2000	3,2	2,2	2,1	2,3	3,6	1,4	2,3	3,0	10,7	- 2,4	7,9	X	13,5	10,2	X
2001	1,2	- 0,5	1,5	2,0	- 1,1	0,5	- 7,8	- 3,7	- 3,7	- 4,6	6,2	X	6,4	1,2	X
2002	0,1	- 1,9	- 0,1	- 0,6	1,9	1,4	- 9,3	- 6,1	- 7,5	- 5,8	1,3	X	4,2	- 1,4	X
2003	- 0,2	0,6	0,1	0,1	1,3	0,1	2,5	- 0,8	- 0,2	- 1,6	3,3	X	2,4	5,1	X
2004	1,6	0,6	0,0	0,6	- 0,1	- 1,6	2,9	- 0,2	2,6	- 2,3	1,8	X	9,3	7,0	X

1) Ab 2002 vorläufige Ergebnisse.- 2) Ohne Erwerbszweck. - 3) Nutztiere und Nutzpflanzungen, immaterielle Anlagegüter, Grundstücksübertragungskosten für unbebauten Grund und Boden. - 4) Einschließlich Nettozugang an Wertsachen. - 5) Exporte abzüglich Importe von Waren und Dienstleistungen.

Tabelle 29*

Konsumausgaben der privaten Haushalte nach Verwendungszwecken[1]

Jahr[2]	Insge-samt	Nah-rungs-mittel und Ge-tränke, Tabak-waren	Be-klei-dung und Schu-he	Wohnung, Wasser, Strom, Gas und andere Brennstoffe				Einrich-tungs-gegen-stände[3]	Ge-sund-heits-pflege	Ver-kehr	Nach-rich-ten-über-mitt-lung	Frei-zeit, Unter-hal-tung und Kultur	Bil-dungs-wesen	Beher-ber-gungs- und Gast-stätten-dienst-leistun-gen	Sons-tige Waren und Dienst-leistun-gen
				zu-sam-men	darunter:										
					tat-säch-liche Miet-zah-lun-gen	unter-stellte Miet-zah-lun-gen	Strom, Gas und andere Brenn-stoffe								
In jeweiligen Preisen, Mrd Euro															
1991	847,12	150,93	67,67	162,70	50,11	58,07	35,28	71,23	24,47	126,40	14,83	79,81	4,37	48,49	96,22
1992	907,33	156,82	71,36	177,96	56,02	64,84	35,76	77,15	27,84	131,68	16,73	85,52	5,29	51,23	105,75
1993	942,73	158,74	71,51	199,90	64,39	73,71	37,98	80,49	31,99	121,12	18,26	88,20	5,66	54,07	112,79
1994	980,76	160,12	69,46	214,85	70,13	81,06	37,23	81,50	33,86	132,38	18,88	89,96	5,90	56,58	117,27
1995	1 013,34	163,12	67,41	227,68	74,25	87,36	37,78	83,87	38,85	137,18	19,94	93,50	6,03	57,51	118,25
1996	1 039,58	163,28	67,80	239,35	76,82	92,12	39,76	83,71	38,97	147,83	20,65	96,38	6,21	57,64	117,76
1997	1 062,50	163,82	68,12	248,11	79,08	96,59	39,99	85,48	43,08	146,89	22,85	101,08	6,87	58,94	117,26
1998	1 081,86	166,58	68,07	251,56	79,56	99,39	38,40	87,50	42,79	149,00	24,12	106,03	7,29	59,95	118,97
1999	1 113,84	169,19	69,01	257,41	80,75	102,36	37,52	88,62	45,86	151,71	25,54	111,48	7,55	61,89	125,58
2000	1 149,69	172,38	69,53	266,46	82,01	105,26	40,08	90,53	47,37	157,68	28,67	115,94	7,89	65,70	127,54
2001	1 194,03	179,04	71,84	279,25	83,98	108,93	47,13	91,03	49,47	162,58	33,36	118,50	8,08	66,81	134,07
2002	1 201,14	183,96	68,64	281,67	85,77	113,43	44,75	88,34	52,58	164,86	34,11	116,05	8,49	65,51	136,93
2003	1 217,66	186,90	66,39	289,23	87,49	117,06	47,62	87,47	53,92	164,77	35,23	115,48	8,59	65,09	144,59
2004	1 244,08	189,97	66,66	295,89	89,78	119,97	49,10	88,85	58,29	171,17	35,77	117,07	8,73	65,13	146,55
Preisbereinigt, Kettenindex (2000 = 100)															
1991	85,49	94,93	107,31	84,03	87,40	76,61	102,57	88,08	62,08	100,85	41,92	70,78	92,84	90,92	75,54
1992	87,84	96,21	110,13	85,99	90,19	79,76	102,45	92,82	68,14	100,24	46,22	74,26	101,98	91,41	78,77
1993	88,08	96,31	107,49	89,75	94,34	83,86	107,03	94,59	75,87	88,89	49,51	75,16	97,35	91,66	82,07
1994	89,32	95,94	102,95	92,05	97,34	87,34	105,25	94,05	77,55	94,00	50,57	76,05	92,53	93,68	83,72
1995	91,01	97,07	99,14	94,26	98,85	90,38	107,85	95,46	87,58	96,21	53,46	79,24	90,65	93,61	84,21
1996	92,59	96,65	98,98	96,58	99,14	92,33	114,27	94,44	87,20	101,51	54,75	82,10	90,20	92,65	86,39
1997	93,62	95,54	98,95	97,66	99,55	94,57	112,63	95,92	92,19	99,72	62,68	84,89	96,16	93,55	88,30
1998	95,00	95,95	98,43	98,31	99,18	96,30	109,95	97,27	87,82	101,30	67,15	90,00	97,42	93,60	91,55
1999	97,63	98,06	99,38	99,21	99,74	98,24	104,75	98,10	97,26	100,82	79,29	96,15	97,29	95,30	96,16
2000	100	100	100	100	100	100	100	100	100	100	100	100	100	100	100
2001	102,16	100,27	102,59	102,65	101,22	102,38	110,00	99,60	103,50	101,80	123,47	101,87	100,76	100,02	101,87
2002	101,65	101,52	97,46	102,55	101,83	105,12	105,85	95,55	110,57	101,18	124,51	99,50	102,38	94,66	104,04
2003	101,36	102,03	94,93	103,70	102,96	107,44	108,12	94,21	113,93	99,05	127,94	100,37	101,54	93,39	101,32
2004	102,14	102,59	96,05	104,54	104,94	109,28	106,98	95,74	107,49	100,63	131,32	103,06	101,07	92,80	101,74
Veränderung gegenüber dem Vorjahr in vH															
1992	2,7	1,3	2,6	2,3	3,2	4,1	- 0,1	5,4	9,8	- 0,6	10,3	4,9	9,8	0,5	4,3
1993	0,3	0,1	- 2,4	4,4	4,6	5,1	4,5	1,9	11,3	- 11,3	7,1	1,2	- 4,5	0,3	4,2
1994	1,4	- 0,4	- 4,2	2,6	3,2	4,1	- 1,7	- 0,6	2,2	5,7	2,1	1,2	- 5,0	2,2	2,0
1995	1,9	1,2	- 3,7	2,4	1,6	3,5	2,5	1,5	12,9	2,4	5,7	4,2	- 2,0	- 0,1	0,6
1996	1,7	- 0,4	- 0,2	2,5	0,3	2,2	6,0	- 1,1	- 0,4	5,5	2,4	3,6	- 0,5	- 1,0	2,6
1997	1,1	- 1,1	0,0	1,1	0,4	2,4	- 1,4	1,6	5,7	- 1,8	14,5	3,4	6,6	1,0	2,2
1998	1,5	0,4	- 0,5	0,7	- 0,4	1,8	- 2,4	1,4	- 4,7	1,6	7,1	6,0	1,3	0,1	3,7
1999	2,8	2,2	1,0	0,9	0,6	2,0	- 4,7	0,9	10,7	- 0,5	18,1	6,8	- 0,1	1,8	5,0
2000	2,4	2,0	0,6	0,8	0,3	1,8	- 4,5	1,9	2,8	- 0,8	26,1	4,0	2,8	4,9	4,0
2001	2,2	0,3	2,6	2,6	1,2	2,4	10,0	- 0,4	3,5	1,8	23,5	1,9	0,8	0,0	1,9
2002	- 0,5	1,2	- 5,0	- 0,1	0,6	2,7	- 3,8	- 4,1	6,8	- 0,6	0,8	- 2,3	1,6	- 5,4	2,1
2003	- 0,3	0,5	- 2,6	1,1	1,1	2,2	2,1	- 1,4	3,0	- 2,1	2,8	0,9	- 0,8	- 1,3	- 2,6
2004	0,8	0,5	1,2	0,8	1,9	1,7	- 1,1	1,6	- 5,7	1,6	2,6	2,7	- 0,5	- 0,6	0,4

1) Im Inland. - 2) Ab 2002 vorläufige Ergebnisse. - 3) Sowie Apparate, Geräte und Ausrüstungen für den Haushalt; einschließlich Instandhaltung.

Tabelle 30*
Primäreinkommen, Verfügbares Einkommen und Sparen der privaten Haushalte[1]
Mrd Euro

Jahr[2]	Primäreinkommen[4] zusammen	davon: Unternehmensgewinne	davon: empfangene Arbeitnehmerentgelte	davon: empfangene Vermögenseinkommen	davon: geleistete übrige Zinsen, Pachten	Verfügbares Einkommen[3] davon: empfangene monetäre Sozialleistungen[5]	empfangene sonstige laufende Transfers	geleistete Einkommen- und Vermögensteuern
	(1)	(2)	(3)	(4)	(5)	(6)	(7)	(8)
1991	1 182,08	118,61	847,01	228,09	11,63	258,26	43,52	147,63
1992	1 270,24	124,99	917,17	241,36	13,28	288,32	47,68	164,70
1993	1 301,20	128,78	938,77	246,58	12,93	314,11	52,51	166,00
1994	1 357,24	136,00	961,86	273,21	13,83	328,31	56,35	170,55
1995	1 402,20	143,28	997,02	274,31	12,41	347,75	58,15	180,14
1996	1 414,45	146,81	1 006,62	273,05	12,03	378,03	60,07	184,21
1997	1 436,87	148,04	1 010,69	289,24	11,10	386,87	60,96	183,80
1998	1 466,59	142,12	1 032,25	303,50	11,28	392,35	61,85	193,30
1999	1 503,31	137,88	1 059,51	316,81	10,89	402,43	65,18	204,67
2000	1 558,46	133,07	1 100,06	337,50	12,17	409,26	66,04	217,04
2001	1 599,32	132,97	1 120,61	357,63	11,89	424,97	69,67	215,63
2002	1 600,71	142,11	1 128,66	341,24	11,30	443,67	71,89	212,95
2003	1 617,40	144,77	1 131,12	351,79	10,28	455,21	71,72	208,37
2004	1 638,22	156,76	1 134,49	356,74	9,77	457,73	71,21	198,59

Jahr[2]	noch: Verfügbares Einkommen[3] noch: davon: geleistete Sozialbeiträge[6]	geleistete monetäre Sozialleistungen	geleistete sonstige laufende Transfers	insgesamt (1) + (6) + (7) - (8) - (9) - (10) - (11)	Private Konsumausgaben[3]	Zunahme betrieblicher Versorgungsansprüche[7]	Sparen[8] (12) + (14) - (13)	Sparquote[9] (vH) (15) / ((12) + (14))
	(9)	(10)	(11)	(12)	(13)	(14)	(15)	(16)
1991	289,97	0,33	45,42	1 000,51	879,86	9,57	130,22	12,89
1992	318,00	0,36	50,33	1 072,85	946,60	11,21	137,46	12,68
1993	332,14	0,36	54,57	1 114,75	986,54	7,03	135,24	12,06
1994	355,90	0,39	60,00	1 155,06	1 031,10	8,50	132,46	11,38
1995	377,11	0,40	62,49	1 187,96	1 067,19	10,96	131,73	10,99
1996	391,64	0,40	63,73	1 212,57	1 091,50	7,64	128,71	10,55
1997	404,62	0,43	62,88	1 232,97	1 115,78	8,26	125,45	10,11
1998	410,68	0,52	62,92	1 253,37	1 137,51	11,67	127,53	10,08
1999	414,68	0,52	65,51	1 285,54	1 175,01	12,19	122,72	9,46
2000	427,00	0,51	67,05	1 322,16	1 214,16	15,24	123,24	9,21
2001	432,06	0,50	71,68	1 374,09	1 258,57	15,42	130,94	9,42
2002	439,65	0,50	74,64	1 388,53	1 266,68	17,54	139,39	9,91
2003	445,87	0,52	71,84	1 417,73	1 287,64	17,80	147,89	10,30
2004	448,08	0,50	72,60	1 447,39	1 312,53	18,98	153,84	10,49

1) Einschließlich privater Organisationen ohne Erwerbszweck. - 2) Ab 2002 vorläufige Ergebnisse. - 3) Ausgabenkonzept. - 4) Selbständigeneinkommen, Betriebsüberschuss, empfangene Arbeitnehmerentgelte, empfangene Vermögenseinkommen abzüglich geleistete Zinsen und Pachten. - 5) Geldleistungen der Sozialversicherung, Sozialleistungen aus privaten Sicherungssystemen, sonstige Sozialleistungen der Arbeitgeber sowie sonstige soziale Geldleistungen (unter anderem Sozialhilfe, Arbeitslosenhilfe). - 6) Tatsächliche und unterstellte Sozialbeiträge. - 7) Einschließlich der Riester-Renten. - 8) Verfügbares Einkommen abzüglich Private Konsumausgaben zuzüglich Zunahme betrieblicher Versorgungsansprüche. - 9) Sparen in vH des verfügbaren Einkommens einschließlich der Zunahme betrieblicher Versorgungsansprüche.

Tabelle 31*

Bruttoinvestitionen[1]

Jahr[2]	Insgesamt	Ausrüstungsinvestitionen			Bauinvestitionen		Nichtwohnbauten			Sonstige Anlagen[3]	Vorratsveränderungen und Nettozugang an Wertsachen
		zusammen	Sektoren außerhalb des Staates	Sektor Staat	zusammen	Wohnbauten	zusammen	Sektoren außerhalb des Staates	Sektor Staat		
In jeweiligen Preisen, Mrd Euro											
1991	368,23	153,71	147,63	6,08	190,68	94,64	96,04	63,89	32,15	12,36	11,48
1992	385,12	150,72	144,11	6,61	223,34	110,76	112,58	75,13	37,45	13,75	- 2,69
1993	375,62	130,28	124,55	5,73	236,59	121,10	115,49	77,78	37,71	14,32	- 5,57
1994	400,17	128,27	123,23	5,04	258,28	138,31	119,97	81,85	38,12	15,28	- 1,66
1995	410,77	129,82	125,10	4,72	259,07	142,18	116,89	83,33	33,56	16,06	5,82
1996	396,06	131,87	127,26	4,61	250,72	141,71	109,08	77,19	31,89	17,19	- 3,79
1997	404,42	137,22	133,21	4,01	246,87	142,13	104,74	75,77	28,97	18,28	2,05
1998	424,69	150,06	145,36	4,70	244,13	142,36	101,77	73,23	28,54	20,31	10,19
1999	432,31	159,59	154,38	5,21	246,31	144,19	102,12	72,04	30,08	22,52	3,89
2000	449,18	176,66	171,51	5,15	241,85	140,92	100,93	71,66	29,27	23,92	6,75
2001	411,85	167,36	162,04	5,32	230,61	132,21	98,40	69,28	29,12	24,91	-11,03
2002	368,94	151,85	146,91	4,94	216,52	124,31	92,21	63,99	28,22	24,53	-23,96
2003	372,75	146,94	142,85	4,09	212,97	123,03	89,94	63,56	26,38	24,47	-11,63
2004	380,90	149,37	145,18	4,19	210,70	122,61	88,09	63,96	24,13	24,87	- 4,04
Preisbereinigt, Kettenindex (2000 = 100)											
1991	90,88	82,43	X	97,87	89,77	77,67	106,50	X	120,97	46,35	X
1992	91,78	79,87	X	108,33	99,12	85,48	117,97	X	133,01	51,86	X
1993	86,85	68,33	X	93,09	101,01	89,30	117,24	X	129,60	54,84	X
1994	90,86	67,56	X	83,18	108,16	99,79	119,81	X	129,36	58,94	X
1995	92,07	69,08	X	80,70	106,25	100,16	114,75	X	112,53	62,33	X
1996	88,78	70,98	X	81,04	103,35	100,01	108,03	X	108,10	67,65	X
1997	89,92	74,51	X	71,20	101,84	100,41	103,85	X	99,22	71,86	X
1998	94,70	83,11	X	88,24	100,95	100,76	101,22	X	98,19	81,02	X
1999	97,79	90,36	X	101,76	102,46	102,54	102,36	X	103,80	92,67	X
2000	100,00	100,00	X	100,00	100,00	100,00	100,00	X	100,00	100,00	X
2001	92,16	96,33	X	107,18	95,40	93,93	97,45	X	99,04	106,19	X
2002	83,55	89,09	X	105,37	89,82	88,40	91,81	X	96,35	107,55	X
2003	85,68	88,94	X	93,43	88,36	87,48	89,59	X	90,07	111,10	X
2004	88,16	91,28	X	98,23	86,29	86,11	86,55	X	81,91	113,10	X
Veränderung gegenüber dem Vorjahr in vH											
1992	1,0	- 3,1	X	10,7	10,4	10,1	10,8	X	10,0	11,9	X
1993	- 5,4	-14,4	X	-14,1	1,9	4,5	- 0,6	X	- 2,6	5,7	X
1994	4,6	- 1,1	X	-10,6	7,1	11,7	2,2	X	- 0,2	7,5	X
1995	1,3	2,2	X	- 3,0	- 1,8	0,4	- 4,2	X	-13,0	5,8	X
1996	- 3,6	2,8	X	0,4	- 2,7	- 0,1	- 5,9	X	- 3,9	8,5	X
1997	1,3	5,0	X	-12,1	- 1,5	0,4	- 3,9	X	- 8,2	6,2	X
1998	5,3	11,5	X	23,9	- 0,9	0,3	- 2,5	X	- 1,0	12,7	X
1999	3,3	8,7	X	15,3	1,5	1,8	1,1	X	5,7	14,4	X
2000	2,3	10,7	X	- 1,7	- 2,4	- 2,5	- 2,3	X	- 3,7	7,9	X
2001	- 7,8	- 3,7	X	7,2	- 4,6	- 6,1	- 2,6	X	- 1,0	6,2	X
2002	- 9,3	- 7,5	X	- 1,7	- 5,8	- 5,9	- 5,8	X	- 2,7	1,3	X
2003	2,5	- 0,2	X	-11,3	- 1,6	- 1,0	- 2,4	X	- 6,5	3,3	X
2004	2,9	2,6	X	5,1	- 2,3	- 1,6	- 3,4	X	- 9,1	1,8	X

1) Ausrüstungsinvestitionen, Bauinvestitionen, sonstige Anlagen, Vorratsveränderungen und Nettozugang an Wertsachen. - 2) Ab 2002 vorläufige Ergebnisse. - 3) Im Wesentlichen Computersoftware, Nutztiere und Nutzpflanzungen.

Tabelle 32*

Anlageinvestitionen

Jahr[2]	Insgesamt	Land- und Forstwirtschaft; Fischerei	Produzierendes Gewerbe zusammen	Produzierendes Gewerbe ohne Baugewerbe davon:				Baugewerbe	Dienstleistungsbereiche zusammen	Handel, Gastgewerbe und Verkehr	Finanzierung, Vermietung und Unternehmensdienstleister[3] insgesamt	darunter: Grundstückswesen[5]	Öffentliche und private Dienstleister
				zusammen	Bergbau[3]	Verarbeitendes Gewerbe	Energieversorgung[4]						

Neue Ausrüstungen und sonstige Anlagen
In jeweiligen Preisen, Mrd Euro

1991	173,25	5,13	74,25	67,06	1,74	58,29	7,03	7,19	93,87	34,54	38,34	1,48	20,99
1992	172,43	4,92	72,94	65,12	2,24	55,34	7,54	7,82	94,57	36,03	38,38	1,72	20,16
1993	152,60	4,09	60,54	53,20	1,83	43,63	7,74	7,34	87,97	34,51	35,95	1,87	17,51
1994	151,60	4,05	58,54	51,38	1,56	41,87	7,95	7,16	89,01	31,29	38,34	2,10	19,38
1995	154,34	4,23	59,00	52,95	1,92	44,56	6,47	6,05	91,11	29,37	41,40	2,08	20,34
1996	158,40	4,32	59,69	54,51	1,44	45,37	7,70	5,18	94,39	28,97	44,73	2,10	20,69
1997	165,77	4,06	59,30	54,72	1,22	46,38	7,12	4,58	102,41	31,08	50,05	2,15	21,28
1998	180,99	4,46	63,10	58,40	1,19	50,08	7,13	4,70	113,43	31,83	57,14	2,20	24,46
1999	193,87	4,68	65,96	60,92	1,22	52,56	7,14	5,04	123,23	33,86	62,14	2,22	27,23
2000	211,50	4,69	67,85	62,87	1,00	55,47	6,40	4,98	138,96	38,37	71,20	2,74	29,39
2001	206,07	4,32	68,73	64,73	0,88	57,44	6,41	4,00	133,02	35,47	70,09	2,93	27,46
2002	191,17	4,46	62,94	59,26	0,97	51,83	6,46	3,68	123,77	33,90	62,75	2,81	27,12
2003	185,17	4,12	61,25	58,03	0,96	51,11	5,96	3,22	119,80	31,68	62,54	2,93	25,58
2004	188,39	3,88	62,39	59,38	1,02	52,49	5,87	3,01	122,12	32,19	64,47		25,46

Preisbereinigt, Kettenindex (2000 = 100)

1991	77,93	123,88	113,40	110,48	178,82	109,10	111,83	149,31	60,57	81,32	47,87	59,62	65,22
1992	76,64	114,46	109,23	105,31	224,04	101,69	117,88	157,82	60,74	84,80	47,48	67,27	62,39
1993	67,20	93,52	89,31	84,82	180,03	79,00	119,76	145,11	56,22	81,18	43,98	71,96	54,13
1994	67,03	91,92	86,27	81,85	154,45	75,78	122,54	141,16	57,34	74,24	47,38	80,81	60,06
1995	68,84	94,19	86,80	84,18	190,09	80,45	99,73	119,47	59,69	70,59	52,15	79,66	64,15
1996	71,41	94,86	87,48	86,29	142,57	81,50	118,69	102,29	63,15	71,09	57,67	80,81	66,33
1997	75,28	88,49	86,98	86,67	120,79	83,35	109,90	90,84	69,31	77,15	65,53	78,89	68,38
1998	83,64	96,12	92,74	92,64	117,82	90,13	110,36	94,01	78,87	80,60	77,21	78,52	80,66
1999	91,56	100,43	97,55	97,24	120,79	95,11	111,91	101,41	88,37	88,02	86,91	81,02	92,37
2000	100	100	100	100	100	100	100	100	100	100	100	100	100
2001	98,92	91,47	101,34	102,99	88,00	103,53	100,63	80,52	97,99	94,21	101,19	108,39	95,17
2002	93,45	93,59	93,05	94,53	98,00	93,67	101,41	74,48	93,66	91,82	93,44	105,06	96,52
2003	93,21	86,04	91,54	93,56	99,01	93,27	95,13	66,18	94,33	88,60	97,39	111,79	94,46
2004	95,50	79,98	93,17	95,66	105,20	95,68	93,85	61,86	97,27	90,78	101,55		95,53

Veränderung gegenüber dem Vorjahr in vH

1992	- 1,7	- 7,6	- 3,7	- 4,7	25,3	- 6,8	5,4	5,7	0,3	4,3	- 0,8	12,8	- 4,3
1993	-12,3	-18,3	-18,2	-19,5	-19,6	-22,3	1,6	- 8,1	- 7,4	- 4,3	- 7,4	7,0	-13,2
1994	- 0,3	- 1,7	- 3,4	- 3,5	-14,2	- 4,1	2,3	- 2,7	2,0	- 8,5	7,7	12,3	11,0
1995	2,7	2,5	0,6	2,8	23,1	6,2	-18,6	-15,4	4,1	- 4,9	10,1	- 1,4	6,8
1996	3,7	0,7	0,8	2,5	-25,0	1,3	19,0	-14,4	5,8	0,7	10,6	1,4	3,4
1997	5,4	- 6,7	- 0,6	0,4	-15,3	2,3	- 7,4	-11,2	9,8	8,5	13,6	- 2,4	3,1
1998	11,1	8,6	6,6	6,9	- 2,5	8,1	0,4	3,5	13,8	4,5	17,8	- 0,5	18,0
1999	9,5	4,5	5,2	5,0	2,5	5,5	1,4	7,9	12,0	9,2	12,6	3,2	14,5
2000	9,2	- 0,4	2,5	2,8	-17,2	5,1	-10,6	- 1,4	13,2	13,6	15,1	23,4	8,3
2001	- 1,1	- 8,5	1,3	3,0	-12,0	3,5	0,6	-19,5	- 2,0	- 5,8	1,2	8,4	- 4,8
2002	- 5,5	2,3	- 8,2	- 8,2	11,4	- 9,5	0,8	- 7,5	- 4,4	- 2,5	- 7,7	- 3,1	1,4
2003	- 0,3	- 8,1	- 1,6	- 1,0	1,0	- 0,4	- 6,2	-11,1	0,7	- 3,5	4,2	6,4	- 2,1
2004	2,5	- 7,0	1,8	2,2	6,3	2,6	- 1,3	- 6,5	3,1	2,5	4,3		1,1

1) Neue Ausrüstungen und sonstige Anlagen sowie neue Bauten. - 2) Ab 2002 vorläufige Ergebnisse. - 3) Einschließlich Gewinnung von

nach Wirtschaftsbereichen[1]

Tabelle 32*

Ins-gesamt	Land- und Forst-wirt-schaft; Fischerei	Produzierendes Gewerbe zusammen	Produzierendes Gewerbe ohne Baugewerbe zusammen	Berg-bau[3]	Ver-arbeiten-des Ge-werbe	Energie-versor-gung[4]	Bauge-werbe	Dienstleistungsbereiche zusammen	Handel, Gast-gewerbe und Verkehr	Finanzierung, Vermietung und Unternehmens-dienstleister[3] insgesamt	darunter: Grund-stücks-wesen[5]	Öffent-liche und private Dienst-leister	Jahr[2]
Neue Bauten – In jeweiligen Preisen, Mrd Euro													
190,68	1,61	18,26	17,35	0,20	10,54	6,61	0,91	170,81	19,94	106,36	100,16	44,51	1991
223,34	1,79	22,33	21,20	0,21	11,31	9,68	1,13	199,22	23,66	122,65	114,99	52,91	1992
236,59	1,84	21,94	20,50	0,18	10,27	10,05	1,44	212,81	22,46	134,96	126,28	55,39	1993
258,28	1,86	21,17	19,53	0,14	9,29	10,10	1,64	235,25	22,31	154,09	145,16	58,85	1994
259,07	2,01	20,71	19,02	0,12	9,14	9,76	1,69	236,35	20,60	158,46	149,05	57,29	1995
250,79	1,92	18,93	17,47	0,10	8,57	8,80	1,46	229,94	18,37	158,04	148,69	53,53	1996
246,87	1,87	17,17	16,19	0,12	7,86	8,21	0,98	227,83	17,28	158,61	149,12	51,94	1997
244,13	1,93	16,88	16,01	0,14	8,32	7,55	0,87	225,32	17,03	158,61	148,56	49,68	1998
246,31	1,88	16,95	16,03	0,07	8,56	7,40	0,92	227,48	18,60	158,52	150,11	50,36	1999
241,85	1,86	16,18	15,40	0,12	8,88	6,40	0,78	223,81	15,83	158,45	149,27	49,53	2000
230,61	1,86	15,67	15,16	0,05	9,22	5,89	0,51	213,08	16,02	148,70	139,84	48,36	2001
216,52	1,79	13,71	13,30	0,07	7,60	5,63	0,41	201,02	15,97	139,37	131,24	45,68	2002
212,97	1,63	12,72	12,35	0,05	6,50	5,80	0,37	198,62	16,37	136,56	129,46	45,69	2003
210,70	1,57	13,01	12,66	0,05	6,66	5,95	0,35	196,12	16,34	135,25		44,53	2004
Preisbereinigt, Kettenindex (2000 = 100)													
89,77	96,18	122,76	122,24	175,00	133,08	108,73	130,95	87,28	137,26	78,04	78,05	100,30	1991
99,12	100,96	142,05	141,33	175,00	135,10	150,68	153,97	95,92	154,12	84,65	84,26	112,56	1992
101,01	100,96	136,32	133,60	150,00	119,09	153,95	189,40	98,40	142,33	89,01	88,39	113,92	1993
108,16	100,96	129,92	125,78	116,67	105,99	153,49	211,76	106,62	139,92	99,27	99,23	119,27	1994
106,25	106,93	125,26	120,76	100,00	102,45	146,65	214,34	104,85	127,19	99,64	99,43	114,28	1995
103,35	102,14	115,34	111,81	83,33	96,17	134,18	185,17	102,49	114,41	99,69	99,52	107,62	1996
101,84	100,01	105,29	104,32	99,99	88,20	126,86	124,29	101,61	108,37	99,86	99,63	105,07	1997
100,95	103,22	104,12	103,80	116,66	93,36	118,21	110,34	100,70	107,43	100,03	99,45	100,72	1998
102,46	101,62	105,48	104,84	58,33	96,61	117,27	117,95	102,25	118,47	100,53	101,06	102,59	1999
100	100	100	100	100	100	100	100	100	100	100	100	100	2000
95,40	101,08	96,85	98,44	41,67	103,83	92,03	65,38	95,25	101,26	93,96	93,80	97,44	2001
89,82	97,82	85,05	86,69	50,00	85,59	88,91	52,56	90,10	101,58	88,24	88,21	92,40	2002
88,36	88,53	79,22	80,82	35,71	73,20	92,38	47,43	89,02	104,51	86,42	86,97	92,42	2003
86,29	84,18	80,03	81,80	35,71	74,33	93,18	44,87	86,77	102,79	84,42		89,18	2004
Veränderung gegenüber dem Vorjahr in vH													
10,4	5,0	15,7	15,6	0,0	1,5	38,6	17,6	9,9	12,3	8,5	8,0	12,2	1992
1,9	0,0	- 4,0	- 5,5	-14,3	-11,9	2,2	23,0	2,6	- 7,6	5,2	4,9	1,2	1993
7,1	0,0	- 4,7	- 5,9	-22,2	-11,0	- 0,3	11,8	8,4	- 1,7	11,5	12,3	4,7	1994
- 1,8	5,9	- 3,6	- 4,0	-14,3	- 3,3	- 4,5	1,2	- 1,7	- 9,1	0,4	0,2	- 4,2	1995
- 2,7	- 4,5	- 7,9	- 7,4	-16,7	- 6,1	- 8,5	-13,6	- 2,3	-10,0	0,1	0,1	- 5,8	1996
- 1,5	- 2,1	- 8,7	- 6,7	20,0	- 8,3	- 5,5	-32,9	- 0,9	- 5,3	0,2	0,1	- 2,4	1997
- 0,9	3,2	- 1,1	- 0,5	16,7	5,9	- 6,8	- 11,2	- 0,9	- 0,9	0,2	- 0,2	- 4,1	1998
1,5	- 1,6	1,3	1,0	-50,0	3,5	- 0,8	6,9	1,5	10,3	0,5	1,6	1,9	1999
- 2,4	- 1,6	- 5,2	- 4,6	71,4	3,5	-14,7	-15,2	- 2,2	-15,6	- 0,5	- 1,0	- 2,5	2000
- 4,6	1,1	- 3,2	- 1,6	-58,3	3,8	- 8,0	- 34,6	- 4,8	1,3	- 6,0	- 6,2	- 2,6	2001
- 5,8	- 3,2	- 12,2	- 11,9	20,0	-17,6	- 3,4	- 19,6	- 5,4	0,3	- 6,1	- 6,0	- 5,2	2002
- 1,6	- 9,5	- 6,9	- 6,8	-28,6	-14,5	3,9	- 9,8	- 1,2	2,9	- 2,1	- 1,4	0,0	2003
- 2,3	- 4,9	1,0	1,2	0,0	1,5	0,9	- 5,4	- 2,5	- 1,6	- 2,3		- 3,5	2004

Steinen und Erden. - 4) Einschließlich Wasserversorgung. - 5) Einschließlich Wohnungswesen.

Tabelle 33*
Deflatoren aus den Volkswirtschaftlichen Gesamtrechnungen

Jahr[1]	Brutto-inlands-produkt	Inländische Verwendung insgesamt	Konsum (Ausgabenkonzept) zusammen	Private Konsum-ausgaben	Konsum-ausgaben des Staates	Bruttoinvestitionen zusammen	darunter: Brutto-anlage-investitionen	Exporte von Waren und Dienstleistungen	Importe	Terms of Trade[2]
					Index (2000 = 100)					
1991	87,2	87,3	86,5	85,9	88,2	90,2	94,7	95,8	97,7	98,1
1992	91,5	90,9	90,2	89,5	92,3	93,4	98,4	96,8	95,6	101,3
1993	94,9	93,8	93,2	92,5	95,1	96,3	101,1	96,9	93,9	103,3
1994	97,2	95,9	95,3	94,8	96,6	98,1	102,2	97,7	93,7	104,3
1995	99,0	97,3	96,8	96,0	98,9	99,3	103,2	98,9	93,5	105,9
1996	99,5	98,0	97,6	97,0	99,5	99,3	102,4	98,4	93,6	105,1
1997	99,8	98,8	98,5	98,3	98,9	100,1	102,0	99,3	96,5	102,8
1998	100,3	98,9	98,7	98,8	98,5	99,8	101,1	98,4	94,2	104,5
1999	100,7	99,1	99,3	99,1	100,2	98,4	99,7	97,6	92,9	105,1
2000	100	100	100	100	100	100	100	100	100	100
2001	101,2	101,3	101,7	101,8	101,6	99,5	99,2	100,4	100,5	99,9
2002	102,7	102,1	103,0	103,0	103,2	98,3	98,1	100,2	98,3	102,0
2003	103,7	102,9	104,4	104,5	103,9	96,9	96,7	98,8	95,9	103,0
2004	104,5	103,9	105,7	106,0	104,8	96,2	97,1	98,6	95,9	102,8
					Veränderung gegenüber dem Vorjahr in vH					
1992	5,0	4,1	4,3	4,1	4,6	3,6	3,9	1,0	- 2,1	3,2
1993	3,7	3,2	3,3	3,4	3,1	3,1	2,7	0,1	- 1,8	2,0
1994	2,4	2,2	2,2	2,5	1,5	1,8	1,1	0,8	- 0,1	1,0
1995	1,9	1,5	1,6	1,3	2,4	1,3	1,0	1,2	- 0,3	1,5
1996	0,5	0,7	0,9	1,0	0,7	0,0	- 0,7	- 0,5	0,2	- 0,7
1997	0,3	0,9	0,9	1,4	- 0,6	0,8	- 0,4	0,9	3,1	- 2,2
1998	0,6	0,1	0,2	0,5	- 0,5	- 0,3	- 0,9	- 0,9	- 2,4	1,6
1999	0,3	0,2	0,7	0,3	1,7	- 1,4	- 1,3	- 0,9	- 1,4	0,5
2000	- 0,7	0,9	0,7	0,9	- 0,2	1,6	0,3	2,5	7,7	- 4,8
2001	1,2	1,3	1,7	1,8	1,6	- 0,5	- 0,8	0,4	0,5	- 0,1
2002	1,4	0,8	1,3	1,2	1,6	- 1,2	- 1,1	- 0,2	- 2,2	2,1
2003	1,0	0,8	1,3	1,5	0,7	- 1,5	- 1,4	- 1,5	- 2,5	1,0
2004	0,8	0,9	1,3	1,4	0,9	- 0,7	0,3	- 0,2	0,0	- 0,2

1) Ab 2002 vorläufige Ergebnisse. - 2) Preisindizes der Exporte von Waren und Dienstleistungen in Relation zu den Preisindizes der Importe von Waren und Dienstleistungen.

Tabelle 34*

Arbeitsproduktivität, Lohnkosten, Verdienst und Lohnstückkosten im Inland[1)]

Jahr[2)]	Arbeitsproduktivität[3)]		Lohnkosten[4)]		Verdienst[5)]		Lohnstückkosten[6)]	
	je Erwerbs-tätigen	je Erwerbs-tätigenstunde	je Arbeit-nehmer	je Arbeit-nehmerstunde	je Arbeit-nehmer	je Arbeit-nehmerstunde	je Erwerbs-tätigen	je Erwerbs-tätigenstunde
	Index (2000 = 100)		Euro				Index (2000 = 100)	
1991	86,52	82,20	24 073	16,32	19 691	13,35	88,97	87,69
1992	89,75	84,30	26 567	17,79	21 717	14,55	94,65	93,24
1993	90,22	85,64	27 651	18,77	22 650	15,37	98,00	96,80
1994	92,72	88,17	28 460	19,37	23 083	15,71	98,16	97,04
1995	94,25	90,47	29 475	20,30	23 807	16,39	100,01	99,10
1996	95,45	92,61	29 850	20,86	24 142	16,87	100,00	99,48
1997	97,26	94,96	30 076	21,20	24 185	17,05	98,89	98,64
1998	98,07	96,10	30 358	21,49	24 401	17,28	98,99	98,80
1999	98,71	97,48	30 690	21,91	24 750	17,67	99,43	99,30
2000	100	100	31 271	22,64	25 108	18,18	100	100
2001	100,80	101,80	31 761	23,19	25 563	18,66	100,76	100,62
2002	101,42	103,34	32 199	23,68	25 911	19,05	101,53	101,21
2003	102,21	104,60	32 672	24,12	26 214	19,35	102,21	101,85
2004	103,49	105,50	32 763	24,13	26 332	19,39	101,24	101,02
	Veränderung gegenüber dem Vorjahr in vH							
1992	3,7	2,6	10,4	9,0	10,3	9,0	6,4	6,3
1993	0,5	1,6	4,1	5,5	4,3	5,7	3,5	3,8
1994	2,8	3,0	2,9	3,2	1,9	2,2	0,2	0,2
1995	1,7	2,6	3,6	4,8	3,1	4,3	1,9	2,1
1996	1,3	2,4	1,3	2,8	1,4	2,9	- 0,0	0,4
1997	1,9	2,5	0,8	1,6	0,2	1,1	- 1,1	- 0,8
1998	0,8	1,2	0,9	1,4	0,9	1,3	0,1	0,2
1999	0,7	1,4	1,1	2,0	1,4	2,3	0,4	0,5
2000	1,3	2,6	1,9	3,3	1,4	2,8	0,6	0,7
2001	0,8	1,8	1,6	2,4	1,8	2,7	0,8	0,6
2002	0,6	1,5	1,4	2,1	1,4	2,1	0,8	0,6
2003	0,8	1,2	1,5	1,9	1,2	1,6	0,7	0,6
2004	1,3	0,9	0,3	0,0	0,5	0,2	- 0,9	- 0,8
	Messzahl (1991 = 100)							
1991	100	100	100	100	100	100	100	100
1992	103,7	102,6	110,4	109,0	110,3	109,0	106,4	106,3
1993	104,3	104,2	114,9	115,0	115,0	115,2	110,1	110,4
1994	107,2	107,3	118,2	118,7	117,2	117,7	110,3	110,7
1995	108,9	110,1	122,4	124,4	120,9	122,8	112,4	113,0
1996	110,3	112,7	124,0	127,8	122,6	126,4	112,4	113,4
1997	112,4	115,5	124,9	129,9	122,8	127,7	111,1	112,5
1998	113,3	116,9	126,1	131,7	123,9	129,4	111,3	112,7
1999	114,1	118,6	127,5	134,3	125,7	132,4	111,8	113,2
2000	115,6	121,7	129,9	138,7	127,5	136,2	112,4	114,0
2001	116,5	123,8	131,9	142,1	129,8	139,8	113,3	114,7
2002	117,2	125,7	133,8	145,1	131,6	142,7	114,1	115,4
2003	118,1	127,3	135,7	147,8	133,1	145,0	114,9	116,1
2004	119,6	128,3	136,1	147,9	133,7	145,3	113,8	115,2

1) Quelle für Arbeitsstunden: Institut für Arbeitsmarkt- und Berufsforschung (IAB) der Bundesagentur für Arbeit (BA), Nürnberg. - 2) Ab 2002 vorläufige Ergebnisse. - 3) Bruttoinlandsprodukt (preisbereinigt, Kettenindex 2000=100) je Erwerbstätigen beziehungsweise je Erwerbstätigenstunde. - 4) Arbeitnehmerentgelt je Arbeitnehmer beziehungsweise je Arbeitnehmerstunde. - 5) Bruttolöhne und -gehälter je Arbeitnehmer beziehungsweise je Arbeitnehmerstunde. - 6) Lohnkosten (je Arbeitnehmer beziehungsweise je Arbeitnehmerstunde) in Relation zur Arbeitsproduktivität (je Erwerbstätigen beziehungsweise je Erwerbstätigenstunde).

Tabelle 35*

Lohnstückkosten nach

Jahr[1]	Insgesamt	Land- und Forstwirtschaft; Fischerei	Produzierendes Gewerbe ohne Baugewerbe		Baugewerbe	Handel, Gastgewerbe und Verkehr			Finanzierung, Vermietung und Unternehmensdienstleister	Öffentliche und private Dienstleister
			zusammen	darunter: Verarbeitendes Gewerbe		zusammen	darunter: Handel, Reparatur von Kraftfahrzeugen und Gebrauchsgütern	Verkehr und Nachrichtenübermittlung		

Lohnkosten je Arbeitnehmer[2], Euro

1991	24 073	13 611	27 491	27 119	22 684	20 883	20 589	23 582	26 819	23 102
1992	26 567	15 219	31 311	30 795	24 869	22 976	22 688	26 137	28 739	24 965
1993	27 651	16 994	32 527	31 926	25 769	23 998	23 867	27 610	29 972	26 212
1994	28 460	17 904	34 310	33 769	26 755	24 492	24 120	28 719	30 356	26 730
1995	29 475	18 609	36 076	35 561	26 858	25 239	24 660	29 917	31 108	27 812
1996	29 850	18 879	36 931	36 368	27 150	25 252	24 877	30 742	31 458	28 220
1997	30 076	18 861	37 625	37 035	27 197	25 233	24 926	30 995	31 419	28 498
1998	30 358	18 771	38 381	37 787	27 080	25 182	24 966	31 047	31 599	28 823
1999	30 690	19 151	39 058	38 499	27 346	25 384	25 379	31 149	31 593	29 280
2000	31 271	19 640	40 676	40 054	27 728	25 429	25 790	30 308	32 236	29 542
2001	31 761	19 609	41 446	40 793	28 166	25 824	26 413	30 393	32 719	29 872
2002	32 199	19 868	42 054	41 495	28 669	26 082	26 721	30 779	33 273	30 370
2003	32 672	19 867	42 964	42 362	29 209	26 443	27 240	31 292	33 737	30 713
2004	32 763	19 431	43 850	43 226	29 282	26 174	27 212	31 016	33 739	30 728

Arbeitsproduktivität je Erwerbstätigen[3], Index (2000 =100)

1991	86,52	60,00	73,15	74,77	107,07	86,56	92,90	63,44	111,52	93,91
1992	89,75	67,75	77,50	78,94	109,99	88,77	96,08	65,71	110,36	96,67
1993	90,22	72,63	77,22	78,02	104,04	87,98	92,97	69,28	111,25	97,26
1994	92,72	68,60	83,47	84,82	105,08	90,08	93,44	74,30	108,78	97,26
1995	94,25	76,42	85,42	86,15	99,16	91,96	93,13	81,71	111,37	97,82
1996	95,45	88,36	86,75	86,68	95,55	92,41	92,48	86,62	112,92	98,63
1997	97,26	93,15	91,49	91,82	97,17	94,54	93,51	92,46	110,75	98,61
1998	98,07	87,02	92,59	92,62	97,59	96,64	96,34	94,64	108,06	99,41
1999	98,71	99,35	94,57	94,46	100,16	97,91	96,64	99,62	103,09	99,52
2000	100	100	100	100	100	100	100	100	100	100
2001	100,80	105,03	100,97	101,30	100,56	102,25	103,24	101,46	99,93	99,48
2002	101,42	100,81	101,60	101,70	102,71	103,53	104,45	106,06	100,16	100,37
2003	102,21	105,67	105,39	105,52	103,02	103,44	105,80	104,27	99,61	99,80
2004	103,49	119,90	111,71	112,09	104,63	104,60	107,75	106,45	98,49	99,37

Lohnstückkosten je Erwerbstätigen[4], Index (2000 = 100)

1991	88,97	115,50	92,40	90,56	76,41	94,87	85,94	122,67	74,61	83,27
1992	94,65	114,38	99,32	97,40	81,54	101,79	91,56	131,24	80,79	87,42
1993	98,00	119,14	103,55	102,17	89,33	107,26	99,55	131,50	83,57	91,22
1994	98,16	132,89	101,05	99,40	91,83	106,93	100,10	127,52	86,57	93,03
1995	100,01	124,00	103,83	103,05	97,68	107,93	102,67	120,81	86,65	96,25
1996	100,00	108,79	104,66	104,75	102,48	107,47	104,29	117,10	86,42	96,86
1997	98,89	103,10	101,10	100,71	100,95	104,96	103,37	110,62	88,00	97,82
1998	98,99	109,84	101,92	101,86	100,08	102,47	100,49	108,24	90,72	98,15
1999	99,43	98,15	101,53	101,76	98,47	101,96	101,83	103,16	95,07	99,60
2000	100	100	100	100	100	100	100	100	100	100
2001	100,76	95,06	100,91	100,53	101,01	99,33	99,20	98,85	101,56	101,65
2002	101,53	100,35	101,75	101,87	100,67	99,07	99,19	95,75	103,05	102,43
2003	102,21	95,72	100,23	100,23	102,26	100,53	99,84	99,02	105,07	104,18
2004	101,24	82,52	96,50	96,28	100,93	98,40	97,93	96,14	106,26	104,69

1) Ab 2002 vorläufige Ergebnisse. - 2) Arbeitnehmerentgelte je Arbeitnehmer beziehungsweise je Arbeitnehmerstunde. - 3) Bruttoinlandsprodukt beziehungsweise Bruttowertschöpfung (preisbereinigt, Kettenindex 2000 = 100) je Erwerbstätigen beziehungsweise je Er-

Wirtschaftsbereichen

Tabelle 35*

Insgesamt	Land- und Forstwirtschaft; Fischerei	Produzierendes Gewerbe ohne Baugewerbe		Baugewerbe	Handel, Gastgewerbe und Verkehr				Finanzierung, Vermietung und Unternehmensdienstleister	Öffentliche und private Dienstleister	Jahr[1]
		zusammen	Verarbeitendes Gewerbe		zusammen	Handel, Reparatur von Kraftfahrzeugen und Gebrauchsgütern	Verkehr und Nachrichtenübermittlung				

Lohnkosten je Arbeitnehmerstunde[2,5], Euro

16,32	9,69	18,71	18,49	14,07	14,07	14,44	14,42	17,76	16,15	1991
17,79	9,71	20,51	20,23	15,01	15,60	15,94	16,10	19,04	17,60	1992
18,77	10,65	21,79	21,48	15,91	16,45	16,86	17,19	20,09	18,56	1993
19,37	11,27	22,75	22,46	16,57	16,91	17,23	17,89	20,56	19,09	1994
20,30	11,85	23,93	23,67	17,07	17,71	17,90	18,82	21,26	20,15	1995
20,86	12,04	25,06	24,79	17,71	17,95	18,38	19,24	21,69	20,56	1996
21,20	12,16	25,56	25,27	17,56	18,19	18,72	19,41	22,06	21,01	1997
21,49	12,28	25,93	25,63	17,45	18,31	18,88	19,63	22,32	21,41	1998
21,91	12,57	26,48	26,22	17,51	18,68	19,33	20,03	22,68	21,94	1999
22,64	12,89	27,90	27,58	18,09	18,95	19,82	19,88	23,45	22,44	2000
23,19	13,05	28,79	28,43	18,60	19,38	20,40	20,22	23,77	22,86	2001
23,68	13,43	29,43	29,14	19,13	19,78	20,80	20,80	24,27	23,27	2002
24,12	13,63	30,10	29,78	19,62	20,23	21,33	21,32	24,75	23,49	2003
24,13	13,50	30,28	29,94	19,51	20,09	21,32	21,09	25,09	23,36	2004

Arbeitsproduktivität je Erwerbstätigenstunde[3,5], Index (2000 =100)

82,20	62,82	72,95	74,48	105,45	80,86	87,15	60,46	101,84	87,22	1991
84,30	66,40	74,43	75,78	105,64	83,42	90,20	63,00	100,90	90,46	1992
85,64	70,34	75,66	76,51	101,93	83,34	87,74	66,96	102,67	91,31	1993
88,17	67,12	80,94	82,20	103,24	85,42	88,52	71,68	101,53	92,10	1994
90,47	75,05	82,83	83,51	99,40	87,79	88,83	79,41	105,18	93,90	1995
92,61	87,01	85,87	85,85	99,10	88,53	88,95	83,52	107,53	95,15	1996
94,96	92,00	90,53	90,90	97,68	91,44	91,06	88,77	106,83	96,14	1997
96,10	87,01	91,20	91,27	97,44	94,25	94,54	91,58	104,94	97,52	1998
97,48	98,91	93,53	93,49	98,99	96,62	95,64	97,84	101,79	98,37	1999
100	100	100	100	100	100	100	100	100	100	2000
101,80	106,92	102,31	102,61	101,53	103,30	104,03	103,13	100,18	100,19	2001
103,34	105,42	103,71	103,82	104,37	106,07	106,54	109,72	100,90	101,39	2002
104,60	111,79	107,75	107,87	105,15	106,94	108,44	108,81	100,86	100,70	2003
105,50	127,38	112,56	112,92	105,93	108,29	110,18	110,84	100,37	99,47	2004

Lohnstückkosten je Erwerbstätigenstunde[4,5], Index (2000 = 100)

87,69	119,63	91,90	90,05	73,74	91,80	83,58	120,01	74,38	82,54	1991
93,24	113,42	98,74	96,79	78,55	98,68	89,18	128,57	80,48	86,71	1992
96,80	117,47	103,20	101,80	86,26	104,18	96,98	129,12	83,45	90,61	1993
97,04	130,21	100,74	99,09	88,69	104,48	98,18	125,53	86,34	92,40	1994
99,10	122,47	103,54	102,78	94,94	106,47	101,64	119,22	86,21	95,62	1995
99,48	107,28	104,58	104,68	100,72	106,99	104,24	115,88	86,02	96,30	1996
98,64	102,54	101,19	100,80	99,38	104,98	103,71	110,00	88,05	97,40	1997
98,80	109,42	101,90	101,84	98,97	102,56	100,73	107,80	90,72	97,89	1998
99,30	98,55	101,48	101,68	97,75	102,06	101,97	102,98	95,00	99,40	1999
100	100	100	100	100	100	100	100	100	100	2000
100,62	94,69	100,86	100,49	101,26	99,03	98,93	98,61	101,18	101,69	2001
101,21	98,83	101,69	101,79	101,31	98,43	98,47	95,36	102,57	102,31	2002
101,85	94,55	100,11	100,10	103,15	99,86	99,24	98,55	104,67	103,97	2003
101,02	82,17	96,39	96,14	101,77	97,89	97,64	95,71	106,59	104,68	2004

werbstätigenstunde. - 4) Lohnkosten in Relation zur Arbeitsproduktivität. - 5) Quelle für Arbeitsstunden: Institut für Arbeitsmarkt und Berufsforschung (IAB) der Bundesanstalt für Arbeit (BA), Nürnberg.

Tabelle 36*

Einnahmen und Aus-

Mrd

Jahr[2]	Einnahmen				Aus-					
	insgesamt	empfangene Steuern	Sozial-beiträge	sonstige Einnahmen[3]	insgesamt	Vor-leistungen	Arbeit-nehmer-entgelte	monetäre Sozialleistungen		
								zu-sammen	davon an private Haushalte	an die übrige Welt

Staat[7]

1991	665,93	337,89	258,38	69,66	709,76	68,94	135,14	235,38	231,74	3,64
1993	766,07	380,26	300,72	85,08	817,00	74,79	154,30	288,64	284,64	4,00
1995	833,61 a)	405,70	338,62	89,29 a)	1 012,33 a)	77,11	161,73	325,55	321,11	4,44
1996	862,60	420,19	356,16	86,25	925,08	77,57	163,66	353,22	348,76	4,46
1997	875,59	424,36	368,21	83,02	926,20	76,99	163,29	361,05	356,42	4,63
1998	901,29	446,61	372,11	82,57	944,02	78,89	163,52	365,62	360,83	4,79
1999	937,59	479,39	375,37	82,83	966,89	83,46	165,60	374,61	369,85	4,76
2000	957,49	499,04	378,40	80,05	930,40 b)	82,38	166,11	379,73	374,79	4,94
2001	945,45	477,69	383,68	84,08	1 005,06	85,24	166,22	392,84	388,20	4,64
2002	951,19	477,43	389,24	84,52	1 030,76	88,73	169,07	410,83	406,01	4,82
2003	960,26	481,69	394,36	84,21	1 046,81	89,17	168,95	420,96	416,33	4,63
2004	956,84	481,23	395,26	80,35	1 038,04	89,45	168,68	422,87	417,95	4,92

davon:

Gebietskörperschaften[8]

1991	415,92	337,89	13,80	64,23	470,66	64,36	126,44	60,54	59,53	1,01
1993	476,22	380,26	15,74	80,22	530,10	69,32	143,54	71,44	70,44	1,00
1995	509,69 a)	405,70	18,38	85,61 a)	680,70 a)	71,00	149,80	84,08	83,10	0,98
1996	521,60	420,19	19,21	82,20	577,69	71,33	150,94	98,73	97,80	0,93
1997	523,22	424,36	20,08	78,78	575,31	71,63	150,64	101,87	100,96	0,91
1998	545,67	446,61	20,31	78,75	591,40	73,16	150,54	103,17	102,29	0,88
1999	577,99	479,39	20,09	78,51	612,61	77,28	152,13	106,43	105,59	0,84
2000	594,86	499,04	20,10	75,72	568,36 b)	76,15	152,30	106,12	105,25	0,87
2001	578,12	477,69	20,38	80,05	633,94	78,99	152,09	109,60	109,03	0,57
2002	578,62	477,43	20,66	80,53	651,29	81,80	154,32	116,18	115,59	0,59
2003	583,28	481,69	20,96	80,63	661,87	81,68	153,86	119,78	119,37	0,41
2004	579,18	481,23	21,14	76,81	659,07	81,79	153,53	123,05	122,63	0,42

Sozialversicherung[9]

1991	287,74	-	244,58	43,16	276,83	4,58	8,70	174,84	172,21	2,63
1993	340,89	-	284,98	55,91	337,94	5,47	10,76	217,20	214,20	3,00
1995	373,03	-	320,24	52,79	380,74	6,11	11,93	241,47	238,01	3,46
1996	395,60	-	336,95	58,65	401,99	6,24	12,72	254,49	250,96	3,53
1997	408,00	-	348,13	59,87	406,52	5,36	12,65	259,18	255,46	3,72
1998	417,45	-	351,80	65,65	414,45	5,73	12,98	262,45	258,54	3,91
1999	430,76	-	355,28	75,48	425,44	6,18	13,47	268,18	264,26	3,92
2000	435,33	-	358,30	77,03	434,74	6,23	13,81	273,61	269,54	4,07
2001	445,41	-	363,30	82,11	449,20	6,25	14,13	283,24	279,17	4,07
2002	458,89	-	368,58	90,31	465,79	6,93	14,75	294,65	290,42	4,23
2003	467,44	-	373,40	94,04	475,40	7,49	15,09	301,18	296,96	4,22
2004	467,40	-	374,12	93,28	468,71	7,66	15,15	299,82	295,32	4,50

1) Gemeinsamer Haushalt der Gebietskörperschaften und der Sozialversicherung in der Abgrenzung der Volkswirtschaftlichen Gesamtrechnungen. - 2) Ab 2001 vorläufige Ergebnisse. - 3) Verkäufe, empfangene sonstige Subventionen, empfangene Vermögenseinkommen, sonstige laufende Transfers und Vermögenstransfers. - 4) Zinsen auf öffentliche Schulden. - 5) Geleistete sonstige Produktionsabgaben, sonstige laufende Transfers und Nettozugang an nichtproduzierten Vermögensgütern. - 6) Ausaben/Abgaben (Steuern einschließlich Steuern an die EU und Erbschaftsteuer sowie tatsächliche Sozialbeiträge)/Finanzierungssaldo in Relation zum Bruttoinlandsprodukt in jeweiligen Preisen. - 7) Gebietskörperschaften (Bund, Länder und Gemeinden) und Sozialversicherung. - 8) Einschließlich der Transaktionen mit der Sozialversicherung. - 9) Einschließlich der Transaktionen mit den Gebietskörperschaften. - a) Einmaliger Effekt durch die Übernahme der Schulden der Treuhandanstalt und eines Teils der Altschulden der ostdeutschen Wohnungswirtschaft in den öffentlichen Sektor (im Einzelnen siehe dazu in JG 95 Ziffer 179 und Tabelle 34); Einnahmen in Höhe von 2,9 Mrd Euro und Ausgaben in Höhe von

Tabelle 36*

gaben des Staates[1]

Euro

Soziale Sach-leistungen	geleistete Vermögens-einkommen[4]	Subventionen	Vermögens-transfers	Brutto-investitionen	sonstige Ausgaben[5]	Finanzie-rungssaldo	Staats-quote	Abgaben-quote	Finanzie-rungsquote	Jahr[2]
							vH[6]			
				Staat[7]						
99,26	41,23	32,72	30,08	40,47	26,54	- 43,83	46,3	38,9	- 2,9	1991
116,67	54,33	31,14	26,57	45,77	24,79	- 50,93	48,2	40,1	- 3,0	1993
136,04	64,60	38,24	147,44 a)	40,41	21,21	-178,72 a)	54,8 a)	40,2	- 9,7 a)	1995
143,06	65,33	37,06	23,78	38,72	22,68	- 62,48	49,3	41,2	- 3,3	1996
142,42	64,78	34,47	23,30	35,30	24,60	- 50,61	48,4	41,1	- 2,6	1997
144,86	65,96	35,71	27,60	35,54	26,32	- 42,73	48,0	41,3	- 2,2	1998
148,49	63,20	35,97	27,22	37,51	30,83	- 29,30	48,1	42,1	- 1,5	1999
152,97	65,05	34,84	30,05	36,19	- 16,92 b)	+ 27,09 b)	45,1 b)	42,3	+ 1,3 b)	2000
158,35	64,47	32,85	34,85	36,83	33,41	- 59,61	47,6	40,4	- 2,8	2001
163,31	62,88	31,67	34,41	35,55	34,31	- 79,57	48,1	39,9	- 3,7	2002
167,12	64,57	29,90	36,00	32,90	37,24	- 86,55	48,4	40,0	- 4,0	2003
163,71	62,91	28,95	33,84	30,76	36,87	- 81,20	46,9	39,0	- 3,7	2004
				davon:						
				Gebietskörperschaften[8]						
15,46	41,40	29,17	30,04	39,57	63,68	- 54,74	30,7	23,0	- 3,6	1991
20,05	54,48	25,09	26,56	44,55	75,07	- 53,88	31,3	23,4	- 3,2	1993
24,03	64,61	32,15	147,47 a)	38,63	68,93	-171,01 a)	36,8 a)	22,9	- 9,3 a)	1995
23,05	65,40	30,80	23,76	37,22	76,46	- 56,09	30,8	23,3	- 3,0	1996
19,71	64,82	29,43	23,28	34,38	79,55	- 52,09	30,0	23,0	- 2,7	1997
19,17	66,04	30,20	27,12	34,67	87,33	- 45,73	30,1	23,5	- 2,3	1998
19,33	63,22	29,70	26,72	36,62	101,18	- 34,62	30,4	24,5	- 1,7	1999
19,98	64,99	29,30	29,34	35,31	54,87 b)	+ 26,50 b)	27,6 b)	25,0	+ 1,3 b)	2000
20,71	64,36	28,18	34,21	35,82	109,98	- 55,82	30,0	23,3	- 2,6	2001
21,25	62,74	27,50	34,27	34,63	118,60	- 72,67	30,4	22,8	- 3,4	2002
21,91	64,41	26,28	35,39	32,22	126,34	- 78,59	30,6	22,8	- 3,6	2003
22,94	62,77	26,32	33,40	30,03	125,24	- 79,89	29,7	22,2	- 3,6	2004
				Sozialversicherung[9]						
83,80	0,01	3,55	0,16	0,90	0,29	+ 10,91	18,0	15,9	+ 0,7	1991
96,62	0,04	6,05	0,13	1,22	0,45	+ 2,95	19,9	16,8	+ 0,2	1993
112,01	0,16	6,09	0,67	1,78	0,52	- 7,71	20,6	17,3	- 0,4	1995
120,01	0,09	6,26	0,09	1,50	0,59	- 6,39	21,4	17,9	- 0,3	1996
122,71	0,08	5,04	0,09	0,92	0,49	+ 1,48	21,2	18,1	+ 0,1	1997
125,69	0,05	5,51	0,63	0,87	0,54	+ 3,00	21,1	17,8	+ 0,2	1998
129,16	0,07	6,27	0,66	0,89	0,56	+ 5,32	21,1	17,6	+ 0,3	1999
132,99	0,14	5,54	0,85	0,88	0,69	+ 0,59	21,1	17,3	+ 0,0	2000
137,64	0,18	4,67	0,78	1,01	1,30	- 3,79	21,3	17,1	- 0,2	2001
142,06	0,20	4,17	0,83	0,92	1,28	- 6,90	21,7	17,1	- 0,3	2002
145,21	0,20	3,62	0,74	0,68	1,19	- 7,96	22,0	17,2	- 0,4	2003
140,77	0,17	2,63	0,53	0,73	1,25	- 1,31	21,2	16,8	- 0,1	2004

122,5 Mrd Euro; ohne die Berücksichtigung ergeben sich folgende Werte: Einnahmen: Staat 830,8 Mrd Euro, Gebietskörperschaften 506,8 Mrd Euro, Sonstige Einnahmen: Staat 86,4 Mrd Euro, Gebietskörperschaften 82,8 Mrd Euro, Ausgaben: Staat 889,9 Mrd Euro, Gebietskörperschaften 558,2 Mrd Euro, Vermögenstransfers: Staat 25,0 Mrd Euro, Gebietskörperschaften 25,0 Mrd Euro, Finanzierungssaldo: Staat -59,1 Mrd Euro, Gebietskörperschaften -51,4 Mrd Euro, Staatsquote: Staat 48,1 vH, Gebietskörperschaften 30,2 vH, Finanzierungsquote: Staat -3,9 vH, Gebietskörperschaften -2,8 vH. - b) Einmaliger Effekt durch den Verkauf der UMTS-Lizenzen in Höhe von 50,8 Mrd Euro; ohne die Berücksichtigung ergeben sich folgende Werte: Ausgaben: Staat 981,2 Mrd Euro, Gebietskörperschaften 619,2 Mrd Euro, Sonstige Ausgaben: Staat 33,9 Mrd Euro, Gebietskörperschaften 105,7 Mrd Euro, Finanzierungssaldo Staat -23,7 Mrd Euro, Gebietskörperschaften -24,3 Mrd Euro, Staatsquote: Staat 47,6 vH, Gebietskörperschaften 30,0 vH, Finanzierungsquote: Staat -1,5 vH, Gebietskörperschaften -1,2 vH.

Tabelle 37*

Einnahmen und Ausgaben von Bund, Ländern und Gemeinden[1)]

Mrd Euro

Jahr[2)]	Einnahmen insgesamt[3)]	darunter: Steuern	Sozialbeiträge	Ausgaben insgesamt	Vorleistungen	Arbeitnehmerentgelt	geleistete Vermögenseinkommen[4)]	geleistete Transfers[5)]	Bruttoinvestitionen	sonstige Ausgaben[6)]	Finanzierungssaldo
					Bund						
1991	193,39	174,90	2,56	241,69	20,46	21,82	24,86	138,96	6,44	29,15	- 48,30
1992	218,45	188,87	2,74	243,23	21,86	22,92	33,21	135,65	7,35	22,24	- 24,78
1993	220,73	190,42	2,75	256,18	21,00	23,09	34,69	149,66	6,93	20,81	- 35,45
1994	237,78	201,98	3,70	257,09	19,75	22,97	36,22	155,34	6,25	16,56	- 19,31
1995	235,00[a)]	204,70	3,53	380,92[a)]	20,11	22,99	43,19	144,40	5,98	144,25[a)]	-145,92[a)]
1996	230,05	203,05	3,60	264,83	20,23	23,12	43,51	151,84	5,72	20,41	- 34,78
1997	231,17	205,27	3,71	261,65	19,90	23,02	42,84	153,88	4,62	17,39	- 30,48
1998	240,40	214,87	3,66	276,24	20,23	22,90	44,05	162,47	5,60	20,99	- 35,84
1999	260,54	234,84	3,54	291,12	21,48	23,12	42,87	175,97	7,54	20,14	- 30,58
2000	268,65	245,33	3,53	240,65[b)]	20,71	22,94	42,97	177,66	6,08	- 29,71[b)]	+ 28,00[b)]
2001	265,37	238,03	3,56	292,86	20,97	22,83	41,84	177,97	6,81	22,44	- 27,49
2002	268,45	241,16	3,57	304,59	21,55	23,01	39,90	192,85	6,80	20,48	- 36,14
2003	275,08	245,79	3,63	314,72	22,10	23,05	40,20	201,29	6,87	21,21	- 39,64
2004	260,82	240,15	3,63	311,75	22,24	22,84	39,01	200,86	6,78	20,02	- 50,93
					Länder						
1991	196,94	122,25	9,88	205,67	17,93	69,00	12,13	74,22	7,31	25,08	- 8,73
1992	211,13	134,64	10,79	222,15	18,70	76,09	13,50	78,86	8,42	26,58	- 11,02
1993	220,44	143,55	11,43	237,33	19,45	80,56	14,37	87,66	8,18	27,11	- 16,89
1994	225,82	148,84	12,56	247,00	20,49	83,26	15,11	93,28	8,98	25,88	- 21,18
1995	225,38	154,18	13,11	246,59	20,72	86,67	15,89	90,82	6,41	26,08	- 21,21
1996	243,65	167,55	13,74	264,36	21,36	88,42	16,55	103,95	7,56	26,52	- 20,71
1997	244,42	167,82	14,41	266,16	21,69	89,10	17,06	104,81	7,41	26,09	- 21,74
1998	253,24	175,44	14,64	267,42	22,60	89,49	17,34	104,53	7,60	25,86	- 14,18
1999	262,78	185,45	14,56	272,25	24,01	90,47	16,53	108,27	7,46	25,51	- 9,47
2000	271,34	193,03	14,56	278,29	23,40	90,64	17,56	112,02	7,90	26,77	- 6,95
2001	260,36	181,98	14,81	287,61	25,35	90,84	18,20	116,89	7,74	28,59	- 27,25
2002	258,47	179,61	15,04	290,64	26,67	92,27	18,55	118,44	7,22	27,49	- 32,17
2003	260,15	179,63	15,26	290,85	25,85	91,33	19,46	117,48	6,86	29,87	- 30,70
2004	262,61	179,95	15,43	287,69	25,61	91,11	19,46	118,51	6,00	27,00	- 25,08
					Gemeinden						
1991	124,87	40,74	1,36	122,58	25,97	35,62	4,76	28,73	25,82	1,68	+ 2,29
1992	134,55	44,70	1,49	137,81	28,03	39,36	5,59	33,37	29,56	1,90	- 3,26
1993	142,59	46,29	1,56	144,13	28,87	39,89	5,75	38,27	29,44	1,91	- 1,54
1994	145,31	46,79	1,68	147,71	29,91	39,39	5,64	41,90	28,93	1,94	- 2,40
1995	146,63	46,82	1,74	150,51	30,17	40,14	5,83	46,13	26,24	2,00	- 3,88
1996	149,74	49,59	1,87	150,34	29,74	39,40	5,65	49,75	23,94	1,86	- 0,60
1997	146,70	51,27	1,96	146,57	30,04	38,52	5,19	48,06	22,35	2,41	+ 0,13
1998	150,34	56,30	2,01	146,05	30,33	38,15	4,93	48,86	21,47	2,31	+ 4,29
1999	153,26	59,10	1,99	147,83	31,79	38,54	4,06	49,64	21,62	2,18	+ 5,43
2000	156,45	60,68	2,01	151,00	32,04	38,72	4,67	51,34	21,33	2,90	+ 5,45
2001	151,71	57,68	2,01	152,79	32,67	38,42	4,53	52,66	21,27	3,24	- 1,08
2002	151,68	56,66	2,05	156,04	33,58	39,04	4,50	54,97	20,61	3,34	- 4,36
2003	150,59	56,27	2,07	158,84	33,73	39,48	5,02	58,15	18,49	3,97	- 8,25
2004	155,96	61,13	2,08	159,84	33,94	39,58	4,57	60,84	17,25	3,66	- 3,88

1) In der Abgrenzung der Volkswirtschaftlichen Gesamtrechnungen. - 2) Ab 2002 vorläufige Ergebnisse. - 3) Steuern, Sozialbeiträge (tatsächliche und unterstellte), Verkäufe, Subventionen, Vermögenseinkommen, sonstige laufende Transfers und Vermögenstransfers. - 4) Zinsen auf öffentliche Schulden. - 5) Monetäre Sozialleistungen, soziale Sachleistungen, Subventionen und sonstige laufende Transfers. - 6) Geleistete sonstige Produktionsabgaben, Vermögenstransfers und Nettozugang an nichtproduzierten Vermögensgütern. - a) Siehe Fußnote Tabelle 36. - b) Siehe Fußnote Tabelle 36.

Tabelle 38*

Vermögensbildung und ihre Finanzierung[1]

Mrd Euro

Jahr	Private Haushalte[2]	Nichtfinanzielle Kapitalgesellschaften	zusammen[3]	Staat Gebietskörperschaften	Sozialversicherung	zusammen[3]	Inländische finanzielle Sektoren zusammen[3)4]	Übrige Welt	Sektoren insgesamt
\multicolumn{10}{c}{**I. Sparen und Vermögensübertragungen**}
1997	135,30	17,71	- 50,56	- 52,36	1,80	102,45	10,20	8,61	121,26
1998	141,46	23,08	- 42,87	- 46,13	3,26	121,67	- 0,63	13,43	134,47
1999	140,85	- 10,95	- 27,93	- 33,46	5,53	101,97	9,33	23,96	135,26
2000	139,17	- 20,53	- 23,76	- 24,49	0,73	94,88	10,70	35,12	140,70
2001	143,42	- 3,25	- 58,27	- 54,65	- 3,62	81,90	11,64	3,40	96,94
2002	141,19	10,08	- 78,10	- 71,21	- 6,89	73,17	24,57	- 45,42	52,32
2003	162,76	9,96	- 85,81	- 78,72	- 7,09	86,91	14,34	- 46,28	54,97
2004	166,47	34,74	- 86,25	- 85,62	- 0,63	114,96	10,48	- 72,48	52,96
\multicolumn{10}{c}{**II. Nettoinvestitionen[5] (Sachvermögensbildung)**}
1997	71,45	44,08	1,53	1,21	0,32	117,06	4,20	-	121,26
1998	72,19	56,51	1,67	1,41	0,26	130,37	4,10	-	134,47
1999	70,06	58,81	3,27	3,06	0,21	132,14	3,12	-	135,26
2000	62,85	73,74	1,38	1,24	0,14	137,97	2,73	-	140,70
2001	45,24	49,23	1,75	1,46	0,29	96,22	0,72	-	96,94
2002	38,50	13,09	0,76	0,70	0,06	52,35	- 0,03	-	52,32
2003	36,70	21,79	- 2,95	- 2,92	- 0,03	55,54	- 0,57	-	54,97
2004	34,17	22,36	- 4,69	- 4,71	0,02	51,84	1,12	-	52,96
\multicolumn{10}{c}{**III. Geldvermögensbildung**}
1997	127,03	50,48	- 3,17	- 4,86	1,64	174,34	463,51	210,21	848,05
1998	142,69	137,96	- 9,61	- 13,05	3,37	271,04	556,30	321,34	1.148,68
1999	153,07	191,37	6,34	0,35	5,98	350,78	565,19	367,93	1 283,90
2000	118,85	276,02	38,81	38,44	0,30	433,68	459,06	438,64	1 331,38
2001	118,68	133,52	- 48,05	- 44,57	- 3,51	204,16	343,75	297,17	845,08
2002	117,48	45,81	- 20,76	- 14,56	- 6,24	142,52	333,41	213,34	689,28
2003	141,66	22,09	4,74	9,71	- 4,77	168,49	264,89	190,04	623,42
2004	130,68	- 22,76	- 7,12	- 5,29	- 1,69	100,80	254,35	131,73	486,88
\multicolumn{10}{c}{**IV. Außenfinanzierung**}
1997	64,21	77,20	47,44	47,23	0,16	188,84	457,51	201,70	848,05
1998	74,65	165,99	33,12	32,68	0,37	273,76	561,03	313,90	1.148,68
1999	83,63	238,73	35,64	34,97	0,66	358,00	558,98	366,92	1 283,90
2000	43,48	418,55	11,72	11,94	- 0,29	473,74	451,09	406,54	1 331,38
2001	21,38	177,53	10,67	10,24	0,40	209,58	332,84	302,66	845,08
2002	15,73	63,31	56,69	55,94	0,71	135,73	308,81	244,74	689,28
2003	16,56	41,29	86,17	84,08	2,29	144,02	249,97	229,43	623,42
2004	- 0,62	- 59,06	72,95	74,13	- 1,04	13,27	244,99	228,62	486,88
\multicolumn{10}{c}{**V. Finanzierungssaldo[6]**}
1997	62,82	- 26,82 [a]	- 50,61	- 52,09	1,48	- 14,61	6,00	8,61 [a]	-
1998	68,04	- 34,01 [a]	- 42,73	- 45,73	3,00	- 8,70	- 4,73	13,43 [a]	-
1999	69,44	- 70,31 [a]	- 29,30	- 34,62	5,32	- 30,17	6,21	23,96 [a]	-
2000	75,37	-137,13 [a]	27,09	26,50	0,59	- 34,67	7,97	26,70 [a]	-
2001	97,30	- 52,90 [a]	- 58,72	- 54,81	- 3,91	- 14,32	10,92	3,40 [a]	-
2002	101,75	- 3,48 [a]	- 77,45	- 70,50	- 6,95	20,82	24,60	- 45,42 [a]	-
2003	125,10	- 12,30 [a]	- 81,43	- 74,37	- 7,06	31,37	14,91	- 46,28 [a]	-
2004	131,30	11,89 [a]	- 80,07	- 79,42	- 0,65	63,12	9,36	- 72,48 [a]	-

1) In der Abgrenzung der Volkswirtschaftlichen Gesamtrechnungen. - 2) Einschließlich Organisationen ohne Erwerbszweck. - 3) Bei der Summenbildung wurden innersektorale Ströme nicht mit einbezogen. - 4) Banken, Bausparkassen und Geldmarktfonds, Sonstige Finanzinstitute, Versicherungen einschließlich Pensions- und Sterbekassen sowie berufsständische Versorgungswerke. - 5) Bruttoinvestitionen abzüglich Abschreibungen. - 6) Finanzierungsüberschuss/-defizit, Sparen und Vermögensübertragungen (netto) abzüglich Nettoinvestitionen und Nettozugang an nichtproduzierten Vermögensgütern. - a) Bei den „Nichtfinanziellen Kapitalgesellschaften": einschließlich statistischer Differenz; beim „Ausland": ohne statistische Differenz. Zur Methodik siehe „Statistische Sonderveröffentlichung 4; Ergebnisse der gesamtwirtschaftlichen Finanzierungsrechnung für Deutschland 1991 bis 2004" der Deutschen Bundesbank vom September 2005.

Tabelle 39*

Ausgaben und Einnahmen der staatlichen

Bundesland	1994	1995	1996	1997	1998	1999	2000	2001	2002	2003	2004
				Mio DM					Mio Euro		

Gesamtausgaben[2)]

Bundesland	1994	1995	1996	1997	1998	1999	2000	2001	2002	2003	2004
Baden-Württemberg	75 969	78 525	78 127	77 083	78 253	79 809	82 567	45 245	45 153	44 056	43 916
Bayern	85 241	92 150	93 699	92 166	92 743	94 112	96 230	50 731	51 744	51 899	51 176
Berlin	42 262	44 949	44 266	42 320	41 368	41 670	40 867	22 802	21 272	20 619	20 526
Brandenburg	22 625	23 405	23 598	24 385	23 643	24 740	23 327	12 124	12 664	11 961	11 906
Bremen	7 651	7 904	8 020	8 070	7 929	8 272	8 064	4 491	4 544	4 253	4 228
Hamburg	17 031	17 728	18 492	18 458	18 554	18 561	18 996	9 582	9 757	10 606	10 505
Hessen	48 528	49 256	51 007	50 152	50 290	52 304	53 380	28 015	27 889	28 269	28 128
Mecklenburg-Vorpommern	16 080	17 311	18 749	17 459	17 375	17 264	16 701	8 598	8 722	8 615	8 409
Niedersachsen	55 309	57 386	56 912	55 859	56 051	57 298	58 268	31 542	31 570	31 753	31 298
Nordrhein-Westfalen	131 590	139 100	138 595	139 251	139 999	142 176	142 908	75 302	75 884	76 960	76 652
Rheinland-Pfalz	26 756	27 916	28 991	28 711	29 058	29 544	29 895	15 624	15 593	15 964	15 946
Saarland	8 269	8 304	8 471	8 313	8 283	8 330	8 436	4 380	4 348	4 373	4 395
Sachsen	37 078	41 294	42 204	40 391	38 527	38 157	38 478	19 036	19 448	20 125	19 194
Sachsen-Anhalt	23 928	25 476	25 057	25 943	25 265	24 716	24 274	12 491	12 434	12 648	12 340
Schleswig-Holstein	19 940	21 231	21 106	20 657	20 757	20 998	20 885	10 955	11 111	11 308	11 376
Thüringen	21 652	22 445	22 948	22 338	22 443	22 629	21 992	11 268	10 906	10 746	10 691
Insgesamt	635 952	664 280	667 555	658 520	657 230	665 139	668 689	352 640	355 601	357 332	353 387
nachrichtlich: Bund	462 505	489 865	493 674	482 083	512 817	530 421	518 241	267 917	281 199	280 706	273 562

darunter: Investitionsausgaben

Bundesland	1994	1995	1996	1997	1998	1999	2000	2001	2002	2003	2004
Baden-Württemberg	14 816	12 970	11 948	12 184	12 920	12 228	13 118	8 472	7 724	5 692	5 114
Bayern	20 655	21 322	21 201	19 409	19 391	18 744	18 440	10 118	9 683	8 600	7 523
Berlin	6 687	6 953	6 967	5 514	5 143	4 745	4 337	3 649	1 806	1 815	1 707
Brandenburg	6 948	6 096	5 743	6 538	5 336	5 960	4 706	2 312	2 685	2 107	2 138
Bremen	907	837	884	1 038	1 053	1 126	1 222	685	673	709	705
Hamburg	2 027	1 875	2 105	2 164	1 803	1 910	1 896	1 008	1 075	1 475	1 100
Hessen	7 833	7 050	6 709	6 260	5 810	5 684	5 843	3 379	3 021	2 913	2 866
Mecklenburg-Vorpommern	4 824	4 802	5 077	4 590	4 449	4 190	3 718	1 788	1 660	1 546	1 367
Niedersachsen	9 050	8 646	8 109	7 469	7 686	7 423	7 579	4 632	3 729	3 256	2 798
Nordrhein-Westfalen	19 937	18 208	16 606	16 293	16 179	16 269	15 049	8 012	7 105	6 783	6 808
Rheinland-Pfalz	4 621	4 286	4 303	4 214	4 203	4 278	4 196	2 178	1 876	1 821	1 630
Saarland	1 206	936	949	897	1 008	899	940	516	420	424	428
Sachsen	11 740	13 333	13 515	11 676	10 882	9 975	9 732	4 473	4 376	4 867	4 234
Sachsen-Anhalt	7 597	7 155	6 232	7 276	6 860	5 917	5 465	2 717	2 374	2 294	2 035
Schleswig-Holstein	3 016	3 101	3 075	2 713	2 668	2 737	2 703	1 334	1 211	1 145	1 103
Thüringen	7 349	6 147	5 840	5 445	5 432	5 448	4 862	2 406	2 060	1 825	1 796
Insgesamt	129 212	123 718	119 262	113 660	110 831	107 530	103 806	57 682	51 478	47 270	43 352
nachrichtlich: Bund	45 123	41 963	35 240	34 753	35 609	34 822	35 083	16 021	17 540	17 628	16 703

darunter: Personalausgaben

Bundesland	1994	1995	1996	1997	1998	1999	2000	2001	2002	2003	2004
Baden-Württemberg	30 180	31 715	32 166	32 004	32 424	33 191	33 508	17 746	18 365	18 477	18 741
Bayern	33 173	35 320	35 999	36 075	36 890	37 395	37 552	19 954	20 553	20 823	20 911
Berlin	15 618	15 962	15 961	15 708	13 876	15 530	13 979	7 993	8 058	7 009	6 765
Brandenburg	7 543	8 017	8 059	7 979	7 958	7 993	7 708	3 950	3 854	3 891	3 723
Bremen	2 860	2 875	2 895	2 892	2 598	2 931	2 571	1 501	1 508	1 343	1 295
Hamburg	6 581	6 809	6 345	6 344	6 511	6 258	6 268	3 271	3 356	3 352	3 374
Hessen	18 252	19 198	19 284	19 400	19 695	20 062	19 903	9 892	10 234	10 204	10 321
Mecklenburg-Vorpommern	5 377	5 544	5 594	5 519	5 525	5 574	5 543	2 853	2 855	2 849	2 754
Niedersachsen	22 523	23 434	23 524	23 496	23 792	24 015	24 191	12 045	12 437	12 619	12 639
Nordrhein-Westfalen	51 572	54 089	54 507	54 819	55 456	56 278	56 992	29 145	29 960	29 515	29 806
Rheinland-Pfalz	10 822	11 550	11 808	11 953	12 045	12 306	12 456	6 576	6 569	6 652	6 770
Saarland	3 207	3 308	3 333	3 342	3 372	3 434	3 479	1 812	1 861	1 891	1 783
Sachsen	12 716	13 180	13 017	12 554	12 484	12 451	12 350	6 268	6 354	6 407	6 253
Sachsen-Anhalt	8 690	8 854	8 876	8 755	8 638	8 680	8 586	4 408	4 415	4 286	4 374
Schleswig-Holstein	7 791	8 201	8 232	8 291	8 294	8 413	8 484	4 397	4 528	4 534	4 656
Thüringen	7 223	7 533	7 519	7 352	7 175	7 260	7 162	3 702	3 709	3 690	3 625
Insgesamt	244 128	255 589	257 116	256 484	256 730	261 770	260 732	135 515	138 616	137 543	137 791
nachrichtlich: Bund	52 714	52 933	52 868	52 487	52 128	52 735	51 862	26 694	26 986	27 235	26 758

1) In der Abgrenzung der Finanzstatistik; ab 1992 ohne Krankenhäuser und Hochschulkliniken mit kaufmännischem Rechnungswesen. Bis 2002 Rechnungsergebnisse; ab 2003 Kassenergebnisse, Zweckverbände geschätzt; ab 2002 ohne Zweckverbände.

Tabelle 39*
und kommunalen Haushalte nach Ländern[1]

1994	1995	1996	1997	1998	1999	2000	2001	2002	2003	2004	Bundesland
			Mio DM					Mio Euro			
				noch darunter: Zinsausgaben							
4 255	4 256	4 188	4 205	4 266	4 092	4 008	2 074	2 146	2 231	2 251	Baden-Württemberg
3 762	3 572	3 453	3 574	3 694	3 637	3 341	1 770	1 767	1 912	1 784	Bayern
1 693	2 275	2 867	3 352	3 561	3 746	3 839	2 071	2 194	2 255	2 312	Berlin
578	1 061	1 222	1 378	1 460	1 600	1 529	866	915	873	942	Brandenburg
1 211	1 224	1 199	1 126	1 126	1 095	1 004	560	520	496	503	Bremen
1 574	1 778	1 871	1 925	1 948	1 907	1 920	990	1 024	1 015	1 001	Hamburg
3 517	3 691	3 737	3 711	3 853	3 733	3 572	1 819	1 805	1 817	1 813	Hessen
260	571	740	870	969	1 046	1 082	577	589	593	591	Mecklenburg-Vorpommern
4 621	4 875	5 046	5 171	5 115	5 304	5 160	2 754	2 799	2 812	2 871	Niedersachsen
11 342	11 460	11 477	11 568	11 621	11 726	11 598	6 110	6 162	6 120	6 034	Nordrhein-Westfalen
2 302	2 309	2 388	2 457	2 527	2 544	2 596	1 367	1 367	1 384	1 381	Rheinland-Pfalz
1 260	1 180	1 137	1 109	1 073	1 010	946	467	458	455	442	Saarland
709	1 338	1 653	1 804	1 839	1 810	1 704	925	904	860	823	Sachsen
599	1 199	1 316	1 470	1 606	1 559	1 705	914	988	1 049	1 020	Sachsen-Anhalt
1 932	1 972	1 993	2 041	2 099	2 074	2 056	1 072	1 041	1 027	1 032	Schleswig-Holstein
450	902	1 130	1 275	1 361	1 436	1 422	804	812	817	818	Thüringen
40 065	43 664	45 419	47 036	48 117	48 320	47 483	25 143	25 492	25 714	25 620	**Insgesamt**
45 800	49 743	50 902	53 409	56 171	80 359	76 568	37 627	37 063	36 875	36 274	nachrichtlich: Bund
				Gesamteinnahmen[2]							
73 226	73 297	74 742	75 173	79 440	82 361	82 809	42 091	42 871	41 380	42 035	Baden-Württemberg
83 507	89 454	88 572	87 694	93 600	98 417	98 354	49 678	48 536	48 037	49 832	Bayern
35 852	33 782	33 215	39 827	35 775	38 149	35 875	17 580	16 459	16 210	17 566	Berlin
17 454	20 323	20 803	21 308	21 496	22 547	22 398	11 867	11 236	10 711	11 176	Brandenburg
6 355	7 928	8 071	8 178	7 953	8 830	7 779	4 130	3 885	3 480	3 339	Bremen
14 673	16 059	16 809	16 761	17 058	17 286	17 655	8 197	9 522	8 762	9 390	Hamburg
45 787	45 310	48 559	47 290	49 646	52 445	53 819	26 906	25 146	25 521	25 271	Hessen
13 491	14 947	16 151	15 661	15 878	16 159	15 543	8 107	7 831	7 571	7 830	Mecklenburg-Vorpommern
50 489	51 429	53 050	52 416	54 482	55 425	56 650	28 034	27 536	27 459	28 860	Niedersachsen
122 964	128 932	130 108	128 018	135 072	137 749	139 192	67 211	69 945	67 194	68 323	Nordrhein-Westfalen
24 934	25 563	26 633	26 167	26 773	28 129	28 628	14 084	13 626	14 033	14 291	Rheinland-Pfalz
7 147	8 490	8 792	8 722	8 632	8 443	8 443	4 226	3 937	3 819	3 840	Saarland
32 268	37 806	38 634	38 372	38 099	38 248	38 139	19 002	18 938	19 508	19 127	Sachsen
19 084	21 581	22 102	22 262	22 498	22 894	22 604	11 591	10 874	10 843	11 023	Sachsen-Anhalt
18 598	19 391	19 195	19 350	19 962	20 634	20 243	10 318	9 924	9 905	10 256	Schleswig-Holstein
17 742	19 703	20 082	20 261	20 643	20 852	20 648	10 487	9 976	9 539	9 551	Thüringen
579 614	603 894	612 831	615 100	633 696	653 129	652 198	323 965	322 803	317 147	324 410	**Insgesamt**
395 526	439 336	415 170	418 594	456 214	479 129	570 903	244 976	248 537	241 532	233 802	nachrichtlich: Bund
				darunter: Steuereinnahmen							
51 665	51 666	52 799	52 069	56 713	60 426	61 920	30 358	29 307	29 975	31 182	Baden-Württemberg
57 629	58 961	60 285	60 360	64 744	67 768	70 661	34 655	34 101	33 503	35 464	Bayern
14 611	15 829	15 162	15 657	16 387	16 788	16 994	8 035	7 671	7 706	8 083	Berlin
5 334	10 227	9 261	9 695	10 033	10 749	11 117	5 436	5 063	5 048	5 409	Brandenburg
3 609	3 661	3 537	3 758	3 468	3 837	3 635	1 768	1 779	1 873	1 866	Bremen
11 430	11 530	12 243	11 937	13 177	14 201	14 705	6 724	6 882	7 146	7 240	Hamburg
33 013	31 712	33 849	33 237	35 798	39 369	40 995	19 588	18 249	18 373	18 276	Hessen
3 846	6 759	6 595	6 728	6 998	7 241	7 480	3 686	3 375	3 418	3 519	Mecklenburg-Vorpommern
33 110	34 555	34 917	34 849	36 341	37 529	38 767	18 822	18 120	17 960	18 966	Niedersachsen
87 775	90 147	91 465	90 655	95 705	99 834	102 474	47 425	49 165	46 619	48 018	Nordrhein-Westfalen
16 852	17 543	17 966	17 529	18 252	19 341	19 401	9 287	9 101	9 177	9 644	Rheinland-Pfalz
4 512	4 487	4 675	4 674	4 708	4 909	5 066	2 479	2 285	2 334	2 396	Saarland
9 880	17 869	16 873	17 107	17 735	18 625	18 772	9 362	8 608	8 867	8 998	Sachsen
5 780	10 070	10 042	9 973	10 718	10 955	10 844	5 463	5 050	4 958	5 262	Sachsen-Anhalt
12 017	12 863	12 642	12 828	13 538	13 554	13 487	6 841	6 589	6 867	6 592	Schleswig-Holstein
5 029	9 291	8 933	9 048	9 504	9 891	10 047	5 029	4 608	4 675	4 743	Thüringen
356 092	387 170	391 243	390 104	413 821	435 018	446 365	214 957	209 954	208 497	215 658	**Insgesamt**
360 338	390 861	372 546	368 335	379 486	414 053	428 362	213 349	214 367	213 948	208 972	nachrichtlich: Bund

2) Um Zahlungen von gleicher Ebene bereinigt.

Tabelle 40*

Kassenmäßige Steuereinnahmen

Mio Euro

Zeitraum	Ins-gesamt[1]	Lohn-steuer[2], veranlagte Einkommensteuer	Körper-schaft-steuer	Darunter: Steuern vom Umsatz[3]	Mineral-ölsteuer[4]	Tabak-steuer	Ver-sicherung-steuer	Ver-mögen-steuer	Kraft-fahr-zeug-steuer	Gewerbe-steuer[5]
				Früheres Bundesgebiet[6]						
1950	10 783	1 991	741	2 550	37	1 104	33	66	178	638
1955	21 636	4 476	1 591	5 796	581	1 309	72	273	372	1 906
1960	34 997	8 725	3 329	8 616	1 362	1 808	111	562	754	3 801
1965	53 922	16 124	4 177	12 687	3 798	2 402	198	961	1 342	5 258
1970	78 809	26 120	4 457	19 717	5 886	3 342	315	1 471	1 958	6 195
1975	123 767	50 716	5 141	27 652	8 754	4 543	586	1 707	2 711	10 684
1976	137 065	56 993	6 054	29 890	9 265	4 795	633	2 003	2 879	11 930
1977	153 103	64 566	8 605	32 050	9 809	5 012	692	2 554	3 031	13 540
1978	163 154	66 181	10 136	37 460	10 462	5 348	752	2 313	3 212	13 973
1979	175 283	68 829	11 715	43 054	10 809	5 471	836	2 292	3 874	14 513
1980	186 617	75 853	10 902	47 779	10 917	5 772	910	2 385	3 367	14 296
1981	189 341	76 431	10 309	49 999	11 340	5 753	984	2 396	3 371	13 329
1982	193 627	78 744	10 971	49 962	11 676	6 242	1 042	2 547	3 420	13 346
1983	202 766	80 357	12 105	54 131	11 933	7 097	1 107	2 553	3 571	13 388
1984	212 031	83 196	13 453	56 489	12 288	7 378	1 164	2 297	3 724	14 480
1985	223 537	90 089	16 278	56 153	12 537	7 389	1 266	2 192	3 758	15 727
1986	231 327	93 113	16 516	56 825	13 111	7 404	1 318	2 248	4 784	16 355
1987	239 622	99 636	13 821	60 739	13 363	7 417	1 394	2 772	4 277	15 926
1988	249 560	102 613	15 340	63 035	13 821	7 442	1 485	2 840	4 177	17 621
1989	273 810	111 784	17 477	67 224	16 855	7 930	2 142	2 953	4 687	18 767
1990	281 040	109 472	15 385	75 459	17 701	8 897	2 266	3 238	4 251	19 836
				Deutschland						
1991	338 434	130 741	16 216	91 865	24 167	10 017	2 997	3 441	5 630	21 115
1992	374 128	147 688	15 944	101 088	28 206	9 844	4 139	3 451	6 809	22 930
1993	383 018	148 899	14 230	110 595	28 786	9 949	4 750	3 468	7 188	21 610
1994	401 957	149 314	10 005	120 511	32 644	10 361	5 829	3 388	7 244	22 541
1995	416 337	151 699	9 273	119 961	33 177	10 530	7 211	4 016	7 059	21 552
1996	409 032	134 415	15 062	121 283	34 896	10 583	7 336	4 620	7 027	23 447
1997	407 578	130 091	17 009	123 171	33 750	10 816	7 223	898	7 372	24 849
1998	425 913	137 738	18 509	127 932	34 091	11 071	7 133	543	7 757	25 825
1999	453 068	144 695	22 359	137 157	38 261	11 655	7 115	537	7 039	27 060
2000	467 253	147 958	23 575	140 871	41 183	11 443	7 244	433	7 014	27 025
2001	446 247	141 397	- 426	138 935	45 012	12 073	7 429	290	8 376	24 533
2002	441 704	139 729	2 865	138 195	47 291	13 777	8 328	239	7 593	23 489
2003	442 235	137 658	8 276	136 994	49 722	14 093	8 870	231	7 336	24 145
2004	442 966	129 288	13 124	137 366	48 381	13 629	8 749	79	7 741	28 373
2005 1.Vj.	100 046	24 106	4 416	34 909	5 607	2 499	3 854	6	2 149	7 367
2.Vj.	...	32 390	2 715	33 009	11 926	3 609	1 627	80	2 342	...

1) Von 1957 bis 1969 ohne buchmäßige Mehreinnahmen aus Regierungskäufen im Ausland; 1970 ohne, ab 1971 einschließlich Zölle auf Regierungskäufe im Ausland; von 1969 bis 1971 ohne Vergütungen an die Importeure aufgrund des Absicherungsgesetzes; 1973 und 1974 ohne Stabilitätszuschlag und Investitionsteuer. - 2) Ab 1996 um Kindergeld gekürzt. - 3) Bis 1967 Umsatzsteuer, Umsatzausgleichsteuer, Beförderungsteuer; ab 1968 Umsatzsteuer/Mehrwertsteuer einschließlich Einfuhrumsatzsteuer, 1969 bis 1972 einschließlich Straßengüterverkehrsteuer. - 4) Ab Mai 1999 einschließlich Stromsteuer. - 5) Bis 1979 einschließlich Lohnsummensteuer. - 6) Von 1950 bis 1959 ohne Saarland.

Quelle: BMF

Tabelle 41*

Verschuldung der öffentlichen Haushalte[1)]

Ende des Zeitraums	Insgesamt[2)]	Nach den Kreditnehmern			Ausgewählte Schuldarten			Nachrichtlich:
		Bund[3)]	Länder	Gemeinden[4)]	Anleihen[5)]	Direktausleihungen der Kreditinstitute[6)]	Darlehen von Nichtbanken Sozialversicherungen	Schuldenstandsquote[7)] in vH

				Mio DM				
				Früheres Bundesgebiet				
1950	20 634	7 290	12 844	500	.	465	150	X
1955	40 983	20 791	15 523	4 670	2 022	3 700	2 019	X
1960	52 759	26 895	14 695	11 169	3 528	11 205	2 667	X
1965	83 667	40 422	17 401	25 844	11 195	25 435	6 591	X
1970	125 890	57 808	27 786	40 295	17 491	59 556	5 725	18,6
1973[8)]	167 754	68 393	39 462	59 900	27 378	92 104	14 392[a)]	18,3
1975	256 389	114 977	67 001	74 411	40 680	150 139	18 426	24,8
1980	468 612	235 600	137 804	95 208	87 428	305 724	10 570	31,7
1985	760 192	399 043	247 411	113 738	207 787	464 921	9 088	41,7
1986	800 967	421 805	264 351	114 811	251 595	456 259	8 223	41,6
1987	848 816	446 389	284 609	117 818	287 418	461 882	7 502	42,6
1988	903 015	481 139	302 560	119 316	325 356	477 457	7 171	43,1
1989	928 837	497 604	309 860	121 374	352 299	472 947	6 743	41,8
				Deutschland				
1990	1 053 490	599 101	328 787	125 602	430 157	494 059	6 364	.
1991	1 170 959	680 815	352 346	137 797	501 561	524 832	2 178	40,4
1992	1 342 491	801 500	389 130	151 861	551 470	536 596	2 450	42,9
1993	1 506 431	902 452	433 840	170 140	636 932	575 722	1 602	46,9
1994	1 659 632	1 003 319	470 702	185 610	706 479	644 459	1 337	49,3
1995	1 993 476	1 287 688	511 687	194 101	835 748	764 875	1 263	57,0
1996	2 126 320	1 370 385	558 346	197 589	890 817	836 582	770	59,8
1997	2 215 893	1 421 573	595 471	198 850	939 554	879 021	663	61,0
1998	2 280 154	1 457 750	623 572	198 833	1 015 875	894 456	550	60,9
				Mio Euro				
				Deutschland				
1999	1 199 975	770 331	327 407	102 237	581 490	450 111	281	61,2
2000	1 211 439	774 630	338 143	98 462	601 155	433 443	211	60,2
2001	1 223 929	759 877	364 559	99 208	604 588	422 440	174	59,6
2002	1 277 630	784 246	392 172	100 842	611 867	404 046	137	61,2
2003	1 358 121	826 058	423 737	107 857	637 555	396 832	341	64,8
2004	1 430 413	868 933	448 687	112 410	675 193	379 984	430	66,4
2005 Juni[9)]	1 465 358	891 285	459 271	114 500	688 640	381 150	501	.

1) Berechnungen der Deutschen Bundesbank unter Verwendung von Angaben des Statistischen Bundesamtes. Ab 1991 ohne die kaufmännisch buchenden Krankenhäuser. - 2) Ohne Verschuldung der Haushalte untereinander. - 3) Einschließlich der Sondervermögen, wie zum Beispiel ERP-Sondervermögen, Lastenausgleichsfonds, Fonds „Deutsche Einheit", Kreditabwicklungsfonds/Erblastentilgungsfonds, Bundeseisenbahnvermögen, Ausgleichsfonds Steinkohleneinsatz/Entschädigungsfonds. - 4) Einschließlich Verschuldung der kommunalen Zweckverbände und der kommunalen Krankenhäuser. - 5) Einschließlich Bundesschatzbriefe und Bundesobligationen; ohne den Eigenbestand der Emittenten. Ab 1981 ohne Kassenobligationen der Länder mit einer Laufzeit von über 4 Jahren. - 6) Im Wesentlichen Schuldscheindarlehen, einschließlich der bei ausländischen Stellen aufgenommenen Darlehen. Sonstige Darlehen von Nichtbanken einschließlich Darlehen von öffentlichen Zusatzversorgungskassen und der Verbindlichkeiten aus der Investitionshilfeabgabe. - 7) Verschuldung der öffentlichen Haushalte in Relation zum Bruttoinlandsprodukt in jeweiligen Preisen. Für das frühere Bundesgebiet bis 1989 nach dem ESVG 1979; Quelle: BMF. - 8) Nach Ausschaltung der Verschuldung der kommunalen Eigenbetriebe, einschließlich Verschuldung der kommunalen Zweckverbände. - 9) Vorläufiges Ergebnis. - a) Ab 1973 werden die vorher bei den sonstigen Nichtbanken ausgewiesenen Darlehen von öffentlichen Zusatzversorgungseinrichtungen bei den Sozialversicherungen verbucht.

Quelle: Deutsche Bundesbank

Tabelle 42*

Zahlungsbilanz

Jahr	Saldo der Leistungsbilanz insgesamt	Außenhandel[1]	Ergänzungen zum Warenverkehr	Saldo der Dienstleistungen[2] insgesamt	darunter: Reiseverkehr[3]	Transportleistungen	Saldo der Erwerbs- und Vermögenseinkommen	Saldo der laufenden Übertragungen insgesamt	darunter: Nettobeitrag zum EU-Haushalt[4]
				Mio DM					
1990	+ 76 411	+105 382	- 3 833	- 26 118	- 39 891	+ 6 026	+ 36 249	- 35 269	- 11 636
1995	- 42 682	+ 85 303	- 4 722	- 63 985	- 60 421	+ 4 816	- 3 863	- 55 416	- 26 062
1996	- 21 263	+ 98 538	- 5 264	- 64 743	- 62 370	+ 4 805	+ 1 195	- 50 989	- 22 447
1997	- 16 463	+116 467	- 7 360	- 68 692	- 62 695	+ 5 723	- 4 139	- 52 738	- 22 528
1998	- 26 738	+126 970	- 7 315	- 75 053	- 63 456	+ 5 449	- 18 036	- 53 304	- 23 833
				Mio Euro					
1999	- 24 001	+ 65 211	- 7 340	- 46 035	- 35 436	+ 2 882	- 10 847	- 24 990	- 10 780
2000	- 32 676	+ 59 128	- 7 168	- 49 006	- 37 188	+ 3 386	- 7 276	- 28 354	- 12 743
2001	+ 3 316	+ 95 495	- 5 427	- 49 862	- 37 821	+ 4 254	- 9 474	- 27 416	- 9 978
2002	+ 48 155	+132 788	- 6 357	- 35 473	- 35 154	+ 2 771	- 14 742	- 28 061	- 7 429
2003	+ 45 172	+129 921	- 8 310	- 33 970	- 36 761	+ 1 719	- 13 784	- 28 684	- 9 653
2004	+ 83 510	+155 119	- 12 340	- 30 964	- 34 822	+ 4 318	+ 117	- 28 423	- 8 755

Jahr	Saldo der Vermögensübertragungen	Saldo der Kapitalbilanz[5] insgesamt	davon: Saldo der Direktinvestitionen[6]	der Wertpapiertransaktionen	Saldo des übrigen Kapitalverkehrs zusammen	darunter: Kredite der Kreditinstitute[7]	Veränderung der Währungsreserven zu Transaktionswerten[8]	Saldo der statistisch nicht aufgliederbaren Transaktionen	Nachrichtlich: Veränderung der Netto-Auslandsaktiva der Bundesbank zu Transaktionswerten[8]
				Mio DM					
1990	- 4 975	- 91 282	- 34 371	- 5 754	- 51 158	- 17 860	- 11 611	+ 31 457	- 10 976
1995	- 3 845	+ 60 472	- 38 729	+ 48 782	+ 50 419	+ 42 467	- 10 355	- 3 590	- 17 754
1996	- 3 283	+ 22 407	- 66 559	+ 86 272	+ 2 694	- 4 769	+ 1 882	+ 256	+ 1 610
1997	+ 52	+ 31	- 51 248	- 13 157	+ 64 436	+ 64 611	+ 6 640	+ 9 740	+ 8 468
1998	+ 1 289	+ 32 810	-113 026	- 4 387	+150 224	+143 960	- 7 128	- 234	- 8 231
				Mio Euro					
1999	- 154	- 22 931	- 49 384	- 11 471	+ 37 924	+ 52 951	+ 12 535	+ 34 550	- 36 999
2000	+ 6 823	+ 28 343	+153 822	-164 910	+ 39 430	+ 13 761	+ 5 844	- 8 333	+ 48 230
2001	- 387	- 17 826	- 14 829	+ 39 027	- 42 024	- 76 307	+ 6 032	+ 8 865	+ 32 677
2002	- 212	- 42 825	+ 37 558	+ 62 823	-143 207	-104 083	+ 2 065	- 7 184	- 33 292
2003	+ 312	- 46 207	+ 27 397	+ 64 845	-138 449	-111 604	+ 445	+ 279	+ 2 658
2004	+ 430	- 96 769	- 22 201	+ 16 564	- 91 132	- 89 033	+ 1 470	+ 11 359	- 3 906

1) Spezialhandel nach der amtlichen Außenhandelsstatistik; Einfuhr cif, Ausfuhr fob. Ergebnisse ab 1993 durch Änderung in der Erfassung des Außenhandels mit größerer Unsicherheit behaftet. - 2) Ohne die bereits im cif-Wert der Einfuhr enthaltenen Ausgaben für Fracht- und Versicherungskosten. - 3) Die Meldungen über Zahlungen im Auslandsreiseverkehr stammen im Wesentlichen von Kreditinstituten und Reiseunternehmen. Weitere Erläuterungen zum Reiseverkehr siehe Deutsche Bundesbank, Beiheft 3 zum Monatsbericht (Zahlungsbilanzstatistik), Tabelle I. 4.b. - 4) Ohne den besonderen Währungsausgleich bei der Ausfuhr nach Italien und dem Vereinigten Königreich. Die Währungsausgleichsbeträge für Einfuhren dieser Staaten aus anderen EU-Ländern werden über den ausführenden und nicht wie sonst üblich über den einführenden Mitgliedstaat ausbezahlt. - Bis Ende 1990: Früheres Bundesgebiet. - 5) Kapitalexport (-). - 6) Die Abgrenzung der Direktinvestitionen ist ab 1996 geändert; Erläuterungen siehe Tabelle 43* Fußnote 1. - 7) Lang- und kurzfristige Kredite. - 8) Zunahme (-)/Abnahme (+). Ab 1999: Geänderte Definition der Währungsreserven; Erläuterungen siehe Deutsche Bundesbank, Beiheft 3 zum Monatsbericht (Zahlungsbilanzstatistik).

Quelle: Deutsche Bundesbank

Tabelle 43*
Kapitalverkehr mit dem Ausland

Jahr	zusammen	Direkt-investi-tionen[1]	Wert-papier-anlagen[2]	Kreditgewährung[3] zusammen	Kredit-institute	darunter: Unternehmen und Privat-personen	sonstige Kapital-anlagen[4]
\multicolumn{8}{c}{**Deutsche Nettokapitalanlagen im Ausland (Zunahme/Kapitalausfuhr (-))**}							
\multicolumn{8}{c}{Mio DM}							
1990	-181 930	- 39 157	- 23 135	-117 492	- 60 332	- 44 588	- 12 579
1991	-103 010	- 38 065	- 28 751	- 33 646	- 2 402	- 22 714	- 8 530
1992	-110 645	- 29 046	- 70 398	- 8 145	+ 7 647	- 5 445	- 10 322
1993	-288 017	- 28 431	- 40 686	-215 242	-146 455	- 57 164	- 11 611
1994	- 91 643	- 30 605	- 66 907	+ 6 820	+ 30 251	- 27 315	+ 3 624
1995	-169 369	- 55 962	- 25 550	- 82 759	- 77 822	+ 4 107	- 9 446
1996	-192 796	- 76 449	- 46 334	- 57 256	- 60 216	+ 3 134	- 690
1997	-387 149	- 72 480	-155 993	-139 139	-139 672	+ 4 040	- 4 007
1998	-577 308	-156 302	-256 176	-143 384	-135 477	- 6 255	- 1 501
\multicolumn{8}{c}{Mio Euro}							
1999	-346 737	-102 018	-177 384	- 62 834	- 42 443	+ 19 495	+ 7 658
2000	-364 291	- 61 387	-203 539	- 84 717	-101 533	- 5 236	- 19 920
2001	-273 994	- 44 347	-124 511	-110 580	-130 648	- 19 926	+ 15 980
2002	-254 047	- 16 120	- 62 944	-172 354	-132 536	- 10 976	+ 7 168
2003	-199 019	+ 3 556	- 47 377	-152 053	-122 305	- 31 245	+ 1 267
2004	-238 065	+ 5 853	-112 900	-123 240	-121 390	- 1 577	+ 2 578
\multicolumn{8}{c}{**Ausländische Nettokapitalanlagen im Inland (Zunahme/Kapitaleinfuhr (+))**}							
\multicolumn{8}{c}{Mio DM}							
1990	+ 90 648	+ 4 786	+ 17 414	+ 68 753	+ 42 472	+ 27 212	- 306
1991	+115 725	+ 7 845	+ 69 244	+ 38 646	+ 15 144	+ 33 972	- 10
1992	+180 107	- 3 263	+116 764	+ 66 726	+ 73 444	+ 10 157	- 119
1993	+308 670	+ 609	+240 323	+ 67 670	+ 58 699	+ 6 101	+ 68
1994	+149 505	+ 11 578	+ 14 894	+122 107	+111 581	+ 10 795	+ 926
1995	+229 840	+ 17 233	+ 75 145	+138 341	+120 289	+ 19 676	- 878
1996	+215 203	+ 9 890	+141 347	+ 63 945	+ 55 447	+ 5 949	+ 21
1997	+387 180	+ 21 233	+158 017	+208 698	+204 283	+ 18 095	- 768
1998	+610 119	+ 43 276	+265 147	+301 923	+279 437	+ 18 849	- 227
\multicolumn{8}{c}{Mio Euro}							
1999	+323 806	+ 52 634	+168 090	+103 126	+ 95 394	+ 20 978	- 45
2000	+392 634	+215 209	+ 51 093	+126 001	+115 294	+ 9 767	+ 331
2001	+256 167	+ 29 518	+156 708	+ 69 894	+ 54 341	+ 12 043	+ 47
2002	+211 222	+ 53 679	+126 710	+ 30 751	+ 28 453	+ 3 270	+ 83
2003	+152 812	+ 23 841	+112 285	+ 16 647	+ 10 701	+ 283	+ 40
2004	+141 296	- 28 054	+133 656	+ 35 476	+ 32 357	+ 7 188	+ 218

1) Als Direktinvestitionen gelten Finanzbeziehungen zu in- und ausländischen Unternehmen, an denen der Investor 10 vH oder mehr (bis Ende 1989: 25 vH oder mehr, von 1990 bis Ende 1998 mehr als 20 vH) der Anteile oder Stimmrechte unmittelbar hält; einschließlich Zweigniederlassungen und Betriebsstätten. Erfasst werden Beteiligungskapital, reinvestierte Gewinne (Veränderung von Gewinn-/Verlustvorträgen sowie von Gewinnrücklagen; geschätzt auf der Grundlage der Bestände an Direktinvestitionen), Grundbesitz, langfristige Finanzkredite und ab 1996 werden kurzfristige Finanzkredite und Handelskredite einbezogen. Weitere Erläuterungen siehe Deutsche Bundesbank, Beiheft 3 zum Monatsbericht (Zahlungsbilanzstatistik). - 2) Dividendenwerte einschließlich Genussscheine, Investmentzertifikate (ab 1991 einschließlich thesaurierter Erträge), langfristige festverzinsliche Wertpapiere, Geldmarktpapiere. Ohne Finanzderivate. - 3) Buchkredite, Schuldscheindarlehen, im Wege der Abtretung erworbene Forderungen und Ähnliches (jeweils lang- und kurzfristig) und Handelskredite (Forderungen und Verbindlichkeiten aus Zahlungszielen und Anzahlungen im Waren- und Dienstleistungsverkehr). - 4) Insbesondere Beteiligungen des Bundes an internationalen Organisationen.

Quelle: Deutsche Bundesbank

Tabelle 44*

Ausgewählte Zinsen und Renditen[1]

Prozent p.a.

Jahr	Satz der Einlage-fazilität	Lombard-satz/ Zinssatz für Spitzen-refinan-zierungs-fazilität[2]	Diskont-satz/ Basiszins-satz[3]	Dreimo-natsgeld/ Fibor/ EURI-BOR[4][5]	Konto-korrent-kredit[4][6]	Fest-geld[4][7]	Hypothekar-kredite auf Wohngrund-stücke zu Festzinsen (Effektivver-zinsung)[4][8]	Spar-ein-lagen[4][9]	Umlaufsrendite[10] ins-gesamt	darunter: Anleihen der öffent-lichen Hand
1960	-	5,44	4,44	5,10	8,94	3,10	.	3,75	6,3	6,4
1965	-	4,66	3,66	5,14	8,16	2,58	.	3,52	6,8	7,1
1970	-	9,02	6,89	9,41	11,12	7,51	.	4,88	8,2	8,3
1975	-	5,75	4,50	4,96	10,14	4,20	.	4,36	8,7	8,5
1980	-	8,78	7,17	9,54	12,05	7,95	.	4,64	8,6	8,5
1981	-	9,00	7,50	12,11	14,69	9,74	.	4,92	10,6	10,4
1982	-	8,39	7,06	8,88	13,50	7,54	.	4,85	9,1	9,0
1983	-	5,37	4,21	5,78	10,05	4,56	8,99	3,26	8,0	7,9
1984	-	5,50	4,25	5,99	9,82	4,86	8,87	3,01	7,8	7,8
1985	-	5,77	4,31	5,44	9,53	4,44	7,96	2,88	6,9	6,9
1986	-	5,50	3,59	4,60	8,75	3,71	6,98	2,50	6,0	5,9
1987	-	4,95	2,99	3,99	8,36	3,20	6,59	2,11	5,8	5,8
1988	-	4,73	2,92	4,28	8,33	3,29	6,68	2,01	6,0	6,1
1989	-	6,81	4,81	7,07	9,94	5,50	7,94	2,43	7,1	7,0
1990	-	8,08	6,00	8,47	11,59	7,07	9,73	2,81	8,9	8,8
1991	-	9,07	6,85	9,25	12,46	7,62	9,79	2,83	8,7	8,6
1992	-	9,68	8,19	9,52	13,59	8,01	9,35	2,81	8,1	8,0
1993	-	8,12	6,96	7,30	12,85	6,27	7,52	2,54	6,4	6,3
1994	-	6,26	4,82	5,36	11,48	4,47	7,61	2,10	6,7	6,7
1995	-	5,80	3,93	4,53	10,94	3,85	7,49	2,04	6,5	6,5
1996	-	4,65	2,65	3,31	10,02	2,83	6,44	1,99	5,6	5,6
1997	-	4,50	2,50	3,33	9,13	2,69	5,90	1,71	5,1	5,1
1998	-	4,50	2,50	3,54	9,02	2,88	5,41	1,56	4,5	4,4
1999	1,75	3,79	2,13	2,97	8,81	2,43	5,14	1,31	4,3	4,3
2000	3,02	5,02	3,45	4,39	9,63	3,40	6,36	1,25	5,4	5,3
2001	3,29	5,29	4,05	4,26	10,01	3,56	5,68	1,19	4,8	4,7
2002	2,22	4,22	2,56	3,32	9,70	2,65	5,53	1,02	4,7	4,6
2003	1,26	3,26	1,60	2,33	X[a]	X[a]	X[a]	X[a]	3,7	3,8
2004	1,00	3,00	1,14	2,11	X[a]	X[a]	X[a]	X[a]	3,7	3,7

1) Durchschnitte; Diskontsatz/Basiszinssatz und Lombardsatz/Zinssatz für Spitzenrefinanzierungsfazilität sind mit den Tagen der Geltungsdauer gewichtet, wobei der Monat zu 30 Tagen angesetzt wird. - 2) Ab 1. August 1990 bis 31. Dezember 1993 zugleich Zinssatz für Kassenkredite; ab 1. Januar 1994 wurden keine Kassenkredite mehr gewährt. Ersetzt ab 1. Januar 1999 gemäß Diskontsatz-Überleitungs-Gesetz (DÜG) in Verbindung mit der Lombardsatz-Überleitungs-Verordnung den Lombardsatz. - 3) Bis 31. Juli 1990 zugleich Zinssatz für Kassenkredite. Ersetzt gemäß DÜG in Verbindung mit der Basiszinssatz-Bezugsgrößen-Verordnung ab 1. Januar 1999 bis zum 31. Dezember 2001 den Diskontsatz. Nach Artikel 4 § 2 Versicherungskapitalanlagen-Bewertungsgesetz (VersKapAG) tritt ab 4. April 2002 an Stelle des Basiszinssatzes gemäß DÜG der Basiszinssatz gemäß § 247 Bürgerliches Gesetzbuch (BGB). - 4) Die Durchschnittssätze sind als ungewichtetes arithmetisches Mittel aus den innerhalb der Streubreite liegenden Zinsmeldungen errechnet, indem jeweils 5 vH der Meldungen mit den höchsten und den niedrigsten Zinssätzen ausgesondert werden. - 5) Von 1991 bis 1998 „Frankfurt Interbank Offered Rate", ab 1999 „Euro Interbank Offered Rate". - 6) Kontokorrentkredite unter 1 Mio DM/ 500 000 Euro. - 7) Festgelder von 100 000 DM/50 000 Euro bis unter 1 Mio DM/500 000 Euro mit vereinbarter Laufzeit von einem Monat bis drei Monate einschließlich. - 8) Die Angaben beziehen sich auf den Zeitpunkt des Vertragsabschlusses und nicht auf die Gesamtlaufzeit der Verträge. Bei Errechnung der Effektivverzinsung wird von einer jährlichen Grundtilgung von 1 vH zuzüglich ersparter Zinsen ausgegangen unter Berücksichtigung der von den beteiligten Instituten jeweils vereinbarten Rückzahlungsmodalitäten. - 9) Mit dreimonatiger Kündigungsfrist. - 10) Festverzinsliche Wertpapiere: Inhaberschuldverschreibungen mit einer längsten Laufzeit gemäß Emissionsbedingungen von über vier Jahren, soweit ihre mittlere Restlaufzeit mehr als drei Jahre beträgt. Außer Betracht bleiben Wandelschuldverschreibungen und ähnliche, Bankschuldverschreibungen mit unplanmäßiger Tilgung, Null-Kupon-Anleihen, variabel verzinsliche Anleihen und Fremdwährungsanleihen. Die Vierteljahreszahlen werden aus den Renditen aller Geschäftstage eines Vierteljahres errechnet. Die Jahreszahlen sind ungewogene Mittel der Monatszahlen. - a) Reihen werden seit dem 3. Vierteljahr 2003 in dieser Abgrenzung nicht fortgeführt.

Quelle: Deutsche Bundesbank

Tabelle 45*

Zinssätze für Neugeschäfte der Banken (MFIs)[1]

Prozent p. a.[2]

Zeitraum	Private Haushalte					Nichtfinanzielle Kapitalgesellschaften			
	Einlagen mit vereinbarter Laufzeit bis 1 Jahr	Konsumentenkredite[3] mit anfänglicher Zinsbindung von		Wohnungsbaukredite[4] mit anfänglicher Zinsbindung von		Einlagen mit vereinbarter Laufzeit bis 1 Jahr	Überziehungskredite[5]	Sonstige Kredite mit anfänglicher Zinsbindung von über 5 Jahren[6][7]	
		1 Jahr	über 5 Jahren	1 Jahr	über 5 bis 10 Jahren			bis 1 Mio Euro	von über 1 Mio Euro
Europäische Währungsunion									
2003	2,11	6,85	8,22	3,86	4,94	2,24	5,73	4,88	4,36
2004	1,91	6,82	8,35	3,48	4,80	2,00	5,42	4,67	4,27
2003 1.Vj.	2,46	6,79	8,42	4,27	5,20	2,62	6,02	5,07	4,54
2.Vj.	2,18	6,82	8,36	3,93	4,90	2,32	5,83	4,95	4,39
3.Vj.	1,91	6,83	8,17	3,65	4,71	2,02	5,58	4,69	4,22
4.Vj.	1,88	6,94	7,91	3,61	4,94	1,99	5,51	4,80	4,29
2004 1.Vj.	1,90	6,87	8,47	3,54	4,95	1,98	5,53	4,79	4,33
2.Vj.	1,90	6,72	8,33	3,41	4,78	1,97	5,42	4,67	4,17
3.Vj.	1,90	6,88	8,52	3,49	4,83	1,99	5,41	4,69	4,34
4.Vj.	1,94	6,81	8,08	3,46	4,64	2,05	5,34	4,55	4,23
2005 1.Vj.	1,94	6,60	8,21	3,41	4,39	2,02	5,32	4,38	4,01
2.Vj.	1,97	6,73	8,03	3,37	4,26	2,01	5,16	4,24	3,89
Deutschland									
2003	2,15	5,53	8,62	4,92	5,01	2,20	6,58	5,13	4,66
2004	1,93	5,12	8,97	4,42	4,93	1,94	6,18	4,98	4,64
2003 1.Vj.	2,46	5,81	8,84	5,33	5,21	2,60	6,78	5,32	4,87
2.Vj.	2,24	5,62	8,88	5,13	4,93	2,28	6,65	5,18	4,57
3.Vj.	1,98	5,52	8,59	4,65	4,82	1,99	6,48	4,95	4,50
4.Vj.	1,91	5,17	8,18	4,58	5,07	1,95	6,42	5,06	4,71
2004 1.Vj.	1,97	5,19	8,99	4,52	5,07	1,93	6,27	5,15	4,81
2.Vj.	1,92	5,20	8,97	4,41	4,93	1,91	6,20	5,05	4,66
3.Vj.	1,92	5,25	9,21	4,36	4,97	1,95	6,24	5,01	4,67
4.Vj.	1,91	4,84	8,70	4,37	4,77	1,98	6,03	4,73	4,43
2005 1.Vj.	1,92	4,85	8,98	4,35	4,51	1,99	5,92	4,63	4,18
2.Vj.	1,89	5,24	8,87	4,29	4,37	1,97	5,95	4,50	4,09

1) Einlagen mit vereinbarter Laufzeit und sämtliche Kredite außer Überziehungskredite werden als volumengewichtete Durchschnittssätze über alle im Laufe des Berichtsmonats abgeschlossenen Neuvereinbarungen gerechnet; Überziehungskredite werden zeitpunktbezogen zum Ende des Berichtsmonats erfasst. Für weitergehende methodische Erläuterungen über die neue EWU-Zinsstatistik siehe Monatsbericht der Deutschen Bank, Statistischer Teil, Tabelle VI.5 und VI.6. sowie Aufsatz im Monatsbericht Januar 2004, Seite 47. - 2) Die Effektivzinssätze können grundsätzlich als annualisierte vereinbarte Jahreszinssätze (AVJ) oder als eng definierte Effektivzinssätze ermittelt werden. Beide Berechnungsmethoden umfassen sämtliche Zinszahlungen auf Einlagen und Kredite, jedoch keine eventuell anfallenden sonstigen Kosten. Ein gewährtes Disagio wird als Zinszahlung betrachtet und in die Zinsberechnung einbezogen. Der AVJ und der eng definierte Effektivzinssatz unterscheiden sich in der jeweils zu Grunde liegenden Methode der Annualisierung der Zinszahlungen. - 3) Konsumentenkredite sind Kredite, die zum Zwecke der persönlichen Nutzung für den Konsum von Gütern und Dienstleistungen gewährt werden. - 4) Besicherte und unbesicherte Kredite, die für die Beschaffung von Wohnraum gewährt werden, einschließlich Bauspardarlehen und Bauzwischenfinanzierungen sowie Weiterleitungskredite, die die Meldepflichtigen im eigenen Namen und auf Rechnung ausgereicht haben. - 5) Überziehungskredite sind als Sollsalden auf laufenden Konten definiert. Dazu zählen eingeräumte und nicht eingeräumte Dispositionskredite sowie Kontokorrentkredite. - 6) Kredite, die für sonstige Zwecke, zum Beispiel Geschäftszwecke, Schuldenkonsolidierung, Ausbildung usw. gewährt werden. - 7) Der Betrag bezieht sich jeweils auf die einzelne, als Neugeschäft geltende Kreditaufnahme.

Quelle: Deutsche Bundesbank, EZB

Tabelle 46*
Auftragseingang im Verarbeitenden Gewerbe[1]
a) Insgesamt (2000 = 100)

Jahr	Wertindex					Volumenindex				
	insgesamt	Produzenten von				insgesamt	Produzenten von			
		Vor-leistungs-gütern	Investi-tions-[2] gütern	Ge-brauchs-gütern	Ver-brauchs-gütern		Vor-leistungs-gütern	Investi-tions-[2] gütern	Ge-brauchs-gütern	Ver-brauchs-gütern
Deutschland										
1991	78,0	81,1	71,9	94,8	95,6	83,1	83,6	78,2	104,2	103,1
1992	75,9	78,3	69,4	95,7	96,1	79,9	81,5	73,6	102,5	101,4
1993	70,0	72,5	62,7	91,0	92,2	73,8	77,1	65,7	95,7	96,9
1994	75,2	80,7	66,5	92,5	92,7	78,9	85,2	69,4	96,5	97,1
1995	77,5	82,4	69,4	94,0	95,6	79,3	83,1	71,7	97,1	98,2
1996	77,3	79,7	71,5	90,4	94,8	79,2	82,0	73,0	92,3	96,9
1997	82,7	86,7	76,7	90,8	95,9	84,2	88,9	77,6	92,2	97,7
1998	86,2	86,9	83,3	92,4	97,0	87,4	89,0	83,9	93,2	98,2
1999	88,3	88,1	86,5	93,5	98,2	90,2	92,0	87,0	94,0	99,1
2000	100	100	100	100	100	100	100	100	100	100
2001	98,0	95,7	99,1	99,6	102,3	97,2	95,0	98,3	97,8	100,8
2002	97,9	96,0	99,1	95,3	100,7	96,9	96,2	97,4	92,9	99,0
2003	98,6	97,5	100,4	89,6	98,5	97,5	97,4	98,6	86,8	97,0
2004	105,6	105,7	108,1	89,8	98,8	103,7	103,7	106,1	87,5	98,3
Früheres Bundesgebiet[3]										
1991	80,3	84,3	73,1	98,9	97,1	85,6	87,0	79,5	108,7	104,8
1992	78,3	81,9	70,7	100,1	98,2	82,6	85,3	74,9	107,1	103,7
1993	71,6	75,3	63,2	94,2	94,1	75,7	80,1	66,2	99,1	98,9
1994	76,6	83,2	67,0	95,4	94,4	80,5	87,9	69,9	99,5	98,9
1995	78,4	84,2	69,4	96,3	97,1	80,3	85,0	71,8	99,5	99,8
1996	78,3	81,2	72,2	91,9	95,9	80,4	83,6	73,9	93,9	98,1
1997	83,6	88,0	77,5	92,2	96,8	85,2	90,2	78,4	93,5	98,5
1998	86,5	87,7	83,3	93,5	97,6	87,8	89,9	83,9	94,3	98,9
1999	88,5	88,5	86,5	94,0	98,7	90,4	92,5	87,0	94,7	99,7
2000	100	100	100	100	100	100	100	100	100	100
2001	97,6	94,8	98,9	99,5	101,8	96,7	94,1	98,0	97,8	100,4
2002	97,0	94,7	98,5	95,2	99,6	95,9	94,8	96,8	92,8	98,0
2003	97,3	95,4	99,5	89,5	96,9	96,1	95,2	97,7	86,7	95,4
2004	104,2	103,3	107,4	88,4	96,6	102,2	101,2	105,4	86,1	96,2
Neue Bundesländer und Berlin-Ost[4]										
1991	49,3	43,5	53,7	43,1	67,7	52,2	44,3	58,5	48,3	72,5
1992	43,8	35,7	50,5	42,2	58,6	45,9	37,1	53,4	46,3	61,7
1993	47,8	39,9	54,6	50,6	57,1	50,3	42,6	56,7	54,2	60,3
1994	56,1	51,8	59,9	55,1	62,6	58,5	54,4	62,0	58,4	65,9
1995	65,1	61,3	68,8	62,8	68,6	66,0	61,4	70,3	65,7	70,6
1996	62,1	62,7	59,0	69,8	73,9	63,3	64,3	59,5	71,8	75,8
1997	69,5	71,8	65,1	72,6	80,8	70,6	73,6	65,4	74,1	82,6
1998	80,9	77,8	83,8	78,1	85,6	81,9	79,7	83,9	78,9	87,1
1999	85,2	83,3	86,7	85,8	88,9	87,1	86,8	86,9	86,5	89,8
2000	100	100	100	100	100	100	100	100	100	100
2001	104,6	105,7	103,0	100,5	110,3	103,6	104,8	102,3	98,5	108,5
2002	110,4	111,2	109,9	96,9	119,0	109,7	111,7	108,4	93,8	116,7
2003	117,3	122,2	113,4	92,2	128,9	116,6	122,9	111,7	88,8	126,7
2004	122,0	129,5	117,3	103,6	118,6	121,2	129,2	116,3	100,4	117,9

1) Ohne Ernährungsgewerbe und Tabakverarbeitung; ohne Kokerei, Mineralölverarbeitung, Herstellung und Verarbeitung von Spalt- und Brutstoffen. - 2) Einschließlich Herstellung von Kraftwagen und Kraftwagenteilen. - 3) Ab 2004 ohne Berlin-West. - 4) Ab 2004 einschließlich Berlin.

noch Tabelle 46*

Auftragseingang im Verarbeitenden Gewerbe[1]

b) Inland (2000 =100)

Jahr	Wertindex					Volumenindex				
	insgesamt	Produzenten von				insgesamt	Produzenten von			
		Vor-leistungs-gütern	Investi-tions-[2] gütern	Ge-brauchs-gütern	Ver-brauchs-gütern		Vor-leistungs-gütern	Investi-tions-[2] gütern	Ge-brauchs-gütern	Ver-brauchs-gütern
Deutschland										
1991	93,8	93,9	89,7	102,0	111,0	98,8	96,1	96,0	113,2	119,6
1992	92,1	90,9	87,6	105,3	111,7	95,8	93,9	91,1	113,5	117,6
1993	83,3	82,6	76,2	101,8	107,1	86,9	87,1	78,5	107,4	112,3
1994	87,2	89,9	78,8	101,5	105,1	90,7	94,3	81,0	106,2	109,8
1995	89,9	91,1	83,8	101,0	105,5	90,8	91,2	85,0	104,4	107,9
1996	86,9	85,9	82,8	98,8	102,9	88,1	87,8	83,0	100,5	105,1
1997	88,7	90,3	83,3	96,7	101,1	89,7	92,3	83,2	97,8	103,0
1998	92,7	91,8	90,7	97,9	102,2	93,5	93,8	90,3	98,5	103,7
1999	92,8	91,4	91,7	97,1	101,3	94,3	95,0	91,6	97,7	102,2
2000	100	100	100	100	100	100	100	100	100	100
2001	97,4	96,2	97,8	99,3	100,0	96,5	95,5	97,0	97,3	98,4
2002	94,3	94,3	94,3	91,6	95,9	93,2	94,3	92,5	88,6	94,0
2003	94,3	94,6	95,6	86,5	91,8	93,1	94,2	94,0	83,1	90,2
2004	99,0	101,3	100,8	84,0	89,8	97,1	99,0	99,0	81,1	89,6
Früheres Bundesgebiet[3]										
1991	98,2	98,6	93,2	108,0	114,2	103,7	101,2	99,7	119,9	123,3
1992	96,3	96,1	90,2	111,4	115,3	100,3	99,4	93,8	120,0	121,4
1993	85,9	86,4	77,0	106,5	110,4	89,8	91,2	79,3	112,2	115,7
1994	89,1	93,0	78,7	105,8	107,7	92,8	97,7	80,9	110,6	112,6
1995	91,1	93,3	83,4	104,2	107,8	92,2	93,5	84,6	107,7	110,3
1996	88,1	87,4	83,4	101,1	104,8	89,5	89,5	83,6	103,0	107,1
1997	89,7	91,5	83,8	98,6	102,4	90,9	93,8	83,7	99,8	104,4
1998	93,4	92,7	91,2	99,4	103,2	94,3	94,9	90,6	100,0	104,7
1999	93,2	91,9	91,9	97,9	102,0	94,8	95,6	91,7	98,6	103,0
2000	100	100	100	100	100	100	100	100	100	100
2001	97,0	95,6	97,5	99,0	99,4	96,1	94,8	96,8	97,0	97,8
2002	93,4	93,1	93,8	91,1	94,5	92,3	93,0	92,0	88,2	92,7
2003	92,8	92,6	94,7	86,1	89,7	91,6	92,0	93,1	82,8	88,3
2004	97,3	98,9	100,0	82,1	87,6	95,3	96,3	98,1	79,3	87,4
Neue Bundesländer und Berlin-Ost[4]										
1991	50,0	48,5	50,2	43,5	62,4	52,0	48,6	53,7	48,9	67,1
1992	49,8	41,0	59,0	46,1	59,4	51,6	42,0	61,4	50,6	62,5
1993	55,8	45,8	67,0	55,5	59,7	58,0	48,2	68,7	59,4	63,0
1994	68,3	60,1	79,9	58,9	66,1	70,5	62,5	81,7	62,4	69,6
1995	77,0	69,5	88,1	68,4	72,0	77,3	69,0	88,9	71,4	73,9
1996	73,1	70,5	75,7	74,4	75,2	73,7	71,6	75,4	76,3	77,1
1997	77,7	77,3	77,4	77,3	81,9	78,3	78,7	76,9	78,6	83,8
1998	84,6	82,9	86,3	83,1	87,4	85,2	84,3	85,8	83,9	89,0
1999	88,4	86,6	90,0	89,3	90,4	89,9	89,8	90,0	90,0	91,3
2000	100	100	100	100	100	100	100	100	100	100
2001	102,1	102,6	100,3	102,4	108,3	101,1	101,7	99,6	100,3	106,4
2002	103,6	106,1	99,3	97,2	116,9	102,7	106,3	97,7	93,8	114,5
2003	110,2	114,4	106,2	90,3	121,8	109,2	114,6	104,4	86,8	119,5
2004	114,6	122,3	108,9	99,1	111,3	113,5	121,8	107,4	95,3	111,0

1) Ohne Ernährungsgewerbe und Tabakverarbeitung; ohne Kokerei, Mineralölverarbeitung, Herstellung und Verarbeitung von Spalt- und Brutstoffen. - 2) Einschließlich Herstellung von Kraftwagen und Kraftwagenteilen. - 3) Ab 2004 ohne Berlin-West. - 4) Ab 2004 einschließlich Berlin.

noch Tabelle 46*

Auftragseingang im Verarbeitenden Gewerbe[1]

c) Ausland (2000 =100)

Jahr	Wertindex					Volumenindex				
	insgesamt	Produzenten von				insgesamt	Produzenten von			
		Vor-leistungs-gütern	Investi-tions-[2] gütern	Ge-brauchs-gütern	Ver-brauchs-gütern		Vor-leistungs-gütern	Investi-tions-[2] gütern	Ge-brauchs-gütern	Ver-brauchs-gütern
Deutschland										
1991	58,9	62,6	56,2	78,7	62,8	63,6	65,3	62,2	84,1	67,3
1992	56,3	59,7	53,1	74,1	63,0	60,3	63,0	57,5	78,0	66,6
1993	53,7	57,7	50,2	66,4	60,2	57,5	62,2	53,6	69,5	63,3
1994	60,4	67,0	55,4	72,2	66,4	64,1	71,5	58,5	74,8	69,8
1995	62,1	68,8	56,1	78,1	73,9	64,6	70,2	59,1	80,5	76,7
1996	65,3	70,1	61,1	71,5	76,9	67,9	72,9	63,5	73,6	78,6
1997	75,2	81,3	70,7	77,6	84,7	77,2	83,5	72,3	79,3	85,8
1998	78,0	79,3	76,5	79,9	85,6	79,7	81,4	77,9	81,1	86,2
1999	82,7	82,9	81,6	85,1	91,5	84,9	87,2	82,7	85,7	92,2
2000	100	100	100	100	100	100	100	100	100	100
2001	98,8	94,8	100,3	100,2	107,3	98,0	94,1	99,5	99,0	106,1
2002	102,3	98,7	103,6	103,5	111,1	101,4	99,1	102,0	102,3	109,7
2003	104,0	102,0	104,7	96,9	113,5	102,9	102,4	102,8	95,3	112,1
2004	113,8	112,5	114,8	103,1	118,8	112,1	111,1	112,8	102,0	117,7
Früheres Bundesgebiet[3]										
1991	59,4	64,0	55,5	80,1	62,0	64,1	66,8	61,4	85,5	66,5
1992	57,5	61,7	53,7	76,2	63,2	61,6	65,1	58,1	80,1	66,8
1993	54,8	59,5	51,0	68,0	60,6	58,7	64,2	54,3	71,1	63,7
1994	61,9	69,1	56,7	73,6	66,9	65,8	73,7	59,9	76,2	70,3
1995	63,2	70,5	57,1	79,8	74,5	65,8	72,0	60,1	82,2	77,3
1996	66,7	71,7	62,4	72,5	77,1	69,3	74,6	64,9	74,6	78,9
1997	76,4	82,7	71,8	78,7	84,9	78,3	84,9	73,5	80,4	86,0
1998	78,3	80,2	76,4	81,0	85,9	79,9	82,3	77,8	82,1	86,4
1999	82,9	83,3	81,6	85,9	91,8	85,1	87,7	82,7	86,4	92,5
2000	100	100	100	100	100	100	100	100	100	100
2001	98,3	93,7	100,0	100,6	106,9	97,4	93,0	99,2	99,3	105,8
2002	101,2	97,2	102,5	103,8	110,6	100,3	97,5	100,9	102,6	109,2
2003	102,6	99,6	103,8	96,7	112,1	101,5	99,9	101,9	95,1	110,7
2004	112,4	110,0	113,9	101,9	117,1	110,6	108,6	111,8	100,7	116,1
Neue Bundesländer und Berlin-Ost[4]										
1991	55,0	38,9	69,0	42,7	89,6	59,7	40,7	76,9	47,1	95,3
1992	30,9	24,4	37,3	23,1	53,5	33,3	26,0	40,7	25,0	56,8
1993	29,5	25,4	32,2	26,5	45,5	31,9	28,0	34,4	28,4	48,3
1994	28,3	30,8	25,0	36,5	48,5	30,2	33,1	26,4	38,8	51,4
1995	36,6	39,7	33,4	34,3	50,6	37,9	40,4	35,0	36,0	52,9
1996	35,9	42,3	28,4	46,4	66,9	37,5	44,3	29,3	48,2	68,8
1997	49,9	57,2	42,6	48,8	74,6	51,6	59,2	43,7	50,3	75,8
1998	72,1	64,5	79,2	52,2	76,1	73,7	66,8	80,3	53,1	76,8
1999	77,6	74,6	80,4	67,7	80,9	79,8	78,7	81,2	68,5	81,7
2000	100	100	100	100	100	100	100	100	100	100
2001	110,5	114,1	108,0	90,7	120,8	109,6	113,2	107,2	89,2	119,3
2002	126,9	125,2	129,6	95,7	131,1	126,3	126,1	128,1	93,7	129,5
2003	134,3	143,2	126,8	101,6	167,5	134,3	145,3	125,2	99,2	166,3
2004	137,9	148,0	132,2	122,7	132,0	137,6	147,9	132,0	122,3	130,5

1) Ohne Ernährungsgewerbe und Tabakverarbeitung; ohne Kokerei, Mineralölverarbeitung, Herstellung und Verarbeitung von Spalt- und Brutstoffen. - 2) Einschließlich Herstellung von Kraftwagen und Kraftwagenteilen. - 3) Ab 2004 ohne Berlin-West. - 4) Ab 2004 einschließlich Berlin.

Tabelle 47*
Umsatz im Bergbau und im Verarbeitenden Gewerbe[1]

Mio Euro

Zeitraum	Insgesamt	Bergbau, Gewinnung von Steinen und Erden	Verarbeitendes Gewerbe	Vorleistungs-	Investitions-	Gebrauchs-	Verbrauchs-	Energie[2]
					Produzenten von gütern			
Insgesamt								
1995	1 060 249	20 711	1 039 538	383 940	339 163	49 342	215 874	71 929
1996	1 063 127	14 999	1 048 128	373 109	354 057	47 457	216 992	71 511
1997	1 117 788	13 092	1 104 696	386 120	385 885	47 289	221 959	76 535
1998	1 161 054	11 906	1 149 148	390 394	428 767	48 664	232 573	60 656
1999	1 196 314	11 538	1 184 776	390 103	456 606	49 334	236 139	64 132
2000	1 306 664	12 190	1 294 474	433 659	496 988	51 965	245 033	79 018
2001	1 346 352	13 337	1 333 016	434 536	520 917	53 156	248 349	89 395
2002	1 326 367	12 347	1 314 020	431 343	518 722	49 807	240 547	85 949
2003	1 348 122	11 760	1 336 361	435 322	529 034	47 847	248 584	87 335
2004	1 423 369	11 711	1 411 657	464 031	570 293	47 487	254 449	87 109
2005 1. Vj.	346 919	3 299	343 621	115 658	135 070	11 782	62 557	21 852
2. Vj.	375 056	3 402	371 654	123 907	151 266	12 106	63 727	24 049
3. Vj.	374 840	3 292	371 549	122 638	148 002	11 500	66 373	26 328
Inland								
1995	759 411	19 563	739 848	269 317	196 005	37 666	186 437	69 987
1996	747 530	13 877	733 653	256 116	199 719	36 254	185 906	69 535
1997	761 537	12 570	748 967	257 587	206 268	35 261	188 200	74 221
1998	775 967	11 392	764 575	261 911	226 663	36 150	192 882	58 361
1999	787 642	11 014	776 628	260 349	235 282	35 871	194 756	61 385
2000	832 666	11 658	821 008	276 622	244 702	36 297	199 609	75 435
2001	848 003	12 766	835 237	276 203	249 183	36 048	201 205	85 363
2002	821 859	11 731	810 128	265 850	244 112	33 245	195 760	82 892
2003	834 181	10 908	823 273	267 222	250 798	31 887	199 832	84 442
2004	859 404	10 836	848 568	280 581	264 195	30 666	201 302	82 659
2005 1. Vj.	205 427	3 070	202 357	67 795	60 487	7 658	48 814	20 673
2. Vj.	222 407	3 193	219 214	73 723	68 030	7 871	50 031	22 752
3. Vj.	224 568	3 102	221 466	74 045	66 774	7 468	51 465	24 816
Ausland								
1995	300 838	1 148	299 690	114 623	143 158	11 677	29 437	1 943
1996	315 597	1 122	314 475	116 993	154 339	11 203	31 086	1 977
1997	356 251	522	355 730	128 533	179 618	12 027	33 759	2 314
1998	385 087	514	384 573	128 483	202 104	12 514	39 691	2 295
1999	408 672	524	408 148	129 754	221 324	13 463	41 383	2 747
2000	473 999	532	473 466	157 037	252 286	15 668	45 424	3 583
2001	498 350	571	497 779	158 332	271 734	17 108	47 144	4 032
2002	504 509	617	503 892	165 493	274 610	16 562	44 787	3 057
2003	513 941	852	513 089	168 099	278 236	15 961	48 752	2 893
2004	563 965	875	563 089	183 450	306 098	16 821	53 146	4 450
2005 1. Vj.	141 493	229	141 263	47 863	74 583	4 124	13 744	1 179
2. Vj.	152 648	209	152 440	50 184	83 236	4 235	13 696	1 297
3. Vj.	150 272	189	150 083	48 592	81 228	4 032	14 908	1 512

1) Ab Januar 2003 wurde der Berichtskreis um eine größere Anzahl von Betrieben erweitert. Nach der Klassifizierung der Wirtschaftszweige, Ausgabe 2003 (WZ 2003). - 2) Die Angaben der Betriebe des Abschnittes E der WZ 2003, die klassifikatorisch auch der neuen Hauptgruppe Energie zuzurechnen wären, sind nicht enthalten.

Tabelle 48*

Index der Nettoproduktion im Produzierenden Gewerbe[1]

Index 2000 = 100

Jahr	Insgesamt	Produzierendes Gewerbe ohne Bauhauptgewerbe	Davon: Industrie zusammen	Vorleistungs-[2]	Investitions-[3]	Gebrauchs-	Verbrauchs-[4] güterproduzenten	Energie[5]	Bauhauptgewerbe	Nachrichtlich: Verarbeitendes Gewerbe[6]	Darunter: ausgewählte Zweige Maschinenbau	Büromaschinen, DV[7]	Fahrzeugbau

Deutschland

Jahr	Insg.	Prod.Gew. o. Bau	Ind. zus.	Vorl.	Inv.	Gebr.	Verbr.	Energie	Bauhaupt	Verarb. Gew.	Masch.	Büro/DV	Fahrz.
Gewicht 2000	*100*	*92,32*	*83,29*	*33,48*	*30,64*	*3,66*	*15,51*	*9,02*	*7,68*	*84,13*	*12,41*	*12,95*	*11,88*
1991	93,0	92,6	91,5	87,0	88,7	115,4	102,9	102,8	97,3	91,4	102,4	79,0	81,6
1992	92,6	91,3	90,2	86,8	86,6	110,5	101,5	101,6	107,3	90,1	96,3	77,1	82,7
1993	86,5	84,5	82,9	81,0	76,1	104,6	97,4	98,9	109,9	82,9	84,8	71,2	69,9
1994	89,5	86,9	85,6	86,3	78,0	103,6	96,7	98,1	120,5	85,6	85,0	74,7	74,3
1995	89,7	87,3	86,0	86,6	79,7	96,9	94,7	99,3	118,7	86,0	87,5	74,4	73,0
1996	89,2	87,4	85,8	85,5	80,3	94,4	95,3	102,2	111,1	85,9	87,6	75,1	73,6
1997	91,3	90,0	88,9	90,2	83,3	93,3	95,8	100,1	106,6	88,8	91,2	79,1	77,4
1998	94,5	93,8	93,1	93,3	90,4	97,0	96,9	100,1	103,4	93,1	95,7	85,1	87,9
1999	95,8	95,1	94,6	94,9	91,7	96,9	98,9	100,3	104,3	94,6	94,0	88,2	91,3
2000	100	100	100	100	100	100	100	100	100	100	100	100	100
2001	99,2	99,8	100,1	99,1	101,9	100,0	98,6	97,2	92,2	100,1	101,6	101,6	104,2
2002	97,9	98,7	98,9	98,5	100,6	91,5	97,9	97,2	88,7	98,9	99,0	97,4	106,1
2003	98,0	99,1	99,1	99,1	101,5	86,8	97,1	99,6	84,7	99,1	97,4	100,5	109,2
2004	101,7	103,4	103,4	104,2	106,7	88,4	98,7	103,0	81,2	103,5	102,2	109,0	114,2

Früheres Bundesgebiet

Jahr	Insg.	Prod.Gew. o. Bau	Ind. zus.	Vorl.	Inv.	Gebr.	Verbr.	Energie	Bauhaupt	Verarb. Gew.	Masch.	Büro/DV	Fahrz.
Gewicht 2000	*100*	*93,63*	*85,08*	*34,23*	*31,85*	*3,77*	*15,24*	*8,55*	*6,37*	*85,61*	*13,01*	*13,44*	*12,46*
1995	89,9	88,3	87,1	88,0	79,8	99,0	97,1	100,2	114,3	87,2	87,8	75,8	72,5
1996	89,2	88,1	86,5	86,6	80,4	96,7	96,9	103,7	105,7	86,7	87,9	76,3	73,5
1997	91,2	90,5	89,3	91,0	83,4	94,4	96,8	102,2	101,7	89,4	91,4	79,8	77,5
1998	94,6	94,2	93,4	93,9	90,5	97,7	97,6	101,3	100,4	93,6	95,9	85,8	88,0
1999	95,7	95,3	94,7	95,2	91,7	97,2	99,3	100,8	101,9	94,7	94,0	88,6	91,3
2000	100	100	100	100	100	100	100	100	100	100	100	100	100
2001	99,1	99,4	99,7	98,6	101,5	99,4	98,1	96,8	94,0	99,7	101,4	100,8	103,7
2002	97,6	97,9	98,0	97,5	100,0	90,8	97,0	96,9	92,0	98,1	98,7	95,6	105,4
2003	97,3	97,9	97,8	97,3	100,8	85,9	95,5	99,3	87,9	97,8	97,0	97,7	108,4
2004	100,5	101,5	101,4	101,6	105,2	87,0	96,7	102,6	84,7	101,6	101,5	105,0	111,6

Neue Bundesländer und Berlin-Ost

Jahr	Insg.	Prod.Gew. o. Bau	Ind. zus.	Vorl.	Inv.	Gebr.	Verbr.	Energie	Bauhaupt	Verarb. Gew.	Masch.	Büro/DV	Fahrz.
Gewicht 2000	*100*	*78,36*	*64,31*	*25,59*	*17,83*	*2,53*	*18,36*	*14,05*	*21,64*	*68,36*	*6,01*	*7,75*	*5,70*
1995	87,8	75,6	71,6	66,7	78,5	63,9	72,9	93,6	132,3	71,2	77,7	47,9	84,5
1996	89,3	78,6	75,6	70,5	77,9	69,1	81,4	92,6	127,8	74,7	79,5	53,2	76,6
1997	91,4	83,0	82,2	78,9	81,8	76,0	87,9	86,8	121,9	80,3	86,5	65,7	76,0
1998	93,6	88,3	87,4	85,2	88,2	84,2	90,3	92,2	112,8	86,7	90,7	72,3	86,4
1999	97,5	93,4	92,7	90,6	93,3	91,8	95,0	96,7	112,2	92,5	93,2	81,2	91,6
2000	100	100	100	100	100	100	100	100	100	100	100	100	100
2001	100,5	103,8	104,8	103,7	107,2	106,3	103,8	99,1	88,5	104,5	106,0	114,0	108,8
2002	100,5	105,8	107,5	109,5	108,3	100,3	104,9	98,3	81,2	106,7	103,8	124,5	113,6
2003	104,3	111,7	113,6	120,2	111,1	97,3	109,1	102,8	77,9	112,9	104,9	141,8	119,7
2004	110,0	120,1	123,5	135,4	118,7	106,4	114,2	104,3	73,4	122,4	113,7	167,9	130,4

1) Nach der Klassifikation der Wirtschaftszweige, Ausgabe 2003 (WZ 2003). - 2) Einschließlich Erzbergbau, Gewinnung von Steinen und Erden. - 3) Einschließlich Herstellung von Kraftwagen und Kraftwagenteilen. - 4) Einschließlich Druckgewerbe. - 5) Energieversorgung sowie insbesondere Kohlenbergbau, Gewinnung von Erdöl und Erdgas, Mineralölverarbeitung. - 6) Industrie einschließlich Kokerei, Mineralölverarbeitung, Spalt- und Brutstoffen und ohne Erzbergbau, Gewinnung von Steinen und Erden, sonstiger Bergbau. - 7) Einschließlich Elektrotechnik, Feinmechanik und Optik.

Tabellen für Deutschland: Makroökonomische Grunddaten | 607

Tabelle 49*

Beschäftigte und geleistete Arbeitsstunden im Bergbau und im Verarbeitenden Gewerbe[1]

Zeitraum	Ins-gesamt	Bergbau, Gewinnung von Steinen und Erden, Verarbeitendes Gewerbe						
		Bergbau, Gewinnung von Steinen und Erden	Verarbeitendes Gewerbe	Produzenten von				Energie[2]
				Vorleistungs-	Investitions-	Gebrauchs-	Verbrauchs-	
						gütern		

Beschäftigte
Tausend Personen

1995	6 778	186	6 593	2 598	2 415	374	1 219	173
1996	6 520	167	6 353	2 496	2 337	354	1 179	153
1997	6 311	148	6 163	2 410	2 287	333	1 141	140
1998	6 405	138	6 267	2 395	2 350	328	1 201	130
1999	6 368	129	6 239	2 357	2 374	320	1 197	121
2000	6 375	118	6 257	2 364	2 388	314	1 197	111
2001	6 393	108	6 285	2 382	2 425	310	1 173	102
2002	6 209	100	6 109	2 312	2 388	295	1 118	96
2003	6 133	97	6 036	2 273	2 382	278	1 109	91
2004	6 015	92	5 924	2 227	2 359	259	1 085	86
2005 1. Vj.	5 935	86	5 848	2 195	2 339	251	1 067	83
2. Vj.	5 915	87	5 829	2 194	2 328	248	1 062	82
3. Vj.	5 941	86	5 854	2 203	2 335	248	1 073	82

Arbeiter
Tausend Personen

1995	4 373	137	4 237	1 744	1 531	261	719	119
1996	4 168	121	4 047	1 660	1 478	243	682	105
1997	4 021	107	3 914	1 601	1 446	227	652	95
1998	4 085	99	3 986	1 608	1 494	224	672	87
1999	4 035	92	3 944	1 585	1 490	217	664	80
2000	4 027	84	3 943	1 589	1 493	213	658	74
2001	4 023	76	3 947	1 593	1 512	209	644	66
2002	3 864	71	3 794	1 523	1 467	196	617	61
2003	3 795	68	3 727	1 494	1 448	182	613	58
2004	3 713	65	3 648	1 465	1 425	169	599	55
2005 1. Vj.	3 625	61	3 564	1 430	1 402	162	578	53
2. Vj.	...	...	...	...	...	...	...	...
3. Vj.	...	...	...	...	...	...	...	...

Geleistete Arbeitsstunden[3]
Mio

1995	10 670	270	10 400	4 168	3 752	565	1 944	243
1996	10 142	240	9 902	3 944	3 576	533	1 881	212
1997	9 861	212	9 649	3 839	3 518	496	1 818	194
1998	10 098	199	9 899	3 848	3 650	498	1 924	180
1999	9 979	188	9 792	3 766	3 646	485	1 916	168
2000	9 992	165	9 827	3 786	3 674	475	1 909	148
2001	9 870	151	9 719	3 751	3 668	459	1 858	136
2002	9 479	140	9 339	3 617	3 546	431	1 760	127
2003	9 344	138	9 206	3 519	3 587	407	1 702	129
2004	9 322	134	9 188	3 509	3 618	389	1 681	125
2005 1. Vj.	2 290	31	2 259	860	895	95	410	31
2. Vj.	2 338	32	2 306	882	917	96	413	29
3. Vj.	2 271	32	2 239	862	875	91	414	29

1) Betriebe mit im Allgemeinen 20 Beschäftigten und mehr nach der Klassifikation der Wirtschaftszweige, Ausgabe 2003 (WZ 2003). Ab Januar 2003 wurde der Berichtskreis um eine größere Anzahl von Betrieben erweitert. - 2) Die Angaben der Betriebe des Abschnittes E der WZ 2003, die klassifikatorisch auch der neuen Hauptgruppe Energie zuzurechnen wären, sind nicht enthalten. - 3) Bis 2002: Geleistete Arbeiterstunden je beschäftigten Arbeiter multipliziert mit den Beschäftigten. Ab 2003: Arbeitsstunden aller Beschäftigten.

Tabelle 50*
Kapazitätsauslastung im Verarbeitenden Gewerbe[1]

Zeitraum		Verarbeitendes Gewerbe	Verarbeitendes Gewerbe ohne Ernährungsgewerbe	Vorleistungs-	Investitions-	Gebrauchs-	Verbrauchs-	Konsum-
						güterproduzenten		
1993		78,9	78,7	78,3	78,0	83,0	81,4	81,7
1994		82,5	82,7	82,9	82,3	84,2	81,2	81,9
1995		84,5	84,8	83,6	86,8	83,7	81,8	82,2
1996		82,2	82,4	80,3	85,0	81,9	80,4	80,7
1997		84,6	84,8	83,1	86,9	84,0	82,8	83,1
1998		85,5	85,9	83,4	89,2	84,2	82,6	83,0
1999		84,6	85,1	83,0	87,9	82,7	81,7	81,9
2000		86,4	87,1	85,4	89,5	86,3	81,4	82,6
2001		84,3	84,6	82,1	88,0	83,8	81,9	82,3
2002		82,5	82,8	80,8	85,6	80,4	80,0	80,1
2003		82,3	82,5	80,6	85,4	80,1	80,1	80,0
2004		83,4	83,7	82,2	86,6	80,2	80,5	80,4
1998	Mrz	85,7	86,1	84,2	88,5	84,9	82,8	83,3
	Jun	86,1	86,5	83,8	90,3	84,9	82,8	83,3
	Sep	85,6	85,9	83,3	89,2	84,3	83,2	83,5
	Dez	84,5	85,0	82,3	88,6	82,5	81,5	81,7
1999	Mrz	84,2	84,6	81,9	88,1	81,7	81,9	81,9
	Jun	84,4	84,9	82,8	87,7	80,9	81,7	81,4
	Sep	84,6	85,0	83,1	87,5	83,5	81,7	82,1
	Dez	85,3	85,8	84,3	88,1	84,5	81,4	82,0
2000	Mrz	86,4	87,0	85,5	89,1	87,3	81,6	83,0
	Jun	86,3	86,9	85,2	89,4	87,2	81,8	83,1
	Sep	86,4	87,1	85,5	89,4	85,5	81,4	82,4
	Dez	86,3	87,2	85,4	90,0	85,3	80,7	81,7
2001	Mrz	86,1	86,6	84,6	89,6	84,4	82,3	82,8
	Jun	84,5	85,0	82,5	88,4	84,3	80,9	81,7
	Sep	83,6	83,9	81,1	87,4	83,1	81,6	81,9
	Dez	83,1	83,0	80,0	86,5	83,5	82,7	82,9
2002	Mrz	82,1	82,4	80,0	85,5	81,2	79,8	80,1
	Jun	82,6	83,0	81,0	85,8	80,8	79,6	79,8
	Sep	82,4	82,8	81,1	85,3	79,7	79,6	79,6
	Dez	82,7	82,9	80,9	85,9	79,8	81,0	80,7
2003	Mrz	82,5	82,8	80,8	85,8	80,3	79,6	79,7
	Jun	81,2	81,6	79,9	83,9	78,4	78,8	78,7
	Sep	82,3	82,5	80,3	85,7	81,3	80,6	80,7
	Dez	83,0	83,2	81,2	86,1	80,4	81,2	81,0
2004	Mrz	83,2	83,4	81,8	86,2	79,5	81,6	81,0
	Jun	83,3	83,7	82,1	86,9	79,1	80,3	80,0
	Sep	83,3	83,8	82,5	86,5	80,6	79,3	79,6
	Dez	83,5	83,8	82,3	86,6	81,4	80,7	80,9
2005	Mrz	82,3	82,7	80,2	86,5	78,6	79,8	79,5
	Jun	82,6	83,2	80,9	86,9	80,3	79,0	79,3
	Sep	82,8	83,5	81,8	87,0	79,1	77,9	78,1

1) Betriebliche Vollausnutzung = 100 vH. Saisonbereinigt.

Quelle: Ifo

Tabelle 51*
Baugenehmigungen

Zeitraum[1]	insgesamt	Wohngebäude	Genehmigungen für Hochbauten		insgesamt	Wohngebäude		
			Rauminhalt[2]				veranschlagte Kosten des Bauwerkes[3]	
			Nichtwohngebäude				Nichtwohngebäude	
			nicht-öffentliche Bauherren[4]	öffentliche Bauherren[5]			nicht-öffentliche Bauherren[4]	öffentliche Bauherren[5]
			1 000 cbm				Mio Euro	

Früheres Bundesgebiet

Zeitraum	insgesamt	Wohngebäude	nicht-öff.	öffentl.	insgesamt	Wohngebäude	nicht-öff.	öffentl.
1950	.	140 665	.	.	.	2 681	.	.
1955	309 971	195 519	114 452		7 919	5 145	2 774	
1960	392 427	234 427	158 000		14 056	8 821	5 235	
1965	441 164	259 257	137 138	44 769	22 946	14 589	4 849	3 507
1970	497 264	266 573	184 841	45 850	30 196	18 166	7 822	4 208
1971	542 377	313 124	180 151	49 102	37 625	24 036	8 649	4 940
1972	567 238	343 057	178 182	45 999	44 602	29 257	10 108	5 238
1973	520 450	303 315	173 875	43 260	43 940	28 495	10 183	5 262
1974	388 207	209 250	123 953	55 004	36 924	21 456	7 911	7 557
1975	384 504	190 694	141 211	52 599	37 974	20 698	9 613	7 663
1976	374 089	210 227	128 309	35 553	37 252	23 692	8 466	5 093
1977	353 043	205 056	118 581	29 406	36 460	23 915	7 993	4 553
1978	421 217	247 614	137 520	36 083	45 265	30 259	9 405	5 601
1979	395 667	227 956	137 349	30 362	45 840	30 676	9 830	5 334
1980	389 153	215 351	141 121	32 681	49 412	31 558	11 359	6 495
1981	343 740	189 110	125 895	28 735	47 713	30 605	11 090	6 018
1982	305 900	165 352	117 185	23 363	45 496	28 647	11 523	5 326
1983	364 486	202 712	141 847	19 927	55 269	35 985	14 294	4 990
1984	279 231	159 632	102 491	17 108	44 081	29 306	10 340	4 435
1985	252 933	125 018	109 684	18 231	39 089	23 313	10 976	4 799
1986	257 004	116 709	120 717	19 578	40 197	21 966	12 794	5 438
1987	252 091	107 700	123 619	20 772	39 395	20 578	13 107	5 710
1988	275 774	120 721	133 898	21 154	45 122	23 517	15 035	6 571
1989	320 196	145 684	156 196	18 316	51 290	28 591	17 417	5 283
1990	370 394	181 361	169 424	19 609	63 263	37 095	19 864	6 304
1991	372 057	179 517	173 169	19 371	66 996	38 896	21 451	6 650
1992	387 406	204 799	163 578	19 029	76 313	46 347	23 183	6 783
1993	398 048	232 374	146 297	19 377	83 987	55 097	22 194	6 697

Deutschland

Zeitraum	insgesamt	Wohngebäude	nicht-öff.	öffentl.	insgesamt	Wohngebäude	nicht-öff.	öffentl.
1994	556 997	313 709	218 266	25 022	120 682	77 645	33 555	9 482
1995	500 695	271 965	204 887	23 843	111 506	70 876	31 710	8 919
1996	473 309	254 195	197 970	21 144	105 345	67 785	29 397	8 162
1997	448 725	243 746	183 455	21 524	99 148	64 662	25 926	8 561
1998	456 313	233 929	198 869	23 515	96 273	62 034	25 399	8 840
1999	451 948	225 995	204 209	21 744	92 066	58 967	25 398	7 700
2000	408 887	186 511	200 398	21 978	81 103	48 574	24 932	7 597
2001	386 507	160 252	206 040	20 215	74 428	41 782	25 260	7 386
2002	347 334	156 267	170 727	20 340	69 975	40 844	21 763	7 368
2003	348 534	173 031	157 175	18 328	70 747	44 731	19 408	6 608
2004	318 332	152 997	147 464	17 871	63 449	40 006	17 141	6 302
2005 1.Vj.	71 464	35 179	32 458	3 827	14 088	9 016	3 682	1 390
2.Vj.	71 216	31 339	36 085	3 792	13 759	8 398	3 977	1 384
3.Vj	76 710	32 316	38 833	5 561	14 800	8 574	4 410	1 816

1) Von 1950 bis 1959 ohne Saarland und Berlin (West). - 2) Ab 1963 nur Neubau und Wiederaufbau (einschließlich Umbau ganzer Gebäude). - 3) Alle Baumaßnahmen. - 4) Unternehmen und private Haushalte. - 5) Gebietskörperschaften einschließlich Sozialversicherung und Organisationen ohne Erwerbszweck.

Tabelle 52*

Auftragseingang im Bauhauptgewerbe nach Bauarten[1]

a) Wertindex 2000 = 100

Jahr	Insgesamt	Hochbau				Tiefbau			
		zusammen	Wohnungsbau	gewerblicher Hochbau[2]	öffentlicher Hochbau[3]	zusammen	Straßenbau	gewerblicher Tiefbau[2]	öffentlicher Tiefbau[3]
Deutschland									
1991	103,8	104,5	86,4	115,5	118,5	102,7	96,2	99,6	112,2
1992	117,1	118,8	101,3	130,2	129,6	114,7	101,6	120,8	122,5
1993	125,5	130,7	131,1	130,4	131,1	118,2	97,0	121,9	136,2
1994	137,0	147,9	162,8	137,8	140,2	121,9	102,7	127,4	136,5
1995	133,1	142,9	152,9	135,6	140,0	119,6	102,5	125,1	132,0
1996	122,6	133,3	154,9	118,5	123,2	107,8	96,7	116,6	111,0
1997	112,2	117,6	133,5	104,4	118,3	104,9	96,1	112,2	107,1
1998	111,9	112,8	126,0	100,9	117,2	110,6	102,5	116,5	113,5
1999	109,6	111,5	119,8	104,1	114,1	106,9	103,3	111,2	106,8
2000	100	100	100	100	100	100	100	100	100
2001	94,5	91,8	82,9	97,9	95,8	98,4	99,0	95,1	100,7
2002	88,6	80,8	72,7	84,9	90,0	99,5	99,9	105,1	94,0
2003	79,1	70,1	67,4	69,9	79,4	91,5	93,4	96,4	85,2
2004	74,6	66,6	61,4	67,0	80,8	85,6	91,1	85,9	79,9
Früheres Bundesgebiet ohne Berlin[6]									
1991	115,5	113,6	100,1	119,8	129,7	118,3	110,0	119,2	125,6
1992	123,0	121,8	114,0	123,9	137,6	124,7	113,0	134,6	127,7
1993	124,9	127,3	137,6	117,6	135,7	121,3	101,4	124,3	137,9
1994	130,0	136,9	157,9	120,4	139,3	119,8	103,5	121,6	134,0
1995	123,0	127,5	136,4	118,9	135,3	116,4	103,2	114,6	130,5
1996	111,9	116,8	133,2	104,3	117,1	104,8	94,0	113,9	107,4
1997	105,8	107,3	119,6	96,4	114,3	103,7	95,6	110,3	105,8
1998	106,7	104,7	113,8	95,6	113,4	109,7	99,9	118,3	111,8
1999	107,6	107,6	114,8	101,5	110,0	107,7	102,8	112,1	108,7
2000	100	100	100	100	100	100	100	100	100
2001	97,5	95,6	87,6	101,0	98,1	100,2	99,5	97,5	103,2
2002	92,0	86,5	80,4	89,4	93,6	100,0	100,9	107,2	93,0
2003	81,8	74,5	75,5	71,6	83,7	92,3	94,6	98,5	84,9
2004	77,2	71,5	70,6	69,3	83,7	85,4	89,8	88,0	78,8
Neue Bundesländer und Berlin[7]									
1991	66,5	72,4	44,5	97,1	86,2	59,8	60,0	52,0	68,4
1992	98,3	108,0	62,4	157,6	106,4	87,4	72,0	87,2	105,8
1993	127,3	142,9	111,5	185,7	117,7	109,6	85,6	116,1	130,9
1994	159,4	187,3	177,8	213,7	143,1	127,8	100,5	141,5	144,8
1995	165,3	197,7	203,3	207,8	154,0	128,5	100,5	150,8	136,7
1996	156,6	192,3	221,1	180,1	140,9	116,1	103,9	123,2	122,7
1997	132,5	154,1	176,3	139,1	130,0	108,1	97,5	116,8	111,0
1998	128,5	141,8	163,4	123,6	128,1	113,3	109,6	112,1	119,3
1999	115,9	125,5	134,7	115,4	126,2	104,9	104,7	109,1	100,4
2000	100	100	100	100	100	100	100	100	100
2001	85,2	78,0	68,4	84,2	89,1	93,4	97,7	89,5	92,8
2002	79,4	63,9	51,5	69,5	81,4	98,3	97,5	100,4	97,0
2003	71,7	57,1	45,1	64,2	69,1	89,6	90,4	91,9	86,0
2004	67,4	51,9	35,8	59,4	73,9	86,3	94,2	81,3	83,0

1) „Hoch- und Tiefbau" sowie „Vorbereitende Baustellenarbeiten" nach der Klassifikation der Wirtschaftszweige, Ausgabe 2003 (WZ 2003). - 2) Gewerblicher und industrieller Bau für Unternehmen, Bauten für Unternehmen der Deutschen Bahn AG, Deutschen Post AG, Deutschen Postbank AG, Deutschen Telekom AG; der landwirtschaftliche Bau ist im gewerblichen Hochbau enthalten. -

noch Tabelle 52*

Auftragseingang im Bauhauptgewerbe nach Bauarten[1]

b) Volumenindex 2000 = 100

Jahr	Insgesamt	Hochbau			Tiefbau		
		zusammen	Wohnungs-bau	Hochbau[4] ohne Wohnungsbau	zusammen	Straßen-bau	Tiefbau[5] ohne Straßenbau
				Deutschland			
1991	111,0	113,2	94,7	125,1	108,0	100,1	112,2
1992	118,9	121,6	104,5	132,6	115,2	100,7	122,9
1993	124,0	129,6	130,1	129,2	116,3	94,9	127,6
1994	133,4	143,9	158,2	134,8	118,8	100,1	128,7
1995	127,7	136,6	145,7	130,8	115,3	99,2	123,8
1996	118,5	128,4	148,8	115,3	105,0	95,4	110,1
1997	110,1	114,8	130,0	105,0	103,6	96,4	107,4
1998	111,4	111,8	124,8	103,4	110,9	104,6	114,3
1999	110,0	111,5	119,5	106,3	108,1	105,8	109,3
2000	100	100	100	100	100	100	100
2001	95,0	92,5	83,7	98,2	98,3	98,2	98,4
2002	89,4	81,9	73,9	87,1	99,8	99,4	100,1
2003	80,1	71,3	68,7	73,0	92,1	93,2	91,6
2004	74,6	66,8	61,9	70,0	85,4	91,0	82,4
				Früheres Bundesgebiet ohne Berlin[6]			
1991	126,2	125,6	112,1	133,8	127,1	117,6	132,0
1992	127,6	127,4	120,2	131,7	127,8	115,0	134,5
1993	126,1	128,9	139,5	122,5	121,8	101,9	132,2
1994	129,2	136,0	156,8	123,4	119,1	103,6	127,2
1995	120,5	124,5	132,8	119,5	114,5	102,7	120,7
1996	110,3	114,7	130,6	105,1	103,8	94,7	108,6
1997	105,6	106,6	118,6	99,4	104,1	97,7	107,5
1998	107,2	104,7	113,8	99,2	111,0	102,9	115,2
1999	108,5	108,0	115,2	103,7	109,3	105,6	111,2
2000	100	100	100	100	100	100	100
2001	97,6	96,0	88,1	100,8	99,8	98,3	100,6
2002	92,6	87,3	81,4	91,0	100,2	100,5	100,0
2003	82,8	75,7	77,0	74,9	93,2	95,1	92,2
2004	82,3	75,4	76,3	74,8	92,3	94,0	91,4
				Neue Bundesländer und Berlin[7]			
1991	67,0	74,0	46,8	95,2	59,2	57,8	60,0
1992	94,4	104,5	61,6	138,1	82,9	66,2	92,3
1993	119,0	133,9	105,6	156,2	102,1	77,8	115,8
1994	146,9	172,5	164,8	178,5	117,9	91,0	132,9
1995	150,1	179,0	184,7	174,5	117,3	90,5	132,4
1996	143,9	175,8	202,8	154,6	107,8	96,6	114,0
1997	124,4	143,8	164,7	127,4	102,3	93,0	107,6
1998	124,7	137,1	158,3	120,4	110,6	108,4	111,8
1999	114,9	123,8	132,9	116,7	104,7	105,7	104,1
2000	100	100	100	100	100	100	100
2001	86,5	79,6	69,7	87,3	94,4	98,0	92,3
2002	80,7	65,6	52,7	74,5	99,0	96,3	100,4
2003	72,4	58,3	45,9	66,9	89,5	88,3	90,2
2004	66,6	52,0	35,8	63,4	84,3	91,1	80,6

3) Gebietskörperschaften, Organisationen ohne Erwerbszweck. - 4) Gewerblicher und öffentlicher Hochbau. - 5) Gewerblicher und öffentlicher Tiefbau. - 6) Bis Dezember 1994 einschließlich Berlin-West. - 7) Bis Dezember 1994 ohne Berlin-West.

Tabelle 53*

Auftragsbestand im Bauhauptgewerbe[1]

Wertindex 2000 = 100

Jahr	Insgesamt	Hochbau				Tiefbau			
		zusammen	Wohnungsbau	gewerblicher Hochbau[2]	öffentlicher Hochbau[3]	zusammen	Straßenbau	gewerblicher Tiefbau[2]	öffentlicher Tiefbau[3]
Deutschland									
1991	105,2	111,4	97,2	116,2	126,1	97,1	92,3	77,8	116,9
1992	120,0	129,5	118,2	134,5	136,8	107,5	96,2	93,6	127,9
1993	129,1	144,3	152,5	138,8	145,6	109,0	92,9	93,6	134,7
1994	141,8	164,2	195,9	146,9	154,8	112,1	96,7	93,3	139,8
1995	140,1	161,7	184,8	148,2	158,3	111,5	98,9	94,7	135,4
1996	134,2	150,9	179,9	134,0	146,3	112,1	103,8	100,6	128,2
1997	118,5	127,9	146,4	117,2	125,0	106,0	99,0	101,3	115,5
1998	111,8	115,3	131,6	104,3	117,8	107,2	105,1	99,3	115,3
1999	112,8	112,8	127,6	102,4	116,8	112,8	110,5	112,7	114,7
2000	100	100	100	100	100	100	100	100	100
2001	93,1	93,3	80,9	100,3	96,2	92,7	100,6	84,2	93,6
2002	87,8	83,8	68,2	90,1	96,1	93,1	102,0	89,4	89,2
2003	80,2	73,7	61,7	77,8	86,1	88,8	99,1	90,2	79,4
2004	74,2	68,6	58,5	70,1	85,9	81,7	94,8	79,1	73,6
Früheres Bundesgebiet ohne Berlin[4]									
1991	119,2	125,8	112,0	128,4	147,2	110,4	110,0	85,3	130,5
1992	129,4	139,5	134,1	138,7	155,0	115,7	109,3	97,4	134,5
1993	131,4	145,8	162,0	132,9	158,6	112,0	99,5	92,6	136,3
1994	137,0	156,7	193,0	134,6	158,9	110,5	100,7	84,2	138,4
1995	125,8	141,0	161,5	126,7	146,8	106,2	99,5	75,7	135,7
1996	119,6	131,4	147,5	120,0	136,9	104,2	99,3	80,3	127,2
1997	110,6	117,1	127,9	109,0	122,9	102,1	98,2	89,6	114,9
1998	106,1	107,3	120,0	98,0	112,6	104,5	101,8	96,6	112,8
1999	109,9	109,0	120,2	101,0	112,5	111,2	107,7	113,3	112,1
2000	100	100	100	100	100	100	100	100	100
2001	97,7	101,0	87,1	109,6	101,1	93,3	99,3	83,4	96,8
2002	91,4	90,8	75,6	98,3	98,4	92,2	99,8	84,5	92,6
2003	82,6	80,2	68,7	83,8	93,6	85,8	95,6	83,2	80,5
2004	77,1	75,8	67,4	76,0	94,8	78,7	90,6	72,7	74,5
Neue Bundesländer und Berlin[5]									
1991	54,6	57,5	49,4	63,7	58,1	50,8	43,0	52,6	57,7
1992	86,2	92,0	66,6	116,6	78,1	79,0	59,9	80,9	98,6
1993	120,8	138,4	121,5	163,8	103,7	98,7	74,4	97,2	127,6
1994	158,9	191,9	205,1	199,3	141,6	117,4	85,8	124,2	146,0
1995	179,9	217,5	247,3	208,9	184,6	127,0	97,4	148,9	134,4
1996	175,0	203,6	267,2	173,7	167,8	134,9	115,4	158,0	131,7
1997	140,7	157,2	196,4	140,4	129,8	117,6	101,0	134,5	117,4
1998	127,7	136,8	162,9	122,0	129,9	115,0	114,0	106,9	123,3
1999	120,8	123,1	147,4	106,1	126,8	117,6	118,0	111,1	123,2
2000	100	100	100	100	100	100	100	100	100
2001	80,2	72,5	63,9	74,2	84,9	91,0	103,9	86,4	83,3
2002	77,7	64,7	48,2	67,1	90,8	96,0	107,9	103,4	78,0
2003	73,4	56,1	42,9	60,6	68,9	97,5	108,2	110,0	76,1
2004	66,4	49,2	34,7	53,5	65,4	90,6	105,7	97,1	70,6

1) „Hoch- und Tiefbau" sowie „Vorbereitende Baustellenarbeiten" nach der Klassifikation der Wirtschaftszweige, Ausgabe 2003 (WZ 2003). – 2) Gewerblicher und industrieller Bau für Unternehmen, Bauten für Unternehmen der Deutschen Bahn AG, Deutschen Post AG, Deutschen Postbank AG, Deutschen Telekom AG; der landwirtschaftliche Bau ist im gewerblichen Hochbau enthalten. – 3) Gebietskörperschaften, Organisationen ohne Erwerbszweck. – 4) Bis Dezember 1994 einschließlich Berlin-West. – 5) Bis Dezember 1994 ohne Berlin-West.

Tabelle 54*
Umsatz, Beschäftigte, geleistete Arbeitsstunden und Produktion im Bauhauptgewerbe[1]

Jahr	Umsatz[2] insgesamt	Wohnungsbau	gewerblicher Bau[3]	öffentlicher und Straßenbau	Beschäftigte[4]	Geleistete Arbeitsstunden[5]	Nettoproduktionsindex[6]
	Mio Euro				Tausend	Mio	2000 = 100

Deutschland

Jahr	insgesamt	Wohnungsbau	gewerbl. Bau	öffentl./Straßenbau	Beschäftigte	Arbeitsstunden	Index
1991	85 086	24 801	33 698	26 588	1 282	1 599	97,3
1992	100 733	28 880	40 674	31 179	1 301	1 697	107,3
1993	104 025	31 663	41 743	30 619	1 343	1 696	109,9
1994	116 434	40 095	43 852	32 487	1 405	1 809	120,5
1995	116 831	40 977	43 941	31 913	1 412	1 734	118,7
1996	111 107	41 175	39 886	30 045	1 312	1 562	111,1
1997	107 552	40 240	37 715	29 597	1 221	1 480	106,6
1998	102 716	38 553	35 654	28 508	1 156	1 395	103,4
1999	103 780	38 151	36 398	29 231	1 110	1 362	104,3
2000	98 641	34 730	35 232	28 679	1 050	1 276	100
2001	91 344	29 195	34 619	27 531	954	1 124	92,2
2002	85 977	27 483	32 127	26 367	880	1 019	88,7
2003	83 181	27 455	30 066	25 659	814	951	84,7
2004	78 828	26 499	28 166	24 163	767	887	81,2

Früheres Bundesgebiet ohne Berlin[7)8)]

Jahr	insgesamt	Wohnungsbau	gewerbl. Bau	öffentl./Straßenbau	Beschäftigte	Arbeitsstunden	Index
1995	79 289	29 332	28 018	21 939	929	1 117	114,3
1996	74 050	27 902	25 811	20 338	859	1 000	105,7
1997	72 923	27 614	25 019	20 290	804	954	101,7
1998	71 922	27 612	24 579	19 731	776	922	100,4
1999	73 855	27 771	25 831	20 253	751	907	101,9
2000	72 282	26 460	25 766	20 056	726	879	100
2001	68 380	22 793	25 791	19 796	677	792	94,0
2002	65 059	21 792	24 437	18 830	637	731	92,0
2003	62 644	21 888	22 435	18 322	592	683	87,9
2004	59 853	21 398	21 081	17 373	561	642	84,7

Neue Bundesländer und Berlin[7)8)]

Jahr	insgesamt	Wohnungsbau	gewerbl. Bau	öffentl./Straßenbau	Beschäftigte	Arbeitsstunden	Index
1995	37 542	11 646	15 923	9 974	482	617	132,3
1996	37 056	13 274	14 076	9 707	453	562	127,8
1997	34 629	12 626	12 695	9 308	418	525	121,9
1998	30 793	10 941	11 075	8 778	380	473	112,8
1999	29 925	10 379	10 567	8 978	358	454	112,2
2000	26 359	8 270	9 466	8 623	323	397	100
2001	22 964	6 402	8 828	7 734	277	332	88,5
2002	20 918	5 691	7 690	7 537	243	288	81,2
2003	20 536	5 568	7 631	7 337	222	268	77,9
2004	18 975	5 101	7 084	6 790	206	245	73,4

1) „Hoch- und Tiefbau" sowie „Vorbereitende Baustellenarbeiten" nach der Klassifikation der Wirtschaftszweige, Ausgabe 2003 (WZ 2003). - 2) Nur baugewerblicher Umsatz. - 3) Einschließlich landwirtschaftlicher Tiefbau; Deutsche Bahn AG, Deutsche Telekom AG, Deutsche Post AG und Deutsche Postbank AG. - 4) Einschließlich der unbezahlt mithelfenden Familienangehörigen. - 5) Von Inhabern, Angestellten, Arbeitern und Auszubildenden auf Bauhöfen und Baustellen geleistete Arbeitsstunden. - 6) Arbeitstäglich bereinigt. - 7) Aufgrund methodischer Änderungen (Gebietsstandsänderung beziehungsweise für Nettoproduktion: Umstellung des Basisjahres) kein Nachweis für die Jahre 1991 bis 1994. - 8) Für Nettoproduktion: Früheres Bundesgebiet einschließlich Berlin-West, neue Bundesländer und Berlin-Ost.

Tabelle 55*

Außenhandel (Spezialhandel)[1]
Tatsächliche Werte, Volumen und Durchschnittswerte

Zeitraum[2]	Tatsächliche Werte		Volumen[3]		Durchschnittswerte		Terms of Trade[4]
	Ausfuhr	Einfuhr	Ausfuhr	Einfuhr	Ausfuhr	Einfuhr	
	Mio Euro				1980 = 100 / 2000 = 100		
Früheres Bundesgebiet[5]							
1950	4 275	5 815	.	.	.	.	.
1955	13 149	12 512	25 591	18 642	51,4	67,1	76,6
1960	24 514	21 844	43 734	36 591	56,1	59,7	94,0
1961	26 065	22 682	46 485	39 898	56,1	56,9	98,6
1962	27 086	25 308	47 870	46 828	56,6	54,0	104,8
1963	29 813	26 729	50 235	51 010	59,3	52,4	113,2
1964	33 193	30 084	57 337	57 091	57,9	52,7	109,9
1965	36 635	36 019	61 601	66 022	59,5	54,6	109,0
1966	41 224	37 156	67 764	68 165	60,8	54,5	111,6
1967	44 505	35 884	72 507	67 655	61,4	53,0	115,8
1968	50 900	41 506	83 689	78 570	60,8	52,8	115,2
1969	58 061	50 092	92 592	91 385	62,7	54,8	114,4
1970	64 053	56 041	105 954	108 310	60,5	51,7	117,0
1975	113 297	94 238	132 030	126 127	85,8	74,7	114,9
1976	131 219	113 595	156 627	148 600	83,8	76,4	109,7
1977	139 897	120 245	162 865	151 945	85,9	79,1	108,6
1978	145 671	124 605	168 064	162 288	86,7	76,8	112,9
1979	160 785	149 318	176 136	174 595	91,3	85,5	106,8
1980	179 120	174 545	179 120	174 545	100	100	100
1981	202 931	188 758	190 927	165 876	106,3	113,8	93,4
1982	218 701	192 483	197 172	168 050	110,9	114,5	96,9
1983	221 022	199 502	196 611	174 773	112,4	114,1	98,5
1984	249 624	222 032	214 624	183 796	116,3	120,8	96,3
1985	274 648	237 143	227 308	191 442	120,8	123,9	97,5
1986	269 125	211 544	230 326	203 242	116,8	104,1	112,2
1987	269 644	209 446	236 951	214 130	113,8	97,8	116,4
1988	290 237	224 769	252 714	227 720	114,8	98,7	116,3
1989	327 759	258 951	273 241	244 302	120,0	106,0	113,2
1990	328 651	281 532	277 131	272 449	118,6	103,3	114,8
1991	331 503	323 675	281 242	308 079	117,9	105,1	112,2
Deutschland							
1991	340 425	329 228	.	.	.	.	.
1992	343 180	325 972	.	.	.	.	.
1993	321 289	289 644	.	.	.	.	.
1994	353 084	315 444	.	.	.	.	.
1995	383 232	339 618	.	.	.	.	.
1996	403 377	352 995	.	.	.	.	.
1997	454 342	394 794	.	.	.	.	.
1998	488 371	423 452	.	.	.	.	.
1999	510 008	444 797	.	.	.	.	.
2000	597 440	538 311	597 396	538 510	100	100	100
2001	638 268	542 774	628 287	544 548	101,6	99,7	101,9
2002	651 320	518 532	657 379	544 853	99,1	95,2	104,2
2003	664 455	534 534	687 699	594 396	96,7	90,0	107,5
2004[6]	731 544	575 448	766 503	645 956	95,4	89,1	107,2
2005 1. Vj.[6]	185 484	142 255	194 057	159 062	95,6	89,5	106,8
2. Vj.[6]	196 786	155 242	205 164	172 152	95,9	90,2	106,3
3. Vj.[6]	197 223	156 164	204 391	169 675	96,5	92,0	104,9

1) Ausfuhr fob (free on board), Einfuhr cif (cost, insurance, freight). Ergebnisse ab 1993 durch Änderung in der Erfassung des Außenhandels mit größerer Unsicherheit behaftet. Ab 1995 einschließlich Zuschätzungen von Anmeldeausfällen in der Intrahandelsstatistik. Ausführliche Erläuterungen: Statistisches Bundesamt, Fachserie 7, Reihe 1, Monatshefte, Seite 6. - 2) Bis 1959 ohne Saarland. - 3) Werte bewertet mit den Durchschnittswerten des Jahres 1980 für das frühere Bundesgebiet, mit denen des Jahres 2000 für Deutschland. - 4) Durchschnittswerte der Ausfuhr in vH der Durchschnittswerte der Einfuhr. - 5) Eigene Umrechnung mit dem unwiderruflichen Euro-Umrechnungskurs: 1 Euro = 1,95583 DM. - 6) Vorläufige Ergebnisse.

Tabelle 56*
Außenhandel nach ausgewählten Gütergruppen der Produktionsstatistik[1]
Mio Euro

Zeitraum	Insgesamt	Erdöl und Erdgas	Erzeugnisse des Ernährungsgewerbes	Textilien; Bekleidung; Leder und Lederwaren	Chemische Erzeugnisse	Eisen- und Stahlerzeugnisse; NE-Metalle und -Erzeugnisse	Maschinen	Büromaschinen; Datenverarbeitungsgeräte und -einrichtungen	Geräte der Elektrizitätserzeugung und -verteilung	Nachrichtentechnik; Rundfunk- und Fernsehgeräte sowie elektronische Bauelemente	Kraftwagen und Kraftwagenteile; Sonstige Fahrzeuge
Ausfuhr											
1995	383 232	486	16 267	16 895	50 954	22 816	61 331	9 485	20 890	14 868	67 818
1996	403 377	1 339	17 479	17 298	52 560	21 172	66 421	9 481	21 629	15 796	74 428
1997	454 342	1 519	19 003	19 218	60 348	25 116	72 160	11 129	24 011	19 322	88 847
1998	488 371	1 454	20 266	20 559	63 039	25 413	77 640	12 922	25 598	20 175	103 558
1999	510 008	1 074	19 793	19 903	65 648	23 421	76 682	13 694	26 105	23 729	112 409
2000	597 440	1 767	22 004	21 633	76 358	30 406	87 282	18 666	31 205	34 646	131 004
2001	638 268	2 828	24 083	22 050	82 432	30 624	93 357	17 650	32 311	34 490	148 229
2002	651 320	2 679	24 792	22 678	81 178	30 211	94 583	17 462	32 115	33 358	156 619
2003	664 455	3 476	26 100	22 023	86 163	30 034	93 941	19 193	32 993	33 025	155 815
2004[2]	733 456	4 209	25 949	21 670	94 696	35 645	102 526	21 598	36 116	36 238	160 280
2004 1.Vj.[2]	177 185	1 243	6 244	5 826	22 876	8 197	24 193	4 977	8 905	8 864	39 516
2.Vj.[2]	185 325	994	6 389	5 043	24 086	9 039	25 972	4 801	9 102	8 593	42 426
3.Vj.[2]	180 428	820	6 460	5 598	23 797	9 015	25 468	5 387	8 952	8 896	37 515
4.Vj.[2]	190 518	1 152	6 856	5 203	23 938	9 393	26 893	6 432	9 158	9 885	40 823
2005 1.Vj.[2]	185 484	1 077	6 376	5 680	24 800	9 716	26 345	5 393	9 158	8 441	41 033
2.Vj.[2]	196 786	661	6 695	5 117	25 993	10 467	28 138	4 935	9 630	8 435	45 573
3.Vj.[2]	197 223	622	6 839	5 794	25 783	10 238	28 108	5 281	9 651	9 629	44 097
Einfuhr											
1995	339 618	14 435	21 302	31 710	31 613	23 201	23 991	16 186	13 765	17 213	36 921
1996	352 995	18 622	22 440	33 073	31 562	19 760	25 299	16 670	14 137	17 519	42 162
1997	394 794	19 912	23 419	35 008	35 189	22 988	27 078	19 264	15 704	19 203	48 636
1998	423 452	15 557	24 645	36 166	41 225	24 751	31 339	23 716	17 881	21 953	57 335
1999	444 797	17 909	24 305	35 112	44 561	22 086	32 920	26 869	18 970	24 704	62 751
2000	538 311	33 318	25 796	38 231	52 609	29 854	38 674	32 096	24 390	36 555	72 418
2001	542 774	33 771	27 511	37 927	58 532	28 608	40 373	31 507	24 852	37 310	77 462
2002	518 532	32 265	28 057	35 970	57 896	26 323	38 316	29 388	23 550	33 536	76 904
2003	534 534	36 210	28 425	35 144	58 820	26 705	38 760	28 354	24 502	33 555	81 237
2004[2]	577 375	39 241	27 141	33 411	63 483	31 387	38 784	27 797	24 590	37 746	81 631
2004 1.Vj.[2]	136 035	8 956	6 566	8 587	14 826	7 011	9 368	6 608	6 318	8 518	18 786
2.Vj.[2]	142 282	9 131	6 503	7 640	15 827	7 562	9 526	6 278	6 025	9 429	22 695
3.Vj.[2]	143 773	9 710	6 767	8 969	15 910	8 253	9 450	6 620	5 802	9 108	19 087
4.Vj.[2]	155 285	11 444	7 305	8 214	16 920	8 561	10 439	8 292	6 446	10 692	21 062
2005 1.Vj.[2]	142 255	11 179	6 325	8 037	16 258	8 777	9 626	6 857	5 811	8 194	20 025
2.Vj.[2]	155 242	12 179	6 848	7 654	17 838	9 549	10 969	6 410	6 124	8 970	24 033
3.Vj.[2]	156 164	13 283	6 967	9 412	18 014	9 287	10 275	6 642	6 244	10 504	20 590

1) In der Gliederung nach Güterabteilungen des Güterverzeichnisses für Produktionsstatistiken 1995 (GP95). - 2) Vorläufige Ergebnisse.

Tabelle 57*

Außenhandel nach Warengruppen

Mio Euro

Zeitraum[1]	Insgesamt[2]	Güter der Ernährungswirtschaft	Güter der gewerblichen Wirtschaft					
			zusammen	Rohstoffe	Halbwaren	Fertigwaren		
						zusammen	Vorerzeugnisse	Enderzeugnisse

Ausfuhr

Zeitraum	Insgesamt	Ernährung	zusammen	Rohstoffe	Halbwaren	Fertigwaren zus.	Vorerzeugnisse	Enderzeugnisse
1991	340 425	18 316	320 879	3 851	17 644	299 383	53 022	246 361
1992	343 180	18 904	322 945	3 652	17 224	302 070	51 391	250 679
1993	321 289	17 742	295 136	2 992	16 021	276 122	46 879	229 243
1994	353 084	19 026	328 147	3 648	17 992	306 508	53 251	253 256
1995	383 232	19 454	353 256	3 843	19 045	330 367	59 347	271 020
1996	403 377	21 393	368 494	3 588	19 849	345 056	58 495	286 561
1997	454 342	22 476	419 782	3 681	22 513	393 588	67 128	326 460
1998	488 371	24 198	456 876	3 627	22 124	431 125	68 754	362 371
1999	510 008	24 107	473 330	3 646	21 983	447 702	68 479	379 223
2000	597 440	28 021	559 309	6 515	25 410	527 384	81 654	445 730
2001	638 268	30 376	596 781	7 428	24 948	564 405	82 575	481 830
2002	651 320	31 105	611 866	7 362	25 216	579 289	82 597	496 692
2003	664 455	32 035	620 155	8 026	25 707	586 422	82 086	504 337
2004[3]	733 456	31 635	662 800	8 728	29 822	624 250	90 408	533 843
2004 1. Vj.[3]	177 185	7 572	160 945	2 353	6 714	151 878	21 859	130 018
2. Vj.[3]	185 325	7 757	167 786	2 187	7 354	158 244	23 306	134 938
3. Vj.[3]	180 428	7 960	162 467	1 916	7 543	153 008	22 271	130 738
4. Vj.[3]	190 518	8 347	171 603	2 272	8 210	161 120	22 972	138 149
2005 1. Vj.[3]	185 484	8 019	167 657	2 245	8 109	157 303	23 671	133 632
2. Vj.[3]	196 786	8 398	177 943	1 845	9 011	167 087	25 042	142 046
3. Vj.[3]	197 223	8 668	178 550	1 772	9 261	167 516	24 319	143 197

Einfuhr

Zeitraum	Insgesamt	Ernährung	zusammen	Rohstoffe	Halbwaren	Fertigwaren zus.	Vorerzeugnisse	Enderzeugnisse
1991	329 228	34 766	290 948	18 544	33 707	238 697	42 864	195 834
1992	325 972	35 602	285 931	18 090	30 415	237 426	42 365	195 061
1993	289 644	30 302	246 447	16 017	26 592	203 837	34 742	169 095
1994	315 444	33 871	272 108	16 955	28 904	226 249	40 139	186 111
1995	339 618	34 812	286 786	16 173	31 720	238 893	44 765	194 128
1996	352 995	36 509	298 732	18 430	32 132	248 170	41 618	206 552
1997	394 794	38 282	330 937	19 602	37 474	273 861	45 375	228 486
1998	423 452	39 692	363 315	16 487	35 552	311 276	50 183	261 093
1999	444 797	38 835	380 102	19 031	32 223	328 847	48 459	280 389
2000	538 311	41 479	470 973	41 653	40 030	389 290	58 905	330 386
2001	542 774	43 412	481 221	42 411	37 413	401 397	63 087	338 310
2002	518 532	43 810	460 519	40 244	33 213	387 063	53 920	333 143
2003	534 534	44 602	469 885	43 648	32 865	393 373	55 212	338 160
2004[3]	577 375	41 986	484 955	48 020	37 319	399 615	58 442	341 173
2004 1. Vj.[3]	136 035	10 328	114 969	11 092	8 070	95 807	13 820	81 987
2. Vj.[3]	142 282	10 433	119 696	10 991	8 726	99 979	14 444	85 535
3. Vj.[3]	143 773	10 334	119 701	12 124	9 972	97 605	14 975	82 630
4. Vj.[3]	155 285	10 891	130 589	13 813	10 552	106 224	15 203	91 021
2005 1. Vj.[3]	142 255	9 953	120 079	13 342	10 460	96 277	14 819	81 457
2. Vj.[3]	155 242	11 082	130 895	14 736	10 609	105 550	16 203	89 348
3. Vj.[3]	156 164	10 724	132 503	15 769	11 958	104 775	15 528	89 247

1) Ergebnisse ab 1993 durch Änderung in der Erfassung des Außenhandels mit größerer Unsicherheit behaftet. Ab 1995 einschließlich Zuschätzung von Anmeldeausfällen in der Intrahandelsstatistik. Ausführliche Erläuterungen: Statistisches Bundesamt, Fachserie 7, Reihe 1, Monatshefte, Seite 4. Ab dem Jahr 2000 nach dem Stand des Jahres 2002 (EGW-Rev.1). - 2) Einschließlich Rückwaren und Ersatzlieferungen. - 3) Vorläufige Ergebnisse.

Tabelle 58*

Außenhandel nach Ländergruppen
Mio Euro

Jahr[1]	Ins-gesamt	EU-Länder[2]	Mittel- und osteuropäische Länder[3]	Übrige europäische Länder	zusammen[4]	Außereuropäische Länder darunter: Industrieländer zusammen[5]	darunter Vereinigte Staaten	Entwicklungsländer zusammen	darunter OPEC-Länder[6]
Warenausfuhr Bestimmungsländer									
1991	340 425	221 427	16 180	26 265	76 553	36 641	21 334	37 328	11 008
1992	343 180	224 860	14 093	25 146	79 082	35 938	21 834	39 797	11 823
1993	321 289	202 074	10 229	24 818	84 168	38 555	23 903	39 909	9 452
1994	353 084	221 576	10 791	25 756	94 961	44 420	27 690	44 691	9 143
1995	383 232	243 068	10 993	28 791	100 380	45 671	27 922	48 152	8 753
1996	403 377	255 737	12 386	29 351	105 902	49 616	30 736	49 382	8 665
1997	454 342	283 117	16 387	32 144	122 694	59 564	39 174	56 071	10 206
1998	488 371	312 798	16 072	34 072	125 429	65 673	45 889	52 073	9 793
1999	510 008	330 665	12 455	33 504	133 384	71 986	51 425	52 985	9 114
2000	597 440	382 547	15 656	39 583	159 655	86 835	61 764	61 316	10 729
2001	638 268	401 887	21 510	39 293	175 578	94 821	67 824	65 120	13 669
2002	651 320	408 286	23 899	39 992	179 143	95 402	68 263	77 303	14 689
2003	664 455	426 342	25 585	40 139	172 389	88 291	61 654	74 193	14 012
2004[7]	733 456	468 644	30 768	45 259	188 786	93 751	64 802	84 831	16 722
Wareneinfuhr Ursprungsländer									
1991	329 228	201 684	14 709	21 047	91 788	47 358	21 587	38 565	7 802
1992	325 972	202 375	12 950	21 638	89 009	46 297	21 657	36 638	7 829
1993	289 644	175 059	8 241	20 901	85 443	42 602	20 627	35 520	7 144
1994	315 444	191 214	9 987	23 092	91 152	45 136	22 844	37 890	6 843
1995	339 618	211 180	10 413	24 631	93 394	46 701	23 156	38 023	5 924
1996	352 995	219 060	11 340	25 999	96 597	48 253	25 303	38 458	6 662
1997	394 794	242 254	13 226	28 993	110 321	55 223	30 186	42 830	7 117
1998	423 452	262 064	12 839	29 684	118 864	62 468	34 925	43 159	5 710
1999	444 797	274 661	13 723	30 588	125 824	65 215	36 790	45 275	6 401
2000	538 311	316 781	21 513	36 616	163 401	82 340	47 121	60 551	10 235
2001	542 774	325 968	21 984	38 644	156 178	77 387	45 982	50 264	8 220
2002	518 532	314 981	20 517	39 090	143 943	68 230	40 376	53 714	6 977
2003	534 534	324 043	22 027	40 630	147 834	65 926	39 231	55 705	7 334
2004[7]	577 375	346 518	25 652	43 285	161 920	68 791	40 265	70 192	8 361

1) Ergebnisse ab 1993 durch Änderung in der Erfassung des Außenhandels mit größerer Unsicherheit behaftet. Ab 1995 einschließlich Zuschätzungen von Anmeldeausfällen in der Intrahandelsstatistik. Ausführliche Erläuterungen: Statistisches Bundesamt, Fachserie 7, Reihe 1, Monatshefte, Seite 6. - 2) Belgien, Dänemark, Estland (ab 1992), Finnland, Frankreich (ab 1997 einschließlich Guadeloupe, Martinique, Französisch-Guayana, Réunion), Griechenland, Irland, Italien, Lettland (ab 1992), Litauen (ab 1992), Luxemburg, Malta, Niederlande, Österreich, Polen, Portugal, Slowakei (ab 1993), Slowenien (ab 1993), Schweden, Spanien (bis 1996 ohne Kanarische Inseln), Tschechische Republik (ab 1993), Ungarn, Vereinigtes Königreich, Zypern. - 3) Albanien, Bulgarien, Bosnien und Herzegowina, Bundesrepublik Jugoslawien (seit 1997 Serbien und Montenegro), Kroatien, Mazedonien und die ehemaligen GUS-Staaten. - 4) Einschließlich asiatische Staatshandelsländer (China, Mongolei, Nordkorea, Vietnam), Polargebiete, nicht ermittelte Bestimmungsländer und Gebiete sowie einschließlich Schiffs- und Luftfahrzeugbedarf. - 5) Australien, Japan, Kanada, Neuseeland, Republik Südafrika, Vereinigte Staaten. - 6) Ländergruppe nach dem Stand 1. Januar 1989: Algerien, Ecuador, Gabun, Indonesien, Irak, Iran, Katar, Kuwait, Libyen, Nigeria, Saudi-Arabien, Venezuela, Vereinigte Arabische Emirate; ab 1. Januar 1997 ohne Ecuador und Gabun. - 7) Vorläufige Ergebnisse.

Tabelle 59*

Einzelhandelsumsatz

2003 = 100

Davon:
insgesamt ohne Handel mit Kraftfahrzeugen und ohne Tankstellen; Reparatur von Gebrauchsgütern
davon:
Einzelhandel in Verkaufsräumen
sonstiger Facheinzelhandel darunter:

Zeitraum	Insgesamt	Kraftfahrzeuge, Tankstellen	zusammen	Waren verschiedener Art	Facheinzelhandel mit Nahrungsmitteln, Getränken, Tabakwaren	Apotheken, Facheinzelhandel mit medizinischen Artikeln	zusammen	Textilien	Bekleidung	Schuhe, Lederwaren	Möbel, Einrichtungsgegenstände	Elektrohaushaltsgeräte	Antiquitäten und Gebrauchtwaren	Einzelhandel nicht in Verkaufsräumen
\multicolumn{15}{c}{In jeweiligen Preisen}
1994	92,8	84,2	95,7	90,1	111,4	64,7	113,0	131,3	118,3	106,1	127,9	126,1	118,6	102,8
1995	94,4	88,0	97,0	91,7	120,3	68,9	112,0	134,5	117,6	109,5	119,9	121,8	95,1	103,1
1996	95,6	91,7	97,3	91,3	119,2	71,8	111,2	130,9	116,3	109,9	117,8	119,7	83,8	107,7
1997	95,4	95,6	96,2	90,2	116,8	73,2	109,3	122,9	114,3	107,7	114,7	115,3	104,8	106,1
1998	97,1	100,2	97,2	91,3	115,4	77,4	111,1	121,2	112,8	107,5	119,1	120,2	82,9	100,9
1999	98,2	101,5	97,9	92,5	106,5	83,1	110,3	121,0	112,5	108,3	116,7	123,4	94,4	100,7
2000	99,6	97,9	100,3	93,5	105,6	87,7	112,6	127,2	112,0	109,7	114,2	129,6	111,8	107,4
2001	100,9	98,1	102,1	97,4	103,6	94,1	110,2	125,9	111,0	110,4	112,5	122,1	121,2	108,0
2002	100,0	98,9	100,5	98,8	101,3	97,4	102,9	113,2	105,6	105,3	102,5	104,5	118,0	104,1
2003	100	100	100	100	100	100	100	100	100	100	100	100	100	100
2004	100,5	99,5	100,9	102,4	98,4	98,6	100,9	101,0	103,6	101,9	103,7	103,0	112,1	97,7
2004 1. Vj.	94,1	93,2	94,6	96,6	91,1	91,3	92,9	90,8	91,5	83,0	101,8	97,1	96,1	97,0
2. Vj.	101,3	105,8	99,0	100,9	99,2	96,5	99,3	89,4	99,8	113,6	97,7	92,5	116,3	91,2
3. Vj.	97,4	96,0	98,0	99,9	99,4	98,0	96,8	100,3	100,1	102,3	95,9	95,1	101,6	93,4
4. Vj.	109,1	103,2	112,0	112,3	104,0	108,5	114,5	123,6	122,7	108,7	119,4	127,3	134,5	109,2
2005 1. Vj.	93,7	90,1	95,5	99,4	88,4	96,1	90,7	106,3	89,1	85,4	99,7	95,9	77,1	96,6
2. Vj.	104,1	109,4	101,4	104,3	98,3	101,7	99,7	103,6	100,8	114,3	97,4	89,1	105,3	94,1
3. Vj.	98,8	98,7	98,8	99,8	96,9	101,7	97,0	108,7	99,1	102,9	96,0	94,2	81,5	97,4
\multicolumn{15}{c}{In Preisen von 2000}
1994	98,0	90,1	100,5	95,8	123,6	65,0	114,8	139,0	120,6	113,9	140,1	105,7	121,0	119,5
1995	99,0	92,8	101,2	96,8	132,3	68,7	112,9	141,0	119,1	116,5	129,2	102,9	96,3	120,8
1996	99,4	96,5	100,6	95,9	129,8	71,6	111,6	136,1	117,1	116,0	125,3	102,5	84,4	119,4
1997	98,7	100,2	98,9	93,8	125,0	73,0	109,5	127,4	115,0	112,9	121,1	100,7	105,5	116,5
1998	100,3	103,6	100,0	94,2	122,2	77,1	110,9	125,1	113,3	111,9	124,5	106,8	83,0	117,0
1999	101,1	104,6	100,5	96,2	113,3	83,1	109,9	124,7	113,0	112,0	121,2	112,1	94,3	110,6
2000	101,2	99,9	101,7	97,4	112,1	87,4	112,2	131,0	112,8	113,1	117,7	120,0	111,6	103,6
2001	100,9	102,1	101,9	98,6	106,4	92,6	109,1	128,4	111,4	111,8	114,2	114,5	120,0	104,4
2002	100,3	99,8	100,5	99,2	102,9	96,8	102,3	113,8	105,0	104,8	103,1	101,4	117,5	105,1
2003	100	100	100	100	100	100	100	100	100	100	100	100	100	100
2004	100,0	98,2	100,9	102,1	96,9	99,5	101,8	100,6	104,1	102,7	103,6	107,0	112,9	95,6
2004 1. Vj.	93,8	92,2	94,7	96,2	90,3	91,6	93,5	90,5	91,9	83,7	102,1	99,2	96,5	97,7
2. Vj.	100,5	104,2	98,6	100,0	97,3	97,5	99,7	89,1	100,0	114,0	97,7	95,6	117,0	90,2
3. Vj.	97,0	94,4	98,2	99,8	97,9	99,2	97,9	99,9	101,4	103,6	95,6	99,1	102,7	90,4
4. Vj.	108,8	101,9	112,3	112,5	102,0	109,8	116,0	123,0	123,0	109,3	119,2	134,2	135,6	104,1
2005 1. Vj.	93,1	88,7	95,3	98,3	85,3	97,9	92,1	105,9	90,8	86,9	99,3	101,9	78,0	93,1
2. Vj.	102,8	107,1	100,7	102,6	94,7	103,6	101,0	103,3	102,6	116,0	96,8	95,5	106,6	88,0
3. Vj.	97,6	95,9	98,4	99,0	93,4	103,7	99,4	108,6	102,5	105,7	95,5	102,5	83,1	86,8

Tabelle 60*

Index der Erzeugerpreise gewerblicher Produkte
Inlandsabsatz[1]
2000 = 100

Zeitraum	Insgesamt			Erzeugnisse nach Hauptgruppen[2]					
	zusammen	davon: ohne Mineralölerzeugnisse	Mineralölerzeugnisse	Vorleistungsgüterproduzenten[3]	Energie[4]	Investitions-	Konsum- zusammen	davon: Gebrauchsgüterproduzenten	Verbrauchs-
Gewicht	1 000	950,39	49,61	305,92	197,28	244,23	252,57	38,89	213,68
1995	98,5	100,1	68,2	100,2	98,4	97,4	97,4	96,4	97,7
1996	97,3	98,6	73,4	98,2	93,2	98,2	98,4	97,5	98,7
1997	98,4	99,7	75,4	98,3	96,8	98,7	99,6	97,9	100,0
1998	98,0	99,6	68,4	98,1	93,7	99,5	99,9	98,3	100,3
1999	97,0	98,1	76,0	96,5	92,0	99,7	99,1	98,9	99,2
2000	100	100	100	100	100	100	100	100	100
2001	103,0	103,2	99,0	100,8	109,1	100,7	103,0	102,0	103,2
2002	102,4	102,6	99,0	100,0	105,1	101,8	103,7	103,4	103,7
2003	104,1	104,1	103,8	100,4	112,6	101,9	104,2	103,7	104,3
2004	105,8	105,6	110,4	103,2	115,4	102,1	105,2	104,2	105,4
2005 1. Vj.	108,6	108,3	113,9	106,3	121,6	103,0	106,5	105,2	106,7
2. Vj.	110,1	109,4	122,6	106,4	129,1	102,9	106,6	105,6	106,8
3. Vj.	111,4	110,2	134,7	106,1	136,0	102,9	106,8	105,6	107,0

Zeitraum	Erzeugnisse des Verarbeitenden Gewerbes darunter:								
	zusammen[5]	Ernährungsgewerbe	Verlags- und Druckereierzeugnisse	Chemische Erzeugnisse	Eisen- und Metallerzeugnisse, NE-Metalle und -erzeugnisse	Metallerzeugnisse	Maschinen	Geräte der Elektrizitätserzeugung und -verteilung und ähnliche	Kraftwagen und Kraftwagenteile
Gewicht	799,34	119,46	50,24	67,44	44,24	65,19	82,81	39,58	100,18
1995	98,5	99,2	97,4	99,7	97,8	97,2	95,1	99,1	96,3
1996	98,3	100,2	99,8	96,3	92,8	98,0	96,7	99,6	97,2
1997	98,9	102,2	99,4	97,3	94,4	98,2	97,6	98,8	97,9
1998	99,1	101,8	99,4	96,7	95,8	98,9	98,3	98,8	98,8
1999	98,3	99,0	99,3	95,2	91,0	99,3	99,0	98,7	99,5
2000	100	100	100	100	100	100	100	100	100
2001	101,5	104,7	100,8	102,1	99,5	100,7	101,5	100,0	101,0
2002	101,7	104,6	100,2	100,1	97,8	101,3	102,8	100,1	102,7
2003	102,0	104,8	99,6	101,4	100,4	101,9	103,8	100,1	103,5
2004	103,5	105,9	98,4	102,5	113,8	104,5	104,8	100,4	104,2
2005 1. Vj.	105,4	105,7	98,9	105,3	125,9	108,1	106,0	100,7	105,3
2. Vj.	105,4	105,6	98,9	105,4	126,8	108,7	106,3	100,9	105,8
3. Vj.	105,4	105,7	98,7	105,2	125,3	108,8	106,4	101,1	106,1

1) Ohne Umsatzsteuer. - 2) Aufgrund einer EU-Verordnung sind die Hauptgruppen neu abgegrenzt und EU-weit vereinheitlicht worden. Nach dem Güterverzeichnis der Produktionsstatistik, Ausgabe 2002 (GP 2002). - 3) Aus der bisherigen Hauptgruppe „Erzeugnisse der Vorleistungsgüterproduzenten" wurden die „Erzeugnisse der Energieproduzenten" herausgenommen. - 4) Neue Hauptgruppe bestehend aus: Kohle und Torf; Erdöl und Erdgas ohne Erdgasversorgung; Kokerei- und Mineralölerzeugnisse; Elektrizität, Gas und Fernwärme; Wasserversorgung. - 5) Ohne Mineralölerzeugnisse.

Tabelle 61*

Index der Außenhandelspreise
2000 = 100

Zeitraum	Insgesamt	Güter der Ernährungswirtschaft[1]	Güter der gewerblichen Wirtschaft				Investitionsgüterproduzenten[3]	Verbrauchsgüterproduzenten[3]
			zusammen[1]	Rohstoffe[1)2)]	Halbwaren[1)2)]	Fertigwaren[1]		

Ausfuhrpreise[4]

Zeitraum	Insgesamt	Ernährung	zusammen	Rohstoffe	Halbwaren	Fertigwaren	Investitionsgüter	Verbrauchsgüter
1991	93,3	96,9	93,1	88,2		93,3	.	.
1992	94,0	98,0	93,7	85,0		94,2	.	.
1993	94,0	95,6	93,9	82,7		94,6	.	.
1994	94,8	97,8	94,7	85,6		95,1	.	.
1995	96,1	97,0	96,1	89,0		96,5	95,5	96,3
1996	96,1	97,6	96,1	86,2		96,7	96,7	97,0
1997	97,5	100,4	97,4	90,0		97,8	98,0	99,1
1998	97,5	100,0	97,4	86,2		98,1	98,3	99,5
1999	97,0	97,0	97,0	83,7		97,9	98,9	98,0
2000	100	100	100	100	100	100	100	100
2001	101,0	103,2	100,9	110,8	99,9	100,8	100,7	101,9
2002	100,8	102,6	100,7	107,1	98,0	100,8	101,1	102,1
2003	100,6	101,5	100,5	106,5	99,3	100,5	100,8	102,0
2004	101,1	101,9	101,1	103,8	109,8	100,6	100,4	101,8
2004 1. Vj.	100,4	102,9	100,3	100,9	102,5	100,2	100,4	101,6
2. Vj.	101,2	103,5	101,0	103,3	107,1	100,7	100,6	102,1
3. Vj.	101,4	101,1	101,5	104,5	113,4	100,8	100,5	101,9
4. Vj.	101,5	100,0	101,6	106,6	116,1	100,8	100,1	101,6
2005 1. Vj.	101,8	100,7	101,9	110,1	116,5	101,0	100,0	101,8
2. Vj.	102,1	101,7	102,1	115,9	118,8	101,1	100,1	102,4
3. Vj.	102,5	102,0	102,5	117,3	126,5	101,1	100,3	102,8

Einfuhrpreise[5]

Zeitraum	Insgesamt	Ernährung	zusammen	Rohstoffe	Halbwaren	Fertigwaren	Investitionsgüter	Verbrauchsgüter
1991	93,2	100,4	92,5	73,1		97,9	.	.
1992	91,0	97,2	90,3	65,6		97,4	.	.
1993	89,6	94,1	89,2	62,5		96,8	.	.
1994	90,3	98,2	89,5	62,7		97,2	.	.
1995	90,6	95,7	89,9	64,0		97,5	98,6	93,8
1996	91,0	98,3	90,0	66,7		96,7	98,5	95,1
1997	94,2	105,6	92,8	72,9		98,4	99,7	98,1
1998	91,3	102,8	89,8	62,1		98,0	98,9	98,6
1999	90,8	97,0	90,0	66,5		96,8	98,2	97,5
2000	100	100	100	100	100	100	100	100
2001	100,6	102,9	100,4	103,6	94,3	100,7	100,1	102,5
2002	98,4	102,8	98,0	94,5	88,6	99,5	98,9	102,2
2003	96,2	101,2	95,7	95,6	89,0	96,5	95,1	99,7
2004	97,2	100,6	96,9	104,9	102,3	95,4	93,0	98,2
2004 1. Vj.	95,6	102,9	95,0	93,6	93,4	95,3	93,7	98,2
2. Vj.	97,2	101,2	96,8	101,5	100,8	95,8	93,7	98,5
3. Vj.	97,9	98,1	97,9	110,6	106,6	95,4	92,8	98,4
4. Vj.	98,2	100,0	98,1	114,1	108,5	95,0	91,7	97,8
2005 1. Vj.	99,0	103,9	98,5	120,9	109,3	94,7	90,9	97,5
2. Vj.	100,4	102,5	100,2	134,4	116,7	94,3	90,2	98,1
3. Vj.	102,7	101,0	102,8	155,5	125,5	94,1	90,1	98,6

1) Preise bei Vertragsabschluss (Effektivpreise); fob (free on board). Ohne Umsatzsteuer, Verbrauchsteuern und Exporthilfen. - 2) Nach Warengruppen der Außenhandelsstatistik gruppiert. - 3) Aufgrund der Änderung der Systematik für die Ausfuhr nach Warengruppen der Ernährungswirtschaft und Gewerblichen Wirtschaft (EGW) sind für die Jahre bis 1999 keine getrennte Nachweise möglich. - 4) Hauptsächlich Enderzeugnisse, nach ihrer vorwiegenden Verwendung gruppiert.

Tabelle 62*
Preisindizes für Neubau und Instandhaltung, Baulandpreise[1]
2000 = 100

Zeitraum[2]	Neubau							Instandhaltung von Mehrfamiliengebäuden[3]	Baureifes Land[4]
	Bauleistungen am Bauwerk für						Straßenbauleistungen insgesamt		
		Wohngebäude							
	insgesamt	Einfamilien-	Mehrfamilien-Gebäude	gemischt genutzte	Bürogebäude	gewerbliche Betriebsgebäude			Euro/m²
Früheres Bundesgebiet									
1960	18,2	18,1	18,3	18,9	18,6	19,1	33,7	17,7	.
1965	24,4	24,2	24,3	25,0	24,3	24,6	36,8	22,7	11,19
1970	31,6	31,4	31,6	32,3	31,7	32,6	43,3	28,0	15,72
1971	34,8	34,6	34,9	35,6	34,9	36,2	46,7	30,8	17,16
1972	37,2	37,0	37,3	37,8	37,1	38,0	47,4	32,5	20,57
1973	39,9	39,7	40,0	40,6	39,8	40,2	48,8	34,8	20,85
1974	42,8	42,7	43,0	43,3	42,5	42,6	53,5	38,3	20,63
1975	43,9	43,7	44,0	44,3	43,4	43,8	54,9	40,2	22,54
1976	45,4	45,2	45,5	45,8	44,8	45,6	55,7	41,6	24,95
1977	47,5	47,6	47,6	48,0	46,9	47,5	57,2	43,6	27,60
1978	50,5	50,6	50,6	50,9	49,6	50,0	61,0	45,8	30,63
1979	54,9	55,1	55,0	55,2	53,5	53,9	67,3	48,6	35,37
1980	60,8	61,2	60,8	61,0	59,0	59,5	75,9	52,9	41,93
1981	64,3	64,7	64,4	64,6	62,6	63,2	77,9	56,4	49,12
1982	66,2	66,5	66,3	66,6	64,9	65,7	76,1	59,2	57,01
1983	67,6	67,7	67,7	68,0	66,4	67,2	75,5	61,1	61,31
1984	69,3	69,4	69,4	69,8	68,3	68,8	76,5	63,0	62,35
1985	69,6	69,7	69,7	70,1	69,0	69,4	77,9	64,2	59,36
1986	70,5	70,6	70,8	71,1	70,2	70,8	79,4	65,4	61,90
1987	71,8	71,9	72,2	72,5	71,8	72,4	80,4	67,1	64,46
1988	73,4	73,5	73,7	74,0	73,6	73,9	81,3	68,9	65,31
1989	76,0	76,1	76,4	76,7	76,3	76,5	83,0	71,4	64,65
1990	81,0	81,1	81,2	81,5	80,7	81,3	88,2	75,0	63,50
Deutschland									
1991	86,6	86,5	86,8	87,0	85,9	86,3	94,1	80,0	.
1992	92,2	92,1	92,4	92,3	91,1	91,5	99,1	86,0	43,16
1993	96,7	96,7	97,0	96,7	95,4	95,5	101,3	91,2	49,06
1994	99,0	99,1	99,3	98,9	97,6	97,5	101,7	94,0	55,66
1995	101,3	101,3	101,5	101,1	99,9	99,7	102,4	96,8	58,02
1996	101,1	101,2	101,2	101,0	100,0	100,0	100,6	97,9	61,37
1997	100,4	100,4	100,5	100,2	99,5	99,5	98,9	98,4	64,70
1998	100,0	100,1	100,1	99,9	99,5	99,6	98,0	99,3	69,69
1999	99,7	99,7	99,8	99,6	99,3	99,3	97,8	99,4	70,65
2000	100	100	100	100	100	100	100	100	76,21
2001	99,9	99,9	99,9	100,0	100,4	100,4	100,7	100,8	75,20
2002	99,9	99,9	99,8	99,9	100,5	100,6	100,5	101,3	80,44
2003	99,9	100,0	99,8	99,9	100,6	100,9	100,1	101,7	99,89
2004	101,2	101,2	101,2	101,2	102,1	102,5	100,1	102,9	103,47
2004 Feb	100,2	100,3	100,1	100,1	100,9	101,1	100,1	102,1	101,90
Mai	101,3	101,3	101,3	101,2	102,1	102,3	99,9	102,7	103,64
Aug	101,6	101,6	101,6	101,6	102,5	103,0	100,2	103,1	103,03
Nov	101,7	101,7	101,7	101,7	102,7	103,4	100,1	103,5	99,29
2005 Feb	102,1	102,1	102,1	102,0	103,2	104,3	100,2	104,2	106,81
Mai	102,0	102,0	102,0	101,9	103,2	104,5	100,2	104,2	103,95
Aug	102,1	102,1	102,2	102,1	103,4	104,7	100,3	104,5	...

1) Einschließlich Umsatzsteuer. - 2) Bis 1965 ohne Berlin (West). - 3) Ohne Schönheitsreparaturen. - 4) Bis 1990 eigene Umrechnung mit dem unwiderruflichen Euro-Umrechnungskurs: 1 Euro = 1,95583 DM.

Tabelle 63*

Verbraucherpreisindex für Deutschland[1]

2000 = 100

Zeitraum	Insgesamt	Nahrungsmittel und alkoholfreie Getränke	Alkoholische Getränke, Tabakwaren	Bekleidung und Schuhe	Wohnung, Wasser, Strom, Gas und andere Brennstoffe	Einrichtungsgegenstände u. ä. für den Haushalt sowie deren Instandhaltung	Gesundheitspflege	Verkehr	Nachrichtenübermittlung	Freizeit, Unterhaltung und Kultur	Bildungswesen	Beherbergungs- und Gaststättendienstleistungen	Andere Waren und Dienstleistungen
Gewicht	1 000	103,35	36,73	55,09	302,66	68,54	35,46	138,65	25,21	110,85	6,66	46,57	70,23
1991	81,9	94,0	83,8	90,9	71,7	90,7	81,1	75,9	122,5	88,6	61,2	82,0	77,5
1992	86,1	95,9	88,0	93,4	78,0	93,0	84,0	80,1	125,5	92,0	66,3	86,0	81,4
1993	89,9	96,4	91,4	96,0	84,4	95,3	86,3	83,8	127,0	94,3	73,2	90,7	86,7
1994	92,3	98,0	92,4	97,4	87,9	96,9	89,2	86,8	127,9	95,4	80,5	93,0	90,4
1995	93,9	99,0	92,9	98,1	90,5	97,9	90,2	88,3	127,5	96,3	83,8	94,3	93,4
1996	95,3	99,6	93,7	98,8	92,7	98,6	91,6	90,4	128,7	96,7	86,8	95,3	93,9
1997	97,1	101,0	95,4	99,2	95,2	99,0	98,1	92,2	124,8	98,8	90,3	96,3	95,6
1998	98,0	102,0	97,2	99,6	96,0	99,7	103,2	92,5	124,1	99,3	94,6	97,7	96,0
1999	98,6	100,7	98,5	99,9	97,2	100,0	99,8	95,0	112,4	99,6	98,4	98,9	97,6
2000	100	100	100	100	100	100	100	100	100	100	100	100	100
2001	102,0	104,5	101,7	100,8	102,4	100,9	101,3	102,5	94,1	100,6	101,3	101,9	103,0
2002	103,4	105,3	105,8	101,5	103,4	101,9	101,9	104,5	95,7	101,3	104,0	105,6	105,0
2003	104,5	105,2	111,4	100,7	104,9	102,2	102,4	106,7	96,4	100,7	106,2	106,5	106,8
2004	106,2	104,8	119,1	100,0	106,5	102,0	122,1	109,3	95,6	99,7	109,7	107,3	108,3
2001 1.Vj.	101,2	102,3	101,4	100,2	101,9	100,3	100,9	101,8	94,9	99,9	101,1	100,3	102,3
2.Vj.	102,1	106,1	101,7	100,8	102,4	100,8	101,2	103,8	93,7	99,6	101,1	100,9	102,8
3.Vj.	102,4	105,2	101,8	100,5	102,8	101,0	101,4	102,9	93,9	101,2	101,4	103,3	103,3
4.Vj.	102,2	104,4	101,9	101,5	102,6	101,3	101,7	101,4	94,0	101,7	101,6	103,1	103,6
2002 1.Vj.	103,2	107,2	105,4	101,6	103,1	101,9	101,8	103,2	95,1	101,3	103,3	104,4	104,6
2.Vj.	103,4	106,4	105,5	101,8	103,3	101,9	102,0	104,9	96,0	100,3	103,6	104,7	104,9
3.Vj.	103,5	104,4	106,0	101,1	103,4	101,9	101,9	105,0	96,1	102,0	104,1	106,9	105,3
4.Vj.	103,4	103,4	106,1	101,6	103,6	102,0	102,0	104,9	95,8	101,6	104,7	106,5	105,2
2003 1.Vj.	104,4	105,1	111,0	100,9	104,8	102,2	102,3	107,1	95,8	100,6	105,2	105,4	106,3
2.Vj.	104,3	105,9	111,3	100,9	104,7	102,3	102,2	106,3	96,2	100,0	106,1	105,6	106,6
3.Vj.	104,6	104,9	111,5	99,9	104,9	102,2	102,4	106,9	96,5	101,5	106,5	107,8	106,9
4.Vj.	104,6	104,9	111,6	101,1	105,3	102,1	102,7	106,6	97,0	100,7	107,0	107,0	107,4
2000 4 1.Vj.	105,4	105,6	114,3	100,0	105,8	101,9	119,4	107,4	96,3	99,2	108,8	106,0	108,1
2.Vj.	106,1	105,6	119,7	100,4	106,2	102,0	122,1	109,5	95,6	98,9	108,9	106,5	108,3
3.Vj.	106,5	104,3	119,8	99,2	106,7	102,1	123,3	110,3	95,3	100,4	110,0	106,8	108,4
4.Vj.	106,7	103,8	122,5	100,3	107,3	101,8	123,5	110,0	95,0	100,1	111,0	108,0	108,2
2005 1.Vj.	107,3	105,4	127,5	98,3	108,1	101,9	124,0	110,9	95,2	99,1	111,5	107,2	109,2
2.Vj.	107,9	106,1	127,7	98,6	109,0	101,9	124,3	113,1	94,8	98,8	111,9	107,6	109,2
3.Vj.	108,8	104,9	129,3	96,8	110,1	101,8	124,5	116,1	94,4	100,7	112,2	109,8	109,3

1) Abgrenzung nach der COICOP (Classification of Individual Consumption by Purpose) in der für den Verbraucherpreisindex (VPI) geltenden Fassung 6/98.

Löhne und Gehälter

Tabelle 64*

Jahr	Brutto-stunden-verdienste im Produzierenden Gewerbe[1]	Bruttomonatsverdienste[1] Produzierendes Gewerbe, Handel, Kredit- und Versicherungsgewerbe[2]				Tarifliche			
		zu-sammen	Produzierendes Gewerbe davon:		Handel; Kredit- und Versicherungsgewerbe[2]	Stundenlöhne[1]		Monatsgehälter[1]	
			zu-sammen	darunter: Hoch- und Tiefbau		gewerbliche Wirtschaft und Gebietskörperschaften	Produzierendes Gewerbe	gewerbliche Wirtschaft und Gebietskörperschaften	Produzierendes Gewerbe
	2000 = 100	Oktober 1995 = 100 / 2000 = 100[3]				2000 = 100			
				Früheres Bundesgebiet					
1960	9,9	12,6	12,9	12,6	12,0	10,3	10,2	13,7	13,0
1965	15,5	18,2	18,3	19,1	17,7	15,0	15,0	18,8	18,1
1970	22,3	25,8	25,8	27,5	25,4	21,1	21,1	24,8	23,9
1975	35,4	40,6	40,5	42,1	40,0	35,4	34,6	39,8	38,3
1980	47,8	55,5	55,4	56,3	54,8	47,3	46,4	52,1	50,6
1985	58,0	67,6	67,6	66,3	66,4	57,5	56,8	62,3	61,0
1990	71,0	80,8	80,9	79,8	79,2	69,9	69,0	72,7	71,6
1991	75,3	85,3	85,5	84,5	83,6	74,4	73,5	77,2	76,0
1992	79,4	89,6	89,6	88,9	87,8	79,0	78,3	81,2	80,9
1993	83,3	93,2	93,0	94,1	91,7	83,0	82,4	84,7	83,9
1994	86,1	95,4	95,1	96,7	94,2	85,1	84,7	86,0	85,2
1995	89,3	98,5	98,4	98,4	98,6	88,7	88,2	89,7	88,8
1996	92,4	91,8	92,2	92,3	91,5	92,4	92,3	92,5	92,3
1997	93,6	93,2	93,3	93,3	93,2	93,7	93,6	93,6	93,4
1998	95,2	95,1	95,2	94,8	95,2	95,4	95,3	95,4	95,3
1999	97,5	97,6	97,5	97,0	97,8	97,8	97,8	97,8	97,8
2000	100	100	100	100	100	100	100	100	100
2001	101,5	102,6	102,4	102,1	102,7	102,2	102,2	102,4	102,3
2002	103,3	105,8	105,3	104,8	106,2	104,3	104,4	104,7	104,6
2003	105,8	108,7	108,1	108,6	108,9	107,0	107,1	107,4	107,4
2004	107,9	111,1	110,4	108,6	111,5	109,0	109,3	109,5	109,6
				Neue Bundesländer und Berlin-Ost					
1996	90,3	89,3	89,4	95,5	88,2	89,9	90,3	89,8	90,0
1997	92,9	92,3	92,3	96,4	91,5	93,8	94,5	92,4	93,9
1998	94,8	94,8	94,8	97,1	94,0	95,8	96,3	94,9	95,7
1999	97,2	97,2	97,1	98,3	97,0	98,2	98,4	98,0	98,1
2000	100	100	100	100	100	100	100	100	100
2001	102,5	103,2	103,3	102,3	102,8	102,1	102,0	102,9	102,1
2002	105,3	107,2	106,9	104,2	106,5	104,4	104,2	105,8	104,7
2003	107,8	110,9	110,4	107,7	110,0	106,8	106,4	109,0	107,8
2004	110,4	113,6	113,3	109,6	112,4	109,0	108,4	112,1	110,3
				Deutschland					
1996	92,2	91,6	92,0	92,9	91,3	92,2	92,2	92,1	92,0
1997	93,6	93,1	93,2	93,9	93,2	93,7	93,6	93,5	93,5
1998	95,2	95,0	95,1	95,2	95,2	95,4	95,4	95,3	95,3
1999	97,5	97,5	97,4	97,2	97,8	97,9	97,9	97,8	97,8
2000	100	100	100	100	100	100	100	100	100
2001	101,6	102,6	102,3	102,0	102,8	102,2	102,2	102,5	102,3
2002	103,4	105,9	105,4	104,7	106,3	104,3	104,4	104,8	104,6
2003	106,0	108,8	108,3	108,5	109,0	107,0	107,1	107,6	107,5
2004	108,1	111,3	110,6	108,8	111,5	109,0	109,2	109,8	109,7

1) Jahresergebnis errechnet als Durchschnitt aus den vier Erhebungsmonaten. - 2) Einschließlich Instandhaltung und Reparatur von Kraftfahrzeugen und Gebrauchsgütern. - 3) Ab 1996 Basisjahr 2000 = 100.

Tabelle 65*

Sozialbudget: Leistungen nach Institutionen und Funktionen

	Früheres Bundesgebiet					Deutschland			
	1960	1970	1980	1990	1991	1995	1998	2001	2003[1]
Leistungen nach Institutionen									
Allgemeine Systeme	15 507	40 394	123 553	199 939	259 603	354 844	386 137	420 042	446 079
Rentenversicherung	9 975	26 478	72 362	109 414	133 342	184 752	204 080	224 352	238 193
Private Altersvorsorge	-	-	-	-	-	-	-	-	-
Krankenversicherung	4 840	12 853	45 380	71 627	92 674	122 135	125 733	137 086	143 336
Pflegeversicherung	-	-	-	-	-	5 278	15 781	16 840	17 407
Unfallversicherung	854	2 023	4 789	6 552	7 640	10 244	10 664	10 934	11 344
Arbeitsförderung	601	1 838	11 668	24 978	44 618	65 735	68 066	65 399	73 310
Sondersysteme[2)3)]	115	561	1 879	3 294	3 568	4 610	5 121	5 454	5 820
Leistungssysteme des öff. Dienstes[2)]	4 911	12 285	23 687	32 757	34 512	41 991	46 134	50 751	52 656
darunter: Pensionen	3 467	8 092	16 844	22 565	23 183	28 260	30 724	34 261	35 786
Leistungssysteme der Arbeitgeber	2 445	9 539	25 056	40 289	46 332	53 448	49 815	57 215	54 828
darunter: Entgeltfortzahlung	1 534	6 473	14 687	20 254	24 159	28 308	22 878	27 466	24 967
Betriebliche Altersvorsorge	608	1 559	4 443	9 996	11 751	14 581	16 013	18 211	18 370
Entschädigungssysteme[2)4)]	4 136	5 981	8 948	8 422	8 736	9 260	8 085	6 018	5 552
darunter: Soziale Entschädigung	1 990	3 756	6 776	6 528	6 865	7 128	5 753	4 743	4 451
Förder- und Fürsorgesysteme[2)]	1 583	6 477	25 469	34 680	47 291	62 081	51 091	53 522	56 937
darunter: Sozialhilfe	587	1 663	6 788	14 771	18 103	27 690	25 549	26 027	27 869
Jugendhilfe	254	948	4 274	6 839	10 900	14 951	16 286	17 481	17 876
Kindergeld	468	1 478	8 783	7 414	10 435	10 877	70	101	132
Erziehungsgeld	-	-	-	2 474	3 232	3 882	3 980	3 628	3 481
Wohngeld	1	337	1 027	2 006	2 527	3 175	3 860	4 276	5 209
Direkte Leistungen insgesamt	28 697	75 231	208 462	319 079	399 738	525 634	545 535	592 128	620 926
Indirekte Leistungen insgesamt	3 887	11 052	20 007	23 479	27 224	36 894	60 467	70 441	75 616
Steuerliche Maßnahmen[4)] (ohne FLA)	3 887	11 052	20 007	23 479	27 224	36 894	34 912	38 421	39 536
Familienleistungsausgleich (FLA)	-	-	-	-	-	-	25 555	32 021	36 080
Sozialbudget insgesamt	32 584	86 283	228 469	342 557	426 962	562 528	606 002	662 570	696 543
Leistungen nach Funktionen									
Ehe und Familie	5 539	16 279	36 791	46 312	59 812	73 248	87 304	97 125	102 300
Kinder und Jugendliche	3 493	8 106	20 443	29 071	39 262	49 165	58 193	66 597	71 005
Ehegatten	1 730	7 504	14 426	14 613	17 460	20 272	24 728	26 084	26 705
Mutterschaft	316	669	1 922	2 628	3 091	3 811	4 383	4 444	4 590
Gesundheit	9 010	25 140	75 197	118 602	149 009	201 028	207 239	228 551	235 385
Vorbeugung und Rehabilitation	570	1 564	4 040	6 670	7 866	12 436	10 539	12 617	13 357
Krankheit	6 119	18 305	57 113	87 104	108 698	138 734	139 650	154 682	159 286
Arbeitsunfall, Berufskrankheit	812	2 255	5 648	7 982	9 896	12 394	12 399	13 297	13 156
Invalidität (allgemein)	1 509	3 017	8 395	16 846	22 549	37 463	44 652	47 956	49 587
Beschäftigung	872	2 797	11 901	24 811	41 159	56 450	59 984	61 846	68 650
Berufliche Bildung	275	1 235	4 153	7 012	10 312	11 537	10 965	11 627	14 302
Mobilität	188	972	2 925	4 162	7 777	11 266	11 978	10 397	10 225
Arbeitslosigkeit	409	589	4 823	13 637	23 070	33 646	37 041	36 821	44 123
Alter und Hinterbliebene	14 189	35 435	89 264	139 111	162 075	210 400	229 798	253 209	267 816
Alter	12 464	32 353	83 064	132 919	155 442	202 118	221 450	244 837	259 403
Hinterbliebene	1 725	3 081	6 200	6 192	6 633	8 282	8 348	8 372	8 413
Übrige Funktionen	2 973	6 633	15 315	13 721	14 906	21 403	21 678	21 839	22 391
Folgen politischer Ereignisse	1 428	2 160	3 443	1 782	1 828	5 040	3 891	2 722	2 488
Wohnen	297	943	2 480	4 360	4 945	6 373	6 946	7 084	8 086
Sparen und Vermögensbildung	638	2 848	7 953	5 775	6 146	7 570	8 763	10 081	9 965
Allgemeine Lebenshilfen	611	682	1 439	1 805	1 988	2 420	2 079	1 952	1 852

1) Vorläufige Ergebnisse. - 2) Keine Konsolidierung der Beiträge des Staates, sie werden sowohl auf der Ausgabenseite der zahlenden Institutionen sowie auf der Einnahmenseite der empfangenden Institutionen gebildet. - 3) Alterssicherung der Landwirte, Versorgungswerke. - 4) Im Wesentlichen für die Kriegsopferversorgung, im Rahmen des Lastenausgleichs und der Wiedergutmachung sowie sonstige Entschädigungen. - 5) Leistungen in Relation zum nominalen Bruttoinlandsprodukt.

Quelle: BMGS

Tabelle 66*
Sozialbudget: Finanzierung nach Arten und Quellen[1]

	Früheres Bundesgebiet				Deutschland				
	1960	1970	1980	1990	1991	1995	1998	2001	2003[2]

Nach Arten
Mio Euro

	1960	1970	1980	1990	1991	1995	1998	2001	2003[2]
Sozialbeiträge	**19 210**	**52 560**	**146 802**	**242 446**	**295 405**	**367 509**	**388 260**	**419 524**	**425 343**
der Versicherten	6 768	18 701	52 873	95 318	117 930	152 497	167 692	176 055	183 190
Arbeitnehmer	6 097	16 666	46 658	78 186	99 591	124 811	137 226	144 447	148 535
Selbständigen	187	537	2 538	4 248	4 684	6 572	7 152	7 478	8 031
Rentner	246	120	282	6 742	7 122	12 333	14 329	15 756	17 141
sonstigen Personen	238	1 378	3 394	6 142	6 533	8 781	8 984	8 374	9 483
Sozialversicherungsträger	-	-	-	-	-	-	-	-	-
der Arbeitgeber	12 442	33 859	93 929	147 128	177 475	215 012	220 569	243 468	242 153
tatsächliche Beiträge	8 064	19 222	56 169	92 267	116 432	147 432	158 396	167 916	171 604
unterstellte Beiträge[3]	4 378	14 637	37 761	54 862	61 043	67 579	62 173	75 553	70 549
Zuweisungen	**14 674**	**36 758**	**88 449**	**114 763**	**146 754**	**197 448**	**225 463**	**251 618**	**276 454**
aus öffentlichen Mitteln[4]	13 530	34 647	83 788	109 586	141 108	189 559	217 812	246 959	272 830
sonstige Zuweisungen	1 143	2 111	4 661	5 177	5 646	7 888	7 650	4 658	3 624
Sonstige Einnahmen	**1 481**	**2 245**	**3 323**	**6 247**	**7 895**	**8 418**	**9 286**	**10 398**	**8 803**
Sozialbudget insgesamt	**35 365**	**91 562**	**238 574**	**363 456**	**450 053**	**573 375**	**623 009**	**681 540**	**710 600**

Anteile in vH

	1960	1970	1980	1990	1991	1995	1998	2001	2003[2]
Sozialbeiträge	*54,3*	*57,4*	*61,5*	*66,7*	*65,6*	*64,1*	*62,3*	*61,6*	*59,9*
der Versicherten	*19,1*	*20,4*	*22,2*	*26,2*	*26,2*	*26,6*	*26,9*	*25,8*	*25,8*
Arbeitnehmer	*17,2*	*18,2*	*19,6*	*21,5*	*22,1*	*21,8*	*22,0*	*21,2*	*20,9*
Selbständigen	*0,5*	*0,6*	*1,1*	*1,2*	*1,0*	*1,1*	*1,1*	*1,1*	*1,1*
Rentner	*0,7*	*0,1*	*0,1*	*1,9*	*1,6*	*2,2*	*2,3*	*2,3*	*2,4*
sonstigen Personen	*0,7*	*1,5*	*1,4*	*1,7*	*1,5*	*1,5*	*1,4*	*1,2*	*1,3*
Sozialversicherungsträger	*-*	*-*	*-*	*-*	*-*	*-*	*-*	*-*	*-*
der Arbeitgeber	*35,2*	*37,0*	*39,4*	*40,5*	*39,4*	*37,5*	*35,4*	*35,7*	*34,1*
tatsächliche Beiträge	*22,8*	*21,0*	*23,5*	*25,4*	*25,9*	*25,7*	*25,4*	*24,6*	*24,1*
unterstellte Beiträge[3]	*12,4*	*16,0*	*15,8*	*15,1*	*13,6*	*11,8*	*10,0*	*11,1*	*9,9*
Zuweisungen	*41,5*	*40,1*	*37,1*	*31,6*	*32,6*	*34,4*	*36,2*	*36,9*	*38,9*
aus öffentlichen Mitteln[4]	*38,3*	*37,8*	*35,1*	*30,2*	*31,4*	*33,1*	*35,0*	*36,2*	*38,4*
sonstige Zuweisungen	*3,2*	*2,3*	*2,0*	*1,4*	*1,3*	*1,4*	*1,2*	*0,7*	*0,5*
Sonstige Einnahmen	*4,2*	*2,5*	*1,4*	*1,7*	*1,8*	*1,5*	*1,5*	*1,5*	*1,2*
Sozialbudget insgesamt	*100*	*100*	*100*	*100*	*100*	*100*	*100*	*100*	*100*

Nach Quellen
Mio Euro

	1960	1970	1980	1990	1991	1995	1998	2001	2003[2]
Unternehmen	12 140	29 789	78 398	121 711	147 012	174 507	177 776	194 708	190 504
Bund	9 053	22 305	56 150	69 742	91 701	119 715	133 655	151 334	170 595
Länder	4 888	12 786	28 088	37 555	45 326	57 672	69 967	78 651	83 589
Gemeinden	1 788	6 379	18 645	31 107	38 294	55 526	59 039	64 291	66 842
Sozialversicherung	85	240	750	1 194	1 478	2 121	2 143	2 532	2 386
Private Organisationen	352	811	2 725	5 140	6 158	8 766	9 513	10 267	10 385
Private Haushalte	7 058	19 226	53 755	96 936	119 930	154 779	170 685	178 985	185 993
Übrige Welt	-	27	62	73	156	289	230	773	308
Sozialbudget insgesamt	**35 365**	**91 562**	**238 574**	**363 456**	**450 053**	**573 375**	**623 009**	**681 540**	**710 600**

Anteile in vH

	1960	1970	1980	1990	1991	1995	1998	2001	2003[2]
Unternehmen	34,3	32,5	32,9	33,5	32,7	30,4	28,5	28,6	26,8
Bund	25,6	24,4	23,5	19,2	20,4	20,9	21,5	22,2	24,0
Länder	13,8	14,0	11,8	10,3	10,1	10,1	11,2	11,5	11,8
Gemeinden	5,1	7,0	7,8	8,6	8,5	9,7	9,5	9,4	9,4
Sozialversicherung	0,2	0,3	0,3	0,3	0,3	0,4	0,3	0,4	0,3
Private Organisationen	1,0	0,9	1,1	1,4	1,4	1,5	1,5	1,5	1,5
Private Haushalte	20,0	21,0	22,5	26,7	26,6	27,0	27,4	26,3	26,2
Übrige Welt	-	0,0	0,0	0,0	0,0	0,1	0,0	0,1	0,0
Sozialbudget insgesamt	**100**	**100**	**100**	**100**	**100**	**100**	**100**	**100**	**100**

1) Konsolidiert. - 2) Vorläufige Ergebnisse. - 3) Für Direktleistungen und für Pensionsrückstellungen. Gegenwert für Leistungen, die Arbeitnehmer oder sonstige Berechtigte vom Arbeitgeber direkt erhalten, wenn für gleichartige Leistungen ein beitragsorientiertes System besteht, so auch beispielsweise für die Finanzierung des beamtenrechtlichen Systems. - 4) Bundeszuschuss zur Rentenversicherung, Defizitausgleich des Bundes für den Haushalt der Bundesagentur für Arbeit, Erstattung aus EG/EU-Fonds, Finanzierung der indirekten Leistungen.

Quelle: BMGS

Tabelle 67*

Kenngrößen für die Beitragsbemessung und die Leistungen in der Gesetzlichen Rentenversicherung (Arbeiter und Angestellte)[1]

Jahr	Beitragssatz[2]	Beitragsbemessungsgrenze (Monat)	Allgemeine Bemessungsgrundlage / aktueller Rentenwert (im Jahr)[3]	Rentenanpassungssätze[4][5] zum		Standardrente[6] Monatliche Rente[7] (brutto)	Rentenniveau[8]		Durchschnittliches Bruttojahresarbeitsentgelt aller Versicherten[9]
				1. Januar	1. Juli		brutto	netto	
	vH	DM / Euro		vH		DM / Euro	vH		DM / Euro
Früheres Bundesgebiet									
1957	14,0	750	4 281	X	X	240,90	57,3	66,7	5 043
1960	14,0	850	5 072	5,94	X	270,70	53,2	63,2	6 101
1965	14,0	1 200	7 275	9,40	X	377,90	49,1	59,3	9 229
1970	17,0	1 800	10 318	6,35	X	550,20	49,5	63,9	13 343
1975	18,0	2 800	16 520	X	11,10	929,30	48,6	66,1	21 808
1980	18,0	4 200	21 911	X	X	1 232,50	50,2	70,3	29 485
1985	18,7/19,2	5 400	27 099	X	3,00	1 524,40	51,1	71,8	35 286
1986	19,2	5 600	27 885	X	2,90	1 568,60	50,7	70,2	36 627
1987	18,7	5 700	28 945	X	3,80	1 628,20	50,8	70,6	37 726
1988	18,7	6 000	29 814	X	3,00	1 677,10	51,0	70,3	38 896
1989	18,7	6 100	30 709	X	3,00	1 727,40	51,0	70,7	40 063
1990	18,7	6 300	31 661	X	3,10	1 781,00	50,2	67,6	41 946
1991	17,7	6 500	33 149	X	4,70	1 864,70	49,2	67,3	44 421
1992	17,7	6 800	42,63	X	2,87	1 918,35	48,5	67,0	46 820
1993	17,5	7 200	44,49	X	4,36	2 002,05	48,8	66,9	48 178
1994	19,2	7 600	46,00	X	3,39	2 070,00	49,7	69,3	49 142
1995	18,6	7 800	46,23	X	0,50	2 080,35	49,2	70,0	50 665
1996	19,2	8 000	46,67	X	0,95	2 100,15	48,5	70,2	51 678
1997	20,3	8 200	47,44	X	1,65	2 134,80	48,7	71,4	52 143
1998	20,3	8 400	47,65	X	0,44	2 144,25	48,5	70,9	52 925
1999	19,5	8 500	48,29	X	1,34	2 173,05	48,4	70,4	53 507
2000	19,3	8 600	48,58	X	0,60	2 186,10	48,2	69,6	54 256
2001	19,1	8 700	49,51	X	1,91	2 227,95	48,0	68,3	55 124
2002	19,1	4 500	25,86	X	2,16	1 163,70	48,3	68,8	28 626
2003	19,5	5 100	26,13	X	1,04	1 175,85	48,5	69,5	28 938
2004	19,5	5 150	26,13	X	0,00	1 175,85	48,7	68,1	28 973
2005	19,5	5 200	26,13	X	0,00	1 175,85	48,5	67,3	29 089
Neue Bundesländer und Berlin-Ost									
1991	17,7	3 400 a)	21,11	15,00	15,00	949,79	49,9	60,5	X
1992	17,7	4 800	26,57	11,65	12,73	1 195,65	46,1	59,7	X
1993	17,5	5 300	32,17	6,10	14,12	1 447,65	48,0	62,0	X
1994	19,2	5 900	34,49	3,64	3,45	1 552,05	51,0	67,2	X
1995	18,6	6 400	36,33	2,78	2,48	1 634,85	50,7	67,1	X
1996	19,2	6 800	38,38	4,38	1,21	1 727,10	52,4	69,9	X
1997	20,3	7 100	40,51	X	5,55	1 822,95	53,3	71,8	X
1998	20,3	7 000	40,87	X	0,89	1 839,15	54,3	72,3	X
1999	19,5	7 200	42,01	X	2,79	1 890,45	54,3	72,0	X
2000	19,3	7 100	42,26	X	0,60	1 901,70	54,2	71,2	X
2001	19,1	7 300	43,15	X	2,11	1 941,45	...	...	X
2002	19,1	3 750	22,70	X	2,89	1 021,50	...	...	X
2003	19,5	4 250	22,97	X	1,19	1 033,65	...	...	X
2004	19,5	4 350	22,97	X	0,00	1 033,65	...	...	X
2005	19,5	4 400	22,97	X	0,00	1 033,65	...	...	X

1) Ohne Knappschaften. - 2) Für Arbeitnehmer und Arbeitgeber zusammen; ab 1. Januar, außer für 1957 ab 1. März; für 1983 ab 1. September; für 1985 ab 1. Juni 19,2 vH; für 1987 und 1999 ab 1. April. - 3) Ab 1992, jeweils Stand 1. Juli. - 4) In den Jahren 1978, 2004 und 2005 fanden keine Rentenanpassungen statt; von 1992 bis 1998 Ermittlung der Anpassungssätze auf der Grundlage der Nettoanpassungsformel des Rentenreformgesetzes 1992; im Jahr 2000 Anpassung in Höhe der Inflationsrate; ab 2001 nach modifizierter Bruttoanpassungsformel gemäß der Rentenreform von 2001. - 5) Einschließlich der Eigenbeteiligung der Rentner zur Krankenversicherung (KVdR) ab 1983 und zur Pflegeversicherung ab 1995. - 6) Altersrente eines Versicherten mit durchschnittlichem Bruttojahresarbeitsentgelt aller Versicherten der ArV und nach Versicherungsjahren. - 7) Altersrente am 1. Juli des Jahres, vor 1983 am 1. Januar des Jahres. - 8) Im Kalenderjahr; Bruttorente/AnV und Nettorente gemessen am Brutto-/Nettoarbeitsentgelt; ab 1995 geschätzt. - 9) Ergebnisse ab 2003 geschätzt. - a) 1978: 21 608 DM (1. Halbjahr), 21 068 DM (2. Halbjahr). - b) 1. Halbjahr 3 000 DM; im 2. Halbjahr 3 400 DM.

Quelle: BMGS, VDR

Tabelle 68*

Struktur der Leistungsempfänger in der Rentenversicherung (Arbeiter und Angestellte)
- Männer und Frauen -

Jahr	Rentenbestand[1)2)] insgesamt	davon: Versichertenrenten wegen Alters[6)]	davon: Versichertenrenten wegen verminderter Erwerbsfähigkeit[7)]	Renten wegen Todes[8)]	Rentenneuzugänge[3)] insgesamt	darunter: Versichertenrenten wegen verminderter Erwerbsfähigkeit[7)]	Arbeitslosigkeit	Regelaltersrenten	Renten wegen Todes[8)]	Rentenzugangsalter[4)] insgesamt	darunter: Rente wegen verminderter Erwerbsfähigkeit	Alters	Rentenbezugsdauer[5)] (Versichertenrenten)
	Anzahl (1 000)									Jahre			
					Früheres Bundesgebiet								
1960	7 213,8	2 662,4	1 404,8	3 146,6	595,1	244,3	6,5	114,8	205,8	59,2	56,0	64,7	9,9
1965	7 890,9	3 256,8	1 427,2	3 206,8	734,6	237,6	3,9	198,8	252,9	61,1	57,3	64,8	10,5
1970	9 142,0	4 130,2	1 496,1	3 515,7	863,9	276,2	9,6	231,8	275,2	61,5	58,3	64,3	11,1
1975	10 748,5	5 253,5	1 649,4	3 845,5	975,5	278,4	15,3	170,5	300,3	61,2	57,8	63,6	11,6
1980	11 746,3	5 825,0	1 860,2	4 060,8	891,1	301,6	26,9	92,1	277,7	59,3	56,3	62,2	12,1
1990	14 090,1	7 937,7	1 819,3	4 333,1	985,9	186,4	52,3	253,7	271,9	60,7	53,5	63,2	15,4
1991	14 320,4	8 235,3	1 757,2	4 327,9	871,8	175,2	47,3	214,5	241,8	60,5	53,7	63,2	15,5
1992	14 598,2	8 532,1	1 729,6	4 336,4	947,2	188,4	49,5	239,5	271,4	60,7	53,6	63,4	15,7
1993	14 784,4	9 124,9	1 363,4	4 296,1	1 106,0	202,5	79,1	272,4	328,8	60,7	53,4	63,3	15,6
1994	15 141,3	9 415,5	1 340,9	4 385,0	1 149,4	212,5	104,0	282,9	317,1	60,6	53,2	63,2	a)
1995	15 514,9	9 759,6	1 337,6	4 417,6	1 161,5	218,6	118,2	274,2	309,9	60,3	52,8	63,0	15,6
1996	15 849,1	10 088,0	1 343,4	4 417,7	1 162,3	210,8	128,5	254,2	311,8	60,2	52,7	62,7	15,9
1997	16 208,6	10 400,9	1 366,5	4 441,2	1 121,7	196,6	130,5	234,9	290,3	60,2	52,3	62,6	15,9
1998	16 508,3	10 699,2	1 372,3	4 436,9	1 115,5	180,8	120,5	228,0	293,0	60,2	52,1	62,5	15,9
1999	16 821,6	11 004,3	1 373,3	4 444,1	1 145,3	168,6	121,7	255,8	281,2	60,5	52,1	62,5	16,0
2000	17 092,6	12 681,7		4 410,9	1 144,7	166,9	130,3	271,5	283,6	60,5	51,9	62,6	X
2001	17 496,6	13 067,9		4 428,8	1 096,1	156,7	120,2	267,9	275,9	60,6	51,4	62,7	16,2
2002	17 791,7	13 368,6		4 423,2	1 043,5	135,9	104,7	270,1	280,0	60,8	50,7	63,0	16,6
2003	17 982,7	13 563,3		4 419,4	1 104,9	133,0	99,2	307,3	307,2	61,1	50,2	63,2	16,7
2004	18 235,7	13 809,9		4 425,8	1 065,7	129,3	89,0	317,5	284,7	61,1	49,9	63,3	16,8
					Neue Bundesländer und Berlin-Ost								
1993	3 545,5	2 262,5	375,6	907,5	344,7	56,5	20,2	60,3	106,3	59,1	49,4	62,2	X
1994	3 737,6	2 363,3	414,0	960,3	516,7	68,3	81,2	60,0	204,4	59,2	49,3	61,9	X
1995	4 004,2	2 488,8	439,9	1 075,4	502,5	64,2	157,1	43,6	108,4	59,6	49,6	61,3	16,0
1996	4 224,0	2 690,7	436,4	1 096,9	335,9	58,4	82,5	11,4	95,5	57,8	49,3	60,6	16,1
1997	4 344,0	2 773,5	471,2	1 099,2	322,3	57,6	77,4	10,4	84,1	57,9	49,5	60,7	16,0
1998	4 449,0	2 858,6	485,2	1 105,3	275,3	47,3	52,1	8,5	77,1	58,1	49,8	60,7	15,8
1999	4 511,1	2 914,7	488,6	1 107,9	278,1	41,4	52,6	8,9	73,3	58,5	49,9	60,6	16,4
2000	4 558,4	3 457,1		1 101,4	277,0	39,5	57,4	10,9	74,2	58,7	49,8	60,8	16,2
2001	4 647,4	3 544,7		1 102,7	245,6	37,2	41,5	10,2	71,1	58,6	49,6	61,0	16,7
2002	4 681,5	3 582,1		1 099,5	226,6	34,0	34,0	10,7	71,7	58,6	49,3	61,3	16,6
2003	4 699,7	3 605,3		1 094,5	234,5	33,4	36,4	13,6	71,0	59,0	49,2	61,5	17,0
2004	4 719,5	3 631,2		1 088,2	228,9	32,3	34,5	15,6	69,8	59,1	49,1	61,6	17,2
					Deutschland								
1993	18 330,0	13 126,3		5 203,6	1 450,8	259,0	99,3	332,6	435,1	60,4	52,5	63,1	X
1994	18 878,9	13 533,6		5 345,3	1 666,1	280,8	185,2	342,8	521,4	60,2	52,3	62,8	X
1995	19 519,0	14 026,0		5 493,0	1 664,0	282,9	275,3	317,8	418,4	60,1	52,1	62,4	15,8
1996	20 073,1	14 555,5		5 514,6	1 498,1	269,1	211,1	265,6	407,3	59,7	51,9	62,3	16,0
1997	20 552,6	15 012,1		5 540,4	1 444,0	254,2	207,9	245,3	374,4	59,7	51,7	62,2	15,9
1998	20 957,4	15 415,2		5 542,2	1 390,8	228,1	172,7	236,6	370,1	59,8	51,6	62,2	16,0
1999	21 332,7	15 780,7		5 552,0	1 423,4	210,1	174,3	264,7	354,5	60,1	51,7	62,2	16,1
2000	21 651,1	16 138,8		5 512,3	1 421,7	206,4	187,7	282,4	357,7	60,2	51,5	62,3	X
2001	22 144,0	16 612,5		5 531,5	1 341,6	194,0	161,8	278,0	347,0	60,2	51,0	62,5	16,3
2002	22 473,3	16 950,7		5 522,6	1 270,1	169,9	138,6	280,8	351,7	60,4	50,4	62,7	16,6
2003	22 682,4	17 168,5		5 513,9	1 339,4	166,4	135,6	321,0	378,2	60,7	50,0	62,9	16,8
2004	22 955,1	17 441,2		5 514,0	1 294,6	161,7	123,5	333,1	354,5	60,8	49,8	63,1	16,9

1) Bis 1984: Anzahl der laufenden Renten am jeweiligen Stichtag der Rentenanpassung; einschließlich von der AnV festgestellte Handwerkerrenten. Ab 1985 Stichtag 1. Januar des Jahres (beziehungsweise 31. Dezember des Vorjahres) aus VDR-Rentenbestandsstatistik. - 2) Bis 1980 Inland, ab 1981 Inland und Ausland. - 3) 1991 und 1992: Untererfassung gegenüber dem Vorjahr wegen Änderung des Datensatzaufbaus und da die Rentenberechnungsproamme nochnicht im Einsatz waren. - 4) Die durchschnittlichen Zugangsalter sind für jedes Jahr als Querschnitt berechnet und durch Rechtsänderungen (zum Beispiel Einführung des flexiblen Altersruhegeldes 1973) und durch sich im Zeitablauf ändernde Altersstrukturen beeinflusst. - 5) Berechnet aus den Rentenwegfällen in dem angegebenen Jahr; zur Interpretation: siehe auch Fußnote 4. - 6) Regelaltersrenten, Altersrenten wegen Arbeitslosigkeit, für Frauen, für Schwerbehinderte, Berufs- oder Erwerbsunfähige und für langjährig Versicherte sowie ab 1993 einschließlich in Regelaltersrenten umgewandelte Erwerbsminderungsrenten ab dem Alter von 65 Jahren. - 7) Berufsunfähigkeitsrenten, Erwerbsunfähigkeitsrenten und erweiterte Erwerbsunfähigkeitsrenten, ab 1993 nur Erwerbsminderungsrenten bis zum Alter von 64 Jahren. - 8) Witwen-/Witwerrenten, Waisenrtenten und Erziehungsrenten; ohne wegen Einkommensanrechnung vollständig ruhende Renten. a) Kein Nachweis, da Fallgruppen nicht exakt erfasst.

Quelle: VDR

Tabelle 69*

Finanzielle Entwicklung in der Gesetzlichen Rentenversicherung (Arbeiter und Angestellte)[1]

Mrd Euro

Jahr	Einnahmen insgesamt	darunter: Beiträge[2]	darunter: Bundeszuschuss	darunter: Finanzausgleich[3]	Ausgaben insgesamt	Renten	Leistungen zur Teilhabe[4]	KVdR und PVdR[5]	Finanzausgleich[3]	Verwaltungs- und Verfahrenskosten	Saldo: (Einnahmen ./. Ausgaben)	Schwankungsreserve[6] Mrd Euro	in Monatsausgaben
					Früheres Bundesgebiet								
1957	7,26	4,99	1,74	X	6,37	5,46	0,29	0,39	X	0,14	0,89	X	X
1970	26,25	21,67	3,66	X	24,39	19,63	1,05	2,38	X	0,54	1,86	X	X
1980	71,66	56,86	10,80	2,60	70,17	55,92	2,19	6,54	2,60	1,33	1,48	9,6	2,1
1990	111,33	89,43	15,18	2,71	106,43	89,92	2,79	5,61	2,71	1,85	4,90	17,9	2,6
1991	118,62	93,73	16,74	3,09	113,16	95,31	3,08	5,78	3,09	2,01	5,45	X	X
1992	122,15	98,84	19,79	0,51	118,69	100,68	3,41	6,03	2,35	2,17	3,46	X	X
1993	131,96	100,40	20,77	7,96	134,90	106,79	3,82	6,69	11,01	2,30	-2,94	X	X
1994	142,71	110,32	23,99	6,39	142,29	113,51	4,07	7,36	10,44	2,34	0,42	X	X
1995	148,82	115,21	23,91	7,89	150,31	118,37	4,22	8,15	12,44	2,47	-1,50	X	X
1996	155,09	120,68	25,18	6,82	154,08	122,04	4,37	8,61	11,87	2,49	1,01	X	X
1997	160,82	127,04	27,45	5,01	155,81	126,33	3,27	9,16	10,09	2,34	5,01	X	X
1998	164,22	127,86	32,79	2,32	157,48	130,67	3,08	9,54	7,08	2,39	6,74	X	X
1999	169,87	134,02	33,45	1,10	160,56	134,87	3,16	9,92	5,27	2,48	9,31	X	X
2000	174,61	137,75	33,33	1,97	168,16	139,49	3,52	10,26	7,36	2,60	6,45	X	X
2001	180,50	139,89	36,20	2,08	173,98	144,07	3,69	10,62	7,90	2,71	6,52	X	X
2002	183,17	141,04	38,78	1,86	179,91	149,19	3,82	11,21	7,96	2,78	3,26	X	X
2003	188,66	144,65	42,39	0,27	182,85	153,20	3,87	11,82	6,02	2,83	5,81	X	X
2004	189,21	144,79	42,78	X	184,11	155,26	3,76	11,14	5,36	3,03	5,10	X	X
					Neue Bundesländer und Berlin-Ost								
1991	16,02	13,09	2,88	X	15,75	13,63	0,11	1,75	X	0,25	0,26	X	X
1992	22,69	16,64	3,96	1,85	23,19	20,42	0,20	1,28	X	0,46	-0,50	X	X
1993	26,35	18,43	4,60	3,05	27,34	23,94	0,30	1,45	X	0,61	-0,98	X	X
1994	31,08	20,91	5,88	4,06	32,52	28,14	0,49	1,73	X	0,69	-1,44	X	X
1995	34,48	22,99	6,53	4,55	38,06	32,64	0,68	2,25	X	0,77	-3,58	X	X
1996	36,33	23,82	7,15	5,05	40,95	34,96	0,84	2,50	X	0,73	-4,62	X	X
1997	38,23	25,02	7,78	5,08	42,26	36,06	0,70	2,76	X	0,69	-4,04	X	X
1998	38,86	24,42	9,30	4,76	43,86	37,33	0,81	2,94	X	0,71	-5,01	X	X
1999	38,95	25,14	9,09	4,16	43,37	36,90	0,74	2,93	X	0,70	-4,43	X	X
2000	39,10	24,41	9,09	5,40	44,97	38,26	0,81	3,02	X	0,74	-5,87	X	X
2001	39,64	23,69	9,81	5,83	46,12	39,27	0,85	3,08	X	0,75	-6,49	X	X
2002	40,30	23,39	10,49	6,11	47,69	40,55	0,91	3,19	X	0,75	-7,39	X	X
2003	41,24	23,73	11,48	5,75	49,04	41,67	0,89	3,30	X	0,81	-7,80	X	X
2004	41,18	23,59	11,58	5,64	49,30	42,20	0,94	3,08	X	0,63	-8,12	X	X
					Deutschland								
1991	134,63	106,82	19,62	3,09	128,91	108,94	3,20	7,52	3,09	2,26	5,72	21,9	2,6
1992	144,84	115,48	23,75	2,35	141,88	121,10	3,61	7,31	2,35	2,64	2,96	25,1	2,6
1993	158,31	118,83	25,37	11,01	162,23	130,73	4,12	8,14	11,01	2,91	-3,92	19,8	1,9
1994	173,80	131,23	29,87	10,44	174,81	141,64	4,56	9,10	10,44	3,04	-1,02	17,1	1,5
1995	183,29	138,20	30,44	12,44	188,37	151,00	4,90	10,41	12,44	3,24	-5,08	11,2	0,9
1996	191,42	144,50	32,33	11,87	195,03	157,00	5,21	11,11	11,87	3,23	-3,62	7,3	0,6
1997	199,04	152,06	35,22	10,09	198,07	162,40	3,97	11,92	10,09	3,02	0,97	7,3	0,6
1998	203,08	152,28	42,08	7,08	201,35	168,00	3,88	12,48	7,22	3,10	1,74	9,2	0,7
1999	208,81	159,16	42,53	5,27	203,93	171,77	3,89	12,85	5,27	3,18	4,88	13,6	1,0
2000	213,71	162,16	42,42	7,36	213,13	177,75	4,33	13,28	7,36	3,34	0,58	14,2	1,0
2001	220,14	163,58	46,01	7,90	220,10	183,34	4,54	13,70	7,90	3,46	0,04	13,8	0,9
2002	223,47	164,43	49,26	7,96	227,59	189,75	4,73	14,40	7,96	3,53	-4,13	9,7	0,6
2003	229,90	168,39	53,87	6,02	231,89	194,86	4,77	15,12	6,02	3,63	-1,99	7,5	0,5
2004	230,10	168,38	54,37	5,36	233,12	197,46	4,69	14,22	5,36	3,66	-3,02	4,9	0,3

1) Ohne Knappschaft. - 2) Darunter ab 1999: Beiträge für Kindererziehungszeiten. - 3) Rentenversicherung der Angestellten-West an die Rentenversicherung der Arbeiter-Ost. - 4) Früher: Maßnahmen zur Erhaltung, Besserung und Wiederherstellung der Erwerbsfähigkeit und zusätzliche Leistungen. - 5) KVdR: Krankenversicherung der Rentner, PVdR: Pflegeversicherung der Rentner. - 6) Stand zum Jahresende. 1969 Betriebsmittel und Rücklage ohne Verwaltungsvermögen (gemäß § 216 SGB VI). Bis 1990 früheres Bundesgebiet, ab 1991 Deutschland.

Quelle: VDR

Tabelle 70*

Gesundheitsausgaben in Deutschland[1]
Mio Euro

	\multicolumn{9}{c}{Deutschland}								
	1993	1994	1995	1996	1997	1998	1999	2001	2003
Gesundheitsausgaben, insgesamt	168 002	180 137	193 878	202 953	203 800	208 673	214 527	227 788	239 703
nach Ausgabenträgern									
öffentliche Haushalte	22 594	23 196	23 469	21 780	17 646	17 042	17 060	18 315	18 786
gesetzliche Krankenversicherung	99 210	107 665	112 893	116 598	115 632	118 191	121 636	128 865	136 031
soziale Pflegeversicherung	-	-	4 918	10 012	13 955	14 656	15 216	15 895	16 499
gesetzliche Rentenversicherung	4 122	4 396	4 727	4 872	3 542	3 490	3 592	4 087	4 344
gesetzliche Unfallversicherung	3 230	3 404	3 523	3 544	3 614	3 657	3 756	3 850	4 097
Arbeitgeber	7 372	7 678	8 377	8 493	8 790	8 824	9 095	9 621	9 923
private Krankenversicherung[2]	12 875	13 758	14 518	14 792	15 811	16 313	17 206	18 677	20 612
priv. Haushalte/priv. Org. o.E.	18 599	20 042	21 452	22 863	24 809	26 501	26 967	28 478	29 409
nach Leistungsarten									
Prävention/Gesundheitsschutz	7 484	7 991	8 690	9 006	8 597	8 808	9 481	10 329	11 096
ärztliche Leistungen	47 929	50 850	53 275	54 453	55 425	55 193	57 169	59 783	62 278
pflegerische/therapeutische Leistungen	32 733	35 674	40 841	45 587	47 000	48 720	49 585	51 902	54 746
Ausgleich krankheitsbedingter Folgen	2 402	2 595	2 859	3 109	3 280	3 512	3 821	4 467	4 823
Unterkunft/Verpflegung	13 827	14 691	15 296	14 717	13 259	13 600	13 959	14 664	14 953
Waren	42 500	46 230	49 117	52 069	52 709	55 000	55 740	60 479	64 142
Transporte	2 378	2 692	2 944	3 037	2 998	3 136	3 326	3 616	3 968
Verwaltungsleistungen	8 523	9 076	10 139	10 120	10 401	10 902	11 416	11 928	13 155
Forschung/Ausbildung/Investitionen	10 227	10 339	10 716	10 855	10 131	9 803	10 031	10 619	10 542
nach Einrichtungen									
Gesundheitsschutz	2 816	2 884	3 025	3 095	3 216	3 379	3 716	4 207	4 520
ambulante Einrichtungen	74 897	80 600	86 199	91 888	93 523	95 420	98 137	105 380	111 896
stationäre/teilstationäre Einrichtungen	67 369	72 626	76 583	78 604	79 118	81 749	83 654	87 578	91 027
Krankentransporte/Rettungsdienste	1 534	1 729	1 829	1 853	1 848	1 947	2 056	2 195	2 452
Verwaltung	9 196	9 756	10 984	11 020	11 231	11 723	12 254	12 862	14 166
sonstige Einrichtungen und private Haushalte	5 115	5 385	7 762	8 874	8 043	8 041	8 143	8 640	9 059
Ausland	374	347	383	422	374	374	381	406	419
Investitionen	6 701	6 810	7 114	7 198	6 445	6 041	6 188	6 519	6 163
Ausgewählte Kennziffern:									
Gesundheitsausgaben									
in Relation zum Bruttoinlandsprodukt (vH)	*10,2*	*10,4*	*10,8*	*11,1*	*10,9*	*10,8*	*10,8*	*11,0*	*11,3*
je Einwohner (Euro)	2 070	2 210	2 370	2 480	2 480	2 540	2 610	2 770	2 900
Nachrichtlich:									
Einkommensleistungen[3]	61 369	62 674	67 986	66 343	62 170	62 238	65 067	67 687	65 264

1) Alle finanziellen Aufwendungen der Bevölkerung in Deutschland für den Erhalt und die Wiederherstellung der Gesundheit. -2) Ab 1995 einschließlich private Pflege-Pflichtversicherung. - 3) Einkommensleistungen sind zum Beispiel Zahlungen von Kranken-, Verletzten- und Übergangsgeldern, vorzeitigen Renten bei Berufs- und Erwerbsunfähigkeit sowie Entgeltfortzahlung bei Krankheit und Mutterschutz.

Tabelle 71*

Versicherte in der Gesetzlichen Krankenversicherung[1]
Tausend

Jahr[1]	Ins- gesamt	Mitglieder				Mitversicherte Familienangehörige				Nach- richtlich: Wohn- bevölke- rung[2]
		ins- gesamt	davon:			ins- gesamt	davon: von			
			Pflicht- mitglieder	freiwillige Mitglieder	Rentner		Pflicht- mitgliedern	freiwilligen Mitgliedern	Rentnern	
Früheres Bundesgebiet[3]										
1970	X	30 646	17 839	4 798	8 009	X	X	X	X	60 651
1980	X	35 395	20 638	4 454	10 303	X	X	X	X	61 566
1990	55 832	38 272	22 807	4 427	11 038	17 560	11 419	4 555	1 586	63 254
1991	56 843	39 011	23 229	4 631	11 150	17 832	11 575	4 687	1 570	64 074
1993	57 474	39 633	23 333	4 904	11 395	17 841	11 569	4 744	1 528	65 534
1994	57 386	39 705	23 376	4 873	11 456	17 681	11 668	4 540	1 473	65 858
1995	58 749	40 703	23 903	5 065	11 735	18 046	11 983	4 596	1 467	66 156
1996	59 114	40 832	23 679	5 375	11 778	18 282	12 062	4 777	1 443	66 444
1997	58 730	40 872	23 576	5 488	11 808	17 858	11 794	4 685	1 379	66 647
1998	58 908	40 878	23 500	5 551	11 827	18 031	11 928	4 750	1 353	66 697
1999	59 209	41 249	23 749	5 660	11 839	17 960	11 930	4 723	1 306	66 834
2000	59 248	41 391	23 661	5 876	11 853	17 858	11 794	4 685	1 379	67 019
2001	59 145	41 422	23 487	6 097	11 839	17 723	11 697	4 819	1 207	65 323
2002	58 888	41 501	23 352	5 118	13 030	17 387	11 499	4 436	1 452	65 527
2003	57 896	40 529	22 957	4 576	12 996	17 367	11 926	4 037	1 405	65 619
2004	58 141	40 695	22 900	4 596	13 199	17 446	12 010	4 057	1 378	65 680
Neue Bundesländer[3]										
1991	14 440	11 681	8 105	547	3 028	2 759	2 525	208	26	15 910
1993	14 691	11 245	7 473	661	3 110	3 446	3 046	355	45	15 645
1994	14 328	11 050	7 101	708	3 241	3 278	2 856	369	53	15 564
1995	13 137	10 184	6 316	643	3 225	2 953	2 573	321	59	15 505
1996	13 018	10 164	6 199	662	3 302	2 854	2 468	322	64	15 452
1997	12 865	10 110	6 101	643	3 366	2 756	2 374	314	69	15 405
1998	12 750	10 004	5 953	654	3 396	2 747	2 345	328	74	15 332
1999	12 573	9 954	5 873	654	3 426	2 619	2 232	314	74	15 253
2000	12 567	9 811	5 666	687	3 457	2 756	2 374	314	69	15 169
2001	12 113	9 699	5 671	565	3 463	2 414	2 094	247	73	13 729
2002	12 073	9 631	5 603	477	3 552	2 442	2 110	255	77	13 617
2003	12 227	9 844	5 781	453	3 610	2 383	2 082	225	76	13 524
2004	12 139	9 796	5 691	473	3 632	2 343	2 035	232	75	13 433
Deutschland										
1991	71 283	50 692	31 334	5 178	14 178	20 591	14 100	4 895	1 596	79 984
1993	72 165	50 878	30 806	5 565	14 505	21 287	14 615	5 099	1 573	81 179
1994	71 714	50 755	30 477	5 581	14 697	20 959	14 524	4 909	1 526	81 422
1995	71 886	50 888	30 219	5 708	14 960	20 999	14 555	4 918	1 525	81 661
1996	72 132	50 996	29 878	6 037	15 081	21 136	14 530	5 099	1 507	81 896
1997	71 596	50 982	29 677	6 131	15 174	20 614	14 167	4 998	1 448	82 052
1998	71 659	50 881	29 453	6 205	15 224	20 777	14 273	5 078	1 426	82 029
1999	71 782	51 202	29 622	6 315	15 265	20 579	14 162	5 038	1 380	82 087
2000	71 815	51 201	29 328	6 564	15 310	20 614	14 167	4 998	1 448	82 188
2001	71 258	51 122	29 158	6 662	15 302	20 136	13 792	5 066	1 279	82 440
2002	70 961	51 133	28 955	5 595	16 583	19 829	13 609	4 691	1 529	82 537
2003	70 124	50 373	28 738	5 029	16 606	19 751	14 008	4 262	1 481	82 532
2004	70 280	50 491	28 592	5 069	16 831	19 789	14 046	4 290	1 453	82 501
Versicherte mit Wohnsitz im Ausland										
1995	32	32	12	3	17	X	X	X	X	X
1996	39	39	14	5	20	X	X	X	X	X
1997	39	39	14	6	19	X	X	X	X	X
1998	847	198	107	15	76	649	475	110	64	X
1999	443	217	122	16	79	226	155	35	35	X
2000	309	216	116	18	82	93	56	17	21	X
2001	307	218	115	19	84	89	53	18	19	X
2002	307	216	109	19	87	91	52	17	22	X
2003	298	210	104	17	89	88	50	16	22	X
2004	289	206	96	17	93	83	46	15	22	X

1) Bis 1985 Jahresdurchschnitte. - 2) Jahresdurchschnitte. - 3) Ab 1995 wird Berlin-Ost dem früheren Bundesgebiet zugerechnet.

Quelle: BMGS

Tabelle 72*

Struktur der Einnahmen und Ausgaben in der Gesetzlichen Krankenversicherung

Mrd Euro[1]

Jahr	Einnahmen insgesamt	darunter: Beiträge[2]	Ausgaben[3] insgesamt	Leistungsausgaben[4] zusammen	Ärztliche Behandlung[5]	Zahnärztliche Behandlung, Zahnersatz	Arznei-, Verband-, Heil- und Hilfsmittel aus Apotheken	Krankenhausbehandlung	Krankengeld	Netto-Verwaltungskosten[6]	Vermögensaufwendungen und sonstige Aufwendungen	Einnahmen ./. Ausgaben[7]
					Früheres Bundesgebiet							
1970	13,35	12,77	12,87	12,19	2,79	1,30	2,16	3,07	1,26	0,63	0,05	0,48
1980	45,22	42,71	45,93	43,95	7,85	6,58	6,43	13,02	3,40	1,92	0,06	- 0,71
1990	75,54	72,53	72,43	68,63	12,46	6,65	11,17	22,80	4,51	3,72	0,07	3,12
1991	78,85	75,53	81,71	77,53	13,67	7,54	12,52	25,12	5,23	4,05	0,13	- 2,86
1993	94,29	91,01	89,66	84,92	15,28	7,83	11,15	29,12	5,57	4,49	0,25	4,63
1994	97,74	94,34	96,27	91,25	15,89	8,47	11,70	32,25	6,70	4,74	0,28	1,05
1995	100,53	96,60	103,07	97,29	16,71	8,91	12,81	34,02	7,79	4,95	0,83	- 2,61
1996	103,40	99,82	106,13	100,41	17,21	9,70	13,69	34,24	7,64	5,29	0,43	- 2,37
1997	104,83	101,61	103,97	98,23	17,51	9,80	13,19	34,98	6,03	5,26	0,47	0,68
1998	106,68	103,58	106,08	100,10	17,79	9,00	13,95	36,02	5,80	5,58	0,40	0,95
1999	109,84	106,67	109,03	102,68	18,21	9,10	15,09	36,03	5,97	5,90	0,45	- 0,08 [a]
2000	112,62	109,37	111,58	105,05	18,49	9,31	15,62	36,81	5,96	6,02	0,52	- 0,51
2001	114,63	111,07	115,67	108,89	18,89	9,64	17,26	37,11	6,57	6,35	0,44	- 2,78
2002	118,18	115,01	118,93	111,79	19,17	9,59	18,98	38,16	6,45	6,68	0,45	- 3,22
2003	120,12	117,26	120,48	113,14	19,65	9,87	19,63	38,38	5,93	6,86	0,47	- 3,32 [b]
2004	122,74	119,10	116,49	108,98	18,46	9,42	17,71	38,98	5,41	6,82	0,69	2,88 [b]
					Neue Bundesländer und Berlin-Ost[8]							
1991	13,30	13,01	11,88	11,21	1,70	1,42	2,04	4,07	0,52	0,66	0,00	1,42
1993	19,31	18,80	18,62	17,40	2,65	1,89	2,90	5,91	1,08	1,20	0,02	0,69
1994	21,05	20,50	21,13	19,82	2,99	2,06	3,21	6,86	1,44	1,25	0,05	0,06
1995	19,81	19,25	20,94	19,70	2,96	1,94	3,25	6,73	1,62	1,19	0,05	- 0,94
1996	20,97	20,17	21,79	20,47	2,90	2,07	3,41	7,11	1,66	1,25	0,07	- 1,09
1997	21,32	20,78	21,33	20,05	2,99	2,11	3,19	7,35	1,36	1,19	0,08	- 0,12
1998	21,07	20,70	21,39	20,02	2,99	1,84	3,24	7,56	1,25	1,24	0,13	- 0,34
1999	21,37	20,83	21,89	20,52	2,98	1,86	3,44	7,72	1,18	1,28	0,09	0,00 [a]
2000	21,19	20,68	22,24	20,89	3,02	1,92	3,66	7,73	1,10	1,28	0,07	0,61
2001	21,16	20,82	23,14	21,75	3,01	1,95	4,10	7,87	1,14	1,29	0,10	0,09
2002	21,52	21,19	24,10	22,54	3,13	1,90	4,47	8,14	1,12	1,34	0,23	- 0,19
2003	21,53	21,12	24,62	23,08	3,21	1,95	4,59	8,42	1,05	1,35	0,19	- 0,13 [b]
2004	21,53	21,01	23,69	22,18	2,97	1,84	4,10	8,61	0,96	1,29	0,22	1,14 [b]
					Deutschland							
1991	92,15	88,53	93,59	88,74	15,38	8,96	14,56	29,19	5,75	4,71	0,13	- 1,44
1993	113,61	109,81	108,28	102,33	17,93	9,73	14,05	35,03	6,65	5,68	0,28	5,32
1994	118,79	114,84	117,39	111,07	18,88	10,53	14,92	39,11	8,14	5,99	0,33	1,11
1995	120,35	115,85	124,01	116,99	19,67	10,84	16,06	40,74	9,41	6,14	0,88	- 3,55
1996	124,37	120,00	127,92	120,88	20,11	11,77	17,10	41,35	9,30	6,55	0,49	- 3,47
1997	126,15	122,39	125,29	118,29	20,49	11,92	16,38	42,33	7,39	6,45	0,55	0,55
1998	127,75	124,28	127,47	120,12	20,78	10,84	17,19	43,58	7,05	6,82	0,53	0,61
1999	131,20	127,50	130,92	123,21	21,19	10,97	18,52	43,74	7,15	7,17	0,54	- 0,08
2000	133,81	130,05	133,82	125,94	21,50	11,23	19,28	44,54	7,06	7,30	0,58	0,10
2001	135,79	131,89	138,81	130,63	21,90	11,60	21,36	44,98	7,72	7,64	0,53	- 2,69
2002	139,71	136,21	143,03	134,33	22,31	11,49	23,45	46,30	7,56	8,02	0,68	- 3,41
2003	141,65	138,38	145,09	136,22	22,86	11,82	24,22	46,80	6,97	8,21	0,67	- 3,44 [b]
2004	144,27	140,11	140,18	131,16	21,43	11,26	21,81	47,59	6,37	8,11	0,91	4,02 [b]

1) Bis 2001 eigene Umrechnung der Grunddaten mit dem unwiderruflichen Euro-Umrechnungskurs: 1 Euro = 1,95583 DM. - 2) Korrigiert um die von der Knappschaft direkt in den Risikostrukturausgleich (RSA) abgeführten Beiträge aus geringfügiger Beschäftigung. - 3) Leistungsausgaben, Verwaltungskosten, Vermögensaufwendungen und sonstige Aufwendungen ohne RSA. - 4) Für alle Versicherten: Mitglieder (einschließlich Rentner) und deren Familienangehörigen. - 5) Ohne Dialysesachkosten und Soziotherapie. - 6) Verwaltungs- und Verfahrenskosten. - 7) Abzüglich des RSA. - 8) Ab 1995 Zuordnung von Berlin-West zum früheren Bundesgebiet. - a) Unter Berücksichtigung des RSA-West-Ost Transfers in Höhe von 0,61 Mrd Euro. - b) Korrigiert um RSA-Salden einschließlich DMP-Verwaltungskostenpauschale.

Quelle: BMGS

Tabelle 73*

Leistungsausgaben für die Mitglieder der Gesetzlichen Krankenversicherung[1]

Jahr	Pflichtversicherte und freiwillige Mitglieder			Rentner		Nachrichtlich: Gesamtausgaben[5]		
	insgesamt	je AKV-Mitglied	je AKV-Versicherten[3]	insgesamt	je KVdR-Mitglied[4]	insgesamt	je Mitglied	je Versicherten[6]
	Mrd Euro[2]	Euro		Mrd Euro[2]	Euro	Mrd Euro[2]	Euro	
Früheres Bundesgebiet[7]								
1970	8,83	390	X	3,36	420	12,87	420	X
1975	20,29	850	X	9,45	981	31,18	931	X
1980	28,89	1 151	X	15,06	1 462	45,93	1 298	X
1985	33,45	1 307	775	22,13	2 083	58,34	1 611	1 047
1990	40,43	1 501	942	28,21	2 562	72,43	1 909	1 305
1991	45,30	1 642	1 033	32,23	2 898	81,71	2 111	1 445
1992	49,88	1 782	1 130	35,94	3 196	90,43	2 304	1 588
1993	49,07	1 747	1 105	35,86	3 153	89,66	2 272	1 565
1994	52,25	1 859	1 179	38,99	3 406	96,26	2 434	1 682
1995	56,46	1 962	1 245	40,83	3 487	103,07	2 545	1 761
1996	58,49	2 043	1 278	41,92	3 564	106,13	2 609	1 799
1997	56,44	1 950	1 238	41,80	3 540	103,97	2 551	1 769
1998	57,17	1 980	1 258	42,93	3 631	106,08	2 607	1 810
1999	58,51	2 008	1 281	44,17	3 731	109,03	2 661	1 854
2000	59,58	2 030	1 300	45,47	3 837	111,46	2 705	1 891
2001	61,81	2 101	1 349	47,07	3 972	115,67	2 803	1 965
2002	60,78	2 121	1 358	51,02	4 017	118,93	2 876	2 021
2003	59,98	2 134	1 359	53,17	4 052	120,48	2 922	2 053
2004	56,87	2 039	1 294	52,11	3 937	116,49	2 832	1 989
Neue Bundesländer und Berlin-Ost[7]								
1991	6,69	785	588	4,52	1 485	11,88	1 027	829
1992	9,71	1 137	829	6,51	2 128	17,19	1 483	1 159
1993	10,09	1 230	870	7,31	2 361	18,62	1 648	1 263
1994	11,10	1 415	1 003	8,72	2 716	21,13	1 911	1 474
1995	10,84	1 541	1 092	8,86	2 789	20,94	2 050	1 590
1996	10,91	1 591	1 128	9,56	2 909	21,79	2 149	1 673
1997	10,36	1 535	1 091	9,70	2 895	21,33	2 113	1 652
1998	10,05	1 524	1 089	9,97	2 941	21,39	2 142	1 685
1999	9,97	1 528	1 102	10,55	3 086	21,89	2 200	1 745
2000	9,90	1 553	1 126	10,99	3 185	22,24	2 263	1 805
2001	10,14	1 621	1 182	11,61	3 352	23,14	2 381	1 910
2002	10,14	1 664	1 217	12,40	3 513	24,10	2 505	2 020
2003	10,13	1 699	1 245	12,95	3 635	24,62	2 584	2 091
2004	9,48	1 603	1 177	12,70	3 545	23,69	2 494	2 023
Deutschland								
1995	67,30	1 879	1 217	49,69	3 338	124,00	2 446	1 729
1996	69,40	1 940	1 252	51,48	3 421	127,92	2 517	1 777
1997	66,79	1 871	1 213	51,49	3 398	125,29	2 464	1 747
1998	67,22	1 895	1 229	52,90	3 477	127,47	2 515	1 787
1999	68,48	1 920	1 252	54,72	3 586	130,92	2 571	1 835
2000	69,48	1 944	1 272	56,46	3 690	133,70	2 620	1 876
2001	71,95	2 017	1 323	58,68	3 832	138,81	2 722	1 955
2002	70,91	2 041	1 336	63,42	3 907	143,03	2 806	2 021
2003	70,11	2 058	1 341	66,12	3 963	145,09	2 859	2 059
2004	66,35	1 963	1 276	64,81	3 854	140,18	2 769	1 995

1) Die Gesetzliche Krankenversicherung besteht aus der Allgemeinen Krankenversicherung (AKV) und der Krankenversicherung der der Rentner (KVdR). - 2) Bis 2000 eigene Umrechnung der Grunddaten mit dem unwiderruflichen Euro-Umrechnungskurs: 1 Euro = 1,95583 DM. - 3) Für Mitglieder (ohne Rentner) und deren Familienangehörige. - 4) Für Rentner ohne deren Familienangehörige. - 5) Leistungsausgaben, Verwaltungskosten, Vermögensaufwendungen und sonstige Aufwendungen. - 6) Einschließlich Rentner. - 7) Ab 1995 wird Berlin-Ost dem früheren Bundesgebiet zugerechnet.

Quelle: BMGS

Tabelle 74*

Beitragssätze und Einnahmen in der Gesetzlichen Krankenversicherung

Jahr	Allgemeiner Beitragssatz[1]	Eigenbeitragssatz für Rentner zur		Beitragsbemessungsgrenze[3], monatlich	Beitragseinnahmen				Mitglied	Versicherten[5]	Beiträge je	
		KVdR[2]	PVdR		insgesamt	Mitglieder ohne Rentner	Rentner	sonstige Einnahmen[4]			AKV-Mitglied	KVdR-Mitglied
	vH			DM/Euro	Mrd Euro						Euro	

Früheres Bundesgebiet[6]

Jahr	Allg.	KVdR	PVdR	BBG	insg.	Mitgl.o.R.	Rentner	sonst.	Mitgl.	Vers.	AKV	KVdR
1970	8,2	X	X	1 200	12,77	10,20	2,57	0,58	417	417,32	450,66	320,67
1980	11,4	X	X	3 150	42,71	35,36	7,35	2,52	1 208	768,59	1 409,14	717,06
1985	11,8	4,50	X	4 050	54,66	45,32	9,34	2,52	1 510	976,87	1 771,25	879,18
1990	12,5	6,40	X	4 725	72,53	59,52	13,01	3,01	1 912	1 299,15	2 210,20	1 182,01
1991	12,2	6,10	X	4 875	75,53	62,30	13,23	3,33	1 951	1 328,70	2 258,59	1 189,22
1992	12,7	6,25	X	5 100	82,49	69,04	13,45	3,29	2 102	1 442,99	2 466,04	1 196,30
1993	13,4	6,70	X	5 400	91,01	75,92	15,09	3,28	2 307	1 583,49	2 703,09	1 326,83
1994	13,2	6,70	X	5 700	94,34	77,60	16,74	3,40	2 385	1 643,97	2 761,36	1 462,00
1995	13,2	6,60	0,50	5 850	96,60	79,63	16,97	3,93	2 386	1 645,33	2 766,58	1 449,51
1996	13,5	6,70	0,85	6 000	99,82	82,65	17,17	3,58	2 454	1 688,23	2 857,90	1 459,77
1997	13,5	6,65	0,85	6 150	101,61	83,87	17,74	3,22	2 493	1 729,97	2 897,40	1 502,98
1998	13,5	6,80	0,85	6 300	103,58	85,28	18,29	3,10	2 545	1 767,89	2 953,74	1 547,27
1999	13,5	6,75	0,85	6 375	106,67	87,96	18,71	3,17	2 603	1 811,59	3 018,51	1 580,06
2000	13,5	6,75	0,85	6 450	109,37	90,40	18,97	3,25	2 654	1 854,72	3 079,30	1 600,82
2001	13,6	6,80	0,85	X	111,07	91,78	19,29	3,56	2 691	1 886,17	3 119,08	1 627,74
2002	14,0	7,00	0,85	X	115,01	93,17	21,85	3,17	2 782	1 953,79	3 252,02	1 720,24
2003	14,4	7,20	0,85	X	116,45	92,77	23,69	2,86	2 825	1 984,47	3 300,06	1 805,63
2004	14,3	7,15	1,70	X	117,44	91,39	26,05	3,64	2 855	2 005,36	3 276,33	1 968,29

Neue Bundesländer[6]

Jahr	Allg.	KVdR	PVdR	BBG	insg.	Mitgl.o.R.	Rentner	sonst.	Mitgl.	Vers.	AKV	KVdR
1991	12,8	X	X	2 550 a)	13,01	11,01	2,0	0,3	1 125	900,90	1 292,27	656,47
1992	12,6	6,35	X	3 600	16,63	13,93	2,7	0,4	1 435	1 122,97	1 632,46	882,66
1993	12,6	6,25	X	3 975	18,80	15,59	3,2	0,5	1 663	1 279,48	1 899,94	1 035,64
1994	13,0	6,50	X	4 425	20,50	16,60	3,9	0,6	1 854	1 430,48	2 116,53	1 212,69
1995	12,8	6,40	0,50	4 800	19,25	14,72	4,5	0,6	1 885	1 461,26	2 092,84	1 425,48
1996	13,5	6,65	0,85	5 100	20,17	15,44	4,7	0,8	1 989	1 546,60	2 252,44	1 440,68
1997	13,9	6,85	0,85	5 325	20,78	15,66	5,1	0,5	2 058	1 615,37	2 320,70	1 529,53
1998	13,9	7,00	0,85	5 250	20,70	15,36	5,3	0,4	2 072	1 626,04	2 327,74	1 575,50
1999	13,9	6,95	0,85	5 400	20,83	15,30	5,5	0,5	2 094	1 665,85	2 343,73	1 617,42
2000	13,8	6,90	0,85	5 325	20,68	15,03	5,7	0,5	2 104	1 683,67	2 356,01	1 639,17
2001	13,7	6,75	0,85	6 525	20,82	15,10	5,7	0,3	2 142	1 726,18	2 413,21	1 652,00
2002	13,9	7,00	0,85	3 375	21,19	15,18	6,0	0,3	2 203	1 786,43	2 492,29	1 703,14
2003	14,1	7,05	0,85	3 450	21,12	14,82	6,2	0,4	2 217	1 787,81	2 485,67	1 746,82
2004	14,0	7,00	1,70	3 488	20,86	14,60	6,3	0,5	2 197	1 781,74	2 468,14	1 748,52

Deutschland

Jahr	Allg.	KVdR	PVdR	BBG	insg.	Mitgl.o.R.	Rentner	sonst.	Mitgl.	Vers.	AKV	KVdR
1991	12,4	X	X	X	88,53	73,31	15,23	3,61	1 761	1 242,05	2 030,56	1 074,72
1992	12,7	X	X	X	99,12	82,97	16,15	3,72	1 950	1 377,14	2 271,28	1 129,27
1993	13,2	X	X	X	109,81	91,51	18,29	3,80	2 163	1 521,60	2 521,51	1 264,50
1994	13,2	X	X	X	114,84	94,20	20,63	3,96	2 269	1 601,32	2 620,67	1 407,36
1995	13,2	X	0,50	X	115,85	94,36	21,50	4,49	2 285	1 611,60	2 634,24	1 444,39
1996	13,5	X	0,85	X	120,00	98,09	21,90	4,37	2 361	1 662,63	2 741,89	1 455,61
1997	13,6	X	0,85	X	122,39	99,53	22,86	3,76	2 407	1 709,38	2 788,39	1 508,85
1998	13,6	X	0,85	X	124,28	100,64	23,64	3,47	2 452	1 742,57	2 837,30	1 553,56
1999	13,6	X	0,85	X	127,50	103,26	24,24	3,70	2 504	1 786,06	2 895,01	1 588,43
2000	13,6	X	0,85	X	130,05	105,43	24,63	3,76	2 548	1 825,23	2 950,20	1 609,47
2001	13,6	6,75	0,85	6 525	131,89	106,88	25,01	3,90	2 586	1 858,97	2 995,32	1 633,22
2002	14,0	7,00	0,85	3 375	136,21	108,35	27,86	3,50	2 672	1 925,72	3 118,81	1 716,52
2003	14,3	7,15	0,85	3 450	137,50	107,59	29,91	3,27	2 709	1 951,61	3 157,52	1 793,07
2004	14,2	7,10	1,70	3 488	138,30	105,99	32,31	4,16	2 732	1 968,09	3 134,91	1 921,48

1) Durchschnittlicher Beitragssatz für Arbeitgeber und Arbeitnehmer zusammen mit Entgeltfortzahlungsanspruch für mindestens sechs Wochen. - 2) Krankenversicherung der Rentner jeweils ab 1. Juli; ab 1995 ohne Eigenbeitrag zur Gesetzlichen Pflegeversicherung. - 3) Bis 2002 gleichzeitig Pflichtversicherungsgrenze, ab 2003 Pflichtversicherungsgrenze erstmalig abweichend von der Beitragsbemessungsgrenze (3 825 Euro). - 4) Ohne Risikostrukturausgleich und Risikopool. - 5) Die Anzahl der Versicherten für die einzelnen Jahre beruht auf unterschiedlichen Datenquellen und Zeitpunkten. Die Angaben für das Jahr 1970 beruhen auf den Angaben des Mikrozensus. Für 1980: Stand: April. Jahr 1983 bis einschließlich 1996: Stichtag: 1. Oktober. Ab 1997: Jahresdurchschnitte. - 6) Ab 1995 wird Berlin-Ost dem früheren Bundesgebiet zugerechnet. a) 1. Halbjahr: 2 250 DM; 2. Halbjahr: 2 550 DM.

Quelle für Grundzahlen: BMGS

Tabelle 75*

Finanzentwicklung und Versicherte in der Sozialen Pflegeversicherung[1]

	1995	1997	1998	1999	2000	2001	2002	2003	2004
Finanzentwicklung									
Einnahmen, insgesamt (Mrd Euro)	8,40	15,94	16,00	16,31	16,55	16,81	16,98	16,86	16,87
Beitragseinnahmen	8,31	15,77	15,80	16,13	16,31	16,56	16,76	16,61	16,64
davon:									
Beiträge an Pflegekassen	6,85	13,06	13,04	13,32	13,46	13,66	13,57	13,30	13,28
Beiträge an den Ausgleichsfonds, insgesamt	1,46	2,71	2,76	2,80	2,86	2,90	3,19	3,31	3,36
darunter: Beiträge der Rentenversicherung[2]	0,55	1,03	1,06	1,09	1,13	1,17	1,21	1,59	0,41
Sonstige Einnahmen	0,09	0,17	0,20	0,19	0,23	0,25	0,22	0,25	0,23
Ausgaben, insgesamt (Mrd Euro)	4,98	15,13	15,90	16,34	16,69	16,86	17,32	17,56	17,69
Leistungsausgaben, insgesamt	4,42	14,34	15,07	15,55	15,86	16,03	16,47	16,64	16,77
davon:									
Geldleistungen	3,04	4,32	4,28	4,24	4,18	4,11	4,18	4,11	4,08
Pflegesachleistungen	0,69	1,77	1,99	2,13	2,23	2,29	2,37	2,38	2,37
Pflegeurlaub	0,13	0,05	0,06	0,07	0,10	0,11	0,13	0,16	0,17
Tages-/Nachtpflege	0,01	0,04	0,05	0,05	0,06	0,07	0,08	0,08	0,08
Kurzzeitpflege	0,05	0,10	0,11	0,12	0,14	0,15	0,16	0,16	0,20
Soziale Sicherung der Pflegepersonen	0,31	1,19	1,16	1,13	1,07	0,98	0,96	0,95	0,93
Pflegemittel/technische Hilfen	0,20	0,33	0,37	0,42	0,40	0,35	0,38	0,36	0,34
Vollstationäre Pflege	0,00	6,41	6,84	7,18	7,48	7,75	8,00	8,20	8,35
Vollstationäre Pflege in Behindertenheimen	0,00	0,13	0,22	0,20	0,21	0,21	0,21	0,23	0,23
Hälfte der Kosten des Medizinischen Dienstes	0,23	0,23	0,24	0,24	0,24	0,25	0,26	0,26	0,27
Verwaltungsausgaben[3]	0,32	0,55	0,56	0,55	0,56	0,57	0,58	0,59	0,58
Sonstige Ausgaben	0,00	0,01	0,02	0,01	0,02	0,02	0,01	0,06	0,07
Ausgaben, insgesamt (Anteile in vH)	*100*	*100*	*100*	*100*	*100*	*100*	*100*	*100*	*100*
Leistungsausgaben, insgesamt	*88,8*	*94,8*	*94,8*	*95,2*	*95,0*	*95,1*	*95,1*	*94,8*	*94,8*
davon:									
Geldleistungen	*61,0*	*28,6*	*26,9*	*25,9*	*25,0*	*24,4*	*24,1*	*23,4*	*23,1*
Pflegesachleistungen	*13,9*	*11,7*	*12,5*	*13,0*	*13,4*	*13,6*	*13,7*	*13,6*	*13,4*
Pflegeurlaub	*2,6*	*0,3*	*0,4*	*0,4*	*0,6*	*0,7*	*0,8*	*0,9*	*1,0*
Tages-/Nachtpflege	*0,2*	*0,3*	*0,3*	*0,3*	*0,4*	*0,4*	*0,5*	*0,5*	*0,5*
Kurzzeitpflege	*1,0*	*0,7*	*0,7*	*0,7*	*0,8*	*0,9*	*0,9*	*0,9*	*1,1*
Soziale Sicherung der Pflegepersonen	*6,2*	*7,9*	*7,3*	*6,9*	*6,4*	*5,8*	*5,5*	*5,4*	*5,3*
Pflegemittel/technische Hilfen	*4,0*	*2,2*	*2,3*	*2,6*	*2,4*	*2,1*	*2,2*	*2,1*	*1,9*
Vollstationäre Pflege	*0,0*	*42,4*	*43,0*	*43,9*	*44,8*	*46,0*	*46,2*	*46,8*	*47,2*
Vollstationäre Pflege in Behindertenheimen	*0,0*	*0,9*	*1,4*	*1,2*	*1,3*	*1,2*	*1,2*	*1,3*	*1,3*
Hälfte der Kosten des Medizinischen Dienstes	*4,6*	*1,5*	*1,5*	*1,4*	*1,5*	*1,5*	*1,5*	*1,5*	*1,5*
Verwaltungsausgaben[3]	*6,4*	*3,6*	*3,5*	*3,4*	*3,4*	*3,4*	*3,3*	*3,4*	*3,3*
Sonstige Ausgaben	*0,0*	*0,1*	*0,1*	*0,1*	*0,1*	*0,1*	*0,1*	*0,3*	*0,4*
Liquidität (Mrd Euro)									
Überschuss der Einnahmen	3,42	0,81	0,10	X	X	X	X	X	X
Überschuss der Ausgaben	X	X	X	0,03	0,14	0,05	0,34	0,69	0,82
Investitionsdarlehen an den Bund	- 0,56	X	X	X	X	X	0,56	X	X
Mittelbestand am Jahresende	2,87	4,86	4,99	4,95	4,82	4,76	4,93	4,24	3,42
Durchschnittlicher Mittelbestand in Monatsausgaben (Monate)	3,9	3,8	3,7	3,6	3,4	3,3	3,3	2,8	2,3
Versicherte									
Insgesamt (Tausend Personen)	71 901	71 693	71 402	71 424	71 319	70 999	70 853	70 422	70 280
nach Geschlecht									
Männer	33 674	33 644	33 499	33 523	33 489	33 326	33 232	33 009	32 933
Frauen	38 227	38 049	37 903	37 901	37 830	37 673	37 621	37 413	37 347
nach Versichertengruppen									
Mitglieder	50 915	51 087	50 638	50 863	50 948	50 881	51 051	50 584	50 491
Familienangehörige	20 986	20 606	20 764	20 561	20 371	20 118	19 802	19 838	19 789
Insgesamt (Anteile in vH)	*100*	*100*	*100*	*100*	*100*	*100*	*100*	*100*	*100*
nach Geschlecht									
Männer	*46,8*	*46,9*	*46,9*	*46,9*	*47,0*	*46,9*	*46,9*	*46,9*	*46,9*
Frauen	*53,2*	*53,1*	*53,1*	*53,1*	*53,0*	*53,1*	*53,1*	*53,1*	*53,1*
nach Versichertengruppen									
Mitglieder	*70,8*	*71,3*	*70,9*	*71,2*	*71,4*	*71,7*	*72,1*	*71,8*	*71,8*
Familienangehörige	*29,2*	*28,7*	*29,1*	*28,8*	*28,6*	*28,3*	*27,9*	*28,2*	*28,2*

1) Abweichungen in den Summen durch Rundungen. - 2) Gesetzliche Rentenversicherung der Arbeiter und Angestellten. - 3) 1995 einschließlich Vorlaufskostenerstattung an die Krankenkassen.

Quellen: BMGS, VDR

Tabelle 76*

Leistungsempfänger in der Sozialen Pflegeversicherung

1. Nach Altersgruppen, insgesamt

Jahr	Insgesamt	bis unter 20	20-55	55-60	60-65	65-70	70-75	75-80	80-85	85-90	90 und älter
					Nach Altersgruppen von... bis unter... Jahren						
					Personen						
1995	1 061 418	72 868	115 845	35 268	46 911	67 876	99 910	104 481	199 787	201 266	117 206
1996	1 546 746	79 987	141 175	48 169	63 850	91 455	136 124	175 144	284 103	325 613	201 126
1997	1 660 710	85 701	167 781	51 874	71 303	96 432	141 983	207 142	266 874	348 777	222 843
1998	1 738 118	88 803	181 239	52 650	78 128	98 187	148 920	237 459	243 118	366 654	242 960
1999	1 826 362	93 544	189 994	51 675	82 922	104 551	157 874	256 598	238 865	383 315	267 024
2000	1 822 104	90 627	191 346	46 666	83 676	105 398	158 145	249 776	255 175	365 216	276 079
2001	1 839 602	90 358	194 202	43 254	83 844	108 619	159 134	244 189	290 281	336 621	289 100
2002	1 888 969	92 214	199 223	43 314	83 196	115 062	161 907	246 496	335 885	304 488	307 184
2003	1 893 181	92 402	201 828	43 347	80 085	120 404	158 022	248 088	367 436	266 543	315 026
2004	1 925 703	91 568	204 550	44 414	75 588	123 102	161 228	253 309	382 744	262 001	327 199
					Anteile in vH						
1995	100	6,9	10,9	3,3	4,4	6,4	9,4	9,8	18,8	19,0	11,0
1999	100	5,1	10,4	2,8	4,5	5,7	8,6	14,0	13,1	21,0	14,6
2001	100	4,9	10,6	2,4	4,6	5,9	8,7	13,3	15,8	18,3	15,7
2004	100	4,8	10,6	2,3	3,9	6,4	8,4	13,2	19,9	13,6	17,0

2. Nach Pflegestufen und Geschlecht

Jahr	Insgesamt				Davon: ambulant und teilstationär				vollstationär			
	zusammen	I	II	III	zusammen	I	II	III	zusammen	I	II	III
					Personen							
					Insgesamt							
1996	1 546 746	620 318	670 147	256 281	1 162 184	508 462	507 329	146 393	384 562	111 856	162 818	109 888
1997	1 660 710	728 235	676 200	256 275	1 198 103	568 768	486 338	142 997	462 607	159 467	189 862	113 278
1998	1 738 118	804 356	682 431	251 331	1 226 715	616 506	471 906	138 303	511 403	187 850	210 525	113 028
1999	1 826 362	872 264	698 846	255 252	1 280 379	668 314	472 189	139 876	545 983	203 950	226 657	115 376
2000	1 822 104	892 541	683 242	246 321	1 260 760	681 658	448 406	130 696	561 344	210 883	234 836	115 625
2001	1 839 602	916 623	679 472	243 507	1 261 667	697 714	436 693	127 260	577 935	218 909	242 779	116 247
2002	1 888 969	956 376	685 524	247 069	1 289 152	725 993	435 924	127 235	599 817	230 383	249 600	119 834
2003	1 893 181	970 263	678 267	244 651	1 279 907	732 495	424 202	123 210	613 274	237 768	254 065	121 441
2004	1 925 703	991 467	685 558	248 678	1 296 811	746 140	426 632	124 039	628 892	245 327	258 926	124 639
					Männer							
1996	483 178	192 178	214 112	76 888	406 596	164 413	184 190	57 993	76 582	27 765	29 922	18 895
1998	550 141	257 014	216 207	76 920	431 242	199 631	175 857	55 754	118 899	57 383	40 350	21 166
2000	579 007	286 843	215 922	76 242	448 471	223 596	170 870	54 005	130 536	63 247	45 052	22 237
2002	607 370	312 148	218 969	76 253	466 387	243 525	169 822	53 040	140 983	68 623	49 147	23 213
2003	614 582	320 620	218 220	75 742	467 963	249 191	166 939	51 833	146 619	71 429	51 281	23 909
2004	628 742	330 310	221 278	77 154	475 614	255 570	167 862	52 182	153 128	74 740	53 416	24 972
					Frauen							
1996	1 063 568	428 140	456 035	179 393	755 588	344 049	323 139	88 400	307 980	84 091	132 896	90 993
1998	1 187 977	547 342	466 224	174 411	795 473	416 875	296 049	82 549	392 504	130 467	170 175	91 862
2000	1 243 162	605 740	467 344	170 078	812 354	458 104	277 557	76 693	430 808	147 636	189 787	93 385
2002	1 281 599	644 228	466 555	170 816	822 765	482 468	266 102	74 195	458 834	161 760	200 453	96 621
2003	1 278 599	649 643	460 047	168 909	811 944	483 304	257 263	71 377	466 655	166 339	202 784	97 532
2004	1 296 961	661 157	464 280	171 524	821 197	490 570	258 770	71 857	475 764	170 587	205 510	99 667
					Anteile in vH							
					Männer							
1996	100	39,8	44,3	15,9	84,2	34,0	38,1	12,0	15,8	5,7	6,2	3,9
2000	100	49,5	37,3	13,2	77,5	38,6	29,5	9,3	22,5	10,9	7,8	3,8
2002	100	51,4	36,1	12,6	76,8	40,1	28,0	8,7	23,2	11,3	8,1	3,8
2004	100	52,5	35,2	12,3	75,6	40,6	26,7	8,3	24,4	11,9	8,5	4,0
					Frauen							
1996	100	40,3	42,9	16,9	71,0	32,3	30,4	8,3	29,0	7,9	12,5	8,6
2000	100	48,7	37,6	13,7	65,3	36,8	22,3	6,2	34,7	11,9	15,3	7,5
2002	100	50,3	36,4	13,3	64,2	37,6	20,8	5,8	35,8	12,6	15,6	7,5
2004	100	51,0	35,8	13,2	63,3	37,8	20,0	5,5	36,7	13,2	15,8	7,7

Quelle: BMGS

Tabelle 77*
Einnahmen und Ausgaben in der Arbeitslosenversicherung

Jahr	Beitrags-satz[1]	Einnahmen[2] insgesamt	Beitrags-einnahmen	Darlehen/ Zuschüsse des Bundes	Ausgaben insgesamt	Arbeits-losengeld	Sonstige Ausgaben (insbesondere der aktiven Arbeitsmarktpolitik)	Arbeits-losenhilfe[3]	Kurz-arbeiter-geld
	vH				Mrd Euro				
				Früheres Bundesgebiet[4]					
1970	1,3	1,8	1,6	-	2,0	0,3	1,7	0,0	0,0
1980	3,0	9,7	8,9	0,9	11,1	4,1	6,9	0,2	0,2
1985	4,1	16,4	15,1	-	15,2	7,2	8,0	4,7	0,6
1990	4,3	20,7	19,5	0,4	21,2	8,7	12,5	3,9	0,1
1991	6,8	31,3	29,7	X	21,5	8,1	13,4	3,5	0,2
1992	6,3	35,4	33,8	X	24,3	10,1	14,2	3,9	0,5
1993	6,5	37,9	35,2	X	30,1	15,2	14,9	5,3	1,7
1994	6,5	39,6	35,5	X	29,8	17,0	12,8	6,3	0,8
1995	6,5	39,6	36,7	X	31,4	18,2	13,2	7,5	0,3
1996	6,5	40,5	37,1	X	34,4	20,0	14,4	8,9	0,5
1997	6,5	41,3	37,5	X	32,8	20,1	12,7	10,0	0,4
1998	6,5	40,4	37,9	X	30,8	17,7	13,1	10,2	0,2
1999	6,5	41,7	38,9	X	31,6	16,4	15,3	10,2	0,3
2000	6,5	43,3	40,0	X	30,9	15,3	15,6	8,1	0,3
2001	6,5	44,4	41,1	X	33,2	16,4	16,8	7,5	0,3
2002	6,5	44,7	41,2	X	37,7	19,2	18,4	8,7	0,5
2003	6,5	44,4	41,3	X	38,4	20,9	17,4	9,3	0,6
2004	6,5	44,2	41,2	X	37,9	21,2	16,7	11,0	0,6
				Neue Bundesländer und Berlin-Ost[4]					
1991	6,8	4,6	4,6	X	15,3	4,0	11,3	0,1	5,1
1992	6,3	5,4	5,4	X	23,5	6,0	17,5	0,8	1,4
1993	6,5	5,7	5,6	X	25,9	6,6	19,3	1,9	0,5
1994	6,5	6,2	6,2	X	21,3	6,5	14,8	2,6	0,3
1995	6,5	6,5	6,5	X	18,3	6,5	11,8	2,9	0,2
1996	6,5	6,4	6,4	X	19,5	8,4	11,1	3,5	0,2
1997	6,5	6,4	6,3	X	19,7	10,2	9,6	4,3	0,1
1998	6,5	6,1	6,1	X	19,8	9,3	10,5	5,4	0,1
1999	6,5	6,3	6,2	X	20,1	8,5	11,5	5,4	0,1
2000	6,5	6,4	6,3	X	19,5	8,3	11,3	5,1	0,1
2001	6,5	6,3	6,2	X	19,4	8,2	11,2	5,3	0,1
2002	6,5	6,2	6,2	X	18,8	7,8	11,1	6,1	0,1
2003	6,5	6,2	6,1	X	18,5	8,1	10,4	7,3	0,1
2004	6,5	6,1	6,0	X	16,6	7,8	8,8	7,7	0,1
				Deutschland					
1991	6,8	35,9	34,3	0,5	36,8	12,1	24,6	3,6	5,4
1992	6,3	40,7	39,2	4,6	47,8	16,1	31,7	4,7	1,8
1993	6,5	43,5	40,8	12,5	56,0	21,8	34,2	7,1	2,2
1994	6,5	45,8	41,7	5,2	51,1	23,4	27,6	8,9	1,1
1995	6,5	46,1	43,1	3,5	49,7	24,6	25,0	10,5	0,5
1996	6,5	46,9	43,5	7,0	54,0	28,5	25,5	12,4	0,8
1997	6,5	47,6	43,9	4,9	52,5	30,3	22,2	14,3	0,5
1998	6,5	46,6	44,1	3,9	50,5	27,0	23,5	15,6	0,3
1999	6,5	48,0	45,1	3,7	51,7	24,9	26,8	15,6	0,3
2000	6,5	49,6	46,4	0,9	50,5	23,6	26,9	13,2	0,3
2001	6,5	50,7	47,3	1,9	52,6	24,6	28,0	12,8	0,4
2002	6,5	50,9	47,4	5,6	56,5	27,0	29,5	14,8	0,6
2003	6,5	50,6	47,3	6,2	56,8	29,0	27,8	16,5	0,7
2004	6,5	50,3	47,2	4,2	54,5	29,1	25,4	18,8	0,6

1) Arbeitgeber- und Arbeitnehmeranteil zusammen; Stand zur Jahresmitte. Beitragsbemessungsgrenze entspricht der in der Gesetzlichen Rentenversicherung der Arbeiter und Angestellten. - 2) Ab 1992 bereinigte Einnahmen für die neuen Bundesländer und für das frühere Bundesgebiet. - 3) Ausgaben werden durch den Bundeszuschuss erstattet. - 4) Wegen Gebietsstandveränderungen im Land Berlin seit 1997 wurden die Zeitreihen ab 1991 von der Bundesagentur für Arbeit neu abgegrenzt: früheres Bundesgebiet ohne Berlin; neue Bundesländer und Berlin.

Quelle: BA

Tabelle 78*

Leistungsempfänger in der Arbeitslosenversicherung

Jahr	Registrierte Arbeitslose insgesamt	darunter: Leistungsempfänger[1] zusammen	darunter: Arbeitslosengeld	darunter: Arbeitslosenhilfe	Arbeitslosenquote[2]	Kurzarbeiter	Teilnehmer in Maßnahmen zur Arbeitsbeschaffung	Teilnehmer in Vollzeit-FuU-Maßnahmen[3]
	Tausend Personen[4]				vH	Tausend Personen[4]		
Früheres Bundesgebiet[5]								
1970	149	113	96	17	0,6	10	2	42
1975	1 074	817	707	110	4,0	773	16	127
1980	889	576	454	122	3,2	137	41	91
1985	2 304	1 453	836	617	8,2	235	87	134
1990	1 883	1 291	799	433	6,4	56	83	215
1991	1 596	1 108	687	365	5,7	145	83	237
1992	1 699	1 239	800	381	5,9	283	78	250
1993	2 149	1 705	1 127	484	7,3	767	51	238
1994	2 426	1 880	1 226	584	8,2	275	57	226
1995	2 427	1 820	1 162	616	8,3	128	72	257
1996	2 646	1 979	1 247	700	9,1	206	76	276
1997	2 870	2 148	1 282	839	9,8	133	68	223
1998	2 752	2 095	1 176	895	9,4	81	71	175
1999	2 605	1 971	1 074	869	8,6	92	82	192
2000	2 381	1 802	986	786	7,6	62	70	186
2001	2 321	1 823	1 030	761	7,2	94	53	174
2002	2 498	2 131	1 226	877	7,6	162	45	167
2003	2 753	2 393	1 323	1 055	8,4	160	32	135
2004	2 781	2 510	1 288	1 213	8,5	122	24	102
Neue Bundesländer und Berlin-Ost[5]								
1991	1 006	759	707	50	10,7	1 616	183	169
1992	1 279	1 033	881	148	14,4	370	388	425
1993	1 270	1 045	760	275	15,1	181	260	345
1994	1 272	1 062	687	366	15,2	97	280	241
1995	1 185	990	618	366	14,0	71	312	243
1996	1 319	1 155	742	404	15,7	71	278	230
1997	1 514	1 395	872	515	18,1	49	235	177
1998	1 529	1 419	796	609	18,2	34	314	147
1999	1 496	1 372	724	626	17,3	27	348	141
2000	1 509	1 372	681	670	17,1	24	246	138
2001	1 532	1 400	660	716	17,3	29	190	148
2002	1 563	1 475	637	815	17,7	45	149	140
2003	1 624	1 537	591	940	18,5	35	113	97
2004	1 600	1 541	557	981	18,4	29	94	62
Deutschland								
1991	2 602	1 868	1 394	415	6,6	1 761	266	406
1992	2 979	2 273	1 681	529	7,7	653	466	675
1993	3 419	2 751	1 887	759	8,9	948	310	583
1994	3 698	2 941	1 913	950	9,6	372	338	467
1995	3 612	2 810	1 780	982	9,4	199	384	500
1996	3 965	3 133	1 989	1 104	10,4	277	354	505
1997	4 384	3 543	2 155	1 354	11,4	183	302	400
1998	4 281	3 514	1 972	1 504	11,1	115	385	322
1999	4 100	3 344	1 798	1 495	10,5	119	430	333
2000	3 890	3 174	1 667	1 457	9,6	86	316	324
2001	3 853	3 223	1 690	1 477	9,4	123	243	322
2002	4 061	3 606	1 863	1 692	9,8	207	194	307
2003	4 377	3 930	1 914	1 994	10,5	195	144	232
2004	4 381	4 051	1 845	2 194	10,5	151	119	164

1) Für den Bezug von Arbeitslosengeld, Arbeitslosenhilfe, Eingliederungshilfe und Altersübergangsgeld. - 2) Anteil der registrierten Arbeitslosen an den Erwerbspersonen (beschäftigte Arbeitnehmer, Selbständige, mithelfende Familienangehörige und registrierte Arbeitslose). - 3) Teilnehmer an beruflicher Fortbildung und Umschulung (FuU), ohne Einarbeitung; 1970 bis 1988 Berechnungen des IAB. - 4) Jahresdurchschnittsbestände. - 5) Wegen Gebietsstandsveränderungen im Land Berlin seit 1997 wurden die Zeitreihen ab 1991 von der Bundesagentur für Arbeit neu abgegrenzt: früheres Bundesgebiet ohne Berlin; neue Bundesländer und Berlin.

Quelle für Grundzahlen: BA, VdAK

Tabelle 79*

Sozialhilfe: Empfänger, Ausgaben und Einnahmen

	Früheres Bundesgebiet				Deutschland					
	1980	1985	1990	1992	1994	1996	1998	2000	2002	2003
Laufende Hilfe zum Lebensunterhalt[1]										
Tausend Personen										
Insgesamt	922	1 475	1 832	2 438	2 308	2 724	2 903	2 694	2 776	2 828
Anteile in vH										
Nach Alter										
Unter 18 Jahre	32,9	32,3	34,0	36,1	38,0	37,2	37,0	36,9	36,7	38,2
18 bis unter 25 Jahre	7,9	12,4	10,8	11,4	8,7	9,2	9,5	9,6	10,2	10,8
25 bis unter 60 Jahre	32,5	40,0	41,7	40,7	42,2	43,6	43,3	41,9	41,9	43,6
60 Jahre und älter	26,6	15,3	13,6	11,9	11,1	10,0	10,1	11,6	11,2	7,3
Tausend Personen										
Nach Art der Unterbringung										
Außerhalb von Einrichtungen	851	1 398	1 772	2 339	2 258	2 695	2 879	2 677	2 757	2 811
In Einrichtungen	71	77	60	99	51	29	24	16	19	17
Tausend Personen										
Nach Nationalität										
Deutsche	841	1 268	1 334	1 647	1 856	2 084	2 237	2 099	2 143	2 209
Nichtdeutsche	81	207	498	791	452	639	666	595	615	619
Hilfe in besonderen Lebenslagen[2][3]										
Tausend Personen										
Insgesamt	1 125	1 108	1 510	1 870	1 306	1 409	1 378	1 459	1 559	...
Anteile in vH										
Nach Alter										
Unter 18 Jahre	20,4	18,9	20,9	21,1	18,6	19,9	21,6	20,6	20,9	...
18 bis unter 25 Jahre	8,4	10,8	10,2	10,1	6,4	6,0	6,5	6,4	6,6	...
25 bis unter 60 Jahre	29,0	35,8	38,4	37,6	38,2	42,1	46,7	44,6	45,0	...
60 Jahre und älter	42,2	34,5	30,4	31,2	36,8	32,0	25,1	28,4	27,5	...
Tausend Personen										
Nach Art der Unterbringung										
Außerhalb von Einrichtungen	644	600	921	1 119	663	718	769	796	883	...
In Einrichtungen	508	530	624	791	691	754	678	749	770	...
Nach Nationalität										
Deutsche	1 063	991	1 116	1 298	1 134	1 120	1 093	1 180	1 260	...
Nichtdeutsche	62	117	395	571	172	289	286	278	299	...
Ausgaben und Einnahmen										
Mrd Euro										
Ausgaben										
Insgesamt	6,8	10,6	16,2	21,8	25,4	25,5	23,0	23,3	24,7	25,6
Nach Hilfearten										
Hilfe zum Lebensunterhalt	2,2	4,1	6,6	8,0	8,7	9,9	10,5	9,8	9,9	9,8
Hilfe in besonderen Lebenslagen	4,6	6,5	9,6	13,7	16,8	15,5	12,5	13,5	14,8	15,8
darunter:										
Hilfe zur Pflege	2,6	3,7	5,2	7,5	9,1	7,1	3,0	2,9	2,9	3,0
Eingliederungshilfe für behinderte Menschen	1,4	2,1	3,4	4,8	6,3	7,1	7,9	9,1	10,2	1,9
Nach Art der Unterbringung										
Außerhalb von Einrichtungen	2,5	4,4	7,3	8,6	9,6	10,6	11,7	11,2	11,6	11,8
In Einrichtungen	4,2	6,3	8,9	13,2	15,9	14,8	11,3	12,1	13,0	13,8
Einnahmen										
Insgesamt	1,6	2,3	3,3	3,9	4,7	4,5	2,7	2,5	2,7	3,0

1) Empfänger am Jahresende. - 2) Empfänger im Verlauf des Jahres. - 3) Mehrfachzählungen sind nur insoweit ausgeschlossen, als sie aufgrund der Meldungen erkennbar waren.

Sachregister

(Die Zahlenangaben beziehen sich auf die Textziffern.)

Abgabenbelastung 235, 237, 240, 318, 332, 344 f., 394, Kasten 9, Tabelle 26

Abgabenkeil 235, 257, 259, 507, 568, 578

Abgeltungssteuer 386, 410, 427, 430, Kasten 10

Abwertung
– US-Dollar 87

Äquivalenzprinzip 495, 509, 511 f., 537, 560 f., 572 f.

Aktueller Rentenwert 488

Altersvorsorgeanteil 488

Altersvorsorgezulage 385

Alterungsrückstellungen 564, 570

Anleihen 88

Anrechnungszeiten 552

Anspruchslohn
– siehe Löhne

Antizyklizität 653

Apothekenvergütung 499

Arbeitnehmerüberlassung
– Arbeitnehmerüberlassungsgesetz 286
– Personal-Service-Agenturen 175, 286 ff., 321

Arbeitsgelegenheiten 173, 175, 179, 187, 189, 266, 268, 272, 274, 321, 333, 343, 489, Tabelle 16

Arbeitslosengeld 263 ff., 267, 271, 317, 321, 538, 540 ff., 547, 590
– Bezugsdauer 217, 226, 235, 262, 264 f., 542
– degressiver Verlauf 264, 321, 342
– Höhe 226
– Sperrzeiten siehe Lohnersatzleistungen

Arbeitslosengeld II 179, 181 f., 188 f., 227, 258, 261 ff., 266 ff., 303 f., 321, 342
– Anrechnung von Erwerbseinkommen 188, Schaubild 24
– Arbeitsgemeinschaften 181 f., 269, 275

– Ausgaben der öffentlichen Haushalte 366 ff.
– Aussteuerungsbetrag der Bundesagentur für Arbeit 182 f., 368, 373, 547
– Bedarfsgemeinschaften 179, 188, 370 ff.
– Bedürftigkeit 264, 372
– Bundesergänzungszuweisungen an die neuen Länder 369
– Effekte auf die öffentlichen Haushalte 366 ff.
– Eingliederungsleistungen 368, 373
– Empfänger 185, 275, 282, 301 f., 321, 370 ff.
– Entlastung der Kommunen 368
– Grenzbelastungen 188, 258, 270, 273, Schaubild 24
– Kosten für Unterkunft und Heizung 368, 373
– Mehraufwandsentschädigung 187, 274, 333
– Sozialversicherung 243, 245, 260, 320, 488, 501 f.
– Überprüfung der kommunalen Entlastungen 375
– Wohngeld, Einsparungen 368, 373
– Zusatzjobs 173, 175, 179, 187, 189, 266, 268, 272, 274, 321, 333, 343, 489, Tabelle 16

Arbeitslosenhilfe 173, 227, 266, 342, 488, 501
– siehe auch Zusammenlegung von Arbeitslosenhilfe und Sozialhilfe, Arbeitslosengeld II

Arbeitslosigkeit 179 ff., 185, 189, 193 ff., 205 ff., 212 ff., 321, Kasten 6, Kasten 7, Kasten 9, Schaubild 23, Schaubild 25, Tabelle 20
– siehe auch Ostdeutschland
– Abgänge 186, 326, Kasten 6
– Euro-Raum 103
– Dauer 194, 225 f., 233, 263 f., 302, 321
– konjunktureller und struktureller Teil 209, 216, 363, 482 ff., Kasten 7, Kasten 9, Schaubild 32
– Langzeitarbeitslosigkeit 183, 194, 210, 225, 253, 259 ff., 321

- Mismatch 228, 302
- NAIRU/NAWRU 216, Kasten 7
- quasi-gleichgewichtige 216, 219, 266, Kasten 7
- Quote, standardisierte 205 ff., Schaubild 29, Tabelle 20
- stufenweiser Anstieg 193 ff., 239, 264
- verdeckte 189 f., Tabelle 16
- Verfestigung 193 ff., 205, 210, 212 f., 215, 222, 224 f., 255, 259, 261, 314, 316, 321, 326, Kasten 6, Schaubild 25
- voraussichtliche Entwicklung 168
- Zugänge 326

Arbeitsmarktinstitutionen 215, 230 ff., 326
- Kündigungsschutz 201, 213, 217, 225, 230, 232, 234, 236 f., 257, 260, 310, 315 ff., 321, 342
- Lohnverhandlungssystem 230, 232, 250, Kasten 7
- Steuern und Abgaben auf den Faktor Arbeit 230, 232, 234, 319 ff., 322
- System der Lohnersatzleistungen 217, 230, 232, 259, 262, 308, 322, Kasten 7

Arbeitsmarktpolitik 173, 179 ff., 217, 230, 232, 234, 237, 243, 252, 263 ff., 276 ff., 308, 321
- ABM 276, 545
- aktive 173, 182, 184, 189, 230, 232, 234, 237, 252, 263 ff., 276 ff., 308, 382, 538, 544
- Arbeitslosengeld II 366 ff.
- Eignungsfeststellungs- und Trainingsmaßnahmen 184, 193
- Existenzgründungszuschuss 173, 185, 279 f., 321, 333, 545
- Lohnsubventionen 258, 299 ff., 333
- Überbrückungsgeld 173, 185, 279 f., 321, 545
- Vermittlungsgutscheine 186

Arbeitsmarktstatistik 180 f.

Arbeitsproduktivität 227, 247, 292 f.

Arbeitsrecht 213, 224 f., 242, 290 ff., 309 ff., 317, 321, 322, 342
- siehe auch Kündigungsschutz

Arbeitsvolumen 175, 202, 295, 329, 331, 333

Arbeitszeit 175, 191 f., 197, 202 f., 225, 240, 242, 311, 321

- Verlängerung 191 f.

Artikel 115 Grundgesetz 475 ff.
- Antrag auf Prüfung des Haushaltsgesetzes 2004 477
- Bundeshaushalt 2006 170
- Darlegungslast 479
- gesamtwirtschaftliches Gleichgewicht 478
- Haushaltsgesetz 2004 476 ff.
- Urteil des Bundesverfassungsgerichtes (1989) 475

Arzneimittelausgaben 358, 498

Arzneimittelpreise 498

Aufwertung
- chinesischer Yuan Kasten 1

Ausbildungsplatzabgabe 178

Ausbildungsvergütung 257, 296

Ausfuhr
- siehe Exporte

Ausrüstungsinvestitionen 139
- voraussichtliche Entwicklung 163

Außenhandel 145

Außenwert des Euro 608

Balassa-Samuelson-Effekt 626

Bank of England 118

Bankenkonsolidierung 730 ff.

Bauinvestitionen 143
- voraussichtliche Entwicklung 164

Beamte 587, 590, 598
- Einbeziehung in die Gesetzliche Krankenversicherung 564

Beamtenpensionen 445 ff.
- siehe auch Versorgungsausgaben

Beitragsfreie Mitversicherung 501, 519, 521, 561, 565 f., 570, Kasten 13

Berufliche Weiterbildung 184, 276 f.

Berufsausbildungsstellenmarkt 177 f., 296, Tabelle 15
- Nationaler Pakt für Ausbildung und Fachkräftenachwuchs 178

Beschäftigung
- siehe Erwerbstätigkeit

Beschäftigungsschwelle 199 ff., Schaubild 28

Betriebliche Altersversorgung 351

Betriebsverfassungsgesetz 225, 313, 317, 321
- Sperrwirkung des § 77 Abs. 3 225, 313, 321

Beveridge Kurve 228, Schaubild 33

Bildungssystem 256

Break-Even-Inflationsraten 111

Bruttoanlageinvestitionen 138

Bruttoinlandsprodukt 120, **199** ff., 244, 295, 329 f., Kasten 8, Kasten 9
- voraussichtliche Entwicklung 157

Bruttolöhne und -gehälter 124, 488

Bruttowertschöpfung 146

Bürgerpauschale 46 f., 343, **511**, 532, 561 ff., 569

Bürgerversicherung 564, **568**

Bundesagentur für Arbeit **181** ff., 194, 261, 276 ff., 283, 321, 326
- Bundeszuschuss 182 f., 378, 538, 575, Tabelle 37
- Haushalt 182

Bundesbankgewinn 129, 377

Bundesergänzungszuweisungen 369, 376

Bundeshaushalt 379
- siehe auch Artikel 115 Grundgesetz

Bundes-Pensions-Service für Post und Telekommunikation 127, 354, 359

China 99 f., 152
- Aufwertung des Yuan Kasten 1

Corporate Governance 691

Deckungsbeitrag 517 ff., Kasten 13, Tabelle 34, Tabelle 36

Defizit
- Deutschland 354, Kasten 9, Tabelle 22
- Europa 647, Tabelle 44
- Japan 98
- konjunkturbereinigtes 127, 128 ff., 363 f.
- strukturelles 363 f.
- Vereinigte Staaten 95

Defizitquote 354
- voraussichtliche Entwicklung 170

Defizitverfahren 354, 657 ff.

Demographische Entwicklung 507, 527, 551, 569

Devisenmarkt
- siehe Außenwert des Euro
- siehe Wechselkurs

Dienstleistungsbereich 256, 295, 338

Direktinvestitionen 220, Kasten 3

Duale Einkommensteuer 319, 321, 345, 408 ff.
- Besteuerung von Ausschüttungen 409
- Besteuerung von Kapitalgesellschaften 410 ff.
- Besteuerung von Personenunternehmen 416
- Finanzierungsneutralität 412 ff.
- gesamtwirtschaftliche Wirkungen 417
- Normalgewinne 409 ff.
- Rechtsformneutralität 416
- Übergewinne 410 ff.
- Vergleich mit dem Konzept der Stiftung Marktwirtschaft 420 ff.
- Ziele 408

Durchschnittsbelastung, effektive 219, 384, 394, Tabelle 26

Ecofin-Rat 660

Effektivverdienste
- siehe Löhne

EG-Vertrag 644, 657 ff.

Eigenanteilssatz 565, 567, 570 f.

Eigenheimzulage 350, 386, 471, Tabelle 32

Eigenkapitalausstattung 727 ff.

Eigenkapitalquote 345, 719, Schaubild 81

Einfuhr
- siehe Importe

Einkommen, beitragspflichtiges 488, 501, 505, 517, 519, 521, 530, Kasten 13

Einkommen, verfügbares 124, 330, 588 f., 601, Schaubild 57, Schaubild 58, Schaubild 59
- voraussichtliche Entwicklung 165

Einkommensteuer
- siehe auch Öffentliche Finanzen
- siehe auch Steuerreform
- Duale Einkommensteuer 321, 345, 408 ff.
- Eingangs- und Spitzensteuersatz Tabelle 32
- synthetische 391
- Vergleich der Tarife 2000 und 2005 388 ff.

Einnahmeschwäche 568

Emissionshandel 470

Energie
- siehe Ölpreise

Entfernungspauschale 470 f., Tabelle 32

Entscheidungsneutralität 394 ff.

Erbschaftsteuer
- Aufkommen 380, Tabelle 25
- Begünstigung von Betriebsvermögen 432 f.
- Begünstigung von produktivem Betriebsvermögen 438
- internationale Aspekte 437, Kasten 11
- internationaler Belastungsvergleich 436, Tabelle 30
- Reform 431 ff.
- Urteil des Bundesfinanzhofs 432
- Urteil des Bundesverfassungsgerichtes (1995) 433

Erwerbspersonenpotential 176

Erwerbstätigkeit 173, 180, 197, 202, 248, 334, 343, 345, Kasten 8, Schaubild 22, Tabelle 14
- siehe auch Niedriglohnsektor
- Entwicklung 197
- geringfügig entlohnte Beschäftigung 173 f., 191, 271, 281 ff., Tabelle 14
- Ostdeutschland 173 f.
- voraussichtliche Entwicklung 168

Erzeugerpreise
- siehe Preisentwicklung

EU-Osterweiterung
- Türkei-Beitritt 674 ff.

Europäische Kommission 354, 660

Europäische Währungsunion 606 ff.

Europäische Zentralbank 107 ff., Schaubild 60
- Geldpolitik 107 ff.

- Zinspolitik 107 ff.

Europäischer Gerichtshof
- Urteil zur grenzüberschreitenden Verlustverrechnung 387, 399

Euro-Raum 102 ff., 153, Schaubild 19, Tabelle 7

Exporte 144
- Regionalstruktur 145
- voraussichtliche Entwicklung 162

Faktormodell 750 ff.

Festbetragsregelung 498

Finanzielle Vorausschau 667 ff.

Finanzierungssaldo 354, 648, Schaubild 37, Tabelle 22, Tabelle 44

Finanzierungssystem
- bankbasiertes 685
- beziehungsbasiertes 693, Tabelle 48
- marktbasiertes 685, 693, Tabelle 48

Finanzinvestoren
- siehe Hedge-Fonds
- siehe Private Equity
- Risiken 687 ff.

Finanzplanung der Europäischen Union
- siehe Finanzielle Vorausschau

Finanzpolitik 345, 349, Kasten 8
- siehe Artikel 115 GG
- siehe Erbschaftsteuer
- siehe Fiskalimpuls
- siehe Haushaltsentwicklung
- siehe Öffentliche Finanzen
- siehe Steuerpolitik
- siehe Steuerreform

Finanzverfassung 369

FISIM (= Finanzserviceleistung, indirekte Messung) 362, Anhang IV. E

Fiskalimpuls 652
- auf der Einnahme- und Ausgabenseite 135 ff.
- automatische Stabilisatoren 128, 130 f.
- konjunkturbereinigter Primärsaldo 129 f.
- Konjunkturbereinigung 129
- konjunkturrelevante Ausrichtung der Fiskalpolitik in den Jahren 1997 bis 2004 128 ff.

Sachregister

Föderalismusreform 30 ff., Tabelle 1

Förderung des Altersvorsorgesparens 351 f.

Frühverrentung 226

Geldmenge
- Entwicklung 110
- Gegenposten 110
- Referenzwert für M3 110

Geldpolitik 80, 218
- siehe auch Europäische Währungsunion
- siehe auch Europäische Zentralbank

Gemeinsame Agrarpolitik 671

Gemeldete offene Stellen 175, Tabelle 14

Geringfügig entlohnte Beschäftigung
- siehe Erwerbstätigkeit

Gesundheitspolitik
- siehe Krankenversicherung, Gesetzliche

Gesundheitsprämie 564

Gewerbesteuer 355, 381

Gewerbesteuerumlage 381

Gini-Koeffizient 588 f., 597

GKV-Modernisierungsgesetz 382, 497 ff., 504 f., 533 f.

Gleitzone
- siehe Niedriglohnsektor

Grenzbelastung 388, 578, 592, 594
- effektive 384, 394, Tabelle 26

Handelseffekt 634 ff.

Harmonisierter Verbraucherpreisindex (HVPI)
- siehe Preisentwicklung

Hartz IV
- siehe auch Arbeitslosengeld II
- Reform 173, 179 ff., 237, 262, 308, 342, Kasten 7

Hauptkomponentenanalyse 752

Haushaltsentwicklung
- Bund 376 ff.
- Gemeinden 381
- Länder 380
- Sozialversicherung 382, 488 ff., 497 ff., 506

- Staat 354 ff., Tabelle 22
- voraussichtliche Entwicklung 169 ff.

Haushaltskonsolidierung
- siehe auch Tragfähigkeitslücke
- auf der Ausgabenseite 361
- Gerechtigkeitsurteile, intragenerative und intergenerative 442
- kurzfristig 460 ff.
- langfristig 445 ff.
- mittelfristig 454 ff.
- Strukturelles Defizit 363 ff.
- Verschuldungsgrenzen 442

Hedge-Fonds 696, 706 ff.

Herzog-Kommission 494

Heterogenität der wirtschaftlichen Entwicklung 86

Humankapital 225, 317
- siehe auch Bildungssystem

Hurrikane 91, 95

Immobilienpreise 88, 149
- Euro-Raum 626

Implizite Steuer 517 ff., Kasten 13

Importe 144
- voraussichtliche Entwicklung 162

Impuls-Antwort-Funktion Kasten 2

Indien 101

Industrieproduktion 146

Inflation
- siehe auch Break-Even-Inflationsraten
- Erwartungen 111, 627, Schaubild 60, Schaubild 68
- gefühlte 617 ff., Kasten 2
- Streuung der Raten im Euro-Raum 624 ff.
- weltweite 83

Inflationsdifferenzen 624 ff.

Investitionen 223, 225, 319, 330, Kasten 9
- Investitionsverhalten Kasten 3
- staatliche 127, 172, 358, 363

Investitionszulage
- zur Einkommensteuer 386

Japan 96 ff., 151
- Arbeitslosigkeit 96

- Defizit 98
- Geldpolitik 97

Job-Gipfel 270, 346, 383, 391, 431, 473, Kasten 10

Kalendereffekt 166

Kalte Progression 390

Kapazitätsauslastung
- Deutschland 140
- Euro-Raum 104

Kapitaldeckung 564, 569 f.

Kapitaldeckungsverfahren 564
- Umstiegskosten 571

Kapitalmarkt
- siehe Hedge-Fonds
- siehe Private Equity

Kapitalnutzungskosten 231, 319, Kasten 9

Karlsruher Entwurf 401 ff.
- siehe auch Steuerreform

Kaufkraftstandards 678

Kerninflation
- Deutschland 148
- Euro-Raum 108

Kettenindex 121

Kleine und mittlere Unternehmen
- siehe Mittelstand

Koch-Steinbrück-Liste 468

Körperschaftsteuer 355, 383, 387, Tabelle 25

Kohortenmodell 49 f., 570 f., Tabelle 41, Tabelle 42

Kommission für die Nachhaltigkeit der Finanzierung der Sozialen Sicherungssysteme 494
- siehe auch Rürup-Kommission

Konjunkturelle Entwicklung 205
- Deutschland 120 ff.
- Euro–Raum 102 ff.
- Indien 101
- Japan 96 ff.
- Lateinamerika 101
- Neue EU-Mitgliedsländer 119
- Risiken 81 ff., 159
- Russland 101
- Schwellenländer 101
- Vereinigte Staaten 90 ff.
- Vereinigtes Königreich 118
- Volksrepublik China 99 f.
- voraussichtliche Entwicklung 149 ff.
- Welt 80

Konjunkturindikator 161, 744 ff.

Konjunkturzyklus 123

Konsolidierung
- siehe Haushaltskonsolidierung

Kraftfahrzeugsteuer 380, Tabelle 25

Krankenversicherung, Gesetzliche
- Ausgaben 358, 382, 497 ff.
- Beitragsbasis 501
- Beitragssatz 332, 503 f.
- Beitragssatzerhöhungsdruck 505, Schaubild 52
- Bundeszuschuss 382, 497, 502, 504 f., 534, 562, Kasten 13, Tabelle 35, Tabelle 40
- ermäßigter Beitragssatz 501
- Krankenversicherung der Rentner 522, 562
- Mitgliederstruktur Tabelle 34
- paritätische Finanzierung 503
- Reform 561 ff.
- Risikoentmischung 523, 564
- Risikostrukturausgleich 48, 502, 565
- Umverteilungsströme 514 ff., Kasten 13
- versicherungsfremde Leistungen 332, 534
- versicherungsfremde Umverteilung 526 ff., Kasten 13
- Versicherungspflicht 46, 564
- Versicherungspflichtgrenze 46, 564
- zusätzlicher Beitragssatz 503
- Zuzahlungsbefreiung 533

Krankenversicherung, Private 523, 564 f.

Kreditderivate 688

Kreditgewährung 142

Kreditverbriefung 688

Kündigungsschutz 201, 213, 217, 225, 230, 232, 234, 236 f., 257, 260, 310, 315 ff., 321, 342

Landesbanken
- Rückzahlung von Beihilfen 127, 356

Lateinamerika 101

Lehrstellenmarkt
- siehe Berufsausbildungsstellenmarkt

Sachregister

Leiharbeit
– siehe Arbeitnehmerüberlassung

Leistungsbilanz
– Ungleichgewichte 87, Schaubild 5
– Vereinigte Staaten 87, Schaubild 5

Leistungsempfängerquote
– siehe Lohnersatzleistungen

Leistungspauschalen 51

LKW-Maut 126, 172, 356, 378

Löhne 192, 217, 221, 225, 247, 251, 258, 263, 292, 304, 339, 340, Kasten 7
– siehe auch Tariflohnpolitik
– Anspruchslohn 226 f., 233, 235, 258, 261, 263, 266, 299, 303
– und Beschäftigung 338, Kasten 7
– Effektivverdienste 191, 294, Tabelle 17
– Lohndrift 191, 294
– reale Arbeitskosten, früher Produzentenlohn 222, 229, 257, 260, 274, 293f
– reale Nettoverdienste, früher Konsumentenlohn 222, 294
– Struktur 217, 221, 251, 261 f., 290, 297, 305 f., 309, 321
– Tarifverdienste 191, Tabelle 17

Lohndrift
– siehe Löhne

Lohnersatzleistungen 217, 226, 233 ff., 245, 261, 263 ff., 321 f., 342
– Sperrzeiten 263

Lohnpolitik 205, 217, 222, 292 ff., 321, 323, 337 ff., 626
– siehe auch Tariflohnpolitik

Lohnsteuer 355, 385, Tabelle 25

Lohnsteuercharakter 579 f., 585, 594

Lohnstückkosten 241, 247, 323, 337, 341

Maastricht-Kriterien
– siehe Stabilitäts- und Wachstumspakt

Magdeburger Alternative 301 ff.

Mainzer Modell 300

Mezzanine-Kapital Kasten 16

Midi-Job 281
– siehe auch Niedriglohnsektor, Gleitzone

Minderheitsvotum 322 ff.

Mindestlohn 213, 227, 241, 253, 305 ff., 312

Mini-Jobs 257, 260, 281 ff., 302 f., 321, 333, 344, 385
– siehe auch Erwerbstätigkeit – geringfügig entlohnte Beschäftigung

Mittelstand
– Definition 715
– gesamtwirtschaftliche Bedeutung 715
– Finanzierungsmöglichkeiten Kasten 16
– Finanzierungssituation 716 ff.
– Finanzierungsstruktur 718 ff., Schaubild 81

Modell einer quasi-gleichgewichtigen Arbeitslosigkeit 224, 229, 234, Kasten 7

Moratorium
– für die Realisierung von Körperschaftsteuerguthaben 387

Nachgelagerte Besteuerung 385

Nachhaltigkeitsfaktor 441, 448, 488

Nachhaltigkeitsrücklage 491, 493, 496

Nachholfaktor 488

Netto-Investitionen, staatliche 363

Nettorentenniveau 557

Neue Bundesländer
– siehe Ostdeutschland

nicht veranlagte Steuern vom Ertrag 387, Tabelle 25

Niederlande 208 ff., 234, 238 ff., 262, 321, 325, Schaubild 29, Tabelle 20

Niedriglohnsektor 227, 235, 245, 256 f., 259, 261 f., 266, 273, 282, 297, 300 ff., 308, 321, 345
– siehe auch Löhne
– Gleitzone 281, 344

Non-Accelerating Inflation Rate of Unemployment (NAIRU)
– siehe Arbeitslosigkeit

Non-Accelerating Wage Rate of Unemployment (NAWRU)
– siehe Arbeitslosigkeit

Normalarbeitsverhältnis 174, 260, 335

Öffentliche Finanzen
– siehe auch Artikel 115 GG
– siehe auch Erbschaftsteuer

- siehe auch Fiskalimpuls
- siehe auch Haushaltsentwicklung
- siehe auch Konsolidierung
- siehe auch Steuerpolitik
- siehe auch Steuerreform
- Ausgaben 357 ff.
- Defizit 354
- Einnahmen 355 f.
- Entwicklung der öffentlichen Haushalte 354 ff.
- Finanzierungssalden 365, 376 ff.
- Finanzpolitische Kennziffern 360 ff.
- Steueraufkommen 383 ff.
- Verschuldung 354
- voraussichtliche Entwicklung 169 ff.

Öffnungsklauseln
- siehe Tariflohnpolitik

Ölpreise 81 ff., 159, 212, 231 f., 293, 327, 335, 355, Schaubild 3, Tabelle 21
- indirekte Effekte 83, 109
- Zweitrundeneffekte 83, 109

Ölpreisschocks
- und Arbeitslosigkeit 212, 231 f., 327

Offene Stellen
- siehe gemeldete Stellen

Ostdeutschland 73, 176 ff., 186, 192, 194 f., 197 f., 223, 228, 287, Schaubild 23, Schaubild 25, Schaubild 27, Tabelle 14, Tabelle 15, Tabelle 18, Tabelle 19

Output-Lücke, relative 122, 133 ff., 481 ff., 652 ff., Schaubild 9, Schaubild 74, Schaubild 75

Paketlösung 5, 262, 314, 321, Tabelle 1

Pauschalbeitrag 561 ff., 569 ff., Kasten 13

Pauschalbeitragssystem, idealtypisches 561, Kasten 13

Pendlerpauschale 470 f., Tabelle 32

Personal-Service-Agentur
- siehe Arbeitnehmerüberlassung

Pflegeversicherung, Soziale 506
- Ausgaben je Leistungsempfänger Tabelle 36
- Defizit 506
- Einnahmen 506
- Reform 49 ff., 569 ff.
- Umverteilungsströme 535, Tabelle 36

- versicherungsfremde Leistungen 536
- versicherungsfremde Umverteilung 535, Tabelle 36

Platzhaltergeschäfte 354

Portabilität 564

Praxisgebühr 499, 507, 533

Preisentwicklung
- administrierte Preise 148, 626
- Erzeugerpreise 147
- Harmonisierter Verbraucherpreisindex (HVPI) 108 f., 625 ff.
- Importpreise 147
- Preisniveaustabilitätsziel 108 f., 614 ff., Schaubild 60
- Verbraucherpreise Schaubild 61

Primärsaldo, konjunkturbereinigter 127 ff.

Private Konsumausgaben 124
- voraussichtliche Entwicklung 165

Privatisierungserlöse 170, 354, 379, 475

Private Equity 695

Produktion
- siehe Bruttoinlandsprodukt
- siehe Industrieproduktion

Produktionspotential 122, Schaubild 9

Produktivität 225, 227, 256 ff., 299, 348

Prognose 149 ff.
- Annahmen Kasten 4
- Deutschland 156 ff.
- Europa 153, 155
- Japan 151
- Risiken 159
- Vereinigte Staaten 150
- Weltwirtschaft 149

Prognoseevaluierung 761 ff.

Prognosegüte 758 ff.

Prozyklizität 653

Rasenmähermethode 469 f., 474

Real Estate Investment Trusts (REITs) 692

Realzins, natürlicher 627 ff.

Rentenanpassung 54, 382, 488

Rentenanpassungsformel 54, 488

Renteneintrittsalter

- gesetzliches 53, 494, 552

Rentenversicherung und Rentenversicherung, Gesetzliche
- Beitragseinnahmen 488
- Bundeszuschuss 538, 552, 572 ff., Tabelle 38
- Hinterbliebenenversorgung 553
- Ostrenten 556 f.
- Rentenausgaben 488
- Rentenniveau 52 f., 488, 494, 496
- Rentenreform 488
- Rentensplitting 553
- Schwankungsreserve 496
- Umfinanzierung 572 ff.
- versicherungsfremde Leistungen 551 ff., Tabelle 38
- versicherungspflichtige Entgelte 488
- West-Ost-Transfer 554 ff.

Residualeinkommenselastizität 389

Revision der Volkswirtschaftlichen Gesamtrechnungen 121, Anhang IV. E.

Riester-Rente 385

Risikoäquivalente Prämie 526, Kasten 13

Risikoentmischung 523, 564

Risikostrukturausgleich 48, 502, 565

Rürup-Kommission 494

Russland 101

RV-Nachhaltigkeitsgesetz 488, 494

Schocks 122

Schuldenstandsquote 354, 441, 649 ff., Tabelle 44
- siehe auch Tragfähigkeit der öffentlichen Haushalte

Schutzklausel 488

Schwankungsreserve 496

Schwellenländer 101

Selbstfinanzierungsquote 517, Kasten 13

Sicherungsniveau vor Steuern 52

Solidaritätszuschlag 376

Soziale Sicherung
- siehe Arbeitslosengeld; Rentenversicherung, Gesetzliche; Krankenversicherung, Gesetzliche; Pflegeversicherung, Soziale

Sozialer Ausgleich 565, 570

Sozialhilfe
- siehe Arbeitslosengeld II

Sozialleistungen, monetäre 358

Sozialversicherung
- siehe Arbeitslosengeld; Rentenversicherung, Gesetzliche; Krankenversicherung, Gesetzliche; Pflegeversicherung, Soziale
- Einnahmen 355, 488
- Vorziehen der Fälligkeit 171, 492

Sozialversicherungspflichtige Beschäftigung 173 f., 187, 198, 223, 282 f., 289, 300, 302 f., 320, 324, 331 ff., 353, Schaubild 22, Tabelle 14
- voraussichtliche Entwicklung 168

Sozio-oekonomisches Panel (SOEP) 196, 226, Kasten 6

Sparerfreibetrag 473, Tabelle 32

Sparquote
- Deutschland 125
- Vereinigte Staaten 92

Staatskonsum 126

Staatsquote 360 f.
- voraussichtliche Entwicklung 172

Staatsverschuldung, explizite
- siehe Tragfähigkeit der öffentlichen Haushalte

Stabilitätspakt, nationaler 32

Stabilitätsprogramm, deutsches 354

Stabilitäts- und Wachstumspakt
- Reform 657 ff.

Stagnation 122

Statistische Filtermethoden 122

Statistischer Überhang Kasten 5

Steinkohlesubventionen 471

Steueramnestie 386

Steueraufkommen 383 ff., Tabelle 25

Steuerbelastungen, effektive 384, 394, Tabelle 26

Steuereinnahmen 355, 364, 376, 380 f.

Steuererhebungskosten 395 ff.

Steuerplanungskosten 395 ff.

Steuerpolitik 391 ff.
– siehe auch Steuerreform

Steuerquote 360, 384, Tabelle 23, Tabelle 25
– voraussichtliche Entwicklung 171

Steuerreform
– Abgeltungssteuer 386, 410, 427, 430, Kasten 10
– Allgemeine Unternehmenssteuer 407
– Duale Einkommensteuer 408 ff.
– Einkommensteuergesetzbuch 401 ff.
– Entscheidungsneutralität 394 ff.
– flat tax 400 ff.
– Karlsruher Entwurf 401 ff.
– Konzept der Stiftung Marktwirtschaft 405 ff.
– Nebenbedingungen 399
– Neuordnung der Kommunalfinanzen 406
– Standortattraktivität 394
– steuerpolitische Vorschläge der Parteien 404, Kasten 10
– Steuervereinfachung 395 ff.
– Unternehmensbesteuerung 392 ff.
– zinsbereinigte Einkommensteuer 400
– Zusatzlasten der Besteuerung 396

Steuerstundungsmodelle 473, Tabelle 32

Steuervergünstigungen
– Abbau 460 ff.
– Ausnahmen bei der Ökosteuer 470
– Eigenheimzulage 386, 471, Tabelle 32
– Entfernungspauschale 470 f., Tabelle 32
– Rasenmähermethode 469 ff.
– reduzierter Umsatzsteuersatz 464 ff.
– Sparerfreibetrag 473, Tabelle 32
– Steuerfreiheit von Sonntags-, Feiertags- und Nachtzuschlägen 473, Tabelle 32
– Steuerprivileg der Lebensversicherungen 471

Steuervollzugskosten 396

Stille Reserve 190

Strukturelles Defizit 363 f., 647, Schaubild 73

Tabaksteuer 148, 376, 384, Tabelle 25

Tariflohnpolitik 217, 290, 295 ff., 321
– siehe auch Löhne
– Abschlüsse 191 ff.

– Allgemeinverbindlicherklärung 225, 308, 312, 321, 339
– Beschäftigungsorientierung 261
– Betriebsvereinbarung 225, 313, 321
– Günstigkeitsprinzip 217, 225, 257, 310 f., 321, 337
– Lohnzurückhaltung 217, 240 f., 244, 291, 329, 340 f.
– Nachwirkung Tarifvertrag 217
– Öffnungsklauseln 192, 292, 310, 313, 321
– Tarifbindung 217, 233, 237, 288, 312, 321

Tragfähigkeit der öffentlichen Haushalte 441 ff.

Trendoutput 122

Umfinanzierung versicherungsfremder Leistungen 303, 320, 332, 344, 346, 560 ff.

Umsatzsteuer
– siehe auch Haushaltskonsolidierung
– Anteil des Bundes an den Einnahmen 369, 376, 380, 383
– Einnahmen 355, 364,
– ermäßigter Umsatzsteuersatz 464 ff., 586, 588
– generelle Ist-Versteuerung mit Cross-Check 459, Kasten 12
– Hinterziehungsquote 454, Tabelle 31
– Insolvenzen 458
– Karussellgeschäfte 456 f., Schaubild 48
– missbräuchlicher Vorsteuerabzug 456 f.
– Reformmodelle 459, Kasten 12
– Reverse-Charge-Modell 459, Kasten 12
– Steuervollzugskosten 396
– Umsatzsteuerbetrug 454 ff.
– Wirkungen 577 ff.

Umsatzsteuererhöhung 577 ff.

Unternehmensbesteuerung 219, 319, 321
– siehe auch Duale Einkommensteuer
– siehe auch Steuerreform
– Gesellschafter-Fremdfinanzierung 383
– grenzüberschreitende Verlustverrechnung 387
– intertemporale Verlustverrechnung 383, 394, 409, 429
– Veräußerungsgewinne zwischen Kapitalgesellschaften 393

Unternehmenssteuerreform 319, 321
– siehe auch Steuerreform

VECM Kasten 2

Vektorautoregression 756, Kasten 2

veranlagte Einkommensteuer 386, Tabelle 25

Verbraucherpreise
– siehe Preisentwicklung

Verbrauchervertrauen 165

Verbriefung von Forderungen 127, 359

Vereinigte Staaten 90 ff.
– Abwertung des US-Dollar 87
– Erwerbstätigkeit 92
– Finanzpolitik Schaubild 75
– Geldpolitik 94
– Haushaltsdefizit 95
– Leistungsbilanz 87
– private Investitionen 92
– Private Konsumausgaben 92
– Sparquote 92
– Verbraucherpreise 94
– Verschuldung der privaten Haushalte 95

Vereinigtes Königreich 118, 208 ff., 234, 238, 247 ff., 262, 328, Kasten 8, Schaubild 29, Schaubild 75, Tabelle 20

Verfassungsvertrag, Europäischer 661 ff.

Vermögenseinkommen 323

Verschuldung 349

Verschuldungsgrenze
– siehe Artikel 115 Grundgesetz

Versicherungsfremde Leistungen 321, 513 ff.

Versicherungsfremde Umverteilung 303, 343, 526 ff., Kasten 13

Versicherungspflichtgrenze 46, 564

Versicherungszweck 42, 513 f., 534, 539 ff., 551 f.

Versorgungsausgaben 445 ff.

– Höchstruhegehaltssatz 447 f.
– Versorgungsänderungsgesetz 2001 447
– Versorgungsausgaben-Steuer-Quote 451 f.
– Versorgungsnachhaltigkeitsgesetz 445, 448
– Versorgungsreformgesetz 1998 447
– Versorgungsrücklage 445

Verteilung 587 ff., 597 f.

Wachstum 122

Wachstumsdifferenzen 620 ff.

Wechselkurs
– Außenwert des Euro 114, 613
– effektiver 116
– realer effektiver Wechselkurs auf Lohnstückkostenbasis 631, Schaubild 69
– US-Dollar 114
– Yen 114

Welthandel 80, Schaubild 2

Weltkonjunktur
– siehe Konjunkturelle Entwicklung

West-Ost-Transfer 548, 554 ff.

Wettbewerbsfähigkeit
– preisliche 144

Zahnersatzleistungen 500

Zahnersatzversicherung 500

Zinsen
– Geldmarkt 112
– internationale Zinsdifferenz 113
– Renditen langfristiger Staatsanleihen 88, 113

Zins-Steuer-Quote 362, Tabelle 23

Zusätzlicher Beitragssatz 503

Zuschläge für Sonntags-, Feiertags- und Nachtarbeit 473, Tabelle 32

Zuschussbedarf 567, 571

Zweitrundeneffekte 83, 109